A GÊNESE ILÓGICA DA SENTENÇA CIVIL

INTUIÇÃO, SENTIMENTO E EMOÇÃO NO ATO DE JULGAR

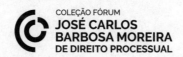

COLEÇÃO FÓRUM
JOSÉ CARLOS
BARBOSA MOREIRA
DE DIREITO PROCESSUAL

COLEÇÃO FÓRUM
**JOSÉ CARLOS
BARBOSA MOREIRA**
DE DIREITO PROCESSUAL

FRANCESCO CONTE

Apresentação
Luiz Fux

Prefácio
Paulo Cezar Pinheiro Carneiro

A GÊNESE ILÓGICA DA SENTENÇA CIVIL
INTUIÇÃO, SENTIMENTO E EMOÇÃO NO ATO DE JULGAR

1

Belo Horizonte

FÓRUM
CONHECIMENTO JURÍDICO

2020

COLEÇÃO FÓRUM
JOSÉ CARLOS BARBOSA MOREIRA
DE DIREITO PROCESSUAL

CONHECIMENTO JURÍDICO

Luís Cláudio Rodrigues Ferreira
Presidente e Editor

Coordenação editorial: Leonardo Eustáquio Siqueira Araújo
Aline Sobreira de Oliveira

Av. Afonso Pena, 2770 – 15º andar – Savassi – CEP 30130-012
Belo Horizonte – Minas Gerais – Tel.: (31) 2121.4900 / 2121.4949
www.editoraforum.com.br – editoraforum@editoraforum.com.br

Técnica. Empenho. Zelo. Esses foram alguns dos cuidados aplicados na edição desta obra. No entanto, podem ocorrer erros de impressão, digitação ou mesmo restar alguma dúvida conceitual. Caso se constate algo assim, solicitamos a gentileza de nos comunicar através do *e-mail* editorial@editoraforum.com.br para que possamos esclarecer, no que couber. A sua contribuição é muito importante para mantermos a excelência editorial. A Editora Fórum agradece a sua contribuição.

Dados Internacionais de Catalogação na Publicação (CIP) de acordo com AACR2

C761g	Conte, Francesco
	A gênese ilógica da sentença civil: intuição, sentimento e emoção no ato de julgar / Francesco Conte.– Belo Horizonte : Fórum, 2020.
	670p.; 17cm x 24cm
	Coleção Fórum José Carlos Barbosa Moreira de Direito Processual, v. 1.
	ISBN: 978-85-450-0739-5
	1. Direito Processual Civil. 2. Psicologia. 3. Psicanálise. I. Título.
	CDD 341.4
	CDU 347.9

Elaborado por Daniela Lopes Duarte - CRB-6/3500

Informação bibliográfica deste livro, conforme a NBR 6023:2018 da Associação Brasileira de Normas Técnicas (ABNT):

CONTE, Francesco. *A gênese ilógica da sentença civil*: intuição, sentimento e emoção no ato de julgar. Belo Horizonte: Fórum, 2020. 670p. (Coleção Fórum José Carlos Barbosa Moreira de Direito Processual, v. 1.). ISBN 978-85-450-0739-5.

*À Magaly e aos nossos filhos Giovanni, Giulio e Fabrizzia,
melhores intuições, sentimentos e emoções.*

*À memória do mestre José Carlos Barbosa Moreira,
perenemente presente.*

Deus é bom.

Gostaria de agradecer ao estimado Professor Doutor da Faculdade de Direito da UERJ Paulo Cezar Pinheiro Carneiro, que me ofereceu encorajamento e fecunda orientação, formulando sugestões úteis para o desenvolvimento da presente Tese.

Agradeço ao Professor Doutor da Faculdade de Direito da UERJ Humberto Dalla Bernardina de Pinho, na condição de Coorientador, por seu estímulo e inestimável suporte na confecção da Tese.

Aos insignes Professores Doutores da Faculdade de Direito da UERJ Luiz Fux e Aluisio Gonçalves de Castro Mendes, bem como aos eminentes Professores Doutores da Faculdade de Direito da USP José Roberto dos Santos Bedaque e da Universidade Federal Rural do Rio de Janeiro Rodrigo de Souza Tavares, pelo prestígio que conferiram ao meu nome ao participarem da Banca Examinadora desta Tese, manifesto o meu sentimento de afetiva gratidão.

Giovanni Milione Coelho Conte, pela sensibilidade de sua alma na acurada revisão do presente trabalho, a quem expresso meu duplo e afetuoso reconhecimento: de pai e de discípulo no campo do Direito Processual Civil.

Carlos Conte, irmão e amigo, fonte inesgotável de incentivo e de inspiração para a vida.

Agradecimentos são devidos também para Anne Caroline Gevú Gomes Lino, Carllota Barros Botta Pereira, Érika Natália Jesus de Sena, Gabriel dos Santos Baptista, Jonathan Fontineli do Souto Cordeiro, Juciara de Abrantes de Almeida, Lucas Valentim Mendes, Monique Santos de Freitas, Pedro Henrique Vieira Greca Monteiro, Rodrigo Crevelário Antunes, Soraia Cruz da Silva, Stella Marques Macedo e Thaiana Matias do Couto Alcantara, ex-acadêmicos de Direito da Procuradoria-Geral do Estado do Rio de Janeiro.

Come faccia il giudice a decidere, questo è il problema, che la scienza del diritto dovrebbe risolvere.

(Francesco Carnelutti. *Diritto e processo*)

La verità è che il giudice non è un meccanismo: non é una macchina calcolatrice. È un uomo vivo: e quella funzione di specificare la legge e di applicarla nel caso concreto, che in vitro si può rappresentare come un sillogismo, è in realtà una operazione di sintesi, che si compie a caldo, misteriosamente, nel crogiolo sigillato dello spirito, ove la mediazione e la saldatura tra la legge astratta e il fatto concreto ha bisogno, per compiersi, della intuizione e del sentimento acceso in una coscienza operosa.

(Piero Calamandrei. *Giustizia e politica: sentenza e sentimento*)

SUMÁRIO

APRESENTAÇÃO
Luiz Fux...15

PREFÁCIO
Paulo Cezar Pinheiro Carneiro...17

NOTA DO AUTOR...19

INTRODUÇÃO...21

CAPÍTULO 1
O SUBSTRATO TEÓRICO DO TEMA...29
1.1   Intuicionismo: a intuição como base do processo cognitivo............................29
1.1.1   A intuição emocional (fundamental de duração) de Bergson...........................42
1.1.2   A intuição mística de Spinoza..56
1.1.3   A intuição volitiva de Dilthey...69
1.1.4   A intuição fenomenológica (intelectual) de Husserl.......................................75
1.2   Sentimentalismo construtivo de Jesse Prinz..84
1.2.1   Os sentimentos são a base para os juízos de valor...89
1.2.2   Os sentimentos criam a moral no espaço-tempo...102
1.3   Emotivismo...107

CAPÍTULO 2
SEGUE O SUBSTRATO TEÓRICO DO TEMA..123
2.1   Racionalismo jurídico...123
2.1.1   Considerações introdutórias...123
2.1.2   A perda de prestígio da teoria do silogismo judicial: atividade dedutiva ou de
        subsunção na aplicação da norma ao fato..133
2.1.3   O problema da (ir)racionalidade do juízo na Teoria da Decisão Judicial.......139
2.2   Determinadas correntes teóricas sobre a decisão judicial.............................146
2.2.1   Realismo e pragmatismo jurídicos..154
2.2.2   A teoria estruturante da norma jurídica de Friedrich Müller........................178

CAPÍTULO 3
INTERDISCIPLINARIDADE: A NOVA FRONTEIRA DO DIREITO...........................183
3.1   Interdisciplinaridade e cultura..183

3.2   A regra de ouro da interdisciplinaridade e o fenômeno jurídico 191

3.3   A revolta contra o formalismo jurídico 214

3.4   A visão instrumental do processo 236

CAPÍTULO 4

INTUIÇÃO COMO MÉTODO IDÔNEO NO DIREITO....................................249

4.1 Percepção, inconsciência e consciência 249

4.2 Intuição: o olfato do coração...274

4.3 O nosso conceito (sincrético) de intuição 279

4.4 A intuição e o direito: uma nova forma de caminhar 288

CAPÍTULO 5

EMOÇÃO E SENTIMENTO...299

5.1   Emoção e sentimento: variações sobre o mesmo tema?...........................299

5.2   A superação do duelo epistemológico entre razão e emoção/sentimento do juiz 311

5.3   A extrema sensibilidade do juiz às angústias dos litigantes e a inteligência
espiritual 323

5.4   Equidade: caminho para o interior profundo e sentimento íntimo de justiça 347

CAPÍTULO 6

COMO SE FORMA A DECISÃO JUDICIAL?.....................................363

6.1   A irrefreável ingerência do psiquismo do juiz na conformação do *decisum* 363

6.2   A intuição na determinação da hipótese de julgamento.........................374

6.3   Sentença e sentimento: expressões do *sentire* do juiz 379

6.4   A importância da emoção no ato de julgar.................................395

6.5   Juízo e silogismo: natureza inventiva e irracional *versus* caráter demonstrativo
e racional 405

6.6   A problemática da formação da deliberação no julgamento colegiado 433

CAPÍTULO 7

A CONCEPÇÃO DE ADMINISTRAÇÃO DA JUSTIÇA COMO UMA INSTÂNCIA
POLÍTICA 441

7.1   O mito da neutralidade axiológica do juiz.................................441

7.2   O problema da independência do juiz à luz de sua responsabilidade social 449

7.3   A certeza do Direito e o papel político do juiz: ideologias e sua (inexorável)
influência sobre a psique humana.........................459

7.4   Sobre o recrutamento e o desenvolvimento (funcional e pessoal) dos juízes:
o papel das escolas de magistratura 486

CAPÍTULO 8

EXAME DO PROBLEMA AO ÂNGULO DA IMPARCIALIDADE DO JUIZ.............501

8.1   A garantia fundamental da imparcialidade do juiz no âmbito do processo justo 501

8.2   O contraditório como direito de influir na formação intelectual da convicção
       do juiz e o seu sentimento 513
8.3   A regra técnica da livre convicção motivada...521
8.4   O juiz pode ser indiferente ao "sentimento da sociedade"? 535

CAPÍTULO 9

ESTADO CONSTITUCIONAL E DEMOCRÁTICO DE DIREITO: DEVER DE
JUSTIFICAÇÃO COMO INSTRUMENTO DE "RACIONALIZAÇÃO" DA
FORMAÇÃO DA SENTENÇA 545
9.1   Contexto de descoberta da decisão e contexto de justificação ou controle 545
9.2   A motivação jurídica como passaporte entre a gênese irracional do *decisum* e sua
       dimensão de racionalidade e de controlabilidade, endo e extraprocessual..................561
9.3   A motivação jurídica da sentença como ferramenta de controle sobre
       a imparcialidade do juiz 584
9.4   A racionalidade argumentativa da motivação como inestimável fator de
       legitimação da função jurisdicional 588

CONCLUSÃO 599

REFERÊNCIAS...603

APRESENTAÇÃO

Como os juízes *deveriam* decidir? Ao longo de diversos séculos, essa foi a pergunta que moldou os debates jus-filosóficos sobre teoria da decisão judicial. Ocorre que, hoje, o enfoque parece ser outro: como *efetivamente* os juízes decidem?

Sem menosprezar a relevante discussão anterior, mas, em verdade, conduzindo-a a partir de uma boa dose de empiria e de realismo, nota-se a formação de um profícuo diálogo interdisciplinar entre o Direito e outras áreas do conhecimento, como, *e.g.*, Economia, Psicologia Comportamental, Neurociência, Sociologia e Ciência Política. Nesse diapasão, a academia, nacional e internacional, tem descortinado importantes contribuições sobre a relevância de se reconhecer que *influências extrajurídicas exercem, sim, impactos sobre a tomada de decisões judiciais*.[1] Nesse cenário, exemplo de campo de estudos que vem se destacando é o do comportamento judicial (*judicial behavior*),[2] oriundo sobretudo da experiência norte-americana, que investiga: *(a)* "*como os juízes decidem os casos*" e *(b)* "*quais são os fatores que influenciam as decisões finais dos tribunais?*".[3]

No entanto, isso não significa o fim do Estado de Direito (*rule of law*) ou a completa politização e parcialidade dos magistrados. Ao revés, o (auto)conhecimento de como esses fatores atuam no processo decisório judicial é condição necessária para o próprio aperfeiçoamento do julgador. Afinal, por trás da toga o que existe é um humano, com uma trajetória de vida e visão de mundo, e não uma máquina cuja função é ser puramente "a boca da lei".

Pessoalmente, essas reflexões me são de extremo valor. Isso, na medida em que escolhi, desde 1982, a magistratura não só como carreira, mas como vida. Exercendo tal ofício, perpassei pela 1ª instância da Justiça Estadual do Rio de Janeiro, pelo Tribunal de Justiça do Estado do Rio de Janeiro, pelo Superior Tribunal de Justiça e, desde 2011, venho lidando com várias dessas inquietudes no âmbito do Supremo Tribunal Federal. O desafio, entretanto, permanece o mesmo: dirimir conflitos da forma mais justa e imparcial possível, a despeito da própria imperfeição humana, por vezes até inconsciente.

Pois bem. É em meio a esse cenário que a presente obra se insere. Francesco Conte, de forma original e ousada, disseca o "mito da neutralidade axiológica do juiz" e evidencia o modo pelo qual elementos como *(i) a intuição, (ii) os sentimentos internos, (iii) a emoção, (iv) a ideologia, (v) o padrão de recrutamento profissional, (vi) a trajetória de vida* e até mesmo *(vii) o sentimento da sociedade* podem influenciar o processo de construção de decisões judiciais.

---

[1] *Vide* POSNER, Richard A. *How Judges Think*. Cambridge: Harvard University Press, 2010; PRITCHETT, C. Herman. *The Roosevelt Court*: a Study in Judicial Politics and Values (1937-1947). New Orleans: Quid Pro Books, 2014; EREN, Ozkan; MOCAN, Naci. Emotional Judges and Unlucky Juveniles. *NBER Working Paper*, nº 22.611, 2016.

[2] Por todos, *vide*: LANDES, William M; POSNER, Richard A. Rational Judicial Behavior: A Statistical Study. *Journal of Legal Analysis*, v. 1, n. 2, p. 775-831, 2009.

[3] OLIVEIRA, Fabiana Luci de. Supremo Relator: Processo decisório e mudanças na composição do STF nos governos FHC e Lula. *Revista Brasileira de Ciências Sociais*, São Paulo, v. 27, n. 80, outubro 2012, p. 91.

Por certo, a densidade acadêmico-intelectual deste livro é uma marca que impressionará o leitor. É que Francesco não se contenta em apenas apresentar evidências empíricas sobre o psiquismo (consciente e inconsciente) do juiz ou refletir, por meio de abordagem instrumental e interdisciplinar, a respeito dos impactos que essas constatações trazem para a teoria e a prática do Direito. Se essas já seriam *per si* contribuições valiosas, adianto: o autor vai além.

À luz desse arcabouço teórico e empírico, a obra pretende *reconstruir* ao menos *duas* relevantes questões. *De um lado*, o autor intenta reedificar ideias, instituições e institutos consolidados no Direito Processual, tais como: a imparcialidade e a independência do juiz; o contraditório; e a livre convicção motivada do julgador. *De outro lado*, Francesco propõe uma reformulação da própria formação, capacitação e recrutamento dos magistrados, para tanto posicionando-se no seguinte sentido: valorizar "menos a capacidade de memorização de textos normativos e mais a aferição da capacidade de compreender e de criticar o sistema de Direito, com suas conexões extrajurídicas e interdisciplinares".

Oportuno dizer que o texto base desta obra é fruto de Tese de Doutorado apresentada no programa de Direito Processual, no âmbito da Faculdade de Direito da Universidade do Estado do Rio de Janeiro (UERJ). A Tese do autor recebeu a orientação do querido e ilustre Prof. Dr. Paulo Cezar Pinheiro Carneiro e, visivelmente, foi por ele influenciada. Noutro giro, a coorientação se deve ao notável Prof. Dr. Humberto Dalla Bernadina de Pinho, cuja importância é igualmente visível neste trabalho. No ponto, ao lado dos Professores Drs. Aluisio Gonçalves de Castro Mendes, José Roberto dos Santos Bedaque e Rodrigo de Souza Tavares, tive a grata oportunidade de avaliá-lo, no bojo de sua Banca Examinadora na UERJ. O resultado: Tese aprovada com grau máximo, distinção e louvor, recomendada sua publicação.

No ponto, uma última referência se faz necessária. A bem da verdade, a qualidade da obra é fruto de *dois fatores*. O *primeiro* deles diz respeito ao mencionado rigor acadêmico de Francesco – Graduado, Mestre e agora Doutor pela nossa querida Faculdade de Direito da UERJ. O *segundo* deles, por sua vez, está conectado com a experiência prática adquirida pelo autor, por meio de sua atuação como Procurador do Estado do Rio de Janeiro, desde junho de 1985. Nesse âmbito, por duas vezes, já exerceu o cargo de Procurador-Geral do Estado e, ainda, foi Secretário da Casa Civil do Governo do Estado do Rio de Janeiro. A combinação entre teoria e prática, portanto, não é só uma marca desta obra, como da própria vida de Francesco.

Por essas e outras razões, honra-me sobremaneira o ensejo de apresentar este livro, que muito influenciará tanto a teoria do Direito Processual, quanto a prática forense.

Desejo a todos e a todas uma proveitosa leitura!

Luiz Fux

Professor Titular de Direito Processual Civil da Faculdade
de Direito da UERJ. Ministro do Supremo Tribunal
Federal. Presidente da Comissão de Juristas que elaborou o
Anteprojeto de Lei do Código de Processo Civil brasileiro
de 2015.

Francesco Conte produziu mais uma joia para o mundo jurídico: *A gênese ilógica da sentença civil: intuição, sentimento e emoção no ato de julgar*, e me honrou com a indicação para fazer o prefácio desse seu novo livro.

Não conheço, na literatura jurídica mundial, um autor que tenha abordado o tema, de forma interdisciplinar, com a profundidade e a completude que Conte imprimiu à sua obra, recheada de opulentas notas bibliográficas de praticamente todos os autores que examinaram algum aspecto da arte de julgar.

O autor conseguiu esmiuçar o momento tão difícil e apaixonante no qual o juiz forma o seu convencimento e julga a causa.

Para tanto, a pena do jurista Francesco Conte percorre um caminho inusitado, ao examinar o que se passa na mente do juiz no ato de julgar em sentido estrito, com as influências e conformações inerentes à sua própria dimensão humana.

A primeira parte de seu trabalho contém o substrato teórico sobre o tema. O autor traça importante estudo sobre o intuicionismo, que considera como base primeira da formação do processo cognitivo do juiz, o qual identifica como o momento de descoberta, seguindo-se o contexto de sua justificação.

Apresenta, então, as teorias da intuição emocional de Bergson, a intuição mística de Spinoza, a intuição volitiva de Dilthey e a intuição fenomenológica de Husserl. Prossegue com a teoria do sentimentalismo construtivo de Jesse Prinz e do emotivismo, trazendo lições, entre outros, de Gibbard e Zavadivker.

Continua por diversos capítulos, nos quais examina praticamente todas as teorias que completam a parte conceitual do seu trabalho, tais como: o racionalismo, o realismo e o pragmatismo jurídico, até o belíssimo capítulo no qual termina a primeira parte da sua sinfonia jurídica que trata da emoção e do sentimento.

A segunda parte responde à indagação posta pelo autor: "Como se forma a decisão judicial?", culminando com o capítulo derradeiro sobre o dever de justificação como instrumento de racionalização da formação da sentença.

Longe de constituir uma obra simplesmente teórica, Francesco Conte demonstra a importância do seu trabalho com uma competente abordagem metodológica, utilizando-se de instrumentos técnicos e apresentando importantes propostas, essencialmente práticas, que, sem dúvida, irão aprimorar a arte de julgar. Destaco duas dentre elas: a) o esquadrinhamento da gênese da sentença civil implica convite ao juiz para investir em conhecimento e autoconhecimento; b) a reformulação das disciplinas curriculares e dos métodos das Escolas de Magistratura, bem como do formato e conteúdo dos concursos para ingresso na magistratura brasileira, valorizando-se menos a capacidade de memorização de textos normativos e mais a aferição da capacidade de compreender e de criticar o sistema de Direito, com suas conexões extrajurídicas e interdisciplinares.

Recomendo vivamente a leitura desta magnífica e completa obra de Francesco Conte sobre a gênese da sentença civil, da qual me considero um leitor privilegiado.

Paulo Cezar Pinheiro Carneiro
Professor Titular de Teoria Geral do Processo da Faculdade de Direito da UERJ. Membro da Comissão de Juristas que elaborou o Anteprojeto de Lei do Código de Processo Civil brasileiro de 2015. Sócio fundador do Escritório de Advocacia Paulo Cezar Pinheiro Carneiro Advogados Associados.

NOTA DO AUTOR

Este trabalho, agora com acréscimo de notas, foi apresentado originalmente como Tese de Doutorado em Direito Processual na Faculdade de Direito da Universidade do Estado do Rio de Janeiro (UERJ), na qual obtive grau máximo, com distinção e louvor, em Banca Examinadora composta dos insignes Professores Doutores Paulo Cezar Pinheiro Carneiro, Humberto Dalla Bernardina de Pinho, Luiz Fux, Aluisio Gonçalves de Castro Mendes, José Roberto dos Santos Bedaque e Rodrigo de Souza Tavares.

Qualquer tese intitulada "A gênese ilógica da sentença civil: intuição, sentimento e emoção no ato de julgar" deveria principiar com uma nota de humildade; é de se iniciar com três.

Primeiro, do título audacioso não se deve inferir, nem de longe, uma compreensão exauriente da mente consciente e inconsciente do juiz para projetar certezas quando da formação do decisório. O que se têm são *insights* sobre semelhante problema central da tese.

Em segundo lugar, o *flash* intuitivo, que inspira este ou aquele passo do presente trabalho, não tem o condão de lançar claridade suficiente sobre os subterrâneos do psiquismo do juiz e as variadas tendências ditadas por sua personalidade, nem acerca da irreprimível influência que exercem no momento da germinação do decisório. Decerto, incidem, aqui, as últimas palavras atribuídas a Goethe: *"Licht, mehr Licht!"* (Luz, mais luz!).

Em terceiro lugar, não se descobriu como realmente os juízes decidem seus casos concretos. Muitas ideias esparsas de doutrinadores nacionais e estrangeiros foram sistematizadas, de modo a imprimir coesão às centelhas intuitivas, aos sentimentos e aos pensamentos incrustados no trabalho e desvelados nas páginas seguintes. Seja como for, apresenta-se abundante material que pode servir de pista, além de fomentar a circulação de ideias a propósito de temas tão instigantes quanto densos e complexos. Se houver, quando nada, utilidade para um debate acadêmico sério, já é de se sentir reconfortado.

Postura de humildade franciscana à parte, a tese deve, de todo modo, ser perturbadora e provocar, em alguma medida, inquietude intelectual, se não fica anódina, sem graça. Mas (dir-se-á), feita abstração do valor teórico que possa indulgentemente ter, qual é, afinal de contas, sua utilidade prática no cotidiano forense?

A projeção *ad extra* da presente tese na vida judiciária – para além de um confinamento teórico, abstrato, conceitual, especulativo ou meramente investigativo – tem a pretensão, embora com desânimo para a arrogância, de contribuir, ao menos, com cinco propostas essencialmente práticas, no campo da concreta administração da Justiça:

(i) O esquadrinhamento da gênese da sentença civil implica convite ao juiz para investir em conhecimento e autoconhecimento, pois, ao compreender os motivos de determinados comportamentos, ele poderá se libertar de certos padrões emocionais que precisam ser transformados e/ou adotar outros tantos que se configuram positivos.

(ii) Saber como as coisas realmente se passam no ato de julgar em sentido estrito, com influências e conformações inerentes à dimensão humana do juiz, tais como: presença do trinômio intuição-sentimento-emoção, noções provenientes de sua visão de mundo, suas opiniões políticas, fé religiosa, educação, condição socioeconômica, classe social, injunções históricas, fatores culturais, filosóficos e ideológicos, pré-compreensões, predisposições atitudinais, forças que eclodem impetuosamente das camadas profundas de seu inconsciente, e por aí vai.

O juiz, enquanto ser humano, e não um algoritmo aritmético, jamais poderá elaborar um discurso quimicamente puro, axiologicamente neutro ou sociologicamente amorfo, pois que adstrito às suas vivências pessoais e, por isso mesmo, inevitavelmente submetido à ingerência de imagens de seu inconsciente pulsante e interativo, hospedado na estrutura de seu psiquismo.

Esse quadro de conhecimento e de autoconhecimento, principalmente no tocante ao trinômio intuição-sentimento-emoção, permite ao juiz o aperfeiçoamento da qualidade de suas decisões, de acordo com as exigências humanistas do processo justo e, por isso, com melhor adequação e efetividade à prestação jurisdicional.

(iii) O reconhecimento daquelas influências extrajurídicas sobre a tomada de decisões judiciais (dimensões não jurídicas do ato de julgar) tem o condão de proporcionar melhor compreensão do raciocínio judicial e, a partir daí, um discernimento mais refinado acerca da diversidade judiciária. De fato, reconhecimento e aceitação do relevante papel de fatores extrajurídicos, de influxos inconscientes e da humanidade do juiz na tomada de decisões imprimem mais diafaneidade ao processo judicial, a par de fortalecerem a fé e a confiança da sociedade em seu sistema de Justiça.

(iv) A escrutinação do juízo, no contexto de descoberta da decisão, consente humanizar o ato de julgar, a partir da identificação e da compreensão de dimensões não jurídicas que determinam, consciente ou inconscientemente, a atividade decisória propriamente dita.

(v) Reformulação das disciplinas curriculares e dos métodos das Escolas de Magistratura, bem como do formato e conteúdo dos concursos para ingresso na magistratura brasileira, valorizando-se menos a capacidade de memorização de textos normativos e mais a aferição da capacidade de compreender e de criticar o sistema de Direito, com suas conexões extrajurídicas e interdisciplinares.

Com efeito, para se aferirem vocações, idealismo e bom senso, o concurso público não se revela o método seletivo mais apropriado: a sensibilidade, a compaixão e a empatia nem sempre estão geminadas à boa técnica.

Mas não é só. Ao ângulo de mirada empírico, conhecer os meandros da atividade decisória de cada juiz é fundamental para compreender o Judiciário como um todo. Nesse desígnio de praticidade, parece bem assinalar que aspectos relevantes da tese são objeto da recente reportagem da Revista ÉPOCA n. 1076, de 18.02.2019, p. 42-47, assinada pela jornalista Carolina Brígido, intitulada "Como nasce uma sentença" e referenciada ao Supremo Tribunal Federal brasileiro. Os Ministros estão insertos em duas classes: "ativismo judicial" e "legalistas", a revelar modo peculiar e estilo próprio de decidir.

Entrementes, como se propugnará no desenvolvimento da presente tese, quando a referência é o contexto de descoberta da decisão, não seria despropositado dizer que, como o juízo tem caráter inventivo, e não meramente demonstrativo, todos os 11 Ministros que compõem o Supremo Tribunal Federal impulsionam, inexoravelmente, o chamado "ativismo judicial", mesmo aqueles que se declaram "legalistas". Assim é porque, em refinada dicção carneluttiana, o juízo (o julgar), permeado, por exemplo, pela intuição, não é ainda raciocinar: o julgamento vem antes e o raciocínio, depois.

Já quando a referência é o contexto de justificação – que é o procedimento de aportar razões que possam confirmar, validar racionalmente a decisão –, não seria impróprio asseverar que todos os 11 Ministros do STF se transmudam em "legalistas" ou cultores da "juridicidade", mesmo aqueles considerados expoentes do "ativismo judicial", por força da incondicional submissão ao dever constitucional de motivação pública das decisões judiciais (Constituição da República, art. 93, inciso IX).

Porque assim é, a depender do contexto a ser analisado, todos os Ministros do STF são (ou podem ser) "protagonistas jurisdicionais" no contexto de deliberação da decisão, e são (ou devem ser) "legalistas" no contexto de sua justificação. O primeiro exemplo eloquente de tais considerações é fornecido pelo Ministro Luiz Fux e salta do seguinte passo daquela matéria jornalística (p. 43): "Fux deu detalhes de como converte uma ideia em decisão. Primeiro, pensa em uma solução que considere 'justa' para o caso a ser julgado. Depois, busca uma 'roupagem jurídica' – ou seja, uma lei ou norma que respalde seu sentimento de justiça".

Outra amostra expressiva da aplicação prática da presente tese no dia a dia forense é fornida pelo Ministro Luis Roberto Barroso, como se colhe da aludida reportagem que o qualifica de prócer do "ativismo judicial" (p. 43-44): "Luis Roberto Barroso, em alguns processos, também parte de uma tese. Em seguida, pede uma pesquisa sobre o assunto, debruça-se sobre a legislação vigente e a jurisprudência. Se concluir que a tese é inviável, recua. 'Ás vezes, quando vem a pesquisa, constato que minha posição inicial não deve prevalecer', disse. 'Vejo uma solução possível, mas depois verifico se ela se sustenta'".

Trata-se, em essência, de um aspecto nevrálgico da presente tese, como seja, o do expresso reconhecimento de dois momentos, níveis ou contextos distintos: (i) "Vejo uma solução possível" (é o contexto de descoberta, no qual o magistrado intui sua hipótese de trabalho), e (ii) "mas depois verifico se ela se sustenta" (é o contexto de justificação, consistente no procedimento em que o magistrado racionaliza suas intuições, em busca da confirmação/validação de sua hipótese de julgamento inicialmente formulada, passando agora aos conceitos jurídicos, à prova dos autos, ao direito vigente e aos precedentes judiciais obrigatórios).

Insista-se no ponto: nada importa que o magistrado se vincule à corrente do "ativismo judicial" ou se considere "legalista", pois, de todo modo, a crisma de sua tese ou hipótese de trabalho – inevitavelmente fixada mediante exercício de intuição, e não como resultado de inferências lógicas, esquemas silogísticos ou por força de raciocínios analíticos – não prescinde, em absoluto, de sua cabal conformidade ao direito vigente. A motivação jurídica do julgado (Constituição da República, art. 93, inciso IX) é elemento de organização e funcionamento do Estado Constitucional e Democrático de Direito. No dever de justificação, como exigência de ordem pública, pode-se legitimamente interpretar o ordenamento jurídico-constitucional em sua integralidade, mas não se pode pura e simplesmente ignorá-lo ou – caso se prefira – dele fazer cômoda tábua rasa.

Em uma perspectiva que se afeiçoa ao realismo jurídico norte-americano, o Ministro Barroso abona a concepção de que o resultado prático de uma sentença é mais importante e, por isso mesmo, prevalece sobre os formalismos jurídicos (p. 44).

Prossegue a matéria, ainda em relação ao Ministro Luis Roberto Barroso, em trecho significativo (p. 44): "No ano passado também, quando Barroso recebeu o processo que pedia que eleitores que perderam o prazo do cadastramento biométrico pudessem votar, teve o ímpeto inicial de decidir a favor. 'Quanto mais gente apta a votar, melhor', pensou. Depois de analisar mais os fatos, ponderou que os 3,4 milhões de títulos cancelados não necessariamente seriam de eleitores. Havia títulos duplicados e de pessoas falecidas. Por fim, decidiu posicionar-se contra".

Um passo à frente, ordenha-se o seguinte fragmento da reportagem (p. 44-45): "Do outro lado da trincheira jurídica estão os chamados 'legalistas', jargão que descreve juízes que priorizam o rigor da lei em detrimento de suas convicções. Compõem esse time os Ministros Celso de Mello, Alexandre de Moraes e Rosa Weber. (...) Os demais seis Ministros do STF não se encaixam em um grupo específico. O comportamento deles varia a depender do tipo de processo. Ricardo Lewandowski e Gilmar Mendes são considerados garantistas quando o processo é penal. (...) Já nos outros ramos do Direito se aproximam do grupo legalista".

Em relação ao Ministro Marco Aurélio Mello, a reportagem assinala (p. 45): "Na maior parte das vezes, tal como os ativistas, o magistrado define qual seria a solução mais justa para o caso e, depois, verifica se existe norma para respaldar a decisão. Decide de acordo com sua 'ciência e consciência', como costuma explicar. Mas, se não há na legislação algo que respalde suas convicções, recua e segue o texto da lei".

A matéria jornalística registra (p. 47) que o Ministro Celso de Mello "gosta de examinar os processos sozinho" e a Ministra Carmem Lúcia "também gosta de elaborar sozinha suas decisões quando o caso é de muita relevância". No tocante ao Ministro Edson Fachin a reportagem sublinha (p. 47): "O processo decisório de Fachin é típico de um acadêmico. Primeiro, ele determina como será a decisão. (...) Depois, pede à equipe uma pesquisa com decisões em sentido contrário, para se certificar de que sua opção é mesmo juridicamente viável e que está apto para rebater o argumento de colegas que votem no sentido oposto".

Relativamente ao Ministro Ricardo Lewandowski, a matéria jornalística também destaca seu método intuitivo (p. 47): "Magistrado desde 1990, Lewandowski revelou que usa a intuição. 'Um juiz experiente é como um médico experiente. O profissional antigo tem suas impressões e experiências gravadas no subconsciente', disse".

No que respeita ao Ministro Gilmar Mendes, sobreleva (p. 47): "Quando os processos são de grande impacto, Mendes também pede à equipe pesquisas com decisões tomadas em outros países. Ele ouve, ainda, especialistas sobre temas mais áridos, como os processos tributários. Quando o processo é constitucional, o ministro decide de forma mais solitária".

No que concerne ao Ministro Dias Toffoli (p. 47): "Quando o assunto é muito impactante, escreve tudo sozinho. (...) Quando um processo de sua relatoria é levado ao plenário, o ministro tem por hábito antecipar o voto para os colegas, para facilitar na hora do julgamento".

A reportagem sobre "os bastidores do processo decisório de cada ministro do STF" assim finaliza (p. 47): "Antecipar o voto é um símbolo de deferência ao colegiado que perdeu força nos últimos tempos, à medida que o individualismo da Corte passou a prevalecer. Entender como os ministros decidem ajuda a compreender que o Judiciário, mais do que um Poder, é um organismo pulsante, resultado não de uma ação coordenada, mas de métodos, convicções e rituais solitários de cada magistrado. (...) Em outra perspectiva, ao se conhecerem os meandros do processo decisório, fica claro que o STF, sob constante ataque, não é terra sem lei".

Note-se – e o ponto é de superlativa importância – que a coxia da atividade decisória dos Ministros do Supremo Tribunal Federal brasileiro, condensada acima, representa, na realidade, um padrão de como fazem juízes brasileiros (e aqueloutros mundo afora) para decidirem seus casos concretos.

Há, porém, mais. Sob outro ângulo de mirada, far-se-á uma invitação à reflexão crítica sobre a indispensável reformatação da própria metodologia do estudo do Direito nas respectivas Faculdades, quer tanto sob o prisma metodológico, quer quanto de suas grades curriculares, para se valorizar a interdisciplinaridade (*v. g.*, psicologia, psicanálise, sociologia, economia, política, antropologia) como nova fronteira do Direito.

Semelhante problemática, como bem se compreende, que envolve os concursos para a magistratura (e, de resto, para outras carreiras jurídicas) mergulha raízes no academicismo da formação jurídica, impulsionado por anacrônica metodologia predominante nas Faculdades de Direito, as quais, não raro, incentivam a memorização acrítica de textos doutrinários, legislativos e jurisprudenciais. É de se preconizar a adoção de uma nova pedagogia, que possa superar a metodologia normativista e, portanto, incrementar a formação humanística para todos os alunos. A superação do obsoleto paradigma racionalista implica reinserir o Direito no campo hermenêutico, pois não se pode abonar o ideário racional que concebe a função jurisdicional prisioneira de um céu de abstrações e como singelo decalque da norma, excogitando-a, por completo, da realidade social subjacente ao conflito jurídico intersubjetivo.

Como os juízes realmente julgam? Dois modelos dominantes de julgamento oferecem respostas diferentes a essa questão. De um lado, o modelo deliberativo ou "dedutivo" decorre do formalismo jurídico. De fato, para os formalistas, o sistema judicial representa uma "gigantesca máquina de silogismos". Desponta, nessa visão, a imagem do juiz como uma calculadora hercúlea. De outro, em posição diametralmente oposta, está o modelo "intuitivo" do juiz, mais associado ao realismo jurídico. Semelhante modelo se caracteriza pela noção de que o juiz decide realmente conformado pelo trinômio intuição-sentimento-emoção, e não por raciocínios discursivos, inferências lógicas, silogismos jurídicos.

A hipótese a ser demonstrada na presente tese de doutorado é a seguinte: a sentença civil, em sua gênese, é um momento do pensamento puramente intuitivo e, portanto, irracional. O transporte da decisão para o plano da racionalidade é, ao depois, realizado pelas razões justificativas ministradas na motivação jurídica, constituída de argumentos sólidos, coerentes, identificáveis, controláveis, endo e extraprocessualmente, e intersubjetivamente válidos em dado tempo e lugar, que possam, ao ângulo racional, justificá-la.

Defender-se-á a erosão do prestígio da concepção de que a sentença civil é exclusivamente representada como um silogismo jurídico. Com efeito, na realidade, o fenômeno que originalmente acontece pode ser sintetizado na seguinte proposição: inicialmente, no contexto de descoberta, o juiz intui a decisão a tomar (hipótese de trabalho), plasmado de sentimento/emoção, formulando mentalmente sua hipótese de julgamento. Só depois, no contexto de justificação, o juiz busca "racionalizar" as intuições, através da verificação de sua hipótese de julgamento inicial, buscando confirmá-la e justificá-la racionalmente, segundo os conceitos jurídicos, as provas representadas nos autos do processo, o direito vigente e os precedentes judiciais obrigatórios. Quando tal não se afigurar possível, o juiz deve dissolver sua hipótese de trabalho primitivamente delineada e seu labor recomeça do início, com a fixação intuitiva de nova hipótese de julgamento...

Cogita-se, assim, privilegiar a ótica do que realmente ocorre quando da tomada de decisão pelo juiz, máxime no contexto de sua descoberta. De fato, não se pode, por exemplo, desconhecer o trinômio intuição-sentimento-emoção, ignorar as forças que irrompem, impetuosamente, da mente inconsciente do juiz, fazer *tábula rasa* de seu psiquismo, de sua personalidade, de sua subjetividade, de seu mundo interior.

Nesse passo, parece bem passar em revista o plano do trabalho, o qual se projeta em introdução, nove capítulos e conclusão.

A exposição será iniciada com capítulo no qual se pretende oferecer o substrato teórico do tema, mediante três eixos fundamentais: (i) Intuicionismo: a intuição como base do processo cognitivo, revisitando-se Bergson (intuição emocional), Spinoza (intuição mística), Dilthey (intuição volitiva) e Husserl (intuição fenomenológica); (ii) Sentimentalismo construtivo de Jesse Prinz, na vertente de que os sentimentos configuram suporte para os juízos de valor, além de criarem a moral no espaço-tempo; e (iii) Emotivismo.

No segundo capítulo, segue-se o labor de abonar o substrato teórico do tema com a abordagem do Racionalismo Jurídico, ênfase posta na perda de prestígio da teoria do silogismo judicial e no problema da (ir)racionalidade do juízo na teoria da decisão judicial. Ademais, buscar-se-á esquadrinhar determinadas correntes teóricas sobre a decisão judicial: (i) Realismo e Pragmatismo Jurídicos; e (ii) A teoria estruturante da norma jurídica de Friedrich Müller.

No terceiro capítulo, lançar-se-á um olhar sobre a interdisciplinaridade, qualificada como a nova fronteira do Direito. Pretende-se pensar o fenômeno jurídico encarnado na sentença civil numa perspectiva mais ampla, no ambiente dialógico da interdisciplinaridade. Quatro subtemas em que se desdobra a investigação: (i) Interdisciplinaridade e cultura; (ii) A regra de ouro da interdisciplinaridade e o fenômeno jurídico; (iii) A revolta contra o formalismo jurídico; e (iv) A visão instrumental do processo.

O quarto capítulo será dedicado ao exame da intuição como método idôneo no Direito, em quatro linhas importantes: (i) Percepção, inconsciência e consciência; (ii) Intuição: o olfato do coração; (iii) Apresentação de conceito (sincrético) de intuição; e (iv) A intuição e o Direito: uma nova forma de caminhar.

No quinto capítulo, procurar-se-á abordar a emoção e o sentimento, em quatro tópicos relevantes: (i) Emoção e sentimento: variações sobre o mesmo tema?; (ii) A superação do duelo epistemológico entre razão e emoção/sentimento do juiz; (iii) A extrema sensibilidade do juiz às angústias dos litigantes e a inteligência espiritual; e (iv) Equidade: caminho para o interior profundo e sentimento íntimo de justiça.

O sexto capítulo tem como escopo agredir o problema de como se forma a decisão na mente do juiz. Em semelhante empreitada, a investigação se desdobrará em seis subtemas instigantes: (i) A irrefreável ingerência do psiquismo do juiz na conformação do *decisum*; (ii) A intuição na determinação da hipótese de julgamento; (iii) Sentença e sentimento: expressões do *sentire* do juiz; (iv) A importância da emoção no ato de julgar; (v) Juízo e silogismo: natureza inventiva e irracional *versus* caráter demonstrativo e racional; e (vi) A problemática da formação da deliberação no julgamento colegiado.

No sétimo capítulo, far-se-á apreciação da concepção de administração da Justiça como uma instância política, em quatro tópicos: (i) O mito da neutralidade axiológica do juiz; (ii) O problema da independência do juiz à luz de sua responsabilidade social; (iii) A certeza do Direito e o papel político do juiz: ideologias e sua (inexorável) influência sobre a psique humana; e (iv) Sobre o recrutamento e o desenvolvimento (funcional e pessoal) dos juízes: o papel das Escolas de Magistratura.

No oitavo capítulo, o trabalho buscará examinar o problema ao ângulo da imparcialidade do juiz, através da seguinte temática: (i) A garantia fundamental da imparcialidade do juiz no âmbito do processo justo; (ii) O contraditório como direito de influir na formação intelectual da convicção do juiz e o seu sentimento; (iii) A regra técnica da livre convicção motivada; e (iv) O juiz pode ser indiferente ao "sentimento da sociedade"?

No último capítulo, ao quadro do Estado Constitucional e Democrático de Direito, será densificada a tese do dever de justificação como instrumento de "racionalização" da gênese ilógica da sentença civil. Para tanto, desenvolver-se-ão quatro temas de superlativa importância: (i) Contexto de descoberta da decisão e Contexto de justificação ou validação; (ii) A motivação jurídica como passaporte entre gênese irracional do *decisum* e sua dimensão de racionalidade e de controlabilidade, endo e extraprocessual; (iii) A motivação jurídica da sentença como ferramenta de controle sobre a imparcialidade do juiz; e (iv) A racionalidade argumentativa da motivação como inestimável fator de legitimação da função jurisdicional.

Em desfecho, serão apresentadas, em forma de enunciados objetivos, dez conclusões revestidas de maior essencialidade, extraídas do *iter* do evolver da tese.

No mundo de carne e osso, o desígnio do presente trabalho será o de formular, mediante abordagem crítica interdisciplinar, caracterizada por alguns novos ângulos de mirada, um convite intersubjetivo direcionado à reflexão e ao fomento do debate científico sobre o universo, tão complexo quanto fascinante, da gênese da sentença civil e dos variados fatores extrajurídicos (*v. g.*, trinômio intuição-sentimento-emoção, psiquismo do juiz) que determinam o contexto de descoberta da decisão. O juiz não é um mecanismo hercúleo de silogizar. A condição humana do juiz, singularizada pelas forças que pulam intensamente das camadas mais profundas de sua mente inconsciente, se incumbe de injetar na atividade decisória propriamente dita uma boa dose de mistério.

Entretanto, no contexto de justificação da decisão (ou melhor: da hipótese de julgamento), emerge um procedimento pautado na racionalidade e na logicidade do juiz, como atributos indissociáveis de sua dimensão humana e intelectiva.

Não por acaso, quer-se, de todo modo, sublimar que os assuntos humanos devem ser tratados humanamente. As intuições, os sentimentos, as emoções, a personalidade, a mente inconsciente, os arquétipos *anima* e *animus*, a subjetividade, os valores pessoais, as vivências refletem a humanidade de quem deve julgar casos que envolvem, não raro, densas tragédias humanas.

Ser indiferente, quem há de?

CAPÍTULO 1

O SUBSTRATO TEÓRICO DO TEMA

1.1 Intuicionismo: a intuição como base do processo cognitivo

O conhecimento etiquetado de racional é um conhecimento mediato, de perfil discursivo. No mundo do Direito, não raro, há vozes apostadas na centralidade do racionalismo como postura filosófica que preconizam a validade do conhecimento oriundo exclusivamente da razão humana. Para os racionalistas, apenas o conhecimento racional é universal, indispensável e idôneo para exibir valor científico.[1]

Por outro lado, etimologicamente, a palavra intuição deriva do latim *intueri*, que significa olhar para dentro, ver em, ao invés de olhar de fora para fora. A intuição implica conhecimento direto e visão imediata de objetos no que toca à consciência. Trata-se de percepção sem a necessidade de mediação conceitual racional. No plano filosófico, o intuicionismo é uma corrente idealista, porque, nele, a posição central da subjetividade é fundamental, extremando-se do conhecimento racional. A 'apreensão' direta da realidade é mais rica e sua profundidade apenas pode ser produto de um ato de intuição criativa, que se reveste de natureza e concepção variadas: são entidades não empíricas, irredutíveis à experiência sensorial, inalcançáveis através dos cinco sentidos, tampouco ao pensamento discursivo, mas cognoscíveis por uma faculdade especial.[2] A intuição é considerada, por alguns, análoga a um sexto sentido e, por outros, como a capacidade de um conhecimento intuitivo *a priori*.[3] Por outros tantos, a aglutinação de ambos.[4]

---

[1] Para um aceno geral sobre o tema, vide COHEN, H. *Logik der reinen Erkenntnis*. Helmut Holzhev (Hrsg.) Hildesheim/New York: Georg Olms Verlag, 1977.

[2] ALEXY, Robert. *Teoria da argumentação jurídica*: a teoria do discurso racional como teoria da fundamentação jurídica. 3. ed. Rio de Janeiro: Forense, 2011, p. 49.

[3] ROSS, W. David. *The foundations of ethics*: the gifford lectures delivered in the University of Aberdeen, 1935-6. Oxford University Press, 1939, p. 320.

[4] SCHELER, Max. *Der Formalismus in der Ethik un die materiale Wertethik*. Halle a. d. S. Verlag von Max Niemeyer, 1916, p. 84-98.

Essa clarividência ideal do olho espiritual,[5] ao enxergar por trás dos vários processos da natureza física, deve-se exclusivamente ao fato de que a natureza do mundo físico, neste caso, é algo que é moldado pela mente intuitiva do próprio observador.[6]

O intuicionismo indica a doutrina ou atitude filosófica que atribui especial relevo à intuição no campo do conhecimento imediato e direto,[7] sugerindo uma resposta integral do sujeito cognoscente no que toca à totalidade das coisas. As seguintes correntes podem, entre outras, ser classificadas como formas de intuicionismo:[8] (i) Platonismo: a intuição ou percepção (*noesis*) é o objeto do filósofo; (ii) Bergsonismo: considera a intuição como a fonte superior do conhecimento, porque coloca o conhecedor em relação de identidade e simpatia inteligente com o objeto conhecido; (iii) Cartesianismo: essa forma de racionalismo ensina a capacidade da mente de intuir ideias inatas. Descartes afirma, por exemplo, que todo o conhecimento pode ser deduzido de ideias claras e autoevidentes por intuição. Spinoza fez da intuição o alvo do conhecimento, como uma visão da realidade *sub specie aeternitatis*, na perspectiva da eternidade.

O intuitivismo não está imune a críticas, como aquela, diante de diferentes pessoas que respondem de forma diversa à mesma evidência, de não fornecer critério para distinguir as corretas das falsas, as autênticas das não autênticas. Sem tais critérios para se escolher entre as alternativas, ter-se-ia a impossibilidade de conhecimento objetivo e da verdade moral na esfera da ética, resvalando-se, assim, para o subjetivismo ético.[9]

Na contraposição entre método discursivo e método intuitivo, parece bem assinalar que o primeiro (método discursivo) alcança o conhecimento através da formulação de várias teses que serão aprimoradas até atingirem a realidade completa do objeto ou, mais exatamente, o conceito. Representa, assim, um método indireto através do qual se alcança um conhecimento mediato. No segundo (método intuitivo), a intuição consiste em um único ato do espírito. Por sua operatividade, abiscoita-se um conhecimento imediato e direto do objeto. Contudo, por exemplo, na doutrina bergsoniana, podem-se verificar sobreposição, diferenças e complementaridade entre o método intuitivo e o método científico.[10]

Não há um único conceito ou significado de intuição; antes, ao contrário, a intuição pode ser esquadrinhada em perspectiva interdisciplinar e sob variados contornos e conteúdos, dissipando-se as brumas que a envolvem. É de se advertir que a visão psicológica, conquanto importante, não tem evidentemente o condão de esgotar o fenômeno jurídico radicado na formulação da decisão judicial, nem a intuição como método idôneo no mundo do Direito.

---

5   Evangelho: "Peça e receberá, procure e achará, bata e a porta se abrirá". (Mateus 7, 7).
6   PLANCK, Max. *Where is science going?* Woodbridge: Ox Bow Press, 1981, p. 94: "As long as this world of his intuitive construction remains a hypothetical world, the creator has full knowledge of it, and full dominion over it and can shape it what way he will; because as far as concerns reality it has as yet no value. The first value comes the moment the theoretical system on which this hypothetical world has been planned is brought into touch with actual results that have been furnished through research measurements".
7   JAPIASSÚ, Hilton; MARCONDES, Danilo. *Dicionário básico de filosofia*. 4. ed. atual. – Rio de Janeiro: Zahar, 2006, p. 152.
8   HUNNEX, Milton D. *Filósofos e correntes filosóficas*. Tradução Alderi de Souza Matos. São Paulo: Editora Vida, 2003, p. 24.
9   ALEXY, Robert, *op. cit.*, 50.
10 FRADET, Pierre-Alexandre. La durée bergsonienne et le temps d'Einstein: conciliation et insubordination. *Symposium*: *Revue Canadienne de Philosophie Continentale*, Vol. 16, Issue 1, 2012, p. 52-85, esp. p. 68, 70, 72, 76.

Porém, a elaboração jurídica a cargo de juízes e tribunais, máxime quando se leva em conta o que realmente ocorre no contexto de descoberta da decisão, recusa a presidência da racionalidade, pois o processo decisório, em sua raiz, é permeável às infiltrações do trinômio intuição-sentimento-emoção (*v. g.*, sentir intuitivo do justo) e de outros fatores extrajurídicos (*v. g.*, psíquicos, sociais, econômicos, religiosos, filosóficos, ideológicos, políticos) que habitam no subterrâneo inconsciente do ser juiz.[11] Aliás, filósofos enfatizam que parte do pensamento mais complexo do ser humano é tácito, inconsciente.[12]

Confira-se o quadro esquemático de algumas modalidades de intuição, enquanto forma de conhecimento imediato e direto:

Intuição → Sensível
→ Espiritual → Formal
→ Material → Racional (Da essência)
→ Volitiva (Da existência)
→ Emocional (Do valor).[13]

Na história da Filosofia, podem-se garimpar variadas classificações de tipos de intuição, segundo os objetos captados por ela. Nessa tipologia, desponta, como exemplo típico, a intuição sensível, que é aquela praticada, diuturnamente, a todo o momento, quando, mediante os sentidos, se percebem e se captam os objetos, os fatos físicos: formas, cores. Indica, pois, uma intuição imediata, singularizada pela relação direta entre o sujeito cognoscente e o objeto a ser conhecido. A intuição sensível é a base de todo conhecimento empírico, tem caráter pessoal, intransferível, implicando primeira porta de acesso ao real.[14]

A intuição sensível (empírica) capta, diretamente pelos sentidos e pela consciência, os fatos sensíveis e os fenômenos das coisas, mas não suas essências. Um tipo de intuição sensível (empírica) é a chamada intuição psicológica, suscetível de captar pela consciência os fatos ou fenômenos psíquicos. Configuram noções equivalentes de intuição empírica: sensação, percepção, representação, imaginação, visão, consciência.

Todavia, semelhante modalidade intuitiva é refratária à sua utilização no campo filosófico, na busca do conhecimento, por duas ordens de razão: (i) a intuição sensível apenas pode ser aplicada a objetos suscetíveis de apreensão pelos sentidos, deixando ao relento a possibilidade de apreensão de objetos não sensíveis; e (ii) exibe cunho individual, não consentido universalidade ou generalidade dos objetos, enquanto desígnios da Filosofia, mas que tem no "espanto" sua origem imperante (mas não apenas), nas

---

[11] PRADO, Lídia Reis de Almeida. *O juiz e a emoção*: aspectos da lógica da decisão judicial. 3. ed. Campinas: Millenium, 2005, p. 25, esp. nota nº 20.

[12] POSNER, Richard Allen. *Problemas de filosofia do direito*. (Coleção justiça e direito). São Paulo: Martins Fontes, 2007, p. 146: "A fórmula matemática para ajustar o próprio peso sobre uma bicicleta e não cair é altamente complexa, mas ainda assim, sem mesmo saber da existência dessa fórmula, as pessoas aprendem a andar de bicicleta".

[13] REALE, Miguel. *Filosofia do direito*. 20. ed. São Paulo: Saraiva, 2002, p. 133-134.

[14] GARCIA, Maria. Possibilidades e limitações ao emprego da intuição no campo do Direito: considerações para uma interpretação da constituição. *In: Cadernos de Direito Constitucional e Ciência Política*: Instituto Brasileiro de Direito Constitucional – IBDC. Revista dos Tribunais, São Paulo, Ano 5, n. 19, abr./jun. 1997, p. 109-122, esp. p. 113.

visões de Platão e de Aristóteles.[15] A Filosofia tem a tarefa fundamental de transportar o ser humano para além da pura imediatidade, instaurar a dimensão crítica ou despertar a consciência crítica, descerrando amplos horizontes.

Outra modalidade de intuição atende pelo nome e sobrenome de intuição espiritual, que, bem ao contrário do conhecimento discursivo, prescinde de demonstração, posto se tratar de uma visão direta do espírito, assim como o princípio da contradição. Exemplo frisante de intuição espiritual é a diferenciação que se faz entre um objeto e outro, vale dizer, a relação de diferença é decorrência de um objeto da intuição e não de um objeto sensível. A intuição espiritual tem sempre como objeto uma relação formal. Significa soletrar que se refere à forma dos objetos e não ao seu conteúdo. Tal como ocorre na intuição sensível, a intuição espiritual revela-se insuficiente para alicerçar uma doutrina filosófica, pois o formalismo não se afigura bastante para adentrar na essência da realidade das coisas.

Não por acaso, irrompe outra modalidade de intuição, classificada de real, por sair do espírito e ir ao encontro da realidade dos objetos, mergulhando no fundo das coisas. Esta classificação corresponde à estrutura do objeto a ser conhecido nos planos da essência, da existência e do valor, havendo, pois, uma forma de conhecimento propícia para cada estrutura de objeto a ser apreendida:[16] intuição da essência (racional), intuição da existência (volitiva), intuição do valor (emocional), conforme a via cognoscitiva e a apreensão do saber se faça, respectivamente, pela razão, vontade ou emoção.[17]

A intuição real é passível de se fragmentar em três categorias relacionadas com as três forças fundamentais do ser humano (pensamento, vontade, sentimento): (i) intuição intelectual, quando sobrelevarem as faculdades intelectuais do sujeito, a qual terá no objeto o seu correlato exato. Consiste, assim, em captar a essência de um objeto, aquilo que ele é, através de um ato direto do espírito; (ii) intuição volitiva,[18] cujos motivos decorrem da vontade, tocando à realidade existencial do objeto. A existência do ser manifesta-se ao homem mediante esta espécie de intuição, a qual encontra, também, seu correlato no objeto; e (iii) intuição emotiva, quando preponderarem motivos de jaez emocional, a qual possui, também, seu correlato no objeto, mas busca o valor desse objeto.

A intuição intelectual, por exemplo, em que as ideias são alcançadas diretamente pela inteligência, capta diretamente pela razão os fenômenos e os conteúdos não sensíveis, as essências das coisas e suas relações entre si, exibindo os seguintes tipos básicos:

(i) Intuição racional, que se caracteriza por captar pela razão de evidência as relações de semelhança, igualdade, sucessão, consequência, os princípios lógicos e racionais, os axiomas. Trata-se de visão sintética, global, holística do conjunto. Soam como sinônimos de intuição racional: intuição retrospectiva, recapituladora, sintética.

---

[15] HEIDEGGER, Martin. *O que é isto – a filosofia?* Coleção Os pensadores. São Paulo: Nova Cultural, 1989, p. 21: "O espanto é, enquanto *páthos*, a *arckhé* da filosofia. Devemos compreender, em seu pleno sentido, a palavra grega *arckhé*. Designa aquilo de onde algo surge. Mas este "de onde" não é deixado para trás no surgir; antes, a *arckhé* torna-se aquilo que é expresso pelo verbo *arkhein*, o que impera. o *páthos* do espanto não está simplesmente no começo da filosofia, como, por exemplo, o lavar das mãos precede a operação do cirurgião. O espanto carrega a filosofia e impera em seu interior".

[16] HESSEN, Johannes. *Teoria do conhecimento.* Tradução Antonio Correia. 3. ed. Coimbra: Armênio Amado Editor, 1964, p. 123.

[17] NADER, Paulo. *Filosofia do Direito.* 23. ed. Rio de Janeiro: Forense, 2015, p. 25.

[18] GADAMER, Hans-Georg. *Verdad y método I.* 13. ed. Tradujeron Ana Agud Aparicio y Rafael de Agapito del original alemán Wahrheit und Methode. Salamanca: Sígueme, 2012, p. 60 ss.

(ii) Intuição heurística[19] ou criativa, que consiste em captar, descobrir ou pressentir as relações ocultas, imperceptíveis explícita e conscientemente, as quais, como tal, não poderiam ser assentadas racionalmente, senão por complexas operações discursivas (*v. g.*, a hipótese científica, a intuição do médico fazendo um diagnóstico imediato com base em alguns dados elementares). Ecoam como sinônimos de intuição criativa: intuição descobridora, inventiva, antecipadora, prospectiva.

Cada método intuitivo tem seus ícones em várias correntes filosóficas. É útil passar em revista esse leque variado de modalidades nas quais a intuição se apresenta. Na Antiguidade, a intuição intelectual pura é divisada em Platão. Modernamente, em Descartes e nos filósofos idealistas alemães, Schelling e Schopenhauer. Por seu turno, a intuição emotiva é deparada, na Antiguidade, em Plotino e, ulteriormente, em Santo Agostinho.[20] Na Idade Média, encontram-se partidários tanto da intuição intelectual quanto da emotiva; entre os pensadores modernos, há Spinoza, que, sob a forma de demonstrações geométricas, manifesta sua intuição mística, e Hume. A intuição volitiva é representada por Fichte, para quem a existência do eu depende de um ato da vontade, pois a realização da vida, que consiste em superar obstáculos, é a base de todo o sistema filosófico.

Veja-se, mais amplamente, que, quando o sujeito tratar de construções intelectuais, as quais não se preocupam com a origem ou essência do objeto (*v. g.*, ciências matemáticas, físicas,[21] biológicas, jurídicas e sociais), o método mais eficiente será a intuição fenomenológica, intelectual. Contudo, para se tentar captar aquilo que for pré-intelectual, é necessário, primordialmente, descobrir a própria vivência do homem, a qual se depara com resistências e obstáculos que se tornam existências para, então, transformarem-se em essências a serem estudadas pela intuição intelectual.

Muito para dizer que tais categorias de intuição (*v. g.*, intelectual, volitiva, emocional) são complementares entre si e não equivalentes. É de se advertir que serão aplicadas, ecleticamente,[22] todas as modalidades de intuição às camadas do presente trabalho, de acordo com a realidade onde estiverem inseridos os temas abordados, não se adstringindo a um ou outro tipo intuitivo. De fato, a intuição, por exemplo, pode configurar tanto uma faculdade irracional (*irrationalis*) de conhecimento que se opõe à inteligência, como um modo de conhecimento que não pode ser caracterizado como metódico, quanto um método filosófico composto por procedimentos racionais, os quais a proporcionam e a enriquecem.

Por assim ser, ambos os aspectos da intuição não são excludentes, mas guardam íntima conexão, de tal sorte que cada aspecto seja indispensável à compreensão do outro. A ser diferente, o primeiro aspecto (faculdade irracional de conhecimento)

---

[19] BAZARIAN, Jacob. *Intuição heurística*: uma análise científica da intuição criadora. 3. ed. São Paulo: Alfa-Omega, 1986, p. 51-53.

[20] HESSEN, Johannes, *op. cit.*, p. 124-125.

[21] EINSTEIN, Albert. *Ideas and opinions by Albert Einstein*. New York: Crown Publishers, Inc., 1954, p. 322: "Physics constitutes a logical system of thought which is in a state of evolution, whose basis cannot be distilled, as it were, from experience by an inductive method, but can only be arrived at by free invention. The justification (truth content) of the system rests in the verification of the derived propositions by sense experiences, whereby the relations of the latter to the former can only be comprehended intuitively".

[22] O problema sobre o conceito (sincrético) de intuição esposado no presente trabalho será objeto do Capítulo 4, tópico 4.3 *infra*.

é incompreensível sem o segundo (método filosófico constituído por procedimentos racionais).[23] Quando a inteligência profliga contra si própria, proporciona uma 'distração' imprescindível ao surgimento da intuição. De qualquer forma, na concepção maritainiana a inteligência não é apenas razão lógica, pois o ser humano dispõe, para além disso, da natureza propriamente intuitiva do intelecto para apreender o real.[24]

Seja como for, aparece como uma das diretrizes fundamentais do pensamento bergsoniano (que está vivo e, portanto, não se trata de ressuscitar um fantasma) o significado irracional da intuição, no que toca à possibilidade de um conhecimento não intelectual de outras consciências: "A simpatia e a antipatia irrefletidas, tão frequentemente proféticas, são um testemunho da interpenetração possível das consciências humanas".[25] Esse significado estabelece, pois, uma oposição entre conhecimento racional e conhecimento intuitivo. A razão é incapaz de abordar a realidade, haja vista que seus conceitos não podem ir além de seus próprios enunciados, de uma coerência interna que é instituída como um mero solipsismo. Bem ao contrário, a intuição tem o condão de penetrar na própria realidade, pois ela imediatamente apreende seu caráter vital e dinâmico, com uma duração que, como poder criativo e novidade sustentada, transborda qualquer esquema ou conceito que pretenda manter sua forma.[26]

A visão intuitiva pode ser descortinada de maneira emocional, embora a objetividade não seja totalmente alheia à intuição, pois que pode se embasar em valores, como a justiça, preponderantes na sociedade em que o juiz[27] opera. Na realidade, primeiramente, o juiz intui a decisão a tomar, formulando mentalmente sua hipótese de julgamento, para, só depois, racionalizar as intuições, em busca de confirmação/ justificação com base nos conceitos jurídicos, na prova representada nos autos do processo, no direito vigente e nos precedentes judiciais obrigatórios. Força é convir que o conhecimento intuitivo se qualifica como método ideal de vários pensadores, desde Platão, e de multifárias Escolas filosóficas.[28]

O ser humano (corpo + espírito) é dotado de atributos essenciais: pensamento, vontade, sentimento. A incessante busca de saber e de conhecimento encerra a relação entre o sujeito que conhece (sujeito cognoscente) e o objeto a ser conhecido (cognoscível). O espírito, em sua relação com o mundo, tenciona captar a realidade circundante e a essência das coisas, qual processo cognitivo para apreensão do conhecimento, de modo que o sujeito cognoscente, para melhor perceber a essência do objeto do conhecimento, poderá fazê-lo de forma direta e imediata, em um único ato, ou de maneira mediata, através de múltiplos atos ou operações mentais.

---

[23] COELHO, Jonas Gonçalves. Bergson: intuição e método intuitivo. *Trans/Form/Ação* [online], v. 21-22, n. 1, 1999, p. 151-164, esp. p. 152: "Nesse sentido, as regras metódicas bergsonianas, as quais são na verdade um conjunto de procedimentos intelectuais, têm a função ou de propiciar a intuição para si e para os outros ou de legitimá-la, já que a intuição não depende do método, ou seja, ela pode ocorrer espontaneamente".

[24] SAMPAIO, Laura Fraga de Almeida. *A intuição na filosofia de Jacques Maritain*. São Paulo: Edições Loyola, 1997. (Filosofia), p. 164.

[25] BERGSON, Henri. *La pensée et le mouvant*: Essais et conférences. Paris: PUF, 1950, p. 28.

[26] PHILONENKO, Alexis. *Bergson ou de la philosophie comme science rigoureuse*. Paris: Éditions du Cerf, 1994, p. 93.

[27] Importa registrar que, no Brasil, a palavra juiz é sinônima de magistrado. Diversamente, em alguns países – como Itália, França e Portugal – a palavra magistrado se aplica assim ao juiz como ao membro do Ministério Público. Na Espanha, o vocábulo "juez" é empregado para o julgador de primeira instância, ao passo que "magistrado" é utilizado para julgadores de outras instâncias.

[28] GARCIA, Maria, *op. cit.*, p. 112-113.

A intuição permite a visão direta, sem elementos intermediários, imediata e instantânea de uma realidade ou a compreensão direta, imediata e interna de uma verdade. Cuida-se de faculdade que acompanha os seres humanos, em maior ou menor grau, conforme certas condições.[29] O instinto, por seu turno, revela traço característico e atributo de animais ditos irracionais ligado à sobrevivência biológica, mas em torno do instinto animal persistiu uma "franja de inteligência", ao passo que a inteligência humana foi "aureolada pela intuição".[30] Desse modo, a intuição é o instinto adicionado de consciência e de reflexão (atributos da inteligência), amplificado e aperfeiçoado, graças à presença da inteligência, que impulsiona a intuição para além da forma de instinto.[31] A intuição, como ato do espírito, designa a espiritualização do conhecimento.[32] Não por acaso, a intuição vocaliza a percepção primeira do próprio "Eu", da própria consciência individual como ser existencial.[33]

A intuição se apresenta como forma de conhecimento imediato da realidade circundante, dando-se a apreensão imediata, sem intermediários, do objeto cognoscível, para alguns mediante visão ou o olhar,[34] enquanto que para outros a intuição não se desencadeia pelo sistema sensorial do corpo humano (*v. g.*, visão, olfato, paladar, audição, tato).[35]

A noção de intuição, bem como seu decalque em inúmeras teorias, não é uniforme na poeira dos séculos. Na Antiguidade, o filósofo ateniense Platão (428-427-348-347 a. C.)[36] lançou mão da intuição, em um sentido restrito, afirmando-a como forma de pensamento superior e "um olhar espiritual", dês que as ideias imediatamente percebidas pela razão são vistas espiritualmente. Platão distinguia quatro formas ou graus de conhecimento, os quais vão do grau inferior ou conhecimento sensível (crença e opinião) ao superior ou intelectual (raciocínio e intuição), considerando apenas os dois últimos válidos. O raciocínio exercita o pensamento, preparando-o para uma purificação intelectual, que lhe permitirá alcançar uma intuição das ideias verdadeiras ou das essências das coisas que formam a verdadeira realidade ou que constituem o Ser.[37]

Plotino (204-205-270 a. C.), filósofo neoplatônico, também reconhece outra forma de visão, não puramente intelectual, que denota uma contemplação sublime do divino: a de uma intuição imediata do Uno, ser supremo totalmente transcendente, embebido em elementos emocionais.[38]

---

[29] BAZARIAN, Jacob, *op. cit.*, p. 42.

[30] BERGSON, Henri. *Les deux sources de la morale et de la religion*. 5. ed. Paris: PUF, 1992, p. 265.

[31] BERGSON, Henri. *L'évolution créatrice*. 5. ed. Paris: PUF, 1991, p. 178-179.

[32] SANTOS, Jessy. *Instinto, razão e intuição*. São Paulo: Livraria Martins Editora. 1950. v. VII (Natureza e Espírito), p. 22-23.

[33] LINHARES, Mônica Tereza Mansur. Intuição e o conhecimento do Direito. *Revista Jus Navigandi*, Teresina, ano 17, n. 3195, 31 mar. 2012. Disponível em: https://jus.com.br/artigos/21407/intuicao-e-o-conhecimento-do-direito. Acesso em: 17 abr. 2018.

[34] HESSEN, Johannes, *op. cit.*, p. 97.

[35] BAZARIAN, Jacob, *op. cit.*, p. 41.

[36] Para uma visão panorâmica sobre o tema, vide PLATÃO. *Fédon; O banquete. In: Diálogos*; seleção de textos de José Américo Motta Pessanha; traduções e notas de José Cavalcante de Souza, Jorge Paleikat e João Cruz Costa. (Os pensadores). 2. ed. São Paulo: Abril Cultural, 1983.

[37] CHAUÍ, Marilena. *Convite à filosofia*. São Paulo: Ática, 2000, p. 140.

[38] VICENTE BURGOA, Lorenzo. El problema acerca de la noción de intuición humana. Sapientia. 63.223 (2008). Disponível em: http://bibliotecadigital.uca.edu.ar/repositorio/revistas/problema-acerca-nocion-intuicion-humana.pdf. Acesso em: 23 ago. 2018, p. 29-87, esp. p. 34: "En Plotino la intuición se entiende como contemplación extática y casi mística. Se encuentra primeramente en la Inteligencia, que contempla al Uno y a sí misma, produciendo con ello la primera Dualidad o división en el Ser".

Aristóteles (384-322 a. C.) admite a intuição dizendo que o intelecto alude imediatamente à essência. De fato, o estagirita distingue sete fontes, formas ou graus de conhecimento: sensação, percepção, imaginação, memória, linguagem, raciocínio e intuição. Porém, enquanto Platão inclinou-se a enfatizar o valor supremo do pensar intuitivo, e a destacar o pensar discursivo como auxílio para alcançá-lo, Aristóteles buscou estabelecer um equilíbrio entre todas as formas do conhecimento, pois, segundo ele, o conhecimento vai sendo formado e enriquecido por acumulação das informações trazidas por todos os graus. De sorte que, em lugar de uma ruptura entre o conhecimento sensível e o intelectual, Aristóteles estabelece um equilíbrio e continuidade entre eles, como portas de acesso a um aspecto do Ser ou da realidade. No entanto, considerava a intuição puramente intelectual ou um ato do pensamento puro, que proporciona o conhecimento pleno e total da realidade ou dos princípios da realidade plena e total ("o Ser enquanto Ser").[39]

Santo Agostinho (354-430), bispo de Hipona, uma cidade na província romana da África, foi um dos mais importantes teólogos e filósofos dos primeiros anos do cristianismo. Doutor da Igreja Católica, cuja teoria do conhecimento se aquece à luz do neoplatonismo de Plotino, fala também de uma "visão do inteligível", no seio da verdade imutável ou numa visão dessa própria verdade, embora entenda que se trata de uma intuição puramente racional. Reconhece um nível superior da visão de Deus, que, mediante a experiência religiosa, revela-se de "modo imediato", sendo o seu processo de conhecimento também emocional. Os Escolásticos reconhecem, porém, um conhecimento de tipo racional-discursivo, mas sustentam um posicionamento especial quanto à intuição religiosa.

Descartes (1596-1650) foi o primeiro filósofo moderno que se utilizou da intuição, primária, para reconstruir o sistema filosófico, fazendo do método intuitivo o primordial de sua filosofia. A intuição, segundo ele, é um ato único, simples, ao contrário do discurso, que consiste em uma série de atos. São dois os atos do entendimento que permitem conhecer as coisas: a intuição e a dedução. Em seu celebérrimo *"cogito, ergo sum"*, está assente o reconhecimento da intuição como forma autônoma de conhecimento: uma intuição imediata de si.[40] Descartes, nas Regras, desenvolve uma teoria da ciência em que o conhecimento (o saber) se dá, de forma elementar, cognominada de intuição: "não o testemunho instável dos sentidos, nem o juízo enganoso da imaginação que produz composições sem valor, mas uma representação, que é assunto da inteligência pura e atenta, representação tão fácil e distinta que não subsiste nenhuma dúvida sobre o que se compreende nela, ou ainda, uma representação inacessível à dúvida, que nasce apenas da luz da razão e, por ser mais simples que a dedução, é ainda mais exata que ela. A intuição implica certo movimento do nosso espírito compreendido em um único momento".[41]

---

[39] CHAUÍ, Marilena, *op. cit.*, p. 140-141.

[40] HESSEN, Johannes, *op. cit.*, p. 127: "Se passarmos à Idade Moderna, o *cogito ergo sum*, de Descartes, significa o reconhecimento da intuição como um meio autónomo de conhecimento. O princípio cartesiano não encerra, com efeito, uma inferência, mas uma auto-intuição imediata. Nos nossos actos do pensamento vivêmo-nos imediatamente como reais, como existentes. Este é o seu sentido. Há, pois, aqui, uma intuição material, que se refere a um facto metafísico".

[41] DESCARTES, R. *Règles pour la direction de l'esprit*. Trad. e notas de J. Brunschwig. Paris: Librairie Générale Française, 2002, p. 85; AT, X, 368.

A famosa sentença de Pascal (1623-1662): *"le coeur a ses raisons, que la raison ne connaît pas"* carrega o reconhecimento da intuição como fonte autônoma, um conhecimento de cariz emocional. Deveras, Pascal põe ao lado do conhecimento pelo intelecto um conhecimento pelo coração; ao lado do conhecimento racional um conhecimento emocional.[42] A intuição, segundo Pascal, configura uma virtude de ver os problemas.[43]

Locke (1632-1704) extrema o conhecimento intuitivo daqueloutro de jaez demonstrativo, analítico, defendendo que o segundo é mais imperfeito que o primeiro. No conhecimento intuitivo a mente percebe o acordo ou desacordo, entre ideias, imediatamente, por si mesmas, sem nenhuma intervenção externa. Não há lugar, segundo Locke, para vacilações no conhecimento intuitivo. Dele depende toda certeza e evidência de nosso conhecimento.[44]

Kant (1724-1804), o filósofo de Könisberg, usou o termo intuição (*Anschauung*) em sortidos sentidos: intuição intelectual, intuição empírica, intuição pura. Contudo, rejeita a intuição intelectual, por meio da qual se possam conhecer diretamente certas realidades que se encontram fora da experiência possível. Entende que a intuição (somente a empírica, na medida em que o objeto nos é dado), assim como o conceito, é elemento de todo nosso conhecimento.[45] Ou seja, Kant rechaça a intuição intelectual por, segundo ele, implicar afirmar que é possível o conhecimento de algo que não se pode dar na experiência. Mas, para ele, a intuição não basta para o juízo, pois, segundo seu entendimento sobre a teoria do conhecimento: "os pensamentos sem conteúdo são vazios; as intuições sem conceitos são cegas". Kant fala, ainda, no tempo e no espaço como condições *a priori* da sensibilidade. Mediante essas formas é possível unificar as sensações e constituir percepções que necessitam de conceitos, os quais são produzidos pelo entendimento. Nesse diapasão, para Kant só há o conhecimento racional-discursivo. Na visão kantiana, o tempo e o espaço não existem fora do indivíduo; são formas de sensibilidade interna ou externa.

Poincaré (1854-1912), em relação à matemática, afirmara que se demonstra com a lógica, mas só se inventa com a intuição fecunda. A faculdade que ensina a ver é a intuição. Sem ela, o geômetra seria como o escritor bom de gramática, mas vazio de ideias: é pela lógica que se demonstra, mas é pela intuição que se inventa.[46] De fato,

---

[42] HESSEN, Johannes, *op. cit.*, p. 127.

[43] PASCAL, Blaise. *Pensamentos*. Trad. Sérgio Milliet. Coleção Os pensadores (1ª fase). São Paulo: Abril Cultural, 1973, p. 111.

[44] No tocante aos graus de conhecimento, vide LOCKE, John. *Ensaio acerca do entendimento humano*. Tradução de Anoar Alex. (Os pensadores). São Paulo: Nova Cultural, 1997, p. 217: "1. Intuitivo. Todo o nosso conhecimento consistindo, como tenho dito, na visão que a mente tem de suas idéias que é a máxima luz e maior certeza de que nós, com nossas faculdades e nosso meio de conhecer, somos capazes, não será impróprio considerar um pouco os graus de sua evidência. Parece-me que as diferentes clarezas de nosso conhecimento dependem dos diferentes meios de percepção que a mente tem do acordo ou desacordo de quaisquer de suas idéias. Se refletirmos acerca de nossos meios de pensar, descobriremos que às vezes a mente percebe o acordo ou desacordo de duas idéias *imediatamente por elas mesmas*, sem a intervenção de qualquer outra: penso que a isto podemos chamar de *conhecimento intuitivo*, já que neste a mente não tem que se esforçar para provar ou examinar, pois percebe a verdade como o olho faz com a luz, apenas por lhe estar dirigida. Deste modo, a mente percebe que branco não é preto, que um círculo não é um triângulo, que três é mais do que dois e igual a um e dois. Tais tipos de verdades das idéias unidas a mente percebe, à primeira vista, simplesmente pela intuição, sem a intervenção de qualquer outra idéia; e este tipo de conhecimento é o mais claro e o mais seguro de que é capaz a fragilidade humana". (Grifos no original).

[45] KANT, Immanuel. *Crítica da Razão Pura*. Tradução Manuela Pinto dos Santos. 5. ed. Lisboa: Fundação Calouste Gulbekian, 1980. A 50 /B74; B 75/ A 51.

[46] POINCARÉ, Henri. *Science et méthode*. Paris: Ernest Flammarion, Éditeur, 1920, p. 137.

após esforços de reflexão e de busca, a invenção ou a descoberta surgem repentinamente no espírito do investigador, como um choque, um relâmpago, uma ideia genial
(*Geistesblitz*), por uma iluminação súbita.[47]

A intuição desempenha papel importante no idealismo alemão. Se Kant só co-
nhecia uma intuição sensível, rejeitando a intuição suprassensível (intelectual), Fichte
(1762-1814) perfilhava, diversamente, uma intuição intelectual, de caráter volitivo, por
meio da qual o "Eu absoluto" (intuído) conhece a si mesmo e suas ações.[48] Nessa rota,
também em Schelling a intuição descobre o absoluto mediante o conhecimento de um
sujeito que se põe a si mesmo como objeto do "Eu" puro que é a absoluta liberdade.

Schopenhauer (1788-1860) apresenta uma visão espiritual da intuição, já que é
por meio dela que a genialidade apreende a essência das coisas: "espelho luminoso da
essência do mundo".[49] Hessen entende que a intuição é uma espécie de conhecimento,
produto de uma visão espiritual. É uma captação imediata do objeto. É um conhecimento
imediato diferentemente do conhecimento discursivo. Segundo Hessen, o homem é
dotado de um "*intelectus infinitus*".

Por seu turno, Max Scheler (1874-1928) – com suas importantes ideias de classificação valorativa, intuição emocional, ética baseada em valores, estratificação da vida
emocional, ressentimento – ampliou a ideia de intuição, colocando, ao lado de uma
intuição intelectual, outra de caráter emocional, fundamento da apreensão do valor.
Acreditava numa intuição como percepção imediata e essencialmente emocional que
descobre valores. Segundo Scheler, valores são essências, *scilicet*, entidades autoexis-
tentes que são emocionalmente intuídas. Pela emoção são discerníveis os valores de
modo tão objetivo e direto quanto se percebe o mundo através da percepção sensorial,
pois ao intelecto, por sua estrutura, falece condições para apreendê-los. Enfatiza no
homem a esfera emocional de seu espírito, sustentando o primado da intuição sobre
a razão e um conhecimento intuitivo-emocional dos valores, uma percepção afetiva
na sua forma de apreensão, já que essa percepção afetiva dos valores se realiza em
atos emocional-cognoscitivos. Indica a importância da empatia e da simpatia como
instrumentos da intersubjetividade. Sustenta que, ao lado da intuição racional, há uma
intuição emocional, vendo nela o órgão para o conhecimento dos valores. Os valores
são apreendidos imediatamente pelo espírito do mesmo modo que as cores são captadas pelos olhos. Em suma, os sentimentos são o ponto de partida para a intuição e o
conhecimento dos valores.

Na perspectiva scheleriana, ainda, a essência do homem reside muito além da
inteligência e da vontade (capacidade de escolha), pois que se encontra na intuição (no
espírito) e numa determinada classe de atos emocionais, tais como: a bondade, o remorso, a veneração, a ferida espiritual, a bem-aventurança, o desespero, a decisão livre.
Em suma, o homem, antes de ser um *ens cogitans* ou um *ens volens*, é um *ens amans*.[50]

---

[47] TATON, René. *Causalidade e acidentalidade das descobertas científicas*. São Paulo: HEMUS, s/d, p. 69.

[48] FICHTE, Johann G. Zweite Einleitung in die Wissenschaftslehre. *Sämmtliche Werke*, I. Berlim: Walter de Gruyter
(Ed. I. H. Fichte), 1965, p. 459-460.

[49] SCHOPENHAUER, Arthur. *O mundo como vontade e representação*, III Parte. Coleção Os pensadores. São Paulo:
Nova Cultural, 1997, p. 37.

[50] SCHELER, Max. *Ordo Amoris*. Tradução Artur Morujão. Disponível em: http://www.lusosofia.net/textos/
scheler_ordo_amoris.pdf. Acesso em: 20 abr. 2018.

A excelência da intuição não exclui, naturalmente, a perspectiva racionalista; antes, ao contrário, são convergentes e conciliáveis entre si. Não se trata de reinos completamente divorciados. O sentir intuitivo dos grandes artistas é diferente das intuições dos grandes cientistas?[51] A resposta negativa se impõe, pois, quando muito, se trata de tipos diferentes de intuição, embora derivantes de uma única matriz intuitiva. Aquilo que faz boa arte e admiráveis invenções para o evolver da humanidade é algo que pode ser sentido intuitivamente de modo mais fácil do que racionalmente compreendido.[52] É um convite para se festejar a inteligência e a criatividade, bem como exaltar o poder criador humano,[53] com espontaneidade espiritual e liberdade de pensamento.

Nesse diapasão, é lícito destacar a indefectível presença da intuição no germinar de grandes descobertas ou invenções científicas na história da humanidade,[54] como a Teoria da Relatividade, do imenso Einstein.[55] Não há itinerário lógico para que, por exemplo, um físico consiga chegar às leis regentes do universo, mas tão somente o caminho intuitivo.[56] Premissas e objetivos tendem a ancorar todo o pensamento em influências inconscientes, ou, em última análise, sobre a intuição.[57] De fato, a intuição superior, rara, qual percepção da realidade metafísica, é uma espécie de gênio, plasmando as artes[58] e

---

[51] PENNA, Antonio Gomes. Nietzsche e Freud: sobre a intuição do artista e o conhecimento do cientista. *Arquivos Brasileiros de Psicologia*. Rio de Janeiro: Fundação Getúlio Vargas. v. 38, n. 1, jan./mar. 1986, p. 3-9, esp. p. 3.

[52] EINSTEIN, Albert. *Ideas and opinions by Albert Einstein, op. cit.*, p. 51: "When confronted with a specific case, however, it is no easy task to determine clearly what is desirable and what should be eschewed, just as we find it difficult to decide what exactly it is that makes good painting or good music. It is something that may be felt intuitively more easily than rationally comprehended. Likewise, the great moral teachers of humanity were, in away, artistic geniuses in the art of living".

[53] HUTCHESON JR, Joseph C. Judgment intuitive: the function of the hunch in judicial decision. *Cornell Law Review*, v. 14, Issue 3, April 1929, p. 274-288, esp. p. 280: "Now, what is this faculty? What are its springs, what its uses? Many men have spoken of it most beautifully. Some call it 'intuition' some; 'imagination,' this sensitiveness to new ideas, this power to range when the track is cold, this power to cast in ever widening circles to find a fresh scent, instead of standing baying where the track was lost. 'Imagination, that wondrous faculty, which properly controlled by experience and reflection, becomes the noblest attribute of man, the source of poetic genius, the instrument of discovery in science.'"

[54] SILVA, M. Rocha. *Lógica da invenção e outros ensaios*. Rio de Janeiro: Livraria São José, 1965, p. 12-14; BAZARIAN, Jacob. *Intuição heurística, op. cit.*, p. 51-52. No tocante ao relâmpago de intuição, vide, também, BONO, Edward de. *O pensamento criativo*: como adquiri-lo e desenvolvê-lo. Tradução Eugênio Aurelino Borges. Rio de Janeiro: Vozes, 1970, p. 18.

[55] CALAPRICE, Alice. *The ultimate quatable Einstein*. Princeton University Press and Hebrew University of Jerusalem, 2011, p. 435: "All great achievements of science must start from intuitive knowledge, namely, in axioms, from which deductions are then made... Intuition is the necessary condition for the discovery of such axioms. (1920, Quoted by Moszkowski, Conversations with Einstein, 180).
I believe in intuitions and inspirations... I sometimes feel that I am right. I do not know that I am". (From an interview with G. S. Viereck, "What Life Means to Einstein"," Saturday Evening Post, October 26, 1929; reprinted in Viereck, Glimpses of the Great, 446)".

[56] EINSTEIN, Albert. Speech given on the celebration of the 60th birthday of Max Plank. *Ideas and opinions by Albert Einstein, op. cit.*, p. 226: "The supreme task of the physicist is to arrive at those universal elementary laws from which the cosmos can be built up by pure deduction. There is no logical path to these laws; only intuition, resting on sympathetic understanding of experience, can reach them".

[57] ISENMAN, Lois. *Understanding intuition*: a journey in and out of science. Elsevier, 2018, p. 17-18: "The novel assumptions behind breakthrough intuitions do not always come to awareness, which explains why someone whose directed thought is grounded in unconscious knowledge can mistake it for reason. If an intuition seems to follow naturally from its premises, it will appear logically compelling even when these premises depend on hidden assumptions. The researcher who based on a relatively obscure similarity feel certain that two systems will respond in the same way, may below awareness recognize a deeper underlying pattern connecting them. Only when trying to communicate his thinking to someone else might he realize that more than logic it at play here".

[58] Sobre a intuição poética, vide MARITAIN, Jacques. *L'intuition créatrice dans l'art et dans la poésie*. Paris: Desclée De Brouwer, 1966, p. 103-108.

as ciências – sutil pressentimento do verdadeiro e do falso, vocacionado às descobertas, bem antes de testes rigorosos, experiências decisivas, das incompatibilidades secretas ou das afinidades insuspeitadas.[59]

Insista-se no ponto: a doutrina da "invenção", como irmãs siamesas, está ligada à teoria da "intuição". Por um *flash* na vida do espírito intuitivo, o inventor pode, com imediatidade, saltar adiante[60] para sua invenção, tão frequentemente como não pode explicar o resultado. Se com a intuição pode-se colher a duração, com a invenção pode-se compreender intuitivamente que coisa seja a invenção em si. E o conhecimento, enquanto intuição, é o resultado de duas invenções e da invenção de sua própria união.[61]

A intuição dos artistas, em uma extensão da faculdade de perceber, faz com que vejam e façam ver aquilo que os indivíduos não percebem naturalmente, coisas que não impressionavam explicitamente seus sentidos e suas consciências.[62] As variegadas artes afirmam-se como um olhar mais direto da realidade,[63] percebendo aspectos que não eram observados, ou que "nós havíamos percebido sem perceber". Aliás, quando se aprecia uma obra de arte, a apreciação consiste em uma resposta emocional, vale dizer, um crescente feixe de evidências da neurociência e da psicologia sugere que tais avaliações têm uma base emocional. Julgar uma obra de arte como boa é ter uma resposta emocional positiva (*v. g.*, prazer, admiração, maravilha, interesse) em relação a ela.[64]

Nessa moldura, é de se esposar a ideia de que a interpretação do direito deva ser elaborada não apenas com fulcro nos métodos indutivo e dedutivo, mas, também e sobretudo, se pautar pela prospecção das intuições, isto é, socorrer-se do método intuitivo, fazendo uma "misteriosa ponte entre o empírico e o racional"[65] ou passaporte para o espírito, como domínio próprio da intuição, a ingressar na consciência. O método

---

[59] BERGSON, Henri. *Mélanges*. Paris: PUF, 1972, p. 361.

[60] HERMANNS, William. *Einstein and the poet*: in search of the cosmic man. Branden Books, 1983, p. 137: "Knowledge is necessary, too. An intuitive child couldn't accomplish anything without some knowledge. There will come a point in everyone's life, however, where only intuition can make the leap ahead, without ever knowing precisely how. One can never know why, but one must accept intuition as fact".

[61] ARISTOTELES: Segundos Analíticos 100 a. In: CLEMENTE FERNÁNDEZ. *Los filósofos antiguos*. Madrid: Biblioteca de Autores Cristianos, 1974, n. 518: "Por lo que hace a los hábitos del entendimiento por los que captamos la verdad, los unos son siempre infalibles, y los otros tienen posibilidad de error, como la opinión y el raciocinio; mientras, por el contrario, el conocimiento científico y la intuición... son siempre verdaderos. Por otra parte, ningún género de conocimiento, con excepción de la intuición, es más exacto que el conocimiento científico, mientras que los principios son más cognoscibles que las demostraciones... Si, pues, no poseemos ningún otro género de conocimiento verdadero fuera del conocimiento científico, será la intuición el principio del conocimiento científico. Y la intuición será principio del principio mismo, y el conocimiento científico se hallará respecto del conjunto de las cosas en una relación similar". Vide, também, ARCOLEO, Santo. Nel centenario della Pubblicazione de L'évolution Créatrice di H. Bergson il colloquio al "Collège de France". *Salento University Publishing*, n. 69, 2009, p. 75-89, esp. p. 83: "Bergson segue un processo già proposto da Descartes e da Kant: l'intuizione è un metodo che presuppone i risultati dell'analisi trascendentale, proprio perché l'immediato non si dà in maniera capricciosa, ma lo si inventa metodicamente; l'intuizione è un elemento in questo metodo d'invenzione. L'invenzione bergsoniana consiste nell'intuizione della durata, resa possibile dalla distinzione fra simbolo spaziale della durata (il tempo per Bergson) e la durata in sé. L'intuizione della durata rende possibile inventare una sintesi universale, non a-priori né a posteriori, ma di organizzazione vivente, nella quale s'inscrivono i meccanismi dell'invenzione: un circuito mentale che va da uno "schema dinamico" alle immagini".

[62] BERGSON, Henri. *La pensée et le mouvant, op. cit.*, p. 149.

[63] BERGSON, Henri. *La pensée et le mouvant, op. cit.*, p. 152.

[64] PRINZ, J. Emotion and Aesthetic Value. In: *The aesthetic mind*. Elisabeth Schellekens and Peter Goldie. Oxford University Press, 2011, p. 1.

[65] GAMBOGI, Luís Carlos Balbino. *Direito*: razão e sensibilidade (As intuições na hermenêutica jurídica). Belo Horizonte: Del Rey, FUMEC– FCH, 2005, p. 11.

intuitivo é bastante praticável e, por ele, é possível alcançar o absoluto: a duração configura um dado imediato de consciência.[66] Não é despiciendo relembrar que algumas ciências adotaram como primordial o método discursivo, analítico, apartando-se da filosofia, que se mostra fiel à indagação, à perquirição e inspirada pela intuição.

A hermenêutica moderna, irrigada pelas inúmeras modalidades de intuição (*v. g.*, intelectual, emocional, volitiva), será tanto mais fecunda quanto mais se reconhecer seu itinerário dialético, porque se movimenta entre o pensamento e o real, correlacionando-se o todo e a parte de modo permanente. Ademais, deve apresentar postura heurística, para além da mera interpretação de textos normativos (a lei é apenas um componente do Direito). Com efeito, circunscrever-se ao raciocínio puramente lógico, de caráter demonstrativo, segregaria toda atividade criadora e valorativa ao relento e, pelo tanto, deixaria lacunas e cavidades no processo unitário de interpretação-aplicação do Direito – uma espécie de queijo suíço exegético.

Como decorrência da crise do pensamento linear, causal, dos modelos unívocos, das concepções abstratas e do raciocínio lógico-formal, o Direito, enquanto fenômeno ético-normativo, situado entre a política (objetivos) e a moral (fundamentação),[67] passa a reclamar a construção de uma nova concepção teórica e hermenêutica, calcada na sensibilidade intelectual.[68]

Há uma forma de conhecimento adquirido mediante intuição que, de par ao conhecimento racional e paralelamente ao conhecimento empírico, adquirido e acumulado exclusivamente pela experiência, pela empiria da vida, independentemente de análise crítica, visa compreender e captar imediata e diretamente a realidade e seus fenômenos. No mundo do Direito, afigura-se possível o conhecimento dos fenômenos jurídicos e da percepção do justo pela via da intuição. Podem-se indagar o método e o procedimento pelos quais os juízes alcançam a solução jurídica do caso concreto.[69]

Releva notar, por essencial, que o contexto de descoberta da decisão, dado o caráter inventivo do juízo, afigura-se insuscetível à análise lógica. Como a decisão se forma na mente do juiz é de formidável interesse para a psicologia empírica,[70] mas é de todo irrelevante para o esquadrinhamento lógico do conhecimento científico (voltado para a inteligência, conceito e mediação), o qual não cogita de questões de fato, mas atenta apenas a questões atinentes à justificação ou ao estatuto da validade. Poder-se-ia perguntar: uma teoria, premissa ou conclusão formulada (e já submetida a exame lógico) pode ser justificada? Na hipótese afirmativa, como? É testável? Nessa moldura, é possível distinguir entre o nível de conceber uma decisão judicial (ou a inspiração de uma nova ideia), fruto de elementos extrajurídicos e componentes irracionais, como

---

[66] CHALLAYE, Félicien. *Bergson*. Paris: Mellottée, 1948, p. 28.

[67] HABERMAS, Jürgen. *Direito e democracia*: entre facticidade e validade. 2 ed. Tradução de Flávio Beno Siebeneichker. Rio de Janeiro: Tempo Brasileiro, 2003, v. II, p. 218.

[68] GAMBOGI, Luís Carlos Balbino, *op. cit.*, p. 152 ss.

[69] VILLEY, Michel. *Histoire de la logique juridique*. Paris: PUF, 2002, p. 63.

[70] Importa notar que Rudolf Carnap, um dos próceres do Círculo de Viena, sustenta que a metodologia da psicologia, por suas investigações versarem sobre fatos, deveria pertencer à da ciência empírica. Não por acaso, a psicologia deveria se separar da teoria do conhecimento, porque "isso só pode consistir na análise lógica do conhecimento, na 'lógica da ciência', já que as proposições da ciência são as únicas empiricamente verificáveis", segundo KRAFT, Victor. *El Círculo de Viena*, versión española de Francisco Gracia. Madrid: Ediciones Taurus, 1966, p. 37.

a intuição criativa, e o nível de justificação ou de confirmação, no qual se hospedam, criticamente, os métodos e os resultados para analisá-la logicamente.[71]

No contexto de descoberta, os juízes usam a intuição para formular sua hipótese de julgamento. Contudo, para si ou publicamente, muitos deles hesitam ou resistem a admitir que sua deliberação é fruto original de uma centelha intuitiva. Dessa forma, quiçá, o juiz ser humano busca proteger o ser humano juiz de possíveis insinuações de fragilidade, na utopia de sua inoxidável racionalidade.

1.1.1 A intuição emocional (fundamental de duração) de Bergson

Henri Bergson (1859-1941) foi filósofo e diplomata francês, conhecido principalmente pelas seguintes obras: *Essai sur les données immédiates de la conscience, Matière et mémoire, L'évolution créatrice, Les deux sources de la morale et de la religion*. O conjunto de sua obra não perdeu atualidade e tem sido frutiferamente estudado em variadas disciplinas: cinema, literatura, neuropsicologia, bioética. Recebeu o Nobel de Literatura de 1927.

Seja permitido, antes de tudo, dizer que o renascimento do pensamento bergsoniano na cultura contemporânea não é atribuível ao acaso, pois, hoje, o debate sobre o significado da psicologia, da psicanálise, da filosofia, da ciência e da própria metafísica encontra no pensador francês vigor amazônico, entusiasmo e atemporalidade, capazes de descortinar novas perspectivas que possam impulsionar as exigências teóricas do pensamento.[72]

A doutrina de Bergson hospeda temas fundamentais, como sejam: duração e tempo; intuição interior e seu contato com o Eu profundo; o ser como mobilidade; cizânia com a metafísica clássica, que via o imóvel como essencial e a mudança como acidental.

A sua "filosofia heroica", com notável sensibilidade espiritual, na teoria da intuição emocional, alça-se ao *status* de órgão e método filosófico próprio. Por conseguinte, faz profissão de fé de que o método intuitivo, com seus traços característicos (*v. g.*, contato, penetração, coincidência, visão, percepção; simpatia, conhecimento que apreende seu objeto imediatamente, de dentro, como o conhecimento de um absoluto[73]), deva ser o único empregado na investigação filosófica pela busca do conhecimento.

Contrapõe a atividade intelectual de cientistas e de homens, que ordinariamente tornam as coisas estáticas, na linha do equivocado mecanicismo em ver os eventos da vida como um processo imutável, sem testemunhar sua essência. Como tal, apenas afagam a epiderme da realidade. A atividade intuitiva, ao invés, busca, metaforicamente,

---

[71] POPPER, Karl. *The logic of scientific discovery* (1934). London and New York: Routledge, 2005, p. 8-9: "It so happens that my arguments in this book are quite independent of this problem. However, my view of the matter, for what it is worth, is that there is no such thing as a logical method of having new ideas, or a logical reconstruction of this process. My view may be expressed by saying that every discovery contains 'an irrational element', or 'a creative intuition', in Bergson's sense. In a similar way Einstein speaks of the 'search for those highly universal laws (...) from which a picture of the world can be obtained by pure deduction. There is no logical path', he says, 'leading to these (...) laws. They can only be reached by intuition, based upon something like an intellectual love ('Einfühlung') of the objects of experience".

[72] ARCOLEO, Santo. Nel centenario della Pubblicazione de L'évolution Créatrice di H. Bergson il colloquio al "Collège de France". *Salento University Publishing*, n. 69, 2009, p. 75-89, esp. p. 87, nota nº 2.

[73] METZ, André. *Bergson et le bergsonisme*. Paris: Librairie Philosophique J. Vrin, 1933, p. 24: "Le mode de connaissance par le dedans, qui nous permet ainsi de mettre la main sur l'absolu, c'est l'intuition".

conhecer e explicar uma realidade que desliza no tempo: o movimento, e a intuição o capta. Não à toa, assere que a contemplação é um luxo e a ação, uma necessidade. O intelecto destina-se a ajudar a vida em vez de compreendê-la, porque ela estilhaça em pedaços o que chama de experiência. Na verdade, a experiência nada mais é do que um fluxo contínuo de momentos e humores puramente convencionais. O intelecto, assim como o cinematógrafo, cria instantaneamente algo que está sempre em movimento e faz isso por meio de representações sucessivas estáticas, nenhuma delas real, porque a vida, que é o item capturado, nunca para de se mover. Assim, o cinematógrafo cria uma imagem da vida e do movimento.[74]

A intuição é o método, rigoroso e com suas regras estritas, do bergsonismo. Dessarte, como um dos métodos filosóficos mais elaborados, exibe a virtude de torná-la uma disciplina absolutamente precisa.[75] É fio metódico da intuição que permite compreender a relação entre os três conceitos operativos que tatuam as grandes etapas da filosofia bergsoniana: duração (como uma condição de possibilidade para o conhecimento), memória e élan *vital*, as quais destacam o empirismo singular de seu discurso filosófico. Ademais, conferem uma nova forma de pensar uma metafísica, com a dispensa de símbolos, que chegará, então, a ser experiência mesma, uma experiência integral.

A filosofia e a ciência, no processo de compreensão da vida espiritual, incidiram em erro ao confundirem quantidade por qualidade ou em se aproximarem da consciência em termos de quantidade e não de intensidade. Uma das causas desse erro, talvez a principal, consiste na extensão do modelo matemático, que pressupõe uma abordagem espacial do tempo em um campo que não cabe: o da pesquisa espiritual. Na perspectiva bergsoniana, espaço e tempo são duas dimensões completamente diferentes: o espaço é um atributo da substância, enquanto o tempo, como duração, é um atributo da vida e do espírito. O tempo é uma noção abstrata, ao passo que a duração é concreta e a própria pulsação da vida, em sua transformação.

Com efeito, a duração revela-se criação contínua, flutuação ininterrupta de novidade. Na doutrina bergsoniana, a duração é o correr do tempo uno e interpenetrado: os momentos temporais somados uns aos outros formam um todo indivisível e coeso; uma espécie de bloco monolítico. Em reverso ao tempo físico (ou sucessão divisível, calculada e analisada pela ciência), o tempo vivido é incompreensível para a inteligência lógica por ser qualitativo, ao passo que o tempo físico é quantitativo.

A duração constitui a essência do ser e descansa em todos os aspectos da realidade, desde a consciência até o ser metafísico, e se identifica com o tempo não intelectualizado: ela não é sucessiva e atomizada, nem justaposta, tampouco mensurável, também não sujeita a uma espacialização, seja por intermédio de símbolos, da linguagem, ou da própria ciência. A duração é a antítese do tempo concebido como forma homogênea, sobre o modelo espacial; ela se opõe a toda decomposição em dimensões (passado, presente, futuro) ou em partes (momentos, instantes etc.). Ela é um absoluto.[76]

---

[74] Cfr. último capítulo intitulado "Mecanismo Cinematográfico do Pensamento e a Ilusão do Mecanista", BERGSON, Henri. *L'évolution créatrice*. 5. ed. Paris: PUF, 1991.

[75] A intuição, como corretamente insistiu DELEUZE, Gilles. *Le bergsonisme*. Paris: PUF, 1966, p. 1: "n'est pas un sentiment ni une inspiration, une sympathie confuse, mais une méthode élaborée, et même une des méthodes les plus élaborées de la philosophie".

[76] WORMS, Frédéric. *Le Vocabulaire de Bergson*. Paris: Ellipses, 2000, p. 21.

Tempo e espaço não pertencem à mesma natureza, tanto é que se afigura possível dizer que a consciência (duração interna) e o "tempo espacializado" se opõem. Este último é criticado, na teoria bergsoniana, como uma das expressões da vertente determinista das ciências e filosofias. Tudo o que pertence à faculdade espacial (variável t das leis físicas da mecânica clássica) é suscetível de ser repetido, decomposto e traduzido pela lógica científica (*v. g.*, a medição do tempo por um relógio). Ocorre, no entanto, que este tempo físico, comumente confundido com o espaço, não corresponde ao tempo real experimentado pelo espírito. O tempo vivido (ou duração interna, ou simplesmente consciência) é o passado vivo no presente aberto ao futuro no espírito que compreende o real de modo imediato. É um tempo insuscetível de divisão, dado ser qualitativo e não quantitativo como o fator t.

A teoria da duração, infensa a ser compreendida mediante inteligência técnica, também não pode, consequentemente, ser entendida como sucessão linear de intervalos. Aliás, a duração é precisamente o oposto, pois não há como justapor ou analisar o tempo vivido qualitativo.

Ora, como não se pode esmiuçar a duração percebida pelo espírito, nessa esteira, não há como prever os momentos temporais da duração interna, uma vez que apenas a experiência física, porque suscetível de repetição, pode ser alvo de previsão e de repetição. Logo, a duração do tempo vivido e experimentado pelo espírito é imprevisível, uma inovação incessante, um fluir contínuo.

A duração e o monismo bergsoniano remetem, com duração e simultaneidade, a uma duração única, um tempo universal no qual coexistem períodos e fluir (*"flux"*) variáveis. A coexistência das durações só é possível em virtude de sua integração dentro de um período que as contém.[77]

Na doutrina bergsoniana, a intuição, como ato metafísico, pode ser identificada por uma peculiaridade: caracteriza-se como uma simpatia[78] (conhecimento virtual inconsciente que deriva de uma extensão de alguma interação orgânica), com a qual se movimenta dentro de um objeto, isto é, de um ato interior com algo absoluto que se torna uma "coincidência" com o que está nele.[79] A intuição consistiria em um adentrar

---

[77] DELEUZE, Gilles. *Le bergsonisme, op. cit.*, p. 81: "jamais deux flux ne pourraient être dits coexistants ou simultanés s'il n'étaient contenus dans un même troisième. Le vol de l'oiseau et ma propre durée ne sont simultanés que dans la mesure où ma propre durée se dédouble et se réfléchit en une autre qui la contient en même temps qu'elle contient le vol de l'oiseau (...). C'est en ce sens que ma durée a essentiellement le pouvoir de révéler d'autres durées, d'englober les autres et de s'englober elle-même à l'infini".

[78] LAPOUJADE, David. Intuition et sympathie chez Bergson. *Eidos*, n. 9 (2008), p. 10-31, esp. p. 26-27: "On perçoit peut-être avec plus de précision en quoi consiste le mouvement fondamental de la sympathie, mais aussi celui de l'intuition. Chacun d'eux peut désormais recevoir une définition distincte: l'intuition est ce par quoi l'on entre en contact avec l'autre en nous (le matériel, le vital, le social, etc.) tandis que la sympathie est ce par quoi l'on projette notre intériorité en l'autre ("direction", "intention", "conscience" – qui sont aussi bien notre altérité intérieure). Si l'esprit peut devenir matière (intuition), alors la matière peut devenir esprit (sympathie). Si l'esprit peut devenir vie, alors la vie peut devenir esprit. Si le social peut devenir esprit, alors l'esprit peut devenir social. Si l'esprit peut devenir personne, alors la personne peut devenir esprit. Par là, on conserve la définition de l'intuition comme "vision directe de l'esprit par l'esprit". Seulement, ce que l'esprit "voit" en lui, ce sont les diverses durées de la matière, de la vie, de la société, etc. Symétriquement, la sympathie "voit" dans la matière, la vie, la société, une "conscience", une "intention" qui sont la manifestation de la plasticité de l'esprit selon ses différents niveaux de tension".

[79] BERGSON, Henri. Introduction à la métaphysique. *In:* (1903), éd. F. Fruteau de Laclos, in *La pensée et le mouvant* (1934). Paris: PUF, 2009, p. 181: "Il suit de là qu'un absolu ne saurait être donné que dans une intuition, tandis que tout le reste relève de l'analyse. Nous appelons ici intuition la sympathie par laquelle on se transporte à l'intérieur d'un objet pour coïncider avec ce qu'il a d'unique et par conséquent d'inexprimable. Au contraire,

simpaticamente no coração da realidade, embora mediante esforço difícil e penoso, *"pour se refondre dans le tout"*[80] que provoca ruptura com ideias preconcebidas e hábitos intelectuais cabalmente sedimentados.[81] O intelecto exibe apenas aptidão para apreender a superfície e a forma algébrica da realidade, mas mostra-se impotente para penetrar o núcleo essencial e o conteúdo recôndito das coisas. Apenas a intuição tem semelhante aptidão, porém.

Transparece, assim, outra nota essencial da intuição consubstanciada em sua capacidade de transportar para um conhecimento singular e integral dos objetos – não apenas ao conhecimento do que eles têm de útil e comum, prático e universal. Não por acaso, a intuição toma uma "imagem" em vez do uso de um "conceito".[82] Com efeito, há dois instrumentos de expressão: o conceito e a imagem. O sistema se desenvolve em conceitos, mas é nas imagens que ele se condensa quando se refere à intuição da qual deriva.

A intuição (*intuition*) e a simpatia (*sympathie*) não são termos sinônimos,[83] mas cada uma refere-se a dois aspectos distintos do método bergsoniano: a segunda complementando a primeira. A intuição, de fato, toca à relação do espírito a si mesmo como uma forma pura de interioridade, o espiritual considerado na medida em que dura. Mas, por isso, a mente não pode emergir de si mesma. É neste ponto que a simpatia intervém e consente acessar as realidades aparentemente externas ao espírito: material na matéria, vital em formas vivas, o social nas sociedades, o pessoal nas existências individuais. Os fenômenos são percebidos de acordo com o seu sentido interno, na medida em que eles durarem.

Nessa perspectiva, quando a intuição é definida como uma *"sympathie spirituelle"* com o que uma realidade *"a de plus intérieure"*,[84] a simpatia parece ser mais do que uma ilustração de intuição ou um vago correlato psicológico, senão que um complemento metodológico indispensável. É isso que permite ir "para dentro" das realidades, para compreendê-las de dentro. A simpatia não se adstringe à simpatia pelos outros, mas

---

[80] l'analyse est l'opération qui ramène l'objet à des éléments déjà connus, c'est-à-dire communs à cet objet et à d'autres. Analyser consiste donc à exprimer une chose en fonction de ce qui n'est pas elle. Toute analyse est ainsi une traduction, un développement en symboles, une représentation prise de points de vue successifs d'où l'on note autant de contacts entre l'objet nouveau, qu'on étudie, et d'autres, que l'on croit déjà connaître. Dans son désir éternellement inassouvi d'embrasser l'objet autour duquel elle est condamnée à tourner, l'analyse multiplie sans fin les points de vue pour compléter la représentation toujours incomplète, varie sans relâche les symboles pour parfaire la traduction toujours imparfaite. Elle se continue donc à l'infini. Mais l'intuition, si elle est possible, est un acte simple".

[80] MARITAIN, Jacques. *La philosophie bergsonienne*: études critiques. Paris: Marcel Rivière, 1930, p. 369.

[81] BERGSON, Henri. *Mélanges*. Paris: PUF, 1972, p. 1197.

[82] BERGSON, Henri. *La pensée et le mouvant, op. cit.*, p. 131-132.

[83] LAPOUJADE, David, *op. cit.*, p. 23: "En apparence, la sympathie bergsonienne ne procède pas autrement. Elle consiste à trouver ce qu'il y a d' "Esprit" ou de "conscience" au sein d'une réalité donnée, déterminant par là ce qu'elle a commun avec nous. Mais cela n'est possible que parce que l'intuition a préalablement déterminé ce que nous avons de commun avec ces réalités. Le primat est en réalité accordé à l'altérité: c'est parce que l'autre-le non humain – est en nous, qu'on peut le projeter à l'extérieur sous forme de "conscience" ou d' "intention". Ce que nous projetons, c'est notre propre altérité. Si elle ne nous paraît pas étrangère (bien qu'il s'agisse à chaque fois d'une découverte "originale" et, à ce titre, d'une réalité que nous ignorions avoir en nous avant d'y accéder intuitivement), c'est grâce à la sympathie que nous avons instaurée avec nous-mêmes et qui nous a familiarisé avec ces altérités au fond de nous. De telle sorte que l'analogie semble aller d'un "autre" (en nous) à un "autre" (hors de nous) pour les situer sur un plan commun. En toute rigueur, tout ce n'est plus de "fabrication humaine". C'est pourquoi, en définitive, il s'agit d'une communauté intérieure et non plus d'une ressemblance extérieure".

[84] BERGSON, Henri. *La pensée et le mouvant, op. cit.*, p. 226.

também por si mesmo,[85] no sentido de que se deva conhecer melhor sua interioridade, personalidade.

É pela simpatia que a vida e a matéria se tornam espírito, mas pela intuição que o espírito é descoberto como duração. Da memória, pode-se também dizer que é o espírito que se tornou duração (intuição) e que é a duração que se tornou espírito (simpatia), desde que não se confundam as duas operações. A intuição permanece certamente em primeiro lugar, mas recebe uma extensão de simpatia que lhe permite implantar-se como um método geral.[86]

Da tradição filosófica, emergem duas maneiras profundamente diversas de conhecer uma coisa. Uma forma de conhecimento implica conservar-se no relativo, em jazer fora do objeto, circundando-o, a depender da assunção de um "ponto de vista" acerca dele, de modos de representação e do uso de "símbolos" para expressá-lo. Tal conhecimento relativo "altera a natureza de seu objeto".[87] Desta externalidade – figuração do conhecimento habitual – resulta o caráter parcial e relativo da observação.

Em reverso, a outra forma de conhecimento, que alcança o absoluto (ou o "conhecimento do absoluto"), não se refere a qualquer ponto de vista e exibe o traço característico de se embrenhar no objeto, captando-o "por dentro, nele mesmo, em si".[88] Implica apreensão do real, para além de qualquer forma de mediação simbólica ou simplificação, pois semelhante mediação certamente empobreceria aquela visão imediata, além de provavelmente distorcer a realidade. A revalorização da metafísica, enquanto "séria valorização do espírito", adquire novos contornos, características, objetivos e assume-se como meio de possuir uma realidade absolutamente. Ao invés de a conhecer relativamente, de se introduzir nela em vez de adotar pontos de vista sobre ela, de ter a intuição em vez de fazer a análise, de a apreender dispensando-se toda expressão, tradução ou representação simbólica.

É dizer: não se parte do sujeito e, por isso, excluem-se o "ponto de vista" e a mediação de "símbolos e do espaço relacionado aos conceitos forjados pela linguagem",[89] como ferramentas ou instrumentos da inteligência. A intuição dá origem a uma compreensão da realidade além de qualquer forma de mediação simbólica, de análise conceitual, que é sempre capaz de distorcer a realidade. Refina-se, assim, o conhecimento imediato, em todas as coisas, da duração interior como realidade derradeira.

---

[85] BERGSON, Henri. *La pensée et le mouvant, op. cit.,* p. 41 "Nous sommes intérieurs à nous-mêmes, et notre personnalité est ce que nous devrions le mieux connaître. Point du tout; notre esprit y est comme à l'étranger, tandis que la matière lui est familière et que, chez elle, il se sent chez lui". Remarque-se, nesta obra, *Introduction à la métaphysique,* p. 177-227, esp. p. 182: "Nous pouvons ne sympathiser intellectuellement, ou plutôt spirituellement, avec aucune autre chose. Mais nous sympathisons sûrement avec nous-mêmes".

[86] LAPOUJADE, David, *op. cit.,* p. 31: "On comprend ainsi ce que veut dire Bergson lorsqu'il voit dans la sympathie le moyen de passer "à l'intérieur" des réalités. C'est aussi le moyen de déployer une philosophie conforme à l'intuition. On peut même dire que la sympathie donne accès à l'essence de chaque totalité considérée: mobilité du matériel, élan du vital, obligation du social, aspiration du personnel, etc., mais il faut d'abord le saut de la pensée "en durée" pour déployer cet accès aux essences. Autrement dit, la sympathie reçoit de l'intuition sa condition tandis que l'intuition reçoit de la sympathie son extension et sa généralité".

[87] BERGSON, Henri. *Mélanges, op. cit.,* p. 774.

[88] BERGSON, Henri. *Introduction à la métaphysique, op. cit.,* p. 178, 181-182: "S'il existe un moyen de posséder une réalité absolument au lieu de la connaître relativement, de se placer en elle au lieu d'adopter des points de vue sur elle, d'en avoir l'intuition au lieu d'en faire l'analyse, enfin de la saisir en dehors de toute expression, traduction ou représentation symbolique, la métaphysique est cela même. La métaphysique est donc la science qui prétend se passer de symboles".

[89] COELHO, Jonas Gonçalves. Bergson: intuição e método intuitivo. *Trans/Form/Ação* [online], v. 21-22, n. 1, 1999, p. 151-164, esp. p. 157.

O indivíduo, pela operatividade de uma simpatia, penetra no coração do objeto, se identifica com seu ser, que é único e, portanto, não pode ser expresso, mas tem o condão de apreender o absoluto.[90] Oferece um conhecimento da coisa em sua inteireza simples, um conhecimento de todo o objeto obtido apenas pela abdicação do método analítico, mas iluminado por uma visão do porquê e como todos os predicados concernem ao objeto (*v. g.*, como o eu é ao mesmo tempo unidade, multiplicidade, flexibilidade, continuidade).

Tal não significa que o ser humano seja livre para se comunicar sem a linguagem, mas, isto sim, que, no exato momento em que, através da intuição, se entra em contato com a realidade nua, ocorre uma *"désymbolisation du savoir"*.[91] Sem intuição, o pensamento conserva-se estático e, ante a ausência de movimento possível, avanço algum se opera. Equivale dizer que a intuição permite uma ascensão nos (de)graus de conhecimento, na perspectiva adjudicada pelo próprio ciclo da vida. Descortina-se para o filósofo a possibilidade de substituir os conceitos oferecidos pelo senso comum, pela ciência e pelos sistemas anteriores por conceitos novos e flexíveis, mais amoldados à estrutura da realidade.[92]

Na concepção bergsoniana, o conhecimento intelectual, conquanto se justifique pragmaticamente, é relativo, estático, conceitual, teoricamente limitado, produz uma cisão "entre aquele que conhece e o que é conhecido".[93] O conhecimento, assim entendido, constitui o objeto através da decomposição, o fracionamento da unidade do real (que é, ao contrário, unidade de multiplicidade, indivisível em si).[94] Por seu turno, o conhecimento intuitivo, verdadeiramente metafísico, que afaga o absoluto, tem o condão de resolver problemas provocados pelo conhecimento intelectual. Dá-se, por seu engenho, apreensão imediata, na identificação, na sobreposição com o singular conhecido, com o que não é exprimível em conceitos. Favorece, assim, uma consciência imediata e direta da realidade concreta, indistinguível do objeto visto, antes conhecimento que é contato e mesmo coincidência,[95] que é meio da combinação do conhecimento humano (*phenomenon of psychological endosmosis*).

Nessa moldura, a modalidade de conhecimento intelectual privilegia a adaptação (move-se para o hábito e a repetição). O método intelectual opera sempre dos conceitos rígidos e pré-fabricados para a realidade, ampliando a sua generalidade sempre que se aplica a um novo objeto. Os conceitos, de origem intelectual, adredemente concebidos,

[90] BENNETT, C. A. Bergson's Doctrine of Intuition. *The Philosophical Review*, v. 25, n. 1, 1916. Published by: Duke University Press on behalf of Philosophical Review Stable, p. 45-58, esp. p. 47: "Any object is more than a meeting place of a number of universals; but this plus which would explain the meeting of them is precisely what conceptual methods cannot capture. Intuition, on the other hand, is intellectual sympathy, acquired through no little effort, whereby we project ourselves into the object and identify ourselves with its being. It puts us in possession of some absolute, not a point upon which universals are seen to converge, but a point from which they are seen to radiate".

[91] FRADET, Pierre-Alexandre. Auscultation d'un coeur battant: l'intuition, la durée et la critique du possible chez Bergson. *Laval Théologique et Philosophique*, v. 67, n. 3, 2011, p. 531-552, esp. p. 533.

[92] HUSSON, Léon. *L'intellectualisme de Bergson*. Genèse et développement de la notion bergsonienne d'intuition. Paris: PUF, 1947, p. 210-211.

[93] BERGSON, Henri. *Mélanges, op. cit.*, p. 773.

[94] BERTELLI, Linda. Dall'intuizione alla figura. Il discorso sul metodo bergsoniano. *Quaderni della Ricerca*. ETS, Pisa, 2012, p. 199-216, esp. p. 204.

[95] BERGSON, Henri. *La pensée et le mouvant, op. cit.*, p. 27.

apresentam ideias elementares que o indivíduo já conhece, funcionando, assim, como figurinos *prêt-à-porter* escolhidos para vestir o novo objeto.[96]

O conhecimento gerado pela intuição, oriundo da apreensão efetiva do absoluto,[97] pode, ocasionalmente e em conjunturas especiais, irromper tanto espontaneamente (*v. g.*, intuição artística), quanto ser preparado por um *script*, mediante certos procedimentos analíticos. No que toca à intuição dos artistas, dada a tendência espontânea à permeabilidade da "distração", seus sentidos e consciência são menos aderentes à realidade. São capazes de adentrar numa coisa e a enxergarem por ela, e não mais por eles.[98]

Noutro giro, o conhecimento patrocinado pela intuição, de par a produzir percepção mais completa da vida real, é suscetível de ser abiscoitado através de um roteiro analítico e do esforço metódico no sentido de deslocar a atenção do indivíduo. Aspecto do método intuitivo está em desviar aquela atenção do que é praticamente interessante do universo e de a retornar para o que, praticamente, não serve para nada.[99] No campo filosófico, a pesquisa há de se orientar para produzir a "*distraction*" imprescindível à intuição, que, na sensibilidade bergsoniana, consiste em "um esforço muito difícil e muito penoso pelo qual se rompe com as ideias preconcebidas e os hábitos intelectuais totalmente feitos, para se recolocar simpaticamente no interior da realidade".[100]

Quer-se dizer que a entrada em função da intuição pode viabilizar a captação de escassez de dados da inteligência, revelando o mecanismo ou o sentimento vago e fugidio de como completá-los.[101] Na espécie, a intuição serve de suporte para iluminar e enriquecer a aplicação de esquemas intelectuais.[102] Há, pois, relação entre inteligência (faculdade que serve à ciência, torna possível a conceituação e redução do novo para o antigo) e intuição (que é usada na filosofia e permite, por sua vez, abraçar a realidade

---

96 BERGSON, Henri. *L'évolution créatrice, op. cit.*, p. 48.

97 NUNES, Luiz Antonio Rizzatto. *Intuição*. São Paulo: Método, 2000, p. 213-214: "Idôneo devia ter-se preocupado mais com a intuição. Por ela muitos mistérios são resolvidos, várias mensagens são recebidas. Nela, as pessoas se encontram. Se era verdade, como de fato é, que o livre-arbítrio permite tudo, mas o indivíduo salva-se pela graça que ilumina suas ações, então, a intuição é o centro luminoso que põe foco no caminho correto a ser seguido. Ela é o mais potente e melhor dom da humanidade. A intuição é um ato do espírito em seu esforço de introduzir-se na consciência. É a maneira pela qual o indivíduo pode atingir o absoluto. Sem rodeios, sem intermediações, sem obstáculos. Na intuição o ser humano está em plenitude. Atinge simultaneamente o puro homogêneo da matéria e mantém-se em contato com a eternidade do espírito. Na intuição a pessoa pode ver-se repleta de si, na própria dimensão da universalidade divina".

98 Sobre o processo criador do artista, vide JOHANSON, Izilda. *Arte e intuição*: a questão estética em Bergson. São Paulo: Associação Humanitas/FFLCH/USP; FAPESP, 2005, p. 47-52.

99 BERGSON, Henri. *La pensée et le mouvant, op. cit.*, p. 153: "Eh bien, ce que la nature fait de loin en loin, par distraction, pour quelques privilégiés, la philosophie ne pourrait-elle pas le faire, dans un autre sens et d'une autre manière, pour tout le monde? Le rôle de la philosophie ne serait-il pas de nous amener à une perception plus complète de la réalité par un certain déplacement de notre attention? Il s'agirait de détourner notre attention du côté pratiquement intéressant de l'univers, pour la retourner vers ce qui, pratiquement, ne sert à rien. Et cette conversion de l'attention serait la philosophie même".

100 BERGSON, Henri. *Mélanges, op. cit.*, p. 1197.

101 BAZARIAN, Jacob. *Intuição heurística*: uma análise científica da intuição criadora. 3. ed. São Paulo: Alfa-Omega, 1986, p. 65, 66: "Todas essas descobertas científicas representam uma negação ou um desvio da rotina, *um salto através do abismo lógico*, um conhecimento novo que não poderia ser deduzido dos conhecimentos existentes em nós. Isto é, não havia dados suficientes para deduzi-los empírica ou logicamente". (Grifos no original).

102 BERGSON, Henri. *L'évolution créatrice, op. cit.*, p. 178: "L'intelligence reste le noyau lumineux autour duquel l'instinct, même élargi et épuré en intuition, ne forme qu'une né– bulosité vague. Mais, à défaut de la connaissance proprement dite, réservée à la pure intelligence, l'intuition pourra nous faire saisir ce que les données de l'intelligence ont ici d'insuffisant et nous laisser entrevoir le moyen de les compléter".

e apreendê-la sem mediação ou simplificação). Sob o signo da complementaridade, desvela-se a fecunda relação entre ciência (inteligência) e filosofia (intuição).[103]

As ideias criadas pela intuição mostram-se, de início, enigmáticas e obscuras, independentemente do grau de esforço do pensamento. A intuição se comunicará apenas através da inteligência, embora seja mais do que uma ideia deve "para lograr transmitir-se, cavalgar sobre as ideias".[104] A empreitada intuitiva faz com que a própria ideia intuitiva venha, por si só, a dissipar as obscuridades primitivas aninhadas nos diversos sítios do conhecimento, clarificando-os, bem como dissolver os problemas que o indivíduo estimava insolúveis. Deste modo, a inteligibilidade da ideia intuitiva é diretamente proporcional à fecundidade de sua aplicação prática na solução de problemas "irresolúveis".

Se a intuição não se pode confinar numa representação conceitual, o modo de exprimir tais ideias descansa na anástrofe da ordem natural do labor do pensamento, para introduzir-se imediatamente, por uma ampliação do espírito, na coisa que se examina, viajando, em itinerário invertido, da realidade para os conceitos: *"l'intuition, comme toute pensée, finit par se loger dans des concepts"*.[105] No campo filosófico, apesar de os conceitos serem imprescindíveis à metafísica, ela deve abdicar de conceitos já prontos, manejados habitualmente, e, a partir da visão direta do real, cunhar conceitos novos *"su misura"* do novo objeto.[106] Porém, trata-se de um conceito intuitivo *sui generis*, porque, sob o influxo da fluidez da própria realidade, é (re)modelado e aplicado a uma única coisa.[107]

A criação de uma novel linguagem faz-se embebida de aspectos da própria duração (*v. g.*, movimento, fluxo). Os conceitos não serão aqueles mesmos que seriam elaborados a partir de noções unívocas, espaciais e matemáticas, mas conceitos diferentes daqueles comumente manejados, ou seja, representações fluidas, flexíveis, através de metáforas e da sugestão de imagens. A duração interna pode ser apresentada ao indivíduo diretamente na intuição ou sugerida indiretamente por imagens, mas não poderá se encerrar numa representação conceitual. De sorte que o recurso às comparações e às metáforas alvitrará aquilo que não se pode chegar a expressar ou – caso se prefira – permitirá *"exprimer l'inexprimable"*, em dicção bergsoniana. Isso se dá por transposição e por metáforas, através de imagens que irão sugerir indiretamente a intuição da duração interior. No que toca à coisa dada pela intuição, a inteligência somente apreende a transposição espacial, a tradução metafórica.[108]

---

[103] BERGSON, Henri. *L'évolution créatrice, op. cit.*, p. 342: "Le premier genre de connaissance a l'avantage de nous faire pré– voir l'avenir et de nous rendre, dans une certaine mesure, maîtres des événements; en revanche, il ne retient de la réalité mouvante que des immobilités éventuelles, c'est-à-dire des vues prises sur elle par notre esprit: il symbolise le réel et le transpose en humain plutôt qu'il ne l'exprime. L'autre connaissance, si elle est possible, sera pratiquement inutile, elle n'étendra pas notre empire sur la nature, elle contrariera même certaines aspirations naturelles de l'intelligence; mais, si elle réussissait, c'est la réalité même qu'elle embrasserait dans une définitive étreinte. Par là, on ne compléterait pas seulement l'intelligence et sa connaissance de la matière, en l'habituant à s'installer dans le mouvant: en développant aussi une autre faculté, complémentaire de celle-là, on s'ouvrirait une perspective sur l'autre moitié du réel. (...) À l'intelligence enfin on adjoindrait l'intuition".

[104] BERGSON, Henri. *La pensée et le mouvant, op. cit.*, p. 42.

[105] BERGSON, Henri. *La pensée et le mouvant, op. cit.*, p. 31.

[106] BERGSON, Henri. *La pensée et le mouvant, op. cit.*, p. 23.

[107] BERGSON, Henri. *La pensée et le mouvant, op. cit.*, p. 197.

[108] SILVA, Franklin Leopoldo e. *Bergson*: intuição e discurso filosófico. São Paulo: Edições Loyola, 1994. (Coleção filosófica; 31), p. 96: "O artista torce a linguagem, no limite com a finalidade, diz Bergson, de nos fazer esquecer que ele emprega palavras. Assim, é a própria capacidade de simbolizar, intrínseca à inteligência, que vai permitir de alguma forma a superação da cristalização simbólica que constitui a precisão abstrata do conhecimento

Não por nada, haja vista que os significados de tais conceitos não podem ser traduzidos pelos conceitos, de regra, usados pela inteligência, o engenho bergsoniano lança mão da imagem para exprimir o pensamento, o dado intuitivo. As imagens não são intuição concreta, apenas a evocam sem substituí-la, mas decorrem imediatamente dela, avizinham-se do sentir intuitivo mais que a expressão conceitual necessariamente simbólica. A imagem – que é fundamental para captar a intuição – é definida como quase matéria e quase espírito. Como meio e modo de apreensão e de expressão do dado intuitivo, a imagem é superior ao conceito, além de ser indispensável para a indicação da atitude a tomar e do ponto para onde olhar.[109]

O valor cognitivo da intuição descansa na exploração da criação. Se a segmentação analítica toca à inteligência, o alvo da intuição será a criação como um todo, transportando o indivíduo ao centro da vida, à sua essência. O pensamento conceitual originado da inteligência é improfícuo (ou, pelo menos, insuficiente) quando se trata de captar a essência do espírito, de acariciar seu âmago. A faculdade de intuição não deixa de estar abotoada à inteligência, com o diferencial de substituir seus conceitos por um conceito único, sempre o mesmo, abstraindo-se de seu nome.[110] Pode-se ir da intuição à inteligência, mas "da inteligência não se passará jamais à intuição",[111] porquanto a intuição é infensa a ser representada pela coleção de conceitos prontos e acabados da inteligência; antes, é a partir da intuição que as significações dos conceitos haverão de ser gradualmente esculpidas.

É útil reafirmar que o sentir intuitivo, por força de uma intuição vivida mais que representada, se afastando de abstrações conceituais, consente ao indivíduo apreender a duração em sua realidade a partir de dentro, com acesso direto ao âmago da vida e contato imediato com o cerne fundamental das coisas.[112] Assim, o raciocínio conceitual não pode compreender a vida, mas a intuição pode conferir uma visão única da realidade. O raciocínio descreve o cadáver quando a vida é levada; toca apenas à epiderme das coisas.[113]

O método intuitivo consiste no empenho do espírito para ultrapassar os conceitos no fito de penetrar a realidade que eles exprimem.[114] Inverte, pois, o trajeto natural do

analítico. Voltada para o esforço de traduzir o intraduzível, a inteligência se torna de alguma maneira consciente da "franja" intuitiva que a rodeia: procurará então vencer o obstáculo da linguagem com a própria linguagem, construindo com os símbolos um análogo de fluidez que ela não pode exprimir diretamente".

[109] BERGSON, Henri. *La pensée et le mouvant, op. cit.*, p. 130: "Nous nous rapprocherons d'elle, si nous pouvons atteindre l'image médiatrice dont je parlais tout à l'heure, – une image qui est presque matière en ce qu'elle se laisse encore voir, et presque esprit en ce qu'elle ne se laisse plus toucher, – fantôme qui nous hante pendant que nous tournons autour de la doctrine et auquel il faut s'adresser pour obtenir le signe décisif, l'indication de l'attitude à prendre et du point où regarder".

[110] BERGSON, Henri. *La pensée et le mouvant, op. cit.*, p. 19: "Une intuition qui prétend se transporter d'un bond dans l'éternel s'en tient à l'intellectuel. Aux concepts que fournit l'intelligence elle substitue simplement un concept unique qui les résume tous et qui est par conséquent toujours le même, de quelque nom qu'on l'appelle: la Substance, le Moi, l'Idée, la Volonté".

[111] BERGSON, Henri. *L'évolution créatrice, op. cit.*, p. 268.

[112] BERGSON, Henri. *L'évolution créatrice, op. cit.*, p 157.

[113] Consigne-se a posição oposta de BURNS, C. Delisle. Bergson: a criticism of his philosophy. *The North American Review*, vol. 197, n. 688 (1913). Published by: University of Northern Iowa, p. 364-370, esp. p. 367: "Thus man may be considered now as body and now as spirit, but body without spirit is nothing and spirit without body is nothing. And thus, in Bergson's use of the words, "intuition" with out " reasoning " is nothing and "reasoning" without "intuition" is nothing. Thus also the more reasoning the 'more real intuition; and this is why the scientist and the historian have a truer view of the real world than the ordinary man has".

[114] HUSSON, Léon, *op. cit.*, p. 13.

trabalho do pensamento, para se colocar imediatamente, através da expansão do espírito, na coisa analisada: vai da realidade para os conceitos e não mais dos conceitos para a realidade.[115] A explicação das *"ondulations du réel"*, pela revelação da intuição, estaria contida em um ato simples do espírito, numa imagem simples – uma existência situada entre a "coisa" e sua "representação"[116] –, imensamente simples, tão admiravelmente simples que o filósofo jamais conseguiu dizer.[117]

Noutros termos: a intuição implica ato simples e indivisível do espírito, mas tal unidade contém uma multiplicidade, posto que é a unidade *sui generis* (que se move, muda e varia de cor) de um conjunto,[118] oferecida pelo objeto intuído, e desponta como um ato simples, como algo apto a ser transmitido de uma única vez, de cada vez; é uma imagem, movimento, tempo, duração. Diversamente, a unidade conceitual é imóvel e vazia.[119]

Contudo, a intuição, enquanto sempre ato de simplicidade, não significa, nesse contexto, a exclusão de uma multiplicidade qualitativa.[120] Pelo contrário, consecutivas sensações, ao se unirem na experiência, são modeladas entre si para formar *"une synthèse (...) qualitative, une organisation graduelle (...), une unité analogue à celle d'une phrase mélodique"* e virtual de direções diversas daquelas dadas pelo objeto intuído.[121] Na feliz síntese bergsoniana, caracteriza um ato do espírito em seu esforço para se inserir na consciência. A intuição expressa uma conexão entre corpo e espírito, liame entre presente e passado, sendo que o presente é a fronteira invisível que separa o passado do futuro. Esta forma profunda de perceber remete a uma compreensão mais completa da realidade, definida como intuição, posto se conectar à duração interior: a *"vision directe de l'esprit par l'esprit"*, que ela porta exclusivamente *"sur l'esprit"*.[122]

---

[115] BERGSON, Henri. *La pensée et le mouvant, op. cit.*, p. 206: "Là est le rôle ordinaire des concepts tout faits, ces stations dont nous jalonnons le trajet du devenir. Mais vouloir, avec eux, pénétrer jusqu'à la nature intime des choses, c'est appliquer à la mobilité du réel une méthode qui est faite pour donner des points de vue immobiles sur elle. C'est oublier que, si la métaphysique est possible, elle ne peut être qu'un effort pour remonter la pente naturelle du travail de la pensée, pour se placer tout de suite, par une dilatation de l'esprit, dans la chose qu'on étudie, enfin pour aller de la réalité aux concepts et non plus des concepts à la réalité. Est-il étonnant que les philosophes voient si souvent fuir devant eux l'objet qu'ils prétendent étreindre, comme des enfants qui voudraient, en fermant la main, capter de la fumée? Ainsi se perpétuent bien des querelles entre les écoles, dont chacune reproche aux autres d'avoir laissé le réel s'envoler".

[116] BERGSON, Henri. *Matière et mémoire*. 4. édition. Paris: PUF, 1993, p. 1: "La matière, pour nous, est un ensemble d'"images". Et par "image" nous entendons une certaine existence qui est plus que ce que l'idéaliste appelle une représentation, mais moins que ce que le réaliste appelle une chose, – une existence située à mi-chemin entre la "chose" et la "représentation"".

[117] BERGSON, Henri. *La pensée et le mouvant*: Essais et conférences, *op. cit.*, p. 119: "Quelle est cette intuition? Si le philosophe n'a pas pu en donner la formule, ce n'est pas nous qui y réussirons. Mais ce que nous arriverons à ressaisir et à fixer, c'est une certaine image intermédiaire entre la simplicité de l'intuition concrète et la complexité des abstractions qui la traduisent, image fuyante et évanouissante, qui hante, inaperçue peut-être, l'esprit du philosophe, qui le suit comme son ombre à travers les tours et détours de sa pensée, et qui, si elle n'est pas l'intuition même, s'en rapproche beaucoup plusque l'expression conceptuelle, nécessairement symbolique, à laquelle l'intuition doit recourir pour fournir des "explications". Regardons bien cette ombre: nous devinerons l'attitude du corps qui la projette. Et si nous faisons effort pour imiter cette attitude, ou mieux pour nous y insérer, nous reverrons, dans la mesure dupossible, ce que le philosophe a vu".

[118] BERGSON, Henri. *Essai sur les données immédiates de la conscience*. Paris: Critique de F. Worms, PUF, 2007, p. 70 ss.

[119] MILIGI, Gianluca. Una filosofia dell'intuizione: Bergson. *Essais*www.filosofia.it, p. 1-9, esp. p. 5.

[120] BERGSON, Henri. *Essai sur les données immédiates de la conscience, op. cit.*, p. 83.

[121] DELEUZE, Gilles. *Le bergsonisme, op. cit.*, p. 10.

[122] BERGSON, Henri. *La pensée et le mouvant, op. cit.*, p. 42.

O alvo da intuição, nascida na emoção,[123] será, assim, a duração interna, representando aquela visão espiritual direta, nada interpolada, e, por isso mesmo, insuscetível de apreensão pelo intelecto e pela inteligência, que trabalham com categorias espacializantes.[124] A intuição consiste em uma sucessão de processos, que é uma continuidade indivisível do pulso da vida interior, e se refere, acima de tudo, à duração interna. A intuição promove uma sucessão diferente de justaposição do exterior para o interior, a extensão contínua do passado conquistando o futuro.

A intuição, de corte bergsoniano, é capaz de operar lembranças por similitude e continuidade da memória, dentro da duração, vale dizer, fora do tempo e do espaço. Cuida-se da assim chamada *"intuition de durée"*, uma intuição que permite ao homem inserir-se na mobilidade, avizinhando-se da própria subjetividade, pois a intuição, abarcando integralmente a vida, franqueia ao ser humano a possibilidade de se enxergar por completo. Quanto mais próximo à intuição de duração interior, tanto mais se eleva "acima da condição humana".

No tocante à memória de duração, em uma primeira modalidade, a teoria bergsoniana indica a existência de *"souvenir pur"*, isto é, uma memória que registra os desdobramentos minudenciados de todos os acontecimentos da vida cotidiana. Diferentemente da primeira, conquanto complementar, uma segunda modalidade de memória consiste no esforço para agir e, a partir do presente, fitar apenas o futuro.[125]

Nesse quadrante, a intuição configura a única ponte para se atingir o "absoluto", pois o espírito do homem se relaciona com o mundo interior e exterior, em um acoplamento integral entre o indivíduo e o mundo. A duração da intuição se revela no ato de o indivíduo vestir a consciência dela, em si mesmo.

A teoria do conhecimento bergsoniana assenta-se em duas premissas básicas: (i) a natureza do objeto a ser conhecido é que determina a maneira específica de conhecer: intuitiva ou discursiva; (ii) a gnosiologia está na dependência da ontologia: do ser, que é duração.[126] O bergsonismo, como filosofia da vida,[127] ao propor que uma teoria do conhecimento não pode dela se afastar, nem segregar o mundo de carne e osso, é um ato

---

[123] ARCOLEO, Santo, *op. cit.*, p. 83: "L'intuizione, momento cognitivo fondamentale, nasce nella emozione ed ha come oggetto la totalità, pluralità di durata all'interno del tempo universale, sullo sfondo dell'eternità della vita".

[124] RIBEIRO, Eduardo Soares. Bergson e a intuição como método na filosofia. *Kínesis*, Marília, v. V, n. 09, Jul. 2013, p. 94-108, esp. p. 100.

[125] BERGSON, Henri. *Matière et mémoire, op. cit.*, p. 86-87: "Nous prenons conscience de ces mécanismes au moment où ils entrent en jeu, et cette conscience de tout un passé d'efforts emmagasiné dans le présent est bien encore une mémoire, mais une mémoire profondément différente de la première, toujours tendue vers l'action, assise dans le présent et ne regardant que l'avenir. Elle n'a retenu du passé que les mouvements intelligemment coordonnés qui en représentent l'effort accumulé; elle retrouve ces efforts passés, non pas dans des images-souvenirs qui les rappellent, mais dans l'ordre rigoureux et le caractère systématique avec lesquels les mouvements actuels s'accomplissent. À vrai dire, elle ne nous représente plus notre passé, elle le joue; et si eue mérite encore le nom de mémoire, ce n'est plus parce qu'elle conserve des images anciennes, mais parce qu'elle en prolonge l'effet utile jusqu'au moment présent".

[126] LINHARES, Mônica Tereza Mansur. Intuição e o conhecimento do Direito. *Revista Jus Navigandi*, Teresina, ano 17, n. 3195, 31 mar. 2012. Disponível em: https://jus.com.br/artigos/21407/intuicao-e-o-conhecimento-do-direito. Acesso em: 17 abr. 2018.

[127] RUIZ STULL, Miguel. Intuición, la experiencia y el tiempo en el pensamiento de Bergson. Santiago: *ALPHA*, n. 29, Diciembre 2009. Ensayo sobre los datos inmediatos, p. 185-201, esp. p. 191-192: "Si el bergsonismo es una filosofía de la vida, lo es la razón de forzar las condiciones reales de la experiencia; forzar la sensibilidad para alcanzar la intuición de su objeto, de modo que pueda asistir con claridad a las distinciones y matices que la constituyen. La metafísica coincide con la experiencia en la medida en que es forzada por el acto simple de intuir que presenta las complejidades, quizá virtuales, del proceso de lo real, esto es, dirigidas hacia su serie efectiva o actual".

de guerra contra o racionalismo e o intelectualismo[128] míopes e refratários à realidade e à riqueza multifária da própria vida e do espírito.

A duração real é a essência de sua consciência, ininterruptos incrementos em que os diversos estados de consciência se fundem uns com os outros. Todavia, não se afigura fácil apreender a temporalidade da consciência, porquanto, instintivamente, o homem espacializa o tempo, o considera um feixe de momentos que deslizam idealmente sobre uma linha. O homem pode aproximar-se de um objeto de duas maneiras: (i) o objeto pode ser desestruturado em suas partes, analisado e remontado sinteticamente. É o caminho dos conceitos, dos juízos, dos silogismos, da análise e síntese, dedução e indução. Este procedimento é próprio da inteligência; todavia, (ii) é possível apreender, de forma direta e imediata, o objeto em sua totalidade, penetrando-o profundamente até seu coração, proporcionando conhecimento intrínseco, concreto e absoluto mediante a identificação entre o sujeito do conhecimento e o objeto conhecido, sem mediações.

Esta segunda forma de conhecimento é a intuição. A inteligência não tem acesso à origem, nem à evolução da vida, porque se aplica apenas à matéria, à imobilidade e à descontinuidade; a intuição, por outro lado, tem acesso tanto à origem quanto à evolução da vida, pois se relaciona com o espírito, a mobilidade e a continuidade. Como bem se compreende, a inteligência é capaz de estudar uma parte do todo, e não o todo.

Por força da intuição, pode-se redescobrir a validade da metafísica entendida como a ciência absoluta do real. Empiristas ou racionalistas classificaram a metafísica de falsa, porque, malgrado por vertentes diversas, usaram os procedimentos da inteligência e não aqueloutros da intuição. O conhecimento fornecido pela inteligência não apresentará uma função teórica (isto é, cognitiva), mas prática. Um dos equívocos dos positivistas radica na crença de que a inteligência – que fornece regras metodológicas à ciência –, ao invés de encerrar uma função prática, exibiria uma função teórica.

A ciência, embora relativa, não é capaz de apreender a realidade, de uma só vez, em sua totalidade, como faz a intuição, que tem a virtude de disciplinar e orientar as atitudes humanas, de prever eventos futuros.[129] Ora, esta contraposição intuição-inteligência, metafísica-ciência, não autoriza a pensar que privilegia uma parte em detrimento da outra, mas simplesmente cobiça exprimir aquela concepção bergsoniana segundo a qual antes de especular (filosofar) se deve viver.

A distinção entre o conhecimento racional (incapaz de abordar a realidade, pois confinado aos enunciados de seus próprios conceitos, a uma coerência interna

---

[128] IACOBESCU, Maria Rodica. Intuition versus intelligence in H. Bergson. *Revista Romana de Studii Culturale* (pe Internet), v. 4, p. 64-70, 2004, esp. p. 64-65: "Henri Bergson rises against the scientism and the intellectualism of his age, pleading for metaphysics in a period in which the positivist movement attempted to destroy it. Bergson's special contribution consists in the substantiation of the concept of intuition and in the effort of proving the superiority of the intuitive knowledge vs the discursive one. He speaks of the continuous interaction between intuition and the discursive knowledge, the last one being its foundation, he argues against it and studies it thoroughly. The Bergsonian intuition aims at understanding the essence of the creation of the world as a whole, it does not divide the world into separate things, the way intelligence does. The latter is a means of creating instruments and it cannot explain the origin and the evolution of life because it goes along only with matter, reality, immobility and discontinuity. On the contrary, intuition is an unselfish act, it is not an action or a utility and it has repercussions on the spirit, on the possible, on the mobility and continuity".

[129] BARTHÉLEMY-MADAULE, Madeleine. *Bergson*. Paris: PUF, 1968, p. 48: "La philosophie tient à s'appuyer sur des faits et à juger de ce qu'elle a pu constater. Elle a son domaine: l'esprit, comme la science a son domaine: la matière. Elle a sa méthode, l'intuition, comme la science a la sienne qui est proprement la construction conceptuelle".

constituída como singelo solipsismo, que não pode ir além disso) e o conhecimento intuitivo (que pode se dirigir à própria realidade, captando seu caráter vital e dinâmico, isto é, apreendendo a essência das coisas) é o princípio bergsoniano para construir a concepção de emoção criadora (*v. g.*, amor, caridade) como fonte de valor moral.[130] A realidade, impregnada de espírito, é criação. Esse impulso vital e essa evolução criativa só podem ser sentidos intuitivamente.

A razão não se mostra suficiente nem mesmo para "domesticar", com eficácia absoluta, aquela coleção de condições e hábitos completamente irracionais que frequentemente governam o comportamento do sujeito. A inteligência é insuficiente para despertar a consciência e a vontade para a criação e a apreensão do valor moral, como é, também, inábil para silenciar sentimentos e emoções que conformam o mundo moral.

As coisas devem perceber-se pela duração, de sorte que um dos conceitos basilares no sistema bergsoniano é a duração, que, em termos gerais, exibe pelo menos duas formas de compreensão: (i) como duração pura, que é inextensível em relação ao tempo; e (ii) como duração conectada ao espaço. A intuição, uma vez ligada à duração, pode capturar o movimento como uma continuidade que sempre traz algo novo.[131] Assim, as percepções resultam, na perspectiva kantiana, nas conceituações produzidas por um ato de puro intelecto, mas elas permanecem, nessa medida, longe da realidade temporal que é o objeto da busca bergsoniana, que se define como *"la création continue d'imprévisible nouveauté qui semble se poursuivre dans l'univers"*.[132]

Sob esse enfoque, a realidade é constituída por matéria e espírito, sendo que o espírito está no sujeito que conhece e que, como material, faz parte do universo, mas o ser vivo, que é o homem, está constantemente comprometido em prospectar novidades.[133] Exibe realce o significado do conceito de duração e, com coerência, a definição de mudança em termos de evolução criativa: a duração é criativa, pois a consciência é capaz de gerar movimento, mudança. Porém, não é apenas a consciência que está conectada ao novo, pois pode animar um dinamismo que leva a matéria a tomar

---

[130] EZEURDIA, José. Sócrates y Bergson: la intuición como horizonte de formación. México: *Configuraciones Formativas*, 2006, p. 79-100, esp. p. 80: "La noción de emoción creadora aparece como corazón de un conocimiento intuitivo a partir del cual el sujeto, al hacer una toma de contacto con su principio vital, crea aquellos valores que se determinan como el horizonte de la cabal formación de su carácter. La emoción creadora es para Bergson la expresión de un conocimiento intuitivo que por su forma inmediata, permite al sujeto prolongar y constituirse en una duración o impulso vital que por su naturaleza creativa, resulta el fundamento justo de la creación de aquellos valores que se constituyen como el ámbito de realización de su propia identidad. (...)Es sólo la emoción creadora en tanto corazón del conocimiento intuitivo el fundamento de la génesis de aquellos valores que poseen la estructura interna por la cual el sujeto ha de llevar a cabo una efectiva edificación de su carácter".

[131] GORDILLO R., Ruth. Sobre la concepción bergsoniana de "intuición" y las consecuencias para la comprensión de la ciencia y la metafísica (una comparación con Kant). Quito: *Revista PUCE*, n. 102, 3 nov 2015-3 mayo 2016, p. 203-223, esp. p. 213: "Ahora bien, el espíritu, en tanto actúa sobre sí mismo e impregna a la realidad con su naturaleza, se constituye en la condición para afirmar que la realidad es creación del espíritu a través de la intuición ligada a la duración. Las consecuencias de esta forma de concebir el proceso de la percepción, superado por una intuición creadora de realidad, determinan el alejamiento de la perspectiva kantiana; aun más, dan cuenta de una doble definición de intuición, intuición intelectual e intuición creadora. Esta última permite desvelar el cambio, es decir, el tiempo, que se halla cubierto por el espacio y por las percepciones que se dan en él".

[132] BERGSON, Henri. *La pensée et le mouvant, op. cit.*, p. 56.

[133] BERGSON, Henri. *La pensée et le mouvant, op. cit.*, p. 57: "Ainsi, l'être vivant dure essentiellement; il dure, justement parce qu'il élabore sans cesse du nouveau et parce qu'il n'y a pas d'élaboration sans recherche, pas de recherche sans tâtonnement".

várias formas e, assim, perceber a presença de um "élan *vital*".[134] Entende-se, pois, todo o universo como marcado pela nota do que é fator criativo: a duração. O "élan *vital*", atributo essencial da vida, é a duração real. Trata-se de convite para refletir e entender o sentido da vida, referenciado a um elemento psicológico: o tempo vivido que é, de fato, subjetivo. Descabe à ciência questionar o "élan *vital*", porque somente a metafísica é capaz de conhecê-lo, mercê da intuição. A mudança pura, a duração real, é "algo espiritual ou impregnado de espiritualidade". A intuição é o que atinge o espírito, a duração, a mudança pura.

Nesse teor de ideias, o significado da duração constitui uma categoria que permite considerar a realidade em movimento e o sujeito com a capacidade de conhecê-la em sua veridicidade. A realidade se torna dinâmica, impossível de ser entendida pela compreensão racional. Apenas a intuição é capaz de capturar a essência do real – o seu movimento.

Sob outro prisma, a concepção de duração (*durée*) ou tempo real é o que constitui o ser de toda a realidade, tanto da consciência, como da vida e do divino, o que implica criação contínua de novidade. A partir de semelhante concepção, desenvolveu-se uma ontologia com vigor para açambarcar todos os aspectos da realidade. A introspecção coloca o homem em contato com uma continuidade e multiplicidade de durações que se interpenetram e que, por um esforço cada vez mais intenso, poder-se-ia expandir para baixo ou para cima, implicando infinidade de graus e de intensidade, transcendendo à própria pessoa.[135]

A intuição torna possível deslizar, por um esforço, o conhecimento do "eu que dura" para o de uma eternidade de vida. Como tal se dá? O método intuitivo, em seu caráter direto e imediato, tem a capacidade de fazer o ser humano seguir o real em todas as suas sinuosidades e de remover todo o "jogo"[136] entre espírito e coisas. A intuição é um esforço que envolve o uso de dados objetivos.[137]

A intuição original, em seu nível de duração pura (que é a forma adotada pela sucessão de manifestações de consciência, quando o *ego* não separa os sentimentos presentes daqueles do passado), do fluxo contínuo de consciência, faz florescer a ideia de uma intuição pautada pela simplicidade, referenciada à duração infinitamente contraída da eternidade da vida.[138]

---

[134] BERGSON, Henri. *L'évolution créatrice, op. cit.*, p. 103.

[135] INÉS MARKMAN, Ana. Bergson: Razón de lo inmutable, intuición de lo moviente (2013). Disponível em: http://www.academia.edu/12309778/Bergson_Razo_n_de_lo_inmutable_intuicio_n_de_lo_moviente. Acesso em: 25 abr. 2018, p. 1-10, esp. p. 2: "En el sentido descendente, experimentamos una duración cada vez más dispersa que va diluyendo la cualidad de nuestra sensación en cantidad; en el límite está lo puro homogéneo o la pura repetición, que para Bergson define la materialidad. En el sentido ascendente, la duración se intensifica cada vez más y en el límite está la eternidad que no es conceptual, de muerte, sino una eternidad viviente y móvil. Entre estos dos extremos se mueve la intuición, y ese movimiento es la propia metafísica".

[136] BERGSON, Henri. *L'évolution créatrice, op. cit.*, p. 362.

[137] BERGSON, Henri. *Introduction à la métaphysique*, op.cit., p. 226: "Car on n'obtient pas de la réalité une intuition, c'est-à-dire une sympathie spirituelle avec ce qu'elle a de plus intérieur, si l'on n'a pas gagné sa confiance par une longue camaraderie avec ses manifestations superficielles. Et il ne s'agit pas simplement de s'assimiler les faits marquants; il en faut accumuler et fondre ensemble une si énorme masse qu'on soit assuré, dans cette fusion, de neutraliser les unes par les autres toutes les idées préconçues et prématurées que les observateurs ont pu déposer, à leur insu, au fond de leurs observations".

[138] FENEUIL, Anthony. De l'immédiatement donné au "détour de l'expérience mystique" remarques sur l'unité de la méthode intuitive chez Berggon. Goiânia: *Philósophos*, v. 17, n. 1, jan./jun., 2012, p. 31-54, esp. p. 42: "Il découle d'autre chose, d'une intuition plus simple encore, d'une âme dont il n'est que le corps, et à laquelle il n'est pas

A introdução da mediação mística no campo da filosofia, por um lado, é enquadrada a partir do exterior, com a precaução em evidenciar que o misticismo, adotado em seu estado puro, livre de visões, de alegorias, de fórmulas pelas quais se expressa, para ter um valor filosófico, deve ser reconhecido pela filosofia. De fato, para torná-lo um poderoso auxiliar da pesquisa filosófica, deve-se-lhe estabelecer a possibilidade *a priori*.[139]

A ideia da pesquisa científica pela emoção religiosa consubstancia uma espécie de "piedade natural", como seja, a atitude do cientista que sabe, com reverência, reconhecer o trabalho da natureza em processos de emergência. Quando o cientista, como erudito, em seu laboratório, vê algo que emerge, uma "piedade natural", e que não é completamente calculável, este surgimento é a produção de uma novidade não calculada com antecedência, mas descritível por modelos mais tarde.[140]

1.1.2 A intuição mística de Spinoza

Baruch de Spinoza – nascido Benedito Spinosa (1632-1677)[141] foi um dos grandes racionalistas e filósofos do século XVII, dentro da chamada Filosofia Moderna, juntamente com René Descartes e Gottfried Leibniz. Seus principais interesses foram ética, metafísica, teoria do conhecimento, teologia e lógica. É considerado o fundador do criticismo bíblico moderno (*conatus*, interpretação histórico-crítica da Bíblia).

Na doutrina spinoziana, há três gêneros de conhecimento (*cognitio*) ou três maneiras diferentes em que se exerce a potência pensante da alma humana: (i) opinião ou imaginação (*opinio, vel imaginatio*), que consiste na formação de ideias de afeições corporais produzidas em virtude da experiência sensível ou mediante signos, e de ideias universais que surgem por abstração a partir das anteriores (EII16-31);[142] (ii) razão (*ratio*), que consiste na formação das denominadas "noções comuns", aquilo que é comum a todas as coisas e que está igualmente na parte e no todo (EII-38); e (iii) *scientia intuitiva* – ciência intuitiva, conhecimento intuitivo, intuição intelectual, que progride da própria ideia adequada da essência formal de certos atributos de Deus para o conhecimento

---

évident de remonter. Certes, on pourrait dire que cette idée d'une intuition absolument simple, et par là plus simple que la continuité de changement dont elle est à l'origine, rejoint en partie celle de la durée infiniment contractée de l'éternité de vie dont nous étions partis. A ce moment là, l'écart entre la durée vécue par Spinoza et son intuition fondamentale serait exactement celui que suppose l'idée d'une transcendance de soi-même par soi-même, déjà envisagée en 1903".

[139] BERGSON, Henri. *Les deux sources de la morale et de la religion* (1932). 5. ed. Paris: PUF, 1992, p. 263: "Nous reconnaissons pourtant que l'expérience mystique, laissée à elle-même, ne peut apporter au philosophe la certitude définitive. Elle ne serait tout à fait convaincante que si celui-ci était arrivé par une autre voie, telle que l'expérience sensible et le raisonnement fondé sur elle, à envisager comme vraisemblable l'existence d'une expérience privilégiée, par laquelle l'homme entrerait en communication avec un principe transcendant".

[140] NEF, Frédéric. La mystique a-t-elle une valeur philosophique? William James et Bertrand Russell. *ThéoRèmes* [En ligne], Philosophie, mis en ligne le 12 juillet 2010, consulté le 27 septembre 2017. URL: http://theoremes.revues.org/73; DOI: 10.4000/theoremes.73, p. 1-8, esp. p. 5-6.

[141] O monumento feito em homenagem a Spinoza em Haia foi assim comentado por Ernest Renan em 1882: "Maldição sobre o passante que insultar essa suave cabeça pensativa. Será punido como todas as almas vulgares são punidas – pela sua própria vulgaridade e pela incapacidade de conceber o que é divino. Este homem, do seu pedestal de granito, apontará a todos os caminhos da bem-aventurança por ele encontrados; e por todos os tempos o homem culto que por aqui passar dirá em seu coração: foi quem teve a mais profunda visão de Deus".

[142] As referências à Ética (E) serão por parte (IV), axioma (A), proposição (P), *scholium* (S) e corolário (C). É importante ressaltar que "D" indica uma definição (quando imediatamente após um número de peça) ou uma demonstração (quando imediatamente após um número de proposta).

adequado da essência das coisas, vale dizer, que consegue acessar e, pelo tanto, permite conhecer as essências de Deus e de coisas singulares e particulares (EII-40, escólio 2).[143]

A distinção entre o segundo (razão) e o terceiro (ciência intuitiva) tipos de conhecimento, para além de uma explicação em termos tradicionalmente epistemológicos, deve focar na forma como ideias apropriadas são apreendidas pela mente ou em alguma diferença no conteúdo dessas ideias. Nessa leitura de assimetria epistêmica, a razão distingue-se da ciência intuitiva por consistir em um conhecimento adequado das noções comuns e das propriedades gerais das coisas, as quais "não constituem a essência de nenhuma coisa singular" (EIIP37). O porto de chegada da razão está em formar noções universais.

A razão encarna conhecimento estritamente inferencial, indireto. A ciência intuitiva fornece, intelectualmente, acesso adequado à realidade concreta de coisas singulares: à essência da substância e às essências dos modos finitos que dela decorrem. Assim, tanto o conhecimento intuitivo quanto a razão são maneiras adequadas de conhecer, conquanto distintas. Não seria despropositado dizer, no tocante às diferenças entre razão e conhecimento intuitivo, que a principal característica distintiva do conhecimento intuitivo é sua imediação ("de relance, vemos..."). A razão não é imediata, mas mediada por força de inferências que devem ser efetuadas pela mente a fim de extrair uma ideia adequada de outras. Tal diferença se circunscreve à maneira como a mente apreende uma ideia, e não a qualquer diferença atinente ao conteúdo de ideias que a razão teve e aqueloutras que a intuição tinha.[144]

Demais disso, inobstante a cognição racional e o conhecimento intuitivo serem formas adequadas de pensamento, outra diferenciação concerne ao escopo: a intuição é capaz de apreender as essências de coisas singulares, ao passo que a razão não exibe semelhante capacidade, adstringindo-se às propriedades formais das coisas, sem, contudo, penetrar-lhes no âmago.

Na doutrina spinoziana, o conhecimento intuitivo – epitetado de a "maior virtude da mente" (EVP25), "muito mais poderoso" (*scholium* para EVP36) cognitiva e emocionalmente –, tem superioridade em relação à razão, que envolve o conhecimento universal das propriedades das coisas, enquanto o conhecimento intuitivo relaciona-se com as suas essências.

O conhecimento intuitivo, antecipe-se, procede de uma ideia adequada da essência formal de certos atributos de Deus (pensamento e extensão) para a cognição adequada da essência das coisas. Nessa doutrina, o conhecimento intuitivo difere e é superior à razão não apenas porque é uma forma mais elevada de cognição, senão que abre a porta para um nível de especificidades e se alça a um patamar de poder afetivo que a razão é incapaz de acessar.

O conhecimento intuitivo difere da razão, não apenas em termos de seu método de cognição, como também conteudisticamente: a intuição consente, de forma imediata, saber a essência exclusiva de uma coisa singular, seu cerne único (essência real).[145]

---

[143] JIMENA SOLÉ, María. *La intuición intelectual en Spinoza*. Disponível em: https://pt.scribd.com/document/335652745/La-Intuicion-Intelectual-en-Spinoza-Maria-Jimena-Sole. Acesso em: 10 maio 2018, p. 205-217, esp. p. 205.

[144] GREY, John. *Reason and knowledge in Spinoza.* Disponível em: http://www.philosophy.msu.edu/files/3514/7011/8173/Reason_and_Knowledge_in_Spinoza.pdf. Acesso em: 13 maio 2018, p. 1-15, esp. p. 6.

[145] SOYARSLAN, Sanem. The distinction between reason and intuitive knowledge in Spinoza's ethics. *European*

Seja como for, pode-se pensar em minimizar o hiato entre o conhecimento racional e o conhecimento intuitivo, unindo-os, ou simplesmente efetuar a passagem da razão (segundo gênero) à intuição (terceiro gênero).[146] A transição da razão para a ciência intuitiva dá-se pela ponte do amor,[147] como força propulsora da libertação ética.

Na metafísica de Spinoza existe apenas uma substância: Deus, cuja essência infinita e eterna é expressa por um número infinito de atributos divinos (EID6). À parte isso, incluindo coisas singulares, trata-se de um modo ou uma feição de Deus. Diga-se, em tom mais específico, que as coisas singulares são modos finitos nos quais os atributos de Deus se exprimem de um modo determinado (EIP25C e EIID7).

Muitos intérpretes do pensamento spinoziano não hesitam em atribuir, fundando-se na definição assinalada, caráter dedutivo à ciência intuitiva.[148] Com efeito, o terceiro gênero de conhecimento, embora seja denominado intuitivo, comportaria uma dedução,[149] pois se move, seja no plano lógico, seja no campo ontológico, do geral ao particular, passando, então, da "ideia adequada da essência formal de certos atributos de Deus para o conhecimento adequado da essência das coisas" (EIIP40S2). Implementa-se, nesse contexto, um processo dedutivo que, da infinitude ontológica e conceitual dos atributos substantivos, escorre para a essência finita das coisas.

Contudo, não se pode individuar o terceiro gênero de conhecimento como um processo simplesmente dedutivo, pois conhecer *uno intuitu* significa conhecer qualquer coisa imediatamente e o imediatismo da intuição é purgado de toda forma de discursividade. A dedução, ao contrário, mostra-se de natureza mediata e discursiva.

Journal of Philosophy, n. 24 (1), p. 27-54, 2016, esp. p. 28: "More specifically, I argue that the distinction between reason and intuitive knowledge includes a difference in content in that there is something that can be known by Intuition – namely, the unique essences of things – that cannot be known by reason".

[146] CHARLES, Syliane. *Le cercle de la connaissance adéquate: notes sur raison et intuition chez Spinoza*. Disponível em: http://www.academia.edu/13811484/Le_cercle_de_la_connaissance_ad%C3%A9quate_raison_et_intuition_chez_Spinoza. Acesso em: 12 maio 2018, p. 1-21, esp. p. 21: "Pour conclure, l'avantage principal de cette lecture "circulaire" de la connaissance adéquate nous paraît être qu'elle permet de rendre compte du problème soulevé par la proposition 28 de la cinquième partie de l'Éthique, et qu'elle explique pourquoi le progrès dans la connaissance est indéfini, ou pourquoi l'on ne se contente pas d'une seule idée intuitive mais est mu "automatiquement" à connaître plus adéquatement, une fois parvenu à un certain stade. En l'occurrence, premièrement, cette interprétation justifie la naissance du désir de connaître selon le troisième genre de connaissance à partir du deuxième en identifiant au sein de celui-ci un stade affectif, celui de la conscience de soi de l'âme ou de la certitude, qui la conduit nécessairement à éprouver la puissance infinie dont elle est porteuse. Cette conscience équivaut à une connaissance de soi et de Dieu. La conscience de la place occupée par les choses au sein de cet univers de puissance sera donnée implicitement par le redescente du cercle de la connaissance sur l'objet singulier. Deuxièmement, on comprend pourquoi le progrès dans la connaissance ne peut avoir de fin et est en mesure de s'auto-engendrer lui-même pour se donner le désir de connaître de nouveaux objets avec la même clarté, car on a vu que les deux moments qu'on pouvait distinguer dans l'intuition correspondaient eux-mêmes à des expériences affectives, et donc pouvaient justifier la naissance d'un désir d'auto-perpétuation de l'intuition elle-même".

[147] TOSEL, André. De la ratio à la scientia intuitiva ou la transition éthique infinie selon Spinoza. *Philosophique*, n. 1, p. 193-205, 1998, esp. p. 193: "L'amour qui intervient dans l'ordre imaginatif-passionnel est en effet singulier et porte sur soi ou sur l'autrui auquel le soi s'identifie; la raison développe un amour du commun, mais celui-ci n'implique pas la mise en jeu de l'essence singulière du conatus, il n'est pas individualisant. La transition de la raison à la science intuitive est une affaire d'amour, une histoire d'amour".

[148] GEROULT, Martial. *Spinoza II, L'ame*. Paris: Aubier, 1974, p. 416: "La science intuitive, au contraire, part de Dieu et en déduit directement 'une multitude des choses'".

[149] PARKINSON, G.H.R. Being and knowledge in Spinoza. *In: Van der Bend, Spinoza's on knowing. Being and freedom*. Procedings of the Spinoza's simposium et de international school of philosophy in the Neederland. Organizador Van Der Bend, Assen, Van Gorcum, 1974, p. 250: "This is hardly the language of a mystic but it is, as suggested earlier, the language of someone whose though is very much bound up with the science, the deductive science, of his time".

O processo mental se desdobra em vários passos lógicos alocados em fases sucessivas. É justamente a cadeia de sucessão lógica, que no sujeito também se torna temporal, que qualifica a dedução, mas não a intuição.

A perspectiva spinoziana concebe a relação entre dedução e intuição, não como dois momentos heterogêneos e estanques, mas que, ao contrário, interagem em íntima interpenetração. Com o último tipo de conhecimento as coisas são apreendidas em relação à essência eterna e infinita de Deus.[150] Se a ciência intuitiva é um conhecimento dentro da eternidade divina, admitindo com Spinoza que "a substância é de natureza anterior por suas afeições", parece claro que a prioridade da substância é de tipo lógico-ontológico, mas desprovida de natureza temporal. A eternidade em Spinoza não permite ao sujeito a mediação da dedução, a pena de distorcer o sistema, traduzindo-o em uma série de passagens mediadas que comprometeriam sua complexidade. De sorte que, para não perder o imediatismo da intuição, a ciência intuitiva é considerada uma inferência imanente à própria intuição.[151]

Noutros termos: pensa-se na intuição como uma apreensão imediata do indeterminado pelo sujeito, que conhece o objeto através de uma dedução dentro da mesma intuição. Em um processo gnoseológico que se baseia na atividade do sujeito entendido como determinante no indeterminado, basicamente este é o significado de uma inferência interna, injetando na intuição um processo dedutivo e economizando na ciência intuitiva o imediatismo da intuição e a discursividade da dedução.

A intuição intelectual revela-se como um conhecimento imediato da verdade. Trata-se de um procedimento que parte da ideia adequada da essência da substância, de seus atributos e acessos ao conhecimento das essências das coisas. Prescinde-se de degraus intermediários ou proposições gerais, pois que representa a apreensão imediata das essências das coisas singulares, dado que dependem ontologicamente da essência da substância divinal.[152]

A ciência intuitiva traduz capacidade existente, latente e implícita em toda a mente humana de maneira originária, prescindindo do grau de aperfeiçoamento que esta mente haja alcançado. Não retrata uma faculdade em sentido tradicional, senão simplesmente as noções que a conformam: a ideia de Deus e as ideias das essências singulares que se seguem àquela. Assume-se como condição de possibilidade do conhecimento e, portanto, do saber original. Trata-se da tarefa de purificar o entendimento como o caminho que levará ao pleno exercício da ciência intuitiva. A intuição pode ser entendida como a possibilidade de ver-se além, uma visão superior ou excelente. Conhecimento intuitivo pode ser alcançado através da técnica meditativa[153] que identifica e analisa os padrões da mente e do mundo que projeta, realizando um estado de visão clara que se expande até chegar a converter-se no conhecimento perfeito (*Vipasyana* – Tibetano *lhag mthong*).[154]

---

[150] SPINOZA, B. *Pensamentos metafísicos*; Tratado da correcção do intelecto; Ética; Tratado político; Correspondência/ Baruch de Espinoza; seleção de textos de Marilena de Souza Chauí; traduções de Marilena de Souza Chauí... [*et al.*]. (Os pensadores). 3. ed. São Paulo: Abril Cultural, 1983, p. 16-20.

[151] JOACHIM, H. H. *A study of the Ethics of Spinoza*. Oxford: Clarendon Press, 1901, p. 184: "There is an inference in scientia intuitiva: but the inference is immanent and absorbed in the final intuition. In 'ratio', the inference remains external to the conclusion, and the knowledge of the conclusion therefore remains discursive".

[152] GEROULT, Martial, *op. cit.*, p. 385.

[153] GOLEMAN, Daniel Um mapa do espaço interior. *In:* WALSH, Roger N.; VAUGHAN, Frances (Org.). *Além do ego*: dimensões transpessoais em psicologia. Tradução Adail Ubirajara Sobral e Maria Stela Gonçalves. São Paulo: Cultrix/Pensamento, 1997, p. 157-166.

[154] RINPOCHE, Kalu. *Fundamentos del budismo tibetano*. Barcelona: Kairós, 2005, p. 196-197: "La meditación nos proporciona otros dos métodos igualmente válidos, necesarios e importantes: uno de ellos intelectual o

O misticismo, em sentido absoluto, caracteriza-se pela coincidência parcial da vontade humana com a vontade divina, na qual o místico atravessa os confins impostos por sua materialidade para prolongar a ação criadora divina. Nesse diapasão, a intuição mística (religiosa, metafísica) consiste em enlaçar, direta e infalivelmente, sem suporte de conhecimentos empíricos ou racionais, por meio de uma contemplação espiritual, a verdade absoluta, as essências das coisas atemporais, transcendentais (*v. g.*, a essência de Deus, a imortalidade da alma).

No plano filosófico, a transformação das faculdades inerentes ao mundo dos objetos em contemplações espirituais e compreensão intelectual tem o condão de criar o mundo com o seu raciocínio, de pelejar contra a totalidade, até obter desta uma nova totalidade, que é a interior: a visão pessoal da imagem do mundo. Como galardão a esta renúncia, sublima-se no *ser* aquele ascetismo que Spinoza chama *amor intellectualis Dei* (E V, 32). É dizer: do terceiro gênero de conhecimento germina fundamentalmente um amor intelectual para com Deus. A ciência intuitiva como experiência se traduz, então, como uma experiência afetiva adequada: "O amor intelectual de Deus que nasce do terceiro gênero de conhecimento *é* eterno" (EV33). O conhecimento de coisas particulares – objeto da intuição – somente é possível através da experiência,[155] ordenadamente e segundo as leis definidas, para determinar a coisa investigada, permitindo que coisas eternas venham à mente e, a partir daí, seu âmago seja desvelado.[156]

O amor intelectual de Deus é a força propulsora e o lado emocional do conhecimento do terceiro tipo. O conhecimento intuitivo produz uma transmutação dos afetos: de tristes-passivos para alegres-ativos, uma vez que a alegria se une à ideia de Deus. A distinção dos dois amores faz ecoar a distinção entre os dois tipos de realidade dos modos. *L'amor erga Deum* é o amor do espírito decorrente do conhecimento da mente, da ideia do corpo que existe atualmente em duração e espaço, no âmbito de relações que o corpo conserva com outros corpos e o espírito com outros espíritos. *L'amor Dei intellectualis* dirige-se a Deus tal qual deriva do conhecimento das coisas *aeternitatis sub specie*, ou seja, as coisas vistas em sua identidade e conexão necessária com Deus. Ele é a felicidade e a alegria que se identificam com a compreensão que inclui a singularidade de cada ideia mental de um corpo particular.

A intuição e a verdade intuitiva se revelam ao espírito em estado de contemplação, prescindindo-se das muletas da demonstração. Por esta contemplação, se opera uma união mística com a fonte primária do saber. As forças reais do mundo exterior, metamorfoseadas em forças espirituais interiores, ministram os meios de saber olhar as leis do universo.

---

analítico, y el otro intuitivo o espontáneo. En el primero de los casos, recibimos periódicamente las enseñanzas de un guru y luego las ponemos en práctica, reflexionando sobre ello, corroborándolo o refutándolo según el criterio de nuestra propia experiencia, y diseccionamos o analizamos ésta para tratar de descubrir la verdad de lo que se nos ha enseñado conceptualmente. Éste es un método muy valioso pero inútil, en última instancia, para llegar a experimentar la naturaleza de la mente. Para ello es necesario el segundo método, el método intuitivo, que contempla la naturaleza de la mente sin buscarla y que, a diferencia del método que busca a la mente objetivándose a sí misma, trata simplemente de morar en un estado de conciencia vacía que permite la expresión de la naturaleza esencial de la mente".

155 CURLEY, E. M. Experience in Spinoza's Theory of Knowledge. *In:* GRENE, Marjorie (Ed.). *Spinoza*: a Collection of Critical Essays. Notre Dame (Indiana): University of Notre Dame Press, 1978, p. 25-59, esp. p. 58.

156 TORO, Javier. Experiencia, razón e intuición en el método de Spinoza: Reseña de la interpretación de Edwin Curley en "Experience in Spinoza's theory of knowledge". *Saga*, n. 9/1, p. 87-93, 2004, esp. p. 92.

O sistema spinoziano caracteriza-se como uma das mais refinadas redes com as quais, em nenhum outro tempo, conseguiu a habilidade do homem captar o mundo, Deus ou a Natureza, de par a origem de todo ser e de si mesmo. Entre as suas infinitas e numerosas propriedades, ou atributos, figuram o pensamento e a extensão, de modo que não pode existir pensamento algum sem extensão e extensão alguma sem pensamento.

A essência de Deus é imutável e perfeita, ética e matematicamente: plenitude completa. Porque assim é, em Deus, ou na Natureza, tudo existe e tudo está presente. Portanto, Deus, em seu infinito absoluto, *é*, no sistema spinoziano, a causa eficiente de toda existência, que, então, se manifesta apenas através de formas da mesma substância divina. Tais são os modos da substância e de seus atributos (*v. g.*, o ser humano em si mesmo).

Nessa moldura, agita-se a natureza criadora (*natura naturans*) e a criada (*natura naturata)*, as quais se fundem para conferir ao mundo uma alma, sem afetar as leis naturais. O ser humano livre é aquele capaz de raciocinar, pensar e concluir sem medo, opondo-se às paixões bruscas, para se reconectar à origem do mundo, a Deus.

Agora bem, o problema da suprema liberdade ou beatitude na Ética spinoziana encontra sua solução por meio da mediação de uma percepção superior: *scientia intuitiva*. A questão da beatitude pressupõe uma investigação sobre a ciência intuitiva, que tem como sua condição uma dupla exigência: (i) a ordem do mecanismo da ontologia spinoziana, oferecida a partir da articulação dos componentes essenciais que a envolvem (*v. g.*, substância, atributos, modos infinitos e finitos); e (ii) o intelecto divino, o qual tem o entendimento (ou percepção) *a priori* da verdadeira ordem em que atua o mecanismo da ontologia spinoziana – da substância para os modos. A beatitude se erige na mais profunda ressonância da ciência intuitiva.[157]

O problema da ciência intuitiva precisa ser solucionado para, então, se assegurar a liberdade superior (beatitude) do homem – da intuição decorre o elemento de libertação. Na doutrina spinoziana, a ciência intuitiva é envolvida, de início, por "algo" que se antecipa a ela, assumindo-se, simultaneamente, como seu objeto e condição de sua implementação, ou como forma de conhecimento. A ciência intuitiva reclama a existência anterior de uma ordem determinada,[158] por tocar ao encadeamento causal e lógico dos conceitos de substância, atributos e modos. Semelhante direcionalidade própria, quando intuída adequadamente, apresenta às consciências humanas a maneira pela qual o universo (modos ou efeitos) é constituído a partir de sua causa eficiente (substância e seus atributos).[159]

---

[157] RIBEIRO, Leonardo Lima. Ciência intuitiva e beatitude em Spinoza. Porto Alegre: *Intuitio*, v. 6, n. 1, p. 169-193, jun. 2013, esp. p. 170: "anunciar a ciência intuitiva [*scientia intuitiva*] em Spinoza, demonstrando que ela é a adequada compreensão [percepção superior] humana de uma determinada ordem ontológica, a qual parte da essência da substância e seus atributos pensamento e extensão para a essência dos modos [infinitos e finitos] ou efeitos. Essa compreensão é a condição epistemológica para se chegar a um outro objetivo ainda mais fundamental, elucidar uma liberdade suprema – ou ontológica – a qual pode ser conquistada pelo homem a partir da ciência intuitiva spinozana".

[158] JIMENA SOLÉ, María, *op. cit.*, p. 207: "En primer lugar, al definir la ciencia intuitiva de esta manera, Spinoza indica una direccionalidad propia de este modo de conocer. La ciencia intuitiva consiste en un proceder que va del conocimiento de la causa –ciertos atributos de la sustancia, que expresan su esencia eterna e infinita– al conocimiento de sus efectos –las esencias de las cosas particulares–".

[159] JOACHIM, H. H. *Spinoza's Tractatus de intellectus emendatione*. London: Oxford University Press, 1940, p. 227: "In the chain which constitutes our knowledge every true idea (or link) will be a definition. It will define a singular member of the series of causes and real things: i.e. it will state the inmost essence of a created thing – an effect of

Por assim ser, a ordem, em seu ponto de partida, a causa eficiente ou a substância e seus atributos (Natureza Naturante, isto é, Deus como causa) e o que acontece no interior deste ponto de partida – os modos infinitos imediatos, mediatos e os modos finitos (Natureza Naturada, isto é, Deus como efeito) – configuram o real objeto de intuição humana. A intuição spinoziana, além de requerer uma ordem de encadeamento causal entre substância, atributos e modos, pressupõe o intelecto infinito de Deus.[160] De sorte que tanto mais se compreende a Deus, quanto mais se compreendem as coisas da maneira da ciência intuitiva.

Em suma, há (i) uma ordem dada dos atributos da substância para os modos que neles se seguem; e, (ii) também, um intelecto divino ontológico que possibilita a ciência intuitiva dessa ordem. Desses dois planos (a ordem em questão e o intelecto ontológico que lhe é inerente) resulta possível a ciência intuitiva modal (uma forma superior de percepção humana).[161]

A ciência intuitiva modal exsurge de um intelecto que compreende (percebe) adequadamente a ordem que parte da essência da substância com seus atributos constituintes para a essência dos modos que neles se seguem (e são causados por eles). Emerge, assim, como enredo complexo,[162] uma ordem de encadeamento causal – a partir dos conceitos de substância, atributos e modos –, que vai da substância (um ser que é em si e se concebe por si) e seus atributos àquilo (modos) que neles se segue, mercê do intelecto divino que discerne adequadamente essa ordem. O autoconhecimento intuitivo é fundamental e privilegiado, na medida em que oportuniza ao ser humano conhecer diretamente a essência de uma coisa singular como sua essência. É útil reafirmar, na visão spinoziana, que o conhecimento intuitivo é mais poderoso do que a razão (EVP36S), pois somente através do primeiro se pode constatar que todas as coisas dependem de Deus, tanto para sua essência quanto para sua existência.[163] A *scientia intuitiva* acompanha, assim, a ordem causal da natureza, passando da cognição

---

the First Cause. And every logical implication (or linkage) will reflect the bond really (i.e. essentially) uniting a singular created thing to its neighbour in the uniquely graded descent of a singular created thing or effects from the First Cause – in the eternal hierarchy or scale of their dependence, as modes of Natura Naturata upon the Absolute Individual".

[160] RIBEIRO, Leonardo Lima, *op. cit.*, p. 171: "Portanto, a ciência intuitiva spinozana pressupõe uma dupla presença: [1.] a de uma ordem sistêmica – da causa eficiente ou da essência da substância e seus atributos para a essência daquilo que neles se segue [seus modos]; [2] a de um intelecto que é imanente a esta ordem, e que a compreende [ou percebe] antecipadamente em um nível ontológico".

[161] CRISTOFOLINI, Paolo. *La scienza intuitiva di Spinoza*. Pisa: Edizioni ETS, 2009, p. 141-151, esp. p. 147-148: "La dimensione dogmatica dell'operazione spinoziana sta certamente nel concetto di attributo – nell'essere, l'attributo, soggettivo e oggettivo assieme, chiave di immediata trasparenza delle strutture ontiche all'intelletto. La dimensione, invece, vitale e dinamica, proiettata sull'avvenire, è in quel che possiamo decodificare dei processi multipli di passaggio dall'attributo alle cose. Spinoza ha con ogni evidenza inteso che questo passaggio è possibile anche a partire da un solo attributo; ovvero, che del mondo fisico a noi esterno possa darsi scienza intuitiva a partire dal solo attributo dell'estensione".

[162] MORFINO, Vittorio. L'oggetto del terzo genere di conscienza in Spinoza. *ISONOMIA*. Rivista di Filosofia. 2004, p. 1-22, esp. p. 15: "La conoscenza dell'essenza di ogni individuo attraverso il terzo genere passa dunque per la conoscenza di questo intreccio complesso e non potrebbe essere raggiunta senza la considerazione delle relazioni e delle circostanze, nella vana speranza di raggiungere attraverso una corretta definizione l'essenza intima delle cose".

[163] SOYARSLAN, Sanem, *op. cit.*, p. 54: "Intuitive self-knowledge thus consists in adequate knowledge of God and of the way in which the mind and body as singular things follow from the divine nature and continually depend on God. And only to the extent that we have this self-knowledge can our mind be said to be capable of 'knowing all those things which can follow from this given knowledge of God…that is, of knowing things by the third kind of knowledge".

das causas para a cognição clara dos efeitos, começando com a cognição adequada de um atributo de Deus.[164]

Na concepção spinoziana, a causa eficiente do universo é a própria essência da substância ou Deus: "um ser absolutamente infinito, isto é, uma substância que consiste em atributos infinitos, cada um dos quais expressa uma essência eterna e infinita", nos termos da definição 6 da primeira parte da Ética.

No tocante aos modos infinitos e finitos ou aos efeitos da causa eficiente divina, a lógica expressiva da causa eficiente (Deus) não está apenas implicada nela mesma ou em seus atributos. A chave de leitura é que os modos se seguem enquanto efeitos necessários da causa eficiente à medida que a unidade essencial desta causa eficiente (substância ou Deus) é exprimida pela multiplicidade dos seus atributos. Quando sua essência é revelada por meio de seus atributos intrínsecos, a causa eficiente faz seguir efeitos, como sejam, modos infinitos e finitos, de maneira diversa: alguns deles se seguem imediatamente (modos infinitos imediatos), ao passo que outros se seguem mediatamente (modos infinitos mediatos), e, ainda, outros se seguem de maneira determinada (modos finitos).

Esquematicamente, na metafísica spinoziana, há três categorias distintas de efeitos ou modos. Primeiramente, os modos infinitos imediatos são efeitos que se seguem, de imediato e "o mais rapidamente possível", dos atributos de Deus ou da causa eficiente, cuja essência infinita e eterna é expressa por um número infinito de atributos divinos (EID6). A tais modos reservam-se propriedades equivalentes às dos atributos (*v. g.*, eternidade, infinitude). Como os atributos divinos dos quais se seguem, os modos infinitos imediatos são eternos e infinitos. Respectivamente, a lei do movimento e a lei do entendimento ou da ideia dimanam das especificidades dos atributos extensão e pensamento.[165]

Em segundo lugar, os modos infinitos mediatos dizem com a impossibilidade de o universo – para que possa ter vida e mudança – subsistir no interior dos atributos pensamento e extensão apenas sob a forma de leis estáticas ou modos infinitos imediatos do entendimento e do movimento. É dizer: ao demarcar leis estáticas ou modos infinitos imediatos de um universo traduzido pelos atributos, o sistema spinoziano evoca, paralelamente, a necessidade de uma modificação infinita dessas leis (modo infinito mediato). Portanto, além das leis necessárias do universo que se seguem imediata e absolutamente dos atributos de Deus, emerge, dos atributos de Deus, uma única e mesma modificação infinita (modos infinitos mediatos) em todos os modos infinitos imediatos.[166]

---

[164] GARRETT, Don. Spinoza's theory of scientia intuitiva. Disponível em: http://www.nyu.edu/gsas/dept/philo/faculty/garrett/papers/Spinoza's%20Theory%20of%20Scientia%20Intuitiva%20FINAL%20DRAFT.pdf. Acesso em: 13 maio 2018, p. 1-28, esp. p. 12.

[165] RIBEIRO, Leonardo Lima, *op. cit.*, p. 174: "Assim, a extensão atributiva de Deus é de antemão absolutamente eterna e infinita, exprimindo posterior e imediatamente em si uma lei de movimento infinito, lei que também é eterna e infinita; o pensamento, que também é eterno e infinito, faz insurgir em si por meio de sua expressão divina a lei da ideia ou do entendimento infinito, a qual também possui infinitude e eternidade. Portanto, os modos infinitos imediatos referenciados [movimento e entendimento] não são propriamente os atributos pensamento e extensão da substância, mas são leis expressivas internas aos atributos e que deles se seguem. Ademais, essas leis expressivas dos e nos atributos são as próprias leis do universo [natureza naturada], sendo, também e por conseguinte, aquilo por meio de que os atributos constituem imediatamente o universo que neles se encontra"

[166] RIBEIRO, Leonardo Lima, *op. cit.*, p. 174-175: "Nesse sentido, as leis universais de entendimento [do/no atributo pensamento de Deus] e de movimento [do/no atributo extensão de Deus], tanto quanto todos os

Em terceiro lugar, os modos finitos se seguem dos atributos da causa eficiente (de Deus), que podem ser visualizados pela essência que lhes é interior e *a priori* eterna, exprimindo força de modificação de ideias ou entendimento (mente) e força de modificação de movimentos (corpo), intrínsecos aos atributos pensamento e extensão da substância.[167]

A questão da ciência intuitiva não sufoca a necessidade da presença da ordem sistêmica que parte da essência da substância e seus atributos para a essência dos modos. O problema da ciência intuitiva reclama uma intelecção que seja capaz de compreender adequadamente aquela equação. Semelhante intelecção não é uma intelecção humana, mas uma intelecção ontológica, em linguagem spinoziana, "de intelecto divino ou a ideia de Deus", em regime de modificação infinita, o qual é imanente à ordem que parte da essência da causa (substância/atributos) para a essência dos seus efeitos intrínsecos (modos infinitos e finitos).

Deus ou a substância tem um entendimento total acerca de si mesmo, tanto no que se refere à sua Natureza Naturante (atributos) quanto no que se refere àquilo que se segue desta Natureza Naturante, ou seja, a sua Natureza Naturada (modos infinitos imediatos, mediatos e finitos): "Deus, com efeito, pode pensar infinitas coisas, de infinitas maneiras (*infinitis modis cogitare*), ou, o que é o mesmo, ele pode formar uma ideia de sua essência e de tudo o que necessariamente dela se segue". O intelecto de Deus, para além daquilo que o faz perceber isoladamente sua essência (Natureza Naturante) e os seus efeitos (Natureza Naturada), é algo que torna o próprio Deus capaz de compreender a adequada ordem de operação na qual Ele mesmo opera.[168]

A solução do problema da ciência intuitiva ou do terceiro gênero de conhecimento em Spinoza reclama a presença antecipada de Deus, que compreenda, através de sua intelecção, a própria ordem de ação operacional que lhe é interna, o que se dá ao perceber conscientemente que age primeira e eficientemente produzindo a si mesmo (Deus e atributos) e, em seguida, produzindo os efeitos (modos) que nele estão contidos. A ciência intuitiva, na perspectiva spinoziana, pode ser definida como a consciência humana acerca da inteligibilidade divina.[169]

---

outros modos infinitos imediatos ou leis dos/nos atributos desconhecidos pela percepção humana, "sofrem" de uma modificação infinita, de um "fluxo vivo eterno". Aqui, tem-se então a real paisagem spinozana do universo eterno, o qual se segue como efeito dos/nos atributos expressivos da causa eficiente [Deus/substância]. Ademais, tal paisagem só pode ser percebida pelo homem por meio dos atributos pensamento e extensão, os quais "imprimem" em si mesmos uma modificação infinita da lei do entendimento, ideia, ou intelecto [no pensamento] e uma modificação infinita de movimento [na extensão]".

[167] RIBEIRO, Leonardo Lima, *op. cit.*, p. 175: "A essência dos modos finitos é, antes mesmo de suas existências finitas, intrínseca ao nível ontológico eterno e infinito dos modos infinitos imediatos e mediatos os quais se seguem dos/nos atributos pensamento e extensão de Deus. Quando a essência eterna se segue na existência determinada de um modo finito ela não perdura para sempre neste modo, porque o modo finito nunca pode viver para sempre a eternidade da essência que lhe é intrínseca [modificação ou produção de ideias – mente –/ modificação ou produção de movimentos – corpo], pois sua existência é finita".

[168] RIBEIRO, Leonardo Lima, *op. cit.*, p. 180: "Disso se extrai uma tripla conclusão: [1.] Deus age operacionalmente como causa eficiente de si mesmo [autoprodução de si, no escopo primeiro dos atributos que lhe são internos] e, em seguida, como causa eficiente da essência de seus efeitos [modos os quais se seguem dos/nos atributos]; [2.] paralela e simultaneamente, Deus compreende [por meio de sua intelecção] a própria ordem de ação operacional que lhe é interna, o que se dá ao perceber conscientemente que age primeira e eficientemente produzindo a si mesmo [Deus e atributos] e, em seguida, produzindo os efeitos [modos] que nele estão contidos; [3.] ademais, esta compreensão divina é homóloga à percepção ontológica de como Deus constitui o universo em determinada ordem, a qual parte de Deus mesmo [ou da causa eficiente] para o próprio universo [efeito modal] que nele persevera".

[169] RIBEIRO, Leonardo Lima, *op. cit.*, p. 181: "A ciência intuitiva é então a consciência humana de que a intelecção divina é capaz de compreender adequadamente a ordem das operações internas de Deus mesmo: ordem a

Durante o processo de intuição o homem não é um espectador passivo do intelecto de Deus. O homem é capaz de intuição porque a sua mente é essencialmente parte da intelecção divina: modo infinito imediato do entendimento em modificação infinita – modo infinito mediato –, o que se segue no atributo pensamento de Deus. A mente de um modo finito humano é a própria intelecção divina em atividade (potência de produção ou modificação de ideias), só que apenas enquanto essa intelecção é explicada por meio da mente, ou seja, por meio dos limites perceptivos dessa última. Ou seja: a mente humana é uma parte do intelecto infinito de Deus. Quando a mente humana percebe é porque Deus, enquanto constitui a essência da mente humana, tem esta ou aquela ideia: "cada ideia de um corpo qualquer ou de uma coisa singular existente em ato, necessariamente implica a essência eterna e infinita de Deus" (E II, 45).

A mente de um modo finito humano tem a potência para pensar sob a perspectiva do intelecto de Deus, já que "habita" neste intelecto (que se segue como efeito no interior do atributo pensamento). Pensar do ponto de vista do intelecto divino é pensar, quão Deus, a ordem das ações eficientes internas (a essência da causa divina e seus atributos para a essência dos efeitos modais) do próprio Deus.

Ponha-se em alto relevo que proceder mentalmente do ponto de vista da intelecção de Deus é o mesmo que perceber o que a inteligência ou a mente de Deus percebe: a ordem na qual se seguem os atos internos a Deus, o qual age primeira e eficientemente produzindo a si mesmo – Deus e atributos – e, em seguida, produzindo os efeitos – modos – que nele estão contidos. De sorte que a virtude suprema da mente, intuitivamente, "consiste em conhecer a Deus".[170] Dito de outra maneira, conhecer as coisas intuitivamente significa conhecê-las em Deus: a mente humana conhece as coisas em Deus em relação à ideia de seu corpo, que capta como essência eterna entre as essências eternas do infinito intelecto divino. A essência do homem se segue estritamente dos atributos divinos pensamento e extensão. A ordem pode ser adequadamente percebida pela mente humana, realizando as conexões causais necessárias, reconhecendo-se como parte da totalidade.[171]

A mente humana intuitiva compreende a totalidade da ordem das ações eficientes de Deus (da totalidade dos atributos para a totalidade dos efeitos modais). Tal se dá a partir da seguinte dedução mental-intuitiva: se a essência (mente/corpo) dos modos humanos é aquilo que se segue dos atributos pensamento e extensão de Deus, deve haver outras essências modais (v. g., os homens) as quais decorram de outros atributos divinos, abstraindo-se do pensamento e da extensão.[172]

---

qual parte da própria essência de Deus e seus atributos para aquilo que deles e neles segue [os modos infinitos e finitos]. Em outras palavras, a ciência intuitiva ocorre à medida que o homem tem a percepção de que Deus compreende a sua própria ordem de ação eficiente – ordem a qual parte da essência de Deus mesmo para essência dos modos produzidos por Ele".

[170] RIBEIRO, Leonardo Lima, op. cit., p. 182: "Ora, é estritamente quando isso ocorre que a mente de um modo finito humano "mergulha" em um estado o qual Spinoza denomina de intuitivo ou do terceiro gênero de conhecimento: "o terceiro gênero de conhecimento [ciência intuitiva modal] procede da ideia adequada de certos atributos de Deus para o conhecimento adequado da essência das coisas" [modos] que dos/nos atributos se seguem. Neste itinerário, "[...] quanto mais compreendemos as coisas desta maneira, tanto mais [...] compreendemos a Deus [Deum intelligimus]"

[171] JIMENA SOLÉ, María, op. cit., p. 214: "Así pues, sólo gracias a la conexión ontológica originaria que existe entre el ser humano finito y la sustancia infinita en la que existe, puede postularse como posible, como realizable el fin ético de la libertad, la virtud y la felicidad".

[172] RIBEIRO, Leonardo Lima, op. cit., p. 182-183: "Assim, apesar de não conhecer [tal como Deus] a essência de todos os outros atributos de Deus e nem a essência de todos os modos que se seguem da totalidade dos atributos

Se a mente do homem é capaz de compreender intuitivamente a ordem total das ações eficientes de Deus (da totalidade dos atributos para a totalidade dos modos), isto não significa dizer que a mente humana esteja autorizada a conhecer (tal como o intelecto de Deus) todas as instâncias (atributos/modos) que estão implicadas na totalidade da ordem das ações de Deus. Com efeito, a mente humana intuitiva só pode discernir uma parcela dos elementos que o intelecto de Deus percebe, em relação aos atributos envolvidos: o pensamento e a extensão.[173]De sorte que o homem virtuoso ou sábio conhece os atributos pensamento e extensão de Deus, a si mesmo e a essência dos outros homens.[174]

Nesse passo, uma indagação é oportuna: o que ocorre em um homem que passa a conhecer intuitivamente, na ordem (*ordo*) e concatenação (*concatenatio*) das essências que parte da causa para os efeitos, a Deus, a si mesmo e a todos outros homens? Resposta: um homem que experimenta a ciência intuitiva ou o terceiro gênero de conhecimento (*i. e.*, compreensão humana, inteligibilidade, da ordem ontológica que parte da essência da substância e seus atributos para a essência dos modos finitos humanos ou efeitos, permitindo ao homem o conhecimento adequado da essência dos atributos pensamento e extensão de Deus, da essência de si mesmo – mente/corpo[175] – e da essência dos outros modos finitos humanos) encontra solução para o problema da liberdade suprema ou da beatitude em Spinoza.

Na doutrina spinoziana, ao ser humano que age intuitivamente advêm: (i) a "suprema perfeição humana" (EVP27); e (ii) uma "suprema alegria da mente humana". Alcançar a suprema perfeição toca ao homem que opera de forma intuitiva, conhecendo

---

divinos, a mente do homem tem, em contrapartida, como intuir [por meio de certa dedução] a ordem adequada e total na qual se operam as ações de Deus [de todos os atributos para todos os modos]. Uma dupla conclusão se extrai disso: [a.] apesar de não ter o conhecimento de todos os atributos de Deus, o homem intuitivo sabe que a ordem das ações eficientes de Deus tem como "ponto de partida" não só o pensamento e a extensão, mas todos os atributos divinos; [b.] por conseguinte, a mente humana também compreende – por meio da intelecção dos efeitos modais [a essência do próprio homem] os quais se seguem estritamente dos/nos atributos pensamento e extensão de Deus – o seguinte: "o ponto de chegada" da ordem das ações eficientes de Deus são todos os modos que se seguem dos atributos em sua totalidade".

[173] D'ANNA, Giuseppe. *Dalla scienza intuitiva nell'Ethica alla figura di Cristo nel Trattato Teologico-Politico*. Disponível em: http://www.fogliospinoziano.it/articolispinoza/danna.pdf. Acesso em: 11 maio 2018, p. 137-222, esp. p. 148: "L'uomo è un modo finito del pensiero e dell'estensione perché costituito da mente e da corpo: in questa sua determinatezza e finitudine non gli è dato conoscere la sostanza stessa nella sua infinità; se fosse possibile per l'uomo conoscere tutti gli infiniti attributi della sostanza, l'essere umano verrebbe a coincidere con Dio, divenendo in tal modo la sostanza che si autocomprende".

[174] RIBEIRO, Leonardo Lima, *op. cit.*, p. 183: "É como ressonância disso que o homem intuitivo está restrito a constituir ideias adequadas acerca de três instâncias bastante precisas: [a.] acerca da essência de Deus enquanto ela é explicada estritamente pelos atributos pensamento e extensão; [b.] acerca de si mesmo enquanto efeito ou essência mental-corporal intrínseca aos atributos pensamento e extensão; [c.] acerca dos outros modos finitos humanos enquanto efeitos ou essências mentais-corporais intrínsecas aos atributos pensamento e extensão. Por conseguinte, para Spinoza, é basicamente esse o exercício do homem sábio: constituir ideias adequadas por meio da ciência intuitiva, o que o leva a viver "consciente de si mesmo, de Deus e das coisas".

[175] DAMÁSIO, António R. Cuerpo, mente y Spinoza. *Paradigma*: Revista Universitaria de Cultura, n. 6, 2008, p. 3-5, esp. p. 5: "¿Cuál es, pues, la intuición de Spinoza? Que mente y cuerpo son procesos paralelos y mutuamente correlacionados, que se imitan el uno al otro en cada encrucijada, como dos caras de la misma moneda. Que en lo más profundo de estos fenómenos paralelos existe un mecanismo para representar los acontecimientos corporales en la mente. Que a pesar de que mente y cuerpo se encuentren en igualdad de condiciones, en la medida en que son manifiestas al receptor, existe una asimetría en el mecanismo que subyace a estos fenómenos. Sugirió que el cuerpo modela los contenidos de la mente más de lo que la mente hace con los del cuerpo, aunque los procesos mentales tengan su réplica en procesos corporales en una medida considerable. Por otra parte, las ideas en la mente pueden duplicarse unas sobre otras, que es algo que el cuerpo no puede hacer".

a Deus, a si mesmo e aos outros. Equivale a dizer que, ao tomar conhecimento (mental-intuitivo) de que é uma essência eterna ou efeito de Deus, sente-se primoroso. A ciência intuitiva catapulta o homem para a suprema perfeição, ao adquirir consciência mental-intuitiva da sua essência (mente-corpo) eterna que se segue da essência dos atributos pensamento-extensão de Deus. Do galgar uma perfeição maior ou suprema alegria da mente decorre uma atuação com a maximização da produção de ideias, na formulação de soluções, no plano de descoberta/inventividade. Ademais, anima-se a suprema alegria experimentada pela mente humana, posto que é uma parte do intelecto infinito de Deus.

Na doutrina spinoziana, a mente humana intuitiva guarda ligação-identidade com o intelecto de Deus. Ela percebe, em grau de potência perceptiva, determinadas coisas da mesma forma que o próprio intelecto de Deus as percebe. O intelecto de Deus tudo pode perceber (atributos-modos), ao passo que a mente humana nem tudo pode perceber, mas apenas pensamento, extensão e seus modos.

Nesse quadrante, a mente do homem tem a capacidade de conquistar a liberdade suprema, como quando ela passa a viver, tal qual o intelecto divino, de um amor inexorável pelos atributos pensamento e extensão de Deus. O estado afetivo que escolta o conhecimento intuitivo reflete o fato de que esse tipo superior de cognição fornece uma compreensão máxima de si mesmo e de Deus. A obtenção de conhecimento intuitivo resulta na alegria ou bênção perfeitas – *beautitudo* – (EVP33S), com o "amor intelectual de Deus" – *amor Dei intellectualis* – como a eterna causa dessa alegria (EVP32C). Uma mente que atingiu o terceiro tipo de conhecimento, de que sua compreensão segue da necessidade eterna da natureza de Deus, *é* afetada pela "maior satisfação da mente que pode existir" (EVP27) ou "autoestima" – *summa acquiescenti* –, que *é* uma formidável alegria, que se irradia de estar ciente de si mesmo e do poder de Deus.

Não é fadiga inútil dizer que a beatitude consiste "no amor constante e eterno" da mente intuitiva para com os atributos pensamento e extensão de Deus. Alcançar o terceiro tipo de conhecimento significa o ponto culminante do poder próprio humano – *autopotenziamento umano*. Da ciência intuitiva se irradia para o homem um poderoso afeto que é fonte de bem-aventurança e liberdade: o amor intelectual de Deus (E, V, XXXII).

Uma intuição da qual o homem está ciente: quando o homem conhece as coisas através do terceiro tipo de conhecimento, ele sabe que está conhecendo a Deus e sabe que é parte do intelecto infinito. Reconhecendo-se como parte de Deus, o ser humano alcança sua máxima perfeição, porque, distinguindo a substância como causa, depara em sua totalidade o lugar que lhe pertence:[176] age e sabe com a mesma atividade divina, mas limitado à sua finitude.[177]

---

[176] D'ANNA, Giuseppe, *op. cit.*, p. 205: "L'amore intellettuale di Dio nasce appunto come gioia che ha come causa l'idea di Dio stesso: la conoscenza di ultimo genere pone all'uomo la verità, il reale nella sua ineluttabile necessità, ma proprio in questa necessità l'uomo comprende la sua massima perfezione e la comprende quando si conosce come parte della totalità".

[177] GAGNEBIN, S. Essai d'interprétation de l'idée de joie dans la philosophie de Spinoza. *Sudia Philosophica*, Basel, XXI, p. 16-50, 1961, esp. p. 46: "L'acte de l'esprit par lequel se constitue la science intuitive est aussi un acte d'amour. Par cet acte, l'esprit prend la possession de son essence formelle. Mais cet acte est en même temps l'acte de la puissance de Dieu qui le fait persévérer éternellement dans son être. Il y a là une prise de conscience; ce n'est plus un raisonnement et la joie que nous ressentons est celle d'une révélation par laquelle l'esprit éprouve en lui-même l'acte créateur continu de son être par Dieu".

Sob outro ângulo de mirada, a elaboração e o desenvolvimento do conceito spinoziano de conhecimento intuitivo coligam-se às exigências teóricas da geral mudança de perspectiva das ciências no século XVII. A ciência intuitiva é o conhecimento das transições, e o modelo de Spinoza está referenciado na teoria das paixões,[178] entendida não como estados ou condições da alma, mas como passagens de uma condição para outra.

O modelo de ciência política elaborado no Tratado Político pertence ao domínio da nova ciência do homem, que se explica como um processo de dedução não unívoca da forma apropriada de governo. Semelhante dedução consiste na ciência intuitiva, isto é, conhecimento das formas em que a natureza humana é expressa, que são as dinâmicas dos movimentos da alma. Estas são deduzidas da noção dos atributos do pensamento e da extensão, revelados nos modos da mente e do corpo, na unidade substancial do indivíduo e na necessidade de seu esforço, desejo de conhecer, sua potência, seu elã interno ou *conatus*[179] (EIIIP7) para perseverar em seu próprio ser, em autopreservação: daí o desejo, a alegria, a tristeza, o amor, o ódio e todos os outros movimentos da alma. Quando se tem o conhecimento adequado da vida afetiva, tem-se o que é "eterno" na natureza humana. Não por acaso, Spinoza quer gritar com seu celebérrimo "sentimos e experimentamos que somos eternos" – "*sentimus, experimenturque, nos aeternos esse*" (E5P23S).

A experiência da eternidade é a experiência que o *nos* é um dado eterno de conhecimento. Para Spinoza, a dedução das estruturas da vida afetiva, realizadas no início da terceira parte da Ética, tem o caráter de fundação dos elementos estáveis e necessários, porque se pode raciocinar em termos da ciência em torno da vida humana concreta. A ciência do homem encerrará "verdades eternas", que são os dinamismos necessariamente constitutivos de *nos*, cristalinos para si e conhecidos *sub specie aeternitatis*.[180]

Pela noção de auxiliar, a mediação é levada à filosofia. A mística, auxiliar da filosofia, não cultiva com ela a mesma relação que, na evolução criativa bergsoniana, a biologia. Se a intuição apoiada pela ciência for prolongada, só pode ser através da intuição mística, pela qual o homem entra em comunicação com um princípio transcendente. O conhecimento filosófico é uma experiência, de sorte que apenas o ser humano que participa de alguma forma da vida mística pode também aprender com ela:[181] "*Dieu est amour, et il est objet d'amour: tout l'apport du mysticisme est là*".[182]

---

[178] SPINOZA, B. *Etica*. Trad. it. a cura di Emilia Giancotti. Roma: Editori Riuniti, 1988, p. 172.

[179] MARTINS, André. Nietzsche, Espinosa, o acaso e os afetos: encontros entre o trágico e o conhecimento intuitivo. *Revista O que nos Faz Pensar*, Rio de Janeiro, n. 14, p. 183-198, 2000, esp. p. 185: "O *conatus* individual não é isolado do mundo ou do outro; muito pelo contrário, vem da substância que liga cada modo aos demais que o cercam, ao seu ambiente, pois que a substância constitui tanto o próprio indivíduo quanto os demais modos (que dela são modificações). Em outras palavras, o *conatus* individual vem da própria vida (no sentido da substância), do mundo (no sentido do modo)".

[180] CHARLES, Syliane, *op. cit.*, p. 6: "Par là, nous voulons dire que l'objet de la connaissance rationnelle et celui de la connaissance intuitive sont foncièrement les mêmes, à savoir, un objet singulier existant dans la nature. La connaissance fait boucle sur elle-même en passant par une connaissance de ce qui est enveloppé dans l'âme, à savoir l'infinie puissance divine, ce qui permet de la déterminer différemment (on passe de la connaissance sub duratione à la connaissance sub specie aeternitatis). Mais il n'y a pas plus de connaissances adéquates abstraites qu'il n'y a d'êtres abstraits. La connaissance adéquate reste celle d'une chose singulière existante".

[181] BERGSON, Henri. *Les deux sources de la morale et de la religion*. 5. ed. Paris: PUF, 1948, p. 251: "le mysticisme ne dit rien, absolument rien, à celui qui n'en a pas éprouvé quelque chose".

[182] FENEUIL, Anthony. De l'immédiatement donné au "détour de l'expérience mystique" remarques sur l'unité de la méthode intuitive chez Berggon. Goiânia: *Philósophos*, v. 17, n. 1, p. 31-54, jan./jun., 2012, esp. p. 48-49: "Amour, c'est-à-dire relation, et relation de réciprocité. L'expérience mystique découvre que le soi, même celui qui dure,

A experiência cristã mística é iluminada de dentro por uma intuição, sua própria luz.[183] A intuição filosófica não é mais a descoberta da imanência do absoluto à consciência individual, mas, isto sim, a descoberta da lacuna entre o absoluto e sua própria consciência individual, que só é superada no místico realizado, nessa outra intuição que é a intuição mística, uma intuição inteiramente espiritual. O absoluto agora aparece para o filósofo de forma irredutível: a substância no universo e a conexão causal entre esse universo existente em ato na duração e a essência eterna e infinita da substância e das coisas singulares, que necessariamente levam a postular essa intuição intelectual da essência de Deus, implícito em qualquer ideia que represente algo existente em ato e, portanto, presente em todas as mentes capazes de captar qualquer ideia de algo existente em ato.[184]

Não é supérfluo assinalar que a intuição intelectual radica na captação da potência divina que produz o universo e vivifica a cada um dos seres que o compõem:[185] "a suprema virtude da mente é conhecer Deus" (EIVP36D), ou seja, conhecer as coisas através da ciência intuitiva. Semelhante virtude será tanto maior quanto mais a mente conhece as coisas com este gênero de conhecimento, galgando o estado mental da mais alta perfeição humana.[186] Pela razão não se pode alcançar a felicidade ou bem-aventurança suprema e a paz de espírito do homem sábio, o qual, no figurino spinoziano, "consciente de si mesmo, e de Deus, e das coisas... nunca deixa de ser, mas sempre possui a verdadeira paz de espírito".[187]

1.1.3 A intuição volitiva de Dilthey

Wilhelm Christian Ludwig Dilthey (1833-1911) foi um filósofo, psicólogo, sociólogo e pedagogo alemão. É um dos representantes mais destacados da hermenêutica contemporânea. Considerado um empirista, o que contrastava com o idealismo dominante na Alemanha de sua época, mas sua concepção do empirismo e da experiência

---

est toujours second par rapport à la relation d'amour dans laquelle il se sent appelé, et de laquelle il se reçoit. Dans l'effort de l'intuition strictement philosophique, le soi reste toujours malgré tout étranger à lui-même, en déficit de personnalité: le mystique découvre qu'il y a, au-delà de la durée du moi, une relation primordiale qui le constitue, et que cette relation est l'émotion d'amour qu'est Dieu luimême. En cela, il bouscule le philosophe, l'oblige à sortir de lui, et dans cette sortie, à participer à l'expérience mystique, qu'il peut ainsi connaître dans une certaine mesure".

[183] NABERT, Jean. L'intuition bergsonienne et la conscience de Dieu. In: L'expérience intérieure de la liberté et autres essais de philosophie morale. Paris: PUF, 1994, p. 349-367, esp. p. 356.

[184] JIMENA SOLÉ, María, op. cit., p. 211.

[185] JIMENA SOLÉ, María, op. cit., p. 216: "Se trata, pues, del acceso a una esencia que es la absoluta productividad de sí misma y de un universo, pero que no se encuentra en un más allá, sino de la cual los seres humanos participamos –en el sentido más propio de ser parte. La ciencia intuitiva es, por lo tanto, el acceso a la sustancia en la medida en que ésta es una energía, una acción infinita que no se distingue del universo que produce, sino que lo vivifica, lo habita, lo recorre como el fundamento inmanente de toda la realidad".

[186] GARRETT, Don, op. cit., p. 26: "As Spinoza understands it, then, scientia intuitiva is the best and most powerful kind of cognition because it uniquely mirrors the causal structure of God (i.e., Nature). The fundamental causal structure of God, in turn, is one in which properties follow from essences; while he fully acknowledges and emphasizes the importance of "laws of nature", these have the metaphysical character of properties (specifically, infinite modes) that follow from and are caused by the divine attributes that constitute God's essence. The epistemological merits of scientia intuitiva are a consequence of its metaphysical merits. As with everything in Spinoza, however, its ultimate value lies in its ethical merits-above all, in its capacity to make its possessor blessed".

[187] TEIXEIRA, Lívio. A doutrina dos modos de percepção e o conceito de abstração na filosofia de Espinosa. São Paulo: Editora UNESP, 2001, p. 193.

difere da concepção do empirismo de matriz britânica. Seus principais conceitos procuram fundamentar as chamadas "ciências do espírito" como forma de conhecimento humano, em oposição às "ciências da razão".

Dilthey é conhecido principalmente por sua obra *Einleitung in die Geisteswissenschaften* (1883). Nesta obra (Introdução ao Estudo das Ciências Humanas), o Filósofo procurou assegurar uma independência de método às ciências do espírito, que teriam como objeto o homem e o comportamento humano. O propriamente humano estava na atividade racional que se manifestou e se desenvolveu na experiência, expressão e compreensão, como base estrutural dessas ciências, categorias metodológicas para investigar o humano.

É possível, diante do mundo humano, adotar uma atitude de "compreensão pelo interior", ao passo que, diante do mundo da natureza, esse canal de compreensão estaria interditado. Os meios necessários à compreensão do mundo histórico-social podem ser extraídos da própria experiência psicológica. A experiência imediata e vivida na qualidade de realidade unitária (*Erlebnis* – Vivências, Experiência) seria o meio a permitir a apreensão da realidade histórica e humana sob suas formas concreta e viva. A pedra de toque, como objeto de conhecimento, a vida humana e a realidade social são acessíveis apenas através de uma experiência interior, insuscetível de explicação como as relações causais da natureza. A vida humana, antes, é dada na experiência interior como ela é em si mesma.

Dilthey propõe uma filosofia histórica e relativa que avalie os comportamentos humanos e elucide as estruturas do mundo circundante ao homem, contrapondo-se a uma metafísica que tem a pretensão de se alocar como imagem compreensiva da realidade e de restringir todos os aspectos da realidade a um único princípio absoluto.

A historicidade é essencial ou constitutiva do homem. O mundo histórico é composto por indivíduos que, enquanto "unidades psicofísicas vivas", são os componentes nevrálgicos da sociedade. Não à toa, o escopo das ciências do espírito é "o de reunir o singular e o individual na realidade histórico-social, de observar como as concordâncias (sociais) agem na formação do singular". Por isso, no campo das ciências do espírito, a historiografia exibe natureza individualizante, divisando o universal no particular.

O homem flutua no exercício vivo entre impulso e resistência, a partir do qual se organiza o nexo adquirido da vida psíquica. Semelhante nexo adquirido extrai sua vitalidade das forças psíquicas ao se experimentar a resistência dos impulsos ou da totalidade das vivências. Compreender a estrutura psíquica dos indivíduos, a plêiade de manifestações da vida psíquica e suas conexões de vida permite, assim, entender o artífice do mundo humano.

As limitações do mundo externo para acomodar seus impulsos, por sua vez, introduzem resistência. O homem, como uma experiência conativa, experimenta seu mundo externo apenas como a pressão que se acumula entre seus impulsos e a resistência que esses impulsos encontram. Agora, impulso, pressão e resistência são, por assim dizer, os componentes que sinalizam solidez a todos os objetos externos. Vontade, luta, trabalho, necessidade, satisfação são os elementos nucleares sempre recorrentes que constituem a estrutura dos eventos espirituais. Aqui está a vida em si.[188] A vida agarra a vida.[189]

---

[188] DILTHEY, Wilhelm. Gesammelte Schriften. V. Band. Die geistige Welt. Einleitung in die Philosophie des Lebens. Erste Hälfte. *Abhandlungen zur Grundlegung der Geisteswissenschaften*. 8. Göttingen: Vandenhoeck & Ruprecht, 1990, p. 131.

[189] MINKKINEN, Panu. Wilhelm Dilthey and law as a human science. Disponível em: https://www.google.com.br/search?rlz=1C2SAVS_enBR535BR535&dcr=0&source=hp&q=MINKKINEN%2C++Panu.+Wilhelm+Dilthey+

As ciências do espírito estão assim fundadas nesse nexo de vivência, expressão e compreensão.[190] Semelhante tríade possibilita a construção e a compreensão do mundo histórico, como triunfo das ciências do espírito.

A vivência é o próprio critério responsável pela seleção dos fatos da consciência. Cuida-se de condição atribuída pelo princípio da fenomenalidade, para a determinação dos fatos da consciência (dados da totalidade de nossa vida psíquica), assentes na necessidade de serem vivenciados pelo indivíduo. Assim, os fatos da consciência não derivam de singelas operações intelectuais, de representações inaptas a ofertar a realidade em sua plenitude. Os fatos da consciência não se adstringem ao terreno de imagens alheias às relações concretas com o mundo circundante. À vivência, nessa fórmula, é conferido o *status* de categoria epistemológica fundamental, mas oposta ao conceito de representação.

No pensamento diltheyano, a realidade confunde-se com a vivência, isto é, o que é real é vivenciado e o que é vivenciado é realidade.[191] A vivência é a cédula original do mundo histórico-social. O estudo do mundo histórico-social é o passaporte para se viver aquilo que se é, a fim de que se possa conhecer a si mesmo.[192] Balanço equilibrado dos valores experimentados pelos sentimentos e da determinação de fins, pela vontade.

A natureza humana é revelada por "l'expérience, l'étude de la langue et l'histoire".[193] O conhecimento da natureza humana requer um fundamento histórico, *a priori*, de sorte que Dilthey funda o seu conceito de homem como um ser essencialmente histórico (*Geschichtlichkeit*), cuja essência não pode ser definida em termos estáticos. Assim como o indivíduo envelhece, a estrutura adquirida logra uma importância maior sobre suas experiências imediatas: "O espírito, que tem criado e objetivado diversas vivências, prevalece sobre cada estado momentâneo da mente e sua independência mediante as mudanças da vida ordinária dá às produções artísticas da maturidade seu caráter especialmente sublime, como a Nova Sinfonia de Beethoven ou o ato final do Fausto de Goethe".[194]

Para Dilthey, é a intuição volitiva que deve orientar os estudos filosóficos, pois os métodos que se utilizam apenas do intelecto afiguram-se suficientes. A existência das coisas consiste na percepção de cada indivíduo como agente, ente que possui vontade, que esbarra em dificuldades (a ideia da resistência que se opõe à vontade). Porém, ao lutar contra tais dificuldades, transforma-as em existência – filosofia existencial. Dilthey

and+law+as+a+human+science&oq=MINKKINEN%2C++Panu.+Wilhelm+Dilthey+and+law+as+a+human+science&gs_l=psy-ab.3..33i21k1.2923.2923.0.4376.3.2.0.0.0.0.6.6.1.2.0....0...1.1.64.psy-ab..1.2.361.6..35i39k1.355. p2nSQVwaA30. Acesso em: 17 maio 2018, p. 1-18, esp. p. 16.

[190] DILTHEY, Wilhelm. *Der Aufbau der geschichtlichen Welt in den Geisteswissenschaften*, Tome 7. Stuttgart: Gesammelt Shriften, 1927, p. 87.

[191] AMARAL, Maria Nazaré de Camargo Pacheco. Dilthey: conceito de vivência e os limites da compreensão nas ciências do espírito. São Paulo, *Trans/Form/Ação* 27 (2), p. 51-73, 2004, p. 54.

[192] HORKHEIMER, Max. A relação entre psicologia e sociologia na obra de Wilhelm Dilthey. Tradução de Guilherme José Santini. *COGNITIO-ESTUDOS: Revista Eletrônica de Filosofia*, v. 14, n. 1, p. 142-153, jan./jun. 2017, esp. p. 145.

[193] DILTHEY, Wilhelm. *Introduction à l'étude des sciences humaines*. Trad. Louis Sauzin, Paris: Presses Universitaires de France, 1942, p. 5.

[194] DILTHEY, Wilhelm. Gesammelte Schriften. V. Band. Die geistige Welt. Einleitung in die Philosophie des Lebens. Erste Hälfte. *Abhandlungen zur Grundlegung der Geisteswissenschaften*. 8. Göttingen: Vandenhoeck & Ruprecht, 1990, p. 225.

indica a importância do passado e do presente para a vida humana, pois o presente é um limite aos esforços oriundos do passado.

A crítica diltheyana ao naturalismo funda-se na disjunção das ciências dos espíritos ou ciências humanas (*Geisteswissenschaften*) das ciências naturais (*Naturwissenschaften*). Reprova o reducionismo característico do naturalismo, por considerar as ciências naturais a única via de conhecimento estrito, de par a transladar seus métodos e procedimentos para o estudo do espírito. A cisão dos reinos não reflete, porém, duas maneiras de ser completamente separadas.[195]

A psicologia é a "ciência fundamental" (*Grundwissenschaft*) para as ciências do espírito,[196] como física ou matemática são disciplinas fundamentais das ciências naturais. O programa epistemológico, chamado de empirismo psicológico, baseia-se na hipótese de que a experiência psicológica interna é a fonte dos conceitos pelos quais se pode pensar e conhecer o mundo. A experiência interna é aquela que o indivíduo tem de seus próprios estados mentais, a consciência de sua própria vida psíquica. O empirismo é de tipo peculiar, pois que se trata de experiência interna, que acontece no âmbito psicológico ou mental.[197]

A ideia central do empirismo psicológico está em não cogitar de classificar as ciências segundo os preconceitos metafísicos, tampouco identificar o significado (*v. g.*, os valores) com os processos psíquicos, mas simplesmente apreciar as "experiências de pensamento" como o "que é primário" (*das Primäre*), dando-se somente a partir daí a construção da conceituação científica.[198] Quando se sopesa a importância da psicologia no projeto da fundação das *Geisteswissenschaften*, é possível entender melhor as ofensivas orientadas contra a psicologia descritiva e analítica, de modo a atingir o núcleo do projeto sistemático diltheyano de crítica da razão histórica.[199]

Em tema de psicologia descritiva, a investigação das formações culturais exige, para sua fundamentação, a abordagem da vida psíquica do sujeito, na confluência da perspectiva descritiva e da esfera das vivências. De fato, na doutrina diltheyana, a psicologia naturalística era incapaz de abraçar a complexidade da vida humana em sua concretude e em sua integração na história e na cultura. Ante tal restrição, Dilthey percebeu a necessidade de uma nova psicologia, entendida não como uma concepção programática de ciência natural, hipotética, mas como ciência humana, compreensiva, descritiva e analítica. A nova psicologia haveria de se fundar na descrição do dado intuitivo ou, em outros termos, na experiência.[200]

---

[195] EMANUEL GROS, Alexis. *El vínculo intelectual Husserl-Dilthey en la filosofía como ciencia estricta y el intercambio epistolar de 1911*. V Jornadas de Jóvenes Investigadores. Instituto de Investigaciones Gino Germani, Facultad de Ciencias Sociales, Universidad de Buenos Aires, Buenos Aires (2009), p. 1-22, esp. p. 7: "Contrariamente, se trata para Dilthey de dos modalidades diferentes en que la unidad de la vida se le manifiesta al hombre. Mientras que el reino espiritual se nos da mediante la vivencia (Erlebnis) en una evidencia absoluta e interna, similar a la intuición husserliana; la naturaleza se nos da por medio de la percepción sensible, y por ende, de un modo externo y mudo. La separación de ambos reinos no puede ser, entonces, más que analítica, ya que naturaleza y espíritu forman parte de la totalidad de la vida".

[196] DILTHEY, Wilhelm. Psychologie (1883-84). *In: Psychologie als Erfahrungswissenschaft*, 1. Teil: Vorlesungen zur Psychologie und Anthropologie, In Gesammelte Schriften, Bd. XXI, Göttingen, Vandenhoeck & Ruprecht, 1997, p. 200.

[197] DEWALQUE, Arnaud. Dilthey et l'empirisme psychologique. *Annales de l'Institut de philosophie de l'Université de Bruxelles*, 2016, p. 37-63, esp. p. 38.

[198] DEWALQUE, Arnaud, *op. cit.*, p. 63.

[199] MISKIEWIC, Wioletta. Dilthey et la difficile recherche d'une autre objectivité. *Intellectica*, 1998/1-2, 26-27, p. 111-136, esp. p. 115.

[200] PERES, Savio Passafaro. Husserl e o projeto de psicologia descritiva e analítica em Dilthey. *Memorandum*, v. 27, out./2014, Belo Horizonte: UFMG; Ribeirão Preto: USP, p. 12-28, esp. p. 16: "Assim como a experiência exterior

Em psicologia, o método analítico consiste na ideia de que o que é dado na experiência interna deve ser analisado, no fito de se justificarem suas articulações intrínsecas e extrínsecas. O método analítico não implica mutilação, senão que realça a integração das partes em todos altamente complexos, como um dos aspectos da vida humana. Cada ação, pensamento, sentimento, imaginação está plugado à totalidade da vida (*Leben*).

Se o nexo psíquico é dado, o método naturalista revela-se inadequado, porque carece de reconstrução, bastando descrevê-lo e analisá-lo. A psicologia desfruta de alguma vantagem perante as ciências da natureza, pois não precisa construir teorias para explicar o nexo entre os dados psíquicos. Compreender uma vivência significa entendê-la como parte de um todo. É necessário se inclinar para os dados originais ordenados mediante intuição imediata e, então, analisá-los em suas articulações contextuais sem lançar mão de hipóteses e de inferências.[201] Para a investigação das ciências humanas é indispensável não só a intuição das próprias vivências e dos nexos entre elas, mas, também, das vivências de outras pessoas, de acordo com os ambientes que as produziram.

O método das ciências do espírito – em oposição ao método explicativo das ciências naturais – enfrenta o problema da validade do conhecimento oriundo da compreensão, reconhecendo-se três aporias: (i) a do indivíduo, (ii) a do todo e das partes, e (iii) a da transição do externo para o interno e vice-versa.[202] Nada obstante, mais do que mera reflexão em busca de um fundamento metodológico das ciências do espírito, em sua investigação se pode encontrar uma análise profunda das condições de possibilidade da vida humana.[203] É dizer, das condições de possibilidade do conhecimento geral e dos modos de ser próprios do indivíduo e do mundo histórico. Dilthey supera a apertada análise epistemológica e busca compreender a vida histórica; aborda as ações da vontade expressas na "conexão estrutural" da vida (acordos, valores, significados e fins), aquelas historicamente articuladas em mudanças que expressam o livre jogo de energias (forças, intenções e escolhas). A "conexão estrutural" traduz a maneira pela qual cada indivíduo, desde suas ações, estabelece laços de vida com seu mundo histórico.[204]

Para fundamentar as ciências do espírito, Dilthey entende que é necessário penetrar nas conexões das vidas e captar o modo de incubação da vida histórica. Nesse passo, os conceitos centrais são "experiência", "expressão", "manifestação da vida",[205]

---

possibilita e sustenta as ciências naturais, a descrição da experiência interior propicia a base "empírica" às ciências humanas. Se por empirismo entende-se a aceitação do que é dado na experiência, é preciso não negar que a pessoa tem experiência também de sua própria vida interior, ou seja, de sentimentos, pensamentos, motivações, lembranças etc. Segundo Dilthey, a descrição das vivências interiores não nos oferece átomos psíquicos, pois cada uma das vivências está integrada à totalidade da vida. Em outros termos, cada vivência é uma parte de um todo estruturado que se chama vida. Cada vida não só possui uma historicidade como está imersa e se constitui em uma cultura".

[201] PERES, Savio Passafaro, *op. cit.*, p. 22.

[202] DILTHEY, Wilhelm. *El mundo histórico*. (Trad., pról. y notas de Eugenio Ímaz). Ciudad de México: Fondo de Cultura Económica, 1944, p. 339 ss.

[203] MARÍA LORENZO, Luis. Consideraciones en torno a las aporías en Wilhelm Dilthey. *EIDOS*, n. 25 (2016), p. 14-42, esp. p. 21.

[204] DILTHEY, Wilhelm. *Psicología y teoría del conocimiento*. (Trad., pról. y notas de Eugenio Ímaz). Ciudad de México: Fondo de Cultura Económica, 1978, p. 254.

[205] KREMER-MARIETTI, Angèle. Dilthey et l'avènement de l'homme moderne. *DOGMA – Revue de Philosophie et de Sciences Humanines*, s/n, octobre 2012, p. 1-8, esp. p. 2: "C'est aussi la pratique de la vie qui fonde les sciences humaines envisagées par Dilthey, puisque celles-ci se tiennent dans l'intervalle entre la vie et les représentations de la vie, entre l'économie et les représentations de l'économie, entre le langage et les représentations du langage. Intercalaire est donc le discours des sciences humaines, qui traite désormais de ce qui avait été passé sous silence, c'est-à-dire à la fois du vivre, du faire et du parler".

"estrutura psíquica adquirida", "homem entrelaçado" ou "ponto de cruzamento", "comunidade" e "espírito objetivo" . Muito provavelmente, o mais famoso de tais conceitos é o da "experiência" *Erlebnis*).

No âmbito do realismo volitivo, o estudioso da hermenêutica aceitou a existência de coisas reais independentes da consciência. Embora negasse que a realidade pudesse ser provada, ele supunha, por outro lado, que podia ser experimentada e, claro, vivida, porque considerava que, assim como com o intelecto, se estaria diante do jeito de ser das coisas (sua essência). Existe uma coordenação análoga entre a vontade e a realidade das coisas, sua existência. São apresentadas à nossa consciência como reais porque se fazem sentir como fatores adversos em nossa vida volitiva.[206]

A consciência é concebida como um instrumento de conhecimento e uma faculdade representativa, através da qual a relação entre o homem e algo externo a ele é estabelecida. No conhecimento, como um fenômeno de consciência, produz-se uma relação de transcendência entre sujeito e objeto de onde, no primeiro, surge uma imagem, uma ideia pela qual a consciência (intuitiva, discursiva, intencional) apreende, representa, pensa o objeto que, embora permanecendo transcendente ao sujeito, determina a imagem ou o conteúdo do pensamento. O sujeito, através de sua consciência cognitiva, tem a possibilidade de modificar não apenas aqueles conteúdos, mas, em sua projeção prática, orientar transformações no dado e produzir novos objetos.[207]

A compreensão que Dilthey propõe é o conhecimento de um significado por meio de signos percebidos de fora pelos sentidos. No texto sobre "Origens e Desenvolvimento da Hermenêutica" (1900), que publicou em "O Mundo da Mente", a disciplina da hermenêutica é expressamente introduzida, requerendo que três categorias sejam invocadas para colaborar entre si: significado (*Bedeutung*), experiência vivida (*Erlebnis*) e compreensão (*Verstehen*).[208]

---

[206] PAULÍN, Georgina; HORTA, Julio; SIADE, Gabriel. La vivencia y su análisis: consideraciones breves sobre las nociones objeto-sujeto en el universo discursivo del mundo cultural. *Revista Mexicana de Ciencias Políticas*, s/n, 2009, p. 15-35, esp. p. 25: "Este hecho lo llevó a reconocer en la intuición un medio de conocimiento, tanto por su función instrumental como por la esencia práctica del ser humano cuyas funciones dominantes eran el sentimiento, la voluntad y la representación. Por ello, el renano ponía al lado del conocimiento discursivo-racional el intuitivoracional (sin embargo, la intuición existencial, que en la esfera práctica tiene una significación autónoma, en la actividad teórica no se le considera un medio de conocimiento o cuando menos con los mismos derechos de la validez universal que se reconoce en el conocimiento científico racional-discursivo)".

[207] PAULÍN, Georgina; HORTA, Julio; SIADE, Gabriel, *op. cit.*, p. 26: "Una primera operación mental en la captación de lo dado es el acto de concebir o simple aprehensión, en donde no se afirma ni se niega, sólo se compara y surge cuando la igualdad y la diferencia contenidas en la percepción de lo dado se elevan a conciencia distinta como conceptos relacionales lógicos (formales). La segunda es la operación abstractiva de la inteligencia, mediante la cual el dato empírico que llega al entendimiento en forma de imagen (con los caracteres concretos del objeto físico: individualizado, localizado y temporalizado) se transforma en idea o concepto (objetivo), esto es, en objeto del entendimiento que contiene lo esencial o lo que hay de común en las cosas corpóreas. Por último, la operación judicativa o actividad sintetizadora, que se sustenta en las relaciones espacio-tiempo/hacer-padecer y mediante la cual –de acuerdo con Dilthey– lo que se hubiese unido en la estructura de las cosas quedaba intelectualmente enlazado en nuestro modo de conocerlas; así, las operaciones de comparar, separar y unir permiten que lo captado se haga explícito en el pensamiento. (...)Luego, de acuerdo a las operaciones mentales (comparar, separar, unir) interpretadas a la luz de la vivencia (intuición) captadora, Dilthey argumentaba la relación entre lo dado (o representado) y el juicio (o pensamiento discursivo) a partir del siguiente razonamiento: puesto que en el juicio se enuncia una realidad con respecto al objeto, entonces todo juicio se halla contenido en lo dado, estableciéndose con ello una nueva relación entre las formas de captación objetiva. Luego, de acuerdo a las operaciones mentales (comparar, separar, unir) interpretadas a la luz de la vivencia (intuición) captadora, Dilthey argumentaba la relación entre lo dado (o representado) y el juicio (o pensamiento discursivo) a partir del siguiente razonamiento: puesto que en el juicio se enuncia una realidad con respecto al objeto, entonces todo juicio se halla contenido en lo dado, estableciéndose con ello una nueva relación entre las formas de captación objetiva".

[208] KREMER-MARIETTI, Angèle, *op. cit*, p. 7.

1.1.4 A intuição fenomenológica (intelectual) de Husserl

Edmund Gustav Albrecht Husserl (1859-1938), matemático e filósofo alemão, estabeleceu a escola da fenomenologia, rompendo com a orientação positivista da ciência e da filosofia de sua época. Duas de suas principais obras são *Logische Untersuchungen. Zweite Teil: Untersuchungen zur Phänomenologie und Theorie der Erkenntnis* (Investigações Lógicas, em 1901) e *Ideen zu einer reinen Phänomenologie und phänomenologischen Philosophie. Erstes Buch: Allgemeine – Einführung in die reine Phänomenologie* (Ideias), em 1913.

Husserl elaborou alguns conceitos-chave que, para estudar a estrutura da consciência, reclamavam a indispensabilidade de distinguir entre o ato de consciência e o fenômeno ao qual se endereça (o objeto-em-si, transcendente à consciência). O conhecimento das essências afigurar-se-ia possível apenas se "tiramos o juízo de circuito" e "colocamos entre parênteses" todos os pressupostos relativos à existência de um mundo externo. Este procedimento foi cognominado de *epoché* (em grego, "eu me abstenho").[209]

Noutros termos: se a fenomenologia é o estudo da consciência e dos objetos da consciência, a redução fenomenológica (*epoché*) consiste no processo pelo qual tudo que é informado pelos sentidos é modificado em uma experiência de consciência (*v. g.*, coisas, imagens, fantasias, atos, relações, pensamentos, eventos, memórias, sentimentos), em um fenômeno consistente em se estar consciente de algo. A redução fenomenológica implica método de evidenciação através do qual se viabiliza o salto das intuições singulares para a "essência genérica" ou "sentido genérico" daquilo que se intui e do seu estar dado na intuição genérica.

O método da *epoché* não refuta a intuição empírica, aquela do mundo científico positivo ou mesmo da vida cotidiana. A fenomenologia não aniquila outros modos de intuição, senão que confere às intuições e objetos um novo alicerce, uma base adequada para que existam verdadeiramente. Ao dizer que uma essência é um novo objeto e a intuição eidética uma nova intuição, isto significa mudança de orientação do sujeito ao nível transcendental.[210]

Ademais, Husserl apresentou outras ideias notáveis, como:
(i) *Noesis* – é o ato de perceber as estruturas essenciais dos atos;
(ii) *Noema* – as entidades objetivas que correspondem às estruturas essenciais dos atos;
(iii) *Redução fenomenológica* (*epoché*) – no estudo das vivências, dos estados de consciência, dos objetos ideais, do fenômeno que é estar consciente de algo, não se deve preocupar se ele corresponde ou não a objetos do mundo externo à nossa mente. O interesse para a fenomenologia não é o mundo que existe, mas sim a maneira como o conhecimento do mundo se realiza para cada pessoa.[211] A redução fenomenológica requer a "suspensão" das atitudes, crenças,

---

[209] ADEODATO, João Maurício. *Filosofia do direito*: uma crítica à verdade na ética e na ciência (em contraposição à ontologia de Nicolai Hartmann). 5. ed. revista e ampliada. São Paulo: Saraiva, 2013, p. 120.

[210] HUSSERL, Edmund. *Idées directrices pour une phenomenologie*. Paris: Gallimard, 1950, p. 21.

[211] TYMIENIECKA, Anna-Teresa. *La fenomenologia come forza ispiratrice dei nostri tempi*. Tradução italiana D. Verducci. Disponível em: https://www.google.com.br/search?rlz=1C2SAVS_enBR535BR535&dcr=0&source=h p&q=TYMIENIECKA%2C+Anna-Teresa.+La+fenomenologia+come+forza+ispiratrice+dei+nostri+tempi.&oq=T YMIENIECKA%2C+Anna-Teresa.+La+fenomenologia+come+forza+ispiratrice+dei+nostri+tempi.&gs_l=psy-ab .3...2625.2625.0.4020.3.2.0.0.0.0.112.112.0j1.2.0....0...1.1.64.psy-ab..1.1.133.6..35i39k1.134.zn_mEjMnnwI.   Acesso

teorias, o conhecimento das coisas do mundo exterior, a fim de concentrar-se a pessoa exclusivamente na experiência, por ser sua realidade.[212] Conserva-se, assim, o viver em toda a sua riqueza.[213] O método da redução, pois, é o que permite a migração da intuição individual à essencial.

(iv) *Redução eidética* – reconhecido o objeto ideal (o *Noema*), o passo seguinte é sua "redução à ideia", que consiste na análise do *Noema* para encontrar sua essência. Não se pode abdicar da subjetividade e ver as coisas em si mesmas, pois a experiência de consciência envolve aquilo que é informado pelos sentidos e o modo como a mente focaliza o que é informado. Portanto, dando-se conta dos objetos ideais, uma realidade criada na consciência não é suficiente; antes, ao contrário, os vários atos da consciência devem ser conhecidos em suas essências, que a experiência de consciência de um indivíduo haverá em comum com experiências análogas em outras pessoas.[214]

A redução eidética é necessária para que a filosofia preencha os requisitos de uma ciência rigorosa, de claridade apodítica, revestida de certeza absolutamente transparente e sem ambiguidade. Os objetos da ciência rigorosa têm de ser essências atemporais, cuja atemporalidade é garantida por sua idealidade, fora do mundo cambiável e efêmero da ciência empírica.

Por exemplo, "um triângulo". Pode-se observar um triângulo maior, outro menor, outro de lados iguais, ou desiguais. Esses detalhes da observação – elementos empíricos – precisam ser deixados de lado a fim de encontrar a essência da ideia de triângulo – do objeto ideal que é o triângulo –, que é tratar-se de uma figura de três lados no mesmo plano. Essa redução à essência, ao triângulo como um objeto ideal, é a redução eidética.

(v) *Lógica genética* – assumir a pressuposição do naturalismo significa adotar a suposição de que a vida psíquica é fundada com base em manifestações elementares que são combinadas de acordo com leis puramente mecânicas, permitindo o desdobramento das manifestações elementares para as mais complexas numa rígida concatenação causal. Isso significa que a pesquisa lógica (em torno das formas de pensamento) é reduzida à pesquisa genética causal, isto é, em torno da derivação de formas lógicas a partir dos conteúdos empíricos das representações elementares.[215]

Não importa para a fenomenologia como os sentidos são afetados pelo mundo real. Husserl distingue entre percepção e intuição. Alguém pode perceber e estar consciente de algo, porém sem intuir o seu significado. A intuição eidética é essencial para a redução eidética. Ela é o dar-se conta da essência, do significado do que foi percebido.

em: 20 maio 2018, p. 12-23, esp. p. 14: "Non ogni descrizione di un dato, sottoposta a verifica, otterrebbe la qualifica di fenomenologia. Una chiave d' accesso al pensiero husserliano originale e fondazionale è che, nella nostra ricerca, dobbiamo chiaramente distinguere il livello di intuizione che stiamo trattando e dobbiamo altresì sospendere tutte le idee preconcette e spiegazioni di dati e di datità, per aderire il più possibile ad essi per quello che sono in se stessi".

[212] SCHELER, Max. *La situation de l'homme dans le monde*. Traduit et préfacé par M. Dupuy. Paris: Éditions Montaigne, 1951, p. 69-72.

[213] SALANSKIS, Jean-Michel. *Husserl*. Tradução Carlos Alberto Ribeiro de Moura. São Paulo: Estação Liberdade, 2006, p. 44.

[214] NUNES, Luiz Antonio Rizzatto. *Manual de filosofia do direito*. 5. ed. rev. e amp. São Paulo: Saraiva, 2013, p. 63-67.

[215] MASULLO, Aldo. *Struttura soggetto prassi*. Napoli: Edizioni scientifiche italiane, 1994, p. 94.

O modo de apreender a essência (*Wesensschau*), isolando-a,[216] é a intuição de essências ("abstração ideatória" ou "intuição do geral") e das estruturas essenciais, como uma forma de conhecimento nas investigações lógicas.

A intuição de essências é um método que pode oferecer, intuitivamente, objetos gerais, isto é, conceitos e conhecimento sobre as estruturas da consciência. De comum, o homem forma uma multiplicidade de variações do que é dado. Porém, enquanto mantém a multiplicidade, o homem pode focalizar sua atenção naquilo que permanece imutável na multiplicidade, a essência – esse algo idêntico que continuamente se mantém durante o processo de variação, e que Husserl chamou "o Invariante".[217]

No exemplo do triângulo, o núcleo "Invariante" do triângulo é aquilo que estará em todos os triângulos e não vai variar de um triângulo para outro. A figura que tiver unicamente três lados em um mesmo plano não será outra coisa: será um triângulo. Não se pode acreditar facilmente naquilo que o mundo oferece. No mundo, as essências estão acrescidas de acidentes ardilosos. Por isso, é preciso fazer variar imaginariamente os pontos de vista sobre a essência para fazer abrolhar "o Invariante".

O importante não é a coisa existir ou não ou como ela existe no mundo, mas a maneira pela qual o conhecimento do mundo sobrevém como intuição: o ato pelo qual o indivíduo apreende imediatamente o conhecimento de alguma coisa. Husserl definiu a fenomenologia em termos de um regresso à intuição (*Anschauung*) e à percepção da essência. A proeminência husserliana sobre a intuição sugere uma oposição de qualquer *approach* simplesmente especulativo da filosofia; antes, sua abordagem exibe concretude, ao tratar do fenômeno dos vários modos de consciência.

A fenomenologia não restringe seus dados aos lindes das experiências sensíveis, já que admite dados não sensíveis (categoriais), como as relações de valor, desde que se apresentem intuitivamente.

No pensamento husserliano, a "Redução Transcendental" seria a redução fenomenológica aplicada ao próprio sujeito, que então se vê não como um ser real, empírico, mas como consciência pura (que é o eu transcendental),[218] geradora de todo significado. Tudo que o homem pensa, quer, ama, teme é intencional. O conjunto dos fenômenos, o feixe das significações, tem um significado maior, que abrange todos os outros. É o que o vocábulo "Mundo" denota: "É preciso primeiro perder o mundo, graças à *epoché*, para o recuperar seguidamente na autorreflexão universal".[219]

Nesse passo, é útil abrir-se um parêntesis para dizer que a fenomenologia não pode ser confundida com o fenomenalismo, pois este não leva em conta a complexidade da estrutura intencional da consciência que o homem tem dos fenômenos.[220]

---

[216] HINTIKKA, Jaakko. The notion of Intuition in Husserl. *Revue Internationale de Philosophie* 2003/2 (n. 224), p. 169-191, esp. p. 183.

[217] HUSSERL, Edmund. *Méditations Cartésiennes*: introduction à la phénoménologie. Paris: Librairie Armand Colin, 1931. §34, p. 59-60.

[218] HUSSERL, Edmund. *Ideen zu einer Reiner Phänomenologie und Phänomenologischen Philosophie, Gesammelte Werke*, Band III. W. Biemel (Hrsg.). Haag: Martinus Nijhoff, 1956. §59, p. 141 ss.

[219] HUSSERL, Edmund. *Méditations Cartésiennes*, op. cit., Conclusion – §64, p. 134.

[220] GABÁS, Raúl. La intuición en las investigaciones lógicas de Husserl. *Anales del Seminario de Metafísica XIX*. Madrid: Ed. Universidad Complutense, 1984, p. 169-193, esp. p. 170: "Para Husserl, todo acto consta de "cualidad" y "materia". La cualidad expresa la manera de referencia al objeto ("juzgo que"... "me imagino"...). Y la "materia" es el objeto y el aspecto del mismo al que se refiere la cualidad. En el ejemplo: "Veo un pico de pájaro entre las ramas", "veo" determina la cualidad, y "un pico de pájaro entre las ramas" es la materia del acto. Esta materia contribuye a la significación independientemente de que ella exista o no. Pues, cambiando

A fenomenologia examina a relação entre a consciência e o Ser. Para o fenomenalismo, tudo que existe são as sensações ou possibilidades permanentes de sensações, que é aquilo a que chamam fenômeno. O fenomenólogo, diferentemente do fenomenalista, precisa prestar atenção cauta ao que ocorre nos atos da consciência, que são o que ele chama fenômeno. Fecha-se o parêntesis.

O *Noesis* é o ato de perceber e o *Noema* é o objeto da percepção – esses são os dois polos da experiência. A coisa como fenômeno de consciência (*Noema*) é a coisa que importa, e toca à conclamação husserliana "às coisas em si mesmas". A "Redução fenomenológica" significa, assim, restringir o conhecimento ao fenômeno da experiência de consciência, desconsiderar o mundo real, colocá-lo "entre parêntesis". No jargão fenomenológico tal não quer dizer que o filósofo deva hesitar sobre a existência do mundo como os idealistas radicais duvidam, mas se preocupar com a visão do mundo que o indivíduo tem. O procedimento essencial desse método, reafirme-se, repousa na "redução", a *epokhé*, ou seja, a colocação "entre parêntesis" da atitude natural do indivíduo: a fenomenologia designa uma descrição das estruturas da consciência transcendental fundada sobre a intuição de suas essências.[221]

Disso resulta que Husserl propôs uma fórmula fenomenológica radicalmente nova de observar os objetos, examinando de que forma o indivíduo, em seus diversos modos de ser intencionalmente dirigidos a eles, de fato os "constitui" (para distinguir da criação material de objetos ou objetos que são mero fruto da imaginação). Ao ângulo fenomenológico, o objeto deixa de ser algo simplesmente "externo" e de ser visto como fonte de indicações sobre o que ele é (uma perspectiva esboçada pelas ciências naturais), para tornar-se um agrupamento de aspectos perceptivos e funcionais.

A noção de objetos como real não é removida pela fenomenologia, mas "posta entre parênteses" como um modo pelo qual se levam em conta os objetos em vez de uma qualidade inerente à essência de um objeto fundada na relação entre o objeto e aquele que o percebe. Para melhor entender o mundo das aparências e objetos, a fenomenologia busca identificar os aspectos invariáveis da percepção dos objetos, em um reconhecimento de padrões,[222] e empurrar os atributos da realidade para o papel de atributo do que é percebido. Sem percepção, não se afigura possível conhecer o mundo.[223] A experiência originariamente doadora é a percepção. O procedimento característico da fenomenologia consiste em deixar, na constituição, um lugar frisante à sensibilidade – "em assentar no sensível".[224]

---

la cualidad, podría decir igualmente: desearía pintar "un pico de pájaro entre las ramas". La intención o intencionalidad indica el hecho de que toda cualidad se refiere a una materia (a algo), aunque se trate de simples actos de pensamiento que no estén referidos a una materia existente (p. ej.: "si los dioses griegos hubieran visto un polígono de mil lado"). La intención es el género universal de los actos, que, según la especie de la misma, se dividen en actos de representación, de juicio, de deseo, de voluntad, etc.".

[221] SARTRE, Jean-Paul. *O existencialismo é um humanismo; A imaginação; Questão de método*. Seleção de textos de José Américo Motta Pessanha; traduções de Rita Correia Guedes, Luiz Roberto Salinas Fortes, Bento Prado Júnior. (Os pensadores). 3. ed. São Paulo: Nova Cultural, 1987, p. 97.

[222] SMITH, David Woodruff. *Husserl*. London: Routledge Philosophers, 2007, p. 352.

[223] BOCCACCINI, Federico. Les promesses de la perception. La synthèse passive chez Husserl à la lumière du projet de psychologie descriptive brentanienne. *Bulletin D'analyse Phénoménologique* VIII 1, 2012 (Actes 5), p. 40-69, esp. p. 45.

[224] LEVINAS, Emmanuel. *Dios, la muerte y el tiempo*. Traducción de María Luisa Rodríguez Tapia. Madrid: Ediciones Cátedra, 1994, p. 143.

O método fenomenológico husserliano é uma análise descritiva de atos da consciência, na linha do psicologismo brentaniano.[225] Contudo, não pretende ser apenas uma investigação empírico-psicológica da consciência fática, mas determinar suas estruturas essenciais, indispensáveis. Trata-se daquelas estruturas e leis que devem fundamentalmente estar presentes em todo caso de intervenção da consciência. O objetivo é uma determinação *a priori* da estrutura da consciência. Os traços encontrados são independentes do caso empírico investigado em cada caso e independentes da pessoa.[226]

Nessa moldura, em apertada síntese, a fenomenologia (do grego *phainesthai*, aquilo que se apresenta ou que se mostra, e *logos*, explicação ou estudo) é uma metodologia e corrente filosófica que afirma a importância dos fenômenos da consciência, os quais devem ser estudados em si mesmos. Tudo que se pode saber do mundo circunscreve-se a tais fenômenos, a tais objetos ideais que vivem na mente, cada um designado por uma palavra que representa a sua essência, sua "significação". A proposta husserliana tem por fito esquadrinhar os fenômenos como se apresentam à consciência do ser ou à compreensão da maneira como as coisas desfilam; não como meras realizações externas ao ser, mas tocantes ao alvo da consciência humana.

É da natureza da fenomenologia introduzir-se, por sucessivas camadas da superfície, nas profundezas. Os objetos da fenomenologia são dados absolutos, no original, "em carne e osso", na dicção levinasiana, apreendidos em intuição pura, com o propósito de descobrir estruturas essenciais dos atos (*Noesis*) e as entidades objetivas que a elas correspondem (*Noema*).

Vivência (*Erlebnis*) é todo ato psíquico. A fenomenologia, ao envolver o estudo de todas as vivências, açambarca o estudo dos objetos das vivências, porque as vivências são intencionais e nelas é essencial a referência a um objeto.[227] A consciência é caracterizada, primeira e fundamentalmente, pela intencionalidade, porque ela é sempre a consciência de alguma coisa. Essa intencionalidade é a essência da consciência, que é representada pelo significado, o nome pelo qual a consciência se dirige a cada objeto. De fato, a consciência se qualifica por estar dirigida para algo, ou ser sobre algo. Não por acaso, Husserl defendeu que a consciência é sempre intencional. A intencionalidade, pois, é um fenômeno mental necessariamente dirigido para um objeto, real ou imaginário.

Por outras palavras, a característica das vivências é a intencionalidade. Representa uma característica essencial da esfera das vivências, pois todas as experiências destilam intencionalidade, que, reafirme-se, é a nota essencial da consciência.

Falar de consciência intencional significa explicitar aquela propriedade pela qual a consciência é sempre e necessariamente "consciência de...". É colocar-se em um terreno

[225] De Franz Brentano (1838-1917) mestre de filosofia de Husserl, cfr. MOCCHI, Mauro. *Le prime interpretazioni della filosofia di Husserl in Italia*: II dibattito sulla fenomenologia: 1923-1940. – (Pubblicazioni della Facoltà di lettere e filosofia dell'Università di Milano; 136. Sezione a cura del dipartimento di filosofia; 18). Firenze: La Nuova Italia Editrice, 1990, p. 11, 15.

[226] LOHMAR, Dieter. El método fenomenológico de la intuición de esencias y su concreción como variación eidética. *Investigaciones fenomenológicas*, 5, 2007, p. 9-47, esp. p. 10: "La intuición de esencias, o sea, el método eidético, pretende no limitarse a hechos empíricos-contingentes, sino esclarecer relaciones aprióricas, o sea, necesarias, que se aplican a todo caso futuro y en general posible de un determinado fenómeno de la conciencia".

[227] HERNÁNDEZ, Walter. Consideraciones sobre el objeto desde la perspectiva de la vivencia intencional en la fenomenología husserliana. Disponível em: https://pt.scribd.com/document/249369233/Consideraciones-Sobre-El-Objeto-Desde-La-Perspectiva-de-La-Vivencia-Intencional-en-La-Fenomenologia-Husserliana. Acesso em: 21 maio 2018, p. 1-42, esp. p. 6-7.

onde a consciência é assumida como isto que entende, e isto que a consciência entende é, implicitamente, muito mais do que seu singular tema imediato.[228]

Os objetos dos fenômenos psíquicos independem da existência de sua réplica exata no mundo real porque contêm o próprio objeto. A descrição de atos mentais envolve, assim, a descrição de seus objetos apenas como fenômenos, mas sem assumir ou afirmar sua existência no mundo empírico. O objeto não precisa de fato existir. Foi um uso novo do termo "intencionalidade", que antes se aplicava somente ao direcionamento da vontade.

Husserl não se limitou ao empirismo, mas trabalhou em um método de redução fenomenológica pelo qual se pode vir a conhecer diretamente uma essência. Aplica, nesse sentido, a intuição fenomenológica (intelectual) ao estudo filosófico.[229] Semelhante procedimento consiste em, a partir de representações singulares, eliminarem-se da contemplação suas particularidades a fim de chegar-se à essência geral do objeto. No papel da representação está a natureza intelectual própria do intuitivismo husserliano.

A intuição (*Anschauung*) pode ser individual, mas idônea a se transformar – não empiricamente, mas como "possibilidade essencial" – em uma visão essencial (*Wesenserschauung*). O seu objeto é uma pura essência[230] desde as mais elevadas categorias até o mais concreto: "Toda ciência de fatos tem fundamentos teóricos essenciais nas ontologias eidéticas".[231] Assim, a visão essencial (intuitiva) captura uma pura essência, que é abonada à intuição eidética. Em filosofia, o conhecimento intuitivo refere-se à essência da eidética (*eidos*, em grego). As diferentes possibilidades de conhecimento do fenômeno (aparência) e o númeno (coisa em si) são uma discussão que se prolonga na poeira dos séculos. A distinção entre o conhecimento da coisa em si e o conhecimento de nossa percepção das coisas é a questão fundamental que envolve a alegoria da Caverna de Platão. Para resolver a atual fenomenologia de Husserl, o conceito eidético é vital.

Afigura-se de suma importância pensar o conceito husserliano de intuição de essências, como meio à interpretação ontológica da fenomenologia transcendental. Imprime-se significado novo à intuição de essências na tradição filosófica, de par a delimitar o campo problemático das essências atingidas pela subjetividade pura. O ser é atingido através do método científico de descrição direta da experiência transcendental,

---

[228] FRANCESCA, Martina La. *La teoria dell'esperienza nella fenomenologia di E. Husserl*. Disponível em: http://www.istitutocalvino.gov.it/cms/wp-content/uploads/2013/05/La-teoria-dell%E2%80%99esperienza-nella-fenomenologia-di-E.-Husserl.pdf. Acesso em: 20 maio 2018, p. 1-26, esp. p. 7: "Sul piano della coscienza intenzionale tutto ciò significa che: I. Poiché l'intenzione della coscienza non si esaurisce nella sola "presa" del suo tema ma è anche, costantemente, sguardo retrospettivo e progetto implicito, non bisogna concepire l'intenzionalità in maniera statica, ma dinamica: "essa non si limita ad essere, essa funge". II. Tale "fungere" è, tuttavia, inconsapevole, inavvertito: è lo sfondo globale in cui le particolarità trovano appoggio, è l'orizzonte di senso che sempre agisce senza essere tema. Oltre che fungente, dunque, l'intenzionalità è anche anonima".

[229] FONTANA, Vanessa Furtado. Intuição de essências na fenomenologia de Husserl. *Revista Faz Ciência*, n. 9, jan./jul. 2007, p. 167-184, esp. p. 170-171: "As essências são estudadas de um modo intuitivo. Esta intuição não contradiz o caráter científico da fenomenologia transcendental, ao contrário, ela é a visão intelectual (*Einsicht*) perfeitamente clara das estruturas possibilitadoras de mundo. O método descritivo da fenomenologia permite resgatar o conceito de intuição como o fundamento da evidência originária, ou seja, a intuição de essências faz ver a verdade última dos fenômenos. (...) Há na fenomenologia a possibilidade da intuição empírica (*Erfahrene*) ou intuição do indivíduo ser convertida em visão de essência (*Wesens-Schauung*), em ideação. Tal possibilidade de conversão deve ser entendida não empiricamente, mas no próprio plano das essências. O termo visão corresponde à essência pura ou *eidos*".

[230] HUSSERL, Edmund. *Idées directrices pour une phenomenologie, op. cit.*, p. 17.

[231] HUSSERL, Edmund. *Ideen zu einer Reiner Phänomenologie und Phänomenologischen Philosophie, op. cit.*, p. 23-24.

realizado pela intuição de essências.[232] Na investigação fenomenológica, a intuição de essências surge como a visão por meio da qual a coisa intencionada é revelada em sua "doação originária" e, por conseguinte, em um grau apodítico de evidenciação.

Sob outro ângulo de mirada, a fenomenologia de inspiração husserliana recupera o valor transcendental do conceito de intuição purificando-o de toda carga psicológica e mística. Assume, pois, a intuição como conhecimento evidente e racional apto a alcançar o plano ontológico fundador de todo fenômeno. Enfrenta a correnteza da tradição da filosofia e formula um conceito de intuição capaz de vislumbrar além da materialidade individual do objeto, e, no limite, além de qualquer forma conhecida de objetividade. A intuição husserliana atinge a essência mesma da objetividade, as coisas mesmas em si. Tal intuição de essências (*Wesensschau*) é antes a descrição das estruturas do despontar de qualquer fenômeno.[233]

A origem de todo ser se determina pelo sentido intrínseco da consciência através das descrições que a intuição terá para fornecer. Da ontologia husserliana constituída no campo das essências originárias decorre toda a discussão concernente ao eu transcendental. Parte-se da atitude natural para alcançar o âmbito transcendental e, a partir daí, a ontologia[234] (do grego *ontos*, "ente", e *logoi*, "ciência do ser" – segmento da metafísica que trata da natureza, realidade e existência dos entes).

Noutro giro, há afinidade entre o "ver" de fato, entendido como parte da atitude natural, e o "ver" de essência, que surge na atitude fenomenológica,[235] ou, em

---

[232] TYMIENIECKA, Anna-Teresa, *op. cit.*, p. 23: "Per riassumere, il metodo fenomenologico esige, in prima istanza e soprattutto, l'intuizione del contenuto, che le si sottopone, tramite un focus diretto. Secondariamente, esso incorpora essenzialmente l'emergere dell'autodatità fenomenica del suo oggetto (tutti i gradi della cosiddetta epoché o messa in parentesi sono inclusi in questa procedura). In terzo luogo, il "principio di tutti i principi" apre un valido accesso a ogni specie di realtà sperimentata nella sua propria specifica luce e posizione".

[233] FONTANA, Vanessa Furtado, *op. cit.*, p. 181-182: "A fenomenologia tem como princípio a intuição de essências (*Wesensschau*). Esta realiza a evidência originária das estruturas semânticas instauradoras de mundo. Ela outorga um estatuto de ciência absoluta à fenomenologia, pois permite ver e descrever de modo racional as essências do plano transcendental. Estas se encontram tanto no polo subjetivo (*Noese*) quanto no polo objetivo (*Noema*) da consciência como elemento (*Eidos*) permanente dos vividos. O conceito de intuição de essências é racional e científico, ou seja, não se assemelha à velha ideia depreciativa, a qual entendia a intuição como fonte do conhecimento empírico limitado, ou até mesmo místico. (...) O *eu puro* reconhece a unidade de seus atos e o elemento invariante que neles permanece, através de um olhar intuitivo em direção destas essências. É a visão intelectual e evidente, ou seja, intuitiva, que permite a Husserl elaborar uma total universalização da experiência transcendental, e consequentemente instaurar as bases sólidas da fenomenologia transcendental".

[234] BLANC, Mafalda de Faria. *Introdução à ontologia.* (Pensamento e Filosofia). 2. ed. Lisboa: Instituto Piaget, 2011, p. 35-36: "A fenomenologia surge, assim, como um *fazer ver*, um *mostrar* puro do que, antes de mais, se dá a pensar – o ser, no seu enigmático aparecer. Ela requer uma conversão do olhar do ente que, de cada vez, se apresenta para o seu ser. Conduzindo o pensar diante do ser, ela deixa-o aparecer e manifestar-se como puro *fenômeno*, sem o conceber, ou seja, sem o fazer ver enquanto *algo*. O ser do ente dado é, deste modo, posto em evidência *em si mesmo*, como esse *"prius"* que, ao invés das qualidades ônticas, se mostra a partir de si próprio, pois que a nada mais re-envia. Não constituindo objeto de definição nem tão pouco de intuição sensível, o ser requer um tipo específico de visualização intelectual, em que, desaparecidas todas as condições de singularidade, o pensar experimenta a apreensão imediata da "coisa ela mesma" (*die Sache Selbst*). Tal intuição intelectual do ser constitui a matriz e o centro de referência constante do saber ontológico no decurso da sua elaboração. Ela impede-o de resvalar quer para a construção arbitrária quer para o formalismo, cingindo-o, a cada passo do seu desenvolvimento, ao que a experiência se dá a conhecer". (Reforços gráficos no original).

[235] TOURINHO, Carlos Diógenes C. Intuição de essências e indução: da observação dos fatos à objetividade fenomenológica nas ciências humanas. *Cadernos da EMARF, Fenomenologia e Direito*, Rio de Janeiro, v. 4, n. 2, out. 2011/mar. 2012, p. 91-101, esp. p. 95: "A atitude fenomenológica consiste em uma atitude reflexiva e analítica, a partir da qual se busca fundamentalmente elucidar, determinar e distinguir o sentido íntimo das coisas, a coisa em sua "doação originária", tal como se mostra à consciência. Trata-se de descrevê-la enquanto objeto de pensamento. Analisar o seu sentido atualizado no ato de pensar, explicitando intuitivamente as significações que se encontram ali virtualmente implicadas em *cogitos* inatuais, bem como os seus diferentes modos de

seus dois polos, entre a atitude natural e a atitude fenomenológica. O olhar do sujeito imerso inicialmente na atitude natural, considerada em certa medida irrefletida, por seu caráter de crença no mundo e nas coisas, pode experimentar mutação para um olhar fenomenológico: de suspensão, de neutralização dos juízos imediatos. A intuição é o ponto de confluência entre aquelas duas atitudes (natural e fenomenológica) favorecendo uma nova forma de o sujeito cognoscente se orientar, de pensar e de "ver" o mundo e as coisas.[236]

Retorna-se à distinção entre intuição de um dado de fato e intuição de uma essência (*eidética*). É possível vivenciar fatos de acordo com a sensibilidade e, ao mesmo tempo, intuir a essência deles, fazendo-os uma ideia própria. O conhecimento das essências não é conhecimento mediato, adquirido mediante abstração ou comparação de múltiplos fatos, como se repetem: para cotejar vários fatos, mister se faz adredemente a captação de uma essência, vale dizer, de um aspecto pelo qual eles são semelhantes. O conhecimento das essências é intuição, distinto do conhecimento do fato.

Cuida-se de retornar às coisas em si ("*Zu den Sachen selbst!*", a famosa máxima metodológica da fenomenologia enunciada por Husserl)[237] no sentido de o que se mostra *hic et nunc*, a coisa mesma, livre de determinações existenciais,[238] não se contentando com um preenchimento mediado pelo símbolo, mas buscando acessar diretamente o preenchimento que ocorre no ato intuitivo representado pela variação eidética. Voltar às coisas em si significa evidenciar, com base em intuições plenamente desenvolvidas, que o que é dado na abstração atualmente realizada corresponde verdadeiramente ao sentido das palavras na expressão da lei. Do ponto de vista das práxis do conhecimento, quer-se despertar em si a capacidade de manter os significados em sua identidade imóvel, por meio de uma verificação suficientemente repetida com base na intuição reproduzível (ou na compreensão intuitiva da abstração).[239] Portanto, "retornar às coisas em si" significa retornar à evidência apodítica da invariante eidética da qual a essência (*eidos*) emerge.[240]

De outra parte, a distinção husserliana entre intuições simples e categóricas é aclarada através da caracterização de complexos de atos simples e atos fundamentados correspondentes. A intuição simples (*v. g.*, percepção sensível) dá o seu objeto diretamente, imediatamente, "em uma única camada do ato", "em uma só penada", e a sua função de doador não é baseada em atos fundadores. A percepção temporalmente entendida e contínua de um objeto real é, por outro lado, uma simples intenção. Não é

aparecimento na própria consciência intencional. Explorar a riqueza deste universo de significações que a coisa – enquanto um *cogitatum* – nos revela no ato intencional é o que é próprio da atitude fenomenológica enquanto um "discernimento reflexivo" levado a cabo com rigor".

[236] BRAGAGNOLO, Felipe. Atitude natural e atitude fenomenológica: a relação existente entre as diferentes atitudes a partir do ato intuitivo. *Intuitio*, Porto Alegre, v. 7, n. 2, 2014, p. 73-88, esp. p. 76.

[237] HUSSERL, Edmund. *Ricerche logiche*, a cura di Giovanni Piana. Milano: Il Saggiatore, 1968, Vol. I, p. 271. Releva notar que o pensamento scheleriano, interpretando a célebre máxima "*Zu den Sachen selbst!*", define a fenomenologia como o "empirismo mais radical". Vide, no ponto, SCHELER, Max. Phänomenologie und Erkenntnistheorie, GW X. GW = *Gesammelte Werke*, Bern und München 1954 – Bonn 1997, p. 381.

[238] GUTIÉRREZ POZO, Antonio. El método fenomenológico de la intuición en Husserl y Ortega. *ALFA*, año II, n. 3, p. 73-88, jun. 1998, esp. p. 78.

[239] HUSSERL, Edmund. *Ricerche logiche, op. cit.*, p. 271-272.

[240] CUSINATO, Guido. La fenomenologia e le affordances espressive dei dati di fatto puri. Milano: *Scritti fenomenologici*, 2013, p. 7-21, esp. p. 8.

uma compleição de atos, cada um com um objeto diferente, mas uma fusão[241] contínua de atos com um objeto idêntico.

Por sua vez, a intuição categórica não se relaciona com seu objeto em um ato simples, de um único raio, mas em uma miríade de atos fundados.[242] Nos atos fundantes, os objetos que serão conectados uns aos outros em um ato categorial são direcionados. No ato categorial, objetivam-se novas objeções categoriais que só podem ser dadas em tais atos fundados. A função de preenchimento dos atos categoriais só pode ser realizada em uma compleição de atos em que vários atos de diferentes graus são erigidos uns sobre os outros.[243]

O conhecimento atua na medida em que se deve realizar voluntariamente. Todavia, as inúmeras oportunidades de conhecimento não desaparecem sem resultado. Husserl teoriza, em sua fenomenologia genética, como os conhecimentos vividos, mas não realizados tematicamente, são, por assim dizer, "preservados" na forma de associações no sujeito. Assim nós sabemos (*Kenntnisse*) que ainda não se tornaram (*Erkenntnisse*) conhecimento da experiência antipredicativa.[244]

O princípio da regionalização da intuição sugere que cada tipo de objeto implica uma modalidade específica de evidência, e tal regionalização da evidência não deixa o conceito intacto, mais do que o objeto.[245] O ato intuitivo, ao ângulo estrutural, pode ter diante de si um maior ou menor número de caracteres do objeto. O restante fica simplesmente como apontado. Quando se pensa em um objeto, uma quantidade maior ou menor de traços pode ser reavivada no indivíduo e são conhecidos em uma profundidade maior, ao passo que o resto de sua figura será somente pensado (ato signitivo).[246]

A abordagem fenomenológica nas ciências humanas representa um convite ao exercício de uma reflexividade sobre este quadro de essências assentado por variações imaginárias, a recuperar a intuição originária da coisa investigada. Traduz, por conseguinte, atitude reflexiva e analítica acerca do "sentido íntimo" da coisa que se investiga, iluminando seu conteúdo fundamental. Buscam-se atualizar no pensamento as significações que estão no objeto virtualmente incrustadas.

[241] SOKOLOWSKI, Robert. Husserl's concept of categorial Intuition. *Supplement to Philosophical Topics*. Denver: University of Oklahoma, 1981, p. 127-141, esp. p. 131.

[242] KIDD, Chad. Husserl's phenomenological theory of intuition. *In:* OSBECK Linda; HELD, Barbara (Ed.). *Rational Intuition*: Philosophical Roots, Scientific Investigations. Cambridge: Cambridge University Press, 2014, p. 131-150, esp. p. 145-146: "Another way to understand this is that the phenomenologically evident constitutive activity of synthetic categorial intuition is (normally) involved in the constitutive activity of ideation. But essential intuition involves more. Since its object is to grasp the essential structure of a given phenomenon, it cannot rest with the awareness of a categorial form in one instance. Rather it must construct a series of categorial presentations that vary in a perfectly arbitrary way and exhibits all possible transformations of the phenomenon that are consistent with its essence".

[243] LOHMAR, Dieter. Le concept husserlien d'intuition categoriale. *Revue Philosophique de Louvain*. Quatrième série, tome 99, n. 4, 2001, p. 652-682, esp. p. 658: "Dans les cas les plus simples d'intuition catégoriale, les actes fondateurs peuvent être de simples perceptions. Avoir parcouru l'ensemble des perceptions fondatrices particulières est la condition de l'accomplissement intuitif de l'acte catégorial. De même que pour les objets simples, il y a pour les objets catégoriaux des degrés d'intuitivité ou d'évidence".

[244] LOHMAR, Dieter, *op. cit.*, p. 662, esp. nota nº 26.

[245] PRADELLE, Dominique. L'intuition est-elle un concept univoque? *Philosophiques* 362 (2009), p. 511-532, esp. p. 532: "Au fur et à mesure que l'on s'élève du sensible au catégorial, l'idée de consistance (Bestehen) de l'objet perd sa signi cation réaliste de dénotation constante et extérieure à la conscience, pour se rapprocher des idées de validité (Geltung) du sens, et de consistance (Konsequenz) d'une théorie et d'un domaine d'idéalités – indissociables des procédures de validation et du chantier de théorisation en devenir".

[246] GRZIBOWSKI, Silvestre. Intuição e percepção em Husserl: Leituras de Emmanuel Levinas. *Rev. Nufen: Phenom. Interd*, Belém, 8(2), p. 65-76, ago./dez. 2016, esp. p. 73.

1.2 Sentimentalismo construtivo de Jesse Prinz

Jesse J. Prinz é Professor de Filosofia e Diretor do Comitê de Estudos Inter-disciplinares da Ciência no Centro de Pós-Graduação da Universidade da Cidade de Nova York. Prinz trabalha principalmente na filosofia da psicologia e ética, sendo autor de vários livros e mais de cem artigos, abordando temas como emoção, psicologia moral, estética e consciência. Vejam-se algumas de suas obras: *Furnishing the Mind*: *Concepts and Their Perceptual Basis* (MIT: 2002); *Gut Reactions: A Perceptual Theory of Emotion* (OUP: 2004); *The Emotional Construction of Morals* (OUP: 2007); *Beyond Human Nature* (Penguin/ Norton: 2012); *The Conscious Brain* (OUP: 2012).

No que tange à construção emocional da moral Prinz reacendeu o debate a respeito da natureza das emoções e suas importantes implicações para a moralidade, apresentando uma teoria das emoções de "tipos naturais".[247] É uma trincheira de sensibilidade em que os fatos morais decorrem de regras morais, as quais, por sua vez, são constituídas por sentimentos,[248] estabelecidos mediante interações bioculturais.

Por assim ser, não se pode pensar em moralidade, quando se usam termos morais (*v. g.*, "bom" e "mal" ou "certo" e "errado"), excogitando de referência crucial a emoções. Na realidade, julgar que algo é moralmente errático implica possuir um sentimento de desaprovação a propósito, transparecendo aí o delineamento básico de uma construção emocional da moral.[249] Nesse diagrama, os fatos morais são respostas dependentes: o mal é precisamente o que causa desaprovação em uma comunidade moral.

Na tipologia das emoções,[250] existem as chamadas emoções primárias tidas como inatas, pré-organizadas e, portanto, abrangentes da totalidade dos seres humanos, prescindindo-se de aspectos socioculturais. Traduzem emoções básicas e universais (*v. g.*, medo, raiva, tristeza, felicidade, nojo, surpresa) e simbolizam, por assim dizê-lo, uma verdadeira joia no complexo maquinário de regulação da vida.

De outra banda, existem as denominadas emoções secundárias ou adquiridas, as quais são dotadas de maior complexidade do que as primárias, porque dependem de fatores e circunstâncias socioculturais. Podem, assim, variar de uma realidade cultural e/ou sociedade para outra (*v. g.*, compaixão, vergonha, culpa, desprezo, ciúme, inveja, orgulho, admiração, remorso, gratidão, simpatia). Apesar disso, as emoções secundárias, desencadeadas em situações sociais, podem ser exclusivamente humanas (*v. g.*, admiração e variedade de compaixão), dependendo, para poderem se expressar, de mecanismos cerebrais inatos, assentados ao longo da evolução e já organizados para as emoções primárias.

Por derradeiro, as emoções de fundo interligam-se à interioridade, como, por exemplo, bem-estar ou mal-estar, calma ou tensão, entusiasmo ou desânimo. A captação opera-se por detalhes sutis, como postura do corpo, velocidade e configuração global dos movimentos corporais. Os mecanismos indutores de emoções de fundo são geralmente aqueles do meio interno e das vísceras.[251]

---

[247] PRINZ, J. Which Emotions are Basic?. *In*: EVANS, Dylan, CRUSE, Piere. *Emotion, evolution, and rationality*. Oxford: Oxford University Press, 2004, p. 1-19.

[248] Em contraste, emerge o modelo rawlsiano, segundo o qual uma faculdade moral provoca o julgamento moral, e tanto as emoções quanto o raciocínio aparecem depois. Vide, a propósito, HAUSER, Marc D. *Moral minds*: how nature designed our universal sense of right and wrong. New York: Harper Collins Publishers, 2006.

[249] PRINZ, J. The emotional basis of moral judgments. *Philosophical Explorations*, v. 9, n. 1, p. 29-42, march 2006.

[250] O problema da emoção e do sentimento será objeto do Capítulo 5, tópico 5.1, *infra*.

[251] DAMÁSIO, António R. *O mistério da consciência*: do corpo e das emoções ao conhecimento de si. Tradução Laura Teixeira Motta; revisão Luiz Henrique Martins Castro. São Paulo: Companhia das Letras, 2000, p. 74-77.

Cada experiência emocional decorre de uma mudança corporal que indica situações no meio que devem preocupar o indivíduo. Quando se depara com um estímulo que afeta o bem-estar, experimenta-se um conjunto de mudanças corporais que representam perigos, perdas, ofensas. Essas mudanças corporais são apropriadas para a situação e aprendidas ao longo do tempo através da associação a instâncias específicas que se encontram no passado. Elas são sentidas, mas muitas vezes esses sentimentos não estão no primeiro plano da consciência fenomenal. Quando se presta atenção ao sentimento, ele se torna uma emoção real.[252]

Com efeito, no campo da filosofia da emoção, o pensamento prinziano parece patrocinar o renascimento da teoria de James-Lange, segundo a qual as emoções são percepções de certos tipos de estados do corpo, de par a que as emoções representam um tipo natural. Os estados do corpo são aqueles que rastreiam confiavelmente certos tipos de condições no ambiente do agente. Por exemplo, um tipo de estado do corpo de forma confiável é causado por perigos potenciais no ambiente. Um exemplo de medo é a percepção de uma instância desse tipo de estado corporal. As emoções, por assim dizer, são avaliações incorporadas de natureza natural.

A fórmula prinziana pode permitir um feixe de diferentes tipos de estados corporais percebidos de "inatos" universais a aprendizes culturalmente específicos, para contar como emoções. Pode-se aprender a associar novos conteúdos com tipos de estados do corpo, pode haver híbridos de emoção cognitiva e pode haver misturas de emoções básicas.

As emoções têm valência negativa ou positiva, isto é, uma visão bivalente de dois agrupamentos emocionais. Todavia, "a valência negativa e positiva é superada em redes complexas que implicam um grande número de áreas cerebrais".[253] Cada emoção tem um perfil corporal distintivo refletido por diferenças (às vezes sutis) na atividade neuronal.[254]

O conjunto de sentimentos possíveis é limitado pela nossa biologia e corresponde aproximadamente às categorias emocionais tradicionais. As emoções tradicionais (*v. g.*, medo, raiva, tristeza, felicidade, nojo, surpresa) têm papéis funcionais e estão sempre relacionadas a objetos e situações no ambiente. Eles são sempre direcionados para algo (ou seja, intencional), e essas emoções têm uma configuração corporal particular que as define. Na tipologia prinziana, avultam seis emoções básicas, que são caracterizadas por padrões corporais únicos.[255] As emoções das "seis grandes" são subdivididas em um estoque primitivo biologicamente básico de sentimentos que cada cultura classifica de maneiras diferentes. Por exemplo, o medo pode ser subdividido em preocupação (perigos futuros) e pânico (perigos presentes), os quais colocam o organismo em ação como uma resposta apropriada ao estímulo ambiental.

Da mesma forma, a felicidade se subdivide em prazer sensorial, satisfação e alegria, cada qual com respostas corporais específicas. Emoções complexas, como o desespero, o amor romântico e o ciúme são acréscimos recentes (na escala evolutiva) à

---

[252] PRINZ, J. Are Emotions Feelings?. *Journal of Consciousness Studies*, 12, n. 8-10, 2005, p. 9-25.

[253] PRINZ, J. *Gut reactions*: a perceptual theory of emotions. New York: Oxford, 2004, p. 163.

[254] PRINZ, J. *Gut reactions, op. cit.*, p. 163.

[255] PRINZ, J. Emotions Embodied. *In:* SOLOMON, Robert C. *Thinking about feeling*. New York: Oxford University Press, 2003, p. 1-14.

amplitude dos afetos possíveis, que também são associações entre o estoque primitivo de sentimentos e tipos particulares de situações. Outras emoções homeostáticas, como a fome e a fadiga, são diferentes, porque configuram estados do organismo e não relações entre ele e seu ambiente.

As emoções podem ser classificadas em dois grandes grupos: (i) emoções positivas (*v. g.*, felicidade, alegria, amor), relacionadas com o prazer; e (ii) emoções negativas (*v. g.*, tristeza), relacionadas com a dor. As primeiras envolvem a aproximação, ampliam a percepção, excitam a memória, beneficiam a flexibilidade dos esquemas de pensamento, favorecem a inovação, diligenciam a ousadia, geram comportamentos cooperativos. As segundas, ao contrário, envolvem o recuo, empobrecem a percepção, convidam ao recolhimento, aliciam o conservadorismo e podem causar conflitos. O fluxo de ideias, por exemplo, está maximizado durante a felicidade e refreado na tristeza. Assim, as emoções podem ter uma valência negativa (*v. g.*, medo), neutra (*v. g.*, espanto) ou positiva (*v. g.*, alegria), mas não se afigura impossível que a mesma emoção possa ter uma valência distinta dependendo do contexto ou do momento.[256]

As emoções primárias são tidas como inatas, pré-organizadas na acepção jamesiana, e, destarte, abrangentes da totalidade dos seres humanos, prescindindo-se de aspectos socioculturais. Traduzem emoções básicas e universais (*v. g.*, medo, raiva, tristeza, felicidade, nojo, surpresa), representando autêntica *crown jewel* no intrincado maquinário de regulação da vida.

A anatomia emocional produz um abalo do "eu" do indivíduo, de modo que ele tende a se exteriorizar de alguma maneira. A emoção é reconhecida, automaticamente, pelo "cérebro normal" (*cérebro visceral* ou sistema límbico), provocando reações orgânicas e incitamentos. As respostas provocam alteração temporária, seja das estruturas cerebrais, seja do estado do corpo e sustentam a evocação de pensamento (*v. g.*, quando se está perto de uma cobra, a emoção deflagra a ativação de uma certa configuração do estado do corpo, característica da emoção medo, e altera o processamento cognitivo de modo a corresponder àquele estado de medo).

De acordo com essa teoria, quando se encontram certos estímulos, experimenta-se uma mudança corporal aprendida em resposta. Esses estímulos de mudança corporal, ou elicitores, pertencem ao que Prinz chama de arquivo mental, que está ligado a um de nossos estoques primitivos de emoções através do aprendizado. Esses *"elicitation files"* podem, então, acionar a resposta relevante previamente jungida a ela. Ao longo da vida, novos arquivos podem ser criados e novas condições de acionamento podem ser adicionadas aos arquivos existentes. Arquivos semelhantes podem se tornar tão intimamente relacionados que os gatilhos para um também podem causar o outro. No entanto, tais arquivos de elicitação não devem ser confundidos com as emoções em si, sendo antes gatilhos culturalmente calibrados para as emoções.

Segundo Prinz, os afetos são esgotados pelos sentimentos somáticos que são experimentados. Emoções são apenas os sentimentos e não as causas ou efeitos desses sentimentos. Cada sentimento está associado a uma série de condições e representa uma resposta à situação atual que está sendo experimentada. De fato, acontecimentos ou vivências impressionam a unidade corpo-espírito e assim se transformam em algum sentimento (*v. g.*, amor, ciúme, raiva, tristeza, melancolia).

---

[256] LEMAIRE, Stéphane. *Les désirs et les raisons*: de la délibération à l'action. Paris: VRIN, 2008, p. 60.

Quando o sentimento se manifesta fortemente pode-se falar de sentimentalismo, que se costuma opor, equivocadamente, ao protagonismo da razão. Diz-se equivocadamente porque as emoções e os sentimentos estão entrelaçados nas teias da razão humana e na natureza da racionalidade: a maquinaria da racionalidade parece não funcionar sem a maquinaria da regulação biológica, a cuja esfera as emoções e os sentimentos constituem referências primordiais.[257]

A teoria construtivista de Jesse Prinz, em metaética,[258] sustenta a posição nodal de que se a moralidade depende dos sentimentos, então ela é uma construção, e, como tal, pode variar através do tempo e do espaço. A teoria do "sentimentalismo construtivo" ou "emocionalismo" está ancorada em duas premissas reciprocamente fundamentais: uma servindo de suporte mútuo para a outra. A primeira ideia fundante indica que os sentimentos são a base para todos os juízos de valor que são formulados. E mais: tais valores podem ser esquadrinhados histórica e antropologicamente de modo a explicar porque alguns persistem e porque outros valores têm evanescido. A segunda ideia nevrálgica está em que os sentimentos criam a moral, e que os sistemas morais podem ser concebidos no espaço e no tempo de diversas formas.

Trata-se, em suma, de duas hipóteses radicais a respeito da moralidade: (i) que os valores morais estão baseados em respostas emocionais imediatas, sem a intermediação de conceitos, juízos ou pensamentos, e (ii) que as respostas emocionais podem oscilar de cultura para cultura. O pano de fundo é a natureza das emoções, a partir de uma perspectiva fisiológica, como estados emocionais consistentes em "respostas imediatas" desencadeadas por estímulos ou processos físico-corporais (os sinais somáticos são necessários e suficientes para as emoções), e também o papel delas no que toca à psicologia moral.

Emerge, assim, um tipo de construtivismo moral que perfilha uma posição subjetivista, relativista e antirracionalista segundo a qual a moralidade é uma construção humana que deriva dos sentimentos.[259] Inobstante, há outro modelo mais antigo de construtivismo convencionalista na linha de que juízos morais são baseados em convenções sociais, isto é, eles são edificados por um acordo de indivíduos ou grupos dentro de tradições específicas. O construtivismo convencionalista, do qual Prinz é um dos partidários, defende que a "verdade" dos juízos morais e dos padrões de conduta concerne às práticas de grupos específicos.

Convenções morais podem advir dos mais variados sentimentos, os quais, na maioria das vezes, não são intencionais. Obviamente, não se entenda aqui intencional

---

[257] DAMÁSIO, António R. *O erro de Descartes*: emoção, razão e o cérebro humano. Tradução Dora Vicente, Georgina Segurado. 3. ed. São Paulo: Companhia das Letras, 2012, p. 126-127.

[258] Metaética é o ramo da ética que estuda a natureza das propriedades, afirmações e atitudes éticas. Os outros três ramos tradicionais da ética são: ética descritiva, ética normativa e ética aplicada. A ética normativa, por exemplo, pergunta "o que devo fazer?", ao passo que a metaética pergunta "o que é o bem?" e "como posso diferenciar o certo do errado?", tentando entender a natureza das propriedades e julgamentos éticos. Há três tipos de problemas metaéticos ou questões gerais: 1) Qual o significado dos termos e juízos morais? (*v. g.*, "o que as palavras bom, mal, certo e errado significam"); 2) Qual a natureza dos juízos morais? (*v. g.*, os julgamentos morais são universais ou relativos, ou se existe algum tipo de pluralismo valorativo); 3) Como os juízos morais podem ser apoiados e defendidos? (*v. g.*, como podemos saber se algo é certo ou errado). As respostas não são dissociáveis; antes, uma implica fortemente outra resposta. Vide, no ponto, GARNER, Richard T.; ROSEN, Bernard. *Moral Philosophy*: a systematic introduction to normative ethics and meta-ethics. New York: Macmillan, 1967, p. 215.

[259] Para uma observação geral do tema, vide PRINZ, Jesse J. *The emotional construction of morals*. New York: Oxford University Press, 2007.

no sentido fenomenológico, onde a consciência sempre é intencional, sempre se dirige a alguma coisa, mas, isto sim, como um processo de reflexão racional onde os melhores meios são selecionados para a execução de um determinado fim. Emoções (*v. g.*, orgulho, raiva) são sentimentos com formidável carga motivacional.[260] De fato, estudos empíricos demonstram o eloquente papel das emoções na motivação dos julgamentos morais, bem como evidenciam que a relação entre conceitos morais e emoções é de ordem constitutiva. Do emocional engajamento das pessoas com o mundo escorrega o *slogan*: emoções são julgamentos.[261]

A moralidade, nessa visão, não é constituída de características objetivas do mundo, mas dimana exclusivamente dos seres humanos. Por isso, juízos morais são verdadeiros analiticamente se e quando permeados de sentimentos morais. Se juízos morais não são necessariamente intencionais (fruto de determinados procedimentos), então somente uma teoria subjetivo-relativista poderia discutir coerentemente sobre a moralidade. Por exemplo: o moralmente correto e incorreto pode ser definido em termos de sentimentos, na medida em que um agir é correto ou incorreto se há um sentimento moral para ele. O sentimento moral acolhe uma disposição a respeito de emoções de aprovação ou desaprovação sobre semelhante agir. Se as pessoas exibem diferentes sentimentos morais para as mesmas ações, o correto e o incorreto estão amarrados, sob o prisma metafísico, aos sentimentos que as pessoas têm. Assim, a existência de diferentes sentimentos nas pessoas implica diversidade nos fatos morais.

Quer-se dizer que um julgamento moral de que se deve fazer Y porque é certo só faz sentido, a partir do sistema de valores compartilhado, se o ato for objeto de um sentimento de aprovação tanto do autor da ação quanto daquele que emite o juízo moral.

A teoria ayeriana, por exemplo, amplifica a radicalização ao sustentar que juízos morais apenas apregoam determinados sentimentos morais de aprovação ou desaprovação, vale dizer, não expressam declaração factual ou proposições genuínas, que possam ser verdadeiras ou falsas, mas apenas atitudes emocionais. Em todos os casos em que se está fazendo um julgamento ético, a função da palavra "ética" é puramente "emotiva". É usada para expressar sentimento sobre certos objetos, mas não para fazer alguma afirmação sobre eles.[262]

Na perspectiva prinziana, conceitos morais encarnam sentimentos. Contudo, o "sentimentalismo construtivo" parece mais próximo do emotivismo de Ayer e distante do construtivismo procedimentalista, pois tais sentimentos sobre "o certo" e "o errado" somente podem ser analisados quando houver uma disposição emocional de aprovação ou desaprovação para tanto.

A tradição construtivista abona um procedimento hipotético que determina quais os princípios que compõem os padrões válidos da moralidade, seja mediante acordo expresso em um contrato social, seja por decisão concernente ao código moral que deva ser apoiado em uma sociedade. Tal rigidez formalista de caráter procedimental,

---

[260] PRINZ, Jesse J. Is empathy necessary for morality? *In*: COPLAN, Amy; GOLDIE, Peter (Ed.). *Empathy*: philosophical and psychological perspectives. Oxford: Oxford University Press, 2011, p. 211-229.

[261] BADIOLA, Susana. Rethinking Wittgenstein: an emotional engagement with the world. *Minerva* 14 (2010), p. 1-11, esp. p. 3.

[262] AYER, A. J. *Language, truth and logic*. Oxford: Hardcover and Paperback, 1936, p. 67.

traço das teorias construtivistas,[263] não se compadece com fatos morais independentes de um código moral definido e sufragado adredemente, pois as regras morais não são descobertas mediante um procedimento ou resultado dele, mas são constituídas pelo próprio procedimento.

Há vozes doutrinárias, como a humeana, que refutam a possibilidade de que conclusões morais substantivas sejam assentadas de um ponto de vista prático. Nessa visão, o conteúdo material das conclusões morais de um determinado indivíduo é construído por seus sentimentos pessoais mutuados contingencialmente. Assim, a noção formalista de razão prática pura não acopla valor substantivo específico; ao contrário, tais valores substantivos devem finalisticamente ser fornidos pelo feixe particular de valores.[264]

Nessa ordem de ideias, o construtivismo de corte streetiano consona com a doutrina prinziana em aspecto nodal: aquiescem que, nada obstante a verdade de uma afirmação normativa seja vinculada a partir do interior de um ponto de vista prático, o conteúdo substantivo dos juízos morais apenas pode derivar de um conjunto de valores subjetivos do indivíduo.[265] Neste aspecto, a teoria do sentimentalismo construtivo de Prinz se avizinha de uma versão humeana do construtivismo em metaética.

Encoraja a pensar que o caráter imediato de certas emoções é um dos principais desafios endereçados às teorias cognitivistas das emoções. Em contrapartida, os não cognitivistas são impotentes par dar conta da "intencionalidade" inerente às emoções. Noutro dizer, os cognitivistas não conseguem explicar como cognições podem estar envolvidas em respostas emocionais imediatas, enquanto os não cognitivistas não conseguem explicar a suposta intencionalidade das emoções.[266]

1.2.1 Os sentimentos são a base para os juízos de valor

O papel do sentimento na intuição dos valores, sua hierarquização e a importância da empatia (entendida como a capacidade de colocar-se no lugar de outrem, de sentir isto que o outro sente, e de agir de consequência[267]) e da simpatia como instrumentos da intersubjetividade frequentam, amiúde, o pensamento filosófico de variados matizes. De fato, por exemplo, não se pode ignorar o desempenho da empatia tanto na motivação moral, quanto no julgamento moral. A empatia faz a diferença por despertar

---

[263] DALSOTTO, Lucas Mateus. É a teoria do sentimentalismo construtivo de Jesse Prinz de fato construtivista?. *Griot – Revista de Filosofia*, Amargosa, v. 11, n. 1, p. 185-196, jun. 2015, esp. p. 192: "Um exemplo desse tipo de construtivismo procedimental pode ser encontrado na teoria da justiça como equidade de John Rawls. Para este último, a moralidade é fruto de um acordo entre indivíduos entendidos como livres, iguais e racionais submetidos ao procedimento da posição original, enquanto que para Prinz a moralidade é fruto de uma construção social baseada nos sentimentos dos indivíduos".

[264] STREET, Sharon. What is Constructivism in Ethics and Metaethics?. *Philosophy Compass*, n. 5, p. 363-384, 2010, esp. p. 370.

[265] DALSOTTO, Lucas Mateus, *op. cit.*, p. 196: "No entanto, embora haja um intenso desacordo sobre esses temas, parece adequado dizer que a teoria do sentimentalismo construtivo de Prinz não deixa de ser uma produtiva tentativa de construtivismo em metaética ou então que tenha importantes intuições relativamente à natureza da moralidade e ao modo como ela se constitui socialmente".

[266] CARMO, Juliano do. Wittgenstein e Jesse Prinz: sobre emoções. Porto Alegre: *Revista Opinião Filosófica*, v. 4, n. 1, 2013, p. 69-85, p. 73.

[267] Sobre a noção de empatia, vide STUEBER, K. Empathy.´ *The Stanford Encyclopedia of Philosophy* (Fall 2016 Edition), ed. by Edward N. Zalta. Disponível em: https://plato.stanford.edu/archives/fall2016/entries/empathy/. Acesso em: 15 jun. 2018.

emoções que determinam o binômio motivação-julgamento moral. As emoções são o "significado da vida", constituem as acepções em uma vida, estruturas de valor que são congregadas ao mundo experimentado.

Veja-se, ademais, a compreensão scheleriana sobre serem os valores aprioristicamente intuídos pelo sentimento, bem como nos atos de preferência e de postergação, segundo a hierarquia de valores, buscando a plena realização dos valores superiores.[268] O outro é reconhecido através da empatia, ao passo que, sob inspiração da simpatia, "sentimos com" e "simpatizamos com", o que permite dirigir-se aos outros e realizar emocionalmente a Humanidade.[269] O sentimento é o coração próprio da moral (v. g., todo querer mal descansa em um engano e extravio moral).

Na filosofia fenomenológica scheleriana, existe uma estrutura hierárquica de valores, uma ética material de valor, organizada de acordo com a teoria a priori emocional, que não é apenas o alicerce essencial desta estrutura, mas também o realçado princípio segundo o qual vários atos humanos constituem a unidade do indivíduo. O ser humano é o valor fonte. Assim, ele costura os atos emocionais e racionais da pessoa humana e a essência humana como um ser aberto ao mundo em uma mesma unidade existencial da vida humana.[270] Seu programa descortina uma ética fundada nos valores, apreendida na intuição e franqueada pela fenomenologia. Uma ética baseada em valores materiais a priori, vale dizer, objetivamente existentes fora das fronteiras da experiência humana e captados por um ato emocional, com importância conferida à emoção, primordialmente ao amor.[271]

Os seres humanos percebem os valores que escoltam os objetos, corpóreos e incorpóreos, por sua vez, de sorte a gerar estados sentimentais de prazer ou desprazer, atinentes às qualidades do agradável e desagradável.[272] Os valores éticos se manifestam na experiência vivida de um determinado sujeito. Os valores, enquanto qualidades essenciais incrustadas nos objetos, e as conexões entre eles se fundam nas essências.[273]

---

[268] CADENA, Nathalie Barbosa de la. Scheler, os valores, o sentimento e a simpatia. *Revista Ética e Filosofia Política – UFJF*, n. XVI, v. II, p. 76-88, dez. 2013, esp. p. 79: "Para Scheler, o sentimento é o "órgão" dos valores. Os valores e as conexões entre eles são percebidos pela intuição emocional no momento da vivência, nos atos de preferir e postergar, amar e odiar. Simplificando: os valores são apreendidos pelos sentimentos, e o lugar do sentimento é o espírito, mais precisamente a zona emocional do espírito. Não é a razão que toma a frente nesse processo, e esse é um dos motivos pelos quais não é possível aplicar o método das ciências naturais ao conhecimento prático. A razão apenas se admira da riqueza dos valores, reconhece que cada coisa tem seu valor, descobre uma rede de valores e aprecia tal complexidade, mas não é capaz de evidenciá-los, apreendê-los ou defini-los".

[269] SCHELER, Max. *Esencia y formas de la simpatía*. Buenos Aires: Editorial Losada, 2004, p. 129: "La "realización" emocional de la Humanidad como un género tiene, por ende, que haberse llevado a cabo en la simpatía para que sea posible el amor al hombre en este específico sentido".

[270] KHORKOV, Mikhail. Zu Max Schelers Konzeption des emotionalen Apriori. *In*: Max Scheler and the Emotional Turn. *Thaumàzein – Rivista di Filosofia*, v. 3, 2015, p. 183-197, esp. p. 184.

[271] SOUZA NETO, Cézar Cardoso de. A pessoa e os valores, aspectos do pensamento de Max Scheler. Campinas: *Revista Reflexão*, n. 85/86, jan./dez. 2004, p. 41-55, esp. p. 41.

[272] SCHELER, Max. Ética: nuevo ensayo de fundamentación de un personalismo ético. Tradución de Hilario Rodríguez Sanz. Madrid: Caparros Editores, 2001. Colección Esprit n. 45, p. 117.

[273] SCHELER, Max. Ética, *op. cit*, p. 127: "El asiento proprio de todo el a priori estimativo (y concretamente moral) es el conocimiento del valor, la intuición del valor que se cimenta en el percibir sentimental, el preferir e, en último término, en el amar y el odiar, así como la intuición de las conexiones que existen entre los valores, entre su ser "más altos" y "más bajos", es decir, el "conocimiento moral". Este conocimiento se efectúa, pues, mediante funciones y actos específicos que son toto coelo distintos del percibir y pensar, y constituyen el único acceso posible al mundo de los valores".

Na ótica scheleriana, a hierarquia dos valores – conquanto lacunosa em fornecer para cada nível exemplos de sentimentos particulares dentro de seus grupos[274] – é dividida em quatro níveis (ou camadas de sentimentos).[275] No primeiro nível, estruturam-se os valores sensíveis, mais baixos, e repousa a função do perceber afetivo sensível, com seus modos, o gozo e o sofrimento; e correspondem a esta série de valores estados afetivos dos sentimentos sensíveis, prazer e dor. O segundo nível é composto pelos valores da vida, da sensibilidade vital que corresponde ao conjunto de valores do perceber afetivo vital (*v. g.*, saúde e doença, juventude e velhice). No terceiro nível está o reino dos valores espirituais (os valores do sagrado são captados originalmente por um ato de uma determinada classe de amor), vivenciados pelo sentimento axiológico e guiados pelo amor e pelo ódio,[276] o justo e o injusto, o belo e o feio. No quarto e mais elevado nível, habita o valor do sagrado e do profano, cujos estados afetivos correspondentes são a beatitude e o desespero. Os sentimentos vinculados a esses valores são a fé e a adoração, e seu oposto assente na incredulidade. Nessa concepção, o bem resulta da encarnação de um valor já existente, como o santo é posterior à santidade ou as coisas belas são posteriores à beleza.[277] Nesse quadro esquemático, os sentimentos não são apenas de qualidades diferentes, senão também de diferentes níveis de profundidade.[278] Contudo, a característica comum que perpassa os quatro níveis é que todos os sentimentos possuem uma relação de experiência com o *ego* (ou com a pessoa).[279]

Nessa escala de valores, o valor ético de bem se manifesta no ato de (preferir, consciente ou intuitivamente) realizar valores superiores, os valores mais elevados – como os valores espirituais e do sagrado –, que são os mais duradouros e proporcionam maior evolução pessoal. O ser humano que, reconhecendo a escala valorativa, age preferindo e preterindo valores no sentido de efetivar os valores superiores, tem uma vida moral e, progressivamente, se aperfeiçoa. O que transporta o indivíduo na direção dos valores mais elevados é o amor, mas o ódio o afasta. No nível mais baixo da escala de valores, o valor ético do mal, ao contrário, se manifesta no ato de realizar valores inferiores, valores efêmeros, sensoriais, matrizes de prazer e dor.[280] A complexidade dos sentimentos é suscetível de explicação também como heterogeneidade dentro da homogeneidade: todos os fenômenos afetivos exibem um denominador comum e suas diversidades genéricas, ao ângulo vertical, são esclarecidas por termos de diferentes

---

[274] ZABOROWSKI, Robert. Plato and Max Scheler on the affective world. *ORGANON*, v. 47, 2015, p. 65-81, esp. p. 69.

[275] SCHELER, Max. Ética, *op. cit.*, p. 173-179.

[276] CADENA, Nathalie Barbosa de la, *op. cit.*, p. 82: "Aqui estão os valores estéticos como o belo e o feio; o valor do puro conhecimento da verdade, tal como pretende realizá-los a filosofia, o valor da ciência e os valores da cultura; e o valor do justo e do injusto que deve servir de fundamento para uma ordem jurídica objetiva, independente de qualquer positivação. Pertencem a esses valores reações peculiares como "agradar" e "desagradar", "aprovar" e "desaprovar", "apreço" e "menosprezo", "desejo de revanche", "simpatia espiritual", como a que funda, por exemplo, a amizade".

[277] MEISTER, José Antonio Fracalossi. *Amor x conhecimento*: inter-relação ético-conceitual em Max Scheler. Porto Alegre: EDIPUCRS, 1994, p. 24.

[278] SCHELER, Max. *Formalism in ethics and non-formal ethics of values*: a new attempt toward the Foundation of an Ethical Personalism. Transl. M. S. Frings & R. L. Funk, Northwestern University Press, 1973, p. 331.

[279] SCHELER, Max, *op. cit.*, p. 332.

[280] WOJTYLA, Karol. *Max Scheler* e a ética cristã. Tradução de Diva Toledo Pisa. São Paulo: Editora Universitária Champagnat, 1993, p. 22: "A superioridade *a priori* de alguns valores sobre outros, percebe-a o homem emocionalmente; não apenas mediante a comparação discursiva recíproca e sim imediata e intuitivamente. Deste modo, aquele puro sentimento dos valores a que antes aludimos assume sempre o caráter de puro sentimento da superioridade ou da inferioridade de um valor".

níveis.[281] Nesta escala axiológica, o sentido de hierarquia está em consentir o cosmopolismo (*Weltoffen*) humano ou a faculdade de redenção da vida.[282]

O avanço da teoria da afetividade e a consideração de fenômenos afetivos como multifacetados, na concepção scheleriana, fomentam o modelo multidimensional de estratificação da vida afetiva. As emoções envolvem todos os tipos de entidades mentais e estados que pertencem a vários níveis ontológicos. A filosofia e a psicologia da emoção hão de prestigiar a filosofia do valor. Nesse diapasão, mostra-se profícua a abordagem hierárquica da afetividade, bem como o vínculo forte entre emoções e valores. A dicotomia entre emoção e razão tem sido questionada por vários filósofos, psicólogos e neurobiólogos, e, em tal desígnio, o esforço de Scheler usa a fenomenologia para quebrar a disjunção rígida entre razão e emoção.[283]

A filosofia estava enredada no preconceito assustador de chancelar a divisão entre razão e sensibilidade,[284] sem que se tenha examinado a base de tal prenoção.[285] Com efeito, deve-se travar o bom combate contra a oposição dualista entre razão e sentimento, contra a antiga separação e distinção da natureza humana em "razão" (*Vernunft*) e "sensualidade" (*Sinnlichkeit*).[286] Há, nesta perspectiva, um laço intencional entre sentimento e valor, uma relação essencial entre valores e seu cumprimento: sentir valores, em conformidade com sua essência, significa que os valores devem ser capazes de se expressarem numa consciência emocional axiológica.[287]

A intuição filosófica apreende, pela razão ou não, a essência e a existência das coisas reais, como também os valores éticos, estéticos, emocionais. Conforme o objeto captado, pode ser distinguida como intuição axiológica ou intuição de valores: éticos (morais), estéticos (artísticos), emocionais (sentimentos). Releva notar que a intuição axiológica, de valores, tem bons préstimos no campo do estudo e da interpretação-aplicação do Direito, máxime no que toca à apreensão do valor do justo. Não se pode olvidar que há camadas espessas e aspectos do real que apenas podem ser captados

---

[281] ZABOROWSKI, Robert. Max Scheler's model of stratified affectivity and its relevance for research on emotions. *Appraisal*, v. 8, n. 3, March 2011, p. 24-34, esp. p. 31.

[282] RIZZO, Domenicantonio. *Geist und Drang*. Contributi per un'interpretazione unitaria del pensiero scheleriano. 550 f. Dottorato di ricerca in scienze filosofiche. Università degli Studi di Napoli "Federico II", Anno Accademico 2010-2011, p. 41: "La gerarchia trova, dunque, il suo significato solo in rapporto all'uomo, al suo divenire tale. Tanto meno un valore inchioda l'uomo alla vita e tanto più favorisce l'elevarsi umano nel processo del Mensch-werden, maggiormente è elevato. Tanto meno un valore è accessibile anche dalle altre creature e quindi tanto più è solo umano, più in alto si trova nella scala gerarchica: i valori inferiori sono condivisi con tutte le creature comprese le piante, quelli dell'utile solo coi primati superiori, mentre i valori superiori appartengono eminentemente all'uomo".

[283] Para uma visão panorâmica do tema, vide SPIEGELBERG, Herbert. *The phenomenological movement*. A historical introduction. Springer, 1963.

[284] SCHELER, Max, *op. cit.*, p. 253: "Until recent times philosophy was inclined to a prejudice (...) consist[ing] in upholding the division between 'reason' and 'sensibility' (...) This division demands that we assign everything that is not rational–that is not order, law, and the like–to sensibility. Thus our whole emotional life–and, for most modern philosophers, our conative life as well, even love and hate–must be assigned to 'sensibility'".

[285] SCHELER, Max, *op. cit.*, p. 254: "whether there is also a pure intuiting and feeling, a pure loving and hating, a pure striving and willing, which are as independent of the psychophysical organization of man as pure thought, and which at the same time possess their own original laws that cannot be reduced to laws of empirical psychic life (...)".

[286] SCHELER, Max. Del risentimento quale elemento costitutivo delle morali. *In: Crisi dei valori*, a cura di A. Banfi. Milano: Bompiani, 1936, p. 76, 314.

[287] VENIER, Veniero. The reasons of emotions – Scheler and Husserl. *Thaumàzein – Rivista di Filosofia*, v. 3, p. 249-270, 2015, esp. p. 256. Max Scheler and the Emotional Turn.

por estruturas emocionais: o mundo dos valores não pode ser atingido pelo exclusivo passaporte da razão.

Noutros termos: na esfera da intuição axiológica, os valores do belo, do verdadeiro, do justo somente se afiguram suscetíveis de captação pela experiência emocional, mediante o contato direto do ser humano com uma ordem sentimental, pois é o único que exibe aptidão para captar valores. Não por acaso, exsurge dessa experiência humana na aferição dos valores a relevância da experiência intuitiva axiológica na atividade dos operadores do Direito, em especial do juiz.

Na doutrina scheleriana, a essência do homem está muito além do que se denomina inteligência e vontade (capacidade de escolha), porque se encontra, fundamentalmente, na intuição (no espírito) e numa determinada classe de atos emocionais, tais como: a bondade, o remorso, a veneração, a ferida espiritual, a bem-aventurança, o desespero, a decisão livre. Em suma, o homem, antes de ser um *ens cogitans* ou um *ens volens*, é um *ens amans*.[288]

Nesse passo, parece bem indagar: (i) emoções e sentimentos são necessários para a moralidade? (ii) emoções e sentimentos são necessários para a determinação do correto moralmente? (ii) emoções e sentimentos são necessários para a motivação moral? e (iv) emoções e sentimentos são necessários para a ação moral? Tais perguntas são respondidas positivamente pelo modelo prinziano.

Na filosofia moral, há uma grande divisão fundamental entre emocionalistas e racionalistas: de um lado, David Hume (1711-1776) argumentou que a razão é "escrava das paixões"[289] e que, por consequência, os juízos morais derivam das emoções morais, assim como Prinz, na linha de que sentimentos e emoções são essenciais à moralidade; e, de outro, como Kant, há aqueles que simplesmente lhes negam tal essencialidade. Na vertente de pensamento prinziano, a teoria do emocionismo preconiza que a moral se baseia em emoções e sentimentos. Há duas variantes do emocionismo: (i) "emocionismo metafísico", a sustentar que as propriedades morais estão essencialmente relacionadas com as emoções; e (ii) "emocionismo epistêmico", a gritar que conceitos e juízos morais estão essencialmente relacionados com as emoções.[290] A tese epistêmica emotiva, de corte prinziano, afirma que a disposição de sentir emoções é necessária para formular julgamentos morais. As principais emoções morais, que povoam a literatura filosófica, podem ser assim sintetizadas: cólera, indignação (como a emoção "mais moral"), desprezo, vergonha, culpa.[291]

---

[288] SCHELER, Max. Ordo Amoris. Tradução Artur Morujão. Disponível em: http://www.lusosofia.net/textos/scheler_ordo_amoris.pdf. Acesso em: 23 maio 2018.

[289] HUME, David. *A treatise of human nature*. Ed. Selby Bigge. Oxford: Clarendon Press, 1896, p. 217: "We speak not strictly and philosophically when we talk of the combat of passion and of reason. Reason is, and ought only to be the slave of the passions, and can never pretend to any other office than to serve and obey them".

[290] BORGES, Maria de Lourdes. Emoções e motivação moral: Prinz *versus* Kant. *Conjectura*: Filos. Educ., Caxias do Sul, v. 22, n. especial, 2017, p. 59-67, esp. p. 60-61: "Um kantiano rejeitaria as duas formas de emocionismo. Segundo Kant, ações não morais, más, são aquelas que não posso querer como lei universal e não aquelas que despertam minha rejeição sensível. As propriedades morais não estão relacionadas com emoções, mas com a possibilidade (ou não) de serem universalizadas de forma coerente, ou, nos termos kantianos, sem contradição. Os kantianos também rejeitam o emocionismo epistêmico, pois o conceito de certo e errado não se baseia em estados emocionais. Aliás, os juízos morais seriam melhores se ignorássemos nossas paixões".

[291] GRÉGOIRE, Jean-François. *De l'affect a l'effet*: Le rôle des émotions dans le maintien des normes. Mémoire présenté à la Faculté des études supérieures de l'Université Laval dans le cadre du programme de maîtrise en philosophie pour l'obtention du grade de maître es arts M.A. Québec, 2010, p. 1-79, esp. p. 31-49.

Kant argumentou, no entanto, que todos os requisitos morais devem derivar de um princípio racional (o imperativo categórico). Veja-se, no campo da filantropia, o glacial exemplo kantiano: um filantropo que realiza uma ação moral impulsionado por bons sentimentos (*v. g.*, compaixão pela sorte dos que sofrem, ou simpatia pela dor alheia[292]) não pode ser pior moralmente do que aquele que age desprovido de sentimento algum. Novas interpretações do exemplo do filantropo parecem mitigar a frieza kantiana: tratar-se-ia de uma garantia de que a ação moral seria realizada, mesmo que o agente não tivesse sentimento algum que o inclinasse à ação ou que se admitiria na ação moral a presença de sentimentos, desde que o respeito pela lei tivesse sido suficiente para a realização da ação na ausência de outros sentimentos.[293] Entretanto, entender que sentimentos podem estar presentes, desde que não sejam o motivo da ação moral, implica entender que os sentimentos não são necessários à motivação. Aliás, um viés de compreensão de uma razão prática pura repousa na capacidade de a razão ser motivadora independentemente de qualquer emoção ou sentimento.

Filósofos morais, desde a década de 1990, incorporaram, no emergente campo interdisciplinar, os desenvolvimentos da ciência do cérebro, da biologia e os avanços da psicologia cognitiva para informar seus trabalhos versando principalmente sobre a evolução das crenças morais, atitudes e emoções (emocionalismo moral). Trata-se de importantes esforços interdisciplinares tendentes a compreender os variados aspectos complexos da moralidade.

Daí descende que o domínio da posição racionalista no século XX – que, no confronto entre razão e emoção, franqueava à primeira um papel fundamental na produção de julgamentos morais – tende a desidratar com as recentes psicologia e sociologia. A postura emocionalista vem, por exemplo, ganhando fôlego como se verifica, por exemplo, do modelo "intuicionista social" haidtiano.[294] Neste modelo, as capacidades emocionais envolvem afetos, intuições e fermentam a construção de juízos morais. Entrementes, o aspecto "social" do modelo deprecia o raciocínio das pessoas individualmente consideradas na emissão do julgamento moral, na medida em que enaltece a importância das influências socioculturais. O perfil "intuicionista" descansa na assertiva de que o julgamento moral, em geral, resulta de avaliações céleres e automáticas, como intuições.[295] À razão, neste modelo intuicionista, em relação aos julgamentos morais proferidos, cumpre primordialmente oferecer justificativas *post hoc*.

---

[292] Evangelho de Lucas, 10, 33: "Mas um samaritano, que ia de viagem, chegou ao pé dele e, vendo-o, moveu-se de íntima compaixão".

[293] HENSON, R. What Kant might have said: moral worth and the over determination of a dutiful action. *Philosophical Review*, v. 88, p. 39-54, 1979.

[294] HAIDT, Jonathan. The emotional dog and its rational tail: A social intuitionist approach to moral judgment. 4, s.l.: American Psychological Association, Inc., *Psychological Review*, v. 108, 2001, p. 814-834.

[295] HAIDT, Jonathan, *op. cit.*, p. 814.

Os últimos 40 anos[296] testemunharam o incremento de pesquisas empíricas em neurociência afetiva.[297] Tais pesquisas sustentam tanto o "emocionismo metafísico" (as emoções são imprescindíveis para a detecção de propriedades morais) quanto o "emocionismo epistêmico" (as emoções são necessárias aos juízos morais). A partir de evidências empíricas, pode-se afirmar que os juízos morais são constituídos principalmente com base na emoção, não sendo produto derivado da razão. Os substratos neurobiológicos da emoção humana estão atraindo cada vez mais interesse no campo da neurociência[298] pelos avanços na técnica de neuroimagem funcional.

Agora bem, exames de *scan* cerebral constataram que nas áreas relativas às emoções ocorre ativação mais intensa quando é realizado um juízo moral,[299] embora provar empiricamente que conceitos e juízos morais estão relacionados à emoção não equivalha a dizer que são necessariamente causados por ela. Experiências mostram que sentimentos e sensações influenciam nos juízos morais. Tais experiências se estendem para entrevistas envolvendo temas na órbita das sensações e juízos morais, como a hipótese de uma pessoa acidentalmente matar o seu cachorro de estimação e decidir comê-lo, ou a repulsa ao incesto e ao canibalismo.[300]

Experiências de emoções morais e a adaptação de respostas comportamentais ao meio social evidenciam o papel das emoções e sentimentos na formação de juízos morais e na motivação dos comportamentos de agentes morais. Assim, por exemplo, através da medição da atividade cerebral em um grupo de pessoas avaliando proposições morais, como "você deve violar a lei quando necessário" ou "os idosos são inúteis", em contraste com proposições factuais, como "as pedras são feitas de água" ou "telefones nunca tocam". Em ambos os casos, as pessoas simplesmente precisavam responder "certo" ou "errado". As experiências empíricas descobriram que, quando as pessoas faziam julgamentos morais, ao contrário de quando faziam julgamentos factuais, áreas do cérebro relacionadas à reação emocional estavam ativas.[301] Testes

---

[296] Nos holofotes da primeira metade do século XX, seis estudos, pelo menos, merecem menção especial: CANNON, W. B. The James-Lange theory of emotions: a critical examination and an alternative theory. *Am. J. Psychol.* 39, p. 106-124, 1927; BARD, p. A diencephalic mechanism for the expression of rage with special reference to the central nervous system. *Am. J. Physiol.* 84, p. 490-513, 1928; CANNON, W. B. Against the James-Lange and the thalamic theories of emotions. *Psychol. Rev.* 38, p. 281-295, 1931; BARD, p. & RIOCH, D. M. A study of four cats deprived of neocortex and additional portions of the forebrain. *John Hopkins Med. J.* 60, p. 73-153, 1937; PAPEZ, J. W. A proposed mechanism of emotion. *Arch. Neurol. Psychiatry* 38, p. 725-743, 1937; e MACLEAN, p. D. Psychosomatic disease and the 'visceral brain': recent developments bearing on the Papez theory of emotion. *Psychosom. Med.* 11, p. 338-353, 1949.

[297] DALGLEISH, Tim. The emotional brain. *Nature Reviews* / Neuroscience, v. 5, July 2004, p. 582-589, esp. 582: "(...) questions such as: which brain systems underlie emotions? How do differences in these systems relate to differences in the emotional experience of individuals? Do different regions underlie different emotions, or are all emotions a function of the same basic brain circuitry? How does emotion processing in the brain relate to bodily changes associated with emotion? And, how does emotion processing in the brain interact with cognition, motor behaviour, language and motivation?"

[298] PRINZ, J. *The emotional construction of morals, op. cit.,* p. 22.

[299] DOLAN, R. J. Emotion, cognition, and behavior. *Science* 298, 2003, p. 1191-1194, esp. p. 1194: "A growing interest in the neurobiology of emotion parallels a wider recognition of its importance to human experience and behavior. The broad outlines of brain structures that mediate emotion and feelings are now reasonably clear and include brainstem autoregulatory systems; amygdala, insula, and other somatosensory cortices; cingulate and orbital-prefrontal cortices. Within this set of brain regions there is variable contribution to perceptual, mnemonic, behavioral, and experiential aspects of emotion".

[300] PRINZ, J. *The emotional construction of morals, op. cit.,* p. 29.

[301] MOLL, Jorge; SOUZA, Ricardo de Oliveira; ESLINGER, Paul J. Morals and the human brain: a working model. *NeuroReport,* v. 14, n. 3, 2003, p. 299-305, esp. p. 301: "In recent years functional neuroimaging has become

empíricos da biologia evolutiva, da neurociência e da psicologia experimental mostraram que a moralidade está fundamentada no cérebro, enquanto última fronteira da vida emocional. Tudo a sugerir um modelo de comportamento cerebral subjacente ao raciocínio moral e à emoção.

Em estudo diferente, por meio de imagens de ressonância magnética funcional, foi medida a atividade cerebral em pessoas por meio de um jogo (*Ultimatum Game*), para investigar substratos neurais de processos cognitivos e emocionais. Neste jogo, dois indivíduos dividem uma quantia em dinheiro: um jogador propõe uma divisão e o outro pode aceitar ou rejeitar a proposta. Ofertas injustas provocavam atividade cerebral em áreas relacionadas à emoção (anterior insula) e à cognição (córtex pré-frontal dorsolateral).[302]

Pesquisas empíricas encontraram ligações análogas em áreas cerebrais da emoção quando as pessoas consideraram violações de regras sociais. Neste caso, as pessoas contaram a história de um convidado do jantar, que, depois de provar a comida, rudemente colocou-a num guardanapo, sem pedir desculpas. Almejava-se o conhecimento dos sistemas neurais envolvidos no processamento de violações de normas sociais tanto intencionais quanto não intencionais (constrangimento). A resposta neural a violações de normas sociais envolvia sistemas previamente encontrados para responder a reações emocionais aversivas em outros (em particular a raiva).[303]

---

established as a powerful tool to study the neural underpinnings of emotional experience. More recently, functional brain imaging studies have started to address the moral domain. In an initial effort to tackle moral-related processing in normal individuals, we used fMRI to explore brain activation patterns related to a simple moral judgment task. Subjects were scanned during the auditory presentation of short statements and were instructed to silently make categorical judgments (right vs wrong) on each. Some statements had an explicit moral content (We break the law if necessary, The elderly are useless), while others were factual statements without moral content (Stones are made of water, Telephones never ring). When the moral condition was contrasted to the factual one, the FPC and the medial frontal gyrus (Brodmann's areas 9/10) were consistently activated across subjects (Fig. 1). Other activations included the right anterior temporal cortex, left angular gyrus and basal forebrain. While the degree of emotionality of stimuli was directly related to the right anterior temporal and subcortical activations, it played only an ancillary role in PFC activation. An unpublished analysis revealed an increase in functional connectivity between the left FPC and the OFC, anterior temporal and anterior cingulate cortices, in addition to subcortical and limbic structures such as the thalamus, midbrain and basal forebrain, during the performance of moral judgments. This suggests that a cortico-limbic network is recruited during the performance of moral judgments".

[302] SANFEY, Alan G.; RILLING, James K.; ARONSON, Jessica A.; NYSTROM, Leigh E.; COHEN, Jonathan D. The neural basis of economic decision making in the ultimatum game. *Science*, n. 300, 13 June 2003, p. 1755-1758, esp. p. 1755, 1156: "Further, significantly heightened activity in anterior insula for rejected unfair offers suggests an important role for emotions in decision-making. (...) To shed light on the neural and psychological processes mediating such behaviors, we scanned 19 participants using functional magnetic resonance imaging (fMRI), each in the role of the responder in the Ultimatum Game. We were interested in neural and behavioral reactions to offers which were fair (the money is split 50:50) or unfair (the proposer offered an unequal split to his or her advantage). In particular, we hypothesized that unfair offers would engage neural structures involved in both emotional and cognitive processing, and that the magnitude of activation in these structures might explain variance in the subsequent decision to accept or reject these offers".

[303] BERTHOZ, S.; ARMONY, J. L.; BLAIR, R. J. R.; DOLAN, R. J. An fMRI study of intentional and unintentional (embarrassing) violations of social norms. *Brain – A Journal of Neurology*, v. 125, Issue 8, August 2002, p. 1696-1708, em especial sua conclusão: "As far as we are aware, this is the first study to investigate the neural systems involved in the response to intentional and unintentional social norm transgressions. Consistent with *a priori* hypothesis, we found that the neural response to intentional and unintentional violations of social norms involved systems previously found to be implicated in the representation of the mental states of others; namely, medial prefrontal and temporal areas. In addition, and also as predicted, the neural response to intentional and unintentional violations of social norms involved systems that respond to the aversive emotional reactions of others, in particular others' anger; namely, the lateral orbitofrontal (BA 47) and medial prefrontal cortices. Interestingly, the response was very similar for both social norm violations and embarrassing conditions, albeit stronger for the norm violations. This suggests that a similar computational process, involving the

Da mesma forma, há outras descobertas que encontraram ativação emocional em pessoas que consideravam dilemas morais.[304] Além disso, há pesquisas científicas que divisaram ativação neural emocional, em exame de ressonância magnética funcional, enquanto pessoas visualizavam fotografias de políticos a quem se opunham, durante a campanha presidencial dos Estados Unidos em 2004.[305] Aliás, no que tange ao posicionamento da filosofia em relação à ciência, parece bem relembrar que Schlick conecta a atividade filosófica à científica, chegando ao ponto de dizer que todos os cientistas são filósofos ao mesmo tempo.[306] Isso significa que, sendo a função da filosofia tão entrelaçada com a ciência, muito provavelmente seria errôneo traçar uma nítida distinção entre ambas. Poder-se-ia, então, mais corretamente, considerar a ciência como tendo dois aspectos, um especulativo e outro lógico. O aspecto da formulação de hipóteses científicas é o especulativo, ao passo que o aspecto de mostrar a relação dessas hipóteses com dados sensoriais, com a definição de símbolos usados nas hipóteses, é o lógico. De sorte que não importa como o analista é chamado, seja ele filósofo ou cientista.[307]

Porém, há pesquisadores apostados em sustentar que a distinção entre processos emocionais e racionais não corresponde à arquitetura do cérebro, uma vez que zonas cerebrais são ativadas não apenas nos processos emocionais, senão também nos processos deliberativos – como a amígdala no domínio da emoção e o córtex pré-frontal lateral no caso da cognição.[308] Daí se segue, nessa visão, que tanto os modelos emocionalistas quanto os racionalistas devem desempenhar um papel na produção do julgamento moral. Seria, pois, inócuo defender uma forte interpretação do emocionalismo.

---

representation of the mental states of others as well as expectations of social disapproval, is implemented when processing either an intentional social norm violation or an embarrassing situation. The greater activity of the regions associated with ToM by the intentional social norm violations relative to the embarrassing conditions may reflect attempts by the system to determine the protagonist's intention for engaging in the norm violation".

[304] Vide, no ponto, GREENE, Joshua D. (*et al.*). An fMRI Investigation of Emotional Engagement in Moral Judgment". *Science*, v. 293, p. 2105-2108, 14 Septiembre 2001; The Neural Bases of Cognitive Conflict and Control in Moral Judgment. *Neuron*, v. 44, p. 389-400, 14 Octubre 2004; Dual-process morality and the personal/impersonal distinction: a reply to McGuire, Langdon, Coltheart, and Mackenzie. *Journal of Experimental Social Psychology* 45(3): 581-584, 2009.

[305] KAPLAN, J. T.; FREEDMAN, J.; IACOBONI, L. Us vs. them: political attitudes and party affiliation influence neural response to faces of presidential candidates. *Neuropsychologia*, v. 45, Issue 1, 2007, p. 55-64, esp. p. 55: "We found that compared with viewing one's own candidate, viewing the candidate from the opposing political party produced signal changes in cognitive control circuitry in the dorsolateral prefrontal cortex and anterior cingulate, as well as in emotional regions such as the insula and anterior temporal poles. BOLD signal in these regions correlated with subjects' self-reported ratings of how they felt emotionally about the candidates. These data suggest that brain activity when viewing a politician's face is affected by the political allegiance of the viewer and that people regulate their emotional reactions to opposing candidates by activating cognitive control networks".

[306] GODUE, Raphaël. L'activité philosophique chez Wittgenstein et Schlick. Disponível em: https://www.yumpu.com/fr/document/view/25738105/lactivitac-philosophique-chez-wittgenstein-et-schlick-ithaque/5. Acesso em: 26 jun. 2018, p. 109-120, esp. p. 119.

[307] AYER, A. J. *Language, truth and logic*. Oxford: Hardcover and Paperback, 1936, p. 153.

[308] GOLEMAN, Daniel. *The emotional brain*: the mysterious undespinning of emotional life. New York: Joseph LeDoux, 1996, p. 303. Assim, também, PESSOA, Luiz. On the relationship between emotion ad cognition. *Nature Reviews Neuroscience*, 9, 2008, p. 148-158, esp. p. 148: "The current view of brain organization supports the notion that there is a considerable degree of functional specialization and that many regions can be conceptualized as either 'affective' or 'cognitive'. Popular examples are the amygdala in the domain of emotion and the lateral prefrontal cortex in the case of cognition. This prevalent view is problematic for a number of reasons. Here, I will argue that complex cognitive-emotional behaviours have their basis in dynamic coalitions of networks of brain areas, none of which should be conceptualized as specifically affective or cognitive. Central to cognitive-emotional interactions are brain areas with a high degree of connectivity, called hubs, which are critical for regulating the flow and integration of information between regions".

Seja como for, no campo da psicologia moral, evidências eloquentes sugerem que o julgamento moral é mais norteado pelo binômio emoção-intuição afetiva do que presidido pelo raciocínio deliberado. Com efeito, descobertas em psicologia e neurociência cognitiva indicam o protagonismo da emoção especificamente no julgamento moral.[309] As evidências são indicativas de que as emoções estão relacionadas com os julgamentos morais, influenciando-os de maneira direta. Portanto, as emoções não são meras consequências dos juízos morais, senão que sua causa primordial.[310]

Por outro lado, um sentimento negativo pode promover uma avaliação moral negativa, independentemente de qualquer tipo de crença específica sobre qualquer propriedade sob a qual algo é ruim. Pode-se, assim, construir a crença de que algo está moralmente errado apenas por haver uma emoção negativa a este direcionada.[311]

Desse modo, as emoções se afiguram suficientes e necessárias para uma avaliação moral. A prova da fundamentalidade das emoções, seja no desenvolvimento da moralidade, e de seu aprendizado através da educação emocional das crianças, seja nos juízos morais, decorre de pesquisas sobre psicopatas. Eles possuem uma "cegueira emocional", porque "são extremamente deficientes em ter emoções negativas, como medo e tristeza, em especial. Raramente, experimentam tais emoções e possuem enorme dificuldade em reconhecê-las, mesmo em expressões faciais e sons da fala".[312]

Portanto, os psicopatas, tendo uma escassez de emoções, exibem comportamentos antissociais e agem mal justamente porque são incapazes de fazer julgamentos morais genuínos. Daí se segue necessariamente a anabolização da evidência de que o indivíduo desprovido de emoções morais não consegue entender os conceitos morais de certo e errado, bem e mal, pois, por exemplo, psicopatas não distinguem proibições morais de proibições convencionais, considerando as injustiças morais como se fossem meramente convencionais.[313]

No tocante à tese emocionalista sobre juízos de valor, outro argumento prinziano em prol da indispensabilidade de emoções no julgamento moral é de jaez antropológico, consistente em inúmeros exemplos da alta diversidade moral existente no mundo, tanto do ponto de vista espacial como através do tempo (*v. g.*, os astecas do México se entregavam ao canibalismo; os romanos lotavam a arena para ver os gladiadores se massacrarem). Assim, se os julgamentos morais fossem baseados em algo fora das emoções – como razão ou reflexão[314] – haveria mais convergência transcultural, pois que

[309] GREENE, Joshua; HAIDT Jonathan. How (and where) does moral judgment work?. *TRENDS in Cognitive Sciences*, v. 6, n. 12, Diciembre 2002, p. 517-523.

[310] PRINZ, J. The emotional basis of moral judgments. *Philosophical Explorations*, v. 9, n. 1, March 2006, p. 29-42, esp. p. 31.

[311] CUBILLOS OCAMPO, Julián Alberto. *La tesis emocionalista sobre los juicios de valor*. Bogotá: Universidad Nacional de Colombia, Facultad de Ciencias Humanas, Departamento de Filosofía, Maestría en Filosofia. Marzo de 2010, p. 1-125, esp. p. 43.

[312] PRINZ, J. The emotional basis of moral judgments, *op. cit.*, p. 32.

[313] Cfr. BLAIR, R. J. R. A cognitive developmental approach to morality: investigating the psychopath. *Cognition*, 57, 1995, p. 1-29.

[314] Contudo, há posição doutrinária sustentando que o mesmo julgamento moral que é estabelecido a partir do ponto de vista comum pode ser moralmente aprovado, pois suscetível de justificação por reflexo, sendo este ato de reflexão em si uma consequência de simpatia. Vide, no ponto, DRIVER, Julia. The secret chain: a limited defense of sympathy. *The Southern Journal of Philosophy*, 49 (Spindel Supplement), 2011, p. 234-238; KAUPPINEN, Antti. Empathy, emotions regulation, and moral judgment. *In:* MAIBOM, Heidi (Ed.). *Empathy and morality*, Oxford University Press, 2014, p. 97-121.

a razão e a reflexão convergem ao longo do tempo. No entanto, a evidência – a maneira como o mundo é – sinaliza o oposto,[315] sugerindo que os valores morais básicos não têm uma origem simplesmente cognitiva. Mesmo que semelhante divergência moral não tenha o condão de demonstrar diretamente que as emoções sejam um componente necessário da moralidade, ainda assim ela fornece evidências indiretas que suportam tal conclusão. Assim, se os valores morais não são impulsionados por razão ou reflexão, então, afigura-se lícito pensar que eles dependem de emoções culturalmente inculcadas.

Nessa moldura, pode-se dizer que juízos morais estão relacionados à teia emocional, como casos envolvendo roubo e morte, os quais são componentes essenciais da moralidade. Ou seja: o estado emocional bem como as emoções de desagrado ou repulsa podem modificar juízos morais. Não é apenas contingente, mas constitutiva essencial da moralidade, a relação entre juízos, ações morais e seu embasamento nas emoções.

As emoções imbricadas na moralidade seriam distintas e específicas de acordo com três tipos de "ordem" que um indivíduo pode transgredir, no que toca: (i) a um membro da comunidade; (ii) à hierarquia da comunidade; e (iii) a uma "ordem natural de coisas". Essas três ordens teriam se desenvolvido com a evolução do ser humano na sociedade e, de acordo com os três tipos de possíveis transgressões, as emoções envolvidas seriam, respectivamente, raiva, desprezo e nojo.[316]

Não é fadiga inútil reafirmar que, no modelo prinziano, as emoções são constitutivas de julgamentos normativos, particularmente de julgamentos morais. Um aspecto importante de sua tese epistêmica descansa na ideia de que as emoções representam "avaliações incorporadas", isto é, são constitutivas de julgamentos morais e não apenas causalmente responsáveis.[317] Semelhante proposta tonifica a musculatura da anatomia do emocionismo, ao afirmar que as emoções têm um papel fundamental na moral, e corresponde, mais especificamente, a um tipo de teoria da sensibilidade (*sensibility theory*).[318]

É possível falar sobre a razoabilidade (validade) de uma ocorrência emocional, como um episódio de indignação ou culpa, quando se avalia a ação de um indivíduo. As emoções morais podem, portanto, ser constitutivas de nossos julgamentos morais, sem sermos incapazes de julgar a validade delas. As portas se abrem para o aperfeiçoamento da moralidade como uma ferramenta de coesão social.[319]

---

[315] PRINZ, J. *The emotional basis of moral judgments, op. cit.*, p. 33.

[316] Assim, ROZIN, Paul; LOWERY, Laura; IMADA, Sumio; HAIDT, Jonathan. The CAD triad hypothesis: a mapping between three moral emotions (contempt, anger, disgust) and three moral codes (community, autonomy, divinity). *Journal of Personality and Social Psychology*, v. 76, n. 4, Washington D. C.: American Psychological Association, 1999, p. 574-586. Ademais, essa é a hipótese do "sistema CAD" (desprezo, raiva e nojo em francês) desenvolvido por Paul Rozin et al. em "A hipótese da TRD CAD: Um mapeamento entre três emoções morais (desprezo, raiva, repulsa) e três códigos morais (comunidade, autonomia, divindade)".

[317] Porém, em sentido diametralmente oposto, de que as emoções são apenas casualmente responsáveis pelos julgamentos morais, vide NICHOLS, Shaun. *Sentimental rules*: on the natural foundations of moral judgment. New York: Oxford University Press, 2004.

[318] Sobre a teoria da sensibilidade, vide D'ARMS, J.; JACOBSON, D. Sensibility theory and projectivism. *In*: COPP, David (Ed.). *The Oxford Handbook of Ethical Theory*. New York: Oxford University Press, 2006, p. 186-218.

[319] PRINZ, J. Is morality innate?. *In*: SINNOTT-AIMSTRONG, W. (Éd.), *Moral Psychology*: the evolution of morality. Cambridge: MIT Press, 2007, v. 1, p. 367-406, esp. p. 402: "If morality is something we construct, then, like other tools, it is also something we can change and improve upon. We can try to reshape moral systems to better serve our current needs, and achieve greater degrees of social cohesion".

As emoções morais podem ser assim classificadas:[320]

(i) As emoções morais reativas negativas tocam a contextos em que as ações de um indivíduo são percebidas como violações de regras morais e correspondem a reações a diferentes tipos de normas (*v. g.*, indignação, nojo moral, desprezo). A indignação, que também pode ser entendida como uma espécie de raiva moral (*moral anger*), surge em situações nas quais o sujeito se sinta, por exemplo, ultrajado diante da ocorrência de uma injustiça ou quando os direitos de alguém são violados.[321] A repugnância moral, ao contrário da raiva, não responde à injustiça ou à violação de quaisquer direitos: os indivíduos responsáveis através de suas ações de geração desta emoção moral reativa não representam uma ameaça, ao menos diretamente, para o sujeito, pois não atentam contra sua integridade (*v. g.*, tabus sexuais, como incesto entre irmãos, em dado contexto cultural).[322] O desprezo não está ligado à desatenção aos direitos particulares de um indivíduo, como é o caso da indignação, mas sim de regras que repousam na coletividade (*v. g.*, o jovem que permanece sentado em um ônibus, enquanto uma mulher em avançado estágio de gravidez está em pé).

(ii) As emoções morais reflexivas negativas, em reverso, são aquelas que surgem como resultado da própria violação (não alienígena) dos padrões morais, vale dizer, configuram o feixe de emoções desencadeadas num indivíduo em decorrência de seu comportamento moralmente errôneo. A culpa, nesse grupo, talvez seja a emoção moral por excelência. De fato, a pessoa se sente culpada como quando falha com seu melhor amigo, trai seu cônjuge, viola a confiança que nela é depositada com alguma ação desonesta. A emoção será tanto mais elevada quanto maior for o vínculo afetivo mantido (*v. g.*, amigos, pais, parentes). Há, pois, relação entre culpa e apego no que toca à pessoa afetada. Assim, ações que possam ser moralmente deploráveis (*v. g.*, roubo), quando dirigidas contra inimigos ou mesmo contra indivíduos com quem nenhum relacionamento afetivo seja compartilhado, podem resultar inócuas no atinente à maximização desta emoção.[323]

---

[320] NAVARRO PONCELA, Víctor M. *Emociones y moralidad*: una investigación sobre la relación esencial entre ambas de acuerdo con la perspectiva emocionista-sentimentalista de Jesse J. Prinz. 69 f. Un trabajo de investigación llevado a cabo para la obtención del título de: Máster Interuniversitario en Lógica y Filosofía de la Ciencia. Universidad de Valladolid. Septiembre, 2014, p. 31-41.

[321] PRINZ, J. *The emotional construction of morals, op. cit.*, p. 70.

[322] BRUNA RAMÍREZ, Rosemary. *Metaética de la experiencia*: de la percepción empírica subjetiva a la construcción social pragmática de la moral. 122 f. Tesis para optar al grado de Magíster en Filosofía. Santiago de Chile, Universidad de Chile, Facultad de Filosofía y Humanidades, 2015, p. 57-58: "La variación cultural de la moral es un buen ejemplo para abordar la naturaleza irracional de la moral, pues podemos perfectamente comprender, de manera racional, que en otros sistemas culturales los juicios morales relativos a ciertas cosas se diferencien del nuestro y, sin embargo, la mayoría de las personas tenderá a persistir en sus juicios. En algunos casos, por supuesto, puede darse la situación contraria: que las personas cambien sus juicios morales ante argumentos como este que revela la posibilidad de juzgar de otro modo que el nuestro, pero esto no echa por tierra la tesis de la naturaleza emocional de los juicios morales ni es una prueba a favor de una tesis cognitivista o racionalista de la moral, puesto que los argumentos no estarían cambiando el juicio mismo, sino el objeto del juicio. Si una persona ha sido criada en un sistema religioso estricto, por ejemplo, el objeto que está evaluando moralmente –el incesto, siguiendo el ejemplo– resulta para ella un objeto al que se asocia la característica de moralmente negativo de manera inherente. Está, en cierto modo, condicionada para evaluar negativamente el incesto y, según la tesis emocionalista que defendemos junto a Prinz, tiene sentimientos negativos asociados al incesto, por su contexto cultural".

[323] PRINZ, J. *The emotional construction of morals, op. cit.*, p. 76.

(iii) No tocante às emoções morais positivas, o cumprimento de emoções morais negativas, atreladas às transgressões morais, não tem o condão de convertê-las, só por isso, naquelas, vale dizer, o adimplemento de padrões morais não gera necessariamente emoções morais positivas. Veja-se, por exemplo, um filho que corresponde à confiança de seu pai e, por duas mil circunstâncias, se abstém de praticar roubos, o que provoca rala ou nenhuma resposta emocional neste último. Muito para dizer que o comportamento desejável é mais propenso a ser moldado mediante emoções negativas do que positivas.[324] Semelhante constatação é abonada por experimentos que evidenciam que os seres humanos são mais inclinados à atribuição de intencionalidade às ações de outras pessoas quando são percebidas como negativas e seus agentes, portanto, como culpados.[325]

A admiração é suscitada paradigmaticamente em um sujeito quando este encarna, direta ou indiretamente, uma ação moral louvável entre um ou vários agentes e um ou vários beneficiários (v. g., o pacifismo radical de Gandhi, os "heróis do cotidiano", que se arriscam para resguardar os cidadãos ou para prestar assistência aos socialmente excluídos). A gratidão se manifesta tipicamente no comportamento altruísta de outros indivíduos em relação a si mesmo.

Nessa moldura, encoraja a placitar uma teoria sentimental do juízo moral, isto é, uma teoria do julgamento moral baseada em emoções. De fato, os juízos morais estão conexionados a respostas emocionais, as quais plasmam tais respostas, essencialmente, na linha humeniana: acreditar que algo é moralmente incorreto (correto) é ter um sentimento de desaprovação (aprovação) em relação a isso. O termo sentimento é utilizado como uma disposição para ter emoções.

Por outras palavras, a tese sentimentalista prinziana afirma que, quando se determina que algo está errado, surge um sentimento de desaprovação que, por sua vez, pode ser constituído por emoções diferentes. Nesse quadrante, uma ou outra emoção será despertada diante da ação considerada incorreta (v. g., sentir raiva, desprezo ou aversão) e o julgamento resultante será, então, uma expressão da disposição emocional ou um sentimento subjacente. Nesse sentido, um julgamento de que algo está errado consistirá na respectiva disposição e esse julgamento conterá uma emoção específica que exprime aquela disposição.[326]

Numa linha: a tese emocionalista moral sugere que o sentimentalismo é verdadeiro e que, por conseguinte, julgar que algo está errado é ter um sentimento de desaprovação. Hospedar uma crença moral é ter um sentimento ou uma emoção de aprovação ou desaprovação, no que toca à percepção de um predicado comum: bem/mal, certo/errado, justo/injusto.[327] De modo que, como argumento para a melhor explicação, as emoções influenciam julgamentos morais, sendo, consequentemente, suficientes e necessárias para julgamentos morais, os quais intrinsecamente albergam disposições emocionais.

[324] PRINZ, J. The emotional construction of morals, op. cit., p. 79.

[325] MALLE, Bertram F.; BENNETT, Ruth E. People's praise and blame for intentions and actions: Implications of the folk concept of intentionality. Technical Report for the Institute of Cognitive and Decision Sciences at the University of Oregon, 02-2, 2002, p. 1-27.

[326] PRINZ, J. The emotional basis of moral judgments, op. cit., p. 34.

[327] ROSSI, Jean-Gérard. La morale. La philosophie pratique de Russell. Philopsis. Disponível em: http://www.philopsis.fr. Acesso em: 21 jun. 2018, p. 1-22, esp. p. 16.

O emocionalismo (*Emotionism*) prinziano considera a fundamentalidade do envolvimento das emoções na moralidade, ou que a moralidade está relacionada às emoções de maneira essencial.[328] Muito para dizer que as emoções não estão apenas associadas aos juízos morais, senão que elas são tanto necessárias quanto suficientes para a produção de semelhantes juízos.[329] A perspectiva sentimentalista prinziana sustenta um modelo de constituição, isto é, oferece uma arquitetura psicológica do julgamento moral, que não apenas é determinado por emoções, senão que é por elas constituído.[330] Atente-se, por exemplo, em que a empatia é indispensável para que o motor da moralidade possa iniciar seu funcionamento, conforme noção respaldada por inúmeras verificações empíricas.[331]

Importa reafirmar, para rematar este tópico, a distinção prinziana entre dois tipos de emocionalismo: metafísico e epistemológico. O emocionalismo metafísico afirma que as propriedades morais estão essencialmente relacionadas às emoções,[332] enquanto o emocionalismo epistemológico indica que os conceitos morais estão essencialmente relacionados com as emoções.[333] O "*strong emotionism*", comprometido com o internalismo[334] moral e motivacional,[335] representa a conjunção desses dois tipos de emocionalismo (o metafísico e o epistemológico).

1.2.2 Os sentimentos criam a moral no espaço-tempo

Os valores morais estão informados pelo binômio sentimentos-respostas emocionais imediatas, prescindindo-se da mediação de conceitos, juízos ou pensamentos. Evidências oriundas da psicologia do desenvolvimento e das psicopatologias estão a sugerir que os sentimentos e as emoções desempenham um papel categórico no julgamento moral. Assim, tendências filosóficas do julgamento moral que se afastam da gramática das emoções parecem estar equivocadas. Com efeito, trabalhos empíricos apontam um forte elo entre regras normativas e emoções, as quais contribuem germinadamente no julgamento moral.

Mas (dir-se-á) tais respostas emocionais podem variar de cultura para cultura? A resposta afirmativa se impõe. De fato, as emoções exercem um papel fundamental nas

---

[328] PRINZ, J. *The emotional construction of morals, op. cit.*, p. 13.

[329] PRINZ, J. *The emotional basis of moral judgments, op. cit.*, p. 29.

[330] TOVAR BOHÓRQUEZ, José Oliverio. Prinz's constitution model of moral judgment: a critical reading. *Praxis Filosófica*, Nueva serie, n. 44, enero-junio, 2017, p. 107-118, esp. p. 110: "To put it in another way, a moral rule is a sentiment and a moral judgment is an emotion. On the basis of his theory, Prinz establishes the constitution model, according to which emotions constitute moral judgments".

[331] Cfr., *ex plurimis*, HOFFMAN, Martin L. *Empathy and moral development*. Implications for caring and justice Cambridge: Cambridge University Press, 2000; RIZZOLATTI, Giacomo; SINIGAGLIA, Corrado. *So quel che fai. Il cervello che agisce e i neuroni specchio*. Milano: Raffaello Cortina Ed., 2005; BARON-COHEN, Simon. *The science of evil*: on empathy and the origins of cruelty. New York: Basic Book, 2011.

[332] PRINZ, J. *The emotional construction of morals, op. cit.*, p. 14.

[333] PRINZ, J. *The emotional construction of morals, op. cit.*, p. 16.

[334] A corrente do internalismo afirma uma conexão interna ou conceitual entre considerações morais e a ação ou as fontes da ação. Vide, no ponto, BRINK, David O. *Moral realism and foundations of ethics*. New York: Cambridge University Press, 1989, p. 38.

[335] Averbe-se a posição contrária de FERREIRA, Adelino; RUFFO, Ísis Esteves. Análise da defesa de Jesse Prinz ao internalismo moral. *Revista Estudos Filosóficos* n. 15/2015 – versão eletrônica, p. 32-47, esp. p. 45.

regras normativas que se fixam na cultura, no espaço-tempo.[336] As normas consonantes com as emoções exibem maior propensão a sobreviver na realidade social. Os juízos morais estão baseados em respostas emocionais inculcadas pela cultura, e não por meio da seleção natural, variando de cultura para cultura. Esta visão prinziana encerra, assim, uma forma de relativismo moral, pois a "verdade" de um julgamento moral depende de quem o esteja fazendo. Propõe, assim, uma teoria moral que implica relativismo moral, uma vez que, com esteio na ideia de emotivismo, se relativiza a moral a um indivíduo ou a uma cultura (por exemplo: o que é "bom" em uma determinada situação varia segundo o *background* cultural). É dizer: não haveria regra moral universal. A moralidade é naturalizada como uma construção das emoções, que é adquirida através da educação cultural.[337] Através dela podem-se transmitir padrões de comportamento moral e incutir sentimentos morais.

As teorias éticas normativas inclinam-se para promover a imparcialidade, e os conceitos morais comuns tendem a ser parciais. Isso é óbvio quando se fitam valores morais de forma transcultural. A consideração moral é uma função da conexão com o agente moral.[338] Tem-se uma posição subjetivista, relativista e antirracionalista segundo a qual a moralidade é uma construção humana decorrente de sentimentos. Assim, a teoria prinziana há de ser compreendida como um tipo de construtivismo moral a partir das emoções, cujo pressuposto é que as crenças morais devem estar baseadas apenas em padrões culturalmente aceitos, em convenções sociais (*modus vivendi*).[339]

A peculiaridade do sentimentalismo humeniano não está apenas na natureza passional dos seres humanos, mas também, e sobretudo, na função desenvolvida pela simpatia na plataforma teórica da ética. A simpatia humeniana – que não deve ser lida em termos de empatia – mostra-se imprescindível para sindicar um ponto de vista comum a partir do qual julgar moralmente e ter-se uma perspectiva moral capaz de levar os seres humanos a agir de acordo com seus princípios. A rigor, não é incorreto pensar que a simpatia seja parcial, por consistir em uma faixa de comunicação entre indivíduos. Porém, o mesmo ponto de vista comum é também uma extensão desta dinâmica simpática. Trata-se de uma "simpatia prolongada" que abrange a imaginação, permitindo que as coisas sejam vistas do ponto de vista comum e para além de aspectos

---

[336] PRINZ, J. The emotional basis of moral judgments. *Philosophical Explorations*, v. 9, n. 1, March 2006, p. 29-42, esp. p. 33: "There is one final argument that I'd like to mention, for the thesis that emotions are necessary for morals. It is an argument from the anthropological record. If moral judgments were based on something other than emotions–something like reason or observation–we would expect more moral convergence cross-culturally".

[337] HARUKA, Tsutsui. J. J. Prinz's Relativistic Morality and Convention. *The 3rd BESETO Conference of Philosophy*. Session 10. The Univesity of Tokyo. Disponível em: http://utcp.c.u-tokyo.ac.jp/members/pdf/003_Tsutsui_Haruka_3rd_BESETO.pdf. Acesso em: 16 jun. 2018, p. 261-272, esp. p. 265: "Prinz emphasizes the role culture plays in relation to morality in three aspects. First, culture is the cause of morality. We get our moral values mainly from our culture. Second, culture is the effect of morality. People who have acquired the same moral values in a given culture will closely cooperate with each other to sustain their culture. Third, culture is the raison d'être for morality. It is obvious that morality emerged for making and maintaining a stable community (usually, sociocultural community). Namely, morality exists because it has served for cultures as a maintenance system. Note, however, that these aspects show only that morality actually has a socio-cultural character".

[338] PRINZ, J. *The emotional basis of moral judgments*, op. cit., p. 40: "Pluralization of culture has probably led to an increased tendency to morally praise impartiality, but few ordinary moralizers would go so far as Mill or Kant. For example, the overwhelming majority of Americans oppose 'outsourcing' jobs, and few spend any resources combating world hunger. Most would probably agree that they have Strong moral obligations to friends and kin, and few show signs of feeling morally obligated to strangers in developing nations. Helping strangers is charity, not responsibility".

[339] PRINZ, J. *The emotional construction of morals*. New York: Oxford University Press, 2007, p. 1.

locais, de modo que se possam considerar as pessoas que estejam distantes espacial e temporalmente.[340]

O valor evolutivo e de acomodação das emoções opera mutação nas atividades cognitivas, estando a serviço de funções interpessoais e regulando a vida social.[341] As emoções positivas tiveram a importante função de fortalecer os laços sociais ou reforçar o comportamento em curso. No tocante ao impacto da cultura nas emoções, o construtivismo social enfatiza que as interações dinâmicas entre o indivíduo e seu ambiente moldam as emoções. Daí descende que diferentes culturas podem ter distintas representações sobre as emoções. Experiências subjetivas e disposição para a ação são influenciadas por normas sociais e culturais.[342]

Vários métodos podem ser usados para estudar diferenças culturais na produção de emoções e no reconhecimento de emoções, tais como: autorrelatos, medidas de componentes fisiológicos, tarefas de identificação de emoções. Comumente, lança-se mão de um procedimento experimental que utiliza faces emocionais distintas *versus* neutras, como sinais sociais do estado afetivo de uma pessoa, e focaliza na detecção desses estímulos.[343] O semblante de um rosto emocional em um contexto social, reações intersubjetivas e sentimentos subjetivos podem perfeitamente informar sobre o estado afetivo do indivíduo, mas, como visto, há estudos que se concentram no substrato neural.[344]

Há incitações emocionalmente evocativas em diferentes modalidades e mecanismos psicológicos aptos a detectá-las. Por exemplo: feixes de estímulos – visual, acústico, olfativo – foram desenvolvidos para induzir emoções controladas em laboratório. O uso do método verbal mehrabiniano e russeliano não se afigura adequado para todas as culturas *ex vi* de problemas de linguagem e de tradução.[345]

O contexto cultural exerce influência sobre avaliações morais em resposta a estímulos emocionalmente evocativos, pois as emoções são instrumentos de adaptação à vida social, mas as interações sociais são determinadas em um contexto cultural, ora tendendo à universalidade, ora prestigiando notas essenciais de diferentes culturas,[346]

---

[340] GRECO, Lorenzo. Simpatia ed etica: in difesa della prospettiva humeana. *I castelli di Yale online*, IV, 2, 2016, p. 1-14, esp. p. 11: "Possiamo allargare la nostra simpatia, e dunque sviluppare la nostra immaginazione, in molte maniere: attraverso l'educazione e la fruizione culturale in genere, nelle sue molteplici forme. A questo si aggiunge lo studio e la conoscenza della storia del genere umano. Ne consegue una riflessione morale collegiale e simpateticamente sostenuta in cui il legame con i sentimenti degli individui che prendono parte a questa impresa non viene mai meno".

[341] LEVENSON, R. W. Human emotion: a functional view. *In:* EKMAN P.; DAVIDSON, R. J. (Ed.). *The Nature of Emotions* (p. 123-126). New York: Oxford University Press. 1994; FRIJDA, N. H. Emotions are functional, most of the time. *In:* EKMAN P.; DAVIDSON, R. J. (Ed.). *The Nature of Emotions* (p. 112-122). New York: Oxford University Press, 1994; SCHERER, K. R. Emotion serves to decouple stimulus and response *In:* EKMAN P.; DAVIDSON, R. J. (Ed.). *The Nature of Emotions* (p. 127-130). New York: Oxford University Press, 1994.

[342] MESQUITA, B.; LEU, J. The Cultural psychology of emotion. *In:* KITAYAMA, S.; COHEN, D. (Ed.), *Handbook of Cultural Psychology*. New York, London: The Guilford Press, 2007, p. 734-759.

[343] EKEMAN, p. ; FRIESEN, W. V.; HAGER, J. C. Facial action coding system. *Manual and Investigator's Guide*, Salt Lake City, UT: Research Nexus, 2002.

[344] SUSLOW, T.; OHRMANN, p. ; BAUER, J.; RAUCH, A.V.; SCHWINDT, W.; AROLT, V.; HEINDEL, W.; KUGEL, H. Amygdala activation during masked presentation of emotional faces predicts conscious detection of threat-related faces. *Brain and Cognition*, 61, 2006, p. 243-248.

[345] BRADLEY, M. M.; LANG, P. J. Motivation and emotion. *In:* CACIOPPO, J. T.; TASSINARY, L. G.; BERNTSON G. (Ed.), *Handbook of Psychophysiology*. New York: Cambridge University Press, 2007, p. 581-607.

[346] RIBEIRO, R. L.; POMPEIA, S.; BUENO, O. F. A. Comparison of brazilian and american norms of International Affective Picture System (IAPS). *Revista Brasileira de Psiquiatria*, 27, 2005, p. 208-215.

determinados lugares e certas quadras históricas. Por exemplo: em uma comparação transcultural feita envolvendo amostras norte-americanas, alemãs, italianas e suecas,[347] os participantes suecos geralmente atribuíram classificações de excitação mais baixas às imagens, em comparação com dados dos EUA e da Alemanha, indicando reações emocionais mais calmas, enquanto os italianos classificaram as imagens como significativamente mais excitantes. Tais dados tendem a placitar os estereótipos culturais gerais relativos a esses países.

Se as emoções podem depender da aprendizagem através da experiência, daí se segue que, em certo sentido, elas são produtos socioculturais. A dependência cultural das emoções (secundárias ou adquiridas) descansa, pois, na ideia de que pertencer a diferentes culturas (v. g., grupos humanos com diferentes usos, costumes, línguas e tradições) tem o condão de fazer com que os indivíduos tenham emoções diversas diante de uma mesma situação.[348]

Prestigiosas vozes doutrinárias sustentam que o comportamento emocional é conformado por dois fatores principais: (i) reações que envolvem mecanismos biológicos (como expressões faciais, gestos, atividade cerebral cortical, atividade cerebral subcortical e alterações hormonais); e (ii) normas culturais e sociais, tradições e crenças que regulam como expressar ou suprimir estados afetivos. Certas abordagens evolutivas das emoções e teorias psicofisiológicas enfatizam o aspecto biológico das emoções. Estas teorias se concentram em expressões emocionais que são universais através das culturas e mostram que semelhanças entre as pessoas ocorrem automaticamente e funcionam como sinais comunicativos.[349] Parece exato dizer que os componentes

---

[347] BRADLEY, M. M.; LANG, p. J. The International Affective Picture System (IAPS) in the study of emotion and attention. *In:* COAN, James A.; ALLEN, John J. B. (Ed.). *Handbook of Emotion Elicitation and Assessment.* Oxford University Press, 2007, p. 29-46.

[348] COLIVA, Annalisa. Tu chiamale se vuoi "emozioni". Roma: Bollettino Filosofico XXIV (2008). *In: Linguaggio ed emozioni* (a cura di Felice Cimatti), p. 71-85, esp. p. 83: "Emozioni e cultura: a volte, invece, si sente dire che è la cultura a dar forma o a creare le emozioni. Credo che quello che vi è di culturalmente appreso abbia essenzialmente a che vedere con l'espressione delle emozioni, più che con la loro esistenza. Inoltre, non bisogna confondere le situazioni che danno luogo a una risposta emotiva, con la natura stessa e la presenza negli individui di quella stessa emozione: i bambini nordamericani sono tipicamente indifferenti all'idea di parlare in pubblico, ma si emozionano molto all'idea di un contatto fisico (non di natura sessuale). Notoriamente gli anglosassoni sono molto "freddi", ma hanno dato vita al movimento romantico – insieme allo Sturm und Drang – più importante al mondo e, comunque, sono (spesso) sensibilissimi. Quindi, una volta introdotte queste distinzioni, penso che ci si possa attendere una sostanziale identità emotiva – da un punto di vista qualitativo, s'intende – tra gli esseri umani, anche se ovviamente le situazioni in cui le emozioni si producono e il modo in cui sono espresse può essere molto diverso".

[349] DEÁK, Anita; CSENKI, Laura; RÉVÉSZ, György. Hungarian ratings for the International Affective Picture System (IAPS): a cross-cultural comparison. *ETC – Empirical Text and Culture Research,* 4, RAM-Verlag, 2010, p. 90-101, esp. p. 99: "Reactions to emotionally evocative stimuli seem to be universal due to biologically determined evolutionary adaptive mechanisms. However, experiences through learning can have a significant impact on one's emotional life. Cultural differences should also be taken into account. Since the nature of emotions is determined by both biological and social components, it is a question of whether the universal or the cultural aspect is represented more strongly in our study with IAPS. It has been concluded that biologically determined appraisal mechanisms in assessing the valence and arousal of a stimulus might be universal across cultures, based on our finding of similar ratings on valence and arousal scales between the Hungarian and the U.S. sample. Moreover, the impact of culture and social learning is evident in the significant differences on the dominance dimension. One plausible explanation is that the cultural and social contexts between Hungary and the United States are vastly different. To test this, samples with similar cultural and historical backgrounds should be used from Central– and Eastern-Europe. Such a study is in progress involving university students from Poland, is currently in progress".

biológicos e culturais andam de mãos dadas e, por isso mesmo, estão integrados em um modelo biocultural.[350]

Contudo, chancela-se, no presente trabalho, a posição de que as emoções primárias são tidas como inatas, pré-organizadas e, desse modo, abrangentes da totalidade dos seres humanos, prescindindo-se de aspectos socioculturais. Traduzem emoções básicas e universais (*v. g.*, medo, raiva, tristeza, felicidade, nojo, surpresa), de par a exercerem importante papel no complexo maquinário de regulação da vida, pois muitas delas existem como parte de sistemas neurais que evoluíram para permitir a sobrevivência humana no mundo circundante.[351]

As chamadas emoções secundárias ou adquiridas são aquelas dotadas de grau mais elevado de complexidade do que as primárias, porque, estas sim, dependem de fatores socioculturais. Disso resulta que podem variar amplamente a partir de uma realidade cultural e/ou sociedade para outra (*v. g.*, compaixão, embaraço, vergonha, culpa, desprezo, ciúme, inveja, orgulho, admiração, remorso, gratidão, simpatia, vingança).

Emerge, assim, que mesmo que se experimentem emoções morais universalmente (com algumas exceções, como os psicopatas), daí não se segue necessariamente que todas as pessoas vistam as mesmas emoções morais em resposta aos mesmos comportamentos. Significa dizer que as circunstâncias e os comportamentos dos quais decorrem emoções morais variam, sobretudo, de acordo com as culturas em determinada quadra histórica.[352]

Problema conexo toca à possibilidade de universalizar valores radicados nos direitos humanos na sociedade globalizada. O programa de universalização enfrenta o desafio de sistemas culturais fechados e do multiculturalismo. Seja como for, garantir direitos mínimos, que são os direitos humanos, é assegurar um núcleo essencial para que todos tenham liberdade moral (dignidade), capacitando os indivíduos a que realizem seus planos de vida com liberdade e consciência.[353] Um catálogo mínimo de direitos

---

[350] LEVENSON, R. W.; SOTO, J.; POLE, N. Emotion, biology and culture. *In*: KITAYAMA, S.; COHEN, D. (Ed.). *Handbook of cultural psychology*. New York, London: The Guilford Press, 2007, p. 780-796.

[351] Trabalhos especializados sustentam que o cérebro emocional apresenta algumas descobertas fascinantes sobre as emoções familiares. Por exemplo, o cérebro pode detectar o perigo antes mesmo de experimentar a sensação de estar com medo. O cérebro também começa a iniciar respostas físicas (*v. g.*, palpitações cardíacas, palmas das mãos suadas, tensão muscular) antes de a pessoa se conscientizar de uma sensação associada de medo. Nessa linha, vide LEDOUX, Joseph. *The emotional brain*: the mysterious underpinnings of emotional life. Simon & Schuster, New York, 1996.

[352] TREMBLAY, Hugo. *Le réalisme phénoménologique subjectiviste*: repenser les oppositions métaéthiques. 90 f. Maîtrise en philosophie Maître ès arts (M.A.). Québec, Université LAVAL, 2014, p. 47-48: "Le fait qu'un comportement soit perçu comme une transgression d'un certain ordre n'est pas quelque chose d'universellement prédéfini et d'épistémiquement indépendant de l'être humain. Si nous sommes tous disposés à ressentir les émotions morales, les circonstances et comportements qui font naître ces émotions varient en fonction des individus et des cultures. Pour chacune des cultures, les comportements qu'elle considère "moraux" sont apparus et ont été ainsi appelés à la suite de diverses constatations qui se sont développées dans le temps. Ces constatations ont permis aux membres de la culture de concevoir une relation entre certaines émotions particulières (les émotions morales), les comportements des individus, et certaines circonstances dans lesquelles s'inscrivaient ces comportements. Ainsi, bien qu'elle puisse être similaire d'un individu à l'autre, ou d'une culture à l'autre, cette relation entre émotions, comportements et circonstances est propre à chaque individu et à chaque culture".

[353] FERRAJOLI, Luigi. *Los fundamentos de los derechos fundamentales*. Madrid: Trotta, 2001, p. 370: "Pero más allá de este límite, rige el principio de tolerancia, es decir, la tutela de las libertades y, por tanto, el respeto de las diferencias culturales, que, precisamente, encuentran expresión y garantía en el ejercicio de las libertades. La igualdad, se ha dicho, consiste en el igual derecho a las propias diferencias –religiosas, políticas, ideológicas, nacionales y, por tanto, culturales– que hacen de cada persona un individuo distinto de los demás, y de cada individuo una persona como las demás. Se entiende, de este modo, de qué manera el constitucionalismo y el universalismo de los derechos fundamentales, ante todo los de libertad, son la única garantía del pluralismo cultural, es decir, de la convivencia y del recíproco respeto entre las diversas culturas. Y queda claro, además,

não parece atentar contra identidades culturais deste ou daqueloutro povo. Contudo, a possibilidade universalizante dos valores humanos e dos direitos humanos, relacionados com aquela essência do senso comum humano,[354] encontrará terreno mais fértil em Estados democráticos.[355]

Tome-se como exemplo de diálogo profícuo entre culturas[356] a universalização de um valor vital, que é o de respeito à dignidade humana. Tal traço permeia quase todas as religiões do mundo. A partir daí, pode-se permitir que as mais diversas tradições culturais se manifestem com toda a plenitude e liberdade. Universalizar não significa uniformizar ideias, homogeneizar pontos de vista, criar um pensamento único, mas fixar um marco valorativo mínimo, consubstanciado nos direitos fundamentais, de respeito e de diálogo entre as mais variadas culturas. Os governos e os movimentos religiosos[357] têm, progressivamente, tomado consciência do senso comum do humano que plasma os direitos humanos, repelindo práticas (*v. g.*, penas degradantes) que violem o ser humano e sua dignidade.[358]

1.3 Emotivismo

As principais teorias sobre o significado dos termos éticos (*v. g.*, bom, justo) e de enunciados valorativos (*v. g.*, é injusto punir alguém por conduta de outrem) podem, por conveniência expositiva, ser assim agrupadas:[359]

---

cómo dicha convivencia postula el mutuo reconocimiento; mientras que es un signo de nuestro inveterado imperialismo cultural la idea de que sólo los «demás» –los inmigrantes y pueblos no occidentales– deban integrarse y aprender nuestra cultura". Vide, também, ANDRÉS IBÁÑEZ, Perfecto. Derecho y justicia en el siglo XXI: más difícil todavía. *REJ – Revista de Estudios de la Justicia*, n. 5, Año 2004, p. 143-166, esp. p. 164.

[354] JULLIEN, François. *O diálogo entre as culturas*: do universal ao multiculturalismo. Rio de Janeiro: Jorge Zahar, 2009, p. 152.

[355] MILLARD, Eric. Le positivisme et les droits de l'Homme. *Jurisprudence: Revue Critique*, 1, Université de Savoie, 2010, p. 47-52, esp. p. 52.

[356] BARRETO, Vicente de Paulo; WASEM, Franciele. Entre duas escrituras: multiculturalismo e direitos humanos. *RIDB – Revista do Instituto do Direito Brasileiro*, n. 12, Ano 1, 2012, p. 7181-7214, esp. p. 7211-7212: "Portanto, para poderem operar como forma de cosmopolitismo, os direitos humanos terão que ser enxergados pelas distintas culturas como multiculturais, o que só será viável através da articulação do diálogo intercultural (ou transcultural) que possibilitará o surgimento de uma "concepção mestiça de direitos humanos", que ao invés de recorrer a falsos universalismos, reunirá diversos sentidos locais, mutuamente inteligíveis, que representarão uma rede de referências normativas para todos os povos. Dessa maneira, o repensar do humano através do diálogo entre as culturas ensejará a construção de um plural jamais imobilizado, o das múltiplas culturas como traços marcadores de humanidade, o que fará com que os direitos humanos possam servir como patamar comum moral e jurídico universal para a sociedade multicultural na defesa e na proteção do ser humano em todas as suas dimensões e no combate a todas as formas de opressão e de avitlamento deste ser nascido".

[357] Consigne-se, exemplificativamente, representando importante avanço islâmico em sede de proteção dos direitos humanos, a Declaração Islâmica Universal de Direitos Humanos (1981). Disponível em: http://www.direitoshumanos.usp.br/index.php/Documentos-n%C3%A3oInseridos-nas-Delibera%C3%A7%C3%B5es-da-ONU/declaracao-islamicauniversal-dos-direitos-humanos-1981.html. Acesso em: 19 jun. 2018. Vide, também, Declaração do Cairo de Direitos Humanos no Islã (1990). Disponível em: http://www1.umn.edu/humanrts/instree/cairodeclaration.html. Acesso em: 19 jun. 2018.

[358] BARRETO, Vicente de Paulo. Multiculturalismo e direitos humanos: um conflito insolúvel? In: *O fetiche dos direitos humanos e outros temas*. Rio de Janeiro: Lumens Juris, 2010, p. 241.

[359] SANTIAGO NINO, Carlos. *Introdução à análise do direito*. São Paulo: WMF Martins Fontes, 2010, p. 417.

Teorias descritivistas   { naturalismo ético {subjetivista e objetivista
{ não naturalismo ético {subjetivista e objetivista

Teorias não descritivistas { emotivismo ético
{ prescritivismo ético

Nesse passo, o interesse se densifica nas Teorias não descritivistas, em especial no Emotivismo – como contraponto ao crescimento da filosofia analítica e do positivismo lógico[360] no século XX, incensado no chamado Círculo de Viena, notadamente através do pensamento de seu líder Rudolf Carnap (1891-1970),[361] que, apesar de seu pluralismo interno,[362] se mostrou avesso a qualquer especulação metafísica, em especial dos tipos *a priori* e transcendente.[363]

O emotivismo, desenvolvendo-se principalmente nas décadas de 30 e 40, é uma visão metaética a reivindicar que frases éticas não expressam proposições, mas atitudes fundamentalmente emocionais. Tais posturas sugerem que os juízos de valor se caracterizam por não serem essencialmente descritivos de certos fatos. Afirmam que os termos éticos não possuem (ou não de forma exclusiva) significado cognoscitivo: eles não designam de modo característico propriedades fáticas, sejam objetivas ou subjetivas, empíricas ou supraempíricas. Já que, nessa visão, a expressão de um juízo de valor não é uma proposição, não há espaço para o surgimento da questão da verdade ou da falsidade.

Tal concepção dos juízos morais implica a impossibilidade de que sejam considerados verdadeiros ou falsos.[364] Não são formulados para transmitir informação sobre

---

[360] Releva notar que o positivismo jurídico e o positivismo lógico emergem no mesmo contexto. Contudo, por exemplo, Kelsen justifica sua crítica às doutrinas anteriores invocando o progresso científico, ao passo que os membros do Círculo de Viena não se adstringem à ciência pura, senão que nutrem um programa político de renovação da sociedade. Estes dois movimentos não se amalgamaram. Vide, no ponto, BRENNER, Anastasios. Le positivisme logique: le cas du Cercle de Vienne. *Revue interdisciplinaire d'études juridiques*, v. 67, p. 119-133, 2011/2, esp. p. 120.

[361] O programa de Carnap consiste em explicar a objetividade do conhecimento científico por meio de sua reconstrução lógica ou racional. Vide, a propósito, LAUGIER, Sandra. Moritz Schlick: un tournant de la philosophie?. *Les Études Philosophiques*, n. 58, p. 291-299, 2001/3.

[362] MORMANN, Thomas. La estación de Viena. ¿Un giro olvidado en la filosofía del siglo XX?. *Theoria*. (Revista de Teoría, Historia y Fundamentos de la Ciencia), 9 (1): 1994, p. 199-204, esp. p. 202.

[363] SCHLICK, Moritz. Positivism and realism. Disponível em: https://archive.org/stream/PositivismAndRealism/ SchlickMoritz-PositivismAndRealism_djvu.txt. Acesso em: 26 jun. 2018, p. 37-55, esp. p. 38-39: "If positivism's rejection of metaphysics amounts to a denial of transcendent reality, it seems the most natural thing in the world to conclude that in that case it attributes reality only to non-transcendent being. The main principle of the positivist then seems to run: 'Only the given is real'". Assim, NEURATH, Otto. La conception scientifique du monde. *In: Manifeste du Cercle de Vienne et autres écrits*. Paris: VRIN – Bibliothèque des Textes Philosophiques, 2010, p. 117: "La philosophie métaphysique est rejetée par la conception scientifique du monde". Vide, também, MONTAGUE, Robert M. *The basic elements of the philosophy of Alfred J. Ayer*. 67f. University of Windsor, 1957, p. 4: "By using his own approach Ayer will come to his own conclusion that metaphysics, in its attempts to describe a so-called transcendent reality, is committed to the production of nonsense".

[364] AYER, A. J. *Language, truth and logic*. Oxford: Hardcover and Paperback, 1936, p. 67: "If now I generalize my previous statement and say, 'Stealing money is wrong.' I produce a sentence which has no factual meaning–that is, expresses no proposition which can be either true or false. It is as if I had written 'Stealing money!!' – where the shape and thickness of the exclamation marks show, by a suitable convention, that a special sort of moral disapproval is the feeling which is being expressed. It is clear that there is nothing said here which can be true or false. Another man may disagree with me about the wrongness of stealing, in the sense that he may not have the same feelings about stealing as I have, and he may quarrel with me on account of my moral sentiments. But

como é a realidade, mas com outras finalidades (*v. g.*, o de influenciar a conduta das pessoas, aguçando sensibilidade). Disso resulta a dificuldade de os juízos morais serem suscetíveis de justificação racional, gerando ceticismo sobre o papel da racionalidade em matéria ética.[365]

No campo da valoração moral do direito, desponta eloquente problema filosófico de saber se existem procedimentos racionais para justificar a validade dos juízos de valor, como objeto de estudo do ramo da filosofia que se convencionou denominar metaética ou ética analítica.[366] É dizer: se há meios para se certificar que um juízo de justiça ou bondade moral é verdadeiro ou válido, de modo a permitir controlabilidade intersubjetiva em determinado lugar. Outro problema filosófico, que irrompe no plano da ética normativa, é determinar quais são os princípios de justiça e moralidade social que permitem julgar as regulações e instituições jurídicas, e suas consequências específicas.[367] Além desses dois níveis diferentes em que podem ser enfrentadas as questões éticas (metaética ou ética analítica e ética normativa), há um terceiro nível constituído pela chamada ética descritiva ou sociológica.[368]

As proposições normativas não se confundem com as proposições sobre objetos empíricos e não empíricos. As proposições normativas, embora possam designar algo, cumprem, à luz das várias teorias emotivistas, a função de expressar e/ou provocar sentimentos e/ou atitudes.[369] O emotivismo vocaliza uma nova gramática moral.[370] De fato, não se pode descurar do papel da linguagem, pensada como um conjunto de jogos linguísticos, na modificação de crenças e de atitudes, nem se ignorar o significado emotivo na metodologia ética.

O subjetivismo se diferencia do emotivismo, quando sustenta que as proposições normativas não servem para expressar ou evocar, mas, antes, para descrever sentimentos ou atitudes do falante, sendo, pois, um caso especial de naturalismo.[371]

---

he cannot, strictly speaking, contradict me. For in saying that a certain type of action is right or wrong, I am not making any factual statement, not even a statement about my own state of mind. I am merely expressing certain moral sentiments. And the man who is ostensibly contradicting me is merely expressing his moral sentiments. So that there is plainly no sense in asking which of us is in the right. For neither of us is asserting a genuine proposition. What we have just been saying about the symbol 'wrong' applies to all normative ethical symbols. Sometimes they occur in sentences which record ordinary empirical facts besides expressing ethical feeling about those facts: sometimes they occur in sentences which simply express ethical feeling about a certain type of action, or situation, without making any statement of fact. But in every case in which one would commonly be said to be making an ethical judgment, the function of the relevant ethical word is purely 'emotive'. It is used to express feeling about certain objects, but not to make any assertion about them".

[365] SANTIAGO NINO, Carlos, *op. cit.*, p. 426-427.

[366] SANTIAGO NINO, Carlos, *op. cit.*, p. 416: "Nesse nível teórico, analisa-se o tipo de significado que caracteriza os termos éticos – como "bom", "justo", "correto" e seus opostos – e o significado dos juízos de valor – como "a pena de morte é injusta" –, já que a possibilidade de justificar racionalmente os juízos valorativos depende de qual classe de juízo eles são e que significado têm as expressões usadas de forma típica para formulá-los".

[367] SANTIAGO NINO, Carlos, *op. cit.*, p. 416: "Aqui não se trata de analisar o caráter lógico dos juízos morais e o significado de "bom" ou "justo", mas de formular e justificar (supondo que isso seja possível) juízos morais e determinar quais ações ou instituições são boas ou justas".

[368] SANTIAGO NINO, Carlos, *op. cit.*, p. 416: "Nele não se discute o caráter dos juízos de valor e o significado dos termos éticos (como faz a metaética), nem são formulados juízos de valor, determinando-se quais coisas são justas ou boas (como faz a ética normativa); são descritos, sim, os juízos de valor formulados em certa sociedade em determinada época dando conta de quais coisas os membros dessa sociedade *consideram* justas ou boas". (Grifos no original).

[369] ALEXY, Robert. *Teoria da argumentação jurídica*: a teoria do discurso racional como teoria da fundamentação jurídica. 3. ed. Rio de Janeiro: Forense, 2011, p. 50.

[370] STEVENSON, C. L. *Ethics and language*. New Haven, CT, US: Yale University Press, 1944, p. 117.

[371] URMSON, J. O. *The emotive theory of ethics*. London: Oxford University Press, 1969, p. 15.

Na perspectiva stevensoniana, a função primordial dos juízos morais não é a de referir-se a fatos, mas, sim, a de influenciar pessoas. Não descrevem simplesmente os interesses das pessoas, mas os modificam ou intensificam.[372] Não por acaso, nessa visão, as expressões morais são instrumentos de influência psíquica:[373] elas têm uma função emotiva e uma função cognitiva.

O discurso moral exibe, na perspectiva stevensoniana, três traços característicos:[374] (i) ocorrem genuínos acordos e desacordos éticos, seja de crença, seja de atitudes; (ii) o "magnetismo" de certos termos morais,[375] em uma dimensão prática ou dinâmica, impulsiona à ação, pois o significado emotivo dos juízos morais pode consistir em expressar atitudes, provocando-as ou condicionando-as nas outras pessoas; e (iii) o método empírico de verificação não é suficiente na ética, na medida em que apenas em relação aos desacordos de crença podem ser emprestadas razões a favor de uma ou de outra postura moral. Porém, não se afigura possível oferecer razões a favor da adoção de certa atitude ou contra ela. A única coisa que pode ser feita é criar causa para influenciar tal atitude (v. g., definição persuasiva).

Todavia, uma das objeções que se formularam contra a teoria emotivista, de par a identificar a linguagem moral com qualificadores emocionais, isto é, exclamações de agrado ou desagrado, afirma que, sendo essencialmente emotivo o significado do discurso moral, não há como se possa decidir racionalmente entre juízos morais contrapostos.[376] Em relação a este aspecto, diz-se que a teoria emotivista, enquanto teoria metaética, não tem nada a ver com a adoção ou não de certas posturas morais. Isso não significa que autores emotivistas se abstenham de defender causas morais e ideológicas.

Insista-se no ponto: o emotivismo afirma que os juízos morais expressam essencialmente sentimentos positivos ou negativos. Ora, se os juízos morais, na concepção de alguns, são exclamações, não podem ser verdadeiros nem falsos. Não se afiguraria possível, pois, raciocinar sobre princípios morais.

Autores clássicos e contemporâneos produziram importantes estudos de fenômenos emocionais específicos concernentes à moralidade, concentrando-se em aspectos como remorso, ansiedade, vergonha, raiva, reverência, maravilha. Conectam-se a experiência emocional, os juízos de valor e a ação racional ou irracional.[377]

Curiosamente, alguns emotivistas escudam sua posição no positivismo lógico, o qual sustenta que uma afirmação de verdade genuína deve ser permeável à verificabilidade mediante experiência sensível. Na medida em que os juízos morais são

---

[372] STEVENSON, C. L. The emotive meaning of ethical terms. *In: Facts and Values*. New Haven/Lon, 1963, p. 10-31, esp. p. 16.

[373] STEVENSON, C. L., *op. cit.*, p. 17.

[374] Cfr. HUDSON, W. D. *Ethical intuitionism*. Londres: Macmillan, 1967.

[375] MICEVICIUTE, Jurate. La influencia de las noticias periodísticas en las actitudes morales de las audiencias: el análisis lingüístico de CH. L. Stevenson y J. Searle. *AGORA* 34/2 – Papeles de Filosofía, 2015, p. 31-159, esp. p. 145.

[376] MANUEL FAERNA, Ángel. Significado y valor: la crítica pragmatista al emotivismo. *Quaderns de filosofia i ciència*, 36, 2006, p. 27-39, esp. p. 31, nota nº 14.

[377] MONTICELLI, Roberta de. The sensibility of reason: outline of a phenomenology of feeling. *In: Max Scheler and the Emotional Turn. Thaumàzein* – Rivista di Filosofia, v. 3, 2015, p. 139-159, esp. p. 143: "Toward a Theory of Emotional Sensibility: Some Principles Let's first state three basic claims or principles that constitute the very foundation of a phenomenologically acceptable theory of emotional sensibility: 1. emotional experience in all its parts (including its conative aspects, drives, desires etc.) is founded on emotional sensibility, or feeling. 2. feeling is essentially perception of the value-qualities, whether positive or negative, of things. 3. Emotional sensibility has a structure of layers ("stratification"), corresponding to an objective hierarchy of value-spheres".

refratários aos testes da experiência sensível, não configuram verdades genuínas, mas apenas sentimentos. Por assim ser, o positivismo lógico teria o condão de transportar ao emotivismo.

O emotivismo, para alguns alicerçados em um princípio de método científico, seria melhor que outras propostas, dada sua simplicidade e por explicar mais fatos e coisas. Porém, o calcanhar de Aquiles do emotivismo, no que toca à explicação acerca da moralidade e do papel da razão na ética, parece ser sua inadequação em relação ao conhecimento e à verdade morais. De semelhante visão redundaria o enfraquecimento da própria moralidade.

Não à toa, o emotivismo de matriz moderada busca salpicar uma pitada de racionalidade: apesar de afirmar que a moral se nutre de sentimentos, designa que eles podem ser pautados por mais ou menos racionalidade, diretamente proporcional à informação e à imparcialidade.

Seja como for, uma conduta racional haveria de estar ancorada em uma postura moral para a qual possam ser apresentadas razões e não apenas atração emotiva pela mesma. Outra crítica que se faz à teoria emotivista de corte stevensoniano, apesar de abrir espaço para a dimensão prática ou dinâmica do discurso ético, é a de confundir o significado – determinado por regras e convenções linguísticas – de um enunciado ou expressão com as consequências psicológicas, questão fática contingente, que possam produzir.[378]

Atente-se, com sutileza, na ética entre o racionalismo e o emotivismo. A concepção dos sentimentos como critério para a avaliação da moralidade das ações humanas move-se em direção oposta à ética racionalista. O racionalismo ético é nutrido pela boa vontade kantiana, que seria determinada apenas por princípios *a priori* – ou seja, por leis racionais –, e não por razões empíricas particulares. A boa vontade kantiana designa a vontade de se comportar exclusivamente de acordo com o dever. Em rota diametralmente oposta, estão os emotivistas, para os quais o discurso moral seria infenso aos valores objetivos, porque somente exprime preferências pessoais com base nas emoções e nos sentimentos.

O emotivismo (inglês, *Emotivism*; francês, *Émotivisme*; alemão, *Emotionalismus*; italiano, *Emotivismo*) encarna uma corrente ética segundo a qual os preceitos e juízos morais não têm matriz cognitiva e racional, senão que emotiva e sentimental. À base do emotivismo descansam várias teorias, entre as quais: (i) de Wittgenstein, em sua primeira fase, quando afirmava que "a ética não pode ser formulada, a ética é transcendental";[379] (ii) de Schilick, ao dizer: "quando recomendo como boa uma ação a alguém, exprimo o fato de que desejo";[380] e (iii) de Carnap, ao assegurar que as proposições da ética são pseudoproposições desprovidas de conteúdo lógico, mas "expressões de sentimentos

---

[378] SANTIAGO NINO, Carlos, *op. cit.*, p. 430: "Desse modo, foi salientado contra o emotivismo que uma oração pode ter efeitos psicológicos muito diferentes em diversas pessoas e ocasiões, sem que por isso seu significado seja alterado. A oração "pegou fogo" não muda de significado porque às vezes pode ocasionar alarme, outras vezes uma atitude de curiosidade e outras, ainda, uma sensação de alívio pelo êxito obtido em uma experiência de laboratório".

[379] WITTGENSTEIN, Ludwig. *Tractactus Logico-Philosophicus* (Logisch-philosophische Abhandlung). Side-by-Side-by-Side Edition, 2015. 6.421: "It is clear that ethics cannot be put into Ethics is transcendental. (Ethics and aesthetics are one and the same)".

[380] SCHILICK, Moritz. *Fragen der Ethik*, Julius Springer, 1930. 16.

que tendem, por sua vez, a suscitar sentimento e volições naqueles que as ouvem".[381] Semelhantes teses foram abonadas por Ayer, para quem a ética, não sendo suscetível de ser reduzida a um feixe de asserções empíricas ou tautológicas, mostra-se "isenta de significado", e, por isso mesmo, enunciados éticos "não incidem na categoria do verdadeiro e do falso".[382]

A linguagem, as sensações, os impulsos, as emoções e os sentimentos humanos estão essencialmente referenciados à sociedade, à regularidade e à práxis. De fato, mesmo as emoções só podem ser reconhecidas pelo homem se estiverem inseridas em um ambiente social e público específico. Num ambiente vital, um sinal (*v. g.*, choro) é tratado como referência ao objeto real de nosso interesse: a dor, a tristeza e por aí vai.[383] Equivale a dizer que são práticas de uma forma de vida, as quais podem ser ensinadas, aprendidas, compartilhadas e seguem regras publicamente acessadas. Integram uma herança cultural daquela forma de vida.[384]

Não se podem condenar as emoções ao ostracismo, tampouco desconsiderar o valor cognitivo delas, o qual não é propriamente o de produzir conhecimento específico, mas, sim, gerar padrões de atenção para um possível conhecimento. Para tanto, deve-se distinguir a gramática das emoções daqueloutra das sensações, embora não se possa explicar causalmente a natureza expressiva das emoções.[385]

Comumente, assinalam-se, pelo menos, três modos principais de contribuição cognitiva das emoções:

(i) a focalização indica que, ao se concentrar a atenção, as emoções refinam a discriminação sensorial, de modo que alguns aspectos são enfatizados, ao passo que outros são "obscurecidos" ou depositados em segundo plano;

(ii) a orientação, no sentido de que as emoções tornam algumas configurações salientes e antecipam possíveis configurações, de sorte a orientar as funções cognitivas, pois as reações emocionais constituem fontes de proeminência que funcionam cognitivamente, gerando padrões de atenção, além de produzir esquemas atencionais; e

---

[381] CARNAP, Rudolph. *Logical syntax of language*, 1934, 72. Vide, também, JIMÉNEZ GONZÁLEZ, Pablo Andrés. Verificación y sintaxis lógica en Carnap. *Revista Légein* n. 4, enero – junio 2007, p. 51-67, esp. p. 58: "Para Carnap el hecho de que algunos metafísicos defiendan que las proposiciones que contienen la palabra antes analizada (nada) tienen significado cuando la asocian a imágenes o sentimientos, sólo tiene importancia psicológica y está fuera del campo filosófico, del campo lógico. La función de los enunciados metafísicos es la misma que la de los versos poéticos; es decir, expresiva. Pretenden expresar emociones del sujeto que elabora las expresiones y están fuera de la disyuntiva de verdad o falsedad;"

[382] AYER, A. J. *Language, truth and logic*. Oxford: Hardcover and Paperback, 1936, p. 67.

[383] MARIANO, Margherita Di. Per una storia naturale delle emozioni. Note su Wittgenstein. Roma: Bollettino Filosofico XXIV (2008). In: *Linguaggio ed emozioni* (a cura di Felice Cimatti), p. 101-117, esp. p. 107: "Ne consegue che i fenomeni che contraddistinguono la storia naturale dell'uomo si caratterizzano per il fatto di mantenere e riflettere la stessa duplicità d'aspetti, naturale e culturale, del corpo dell'essere umano, che è quel corpo capace per natura di parlare una lingua. In tale prospettiva le sensazioni e le emozioni umane sono, dunque, connesse al linguaggio, in quanto sono modificazioni ed espressioni di un corpo per natura linguistico; ed è in forza di tale connessione che alcuni sentimenti (Gefühlen) possono talvolta essere usati come espressioni del soprannaturale, cioè dell'etica e del mistico. La connessione originaria tra linguaggio e sensibilità dà luogo, infatti, a sensazioni, emozioni e sentimenti peculiari della forma di vita umana, come il sentimento del bene, del giusto e del mistico, i quali possono essere sentiti soltanto da colui che è padrone di una lingua (tecnica)".

[384] DONAT, Mirian. Wittgenstein: a possibilidade de conhecer e identificar as emoções. *Revista Guairacá*, v. 30, n. 1, 2014, p. 51-65, esp. p. 63.

[385] MARCHETTI, Luca. L'anticipazione cognitiva delle emozioni. Reazioni primitive e grammatica nella riflessione di Ludwig Wittgenstein. *Studi di Estetica*, anno XLV, IV serie, 1/2017. I, p. 111-130, esp. p. 129: "Il fatto che le reazioni emotive, producendo pattern attenzionali, anticipano una conoscenza possibile segnala che il nostro stare nel mondo e la nostra conoscenza sono sempre emotivamente intonati".

(iii) a categorização, porque as emoções podem ativar sistemas categoriais latentes, não apenas para fomentar consciência de algo, senão também podem
redirecionar nossa atenção, tornando nosso olhar sensível a aspectos anteriormente negligenciados e, desse modo, permitindo uma reclassificação da
realidade que pode levar a novo conhecimento.[386]

Emerge, assim, um convite fecundo para se reconhecer o caráter cognitivo das
emoções, com a necessária advertência de que "focalizar, orientar e categorizar já se en-
quadram em uma epistemologia adequada à ciência" e, pelo tanto, "em vez de expandir
o escopo da epistemologia, mostrei que o domínio que reconhecemos na epistemologia
inclui as funções desempenhadas pelas emoções".[387]

Remarque-se o argumento: no campo epistemológico, se a certeza é um escopo
utópico, ao se abandonar a sua busca, auferem-se oportunidades para abordar uma
questão epistemológica mais ampla e variada, como, por exemplo, o poder das emoções
em promover o entendimento tanto na ciência como na arte. Nessa rota, faz-se profissão
de fé a superação da dicotomia despótica entre cognitivo e emotivo.[388] Não, porém, no
escopo de "anestesiar emoções, mas de sensibilizar a cognição".[389]

Sob outro ângulo de mirada, Bertrand Russell, no segundo período de sua obra
ética (1915-1940), revela um ecletismo no qual afloram elementos subjetivos, naturalistas,
emotivistas e não cognoscitivistas. Aqui, contrapõe-se, radicalmente, ao objetivismo
singularizado em seu primeiro período (1900-1914), embora não tenha deixado de buscar
a universalidade e a objetividade da ética.[390] De fato, move-se entre as coordenadas da
razão, utilidade, desejo e emoção,[391] inobstante sem assumir cada um desses aspectos
de maneira total ou radical, senão que os suavizando e tentando reconciliá-los.[392]

No pensamento russelliano, há uma versão própria do emotivismo, enquanto doutrina não cognitivista mais importante. O emotivismo, em linhas gerais, preconiza que os
juízos de valor (e mais especificamente os juízos morais) não afirmam nada nem sobre
algum objeto do mundo (como em geral sugere o cognitivismo) nem sobre o estado pessoal de ânimo (como supõe o subjetivismo): somente expressam certas emoções. Como
não albergam afirmações, reafirme-se, tais juízos não são nem verdadeiros nem falsos (as
emoções não são verdadeiras nem falsas, pois nada afirmam: somente se sentem ou não se

[386] ELGIN, Catherine Z. *Considered judgment*. Princeton: Princeton University Press, 1999, p. 146-169.

[387] ELGIN, Catherine Z., *op. cit.*, p. 169.

[388] GOODMAN, Nelson. *I linguaggi dell'arte*. L'esperienza estetica: rappresentazione e simboli. Milano: Il Saggiatore, 1998, p. 213.

[389] ELGIN, Catherine Z., *op. cit.*, p. 147.

[390] CARVAJAL VILLAPLANA, Álvaro. Racionalidad y emotivismo en la ética de Bertrand Russell. *Revista de Filosofía de la Universidad de Costa Rica*, XXXV (86), 1997, p. 207-215, esp. p. 208, 213: "Lo primero que se debe resaltar es que Russell mismo es un crítico de sus propias ideas. Respecto a la revisión que él lleva a cabo, el análisis expuesto considera que él está en lo correcto cuando rechaza la noción de que la ética deba guiarse por la racionalidad científica, ya que la filosofía moral está cargada de emotividad, y debe ser tratada de forma diferente".

[391] Vide, mais amplamente, SANTOS CAMACHO, Modesto. Ética y filosofía analítica. Estudio histórico-crítico. Primera edición, Pamplona: Ediciones Universidad de Navarra S.A. (EUNSA), España, 1972.

[392] PRETI, Giulio. B. Russell e la filosofia del nostro secolo. *Rivista Critica di Storia della Filosofia*, v. 31, n. 4, Ottobre-Dicembre 1976, p. 437-458, esp. p. 458: "Non per nulla Russell è stato definito 'lo scettico appassionato'".

sentem[393]), mas expressões de preferência, de atitude ou de sentimentos, na medida em que possuem um caráter moral ou valorativo.[394]

Neste quadrante, dentro dos possíveis componentes emocionais que Russell poderia ter postulado como próprios da ética (*v. g.*, sentimentos, atitudes, interesses), a teoria emotivista dos juízos morais está alicerçada na subjetividade dos desejos,[395] embora pense que haja um perigo na crença passional. Todavia, ele não defende uma atitude de completo desapego por acreditar que poderá levar à inação. O tipo de desapego que ele preconiza é a partir das emoções (ódio, inveja, raiva e assim por diante) que interferem na honestidade intelectual e impedem o surgimento de sentimentos bondosos. A pessoa que não tem sentimentos, diz ele, não faz nada e não alcança nada.[396]

A fundamentalidade das emoções no desenvolvimento da moralidade e no campo ético sugere aprendizado através da educação emocional das crianças.[397] A experiência das crianças mostra que é possível operar com base no sentimento, e não apenas no comportamento exterior, dando a elas um ambiente no qual as emoções desejáveis se tornarão comuns e as indesejáveis serão raras. De conseguinte, é assaz importante que as crianças tenham prevalentemente aquelas atitudes emocionais que, tanto na infância como ao depois, as tornarão felizes, bem sucedidas e úteis, em vez daquelas que levam à infelicidade, fracasso e malevolência. Está dentro do poder da psicologia determinar o tipo de ambiente que promove as emoções desejáveis e no qual, muitas vezes, a afeição inteligente pode conduzir ao resultado certo.[398] Quando este método é

---

[393] RUSSELL, Bertrand. *Religión y ciencia*. México: Fondo de Cultura Económica, 1951, p. 142: "Cuestiones como 'los valores' – es decir, lo que es bueno o malo por si mismo, independientemente de sus efectos – se encuentran fuera del dominio de la ciencia, como los defensores de la religión lo aseguran enfáticamente. Pienso que están en lo cierto, pero saco la siguiente conclusión que ellos no sacan, a saber: que cuestiones tales como 'los valores' están enteramente fuera de dominio del conocimiento. Es decir, cuando afirmamos que esto o aquello tiene "valor", estamos dando expresión a nuestras propias emociones, no a un hecho que seguiría siendo cierto, aunque nuestros sentimientos personales fueran diferentes".

[394] MACINTYRE, Alasdair. *Tras la virtud*. Barcelona: Crítica, 2004, p. 26-27: "Sin embargo, al ser los juicios morales expresiones de sentimientos o actitudes, no son verdaderos ni falsos. Y el acuerdo en un juicio moral no se asegura por ningún método racional, porque no lo hay. Se asegura, si acaso, porque produce ciertos efectos no racionales en las emociones o actitudes de aquellos que están en desacuerdo con uno. Usamos los juicios morales, no sólo para expresar nuestros propios sentimientos o actitudes, sino precisamente para producir tales efectos en otros".

[395] ZAVADIVKER, Nicolás. La teoría emotivista de los valores de Bertrand Russell. *A Parte Rei* (*Revista de Filosofía*), 69. Mayo 2010, p. 1-12, esp. p. 6.

[396] HARE, William. Bertrand Russell on critical thinking. Disponível em: http://www.criticalthinking.org/pages/bertrand-russell-on-critical-thinking/477. Acesso em: 21 jun. 2018, p. 1-5, esp. p. 4.

[397] RUSSELL, Bertrand. *The basic writings of Bertrand Russell*. This edition published in the Taylor & Francis e-Library, 2009, p. 409-410: "Often the new outlet will be more harmful than the one that has been prevented, and in any case the deflection involves emotional disturbance and unprofitable expenditure of energy. It is therefore necessary to pay more attention to emotion, as opposed to overt behaviour, than is done by those who advocate conditioning as alone sufficient in the training of character. (...) Correct behaviour combined with bad emotions is not enough, therefore, to make a man a contributor to the happiness of mankind. If this is our criterion of desirable conduct, something more must be sought in the education of character".

[398] RUSSELL, Bertrand, *op. cit.*, p. 412: "This instinctive emotion is the basis of the love of freedom. The man whose tongue is constricted by laws or taboos against free speech, whose pen is constricted by the censorship, whose loves are constricted by an ethic which considers jealousy a better thing than affection, whose childhood has been imprisoned in a code of manners and whose youth has been drilled in a cruel orthodoxy, will feel against the world that hampers him the same rage that is felt by the infant whose arms and legs are held motionless. In his rage he will turn to destruction, becoming a revolutionary, a militarist, or a persecuting moralist according to temperament and opportunity. To make human beings who will create a better world is a problem in emotional psychology: it is the problem of making human beings who have a free intelligence combined with a happy disposition. This problem is not beyond the powers of science; it is the will, not the power, that is lacking".

corretamente usado, seu efeito sobre o caráter é mais satisfatório do que o efeito a ser obtido por recompensas e punições.

Sob outro prisma, na vertente do pensamento de Max Scheler, o emocional exibe uma importância espiritual, sendo o fundamento da ética e, mais amplamente, da cultura dos valores. O *ordo amoris*, a normatividade do amor de cada pessoa, constitui a ética do ser humano, além de pedra de toque na determinação da estrutura dos valores. A vida emocional é parte da sensibilidade, gizando-se o amor e, em contraposição, o ódio. As emoções exalam alguns aspectos relevantes, como: a intuição espiritual, o sentir, os sentimentos, o amor, o ódio, a simpatia, a cultura dos valores.[399] O sentir, por exemplo, é densificado como uma ação principal e vital do ser humano, sendo pois uma emoção transcendente que permite ordenar uma escala de valores. Sua posição, chamada de intuicionismo emocional e apriorismo não formal,[400] é a de enfatizar o papel da emoção na vida humana e a valorização do mundo.

A carga emocional da pessoa é orientada por sua intuição e isto lhe consente hierarquizar seus valores. De fato, os valores constituem o pano de fundo da experiência emocional enquanto o indivíduo realiza uma ação. Não são um feixe de impressões caóticas, senão que uma dimensão informada de ordem e de sentido. Com efeito, a "mente" ou, figurativamente, o "coração" não configuram o caos de estados emocionais míopes. Eles formam um reino hierárquico, no qual todo valor é sempre captado como maior ou menor. A posição mais alta nessa hierarquia é ocupada pelo valor do sagrado, seguido por valores espirituais, vitais e sensíveis. Emergem, assim, dois princípios metodológicos da ética scheleriana: a posição intencional dos valores e a primazia da emoção.[401] Em todo este sistema ético, o emocionalismo desempenha um papel fundamental.

A família, a escola e a comunidade constituem os espaços para a educação e a criação da estrutura de valores das crianças, por conformarem seu entorno fático. Tais unidades significativas (família, escola, comunidade), acrescidas do destino, contribuem na construção do *ordo amoris*. A experiência, pois, é parte das emoções e, por isso mesmo, dos valores. O que pode ser controlado é a expressão de um sentimento e não um sentimento em si.[402]

No campo da antropologia filosófica de Scheler, o amor da humanidade – condição essencial do amor de Deus – se reveste de uma forma de amor emocional inerente à natureza humana, como uma possibilidade ideal. Ele é positivo quanto à sua natureza,

---

[399] GÓMEZ, Shirley. Max Scheler lo emocional como fundamento de la ética. *Revista Educación en Valores*, v. 1, n. 17, Universidad de Carabobo, Enero-Junio 2012, p. 58-68, esp. p. 66: "Y entonces... ¿Por qué para Scheler lo emocional es fundamento de la ética? Para responderla comencemos por definir que es ética para éste autor, es un proceder moral, individual, propio del ser humano, fundamentado en el ordo amoris. Recordemos que es el ordo amoris, es la normativa desde el amor de cada quien, significa que la persona jerarquiza sus valores desde la esencia y es capaz de tomar decisiones en cuanto a la incidencia de las emociones de los demás, y de lo que demuestran. De allí, que la ética se fundamente en las emociones que se van desarrollando en la persona a medida que pasan los años".

[400] SCHELER, Max. *Formalism in ethics and non-formal ethics of values*. A New Attempt toward the Foundation of an Ethical Personalism, transl. M. S. Frings & R. L. Funk, Northwestern University Press, 1973, p. xxiii.

[401] RODRIGUEZ LUÑO, Angel. Max Scheler y la ética cristiana según Karol Wojtyla. *SCRIPTA THEOLOGICA*, 14 (1982/3), p. 901-913, esp. p. 903.

[402] SCHELER, Max. *Formalism in ethics and non-formal ethics of values*, op. cit., p. 333: "feelings cannot be controlled or managed arbitrarily. They can be controlled or managed only indirectly, by controlling their causes and effects (expression, actions)".

direção, às suas origens e seu valor.[403] Um elemento decisivo para a virada antropológica de Scheler, e que não perdeu atualidade, é a necessidade de reagir ao progresso da biologia, em especial no que diz respeito à genética, que abre, hodiernamente, o risco de instalar essa lógica utilitária no coração da vida. Deste ponto de vista, parece difícil dispensar um pensamento sobre o que, no reino da vida, é – ou não – a exceção humana.[404]

Nesse teor de ideias, é o sentimento que revela ao indivíduo o mundo como um mundo. A emoção se manifesta na forma de mundo como um relacionamento mais profundo do que a representação que é a polaridade entre sujeito e objeto.[405] A experiência perceptiva em sua raiz é uma afeição fundamental. O sentimento une o que o conhecimento objetificador divide, em um programa de equalização emocional (v. g., equilibrar as especificidades da mentalidade masculina e feminina em seu domínio sobre a sociedade).

Nos últimos tempos, tem havido fortes tendências para a pesquisa emocional em diferentes áreas, não apenas para investigar as emoções, mas também estruturas e desenvolvimentos com e através delas para elucidar o mundo sociocultural.[406] O construtivismo social via feminismo e os estudos de gênero apontam que a polaridade de gênero, em que a racionalidade é atribuída ao masculino e a emocionalidade ao feminino, é uma construção cultural puramente histórica.

Para além da perspectiva da primeira pessoa e o específico "como é ter uma emoção", o que significa compartilhar uma emoção? A teoria da experiência conjunta (*Miteinandererleben*), de Max Scheler, visa o acertamento de duas intuições contrastantes. A primeira, quando vários indivíduos compartilham uma emoção, é uma emoção – uma experiência – que é compartilhada. A segunda sugere que a coexperiência de uma emoção preserva a própria diferenciação – isto é, preserva uma pluralidade de perspectivas individuais e, portanto, de estados mentais. A primeira intuição diz respeito à estrutura metafísica da emoção compartilhada, enquanto a segunda intuição é sobre a maneira pela qual a emoção é vivida pelos indivíduos. Metafisicamente, o compartilhamento de uma emoção implica que esta experiência seja numericamente una; no nível fenomenológico, a emoção é vivida pelos indivíduos de diferentes perspectivas.[407]

---

[403] AGARD, Olivier. La question de l'humanisme chez Max Scheler. *Revue Germanique Internationale*, v. 10, nov. 2009, p. 163-186, esp. p. 180.

[404] Sobre o argumento, vide SCHAEFFER, Jean-Marie. *La fin de l'exception humaine*. Paris: Collection NRF Essais, Gallimard, 2007.

[405] FRÈRE, Bruno. Max Scheler et la phénoménologie française. *Revue Philosophique de la France et de l'étranger*, 2007/2 (Tome 132), p. 177-199, esp. p. 186: "La raison logique nous oppose des choses objectivées, représentées, tandis que le sentiment, lui, atteste notre affinité, notre harmonie élective avec des réalités dont nous portons l'effigie affective".

[406] FISCHER, Joachim. Der Emotional turn in Den Kultur – und Sozialwissenschaften aus der Perspektive Max Schelers. *In:* Max Scheler and the Emotional Turn. *Thaumàzein* (Rivista di Filosofia), v. 3, 2015, p. 11-27, esp. p. 13, 16: "Der naturalismus der Gefühle verfolgt von Darwin her – vor allem in der Biologie, der neurobiologie und Psychologie – alles in allem ein universalistisches Programm von immer schon von der natur des Menschen her mitgegebenen Gefühlsdispositionen, die die menschlichen Beziehungen und die Sozialitäten durchherrschen, während der Sozialkonstruktivismus die sogenannten „Gefühle" nur in soziokulturellen, historisch je dominanten varianten kennen und erforschen will. So gesehen gelten dem Sozialkonstruktivismus die Gefühle in den Subjekten erst durch eine kollektive Praxis, natürlich durch sprachliche Benennung, vor allem aber durch körperliche habitualisierung normativ und praktisch hergestellt".

[407] SALICE, Alessandro. Shared emotions: a schelerian approach. *In:* Max Scheler and the Emotional Turn. *Thaumàzein* (Rivista di Filosofia), v. 3, 2015, p. 83-102, esp. p. 95-96: "Within a community, experiences (whether individual or collective) are had predominantly as individual and private experiences; in a sense, they are had

Os distintos modos de uma emoção coletiva dependem da adequabilidade do modo (uma cadeira invertida "requer" ser ajustada corretamente), no sentido de que todos os indivíduos sintam a emoção coletiva e em um "modo nós".[408] Quando vários sujeitos compartilham uma emoção, é uma emoção que eles compartilham, embora as formas de os sujeitos sentirem essa emoção sejam radicalmente diversas.

A concepção constitutiva do autoconhecimento, que pode ser proveitosamente perseguido na psicanálise, afirma que os sujeitos que se dedicam ao conhecimento em questão (autoconhecimento) e, ao mesmo tempo, se fazem "objeto" desse conhecimento, são agentes que possuem valores ou crenças e desejos normativos, ou estados intencionais, e têm autoridade sobre eles,[409] sua vida mental e comportamento. Nessa perspectiva, não há mentes isoladas de outras mentes; antes, ao contrário, existem mentes situadas em um ambiente social, regulado por normas, de práticas e crenças compartilhadas. A noção de agência, que fundamenta a intuição de autoconhecimento como um conhecimento peculiar em relação a outros tipos de conhecimento, por exemplo, conhecimento do chamado "mundo externo" ou conhecimento da natureza, é geralmente descrita em termos de um ponto de vista de primeira pessoa e de "intencionalidade" significativa.[410]

Uma das críticas que se podem formular sobre semelhante filosofia alicerçada na centralidade dos valores está em não considerar explicitamente o problema do "mal", que igualmente pertence ao conjunto da realidade moral.[411] Disso promana sua insuficiência, pois impede discriminar entre "bem" e "mal", concedendo ao sistema ético apenas um caráter emocional, prescindindo de caráter normativo (o dever).

Da mesma forma, há autorizadas vozes que não compartilham a ideia de apenas emotividade na ética e o fato de a razão se situar após a emoção, vale dizer, de o conhecimento emocional preceder o conhecimento intelectual. Disso resultaria que a

---

in a particular "mode", which could be called an "I-mode". Although I am co-feeling an emotion together with someone else, this emotion is given to me as my – private and individual – emotion. By contrast, the structure of the collective emotion is transparent for members of collective persons, and this idea could be cashed out by saying that the collective emotion is had by the individual in the adequate mode, or, let's call it, "we-"mode. When the collective emotion is had in the "we-mode", then the individual is aware that she does not own the experience privately; rather, she co-owns or co-experiences it. So, it seems, it is possible to have a collective experience in two different modes: in the I- and the we-mode. The same can be said for individual mental states – generally, individual experiences are transparent to their owners given that their subjects tend to have them in an I-mode. But it is also possible to have individual experiences in a we-mode – in this case, which is highlighted by Searle, the subject incorrectly frames individual experiences in we-terms".

[408] SALICE, Alessandro, *op. cit.*, p. 98: "If that is on the right track, then the following suggestion might sound plausible: to share an emotion means that what I feel is linked to what you feel in the same way that the concave arc is linked to the convex arc. Both feelings are two distinct sides of the same coin, as it were, and one could not exist without the other – meaning that the mental state (the emotion) is one, but the way in which it is given to me (or: the way in which I feel it) is radically different from the way in which it is given to you (or: from how you feel it). Said another way, the description I give of the collective emotion is different from your description of it, because our feelings are different – and, yet, there is unity in multiplicity. In the case in which I have that emotion in the we-mode, i.e., in the case in which I feel that emotion as our emotion, I am aware that I am coexperiencing the emotion with you, meaning that I am aware that how I feel the emotion is correlative to the way in which you feel that emotion".

[409] BILGRAMI, Akeel. *Self-Knowledge and resentment*. Cambridge: Harvard University Press, 2006, p. xii.

[410] GUCCINELLI, Roberta. Value-feelings and disvalue-feelings a phenomenological approach to self-knowledge. *In:* Max Scheler and the Emotional Turn. *Thaumàzein* (Rivista di Filosofia), v. 3, 2015, p. 233-247, esp. p. 235.

[411] Assim, WOJTYLA, Karol. *Max Scheler e a ética cristã*. Tradução de Diva Toledo Pisa. São Paulo: Editora Universitária Champagnat, 1993.

ética emocionalista impediria uma adequada captação do valor.[412] O conhecimento emocional, de todo modo, traduz um conhecimento muito diferente.[413]

A linguagem exibe duas funções principais: (i) cognitiva (ou informativa) e (ii) não cognitiva (ou emotiva). Importa notar a distinção carnapiana entre o conteúdo cognitivo ou pretensão de conhecimento transmitida por uma emissão linguística das imagens ou emoções que a acompanham. Incandescente debate gravita em torno da diferenciação entre o significado cognitivo e a significação emotiva (expressiva e/ou evocadora) das palavras e orações. Nas expressões de caráter metafísico-transcendente, o significado emocional foi considerado disfarçado como significado genuinamente cognitivo.[414]

No tocante ao problema do verificacionismo na ética, o positivismo ético de Schlick rejeita qualquer afirmação da filosofia moral como uma disciplina normativa. A ética, que tratará os valores morais como fatos, torna-se uma ciência empírica, cuja tarefa não é mais justificar, mas explicar as normas existentes, isto é, nossa conduta e nossos julgamentos morais com base em leis gerais ou, por assim dizê-lo, irregularidades que regulam o comportamento humano.[415]

Na concepção schlickiana, a filosofia – a mais nobre das buscas intelectuais, a amazônica realização humana, chamada, frequentemente, de "a rainha de todas as ciências"[416] – é aquela atividade através da qual o significado de enunciados é revelado ou determinado.

Por meio de enunciados a filosofia é explicada; por meio da ciência eles são verificados.[417] A filosofia não consiste em declarar as leis, senão conferir significado e determinação, através de ações. São esses atos que constituem atividade filosófica.

---

[412] MONTES PÉREZ, Ricardo A. *Una aproximación al sistema de valores de Max Scheler*. Apuntes desde la mirada crítica de Karol Wojtyla. Disponível em: http://www.academia.edu/5646909/Una_Aproximaci%C3%B3n_al_sistema_de_Valores_de_Max_Scheler. Acesso em: 23 jun. 2018, p. 1-18, esp. p. 16-17.

[413] ALQUIÉ, Ferdinand. *La conscience affective*. Paris: VRIN, 1979, p. 173: "Le savoir affectif n'est pas un savoir intellectuel non encore explicité mais un savoir autre. Savoir affectivement est savoir autrement".

[414] FEIGL, Herbert. *Origen y espíritu del positivismo lógico. Teorema: Revista Internacional de Filosofia*, v. 9, n. 3/4, 1979, p. 323-352, esp. p. 327.

[415] LAUGIER, Sandra. *Moritz Schlick:* un tournant de la philosophie?, *op. cit.*, p. 298-299: "Comme le dit Cora Diamond dans une récente critique de l'idée de réalisme moral, il n'y a pas plus d'objet spécifique du discours moral que d'objet des énoncés mathématiques: qu'un énoncé appartienne à la mathématique, ou à l'éthique, cela ne dépend pas de "ce sur quoi il porte", d'une réalité métaphysique, mais de son usage. Resisting the attractions of realism: c'est là une expression qui semble peut-être encore mieux convenir à Schlick, à sa conception de la philosophie comme élucidation critique".

[416] SCHLICK, Moritz. O futuro da filosofia. Tradução Leonardo de Mello Ribeiro. *Abstracta* 1:1, 2004, p. 108-122, esp. p. 110.

[417] SCHLICK, Moritz. *The turning point in philosophy* (1930). Disponível em: http://zolaist.org/wiki/images/7/79/The_Turning_Point_in_Philosophy.pdf. Acesso em: 26 jun. 2018, p. 53-59, esp. p. 56-57: "There is, in addition to it, no domain of "philosophical" truths. Philosophy is not a system of statements; it is not a science. But what is it then? Well, certainly not a science, but nevertheless something so significant and important that it may henceforth, as before, be honored as the Queen of the Sciences. For it is nowhere written that the Queen of the Sciences must itself be a science. The great contemporary turning point is characterized by the fact that we see in philosophy not a system of cognitions, but a system of acts; philosophy is that activity through which the meaning of statements is revealed or determined. By means of philosophy statements are explained, by means of science they are verified. The latter is concerned with the truth of statements, the former with what they actually mean. The content, soul and spirit of science is lodged naturally in what in the last analysis its statements actually mean; the philosophical activity of giving meaning is therefore the Alpha and Omega of all scientific knowledge. This was indeed correctly surmised when it was said that philosophy supplied both the foundation and the apex of the edifice of science. It was a mistake, however, to suppose that the foundation was made up of "philosophical" statements (the statements of theory of knowledge), and crowned by a dome of philosophical statements (called metaphysics)".

Na visão schlickiana, os esforços dos metafísicos eram sempre dirigidos ao absurdo fim de expressar o conteúdo de pura qualidade (a "essência" das coisas) por meio de cognições, portanto, de proferir o indizível.[418]

Um dos objetivos do Círculo de Viena era a eliminação da metafísica do debate filosófico, através da análise lógica do discurso.[419] A crítica schlickiana à metafísica encontra apoio no princípio da verificação, de sorte que, na perspectiva dos conceitos de realidade e de mundo externo, é o que distingue o mundo transcendente do mundo externo (empírico).[420] E responde que não faz diferença alguma admitir ou não a existência de algo a mais atrás do mundo empírico e que, por conseguinte, o realismo metafísico na realidade não é verificável.[421]

Segundo Schlick, a distinção entre analítico e sintético coincide inteiramente com *a priori* e *a posteriori*. O empirismo sugere que, em geral, não há outros julgamentos *a priori* que os analíticos ou, caso se prefira, que apenas proposições tautológicas são *a priori*. Uma proposição analítica é uma proposição verdadeira somente em virtude de sua forma. No caso de uma proposição sintética, por outro lado, é preciso primeiro entender o significado e, então, verificar se é verdadeiro ou falso. Portanto, é *a posteriori*.[422]

De outra parte, a crítica carnapiana da metafísica como um pseudoproblema da filosofia assenta em sua tese crucial de que apenas os enunciados que possuem conteúdo fatual são teoricamente significativos. Já os enunciados que não estão fundamentados pela experiência são desnudos de significado. Os enunciados metafísicos, nessa visão, são despidos de sentido por não terem conteúdo fatual.[423] O discurso metafísico, por ultrapassar o domínio empírico, carece de significado, de par a despojar a metafísica de sua capacidade epistemológica, mostrando que seus enunciados não passam de "um aglomerado de sinais ou ruídos carentes de significado." Carnap se arreda do Círculo

---

[418] SCHLICK, Moritz. *The turning point in philosophy*, op. cit., p. 57.

[419] CARNAP, Rudolph. The elimination of metaphysics through logical analysis of language. *In: Logical positivism*, 1959, p. 980-989, esp. p. 980: "The positive result is worked out in the domain of empirical science; the various concepts of the various branches of science are clarified; their formal-logical and epistemological connections are made explicit. In the domain of metaphysics, including all philosophy of value and normative theory, logical analysis yields the negative result that the alleged statements in this domain are entirely meaningless. Therewith a radical elimination of metaphysics is attained, which was not yet possible from the earlier antimetaphysical standpoints. It is true that related ideas maybe found already in several earlier trains of thought, e.g. those of a nominalistic kind; but it is only now when the development of logic during recent decades provides us with a sufficiently sharp tool that the decisive step can be taken". Vide, também, SILVA, Bruno Luciano de Paiva. O silêncio da metafísica em Moritz Schlick e em Rudolf Carnap. *Pensar – Revista Eletrônica da FAJE*, v. 3 n. 1 (2012), p. 75-85, esp. p. 79.

[420] SCHLICK, Moritz. *Positivism and realism*. Disponível em: https://archive.org/stream/PositivismAndRealism/ SchlickMoritz-PositivismAndRealism_djvu.txt. Acesso em: 26 jun. 2018, p. 37-55, esp. p. 54: "The empiricist does not say to the metaphysician: 'Your words assert something false', but 'Your words assert nothing at all!' He does not contradict the metaphysician, but says: 'I do not understand you'".

[421] SCHLICK, Moritz. *Positivism and realism*, op. cit., p. 54: "Even to speak, merely, of another world, is logically impossible. There can be no discussion about it, for a nonverifiable existence cannot enter as meaning into any possible proposition. Anyone who still believes in such a thing –or imagines he believes– can only do so in silence. There are arguments only for something that can be said".

[422] PIANA, Giovanni. Husserl, Schlick e Wittgenstein sulle cosiddette "proposizioni sintetiche a priori". *Rivista "Aut Aut"*, n. 122, 1971, p. 19-41.

[423] CARNAP, Rudolph. *Pseudoproblemas na filosofia*. Coletânea de textos / Moritz Schilick, Rudolf Carnap; seleção de textos Pablo Rubén Mariconda; tradução Luiz João Baraúna, Pablo Rubén Mariconda. (Os pensadores). 3. ed. São Paulo: Nova Cultural, 1988, p. 156-159.

de Viena ao substituir o princípio da "verificabilidade" pelo da "comprovabilidade" ou confirmabilidade, dotado de maior flexibilidade.[424] Liberalizar o empirismo significava modificar, abrandar ou diluir o princípio da verificação.[425]

No *Der logische Aufbau der Welt* de 1928 (A estrutura lógica do mundo), Carnap tentou densificar a tese epistemológica do empirismo inglês, segundo a qual a base de todo o nosso conhecimento da realidade consiste em experiências perceptivas através da construção metódica e logicamente inteligente do mundo dos objetos de determinadas experiências elementares.[426] Pretendeu mostrar que se afigura possível reconstruir de forma racional a totalidade dos conceitos utilizados para descrever ou apresentar nossa experiência. A reconstrução racional buscava oferecer novas apresentações de velhos conceitos. Tais apresentações deveriam reduzir todos os conceitos ao imediatamente dado. Mencionou, também, a possibilidade de avançar uma construção lógica das emoções de uma forma completamente análoga à construção lógica das qualidades sensoriais.[427] Tal tarefa, no entanto, não ganhou vida, nem sob a forma de esboço.[428] Seja como for, a construção lógica alvitrada reclamaria modificações profundas nos protocolos de construção exibidos no *Aufbau*. Especificamente, modificações que permitissem reconhecer a verdadeira duração das emoções e perceber a direção e expressão emocionais.[429]

É digno de nota que, em 1923, I. A. Richards e C. K. Ogden, em seu livro *The Meaning of Meaning*, anteciparam o emotivismo do filósofo britânico Alfred Julius Ayer, no livro *Language, Truth and Logic*, editado em 1936.[430] É de se reaproximar da posição emotivista-empirista de Ayer, da diferenciação entre ética e metaética na análise de julgamentos morais. No que toca ao subjetivismo e ao objetivismo éticos, parece bem mencionar as teoria de Hobbes e Hume (entre outros) e a abordagem desses filósofos em relação às definições do termo "bem". Para Hobbes, o bem é o que eu quero (subjetivismo);

---

[424] CARNAP, Rudolph. *Pseudoproblemas na filosofia, op. cit.*, p. 172.

[425] TRIPODI, Paolo. Profili Rudolf Carnap. *Aphex* n. 13, Gennaio 2016, p. 1-40, esp. p. 17, 30.

[426] PINCOCK, Christopher. Carnap's logical structure of the world. *Philosophy Compass*, 4/6, 2009, p. 951-961, esp. p. 953: "The resulting constitution system begins with the elementary experiences of a single individual, and so is called 'autopsychological' to distinguish it from other heteropsychological systems that begin with the experiences of other individuals (§58). Carnap's basis is specified using a single basic relation Rs of recollected similarity. The elementary experiences are thought of as total momentary experiences that include as aspects inputs from all the different sense modalities including the will and the emotions. 'x Rs y' obtains when a memory of x is compared with a present experience y and some similarity is found in some respect (§78)".

[427] CARNAP, Rudolph. *Der logische Aufbau der Welt*. 1. ed. Hamburg: Felix Meiner Verlag, 1998. §§76, 81, 85, 93, 115, 131, 133.

[428] ALBERTO CARDONA, Carlos. Carnap y la construcción lógica de emociones. *Filosofia Unisinos*, 15(2), p. 130-147, may/aug. 2014, esp. p. 133.

[429] ALBERTO CARDONA, Carlos, *op. cit.*, p. 140, 144.

[430] OGDEN, C. K.; RICHARDS, I. A. *The meaning of meaning*: a study of the influence of language upon thought and of the science of symbolism. New York: A Harvest Book, first published in 1923, p. 125: "But another use of the word is often asserted to occur, of which some at least of those which we have cited are supposed to be degenerations, where 'good' is alleged to stand for a unique, unanalysable concept. This concept, it is said, is the subject-matter of Ethics. This peculiar ethical use of 'good' is, we suggest, a purely emotive use. When so used the word stands for nothing whatever, and has no symbolic function. Thus, when we so use it in the sentence, 'This is good,' we merely refer to tins, and the addition of 'is good' makes no difference whatever to our reference. When on the other hand, we say 'This is red,' the addition of 'is red' to 'this' does symbolize an extension of our reference, namely, to some other red thing. But 'is good' has no comparable symbolic function; it serves only as an emotive sign expressing our attitude to this, and perhaps evoking similar attitudes in other persons, or inciting them to actions of one kind or another".

para Hume, pelo contrário, o bem será o que é aprovado pela maioria das pessoas (objetivismo).[431]

O emotivismo, nutrido por Ayer e Stevenson, sustenta que os "enunciados" morais são pseudoenunciados, posto que a presença de um termo moral em uma proposição não acrescenta significado verificável. Porém, é uma expressão da aprovação ou desaprovação da pessoa que o formula: expressam emoções ou sentimentos subjetivos e influenciam os interlocutores na adoção de nossa atitude.

Os julgamentos morais na perspectiva stevensoniana não tendem a descrever situações, senão provocar atitudes,[432] consistentes em certas pautas de condutas. O significado emotivo dos termos éticos deve ser assentado, nessa linha, pela tendência de uma palavra para criar reações afetivas nas pessoas. Desse modo, indagar sobre a bondade de uma coisa ou ação em particular é o mesmo que indagar por uma influência e a ação que pode ser gerada a partir daí.

A posição ayeriana, além de considerar as afirmações éticas como simples manifestações emocionais do indivíduo, afirma a função de provocar sentimentos de aprovação ou desaprovação, graças à expressão moral emitida diante de uma determinada ação. Contudo, a diferença entre tais concepções (ayeriana e stevensoniana) está em que a primeira se concentra na expressão de seus próprios sentimentos e atitudes, ao passo que a segunda injeta ênfase na tentativa de influenciar os sentimentos e atitudes dos outros.[433]

A corrente filosófica do intuicionismo ético advoga a existência de uma "experiência moral", tornada possível pela intuição intelectual, mediante apreensões intelectuais do bem. As experiências de valor são consideradas como intuições morais ou sensações. Ayer, no entanto, afirma que intuicionistas tacitamente entendem o termo ético como normativo, ou seja, a prescrição da atitude que os homens devem assumir, sem ter em conta que o termo ético é também a descrição da experiência moral. Existe, pois, uma disparidade que marca uma outra concepção da ética, mas a distinção é bastante na maneira de descrever a experiência, não o tipo de experiência como tal.[434]

Na filosofia de nossa contemporaneidade, permanece acesa a chama da teoria emotivista, por influenciar o trabalho de vários pensadores, os quais cultivaram e valorizaram alguma singularidade do emotivismo.[435] Não por acaso, na ética contemporânea,

---

[431] ARIAS ARIAS, María Verónica. Alfred Julius Ayer y el análisis de los juicios morales. *Filosofía UIS*, volumen 11, número 1 enero-junio de 2012, p. 151-168, esp. p. 154: "Es preciso aclarar que aunque es evidente el subjetivismo en la posición de Hobbes y se enmarcare una pretensión objetivadora en la teoría de Hume; ambas derivan en una posición subjetivista, ya que la pretensión de validez general requiere argumentaciones subjetivas". Vide, também, ZAVADIVKER, Nicolás. Alfred Ayer y la teoría emotivista de los enunciados morales. *Anuario Filosófico*, Revista de la Universidad de Navarra, volumen XLI, n. 3, 2008, p. 661-685, esp. p. 661: "Se pueden encontrar antecedentes del emotivismo en las obras de Thomas Hobbes y de David Hume, pero confundidos con posiciones subjetivistas, que son similares pero distinguibles".

[432] CORTINA, Adela; MARTÍNEZ NAVARRO, Emilio. Ética. Madrid: Akal, 1998, p. 91.

[433] MORÓN ALCAIN, Eduardo. El sujeto humano en cuanto conoce y actúa. *In: El ser, el hombre y la razón como fundamentos de la moral y el derecho*. Cordoba: Alveroni Ediciones, 2006, p. 99-142.

[434] ARIAS ARIAS, María Verónica, *op. cit.*, p. 160-161: "Aquello que los intuicionistas califican como aprehensiones intelectuales del bien, es lo mismo que Ayer describe como sentimientos de aprobación. Por ello no hay diferencia entre las experiencias de valor consideradas como intuiciones o sensaciones morales y lo que Ayer explica como aprobación o desaprobación de los enunciados morales".

[435] Cfr., entre outros, GIBBARD, Allan. *Wise choices, apt feelings*: a theory of normative judgement. Cambridge, Massachusetts: Harvard University Press, 1990; BLACKBURN, Simon. *Essays in quasi-realism*. London: Oxford

a colocação da sílaba tônica nos sentimentos morais constitui legado da doutrina do emotivismo.[436]

University Press, 1993; Wright, Georg. H. von. *Valorar (o cómo hablar de lo que se debe callar)*. Nuevas bases para el emotivismo. Traducción castellana de Carlos Alarcón Cabrera. Madrid: Anuario de filosofía del derecho, 18, p. 385-395, 2001; TIMMONS, Mark. *Morality without foundations*: a defense of ethical contextualism. London: Oxford University Press, 2004.

[436] ZAVADIVKER, Nicolás, *op. cit.*, p. 685: "La teoría emotivista, en suma, sobrevivió a la caída del cientificismo positivista en que surgió y forma parte de las ideas a considerar cuando se abordan los principales asuntos de la Metaética".

CAPÍTULO 2

SEGUE O SUBSTRATO TEÓRICO DO TEMA

2.1 Racionalismo jurídico

2.1.1 Considerações introdutórias

A chamada ciência moderna está alicerçada no paradigma científico-racional, desenvolvido no domínio das ciências exatas, mas que se expandiu às ciências sociais, "matematizando" o Direito. De fato, semelhante ideal de cientificidade no campo jurídico exibe a pretensão de torná-lo uma disciplina formalista, exata, objetiva.

O positivismo jurídico deriva da ideologia de transformar o estudo do Direito numa ciência que tivesse as mesmas características das ciências físico-matemáticas, naturais.[437] O positivismo, no afã prático de proporcionar segurança, apresenta um conceito de Direito calcado na noção de validade ditada pelo próprio direito positivo e apartado da moral e da política. O Estado assume a função de única matriz de produção jurídica.[438] Semelhante centralização produz a ideia de legalidade no fito de conferir ao Direito padrões de segurança e de certeza.[439]

Nesse quadro, o caráter científico-racional (positivista) do pensamento jurídico transformou suas crenças sobre o mundo em um insuspeito discurso, com alguns traços característicos: legislador racional, completude do ordenamento, inexistência de lacunas, neutralidade do juiz, aplicação de método lógico-dedutivo (silogismo). Não seria despropositado dizer que tais "dogmas" do positivismo jurídico fazem eco na consciência de muitos juristas da nossa contemporaneidade. De fato, a linha de pensamento do paradigma científico tem a pretensão de transformar o Direito em um sistema matemático e lógico.[440]

---

[437] BOBBIO, Norberto. *O positivismo jurídico*: lições de filosofia do direito. São Paulo: Ícone, 1995, p. 135.

[438] BOBBIO, Norberto. *Teoria da norma jurídica*. São Paulo: Edipro, 2001, p. 31.

[439] FERRAZ JUNIOR, Tercio Sampaio. *Função social da dogmática jurídica*. São Paulo: Max Limonad, 1998, p. 193.

[440] ALMEIDA, Emanuel Dhayan Bezerra de. A influência do racionalismo no sistema jurídico. *Revista Direito e Liberdade – ESMARN*, v. 12, n. 2, p. 77-104, jul./dez. 2010, esp. p. 95-96, 102.

O racionalismo jurídico, então, se esfalfa na tentativa de geometrização do Direito, no sentido de procurar transformá-lo em uma ciência lógica, exata e demonstrável à maneira de uma equação algébrica,[441] da qual descenderiam normas dotadas de sentidos homogeneamente uníssonos. O projeto racionalista caracteriza-se pela prevalência do valor segurança (certeza), enquanto elemento fundante da noção moderna de Direito. Nessa perspectiva iluminista, busca-se formalmente segurança, mesmo ao preço da mais ignominiosa injustiça. O valor justiça substantiva é sacrificado no altar de um (anacrônico) paradigma racionalista de segurança (certeza). Muitos epistemólogos agora reconhecem que a certeza é um objetivo quimérico.

Nessa ótica, a teoria lógico-dedutiva do silogismo judicial, apesar de suas deficiências e aspectos insatisfatórios, é considerada por muitas vozes doutrinárias como a principal garantia de racionalidade das decisões judiciais, tendente a alcançar o valor certeza jurídica.[442] Semelhante ideário ecoa da doutrina política da chamada "separação de poderes" influenciada, exemplificativamente, por Thomas Hobbes (1588-1679) e Montesquieu (1689-1755), na ânsia de reduzir o Judiciário a um mero órgão de poder, com a tarefa de reproduzir, com rigor e mecanicamente, as palavras da lei, sem qualquer compromisso com a justiça substancial da decisão. Nesse programa iluminista-racionalista, a jurisdição exercia uma atividade meramente intelectiva, sem que os juízes lhe pudessem acrescer o mais tênue adminículo volitivo.[443] Eliminou-se, assim, a possibilidade de hermenêutica (trama inventiva) e de argumentação (trama lógica) jurídicas, do conhecimento razoável, e não racional, em patente retrocesso epistemológico. Todavia, criou-se o fascinante hibridismo do magistrado-matemático, sendo que, na experiência forense, alguns sobreviveram à poeira dos séculos...

O jusnaturalismo racionalista não apenas representa a versão moderna do Direito Natural e será o fundamento das teorias dos direitos naturais, senão que, uma vez assumidas essas teorias pela burguesia ilustrada europeia, se converteu no pensamento quase predominante no mundo jurídico, econômico e político da idade moderna.[444] Na concepção grociana, a razão humana desfruta de completude, sendo o método de conhecimento dos princípios do chamado (para alguns, impropriamente) Direito Natural[445] e da vida social.

Problema simpático está em saber se a presença de conceitos jurídicos indeterminados (*rectius*, termos indeterminados de conceitos jurídicos) ou cláusulas gerais permitem um procedimento racional na decisão judicial ou se tais elementos condenam

[441] SILVA, Ovídio A. *Processo e ideologia*: o paradigma racionalista. Rio de Janeiro: Forense, 2004, p. 44.

[442] MAZZARESI, Tecla. Lógica borrosa y decisiones judiciales: el peligro de una falacia racionalista. *DOXA*, n. 19, 1996, p. 201-228, esp. p. 203: "De esta forma, no es sorprendente que cualquier que se atreva a plantear los problemas con que se enfrenta la teoría lógico-dectutiva de las decisiones judiciales sea inmediatamente acusado como irracionalista y condenado como un defensor del decisionismo y del subjetivismo arbitrario del poder judicial".

[443] SILVA, Ovídio A., *op. cit.*, p. 92.

[444] FERNÁNDEZ GARCÍA, Eusebio. El iusnaturalismo racionalista hasta finales del siglo XVII. *In: Historia de los derechos fundamentales*, v. 1. ANSUÁTEGUI ROIG, Francisco Javier; RODRÍGUES URIBES, José Manuel; PECES-BARBA MARTINEZ, Gregorio; FERNÁNDES GARCIA, Eusebio (Coord.), 1998, p. 571-599, esp. p. 584-585.

[445] Para uma definição do direito natural racionalista, vide GROCIO, Hugo. *Del derecho de la guerra y de la paz*. Libro Primero, cap. 1, X, 5, Tomo 1. Traducción de Jaime Torrubiano Ripoll. Madrid: Ed. Reus, 1925, p. 52: "un dictado de la recta razón, que indica que alguna acción por su conformidad o disconformidad con la misma naturaleza racional, tiene fealdad o necesidad moral, y de consiguiente está prohibida o mandada por Dios, autor de la naturaleza".

à indeterminação e ao subjetivismo qualquer raciocínio fundado em proposições que os hospedem.[446] A vaguidão, na linguagem natural, não se afigura, de si, um fator de subjetivismo, de irracionalidade ou de não razoabilidade, além de não excluir aprioristicamente toda possível racionalização: noções vagas podem ceder o passo a funções logicamente determinadas.[447]

O racionalismo se manifesta na latitude histórica do movimento codificador europeu, inclusive em sua raiz sociológica e política, no esforço de unificação da legislação para cimentar política e juridicamente a nação, do que é exemplo frisante o *Codice di procedura civile* italiano, de 1865. Tudo a revelar íntima conexão entre a "ideologia da codificação" e a unidade nacional.[448]

O desencanto da racionalidade logicamente formal abre as portas para o momento irracional dentro dos domínios racionalizados, como economia, ciência,[449] política. Na discussão sobre a *"Iron cage of modernity"*, as lógicas dos domínios são unitárias e irresistíveis, mas em conflito umas com as outras, e, por isso mesmo, produzem, não raro, situações de indecidibilidade.[450] Não à toa, por exemplo, na ciência o poder da grade racional não é capaz de confinar o irracionalismo assente no momento da inventividade e da criatividade individuais.

Ponha-se em alto relevo que não existe um único modelo de racionalidade, senão que variados tipos racionais (*v. g.*, razão dialética, analítica, crítica, abstrata, concreta, a racionalidade material, a procedimental, a dialógica etc.), os quais não são excludentes entre si, mas podem transportar a resultados diferentes. Não por acaso, autorizada doutrina sustenta que inexiste o conceito de racional, mas apenas uma combinação de caracteres mais ou menos adequados às respectivas pretensões teóricas.[451]

Nessa moldura, a desilusão da racionalidade jurídica logicamente formal faz com que a gênese da decisão judicial seja sempre um potencial cavalo de Troia para a irracionalidade inconsciente por sua patente permeabilidade às infiltrações da intuição do juiz, das forças que emergem de seu inconsciente, de sua personalidade, de seus medos e fetiches, de suas idiossincrasias e assim por diante.

Sob o prisma do conceito de Direito e da ideia de justiça no positivismo e pós-positivismo jurídicos, pode-se dizer que a definição do Direito não se subsome a fórmulas homogêneas e definitivas, pois é entendido, por alguns, no sentido de "justo" e "justiça", enquanto, para outros, significa "regras de direito". Para uns, representa um ideal; para outros, se identifica com uma norma positiva escrita. Pode ser tanto disciplina social quanto um complexo de regras de boa conduta. Para alguns, o Direito retrata um aspecto dos fenômenos sociais, como a Sociologia ou a História; ao passo

---

[446] TARUFFO, Michele. *La prova dei fatti giuridici*. Milano: Giuffrè, 1992, p. 206-207.

[447] TARUFFO, Michele, *op. cit.*, p. 208.

[448] GÓMEZ ARBOLEYA, Enrique. El racionalismo jurídico y los códigos europeos. *Revista de Estudios Políticos*, n. 60, p. 33-65, nov./dec. 1951, esp. p. 47-52.

[449] KENNEDY, Duncan. The disenchantment of logically formal legal rationality, or Max Weber's sociology in the genealogy of the contemporary mode of western legal thought. *Hastings Law Journal*, v. 55, p. 1031-1076, may 2004, esp. p. 1061-1062: "In science, it turns out that "creativity" is not reducible to bureaucratically determinable characteristics that govern the specialized subdomains of the modern university. It involves an agonistic, irrational, intuitiv moment without which no amount of learning and technique can accomplish anything of note".

[450] KENNEDY, Duncan, *op. cit.*, p. 1061.

[451] SEGURA ORTEGA, Manuel. *La racionalidad jurídica*. Madrid: Tecnos, 1998, p. 10.

que, para outros, traduz edificação segundo princípios que lhe são próprios, mas de modo independente dos fenômenos sociológicos ou históricos, e por aí vai.[452]

O Direito é uma disciplina social constituída por um feixe de regras de conduta que, em uma sociedade organizada, regulam as relações sociais, cujo respeito é penhor, quando necessário, da coerção pública. O Direito deve refletir o sentimento do justo e de justiça preponderante no meio social para que possa desfrutar de credibilidade moral e de máxima eficácia regulatória. É dizer: em uma sociedade democrática, para além de uma visão unicamente do positivismo jurídico, o Direito, para funcionar eficazmente, deve exibir o selo da aceitação e não apenas ser forçado mediante coação. Disso resulta que o Direito, em si, a um só tempo, é produto da vida social e da vontade humana, constituindo uma ordem normativa permeável aos valores preponderantes na realidade sociocultural e histórica de determinada sociedade.

Revestem-se de significativa importância as pesquisas relativas à composição de conflitos por meio de procedimentos de justiça formal e informal, em sociedade pré-industrial, sob a égide de uma teorização antropológica, e de investigação de mecanismos de resolução de conflitos, ao ângulo caracteristicamente sociológico, das instituições processuais nas sociedades industriais modernas.[453]

O pensamento jurídico pode se expressar de variadas maneiras, valendo sumariar as principais tendências da filosofia do direito: (i) as escolas formalistas se concentram na segurança jurídica, mercê da forma exterior da regra de direito; (ii) as escolas idealistas perseguem um ideal de justiça e fazem da ordem jurídica uma ordem moral; (iii) as escolas realistas colocam água no moinho do progresso social. Assim, ao longo da história, sobre os fundamentos e as finalidades do Direito, irrompem duas grandes vertentes de pensamento jurídico, supostamente incompatíveis entre si, como sejam: (i) o jusnaturalismo e (ii) o positivismo jurídico.

Ocorre, no entanto, que a abordagem ideologicamente antagônica entre tendências idealistas e tendências positivistas parece insatisfatória, na medida em que, por si só, as teses idealistas ou positivistas mostram-se insuficientes em suas respostas à questão da definição do Direito. O mais adequado, então, é conciliar idealismo e positivismo jurídicos, uma fonte complementando a outra reciprocamente, em prol do aperfeiçoamento da definição do Direito e do sistema de Justiça.[454] A "correção" que pode ser aportada à teoria positivista reside no reconhecimento da relevância metodológica dos critérios morais e da realidade social, a fim de identificação e de interpretação-aplicação do direito e na formulação de um critério material de validade jurídica (positivismo "dúctil", "flexível", "inclusivo").[455] Um exemplo frisante da conexão entre Direito e moralidade, e da abertura moral do Direito, é o da função "expansiva", no interior dos ordenamentos jurídicos, dos direito fundamentais, os quais se configuram como exigências ideais eticamente justificadas e historicamente determinadas, convertidas em normas jurídicas.[456]

---

[452] BERGEL, Jean-Louis. *Teoria geral do direito*. (Justiça e direito). 2. ed. São Paulo: Martins Fontes, 2006, p. 5.

[453] FERRARI, Vicenzo. Sociologia del diritto e riforma del processo. *In:* SCARPELLI, Uberto; TOMEO, Vicenzo (Org.). *Società, norme e valori*. Studi in Onore di Renato Treves. Milano: Giuffrè, 1984, p. 347.

[454] BERGEL, Jean-Louis, *op. cit.*, p. 9-10.

[455] PECES-BARBA, Gregorio. *Curso de Derechos Fundamentales*, I. Teoría General. Madrid: Boletín Oficial del Estado, 1995, p. 354 ss, 416 ss.

[456] ZEZZA, Michele. Giusnaturalismo e positivismo giuridico nella teoria dei diritti fondamentali di Gregorio Peces-Barba Martínez. *Sociologia del Diritto*, n. 3, 2013, p. 171-178, esp. p. 172: "I diritti, più precisamente,

No campo da filosofia idealista, o idealismo jurídico corresponde à doutrina do chamado "direito natural"[457] e à existência de valores (*v. g.*, dignidade da pessoa humana, vida, liberdade, igualdade, justiça) transcendentes ao direito positivo, que se impõem ao poder público e ao próprio legislador. As diversas correntes jusnaturalistas compartilham de algumas ideias básicas: (i) o direito natural procede da natureza; (ii) existência de valores e de princípios não escritos supremos, universais e absolutos que se impõem ao direito positivo; (iii) primazia da busca da justiça em relação à legalidade; e (iv) o indivíduo pode subtrair-se às regras que vulnerem os princípios superiores do direito ideal.[458] De acordo com a perspectiva naturalista, o propósito do direito é a justiça: não há direito sem justiça.[459] Mas o que é, afinal de contas, a justiça?[460] Como traduzir uma ação justa? Na concepção kantiana, uma "ação é justa, quando por meio dela, ou segundo a sua máxima, a liberdade do arbítrio de um pode coexistir com a liberdade de qualquer outro, segundo uma lei universal".[461]

O positivismo jurídico consiste em reconhecer valor exclusivamente às regras de direito positivo, reduzindo todo o direito às regras vigentes em determinado lugar e quadra histórica, prescindindo-se de qualquer perquirição de seu conteúdo, se é justo ou injusto. Como dogma geral do positivismo, ao jurista está interditada a possibilidade de "discernir o justo" e deve permanecer "neutro". O Direito, neste contexto, se apresenta como disciplina autônoma que se identifica com a vontade do Estado, do qual, como fonte única, é expressão. Nessa doutrina, o Direito se restringe a um fenômeno estatal.[462]

Mas (dir-se-á) são múltiplas as finalidades do Direito. O foco, aqui, está em duas perspectivas que não se excluem, antes se complementam: justiça e utilidade. Não se pode tocar apenas na eficácia imediata das soluções jurídicas, renunciando ao exame dos valores que o Direito persegue e consagra. Na realidade, bem ao contrário, não se pode abstrair, em determinada sociedade, da existência de valores fundamentais que inspiram a elaboração, norteiam a interpretação-aplicação e presidem o evolver do Direito.

---

rappresentano la traduzione normativa di alcuni principi morali fondamentali (libertà, uguaglianza, solidarietà e sicurezza giuridica) collocati in posizione apicale nella gerarchia delle fonti, e si pongono come limitazioni materiali rispetto al principio di autonormazione collettiva che ispira le decisioni democratiche".

[457] WEBER. Thadeu. *Direito e justiça em Kant*. *Revista de Estudos Constitucionais, Hermenêutica e Teoria do Direito (RECHTD)*, 5(1), p. 38-47, jan./jun. 2013, esp. p. 41: "Dessa forma, para não incorrer em falácia naturalista, fica claro que a definição do que é justo/injusto não pode ser estabelecida a partir do direito positivo. Não se pode partir do que é para o que deve ser. Para definir o direito como justiça (uma espécie de dever ser), deve-se abandonar o empírico e recorrer à razão. Isso mostra que o direito natural é o fundamento racional do direito positivo. É o imperativo categórico do Direito que enuncia o critério de justiça e é dele que derivam as leis positivas. Os princípios de justiça que orientam o direito positivo (tanto o privado como o público) são determinados ou derivados do direito natural".

[458] INGBER, L. Jean Bodin et le droit naturel. *In: Actes du coloque interdisciplinaire d'Angers*, Presses Univ. d'Anger, 1995, I, p. 279-302.

[459] MAGNON, Xavier. *En quoi le positivisme – normativisme – est-il diabolique?* Disponível em: http://www.droitconstitutionnel.org/congresParis/comC7/MagnonTXT.pdf. Acesso em: 16 jul. 2018, p. 1-24, esp. p. 7.

[460] CELLA, José Renato Gaziero. Positivismo jurídico no século XIX: relações entre direito e moral no *ancien régime* à modernidade. *Anais do XIX Encontro Nacional do CONPEDI*, realizado em Fortaleza – CE, em Junho de 2010, p. 5.480-5.501, esp. p. 5.480: "Também aqui o debate se põe, sendo que talvez nenhum outro tema tenha ocupado tanto a filosofia do direito como as relações entre o direito e a moral, ou, num sentido mais amplo, as relações entre o direito como é (o direito positivo) e o direito como deveria ser segundo os postulados da moral e da justiça (o direito natural ou racional)".

[461] Ouça-se a dicção do filósofo de Königsberg KANT, Immanuel. *Die Metaphysik der Sitten*. Frankfurt am Main, Suhrkamp, 1982, p. 337.

[462] BERGEL, Jean-Louis, *op. cit.*, p. 15-16.

Com efeito, seria rematado absurdo dizer que realizar um ideal de justiça seja o pior meio de se buscar progresso social, quando, bem pesadas as coisas, é justamente o melhor. Um sistema de Justiça eficiente, que produza decisões materialmente justas, além de granjear a confiança da população, é o mais adequado caminho na batalha da civilidade contra a fúria obscurantista do atraso sociocultural da sociedade humana. Assim, no campo das finalidades do Direito, tanto os idealistas como os utilitaristas deveriam dar as mãos das noções do justo e do útil e endossar a justiça material tendente à maximização da felicidade do maior número de pessoas possível em determinado grupo social. O critério moral é o de apreciar a qualidade material de uma decisão judicial de acordo com suas consequências profícuas sobre a vida individual e social, fazendo-se o justo e o útil perfeitamente coincidir, na perspectiva do positivismo jurídico, no "real".[463]

De fato, se o Direito se inspira ao mesmo tempo no justo e no útil, o raciocínio jurídico não se reduz a um produto de pura lógica ou a uma fórmula lógico-dedutivista ou, ainda, a uma máquina silogizante que o empobreceria,[464] mas é permeável às infiltrações de valores nas configurações de decisões jurídicas em geral.

O positivismo jurídico desenvolveu uma teoria sobre a validade[465] e a interpretação do Direito orientada pela postura de radical neutralidade,[466] em oposição à concepção jusnaturalista então predominante. O jusnaturalismo tende a identificar a validade da norma jurídica com a justiça: uma norma é válida se é coerente com certos critérios éticos ou ético-políticos. Já o normativismo reduz a validade à positividade: uma norma é válida quando foi posta pelo sujeito competente segundo os procedimentos estabelecidos, ou seja, que está livre de defeitos formais. O realismo jurídico, por sua vez, vincula a validade da norma jurídica à sua efetividade.[467]

O esforço kelseniano estava concentrado na atribuição de caráter científico ao Direito e propugnava a separação entre Direito e moral, bem como o distanciamento do Direito à ética. Poder-se-ia, nessa visão, ter uma lei válida, mas notoriamente injusta. Não havia espaço para se esquadrinhar o significado mais profundo do Direito e da justiça. Os positivistas afirmavam, amiúde, que tais questões metalegais não poderiam ser respondidas cientificamente e, por isso mesmo, não encontravam pouso na ciência do Direito.[468]

Porém, o positivismo jurídico, cuja nota essencial enfatiza o divórcio entre Direito e moral, pode ser fracionado em inúmeras correntes, como "positivismo exclusivo"

---

[463] GUSMÃO, Paulo Dourado de. *Introdução ao estudo do direito*. 31. ed. Rio de Janeiro: Forense, 2002, p. 385.

[464] CALAMANDREI, Piero. *Processo e democrazia*. Conferenze tenute alla Facoltà di Diritto dell'Università Nazionale dell Messico. Padova: CEDAM, 1954, p. 63.

[465] PINO, Giorgio. Costituzione, positivismo giuridico, democrazia. Analisi critica di tre pilastri della filosofia del diritto di Luigi Ferrajoli. *Diritto e questioni pubbliche*, n. 14, p. 57-110, 2014, esp. p. 80: "Un secondo profilo della tesi della separazione tra diritto e morale è una tesi (o definizione) della validità giuridica. In questo senso, la tesi consiste nell'affermare che la validità di una norma giuridica non è funzione della sua giustizia, e viceversa: una cosa è la validità, altra cosa è il valore morale di una norma giuridica. Di conseguenza, è possibile – o forse necessario – accertare la validità di una norma giuridica senza far uso di valutazioni morali".

[466] PINO, Giorgio. Il positivismo giuridico di fronte allo Stato costituzionale. *In: Analisi e diritto*, a cura di P. Comanducci e R. Guastini, 1998, p. 203-227, esp. p. 213-214: "Si può rilevare in ogni caso che il principio di neutralità rappresenta un punto cardine dell'impianto giuspositivistico: è infatti una delle possibili implicazioni della teoria della separazione fra diritto e morale, vero e proprio terreno di battaglia fra giuspositivismo e giusnaturalismo prima, e fra giuspositivismo e (genericamente) antipositivismo poi".

[467] PINO, Giorgio. *Il positivismo giuridico di fronte allo Stato costituzionale, op. cit.*, p. 225.

[468] KELSEN, Hans. The pure theory of law and analytical jurisprudence. *Harvard Law Review*, v. 55, n. 1, p. 44-70, 1941, esp. p. 44, 49.

(que introduz a questão em termos de necessidade) e "positivismo inclusivo" (que coloca a questão em termos de possibilidade).[469] Os exclusivistas afirmam que a moral jamais poderá ser tomada como parâmetro de validade do Direito, porque ele deve ser definido tendo como referência fatos sociais (fatos brutos), prescindindo-se de fundamentos metafísicos. Daí emerge que o valor moral não é pressuposto indispensável de juridicidade da norma, referenciada a um critério puramente formal (carente de critérios de mérito exógenos). Já os inclusivistas indicam que a moral, nada obstante não constituir essencialmente um parâmetro jurídico de validade, pode ser utilizada, em alguma escala, nas empreitadas de definição e de interpretação-aplicação do Direito.[470]

Em outras palavras, os seguidores do positivismo moderno dividiram-se em relação a um dos princípios fundamentais: a tese da "separação" entre lei escrita legislada e moral. Alguns defendiam um positivismo "suave", "inclusivista" ou "incorporacionista" que reconhecesse que os princípios e valores morais – como produtos "sociais", não como elementos de uma lei "superior" natural ou divina – poderiam ser autorizadas "fontes" de lei. Outros tantos incensavam um positivismo "duro" ou "exclusivista" que perseverava em que os princípios e valores morais precisariam ser mantidos completamente separados das fontes positivas e autorizadas do direito "propriamente ditas".[471] Seja como for, é concebível, principalmente ao ângulo da pauta axiológica que inspira o neoconstitucionalismo (*v. g.*, dignidade humana, igualdade, liberdade, solidariedade), que possam existir sistemas jurídicos permeáveis aos imperativos morais substanciais na identificação da validade das normas jurídicas.[472] Significa dizer que o trabalho interpretativo em si de textos normativos, em qualquer nível, é condicionado, inevitavelmente, por escolhas morais e orientado por opções ético-políticas. Por assim ser, o acertamento da validade substancial impõe, também, valorações morais e, neste contexto, a disjunção positivista entre lei e moralidade ou Direito e moral carece de sustentação.[473] A lei se abre para uma leitura moral: o juiz deve lançar mão de "princípios de moralidade política" para interpretar suas diretrizes, apresentando o texto em sua melhor luz, vale dizer, que melhor se adapte à "moralidade política" da lei.[474]

---

[469] Para uma visão panorâmica do tema, vide SCHIAVELLO Aldo. *Il positivismo giuridico dopo Herbert L. A. Hart.* Un'introduzione critica. Torino: Giappichelli, 2004.

[470] FERNANDES, Ricardo Vieira de Carvalho. *Influências extrajurídicas sobre a decisão judicial*: determinação, previsibilidade e objetividade do direito brasileiro. Tese (doutorado) – Universidade de Brasília (UnB), Faculdade de Direito, Programa de Pós-Graduação em Direito, Doutorado em Direito, Estado e Constituição, 2013. 352f. Disponível em: http://repositorio.unb.br/bitstream/10482/15154/1/2013_RicardoVieiradeCarvalhoFernandes. pdf. Acesso em: 02 abr. 2018, p. 24-25.

[471] PURCELL JR., Edward A. Democracy, the constitution, and legal positivism in America: Lessons from a winding and troubled history. *Florida Law Review*, v. 66, n. 4, p. 1.457-1.511, jul. 2014, esp. p. 1.486.

[472] COLEMAN, Jules. Incorporationism, conventionality, and the practical difference thesis. *In*: COLEMAN, Jules (Org.). *Hart's postscript*. Essays on the postscript to the concept of law. Oxford: Oxford University Press, 2001, p. 99-142, esp. p. 100. Vide, também, PRIETO SANCHÍS, Luis. Sobre el neoconstitucionalismo y sus implicaciones. *In: Justicia Constitucional y Derechos Fundamentales*. Madrid: Trotta, 2003, p. 101-135; SARMENTO, Daniel. *Neoconstitucionalismo no Brasil: riscos e possibilidades*. Disponível emhttp://www.editoraforum.com.br/ sist/conteudo/lista_conteudo.asp?FIDT_CONTEUDO=56993. Acesso em: 16 jul. 2018, p. 1-39, esp. p. 4: "Ao reconhecer a força normativa de princípios revestidos de elevada carga axiológica, como dignidade da pessoa humana, igualdade, Estado Democrático de Direito e solidariedade social, o neoconstitucionalismo abre as portas do Direito para o debate moral".

[473] PINO, Giorgio, *op. cit.*, p. 83-84.

[474] ROUSSIN, Juliette. *La morale et le droit.* La vie des idées. Disponível em: http://www.laviedesidees.fr/La-morale-et-le-droit.html. Acesso em: 17 jul. 2018, p. 1-7, esp. p. 2-3.

De fato, não parece sensata a ideia de que lei e moralidade devam ser mantidas separadas, em departamentos estanques. A moralidade estabelece ideais para a lei, e a lei deve viver de acordo com eles. Todavia, não há duvidar que existem leis que podem ter algum grau de iniquidade ou de estupidez e ainda serem leis.[475] Não seria hipérbole falar que é a moralidade que torna, em certo sentido, a lei possível na ordenação da vida social.[476]

Não se podem admitir leis válidas, porém flagrantemente injustas (*lex iniusta non est lex*),[477] daí por que era de rigor que se resgatasse um mínimo de moralidade e de eticidade para a aferição da validade da norma. Tal é a busca dinâmica do direito justo.[478] A partir do Segundo Pós-Guerra, a visão positivista sobre a relação entre Direito e moral experimentou profunda mutação estrutural. Deu-se a (re)valorização dos direitos fundamentais em sede doutrinária, bem como o florescimento na esfera dos tribunais constitucionais de julgamentos informados por forte conteúdo axiológico, favorecendo a criação de um sistema de valores.[479]

A chamada era do pós-positivismo jurídico, apesar de não traduzir uma corrente uniforme de pensamento, é singularizada pela íntima reaproximação entre Direito e moral-ética ou Direito e regresso aos valores,[480] materializados em princípios jurídicos insertos na Constituição, bem assim pela proeminência da ideia de legitimidade[481] e de exigências morais e políticas de justiça substancial. A visão pós-positivista obteve, assim, formidável incremento decorrente do ressurgimento das relações direito-moral-justiça. O valor justiça substantiva ganhou o dia. O conceito de Direito passou a ser nutrido por novas ideias e ideais, distanciando-se da concepção positivista que o identificava com o preceito legal escrito e legislado. A hermenêutica jurídica passou a observar uma pauta de valores preponderantes na sociedade. A ciência jurídica passou a recepcionar a realidade social e se afeiçoar à vida. O chamado positivismo suave (*Soft Positivism*), a partir do *Postscript* de

---

[475] GREEN, Leslie. *Positivism and the inseparability of law and morals*. Disponível em: http://www.nyulawreview. org/sites/default/files/pdf/NYULawReview-83-4-Green.pdf. Acesso em: 18 jul. 2018, p. 1-23, esp. p. 21: "Even if legal systems must try to achieve moral ends, or must achieve them minimally, or must contain the germ of justice, or must be apt for justice, all that is "compatible with very great iniquity". That is to say, law is morally fallible. Law should be just, but it may be ferociously unfair; it should promote the common good, but it may be alienating and divisive; it should advance human flourishing, but it may be thoroughly toxic".

[476] FULLER, Lon. Positivism and fidelity to law: a reply to Professor Hart. *Harvard Law Review*, v. 71, n. 4, p. 630-672, 1957.

[477] ASÍ ROIG, Rafael de. Imparcialidad, igualdad y obediencia en la actividad judicial. *DOXA*, Alicante, n. 15-16, p. 913-928, 1994, esp. p. 925: "¿Es posible que la moral del juez esté por encima de la del Derecho?; ¿es posible que una disposición injusta a juicio de quien juzga pueda ser transgredida por éste?; ¿puede el juez elaborar normas enfrentadas a las que componen el Ordenamiento?; ¿cabe hablar de un derecho a la objeción de conciencia en los jueces?"

[478] ORREGO S., Cristóbal. De la ontología del derecho al derecho justo. Progresos recientes de la teoría analítica del derecho. *Revista Chilena del Derecho*, v. 30, n. 2, p. 307-320, 2003, esp. p. 317.

[479] M. CRUZ, Luis. *Estudios sobre el neoconstitucionalismo*. México: Porrúa, 2006, p. 7-8.

[480] CALSAMIGLIA, Albert. Postpositivismo. *Doxa: Cuadernos de Filosofía del Derecho*, Alicante, n. 21, v. 1, p. 209-220, 1998., esp. p. 209.

[481] ZEZZA, Michele, *op. cit.*, p. 176: "I valori superiori che si trovano a fondamento della legittimità delle norme particolari, pur presentando un radicamento sociale nella cultura umanista del mondo occidentale moderno, aspirano infatti, in virtù del loro stretto legame concettuale con l'idea di dignità umana, ad una validità morale oggettiva non riducibile al contesto da cui hanno origine. Tuttavia, sebbene il loro statuto normativo si presenti formalmente come il prodotto di una scelta razionale di carattere necessario, la loro universalità è da intendersi piuttosto come una sorta di ideale regolativo in grado di assicurare una certezza meramente relativa, una stabilità effimera costantemente soggetta ai mutamenti del divenire storicosociale".

Hart,[482] aceitou a existência de princípios morais dentro da lei ou a ideia de que os princípios morais permeiam o direito moderno, inclusive o norte-americano.[483]

Esse ambiente favoreceu a definição das interações entre valores, princípios e regras, uma nova hermenêutica constitucional e a teoria dos direitos fundamentais, impulsionada pelo valor dignidade humana. O pós-positivismo desdobrou-se em duas vertentes: (i) o caminho trilhado por Dworkin e Alexy busca restaurar a força normativa dos princípios de direito, impregnados de potencial axiológico; (ii) a rota exemplificativa de Chaïm Perelman garimpa, nos fundamentos que sustentam as decisões judiciais, sua força lógico-legitimante.[484] A reaproximação entre Direito e valores, com a superação da lógica dedutivista, atrai problemas de justificação e de legitimação da interpretação-aplicação do direito pelos juízes e tribunais,[485] os quais têm o dever de enunciar, publicamente, as razões justificativas dos critérios de escolha ou de valoração usados na decisão.[486]

Nesse cenário pós-positivista, não seria despropositado dizer que os princípios morais usados pelo juiz para justificar suas decisões jurídicas (como quando versem sobre direitos humanos) podem, igualmente, se configurar como princípios jurídicos.[487] Há uma coligação entre Direito e moral, pois os princípios morais entram necessariamente no domínio do direito, ainda que para tanto se lhes confira normatividade mediante criação de princípios jurídicos.[488] De sorte que o balanceamento de valores e a ponderação entre meios e fins, à luz das especificações do caso concreto, estão na ordem do dia da argumentação jurídica,[489] com adequada justificação.

---

[482] HART, H. L. A. *The concept of law*, 2nd Ed. Oxford University Press, 1997, p. 185-186: "the simple contention that it is in no sense a necessary truth that laws reproduce or satisfy certain demands of morality, though in fact they have often done so".

[483] DIENER, Keith William. *A defense of soft positivism*: Justice and principle processes. Thesis, Georgia State University, 2006. Disponível em: http://scholarworks.gsu.edu/philosophy_theses/7. Acesso em: 17 jul. 2018, p. 1-76, esp. p. 43.

[484] CAMARGO, Margarida Maria Lacombe. *Hermenêutica e argumentação*: uma contribuição ao estudo do direito. 3. ed. Rio de Janeiro: Renovar, 2003, p. 141.

[485] STRECK, Lenio Luiz. A atualidade do debate da crise paradigmática do direito e a resistência positivista ao neoconstitucionalismo. *RIPE – Revista do Instituto de Pesquisas e Estudos*, Bauru, v. 40, n. 45, p. 257-290, jan./jun. 2006, esp. p. 279-280: "Os juízes têm a obrigação de justificar suas decisões, porque com elas afetam os direitos fundamentais e sociais, além da relevante circunstância de que, no Estado Democrático de Direito, a adequada justificação da decisão constitui um direito fundamental. (…) A justificativa é condição de possibilidade da legitimidade da decisão".

[486] ROCHA, Sergio André. Evolução histórica da teoria hermenêutica: do formalismo do século XVIII ao pós-positivismo. *Lex Humana*, v. 1, n. 1, p. 77-160, 2009, esp. p. 129.

[487] BARROSO, Luís Roberto. Neoconstitucionalismo e constitucionalização do direito: o triunfo tardio do direito constitucional no Brasil. *Revista de Direito Administrativo*, Rio de Janeiro, n. 240, abr./jun. 2005, p. 1-42, esp. p. 4-5: "A superação histórica do jusnaturalismo e o fracasso político do positivismo abriram caminho para um conjunto amplo e ainda inacabado de reflexões acerca do Direito, sua função social e sua interpretação. O pós-positivismo busca ir além da legalidade estrita, mas não despreza o direito posto: procura empreender uma leitura moral do Direito, mas sem recorrer a categorias metafísicas. A interpretação e aplicação do ordenamento jurídico hão de ser inspiradas por uma teoria de justiça, mas não podem comportar voluntarismos ou personalismos, sobretudo os judiciais. No conjunto de ideias ricas e heterogêneas que procuram abrigo neste paradigma em construção incluem-se a atribuição de normatividade aos princípios e a definição de suas relações com valores e regras; a reabilitação da razão prática e da argumentação jurídica; a formação de uma nova hermenêutica constitucional; e o desenvolvimento de uma teoria dos direitos fundamentais edificada sobre o fundamento da dignidade humana. Nesse ambiente, promove-se uma reaproximação entre o Direito e a filosofia".

[488] DWORKIN, Ronald. *A justiça de toga*. (Biblioteca Jurídica WMF). São Paulo: WMF Martins Fontes, 2010, p. 14, 121 ss.

[489] GUERRA, Gustavo Rabay. Estrutura lógica dos princípios constitucionais: pós-positivismo jurídico e racionalidade argumentativa na reformulação conceitual da normatividade do direito. *Revista Brasileira de Direito Constitucional*, n. 7, v. 2, p. 220-237, jan./jun. 2006, esp. p. 233.

A normatividade jurídica dos princípios, no ambiente do pós-positivismo jurídico, significa abertura do sistema jurídico diante da moral.[490] Cumpre notar-se a positivação constitucional do imperativo de moralidade da Administração Pública, como se verifica do art. 37, *caput*, da Constituição Federal brasileira de 1988: "A administração pública direta e indireta de qualquer dos Poderes da União, dos Estados, do Distrito Federal e dos Municípios obedecerá aos princípios de legalidade, impessoalidade, moralidade, publicidade e eficiência (...)."

A era do pós-positivismo jurídico pode oferecer uma útil compreensão e a valorização da estrutura normativa do Estado Constitucional e Democrático de Direito, no qual a validade jurídica não é mais reduzível à mera positividade (ou vigor). A potestade normativa está atrelada não apenas a certos procedimentos, mas também à não violação das fronteiras substanciais demarcadas na Constituição, as quais, em larga extensão, tocam aos direitos fundamentais.

Entretanto, prestigiosa doutrina afirma que o positivismo jurídico, em suas diferentes variantes (*v. g.*, exclusivo, inclusivo, axiológico), não se afigura capaz de operar dentro da nova realidade do Estado Constitucional. Tal decorre da obsessão do positivismo jurídico para atribuir à teoria do direito um cunho puramente descritivo, circunstância que implica exclusão da dimensão do valor das normas legais, além da sua inaptidão para explicar outros aspectos relevantes do raciocínio jurídico. Ademais, a ênfase no caráter prescritivo da norma legal deixa de lado sua dimensão de valor e estorva a consideração de uma ordem jurídica constitucional, bem como a ausência de reconhecimento do Direito como uma prática social complexa.[491]

De qualquer forma, poder-se-ia entender que o pós-positivismo, ao contrário de negar o positivismo, busca complementá-lo, mediante a inserção dos juízos de valor no mundo do direito.[492] A figura do juiz como "inanimada boca da lei" não se coaduna com o papel da jurisdição na pós-modernidade, máxime no tocante à concretização dos direitos fundamentais e à preservação da pauta axiológica prevalecente no seio de cada sociedade, intensamente marcada pelo pluralismo e multiculturalismo. Na concreta administração da Justiça, é preciso ver mais do que togas que poderiam esconder autômatos.

Não se pode ignorar o fenômeno de que, em toda atividade de interpretação, é intrínseco certo grau de criatividade, principalmente sob a égide dos direitos fundamentais, das peculiaridades do caso concreto e das necessidades de tutela do direito

---

[490] HECK, Luis Afonso. Regras, princípios jurídicos e sua estrutura no pensamento de Robert Alexy. *In:* LEITE, George Salomão (Org.). *Dos princípios constitucionais:* considerações em torno das normas principiológicas da Constituição. São Paulo: Malheiros, 2003, p. 52-100, esp. p. 67.

[491] ATIENZA, Manuel; RUIZ MANERO, Juan. Dejemos atrás el positivismo jurídico. *Isonomía*, n. 27, p. 7-28, oct. 2007, esp. p. 25-26: "El positivismo no es la teoría adecuada para dar cuenta y operar dentro de la nueva realidad del Derecho del Estado constitucional, además de por los déficits a los que se ha venido haciendo referencia, por un último rasgo vinculado a ellos: porque tiene (en todas sus variantes) un enfoque exclusivamente del Derecho como sistema, y no del (también) del Derecho como práctica social. Como sistema, el Derecho puede considerarse como un conjunto de enunciados de carácter normativo y no normativo que cumplen ciertos requisitos. Pero además el Derecho puede (ha de) verse como una práctica social compleja consistente en decidir casos, en justificar esas decisiones, en producir normas, etc. Dicho quizás de otra manera, el Derecho no es simplemente una realidad que está ya dada de antemano (y esperando, por así decirlo, al jurista teórico que la describa y sistematice), sino una actividad en la que se participa y que el jurista teórico ha de contribuir a desarrollar".

[492] AMORIM, Leticia Balsamão. Importância do positivismo em tempos pós-modernos: a racionalidade jurídica do positivismo ao pós-positivismo. *Revista de Direito Constitucional e Internacional*, n. 65, v. 16, p. 143-157, 2008, esp. p. 156-157.

material, dês que inarredáveis espaços de legítima criação na atividade judiciária (*v. g.*, direito criado pelo juiz, mediante reinterpretação de princípios fundamentais à luz de novas circunstâncias de fato, seja modificando seu conteúdo, seja amplificando seu espectro de incidência). Tampouco, sob o pálio da ideologia publicista do processo, parece correto sustentar o papel absolutamente passivo do juiz, de simples espectador contemplativo do procedimento e de mero fiscalizador das "regras do jogo" da disputa entre os litigantes.

2.1.2 A perda de prestígio da teoria do silogismo judicial: atividade dedutiva ou de subsunção na aplicação da norma ao fato

Como os juízes julgam? Em meio às categorias normativas, descritivas e prescritivas, dois modelos de julgamento apresentam respostas distintas para semelhante indagação.[493] De um lado, o modelo dedutivo mergulha raízes no formalismo jurídico. Os formalistas concebem o sistema judicial como uma "gigantesca máquina de silogismos".[494] Acreditam que a tomada de decisão obedece a um rígido esquema silogístico da seguinte maneira: a regra jurídica fornece a premissa maior, enquanto os fatos abastecem a premissa menor, daí se extraindo uma conclusão lógica.[495] Emerge, assim, o ideal formalista de julgar genuinamente mecânico, automatizado. Nesse modelo deliberativo-dedutivo, o juiz assume o papel de ser uma calculadora hercúlea.[496]

Em contraste, está o modelo "intuitivo" do juiz, mais afeiçoado às primeiras insinuações do realismo jurídico. Este modelo, no contexto de descoberta da decisão, é plasmado pelo trinômio intuição-sentimento-emoção, sendo o processo de tomada de decisão do juiz caracterizado por um *flash* intuitivo.[497] O sistema intuitivo também é

---

[493] No tocante ao *dual-process model*, tradicionalmente chamado de intuição/intuitivo e de razão/deliberativo, vide STANOVICH, Kate E. *Who is rational?* Studies of individual diferences in reasoning. Mahwah, NJ: Erlbaum, 1999; STANOVICH, Kate E.; WEST, R. Individual differences in reasoning: implications for the rationality debate? (p. 421-440). In: GILOVICH, T.; GRIFFIN, D.; KAHNEMAN, D. (Ed.). *Heuristics & biases*: the psychology of intuitive judgment. New York: Cambridge University Press, 2002; SLOMAN, Steven A. Two systems of reasoning (p. 379-396). In: GILOVICH, T.; GRIFFIN, D.; KAHNEMAN, D. (Ed.). *Heuristics & biases*: the psychology of intuitive judgment. New York: Cambridge University Press, 2002; SLOVIC, Paul; FINUCANE, Melissa; PETERS, Ellen; MACGREGOR, Donald G. The Affect Heuristic (p. 397-420). In: GILOVICH, T.; GRIFFIN, D.; KAHNEMAN, D. (Ed.). *Heuristics & biases*: the psychology of intuitive judgment. New York: Cambridge University Press, 2002; KAHNEMAN, Daniel; FREDERICK, Shane. A model of heuristic judgement (p. 267-293). In: *The Cambridge Handbook of Thinking and Reasoning*, Edited by Keith J. Holyoak and Robert G. Morrison, 2005; FRASER-MACKENZIE, Peter A. F.; BUCHT, Rebecca E.; DROR, Itiel E. Forensic judgment and decision making. *In: Comparative decision making.*. Oxford, GB. Oxford University Press, 2013, p. 385-415, esp. p. 391-393.

[494] NEUBORNE, Burt. Of sausage factories and syllogism machines: formalism, realism, and exclusionary selection techniques. *New York University Law Review*, 67, p. 419-450, 1992, esp. p. 421: "Pure formalists view the judicial system as if it were a giant syllogism machine, with a determinate, externally-mandated legal rule supplying the major premise, and objectively "true" pre-existing facts providing the minor premise. The judge's job is to act as a highly skilled mechanic with significant responsibility for identifying the "right" externally-mandated rule, but with little legitimate discretion over the choice of the rule. The juror's job is to do the best she can to discover the "true" facts and to feed them into the machine. The conclusion takes care of itself as a matter of logic".

[495] ROCCO, Alfredo. *La sentencia civil:* La interpretación de las leyes procesales. Tribunal Superior de Justicia del Distrito Federal, 2002, p. 54.

[496] Para um aceno geral da descrição do papel do juiz no campo decisório, vide DWORKIN, Ronald. *Law's empire.* London: Fontana Masterguides, 1986, p. 254-258.

[497] HUTCHESON JR, Joseph C. Judgment intuitive: the function of the hunch in judicial decision. *Cornell Law Review*, v. 14, Issue 3, April 1929, p. 274-288, esp. p. 285. Vide, também, descrevendo o "raciocínio judicial" como fundamentalmente intuitivo, FRANK, Jerome. *Law and the modern mind.* New Brunswick: Transaction

fortemente densificado de conteúdo sentimental-emocional, vocacionando-o a produzir julgamentos équos, justos e dotados de confiabilidade.[498]

Noutras palavras: as decisões judiciais não são baseadas apenas na aplicação de preceitos normativos aos fatos de um caso de maneira racional, mecânica e deliberativa; antes, ao contrário, há uma constelação de fatores psicológicos, políticos e sociais que influenciam, *ab ovo*, o juiz na tomada de decisões.[499]

Parece bem remarcar que tais sistemas (intuitivo e deliberativo) guardam pertinência temática com duas escolas fundamentais de pensamento sobre juízes e tomada de decisões: realismo e formalismo jurídicos.[500] Os realistas, como uma resposta frontal aos formalistas,[501] escudam-se na ideia de que os juízes atentam realmente para intuições, predições e pressentimentos sobre como decidirão os casos e, só depois, desenvolvem o raciocínio para a construção das premissas com enunciados fático-jurídicos que possam racional e argumentativamente suportar a razoabilidade, a validade e a aceitabilidade da decisão. O discurso judicial *a posteriori*, que ministra razões justificativas do julgado, implica "racionalização" do juízo intuitivo, matizado por fatores extrajurídicos e, portanto, ilógico, irracional ou, quando nada, arracional.[502]

Na realidade, o juiz toma sua decisão guiado por uma intuição emocional – à qual se reconhece um *status* mais importante que às estruturas de lógica formal[503] – e, depois que a solução é estabelecida, busca uma argumentação jurídico-ideológica

---

Publishers, 2009 [1930], p. 111; LEVI, Edward. H. *An introduction to legal reasoning.* Chicago: University of Chicago Press, 1949, p. 1-6.

[498] RACHLINSKI, Jeffrey J. Processing Pleadings and the Psychology of Prejudgments. *DePaul Law Review*, v. 60, p. 413-429, 2011, esp. p. 415: "The intuitive system of judgment consists of cognitive processes that produce rapid, confident judgments. These processes are "automatic, heuristic-based, and relatively undemanding of computational capacity". "The intuitive system is sometimes called "System 1," because it is thought to be the primary way that the human brain processes information. The intuitive system is essential for situations that require extremely rapid responses, such as reactions to danger. Slow, careful deliberation did not save any of our ancestors from being eaten by predators-intuition did. As such, the intuitive system produces judgments that "occur spontaneously and do not require or consume much attention". The intuitive system is also heavily laden with emotional content. Intuition produces confident judgments meant to inspire quick action".

[499] DANZIGER, Shai; LEVAV, Jonathan; AVNAIM-PESSO, Liora. Extraneous factors in judicial decision. *PNAS*, v. 108, n. 17, p. 6889-6892, apr. 2001, esp. p. 6889.

[500] Para um aceno geral do problema realismo e formalismo jurídicos, vide TAMANAHA, Brian Z. *Beyond the formalist-realist divide*: the role of politics in judging. Reino Unido: Princeton University Press, 2010.

[501] REYES MOLINA, Sebastián. Jerome Frank: realismo jurídico estadounidense y los hechos en el derecho. *Eunomía – Revista en Cultura de la Legalidad*, n. 10, p. 265-273, abr./sep. 2016, esp. p. 265.

[502] CELLA, José Renato Gaziero. *Realismo jurídico norte-americano e ceticismo.* Disponível em: http://www.cella.com. br/conteudo/conteudo_28.pdf. Acesso em: 18 jul. 2018, p. 1-20, esp. p. 1: "Para os realistas, a forma como os juízes tomam suas decisões não se dá por meio de uma dedução lógica, ainda que a forma das sentenças se assemelhe a um silogismo. Para esses autores, com efeito, o juiz não parte de alguma regra ou princípio como sua premissa maior, toma os fatos do caso como premissa menor e chega a sua resolução mediante um puro processo de raciocínio. Para eles, ao contrário, o juiz – ou os jurados – tomam suas decisões de forma irracional – ou, pelo menos, arracional – e posteriormente as submetem a um processo de racionalização. A decisão, portanto, não se baseia na lógica, mas nos impulsos do juiz que estão determinados por fatores políticos, econômicos, sociais e, sobretudo, por sua própria idiossincrasia".

[503] RECASENS SICHES, Luis. *Nueva filosofía de la interpretación del derecho.* México: Editorial Porrúa, 1973, p. 128: "La mente del juez no opera, ni podrá operar, como una computadora electrónica. La decisión no necesita obedecer deducciones lógicas de los principios de razón que inspiren al ordenamiento jurídico. Las necesidades sociales pueden dictar un cambio, por muy irracional que ese cambio pueda aparecer bajo la luz de los principios generales. Muchas veces los fundamentos de la sentencia consisten en la valoración de las necesidades y de los intereses de la sociedad. Quien tiene la función de decidir –al nivel legislativo o en el plano judicial– está interesado, sobre todo, en los efectos de la decisión, y no en la estructura de lógica formal de esa decisión. La consideración de los fines y propósitos es mucho más poderosa que el fetichismo de la lógica formal. Y se reconoce que la intuición tiene que jugar un rol mucho más importante que las estructuras de lógica formal".

plausível para justificar sua decisão. A argumentação jurídica articulada na motivação opera uma "racionalização" da parte dispositiva.[504]

Formalistas, porém, sustentam um modelo positivista-mecanicista da função judicial, no qual os juízes estão aplicando regras de maneira mecânica, qual a imagem de um Sísifo silogisticamente automatizado (*algorithmic decision-making methods*). Porém, semelhante teoria positivista-mecanicista soa falsa, haja vista que figurar os juízes como verdadeiros autômatos, alienados da realidade, é psicologicamente insustentável. Ademais, a ideia de subordinação do juiz à lei, embora fortemente arraigada na mente dos juízes, está longe de ser o único componente de sua ação.[505]

Ponha-se em alto relevo, nessa moldura, que o presente trabalho inclina-se claramente para o modelo intuitivo de julgar,[506] no qual o juiz deve sobrepor-se à intuição, ao depois, com justificação racional de sua hipótese de trabalho e julgamento (o *decisum*). No processo decisório judicial *lato sensu*, o chamado modelo deliberativo, aqui, é transportado para ser usado (mas não apenas) no contexto de justificação, de confirmação ou de controle da decisão.

Remarque-se o argumento: tais sistemas de julgar (intuitivo e deliberativo), no presente trabalho, são distintamente alocados ao ângulo topográfico, de modo que, de um lado, no contexto de descoberta da decisão, está o indefectível sistema intuitivo,[507] carregado de conteúdo sentimental-emocional, ao passo que, de outro, no contexto de justificação ou de confirmação, na realidade se insere o sistema deliberativo não propriamente para "deliberar", pois a hipótese de julgamento já foi intuitivamente formulada, mas, isto sim, para realizar um *check-up* racional na decisão, testando-a à luz dos institutos jurídicos, das provas representadas nos autos do processo, do direito vigente e dos precedentes judiciais obrigatórios. De sorte que os juízes inicialmente fazem julgamentos intuitivos, formulando rapidamente respostas intuitivas para problemas de julgamento, mas que são expressos abertamente apenas se e quando endossadas no contexto de justificação, onde se monitora a qualidade de semelhantes propostas.[508]

Em suma, aquilo que alguns autores qualificam de sistema de deliberação (em contraste com o sistema intuitivo) é, no presente trabalho, deslocado geograficamente para o contexto de justificação ou de confirmação do decisório.[509]

---

[504] ROSS, Alf. *Sobre el derecho y la justicia*. Trad. de G. R. Carrió. Buenos Aires: Eudeba, 1997, p. 70-71.

[505] ROSS, Alf, *op. cit.*, p. 174: "El juez no es un autómata que en forma mecánica transforma reglas y hechos en decisiones. Es un ser humano que presta cuidadosa atención a su tarea social tomando decisiones que siente como 'correctas' de acuerdo con el espíritu de la tradición jurídica y cultural. Su respeto por la ley no es absoluto. La obediencia a ésta no es su único motivo. A sus ojos la ley no es una fórmula mágica, sino una manifestación de los ideales, actitudes, standards o valoraciones que hemos denominado tradición cultural".

[506] Sobre o modelo intuitivo de julgar, vide GUTHRIE, Chris; WISTRICH, Andrew J.; RACHLINSKI, Jeffrey J. *JudicialIntuition*.Disponívelem:https://www.google.com.br/search?source=hp&ei=uicQW5yjOYugwgT85IeIB Q&q=GUTHRIE%2C+Chris%3B+WISTRICH%2C+Andrew+J.%3B+RACHLINSKI%2C++Jeffrey+J.+Judicial+I ntuition.+ISSN&oq=GUTHRIE%2C+Chris%3B+WISTRICH%2C+Andrew+J.%3B+RACHLINSKI%2C++Jeffre y+J.+Judicial+Intuition.+ISSN&gs_l=psy-ab.3...3318.10537.0.11155.9.7.0.0.0.0.204.1027.0j6j1.7.0....0...1.1.64.psy-ab..2.0.0.0....0.xD9CA2Q6iso. Acesso em: 01 jun. 2018, p. 1-41, esp. p. 5-10.

[507] WRIGHT, R. George. The role of intuition in judicial decision making. *Houston Law Review*, v. 42, p. 1.381-1.424, 2006, esp. p. 1420: "Deciding judicial cases inescapably requires the exercise of intuition".

[508] KAHNEMAN, Daniel; FREDERICK, Shane. Representativeness revisited: attribute substitution in intuitive judgment. *In*: GILOVICH, T.; GRIFFIN, D.; KAHNEMAN, D. (Ed.). *Heuristics and Biases*: The psychology of Intuitive Judgment. Cambridge University Press, 2002, p. 51.

[509] GUTHRIE, Chris; WISTRICH, Andrew J.; RACHLINSKI, Jeffrey J. Blinking on the bench: how judges decide cases. *Cornell Law Review*, 93, p. 1-43, 2007, esp. p. 3: "Supported by contemporary psychological research on

O vocábulo "raciocínio" pode denotar tanto uma atividade da mente como o produto desta atividade. A atividade mental de quem raciocina pode ser objeto de investigação psicológica, fisiológica, sociocultural, de modo a definir as condições de sua elaboração. De outra parte, o raciocínio pode ser estudado abstraindo-se de tais condições de elaboração, para concentrar a análise em sua estrutura lógico-formal: modo de elaboração, fixação das premissas e da conclusão, coerência e validade dos vínculos que as unem. Emerge, assim, o silogismo como padrão do raciocínio analítico na visão aristotélica.[510]

Contudo, a atividade decisória do juiz não se reduz a um mero "silogizar". O juízo, dado seu caráter inventivo, jamais poderá se iniciar com um esquema silogístico-dedutivo. Não por nada, diz-se, em dicção carneluttiana, que o julgar não é ainda raciocinar: o julgamento vem antes e o raciocínio, depois. Com efeito, no contexto de descoberta da decisão incide um conjunto de fatores extrajurídicos advindos, frequentemente, do inconsciente do juiz (*v. g.*, trinômio intuição-sentimento-emoção, como expressão do arquétipo *anima*), à sua própria revelia, que determinam a hipótese de julgamento. Equivale a dizer que, na realidade, ocorre a inversão da ordem moral do silogismo judicial, pois, primeiramente, o juiz intui sua decisão, esculpindo mentalmente a hipótese de julgamento para, só depois, buscar justificá-la, confirmando ou não sua hipótese de trabalho ou projeto de decisão, com plenitude argumentativa e embasado na prova representada nos autos do processo, nos institutos jurídicos, no direito vigente e nos precedentes judiciais obrigatórios.[511]

O discurso judicial hospedado na sentença, ao fim e ao cabo, é suscetível de ser apresentado sob a roupagem de um silogismo, embora esta forma não garanta, em absoluto, o valor da conclusão, seja porque socialmente inaceitável, seja porque as premissas se mostrem erráticas.[512] De qualquer maneira, ressalvada a noção de que nem todos os argumentos jurídicos devam estabelecer-se em termos silogísticos, é inegável que a linha argumentativa empregada na sentença, em sua configuração final, será tanto mais eficiente quanto mais se organizar sob a estrutura do silogismo jurídico. Tem-se, pelo menos, a sensação de se compatibilizar a incerteza/insegurança do jaez argumentativo com a necessidade de certeza/segurança inerente à vida do Estado Constitucional e Democrático de Direito. Nesse escopo, irmanam-se a lógica dedutiva-subsuntiva, a argumentação retórica e o raciocínio tópico, enquanto fatores importantes no mundo jurídico e no cotidiano forense.

---

the human mind and by our own empirical evidence, this model posits that judges generally make intuitive decisions but sometimes override their intuition with deliberation".

[510] PERELMAN, Chaïm. *Lógica jurídica*: nova retórica. (Justiça e direito). 2. ed. São Paulo: Martins Fontes, 2004, p. 1, 2: "A validade da inferência em nada depende da matéria sobre a qual raciocinamos, pois esta pode ser tirada dos mais diversos domínios do pensamento: é a própria forma do raciocínio que lhe garante a validade. A lógica que estuda as inferências válidas, graças unicamente à sua forma, chama-se lógica formal, pois a única condição que ela requer para garantir a verdade da conclusão, no caso de serem verdadeiras as premissas, é que os símbolos "A", "B" e "C" sejam substituídos, sempre que se apresentem, pelos mesmos termos. Do mesmo modo, em álgebra, a verdade da equação "x = x" pressupõe que se substitua a letra "x" pelo mesmo valor numérico".

[511] DINAMARCO, Cândido Rangel. *Instituições de direito processual civil*. 6. ed. rev. e atual. São Paulo: Malheiros, 2009, v. 3, p. 687-688: "A afirmação da *sentença como silogismo* foi muito combatida e perdeu prestígio, porque na realidade o juiz antes *intui* a decisão a tomar, formulando mentalmente sua hipótese de julgamento, para só depois *racionalizar* as intuições, em busca de confirmação na prova e nos conceitos jurídicos". (Reforços gráficos no original).

[512] PERELMAN, Chaïm. *Lógica jurídica*, op. cit., p. 242.

De parte isto, não é fadiga inútil reafirmar que as decisões se fazem, não se deduzem: decidir não é deduzir. O "raciocínio" decisório reduzido a um silogismo (fosse isso possível, o que não é) ver-se-ia sobremodo empobrecido, pois não se pode confiná-lo a mera atividade dedutiva ou subsuntiva na aplicação da norma ao fato. A decisão não deriva de uma configuração lógica conformada por deduções silogísticas.[513] A decisão não se resume à simples operação lógica de concreção acoplativa ou de subsunção do caso concreto à norma legal.

O clássico diagrama silogístico não permite qualquer atividade de valoração do juiz tanto na premissa maior de direito quanto na premissa menor de fato. Significa dizer, mais amplamente, que na metodologia do silogismo judicial de jaez dedutivo-axiomático abstrai-se de todo e qualquer componente valorativo do palco de atuação do juiz.

A justificação externa (v. g., razão de aceitação de cada premissa, justificativa de pressupostos, justificação das normas aceitas, validade dos raciocínios) não pode ser feita apenas com a metodologia do silogismo judicial, através de sua estrutura dedutivista, porque a justificação de segundo nível não se refere à universalidade das premissas do raciocínio, mas sim à sua conformidade com o sistema jurídico no qual se inserem e com a realidade social destinatária da decisão. Busca-se, em perspectiva teleológica, garantir a consistência, a coesão e a racionalidade/aceitabilidade das consequências da decisão judicial, mas o esquema silogístico, de si, é incapaz de demonstrar tais critérios, não prescindindo, assim, da muleta do raciocínio de cariz argumentativo.

É dizer: o quadro formal de racionalidade, fornecido pelo silogismo, sugere apenas como os argumentos jurídicos devem se organizar, mas a lógica dedutiva jamais pode abrir mão da razão prática argumentativa. Trata-se de instrumento necessário para inserir o conteúdo daquele quadro formal, seja em sede exegética da regra aplicável, seja na avaliação dos perfis probatórios, seja na indispensável justificação dos critérios de escolha ou de valoração usados pelo juiz em sua decisão. Como é bem de ver, o resultado de um caso concreto não é ditado exclusivamente por um solitário silogismo jurídico.

Supérfluo é advertir que o juízo é muito mais rico e não se compadece com a ideologia do positivismo jurídico que percebe o juiz como glacial "boca da lei", desprezando, também, a evidência de o Direito não se exaurir na lei. Deveras, a teoria tradicional do silogismo judicial não tem musculatura para representar, de si, o complexo fenômeno do juízo,[514] tampouco exibe o condão de esgotá-lo, pois se limita ao derradeiro momento da extração de uma conclusão final das premissas de direito e de fato fixadas, a propósito da res in iudicium deducta. Ou seja: a concepção dedutivista é exata para o raciocínio judiciário quando o juiz há de subsumir o fato ao direito.[515] Contudo, o modelo silogístico deixa de fora justamente a atividade essencialmente essencial de fixação das premissas de direito e de fato.[516] É o último longo suspiro de uma tradição lógico-dedutiva agonizante, seja como teoria do juízo decisório, seja como doutrina exclusiva da motivação jurídica do julgado.

[513] CALAMANDREI, Piero. Giustizia e politica: sentenza e sentimento. In: Processo e democrazia. Conferenze tenute alla Facoltà di Diritto dell'Università Nazionale del Messico. Padova: CEDAM, 1954, p. 43-67, esp. p. 61.

[514] RODRRIGUEZ-AGUILERA, Cesáreo. La sentencia. Barcelona: Bosch, Casa Editorial, s/d, p. 77.

[515] BERGEL, Jean-Louis. Teoria geral do direito. (Justiça e direito). 2. ed. São Paulo: Martins Fontes, 2006, p. 357.

[516] TARUFFO, Michele. La motivazione della sentenza civile. Padova: CEDAM, 1975, p. 152-153.

Semelhante fórmula, muito simplificada, mostra-se infensa a refletir a elevada complexidade do procedimento decisório, o qual não se circunscreve a uma operação silogística ou à concatenação de uma cadeia de silogismos. Efetivamente, na era do pós-positivismo jurídico, envolve, por exemplo, juízos valorativos em relação à chamada ponderação de princípios, à luz do caso particular, à escolha e à interpretação da regra jurídica,[517] aberta aos influxos da moral, bem como à valoração dos resultados das provas de fatos relevantes, à qualificação jurídica dos fatos, à determinação de efeitos jurídicos.

Pode-se dizer, em terminologia carneluttiana, que o juízo precede ao silogismo: este pressupõe aquele, e não o contrário. O juízo sobrevive sem o silogismo, mas a recíproca não é verdadeira (o silogismo não continua a viver sem o juízo). Porque assim é, não se afigura possível a idônea demonstração de que todo juízo se reduza a uma estrutura silogística, ao passo que a comprovação da hipótese inversa é passível de ser articulada. Não por nada, a doutrina da decisão judicial como silogismo jurídico descansa nos museus de arqueologia do Direito.

O juiz – celebrante no altar do positivismo jurídico – estava despojado de toda atividade de interpretação das regras jurídicas. O julgador era pouco mais do que um boneco de ventríloquo que mecanicamente pronuncia as palavras da lei ("*la bouche qui prononce les paroles de la loi*", na famosa locução montesquiana). Era o triunfo do direito posto e (apenas aparentemente) do fetichismo da lógica formal. Elucubrava-se, no fascínio inebriante do silogismo, que o juiz, por subsunção dos fatos à norma jurídica abstrata, fosse capaz de resolver todos os conflitos intersubjetivos submetidos à sua decisão.[518]

Porém, tal esquema silogístico foi desmentido pelo prisma axiológico do Direito, principalmente no processo decisório dos chamados "casos difíceis" (*hard cases*), moralmente carregados (*v. g.*, aborto anencefálico, pesquisa com células tronco embrionárias), bem como pela intensa mutação e complexidade da realidade social.

Tudo isto, e muito mais, a causar desconforto ao positivismo jurídico em sua perspectiva silogística, cuja representação não se afigura satisfatória,[519] por expulsar o "direito vivo", assente, por exemplo, nos necessários juízos valorativos e apreciações

---

[517] CARNELUTTI, Francesco. *Diritto e proceso*. Napoli: Morano Editore, 1958, p. 149: "Se si dovesse qualificare il giudice tra gli operatori del diritto (e perché non dire operai?), interprete è il nome che più propriamente gli dovrebbe esser dato. Se egli, come s'è veduto, da un lato ricostruisce il fatto alla stregua delle prove, dall'altro lo valuta alla stregua delle norme, così fa allo scopo di mediare la distanza tra la legge e il fatto, tra il legislatore e la parte. Una schiera di collaboratori, a cominciare dalle parti medesime, lo aiuta in questa opera difficile; il giudice sta in mezzo ad essi come il maestro concertatore in mezzo ai componenti di un'orchestra e ne dirige e ne unifica le voci. Ma tutto questo avviene, proprio come nell'interpretazione musicale, affinché lo hyatus tra legge e fatto, tra legislatore e parte, sia colmato".

[518] CALAMANDREI, Piero. *Giustizia e politica*: sentenza e sentimento, *op. cit.*, p. 56-57: "È questo il famoso silogismo giudiziale. La legge è un giudizio ipotetico di carattere generale che riconnette ad un evento possibile un effetto giuridico: "se si verifica un caso del tipo a, si produce l'effetto giuridico b". Qui, dice il giudice, si verifica in concreto un caso che ha i caratteri del tipo a, dunque io accerto che si deve produrre in concreto l'effetto giuridico b. Tutto il lavoro del giudice si riduce pertanto a trovare la coincidenza tra un caso concreto e un caso astrattamente ipotizzato dalla norma: cioè, secondo la risaputa terminologia scolastica, la coincidenza tra la "fattispecie reale" e la "fattispecie legale". (...) Sentenza giusta, in questo sistema, non vuol dire sentenza conforme al sentimento sociale, ma vuol dire semplicemente sentenza conforme alla legge: e se poi, per avventura, la legge non corrisponde (o non corrisponde più) al sentimento sociale, questo non è affare del giudice, ma del legislatore: dura lex sed lex".

[519] CALAMANDREI, Piero, *op. cit.*, p. 59-60: "Anche io, in un mio saggio giovanile, ho rappresentato la sentenza come una progressione di sillogismi a catena; ma poi l'esperienza del patrocinio forense mi ha dimostrato non dico che questa rappresentazione sia sbagliata, ma che essa è incompiuta e unilaterale: chi si immagina la sentenza come un sillogismo, non vede la sentenza viva; vede la sua spoglia, il suo scheletro, la sua mummia".

axiológicas atinentes ao "horizonte de sentido" da regra aplicável e/ou ao acertamento da verdade dos fatos relevantes para o julgamento do conflito jurídico intersubjetivo.[520] O silogismo judicial, na configuração clássica do racionalismo jurídico, traduzido na subsunção de casos particulares a uma regra geral, revela sua insuficiência em fornecer respostas consistentes sobre o mecanismo de formação da decisão judiciária.[521]

2.1.3 O problema da (ir)racionalidade do juízo na Teoria da Decisão Judicial

Racional caracteriza aquilo que se baseia na razão ou dela decorre. A racionalidade é a característica daquilo que é racional, que está em conformidade com a razão (*v. g.*, princípio racional). A ação humana consciente, em regra, é dirigida pela razão. O oposto se situa no campo irracional, que é contrário à razão, desprovido de razão.[522]

Agora bem, o juízo (o julgar) é um momento do pensamento puramente intuitivo e, portanto, irracional. Não por acaso, prestigiosa doutrina afirma que *julgar não é ainda raciocinar; o juízo (julgamento) vem antes, o raciocínio, depois.*[523] Daí descende que o juízo, transpassado pela imaginação, não se confunde, em absoluto, com o esquema silogístico de decisão, o qual exibe natureza demonstrativa. A complexidade do ato de julgar não permite reduzi-lo a um mero "silogizar", pois o juízo (o julgar) tem caráter inventivo, e não meramente demonstrativo. Significa gritar, a plenos pulmões, que o juízo pode até terminar com um silogismo jurídico, mas jamais poderá se iniciar com ele.[524]

Demais disso, no fito de verificar-se o que *realmente* acontece no contexto de descoberta da decisão, não se podem ignorar as manifestações do inconsciente do juiz, nem desprezar as forças irracionais que dele eclodem, sem que o julgador o perceba, à sua própria revelia, mas que influenciam na concreta atividade de julgamento judicial em geral (*v. g.*, nas áreas cível, criminal, trabalhista).[525]

Acresce, no cerne do fenômeno de formação da decisão, que a função intuição é irracional,[526] bem como diversos aspectos da personalidade do juiz, cuja inescapável presença reveste, também, o contexto de descoberta com o cimento da irracionalidade inconsciente. No que toca à assiduidade do sentimento no ato de julgar, mesmo que

[520] REALE, Miguel. *Lições preliminares de direito*. 26. ed. rev. São Paulo: Saraiva, 2002, p. 84-85: "A importância do processo dedutivo é tão grande que levou, durante muito tempo, ao equívoco de reduzir-se a aplicação do Direito ao uso de sucessivos silogismos. Foi cômodo, por exemplo, afirmar-se que uma sentença (isto é, o *juízo* editado por um *Juiz*, numa demanda: notem a correlação esclarecedora entre *juízo* e *juiz*!) poderia ser reduzida a um silogismo, cuja premissa maior seria a lei; a premissa menor, os fatos; e a decisão constituiria a conclusão necessária. Na realidade assim não acontece. O ato de julgar não obedece a meras exigências lógico-formais, implicando sempre *apreciações valorativas (axiológicas)* dos fatos, e, não raro, um processo de interpretação da lei, aplicável ao caso, graças a um trabalho que é antes de "dedução amplificadora"". (Grifos no original).

[521] ALISTE SANTOS, Tomás-Javier. *La motivación de las resoluciones judiciales*. Madrid: Marcial Pons, 2011, p. 136.

[522] JAPIASSÚ, Hilton. *Dicionário básico de filosofia*. 4. ed. atual. Rio de Janeiro: Zahar, 2006, p. 153, 233.

[523] CARNELUTTI, Francesco. *Diritto e processo*. Napoli: Morano Editore, 1958, p. 215.

[524] CARNELUTTI, Francesco, *op. cit.*, p. 212-213.

[525] BENDIX, Ludwig. *Die irrationalen Kräfte der zivilrichterlichen Urteilstätigkeit*, Breslau, Schletter'sche Buchhandlung (Franck & Weigert) A. Kurtze, 1927; *Die irrationalen Kräfte der strafrichterlichen Ulteilstätigkeit*. Dargestellt aur Grund der 56. Bandes der Entscheidungen des Reichsgerichts in Strafsachen, Berlin, 1928; *Die irrationalen Kräfte in der Arbeilsgerichtsbarkeit*. Berlin: Verl. "RUT" Recht und Tonkunst, 1929.

[526] FRANZ, Marie-Louise Von. *Jung's tipology*. Part I – The inferior function by Marie-Luise von Franz; Part II – The feeling function by James Hillman. New York: Spring Publications, 1971, p. 1-2.

se entenda que o sentimento seja uma função racional, talvez não seja lógica e sempre razoável.[527] A lógica do racional deve dar lugar à lógica do razoável.[528]

O mecanismo da decisão é assaz complexo. São variadas as influências oriundas do mundo interior do juiz, cujo universo carece de compreensão adequada, pois o juiz não julga contra si mesmo, nem pode se trair na justificação do julgado. Ademais, experimenta os influxos de variantes sopradas pelo ambiente externo que o envolve. Trata-se, pois, de modelo *homo faber*, que coloca o juiz na natureza, faz dele uma criatura natural governada por impulsos e interage com seu ambiente. As forças irracionais que habitam a inconsciência e a psique do juiz, e que se insinuam impetuosamente na raiz do contexto de descoberta da decisão, devem, *a posteriori*, ser domesticadas e racionalizadas no contexto de justificação do decisório. De modo tal que, em razão do alto coeficiente de racionalização, a sentença, como produto formalmente acabado, incuta no espírito de quem a leia o consolo da sensação de ter sido fruto de deliberação objetiva e refletida, de par a imprimir-lhe, segundo o direito em vigor, o selo de confiabilidade e de aceitabilidade sociais.[529]

Nessa ordem de ideias, o juiz não está imune ao seu inconsciente, à evidência de impulsos irracionais que decorrem dessa instância do psiquismo, e, atento ao fato de que *o juiz julga com todo o seu "eu"*, não há como jejuar, no ato de julgar, pluridimensional e complexo, a influência dos aspectos subjetivos, atrelados ao seu itinerário de vida, no momento de escolher caminhos em meio à multiplicidade de hipóteses de julgamento.[530] Muito para dizer que, *ab ovo*, o ato de julgar está hegemonicamente sob jurisdição da inconsciência do juiz, o qual, como ser humano e apesar de não querer, ou mesmo carente de plena consciência deste fenômeno, não consegue se desvencilhar de sua subjetividade na função judicante.[531]

Nesse teor de ideias, parece sensato supor que reconhecer a emoção judicial é o meio para compreendê-la, controlá-la e usar seu suporte melhor.[532] Juízes e doutrinadores teóricos argumentam que a emoção é um guia indispensável para a atividade judicial, ou, pelo menos, que pode desempenhar um papel positivo na tomada de decisão.[533]

Porém, não faltam vozes apostadas em sublinhar que é nocivo permitir que a emoção influencie o julgamento. Se a visão pré-realista do "bom juiz" era de alguém glacial que não sentia qualquer emoção, a visão contemporânea é aquela que reconhece

---

[527] FRANZ, Marie-Louise Von, *op. cit.*, p. 99.

[528] MEDEIROS, Antonio Paulo Cachapuz de. Racionalidade e razoabilidade lógica jurídica. *Revista da AJURIS*, Porto Alegre, n. 26, v. 9, p. 173-186, 1982, esp. p. 186.

[529] MONTEIRO, Cláudia Servilha. *Fundamentos para uma teoria da decisão judicial*. Disponível em: http://www.publicadireito.com.br/conpedi/manaus/arquivos/anais/bh/claudia_servilha_monteiro.pdf. Acesso em: 03 jun. 2018, p. 6104-6125, esp. p. 6119: "A decisão judicial obedece, naturalmente, a critérios aposterioristicos, e, sua respectiva justificação, destina-se a torná-la aceitável; contudo, fortes influências extraformais podem estar presentes na aplicação do Direito, situação em que a tarefa da justificação passa a ser, tão-somente, uma tentativa de racionalizar *a posteriori* uma decisão tomada *a priori*, sob influxo do emocional, e ainda apresentá-la como razoável".

[530] FACCHINI NETTO, Eugênio. "E o juiz não é só de direito...". (ou "a função jurisdicional e a subjetividade"). *In*: ZIMERMAN, David; COLTRO, Antônio C. M. (Org.). *Aspectos psicológicos na prática jurídica*. Campinas: Millennium, 2002, p. 397-413, esp. p. 411.

[531] FACCHINI NETTO, Eugênio, *op. cit.*, p. 407.

[532] MARONEY, Terry A. The persistent cultural script of judicial dispassion. *California Law Review*, v. 99, p. 629-682, 2011, esp. p. 668.

[533] MARONEY, Terry A, *op. cit.*, p. 668-671. Este autor endossa, na p. 671, a visão da emoção judicial como "the clearly correct choice (...) in light of contemporary emotion scholarship".

suas emoções e as põe de lado com firmeza. Por força da "picada" do rótulo de "juiz emocional", o julgador pode se sentir compelido a insistir que ele não experimentou emoção alguma ou foi, heroicamente, capaz de "deixá-la de lado". Não seria disparatado dizer que o juiz talvez fosse criticado se buscasse publicamente explicar sua decisão em termos emocionais.[534]

Entrementes, a superação do embate epistemológico (ou o fim do dualismo) entre razão e emoção,[535] como também a eliminação da objeção de se trabalhar com a subjetividade construída pelo "Eu" do juiz (individualidade), pode reconduzir a emoção a aproximar a decisão judicial de um ideal de justiça. De fato, o esforço do juiz é notadamente o de descobrir em si mesmo, nos abismos da alma, sua verdadeira individualidade. As investigações sobre Direito e emoções, desafiando uma longa tradição intelectual que dicotomizou razão e emoção, afirmam que as emoções têm um papel crucial a desempenhar no pensamento jurídico e na tomada de decisões.[536]

Não há que se falar em guerra entre o "coração judicial" (sentimentos-emoções) e a "cabeça judicial" (razão), porque, assim vistas as coisas, o "coração judicial" prevalece, em meio a outros fatores extrajurídicos, no espaço de descoberta da decisão, ao passo que a "cabeça judicial" reina no contexto de justificação, de confirmação ou de controle. Nessa arquitetura, para melhorar a tomada de decisões judiciais, deve-se adotar um modelo que permita a todos os juízes trabalhar com – em vez de reprimir – suas "inevitáveis" emoções.[537]

A noção de um juiz influenciado, inexoravelmente, pelo trinômio intuição-sentimento-emoção não pode ser considerada um anátema para o nosso sistema de Justiça.[538] O território do Direito há de receber com maior hospitalidade aquele trinômio

---

[534] POSNER, Richard Allen. The role of the judge in the Twenty-First Century. *Boston University Law Review*, v. 86, p. 1049-1068, 2006, esp. p. 1065: "The role of emotion and intuition as important but inarticulable grounds of a judicial decision is concealed by the convention that requires a judge to explain his decision in an opinion. All the obvious reasons for the judge's not offering an explanation in terms of an emotion or a hunch to one side, a judicial opinion couched in such terms would not provide helpful guidance to bench or bar".

[535] DEÁK, Anita. Brain and emotion: Cognitive neuroscience of emotions. *Review of Psychology*, v. 18, n. 2, p. 71-80, 2011, esp. p. 77: "Thus, the term "affective neuroscience" leads to redundancy and a useless distinction between affective and cognitive neuroscience. We would like to emphasize, however, that it is neither the question of the relevance of the neuroscientific approach to emotions nor of the emotion's role in information processing. But, this is a debate showing how a new approach is being integrated into the scientific discourse. It defines itself as affective neuroscience and/or the cognitive neuroscience of emotions. Instead of analyzing the latest form of the classical cognition-emotion debate, we would like to point out the fact that emotions are within the scope of scientific inquiry due to new methods offered by the neuroscientific approach. In conclusion, we state that the affective neuroscience is a rapidly growing field that strongly contributes to the better understanding of the biological basis of emotional processing. Brain imaging techniques are used both for examining functional connections between emotion and perception, attention, memory, and decision making, and for localizing specific psychological functions at specific brain areas".

[536] ABRAMS, Kathryn; KEREN, Hila. Who's afraid of law and the emotions?. *Minnesota Law Review*, 94, p. 1997-2074, 2010, esp. p. 2003.

[537] MARONEY, Terry A. Emotional regulation and judicial behavior. *California Law Review*, v. 99, p. 1485-1555, 2011, esp. p. 1494: "Emotion in judging is not itself the problem; the problem, rather, is that collective silence on the impact of emotion on judging frustrates our ability to discern and shape how judges cope with their emotions in practice. That silence is perpetuated by the pressure judges feel to deny that emotion plays any part in their decision making. This part therefore ferrets out evidence of judicial emotion regulation from a variety of sources, including qualitative studies of active judges. It demonstrates that emotion does play an inevitable part in judicial decision making and that judges lack any viable, transparent model for regulating it".

[538] Sobre como o binômio sentimentos-emoções pode influenciar uma decisão judicial, vide GUTHRIE, Chris; WISTRICH, Andrew J.; RACHLINSKI, Jeffrey J. Heart versus head: do judges follow the law or follow their feelings?. *Texas Law Review*, v. 93, p. 855-923, 2015, esp. p. 862-874, 923: "Troubling or not, judges' emotional

afeiçoado à construção de uma visão mais integrada e conciliadora sobre o papel das emoções e das faculdades cognitivas racionais no processo de tomada de decisão.[539] De fato, embora os juízes comumente (so)neguem a influência da emoção, não se afigura possível endossar pontos de vista que rejeitem as implicações emocionais no ato de julgar, como se o juiz pudesse suprimi-las ou fazê-las submergir em todos os aspectos de um caso, por força de um imperativo profissional.[540]

É digno de nota que o realismo jurídico americano se esforçou em esquadrinhar o raciocínio jurídico ao ângulo das experiências reais dos juízes. O programa realista lançou mão de ferramentas de ciências sociais para perscrutar a natureza humana, o exame dos "fatos reais do comportamento judicial" e a "descrição científica e previsão do comportamento judicial".[541] Tais aspectos realçam a importância da neurociência cognitiva para a teoria jurídica, além de fornecer evidências que refutam a bifurcação tradicional entre razão e emoção.[542]

Além disso, a neurociência cognitiva revelou tendências heurísticas fundamentais no raciocínio humano. Como tal, a forma dominante de raciocínio jurídico pode confiar em uma concepção errada da racionalidade, com reflexos na legitimidade das decisões judiciais. O raciocínio baseado em regras informou a imagem do julgamento racional que sustenta a concepção do Estado de Direito, mas o raciocínio baseado em regras não parece ser uma descrição completa de como os juízes decidem realmente os casos concretos.[543] O realismo jurídico proporcionou uma compreensão mais profunda do

---

reactions are inevitable. Judges are not computers. By design, the justice system is a human process, and, like jurors, judges are influenced by their emotions to some degree, even when we would prefer that they were not, and however sincerely they may try to prevent it. This is simply reality. If we criticize judges for this "shortcoming"–which, of course, entails advantages as well as disadvantages– then we might as well criticize successful species such as alligators for their inability to fly. The problem is not that judges cannot do something that they are supposed to do; rather, the problem is that we ought never to have expected them to be able to do it in the first place. Our unrealistic expectations set them up for failure and set us up for disillusionment. The more constructive approach is to acknowledge the reality that judges are influenced by affective responses to litigants, and to the extent that we are uncomfortable with that fact, to take steps to ameliorate it. We do not believe that judicial decisions are based upon "feelings/nothing more than feelings". We do believe, however, that in some circumstances a judge's feelings about the litigants can nudge him in one direction or the other. That may be good or bad, but it is a reality which an honest theory of judging must take into account".

[539] STRUCHINER, Noel; TAVARES, Rodrigo de Souza. Direito & emoções: uma proposta de cartografia. *In*: STRUCHINER, Noel; TAVARES, Rodrigo de Souza (Org.). *Novas fronteiras da teoria do direito*: da filosofia moral à psicologia experimental. Rio de Janeiro: POD/Editora PUC-Rio, 2014, p. 109-136, esp. p. 112. Assim, também, CÔRTES, Pâmela de Rezende; OLIVEIRA, Thaís de Bessa Gontijo de. O realismo jurídico e a naturalização do Direito: evidências das fundações morais em julgamentos jurídicos. *Teorias do Direito e Realismo Jurídico*, Curitiba, v. 2, n. 2, p. 107-126, jul./dez. 2016, esp. p. 123.

[540] MARONEY, Terry A. The persistent cultural script of judicial dispassion, *op. cit.*, p. 631: "The idea that emotion might influence judging has been characterized as "radioactive". Then and now, to call a judge emotional is a stinging insult, signifying a failure of discipline, impartiality, and reason".

[541] COHEN, Felix S. Transcendental nonsense and the functional approach. *Columbia Law Review*, v. XXXV, n. 6, p. 809-849, june 1935, esp. p. 833.

[542] EPSTEIN, Daniel Z. Rationality, legitimacy, & the law. *Washington University Jurisprudence Review*, v. 7, p. 1-38, 2014, esp. p. 15.

[543] EPSTEIN, Daniel Z., *op. cit.*, p. 4: "The functionalist argument against Legal Rationalism and the argument proposed herein proceeds as follows: Legal Rationalism, the theory that rule-based reasoning can explain judicial decision-making, is epistemically suspect. Rule-based reasoning fails as an account of judicial decision-making for two reasons: First, rule-based reasoning is internally inconsistent because, in hard cases, judges do not decide cases based on proposition-like rules. Second, it misunderstands the nature of decision-making by wrongly assuming that reasoning based on proposition-like rules is possible, rational, or actually occurring. The failure of Legal Rationalism calls for a new theory, and functionalism ultimately challenges the logic of the positivistic theory of the rule of law. The claim of functionalism, consistent with the realist critique, is that

processo judicial e da arte do governo judicial.[544] É o mérito da *common law* que decide o caso primeiro e determina os princípios depois.[545]

Nessa perspectiva, o racionalismo jurídico, que é a visão amplamente aceita da teoria jurídica, deve ser reexaminado à luz dos desenvolvimentos recentes na neurociência cognitivo-afetiva e de sua capacidade de tradução para o trabalho das ciências sociais. Por outro lado, a sílaba tônica colada no elemento intuitivo no pensamento jurídico não implica, em absoluto, negação do valor do raciocínio jurídico, mas sim tem por escopo identificar o relacionamento adequado entre o raciocínio técnico e a busca de justiça substantiva, enquanto objetivo finalístico da lei.[546]

Não se preconiza, no ato de julgar em sentido amplo, o repúdio da racionalidade no Direito, nem a sua total substituição pela emoção, mas sim um emprego equilibrado entre razão e emoção, discernimento e sensibilidade, cada qual operando em seus contextos próprios. Assim, dependendo do contexto, haverá a preponderância do trinômio intuição-sentimento-emoção[547] (de descoberta) ou da razão e do discernimento (de justificação, de controle). Se esta análise está correta, a irracionalidade, que permeia o contexto de descoberta da decisão, cede o passo para a racionalidade, que governa o subsequente contexto de justificação da decisão, no qual o juiz não pode se emancipar, por completo, da lei (*rectius*, da juridicidade em vigor). O que se grita, a plenos pulmões, é: quando as emoções são reconhecidas e examinadas, elas podem servir de guia, de corrimão, para, no reino da razão, aprofundar a investigação intelectual.[548]

O processo deliberativo, como primeira etapa da atividade decisória, consiste em escolhas determinadas por uma miríade de fatores extrajurídicos, segundo as peculiaridades do caso concreto. Nele o juiz intui a decisão a tomar. Em uma segunda etapa, ainda dentro do contexto de descoberta, o juiz formula mentalmente sua hipótese de trabalho, vale dizer, é tomada uma decisão. O passo seguinte, já no contexto de justificação, é o de sua testificação, em que a hipótese de julgamento será norteada por exigências e critérios racionais, afinal confirmada ou não. Quando o juiz fracassa em seu mister de articular razões justificativas para sua decisão intuída, ocorre a destruição da primitiva hipótese de trabalho e a recondução do juiz para o ponto de partida inicial no contexto de descoberta, deflagrando-se o recomeço de sua atividade decisória...

---

neurocognitive science reveals that there are tacit bases for judicial preferences that influence decisions, and an ideal theory of law must be able to explain these preferences".

[544] FRIEDRICH, Kessler. Natural law, justice and democracy: some reflections on three types of thinking about law and justice. *Tulane Law Review*, v. XIX, p. 32-61, 1944, esp. p. 52.

[545] HOLMES JR., Oliver Wendell. Codes, and the arrangement of the law. *American Law Review*, 5 (1870).

[546] HUTCHESON JR, Joseph C. Lawyer's law and the little small dice. *Tulane Law Review*, v. VII, n. 1, p. 1-12, dec. 1932.

[547] Sobre a celebração da paixão como um fator integrativo do processo decisório judicial, vide BRENNAN JR, William J. Reason, passion, and the progress of the law. *Cardozo Law Review*, v. 10, p. 3-23, out./nov. 1988, esp. p. 12. Vide, embora em patente confusão entre contexto de descoberta da decisão, permeável ao florescimento de irreprimível paixão, e o contexto de justificação, de validação ou de controle, plasmado pela razão-racionalidade, a posição contrária de FISS, Owen. *Direito como razão pública*: processo, jurisdição e sociedade. Coordenação da tradução: Carlos Alberto de Salles 2. ed. Curitiba: Juruá, 2017, p. 302.

[548] HARRIS, Angela P.; SHULTZ, Marjorie M. A(nother) critique of pure reason: Toward civic virtue in legal education. *Stanford Law Review*, v. 45, p. 1773-1805, July 1993, esp. p. 1774: "In our experience, emotions can never successfully be eliminated from any truly important intellectual undertaking, in the law or elsewhere. Attempts to banish them succeed only in ignoring them instead, and this distorts thought. When strong emotions are considered inappropriate, participants in an intellectual exchange may miss the places where they need to think more deeply. More powerful participants may get their feelings expressed and satisfied through their control of rules and procedures, while less powerful people must suppress theirs. Or, everyone's emotions may be so stifled that the significance and meaning of an intellectual debate is entirely lost".

Contudo, fique claro que, no contexto de descoberta da decisão, as escolhas não são presididas por critérios racionais, mas governadas por intuições. Trata-se de domínio psicológico-psicanalítico caracterizado pelo inconsciente irracional, sobrecarregado de ilogicidade,[549] ou, quando nada,[550] por um tipo de racionalidade diversa daquela que informa o contexto de justificação.

No campo teórico, a justificação racional dos critérios de escolha ou de valoração empregados pelo juiz no contexto de descoberta consente "racionalizar", conteudisticamente, o processo de tomada de decisões jurídicas.[551] Disso resulta que a justificação configura um método para se introjetar a pauta de racionalidade ou erigir a base racional de sustentação do processo decisional originalmente irracional e ilógico. Equivale a dizer que a decisão judicial se baseia em um sentir intuitivo de valores, porque o valor justiça é inapreensível para a razão. Ademais, porque a decisão judicial, tendo como endereço a justiça, aparece necessariamente como "irracional", vale dizer, produzida pelo sentimento do justo. Contudo, a decisão encontrada emocional ou intuitivamente não prescinde de controle através de sua justificação e, sendo o caso, de retificação.[552] A não ser assim, ingressar-se-ia no infausto território da arbitrariedade judicial. Na teoria da decisão judicial, emerge, com claridade solar, a diferenciação entre contexto de descoberta da decisão e contexto de justificação.[553]

Muito para dizer que se afigura, então, profícua e consistente uma análise, estrutural e funcionalmente diversa, já agora no contexto de justificação, no qual o decisório será ou não confirmado, sob o pálio da racionalidade, com a necessária articulação de razões sólidas, coerentes, identificáveis, intersubjetivamente válidas e controláveis, endo e extraprocessualmente. Ao fim e ao cabo da configuração formal da sentença, tal confirmação se dá sob o figurino lógico de um silogismo (*rectius*, uma progressiva cadeia de silogismos). A justificação exprime, segundo a razão prática, o grau de racionalidade que a decisão judicial alberga.[554] As boas razões que possam ser ministradas em favor da decisão são organicamente nutridas pela Filosofia sobre as premissas de formação do raciocínio e de seus modelos de racionalidade, bem assim pela teoria geral da argumentação, em especial a jurídica.

No âmbito do positivismo jurídico, tanto o conceito de Direito como a ideia de justiça se identificam com a norma escrita e legislada, em uma espécie de apoteose da racionalidade jurídica. A mais famosa tese positivista repousa, como visto, na separação

---

[549] Vide, em sentido contrário, ALVIM, Arruda. *Manual de direito processual civil*: processo de conhecimento. 11. ed. rev., ampl. e atual. São Paulo: Editora Revista dos Tribunais, 2007, v. 2, p. 588.

[550] No que toca à reflexão sobre o nada, vide HEIDEGGER, Martin. *Que é a metafísica?*. Coleção Os pensadores. São Paulo: Nova Cultural, 1989, p. 42-43: "O estar suspenso do ser-aí no nada originado pela angústia escondida transforma o homem no lugar-tenente do nada. Tão finitos somos nós que precisamente não somos capazes de nos colocarmos originariamente diante do nada por decisão e vontade próprias. Tão insondavelmente a finitização escava as raízes do ser-aí que a mais genuína e profunda finitude escapa à nossa liberdade. O estar suspenso do ser-aí dentro do nada originado pela angústia escondida é o ultrapassar do ente em sua totalidade: a transcendência. Nossa interrogação pelo nada tem por meta apresentar-nos a própria metafísica. O nome "metafísica" vem do grego: *tà metà physiká*. Esta surpreendente expressão foi mais tarde interpretada como caracterização da interrogação que vai *metá – trans* "além" do ente enquanto tal. Metafísica é o pergunar além do ente para recuperá-lo, enquanto tal e em sua totalidade, para a compreensão".

[551] MONTEIRO, Cláudia Servilha, *op. cit.*, p. 6109.

[552] ISAY, Hermann. *Rechtsnorm und Entscheidung*. F. Vahlen, 1929, p. 18, 25, 56, 94 ss, 154 ss.

[553] O problema da distinção entre contexto de descoberta da decisão e contexto de justificação, de confirmação ou de controle será objeto do Capítulo 9, tópico 9.1, *infra*.

[554] MONTEIRO, Cláudia Servilha, *op. cit.*, p. 6118.

conceitual entre Direito e Moral. Contudo, na era do pós-positivismo jurídico, a racionalidade jurídica passa a ser inoculada na decisão judicial através de sua justificação racional e argumentativa, sob cuja dimensão o Direito se conecta, necessariamente, às valorações e à moralidade,[555] assim como a moral intervém na política através da moral social.[556] Ocorre o fenômeno da reaproximação entre Direito e Ética e valorização da concepção de justiça substancial.

Como é bem de ver, há evidentes relações avaliativas entre Direito e Moral: o direito, por sua natureza, é suscetível de ser valorado primariamente em termos de justiça ou injustiça, moralidade ou imoralidade etc. Tal característica do Direito sugere algum tipo de relação com a Moral (*v. g.*, identificativa do conceito de direito, de suas fontes e das normas jurídicas; interpretativa; justificativa com base em escolhas morais; funcional; causal, psicológica; conteudística).[557] Significa dizer que sem uma mínima pretensão de correção ou legitimidade não existe ordem jurídica (não é apenas um direito injusto, mas, bem mais, ele perde totalmente seu caráter jurídico)[558] e que exatamente nesta pretensão repousa o acoplamento (necessário para alguns ou contingente para outros) entre Direito e Moral.[559] Não por acaso, o concreto exercício da função jurisdicional de hodierno é singularizado pela proeminência dos aspectos axiológicos do Direito sobre o conteúdo da lei.[560]

Quer-se dizer de uma exigência mínima de *standards* morais, de sorte que a decisão judicial, para além de consonar formalmente com textos legais, deve reverenciar os valores preponderantes em determinada sociedade e quadra histórica. A noção de decisão racional não exclui a concepção de razoável ou de razoabilidade perelmaniana, de modo a incorporar perfis axiológicos e ideia de justiça. Salta, assim, a evidência de que não basta a exigência de legalidade formal para as decisões judiciais, senão que elas devem, também, exalar o odor da razoabilidade, no sentido de que a decisão deve se compatibilizar com o ditado da juridicidade, mas deve, sobretudo, primar por sua aceitação no meio social. A aceitabilidade depende da submissão da decisão judicial ao cardápio de valores preponderantes em determinado local e tempo.

[555] PRIETO SANCHÍS, Luis. Derecho y moral en la época del constitucionalismo jurídico. *Revista Brasileira de Direito Constitucional – RBDC*, n. 10, p. 67-85, jul./dez. 2007, esp. p. 80: "Y esto tiene, a mi juicio, la saludable consecuencia de estimular la argumentación moral sobre problemas sustantivos y no ya la motivación formal dirigida únicamente a justificar la adecuación del fallo con unas determinadas reglas preexistentes: a quien falla según estándares ajenos (o cree hacerlo) le basta con invocar la autoridad de la fuente de la que proceden tales estándares (el Derecho, la moral social o ambas cosas); quien falla, al menos en parte, según su propio criterio viene obligado al desarrollo de su razonamiento con pretensiones de validez intersubjetiva en favor de la decisión".

[556] CLAUZADE, Laurent. La morale dans le discours sur l'ensemble du positivisme. *Ellipse*, 2001, p. 1-12, esp. p. 8-10.

[557] PINO, Giorgio. Principi, ponderazione, e la separazione tra diritto e morale: sul neocostituzionalismo e i suoi critici. *Giurisprudenza costituzionale*, v. 56, 1, p. 965-997, 2011.

[558] RADBRUCH, Gustav. Gesetzliches Unrecht und übergesetzliches Recht, *Süddeutsches Juristenzeitung* 1, 1946, p. 105-108, esp. p. 107. Vide, no aspecto da "conversão" de Radbruch ao jusnaturalismo, ISRAËL, Liora; MOURALIS, Guillaune. Les magistrats, le droit positif et la morale. *In*: CURAPP, *Sur la portée sociale du droit*. Presses Universitaires de France – PUF, 2005, p. 61-78, esp. p. 62-63.

[559] SOPER, Ph. *Una teoría del derecho*. Trad. de R. Caracciolo. Madrid: Centro de Estudios Constitucionales, 1993, p. 25 ss, 94 ss.

[560] REALE, Miguel. Problemática da justiça. *R. CEJ*, Brasília, n. 14, p. 121-126, maio/ago. 2001, esp. p. 125: "Foi integrado nessa linha de pensamento que desenvolvi a teoria tridimensional do Direito, em cujo contexto o que importa não é a definição da justiça – dependente sempre da cosmovisão dominante em cada época histórica –, mas sim o seu processo experiencial através do tempo, visando realizar cada vez mais o valor da igualdade, em razão da pessoa humana, valor fonte de todos os valores. À luz desse entendimento, a ideia da justiça implica a de outros valores essenciais, como a liberdade ou solidariedade (...)".

O positivismo jurídico não se revela capaz de operar, adequadamente, no contexto da novel realidade do Estado Constitucional e Democrático de Direito. Semelhante assertiva decorre da pretensão do positivismo jurídico de imprimir à teoria do direito um caráter puramente descritivo, circunstância que exclui a dimensão do valor das normas legais, além de sua impotência para elucidar outros aspectos importantes do raciocínio jurídico. De fato, ao colocar água no moinho do caráter prescritivo da norma legal, acaba abjurando sua dimensão de valor e, pelo tanto, impede a consideração de uma ordem jurídico-constitucional. Porque assim é, o positivismo jurídico, descredenciado dos debates de hodierno, exauriu-se, em seu ciclo histórico, principalmente por desdenhar que o Direito corresponda a uma prática sociocultural complexa consistente em decidir casos, em justificar estas decisões, em produzir normas concretas e por aí vai.

Na estrutura do procedimento justificativo divisam-se dois planos, graus ou níveis: interno-primário e externo-secundário. Nessa ótica, a justificação interna consiste na estrutura lógica da decisão em que prevalecem princípios lógico-dedutivos. Diz com a validade das inferências entre as premissas normativas e fáticas, articuladas em uma sequência de proposições, e a conclusão final. A justificação interna confere à decisão maior grau de clareza, de coerência e de racionalidade. Por seu turno, a justificação externa, dotada de argumentação racional, consiste na exposição clara, congruente e coerente das hipóteses e das premissas aportadas na justificação interna. A justificação externa tem a finalidade de justificar premissas, regras e a validade do raciocínio judicial.[561]

Numa linha: decisão judicial internamente justificada é intrinsecamente racional, uma vez que ministra as razões de sua sustentação, enquanto decisão judicial externamente justificada é no exterior racional, posto se alicerçar em boas razões, válidas e intersubjetivamente aceitáveis em determinado lugar.

Porém, a justificação jurídica do julgado não tem a função de descrever, com fidelidade, o itinerário psicológico, genético, percorrido pelo juiz na "descoberta" da decisão. O dever de motivação jurídica, a pena de resvalar-se para uma falácia descritivística do juízo, tem a natureza de um discurso que visa substancialmente fornecer razões justificativas seletivas da bondade do julgado, mediante o aporte de argumentos racionais, sólidos, coerentes, identificáveis e intersubjetivamente válidos, em prol de sua controlabilidade, endo e extraprocessual.

No contexto de justificação, o juiz deverá, à semelhança da teoria dos jogos, sob a ótica da maximização da utilidade, avaliar as consequências individuais e gerais que se seguem de sua decisão.

2.2 Determinadas correntes teóricas sobre a decisão judicial

Um conjunto de teorias do juízo e da motivação da decisão (v. g., silogismo judicial, tópica, retórica) correu o mundo e fez fortuna. Contudo, algumas considerações críticas merecem ser feitas, a começar pela fórmula de matriz juspositivista, que ambiciona representar o juízo como um silogismo (premissa maior: formulação da norma aplicável ao caso concreto; premissa menor: fixação dos fatos acertados como verdadeiros; e conclusão).

---

[561] WRÓBLEWSKI, Jerzy. Motivation de la décision judiciaire. In: PERELMAN, Chaïm; FORIERS, Paul. La motivation des décisions de justice: études. Bruxelles: É. Bruylant, 1978, p. 111-135, esp. p. 119-120.

Semelhante concepção silogística, além de insatisfatória, empobrece as virtualidades e as complexidades do ato de julgar. Com efeito, a riqueza do juízo mal se harmoniza com a ideologia que percebe o juiz como *"la bouche de la loi"*. No panorama do dedutivismo-axiomático, assoma a figura de um juiz passivo que não "cria" a decisão justa, senão que a "encontra", idealmente, na latitude do ordenamento e da lógica formal. A lógica do raciocínio não se compraz com formulações valorativas de premissas de fato, como também, em reverso, é infensa à extração de premissas fáticas de proposições axiológicas. O juiz utiliza várias ferramentas tanto na construção da melhor hipótese de solução quanto no controle racional dos enunciados de fato e de direito e na racionalização das razões justificativas colocadas à base do *decisum*. Demais disso, a engenharia silogística da decisão judicial despreza a ideia de que a lei não esgota o Direito, cuja existência se projeta para além da lei formal, em variadas fontes, como: justiça, política, ética, costumes. Ignora, também, que o fenômeno jurídico transcende à sua normatização estática para se revelar dinâmico e aderente à mutável realidade social.

Noutros termos: à mecânica concepção silogístico-dedutivista da decisão judicial falece condição de possibilidade para uma correta descrição da atividade decisória do juiz, na medida em que, na realidade, as portas estão abertas à valoração e à escolha entre possibilidades alternativas. Diga-se outro tanto em relação ao estilo dedutivo de motivação jurídica do julgado, que apresenta a decisão como a conclusão inevitável extraída, por exemplo, mediante uma cadeia de operações puramente cognitivas de uma ou mais regras legais (ou precedentes judiciais obrigatórios).

Disso resulta a impossibilidade de se reduzir o juízo decisório a uma concatenação lógico-dedutiva, como se o *decisum* refletisse uma mera operação aritmética.[562] O juízo (o julgar), em fórmula carneluttiana, tem caráter inventivo e não meramente demonstrativo. Por assim ser, reafirme-se, o juízo pode até se findar com um silogismo, mas com ele jamais poderá se iniciar.[563]

É concebível que no *iter* decisório-justificativo o juiz possa formular uma miríade de juízos de valor. Os juízos de valor não se baseiam na reflexão, mas sim na intuição. O valor ético de uma ação (ou sua ausência) não é conhecido pela aplicação de um padrão universal ou de uma norma superior de costume, mas de modo imediato, direto e intuitivo. Contudo, valorações de caráter axiológico não têm o condão de transformar os juízos de valor em juízos irracionalísticos, de arte a massacrar os mecanismos de controle jurídico-técnico-instrumental e político-social-garantístico sobre a concreta administração da Justiça.[564]

A vertente teórica que reduz o raciocínio decisório e o raciocínio justificativo a uma equação silogística sistemático-dedutiva afigura-se manifestamente insatisfatória

---

[562] SOUZA, Wilson Alves de. *Sentença civil imotivada*. Salvador: Juspodivum, 2008, p. 214.

[563] O problema do juízo e silogismo: natureza inventiva e irracional *versus* caráter demonstrativo e racional será objeto do Capítulo 6, tópico 6.5 *infra*.

[564] TARUFFO, Michele. *La motivazione della sentenza civile*. Padova: CEDAM, 1975, p. 147: "In tale prospettiva, è evidentemente rilevante la distinzione di fondo tra piano del giudizio e piano della motivazione, più volte accennata. Sul piano del giudizio, il problema dei valori si scinde in tre profili principali: a) la scelta del valore come criterio-guida della valutazione; b) la valutazione come formulazione del giudizio sulla base del valore scelto come criterio-guida; c) la collocazione del giudizio di valore nell'insieme del ragionamento decisorio. (...) Sul piano della motivazione, invece, il problema da risolvere non è quello della razionalità del giudizio di valore, ma quello della sua giustificazione, e può a sua volta scindersi in tre sottoproblemi: a) giustificazione della scelta del valore-guida; b) giustificazione del giudizio di valore; c) giustificazione delle conseguenze che il giudice trae, ai fini della decisione, dal giudizio di valore".

e insuficiente. É insatisfatória, porque o figurino silogístico pode se alicerçar, por exemplo, em falsas premissas e, por isso, conduzir a inidôneas conclusões. É insuficiente, porque, no plano do raciocínio justificativo, não consente espaço algum para a construção de juízos axiológicos e de procedimentos avaliativos, seja na fixação das premissas de direito,[565] seja no assentamento das premissas de fato.[566] O pensamento jurídico não se adstringe a deduções lógicas, ainda que a forma final da sentença possa se assemelhar a um silogismo jurídico. Na órbita da teoria da motivação, a doutrina do silogismo judicial revela-se incompleta, pois a estrutura silogística é apenas uma peça da rica engrenagem da motivação, mas não a única.[567] Não por acaso, prestigiosa doutrina enfatiza que a verdadeira obra do juiz não está no concluir silogisticamente a partir das premissas, mas, antes, em formular as premissas mesmas.[568]

Daí resulta que uma das críticas à teoria silogística da decisão judicial repousa na eleição das premissas. A alegação de indeterminação do direito e da racionalidade jurídica fazia com que o realismo norte-americano[569] sugerisse que a premissa maior do suposto silogismo judicial não era um dado evidente para o julgador, seja na escolha do preceito jurídico aplicável entre dois ou mais possíveis, seja na respectiva interpretação, que concretiza o texto da lei, com as idiossincrasias que lhe são inerentes, tendente a fixar a regra da decisão (vertente realista dos *rule-skeptics*). Significa dizer que o direito não é o único fator levado em consideração para uma decisão judicial.[570]

Outrossim quanto à premissa menor, haja vista a necessidade de acertamento da verdade dos fatos relevantes do caso, com amplo espaço para valorações do juiz (vertente realista dos *fact-skeptics*).[571] A ideia central do ceticismo sobre fatos é que prevalece, como fatos do caso, não o que efetivamente ocorreu, mas a interpretação dos relatos e registros desses fatos apresentados em juízo.[572] Semelhante ato de interpretar

---

[565] PERELMAN, Chaïm. *Retóricas*. (Justiça e direito). 2. ed. São Paulo: Martins Fontes, 2004, p. 481: "Assimilar o raciocínio judiciário a um silogismo, cuja conclusão seria verdadeira, porque pode ser demonstrada formalmente a partir de premissas verdadeiras, é mascarar a própria natureza do raciocínio prático, é transformá-lo num raciocínio impessoal, do qual se terá eliminado todo fator de decisão, que é, contudo, essencial. O que há de especificamente jurídico no raciocínio do juiz não é de modo algum a dedução formalmente correta de uma conclusão a partir de premissas – nisso a dedução em direito nada tem de particular – mas são os raciocínios que conduzem ao estabelecimento dessas premissas no âmbito de um sistema de direito em vigor".

[566] HUSSON, Léon. Les trois dimensions de la motivacion judiciaire. *In:* PERELMAN, Chaïm; FORIERS, Paul. *La motivation des décisions de justice*: études. Bruxelles: É. Bruylant, 1978, p. 69-109, esp. p. 96.

[567] TARUFFO, Michele. *La motivazione della sentenza civile, op. cit.*, p. 156, 161-162; ZIPPELIUS, Reinhold. *Filosofia do direito*. (Série IDP – Linha direito comparado). São Paulo: Saraiva, 2012, p. 365: "A ordem jurídica não se pode, portanto, descrever como sistema derivável de uns poucos axiomas. O pensamento jurídico não se esgota em deduções lógicas. Mesmo assim, o pensamento lógico-sistemático mantém a sua função enquanto maneira de pensar entre várias, que servem para a solução de questões jurídicas. A tendência fundamental da nossa consciência para a sistematização impele-nos a estabelecer relações claras dentro da multiplicidade das normas jurídicas, mesmo que saibamos que por esta via não chegamos a uma sistematização completa".

[568] CALOGERO, Guido. *La logica del giudice e il suo controllo in Cassazione*. 2. ed. Padova: CEDAM, 1964, p. 56.

[569] ONDARZA SALAMANCA, María Mónica Daza. Los realistas con significado social: justicia conforme a derecho de Roscoe Pound. *Revista Jurídica*, año 4, n. 7, p. 9-28, ago. 2015, esp. p. 10.

[570] CESTARI, Roberto; NOJIRI, Sergio. Interpretações históricas e teóricas do realismo jurídico. *In:* LEMOS JUNIOR; TYBUSCH; FREITAS (Coord.). *Teorias da decisão e realismo jurídico*. Florianópolis: CONPEDI, 2015, p. 142-166, esp. p. 154.

[571] ACCATINO SCAGLIOTTI, Daniela. *La motivación de las sentencias*: genealogía y teoría. 2005. 316 f. Tesis (doctorado en filosofía del derecho) – Facultad de Derecho, Universidad de Granada, Granada, 2005, p. 107.

[572] FRANK, Jerome. What courts do in fact. *Illinois Law Review*, 26, p. 645-666, 1932, esp. p. 649. Vide, também, RUMBLE JR, Wilfrid E. *American legal realism*: skepticism, reform, and the judicial process. Ithaca, New York: Cornell University Press, 1968, p. 110.

o quadro fático envolve perfis da subjetividade dos juízes diante da apresentação das provas, como a projeção de suas personalidades na avaliação dos dados do caso (*v. g.,* depoimentos de testemunhas).[573]

Nessa moldura, a teoria do silogismo judicial dista anos-luz de representar o complexo fenômeno do juízo, por desconsiderar a consciência jurídica material que guia as ações do juiz. Tampouco exibe a virtude de esgotá-lo, porque se adstringe ao derradeiro momento da extração de uma conclusão das premissas fático-jurídicas fixadas. É dizer: a concepção dedutivista parece exata ao raciocínio judicial quando o juiz há de subsumir o fato ao direito.[574] Entretanto, tal modelo silogístico deixa de fora justamente a atividade nevrálgica de fixação das premissas de fato e de direito.[575]

Há, porém, mais. Tal modelo subsuntivo evidencia o estorvo de se abarcar a qualificação jurídica do fato, seja na premissa maior, seja na premissa menor da estrutura justificativa expressada na motivação. Ou seja: não faz a indispensável diferenciação entre o contexto de descoberta da decisão e a estrutura argumentativa e não heurística do contexto de justificação ou de validação (*v. g.,* explicitação de "boas razões" mediante as quais a decisão haveria de ser considerada válida e compartilhável), como se ambos retratassem um fenômeno unitário e ostentassem a mesma espécie de racionalidade,[576] ignorando o caráter notadamente irracional que preside o espaço de descoberta da decisão.

Pode-se remarcar, em terminologia carneluttiana, que o juízo precede ao silogismo: este pressupõe aquele, e não o contrário. O juízo sobrevive sem o silogismo, mas a recíproca não é verdadeira (o silogismo não continua a viver sem o juízo).

Quer-se reafirmar que, sob a ótica da estrutura da decisão, o raciocínio judicial, em seu extremo momento, é suscetível de refletir, sim, um silogismo jurídico.[577] Nessa esteira, não se pode negar o acoplamento lógico entre o geral e o particular ou, caso se prefira, a existência de atividade dedutiva ou de subsunção na aplicação da norma ao fato.[578]

Sob outro prisma, em reverso da doutrina do silogismo judicial e com a retomada da discussão sobre o compromisso do Direito com a justiça e a ética, emerge a teoria do raciocínio tópico, traduzindo uma técnica de pensamento orientada para o problema ("pensar problematicamente"), a refutar a possibilidade de o raciocínio jurídico fluir de fontes rigorosamente dedutivo-sistemáticas, isto é, de um sistema fechado de conceitos jurídicos (jurisprudência de conceitos), nos padrões formalistas

---

[573] FRANK, Jerome. *Law and the modern mind*. New Brunswick: Transaction Publishers, 2009 [1930], p. 9, 118-119.

[574] BERGEL, Jean-Louis. *Teoria geral do direito*. (Justiça e direito). 2. ed. São Paulo: Martins Fontes, 2006, p. 357.

[575] TARUFFO, Michele. *La motivazione della sentenza civile, op. cit.,* p. 152-153.

[576] TARUFFO, Michele, *op. cit.,* p. 157.

[577] BENETI, Sidnei Agostinho. *Da conduta do juiz*. 3. ed. rev. São Paulo: Saraiva, 2003, p. 111: "O silogismo jurídico objetivo em verdade toma corpo para o Juiz especialmente no momento da concretização da decisão no escrito, na motivação, com a qual obedece ao disposto na Constituição Federal e nos Códigos de Processo, textos que, em verdade, apenas explicitam a necessidade de fundamentação inerente à etiologia de qualquer julgamento. A formação da decisão, em si, é ato aninhado nas profundezas do sistema psíquico do Juiz, cujas trilhas, nos casos realmente complexos, nem o próprio Juiz possui meios de reconstituir. (...) Como na alegoria de Platão, também na decisão judicial a explicitação silogística dos motivos não significa mais que sombras projetadas ao fundo da cava, espelhando baça a realidade que se passou no mundo imperscrutável que as produziu".

[578] TARUFFO, Michele. *Il controllo di razionalità della decisione fra logica, retorica e dialettica. In:* BESSONE, Mario (a cura di). *L'attività del giudice, mediazione degli interessi e controllo delle attività*. Torino: G. Giappichelli, 1997, p. 139-153, esp. p. 144.

positivistas.[579] A teoria tópica jurídica lança mão de noções de senso comum,[580] de princípios gerais, axiomas e conceitos jurídicos geralmente aceitos, com a prevalência de fatores de razoabilidade e de equidade,[581] num contínuo fluxo de diálogo semântico, cultural e valorativo com o ambiente social, o valor justiça substantiva e a exigência de uma fundamentação argumentativa. Exorta o juiz a atuar em consonância com o quadro cultural da sociedade em que opera.

No âmbito da tópica, como método de pensamento orientado para o problema, concentrado no caso concreto,[582] o juiz enfatiza o problema a investigar, para coligir em torno dele pontos de vista (premissas entimemáticas fundadas em valores)[583] que não chegam a configurar conceitos.[584]

O juiz busca argumentos (tópica de primeiro grau: momento da invenção – *ars inveniendi*) para, a partir deles, formar o juízo (tópica de segundo grau: momento da formação do juízo – *ars iudicandi*).[585] A centralidade da prática do direito escorrega do ordenamento jurídico para o caso concreto, peregrina do geral para o particular, desloca-se do sistema para o problema.[586] Valoriza-se o catálogo de *topoi* admissíveis. Nesse quadrante, a estrutura da argumentação jurídica não é silogístico-dedutiva, nem dogmático-sistemática, mas tópica.

Todavia, a tópica, fixando-se no pensamento problemático, se limita à simples afirmação sobre o caráter não sistemático deste raciocínio. Ademais, a própria noção de *topos* (ou lugar comum da argumentação) é fluida, vaga e ambígua,[587] bem como a escolha das premissas relevantes norteia-se pelo arbítrio do juiz.[588] O procedimento tópico é elástico e provisório. A seleção recai sobre entendimentos já estratificados no ambiente social, aniquilando a possibilidade de manifestação de proposições inovadoras. Outra crítica que se pode oferecer à teoria tópica do juízo é a de que, como os *topoi* importam mero ponto de vista, semelhante doutrina não tem compromisso epistemológico com a descoberta da verdade dos fatos relevantes para o julgamento da causa.[589]

---

[579] VIEHWEG, Theodor. *Tópica e jurisprudência*: uma contribuição à investigação dos fundamentos jurídico-científicos. Tradução da 5. ed. alemã, rev. e ampl. de Kelly Susane Alflen da Silva. Porto Alegre: Sergio Antonio Fabris Ed., 2008, p. 16.

[580] WARAT, Luis Alberto. *O direito e sua linguagem*. 2. ed. aum. Porto Alegre: Sergio Antonio Fabris Editor, 1995, p. 97.

[581] GONZÁLEZ HERNÁNDEZ, Susana. La racionalidad y la razonabilidad en las resoluciones judiciales (distinguir para comprender). *Praxis de la justicia fiscal y administrativa*, México-DF, año 5, n. 12, 2013, p. 24: "Por lo tanto, considerando que cuando mediante los criterios de racionalidad no puede adoptarse una decisión – por ser ésta inadmisible, o contradictoria o llevar a alternativas igualmente plausibles de las que por no existir distinción, no pueden tomarse una decisión – se debe asumir una resolución razonable, la cual es mucho más flexible, sin embargo, no por ello menos rigurosa, en virtud de que además de que acoge principios éticos y morales, atiende a supuestos sociológicos, políticos, culturales, etcétera; por tanto, debe entonces estimarse a la razonabilidad más cercana al problema que en cada caso dilucida, y considerar que siempre estará más dirigida, que la simple racionalidad, a la satisfacción del bienestar humano".

[582] MARRAFON, Marco Aurélio. *Hermenêutica e sistema constitucional*: a decisão judicial "entre" o sentido da estrutura e a estrutura do sentido. Florianópolis: Habitus Editora, 2008, p. 98.

[583] WARAT, Luis Alberto, *op. cit.*, p. 94.

[584] TARUFFO, Michele. *La motivazione della sentenza civile, op. cit.*, p. 174-175.

[585] ZIPPELIUS, Reinhold. *Filosofia do direito*. (Série IDP – Linha direito comparado). São Paulo: Saraiva, 2012, p. 374.

[586] LOSANO, Mario G. *Sistema e estrutura do direito*: o Século XX. São Paulo: Editora WMF Martins Fontes, 2010, v. 2., p. 266-267.

[587] TARUFFO, Michele. *La motivazione della sentenza civile, op. cit.*, p. 175.

[588] ALEXY, Robert. *Teoria da argumentação jurídica*: a teoria do discurso racional como teoria da fundamentação jurídica. 3. ed. Rio de Janeiro: Forense, 2011, p. 38.

[589] ZIPPELIUS, Reinhold, *op. cit.*, p. 377: "Os limites da tópica enquanto procedimento epistemológico residem na sua função meramente instrumental. Ela revela quais são os pontos de vista e questões já disponíveis, quais

Seja como for, a teoria tópica encarna uma dimensão importante do raciocínio judicial, e está presente na jurisprudência, seja na interpretação da lei, com o auxílio de argumentos interpretativos comprovados, seja na aplicação estruturada do direito. Abstraindo-se das críticas que se lhe podem dirigir, a teoria tópica tem o mérito de resgatar a dialética na realização do direito[590] e de favorecer a compreensão da opinião pública, através da divulgação mais eficiente e simples do discurso judicial. Serve de passaporte entre os valores adotados pelo juiz e aqueles preponderantes na sociedade em que opera.

No campo da fundamentação jurídica do julgado, além da proficuidade da teoria tópica como um dos suportes argumentativos da motivação, a tópica desempenha a função de sugerir as premissas que compõem o discurso justificativo da decisão.[591] O raciocínio tópico, apesar de se distanciar da estrutura lógico-dedutiva, pode guardar, mesmo configurando uma doutrina assistemática[592] e de fundo fragmentário,[593] complementaridade ou integração ao sistemático[594] com o pensamento axiomático-dedutivo, cujo cerne relaciona normas e conceitos.[595]

Da esfera argumentativa irrompem, pelo menos, três espécies de argumentos tópicos:[596] (i) argumentos clássicos de lógica jurídica, como *a simili*, *a pari*, *a contrario sensu*;[597] (ii) princípios gerais de direito, máximas fornidas pela doutrina e jurisprudência, elementos de senso comum metajurídicos, critérios de valoração ética e socioeconômica frequentemente chancelados no meio social, apregoados pela opinião pública e consubstanciados na *communis opinio*; e (iii) perfis retóricos com forte carga emotiva, evidenciando feição persuasiva do discurso justificativo judicial; argumentos de autoridade, no lugar de autoridade dos argumentos.

Nessa conjuntura, cinco considerações críticas podem ser formuladas relativamente à teoria tópica do juízo e da motivação:

(i) a aceitabilidade da justificação da decisão judicial está ligada a um consenso difuso e geral no meio social, muitas vezes, fluido (o repertório é flexível),[598] ambíguo e até refratário à individualização, principalmente em sociedades

---

são os "conceitos-chave" que tornaram compreensíveis os problemas e que podem desempenhar um papel de caso para caso. Mas continua a ser um mero acesso a conhecimento já existente, não podendo, por isso, fornecer desde logo só por si a fundamentação suficiente para a solução de novos problemas, mas carece, para este efeito, de uma complementação através de pontos de vista não tópicos, isto é, não disponíveis à partida".

[590] MARRAFON, Marco Aurélio, *op. cit.*, p. 102.

[591] LOSANO, Mario G., *op. cit.*, p. 267: "Tal estrutura apresenta três características: funda-se no problema (ou seja, sobre limitadas classes de casos concretos ou até mesmo sobre um único caso concreto); os conceitos e os princípios da ciência jurídica devem sempre ser ligados ao caso concreto; todo raciocínio sobre tais conceitos e princípios deve partir e retornar ao problema, ou seja, ao caso concreto".

[592] LOSANO, Mario G., *op. cit.*, p. 264: "Se, porém, considera-se que o método dedutivo-sistemático não é adequado a essa tarefa, então é preciso voltar à origem do direito, constatar que ele consistia em resolver problemas isolados, segundo a justiça, recorrendo a "uma estrutura espiritual" (*ein geistiges Gefüge*) que se distingue radicalmente do pensamento sistemático. Viehweg opta por essa segunda via. Porém, sua recusa do pensamento sistemático não é total, e por isso é melhor falar do pensamento tópico como de uma doutrina assistemática, mais do que anti-sistemática".

[593] CAMARGO, Margarida Maria Lacombe. *Hermenêutica e argumentação*: uma contribuição ao estudo do direito. 3. ed. Rio de Janeiro: Renovar, 2003, p. 151.

[594] VIEHWEG, Theodor, *op. cit.*, p. 9 (Prefácio à quarta edição).

[595] ZIPPELIUS, Reinhold, *op. cit.*, p. 376.

[596] TARUFFO, Michele. *La motivazione della sentenza civile*, *op. cit.*, p. 181.

[597] VIEHWEG, Theodor, *op. cit.*, p. 42.

[598] VIEHWEG, Theodor, *op. cit.*, p. 43.

tatuadas pelo multiculturalismo, pela pluralidade de ideias e de ideais, pelo dissenso democrático; aliás, o consenso, de si, não é garantia da correção daquilo com que se concordou,[599]

(ii) a justificação escapa de controle lógico-jurídico, quando se cogita de critérios racionais de julgamento e de efetivação de uma ordem constitucional,[600] pois que se deve render ao senso comum sedimentado;

(iii) os *topoi* traduzem uma formulação reducionista e simplesmente aproximativa de uma regra de juízo, de modo que, na motivação, tal simplificação resulta no uso de fórmulas padronizadas, de argumentos de autoridade, de aforismos clássicos, de noções de senso comum, que, amiúde, alocam o discurso justificativo num lugar afastado das exigências de justiça, de juridicidade, de correção lógica,[601]

(iv) a tópica não configura, por si só, um método argumentativo autônomo,[602] que possa ser adotado como padrão geral pela motivação, por não se acomodar à estrutura racional do discurso justificativo judicial, apesar de valorizar perfis metajurídicos (*v. g.*, ideológicos, sociológicos) que permeiam o discurso prático da motivação, consentido controlabilidade extraprocessual, política, democrática e difusa sobre a "obra" do juiz; e

(v) os *topoi* (os aspectos do "problema") traduzidos como ideias de juízes ou de advogados, não são democraticamente legitimados.[603] A validade lógica do raciocínio justificativo e sua eficácia são determinadas pela idoneidade dos argumentos utilizados pelo juiz no ambiente argumentativo da motivação jurídica.

Noutro giro, a teoria retórica do juízo e da motivação afirma que o raciocínio do juiz não tem o caráter lógico-demonstrativo típico das ciências exatas, mas sim natureza retórico-argumentativa ou persuasiva.[604] A nova retórica perelmaniana sustenta, em essência, que o raciocínio jurídico é dialético-prático, relacionado a juízos de valor e a

---

[599] ALEXY, Robert, *op. cit.*, p. 36: "Neste sentido, é totalmente consequente a constatação de Viehweg de que *a discussão resta, obviamente, como única instância de controle*; porém, o que significa "instância de controle"? A garantia de correção deve supor qualquer consenso faticamente alcançado? Isso não se justifica pelo simples fato de que em uma discussão posterior pode-se demonstrar o caráter defeituoso de um consenso anterior". (Grifos no original).

[600] MARRAFON, Marco Aurélio, *op. cit.*, p. 104-105.

[601] LARENZ, Karl. *Metodologia da ciência do direito*. 3. ed. Lisboa: Fundação Calouste Gulbenkian, 1997, p. 204: "Não pode, efectivamente, negar-se que os juristas argumentam, por várias vias, "topicamente", por exemplo nas audiências de discussão e julgamento. Os argumentos ou "tópicos" que utilizam têm, porém, pesos distintos. Não são pura e simplesmente invocados e alinhados entre si, mas possuem um valor posicional específico e cobram significado sempre em certo e determinado contexto. Mesmo quando se argumenta de modo muito próximo a um argumentar "topicamente", no sentido de que determinados "tópicos" são utilizados na discussão, postos à prova, seja no sentido da sua rejeição ou do seu acolhimento, a obrigação de fundamentação da sentença torna necessário um processo intelectual ordenado, em que cada argumento obtenha o seu lugar respectivo, processo que conduza a uma determinada inferência silogística. Por meio de uma mera recolha de pontos de vista relevantes no plano jurídico, um catálogo de "tópicos" não alcança tal resultado. O apelo à tópica seria de reduzida valia se não pudesse oferecer mais que isso".

[602] ATIENZA, Manuel. *Las razones del derecho*: teorías de la argumentación jurídica. México: Universidad Nacional Autónoma de México, 2005, p. 40-41.

[603] MÜLLER, Friedrich. *O novo paradigma do direito*: introdução à teoria e metódica estruturantes. 3. ed. rev. atual. e ampl. São Paulo: Editora Revista dos Tribunais, 2013, p. 233-234.

[604] ROSELLI, Federico. Le clausole generali nella più recente giurisprudenza. L'esperienza del diritto del lavoro. *In*: BESSONE, Mario (a cura di). *L'attività del giudice, mediazione degli interessi e controllo delle attività*. Torino: G. Giappichelli, 1997, p. 95-109, esp. p. 98-99.

escolhas de cariz axiológico, cuja racionalidade é escrutinada por meio de sua capacidade para obter aceitação na esfera de um auditório (universal ou particular).

A teoria retórica, para além de simples grandeza estilística, exibe o condão de mostrar, à luz de novos paradigmas de compreensão e de interpretação, a evolução da exploração hermenêutica, no sentido de que o "raciocínio" decisório e a motivação não são aparelhados de estruturas dedutivas fechadas e rigidamente formalizadas. Muito ao contrário, do "raciocínio" do juiz brotam juízos de valor, valorações axiológicas, seleções discricionárias quando a lei lhe permite. Aqui, não se aproveita o raciocínio puramente lógico-dedutivo-sistemático. O raciocínio justificativo jurídico pode ser plasmado de argumentação retórica que venere, embora mitigadamente, a racionalidade.

Todavia, algumas observações críticas podem ser dirigidas à teoria retórica da formação do juízo à elaboração do discurso justificativo *ex post*. É útil passá-las em revista:

(i) o raciocínio jurídico demonstrativo, no âmbito do discurso prático, não tem a obrigatoriedade do discurso lógico-matemático, daí o exagero da análise que lhe é feita pela retórica de matriz perelmaniana ao afirmar a ausência de logicidade do raciocínio jurídico desvestido de rigorosa dedução demonstrativa;

(ii) o elemento valorativo é apenas um dos elementos do raciocínio jurídico, mas não é capaz de exauri-lo;

(iii) a doutrina perelmaniana desconsidera que o raciocínio jurídico não é unívoco e, por isso, pode assumir, estruturalmente, variadas configurações, quando referenciado ao legislador, ao juiz, ao jurista (v. g., o raciocínio jurídico, essencialmente argumentativo, desenvolvido pelo advogado do autor, do réu ou do terceiro interveniente);

(iv) inexiste uma unidade interna do raciocínio jurídico pressuposta pela argumentação retórica;

(v) despreza a distinção entre juízos de valor, acoplados à justificação retórica, e juízos de validade, passíveis de demonstração racional;

(vi) oferece tendência de generalização do raciocínio, abandonando as peculiaridades presentes nos contextos de descoberta e de justificação, os quais são caracterizados diversamente: no primeiro é valorativo e decisório, ao passo que, no segundo, justificativo e de validação ou controle;

(vii) é frágil a noção de auditório universal para se aferir a racionalidade da argumentação, com base em conceitos (e preconceitos) e lugares comuns, na medida do elevado risco de manipulação de consensos/dissensos (*v. g.*, através de padrões cunhados pelas inúmeras mídias) nas sociedades de massa contemporâneas;

(viii) ignora-se a validade objetiva da justificação do decisório;

(ix) em termos de aceitação do auditório universal, tonifica-se a musculatura de uma ideologia do conformismo e do conservadorismo da racionalidade; e

(x) exibe a pretensão de, mediante o realce de elementos retórico-persuasivos, afastar a necessidade da estrutura racional da motivação e da estrutura lógica do discurso justificativo judicial. De fato, não se pode prescindir do caráter de racionalidade (v. g., validade objetiva das razões que sustentam a justificação), a fim de que a decisão seja considerada efetivamente motivada e permita controlabilidade jurídica e racional, endo e extraprocessual, sobre os critérios de escolha ou de valoração usados pelo juiz em sua decisão.

2.2.1 Realismo e pragmatismo jurídicos

Neste tópico será escrutinada a contribuição das correntes teóricas que visam a demonstrar os influxos da realidade efetiva sobre a qual se alicerça e da qual se irradia o Direito vigente, para permear concretamente a decisão judicial. No espectro do realismo jurídico se insere um complexo de concepções do Direito, conquanto diversas entre elas, mas unidas pela ideia de se atribuir singular importância à efetiva operatividade do Direito na sociedade e sua aplicação concreta pelos juízes e tribunais. Neste sentido, essas correntes de pensamento se contrapõem vigorosamente ao formalismo jurídico (*v. g.*, reação ao formalismo jurídico de Langdell no direito norte-americano, bem como antagonismo ao método langdelliano de ensino jurídico). Não seria despropositado dizer que o realismo jurídico, como categoria, pode ser pensado como o terceiro grupo de concepções do direito, após o jusnaturalismo e o juspositivismo.

A síntese do pensamento realista norte-americano é, não raro, associada à seguinte frase caricatural: *"what the judge ate for breakfast determines the decision"*. Entretanto, semelhante oração, que retrata uma simplificação incorreta, não foi proferida, verbalmente ou por escrito, por autor notadamente realista.[605]

O realismo jurídico – embora carente de uniformidade, por açambarcar correntes marcadas por acentuadas diferenças,[606] mas que têm em comum uma investigação jurídica com base empírica e social identificável – é uma corrente de pensamento centrada na aplicação do direito pelos juízes e tribunais, vale dizer, enfatiza a ideia de se buscar o direito não nas normas positivas, senão que nas decisões das cortes. Não à toa, o realismo valoriza, sobremodo, a compreensão dos mecanismos que conduzem juízes e tribunais a proferirem suas decisões,[607] como, por exemplo, motivos sociais ou psicológicos que as determinam. Nessa ótica, a justiça e os valores ficam ao relento por serem considerados, na visão realista, mitos sem fundamento científico e base nos fatos.

Há alguns tipos de realismo jurídico, com DNAs distintos. Importa registrar dois, sem perder a perspectiva histórica: o escandinavo e o norte-americano. O primeiro, nutrido das ideias do jurista e filósofo sueco Axel Hägerström (1868-1939), guarda afinidade com o empirismo europeu, ao passo que o segundo reflete a natureza do direito anglo-americano, que não se encontra em códigos, mas em precedentes judiciais.[608]

Releva notar os principais juristas do realismo jurídico de matriz escandinava, como: A. Hägerström, A. Lundsted, K. H. Olivecrona (Escola de Uppsala), A. Ross, J. Jorgensen (Escola de Copenhagen), Naess e Ofstad (Escola de Oslo), Kaila, Lehtinene

---

[605] TUMONIS, Vitalius. Legal realism & judicial decision-making. *Jurisprudence*, v. 19, n. 4, p. 1361-1382, 2012, esp. p. 1371.

[606] Vide, por exemplo, o dissenso entre Jerome Frank e Felix S. Cohen, cfr. FLORES HERNÁNDEZ, Carlos Alberto. *Un atisbo a 'transcendental non sense and the functional approach" de Felix S. Cohen* (1907-1953). 2012. Disponível em: http://works.bepress.com/carlos_floreshernandez/2/. Acesso em: 12 abr. 2018, p. 1-20, esp. p. 20: "¿Es posible predecir sentencias? Un riguroso Frank diría que no. Si partimos de la base de que la justicia es un conglomerado de emociones, hechos en constante disputa y errores humanos, podríamos afirmar que no es una utopía. Cohen pretende detectar uniformidades en la conducta judicial y ello, en sí mismo, desde luego que es posible hacerlo; pero exige mirar al pasado. Cohen lo que quiere es mirar al futuro. Pero para hacerlo se tendría que agregar el ingrediente del azar, la probabilidad misma, para imaginar que –ante determinadas circunstancias– una sentencia es posible que sea profetizada".

[607] GREEN, Michael Steven. Legal realism as theory of law. *William & Mary Law Review* (1915). Williamsburg, v. n. 46, Issue 6, Article 2, p. 1915-2000, 2005, esp. p. 1919-1920.

[608] GUSMÃO, Paulo Dourado de. *Introdução ao estudo do direito*. 31. ed. Rio de Janeiro: Forense, 2002, p. 404.

Brusiin (Escola finlandesa).[609] A uníssona preocupação deles era afastar a metafísica e os valores do mundo da teoria do direito, na medida em que não definem o direito em função da justiça por não ter apoio nos fatos.

Já o dinamarquês A. Ross, com seu coração movido sob influência do pensamento kelseniano,[610] buscou imprimir viés normativista ao realismo jurídico escandinavo, ao sustentar que a validade da norma jurídica depende de sua efetiva observância e aplicação pelos tribunais. A ideia da validade do Direito não pode ser separada de uma análise do comportamento real dos juízes.[611] O Direito se define, nessa visão, como norma disciplinadora do exercício do poder. O realismo jurídico por ele placitado deita raízes apenas na realidade social, com a preocupação voltada sempre à efetividade do Direito. Em cada juízo é sempre pressuposta a realidade do que é julgado. O juízo é aprendizado de realidade.[612] Não à toa, a corrente filosófica do realismo (*v. g.*, escandinavo, norte-americano) sufraga, em substância, a tese da ilegitimidade do uso descritivo da linguagem jurídica.[613] Os conceitos não estão conexionados a fatos "reais" ou referibilidade à realidade, em suas concepções fisicalista e fenomenalista.[614]

O realismo escandinavo permitiu conceber o Direito de uma maneira mais coerente com a sociedade, com a superação do formalismo jurídico e centralização naquilo que é profícuo para a população. Desse modelo, resultaria a concretização da verdadeira Justiça.[615]

O realismo jurídico escandinavo carrega diferenças essenciais em relação ao norte-americano. Na verdade, o debate filosófico sobre o conceito de direito estava, em geral, fora do radar de interesse dos realistas americanos. Com efeito, o realismo de corte escandinavo estava pontilhado de autores com formação filosófica, enquanto os realistas americanos primavam por aspectos práticos, percebendo o direito com um olhar instrumental e não como fim em si mesmo.

Portanto, a quase totalidade dos realistas, bem vistas as coisas, não negava propriamente o direito, mas apenas expressava descrença no que toca ao papel do direito nas decisões judiciais. É dizer: o ponto de convergência entre os autores realistas descansa no ceticismo concernente à descrição tradicional da conduta real e efetiva dos tribunais.[616] Ao contrário do realismo americano, o realismo jurídico escandinavo exibe uma abordagem metodológica mais especulativa para os problemas jurídicos. Porém, ambos compartilham uma nota essencial, ao adotarem uma atitude empirista em relação à vida humana e, por conseguinte, ao direito. Ademais, não seria impróprio dizer

---

[609] RECASENS SICHES, Luis. *Panorama del Pensamiento Jurídico en el Siglo XX*. México: Porrúa, 1963, t. I, p. 303.

[610] LOPES, Mônica Sette. O realismo jurídico: o discurso jurídico e a apreensão da realidade pontual. *Revista da Faculdade de Direito da UFMG*, v. 45, p. 297-340, jul./dez. 2004, esp. p. 319.

[611] FASSÒ, Guido. *Historia de la filosofía del derecho*. Trad. José F. Lorca Navarrete. Madrid: Pirámide, 1979, v. 3, p. 243.

[612] CASTIGNONE, Silvana. *La macchina del diritto*. Il realismo giuridico in Svezia. Milano: Edizioni di Comunità, 1974, p. 27.

[613] MICHELON JUNIOR, Cláudio Fortunato. *Aceitação e objetividade*: uma comparação entre as teses de Hart e do positivismo precedente sobre a linguagem e o conhecimento do direito. São Paulo: Editora Revista dos Tribunais, 2004, p. 63: "Esta tese está ligada à ideia de que os termos especificamente "jurídicos" que compõem os enunciados jurídicos não têm referência na realidade".

[614] MICHELON JUNIOR, Cláudio Fortunato, *op. cit.*, p. 85.

[615] FABBRIS, Angela Tacca. Modelo jurídico: realismo jurídico escandinavo. *Prisma Jurídico*. São Paulo, v. 5, p. 79-86, 2006, esp. p. 85.

[616] RECASENS SICHES, Luis. *Nueva filosofía de la interpretación del derecho*. México: Porrúa, 1973, p. 95.

que as duas correntes são unidas pela ideia de que ambas consideram o momento da decisão judicial como fonte de produção do direito, com a consequente depressão do protagonismo da lei oriunda do Estado.

De outra parte, empobrecido em Filosofia, mas enriquecido em Psicologia e Sociologia, a corrente de pensamento do *American Legal Realism* (*v. g.*, Oliver Holmes,[617] Nathan Roscoe Pound, Felix Solomon Cohen, Karl Nickerson Llewellyn, Jerome Frank, Joseph W. Bingham, Willian Orville Douglas, Thurmond Wesley Arnold, Lon Luvois Fuller, Anthony Sebok, Underhill Moore, Herman Oliphant, Walter Cook, Charles C. Clark, Leon Green, Samuel Klaus, Hessel Yntema),[618] além de afirmar que o direito efetivo consiste nas regras assentadas pelos Tribunais e por estes aplicadas, coloca água no moinho dos fatores psicológicos, conscientes e inconscientes, conformadores do comportamento dos juízes.[619] Não faltou quem pensasse, à maneira daquele psicólogo associado à Faculdade de Direito de Yale, em "psicanalizar" os juízes para descobrir os fatores inconscientes das decisões judiciais,[620] os quais se revestiriam de fontes reais do direito vivo. No campo da interdisciplinaridade, há íntima proximidade do realismo jurídico com outras correntes não jurídicas, como o pragmatismo e o consequencialismo na filosofia, a análise empírica nas ciências biológicas e exatas, o exame dos fatos sociais na sociologia, a teoria behaviorista na psicologia.

O pensamento realista – sob a perspectiva descritiva de como a decisão jurídica efetivamente ocorre, prescindindo-se de considerações normativistas – reescreveu a história do desenvolvimento jurisprudencial do século XX contra o formalismo jurídico do século XIX,[621] implicando reação a métodos de compreensão do direito que não consideravam alguns aspectos de instabilidade do sistema, em especial aqueles relacionados ao conceitualismo e ao cientificismo (contra o que reagia o realismo escandinavo) e à sua natureza estática frente à separação entre direito, realidade social

---

[617] NOVICK, Sheldon M. Justice Holmes's Philosophy. *Washington University Law Review*, v. 70, Issue 3, p. 703-753, 1992, esp. p. 736-737: "Because Holmes is on the realist side of the debate, we should probably assess him in relation to modern antirealism and pragmatism. But first, we must rescue Holmes from the embrace of the pragmatists. Despite Holmes's own evident realism, which he endlessly insisted upon, and his contempt for William James's pragmatism, many have persistently attempted to portray Holmes as a pragmatist". Importa notar que o imenso Oliver Wendell Holmes Jr. pavimentou o caminho do realismo jurídico norte-americano, levando-o para sua atuação como juiz da Suprema Corte norte-americana, de 1902 a 1932, período em que discordou, amiúde, de opiniões formalistas, foi adversário do conceitualismo e dos raciocínios de tipo silogístico ("as proposições gerais não resolvem os casos concretos"), o que lhe valeu o epíteto *"the great dissenter"*. Assim, GODOY, Arnaldo Sampaio de Moraes. O realismo jurídico em Oliver Wendell Holmes Jr. *Revista de Informação Legislativa*, Brasília, n. 171, p. 91-105, jul./set. 2006, esp. p. 91.

[618] Sobre a lista (incompleta) dos protagonistas do realismo jurídico norte-americano, vide TSUK, Dalia. Legal realism. *In: Legal Systems of the World: a Political, Social and Cultural Encyclopedia*, vol. 11, Santa Barbara: ABC CLIO, 2002, p. 892-895, esp. p. 893.

[619] No tocante ao behaviorismo, vide MOORE, Underhill; CALLAHAN, Charles. Law and learning theory: a study in social control. *Yale Law Journal*, v. 53, p. 1-136, 1943.

[620] ROBINSON, Edward S. *Law and the lawyer*. New York: The Macmillan Company, 1935.

[621] HULL, N. E. H. Reconstructing the origins of realistic jurisprudence: a prequel to the Llewellyn-Pound exchange over legal realism. *Duke Law Journal*, n. 5, p. 1.302-1.334, 1989, esp. p. 1334: "Llewellyn effectively rewrote the history of twentieth-century jurisprudential development. Realism became the focus of attention for jurisprudential scholars and was portrayed thereafter as the primary challenger of nineteenth-century Formalism. He eliminated Pound's Progressive-Pragmatic, anti-Formalist movement as a jurisprudential entity and the stem from which Realistic Jurisprudence itself was really only an off-shoot. Politics and personality led Llewellyn to kill off Progressive-Pragmatism and invent Legal Realism. (...) New doctrine is thus less a product of prior doctrine in some sort of genetic mutation, and more a historical artifact of human controversy and action".

e vida, bem como à não consideração da força criadora do juiz (contra o que reagia o realismo norte-americano).[622] Não por acaso, prestigiosa doutrina considera a vertente de pensamento do realismo jurídico norte-americano a mais virulenta e radical da revolta antiformalista.[623]

A apoteose do pensamento jurídico clássico (e, paradoxalmente, o limiar de seu declínio) pode ser visualizada no julgamento Lochner v. New York, em 1905, quando a Suprema Corte Americana declarou inconstitucional uma lei do Estado de Nova York que estabeleceu um tempo máximo de trabalho para os padeiros. Ao reverter os dois graus de julgamento anteriores, a Corte afirmou que tal lei violava a cláusula do devido processo legal contida na Emenda XIV,[624] interferindo, ilegitimamente, na liberdade de contratar de trabalhadores e de empregadores. O conceitualismo e o formalismo do pensamento jurídico tradicional estavam aqui, passeando de mãos dadas, não apenas com os pressupostos do pensamento econômico clássico (e, em especial, com a doutrina do *laissez-faire*), senão também com os interesses das classes sociais dominantes.

A *dissenting opinion* do juiz Holmes no caso Lochner e sua famosa declaração de que *"general propositions do not decide concrete cases"* foram saudadas alguns anos depois por Roscoe Pound, fiel à sua inclinação pragmatista, como uma das "melhores exposições" de um movimento sociológico na jurisprudência, que rejeita "o método da dedução a partir de concepções predeterminadas", que impulsiona a "adaptar princípios e doutrinas às condições humanas em vez de supostos primeiros princípios" e a "colocar o fator humano no centro e relegar a lógica a sua posição natural (verdadeira) do instrumento".[625] A *mechanical jurisprudence*[626] entrou, definitivamente, em crise depois da Primeira Guerra Mundial.[627]

O juiz, nos lindes de seu poder de inovação, tem o dever de manter uma relação entre o Direito e a ética-moral, além de harmonizar o Direito e a Justiça. O reconhecimento de tal poder e dever de moldar o direito de acordo com a moralidade costumeira não significa, em absoluto, desprezar todas as normas ou mesmo destruí-las.[628]

---

[622] TARELLO, Giovanni. *Il realismo giuridico americano*. Milano: Giuffrè, 1962, p. 2.

[623] BOBBIO, Norberto. *Teoria da norma jurídica*. São Paulo: Edipro, 2001, p. 66-68.

[624] Cabe referir que a Emenda XIV, introduzida em 1868, representa uma das modificações mais significativas à Constituição dos EUA, afirmando, na Seção 1, que "nenhum Estado deve privar qualquer pessoa de vida, liberdade ou propriedade, sem processo de lei": estende-se à legislação de cada um dos estados a garantia constitucional dos dois processos, já contida na emenda V com referência apenas ao governo federal. Tal alteração representou uma ferramenta poderosa para a inserção do princípio *laissez-faire* na Constituição, uma vez que tem sido interpretado progressivamente como uma restrição constitucional contra qualquer lei estadual capaz de interferir na liberdade (formal) e com propriedade (privada) ou, como os realistas argumentam mais tarde, como um freio potencial contra qualquer lei estadual.

[625] POUND, Roscoe. Liberty of contract. *Yale Law Journal*, 18, 7, p. 454-487, 1909, esp. p. 464.

[626] POUND, Roscoe. Mechanical jurisprudence. *Columbia Law Review*, 8, p. 605-623, 1908.

[627] PUPOLIZIO, Ivan. Più realisti del re? Il realismo giuridico statunitense nella prospettiva dei 'Critical Legal Studies'. *Materiali per una storia della cultura giuridica*, v. 40, n. 1, p. 73-104, 2010, esp. p. 77: "A darle il colpo di grazia contribuì, negli anni '20 e '30 del XX secolo, un gruppo di giovani e agguerriti professori di diritto, che da Yale e Columbia mossero guerra alla "langdelliana" Harvard, nel nome di un nuovo approccio all'insegnamento e allo studio del diritto, incentrato, come molti di essi amavano affermare, non su ciò che i giudici dicono, ma su ciò che essi fanno".

[628] CARDOZO, Benjamin N. *The nature of the judicial process*. New York: Dover Publications, 2015, p. 132, 134: "There have, indeed, been movements, and in our own day, to make the individual sense of justice in law as well as in morals the sole criterion of right and wrong. We are invited, in Gény's phrase, to establish a system of "juridical anarchy" at worst, or of "judicial impressionism" at best".

Releva notar o "nascimento teórico" do movimento realista em torno da controvérsia entre Pound e Llewellyn,[629] bem como o "desaparecimento paradoxal" quando Llewellyn exprimiu que "não há mais realismo, já que todos tornaram-se realistas".[630]

Alguns realistas (*v. g.*, K. Llewellyn, M. Radin, H. Oliphant, F. Cohen) sustentavam que uma teoria verdadeiramente realista das decisões judiciais deve conceber cada decisão como algo mais que uma expressão da personalidade individual, como concomitantemente uma função das forças sociais, isto é, como um produto de determinantes sociais e um índice de consequências sociais.[631] Assim, padrões regulares em conjuntos de decisões judiciais deveriam ser vistos não tanto como expressão da individualidade do juiz, mas como o produto de fatores sociológicos (*environmental*) inerentes a um grupo de juízes,[632] unidos pela mesma educação e sujeitos aos mesmos condicionamentos ideológicos.[633]

Em contraste com os proponentes da jurisprudência realista, por exemplo, Felix Cohen sustentava que a avaliação ética era tão necessária e imperativa quanto a investigação científica das consequências e que a "descrição legal é cega sem a luz orientadora de uma teoria de valores".[634] Ademais, mostra o realismo como consequência da abordagem funcional: a jurisprudência realista é uma teoria da natureza do direito, cuja essência é a definição da lei como uma função da decisão judicial.[635]

Na contramão da maré de toda a história jurídica norte-americana, Bingham pensava não ser plausível discernir princípios e regras mediante simples análise de casos (método do caso) e transmiti-los a outrem,[636] de par a configurar forte crítica ao langdellianismo, por ser considerado insuficiente ante as complexidades sociais de então.[637]

---

[629] Sobre semelhante controvérsia, vide HULL, N. E. H. Some realism about the Llewellyn-Pound exchange over realism: the Newly Uncovered Private Correspondence (1927-1931). *Wisconsin Law Review*, p. 921-969, 1987.

[630] MILARD, Éric. Réalisme scandinave, réalisme américain: un essai de caractérisation. *Revus – Journal for Constitutional Theory and Philosophy of Law*, 24, p. 81-97, 2014, esp. p. 83.

[631] COHEN, Felix S. Transcendental nonsense and the functional approach. *Columbia Law Review*, v. XXXV, n. 6, p. 809-849, June 1935, esp. p. 843-844: "The decision is without significant social dimensions when it is viewed simply at the moment in which it is rendered. Only by probing behind the decision to the forces which it reflects, or projecting beyond the decision the lines of its force upon the future, do we come to an understanding of the meaning of the decision itself. The distinction between "holding" and "dictum" in any decision is not to be discovered by logical inspection of the opinion or by historical inquiry into the actual facts of the case. That distinction involves us in a prediction, a prophecy of the weight that courts will give to future citations of the decision rendered. This is a question not of pure logic but of human psychology, economics and politics".

[632] SÁNCHEZ DÍAZ, Félix Francisco. Algunos aspectos de la sociología jurídica de Karl Nickerson Llewellyn: bases epistemológicas, concepción sociológica del derecho y teoría sociológica de las normas jurídicas. *Nuevo Derecho*, v. 6, n. 8, p. 155-172, enero-junio 2011, esp. p. 169.

[633] LEITER, Brian. American legal realism. Edited by Dennis Patterson. 2nd ed. *In: A companion to philosophy of law and legal theory*. Oxford: Blackwell, 2010, p. 249-266, esp. p. 259-262.

[634] BERNSTEIN, Neil N. Review of "legal conscience," by Felix S. Cohen. *Washington University Law Review*, Issue 3, p. 303-307, 1961, esp. p. 304.

[635] GOLDING, M, p. Realism and functionalism in the legal thought of Felix S. Cohen. *Cornell Law Review*, v. 66, p. 1032-1057, 1981, esp. p. 1055.

[636] Interessante notar o trabalho com traços essencialmente realistas de BINGHAM, Joseph W. What is the law? *Michigan Law Review*, v. 11, n. 1, p. 1-25, 1912, esp. p. 4: "the vague current idea that the purpose of scientific investigation is the extraction from their hiding places and the domestication of certain wild beasts of the jungle of ignorance known as principles and rules".

[637] CORBIN, Arthur L. The law and the judges. *Yale Law*, vol. 3, 1914, p. 234-250.

O projeto realista se apoiava no ceticismo, pelo menos parcial,[638] no que tange à capacidade de as normas e os conceitos jurídicos tradicionais determinarem a decisão do juiz. Sobreleva notar a diferença llewellyniana entre as regras reais (*real rules*), que seriam o que as cortes judiciais realmente utilizam na tomada de decisões, e as regras de papel (*paper rules*), vale dizer, a doutrina aceita aquilo que os livros afirmam ser lei sem qualquer aplicabilidade real.[639] Nessa visão, as regras e princípios que os juízes recitam em suas decisões não revelam (ou mostram de forma incompleta) seus verdadeiros motivos e, consequentemente, denotam ceticismo quanto à análise do funcionamento da decisão judicial como um cálculo lógico. Depara-se, pois, a insuficiência do direito para produzir uma certa decisão e a necessária intervenção no processo decisório de outros *inputs* ou fatores causais. Tal constatação era abonada por investigações empíricas do comportamento judicial, as quais desmentiam a teoria silogística da decisão judicial.[640] Desse modo, na esteira da descrença concernente às regras, a decisão judicial foi apresentada como na famosa "equação" frankiana: D (*decision*) = S (*stimuli received by the judge*) x P (*personality*) ou R (*rule*) X SF (*subjective facts*) = D (*decision*).[641]

Cumpre notar-se que as pesquisas revelavam que o elemento determinante consistia na reação inicial do juiz quando em contato com o substrato fático do litígio, sendo a consideração das regras jurídicas um componente secundário, adminicular. Por outras palavras, a doutrina do realismo jurídico afirmava que as decisões judiciais resultavam conformadas, sobretudo, através da reação dos juízes em face dos fatos do caso. Ou seja, pela inicial definição do resultado que lhes parecesse correto ou justo por pressão hidráulica ou estímulo dos fatos que cercam o caso particular.[642] Releva, aqui, o modo real como os juízes se comportam.

Para lidar de maneira mais realista com a tomada de decisões judiciais, Llewellyn queria, por exemplo, concentrar-se no processo pelo qual uma disputa factual única e ricamente detalhada chegava à resolução – sobre como os fatos específicos afetavam o julgador. Tornar claros os meandros do processo decisório aumentaria as chances de reformar a instituição da lei para melhor atender a quaisquer propósitos que a própria lei pudesse considerar.[643]

---

[638] LLEWELLYN, Karl N. A realistic jurisprudence: the next step. *Columbia Law Review*, v. 30, n. 4, p. 431-465, 1930, p 444. Importa registrar que este artigo é considerado uma espécie de batismo do movimento realista, pois implica certificação fática da crítica ao formalismo jurídico de Langdell, desenvolvida, de forma tortuosa, a partir de Oliver W. Holmes (*The common law* – 1881), Benjamin Cardozo (*The nature of the judicial process* – 1921) e, expressamente, desde os artigos de Bingham de 1912 (*What is the law?*) e de Arthur Corbin de 1914 (*The law and the judges*). Historicamente, por exemplo, no tocante à colocação de Bingham no panteão dos fundadores do movimento jurídico do realismo jurídico norte-americano, vide SCHEIBER, Harry N. Taking legal realism offshore: the contributions of Joseph Walter Bingham to american jurisprudence and to the reform of modern ocean law. *Law and History Review Fall*, v. 26, n. 3, p. 649-678, 2008, esp. p. 650-651.

[639] LLEWELLYN, Karl N. A realistic jurisprudence: the next step, *op. cit.*, p. 448.

[640] ACCATINO SCAGLIOTTI, Daniela. *La motivación de las sentencias*: genealogía y teoría. 2005. 316 f. Tesis (doctorado en filosofía del derecho) – Facultad de Derecho, Universidad de Granada, Granada, 2005, p. 103.

[641] FRANK, Jerome. What courts do in fact. *Illinois Law Review*, 26, p. 645-666, 1932, esp. p. 649.

[642] LLEWELLYN, Karl N. Some realism about realism-responding to dean Pound. *Harvard Law Review*, v. 44, p. 1222-1264, 1931; OLIPHANT, H. A return to stare decisis. *American Bar Association Journal*, 14, p. 71-76, 1928, esp. p. 75.

[643] CASEBEER, Kenneth M. Escape from liberalism: fact and value in Karl Llewellyn. *Duke Law Journal*, n. 3, p. 671-703, 1977, esp. p. 674: "The improvement would not be merely technical, as Llewellyn's biographer, William Twining, has described: "The central precept of Llewellyn's realism, 'see it fresh,' was a reminder to stay close to the actual and the particular and thus to avoid the chief pitfall of formalism, that of oversimplification through remoteness from day to day reality...".

Os realistas, quando concentrados no problema de fixação das premissas (maior e menor) do suposto silogismo jurídico, refutavam, coerentemente, a concepção mecânica da função judicial como um esquema silogístico. Então, em algum momento o juiz é impulsionado a eleger um caminho,[644] lançando mão de valorações para além das fronteiras do direito positivo.

A corrente do antiformalismo europeu (*v. g.*, H. Kantorowicz, F. Geny, E. Ehrlich., L. Lombardi, J. Wroblewski), por se interessar nos matizes psicológicos da decisão, anteciparam ou manusearam inúmeras questões do realismo norte-americano. Demais disso, na esfera subjetiva, há realistas apostados em sustentar que o juiz, ao prospectar, de logo e de plano, a solução justa do caso, segue predição/pressentimento ou um impulso vital motivante para a decisão consubstanciado em seu senso intuitivo do correto ou incorreto para o caso[645] e, só depois, busca categorias e conceitos jurídicos para justificá-la.

A arquitetura da decisão judicial segundo sua imagem de silogismo sugeria que, prescindindo-se de qualquer tipo de valoração política, o juiz começava por tomar como premissa maior uma regra jurídica à qual pudesse subsumir os fatos (premissa menor) para, só então, obter mecanicamente a conclusão. Os realistas, assumindo posição diametralmente oposta, visualizavam o processo de decisão judicial como um "*backward reasoning*": uma forma de raciocínio que já se inicia com algo que deveria ser sua conclusão.[646]

O alvo central do realismo jurídico, agudamente crítico, foi a demolição da concepção mecânica da função judicial, imposta pelo formalismo e operada através do esquema silogístico-dedutivo. As teses do realismo jurídico norte-americano simbolizam uma "revolta contra o formalismo jurídico".[647] Em um ambiente constitucional fortemente "substancial" e antiformalista, o centro de gravidade desloca-se para o ideário de ouro de tornar os juízes mais "justos" em vez de meros "examinadores de lei".[648] A partir de semelhante perspectiva, tendente a emancipar o direito do dogmatismo, a abordagem preditiva adotada pelo pensamento realista adquire seu mais profundo significado, assumindo o ponto de vista do homem mau holmesiano como um ângulo estratégico para a observação e análise adequadas do comportamento judicial.[649] Exige-se o despojamento de qualquer ideal para focalizar a descrição do processo real de tomada da decisão judicial.[650] Acendeu-se, pois, a desconfiança realista sobre a correção da tese tradicional de que as normas jurídicas se constituem no único fator de determinação das

---

[644] RADIN, Max. Statutory interpretation. *Harvard Law Review*, XLIII, p. 863-885, 1930, esp. p. 881.

[645] HUTCHESON JR, Joseph C. Judgment intuitive: the function of the hunch in judicial decision. *Cornell Law Review*, v. 14, Issue 3, p. 274-288, April 1929, esp. p. 285.

[646] TARELLO, Giovanni. *Il realismo giuridico americano*, op. cit., p. 200; ANDERSON, B. The problematic nature of discovery and justification. *In*: *"Discovery" in legal decision-making*. Dordrecht: Kluwer, 1996, p. 6 ss.

[647] A expressão "revolta contra o formalismo" vem do famoso livro de WHITE, M. G. *Social thought in America*: the revolt against formalism. New York: Viking Press, 1952.

[648] PALOMBELLA, Gianluigi. *Filosofia do direito*. (Justiça e direito). São Paulo: Martins Fontes, 2005, p. 208-209.

[649] SOLAR CAYÓN, José Ignacio. *El realismo jurídico de Jerome Frank*: normas, hechos y discrecionalidad en el proceso judicial. Madrid: Boletín Oficial del Estado, 2005, p. 90-92.

[650] SOLAR CAYÓN, José Ignacio. Karl N. Llewellyn: algo de realismo sobre el realismo. Los orígenes del realismo jurídico americano. *Eunomía – Revista en Cultura de la Legalidad*, n. 2, p. 176-226, mar./ago. 2012, esp. p. 189: "Este análisis contribuirá a sacar a la luz toda una serie de factores extranormativos que pueden incidir efectivamente en ese proceso pero que la teoría tradicional había ignorado".

decisões judiciais, bem como sobre a sua capacidade para descrever adequadamente o que juízes e tribunais realmente fazem no processo decisório.

A abordagem que desperta singular interesse, aqui, toca ao realismo teórico, mais especificamente ao realismo como teoria da decisão judicial. Pode-se falar em teoria descritiva da decisão judicial e teoria normativa da decisão judicial.[651] Neste quadrante, o pensamento realista, em larga medida, não pretendeu conceituar o que é o direito, mas apenas como ele realmente funciona.

Seja como for, não se pode desdenhar da importância do realismo jurídico ao longo da história, com sua expressiva carga de controvérsia, enquanto teoria sobre a decisão judicial.[652] Uma questão crucial suscitada pelo realismo, no que toca à teoria da decisão judicial, pode ser expressa nas seguintes indagações: as decisões judiciais são determinadas por raciocínios jurídicos? Como os fatos se apresentam seria um dado mais relevante para o juiz do que como as regras jurídicas se mostram? O tensionamento entre formalismo (regras jurídicas) e realismo jurídicos (fatos) permeia toda e qualquer abordagem sobre a decisão judicial, a pena de se afigurar insatisfatória e incompleta.

A posição realista afirma que a primeira atividade do juiz está em tomar uma decisão prévia tocante ao caso concreto que lhe foi posto, antes mesmo de analisar as regras jurídicas. Semelhante julgar prévio se baseia, amiúde, em uma plêiade de fatores extrajurídicos incrustados na vivência do juiz (*v. g.*, senso pessoal de justiça, traços de personalidade, temperamento, educação, raça, sexo, experiência profissional, aversão ao dissenso, ideologia política, no sentido apartidário de preocupação com políticas públicas, moral, valores religiosos, condições socioeconômicas, cultura, crenças filosóficas e por aí vai). Foram colocados em alto relevo os componentes psicológicos, sociológicos e comportamentais na elucidação do fenômeno jurídico, embora o fator de influência de tais elementos tenha variações, ainda que na mesma corrente realista.

Sob o manto da intuição, a ideia motriz do *hunch*[653] assenta que, em sua gênese, a sentença do juiz não é fruto de inferências lógicas ou racionalização, senão de "palpites",

---

[651] LEITER, Brian. American legal realism. Edited by Dennis Patterson. 2nd ed. *In: A companion to philosophy of law and legal theory.* Oxford: Blackwell, 2010, p. 249-266. Vide, também, TAMANAHA, Brian Z. Understanding legal realism. *Texas Law Review*, 87, p. 731-785, 2008.

[652] TUMONIS, Vitalius. Legal realism & judicial decision-making, *op. cit.*, p. 1366.

[653] YABLON, Charles M. Justifying the judge's hunch: a essay on discretion. *Hastings Law Journal*, v. 41, p. 231-279, 1990, esp. p. 231-232: "A major theme in Legal Realist literature is the importance of the intuition on 'hunch'. For the Realists, it was the judge's 'hunch', more than any body of precedent, codes, or learned treatises, that represented and preserved the great traditions of the common law". Sobre a dimensão do "*hunch*", vide, dentre outros, HUTCHESON JR, Joseph C. Judgment intuitive: the function of the hunch in judicial decision. *Cornell Law Review*, v. 14, Issue 3, p. 274-288, April 1929; do mesmo autor Lawyer's law and the little small dice. *Tulane Law Review*, v. VII, n. 1, December 1932, p. 1-12 (reconhecendo a presença da intuição nas decisões judiciais); FRANK, Jerome. What courts do in fact. *Illinois Law Review*, 26, p. 645-666, 1932. (reconhecendo que o "palpite judicial" não pode ser descrito em termos de regras e princípios legais); HAINES, Charles Grove. General observations on the effects of personal, political, and economic influences in the decisions of judges. *Illinois Law Review*, 17, p. 96-116, 1922. (examinando o efeito de influências extrajurídicas nas decisões dos juízes); LLEWELLYN, Karl N. A realistic jurisprudence: the next step. *Columbia Law Review*, v. 30, n. 4, p. 431-465, 1930 (reconhecendo a mudança no estudo do direito à interação entre comportamento e regras); RADIN, Max. Statutory interpretation. The theory of judicial decision: or how judges think. *American Bar Association Journal*, v. 11, n. 6, p. 357-362, June 1925 (prioridade dada a decisões que levam a "resultados desejáveis"). Importa registrar um dos precursores que tiveram influência substancial sobre estes autores: CARDOZO, Benjamin N. (1921) *The nature of the judicial process.* New York: Dover Publications, 2015 (explorando o processo de decisão dos juízes); *The paradoxes of legal science.* New York: Columbia University Press, 1928 (agitando o papel dos "sentimentos" nas decisões judiciais).

que guiam diretamente o julgador até sua decisão.[654] Esta é a análise da realidade da decisão jurídica tal como ela é, despojada de artificialidade, máxime ao ângulo da personalidade do juiz, como fator central, no ato de julgar em sentido estrito. Pode-se saborear, ou não, a observação de semelhante realidade, mas a realidade "real" é assim avassaladora: o juiz intui a decisão a tomar, formulando mentalmente sua hipótese de julgamento, e, só depois, busca garimpar nos institutos jurídicos, na prova representada nos autos do processo, no direito vigente e nos precedentes judiciais razões válidas que possam justificar racionalmente sua decisão.[655] Por assim ser, a verdadeira decisão judicial, na concepção dos realistas, não será encontrada no documento da sentença redigido *a posteriori*. Na realidade, o decisório emerge em uma etapa antecedente àquela de redação formal da sentença.[656]

No ato de julgar em sentido estrito, na realidade, o juiz não começa a pensar com premissas, mas com uma antecipação da conclusão,[657] sem relação com o raciocínio dedutivo derivado de um sistema conceitual, *i. e.*, um processo de aplicação mecânica da lei.[658] O silogismo, como lógica de formas fixas, de demonstrações rígidas, e não de perquirições e descobertas, reflete apenas os resultados do raciocínio, mas não a forma como ele opera. O silogismo desponta, assim, mais como uma forma de declarar os resultados do pensamento do que como o modo pelo qual tais resultados são alcançados.[659]

É de rigor distinguir, então, o processo decisório em si das boas razões ministradas para sustentá-lo. Naquele campo descansa a sagaz ideia do *"hunch"*,[660] no que toca ao sentir intuitivo presente na assimilação dos fatos do caso pelo juiz.[661] Não se cogita,

---

[654] FASSÒ, Guido. *Historia de la filosofía del derecho, op. cit.*, p. 225.

[655] LEITER, Brian. Rethinking legal realism: toward a naturalized jurisprudence. *Texas Law Review*, v. 76, n. 2, p. 267-315, dez. 1997, esp. p. 268.

[656] CESTARI, Roberto; NOJIRI, Sergio. Interpretações históricas e teóricas do realismo jurídico. In: *Teorias da decisão e realismo jurídico*. Coordenadores: Eloy P. Lemos Junior, Jerônimo Siqueira Tybusch, Lorena de Melo Freitas. Florianópolis: CONPEDI, 2015, p. 142-166, esp. p. 160-161: "Com essa teoria reputada como verdadeira, identifica-se, então, quais são os verdadeiros *inputs* para que uma decisão jurídica seja tomada. A utilidade disso é que, ao se pensar que os únicos *inputs* são o direito e os fatos, uma teoria com caráter científico sobre decisão judicial torna-se incompleta. Adicionando outros *inputs* externos como ideologias, classes sociais, julgamentos anteriores do mesmo juiz, dentre outros, a hipótese é que a previsão sobre um julgamento será menos aleatória. Se uma teoria pode prever de maneira mais satisfatória do que a mera aleatoriedade, pode-se dizer então que estamos diante de uma teoria com maior caráter de cientificidade. Em suma, apesar de o realismo ter desnudado o fato de que juízes não decidem de forma sistemática conforme o direito, mas sim de acordo com uma miríade de fatores, a contribuição realista traz, em última instância, mais segurança jurídica e previsibilidade. Uma teoria que diz que a previsão de uma decisão judicial é difícil em razão dos fatores x, y e z é melhor do que uma que supõe que a decisão judicial segue parâmetros e racionalidades próprias do direito, mas que não consegue explicar por que os juízes decidem como eles decidem".

[657] DEWEY, John. Logical method and the law. *Cornell Law Review*, v. 10, p. 17-27, 1924, esp. p. 23: "As a matter of fact, men do not begin thinking with premises. They begin with some complicated and confused case, apparently admitting of alternative modes of treatment and solution. Premises only gradually emerge from analysis of the total situation. (...) As a matter of actual fact, we generally begin with some vague anticipation of a conclusion (or at least of alternative conclusions), and then we look around for principles and data which will substantiate it or which will enable us to choose intelligently between rival conclusions".

[658] HART, H. L. A. American jurisprudence through english eyes: the nightmare and the noble dream. *Essays in jurisprudence and philosophy*. Clarendon Press, 1983, p. 130-131.

[659] COOK, Walter W. Scientific method and the law. *American bar Association Journal*, v. 13, p. 303-309, 1927, esp. p. 306.

[660] TARELLO, Giovanni. *Il realismo giuridico americano, op. cit.*, p. 12.

[661] LOPES, Mônica Sette, *op. cit.*, p. 328: "A ideia de um saber antecipado e que, portanto, não pode ter seu percurso inteiramente previsto ou definido deve ser considerada. Por isto, seria mais adequado fazer uma fusão das palavras palpite e estalo, para construir uma ideia mais clara do que pretendem expressar os autores. O juiz tem um palpite e com ele constrói sua motivação. O juiz tem um estalo e ele atua no momento em que conduz

aqui, de adivinhação, porque o *hunch-power* decorre, fundamentalmente, de bom senso, imaginação e muito conhecimento. De sorte que tanto maior a qualidade do conhecimento, quanto mais abertos os olhos para a compreensão dos casos, mais aperfeiçoado o palpite (*hunch*).[662] O sentimento intuitivo toma a decisão e aquece o cérebro "enquanto trabalha seu julgamento para trás", ou seja, enquanto abre caminho de uma conclusão desejável para um celeiro de proposições lógicas que possam validamente sustentá-la.[663]

Não é fadiga inútil reafirmar que a noção do "*hunch*" traduz a essência da decisão judicial, isto é, os elementos intuitivos da formação do juízo,[664] a iluminação por aquele lampejo intuitivo de compreensão, a centelha intuitiva que faz, direta e imediatamente, a conexão entre caso e decisão. O juiz, em perspectiva hutchesoniana, realmente decide com base no "palpite", informado, por exemplo, pelo trinômio intuição-sentimento-emoção, e não pelo julgamento, pela dedução e pelo raciocínio. O raciocínio, bem pesadas as coisas, aparece apenas em momento ulterior, quando da articulação das razões justificativas que sustentam o decisório. Contudo, o impulso vital para a decisão é uma fagulha intuitiva do que é certo ou errado, justo ou injusto no caso particular.[665]

Desse modo, a utilização da lógica dedutiva produz a aparência de que a motivação jurídica do julgado revelaria a forma como este foi alcançado (a justificação parece identificar-se com o processo decisório em sentido estrito), mantendo a doce ilusão de que tudo o que juízes e tribunais fazem é deduzir conclusões a partir de premissas fixas.[666] Todavia, o pensamento intuitivo sugere uma solução ou hipótese de julgamento e, a partir daí, combinam-se as premissas maior e menor de forma experimental ao longo da análise do caso e das normas preexistentes. Este é o *modus operandi* pelo qual se alcança a conclusão, o que difere, estrutural e funcionalmente, da maneira como esta é justificada.[667]

---

a instrução processual ou em que procura meios eficientes para proceder à execução do devedor. Quem julga sabe que estas noções não podem ser desprezadas. Na sua precariedade, como explicação de um fenômeno, assenta-se a precariedade efetiva dos caminhos para explicar como se dá o conhecimento no juiz. Esta pode ser uma afirmação avassaladora. Objetivamente, o que interessa é que ela não pode ser desconsiderada quando se pretende falar com seriedade do direito".

[662] LLEWELLYN, Karl N. *The bramble bush*: on our law and its study. New York, London & Rome: Oceana Publications, 1991, p. 98.

[663] RADIN, Max. The theory of judicial decision: or how judges think. *American Bar Association Journal*, v. 11, n. 6, p. 357-362, June 1925, esp. 359: "opportunity of working their judgment backward, from a desirable conclusion to one or another of a stock of logical premises".

[664] MÜLLER, Friedrich. *O novo paradigma do direito*: introdução à teoria e metódica estruturantes. 3. ed. rev. atual. e ampl. São Paulo: Revista dos Tribunais, 2013, p. 70.

[665] HUTCHESON JR, Joseph C. Judgment intuitive: the function of the hunch in judicial decision. *Cornell Law Review*, v. 14, Issue 3, p. 274-288, April 1929, esp. p. 279, 285, 286: "I must premise that I speak now of the judgment or decision, the solution itself, as opposed to the apologia for that decision; the decree, as opposed to the logomachy, the effusion of the judge by which that decree is explained or excused. (...) the judge really decides by feeling, and not by judgment; by "hunching" and not by ratiocination, and that the ratiocination appears only in the opinion. (...) the vital, motivating impulse for the decision is an intuitive sense of what is right or wrong for that cause, and that the astute judge, having so decided, enlists his every faculty and belabors his laggard mind, not only to justify that intuition to himself, but to make it pass muster with his critics. (...)And having travailed and reached his judgment, he struggles to bring up and pass in review before his eager mind all of the categories and concepts which he may find useful directly or by analogy, so as to select from them that which in his opinion will support his desired result". No que toca à expansão dos *insights* básicos de Hutcheson para uma teoria de tomada de decisão completa, vide a obra seminal de FRANK, Jerome (1930). *Law and the modern mind*. New Brunswick: Transaction Publishers, 2009 [1930]

[666] OSMO, Carla. O ceticismo dos realistas norte-americanos: a indeterminação no direito. *Revista Brasileira de Filosofia*, ano 58, n. 233, p. 93-137, jul./dez. 2009, esp. p. 115.

[667] DEWEY, John. Logical method and the law, *op. cit.*, p. 24.

Noutros termos: as deliberações judiciais são trabalhadas para trás, a partir de conclusões tentativamente formuladas.[668] De sorte que, por exemplo, a premissa maior do silogismo judicial é ditada por uma conclusão adrededemente estabelecida. Em perspectiva frankiana, a sentença judicial é desenvolvida retrospectivamente a partir de conclusão previamente formulada, e não aplicando leis e princípios, como premissa maior, aos fatos, como premissa menor, alcançando sua decisão mediante processos de puro raciocínio lógico. Porque assim é, a fórmula dedutivo-silogística tende a ocultar a inexorável escolha moral, política, econômica ou social dentre inferências possíveis, vale dizer, eclipsar a forma como os juízes chegam, realmente, às suas decisões.[669]

Não se pode desprezar a elevada complexidade do ambiente no qual o juiz, enquanto ser humano, está inserido e que exerce forte influência na gestação da decisão judicial: tradição, educação, forças inconscientes, personalidade, fatores econômicos, políticos e sociais, crenças religiosas e filosóficas, ideologias, e assim por diante. Esta miríade de fatores extrajurídicos não pode ter sua relevância menoscabada no processo decisório do juiz. Não à toa, o realismo jurídico, desafiando o dogma da mecanicidade/automação da função jurisdicional, valoriza, sobremaneira, o papel do juiz.[670] De fato, não se pode escamotear, no processo decisório, a individualidade do juiz, seu subjetivismo, fatores psicológicos, morais, éticos, culturais, socioeconômicos, históricos etc., que conformam inevitavelmente o comportamento do julgador.[671]

No campo dos aspectos subjetivos, há realistas que enfatizam as influências de impulsos oriundos do inconsciente do juiz em relação ao caso analisado.[672] Tais aspectos inconscientes e idiossincráticos[673] podem explicar grandes divergências entre as soluções dadas, em âmbito judicial, a conflitos análogos, sobre indicar que a justiça é algo personalíssimo no sentido de refletir aspectos da individualidade,[674] da subjetividade e

---

[668] FRANK, Jerome. *Law and the modern mind*, op. cit., p. 109: "Judicial judgements, like other judgements, doubtless, in most cases, are worked out backward from conclusions tentatively formulated". Assim, também, LLEWELLYN, Karl N. *The bramble bush*, op. cit., p. 82.

[669] RUMBLE JR, Wilfrid E. *American legal realism*: skepticism, reform, and the judicial process. Ithaca, New York: Cornell University Press, 1968, p. 173-174.

[670] HAINES, Charles Grove, op. cit., p. 102.

[671] REALE, Miguel. *O direito como experiência*: introdução à epistemologia jurídica. 2. ed. São Paulo: Saraiva, 1992, p. 106.

[672] HAINES, Charles Grove, op. cit., p. 105: "Just as is the case with other opinions of individuals, judicial opinions necessarily represent in a measure the personal impulses of the judge, in relation to the situation before him, and these impulses are determined by the judge's lifelong series of previous experiences. The psychologists recently have emphasized the fact that all of us have predispositions which unconsciously attach themselves to the conscious consideration of any question. Every conclusion is expressive of a dominant personal motive and is a resultant of the evolutionary status of the individual's mind. Apparent as these facts are, they have received scant consideration in the discussion of problems in the administration of justice".

[673] Averbe-se o comentário do sagaz juiz Hand sobre sua experiência judicial, vide HAND, Learned. The deficiencies of trials to reach the heart of the matter. *3 Lectures on Legal Topics*, vol. 3 (New York: MacMilann Company, 1929), 89, (1925-1926), p. 105: "I must say that as a litigant I should dread a law suit beyond almost anything short of sickness and death". Contudo, para uma visão panorâmica das objeções de Frank, vide FRANK, Jerome. Some reflections on judge Learned Hand. *University of Chicago Law Review*, v 24, p. 666-705, 1956-1957, esp. p. 705: "Horace Walpole said that "life is a comedy for those who think and a tragedy for those who feel". Learned Hand, who both thinks deeply and feels deeply, sees life as a marvelous comic-tragedy. He is not one who "despises men tenderly". He has a love for and an understanding of his fellow-creatures, like him, humanly fallible. I commend him to you as a great man and as our wisest judge".

[674] Lord McCluskey, John. *Law, justice and democracy*. The reith lectures 1986 (Sweet and Maxwell Ltd 1987): "The law, as laid down in a code, or in a statute or in a thousand eloquently reasoned opinions, is no more than capable of providing all the answers than a piano is capable of providing music. The piano needs the pianist, and any two pianists, even with the same score, may produce very different music".

da personalidade do juiz,[675] como fatores essenciais na operacionalização do direito. Seja qual for a reação que o olhar desta realidade produza nos juristas e nos leigos, *o certo é que a realidade é assim*. De qualquer forma, o reconhecimento de semelhante dimensão subjetiva, no campo da autoanálise, pode levar ao desenvolvimento de técnicas que possam controlar ou, quando nada, minimizar os efeitos das idiossincrasias dos juízes sobre suas decisões.[676]

Outros realistas deprimem a relevância de fatores psicológicos (*predispositional*) individuais, afirmando que, no processo decisório judicial, são inelutáveis e fundamentais considerações políticas, econômicas e sociais (por exemplo: *sociological jurisprudence*),[677] intrínsecas à atividade judicante,[678] que servem de parâmetros para a atualização do direito, haja vista a mutabilidade daquelas articulações. É certo que evitar criar novas regras também pode sufocar a lei, aflorando, dessarte, a relevância da jurisprudência realista.[679]

Emergem, assim, algumas teses principais do realismo jurídico: (i) falsidade da ideia de autonomia total do direito, (ii) indeterminação do direito e das normas legais, (iii) impotência do direito de realizar mudanças estruturais na sociedade, (iv) impossibilidade do direito de apreender a complexidade social. Nessa toada, a posição realista sustenta:[680] (i) a concepção do direito como um fluxo, do direito em movimento e da criação judicial do direito; (ii) a visão do direito como meio para fins sociais, e não como um fim em si mesmo; (iii) a ideia da sociedade como um fluxo caracteristicamente mais

---

[675] HAINES, Charles Grove, *op. cit.*, p. 105.

[676] FRANK, Jerome. *Law and the modern mind, op. cit.*, p. xxiii: "The conscientious judge will, as far as possible, make himself aware of his biases of this character, and, by that very self-knowledge, nullify their effect. Much harm is done by the myth that, merely by putting on a black robe and taking the oath of office as a judge, a man ceases to be human and strips himself of all predilections, becomes a passionless thinking machine. The concealment of the human element in the judicial process allows that element to operate in an exaggerated manner; the sunlight of awareness has an antiseptic effect on prejudices. Freely avowing that he is a human being, the judge can and should, through self scrutiny, prevent the operation of this class of biases".

[677] Um dos objetivos práticos da jurisprudência sociológica, como formulado por Roscoe Pound, representa "A study of the social effects of legal institutions, legal preceptors and legal doctrines, of the law in action as distinct from the law in books". Vide, no ponto, GARDNER, James A. The sociological jurisprudence of Roscoe Pound (Part I), *Villanova Law Review*, v. 7 ll. L. Rev. 1 (1961), p. 1-27, esp. p. 10. Consigne-se que POUND, Roscoe, em seu artigo seminal "Law in books and law in action", *American Law Review*, v. 44, p. 12-36, 1910, "is a masterpiece of legal realism". Apesar de compartilhar alguns *insights* realistas, Pound se distanciou da escola realista e, posteriormente, escreveu "The call for a realist jurisprudence", *Harvard Law Review*, v. 44, p. 697-711, 1931, onde afirmou que não há realidade absoluta, além de declarar, p. 700: "Faithful portrayal of what courts and law makers and jurists do is not the whole task of a science of law. One of the conspicuous actualities of the legal order is the impossibility of divorcing what they do from the question what they ought to do or what they feel they ought to do. For by and large they are trying to do what they ought to do. Their picture of what they ought to do is often decisive in determining what they do. Such pictures are actualities quite as much as the materials of legal precepts or doctrines upon which or with which they work. Critical portrayals of the ideal element in law, valuings of traditional ideals with respect to the actualities of the social and legal order, and the results to which they lead in the social and legal order of today, are as much in touch with reality (i.e. have to do with things of at least as much Significance for the legal order) as psychological theories of the behavior of particular judges in particular cases". Vide, a propósito, MCGEE, Henry. Roscoe Pound's legacy: engineering liberty and order. *Howard Law Journal*, v. 16, p. 19-41, 1970, esp. p. 20.

[678] COHEN, Felix S. Field theory and judicial logic. *Yale Law Journal*, v. 59, n. 2, p. 238-272, jan. 1950.

[679] UROFSKY, Melvin I. William O. Douglas as a common law judge. *Duke Law Journal*, v. 41, p. 133-159, 1991, esp. p. 150: "Judges who defer to outrageous or no longer relevant judicial precedents, or to inconsistent or unconscionable legislative actions, out of a desire for doctrinal consistency are rarely considered great judges by the history books".

[680] CAMPOS ZAMORA, Francisco J. Nociones fundamentales del realismo jurídico. *Revista de Ciencias Jurídicas*, n. 122, p. 191-220, mayo/ago. 2010, esp. 205-206.

rápido, havendo sempre a probabilidade de que o direito possa precisar ser reexaminado, para se determinar em que medida se amolda à sociedade a que se propõe servir; (iv) o divórcio temporário entre "ser" e "dever ser",[681] pois não pode ser feita aferição sobre o que deve ser feito no futuro em relação a qualquer segmento do direito sem saber objetivamente, tanto quanto possível, como estará operando essa área do direito.

As correntes identificadas com o realismo jurídico colocam água no moinho da eficiência, eficácia e efetividade, mais do que da justiça, afeiçoada ao jusnaturalismo, que sustenta uma concepção ideal de direito, ou mais do que da validade, pedra de toque do positivismo normativista, a cuja luz floresceu uma concepção formal e analítica do direito.[682] Para os realistas, tanto o jusnaturalismo quanto o positivismo em sentido estrito tropeçam na abstração: o primeiro, porque substitui o direito real pela aspiração à justiça; o segundo, porque o substituiria pelas regras impostas e formalmente válidas.[683]

Demais disso, os seguidores do pensamento realista preconizam a ruptura com o modelo erigido pelo Iluminismo jurídico, repelindo, por conseguinte, a noção de que se afigura possível o conhecimento da verdade pelo método da razão, haja vista a complexidade das relações humanas na sociedade pós-moderna.[684]

Não se pode olvidar que as decisões do juiz são reflexos de sua experiência pessoal, de sorte que há múltiplos fatores extrajurídicos que afetam, por exemplo, sua noção dos fatos do caso concreto (v. g., onde nasceu e foi educado). O juiz não pode ir embora de si mesmo a tal ponto de esquecer quem é. Não à toa, as decisões serão sempre, em grau maior ou menor, influenciadas pelos componentes de sua individualidade, subjetividade, personalidade, seus preconceitos, suas idiossincrasias, noções, crenças e por aí vai.

Disso resulta que a natureza humana do juiz não pode ser desdenhada pelos teóricos normativistas que, distantes da realidade, o concebem como mero aplicador mecânico da lei. A purificação normativista é pouco mais do que uma falácia, que se esfalfa para esconder a realidade e a vida. Um dos traços característicos do realismo jurídico norte-americano consiste, de um lado, em minimizar o elemento normativo e

---

[681] BELDA, Jean-Benoist. La théorie réaliste de l'interprétation: réflexion sur la place du juge. *Master 2 Recherche Droit du marché* – Année universitaire 2010-2011, p. 1-36, esp. p. 7: "Le réalisme étant considéré comme une attitude qui consiste à décrire le droit tel qu'il est réellement et non tel qu'il devrait être (sein/sollen) et l'interprétation, le mécanisme permettant de déterminer la signification d'un énoncé". Vide, também, GIACOMUZZI, José Guilherme. As raízes do realismo americano: breve esboço acerca de dicotomias, ideologia e pureza no direito dos USA. *R. Dir. Adm.*, Rio de Janeiro, 239, p. 359-388, jan./mar. 2005, esp. p. 380: "Tomemos a dicotomia holmesiana "Lógica *versus* Experiência", donde derivou, por assim dizer, a *Sociological Jurisprudence* de Roscoe Pound e o clamor de Brandeis pelos dados empíricos. Daí se pode também considerar originada a vertente realista liderada por Karl Llewelyn e Jerome Frank, os quais compunham, dentre outros, os chamados "Reformistas". Esse grupo pode ser tido como o "braço positivista" do movimento, aqui tomado principalmente como uma filosofia que separa o "ser" do "dever ser" (*is and ought*). Adeptos das ciências sociais e dos dados empíricos, os Reformistas punham a ênfase no "ser", no elemento descritivo, e escolhiam o procedimento em detrimento da substância. Eles entendiam que deveriam cada vez mais e mais trazer a realidade aos tribunais".

[682] BOBBIO, Norberto. *Teoria da norma jurídica, op. cit.*, p. 64.

[683] FERNANDES, Ricardo Vieira de Carvalho. *Influências extrajurídicas sobre a decisão judicial*: determinação, previsibilidade e objetividade do direito brasileiro. Tese (doutorado) – Universidade de Brasília (UnB), Faculdade de Direito, Programa de Pós-Graduação em Direito, Doutorado em Direito, Estado e Constituição, 2013. 352f. Disponível em: http://repositorio.unb.br/bitstream/10482/15154/1/2013_RicardoVieiradeCarvalhoFernandes. pdf. Acesso em: 02 abr. 2018, p. 51.

[684] ADEODATO, João Maurício. *A retórica constitucional* (sobre a tolerância, direitos humanos e outros fundamentos éticos do direito positivo). São Paulo: Saraiva, 2009, p. 161.

prescritivo do direito e, de outro, em maximizar o elemento empírico e descritivo do mesmo. Portanto, em repensar a realidade do processo de tomada de decisão.[685]

Nessa ótica, o direito, por dizê-lo assim, se converte em um conjunto de fatos, ao invés de normas. Os realistas se preocupavam em saber o que juízes e tribunais fazem, realmente, ao julgar os casos que lhes são postos. Tudo isto a indicar, de um lado, a quimérica objetividade do direito, supostamente racional e prospectivo, e, de outro, a revelar algo que somente os ingênuos resistem em reconhecer que é, justamente, a individualidade, a subjetividade e a personalidade do julgador,[686] operando, na realidade, uma inversão do silogismo, pois os modelos são adaptados aos casos. A subjetividade é um dos traços característicos do contexto de descoberta da decisão, que plasma sua gênese.

No quadrante de uma teoria de tomada da decisão judicial, Jerome Frank, no trabalho seminal *Law and the modern mind*, desenvolveu, em 1930, a perspectiva realista de que as decisões judiciais consistiam, deveras, em "racionalizações" não relacionadas às realidades da tomada de decisões. A análise do processo judicial não ficou imune à forte maré da psicanálise, haja vista que inúmeras vozes defenderam o estudo de decisões dos juízes ao ângulo de mirada psicanalítico.[687] A ênfase da psicanálise na força dos fatores inconscientes teve um efeito inquietante sobre a lógica do processo judicial no tradicional mundo jurídico.

Uma das maiores contribuições de Jerome Frank para a jurisprudência moderna certamente reside na expansão do leque de perspectivas que devem ser estudadas. Com relação às regras legais, Frank afirmou a teoria convencional do realismo jurídico – isto é, ele acreditava que, embora as regras legais tenham, às vezes, um impacto significativo sobre o processo de tomada de decisão, é de rigor reconhecer que elas são apenas um dos muitos estímulos que exercem influência sobre o curso da decisão judicial.[688] Algumas abordagens frankianas foram contudentemente criticadas (*v. g.*, "*Law-as-Father*

---

[685] JAMIN, Christophe. Le rendez-vous manqué des civilistes français avec le réalisme juridique: un exercice de lecture comparée. *Droits*, Presses Universitaires de France – PUF, n. 51, p. 137-160, 2010/2011, esp. p. 16: "Nous n'aurions certes pas connu le chaos – de fait, je ne crois pas que les juristes américains l'aient connu – mais cette bifurcation nous aurait fait vivre dans un monde nettement plus incertain, en nous obligeant à reprendre à nouveaux frais la question des rapports entre droit et vérité, à penser à des formes de rationalité différentes de la technique juridique, une technique qui emplit la quasi-totalité du discours juridique et dont l'enflure nous empêche assez souvent de percevoir certaines questions, à ne plus tout à fait croire, du moins de façon aussi péremptoire et générale, qu' "en droit aussi, deux et deux font quatre", à repenser à la réalité du processus de décision judiciaire, etc. etc. Néanmoins cette bifurcation n'était peut-être pas envisageable, car elle aurait fini par amener les professeurs de droit, initiateurs du mouvement, à saborder les fondements mêmes du pouvoir doctrinal qu'ils étaient en train de conquérir".

[686] POUND, Roscoe. Law in books and law in action, *op. cit.*, p. 20: "The face of the law may be saved by an elaborate ritual, but men, and not rules, will administer justice".

[687] SCHROEDER, Theodore. The psycologic study of judicial opinions. *California Law Review*, 6, p. 89-113, 1918, esp. p. 93: "this new theory can be applied to re-shaping our understanding of juridical action. By the deductive application of the general psycho-analytic principles we come to the conclusion that every judicial opinion necessarily is the justification of the personal impulses of the judge, in relation to the situation before him, and that the character of these impulses is determined by the judge's life-long series of previous experiences, with their resultant integration in emotional tones. (...) Thus it comes that all of us, including our judges, have many predispositions with varying degrees of potency, which unconsciously attach themselves to the conscious consideration of every problem. In other words, there never can be a judge without predispositions, which in our moralistic phraseology we denounce as prejudices".

[688] FRANK, Jerome. Mr. justice Holmes rend non-Euclidean legal thinking. *Cornell Law Review*, 17, p. 568-603, 1932, esp. p. 581.

theory" foi objetada por Karl Llewellyn),[689] apesar de suas valiosas contribuições para a posição do realismo jurídico norte-americano.[690]

Agora bem, a corrente do formalismo exacerbado perante as normas e os conceitos jurídicos está na dogmática do chamado direito continental europeu, acolhida em grandes codificações escritas, tendo sido afirmada como profissão de fé em relação às qualidades racionais do legislador e à imagem de precisão, univocidade, coerência, completude. Contudo, o ordenamento jurídico está longe de possuir as virtudes que o formalismo lhe atribuiu, por força de imprecisão da linguagem, vaguidão das palavras, antinomias, lacunas, bem como por impossibilidade de o legislador prever e regulamentar todas as situações da multifária realidade concreta. Deveras, a "realidade" é algo por demais complexo e vital para ser mantido em uma camisa de força de regras e de princípios jurídicos.

Nessa moldura, acabou por atrair uma atitude radicalmente oposta: o ceticismo, pelo menos parcial, diante das normas jurídicas. O realismo jurídico desafiou a ideia formalista segundo a qual regras e princípios, no puro éter do paraíso dos conceitos jurídicos, poderiam ser discernidos *in abstracto*, separados da interpretação judicial e/ou do impacto na sociedade. A proposta da vertente de pensamento do realismo jurídico, desenvolvida nos Estados Unidos, é deslocar as previsões das inconvenientes normas jurídicas para a atividade dos juízes e tribunais.[691]

Portanto, segundo os realistas, mister se fazia trazer o direito para o mundo de carne e osso, forjando a realidade jurídica mediante proposições verificáveis empiricamente, estando a constituição do direito assentada nas decisões judiciais. Fala-se sob a ótica do homem mal (*bad man*) holmesiano, que está preocupado apenas em evitar consequências desagradáveis para seus atos, em termos de impunidade ou de punição pelos juízes. O homem bom (*good man*), cumpridor de seus deveres, independentemente das consequências, na visão realista, está apenas interessado numa questão de ordem moral e, assim, o direito não lhe pode oferecer uma resposta, a não ser que deva apelar à sua própria consciência, na expressão holmesiana.[692]

O direito não consiste exatamente em previsões sobre a conduta dos juízes, vale dizer, o direito objetivo não se traduz propriamente em previsões sobre a atividade judicial, mas sim denota decisões judiciais particulares, estando os juízes atentos a critérios, diretrizes e normas gerais de cunho moral que outros juízes seguiram para tomar suas decisões. Realistas moderados, como Alf Ross, caracterizam o direito, no âmbito da ciência jurídica, com base na previsão das decisões judiciais (*v. g.*, que normas ou instruções serão usadas pelos juízes como fundamento de suas decisões).[693] Por

---

[689] LLEWELLYN, Karl N. Law and the modern mind: a symposium. *Columbia Law Review*, 31, p. 85-86, 1931.

[690] VERDUN-JONES, Simon N. The jurisprudence of Jerome N. Frank: a study in american legal realism. *Sydney Law Review*, 3, 7 (2), p. 180-210, 1974, esp. p. 195-196: "Despite the criticisms which may be levelled at Frank's theses, it is clear that he made an enormous contribution to jurisprudence through his focus on perspectives which had not previously been exposed to the analytical eye. By concentrating upon the specific perspectives of judicial decision-makers and on the more general perspectives of layman and lawyer he greatly enriched our understanding of the process of authoritative decision-making".

[691] SANTIAGO NINO, Carlos. *Introdução à análise do direito*. São Paulo: WMF Martins Fontes, 2010, p. 52.

[692] SANTIAGO NINO, Carlos, *op. cit.*, p. 53: "O direito só lhe permite prever como se comportarão os tribunais, não quais são seus deveres ou possibilidades".

[693] SANTIAGO NINO, Carlos, *op. cit.*, p. 57: "Desse modo, o realismo de Ross não o obriga a adotar a asserção de Llewellyn, de que as normas não são mais que brinquedos vistosos; pelo contrário, define o direito como um conjunto de normas ou instruções. O que separa Ross das posturas não realistas não é, então, seu ceticismo

conseguinte, definem o direito vigente, no sentido de ordenamento jurídico, como o feixe de instruções que, provavelmente, serão consideradas pelos juízes na fundamentação de suas decisões.

Encoraja a pensar, nesse específico contexto, que a concepção do realismo jurídico de A. Ross possa ser defendida não apenas em relação a sistemas jurídicos que, como o inglês e o norte-americano, baseiam-se fundamentalmente em precedentes judiciais, senão que semelhante postura também poderia ser apoiada em sistemas que, como o brasileiro, são integrados sobretudo por normas legisladas (no sentido de que, provavelmente, serão consideradas pelos juízes na fundamentação de suas decisões). Nesse teor de ideias, parece ter sentido para o realismo jurídico, pelo menos em sua concepção moderada, dizer que um juiz proferiu uma decisão ilegal.

O realismo jurídico norte-americano permeou o sistema jurídico dos Estados Unidos,[694] ao ponto de colocar o juiz em posição de centralidade nos processos judiciais e tratar os precedentes formulados pelos magistrados, não raro, como elementos mais importantes que a lei. O legado do realismo, além de se refletir em novas correntes jusfilosóficas, é evidente em movimentos como os *"Critical Legal Studies"*, em cujo âmbito muitas críticas realistas são reapresentadas face à lei, como a ilusão de certeza e a aplicabilidade mecânica do direito, enfatizando a indeterminação da linguagem utilizada na lei e a enorme variedade de possibilidades exegéticas no momento de decidir um caso particular.

Força é convir que o realismo jurídico resgatou o valor da prática e da ação em um ambiente cada vez mais teórico e longe da realidade. A teoria é muito importante, mas o verdadeiro valor de qualquer construção teórica se manifesta comparando-a com a realidade.

A complexidade da sociedade e as velozes mudanças tecnológicas tornam cambiantes a realidade social. Tais mutações nem sempre são tempestivamente capturadas pela estrutura legal formal. Nesta latitude de mudanças, o programa realista pode favorecer a contínua construção de um novo Direito Social,[695] introduzindo uma interpretação evolutiva do direito, mais sensível às mutações de consciência social, e forjando juristas sociológicos comprometidos com a chamada jurisprudência sociológica

---

absoluto perante as normas, mas seu critério para determinar quais são as normas que integram um determinado sistema jurídico. Segundo esse critério, para que uma norma integre o direito vigente de um determinado país, não é preciso constatar sua validade ou força obrigatória – noções que ocupam um lugar central na teoria tradicional e que devem ser tratadas em outra oportunidade –, mas a possibilidade de serem aplicadas pelos juízes. Isto é, as decisões judiciais não constituem o direito, mas determinam quais normas integram o direito de um país. Desse modo, as correntes realistas mais racionais não eliminaram as normas jurídicas da análise jurídica, propondo, em vez disso, critérios verificáveis de forma empírica para determinar quando as normas integram um dado sistema jurídico".

[694] CAMPOS ZAMORA, Francisco J., *op. cit.*, p. 215-216: "Su desarrollo marcó, en definitiva, una época caracterizada por la claridad de sus ideas, así como por la valentía de una generación de juristas que decidió luchar contra el idealismo y devolver el Derecho a la tierra".

[695] CASEBEER, Kenneth M. Escape from liberalism: fact and value in Karl Llewellyn. *Duke Law Journal*, n. 3, p. 671-703, 1977, esp. p. 703: "A new "Social Law" demands a broader, more intensive development because the perceived defects of modern views of law lie deeper than the law itself. Because the realists dealt with the symptoms and manifestations of the coming clash of legal theories with such insight, they crucially prepared the ground for a closer examination. Karl Llewellyn and the other realists may or may not have fully realized the implications of that initial movement. It does not matter. The first step was taken, the questioning search begun. What remains undeniable is a vision of law, real and immanent, yet organic and contingent; an inherent part of an on-going life process never captured entirely by any group, scholar or historical period, always open to change without diminishing its importance or inevitability".

poundiana, vale dizer, que têm em linha de consideração os fatos sociais para a interpretação-aplicação do direito. O direito de caracterização instrumental, relevando o momento de sua aplicação, era entendido como "engenharia social", a configurar acertos da jurisprudência sociológica.[696]

Parece bem assinalar uma faceta interessante do realismo jurídico por influenciar os currículos e a metodologia de ensino e pesquisa nas principais escolas de direito norte-americanas. De fato, realistas como Hohfeld, Cook e Llewellyn foram, também, importantes para o ensino jurídico.[697] Uma das principais inovações repousa na ênfase primeiro nos fatos, invertendo-se o paradigma de raciocínio jurídico então vigente: abstrato ao concreto. Semelhante metodologia de ensino ficou conhecida mundo afora como o método do *case law*, perdurando até o momento de hodierno nas Faculdades de Direito americanas.

Nesse passo, parece bem abrir-se parêntesis para dizer que, no atinente ao raciocínio judicial, uma crítica que se pode dirigir às teses do realismo jurídico norte-americano repousa na confusão entre contexto de descoberta da decisão e contexto de justificação. Com efeito, a expressão "processo de decisão judicial" abrange dois contextos diversos, em termos estruturais e funcionais, que se podem, em geral, distinguir em qualquer processo decisório: (i) o contexto de descoberta, ou atividade através da qual se chega a estabelecer uma teoria, premissa ou conclusão (*v. g.*, são os motivos psicológicos, as causas, o meio socioeconômico, o ambiente educacional, a conjuntura cultural, as circunstâncias ideológicas, o intuicionismo, o sentimentalismo, a emotividade, a inventividade, os fatores inconscientes, o psiquismo, a personalidade do juiz); e (ii) o contexto de justificação, ou o procedimento pelo qual uma teoria, premissa ou conclusão pode ser justificada.[698] Fenomenologicamente, o processo psíquico da decisão judicial (ou a forma pela qual uma decisão é alcançada) não se confunde com as boas razões ministradas na motivação jurídica, que possam racional e validamente embasá-la.

Todavia, semelhante distinção, em sede de raciocínio judicial, não foi levada em conta pelas correntes do realismo jurídico norte-americano. De fato, os autores realistas formularam questões relevantes e pertinentes em relação ao processo de descoberta da decisão, enfatizando as insuficiências da teoria dedutiva e propondo descrições alternativas, mas eles não teriam, por outro lado, considerado adequadamente as peculiaridades assentes no processo de justificação.

---

[696] GARCÍA RUIZ, Leopoldo. Aproximación al concepto de derecho de Roscoe Pound. *Persona y Derecho*, n. 36, p. 47-94, 1997, esp. p. 91-92: "Lo que, en cualquier caso, no le parece posible ni deseable es que deba llegarse a una decisión judicial mediante un proceso de subsunción y razonamientos meramente lógico-deductivos. Desde su punto de vista, un juez que desee cumplir satisfactoriamente su misión deberá ser consciente de la finalidad que se propone el Derecho; ponderar, priorizar y asegurar los intereses a cuya satisfacción sirve; y tener un conocimiento íntimo de los factores sociales y económicos que lo modelan e influyen en él".

[697] FERREIRA, Daniel Brantes. Realismo jurídico norte-americano: origem, contribuições e principais autores. *Revista Direito, Estado e Sociedade*, n. 40, p. 6-33, jan/jun 2012, esp. p. 31: "Em suma, seriam estas as contribuições mais marcantes do movimento realista para o ensino jurídico: a interdisciplinaridade (principalmente a integração do direito com a sociologia); a proliferação das disciplinas eletivas; a adoção de clínicas de prática jurídica; a aplicação da pesquisa empírica ao direito; a melhoria no material didático (livros de casos); e a melhoria das técnicas de ensino. Tais contribuições foram permanentes e por isso afirmamos que a faceta do ensino jurídico do movimento realista foi mais importante que sua faceta da teoria do direito, abafada pouco antes do início da Segunda Grande Guerra".

[698] WASSERSTROM, Richard A. *The judicial decisions*: toward a theory of legal justification. Stanford: Stanford University Press, 1961, p. 25.

Dito de outra maneira, os autores realistas associaram, corretamente, o processo (ou contexto) de descoberta ao processo de decisão, afirmando que a justificativa do juiz não é uma descrição fiel do processo de decisão. As teses realistas acerca do reduzido papel desempenhado pelas normas legais no processo de decisão judicial deveriam se adstringir ao primeiro momento dessa atividade: o processo de descoberta. Entretanto, parece correta a crítica que se pode dirigir aos realistas por deixarem de considerar a influência exercida pelas normas legais e regras da lógica em um segundo momento da atividade decisória: o processo de justificação,[699] que ocorre quando o juiz pergunta se a decisão que ele alcançou é justificável e constrói as razões que serão articuladas na respectiva motivação jurídica. Eis aqui o retrato acabado da confusão entre os dois contextos cometida pelos realistas norte-americanos.[700]

A distinção entre contexto de descoberta e contexto de justificação consente, por um lado, não ignorar completamente o fundamento e a razão de ser das principais críticas dirigidas à concepção lógico-dedutiva da decisão judicial e, por outro, circunscrever o alcance e a força de tais críticas ao espaço de descoberta de uma decisão.[701]

Outra versão dessa crítica considera que o equívoco do realismo está na continuidade da mesma confusão em que a antiga teoria dedutiva já incorreu, ao afirmar a validade do esquema silogístico em relação aos dois contextos sem distingui-los apropriadamente. O realismo, assim, ao negar sua validade em relação a ambos os contextos, também não levaria em conta uma distinção adequada entre ambos.[702]

Poder-se-ia, no entanto, refutar semelhante posição crítica com o argumento placitado por autores realistas de que a concepção da motivação pública como "racionalização" *ex post* do julgado, desconectada por completo dos fatores casualmente influentes no processo decisório, levou o realismo norte-americano a ensartar uma diferenciação entre dois momentos da atividade judicial, análogos à distinção entre contexto de descoberta e contexto de justificação.[703] De qualquer forma, os realistas, ao tempo em que objetavam as justificações de estilo dedutivo, mormente por seu cunho fictício ou por não revelarem os reais motivos da decisão, não cuidaram de desenvolver uma concepção normativa de como deveria ser uma boa ou suficiente justificação jurídica.

---

[699] LINFANTE VIDAL, Isabel. *La interpretación jurídica en la teoría del derecho contemporánea*. Madrid: Centro de Estudios Políticos y Constitucionales, 1999, p. 109: "A estos autores se les critica recurrentemente por confundir, en el ámbito de la función judicial, el contexto de descubrimiento y el de justificación. (...) Podría entonces decirse que, de admitirse la crítica realista, lo único que la misma podría poner de manifiesto sería el hecho de que las reglas influyen poco en el "contexto de descubrimiento", pero ello no afecta en absoluto al ámbito del "contexto de justificación". Es posible que, como señalan los realistas, el juez llegue a una determinada solución por motivos distintos a la propia regla; pero aún así, cuando motiva (justifica) su decisión tiene que hacerlo, precisamente, acudiendo a esas reglas jurídicas. Y éste sería, precisamente, el ámbito relevante desde la perspectiva del propio Derecho".

[700] Cfr., dentre outros, CARRIÓ SUSTAITA, Genaro Rubén. *Notas sobre derecho y lenguage*. 3. edición aumentada. Buenos Aires: Abeledo Perrot, 1986, p. 65; ATIENZA, Manuel. *Tras la justicia*: una introducción al derecho y al razonamiento jurídico. Barcelona: Ariel, 2000, p. 125; REDONDO, C. *La noción de razón para la acción en el análisis jurídico*. Madrid: Centro de Estudios Políticos y Constitucionales, 1996, p. 223.

[701] MAZZARESE, Tecla. *Forme di razionalità delle decisioni giudiziali*. Torino: Giappichelli, 1996, p. 106.

[702] BULYGIN, Eugenio. El concepto de vigencia en Alf Ross. *In*: ALCHOURRÓN, C.; BULYGIN, E. *Análisis lógico y derecho*. Madrid: Centro de Estudios Constitucionales, 1991, p. 349-350.

[703] ACCATINO SCAGLIOTTI, Daniela. Notas sobre la aplicación de la distinción entre contextos de descubrimiento y de justificación al razonamiento judicial. *Revista de Derecho*, v. XIII, p. 9-25, 2006, esp. p. 22: "De modo que más que desconocerla, me parece que el realismo anticipa la diferenciación de los dos contextos, proponiéndola incluso en términos más drásticos o radicales que los utilizados por Wasserstrom (y más similares tal vez al sentido en que luego tenderá a ser aplicada la distinción)".

A distinção entre contexto de descoberta e contexto de justificação pode ser pensada com vários significados, pois o juiz não toma suas decisões como máquina de calcular, ao passo que a motivação jurídica que justifica o julgado não pode ser entendida como uma "estrutura carente de função, uma mistificação, uma máscara a ser rasgada".[704] Fecha-se o parêntesis.

A explosão factual, em um mundo matizado pela indeterminação legal, impulsionou o movimento de deserção do asfixiante formalismo jurídico, com o consequente abandono da ideia de que julgar, em sentido estrito, representa para os juízes uma exclusiva questão de lógica dedutiva. Apesar disso, alguns ainda entendem que julgar é uma questão de raciocínio técnico. O raciocínio judicial, nessa visão, teria a ver com o raciocínio correto ou sobre as regras ou princípios legais aplicáveis ou sobre como a decisão alcança um objetivo ou fim, como a eficiência econômica. Outros tantos afirmam que a tomada de decisão judicial não é circunscrita pela razão, mas é uma afirmação de poder político.

Uma justificação pragmática do "palpite judicial" sobre a tomada de decisões judiciais fornece solução convincente para tal difícil tarefa em uma época marcada por explosão progressiva de complexidade factual e consciência crescente da indeterminação da lei. De fato, o *"hunch"* abraça um método pragmático e empírico, em que os juízes são orientados pelo trinômio intuição-sentimento-emoção no momento de escolher o caminho da melhor ou justa solução para o caso particular.[705]

Na concepção hutchesoniana, julgar não é uma questão de lógica dedutiva, conforme defendido por formalistas legais ou por raciocínio técnico automatizado. Em vez disso, a melhor maneira de determinar o resultado justo é que os juízes considerem todos os fatos relevantes, regras e princípios jurídicos ou precedentes judiciais e esperem por um palpite, confiem em um pressentimento ou uma "conexão entre a questão e a decisão", usando sentir intuitivo e imaginação para determinar a decisão justa. Surpreendentemente, a "teoria do palpite" parece familiar ao modo como se entende a tomada de decisão prática em geral, mas estranha à forma como geralmente se percebe a tomada de decisão judicial. Parece sugerir que os juízes arbitrariamente decidem casos baseados em um sentimento subjetivo que não pode ser verificado,[706] pelo menos quando se ignora o contexto de justificação da decisão.

Ressonância do realismo jurídico – em que primeiro o magistrado decide e, em seguida, constrói as premissas argumentativas que possam, racional e validamente,

---

[704] SCARPELLI, U. Le argomentazioni dei giudici: prospettive di analisis. *In: L'etica senza verità.* Bologna: Il Mulino, 1982, p. 251-285, esp. p. 281-282.

[705] MODAK-TRURAN, Mark C. A pragmatic justification of the judicial hunch. *University of Richmond Law Review,* v. 35, n. 55, p. 55-89, 2001, esp. p. 57: "By contrast, Judge Hutcheson's hunch theory of judicial decision making provides another way out of this quandary. Although writing over seventy years ago, Hutcheson acknowledged legal indeterminacy and the importance of judges as vital decision makers in our society. He argued that law cannot be reduced to logic and that judges are not technicians mechanically applying the law. Nevertheless, Hutcheson does not embrace either the idea that judicial decision making is a matter of technical reasoning or the idea that it can be reduced to politics. Rather, Hutcheson argues for a pragmatic and empirical method of judging. He maintains that judges intuit or feel their way to their decisions. Once the judge has considered all the available material, the judge waits for the intuition or the hunch which leads to the solution. The imagination lifts the judge's brooding mind above the constricting, conflicting facts and precedent that impede the just decision. The judge's mind is thereby exposed to the fullness of experience which allows for a just resolution of the case".

[706] MODAK-TRURAN, Mark C., *op. cit.,* p. 88.

sustentar sua conclusão – podem ser verificados em variados julgados do Supremo Tribunal Federal brasileiro (*v. g.*, voto do Min. Carlos Ayres Britto pela constitucionalidade da demarcação da terra indígena Raposa Serra do Sol).[707]

Sob outro prisma, em perspectiva sociológica do direito, o componente político-social deve ser levado em conta na interpretação da lei, como meio e modo de satisfação do interesse público. O direito é visualizado como um fenômeno tipicamente social, enxertado em todos os matizes da realidade e da vida humana.[708]

Nessa perspectiva básica, a vertente de pensamento do Pragmatismo Jurídico valoriza a noção de que os juízes fazem o direito, e não simplesmente o reproduzem, enfatizando que a decisão mais acertada é aquela que maximiza sua correspondência com as necessidades humanas e sociais. Os pragmatistas se avizinham das teorias que norteiam a investigação empírica (*v. g.*, economia), além de pensar o Direito como uma maquinaria social, direcionado igualmente para fins sociais e bem comum.

O Pragmatismo Jurídico norte-americano, como derivação do complexo de concepções do Realismo Jurídico, sufraga, também, uma posição antiformalista, tendo granjeado fortuna através de prestigiosas vozes, como as de: Charles S. Pierce (1839-1914), William James (1842-1910), John Dewey (1859-1952), Felix Frankfurter (1882-1965), Benjamin Nathan Cardozo (1870-1938), Richard Posner (1939-).[709]

A vertente de pensamento do Pragmatismo Jurídico está baseada na ideia de que o Direito deva ser avaliado pelos fins ou resultados alcançados na sociedade em que opera. De sorte que a avaliação do Direito, para além de sua coerência intrínseca, deve abranger as consequências produzidas na vida social.[710] O labor judicial adquire uma importância capital quando o juiz, transformando-se em uma espécie de "engenheiro social" em dicção poundiana, trata de conformar o ordenamento jurídico e o direito para alcançar máxima satisfação de interesses sociais.

Agora bem, a perspectiva pragmatista valoriza o viés utilitarista no direito, coligando-se ao empirismo e ao consequencialismo: a decisão judicial deve se mostrar concretamente profícua, frutífera. A trincheira do pragmatismo jurídico é ordinariamente atrelada à tradição jurídica do *common law*, embora possa ser recepcionada, com as necessárias adaptações, no domínio do *civil law*, ciente de que tais linhas divisórias estão, progressivamente, mais tênues. Seja como for, não seria despropositado dizer que enquanto o *civil law* é, em sua essência, sistemático, o *common law* norte-americano revela-se pragmático. Os parâmetros do Pragmatismo Jurídico podem ser assim sintetizados: utilidade, eficiência, funcionalidade.[711] No programa pragmatista, o juiz, ao tempo em que deve suprir as exigências do presente, tem um olhar prospectivo, direcionado para

---

[707] PASSOS, Ágatha Gill Barbosa. A demarcação da terra indígena Raposa Serra do Sol. Um estudo hermenêutico com base no voto do ministro Carlos Ayres Britto. *Jus Navigandi*, Teresina, ano 13, n. 2087, 19 mar. 2009. Disponível em: http://jus2.uol.com.br/doutrina/texto.asp?id=12484. Acesso em: 17 fev. 2019. Vide, também, FIGUEIRÊDO, Luiz Carlos Vieira de. *Ecos do realismo no Supremo Tribunal Federal?* Disponível em: http://www.ambito-juridico.com.br/site/index.php?n_link=revista_artigos_leitura&artigo_id=6934. Acesso em: 17 fev. 2019.

[708] POUND, Roscoe. Mechanical jurisprudence. *Columbia Law Review*, 8, p. 605-623, 1908, esp. p. 609.

[709] Sobre o movimento filosófico do pragmatismo e suas principais figuras, vide PUTNAM, Ruth Anna. Pragmatismo. Trad. Magda Lopes. *In: Dicionário de ética e filosofia moral*, v. 2. CANTO-SPERBER, Monique (org.). São Leopoldo: Unisinos, 2007, p. 372-379.

[710] FARBER, Daniel. Reinventing Brandeis: legal pragmatism for the Twenty-First Century. *University of Illinois Law Review*, p. 163-190, 1995; GREY, Thomas G. Freestanding legal pragmatism. *Cardozo Law Review*, v. 18, 21, 1996.

[711] KAUFMANN, Rodrigo de Oliveira. *Direitos humanos, direito constitucional e neopragmatismo*. São Paulo: Almedina, 2011, p. 135.

o futuro, de modo a formular decisão inspirada por utilidade ótima: idônea a produzir os melhores resultados possíveis no caso particular que lhe foi posto.

O pragmatismo, em seu efetivo significado e mais amplamente, buscava soluções adequadas ao contexto e às consequências desejadas, isto é, propugnava a avaliação das ideias e ações tendo em mira suas consequências. Por assim ser, as investigações (*v. g.*, filosóficas, científicas) não podem prescindir de uma conexão com a experiência do mundo de carne e osso, real, bem assim com suas repercussões de ordem prática.

O Pragmatismo Jurídico, ante sua multiplicidade de pensamentos e de dimensões[712] e, por isso mesmo, a ausência de unicidade, não representa propriamente uma teoria do direito, escola ou corrente própria,[713] senão que consiste em um método de argumentação ou estilo de pensamento que pode ser usado pelos operadores do direito, em especial pelos juízes no cálculo de suas decisões. O pragmatismo é um complexo de ideias sobre a atividade judicial. Pensar o direito sob a ótica pragmatista implica compreendê-lo em termos comportamentais; o direito passa a ser definido pela atividade realizada pelos juízes. Pragmatismo traduz uma atitude intelectual, uma maneira de pensar e de agir, ao invés de concepção teórica. O olhar é catapultado para o porvir, através de valoração das consequências futuras sobre dado contexto. A prática, o contexto e a experiência são elementos relevantes de impostações pragmatistas.

Nessa toada, há de ser (i) analisado o contexto de regras jurídicas, de princípios e de precedentes judiciais que iluminam o ambiente do caso particular e (ii) definidas claramente as consequências almejadas pela sociedade. Nessa visão, os princípios jurídicos, ético-morais devem ser manuseados como simples instrumentos heurísticos no processo de formulação de um juízo.[714]

O Pragmatismo exibe, pelo menos, três notas essenciais: (i) anti-fundacionismo, (ii) consequencialismo e (iii) contextualismo.[715] O anti-fundamentalismo remete à oposição aos conceitos comuns, às verdades absolutas,[716] aos conceitos metafísicos, às ideias transcendentais. Consiste, pois, na rejeição de quaisquer tipos de entidades abstratas, categorias aprioristicas, princípios perpétuos, dogmas.

O consequencialismo privilegia lançar o olhar para o horizonte futuro, sem menoscabar o passado; mas a preocupação com o pretérito é relativa, devendo-se valorar efetivamente as consequências vindouras. O juiz pragmatista aspira olhar para o futuro e, por isso mesmo, decide segundo as necessidades sociais presentes e futuras que o direito visa a suprir. Preocupa-se em formular a melhor decisão e alcançar os

---

[712] KAUFMANN, Rodrigo de Oliveira, *op. cit.*, p. 83-89.

[713] POSNER, Richard Allen. What has pragmatism to offer law? *Southern California Law Review*, n. 63, 1990, p. 1653-1670, esp. p. 1660.

[714] EISENBERG, José. Para que serve o pragmatismo jurídico? Disponível em: http://www.soc.pucrio.br/cedes/PDF/paginateoria/Para%20que%20serve%20o%20pragmatismo%20jur%EDdico.pdf. Acesso em: 12 jul. 2018, p. 1-4, esp. p. 1.

[715] POGREBINSCHI, Thamy. *Pragmatismo*: teoria política e social. Rio de Janeiro: Relume Dumará, 2005, p. 16.

[716] POSNER, Richard. *Problemas de filosofia do direito*. (Coleção justiça e direito). São Paulo: Martins Fontes, 2007, p. 620: "Essa exposição deveria ajudar-nos a perceber por que a "verdade" é um conceito problemático para um pragmatista. Seu significado essencial, aliás, é a independência do observador, que vem a ser exatamente aquilo que o pragmatista tende a negar. Não supreende, portanto, que as estocadas dos pragmatistas na definição da verdade – verdade é o que se destina a ser alvo de crença a longo prazo (Peirce), verdade é o que é bom acreditar (James), ou verdade é o que sobrevive na competição entre ideias (Holmes) – sejam marcadas pelo paradoxo. O verdadeiro interesse do pragmatista não está de modo algum na verdade, mas na crença justificada pela necessidade social".

melhores resultados, bem como avaliar as consequências que o seu julgamento possa efetivamente acarretar na realidade social. Nessa perspectiva, as regras jurídicas hão de ser entendidas em termos instrumentais, a implicar revisibilidade e mutabilidade.

A definição de justiça assume feição prospectiva e prática, sendo densificada pelo binômio utilidade-eficiência.[717] O juiz pragmatista é verdadeiro criador do direito, e não simplesmente o "encontra", mas considera consequências de decisões alternativas. Então, pensar o direito sob o hálito pragmatista pode implicar arrefecimento da ideia de exegética judicial.

No objetivo primordial de escolher a melhor e mais profícua solução para o caso particular, o juiz pragmatista poderá, também, lançar mão de considerações de ordem ética e política, bem como levar em conta os efeitos projetados no porvir, cotejando-se as possíveis hipóteses de julgamento e seus respectivos desdobramentos e consequências práticas no seio social.[718] Quando se conhecem os efeitos práticos que podem decorrer de algo, estimando-se aspectos utilitários, o pensamento se clarifica em relação ao objeto.[719] A análise das consequências a partir do conceito instrumental e dinâmico de verdade, *ex vi* da verificação dos resultados, é que permeará a verdade no amanhã.[720]

Releva notar – e o ponto é de superlativa importância – que uma lição que pode ser haurida do Pragmatismo Jurídico norte-americano é a necessidade de os juízes serem dotados de sensibilidade instrumental. A sensibilidade instrumental é o atributo que possibilita que um juiz tenha a percepção de que a realidade social reclama interpretação evolutiva dos textos normativos. Um juiz pragmático não pode se esquivar de seu dever de, pela mesma sensibilidade instrumental, no ideário do desenvolvimento e bem-estar da sociedade, além da eficiência das decisões judiciais, justificar adequadamente seus julgados.

O contextualismo, impulsionado por aspectos culturais, sugere fitar o contexto, a experiência (*v. g.*, noções de vida, crenças filosóficas, religiosas, políticas, ideologias). O viés prático que informa pré-compreensões e preconceitos de cada pessoa[721] não se compadece com a ideia de neutralidade, mas, no campo do pragmatismo, guia as ações dos indivíduos. De fato, a importância do contexto é aferida a partir das crenças das pessoas, as quais contemplam e são modificadas pela experiência. O contexto, assim, está inexoravelmente imbricado na vida, em tudo que se fala e ouve.[722]

É inegável que o Realismo Jurídico, antimetafísico, é, em larga medida, pragmatista, dada a íntima relação entre o Pragmatismo e o Realismo jurídicos norte-americano, qual duas faces de uma mesma medalha.[723] Importa registrar que o próprio Holmes foi considerado por alguns como tendo, ao menos parcialmente, fé pragmatista.[724]

---

[717] POGREBINSCHI, Thamy, *op. cit.*, p. 93.

[718] PEIRCE, Charles Sanders. *The essential Peirce*: selected philosophical writings (1893-1913). Bloomington: Indiana University Press, 1998, v. 2, p. 132 ss.

[719] JAMES, William. *Pragmatism and other writings*. New York: Penguin Books, 2000, p. 25.

[720] DEWEY, John. *The essential Dewey*: pragmatism, education, democracy. Bloomington: Indiana University Press, 1998, v. I, p. 110 ss.

[721] KAUFMANN, Rodrigo de Oliveira, *op. cit.*, p. 101.

[722] DEWEY, John, *op. cit.*, p. 206-208.

[723] CARDOZO, Benjamin N. *The nature of the judicial process*. New York: Dover Publications, 2015, p. 55-58, 98 ("The teleological conception of his function must be ever in the judge's mind. This means, of course, that juristic philosophy of the common law is at the bottom of the philosophy of pragmatism".), 139.

[724] Assim, um dos maiores expoentes do pragmatismo jurídico de hodierno, POSNER, Richard Allen. *Problemas de filosofia do direito, op. cit.*, p. 38.

O antifundacionismo, que é uma peça importante da engrenagem pragmatista, consistente na repulsa a conceitos metafísicos, está presente na aversão às entidades jurídicas ontológicas de Holmes; na falibilidade do direito e refutação de sua certeza em Frank. O contextualismo pragmatista se evidencia, a mais não poder, nas várias dimensões do realismo jurídico, a símile da prática de Holmes como juiz da Suprema Corte americana; no olhar sociológico de Cohen; na tentativa de Frank de observar os fatos como ocorrem na realidade; no empirismo de Ross. Por seu turno, o consequencialismo se revela na análise das consequências da decisão judicial de Cohen e, outrossim, em considerações de Holmes.[725]

Há, por igual, sulcos consequencialistas nas ideias de Richard Posner, um dos mais insignes arautos do Pragmatismo Jurídico de hodierno, embora suas ideias tenham sido elaboradas na perspectiva do *common law*, sustentando uma teoria pragmática do comportamento judicial decisório. Nessa visão, o fundamento dos juízos jurídicos descansa em suas consequências, nos efeitos que as decisões terão, e não na dedução a partir de uma regra preexistente ou de premissas à maneira de um silogismo.[726] A fundamentação jurídica do julgado se conecta às suas consequências, guardando uma certa afinidade com o utilitarismo, de par a consentir um olhar endereçado para o futuro.[727]

Contudo, uma das críticas que se podem formular contra a posição pragmatista é que, ao contrário das abordagens positivistas e formalistas do direito, o pragmatismo não possui compromissos austeros com os clássicos imperativos da segurança e da certeza jurídicas. Sua fidelidade é com as necessidades humanas e sociais, além de não vigiar a conservação de uma coerência lógica do sistema jurídico, exceto se isto servir a um resultado socialmente desejável e útil.

Não se pode descurar da existência de um espaço de influência política, moral, social e de outros fatores que acionam respostas emocionais dos juízes e que podem se infiltrar em suas decisões, bem como de um espaço de discricionariedade judicial no que toca à escolha de consequências e outros componentes de utilidade. Porém, o juiz, pragmatista ou não, deve lealdade à Constituição e à legislação ordenadora da sociedade em que opera, máxime em nível de justificação jurídica da decisão, consequencialista[728] ou não, ministrando em todo caso boas razões que possam validamente justificá-la e alicerçá-la.

Nessa moldura, pode-se dizer que o ordenamento jurídico brasileiro admite a adoção da técnica decisional que, distante do esquema do automatismo subsuntivo, se oriente por uma perspectiva mais ampla de consideração não apenas dos fins sociais

---

[725] FERNANDES, Ricardo Vieira de Carvalho. *Influências extrajurídicas sobre a decisão judicial: determinação, previsibilidade e objetividade do direito brasileiro.* Tese (doutorado) – Universidade de Brasília (UnB), Faculdade de Direito, Programa de Pós-Graduação em Direito, Doutorado em Direito, Estado e Constituição, 2013. 352f. Disponível em: http://repositorio.unb.br/bitstream/10482/15154/1/2013_RicardoVieiradeCarvalhoFernandes. pdf. Acesso em: 02 abr. 2018, p. 59: "Contudo, o olhar dos realistas não era voltado para o futuro, não se buscava à frente. A consequência era observada segundo seus reflexos no presente, na realidade social que envolve o direito vigente, com respeito ao passado; não no futuro".

[726] Para um aceno geral do problema, vide POSNER, Richard Allen. *How judges think.* Cambridge. Massachesetts: Harvard University Press, 2008.

[727] POSNER, Richard Allen. *Problemas de filosofia do direito, op. cit.,* p. 41.

[728] No tocante ao jaez consequencialista, vide Decreto-lei nº 4.657, de 04.09.1942, em seu art. 21, *caput*: "A decisão que, nas esferas administrativa, controladora ou judicial, decretar a invalidação de ato, contrato, ajuste, processo ou norma administrativa deverá indicar de modo expresso suas consequências jurídicas e administrativas". (Incluído pela Lei nº 13.655, de 2018).

visados pela legislação,[729] senão também dos potenciais efeitos da deliberação sobre as múltiplas dimensões, jurídicas ou não, conectadas ao caso particular julgado. De sorte que, embora o pragmatismo jurídico não se revista do *status* de técnica decisional, sua influência não pode, contudo, ser ignorada, porque emerge da própria racionalidade que informa o contexto de justificação da decisão.

Ademais, a presença da fé pragmática no decisório naturalmente decorre da própria finalidade do direito, como técnica de ordenação da vida em sociedade e da concreta administração da Justiça, enquanto instrumento de realização da paz social. De fato, uma pauta salutar da decisão judicial será a maior preocupação com sua eficiência, balanceando-se a análise das consequências do julgamento e a melhor distribuição da Justiça. Emerge, assim, o pragmatismo ético expresso no direito do possível, traduzido pelo melhor direito que, à luz das especificações do caso particular, se possa praticamente assegurar às partes em determinadas condições.

É insofismável que a teoria da decisão judicial experimenta variados influxos (*v. g.*, jurídico, extrajurídico, positivismo, pós-positivismo) e sofre, igualmente, influência tanto do Realismo como do Pragmatismo Jurídicos, por suas múltiplas correntes. Afigura-se possível, por exemplo, escudar-se na concepção do pragmatismo para demonstrar que o direito (e a decisão judicial) vai muito além do simples formalismo positivista. Pois bem, não se pode empobrecer a decisão judicial ao visualizá-la por exclusivas lentes formalistas, isolando *in vitro* o juiz da realidade, do mundo circundante e do horizonte futuro.

---

[729] É bem de ver que a preocupação de contextualizar e de buscar a melhor produção de resultados oriundos da interpretação de regras e de princípios jurídicos constitui diretriz estabelecida na chamada Lei de Introdução às Normas do Direito brasileiro (Decreto-lei nº 4.657, de 04.09.1942, e Lei nº 12.376, de 30.12.2010), art. 5º: "Na aplicação da lei, o juiz atenderá aos fins sociais a que ela se dirige e às exigências do bem comum". Nessa linha de aplicação do direito, com ênfase na modulação das consequências e efeitos exegéticos ao interesse social, vide Lei nº 9868, de 10.11.1999, art. 27: "Ao declarar a inconstitucionalidade de lei ou ato normativo, e tendo em vista razões de segurança jurídica ou de excepcional interesse social, poderá o Supremo Tribunal Federal, por maioria de dois terços de seus membros, restringir os efeitos daquela declaração ou decidir que ela só tenha eficácia a partir de seu trânsito em julgado ou de outro momento que venha a ser fixado". Vide, também, Código de Processo Civil brasileiro, art. 1.035, §1º: "Para efeito de repercussão geral, será considerada a existência ou não de questões relevantes do ponto de vista econômico, político, social ou jurídico que ultrapassem os interesses subjetivos do processo". Importar registrar que o Supremo Tribunal Federal brasileiro já se valeu, em inúmeras oportunidades, de argumentos contextuais e consequenciais em seus julgados, valendo destacar o julgamento proferido na ADIN nº 1946 – Medida Cautelar, Plenário, Relator Ministro Sydney Sanches, Dju 14.09.2001. Outro julgado do STF inspirado no pragmatismo jurídico, notadamente no que toca à essencialidade do interesse público, foi o proferido no julgamento das ADCs ns. 29 e 30 e da ADIN nº 4578, relacionadas com a Lei Complementar nº 135, de 04.06.2010, popularmente conhecida como Lei da Ficha Limpa. De fato, os julgadores interpretaram este texto normativo como fundamental e eficiente para a evolução e o bem-estar da sociedade, prestigiando a idoneidade das estruturas políticas. Sob a ótica do pragmatismo jurídico, é de suma importância analisar ainda o julgamento da ADIN nº 4277 e da ADPF nº 132, as quais diziam respeito à união estável para casais do mesmo sexo. A Suprema Corte assumiu uma postura pragmática, ao promover a elasticidade exegética das normas constitucionais (em especial do art. 226, §3º) em nome da garantia da eficiência da decisão judicial, uma vez que conferiu legitimidade a relações entre pessoas do mesmo sexo, reconhecendo os efeitos civis da união homoafetiva. Fê-lo com ênfase nas regras constitucionais que preceituam a igualdade de direitos entre os cidadãos e a promoção do bem coletivo, sem discriminação de origem, raça, cor, sexo e idade. Ademais, vale conferir as seguintes decisões consequencialistas do STF, no tocante à fixação de prazo para a criação de Defensoria Pública nos Estados de Santa Catarina e do Paraná, respectivamente: ADIN nº 4.270/SC. Requerentes: Associação Nacional dos Defensores Públicos e outros. Relator: Ministro Joaquim Barbosa. Brasília, DF, 14 de março de 2012. Disponível em: http://redir.stf.jus.br/paginadorpub/paginador.jsp?docTP=TP&docID=2822197. Acesso em: 01 ago. 2018; e ADIN n. 4.270/SC. Requerentes: Associação Nacional dos Defensores Públicos e outros. Relator: Ministro Joaquim Barbosa. Brasília, DF, 14 de mar. de 2012. Disponível em: http://redir.stf.jus.br/paginadorpub/paginador.jsp?docTP=TP&docID=2822197. Acesso em: 01 ago. 2018.

2.2.2 A teoria estruturante da norma jurídica de Friedrich Müller

Friedrich Müller (1938-) difundiu a noção de que a norma jurídica não se confunde com o texto da norma. Por um lado, o legislador (constitucional ou infraconstitucional) é o criador do texto da norma, mas, por outro, a norma jurídica apenas é conhecida quando de sua densificação concreta ou concreção, na medida em que se agregam ao texto da norma – programa normativo – os componentes fáticos que irão igualmente compô-la – âmbito da norma. Considera, pois, que o texto de um preceito jurídico positivo é somente a parte visível do "*iceberg* normativo", o qual, só depois de submetido à exegese, torna apreensível o respectivo programa normativo (*Normprogramm*). É dizer: o texto do dispositivo legal, de si, equivale tão somente a uma fração da norma, sendo o outro pedaço descoberto a partir da interpretação do enunciado normativo, que implica sempre dimensões de concreção.[730] De fato, a aplicação da norma reclama entendimentos indispensáveis e o sentido do texto se materializa e finaliza na interpretação como revelação e como concretização.[731] Trata-se, assim, de uma "hermenêutica de concretização".[732]

O texto da norma jurídica, para sua aplicação aos casos particulares, não prescinde do acoplamento da realidade quando de sua interpretação-aplicação pelo juiz. Nessa fórmula mülleriana, a norma jurídica é um *plus*, ao passo que seu texto se afigura um *minus*. No positivismo jurídico irrompe a confusão entre texto de norma e norma. A concretização da norma no mundo de carne e osso é mais do que a interpretação do texto.[733] O resultado da interpretação de uma norma (constitucional ou não, pouco importa) incorpora-se como conteúdo da mesma norma. Apenas na concretização, ao ser decidido o caso particular, é produzida a norma.

Nesse teor de ideias, de um lado, há que se considerar o texto da norma e, de outro, o domínio material ou sociocultural da norma, de sorte que a normatividade jurídica constitui uma síntese estrutural de semelhantes dimensões.[734] Daí descende que a norma-texto se configura como apenas um componente para a concreta empreitada

---

[730] MÜLLER, Friedrich. *O novo paradigma do direito*: introdução à teoria e metódica estruturantes. 3. ed. rev. atual. e ampl. São Paulo: Editora Revista dos Tribunais, 2013, p. 243-244: "Em contrapartida, *a teoria estruturante do direito* é decididamente "impura" – ela trabalha com tudo o que caracteriza *o direito real de uma dada sociedade*, e não somente sua forma geral. O pós-positivismo da teoria, metódica, dogmática e teoria constitucional estruturantes consiste, como já disse mais acima, brevemente, em: primeiro, a norma jurídica não está no texto da norma codificada, isto é, o produto da legislação. Ela é somente o resultado do trabalho concretizante do juiz e de outros práticos que, pela ordem jurídica, são estabelecidos e habilitados para decidir casos concretos, na justiça: os litígios. E segundo: a norma não é somente "dever-ser", mas um fenômeno composto de linguagem (textos de norma amplamente *concretizados* = o programa da norma) e fatos (*filtrados* pelas diretrizes do programa da norma)". (Reforços gráficos no original).

[731] CANOTILHO, J. J. Gomes. *Direito constitucional e teoria da constituição*. 7. ed. 4. reimpressão. Coimbra: Almedina, 2003, p. 1.218: "O recurso ao "texto" para se averiguar o conteúdo semântico da norma constitucional não significa a identificação entre *texto* e *norma*. Isto é assim mesmo em termos linguísticos: o texto da norma é o "sinal linguístico"; a norma é o que se "revela" ou "designa". (Grifos no original).

[732] LORENZETTI, Ricardo Luis. *Teoria da decisão judicial*: fundamentos de direito. 2. ed. rev. e atual. São Paulo: Editora Revista dos Tribunais, 2010, p. 179.

[733] MÜLLER, Friedrich. *Metodologia do direito constitucional*. Trad. Peter Naumann. 4. ed. São Paulo: Revista dos Tribunais, 2010, p. 28.

[734] ADEODATO, João Maurício. *Ética e retórica*: para uma teoria da dogmática jurídica. 5. ed. São Paulo: Saraiva, 2012, p. 283: "A normatividade só aparece nos resultados da concretização, vale dizer, na norma jurídica (*Rechtsnorm*), como resultado intermediário, e na norma decisória (*Entscheidungsnorm*), o resultado final. A norma jurídica é exatamente o somatório do programa da norma e do âmbito da norma. (...) Essa norma decisória é o resultado final de todas as fases anteriores do trabalho jurídico de concretização".

jurídica. Porém, tal realização jurídica não prescinde de se alocar a norma em referência a um caso concreto, para que, então, se possa arquitetar uma "normativa de concretiza-ção" ou uma específica "norma de decisão".[735] A norma geral somente se torna aplicável se e quando "metamorfoseada" em decisão do caso particular, mediante o enlace de texto com realidade (concretização). Avulta a preponderância da atividade judicante na concretização, embora (i) se possa acoimar semelhante entendimento de prejudicial ao Estado Constitucional e Democrático de Direito, e (ii) nem toda concretização do direito se configure a partir de um conflito intersubjetivo judicializado (*v. g.*, no plano da consensualidade, relações jurídicas são suscetíveis de concretização em sede de mediação extrajudicial). Seja como for, o momento da concretização da norma coincide com a prolação da decisão judicial, distinguindo-se, aqui, concretização de efetivação (eficácia social) ou de eficácia (jurídica).

Na teoria jurídica estruturante mülleriana, de perspectiva hermenêutica mais realista, emerge clara distinção entre a validade do texto normativo e a normatividade da norma jurídica, vale dizer, o texto da norma, no começo do amplo trabalho exegéti-co, não exibe ainda significado normativo, mas tão somente validade. Apenas no caso concreto brota o jaez normativo, a norma jurídica, como resultado de todo o trabalho de concretização anterior.

Nessa sede, tem-se a manutenção do conceito positivista de validade, malgrado do texto, mas não da norma (*v. g.*, conformidade com as regras do sistema jurídico em relação ao conteúdo, à competência, ao procedimento de elaboração). O vocábulo valida-de está limpo de qualquer teor axiológico oriundo da teoria do discurso argumentativo, em cujo terreno, exemplificativamente, a validade conexiona-se com as dimensões de racionalidade, adequação, correção.[736]

O direito vigente (*geltendes Recht*), nessa visão, não pode ser constituído por um complexo de textos de normas, reunidos na forma de códigos legislativos, pois o texto da norma não é a lei, mas uma prefiguração da lei. Não por acaso, a realidade circun-dante se amalgama ao texto da norma jurídica (programa normativo), para demonstrar o domínio da norma (âmbito da norma), o seu verdadeiro potencial de concretude. A realidade se torna direito quando se solda ao texto da norma para demonstrar seu real domínio de aplicação.[737]

Um dos equívocos do positivismo jurídico está na ideia de que a norma jurídica basta a si mesma, algo preexistente, completamente divorciada dos fatos, da realidade, da vida social e do direito.[738] Na concreção prática do direito, a realidade se introjeta na norma jurídica quando do âmbito de sua aplicação, conferindo-lhe real dimensão, seja

---

[735] LORENZETTI, Ricardo Luis, *op. cit.*, p. 179, em especial nota nº 56: "Müller entende que o juízo jurídico é o resultado de um "processo normativo de concretização", que mobiliza estruturalmente um conjunto de fatores jurídicos que são elementos de concretização. A interpretação é deslocada pela concretização. Este processo seria a síntese entre caso e sistema, muito semelhante ao sistema do *stare decisis* do direito anglo-saxão".

[736] MÜLLER, Friedrich; CHRISTENSEN, Ralph; SOKOLOWSKI, Michael. *Rechtstext und Textarbeit*. Berlin: Duncker & Humblot, 1997, p. 32 ss.

[737] FERNANDES, Ricardo Vieira de Carvalho. *Influências extrajurídicas sobre a decisão judicial*: determinação, previsibilidade e objetividade do direito brasileiro. Tese (doutorado) – Universidade de Brasília (UnB), Faculdade de Direito, Programa de Pós-Graduação em Direito, Doutorado em Direito, Estado e Constituição, 2013. 352f. Disponível em: http://repositorio.unb.br/bitstream/10482/15154/1/2013_RicardoVieiradeCarvalhoFernandes. pdf. Acesso em: 02 abr. 2018, p. 77.

[738] MÜLLER, Friedrich. *Teoria estruturante do direito*. 3. ed. rev. e atual. São Paulo: Revista dos Tribunais, 2011, p. 19.

na esfera judicial, seja na administrativa. Para tanto, mister se faz identificar o conteúdo material da norma jurídica aplicável ao caso particular. Semelhante normatividade concreta alberga os elementos da "realidade social em sua remodelação normativa".[739] Equivale a dizer que os textos de normas oriundos da atividade do legislador não são normativos desde a publicação do documento legiferante no Diário Oficial, ante a incapacidade de fornecerem uma solução obrigatória ao caso jurídico concreto.[740]

A confluência entre a teoria estruturante da norma jurídica mülleriana e os pensamentos realistas e pragmatistas jurídicos está na interpenetração substancial entre direito e realidade. Não se deprime a importância da criação legislativa dos textos normativos, pois constituem o ponto de partida para o seu exegeta-aplicador, no desígnio de densificar o conteúdo material da norma jurídica, mediante a conjunção da realidade com os textos normativos. É dizer: tais vertentes de pensamento (realismo jurídico, pragmatismo jurídico posneriano e teoria estruturante da norma jurídica mülleriana) enfatizam a realidade circundante, inclusive fatores extrajurídicos, bem como sua inexorável interação com a gênese assente no contexto de descoberta da decisão e, também, no contexto de sua justificação jurídica.

Por assim ser, os fatos (a realidade) se revelam vitais para a subsistência da ideia de norma jurídica e, por conseguinte, do direito. Ao juiz cumpre, para configurar afinal sua decisão, observar dados da realidade que complementam a norma jurídica, a fim de que possa estabelecer seu significado e delimitar seu espectro de aplicação. O grau de concretizabilidade da norma é suscitado por sua estrutura linguística, densidade, exatidão e por aí vai.

Os elementos extrajurídicos que se desprendem da realidade, além de comporem o âmbito e conceito da norma jurídica, proporcionam a revelação de seu significado e alcance. A confecção final da decisão jurisdicional é nutrida por variados materiais (*v. g.*, textos normativos, livros de doutrina, precedentes judiciais, direito consuetudinário), frequentemente distintos do enunciado literal do preceito legal, "chegando mesmo a transcendê-lo".[741]

Nessa moldura, em reverso a uma concepção tradicional, a normatividade não se identifica com a norma jurídica, porque inexprimível na construção da norma, mas deve ser desenvolvida. É dizer: a normatividade, embora não produzida pelo texto normativo (programa da norma), consente uma posição de distanciamento da visão positivista, na medida em que a norma jurídica é muito mais que sua simples linguagem ou texto normativo.[742]

---

[739] MÜLLER, Friedrich. *Teoria estruturante do direito, op. cit.*, 157-158.

[740] SILVA, Kelly Susane Alflen da. *Hermenêutica jurídica e concretização judicial*. Porto Alegre: Sergio Antonio Fabris, 2000, p. 410: "O caráter peculiar que se atribui aos complexos de regulamentação, a *normatividade*, não decorre de uma propriedade dos textos, pois alguns pontos de partida para o trabalho jurídico como o texto mesmo e os dados extralinguísticos, de natureza sócio-política, de um funcionamento efetivo, de uma atualidade efetiva da ordem constitucional, não são normativos. Somente os resultados obtidos por esses pontos de partida são normativos, ao inverso, de forma alguma se encontram fixados no texto de norma mesmo no sentido de uma garantia de validade posta no texto de norma. A *validade* do texto de norma não consiste na obrigatoriedade feita aos destinatários do texto de norma de conformarem suas condutas conforme o texto de norma, mesmo porque a submissão do juiz à lei e à constituição não significa o emprego por ele da integralidade dos textos de normas (constitucionais) apropriados ao caso de espécie e de os trabalhar corretamente do ponto de vista metódico". (Grifos no original).

[741] MÜLLER, Friedrich. *Metodologia do direito constitucional, op. cit.*, 55-56.

[742] SILVA, Kelly Susane Alflen da, *op. cit.*, p. 412: "Por isso, a normatividade é essa capacidade atribuída às normas

Trata-se, assim, de refutar a visão kelseniana assente na noção de isolamento *in vitro* do ordenamento jurídico da realidade social, do mundo de carne e osso. O texto legal legislado não é o porto de chegada, senão que de partida para descortinar a norma jurídica, nessa viagem impregnada de realidade cotidiana.[743] O "âmbito da norma" é alimentado pelos fatos e, por isso mesmo, integrado pelo recorte da realidade social. Daí resulta que os fatores da concepção estruturante compreendem, a um só tempo, a estruturação fática e jurídica dos âmbitos ou domínios normativos.[744]

A teoria estruturante da norma jurídica, conquanto elaborada originalmente para o campo do direito público (*v. g.*, direito constitucional), pode ter sua aplicação estendida para os demais ramos do direito.[745] A concepção mülleriana é assaz importante para os fins do presente trabalho, pois que enfatiza a existência de elementos extrajurídicos que influenciam o juiz no ato de julgar. Aliás, de acordo com a teoria estruturante da norma jurídica, tais componentes extralegais serão incrustados indelevelmente em seu conteúdo ou domínio.

Se assim é – e assim efetivamente o é –, encoraja a pensar que alguns fatores extrajurídicos que ocasionalmente possam nutrir a construção do conteúdo da norma jurídica serão, por isso mesmo, parte integrante da decisão judicial. Por exemplo: as noções de vida do juiz sobre o mundo circundante, crenças filosóficas, religiosas, políticas, ideologias, personalidade inevitavelmente determinam sua apreensão da realidade e percepção dos fatos, compondo, ao fim e ao cabo, a decisão judicial.

Se o conteúdo de uma norma (âmbito normativo – *Normbereich*) somente é desvelado em sua concreção pelo juiz, é lícito supor que, em sede de processo constitucional, perante o Supremo Tribunal Federal brasileiro, o texto fluido da Constituição oferece, não raro, um longínquo ponto de partida. A atividade do juiz constitucional, em sua análise de princípios e/ou de regras constitucionais, exibe uma abertura maior ao poder criativo (*v. g.*, caso de cotas raciais ou sociais – ADI 3330-DF).

A metódica estruturante parece colocar uma pá de cal sobre o antigo debate de se é criado direito ante o caso concreto. Força é convir que não apenas os tribunais esculpem normas gerais por meio da jurisprudência, senão também qualquer juiz singular cria o direito sob a égide do caso particular. Semelhante protagonismo judicial na criação do direito transforma notavelmente os parâmetros tradicionais do dogmatismo e do formalismo jurídicos.[746] Fique claro, no entanto, que tal atuação deve se pautar pela responsabilidade e se fundar no pensamento estruturante e metódico do direito, em consonância, *e. g.*, com a teoria estruturante de Friedrich Müller. Significa pensar que o evolver do Direito pode vicejar no terreno fértil da concretização

---

jurídicas de poderem ser feitas normas-decisão. Consequentemente, ela integra o processo estruturante da norma jurídica e da norma-decisão, que conduz a noção de estrutura da norma, pois se realiza por meio dos dados reais, que exprimem o modo de construção da norma e a motivação do que vem a ser a *norma*". (Grifos no original).

[743] PASTORE, Baldassare. *Decisioni e controlli tra potere e ragione*: materiali per un corso di filosofia del diritto. Torino: G. Giappichelli, 2013, p. 41: "Il testo giuridico vive nel contesto di una comunità linguistica, di un mondo storico-culturale, di un ordinamento giuridico ed è qui che viene riconosciuto".

[744] MÜLLER, Friedrich. *Teoria estruturante do direito, op. cit.*, p. 229-231.

[745] MÜLLER, Friedrich. *O novo paradigma do direito, op. cit.*, p. 68.

[746] WOLKMER, Antônio Carlos. *Ideologia, Estado e Direito*. 4. ed. rev., atual. e ampl. São Paulo: RT, 2003, p. 187.

hermenêutico-jurisdicional,[747] configurada, afinal, sob os cânones da racionalidade e da justificação da decisão jurídica produzida, em obséquio à respectiva controlabilidade endo e extraprocessual.

---

[747] No que toca à concepção de sentença como norma jurídica de concretização, vide LORENZETTI, Ricardo Luis, *op. cit.*, p. 179-180.

CAPÍTULO 3

INTERDISCIPLINARIDADE: A NOVA FRONTEIRA DO DIREITO

3.1 Interdisciplinaridade e cultura

Seja consentido, antes de tudo, anunciar alguns temas propedêuticos, de modo a favorecer a adequada compreensão do pano de fundo do trabalho, como sejam: interdisciplinaridade, contemporaneidade, cultura, complexidade e globalização.

Em nossa contemporaneidade, o símbolo fundamental da interdisciplinaridade constitui-se em um novo paradigma da educação para suplantar a disciplinarização. Nessa ordem de ideias, o diálogo, a cooperação, a solidariedade, a convergência e a construção interdisciplinar encerram, acima de tudo, uma consciência da interdisciplinaridade, um novo espírito científico[748] e uma atitude epistemológica a ser concretamente exercida.[749]

É de bom alvitre que se ameace o esconderijo da especialização formal, hiperbólica e sem limites das disciplinas científicas, fracionadas e enclausuradas em departamentos estanques. O saber é ministrado em doses homeopáticas, que torna o homem especialista em partes, em uma visão estilhaçada da realidade fenomênica, mas que o condena, perenemente, ao obscurantismo em relação à totalidade da compreensão do mundo.

---

[748] GUSDORF, Georges. Projet de recherche interdisciplinaire dans les sciences humanines. *In: Les sciences de l'homme sont des sciences humanines?* Univ. de Strabourg, 1967, p. 35-64, esp. p. 39: "Le remède serait de créer une nouvelle catégorie de chercheurs, préposés à la synthèse, et dont l'effort majeur, la raison d'être, serait de créer une intelligence et une imagination interdisciplinaires. L'unité de la science de l'homme serait chez eux un état d'esprit, et une orientation de la volonté, avant même de s'affirmer au niveau de la connaissance acquise".

[749] GUSDORF, Georges, *op. cit.*, p. 42: "Les problèmes humains sont abordés, d'ordinaire, sous l'angle de la spécialité. La recherche fondamentale se donnerait pour tâche de les aborder dans la perspective de l'unité, ou de la totalité. Cette conversion de l'attitude épistémologique pourrait entraîner à elle seule des conséquences très importantes. Pour peu que l'on y fasse attention, il est clair que les diverses sciences de l'homme, bien loin de constituer des domaines autonomes, se prêtent des significations et des schémas. Ceux qui, à travers l'histoire, ont développé ou renouvelé la science de l'Homme partaient d'un domaine particulier, qu'ils connaissaient à fond, mais grâce à eux cette connaissance s'est répercutée de proche en proche à travers la totalité du domaine humain".

Tal configura o sintoma mais visível do quadro patológico em que se depara, hoje em dia, o saber.[750] Não se quer, evidentemente, fazer uma ode à especialidade na ciência, que, sob boa luz, é alvissareira por se revelar imprescindível à escavação do terreno do conhecimento. Porém, não se pode coonestar com posturas simplistas e, aos ângulos horizontal e vertical, refratárias ao diálogo com as variadas áreas do saber.

Nesse novel enfoque pedagógico, coloca-se água no moinho da concepção interdisciplinar, cuja tônica, mais que singela tentativa de unir pedaços no horizonte epistemológico, descansa na interação e na intersubjetividade, rumo à universalidade. Intenta-se suprimir o monólogo e o culto ao isolamento, mediante inspiração de práticas dialógicas, com o fito de se possibilitar uma permuta intensa e contínua de experiências em dois ou mais campos do saber; trocas teóricas e metodológicas tendentes a gerar novos conceitos e paradigmas, novas categorias de pensamento, metodologias de pesquisa e formas de ensino,[751] ante a indispensabilidade de se atender à feição múltipla de fenômenos dotados de maior complexidade. A tradição fortemente disciplinar é complementada por um modelo potencialmente interdisciplinar. Este processo estruturado, como bem se compreende, tende a anabolizar as condições de possibilidade de questionamento em relação ao objeto esquadrinhado.

No tempo presente, o endereço de pensamento reducionista e fragmentado tem se revelado impotente para açambarcar e equacionar desafios prenhes de complexidade. Daí deriva a necessidade de evolução/produção de conhecimento interdisciplinar qualificado de centralidade, tendente a complementar a tradição do conhecimento disciplinar, máxime aquele geneticamente produzido em ambientes de comunidades acadêmicas e científicas. A universidade, num protagonismo de vanguarda, afigura-se o espaço por excelência para a produção do conhecimento científico em suas inúmeras plataformas de especialização e, um passo à frente, fomentar as potencialidades do diálogo interdisciplinar entre as variegadas áreas do conhecimento (*v. g.*, ciências humanas, naturais, exatas).

A concepção fragmentária cede o passo para uma ótica unitária do ser humano,[752] de mútua integração, de confluência, de amálgama, de se tentar (re)unir o que, na poeira dos séculos, foi esfacelado.[753] Quer-se resgatar a percepção da totalidade perdida no tocante ao conhecimento de hodierno muito compartimentado. Não há forma de conhecimento exaustiva, que se baste a si mesma, no leito da compartimentalização; antes, ao contrário, a intensa possibilidade do diálogo das fontes do saber, do senso comum ao conhecimento científico, para além de uma dimensão utópica, com irrigações, compartilhamentos, interpenetrações e fecundações mútuas, enriquece, sobremodo, os seres humanos nas relações entre si e com a realidade do mundo de carne e osso.

Com efeito, o exemplo mais frisante à mão de homem completo, no prisma da interação interdisciplinar, é o de Leonardo di Ser Piero da Vinci, ou simplesmente

---

[750] Sobre o tema no Brasil, vide a obra pioneira e seminal de JAPIASSÚ, Hilton. *Interdisciplinaridade e patologia do saber*. Rio de Janeiro: Imago, 1976, p. 9: "A parcela do saber exato e preciso detida pelo especialista perde-se no meio de um oceano de não saber e de incompetência".

[751] NOVO, Luciana Florentino. Cultura de interdisciplinaridade e desafios no contexto institucional: uma reflexão inicial. Mato Grosso: *Revista Eventos Pedagógicos*, v. 5, n. 3 (12. ed.), edição especial temática, p. 47-62, ago./out. 2014, esp. p. 53.

[752] FAZENDA, Ivani Catarina Arantes. *Interdisciplinaridade*: um projeto em parceria. 5. ed. São Paulo: Loyola, 2002, p. 31.

[753] JAPIASSÚ, Hilton, *op. cit.*, p. 32.

Leonardo da Vinci; foi um polímata que nunca viu limites para sua curiosidade incansável, sempre faminto por inovação e tecnologia, mergulhando em várias áreas do saber: artes ou ciência, filosofia ou religião, desenho ou escultura, pintura, engenharia, arquitetura, anatomia, matemática, botânica, poesia, música...

Busca-se, na ação interdisciplinar um poderoso caminho (mas não é o único[754]) para construção de um conhecimento global, mediante a sua molecularização, sistematizando-o, ao invés de atomizá-lo. É o triunfo do conjunto, da integridade do pensamento sobre o detalhe e as partes, em que a voz da essência sobrepuja os gritos da forma e do invólucro. A execução de um projeto com atitude interdisciplinar[755] traduz-se na metamorfose de incertezas, na transmutação de inseguranças em exercícios de pensar, que impila à troca e à parceria, que tente incitar o diálogo com outras formas de conhecimento, recusando qualquer hierarquia ou supremacia adrede entre elas:[756] a consolidação da intersubjetividade, num perene construir.

Supérfluo é advertir que a interdisciplinaridade, sob o prisma terminológico, não tem um sentido unívoco e constante, mas, em essência, caracteriza-se pela relação de reciprocidade, de mutualidade, de interação, de atitude, de intersubjetividade. Denota postura de humildade intelectual diante da consciência de modicidade do próprio saber, que, como categoria de ação, permita o desabrochar para a descoberta de novas jazidas de conhecimento e navegar num pélago de saber mais integrado. Tem em mira, numa visão de lógica instrumental da interdisciplinaridade, proporcionar melhor formação pessoal e profissional geral, a implicar evolução epistemológica. Demais disso, na ambiência do diálogo institucional, teorias e práticas de interdisciplinaridade são as molas propulsoras de busca irrefreável de realização do próprio ser humano, do desenvolvimento da ciência, da tecnologia e da inovação, através da adoção de novos matrizes de geração de conhecimento.

Agora bem, a cultura de interdisciplinaridade, no viés reflexivo e crítico, configura, em arquitetura integradora, salto triplo cognitivo, níveis progressivos de intersubjetividade[757] e contexto cultural mais amplo, referenciado a um padrão coletivo – ditado, não raro, por crenças consolidadas e pressupostos inconscientes –, no tocante ao modo de sentir, de agir, de perceber, de pensar.

Por assim ser, há conexão íntima entre interdisciplinaridade e cultura, principalmente no que tange às condições de possibilidade de questionamentos e novas orientações atinentes ao objeto investigado, não apenas em relação ao Direito, mas para os múltiplos domínios do conhecimento científico, ou não, intrinsecamente indissociáveis. É justamente por isso que a cultura, nutrida da seiva de conexões humanas, sociais, de ideias, de valores, de símbolos, de crenças, deve ser, também e sobretudo, estudada através das lentes da antropologia, da sociologia, da psicologia.

---

[754] PIMENTA, Carlos. Apontamentos breves sobre complexidade e interdisciplinaridade nas ciências sociais. Disponível em: http://www.fep.up.pt/docentes/cpimenta/textos/pdf/E026578.pdf. Acesso em: 02 out. 2017.

[755] FAZENDA, Ivani Catarina Arantes. *Interdisciplinaridade*: história, teoria e pesquisa. 3. ed. Coleção Magistério: Formação e trabalho pedagógico. Campinas, SP: Papirus, 1994, p. 82, esp. nota nº 1.

[756] RAYNAUT, Claude. Interdisciplinaridade: mundo contemporâneo, complexidade e desafios à produção e à aplicação de conhecimentos. *In:* PHILIPPI JR, Arlindo; SILVA NETO, Antônio J. Silva. (Ed.). *Interdisciplinaridade em ciência, tecnologia e inovação.* Barueri: Manole, 2011, p. 69-105, esp. p. 103.

[757] LEIS, Héctor Ricardo. Especificidades e desafios da interdisciplinaridade nas ciências humanas. *In:* PHILIPPI JR, Arlindo; SILVA NETO, Antônio J. Silva. (Ed.). *Interdisciplinaridade em ciência, tecnologia e inovação.* Barueri: Manole, 2011, p. 110.

Um passo à frente, de um lado, as contendas são produtos das sociedades nas quais se inserem, transportando valores e símbolos essenciais da cultura, e, de outro, em entrelaçamento inexorável, mutuam influências nos contextos sociais, políticos, culturais específicos.[758] Em sociedades tecnicamente complexas e de massas, as instituições jurídicas experimentam, no eixo da interdisciplinaridade, infiltrações culturais nos variados métodos de resolução de conflitos intersubjetivos. De sorte que, nos dois extremos, os métodos de resolução de disputas, em sua origem, deitam raízes na cultura, mas, ao depois, terminam, também, por (re)configurá-la.

O poder discricionário do juiz, em maior ou menor escala, na formulação de sua hipótese de decisão considerada justa é naturalmente calibrado pelo contexto cultural em que opera.[759] As culturas (assim mesmo, no plural) do ser humano, uma a informar e implicar a outra, fazem, também, o ditado dos parâmetros de crença, de confiança e de credibilidade que as sociedades depositam na concreta administração da justiça, afinal racional e justa, como um dos elementos de organização e de funcionamento do Estado Constitucional e Democrático de Direito.

Sob outro ângulo de mirada, mas ainda no plano da interdisciplinaridade, a atividade humana é elemento estruturante das culturas, razão pela qual hão de se perscrutar inferências e interpretações, jurídicas e metajurídicas, nos campos etnográficos. Porque assim é, o trabalho do antropólogo deve produzir etnografia, buscando-se dilargar o universo do discurso humano. O comportamento individual e social está exposto aos influxos das culturas, com forte implicação na diversificação da humanidade.

Noutros termos: as culturas consubstanciam um complexo de estruturas de significados disseminados historicamente e incorporados por meio de símbolos que se concretizam em padrões de comportamento-costumes, usos, tradições, feixes de hábitos ou, como são mais bem assentidas agora, como um conjunto de mecanismos de controle, planos, receitas, regras, instruções, ou, ainda, na dicção dos engenheiros de computação, programas.[760]

Nesse teor de ideias, os simbolismos implícitos nas ações sociais (*v. g.*, artes, religiões, ideologias, ciências, leis, moral, senso comum), oriundas do fluxo de comportamentos como ação simbólica, têm o condão de promover a sincronicidade dos sistemas e a interação das diversas formas culturais. Ou seja: o papel que as culturas desempenham, ao longo da evolução biológica e da mente humana, na sistemática da vida social, tal como se desenrola e se dramatiza no mundo de carne e osso.

Na linha antropológica, as culturas influenciam a percepção dos objetos cognoscíveis e, à maneira de uma lente, amplificam e condicionam a "visão de mundo" dos seres humanos nas sociedades. Vale dizer, como enxergar a vida por ângulos cognitivos peculiares ou por frestas características. Os seres humanos são a pedra angular das culturas, no exato sentido de que sem aqueles não haveria estas. Contudo, a realidade humana, abstraindo-se de capacidades inatas e do progresso da idoneidade mental do homem,[761] em contínua edificação, é inerente às culturas, sendo por elas singularmente

---

[758] Sobre como as disputas inseminam influências nas culturas, vide CHASE, Oscar G. *Law, culture, and ritual*: disputing systems in cross-cultural context. New York: NYU, 2007, p. 125-137.

[759] CHASE, Oscar G., *op. cit.*, p. 72-93.

[760] GEERTZ, Clifford. *A interpretação das culturas*. Rio de Janeiro: LTC, 1989, p. 56.

[761] GEERTZ, Clifford, *op. cit.*, p. 61: "(...) No sentido tanto do raciocínio orientado como da formulação dos sentimentos, assim como da integração de ambos os motivos, os processos mentais do homem ocorrem, na

delineada, de modo que, inversamente, sem as culturas poderia haver qualquer coisa, menos civilização.[762]

É concebível, *e. g.*, que ideias, matrizes conceituais, visões e padrões de comportamento, pela magnitude com que se propagam e se solidificam na sociedade, passem a ser contabilizadas na conta da cultura. Por assim ser, irrompe uma visão eclética de cultura: o modo de vida global de um povo; uma forma de pensar, de sentir, de acreditar; um celeiro de aprendizagem comum.[763]

Sob outro prisma, as sociedades pós-modernas são plasmadas pelo pensamento complexo, que é algo capaz de cuidar da coexistência de opostos, sob diferentes cenários: restritas, limitadas e amplas ou generalizadas.[764] Tornar inteligível, compreensível e acessível semelhante complexidade, sem desfitar os olhos da heterogeneidade, adquiriu, desde o início do século XXI, feição de obrigação social e política, em razão do comprometimento das culturas nessa empreitada quase cívica. O fenômeno da complexidade (ou a existência do núcleo da complexidade em que complexidades diversas descansam[765]), apesar de estar impregnado de dificuldade e de incerteza, o que embaraça, as mais das vezes, alcançar resposta pautada na clareza e na objetividade, é timbrado pela finalidade de melhor explicar, com ética alicerçada no princípio de responsabilidade, o esquartejamento entre disciplinas e categorias cognitivas, qual símbolo de fragmentação da realidade.[766]

Na presença de problemas complexos, de natureza múltipla e objetos híbridos, que assolam as sociedades contemporâneas, tão somente estudos de caráter interdisciplinar teriam a virtude de analisar satisfatoriamente complexidades tais.[767] Disso resulta, na visão moriniana, que o endereço de pensamento complexo valoriza a ideia de totalidade: não dissociar a parte do todo. Assim, não só a parte está no todo, senão também o todo está na parte (princípio do holograma, como faceta mais surpreendente da complexidade), a configurar medida para superar as lacunas deixadas pela concepção cartesiana atualmente em evidência.[768] A interdisciplinaridade, como meio científico, representa a melhor chave de leitura da complexidade, ao passo que esta aconselha ou facilita aquela, conquanto, é útil reafirmar, não se possa atribuir à interdisciplinaridade *status* de superioridade ou de inferioridade de qualquer tipo em relação à disciplinaridade.

---

verdade, no banco escolar ou no campo de futebol, no estúdio ou no assento do caminhão, na estação de trem, no tabuleiro de xadrez ou na poltrona do juiz. Não obstante as alegações em contrário do isolacionista em favor da substancialidade do sistema fechado da cultura, da organização social, do comportamento individual ou da fisiologia nervosa, o progresso na análise científica da mente humana exige um ataque conjunto de praticamente todas as ciências comportamentais, nas quais as descobertas de cada uma forçarão a constante reavaliação teórica de todas as outras".

[762] GEERTZ, Clifford, *op. cit.*, p 37-38.

[763] GEERTZ, Clifford, *op. cit.*, p. 4.

[764] MORIN, Edgar; MOIGNE, Jean-Louis Le. *A inteligência da complexidade*: epistemológica e pragmática. Lisboa: Instituto Piaget, 2013, p. 36-78.

[765] MORIN, Edgar. *Ciência com consciência*. Tradução: Maria D. Alexandre e Maria Alice Sampaio Dória. 12. ed. Rio de Janeiro: Bertrand Brasil, 2008, p. 187-188.

[766] MORIN, Edgar, *op. cit.*, p. 176-177.

[767] MORIN, Edgar. *A cabeça bem-feita*: repensar a reforma reformar o pensamento; tradução Eloá Jacobina. 17. ed. Rio de Janeiro: Bertrand Brasil, 2010, p. 116: "Afinal, de que serviriam todos os saberes parciais senão para formar uma configuração que responda a nossas expectativas, nossos desejos, nossas interrogações cognitivas?".

[768] MORIN, Edgar. *Ciência com consciência, op. cit.*, p. 181-182.

No espaço da concepção moriniana, não se pode considerar que a ordem rege "a natureza e o mundo", razão pela qual se deve, antes, ter em mente que a complexidade é "o jogo entre a ordem, a desordem e a organização"; jogo este de cariz dialógico. O "operador dialógico" (princípio dialógico, que tem por finalidade proscrever dificuldades do embate com o real), no ponto de vista de integralidade, caracteriza-se pela tarefa de entrelaçar perfis que aparentemente estão apartados, evidenciando, assim, que antagonismos possam ser instigantes. Lança mão de lógicas que comportem a ambiguidade e a contradição, multivalentes (v. g., razão e emoção, sensível e inteligível, real e imaginário, razão e mitos, ciência e arte). Tem-se, nesse passo, uma nítida aproximação com a visão heraclitiana de forte compromisso com a unidade dos opostos no mundo, assente na máxima "O caminho para cima e para baixo é um e o mesmo."

A pedra de toque, sem a existência de síntese, expressa-se no chamado dialogizar, a título de melhor opção para sobrepujar a crise da hiperespecialização, ou seja, a especialização voltada para si mesma, que não se integra a uma problemática global, nem a uma concepção de conjunto do objeto, do qual leva em conta apenas um aspecto ou uma parte.[769] Os efeitos penetrantes do pensamento da complexidade, por formidáveis que sejam no evolver da "civilização da mente", têm o condão de aperfeiçoar relações intersubjetivas, de cada indivíduo consigo mesmo e, mais amplamente, o trato entre nações.

Sob outra silhueta, à semelhança de um frenético espetáculo caleidoscópico, o mundo está em acelerada transformação. A roda da mutação não se cansa de girar. Parece não haver um modelo capaz de oferecer respostas aos desafios impostos pela rapidez do tráfego de informações, em contínuo fluxo de transfiguração, em um contexto cinzelado pela fragmentação. Tudo se dissolve, a um relance d'olhos, em meio ao fugidio, no terreno movediço do momento de hodierno. As coisas, amiúde, parecem oscilar no exíguo tempo de vida de uma bela rosa.

Não por acaso, o "derretimento dos sólidos", nota frequente da modernidade, consentiu o surgimento da concepção baumaniana de "modernidade líquida", que é marcada por fluidez e, por isso mesmo, proporciona mudanças rápidas e imprevisíveis, evasivas e fugitivas, à maneira dos desenhos formados pelas nuvens no céu. A condição humana experimentou profunda mudança; a vida social tornou-se volátil, inconsistente.[770] Apresenta uma dinâmica avassaladora em contraste com a modernidade sólida que, afinal de contas, sobrepujou. Ainda nessa visão, a migração de uma dimensão (do sólido para o etéreo), nos contextos das relações intersubjetivas, produziu mudanças abissais na experiência humana, individual e difusa, em especial nas conjunturas variáveis dos ambientes sociais, culturais, econômicos, políticos.

Essa mudança traz valores e modelos novos para as sociedades. Em semelhante transição, por exemplo, conceitos foram ressignificados para que pudessem, a partir de então, açambarcar a nova realidade humana. As relações líquidas entre os indivíduos no seio das sociedades (v. g., as relações amorosas deixam de ter aspecto de união e

---

[769] MORIN, Edgar. *A cabeça bem-feita, op. cit.*, p. 13-14: "De fato, a hiperespecialização impede de ver o global (que ela fragmenta em parcelas), bem como o essencial (que ela dilui). Ora, os problemas essenciais nunca são parceláveis, e os problemas globais são cada vez mais essenciais. Além disso, todos os problemas particulares só podem ser posicionados e pensados corretamente em seus contextos; e o próprio contexto desses problemas deve ser posicionado, cada vez mais, no contexto planetário".

[770] BAUMAN, Zygmunt. *Modernidade líquida*. Tradução Plínio Dentzien. Rio de Janeiro: Zahar, 2001, p. 15.

passam a ser mero acúmulo de experiências), já então diluídas, gotejantes e intangíveis, tenderiam a frequência e a duração mais exíguas. Este tipo de modernidade contemporânea (leve, fluida, líquida, liquefeita, difusa, capilar) está impregnado da tendência acentuada à instantaneidade, a significar realização imediata, *cash*, ou exaustão e desaparecimento de interesses.[771]

Tudo a desvelar a "misteriosa fragilidade dos laços humanos, o sentimento de insegurança que ela inspira",[772] flexíveis e desprovidos de compromissos recíprocos e de responsabilidades mútuas, representados por mera conexão virtual e a facilidade de se desconectar (por exemplo: *Internet, Facebook, WhatsApp, Instagram*). A pós-modernidade, enquanto fenômeno social, econômico e cultural, em contexto globalizado, tatuada pelo binômio capitalismo-consumo, é o terreno fertilíssimo para a reflexão crítica acerca da instabilidade, da imprevisibilidade, da ambiguidade, da fragmentariedade nos mais variados campos de conhecimento.

Descortina-se novo padrão de relacionamento amoroso no líquido mundo moderno, no qual a qualidade foi eclipsada pela quantidade de possibilidades "românticas",[773] haja vista que a afinidade eletiva perdeu musculatura, ao passo que, simetricamente, a extrema descartabilidade, a voo de pássaro, entrou, definitivamente, para a ordem do dia. "O homem sem vínculos",[774] desnudo de afeição e de afetos. O ser humano assiste, impassivelmente, à sua humanidade se evaporar. Nesse horizonte de insegurança – nutrido, *v. g.*, pela instabilidade do mercado de trabalho, de faces de aguda incerteza existencial no tocante ao futuro, e de fragilidade da posição social, sempre crescente –, a melancólica constatação, embrulhada pelo véu do pessimismo, é a de que amar, sinceramente, passou a ser tão raro quanto um corvo branco.

Nessa perspectiva, a pulverização do conhecimento haverá de dar lugar à sua integridade, como meio e modo para que as sociedades possam construir fundações sólidas, para um desenho de futuro no qual as relações intersubjetivas desfrutem de maior estabilidade e não mais sejam sacrificadas no altar da brevidade. Será a vitória do definitivo sobre o efêmero e, mais amplamente, da civilidade sobre a fugacidade.

Merece menção à parte o fenômeno da globalização, como matriz de felicidade (ou de infelicidade) à condição humana atual. Os processos globalizadores foram idealizados pelo projeto de expansão do capitalismo, cujo desígnio é o de maximizar lucros, a implicar causas e consequências sob o prisma socioeconômico, jurídico, político, cultural.

No mundo globalizado, por exemplo, as consequências culturais oriundas das transformações despertam invulgar interesse: evaporação de identidade nacional; erosão de fronteiras territoriais; consumismo desenfreado na sociedade de consumo;[775] sonhos, desejos e prazeres de uma vida hedonística de turistas; hibridização cultural dos habitantes globais, homogeneização de culturas, e assim por diante.[776]

---

[771] BAUMAN, Zygmunt, *op. cit.*, p. 150.

[772] BAUMAN, Zygmunt. *Amor líquido*: sobre a fragilidade dos laços humanos. Tradução Carlos Alberto Medeiros. Rio de Janeiro: Zahar, 2004, p. 8.

[773] BAUMAN, Zygmunt, *op. cit.*, p. 12.

[774] BAUMAN, Zygmunt, *op. cit.*, p. 91.

[775] SAYEGH, Astrid. *Ser para conhecer*: conhecer para ser. Teoria do Conhecimento. Filosofia Espírita. São Paulo: IEEF, 2010, p. 61: "Vive-se uma mentalidade consumista, com níveis insuportáveis de competição. Ao amar apenas as coisas deste mundo, vive o homem toda uma existência alienado de sua natureza autêntica".

[776] BAUMAN, Zygmunt. *Globalização*: as conseqüências humanas. Tradução Marcus Penchel. Rio de Janeiro: Zahar, 1999, p. 109.

Por outro lado, em tema de correlações entre cultura e globalização, há elementos culturais locais ou regionais, os quais singularizam espaços sociais e geográficos, mas crescentemente conexionados com o global. Por isso, a amplificação dos meios de comunicação de massa produz a transmissão de valores culturais, disseminando-os e fazendo-os interagir, independentemente da integração territorial.

Nesse contexto, o fluxo de elementos culturais parece ocorrer sob o signo da desigualdade, porquanto países economicamente mais fortes tendem a dominar, através da transmissão de perfis culturais, países em desenvolvimento econômico, impondo-lhes, embora de forma sub-reptícia, padrões de comportamento, costumes. Numa locução: a globalização é uma difusão de elementos culturais prevalecentes (ou processo de trança) dos países desenvolvidos para os países em desenvolvimento, justamente porque dotados de maior capacidade econômica de espargimento através das diversas mídias.

Alguns aspectos da cultura local ou regional, apesar de proporção ínfima, influenciam o fenômeno global a fim de que a cultura por ele homogeneizada se torne mais palatável e entendida e, desse modo, possa naturalmente ser aceita.

Nessa configuração hierarquizada, formas de pensamento e ideias socialmente dominantes, como aquelas gestadas através de filmes e que influenciam estereótipos comportamentais, uniformizam estilos, estandardizam maneiras de ação e, por isso mesmo, conduzem à hegemonização cultural na globalização.

É a dominação, não mais por exércitos como outrora, mas pelos braços da cultura. A indústria cultural de países economicamente desenvolvidos, por dizê-lo assim, cria modos de se comportar, *standards* de conduta, padrões de procedimento, modelos de atitudes, costumes, hábitos, práticas, arquétipos nos mais variados segmentos da vida em sociedade (*v. g.*, educação, etiqueta, gastronomia, moda, lazer, consumo).

Encoraja a pensar que esse permanente fluxo cultural, majoritariamente de mão única, tende a tonificar a tese da McDonaldização global da sociedade,[777] com a adoção de características de um restaurante *fast-food*, em especial o princípio da padronização.

Disso resulta a ideia de homogeneização mundial de culturas,[778] mediante a padronização de modelos de ser e de agir inspirados em paradigmas dominantes. Tudo a asfixiar valores culturais locais ou regionais, ou, quando nada, patrocinar a ocorrência de uma cultura global de hibridação, embora com elementos culturais dominantes. Camadas espessas de países se subsomem a este conceito por força do fenômeno da globalização.

Uma última observação ainda é importante para rematar este tópico e diz respeito à inviabilidade de um modelo cultural universal, pois cada sociedade, dotada de traços característicos, reflete profunda diferença no que toca às outras. Daí por que não se entrevê o mais tênue consenso universal em relação à definição de cultura. Tome-se como exemplo o valor dignidade humana, que – apesar de ser o epicentro axiológico do ordenamento jurídico brasileiro e, portanto, do Estado Constitucional e Democrático de Direito – não desfruta um conceito exato e universalmente aceito.

---

[777] Para um aceno geral, vide RITZER, George. *The McDonaldization of society*. SAGE Publications, Inc, 2007.

[778] PIETERSE, Jan Nederveen. *Globalization and culture*: Global Melange. Rowman & Littlefield Publishers, 2 edition, 2009, p. 3-28.

3.2 A regra de ouro da interdisciplinaridade e o fenômeno jurídico

Há pontos de intercessão entre cultura/interdisciplinaridade e Direito na pós-modernidade. De fato, como bem se compreende, variados efeitos dos ambientes de cultura e de interdisciplinaridade se projetam (e operam) sobre o Direito, regulando o pensamento jurídico, de modo que o processo espelha o culturalismo, e um de seus consectários, a saber, o constitucionalismo, além de servir de parâmetro civilizatório de um povo.[779] Um exemplo é suficiente para ilustrar o raciocínio: ao Direito cabe adotar princípios, regras e critérios de julgamento, bem como formas de resolução de conflitos, inspirados em valores fundamentais preponderantes no contexto cultural e na sociedade nos quais juiz, litigantes e jurisdicionados estão inseridos.[780]

Muito para dizer que, abstraindo-se da doutrina (teoria) idealista, o direito é uma construção humana ou produto do homem como ser histórico e, por isso, reflete, inexoravelmente, a sua cultura, e não apenas mera técnica, que plasma os valores da comunidade, tornando-os vigentes em determinado tempo e espaço.[781]

O fenômeno jurídico, notadamente o direito processual contemporâneo, é irmão gêmeo do fenômeno cultural, no sentido de que o processo sempre esteve moldado à cultura de sua época e o procedimento configura o umbral da ideologia e da cultura no processo, singularizado por exigências de níveis de cognição para tutelar situações encontradiças no mundo de carne e osso.[782]

Ganha terreno, em veloz expansão, o estudo cultural do Direito, como, por exemplo, no plano comparativo, a dosagem, maior ou menor, de litigiosidade de determinados povos. Não por acaso, é fundamental para a análise das raízes culturais dos conflitos intersubjetivos.

A interdisciplinaridade é a nova fronteira do Direito, inobstante constituir mecanismo de hercúlea implantação, embora a matriz positivista, reducionista e simplificadora mostre-se impotente quando se cogita de sistemas complexos.[783] Um novo olhar extradisciplinar sobre o Direito atende às exigências metodológicas dos dias de hoje. Francamente, o Direito já não mais pode ser estudado *in vitro*, artificialmente, sem os pés na realidade biótica da sociedade que deve (re)ordenar, consentâneo com ideais e valores preponderantes na coletividade, na base dos quais está a Justiça. É inadmissível que o Direito seja visualizado como casulo, encapsulado em torre de marfim, hermeticamente fechado aos influxos de outros ramos do conhecimento; antes, por perturbadora seja a ideia, a sobrevivência do Direito depende desta eloquente "invasão", e de sua descanonização, como, também, das críticas pressionadas, *v. g.*, por psicólogos, sociólogos,

---

[779] JOBIM, Marco Félix. *Cultura, escolas e fase metodológicas do processo*. 2. ed. rev. atual. Porto Alegre: Livraria do Advogado, 2014, p. 70-74.

[780] No que toca ao processo civil encarnar, também, uma expressão cultural, vide LACERDA, Galeno. Processo e cultura. *Revista de Direito Processual Civil*, São Paulo, v. 3, p. 74-86, 1961; MITIDIERO, Daniel. Processo e cultura: praxismo, processualismo e formalismo em direito processual civil. *Gênesis*, Curitiba, n. 33, p. 484-510, 2004; OSNA, Gustavo. *Processo civil, cultura e proporcionalidade*: análise crítica da teoria processual. 1. ed. São Paulo: Revista dos Tribunais, 2017, p. 44-53.

[781] SILVA, Vasco Pereira da. *A cultura a que tenho direito*: direitos fundamentais e cultura. Coimbra: Almedina, 2007, p. 25.

[782] SILVA, Ovídio A. Baptista da. *Processo e ideologia*: o paradigma racionalista. Rio de Janeiro: Forense, 2004, p. 1: "Em resumo, superar o dogmatismo, fazendo com que o Direito aproxime-se de seu leito natural, como ciência da cultura, recuperando sua dimensão hermenêutica".

[783] SANTOS, Boaventura de Souza. *Introdução a uma ciência pós-moderna*. Rio de Janeiro: Graal, 1989, p. 121.

filósofos, políticos, historiadores, economistas, estatísticos, linguistas, antropólogos. Não seria despropositado pensar em declínio do Direito como disciplina autônoma e que se basta a si mesma.[784] Por assim ser, em mudança dramática na fisionomia de autossuficiência do pensamento jurídico, a compreensão, a crítica, o aperfeiçoamento dos sistemas jurídicos não podem prescindir, acriticamente, das infiltrações perscrutadoras e das consciências reflexivas das demais ciências sociais.[785]

É preciso desafiar a fé acadêmica que, com honrosas exceções docentes, acredita que as leis, a Constituição, os textos jurídicos e a jurisprudência são os únicos tópicos que os alunos de direito carecem estudar no âmbito de sua educação universitária, afeiçoada à secura da dogmática jurídica, enquanto inatacável sistema de normas jurídicas vigentes em determinada época e local. Para ficar no eufemismo: um erro crasso epistemológico. Ideologicamente, o Direito é pensado não em termos políticos, mas no terreno da neutralidade técnica e ingenuamente objetivo. A academia jurídica contemporânea, na relação aluno-corpo docente, não pode desconhecer os *insights* oriundos de outras disciplinas.

Nessa perspectiva, o bom combate científico e acadêmico recomenda que se tente dar um passo à frente para pensar o fenômeno da formação do *decisum* na mente do juiz, iluminado pela beleza do rosto do diálogo, convergente, do método da interdisciplinaridade, na contramão da individualidade epistemológica arraigada na metáfora do zoológico. Como realmente faz o juiz para decidir é problema situado num entroncamento por onde passam, *v. g.*, psicologia, psicanálise, sociologia, política, filosofia, antropologia, direito.[786]

De outra parte, em visão simplificada, o chamado fenômeno jurídico consiste na ordenação social mediante o uso legítimo da força institucionalizada, cuja nota essencial é a coercibilidade/imperatividade, simbolizada na norma geral e abstrata de conduta intersubjetiva (*norma agendi*). É regido pela incidência de normas jurídicas sobre atos e fatos decorrentes da vida em sociedade. Tal incidência concreta faz nascer, no mundo jurídico, atos e fatos suscetíveis de produzir efeitos jurídicos nas esferas cível, penal etc., exsurgentes do processo de racionalização e de sistematização daquela ordenação social.

O fenômeno jurídico exibe um traço característico: esgota-se na relação homem-homem, que regula a conduta humana coativamente, sob sanção, como seja, é ditado inteiramente pela coexistência humana, ao contrário, por exemplo, do fenômeno moral, que se afirma no convívio do homem com ele próprio.[787]

---

[784] CAPPELLETI, Mauro; GARTH, Bryant. *Access to justice*: the newest wave in the worldwide movement to make rights effective. Vol. 27. Indiana University: Law Library, 1978, p. 181-292, esp. 181-182: "No aspect of our modern legal systems is immune from criticism. Increasingly it is asked how, at what price, and for whose benefit these systems really work; this type of fundamental question, already discomforting to many lawyers, judges and legal scholars, is made all the more unsettling by an unprecedented invasion into the legal profession's traditional preserve by, among others, sociologists, anthropologists, economists, political scientists, and psychologists. We must not, however, resist our invaders; rather, we must respect their insights and respond to them creatively. By revealing the actual workings of our legal systems, critics in the social sciences can in fact be our allies in the most recent phase of a long historical struggle-the struggle for 'access to justice'".

[785] POSNER, Richard Allen. *Problemas de filosofia do direito*. (Coleção justiça e direito). São Paulo: Martins Fontes, 2007, p. 566-579.

[786] MELO, Eduardo Gomes de; BAZZANELLA, Sandro Luiz; BIRKNER, Walter Marcos Knaesel. A interdisciplinaridade como postura científica e epistemológica diante dos desafios contemporâneos na formação do ser humano no século XXI. Maranhão: *Revista Húmus*, n. 3, p. 6-27, set./out./nov./dez. 2011, esp. p. 19.

[787] HERKENHOFF, João Baptista. *Direito e utopia*. 4. ed. Porto Alegre: Livraria do Advogado, 2001, p. 20.

O fenômeno jurídico pode ser objeto de estudo científico por parte de variados ramos do conhecimento (*v. g.*, psicologia, psicanálise, sociologia, política, filosofia), como, também, do próprio direito, através dos juristas. Assoma o aspecto zetético, que se caracteriza pela possibilidade de se perquirir e se indagar aquele fenômeno, com função especulativa e sob ângulos polivalentes, mas com submissão ao princípio da refutabilidade, pois visa à confecção de enunciados que possam ser verificados.

O fenômeno jurídico, enquanto fato social, anima o interesse de sua análise sociológica, por ângulos diversos (*v. g.*, sob o prisma do marxismo), visto que o Direito institucionaliza o controle social, o comportamento humano, produzido por suas regras cogentes e sanções. Tal se constitui no objeto da Sociologia do Direito, como fato social, em sua estrutura e funcionalidade concreta, realidade gerada no seio da sociedade, causa e consequência de outros fatos sociais. É a dimensão factual da experiência jurídica, no sentido de que há uma correspondência entre as condições sociais e os sistemas normativos. Busca-se saber como os grupos humanos se organizam e se desenvolvem.[788]

Daí descende que a ressonância magnética da gênese da sentença civil (*como se faz* o decisório), enriquecida por matizes interdisciplinares, sob as lentes da garantia fundamental da igualdade de tratamento das partes, como valor universal, e à luz do dever de imparcialidade do juiz, bem como, ainda, da obrigatoriedade de justificação pública do julgado, encaixa-se, a talho de foice, no campo de pesquisa do Direito Processual, pensado em sua imprescindível multidimensionalidade. Ou seja: receptivo às influências de outras ciências humanas, como exigência moderna de uma compreensão global e interdisciplinar do Direito.[789] Não à visão de túnel (estreita) do fenômeno jurídico-processual.

Em perspectiva circular, a disciplina (o Direito) conduz ao domínio interdisciplinar (*v. g.*, psicologia, psicanálise, sociologia, política, filosofia), de modo que, visando à indispensável complementaridade, este faça retornar àquela. Até porque, parece óbvio dizer, sem disciplinas não há interdisciplinaridade.[790]

A cosmovisão consiste na forma de considerar o mundo (*Weltanschauung*) em seu sentido mais geral, global, totalizante. O universo é uma entidade orgânica, animada, dinâmica e holística, colapsando (e superando), assim, o conhecimento que se funda em distinções dicotômicas.[791] Há uma nova consciência coletiva que concebe o homem, ser multifacetado, através das lentes de diversas ciências. O universo jurídico não escapa dessa forçosa convergência à recepção de outros endereços do saber: há constantes – e, por vezes, sutis – interpenetrações e recíprocas fecundações, em prol de uma novel etapa do desenvolvimento do conhecimento científico. Não por acaso, o tema central do trabalho prestar-se-á, com a mesma naturalidade, a um ramo do conhecimento como a outro. Parece exato dizer que uma única disciplina, seja ela qual for, confinada, revela-se, de si, impotente para solucionar os complexos problemas e conflitos que desafiam a civilização contemporânea.

---

788 REALE, Miguel. *Lições preliminares de direito*. 26. ed. rev. São Paulo: Saraiva, 2002, p. 19.

789 É digno de nota, na doutrina jurídica brasileira, o exemplo frisante na utilização do método da interdisciplinaridade em TELLES JR., Goffredo. *O direito quântico*: ensaio sobre o fundamento da ordem jurídica. 5. ed. rev. e aum. São Paulo: Max Limonad, 1980, p. 426-433.

790 POZZEBON, Fabrício Dreyer de Ávila. A crise do conhecimento moderno e a motivação das decisões judiciais. *In*: GAUER, Ruth Maria Chittó (Coord.). *Sistema penal e violência*. Rio de Janeiro: Lumen Juris, 2006, p. 231-247, esp. p. 231.

791 SANTOS, Boaventura de Souza. *Um discurso sobre as ciências*. 12. ed. Porto: Edições Afrontamento, 2001, p. 36-55.

Nesse olhar global do Direito e, em especial, da complexidade do fenômeno jurídico, em suas plúrimas dimensões, insinua-se um novo ângulo de mirada sobre o (e do) juiz. Nesse vértice, a interdisciplinaridade, cujo objetivo utópico é a unidade problemática do saber, assume-se como importante método de pesquisa e de ensino a permitir que duas ou mais disciplinas interajam entre si (*v. g.*, mediante a permuta de ideias até a integração mútua de conceitos, da epistemologia, da metodologia, dos procedimentos, dos dados, da organização da pesquisa).[792] São inevitáveis as invasões, os transbordamentos e, sem passaportes, os intercâmbios: uma espécie de união europeia do conhecimento. Um corredor de diálogo contínuo, gerador de reciprocidade, enriquecimento mútuo, com tendência à horizontalização.[793] Este olhar interdisciplinar, como ferramenta para a resolução de problemas, constitui exigência fundamental do aprimoramento da função jurisdicional.

Faz-se profissão de fé de que o universo jurídico mostra-se permeável às infiltrações de outros ramos do saber, receptivos à influência da linguagem do Direito. A intensidade do esforço aglutinado nos textos legais e a insatisfação reinante no universo do processo, enquanto cogitado como método exclusivamente técnico, animam a buscar refúgio no território de outras ciências, sem se descurar da técnica e dos escopos jurídicos, sociais e políticos do processo (como sistema).[794] Nessa visão, é tanto maior o desafio de explorar confins demarcados por outras áreas do conhecimento, interligando-os como se configurassem o sistema linfático do corpo humano.

Formula-se um problema fundamental com enunciado interrogativo: *como faz o juiz para decidir*? O problema se reveste de singular importância teórica e prática. Contudo, semelhante aspecto não mereceu a devida atenção da doutrina processual brasileira. Tal faceta não se confunde, evidentemente, com aqueloutro de *como é feita a decisão* (*v. g.*, procedimento silogístico de dedução, expresso na sentença).

A dimensão psicológica da decisão jurídica vai revelar o papel das estruturas conscientes e, principalmente, os perfis inconscientes,[795] os mecanismos racionais e irracionais, que, *ab ovo*, determinam o juiz, em sua espessura humana e em seu cálculo moral, na formulação da solução para o caso particular.

---

[792] JAPIASSÚ, Hilton. *Dicionário básico de filosofia*. 4. ed. atual. Rio de Janeiro: Zahar, 2006, p. 150.

[793] VASCONCELOS, Eduardo Mourão. *Complexidade e pesquisa interdisciplinar*: epistemologia e metodologia operativa. 6. ed. Petrópolis, RJ: Vozes, 2013, p. 113.

[794] CARNEIRO, Paulo Cezar Pinheiro. A ética e os personagens do processo. Rio de Janeiro: *Revista Forense*, v. 358, p. 347-353, nov./dez. 2001, esp. p. 349-350.

[795] CARVALHO, Luis Gustavo Grandinetti Castanho de. Estado de direito e decisão jurídica: as dimensões não jurídicas do ato de julgar. *In*: PRADO, Geraldo; MARTINS, Rui Cunha; CARVALHO; Luis Gustavo Grandinetti Castanho de (Org.). *Decisão judicial*: a cultura jurídica brasileira na transição para a democracia. Madrid: Marcial Pons, 2012, p. 87-137, esp. p. 114: "Impõe-se, ao juiz, secundar Jung e admitir que não se reage só com o consciente e que a ânsia de ajustar a premissa menor na premissa maior pode esconder, também, um impulso inconsciente. A simples reconstituição do fato passado e sua fixação nos autos já pode revelar algo de inconsciente. Em consequência disso, a sentença poderá conter significados inconscientes, alguns justos, outros injustos, que cumpre esclarecer antes da sua prolação: é preciso "desincumbirmo-nos de nossas responsabilidades intelectuais e também de nossas responsabilidades éticas" porque, sem dúvida, a sentença tem *uma dimensão inconsciente*. E essa dimensão inconsciente pode surgir, segundo Lacan, recorrendo a Freud, na fala (como no discurso judicial, escrito ou oral): todo ato falho é um discurso bem sucedido e o lapso é a mordaça em torno da fala. Entre o sujeito que fala e, portanto, sua sentença, e o sujeito verdadeiro que se oculta, pode existir uma grande diferença e pode ser esta diferença que orientou toda a fala, toda a sentença". (Grifos no original).

No palco interno, o inconsciente dinâmico que habita no juiz é imensamente criativo e tem como aliados indispensáveis intuições, sentimentos e emoções, que o inspiram, instantaneamente, na escolha entre uma ou outra hipótese de julgamento,[796] mesmo que o juiz não o saiba e tampouco o perceba. Na realidade, é assim que o juiz formula mentalmente sua hipótese de trabalho ou projeto de decisão jurídica.

Nessa moldura, parece bem dar-se um passo à frente para escrutinar, à luz da interdisciplinaridade,[797] no campo da psicologia e da psicanálise, as estruturas conscientes do psíquico (o *ego* freudiano, que seria o responsável pela organização coerente dos processos mentais, representando a razão e o senso comum; uma sede de quase todas as funções mentais) e a parcela inconsciente do psiquismo (o *id* freudiano, que contém as paixões e a energia da libido, representa o mundo interno,[798] escondido atrás dos comportamentos das pessoas; uma espécie de instância original da psique), racionais e irracionais, que, na origem, influenciam o juiz na formulação da solução para o caso particular.

A multidimensionalidade do Direito, no qual avultam dimensões de outras ciências humanas ou não, opera por suas interlocuções inexoráveis na vida do *homo juridicus*. O entrelaçamento do problema com a Psicologia, reafirme-se, repousa na evidência de que esta ciência tem por objeto os fatos da consciência, os estados da consciência ou os fatos do espírito humano e suas disposições. O Direito é expressão inequívoca e perene do espírito humano, produto de motivações psíquicas, resultado de persuasões e de apreciações emocionais do homem.[799]

Há influências que Psicologia e Direito se mutuam. Direito e Psicologia têm em mira o comportamento humano. O primeiro, à guisa de exemplo, diz o que é lícito ou ilícito, de par a fornecer elementos de responsabilização; ao passo que a segunda explica os motivos do comportamento e dos conflitos (*v. g.*, separação de corpos, com as ilusões estilhaçadas e penosa reconciliação consigo mesmo; disputa pela guarda de filhos, em casos de divórcio, usada como exercícios de vinganças pessoais;[800] adoção de crianças, no que toca à idoneidade do adotante), diagnosticando-os sob diferentes aspectos (*e g.*, patologia da personalidade, transtornos emocionais e de sentimentos).[801]

O campo do direito civil fornece outras hipóteses de atuação da Psicologia Jurídica, tais como: responsabilidade civil, danos pessoais, indenização a trabalhadores, interdição judicial, destituição do poder familiar, regulamentação de visitas dos filhos

---

[796] POZZEBON, Fabrício Dreyer de Ávila, *op. cit.*, p. 234.

[797] CRETELLA JÚNIOR, José. *Curso de filosofia do direito*. 10. ed. Rio de Janeiro: Forense. 2004, p. 74.

[798] FREUD, Sigmund. *O ego e o id e outros trabalhos (1923-1925)*. Edição Standard Brasileira das Obras Psicológicas Completas, vol. XIX. Rio de Janeiro: Imago, 2006, p. 38-39: "Além disso, o ego procura aplicar a influência do mundo externo ao id e às tendências deste, e esforça-se por substituir o princípio de prazer, que reina irrestritamente no id, pelo princípio de realidade. Para o ego, a percepção desempenha o papel que no id cabe ao instinto. O ego representa o que pode ser chamado de razão e senso comum, em contraste com o id, que contém as paixões". Jung, também, debruçou-se sobre o inconsciente, divergindo, em larga medida, de Freud (*v. g.*, por discordar que o inconsciente seja considerado como um repositório do que a moral imperante abjura). Vide, no ponto, JUNG, Carl Gustav. *O homem e seus símbolos*. 2. ed. especial. Rio de Janeiro: Nova Fronteira, 2008, p. 130. Para Jung, o inconsciente é um processo corrente de um fenômeno natural e nele se encontram todos os aspectos da natureza, como, por exemplo, o bem e o mal.

[799] CRETELLA JÚNIOR, José, *op. cit.*, p. 76.

[800] ASSIS, Marli Martins de. Psicologia judiciária: da prática forense à instituição acadêmica. *In*: BRITO, Leila M. T. (Org.). *Temas de psicologia jurídica*. 4. ed. Rio de Janeiro: Relume Dumará, 2005, p. 73-85, esp. p. 78-79.

[801] GULOTTA, Guglielmo. Psicologia jurídica: uma relação entre psicologia e o mundo jurídico. *Revista Brasileira de Ciências Criminais*, São Paulo, n. 43, v. 11, p. 239-247, abr./jun. 2003, esp. p. 240.

em casos de divórcios dos pais.[802] No contexto forense, nesses casos e em tantos outros mais, dá-se o acasalamento de perspectivas epistemológicas díspares, provocadas pelo universo do dever-ser do Direito e pelo universo do ser da Psicologia.

Em meio aos elementos que colaboram constantemente na formação e transformação do Direito avultam, também, os fatores psicológicos (*v. g.*, emoções, tendências, vontade), os quais hão de ser considerados para explicar os comportamentos humanos, inclusive no que concerne ao cumprimento ou descumprimento das normas jurídicas vigentes.[803] Na vida jurídica, pululam representações mentais ou sentimentos (*v. g.*, do justo e do injusto) que militam em prol da produção e da reforma do Direito, no sentido de se adotar a normatividade justa para determinada realidade social. A reação humana a uma situação social injusta, de desforço imediato, pode pavimentar o caminho para produzir uma solução mais afinada com o sentimento de justiça preponderante na comunidade.

O ato de julgar não se confina na formação jurídica do juiz. Toda e qualquer decisão do juiz, antes e acima de tudo, transporta, inexoravelmente, as impressões digitais da dinâmica de sua personalidade, que, à sua vez, é constituída de tendências determinantes de seu comportamento. O pronunciamento judiciário, como espelho, passa a refletir aspectos recônditos da estrutura da personalidade do magistrado. Expõe traços peculiares de sua individualidade e subjetividade. Descortina-se, pois, o significado dos julgamentos judiciais, não ao ângulo financeiro, mas em termos do inconsciente do juiz ou imperativos psicológicos meio conscientes, em especial aqueles que ele não quis revelar. Somente assim pode-se descobrir o que a decisão significa como uma revelação de emoções, de sentimentos, de desejos, a perseverante vida passada e o *status* intelectual atual do juiz.[804] Toda decisão judicial revela, por assim dizer, um fragmento de autobiografia para quem sabe discernir impulsos, fetiches, idiossincrasias e experiências do juiz por trás das palavras ou "nas entrelinhas de uma página em branco".

Nesse teor de ideias, as decisões jurisdicionais têm o condão de denunciar a influência de diversos tipos de personalidade de cada juiz individualmente considerado, porquanto, valorizando-se aspectos subjetivos, a capacidade de julgar a realidade exterior está sujeita diretamente ao perfil de juízo crítico de cada pessoa em relação ao seu mundo interior.[805]

---

[802] LAGO, Vivian de Medeiros; NASCIMENTO, Tauany Brizolla Flores do. As práticas de atuação do psicólogo no contexto jurídico. *In*: VASCONCELLOS, Silvio; LAGO, Vivian (Org.). *Psicologia jurídica e as suas interfaces*: um panorama atual. Santa Maria: Ed. da UFSM, 2016, p. 17-33, esp. p. 18.

[803] MONTORO, André Franco. *Introdução à ciência do direito*. 26. ed., rev. e atual. São Paulo: Revista dos Tribunais, 2005, p. 667.

[804] SCHROEDER, Theodore. The psycologic study of judicial opinions. *California Law Review*, 6, p. 89-113, 1918, esp. p. 94: "Through such insight we come to believe that every choice of conclusion, argument, precedent, phrase or word, is expressive of a dominant personal motive and is symptomatic of the evolutionary status of the judge's mentality. His choices must be studied in the light of their alternatives, and we expect to find that from the standpoint of motive these choices possess some elements of unification. When we remember that our dominant impulses must be a defense against or for something which is in our subconscious feelings or in the actual phantasies of the moment, then the choices expressed in a judicial opinion reveal the earlier impulses of phantasies back of the present conscious act, or perhaps the personal experiences still farther back, which are essential to the creation of the precise character of these present desires, or impulses, or phantasies. So may we read the life of the judge backwards. Thus it is that every opinion is unavoidably a fragment of autobiography for those who know how to read the impulses and experiences behind the words, unconsciously expressed in their choice, by methods that are not at the command of the ordinary reader. Every opinion thus amounts to a confession".

[805] ZIMERMAN, David. A influência dos fatores psicológicos inconscientes na decisão jurisdicional: a crise do magistrado. *In*: ZIMERMAN, David. *Aspectos psicológicos na prática*. Campinas: Millennium, 2002, p. 103-116, esp. p. 103.

Precisamente por isso, concebe-se que dois ou mais juízes, quando confrontados com uma mesma questão fática ou jurídica, possam julgá-la de forma diferente, seja em função de diversa valoração dos fatos relevantes da causa, seja por conta de distinta interpretação de textos normativos escritos, de preceitos consuetudinários, de precedentes judiciais. Muito provavelmente é o que ocorrerá em relação a dois ou mais pintores, em um mesmo ângulo e única paisagem: cada qual pintará um quadro com traços, nuances e matizes diferentes dos outros. Força é convir, de qualquer forma, que as múltiplas e diferentes personalidades dos juízes podem favorecer o enriquecimento do Direito, enquanto fenômeno social e cultural em contínua mutação.

O juiz – como, de resto, qualquer outra pessoa –, não está imune a fortes influências das profundezas de seu inconsciente.[806] Inexiste uma couraça que o proteja desta importantíssima instância do psiquismo. O radar do juiz está impregnado de intuições, de sentimentos e de emoções. Sente: amor, compaixão, medo, raiva, repulsa, tristeza, alegria e assim por diante.[807] A tonalidade afetiva (maior ou menor intensidade) é que confere um colorido às ideias do juiz. Tem-se uma perspectiva inovadora de se amalgamarem sentimentos e pensamentos do juiz como domínios indissociáveis: um sentir pensando; um pensar sentindo. Em suma: um sentir intuitivo. É justamente por isso que, a par de conhecimentos técnico-jurídicos, o juiz deve se esfalfar, em visão holística, para compreender os fatores conscientes e aqueloutros inconscientes que bafejam a conformação do juízo. O juiz, à mercê de um determinismo psicológico, não pode se desembaraçar dos meandros aparentemente insondáveis do inconsciente, por meio de atos de intolerância, projetando no outro o que o *eu* não quer admitir em si mesmo.[808]

A abordagem psicanalítica pode anabolizar a qualidade da decisão judicial se os juízes se submetessem a um rigoroso autoexame. O realce exclusivo na importância do pensamento lógico incapacita o juiz, ao invés de equipá-lo para o desempenho responsável de sua função de tomada de decisão.[809]

É empresa deveras difícil imaginar que o juiz, no momento de formular seu *decisum* ou de interpretar/aplicar um preceito legal, tenha de se despojar de todas as crenças, despir de todas as noções e desnudar de todos os valores por ele adquiridos como ser humano, ao longo da vida, tal qual os demais membros da sociedade em que vive.

No panorama do conhecimento teórico-científico, essa profusão de temas psicológicos (*v. g.*, personalidade, comportamento, temperamento, inteligência, sentimentos, emoções, afetos, imaginação, processos inconscientes do juiz), que evidenciam o papel da Psicologia no campo do Direito, permite afirmar que já agora a Psicologia Jurídica, com dignidade científica e de forma autônoma, é capaz de fornecer a base teórica da gênese da decisão judiciária *in fieri*.

---

[806] PRADO, Lídia Reis de Almeida. Racionalidade e emoção na prestação jurisdicional. *In:* ZIMERMAN, David. *Aspectos psicológicos na prática jurídica.* Campinas: Millennium, 2002, p. 43-57, esp. p. 47.

[807] AMBRÓSIO, Graziella. Psicologia do juiz. *Revista de Direito Econ. Socioambiental*, Curitiba, v. 3, n. 2, p. 491-503, jul./dez. 2012, esp. p. 493.

[808] KEHL, Maria Rita. *Sobre ética e psicanálise.* São Paulo: Companhia das Letras, 2002, p. 32.

[809] LASSWELL, Harold D. Self-analysis and judicial thinking. *International Journal of Ethics*, v. 40, n. 3, p. 354-362, apr. 1930: "Perhaps the ultimate paradox of logical thinking is that it is self-destroying when too sedulously cultivated. It asserts its own prerogatives by clamping down certain restrictive frames ol reference upon the activity of the mind, and presently ends by impoverishing the activity which it purports to guide into creative channels. It becomes intolerant of the immediate, unanalyzed, primitive abundance ol the mind, and by so doing destroys its own source".

A Psicologia Jurídica trata da relação entre a Psicologia e o mundo legal e forense. Veja-se, como exemplo, o caráter inconfiável de testemunhas oculares, haja vista a condição falível da percepção humana diante de um evento e de sua lembrança ulterior, quando, com o passar do tempo, os detalhes já perderam vivacidade em sua memória. A precisão de tal testemunho deve ser aferida pelo juiz, com especial consideração para os fatores psicológicos que podem afetar o resultado do julgamento, como o comportamento e o estado emocional da testemunha.[810]

Diga-se outro tanto sobre a tendência dominante de uma época, ancorada em considerações psicológicas que se infiltraram no terreno dos conceitos jurídicos (*v. g.*, direito subjetivo, negócio jurídico, pressuposição na concepção windscheidiana), de sorte a tonificar a musculatura de uma Teoria Psicológica do Direito,[811] ancorada em algumas peculiaridades, tais como: reconhecimento difuso de determinadas normas como elemento essencial do conceito de Direito; expresso em um comportamento, duradouro e habitual, de respeito a certas normas; interferência da norma sobre o espírito e, ulteriormente, imposição à consciência das pessoas para exercer sua "força de estímulo, não apenas se o espírito expressamente a invoca, mas inclusive involuntariamente, graças à associação de ideias".[812]

Diferentes concepções de mundo tendem a extremar a Psicologia do Direito, quando buscam a compreensão e o prognóstico da conduta humana. As incompatibilidades se acentuam, por exemplo, em ponto relevante consistente na concepção de homem (livre arbítrio x determinismo). De fato, a Psicologia procura elucidar ou antever os fatores que determinam e entretecem a conduta humana, enquanto que o Direito assenta responsabilidades individuais, no pressuposto de que o homem é naturalmente livre.[813] Não se pode descurar, de todo modo, que o ser juiz é, essencialmente, psicológico.[814]

A conexão do problema com a Psicanálise – enquanto pensamento crítico, ético e inovador no contexto das ciências humanas – está na formulação da hipótese segundo a qual, ante a natureza humana do juiz, a conformação da decisão judicial, em sua gênese, é um momento do pensamento puramente intuitivo, permeado de sentimento, de emoção, e, portanto, irracional (ou para além da razão). As manifestações inconscientes[815] e conscientes do espírito humano do juiz estão presentes, *ab ovo*, no processo decisório judicial. Importa registrar que o juízo jurídico, em sentido amplo, é plasmado

---

[810] SCHULTZ, Duane P. *História da psicologia moderna.* Tradução Adail Ubirajara Sobral e Maria Stela Gonçalves. 16. ed. São Paulo: Cultriz, 2002, p. 199. Analogamente, EKEMAN, Paul. *A linguagem das emoções.* São Paulo: Lua, 2011, especialmente seu último capítulo, em que o autor aborda algumas pesquisas relacionadas ao uso da leitura de expressões faciais para identificar a mentira. Tais métodos (leitura da linguagem corporal e de expressões faciais) são importantes para que o juiz possa avaliar, por exemplo, se a testemunha está falando a verdade ou está mentindo.

[811] BIERLING, Ernst Rudolf. *Juristische Prinzipienlehre,* vol. I, 1894; II, 1898; III, 1905; IV, 1911; V, 1917.

[812] LARENZ, Karl. *Metodologia da ciência do direito.* 3. ed. Lisboa: Fundação Calouste Gulbenkian, 1997, p. 49-55, esp. p. 49-50.

[813] ROVINSKI, Donia Liane Reichert. Elaboração de documentos psicológicos no contexto forense. *In:* VASCONCELLOS, Silvio; LAGO, Vivian (Org.). *Psicologia jurídica e as suas interfaces*: um panorama atual. Santa Maria: Ed. da UFSM, 2016, p. 35-62, esp. p. 36.

[814] COSTA, José Américo Abreu. A presença da sombra na sentença criminal. *In:* ZIMERMAN, David. *Aspectos psicológicos na prática jurídica.* Campinas: Milennium, 2002, p. 217-226, esp. p. 220: "No mundo jurídico, ocorre de forma análoga. Despachamos, julgamos e trabalhamos com a presença invisível do inconsciente. Emílio Myra y Lopes chegou a afirmar a necessidade de um enfoque psicológico dos conceitos fundamentais que regem a ciência jurídica. Não há como, portanto, ver o homem que julga como ser somente lógico. Há de ser visto, sentido e tratado como um ser, antes de tudo, psicológico".

[815] CARVALHO, Luis Gustavo Grandinetti Castanho de, *op. cit.,* p. 104-106.

por comunicações e percepções, oriundas da Constituição, da lei, do preceito consuetudinário, da jurisprudência, da prova representada nos autos do processo, das máximas
da experiência, das influências externas de ordens variadas (*v. g.*, religiosas, políticas,
sociais, econômicas, filosóficas, históricas, culturais) etc.[816] Donde se inculca que o juiz
não está encarcerado em si mesmo, tampouco é um mecanismo inanimado e glacial.

O homem, em sua natureza e singularidade, é um animal racional, na feliz síntese
aristotélica. Contudo, há valioso filão fora do domínio da razão consciente (um dos
atributos da mente humana). O pensamento inconsciente impulsiona a celebérrima
sentença de Blaise Pascal: "O coração tem razões que a própria razão desconhece." A
análise das razões proclamadas pelo coração evidencia que, para além dos sentidos
(que fazem a mediação com a natureza sensível) e da razão que organiza este conhecimento, há uma espessa camada da dimensão humana situada numa esfera mais ampla
de nossa experiência.[817] Intuições, sentimentos e emoções são inerentes ao hemisfério
direito do cérebro; passam, como conhecimento sistematizado, desde Freud e Jung, a
irrigar nosso rico universo humano.

Em perspectiva freudiana, há conexões entre todos os eventos mentais: a maior
porção da consciência, como uma qualidade da vida psíquica, é inconsciente, no qual
estão incrustados os principais determinantes da personalidade, as fontes de energia
psíquica, e pulsões ou instintos. No inconsciente há material excluído da consciência,
censurado e reprimido, mas os processos mentais inconscientes são atemporais, pois o
tempo não os modifica.[818] O juiz não está forrado contra determinantes inconscientes
que conformam sua visão de mundo, de (pres)sentir, de decidir.

É proveitosíssimo remarcar que, na arquitetura do cérebro, a linguagem, o raciocínio lógico, determinados tipos de memória, o cálculo, as análises são próprios de
seu hemisfério esquerdo, ao passo que o direito não emprega palavras, é intuitivo, usa
a imaginação, o sentimento e a síntese.[819] O hemisfério esquerdo do cérebro interpreta
literalmente as frases pronunciadas, já o hemisfério direito percebe a intenção oculta
de quem fala. O esquerdo entende pelo aspecto lógico, racional e sequencial, enquanto
que o direito compreende aos saltos, tem *insight* e visão holística. A consciência, por
assim dizer, é a junção dos dois lados do cérebro. Portanto, (i) lado esquerdo do cérebro: faculdade de a razão julgar os próprios atos, opinião, cuidado, atenção, esmero;
(ii) lado direito do cérebro: sentimentos, emoções, sinceridade, probidade, honradez.

---

[816] *Idem*, p. 89.
[817] CARDOZO, Benjamin N. *The nature of the judicial process*. New York: Dover Publications, 2015, p. 7-8: "More subtle
are the forces so far beneath the surface that they cannot reasonably be classified as other than subconscious.
It is often through these subconscious forces that judges are kept consistent with themselves, and inconsistent
with one another". Averbe-se que a edição original desta obra data de 1921, que, entrementes, mantém uma
admirável atualidade.
[818] FADIMAN, James. *Teorias da personalidade*. James Fadiman, Robert Frager: coordenação da tradução Odette de
Godoy Pinheiro: tradução de Camila Pedral Sampaio, Sybil Safdié. São Paulo: HARBRA, 1986, p. 7.
[819] URURAHY, Gilberto. *O cérebro emocional*: as emoções e o estresse do cotidiano. Rio de Janeiro: Rocco, 2005,
p. 29. Vide, também, MOLLON, Phil. *O inconsciente*. Tradução Carlos Mendes Rosa. Rio de Janeiro: Relume:
Ediouro: Segmento-Duetto, 2005, p. 65: "Uma novidade recente empolgante é a convergência da psicanálise e
das neurociências (como Freud sempre desejou), formando a nova disciplina da neuropsicanálise. Apresentam-
se assim muitas perspectivas interessantes a respeito dos processos emocionais inconscientes. É inevitável uma
simplificação exagerada ao descrevê-los, mas em essência sabe-se que o lado direito do cérebro, especializado
na percepção visual, em imagens e em emoções, é a base da mente inconsciente. O hemisfério esquerdo, mais
especializado nos processos linguísticos e lógico-sequênciais, é a base da mente consciente. Ele amadurece um
pouco mais tarde que o hemisfério direito".

O conhecimento efetivo do ser humano psicológico e do funcionamento psíquico permite uma visão amplificada do juiz, que transcende seu corpo físico e biológico, mas que é fornido de uma alma, de intuição, de sentimentos, de emoções, de moral, de ética, de dever, de justiça. É o pano de fundo para o entendimento dos motivos inconscientes que levaram o juiz a formular determinada hipótese de julgamento, e não outra igualmente aceitável e razoável. Mostra-se, assim, fecunda a tarefa de se solidificar uma integração humanística da atividade jurisdicional, com a afluência de um olhar psicológico e psicanalítico. O juiz é gente também: sofre, chora, ama, sente. É de carne e osso e, na essência de sua natureza humana, tem sempre um toque de intuição.

Sob a ótica interdisciplinar, a interlocução do estudo da gênese da sentença civil com a Psicanálise descansa no reconhecimento dos limites da razão ante as forças provindas das camadas inconscientes do psiquismo humano do juiz, que são trazidas à superfície e deixadas flutuar em sua consciência.[820] Há confluência entre o discurso jurídico e o discurso psicanalítico: se o Direito resguarda, primordialmente, a dignidade da pessoa humana, daí se segue necessariamente que precisa melhor compreender a subjetividade humana transpassada de afetos, pulsões, desejos, inquietudes, sintomas.[821] Frequentemente, a ciência psicanalítica – que estuda a normalidade e patologia dos fenômenos psíquicos, em especial a dos problemas e conflitos emocionais – é convidada para debater fenômenos sociais e culturais para compreender, melhormente, a civilização humana.[822] No campo do Direito, mais amplamente, surgem novas janelas de abordagens, porque conceitos oriundos da Psicanálise vêm confrontar textos normativos, éticas e dogmas jurídicos, podendo, assim, contribuir proficuamente para o evolver daquele.

De fato, o Direito tem, como técnica social, a função de (pre)ordenar a conduta humana em sociedade, influindo nela, visando harmonizar as correspondências intersubjetivas, mas há um *aliud* indômito que transborda os lindes da norma jurídica. Os sujeitos dessas relações são seres humanos dotados de personalidade e, como tal, submetidos ao empuxo da descoberta fundamental que foi o inconsciente, impelido por luzes e sombras. O discurso psicanalítico freudiano apresenta para o pensamento jurídico a existência do sujeito inconsciente do Direito (reconhecido por lapsos, atos falhos, mas não apenas), tornando visível a possibilidade e a interlocução entre essas duas áreas do conhecimento.[823]

---

[820] PONTES DE MIRANDA, Francisco Cavalcanti. *À margem do direito*. 3. ed. Campinas: Bookseller, 2005, p. 15-16: "Esses cenários, que de fonte abundosa se colhem e se desentrelaçam, ou problemas insulados, a cuja solução meditada ou desenrolar de laços fantasiosos nos propomos, por construir cenas e idéias novas, nascem, radicados em nosso espírito, apercebidos dos traços denunciadores (se nos apraz inquiná-los) de um fatalismo minaz e inconsciente: daí, talvez, no que concerne a tais fenômenos, derive a inconsciência, em que vulgarmente se concede, impulsionando, à elaboração das idéias, o trabalho mental. O fato, com ser de observação interessante, não escapou sequer, há muito tempo já, entre outros, a E. von Hartmann, quando disse que a vontade consciente o perturba e estorva, nenhuma influência exterior possuindo no momento da concepção. O processo mental, sutilíssimo, obscuro, e revesso, que individua o trabalho, imprimindo-lhe, a esmero, o cunho de nascença, alonga-se tanto, remonta tão fundo no encadeamento causal, que se extrema além, na ilusão, na fantasia, no erro, na escuridão cerrada de um fatalismo".

[821] BRAGA, Julio Cezar de Oliveira. Do interesse da psicanálise para o direito na contemporaneidade. *ECOS*, v. 3, n. 1, p. 143-151, 2013, esp. p. 147.

[822] Sobre o interesse da Psicanálise para as ciências não psicológicas, vide FREUD, Sigmund. O interesse científico da Psicanálise. (1913). *Edição Standard Brasileira das Obras Psicológicas Completas*. Rio de Janeiro: Imago, 2006, v. XIII, p. 211-226.

[823] FREUD, Sigmund. A Psicanálise e a determinação dos fatos nos processos jurídicos (1906). *Edição Standard Brasileira das Obras Completas de Sigmund Freud*. Rio de Janeiro: Imago, 1976, v. 9, p. 99-115.

Com efeito, uma das mais fecundas aberturas do Direito diz com a Psicanálise e exibe como pano de fundo a linguagem. Nesse contexto, as palavras dizem e deixam de dizer algo através da escuta da voz pulsional do inconsciente, do Outro,[824] cuja fala adentra naqueloutra do próprio Direito. O discurso do sujeito do inconsciente.[825] Não se afigura fácil admitir que as coisas possam se passar desta forma, seja pelo arrogante prestígio da razão, seja pelo culto à ilusão da segurança jurídica.[826]

Por outras palavras, mais amplamente, é inegável a possibilidade de diálogo inadiável e recorrente entre Direito e Psicanálise, embora os elementos de tais campos não tenham a mesma estrutura e tampouco se pode olvidar que o Direito nem sempre se afeiçoa àquela interação, pois que cativo à crença na onipotência do seu desejo de dominação total pela racionalidade consciente. Seja como for, apesar das dificuldades e sem que isto signifique perda de identidade, o Direito ensaia uma aproximação possível e, pelo tanto, se revela permeável à interpretação psicanalítica: o sujeito do Direito age de forma consciente de sua plêiade de direitos e deveres, ajustando seu comportamento aos textos normativos constitucionais e infraconstitucionais que compõem determinado ordenamento jurídico; ao passo que, no âmbito da Psicanálise, o sujeito está jungido a uma normatividade governada por Sua Excelência: o inconsciente.

Não seria inconveniente gizar que manifestações e atos conscientes, de inegável interesse do Direito, são preordenados pelo universo inconsciente do sujeito.[827] O sujeito psicanalítico habita a relação de reconhecimento que institui com o seu Outro. Em visão maximalista, a afinidade entre Direito e Psicanálise projeta-se em todas as críveis relações entre lei e transgressão: o sujeito jurídico do Direito (consciente, cartesiano, matematizante, dotado de discernimento entre o bem e o mal) se confronta com o sujeito do inconsciente da Psicanálise (inapreensível em sua integralidade).[828] Em apertada síntese: no campo do Direito, há uma categoria de sujeito ufanista da modernidade; regido supostamente pela razão consciente, que se reputa ponderado e completo; ao passo que, na órbita da Psicanálise, o sujeito é munido de inconsciente, clivado, com um continente incógnito. Porém, ambos se tocam diuturnamente.[829]

---

[824] LACAN, Jacques. *Outros escritos*. Tradução Vera Ribeiro; versão final Angelina Harari e Marcus Andre Vieira; preparação de texto Andre Telles. Rio de Janeiro: Jorge Zahar Ed., 2003, p. 228: "É possível que se surpreendam aqui por eu parecer desconhecer o papel da experiência, no sentido físico com que ressoa essa palavra, mas trata-se justamente de que não a desconheço: a experiência do inconsciente, tomada no nível em que a instalo, não se distingue da experiência física. É igualmente externa ao sujeito, tomando-se este no sentido tradicional. Eu a aponto no lugar do Outro: o inconsciente é o discurso do Outro, eis minha fórmula".

[825] LACAN, Jacques, *op. cit.*, p. 535.

[826] COUTINHO, Jacinto Nelson de Miranda. Sistema inquisitório e o processo em "O Mercador de Veneza". In: COUTINHO, Jacinto Nelson de Miranda (Coord.). *Direito e psicanálise*: interseções a partir de "O Mercador de Veneza", de William Shakespeare. Rio de Janeiro: Lumen Juris, 2008, p. 155-177, esp. p. 159-160: "Presente a fala do inconsciente na fala do Direito em face dela aparecer pela inexorável criação normativa pelo intérprete, abre-se um imenso campo para a interlocução e (por que não?) para a interseção, ou seja, a presença do Outro para ser ouvido – e referido – e desde os dois campos, Direito e Psicanálise".

[827] PEREIRA, Rodrigo da Cunha. *Direito de família*: a sexualidade vista pelos Tribunais. Belo Horizonte: Del Rey, 2000, p. 51-52: "Não é muito simples fazer a interlocução Direito e Psicanálise, principalmente porque temos de rever conceitos muito estáveis no campo do Direito. Entretanto, torna-se necessário e impositivo na contemporaneidade repensar os paradigmas e o sujeito do Direito a partir da Psicanálise. Esta traz para o pensamento jurídico uma contribuição revolucionária com a 'descoberta' do sujeito inconsciente".

[828] LOCISER, Eduardo. Psicanálise e direito. In: BARRETTO, Vicente de Paulo (Coord.). *Dicionário de filosofia do direito*. Rio de Janeiro: Renovar. São Leopoldo: UNISINOS, 2009, p. 669-675.

[829] ROSA, Alexandre Morais da. Mercando a dor no Poder Judiciário: a questão do dano moral pelo "abandono afetivo". In: COUTINHO, Jacinto Nelson de Miranda (Coord.). *Direito e psicanálise*: interseções a partir de "O Mercador de Veneza", de William Shakespeare. Rio de Janeiro: Lumen Juris, 2008, p. 89-97, esp. p. 90.

A estrutura do inconsciente do juiz, como conceito psicanalítico, é permeada de insuspeitos sonhos numa grande aventura de uma noite encantada, impregnada de imagens insubstanciais, pontilhada de destruição e de reconstrução aperfeiçoada do mundo interior.[830] Enquanto principal ator jurídico envolvido no ato decisório, embora constituído por representações que o movem, o juiz não está inteiramente no espectro de seu domínio racional.

De certa maneira, a objetividade das leis e da prática jurídica, com um quê de petrificação, é desmumizada, mediante a desconstrução do Direito, como pulsão de poder, pela mensagem psicanalítica. Há uma dimensão trágica que irrompe, invariavelmente, nos impasses entre fazer justiça e praticar o Direito, como quando o juiz se conforma com o papel de mero burocrata da lei. A tragicidade, como dimensão fundamental da existência, por conseguinte, é inerente à concreta administração da justiça, na qual, não raro, o ideário do direito justo vê-se castrado. A Psicanálise, na sua aspiração em promover justiça, precisa saltar sobre o Direito para participar ativamente de suas transformações, de suas atualizações necessárias e inarredáveis.[831]

Prestigiosa doutrina, no início do século passado, ao analisar a natureza da vida sociopsíquica em relação à lei, de orientação comportamental e pensativa, e as operações de regras legais intuitivas,[832] formula uma teoria do Direito em torno de cinco temas conceituais: antiformalismo, relações legais imperativas-atributivas, controle funcional da lei, realidade subjetiva da lei e moralidade. Nesse quadrante doutrinário, Direito e Moralidade têm um objetivo básico: analisar inter-relações entre direito positivo e intuitivo,[833] onde habita o desejo infinito por justiça, que se exprime através de dialetos diferentes (Díke, Jus, Justitia, Justice, Giustizia, Gerechtigkeit, Justicia...). O caminho sobre as condições de possibilidade da Justiça nem sempre é o do GPS do Direito, e vice-versa,[834] pois são conceitos distintos. Basta pensar, em sistemas legislativos fechados, na estratificação das codificações legais, ante o dinamismo próprio das relações humanas e do evolver da vida.

---

[830] Excelentemente, CAMPBELL, Joseph. *O herói de mil faces*. Tradução Adail Ubirajara Sobral. São Paulo: Pensamento, 2007, p. 16-19: "O inconsciente envia toda espécie de fantasias, seres estranhos, terrores e imagens ilusórias à mente – seja por meio dos sonhos, em plena luz do dia ou nos estados de demência; pois o reino humano abarca, por baixo do solo da pequena habitação, comparativamente corriqueira, que denominamos consciência, insuspeitadas cavernas de Aladim. Nelas há não apenas um tesouro, mas também perigosos gênios: as forças psicológicas inconvenientes ou objeto de nossa resistência, que não pensamos em integrar – ou não nos atrevemos a fazê-lo – à nossa vida. E essas forças podem permanecer insuspeitadas ou, por outro lado, alguma palavra casual, o odor de uma paisagem, o sabor de uma xícara de chá ou algo que vemos de relance pode tocar uma mola mágica, e eis que perigosos mensageiros começam a aparecer no cérebro. Esses mensageiros são perigosos porque ameaçam as bases seguras sobre as quais construímos nosso próprio ser ou família. Mas eles são, da mesma forma, diabolicamente fascinantes, pois trazem consigo chaves que abrem portas para todo o domínio da aventura, a um só tempo desejada e temida, da descoberta do eu. Destruição do mundo que construímos e no qual vivemos, assim como nossa própria destruição dentro dele; mas, em seguida, uma maravilhosa reconstrução, de uma vida mais segura, límpida, ampla e completamente humana – eis o encanto, a promessa e o terror desses perturbadores visitantes noturnos, vindos do reino mitológico que carregamos dentro de nós".

[831] No tocante ao parentesco consanguíneo entre Direito e Psicanálise, vide DUNLEY, Glaucia Peixoto. Psicanálise e direito: um diálogo possível? Rio de Janeiro: *Tempo Psicanalítico*, v. 43, n. 1, p. 131-154, jun. 2011, esp. p. 151-152.

[832] PETRAZYCKI, Leon. *Law and morality*. New Brunswick: Transaction Publishers, 2011, p. 324-330.

[833] PETRAZYCKI, Leon, *op. cit.*, p. 221-224.

[834] DERRIDA, Jacques. *Força de lei*: o fundamento místico da autoridade. São Paulo: Martins Fontes, 2007, p. 30: "O direito não é a justiça. O direito é o elemento do cálculo, enquanto a justiça é incalculável, ela exige de nós que se calcule o incalculável: o que seria justo – a decisão justa a partir de uma experiência aporética que é indecidível por princípio –, momento este de extrema angústia pois que a decisão justa nunca será garantida por uma regra, por uma lei".

Semelhante teoria da psicologia legal visa demonstrar que a lei, como um componente do processo mental humano intuitivamente inteligível, é, em essência, constituída por sentimentos individuais de obrigação moral e responsabilidade.[835] Naquele então, a teoria psicanalítica começara a se insinuar e incutir, gradualmente, no pensamento jurídico e jurisprudencial europeu e norte-americano. Tinha-se em mira escrutinar o raciocínio legal, para assentar sua natureza e afirmar o papel do juiz quando da formulação de suas decisões.

É no espaço do *ethos* (não primeiramente ética, porém na acepção de morada do homem) que o *logos* (razão) torna-se compreensão, como forma de manifestação do ser. No albor da filosofia grega, Heráclito, genial filósofo pré-socrático (500 a. C.), pronunciou sua sentença célebre: *ethos anthropoi daimon*. Tal fórmula influente, ao longo do tempo, tem sido permeável a inúmeras interpretações. Por exemplo: "personagem é destino", em cujo contexto *daimon* pode significar que o "destino" é suscetível de contestação, e pode representar "a alma dos falecidos". Dito de outra maneira, *daimon*, em sua acepção clássica, não é demônio, antes, ao contrário, indica anjo bom, gênio protetor. De modo que aquele celebérrimo aforismo de Heráclito ("o *ethos* é o *daimon* do ser humano") pode ser entendido, também, como "a casa é o anjo protetor do ser humano".

Quando se transplantam tais noções para o contexto da decisão judicial não seria inoportuno dizer que, na mente do juiz, o *ethos* é sua consciência atenta, modo de ser, enquanto que o *daimon* é seu gênio benfazejo, o inconsciente dinâmico. Assim é, porque nem toda atividade mental do juiz é consciente, pois a mente inconsciente tem capacidade de pensar, de deliberar, de se comunicar, embora de forma aparentemente insólita e intrigante. O bem que o *daimon* inspira no *ethos*, o lugar humano de atenção, espelha a cautela e prudência do juiz, em especial quando confrontado com aquilo que, na visão da teoria da justiça rawlsiana, se chama de "desacordos razoáveis".

É justamente no *daimon* do juiz (anjo bom do inconsciente, por que não?) que ocorre o amálgama entre intuição-sentimento-emoção para, num ritual transcendental, inspirar o juízo na percepção do gérmen do decisório. Na origem, é a orientação ditada pela voz profética da interioridade na afirmação da justeza da decisão. Esse *daimon* interior do juiz formula mentalmente sua hipótese de julgamento e fornece à sua consciência atenta (*ethos*) a decisão a tomar.

Na visão junguiana, há quatro funções psicológicas essenciais: pensamento, sentimento, sensação, intuição. A orientação do ser humano assenta-se nessas funções, ou seja, assegure de que algo está aqui (sensação), estabeleça o que é (pensamento), declare se isto é ou não apropriado, se é aceitável ou não (sentimento) e indique de onde isto veio e para onde vai (intuição).[836] O pensamento e o sentimento configuram maneiras alternativas de elaborar julgamentos e tomar decisões. O primeiro (pensamento) relaciona-se com a verdade e com julgamentos emergentes de critérios impessoais, lógicos e objetivos; ao passo que o segundo (sentimento) se apoia no sentir e na tomada de decisões em consonância com valores próprios (v. g., bom ou mal, certo ou errado, justo ou injusto). Ainda na concepção junguiana, a sensação e a intuição consubstanciam formas de apreender informações. A primeira (sensação) toca à experiência direta e

---

[835] PEREIRA, Rodrigo da Cunha. *Por que o Direito se interessa pela Psicanálise.* Disponível em: http://www.egov.ufsc. br/portal/conteudo/por-que-o-direito-se-interessa-pela-psican%C3%A1lise. Acesso em: 17 out. 2017.

[836] JUNG, Carl Gustav. *A psychological approach to the dogma of the trinity. In:* Collected Works, v. 11, 1942, p. 167.

concreta, tangível, na percepção de detalhes; enquanto que a segunda (intuição) representa uma maneira de processar informação baseada em experiência pretérita, escopos futuros e processos inconscientes.[837] O equilíbrio entre essas quatro funções indica o caminho mais adequado, mas árduo de ser percorrido, não apenas pela ausência de autoconhecimento, senão também dificuldade de compreender e aplicar a intuição por força da cultura materialista e racionalista.[838]

No teatro interno, por exemplo, saltam sonhos[839] com seus mecanismos de comunicação e de representação, por metáforas e imagens, como significados ocultos, disfarçados. A interpretação dos sonhos é o caminho magno para o conhecimento das atividades inconscientes da mente.[840] Como uma inteligência subconsciente induz um sonho consciente que não é um aparecimento dos elementos dessa inteligência em autoconsciência, mas uma simbolização deles?[841] Este é um problema que ainda carece de solução. De mais a mais, quer-se dizer que, em visão freudiana do inconsciente, embora por definição incognoscível, a "coerência" de falhas e de distorções da consciência (*v. g.*, lapsos verbais e da escrita, falhas de memória, ações confusas) pode indicar, em nível mais profundo, não erros casuais, mas erros inconscientemente intencionais.[842]

Avultava, naquele então, a concepção heraclítica da Ética como saber racional ou ciência do *ethos*. A metáfora da morada, pela fratura do domínio da *physis* (reino da necessidade), ante o descortinar do espaço humano de perene construção ou reconstrução, sugere constância, habitualidade e estabilidade, donde resulta o processo genético de costumes, hábitos, virtudes, valores subjacentes, comportamentos, atitudes, modos de agir (*tropos*) dos indivíduos. O *ethos* é suscetível de denotar dupla acepção: espaço de realização do homem, do seu bem, e ambiente de sua *praxis*.

O juiz, enquanto ser humano (demasiadamente humano), adquire, ao longo de sua vida, multifárias noções oriundas, *v. g.*, do meio sociocultural,[843] de sua educação, de sua religião, de injunções históricas, de fatores ideológicos. O juiz, como todo mortal,

---

[837] FADIMAN, James, *op. cit.*, p. 47-48.

[838] MARCOS, Maria José. *A intuição na interdisciplinaridade*. Disponível em: http://www.ieef.org.br/wp-content/uploads/2016/08/A-intuicao-na-interdisciplinaridade.pdf Acesso em: 01 set. 2018, p. 1-20, esp. p. 11: "Nesta linha de pensamento, essas dificuldades todas se apresentam em virtude da oposição recíproca que há entre as funções, ou seja, o oposto do pensamento é o sentimento, pois um indivíduo onde prepondera o pensamento (razão), o sentimento estará subdesenvolvido e o oposto da intuição é a sensação, pois esta se concentra na precisão daquilo que existe (daquilo que se apresenta palpável, materializado), enquanto aquela procura perceber ou abarcar o todo, buscando a maior quantidade possível de possibilidades, ampliando os horizontes da percepção".

[839] NIETZSCHE, Friedrich. *A origem da tragédia*. Lisboa: Ed. Guimarães e Cia, 1982, p. 49: "Do mesmo modo que, das duas metades da vida – a vigília e o sono – a primeira nos parece incomparavelmente mais perfeita, mais importante, mais séria, mais digna de ser vivida, senão a única vivida, assim também desejaria eu sustentar (por mais paradoxal que pareça) que o sonho das nossas noites tem importância análoga para a essência misteriosa da nossa natureza, para a intimidade de que somos a aparência exterior"

[840] FREUD, Sigmund. *The interpretation of dreams*. Standard Edition of the Complete Psychological Works of Sigmund Freud, vol. XVI, Londres: Hogarth Press, 1953, p. 698.

[841] PRINCE, Morton. Subconscious intelligence underlying dreams. *Apud* GHISELIN, Brewster. *The creative process*: a symposium. University of California: Berkeley and Los Angeles, 1954, p. 212-216, esp. p. 216: "Certain conclusions then seem compulsory: underlying the dream, vision, and script was a subconscious process in which the fundamental factors were the same. As this process showed itself capable of poetical composition, constructive imagination, volition, memory, and affectivity it was a sub-conscious intelligence".

[842] MOLLON, Phil. *O inconsciente*. Tradução Carlos Mendes Rosa. Rio de Janeiro: Relume: Ediouro: Segmento-Duetto, 2005, p. 7.

[843] Vide, no ponto, RICHTER, Walther. Die Richter der Oberlandesgerichte der Bundesrepublik. Eine berufs-sozialstatische Analyse. *In*: Hamburger Jahrbuch für Wirtschafts und Gesellschaitspolitik, V, 1960. Seite 241-259.

não pode se evadir dessa corrente de tendência e, por isso, é incitado por forças in-domesticadas (as pulsões) que não consegue reconhecer nem identificar – instintos herdados, crenças tradicionais, ímpetos humanos, convicções adquiridas.[844] Existe, em nosso aparelho psíquico, uma dinâmica pulsional que promove a interação de forças independentes e poderosas que, não raro, profligam entre si, sem armistícios e possibi-lidade de conciliação. O psiquismo humano configura, assim, um anfiteatro de embates, de conflitos, mas de desejo pela alteridade radical.[845] O dualismo que se pode exprimir no confronto e na polaridade retrata-se em uma metáfora mitológica: entre o amor de Eros, como pulsão de vida, e a destrutividade de Tânato, como pulsão de morte.

O universo psicanalítico patrocina a desconstrução do dogma segundo o qual a consciência (na superfície) dita a medida da soberania do eu, quando, na realidade, há pensamentos inconscientes (no fundo) determinados, em larga medida, pelo com-portamento, frequente ou contingente, e agir humanos. Em concepção freudiana, a consciência representa apenas uma qualidade do psíquico e, em boa verdade, o ser humano, porque jungido ao seu inconsciente, e, assim, a potências desconhecidas, está sob o pálio de um não saber e de uma indeterminação quase absolutos.[846]

No pressuposto inescapável do poder criador do juiz e na premissa de que, em grande parte, o Direito é criado, no cotidiano forense, pela jurisprudência é concebível que, mais cedo ou mais tarde, possa faltar base para determinada decisão. Em casos tais, o juiz incursionará por outros campos do saber para justificar a prudência, baseada no raciocínio argumentativo, e a bondade de suas decisões, pois a função judicante não se adstringe a um paupérrimo mecanismo de aplicar a lei.[847]

A efervescência de forças abissais e desconhecidas no inconsciente do juiz faz *bulling* em sua consciência atenta. Releva notar que tais pressões conscientes e forças que habitam seu inconsciente, com o afloramento do profundo enigma secreto da natureza humana, influenciam, *ab ovo*, a formulação do juízo sobre a hipótese de julgamento no caso concreto, bem como a forma, o conteúdo e o sentido.[848] Eis o entrelaçamento

---

[844] CARDOZO, Benjamin N, *op. cit.*, p. 8.

[845] CORTÁZAR, Julio. *Rayuela*. Caracas: Biblioteca Ayacucho, 2004, p. 109: "La verdadera otredad hecha de delicados contactos, de maravillosos ajustes con el mundo, no podía cumplirse desde un solo término, a la mano tendida debía responder otra mano desde el afuera, desde lo otro".

[846] FREUD, Sigmund. O ego e o id e outros trabalhos (1923-1925). *Edição Standard Brasileira das Obras Psicológicas Completas*, v. XIX. Rio de Janeiro: Imago, 2006.

[847] GARCIA, Célio. Direito e Psicanálise. *Revista da Faculdade de Direito da Universidade Federal de Minas Gerais*, v. 24, n. 17, p. 62-77, out. 1976, esp. p. 65-66.

[848] Gize-se, no ponto, a aguda observação de CARDOZO, Benjamin N, *op. cit.*, p. 163-164: "I have spoken of the forces of which judges avowedly avail to shape the form and content of their judgments. Even these forces are seldom fully in consciousness. They lie so near the surface, however, that their existence and influence are not likely to be disclaimed. But the subject is not exhausted with the recognition of their power. Deep below consciousness are other forces, the likes and the dislikes, the predilections and the prejudices, the complex of instincts and emotions and habits and convictions which make the man, whether he be litigant or judge. I wish I might have found the time and opportunity to pursue this subject further. I shall be able, as it is, to do little more than remind you of its existence. There has been a certain lack of candor in much of the discussion of the theme, or rather perhaps in the refusal to discuss it, as if judges must lose respect and confidence by the reminder that they are subject to human limitations. I do not doubt the grandeur of the conception which lifts them into the realm of pure reason, above and beyond the sweep of perturbing and deflecting forces. None the less, if there is anything of reality in my analysis of the judicial process, they do not stand aloof on these chill and distant heights; and we shall not help the cause of truth by acting and speaking as if they do. The great tides and currents which engulf the rest of men do not turn aside in their course, and pass the judges by. We like to figure to ourselves the process of justice as coldly objective and impersonal".

do Direito com a Psicanálise, para os fins do estudo sobre a gênese da sentença civil, a palpitar nos subterrâneos do inconsciente do juiz. A sua subjetividade não pode ser ignorada, mesmo por aqueles que, *in vitro*, imaginem que os julgamentos da justiça desfrutem máxima objetividade jurídica. A decisão objetiva transita entre duas ilusões: (i) as forças que habitam o universo do inconsciente envolvem todos os seres humanos, à exceção dos juízes quando exercem suas funções judicantes; e (ii) as decisões juris-dicionais são glaciais e se desviam do calor da subjetividade e do mundo interior do juiz. Por assim ser, devemos nos emancipar da crença de que, ao menos na origem, as decisões da justiça são objetivas e lastreadas puramente na racionalidade.

A realidade é que, em sua origem, a formação do *decisum* está sob o ditado da irracionalidade,[849] ou é governada por uma dimensão além da razão. É dizer: na exte-rioridade da razão, ante a presença da simbiose entre intuição, sentimento e emoção no momento da fecundação do ato de julgar, a conformar irreprimivelmente o juízo jurídico. Poder-se-ia dizer, ainda, que o elemento lógico, apesar de eventualmente encontradiço na atividade decisória do juiz em sentido amplo, não se identifica com a totalidade do juízo.

Mas (dir-se-á) é inquietante quando se percebe a intensa presença de fatores irracionais na gênese do juízo jurídico de concepção do *decisum*. Pode dizer-se que a presente tese tem a modesta pretensão de causar, quando nada, desconforto intelectual.

Por outro ângulo de mirada, Sociologia e Direito são duas realidades insepa-ráveis para a vida social, pois têm por objeto relações, conflitos, normas, controle em sociedade humana, e sua dinâmica intrassocial. A Sociologia, dentre outros aspectos, estuda a formação, a transformação e o desenvolvimento das sociedades, os fenômenos coletivos, bem como, por exemplo, seus fatores socioeconômicos, culturais e religiosos (*v. g.*, análise do acontecimento que serviu de baldrame social para a criação de um determinado direito). A Sociologia Jurídica analisa a influência de fatores sociais sobre o Direito, bem como as incidências deste sobre a sociedade. Vale dizer: os elementos de mutualidade entre o social e o jurídico.[850] O Direito estabelece os preceitos de conduta e princípios tendentes a assegurar o equilíbrio do convívio social.

Nesse ramo da Sociologia, estudam-se os fenômenos sociais nos quais estão compreendidos um elemento de direito, englobando os fenômenos jurídicos primários (*v. g.*, lei, sentença) e os fenômenos jurídicos secundários ou derivados (*v. g.*, proprie-dade, contrato, responsabilidade).[851] É dupla a importância da investigação de jaez sociológico: de *lege lata* (mediante o aporte de subsídios que colaboram, aliada a uma intuição criativa, para hermenêutica progressiva e atualizada do direito vigente e/ou do sistema de precedentes judiciais obrigatórios,[852] levando em conta a *ratio decidendi* deles) e de *lege ferenda* (fornindo o legislador, juízes e tribunais de informações acerca da realidade social subjacente a ser regulada).

---

[849] O irracional, como o fator intuitivo, está presente no cerne da ciência. Vide, a propósito, EINSTEIN, Albert. *Out of my later years*: The scientist, philosopher, and man portrayed through his own words. New Jersey: The Citadel Press, 1956, p. 227-228.

[850] SABADELL, Ana Lúcia. *Manual de sociologia jurídica*: introdução a uma leitura externa do direito. 4. ed., rev., atual. e ampl. São Paulo: Revista dos Tribunais, 2008, p. 60.

[851] BERGEL, Jean-Louis. *Teoria geral do direito*. (Justiça e direito). 2. ed. São Paulo: Martins Fontes, 2006, p. 210.

[852] HERKENHOFF, João Baptista. *Direito e utopia*. 4. ed. Porto Alegre: Livraria do Advogado, 2001, p. 25.

A vinculação do problema com a Sociologia repousa na premissa de que semelhante ciência tem por objeto o fato social, exterior ao juiz, e, vale a pena enfatizar, não apenas os fatores exógenos que influenciam e compõem as noções do juiz, mas também o fenômeno jurídico consubstanciado na sentença judiciária, que, de resto, não existe a não ser em sociedade, nos agrupamentos humanos (*"ubi societas, ibi jus"* e, inversamente, *"ubi jus, ibi societas"*). Há de se compreender a riqueza do Direito como fenômeno social, cultural e histórico, sempre suscetível a variações e intercorrências no espaço e no tempo. Antes de ser poder, norma, sistema de categorias formais, o Direito é experiência, ou seja, uma dimensão do jogo da vida social.[853]

Quando se trata de determinar o sentido e o alcance de regras e de princípios jurídicos, ou mesmo colmatar as inevitáveis lacunas na lei (fatais, também, num sistema de direito jurisprudencial), deve-se atentar, teleologicamente, nas exigências primárias e utilidades básicas da vida social.[854] Deveras, não se pode formular, interpretar-aplicar o Direito abandonando a visão sociológica. Tanto o Direito quanto a Sociologia se ocupam de instituições sociais (*v. g.*, família).

Contudo, parece haver distanciamento entre a superestrutura jurídica e a prática social do Direito, o que resulta no desprestígio da concepção positivista do Direito como formulação exclusivamente estatal. O Direito deve fazer a mediação entre autoridade e sociedade. Não por acaso, buscam-se fortalecer as ferramentas de democracia direta (*v. g.*, o plebiscito, o referendo, a iniciativa popular), visando resgatar os instrumentos de legitimação e confirmação social da produção jurídica estatal. Tem o sabor do óbvio que o ordenamento jurídico, para ser qualificado de justo, não pode dispensar o contexto social a ser ordenado. De modo que não se pode, todavia, chancelar uma interpretação puramente literal dos dispositivos legais e dos preceitos jurídicos e consuetudinários, que faça tábua rasa da preocupação com os ideais de justiça e a dimensão social. Assim como o intérprete não pode desprezar a "abertura das normas" sobre o complexo e mutável reino dos valores (que ordenam a psique coletiva, referindo-se, geralmente, a padrões aceitos por grupos sociais, tais como: paz, ordem, segurança, justiça[855]). A pesquisa séria do jurista não pode separar, artificialmente, o fenômeno jurídico, expressado no Direito, da realidade social subjacente, como substrato substancial da ordem jurídica, a pena de resvalar para os perigos da generalidade e da superficialidade.[856]

O juiz, como todo ser humano, não se pode desvencilhar dos valores preponderantes na sociedade em que vive, pois, inexoravelmente, o mundo externo (social) implica seu mundo interior (psicológico). O fenômeno social pressiona o psiquismo do juiz, revestindo-se de aspecto fundamental no ato de julgar.

Em tal contexto, o juiz experimenta pressões exteriores de natureza extraprofissional (*v. g.*, familiares, socioeconômicas, culturais, históricas) e de caráter profissional (*v. g.*, sobrecarga de trabalho, comarcas que não aquelas de sua predileção, relações conflituosas com outros juízes, serventuários da justiça, advogados), bem como pressões interiores, conscientes ou não, produzidas por diferentes tipos de ansiedade e de

---

[853] GROSSI, Paolo. *Mitologie giuridiche della modernità*. 3. ed. Milano: Giuffrè, 2001, p. 67.

[854] CARDOZO, Benjamin N., *op. cit.*, p. 119.

[855] PRADO, Lídia Reis de Almeida. *O juiz e a emoção*: aspectos da lógica da decisão judicial. 3. ed. Campinas: Millenium, 2005, p. 104.

[856] CAPPELLETTI, Mauro. Ideologie nel diritto processuale. *Rivista Trimestrale di Diritto e Procedura Civile*, Milano, anno XVI, p. 193-219, 1962, esp. p. 216.

sentimentos (*v. g.*, desejos, amor, ódio, medo, inveja, ciúmes, desconfiança, insegurança, culpas e por aí vai).[857]

Força é convir que as pressões exteriores e interiores, conscientes ou não, que constrangem o juiz tendem a empurrá-lo para os braços de crises emocionais. De um lado, elas podem representar evolução psíquica e engrandecimento do juiz, mas, de outro, enredá-lo para patologias deformantes. O *stress* emocional provoca, não raro, sofrimento e angústia, donde a necessidade de tratamento adequado (*v. g.*, medicação da psicofarmacologia, alguma modalidade de psicoterapia individual ou em grupo).

Afigura-se evidente que, na esfera da fenomenologia do ato de julgar, além da finalidade básica de dar a cada um o que é seu, busca-se, também, a concretização de paz social (*tranquillitas ordinis*) e a harmonia da comunidade (*unitas ordinis*), nutridas pela seiva dos valores justiça e segurança jurídica, porquanto o processo deve ser reconduzido ao leito de um fenômeno social, ínsito ao próprio funcionamento da sociedade civil. A simbolização, no plano do Direito, é a face visível da representação da realidade social. Há, metaforicamente, alguns tipos contrastantes entre si de simbolização jurídica da realidade social, mormente no assim chamado pluralismo jurídico, dotado de porosidade, de sobreposição, articulação e interpenetração de múltiplos espaços jurídicos. Com efeito, o Direito não opera unicamente na escala do Estado, haja vista a existência de direito infraestatal, informal e mais ou menos costumeiro.[858]

Problema simpático toca à causa interna para o comportamento dos homens em multidão, uma espécie de contágio mental de ideias, através da comunicação de emoções e de opiniões, a implicar efeito multiplicador por imitação, simpatia, repetição. O solo assim vulcanizado provoca erupções sociais, de modo que as influências coletivas adensam o eu-personalíssimo, e este, inconscientemente, sobrepuja tudo.[859] Esse comportamento coletivo é naturalizado pela ideologia segundo a qual a multidão é um rebanho que não pode fazer sem mestre.[860]

Ecoa das centúrias a seguinte parêmia: "Onde houver sociedade haverá Direito". Assim, há implicações recíprocas entre Direito e sociedade, pois o ordenamento jurídico está sempre referenciado a uma realidade social, enquanto matéria-prima essencial da manufatura do Direito. Toda a sua normatividade, em determinada visão, provém da forma como a sociedade intrinsecamente se organiza. Daí a importância de se focalizarem

---

[857] ZIMERMAN, David. *A influência dos fatores psicológicos inconscientes na decisão jurisdicional*: A crise do magistrado, *op. cit.*, p. 112.

[858] SANTOS, Boaventura de Souza. Uma cartografia simbólica das representações sociais: prolegómenos a uma concepção pós-moderna do Direito. *Revista Crítica de Ciências Sociais*, n. 24, p. 139-172, mar. 1988, esp. p. 160-161: "Falo de um estilo jurídico homérico quando a simbolização jurídica da realidade apresenta duas características seguintes: por um lado, a conversão de um fluxo contínuo da acção social numa sucessão de momentos descontínuos mais ou menos ritualizados, como, por exemplo, a celebração e terminação de contratos, a instauração de acções judiciais e o seu julgamento, etc., etc.; e, por outro lado, a descrição formal e abstracta da acção social através de sinais convencionais, referenciais e cognitivos. Este estilo de simbolização cria uma forma de juridicidade que designo por juridicidade instrumental. Em contraste, o estilo jurídico bíblico cria uma juridicidade imagética e caracteriza-se pela preocupação em integrar as descontinuidades da interacção social e jurídica nos contextos complexos em que ocorrem e em descrevê-las em termos figurativos e concretos através de sinais icónicos, emotivos e expressivos. (...) Assim, embora o direito do Estado moderno tenha um estilo predominantemente homérico, o estilo bíblico está presente e com grande intensidade noutras formas de direito que circulam na sociedade".

[859] PONTES DE MIRANDA, Francisco Cavalcanti. *À margem do direito, op. cit.*, p. 41.

[860] TARDE, Gabriel. *L'opinion et la foule*. 1re édition. Collection Recherches politiques. Paris: Les Presses universitaires de France. 1989, p. 25.

as consequências do Direito na sociedade, e vice-versa. À luz dessa conexão necessária entre sociedade e Direito, a Sociologia (jurídica) se propõe a estudar os processos sociais que conduzem ao Direito, bem ainda as decorrências que ele produz na teia social.

De parte isto, não é fadiga inútil reafirmar, em perspectiva interdisciplinar, que o ponto de maior interesse, a propósito do estreito entrosamento do problema com a Sociologia, toca, *v. g.*, aos fatores socioeconômicos, educacionais, culturais, religiosos, filosóficos, históricos, bem como às noções adquiridas ao longo da vida, em condições equivalentes a qualquer membro da comunidade, que influenciam o juiz no momento de formação do *decisum*.

Noutro giro, é inegável o entrelaçamento entre Política e Direito, uma vez que ambos configuram instrumentos de melhor organização e de mais adequada estruturação das diferentes sociedades humanas, ditando as múltiplas características de cada corpo social.[861] A Política, enquanto arte de governar a sociedade, de conduzi-la aos seus fins, de bem comum, determina a lei e o ordenamento jurídico em geral na consecução do Direito. A política do Direito pode indicar certo modelo de sociedade, em um contexto social determinado, mediante a criação de normas jurídicas gerais e abstratas afeta à atividade do legislador.[862] À sua vez, o Direito oferta determinações com o selo da obrigatoriedade acerca da maneira pela qual a Política, no mais sublime sentido do termo, se organiza e se realiza no seio da sociedade. O Direito é político e valorativo, pois é a regulamentação jurídica e normativa de determinada estrutura de poder. A Ciência Política, cujo objeto é o poder, o governo do Estado, os costumes políticos, as ideologias, está intimamente enlaçada com o direito positivo estatal (*v. g.*, direito constitucional).[863]

Nem é demais observar que o papel de ordenação social do Direito deve consonar com a Política na auscultação de valores morais, éticos, culturais, religiosos, de justiça preponderantes em determinado lugar e tempo. Deve existir, tanto quanto possível na prática, correspondência entre a infraestrutura social e o sistema de normas vigentes, embora haja frequentes conflitos entre fatos e códigos (ordem jurídica positiva) ou entre sistemas normativos e a fecunda vida social. Tal interpretação-aplicação das regras legais, sem defasagem entre lei e realidade social quotidiana, atenta à perspicácia progressiva, deve se acomodar à sua evolução,[864] a pena de, não o fazendo, iludir a prudência jurídica

---

[861] No que concerne à conexão entre política e direito, vide PASTORE, Baldassare. *Decisioni e controlli tra potere e ragione*: materiali per un corso di filosofia del diritto. Torino: G. Giappichelli, 2013, p. 87-89: "Tra diritto e politica intercorrono rapporti molto stretti. Il problema della politica è il problema dell'ordine. La politica è l'arte del vivere insieme, della convivenza pacifica in una società ordinata. Peraltro, una definizione minima di diritto è quella secondo cui per diritto intende l'insieme delle regole di condotta che inducono gli esseri umani a una convivenza ordinata. È, dunque, un'esigenza comune alla politica e al diritto salvaguardare le condizioni generali dell'interazione sociale. Alcuni elementi, alcuni tasselli, contribuiscono a comporre il mosaico della politica: l'ambito (la convivenza organizzata), il presupposto (il conflitto), lo scopo (la risoluzione del conflitto), il mezzo specifico (la decisione collettiva, tipicamente prodotta da poteri autorizzati e regolati dal diritto, che li rende legittimi, con la possibilità del ricorso, come extrema ratio, all'uso della forza, alla coazione, generalmente basata sul diritto, per raggiungere i fini prescelti). (...) La costituzionalizzazione del diritto incide potentemente sul processo di giuridificazione della politica. Ad essa si lega l'idea della funzione della costituzione volta a porre limiti giuridici all'esercizio del potere, dove garantire la costituzione significa assicurare la certezza che questi limiti non saranno oltrepassati".

[862] LUMIA, Giuseppe. *Elementos de teoria e ideologia do direito*. (Justiça e direito). São Paulo: Martins Fontes, 2003, p. 21-22.

[863] GUSMÃO, Paulo Dourado de. *Introdução ao estudo do direito*. 31. ed. Rio de Janeiro: Forense, 2002, p. 26.

[864] HERVADA, Javier. *O que é o direito?*: a moderna resposta do realismo jurídico: uma introdução ao direito. (Justiça e direito). São Paulo: WMF Martins Fontes, 2006, p. 105.

em manter o valor da estabilidade das leis. Exemplo frisante de sabedoria política e de estabilidade de um documento normativo democrático e fundamental se descobre na Constituição dos Estados Unidos da América do Norte de 1787: a sociedade norte-americana, apesar de sua profunda evolução socioeconômica e cultural, experimentou apenas uma Constituição, com 27 Emendas, nos últimos 232 anos...

Outro ponto de contato do problema com a Política está em que o concreto exercício da administração da justiça faz ruir o mito ingênuo da neutralidade do juiz, posto que todo ato humano – e o juiz é humano, demasiado humano – se reporta sempre a valor. A cândida ilusão da neutralidade ideológica do juiz – da figura do juiz asséptico e eunuco político griffithiano –, à parte uma impossibilidade antropológica, está cabalmente superada,[865] dado que, mormente ao enunciar as razões justificativas das decisões proferidas, ele deve interpretar a lei em consonância com as aspirações sociais da população e, para além do papel puramente burocrático, assumir o prota-gonismo do vértice nas transformações sociais, especialmente no âmbito dos direitos fundamentais. A lei é fonte privilegiada do Direito, mas não se pode escamotear que a ideologia do intérprete-aplicador confere o seu significado ou o sentido por ele buscado. Daí se segue, necessariamente, que a atividade exegética de um texto legal não é mera-mente declarativa de seu conteúdo; antes, ao revés, é de textura axiológica, valorativa, sobre representar os interesses e escopos jurídicos, sociais e políticos almejados pelo hermeneuta-aplicador.

Hodiernamente, a máscara de neutralidade do juiz é peça no Museu de História, no setor de Arqueologia. A ideia de mito, explorada no trabalho, será usada por repre-sentar um esforço de resistência tendente a desconstruir determinada crença, como seja a ilusão extraída da imagem pictórica, simbólica e do pensamento conceitual de que o juiz é neutro, nulo, especialmente sob a ótica axiológica. De mais a mais, a visão de administração da justiça como função neutra, pasteurizada de valores, é desmentida por sua própria concepção como uma instância de natureza política.[866] Os juízes personificam o sistema de autoridade no âmbito do Estado e, pelo tanto, são indispensavelmente partícipes no processo de decisão política.[867]

Dito de outra maneira, se no momento presente não mais encontra eco a ideia do juiz *"bouche qui prononce les paroles de la loi"*, qual *"êtres inanimés"*, na célebre concepção montesquiana,[868] por estar universalmente desabonada; se, por isso, não há mais espaço para se falar em neutralidade judicial; se não é crível exigir do juiz que, no momento de proferir sua decisão, se exproprie de todas as noções adquiridas, ao longo da vida; se não é possível separar o juiz de suas ideologias, no exercício de suas funções judicantes; se a Política exercita, comumente, a prudência das valorações concretas, vocalizada na análise das conveniências axiológicas, em função das quais o Poder é desafiado a

[865] CAPPELLETTI, Mauro. *Proceso, ideologias, sociedad*. Buenos Aires: Ediciones Jurídica Europa-América, 1974, p. 83: "El procesalista ha tomado conciencia del hecho de que ninguna técnica jurídica es un fin en sí mismo y que ninguna es neutral desde el punto de vista ideológico".

[866] Confira-se, a propósito do tema, MOUNIER, Emmanuel. Y a-t-il une justice politique? *Revue Esprit*, Paris, ano XV, agost, p. 212-238, 1947.

[867] GRIFFITH, J. A. G. *Giudici e politica in Inghilterra*. Milano: Feltrinelli, 1980, p. 191.

[868] MONTESQUIEU, Charles Louis de Secondat, Baron de la Brède et de. *O espírito das leis*. Trad. de Fernando Henrique Cardoso e Leôncio Martins Rodrigues. Brasília: Editora Universidade de Brasília, 1995, p. 123.

optar por certos valores e princípios, em detrimento de outros,[869] como quando em um determinado projeto de lei ou, mais profundamente, no âmbito das atividades de uma Assembleia Nacional Constituinte; então, é certa a influência da Política no juízo de formulação do decisório.

De outra banda, o enlace do problema com a Filosofia em geral e as especulações da Filosofia do Direito em especial diz com a necessidade de se colocar sob horizonte mais amplo a investigação do ponto central da tese – intuição, sentimento e emoção, como elementos conaturais ao ato de julgar – e, a partir daí, meditar criticamente sobre o fenômeno jurídico, nos aspectos relacionados, também, com os subtemas em que se desdobra o trabalho, problematizando-os.

De fato, ante a perda de prestígio do culto aos textos normativos, ante a progressiva perda de aderência com a realidade histórica e os valores sociais, sobretudo a partir do marco histórico do segundo pós-guerra, ditado pela necessidade de se definirem hierarquias axiológicas, houve o crescente interesse nos estudos filosófico-jurídicos.

Por derradeiro, a correlação do problema com o Direito está presente, em relação à escolha feita em seu cálculo decisório, já no contexto de justificação ou de confirmação. Com efeito, o juiz tem o dever de enunciar razões válidas que justifiquem, jurídica e racionalmente, a decisão proferida. Em disposição inovadora na memória constitucional brasileira, a Constituição de 1988 consagrou a indispensabilidade de motivação pública das decisões jurisdicionais (art. 93, inciso IX, com a redação dada pela Emenda Constitucional nº 45, de 30.12.2004). Tal proclamação crisma um triunfo moderno de alta civilidade cultural, social, política e jurídica.

A motivação jurídica do julgado é elemento de organização e funcionamento do Estado Constitucional e Democrático de Direito. A necessidade de motivação pública (*coram populo*), ditada pela igualdade como valor universal, além de traço característico da jurisdição de nossa contemporaneidade, representa a maior conquista civilizatória do processo équo e justo. Implica dizer que, sem motivação *in facto* e *in iure*, não há exercício legítimo da função jurisdicional. Assume-se, portanto, como condição essencial e inerente à própria essência da jurisdicionalidade.[870]

O dever de justificação das decisões judiciárias impõe limites ao poder do juiz, evidenciando-se que o decisório não é fruto de arbitrariedade, mas que resulta do emprego de critérios de escolha ou de valoração válidos, jurídica e racionalmente controláveis interna e externamente. A motivação das decisões judiciárias representa, por assim dizer, um dique de contenção do autoritarismo judicial. Quer-se atribuir, portanto, maior relevância à juridicidade no exercício do poder, haja vista que a cognição sobre o *thema decidendum* fica umbilicalmente atrelada ao dever de motivação das decisões judiciárias, na confluência do direito constitucional com o direito processual.

As funções da motivação podem ser visualizadas sob dupla feição: a primeira – por se inserir em uma rede de garantias democráticas e constitucionalmente criadas para a tutela de direitos fundamentais ou não, no campo do exercício do direito de defesa dos litigantes[871] –, de jaez técnico-processual-instrumental, no plano interno

---

[869] REALE, Miguel. A filosofia do direito e as forma do conhecimento jurídico. *Revista dos Tribunais*, n. 916, v. 101, p. 81-98, 2012, esp. p. 97.

[870] TARUFFO, Michele. *La motivazione della sentenza civile*. Padova: CEDAM, 1975, p. 458.

[871] LEGROS, Robert. Considérations sur les motifs. *In*: PERELMAN, Chaïm; FORIERS, Paul. *La motivation des décisions de justice*: études. Bruxelles: É. Bruylant, 1978, p. 7-22, esp. p. 7.

(motivação-instrumento) como passaporte entre decisão e impugnação, controle de justiça e de juridicidade pelo juiz do recurso. É vetor de racionalização da concreta administração da justiça, a abduzir a mera vontade de comando do juiz, incorrendo no puramente arbitrário do *sic volo, sic iubeo*.

A segunda função da motivação, já agora em sede extraprocessual, no terreno político-garantístico, impõe ao juiz, através de razões justificativas jurídica e racionalmente válidas, prestar contas (*reddere rationem*) ao povo soberano, em cujo nome a decisão judicial vem pronunciada.[872] Porque assim é, a motivação permite, sob o prisma sociológico-político, a possibilidade de controle democrático e difuso sobre a concreta administração da justiça, seja pela opinião pública pensada em seu complexo, seja como opinião de *quisquis de populo*.[873]

Merecem menção à parte alguns aspectos da teoria da argumentação, tão relevantes para a atividade de fundamentação jurídica dos julgados, passíveis de uma abordagem interdisciplinar. A argumentação no espaço da motivação jurídica da decisão judicial tem por finalidade esgrimir razões válidas que visam justificá-la racionalmente, de modo a torná-la controlável, endo e extraprocessualmente.

A função primária do juiz não é a de persuadir retoricamente as partes ou a sociedade,[874] embora reflexamente fosse bom que assim se desse. O seu papel é o de justificar, na motivação, sua decisão mediante o uso de argumentos racionais – enquanto exteriorização do raciocínio e feixe de proposições encadeadas por inferências – fortes e sólidos,[875] intersubjetivamente válidos, identificáveis e controláveis.

De fato, em sentido diametralmente oposto ao lugar-comum sobre o tema, realce-se e reafirme-se que a função básica do juiz, na fundamentação de sua decisão, não é a de persuadir ou convencer as partes, os jurisdicionados ou a sociedade acerca da bondade de seus critérios de escolha ou de valoração,[876] ou concernentes à correção interna e externa das premissas e dos argumentos alocados à base da justificação, bem como da justeza da decisão proferida (embora, reflexamente, seja bom que tal aconteça).

---

[872] Constituição italiana de 1947, art. 101, §1º: "La giustizia è amministrata in nome del popolo".

[873] Argutamente, TARUFFO, Michele, *op. cit.*, p. 405-414, especialmente p. 406-407: "Da tale superamento discende anzitutto che la motivazione non possa essere concepita soltanto come tramite di un controllo "istituzionale" (ossia nei limiti e nelle forme disciplinate dal vigente sistema dele impugnazioni), ma anche, e specialmente, come strumento destinato a rendere possibile un controllo "generalizzato" e "difuso" sul modo in cui il giudice amministra la giustizia. In altri termini, ciò implica che i destinatari della motivazione non siano soltanto le parti, i loro avvocati e il giudice dell'impugnazione, ma anche l'opinione pubblica intesa sia nel suo complesso, sia come opinione del quisque de populo. La connotazione politica di questo spostamento di prospettiva è evidente: l'ottica "privatistica" del controllo esercitato dalle parti e l'ottica "burocratica" del controllo esercitato dal giudice superiore vanno integrate nell'ottica "democratica" del controllo che deve poter essere esercitato dal quello stesso popolo nel cui nome la sentenza viene pronunciata".

[874] Averbe-se a posição contrária de PERELMAN, Chaïm. La motivation des décisions de justice, essai de synthèse. *In*: PERELMAN, Chaïm; FORIERS, Paul. *La motivation des décisions de justice*: études. Bruxelles: É. Bruylant, 1978, p. 415-426, esp. p. 425.

[875] COELHO, Fábio Ulhoa. *Roteiro de lógica jurídica*. 7. ed. rev. e atual. São Paulo: Saraiva, 2012, p. 19, 21.

[876] TARUFFO, Michele. TARUFFO, Michele. Considerazioni su prova e motivazione. São Paulo: *Revista de Processo*, n. 151, ano 32, p. 229-240, set. 2007, esp. p. 237: "In realtà il giudice non deve persuadere le parti, o altri soggetti, della bontà della sua decisione: ciò che occorre è che la motivazione giustifichi razionalmente la decisione".. Na mesma rota, IGARTUA SALAVERRIA, Juan. *La motivación de las sentencias, imperativo constitucional*. Madrid: Centro de Estudios Políticos y Constitucionales, 2003, p. 135: "La función del juez no reside en persuadir incondicionadamente a alguien de algo, sino en justificar sus decisiones mediante razonamientos válidos y controlables. Si por añadidura se provoca la persuasión –y es normal que eso suceda– bienvenida sea".; HERNÁNDEZ MARÍN, Rafael. *Las obligaciones básicas de los jueces*. Madrid: Marcial Pons, 2005, p. 144-145.

A finalidade precípua da motivação, remarque-se, sob a ótica estritamente jurídica, é justificar racionalmente o *decisum*,[877] mediante razões válidas, identificáveis e controláveis, e não a de fazer germinar consenso irracional em torno do julgado.

O convencimento é dialético e se traduz na apresentação de argumentos capazes de alterar o estado de consciência e percepção do indivíduo, em relação a tema específico, determinado. O autor do discurso justificativo (orador) e seu auditório[878] entram em contato mental e acordo (com + você + vencer = convencer). Por seu turno, a persuasão aplica sugestões emocionais, toca os sentimentos e gera sensações. Idealizam-se os meios de persuasão como irracionais, pois repercutem sobre a vontade. Têm em mira o coração do auditório. Persuadir outrem significa aspirar mudança em seu estado anímico: antes o indivíduo pretendia fazer algo (*v. g.*, impugnar decisão judicial desfavorável) e, agora, persuadido das razões justificativas do *decisum*, reavalia agir de forma diferente. O convencimento e a persuasão almejam influenciar, sem manipular, outrem, no fito de obter adesão. Aquele é o resultado do ato de convencer (racional), ao passo que esta é a consequência de uma ação sobre a vontade (irracional).

Veja-se que os problemas da linguagem, enquanto instrumento de comunicação e argumentação, podem suscitar estudos linguísticos e sociológicos.[879] Há condições psicológicas (*v. g.*, modo de apresentação de certos fatos os torna presentes na consciência e implica eficácia de uma argumentação) e sociológicas (*v. g.*, argumentos particulares que soam ineficazes e ultrapassados hão de ser avaliados à luz da metamorfose da estrutura social) que favoreçam, no plano da eficácia do discurso, a passagem do comando para a persuasão ou para o convencimento racional.[880]

Como visto, a argumentação jurídica não se esgota, exclusivamente, no campo do Direito, de par a não se desenvolver unicamente por juristas, visto que, superando-se a visão tradicional, fortemente alicerçada no formalismo, mostra aptidão para abranger outras áreas do saber, com postura interdisciplinar, por exemplo, em aspectos morais, políticos, socioeconômicos, sociológicos, psicológicos, psicanalíticos, filosóficos, religiosos, históricos, culturais, axiológicos e assim por diante. O exercício da interdisciplinaridade é *conditio sine qua non* para o êxito da argumentação jurídica em certo contexto, em prol de determinado(s) objetivo(s) e de acordo com as características dos destinatários do discurso argumentativo.[881]

---

[877] ALEXY, Robert. *Teoria da argumentação jurídica*: a teoria do discurso racional como teoria da fundamentação jurídica. 3. ed. Rio de Janeiro: Forense, 2011, p. 39-40: "O juiz deve atuar sem arbitrariedade; sua decisão deve ser fundamentada em uma *argumentação racional*. Deve ter ficado claro que a lei escrita não cumpre sua função de resolver um problema jurídico de forma justa. A decisão judicial preenche então essa lacuna, segundo os critérios da razão prática e as 'concepções gerais de justiça consolidadas na coletividade'". (Grifos no original).

[878] ESSER, Josef. Motivation und Begründung richterlicher Entscheidungen. *In*: PERELMAN, Chaïm; FORIERS, Paul. *La motivation des décisions de justice*: études. Bruxelles: É. Bruylant, 1978, p. 137-159, esp. p. 139.

[879] PERELMAN, Chaïm. *Retóricas*. (Justiça e direito). 2. ed. São Paulo: Martins Fontes, 2004, p. 323-331, esp. 325.

[880] PERELMAN, Chaïm, *op. cit.*, p. 331: "A psicologia, a psicopatologia e a filosofia poderiam, sem dúvida, ajudar-nos a precisar a noção de *racional*, que só se concebe no contexto de uma argumentação. Que será uma escolha ou uma decisão racional? Que será racionalizar ou apresentar como racional o que não o seria efetivamente? Que será uma interpretação racional de um fenômeno, de um símbolo, de um texto, de um comportamento? A noção de racional poderá ser expressa ou definida em termos psicológicos, sociológicos ou filosóficos? Esses diversos pontos de vista se imbricam ou são apenas parcialmente sobreponíveis? Quais são as relações de uma teoria psicanalítica da interpretação com os esquemas argumentativos?" (Grifos no original).

[881] ASENSI, Felipe Dutra. *Curso prático de argumentação jurídica*. Rio de Janeiro: Elsevier, 2010, p. 27 e 37-38.

3.3 A revolta contra o formalismo jurídico

Às doutrinas continentais de tendências racionalistas contrastavam aquelas de origem inglesa referidas com o rótulo de empirismo.[882] A corrente do positivismo jurídico que, a partir do século XIX, caracteriza o Direito como fonte dogmática (imposição do próprio homem) fez fortuna e correu o mundo. Sua ótica formalista, vocalizada no reducionismo legalista, representou o apogeu do agnosticismo axiológico e do dogmatismo acrítico, marcas das fronteiras distintivas do positivismo jurídico em relação ao seu irreconciliável rival sempiterno, o jusnaturalismo. Havia a crença, baseada em um pressuposto racionalista, na prevalência do direito posto. Essa perspectiva formalista-legalista coloca o julgamento – a decisão judicial – no domínio da legislação que seria perfeita e acabada. As presumíveis qualidades racionais do legislador contribuíram para a quimera da assunção de propriedades formais pelo sistema de direito, tal como afirmado pela legislação positiva em vigor: precisão, univocidade, coerência, completude. No celeiro de ilusões sociais, desenvolveu-se a crença de que o processo decisório judicial adstringia-se a encontrar e aplicar tais normas instrumentais.[883]

De fato, o positivismo jurídico ou jusformalismo representa a corrente de pensamento filosófico-jurídica idealística[884] que visualiza o direito como forma (que é caráter constante do fenômeno jurídico), em relação ao seu conteúdo (que é caráter variável do fenômeno jurídico).[885] Vigiam, então, princípios afirmados durante a Revolução Francesa e no período napoleônico sucessivo: (i) de identificação do direito exclusiva e plenamente com a lei escrita, apresentando-se esta como objetiva, geral e abstrata, preceitos legislativos, expressão da vontade popular e da razão, ficando de fora, *v. g.*, normas consuetudinárias e jurisprudenciais; (ii) ordenamento jurídico sempre completo, consistente e preciso, vale dizer, sem qualquer tipo de indeterminações, tais como lacunas, livre de contradições lógicas, ausência de imprecisão e de ambiguidade linguísticas;[886] (iii) a atividade jurisdicional se limitava à função declarativa e não criativa do direito.[887] Nesse tipo de positivismo ideológico, havia absoluta submissão do juiz ao ditado legislativo, pois que banhado em pura lógica: "*bouche de la loi*", à maneira de uma máquina automática, como, de resto, alardeava Montesquieu.

Não é supérfluo acrescentar que o pensamento, naquele então, se expressava na construção abstrata de normas jurídicas escritas. Donde salta uma metodologia lógico-formal-dedutiva, à maneira do modelo da subsunção (submissão do fato à norma legal, extraindo daí um resultado jurídico que resolverá o conflito intersubjetivo), enfeitada pela tarefa meramente mecânica de aplicação das normas codificadas. Tais regras escritas nem mesmo poderiam ser objeto de interpretação ao ângulo do Direito, como,

---

[882] VILLEY, Michel. *La formation de la pensée juridique moderne*. Paris: Montchrestien, 1968, p. 635-636.

[883] SOBOTA, Katharina. Don't mention the norm! *International Journal for the Semiotics of Law*. Revue Internationale de Sémiotique Juridique 4 (1), p. 45-60, 1991.

[884] FALZEA, Angelo. *Introduzione alle scienze giuridiche*. Il concetto del diritto. 6. ed. Milano: Giuffrè Editore, 2008, p. 30-32.

[885] BOBBIO, Norberto. *Giusnaturalismo e positivismo giuridico*. 1. ed. Bari: Laterza, 2011, p. 69-73.

[886] Sobre a concepção do positivismo jurídico, no tocante à estrutura de toda a ordem jurídica, vide SANTIAGO NINO, Carlos. *Introdução à análise do direito*. Biblioteca jurídica WMF. São Paulo: Editora WMF Martins Fontes, 2010, p. 41-42: "Em suma, a ordem jurídica é um sistema autossuficiente para fornecer uma solução unívoca pra qualquer caso concebível".

[887] TREVES, Renato. *Introduzione alla sociologia del diritto*. 2. ed. Torino: Giulio Einaudi, 1980, p. 163.

por exemplo, descende da ideologia do formalismo legalista, com a ênfase da forma sobre o conteúdo ou significado, do legalismo ou do positivismo legal, representada pela Escola Exegética francesa.[888] Nessa ótica, o direito não se vinculava a conceitos de justiça ou finalidades sociais, circunscrevendo-se a determinações de caráter abstrato e formal, dado que a lei, principalmente a sistematizada e codificada (*v. g.*, Código de Napoleão), adquiriu o monopólio da mais aguda manifestação do direito, entrincheirado atrás do dogma da positividade.

Sob este perfil, concebia-se o Direito como um complexo de normas jurídicas vigentes, sancionadas e feitas valer por meio de coação (supremo caráter essencial do direito) pelo Estado.[889] A expressão do Direito era transmitida pelo direito positivo. No contexto da tradição jurídica ocidental, ganhou força a coalizão do positivismo jurídico formalista com a teoria silogística da decisão judicial, como sua credencial de legalidade.

No quadro do positivismo, não havia espaço para a legitimidade do direito, pois a legalidade ocupava o lugar dela. A injustificabilidade do positivismo desnuda-se, também, além da fragilidade da inadmissão de lacunas no direito objetivo vigente, pelo estorvo em esclarecer os chamados "conceitos juridicamente indeterminados", as normas penais em branco, as proposições órfãs de valorações, o conflito entre princípios (aliás, nos quais não se reconhecia a categoria de norma jurídica).[890]

A Escola da Jurisprudência de Conceitos (*Begriffsjurisprudenz*), que deu à luz o BGB (*Bürgerliches Gesetzbuch*) de 01.01.1900, sustenta que a norma escrita deve refletir conceitos, quando de sua interpretação. É dizer: a interpretação das palavras que compõem o enunciado da norma escrita deve pautar-se pelos conceitos científicos que elas representam. Genealogia de conceitos forjada na lógica conceitual. Consagra, pois, a ideia de que o direito provém de fonte dogmática, imposição do homem sobre o homem, e não de consequências naturais.

A Jurisprudência dos Conceitos, como legado da Escola Histórica do Direito, cujo maior expoente foi Friedrich Carl von Savigny, é presidida pelas seguintes notas essenciais: o formalismo e o cunho positivo;[891] a busca do direito na lei escrita; a sistematização.[892] O direito, na visão do método formalista-conceitual, plasmado na dedução de princípios jurídicos a partir de conceitos, deveria, prevalentemente, ter lastro no processo legislativo ou se expressar, sobretudo, na lei, prescindindo-se de qualquer valoração para a compreensão das regras jurídicas, antes buscando a sua recondução a conceitos superiores, conquanto devesse ser justificado, mais abrangentemente, em sua raiz viva, por um sentido social.

A Jurisprudência de Conceitos se traduz em uma doutrina de cariz essencialmente formalista, em que, sob estrutura sistêmica piramidal, a atividade de interpretação-aplicação do direito operar-se-ia de modo lógico-dedutivo, e conceitos inferiores poderiam subsuntivamente ser reconduzidos a conceitos superiores, até se alcançar

---

888 RECASENS SICHES, Luis. *Panorama del Pensamiento Jurídico en el Siglo XX*. México: Editorial Porrua, 1963, t. I, p. 31.

889 CAMMARATA, Angelo Ermanno. *Formalismo e sapere giuridico*: studi. Milano: Giuffrè, 1963, p. 31.

890 GRAU, Eros Roberto. *O direito posto e o direito pressuposto*. 4. ed. São Paulo: Malheiros, 2002, p. 31.

891 E. ALCHOURRÓN, Carlos. *Introducción a la metodología de las ciencias jurídicas y sociales*. Buenos Aires: Editorial Astrea, 2002, p. 90.

892 PUCHTA, Georg Friedrich. *Corso delle istituzioni*. 1 ed. Traduzione di A. Turchiarulo. Napoli: Tipografia All'Insegna del Diogene, 1854, v. 1, p. 3a.

o conceito supremo que, na visão puchtiana, procede da Filosofia do Direito.[893] O conceito fundamental (geral) está alocado no vértice da pirâmide, no qual se venham, gradualmente, a subsumir os conceitos específicos (especiais) que repousam em sua base, suprimindo-se, sempre, o conceito particular.

Numa linha: o endereço de pensamento conceitual plasma a construção abstrata dos textos normativos, em termos de um conjunto fechado e completo. Essa arquitetura abençoa o sistema lógico-dedutivo, alicerçado em um conceito fundamental, o qual rege todos os demais, de sorte que a hermenêutica é impulsionada pelo modelo de subsunção,[894] aguilhoado por racionalismo dogmático e formalismo lógico. Enreda-se para um abstracionismo absolutamente alheio ao ideário de justiça material, de par a pronunciar, qual fantasmagórico espantalho, um veto irresistível à realidade social que está presente no jogo da vida. De fato, não se pode ignorar, aqui, a vida prática embrenhando-se em vãs especulações. É uma doutrina do Direito completamente desnatada de qualquer conteúdo histórico, sociológico ou ideológico.

Um passo à frente, a Jurisprudência de Interesses (*Interessenjurisprudenz*), sobre exibir acentuado corte sociológico, sustenta, em essência, que a interpretação da norma jurídica escrita deve, basicamente, refletir as finalidades às quais se destina.[895] Hão de prevalecer, em perspectiva teleológica, os interesses indispensáveis à manutenção da vida em sociedade, consubstanciados na lei (interesses causais para a sua produção).

Um dos embaixadores da doutrina da Jurisprudência de Interesses foi Ihering, precisamente na segunda fase de seu pensamento, depois de haver defendido a trincheira formalista do céu da Jurisprudência de Conceitos.[896] Ele se inclinou para o campo das orientações sociológicas do Direito, em que o formal cede o espaço para o real, afirmando, finalisticamente, a referibilidade do Direito a um propósito no ambiente social, que, por seu turno, determina o conteúdo daquele.[897] Ihering afirmou a exigência de o jurista descer do "céu dos conceitos" ao terreno baixo para obter contato direto com a concreta realidade dos fatos.[898] Na visão iheringiana, o direito e os fins sociais, os quais visa realizar, são irmãos siameses, ou metades gêmeas, de sorte que não se

---

[893] LARENZ, Karl. *Metodologia da ciência do direito*. 3. ed. Lisboa: Fundação Calouste Gulbenkian, 1997, p. 25.

[894] FERRAZ JÚNIOR, Tercio Sampaio. *A ciência do direito*. 2. ed. São Paulo: Atlas, 1980, p. 33.

[895] O mais significativo representante desse movimento metodológico foi HECK, Philipp. *Begriffsbildung und Interessenjurisprudenz*. Tübingen: J. L. B. Mohr, 1932.

[896] COHEN, Felix. Transcendental Nonsense and the Functional Approach. *Columbia Law Review*, v. XXXV, n. 6, p. 809-849, June 1935, esp. p. 809: "Some fifty years ago a great German jurist had a curious dream. He dreamed that he died and was taken to a special heaven reserved for the theoreticians of the law. In this heaven one met, face to face, the many concepts of jurisprudence in their absolute purity, freed from all entangling alliances with human life. Here were the disembodied spirits of good faith and bad faith, property, possession, laches, and rights in rem. Here were all the logical instruments needed to manipulate and transform these legal concepts and thus to create and to solve the most beautiful of legal problems. Here one found a dialectic hydraulic-interpretation press, which could press an indefinite number of meanings out of any text or statute, an apparatus for constructing fictions, and a hair-splitting machine that could divide a single hair into 999,999 equal parts and, when operated by the most expert jurists, could split each of these parts again into 999,999 equal parts. The boundless opportunities of this heaven of legal concepts were open to all properly qualified jurists, provided only they drank the Lethean draught which induced forgetfulness of terrestrial human affairs. But for the most accomplished jurists the Lethean draught was entirely superfluous. They had nothing to forget".

[897] KAUFMANN, Arthur. A problemática da filosofia do direito ao longo da história. *In*: KAUFMANN, Arthur; ACEDER, W. (Ufrgs.). *Introdução à filosofia do direito e à teoria do direito contemporâneas*. Tradução Marcos Keel. Lisboa: Fundação Calouste Gulbenkian, 2002, p. 57-208, esp. p. 172.

[898] TREVES, Renato, *op. cit.*, p. 167.

pode, todavia, confinar o jurídico, como norma coercitiva posta pelo Estado tendente a proteger um fim benéfico para as condições de vida da sociedade,[899] em fórmulas conceituais manipuladas à maneira lógico-subsuntiva.

Em Alemanha, a crítica heckiana contra a Jurisprudência de Conceitos dirigia-se à redução do papel do juiz a um autômato jurídico e a simplesmente subsumir o caso particular ao conceito jurídico, recusando-se-lhe toda e qualquer possibilidade de exercer atividade criadora do direito.[900] Sufraga a posição de que se a lei escrita posta pelo legislador, necessariamente insuficiente, é impotente para açambarcar a integralidade da realidade social, poder-se-ia, ante as lacunas normativas, imprecisões linguísticas e antinomias, franquear ao juiz, com base em fidelidade à interpretação teleológica e à operação de suprimento, criar a norma jurídica concreta que irá disciplinar o caso particular, mediante a aplicação de juízos de valor compreendidos na lei escrita.[901] O significado e o alcance do texto legal objeto de interpretação nem sempre prima por desejável clareza e univocidade de sentido.

À interpretação jurídica transcendente da voz (que é mera voz, *flatus vocis*) da lei escrita somava-se, peculiar e finalisticamente, a consciência de acertamento valorativo de interesses contrapostos, imprescindíveis à existência em sociedade. Nesse quadrante, o direito não se limitava à legislação positivada, tampouco à sua aplicação silogística aos casos judicandos; antes, ao contrário, a atividade hermenêutica não prescindia do apreçamento teleológico de interesses em certame.[902] O método da ponderação (*Abwägung*) visava compor os interesses em conflito, indicando o interesse prevalecente,[903] à luz das peculiaridades do caso concreto.

Numa locução: a corrente doutrinária da Jurisprudência de Interesses, além de introduzir uma reflexão acerca da essência da função jurisdicional, representou, em larga medida, uma fratura no pensamento formalista incrustado no positivismo legalista, produzindo importante mudança no papel assumido pelo intérprete-aplicador do direito, através do emprego de juízos de valor contidos no direito positivo. De fato, a Jurisprudência de Interesses inseriu o elemento finalístico na produção e na compreensão-aplicação do ordenamento, considerando o fim social como fundamento de criação e de interpretação-aplicação do direito. Patrocinou a salvaguarda de interesses individuais e de grupos sociais, de par com a renegação tanto do formalismo legalista quanto do raciocínio lógico-dedutivo, de modo a franquear ao hermeneuta-aplicador espaços axiológicos como ferramentas de compreensão do direito positivo, para tutelar,

---

[899] LARENZ, Karl, *op. cit.*, p. 61.

[900] HECK, Philipp. *El problema de la creación del derecho*. Tradução Manuel Entenza. Granada: Editorial Comares, 1999, p. 21.

[901] HECK, Philipp, *op. cit.*, p. 52, 65. Afina-se pelo mesmo diapasão o magistério de LARENZ, Karl, *op. cit.*, p. 69-70: "Ao exortar o juiz a aplicar os juízos de valor contidos na lei com vista ao caso judicando, a Jurisprudência dos Interesses – embora não quebrasse verdadeiramente os limites do positivismo – teve uma actuação libertadora e fecunda sobre uma geração de juristas educada num pensamento formalista e no estrito positivismo legalista. E isto em medida tanto maior quanto aconselhou idêntico processo para o preenchimento das lacunas das leis, abrindo desta sorte ao juiz a possibilidade de *desenvolver* o Direito não apenas "na fidelidade à lei", mas de harmonia com as exigências da vida". (Grifos no original).

[902] CAMARGO, Margarida Maria Lacombe. *Hermenêutica e argumentação*: uma contribuição ao estudo do direito. 3. ed. Rio de Janeiro: Renovar, 2003, p. 97.

[903] OLIVEIRA, Rafael Tomaz de. Método jurídico e interpretação do direito: reflexões programáticas sobre a concretização dos direito coletivos. *Revista Brasileira de Direito*, IMED, v. 9, n. 2, p. 90-129, jul./dez. 2013, esp. p. 114.

satisfatoriamente, aqueles interesses. Cuida-se de um utilitarismo prático não egoístico, mas de calibre social.[904]

Por outro ângulo de mirada, já agora no âmbito da experiência histórica do segundo pós-guerra, desponta um sistema de valores, tendo como centro de gravidade axiológico a dignidade da pessoa humana, aprofundando a crise experimentada pela corrente teórica do positivismo jurídico avalorativo, árido e seco. O direito, a partir daí, passou a ser considerado através de novas lentes socioculturais, e justificado com base em valores superiores ao direito positivo (*v. g.*, justiça material), como também o papel do juiz restou, sobremaneira, enriquecido, posto que seu intérprete-aplicador por excelência.

O direito se configura, também, como um fenômeno cultural de caráter normativo, donde só pode ser suscetível de compreensão se e quando as realidades estiverem referenciadas a valores, conformados em princípios constitucionais,[905] preponderantes na sociedade política em determinado lugar e certa quadra histórico-cultural, inobstante a complexidade das sociedades democráticas contemporâneas, ferreteadas pelo pluralismo e crescente antagonismo de ideias e ideais, principalmente no campo socioeconômico.

Agora bem, no contexto do Estado Constitucional e Democrático de Direito – afeiçoado, em meio a outros sinais axiológicos característicos, à dignidade da pessoa humana, à justiça, à igualdade –, o legislador, ao redigir os enunciados normativos, pode adotar a técnica aberta, através do emprego de termos indeterminados (*v. g.*, união estável, bom pai de família, *boa-fé, má-fé, interesse público, fins sociais, função social da propriedade, bem comum,* perigo iminente, divisão cômoda, *moralidade administrativa, abuso de direito, fumus boni iuris, repercussão geral, liberdade, devido processo legal*), ora prevendo seus efeitos jurídicos, ora não. O primeiro caso consiste nos chamados conceitos jurídicos indeterminados (*rectius,* termos indeterminados de conceitos jurídicos), cujas normas transportam uma única indeterminação (no pressuposto de incidência da norma, mas não em sua consequência jurídica, que é definida); ao passo que, no segundo caso, as normas acolhedoras de cláusulas gerais comportam uma dupla indeterminação (no pressuposto de incidência da norma e em sua consequência jurídica).

Em qualquer caso, a abertura dos textos normativos carrega a franquia dada pelo legislador para que o juiz, no exercício de sua função hermenêutico-aplicativa do direito, possa ponderar os valores em jogo ou em conflito que soem manifestar-se nos problemas jurídicos, justificando seus critérios de escolha ou de valoração, à luz das especificações de cada caso concreto. Disso resulta que, no endereço de pensamento da Jurisprudência de Valores (*Wertungsjurisprudenz*), a metodologia de interpretação não se confina às fronteiras do direito positivo; antes, o juiz opera não mais com a técnica de subsunção ou de deduções lógico-formais, mas sim com a tecnologia do balanceamento de valores jurídicos e metajurídicos subjacentes ao caso particular. Consubstancia-se na afirmação de valores ou critérios de valoração acima do direito positivo ou anteriores ao mesmo (conteúdos axiológicos atemporais), que permeiam as normas legais e para

---

[904] GRAU, Eros Roberto. A jurisprudência dos interesses e a interpretação do direito. *In:* ADEODATO, J. M. (Org.). *Jhering e o direito no Brasil.* Recife: Universitária, 1996, p. 75-76.

[905] RADBRUCH, Gustav. *Filosofia do direito.* (Biblioteca jurídica WMF). 2. ed. São Paulo: Editora WMF Martins Fontes, 2010, p. 47.

cuja interpretação ou complementação afigura-se legítimo valer-se, à luz de certas condições.[906] Nessa perspectiva, o sistema jurídico se assume como uma ordenação de natureza essencialmente axiológica, de metodologia orientada a valores.

Pode ocorrer, e geralmente ocorre, de o próprio legislador empreender, no texto legal, valorações acerca de determinadas situações jurídicas. Exemplificativamente: a desapropriação, excetuados os casos constitucionalmente previstos, condiciona-se à indenização justa, prévia e em dinheiro (CF, art. 5º, XXII e XXIV). Em tais casos, o juiz poderá, justificadamente, complementar valorações adredemente formuladas pelo legislador, de acordo com as especificidades do caso singular.[907]

No terreno da Jurisprudência de Valores, as valorações de cunho axiológico não são dotadas de estruturas lógicas dedutivas fechadas, rigidamente formalizadas, e que ignoram a preponderância da justiça do caso judicando. Todavia, se inspiram em perfis insuscetíveis de aferição por esquema puramente lógico-dedutivo-sistemático. Na programação silogística, o acento tônico da crítica recai sobre a impossibilidade de aferição valorativa das premissas de direito e/ou de fato. Metodologicamente, não se pode reduzir o juízo jurídico, decisório ou justificativo, a uma concatenação lógico-subsuntiva, como se a decisão traduzisse, exclusivamente, uma mera operação aritmética.

Não à toa, no espaço físico da motivação jurídica do julgado, todas as apreciações valorativas (axiológicas) forjadas pelo juiz devem ser reforçadamente justificadas, à luz da evolução da exploração hermenêutica, através de novas fórmulas decalcadas, por exemplo, das teorias tópica, retórica, argumentativa. Ao juiz cumpre prestar contas (*reddere rationem*) dos critérios de escolha ou dos juízos de valor exprimidos em sua decisão, os quais devem, racionalmente, ser confirmados (*v. g.*, verificação se a decisão formulada é substancialmente compatível com princípios jurídicos reconhecidos).[908] O pensamento jurídico não pode se afigurar refratário à ideia de justificação racional dos juízos embebidos de valor, embora elementos subjetivos hajam plasmado o ambiente de descoberta da decisão. O problema da justificação dos julgamentos de valor não está propriamente na subjetividade do juiz, pois os seus critérios de escolha ou de valoração devem ser objeto de fundamentação jurídica no contexto de justificação ou de validação, por meio da explicitação de razões racionalmente válidas e controláveis, endo e extraprocessualmente.

---

[906] LARENZ, Karl, *op. cit.*, p. 167.

[907] LARENZ, Karl, *op. cit.*, p. 3: "As decisões judiciais, mesmo quando nelas se plasmam juízos de valor, não podem aceitar-se às cegas; requerem confirmação, no sentido de verificar se são compatíveis com outras decisões e princípios jurídicos reconhecidos, se são "materialmente adequadas". (...) Nesta medida são as valoraçõs susceptíveis de confirmação e passíveis de uma crítica racional".

[908] Na nova normatividade processual brasileira, vide Código de Processo Civil, §2º do art. 488: "No caso de colisão entre normas, o juiz deve justificar o objeto e os critérios gerais da ponderação efetuada, enunciando as razões que autorizam a interferência na norma afastada e as premissas fáticas que fundamentam a conclusão". Vide, a propósito, CONTE, Francesco. *Sobre a motivação da sentença no processo civil*: Estado constitucional democrático de direito, discurso justificativo e legitimação do exercício da jurisdição / Francesco Conte; apresentação José Carlos Barbosa Moreira; prefácio Michele Taruffo. 1. ed. Rio de Janeiro: Gramma, 2016, p. 180: "Não por acaso, o balanceamento, em uma ordem de valores e na complexidade de sociedades pluralistas, há de ser justificado (diferenciado, objetiva e racionalmente) com base em um modelo fundamentado, *i. e.*, o juiz deve exteriorizar as razões justificativas quanto à existência do princípio e sua incidência em um caso particular, bem como por que, em uma ordem de valores, atribuiu maior peso e importância a determinado princípio, fazendo com que prevalecesse sobre outro oposto ou colidente, ou o considerou mais adequado ao ordenamento jurídico, à luz das peculiaridades da problemática concreta (*v. g.*, conflito entre liberdade de expressão e direito à intimidade). Chancela-se, assim, a imprescindibilidade, em casos tais, de a decisão conter um arquétipo de justificação argumentativamente diferenciada e reforçada".

Significa dizer que ao juiz não é dado silenciar sobre os enunciados axiológicos alocados na base de sua decisão (*v. g.*, premissas filosóficas, morais, ideológicas, políticas): as pautas de valoração são previamente definidas pelo ordenamento jurídico, radicadas nos princípios acolhidos na Constituição. A justificação dos critérios de decisão sugere demonstrar analiticamente sua harmonia com aquela pauta fundamental de valores (*v. g.*, dignidade da pessoa humana, igualdade, fraternidade, liberdade, justiça). Porém, no dia a dia forense se deparam, muito amiúde, valorações que, apesar de destituídas de mínimas razões justificativas, assumem feição de verdades absolutas, apodíticas e, assim, apresentam-se como se não precisassem de demonstração ou de justificação.[909] Proposições do julgador, lançadas a esmo no decisório, sem validação em um processo argumentativo-dialético entre partes, entre partes e juiz, entre juiz e partes.

Com a inclusão da valoração no campo jurídico, o endereço de pensamento principiológico experimentou formidável impulso em documentos constitucionais mundo afora, os quais são caudatários do tipo valorativo de procedimento metodológico. Com efeito, a atividade hermenêutica passou a consonar pelos princípios, que transportam valores, proclamados constitucionalmente. Ou seja: a centralidade, a supremacia e a eficácia hauridas diretamente do texto constitucional, sem a intermediação do legislador ordinário, passaram a bússola de orientação hermenêutica e de aplicação prática de critérios de valoração, de concretização de conceitos indeterminados e de individuação do significado de cláusulas gerais.

Tome-se, como exemplo, a regra contida no inciso IV do art. 311 do Código de Processo Civil brasileiro: "art. 311 – A tutela da evidência será concedida, independentemente da demonstração de perigo de dano ou de risco ao resultado útil do processo, quando: IV – a petição inicial for instruída com prova documental suficiente dos fatos constitutivos do direito do autor, a que o réu não oponha prova capaz de gerar dúvida razoável". Nesta previsão legal, há um convite para o juiz formular, justificadamente, juízo valorativo no tocante ao conjunto fático-probatório, que possa forrar seu espírito contra qualquer "dúvida razoável". A aplicação daquela regra não ocorre de forma automatizada, tampouco se exaure como procedimento de subsunção ou se evanesce em cadeias de deduções lógicas. Demais disso, cintila uma constelação de previsões legais que, de logo, carregam consigo a exigência de juízo de valor por parte do hermeneuta-aplicador ensartadas no Código Civil brasileiro: *v.g.*, arts. 402, 466, 562, 572, 606, 623, 633, 696, 720, Parágrafo único, 1.530, Parágrafo único.

Força é reconhecer, em semelhante contexto de abertura, de valoração e de concretização, o incremento formidável dos poderes do juiz, ante a insuprimível necessidade de sua obra, racionalmente justificada, de interpretação-aplicação-criação de normas jurídicas (particulares e concretas),[910] *ex vi* do reconhecimento atual da insuficiência do caráter meramente lógico-subsuntivo do raciocínio decisório.

---

[909] Excelentemente, BARBOSA MOREIRA, José Carlos. Le raisonnement juridique dans les décisions des cours d'appel. Le raisonnement juridique dans les décisions de cours d'appel. *Temas de direito processual*: quinta série. São Paulo: Saraiva, 1994, p. 109-129, esp. p. 124: "On rejoint à ce point-là le problème de la justification des jugements de valeur. La plupart des arrêts inclinent à se montrer plutôt réticents à cet égard. Il est certes impossible d'éliminer de évaluations tout éléments subjective. Cela n'est du reste pas grave, au moins dans la mesure où la subjectivitè s'assume comme telle et se soumet de ce fait au contrôle extérieur. Le plus grand danger, dans cette matière, est que la cour garde le silence sur ses prémisses (philosophiques, morales, idéologiques, politiques) ou essaie de faire passer ses évaluations pour des vérités apodictiques".

[910] BUENO, Cassio Scarpinella. *Curso sistematizado de direito processual civil*: teoria geral do direito processual civil. 3. ed. São Paulo: Saraiva, 2009, v. I, p. 78.

Em suma, essas as discussões com escrúpulos metodológicos relativamente à Jurisprudência de Conceitos, à Jurisprudência de Interesses e à Jurisprudência de Valores, uma a influir nas outras, mas todas, em larga medida, repudiando o formalismo da lei escrita e o esquema lógico-formal-dedutivo, alicerçado no modelo silogístico-subsuntivo, como dogmas do pensamento do positivismo jurídico. Não seria despropositado dizer, perfurando as muralhas do ceticismo, que essa trilogia jurisprudencial não perdeu atualidade e aplicação prática, haja vista que conceitos abstratos, interesses individuais e coletivos e valores continuam, mediante estruturas metodológicas de coexistência, que não se eliminam,[911] e implicações mútuas, a irrigar, sincreticamente, o solo fértil da produção e da interpretação-aplicação do Direito em nossa contemporaneidade, como instrumento de realização de justiça material. Esta nova dogmática de interpretação jurídica opera no âmbito de um sistema aberto, plural, finalístico, dialético.

Antes do mais, parece bem aduzir que a expressão formalismo jurídico é polissêmica, dês que permeável a um manancial sentidos. É útil catalogar quatro plausíveis acepções: (i) uma concepção formal da justiça; (ii) uma teoria formal do direito; (iii) ciência do direito como ciência formal; e (iv) uma interpretação formal do direito.[912]

Com efeito, na linha bobbiana, pode-se, primeiramente, identificar o formalismo jurídico com uma determinada ideia de justiça que considera justo aquilo que é conforme à lei, e vice-versa. Nesta concepção, a ideia de justiça coincide com o espectro da lei, no sentido de que a justiça se reduz à simples conformidade ao regramento legal. Trata-se de impostação legalística de justiça, pois independe de qualquer juízo de valor sobre justiça ou injustiça em relação ao quadro fático subjacente. Ou seja: a lei positiva é justa apenasmente por ser lei, nada além disso, eliminando-se a possibilidade de se lançar mão de qualquer critério valorativo acerca da justiça ou injustiça dos atos. A concepção formal de justiça é permeada pelas noções de ordem (como exigência de observância das regras legais) e de igualdade (tratamento igualitário dos destinatários das regras legais).[913]

De outra parte, em segundo lugar, na visão bobbiana, o formalismo jurídico é suscetível de ser entendido como uma teoria formal do direito, cuja finalidade é fornecer uma definição do direito, como forma, distinguindo-o da moral e do costume. Exemplo frisante está na Teoria Pura do Direito kelseniana, quando não se importa com o fim ou o conteúdo da regulamentação jurídica, sempre por excessiva preocupação de objetividade e desertando de colher os interesses reais em jogo, mas sim releva a forma da regulamentação, especialmente aquela através do poder estatal coativo.[914] Nessa perspectiva, a Teoria Pura se reduz a uma teoria geral da lei ou teoria do direito positivo, a serviço de um formalismo estreito, cujo objetivo primordial é o de defender o juspositivismo e a objetividade dos valores legais formais.

---

[911] FERREIRA, Jussara Suzi Assis Borges Nasser; LIMA, Maria Beatriz Gomes de. *História do pensamento jurídico: hermenêutica e modernidade. Rev. Ciên. Jur. e Soc. da Unipar,* Umuarama, v. 10, n. 2, p. 275-290, jul./dez. 2007, esp. p. 287-288.

[912] BOBBIO, Norberto. *Giusnaturalismo e positivismo giuridico, op. cit.,* p. 64-65, 69-73, 74-79.

[913] BOBBIO, Norberto, *op. cit.,* p. 66-69.

[914] No tocante à "pureza", vide KELSEN, Hans. *Teoria pura do direito:* introdução à problemática científica do direito. (RT – textos fundamentais; 5). 6. ed. rev. São Paulo: Revista dos Tribunais, 2009, p. 67: "Intitula-se Teoria "Pura" do Direito porque se orienta apenas para o conhecimento do direito e porque deseja excluir deste conhecimento tudo o que não pertence a esse exato objeto jurídico. Isso quer dizer: ela expurgará a ciência do direito de todos os elementos estranhos. Este é o princípio fundamental do método e parece ser claro".

Em terceiro lugar, já a compreensão do formalismo jurídico como uma ciência formal do direito está conexionada à concepção do normativismo, enquanto ciência jurídica formal, chamada formalismo científico. No viés bobbiano, é uma forma de saber que qualifica normativamente os fatos, de maneira que se possam atribuir determinada qualificação e consequência jurídica a um fato, um ato, uma relação ou um instituto e permite, também, a formação dogmática do sistema jurídico.[915] Diz-se empreender investigação formal, porquanto não há preocupação com a causa ou a justificação teleológica de um instituto, mas a determinação de seu *status* normativo. Nessa perspectiva, fruto do enlace do formalismo científico e o normativismo, o direito é pensado como um conjunto de qualificações normativas de comportamento e estruturas normativas, como ordenamento jurídico, enquanto sistema exaustivo e fechado, expulsando de cena cogitações sociológicas, históricas, psicológicas.

Em quarto lugar, o formalismo jurídico, bem simbolizado como insinuação de uma interpretação formal do direito, no *approach* bobbiano, diz respeito ao método adotado para interpretar-aplicar a lei e a função atribuída ao intérprete. No tocante ao método, o formalismo repousa na preferência concedida às interpretações lógica e sistemática, em detrimento daquelas histórica e teleológica. No que concerne à função do intérprete, a teoria da interpretação formal atribui ao juiz uma mera função declarativa do direito positivo, e não criativa. Um tipo de interpretação baseia-se nos conceitos jurídicos, ao passo que a outra orientação se funda sobre valorações mais atentas às questões fáticas, aos interesses em jogo e aos fins sociais a serem alcançados, tudo a se refletir, naturalmente, no conteúdo e sentido da decisão judicial. Neste último caso, a escolha do juiz demonstra seu apreçamento ao paradigma consequencialista do decisório. O problema parece evadir-se do campo metodológico para gravitar na esfera ideológica (conservadora, de manutenção do *stato quo*, ou progressista, tendente a mudá-lo).

O formalismo jurídico – que muitas vezes assume uma conotação depreciativa quando se fala da característica de certos ordenamentos jurídicos (*v. g.*, direito romano arcaico)[916] – é um dos motivos de acusação e de condenação do positivismo jurídico.[917] O traço característico da definição juspositiva do direito é anti-ideológico, pela ausência de referência a valores ou fins próprios do Direito. As normas jurídicas, na definição positivista, procuram estabelecer, formalmente, o que é o Direito, excogitando, totalmente, de seu conteúdo, abstraindo-se da própria matéria regulada.[918] É dizer: as expressões forma e formal (da qual deriva formalismo) foram, ao longo do tempo, usadas em campos diversos (*v. g.*, filosófico, científico) e, como já assinalado, não têm um significado unívoco.[919] O formalismo jurídico implica construção racionalista do direito, cuja equação lógico-dedutiva restou, modernamente, reafirmada pelo normativismo kelseniano. O seu modelo foi plasmado no direito positivo e, sobretudo, nutrido por norma fundamental pressuposta.

---

[915] BOBBIO, Norberto, *op. cit.*, p. 73-77.

[916] TARELLO, Giovanni. Formalismo, verbete. *Novissimo digesto italiano*. Torino: Editrice Torinese, 1957, v. VI, p. 571-580, esp. p. 573.

[917] BOBBIO, Norberto, *op. cit.*, p. 84-86.

[918] BOBBIO, Norberto. *O positivismo jurídico*: lições de filosofia do direito. São Paulo: Ícone, 1995, p. 145: "Este modo de definir o direito pode ser chamado de *formalismo jurídico;* a concepção formal do direito define portanto o direito exclusivamente em função da sua estrutura formal, prescindindo completamente do seu conteúdo – isto é, considera somente *como* o direito se produz e não *o que* ele estabelece". (Grifos no original).

[919] CAMMARATA, Angelo Ermanno. Formalismo giuridico, verbete in *Enciclopedia del diritto*, vol. XVII. Milano: Giuffrè, 1968, p. 1.012-1.024, esp. p. 1.012-1.013.

A cultura jurídica europeia continental – especialmente a Exegese francesa e a Pandectista alemã (cuja abordagem do direito positivo é do tipo sistemático-dogmático, reconduzindo a realidade histórica de um ordenamento positivo a conceitos gerais, institutos e complexo de categorias) –, inebriada com a ideia de perfeição dos códigos e com a alta performance dos conceitos jurídicos, cultivava a autossuficiência do direito, uma concepção compaginável com o domínio absoluto do raciocínio jurídico *more geometrico*. O positivismo jurídico formalista se assentou, também, no contexto da tradição jurídica da *common law*, embora com matizes diferentes:[920] (i) na Inglaterra, ao longo do século XIX, com a redefinição do precedente como forma de legislação delegada e a progressiva rigidização da doutrina do *stare decisis*; o trabalho em torno da conceituação de *ratio decidendi*; a difusão de um estilo de raciocínio judicial ancorado, sempre, em uma regra legislativa ou jurisprudencial do sistema;[921] (ii) nos Estados Unidos, no terceiro período do século XIX, grassava estilo meramente dedutivista de justificação das decisões judiciais, fechado a considerações substantivas,[922] dando, porém, um peso considerável à impostação do formalismo "jurisprudencial".

A metodologia do silogismo judicial, de estrutura axiomático-dedutiva, abstrai de todo e qualquer componente valorativo no seu programa de atuação. Entrementes, a assim chamada era do pós-positivismo patrocinou uma rebelião contra o formalismo jurídico exacerbado, pernicioso e asfixiante, através de sua abertura ao fundamento axiológico do Direito, especialmente no tocante à funcionalidade dos valores positivados nos direitos fundamentais. Superou-se a concepção simplesmente silogística do ato decisório. Na realidade, o raciocínio judicial não se adstringe a um mero silogizar, pois, quando o juiz formula sua decisão, não adota necessariamente um rígido esquema silogístico, em que (i) a premissa maior é a norma pertinente, (ii) a premissa menor corresponde aos fatos acertados e (iii) a conclusão é representada pelo comando estabelecido no dispositivo. Não se sustenta mais, em tema de sentença, o velho *clichê* transportado do silogismo judicial, como instrumento lógico para encontrar a solução já respondida na lei escrita.[923]

Sortidas vertentes do pensamento jurídico, ainda no final do século XIX, rompendo a cortina da marginalidade, apostaram, em arrojada empresa filosófica, numa revolta antiformalista.[924] Buscaram, assim, deslegitimar os padrões rígidos impulsionados, até então, pelos ventos do positivismo jurídico. De fato, a posição da livre pesquisa científica na França; a Jurisprudência de Interesses e o movimento do Direito Livre na Alemanha; os realismos escandinavo e norte-americano passaram, em uníssono, a acoimar de falsa a imagem transmitida pelo formalismo jurídico de alguns ordenamentos jurídicos unitários, completos, autossuficientes de soluções, plenos, coerentes.[925]

---

[920] ACCATINO SCAGLIOTTI, Daniela. *La motivación de las sentencias*: genealogía y teoría. 2005. 316 f. Tesis (doctorado en filosofía del derecho) – Facultad de Derecho, Universidad de Granada, Granada, 2005, p. 97-99.

[921] MACCORMICK, N. *Legal reasoning and legal theory*. Oxford: Oxford U. Press, 1997, p. 60.

[922] LLEWELLYN, Karl N. *The bramble bush*: on our law and its study. New York, London & Rome: Oceana Publications, 1991, p. 158.

[923] REDENTI, Enrico. In memoria di Piero Calamandrei. *Rivista Trimestrale di Diritto e Procedura Civile*, Milano, Anno XII, 1958, p. 1-17, esp. p. 4.

[924] Para um aceno geral em relação ao antiformalismo, vide WHITE, M. G. *Social thought in America*: the revolt against formalism. New York: Viking Press, 1952. Assim, também, TANZI, Aristide. *L'antiformalismo giuridico*. Un percorso antologico. Milano: Rafaello Cortina Editore, 1999.

[925] ACCATINO SCAGLIOTTI, Daniela, *op. cit.*, p. 101.

O resultado da sublevação antiformalista resultou em uma nova história exprimida por um padrão intelectual composto de pragmatismo, de institucionalismo, de behaviorismo, de realismo jurídico.[926] No contágio das ideias de superação do formalismo, deriva abraçamento da realidade, envolvendo-a ativamente, qual deserção de categorias rígidas de pensamento, em compromisso com o método científico como instrumento de esquadrinhamento social.

Em França, ocorreu ampla difusão da reação antiformalista, máxime após a vigência do Código napoleônico, contra a concepção do método exegético-gramatical, enraizada na ideia de autossuficiência. Daí o engenho racional poderia deduzir soluções para todo e qualquer tipo de conflito jurídico intersubjetivo. Em semelhante ambiente, exsurge a figura do juiz neutro, com atuação meramente mecânica, despojado do mais tênue traço de criatividade.

Noutros termos: predominava o fetichismo de que as disposições dos códigos, notadamente o Código Civil, albergavam todas as regras indispensáveis para resolver qualquer problema jurídico. A função do juiz, nesse contexto, limitava-se ao mero trabalho de mecânica dedutivista-silogística das normas e dos princípios insertos no código.[927] Contudo, a experiência demonstrava que a lei escrita não exibia aptidão para resolver todos os problemas concretos intersubjetivos oriundos do superlativamente fértil e rico substrato social.

A revolta antiformalista, no firmamento jurídico francês, foi, em meio a muitas outras prestigiosas vozes doutrinárias, impulsionada por François Gény (1861-1959), que, em sua significativa obra *Méthodes d'interprétation et sources en droit privé positif* (1989),[928] sustenta a tese de que "os elementos puramente formais e lógicos que se apresentam aos juristas no aparato exterior clássico do direito positivo são insuficientes para satisfazer os objetivos da vida privada." De conseguinte, elegeu um método de interpretação independente da vontade do legislador, quando a lei e os costumes resultam insuficientes, mas assentado na tradição doutrinária e, sobretudo, na livre pesquisa científica, que pode descobrir "os elementos objetivos que determinam todas as soluções requeridas ao direito positivo". Tais ferramentas seriam idôneas para fornecer ou criar um *aliud* ao direito positivo, que não estaria atrelado artificialmente à lei. Muitos outros autores franceses se orientaram, igualmente, no sentido antiformalístico, com notável abertura para a realidade social.[929]

A doutrina genyana da livre investigação científica, dentre outros, tinha o mérito de consentir, por exemplo, que as lacunas do direito e as omissões nas normas jurídicas existentes fossem supridas, através da livre prospecção de novas regras. Franqueavam-se ao intérprete-aplicador do direito as ferramentas para sobrepujar as insuficiências inerentes à lei escrita e, desse modo, perscrutar a solução jurídica na exterioridade do domínio exíguo da lei positiva.

---

[926] WHITE, M. G., *op. cit.*, p. 3.

[927] RECASENS SICHES, Luis. *Nueva filosofía de la interpretación del derecho*. México: Porrúa, 1973, p. 45.

[928] GÉNY, François. *Método de interpretación y fuentes en derecho privado positivo*. 2. ed. Madrid: Editorial Reus, 1925, p. 23.

[929] Vide, dentre outros: CRUET, Jean. *La vie du droit et l'impuissance des lois*. Paris: Ernest Flammarion Éditeur, 1908; MORIN, Gaston. *La révolte des faits contre le code*. Paris: Bernard Grasset, 1920; RIPERT, Georges. *Les forces créatrices du droit*. Paris: Librairie générale de droit et de jurisprudence, 1955.

Rechaçou-se o pensamento do positivismo formalista de que o direito se bastava (e se exauria por si só) no teor literal da lei, como se a lei escrita tivesse aptidão para ofertar (ou da qual se pudesse deduzir, na fecunda vida jurídica) a totalidade de soluções para os problemas individuais, reais e possíveis, usinados pela complexidade das relações sociais. De fato, lei é um sistema de regras, mas não é crível que possa determinar o desfecho de qualquer caso particular, sem referenciar-se às fontes externas, não legais (*v. g.*, concepção de justiça do juiz, normas comerciais consuetudinárias). Os conceitos e tipos insculpidos nas normas jurídicas gerais e abstratas – as quais não têm pendor para produzir mais do que os comandos que agasalham – estavam sempre em mora com a vida social inigualavelmente mais rica. À luz das exigências e das aspirações sociais, o direito positivo, através de suas normas gerais e abstratas, é incapaz de prever e, portanto, regular todos os eventuais comportamentos humanos em seus concretos aspectos. Noutros termos: a riqueza multifária da vida em sociedade, além de fornecer cotidianamente novas realidades sociais substanciais, excogitadas pela imaginação do legislador e, por isso mesmo, não contempladas na legislação, se incumbiu de desmentir a falsa estampa difundida pelo positivismo jurídico de antanho.

Com efeito, aquela insurreição crítica tinha, também, como endereço doutrinário a teoria da hermenêutica da época, a qual afirmava que o processo unitário de interpretação-aplicação do direito se circunscrevia à metodologia da subsunção de um fato a uma lei preexistente.[930] Para dizê-lo mais uma vez, de modo diferente: aquele movimento de crítica ao formalismo jurídico arremeteu contra a ideia silogístico-mecânica do direito, pois este não se adstringe ao universo da legislação positivada.

Ponha-se em alto relevo que, na virada do século XIX, outra espécie de motim antiformalista foi encetado pela influente escola de pensamento do direito alemão chamada Movimento para o Direito Livre, como ressureição do direito natural sob outro figurino. Combateu o fetichismo da lei escrita, a idolatria dos conceitos e o louvor das construções lógicas. A sua crítica ao positivismo jurídico, entendido como uma postura jurídica técnico-formal-legalista, de apego incondicional à legislação escrita e à aplicação de uma interpretação lógico-dedutiva, refutou o discurso preconizador de neutralidade valorativa, de formalismo jurídico, de precisão, de univocidade, de coerência, de completude do ordenamento jurídico. Repeliu, também, a ideia de fonte única do direito exclusiva do Estado (menoscabando as convicções predominantes das pessoas de certo lugar e determinado momento histórico, a propósito do que é justo, e que regulam, realmente, as respectivas condutas) e da interpretação mecanicista dos preceitos legais, promovida através de um método hermenêutico formal, lógico, técnico e dedutivo.

O Movimento para o Direito Livre se insurgiu, igualmente, contra a Jurisprudência de Conceitos, que, nas lacunas da lei, enredava pelo labirinto dos conceitos abstratos, encorajando, em tais casos, o agir criativo do juiz. Apoiava a tese de que o Direito Livre não estava nos livros de direito. Ademais, tal vertente de pensamento mostrou-se receptiva às infiltrações da Psicologia e das Ciências Sociais em geral.

Quatro expoentes do Movimento para o Direito Livre, em suas tendências radicais ou moderadas, foram Oskar Büllow (1837-1907), Ernst Fuchs (1859-1929), Hermann

---

[930] ROCHA, Sergio André. Evolução histórica da teoria hermenêutica: do formalismo do século XVIII ao pós-positivismo. *Lex Humana*, v. 1, n. 1, p. 77-160, 2009, esp. p. 90.

Ulrich Kantorowicz (1877-1940) e Eugen Ehrlich (1867-1922).[931] A sílaba tônica de semelhante pensamento está na crítica ao formalismo jurídico e na irresignação enfática face à interpretação-aplicação puramente esquemática, silogística (processo de dedução lógico-formal), e à técnica de subsunção (mecânica) da lei escrita. É dizer: acentuou-se a importância da linha doutrinária genyana da livre investigação do direito, como atividade para colmatar as lacunas jurídicas (*v. g.*, determinada situação fática não foi disciplinada pelo ordenamento legislativo; obscuridade quanto à solução legal adequada para certo caso concreto) existentes na legislação positiva, que não pode ser havida por perfeita, acabada, completa, unívoca.

Seria empresa vã a tentativa de se anular *ab imis fundamentis* a individualidade do juiz, pois a aplicação de uma norma geral a um caso particular é necessariamente uma atividade pessoal. Em hipótese tais, o juiz estaria autorizado a garimpar, fora do terreno do direito positivo, a solução do caso judicando que lhe parecesse mais justa. Vicejaram, nesse contexto, tendências mais moderadas ou mais radicais de rejeição da concepção de que a lei ou o próprio sistema jurídico açambarcam a totalidade do direito ou amalgamam as aspirações e os valores da sociedade que hão de ser placitados pelo juiz ao proferir sua decisão.[932] O Movimento para o Direito Livre, na perspectiva kantorowicziana, compartilhava do seguinte programa operativo: (i) a popularidade da jurisprudência viva; (ii) sua especialização a cargo de profissionais; (iii) sua imparcialidade; e (iv) a própria justiça, que exige liberdade, personalidade, cultura e competência.[933] Nesse diapasão, a boa administração da justiça subordinar-se-ia a traços profissionais e pessoais do juiz, cuja atuação, de todo modo, era considerada mais importante do que a lei escrita. Para esta vertente de pensamento, o ideal maior que deveria nortear o direito seria a busca da justiça material.

Não é totalmente exato dizer que o Movimento em tela apregoasse julgamentos *contra legem*, ou que fosse dado ao juiz ignorar a lei escrita em vigor, apesar da desastrada afirmação kantorowicziana,[934] de que – em casos específicos e como uma espécie de mal necessário menor – os juízes poderiam decidir inclusive *contra legem*, com posterior tentativa de mitigação desta assertiva. De fato, os juristas da tendência mais extremada do Direito Livre preconizaram que o juiz pudesse criar a norma jurídica quando a norma aplicável fosse injusta.

Diga-se, em honra da verdade, que os próceres da tendência moderada tinham em mira apenas indicar o procedimento a ser seguido pelo juiz, quando, no direito positivo, houvesse lacunas provocadas por situações fáticas não contempladas no regramento legal. A possibilidade de criação da norma pelo juiz se descortinava somente quando se encontrasse diante de uma lacuna. Ou seja, delinearam o *modus operandi* para colmatá-las. Nas decisões judiciais, o direito da sociedade, "direito vivo", constituído por instituições básicas (*v. g.*, família, matrimônio, propriedade, posse, contrato, sucessão),

---

[931] Para uma visão panorâmica do Movimento do Direito Livre, vide LARENZ, Karl, *op. cit.*, p. 77-83.

[932] HERKENHOFF, João Baptista. *Como aplicar o Direito*: à luz de uma perspectiva axiológica, fenomenológica e sociológico-política. 7. ed. Rio de Janeiro: Forense, 2001, p. 51.

[933] HERKENHOFF, João Baptista, *op. cit.*, p. 56.

[934] O Movimento para o Direito Livre ou justo surgiu, em 1906, na Alemanha, com a publicação da obra *Der Kampf um die Rechtswissenschaft*, por Hermann Ulrich Kantorowicz (1877-1940), sob o sugestivo pseudônimo de Gnaeus Flavius (escriba e tribuno romano que revelou ao povo o formulário judicial, cujo conhecimento era privilégio dos sacerdotes).

deveria sobrelevar o direito legislado sempre que o juiz não pudesse extrair dos textos normativos uma solução de maneira límpida e justa. Para isso, reafirme-se, considerou-se haver lacuna quando a lei escrita não resolvia o caso judicando de forma explícita, inequívoca e justa (por exemplo, quando se tratasse de um *hard case*, em dicção hartiana). Nesta segunda hipótese está o *punctum dolens* da questão e mola propulsora de críticas ao Movimento em exame[935] (*v. g.*, de acordo com critérios objetivos, ainda que de caráter extralegal, e controláveis, ou segundo um mero critério subjetivo, assente primado do sentimento jurídico – melhor a exigência por ele formulada – pessoal do juiz).

Nesse passo, é útil passar em revista os aspectos ditos positivos e negativos suscitados no âmbito do Movimento para o Direito Livre.[936] Assim, não se pode deixar de aplaudir: (i) a ponderação da realidade e dos valores sociais na interpretação-aplicação do direito; (ii) a valorização e maior responsabilidade do papel do juiz, com ênfase para o aspecto criativo inerente à função jurisdicional; (iii) a quebra da crença no paradigma de certeza, em relação ao ordenamento jurídico positivo; (iv) a introdução de uma pauta axiológica no raio de ação dos juristas, no que concerne à atividade de interpretação-aplicação do direito. Contudo, variadas críticas lhe foram encetadas: (i) privilegiaria as convicções pessoais do juiz, fomentando o seu subjetivismo e o arbítrio judicial; (ii) poderia conduzir a uma ditadura togada, ameaçando a ordem jurídica; (iii) anularia a segurança, a certeza, a estabilidade, a unidade, a objetividade, enquanto notas essenciais do direito; (iv) as garantias jurídicas desvaneceriam, produzindo decisões diferentes para um mesmo litígio, e, com isso, minariam a fidúcia da comunidade em seu sistema de justiça.

Porém, algumas críticas desmereciam prosperar. Com efeito, não se pode almejar que a lei escrita contemple as soluções para todos os casos concebíveis na rica e plasticamente mutável realidade social. O mito da completude da ordem jurídica já foi desnudado há tempos. Por outro lado, não se pode simplesmente ignorar em silêncio a presença da intuição no juízo[937] e, portanto, na gênese do ato de julgar, tingida amiúde com infusões de sentimento-emoção, tampouco se desprezarem a subjetividade e a personalidade do juiz, que não é uma máquina calculadora, para, consequentemente, se afirmar a ingênua objetividade do *decisum*. A arbitrariedade judicial pode (ou melhor: deve) ser concretamente controlada através de inúmeros instrumentos: obrigatoriedade de motivação jurídica pública das decisões; duplo grau de jurisdição de mérito; interponibilidade de recursos cabíveis; colegialidade. Some-se a possibilidade de controle democrático e difuso, permitido pela publicidade da motivação jurídica do julgado,[938] por qualquer cidadão, sobre o *quomodo* do exercício do poder pelo juiz.

Noutro giro, a vertente de pensamento do realismo jurídico, tanto o de matriz escandinava quanto o de tradição norte-americana, simbolizou, também, uma reação ao formalismo legalista. De fato, os realistas adotam um método empírico de investigação científica e não axiológica do direito, com intensa carga sociológica. Abandonam

---

[935] KLUG, Ulrich. *Lógica jurídica*. Tradução J. C. Gardella. Bogotá: Themis, 2004, p. 11-12.

[936] HERKENHOFF, João Baptista, *op. cit.*, 57-58.

[937] CARNELUTTI, Francesco. Nuove riflessioni sul giudizio giuridico. *Rivista di Diritto Processuale*, Padova, v. XI, Parte 1, p. 81-106, 1956, esp. p. 96: "Stimo importante per non dire fondamentale per la teoria del giudizio cercar di svolgere l'intuizione contenuta in questa formula".

[938] DÍAZ SAMPEDRO, Braulio. La motivación de las sentencias: una doble equivalencia de garantía jurídica. *Foro*, Nueva época, Madrid, n. 5, p. 59-85, 2007, esp. p. 85.

inquirições jusfilosóficas de cunho metafísico ou ideológico, uma vez que depositam especial relevo na realidade jurídica, efetiva e concreta (*v. g.*, fatos sociais e históricos), além do protagonismo da prática judicial na fixação do direito. Imperava no realismo norte-americano, pois, uma atitude de ceticismo, pelo menos parcial, perante as normas jurídicas, como objeção ao formalismo em face dos conceitos jurídicos. Nesse diagrama, as disposições legais ostentavam função adminicular, de meras coadjuvantes, e não inspiravam a decisão.[939]

No crepúsculo do século XIX, um dos mais significativos precursores do Realismo Jurídico norte-americano foi o imenso Oliver Wendell Holmes, Jr. (1841-1935), que contribuiu com reflexões importantes sobre a criação do direito e o processo judicial. Ouça-se uma de suas principais afirmações, em sentido vetorialmente oposto à crença então dominante: "A vida do direito não foi lógica: tem sido experiência".[940]

Alguns outros expoentes: Roscoe Pound (1870-1964), Benjamin Cardozo (1870-1938), Karl Llewellyn (1893-1962), Felix Cohen (1907-1953) e Jerome Frank (1889-1957). Já o Realismo Jurídico escandinavo contou com os seguintes arautos mais relevantes: Axel Hägerström (1868-1939), Vilhelm Lundstedt (1882-1955), Karl Olivecrona (1897-1980), Alf Ross (1899-1979). O *Legal Realism* emprestou relevância à psicologia da atividade judicial; ao passo que o Realismo Jurídico escandinavo colocou ênfase no papel dos tribunais em relação ao ordenamento jurídico. Tais correntes comungavam, no entanto, de posições comuns: (i) prelação pelo método empírico nas investigações científicas e (ii) repulsa por valores absolutos no contexto jurídico.[941]

O realismo jurídico acolhe em seu ventre um variegado conjunto de concepções do direito, diversas umas das outras, mas que se agregam ao redor de uma fogueira comum: conferem importância à efetividade operativa do juiz na aplicação do direito. A validade do direito não reside no formalismo, ou não consiste, absolutamente, em normas jurídicas, mas descansa na factualidade, no sentido de que a norma legal não é o ponto de referência, senão que a decisão judicial, o precedente, como direito cunhado pelo juiz (*Judge-made law*). O enfoque realista não se importa com um sistema da razão, a partir de princípios éticos, axiomas ou deduções, pois concebe o direito como as previsões sobre o que os tribunais farão concretamente; aquilo que de fato resolverão provavelmente, nem mais nem menos.[942]

Poder-se-ia imaginar, no programa realista, a imprevisibilidade do teor da decisão judicial, que não seria fruto de raciocínio, mas de intuições que guiam o juiz à conclusão final, mesmo antes de haver buscado ministrar razões que possam racionalmente justificá-la.[943] Nessa conjuntura, o direito se identificaria com os critérios adotados pelos juízes nas decisões proferidas. Porém, quando a atividade judicial se desgarra dos planos da lei, em uma orquestração antiformalista exacerbada, o valor segurança

---

[939] NADER, Paulo. *Filosofia do Direito*. 23. ed. Rio de Janeiro: Forense, 2015, p. 219.

[940] HOLMES JR., Oliver Wendell. *The common law*. University of Toronto Law School Typographical Society, 2011, p. 5: "The life of the law has not been logic: it has been experience. The felt necessities of the time, the prevalent moral and political theories, intuitions of public policy, avowed or unconscious, even the prejudices which judges share with their fellow-men, have had a good deal more to do than the syllogism in determining the rules by which men should be governed. The law embodies the story of a nation's development through many centuries, and it cannot be dealt with as if it contained only the axioms and corollaries of a book of mathematics".

[941] NADER, Paulo, *op. cit.*, p. 221.

[942] Para uma visão panorâmica do tema, vide HOLMES JR., Oliver Wendell. *The path of law*. Nova York, 1920.

[943] FRANK, Jerome. *Law and the modern mind*. New Brunswick: Transaction Publishers, 2009 [1930], p. 108 ss.

jurídica, na obtenção de certeza jurídica, experimenta depressão. Certamente, não é este o momento para aprofundar o ponto. É suficiente, aqui, a observação de que a resolução dessa questão escorrega do contexto de descoberta ou de deliberação para o contexto de justificação ou de confirmação do julgado.[944]

Em posição diametralmente oposta, a corrente do Normativismo preconiza que a norma seja o núcleo essencial do direito e, por isso, considera a decisão judicial como mero fenômeno acessório. O *approccio* normativístico concentra suas atenções nas previsões legais, no ordenamento jurídico como um todo.

Trata-se, em suma, de duas culturas jurídicas diversas: o jurista realista é prático, opera com a realidade empírica no fito de dirimir problemas concretos; enquanto o jurista normativista busca qualificar a realidade à luz de categorias abstratas e vai se banhar em fontes doutrinárias. Tais vertentes de pensamento se norteiam por valores diferentes: o Normativismo rende homenagem à igualdade formal, associada com a certeza do direito, considerado como um feixe de regras gerais e abstratas; ao passo que o valor fundamental do Realismo Jurídico é a justiça substancial, vale dizer, a justiça animada pelas especificações do caso concreto, imolando, por isso mesmo, a igualdade substancial, que deve dar lugar à equidade e à certeza do direito.

Por tudo, três traços característicos do Realismo Jurídico norte-americano podem ser assim sintetizados, nada obstante a ausência de uniformidade deste endereço de pensamento, donde é possível sufragar, como já observado, a existência de inúmeras correntes realistas: (i) a exigência de desenvolvimento de investigações empíricas para os fins práticos do direito e da legislação; (ii) a atividade de elaboração da decisão judicial é essencialmente essencial para a compreensão do que seja o direito, que não será encontrado em normas positivas, donde a relevância do entendimento dos mecanismos (conscientes e inconscientes) que conduzem o juiz a formular o *decisum*, pois a decisão judicial é muito mais do que o simples resultado da aplicação de uma regra legal a um fato (ou conjunto de fatos) específico;[945] e (iii) os juízes tomam decisões lastreados em um leque variadíssimo de elementos, e apenas alguns são conscientes, racionais, analíticos; ao passo que outros fundamentos de elaboração da decisão são mais complexos e menos evidentes.[946]

Do Realismo Jurídico promana a desmistificação da análise psicológica da atividade do juiz, que denuncia a presença de fatores irracionais. Fadada a inglório fracasso, a aplicação lógico-silogística e impessoal da lei se esfalfa em esconder a dimensão daquilo que acontece, realmente, no ato de julgar. Na verdade, o juiz não se orienta por um processo lógico (da fixação das premissas à ilação final); antes, adere a um processo psicológico de primeiro intuir a decisão a tomar, esculpindo mentalmente sua hipótese de julgamento, para, só depois, racionalizar intuições, sentimentos e emoções, como

---

[944] Vide, no ponto, CARRIÓ SUSTAITA, Genaro Rubén. *Notas sobre derecho y lenguage*. 3. edición aumentada. Buenos Aires: Abeledo Perrot, 1986, p. 65: "Los 'realistas', es verdad, pusieron ante nuestros ojos hechos muy importantes que la teoría jurídica había pretendido ignorar. Pero también es verdad que muchos de ellos confundieron sistemáticamente los problemas psicológicos implicados en la génesis o motivación de las decisiones judiciales y los problemas de un tipo completamente distinto vinculados a la justificación de ellas. Al incurrir en esa confusión echaron por la borda mucho más de lo que era necesario para refutar el esquema formalista".

[945] GREEN, Michael Steven. Legal realism as theory of law. *William & Mary Law Review*, Williamsburg, v. 46, Issue 6, Article 2, p. 1915-2000, 2005, esp. p. 1921-1939.

[946] FRANK, Jerome, op, cit., p. 2-5.

peregrino em busca de confirmação na prova dos autos, nos conceitos jurídicos e na ordem jurídica positiva (primeiro, a conclusão; posteriormente, a prospecção de premissas apropriadas que possam racional e validamente suportá-la). Haveria, por dizê-lo assim, uma inversão da lógica formal e subversão da ordem moral do silogismo judicial: a conclusão precede as premissas que, no pensamento realista, servem para justificá-la.[947]

Sob as lentes dos realistas, quem quiser divisar o direito não o descobrirá em textos de legislação positiva, mas, efetivamente, nas decisões dos tribunais. Na rejeição dos realistas das regras legais descansa sua teoria do direito, que se consubstancia, na concepção antiformalista do *Legal Realism*, no feixe de decisões proferidas por pessoas no poder. O direito real é aquele declarado pelo tribunal ao julgar o caso concreto. Como bem se compreende, tais decisões não se afivelam necessariamente ao *script* de racionais, porquanto os juízes têm valores e preferências ideológicas e são afetados, como qualquer ser humano, pelas características herdadas ou noções adquiridas, ao longo da vida, que transportam, inexoravelmente, para a magistratura.

Na perspectiva do Realismo Jurídico, os julgamentos são plasmados por fatores irracionais, posto que orientados, *v. g.*, por intuições. O centro de gravidade do verdadeiro Direito, efetivamente real, como espelho da realidade social, ante o eclipse da ideia de sistema de normas jurídicas, se desloca para o núcleo das decisões judiciais e, sobretudo, abraça o comportamento do juiz.

A indeterminação normativa poderia descortinar a possibilidade de que decisões materialmente diferentes possam invocar, como fundamento, o mesmo texto legal. Não por outra razão, no entendimento realista, na prática dos tribunais, os fatos desfrutariam primazia e maior prestígio na decisão judicial, em contraste com o regramento legal indicado pelos litigantes.

É bem de ver que nem todo formalismo, enquanto método de decisão judicial, é uma erva daninha a ser extirpada do campo jurídico. O melhor exemplo à mão diz com o chamado formalismo valorativo. Não se pode ficar obcecado pelo (en)canto das sereias das regras legais, deixando fora de seu raio de visão as razoáveis exigências sociais. Na atual quadra histórica, a dimensão publicística do processo deve ser capaz de transportar, além dos litigantes, resultados aceitáveis para a sociedade em que se insere, abandonando-se, por isso mesmo, a realidade da decisão judicial formalista, míope ou cega em favor (i) das especificações do caso; (ii) das necessidades de tutela do direito material; e (ii) de suas consequência sociais.

É palmar e entra pelos olhos o ingrediente político, moral e ideológico do direito, que impede que se represente a decisão judicial como produto acabado do formalismo lógico, ou como fruto de um processo objetivo do raciocínio jurídico, ignorando-se, por exemplo, a personalidade do juiz, seu conhecimento intuitivo, sentimento, emoção e o contexto social do caso particular.[948]

A heterogeneidade do Judiciário, de par a limitá-lo enquanto Poder estatal, impulsiona a sua independência e incentiva a difusão de concepções diversificadas, cuja governança difere de um para outro juiz, por características internas, pessoais ou comportamentais (*v. g.*, traços de personalidade, temperamento, educação, raça, sexo,

---

[947] CALAMANDREI, Piero. *Elogio dei giudici scritto da un avvocato*. 4. edizione. Firenze: Le Monnier, 1959, p. 170-171.
[948] POSNER, Richard Allen. *Law, pragmatism and democracy*. Cambridge, Massachusetts: Harvard University Press, 2003, p. 19.

experiências profissional, aversão contumaz ao dissenso, ideologia política, no sentido apartidário, mas de preocupação com políticas públicas, moral, valores religiosos, condições socioeconômicas, cultura, crenças filosóficas, devoções fervorosas e por aí afora).[949]

Porém, a heterogeneidade tem um irreprimível pedágio a pagar: maiores diversidade/dissenso implicam menores homogeneidade judicial/uniformidade de decisões.[950] Deve ser avaliado o valor da homogeneidade judicial, mas pode acontecer, e geralmente acontece, que na personalidade do juiz, na heterogeneidade, na diversidade e no dissenso entre os juízes esteja a única garantia de justiça para o contendor.[951] Seja como for, se a personalidade do juiz se erige em pedra de toque da formulação do julgado, e como os juízes não são iguais, com idênticas noções e mentes estereotipadas, afigura-se impraticável a plena uniformidade, continuidade e certeza do Direito. Decerto, melhor servirá à Justiça o juiz sensível às angústias dos litigantes, dotado de humildade intelectual, trabalhador, interessado no correto exercício da jurisdição e comprometido com a tutela jurisdicional adequada, efetiva, célere e justa. E, claro, com coragem para julgar.

De qualquer forma, à interpretação judicial não se pode escamotear o valor de importante usina de criação do Direito, pois tal mimetismo se amolda, plasticamente, a novas situações e ocorrências do mundo de carne e osso. Os latentes fantasmas da insegurança e da incerteza não podem ser totalmente exorcizados, conjurados, nem sequer nos sistemas legislados rígidos. Aliás, a certeza jurídica, como um estado subjetivo do espírito, constitui atributo absoluto do sujeito que perquire a coisa ou o homem. Por assim ser, a certeza não está na coisa ou no homem examinado,[952] tampouco irrompe, ilusoriamente, das letras que compõem o enunciado de uma norma jurídica escrita geral e abstrata.

O Realismo Jurídico, principalmente o de matriz americana, apresenta o Direito, em bases mais fidedignas, acentuando sua maleabilidade no tocante à sempre mutável realidade social subjacente. Nessa conjuntura, a decisão deixa entrever, parcamente, a norma e o precedente, para revelar, acima de tudo, o juiz em sua dimensão humana.

Na Itália, no primeiro pós-guerra, encontram-se, igualmente, traços próprios de revolta contra o formalismo jurídico (legal ou jurisprudencial).[953] Os representantes de semelhante movimento estribavam-se na realidade jurídica, não na norma abstrata, apresentada como irreal, senão que no ato que cria e atua a norma, de modo que a função do juiz, enquanto hermeneuta-aplicador por excelência, reveste-se de conteúdo criativo, não sendo meramente declarativo.[954] A interpretação se traduz em atividade suscetível de transformar disposições (*v. g.*, textos, enunciados) em normas. No labor interpretativo, o juiz exprime e desvela os conteúdos normativos aprisionados nas disposições. À vista disso, as normas brotam da interpretação.[955]

É especialmente oportuno observar que, nesse vendaval desformalizante, na península itálica, outros autores, idealísticos ou não, volveram o olhar para o problema

---

[949] POSNER, Richard Allen. *How judges think*. Cambridge. Massachusetts: Harvard University Press, 2008, p. 174-203.
[950] POSNER, Richard Allen. *How judges think*, op. cit., p. 255-256.
[951] CARDOZO, Benjamin N. *The nature of the judicial process*. New York: Dover Publications, 2015, p. 13, 16.
[952] CONTE, Francesco, op. cit., p. 509.
[953] TREVES, Renato, op. cit., p. 173.
[954] CROCE, Benedetto. *Filosofia della pratica economica ed etica*. Terza edizione. Bari: Gius. Laterza & Figli, 1923, Parte III (Le leggi), p. 328-386.
[955] GRAU, Eros Roberto. *O direito posto e o direito pressuposto*, op. cit., p. 95.

medular da experiência jurídica e sustentaram o antiformalismo e o caráter criativo da atividade de interpretação jurídica, que confere concretude à norma, como usina cultural de transformação de fatos da vida em regras positivas.[956]

No segundo pós-guerra ocorreu a abertura para a Sociologia do Direito, expressada em estudos filosóficos sobre a experiência jurídica, com vigoroso repúdio ao formalismo jurídico, ante a interpenetração dos estudos jurídicos com a pesquisa histórica, sociológica e econômica, conglobando-se em um contexto cultural amplificado. O discurso jurídico deveria consonar com as lídimas exigências da organização social.[957] Nesse desiderato, afigurava-se inexorável a interlocução do Direito com outras ciências sociais. Escavações históricas e sociológicas, fundadas nas necessidades da sociedade, ajustam os elementos normativos e a concreta administração da justiça.[958] Com esses relevos, a realidade social (re)entrou pelos olhos da cultura jurídica, através da elaboração de pesquisas empíricas, como ponto de partida de investigações sobre legalidade e justiça, à luz de determinadas ideologias e utopias, confrontadas com a reação social, e da colaboração dos sociólogos com os juristas. Os fins práticos de semelhante aliança metodológica podem ser sublinhados, por exemplo, no campo da legislação, da jurisprudência e das respectivas orientações reformistas.

Nesse passo, duas observações são importantes. A primeira, na esteira antiformalista, diz com uma das regras jurídicas mais belas do ordenamento processual brasileiro, e que denuncia seu viés antiformalista, especialmente a partir da edição do Código de Processo Civil de 2015: o §2º do art. 282: "Quando puder decidir o mérito a favor da parte a quem aproveite a decretação da nulidade, o juiz não a pronunciará nem mandará repetir o ato ou suprir-lhe a falta." A segunda consideração toca às tendências de hodierno que inspiram, aqui e alhures, o Direito, acima do formalismo legalista, em cujo âmbito se relevam pautas axiológicas, com a abertura indispensável dos valores impregnados nas regras e princípios definidores de direitos fundamentais, anabolizados pela hermenêutica constitucional. A aspiração por justiça ideal desloca-se da visão meramente procedimentalista de justiça para uma concepção de decisões judiciais substancialmente équas e justas.

O que se alerta é para o perigo do formalismo rigorosamente asfixiante, afetado de fetichismo dogmático, no qual o processo vê-se encarcerado em fórmulas exacerbantes,[959] cuja sublimação é um dos desafios operativos da jurisdição contemporânea. Seja como for, é preciso pensar que não pode haver direito sem formalismo.[960] Sequer há fenômeno jurídico. Todos os sistemas jurídicos são formais, donde emerge a imprescindibilidade de observância de regras técnicas predispostas no ordenamento jurídico vigente e importantes na vida do processo civil. A forma serve à segurança jurídica, à liberdade das partes e, nesse contexto, à observação de um processo justo (CF, art. 5º, LIV).[961] Não

---

[956] ASCOLI, Max. *L'interpretazione delle leggi*: saggio di filosofia del diritto. Roma: Athenaeum, 1928. Nessa rota, CAPOGRASSI, Giuseppe. *Studi sull'esperienza giuridica*. Roma: P. Maglione editore succ. E. Loescher, 1932.

[957] Sobre a concepção do direito como norma social ou de organização social, vide CAMMARATA, Angelo Ermanno. *Formalismo e sapere giuridico, op. cit.*, p. 45-66.

[958] CAPPELLETTI, Mauro. *Giustizia e società*. 2 edizione. Milano: Edizione di Comunità, 1977, p. 14.

[959] PINHO, Humberto Dalla Bernardina de. *Jurisdição e pacificação*: limites e possibilidades do uso dos meios consensuais de resolução de conflitos na tutela dos direitos transindividuais e pluri-individuais. Curitiba: CRV, 2017, p. 33.

[960] FALZEA, Angelo, *op. cit.*, p. 80.

[961] MARINONI, Luiz Guilherme. *Novo código de processo civil comentado*. São Paulo: Editora Revista dos Tribunais, 2015, p. 294-295.

se pode, parece óbvio dizer, prescindir da técnica processual, como preordenação de meios orientados à promoção dos escopos jurídicos, tornando efetivo o império da lei, e metajurídicos do processo (*v. g.*, sociais, políticos).

Não padece dúvida de que o direito processual, como um complexo de normas instrumentais, é eminentemente formal, pois estabelece formas para os atos do juízo e das partes, embora não se resolvam em uma mera "coleção de forma". Nessa ótica, ao contrário do que se imagina, do formalismo podem irradiar-se efetividade e segurança do processo. A efetividade resulta, nesse ambiente, da capacidade de organização e de ordenação do formalismo, favorecendo a celeridade e a eficácia do processo. A segurança dimana da aptidão disciplinadora do formalismo, imprimindo a marca da previsibilidade procedimental, como indicativo do aspecto exterior do fenômeno processual em dicção calamandreiana, pois exprime os atos no modo e forma por que se movem no processo.[962]

Daí resulta que não se pode abrir mão totalmente das formas.[963] Dispensam-se poderes mediúnicos para se afirmar que a ausência absoluta de exigências legais no tocante às formas procedimentais conduziria ao tumulto para as partes, nas relações entre si e com o juiz; daí para o caos da insegurança o passo é curto. Importa registrar que a segurança jurídica, que se irradia do procedimento do tipo rígido, como o brasileiro, é elemento de organização e de funcionamento do próprio Estado Constitucional e Democrático de Direito.

Desse modo, o que se critica são as fórmulas ocas, vazias de significado, notoriamente exacerbantes e calcadas na fé da estrutura formal pela estrutura formal. O formalismo que se dever renegar é o que se traduz no culto irracional da forma estéril, como se ela encarnasse um objetivo em si mesma,[964] sem o mais tênue compromisso de contribuir para a justiça material da decisão. Assim, o que se propugna é um direito formal, sem formalismo, atento à abertura de espaços para a valorização do conteúdo e, sobretudo, dos escopos sociais da regra jurídica (*v. g.*, os procedimentos que são preordenados pela lei, em obséquio à liberdade das partes, à segurança jurídica, à confiança legítima, à boa-fé, ao devido processo legal).

A forma, livre ou vinculada, como elemento exterior e realidade sensível,[965] deve, isto sim, dar visibilidade aos valores que informam determinado sistema jurídico. Não se pode atuar o mecanismo da justiça civil com uma drástica simplificação das formas processuais. Quer-se dizer, com maior precisão, que os procedimentos devem ser organizados, tanto quanto possível, em formas simplificadas. Um exemplo à mão repousa no art. 190 do Código de Processo Civil brasileiro: "Versando o processo sobre direitos

---

[962] SANTOS, Moacyr Amaral. *Primeiras linhas de direito processual civil*. 24. ed. rev. e atual. São Paulo: Saraiva, 2008, v. 2, p. 83.

[963] ALVIM, Arruda. *Manual de direito processual civil*: parte geral. 11. ed. rev., ampl. e atual. com a reforma processual de 2006/2007. São Paulo: Revista dos Tribunais, 2007, v. 1, p. 468: "O formalismo, na prática de determinados atos, é condição essencial para a convivência social ordenada e, portanto, para uma vivência jurídica estável, a fim de que o Direito se apresente certo e seguro".

[964] DINAMARCO, Cândido Rangel. *Instituições de direito processual civil*. 6. ed. rev. e atual. São Paulo: Malheiros, 2009, v. 1, p. 40.

[965] NEGRI, Antonio. *Alle origini del formalismo giuridico*. Padova: CEDAM, 1962, p. 24-25: "È noto che la tesi kantiana à la seguente: nell'ambito conoscitivo è necessario distinguere un elemento formale, intelligibile, da un elemento materiale, sensibile; conseguentemente tempo e spazio vengono considerati come le forme organizzatrici del mondo sensibile, sebbene, ed in quanto, quali principi formali, participino del mondo intelligibile, definito "omnipraesentia phenomenon"".

que admitam autocomposição, é lícito às partes plenamente capazes estipular mudanças no procedimento para ajustá-lo às especificidades da causa e convencionar sobre os seus ônus, poderes, faculdades e deveres processuais, antes ou durante o processo". Na verdade, o que se condena, reafirme-se, é o formalismo exasperado, deformante e infrutífero que colabora para seu próprio abastardamento e desvirtuamento da finalidade precípua do processo, consistente na entrega da prestação jurisdicional, ou seja, arrosta graves riscos ao escopo de assegurar adequada tutela dos direitos subjetivos e idôneo coeficiente de efetividade da tutela jurisdicional.

No mundo do direito, bem pesadas as coisas, as formas que consentem o reconhecimento das partes são penhor de liberdade e freio à consumação do arbítrio judicial. Em verdade, no processo, o formalismo exerce tripla função ao permitir: (i) que se conheçam (ou reconheçam) os meios de atuação da tutela jurisdicional; (ii) a constatação de quais foram os elementos fático-jurídicos que influíram na formação intelectual da convicção do juiz; e (iii) a verificação se as normas processuais foram observadas pelo juízo.[966] O formalismo, nesse contexto, em si um valor positivo, visa operacionalizar as normas constitucionais que garantem o exercício do direito de ação mediante processo équo e justo (v. g., igualdade, contraditório e ampla defesa, imparcialidade, necessidade de motivação das decisões judiciais, publicidade, razoável duração do processo, devido processo legal).

Nesse teor de ideias, a crítica ao formalismo processual não se pode conceber como uma absurda crítica às formas jurídicas, pois o formalismo, entendido como estrutura fisiológica do processo,[967] no que toca notadamente às partes e ao juiz, e inspirada na colaboração como vetor de organização, não carece ser confundido com a legalidade,[968] tampouco com as degenerações dele mesmo. Tanto é que se reverencia a instrumentalidade das formas, porquanto a observância das regras técnicas não deve mais ser visualizada como um fim em si mesmo. Aliás, é o que se inculca do teor do art. 121 do Código de Processo Civil italiano: "Libertà di forme. – Gli atti del processo, per i quali la legge non richiede forme determinate, possono essere compiuti nella forma più idonea al raggiungimento del loro scopo."[969] Afina-se pelo mesmo diapasão o preceito do art. 188 do Código de Processo Civil brasileiro: "Os atos e os termos processuais independem de forma determinada, salvo quando a lei expressamente a exigir, considerando-se válidos os que, realizados de outro modo, lhe preencham a finalidade essencial". Bem se vê que o formalismo deve ceder passo à flexibilização e à interpretação racional e teleológica das normas processuais, jungidas aos objetivos a alcançar, como meios preordenados a fins substanciais. Tome-se como exemplo a citação do réu ou do executado, cuja higidez

---

[966] TOMMASEO, Ferruccio. *Appunti di diritto processuale civile*: nozione introduttive. Quarta edizione. Torino: G. Giappichelli Editore, 2000, p. 10-11.

[967] OLIVEIRA, Carlos Alberto Alvaro de. *Do formalismo no processo civil*. São Paulo: Saraiva, 1997, p. 6-7: "O formalismo, ou forma em sentido amplo, no entanto, mostra-se mais abrangente e mesmo indispensável, a implicar a totalidade formal do processo, compreendendo não só a forma, ou as formalidades, mas especialmente a delimitação dos *poderes, faculdades e deveres* dos sujeitos processuais, coordenação de sua atividade, ordenação do procedimento e organização do processo, com vistas a que sejam atingidas suas finalidades primordiais". (Reforços gráficos no original).

[968] SATTA, Salvatore. Il formalismo nel processo. *Rivista Trimestrale di Diritto e Procedura Civile*, Milano, Anno XII, p. 1.141-1.158, 1958, esp. p. 1.144.

[969] Acerca do significado e dos limites da liberdade de formas, vide SATTA, Salvatore. *Commentario al codice di procedura civile*. Milano: Vallardi, 1959, v. 1, p. 477 ss.

é indispensável para a validade do processo (CPC, art. 239, primeira parte) e a efetiva energização do contraditório (CF, art. 5º, LV). Todavia, o comparecimento espontâneo do réu ou do executado supre a falta ou a invalidade do ato citatório (CPC, art. 239, §1º, primeira parte), cumprindo-se, assim, o desígnio da citação que era a ciência acerca do ajuizamento da demanda judicial. Nessa esteira, a regra reside no aproveitamento dos atos processuais, acaso praticados com erro de forma, desde que não implique prejuízo à defesa de qualquer das partes (CPC, art. 283, e Parágrafo único).

Por assim ser, em hipóteses de citação não realizada ou de citação realizada em pessoa diversa daquela indicada pelo autor para ocupar o polo passivo da demanda judicial, não se afigura despropositado falar, em tese, em parte beneficiada pela sentença de mérito, nada obstante a falta ou a falha do ato citatório inicial.[970]

É digno de nota, na impostação da flexibilização, a Lei federal nº 9.099, de 26.09.1995, que dispõe sobre os Juizados Especiais, consagrando a informalidade do procedimento: "art. 2º. O processo orientar-se-á pelos critérios da oralidade, simplicidade, informalidade, economia processual e celeridade (...)." Tal modelo de processo, é lícito pensar, sugere uma atuação mais efetiva do juiz (v. g., na colheita do material probatório) e a entrega mais célere da prestação jurisdicional.

O fenômeno do formalismo está atrelado à expressão cultural que singulariza uma sociedade em determinada quadra histórica, sendo informado pelos valores que preponderantemente a permeiam. Experimenta, ainda, infiltrações de concepções éticas, socioeconômicas, filosóficas, políticas, ideológicas, jurídicas que formam o seu substrato. Por conseguinte, o processo, conquanto a natureza formal de sua configuração interna (regulação do modo de ser do procedimento), não se limita a um punhado de regras puramente técnicas preordenadas ao bel-prazer do legislador, como pontes obrigatoriamente empregadas para se alcançarem determinadas finalidades. A estrutura que lhe é inerente decorre de influxos axiológicos, resulta dos valores perfilhados mediante escolhas essencialmente políticas, ligadas, não raro, à própria ideologia da concreta administração da justiça.

Muito para dizer que o processo não se exaure na noção de singela realização do direito material. Não, não e renão. Na realidade, o processo é um método publicizado, ético e democrático de realização prática do ideário de justiça material e, mais amplamente, v. g., mecenas de paz social.

Há, porém, mais. No contexto de realidades circundantes, apesar da heterogeneidade de valores e da multiplicidade cultural, verifica-se crescente aproximação, além-fronteiras, na prospecção de soluções adequadas aos problemas comuns a dois ou mais países ou blocos de países, através de recíprocas importações, norteadas pela utilidade, de institutos, conceitos e técnicas processuais (v. g., Incidente de Resolução de Demandas Repetitivas, consagrado no novo CPC brasileiro, em seus arts. 976-987[971]).

---

[970] BEDAQUE, José Roberto dos Santos. *Efetividade do processo e técnica processual*. 2. ed. São Paulo: Malheiros, 2007, p. 461: "Mas, se improcedente a pretensão do autor, o vício da citação não constitui empecilho à sentença de mérito. Proferida esta, será válida e eficaz, pois a pessoa prejudicada pela falta de citação, que sequer participou do contraditório em razão dessa falha, foi beneficiada pelo resultado. (...) O Estado estabelece normas para o processo porque pretende oferecer aos que necessitam da tutela jurisdicional instrumento seguro e adequado à solução das controvérsias. Desde que seja possível este resultado sem comprometimento da segurança, não há por que insistir na observância da forma".

[971] MENDES, Aluisio Gonçalves de Castro. *Ações coletivas e meios de resolução coletiva de conflitos no direito comparado e nacional*. 4. ed. rev., atual. e ampl. São Paulo: Editora Revista dos Tribunais, 2014, p. 297-305.

Tem-se uma profunda unidade de inspiração acerca do processo e dos princípios que o informam, no campo do direito processual comparado, com intensa troca de informações doutrinárias e de dados empíricos, entrelaçando culturas, como uma multinacional do processo, em dicção liebmaniana.

3.4 A visão instrumental do processo

É expressão recorrente a de que a jurisdição contemporânea, após a implementação da agenda cappellettiana de ofertas de acesso à Justiça, de mecanismos para sua efetivação e os debates acerca da qualidade da prestação jurisdicional, não pode renunciar à sua inserção em uma dimensão ideológica democrática (*v. g.*, colaboração, contraditório, motivação das decisões, publicidade, a teor do disposto nos arts. 5º, 6º, 7º, 9º, 10º, 11º do CPC brasileiro). Semelhante ideário de democratização exibe duplo aspecto: (i) ao ângulo interno do processo, reivindica maior reverência à garantia do contraditório entre partes, entre partes e juiz e entre juiz e partes, com o objetivo de influir concreta e eficazmente na formação intelectual da convicção do juiz, especialmente na relação fato-norma e, portanto, no conteúdo de sua decisão. O dever constitucional de motivar os pronunciamentos jurisdicionais é expressão do princípio político da participação democrática das partes, no sentido de que ao juiz cumpre demonstrar, expressa e analiticamente, que levou em consideração todas as alegações fático-jurídicas formuladas pelas partes e relevantes para o adequado julgamento da causa, conducentes ao acolhimento da pretensão ou à sua rejeição.[972] A intensa participação democrática das partes no processo, em contraditório, mostra uma das vias idôneas para se alcançar o ideal de justiça material; e (ii) ao ângulo externo do processo, permite a densificação da participação popular, em graus mais ou menos intensos, sobre o *quomodo* do exercício do poder pelo juiz ou pelo qual vem empiricamente exercitada a jurisdição nos casos concretos.[973]

É dizer: assegura-se, extraprocessualmente, em uma concepção democrática de justiça, a possibilidade de controle racional e difuso, pela sociedade, expressada na opinião pública, entendida seja no seu complexo, seja como opinião do *quisquis de populo*, sobre a validade dos critérios de escolha ou de valoração empregados pelo juiz em sua decisão, e, mais amplamente, sobre a maneira pela qual os órgãos jurisdicionais exercem, concretamente, o poder estatal. A sentença é pronunciada em nome do povo soberano,[974] daí resultando, necessariamente, que, no campo político, a motivação desloca-se de seu jaez meramente técnico-instrumental para o de marco teórico de uma nova gramática garantística, por permitir, democraticamente, aquela controlabilidade

---

[972] PINHO, Humberto Dalla Bernardina de. *Direito processual civil contemporâneo*: teoria geral do processo. 4. ed. São Paulo: Saraiva, 2012, v. 1, p. 102: "A motivação permite às partes controlar se as razões e provas por elas apresentadas foram devidamente consideradas na decisão. Seria inútil assegurar o direito de ação e o direito de defesa, se as alegações e provas trazidas aos autos pelas partes não precisassem ser obrigatoriamente examinadas pelo juiz no momento da decisão. Em tal contexto, também o contraditório não passaria de exigência formal, pois nenhuma garantia seria dada às partes de que efetivamente influíram no resultado do processo".

[973] TARUFFO, Michele. La fisionomia della sentenza in Italia. *In: La sentenza in Europa*: metodo, tecnica e stile. Padova: CEDAM, 1988, p. 180-214, esp. p. 189: "Non pare dubbio, inoltre, che l'obbligo costituzionale di motivazione sia un'espressione del principio della partecipazione popolare all'amministrazione della giustizia, ed abbia natura di garanzia, strettamente connessa con i principi di indipendenza e di soggezione del giudice alla legge, e con la garanzia della difesa".

[974] Constituição Federal brasileira de 1988, art. 1º, Parágrafo único: "Todo o poder emana do povo (...)".

externa sobre a "obra" do juiz. Uma das premissas essenciais de legitimação do exercício da jurisdição[975] está na função extraprocessual (político-garantística) da motivação jurídica do julgado.[976]

Nessa moldura, o novel papel do juiz é o de valorizar o diálogo, estimulado pelo ideal político de solidariedade humana, mediante a colaboração com as partes, que assegure a equalização de possibilidades de fazer valer suas razões em juízo e de produzir provas de suas alegações fáticas. O novo sistema processual brasileiro proclama, com a entonação de normas fundamentais, a reverência à liberdade e à igualdade de todos no confronto da ordem jurídica justa. Fê-lo, exemplificativamente, em seus arts. 1º, 2º, 3º e 8º. Ao juiz cumpre maximizar, tanto quanto possível na prática, a humanização do processo e não desvirtuar a natureza humana de seus sujeitos e partícipes.

Nesse passo, é útil abrir-se um parêntesis para dizer que o juiz francês Paul Magnaud (1889-1904), chamado por seus compatriotas de *"le bon juge"*, presidente do Tribunal de Château-Thierry, preconizava, no último quarto do século XIX, que a lei deveria ser interpretada humanamente e que a solidariedade humana era o farol que haveria de iluminar os juízos formulados pelo julgador. O seu modo de julgar, sentindo o valor direito de maneira diferente, ao que parece, se inspirava em bons pressentimentos e precisas intuições e, por isso mesmo, produzia a impressão de se desgarrar do dever de fidelidade do juiz ao direito positivo, mas para concretizar uma melhor justiça, orientada por juízos de valor, de humanidade e de solidariedade.[977] Fecha-se o parêntesis.

Daí descende a indispensabilidade de se repudiar a figura do juiz passivo, mero boneco de ventríloquo da lei, anabolizada a partir do novo regime que se seguiu à Revolução Francesa de 1789 e abonada pelo paradigma de juiz apático e inerte concebido na maternidade do Estado Liberal Clássico, consentâneo com o dogma de abstenção de intervenção no domínio privado e com a obstinação em salvaguardar o império da legislação escrita positiva. De fato, o juiz de antanho mantinha-se, em clima artificial, indiferente aos dramas sociais subjacentes aos casos particulares postos à sua cognição.[978]

Entrementes, no momento de hodierno, não faltam vozes doutrinárias apostadas em placitar, para além da paupérrima lembrança de simples fiscalizador das regras

---

[975] TARUFFO, Michele. Il significato costituzionale dell'obbligo di motivazione, *In:* GRINOVER, Ada Pellegrini; DINAMARCO, Cândido Rangel; WATANABE, Kazuo (Org.). *Participação e Processo.* 1. ed. São Paulo: Revista dos Tribunais, 1988, p. 37-49, esp. p. 42: "Tutto ciò porta ad individuare la fondazione essenziale dell'obbligo di motivazione come garanzia costituzionale essere sintetizzata in due elementi. Da un, si può dire che vi è valido esercizio della giurisdizione soltanto dove vi è motivazione, ossia che l'amministrazione della giustizia si legittima attraverso la giustificazione e la controllabilità dei provvedimenti giurisdizionali. Dall'altro, la possibilità del controllo esterno e diffuso sull'esercizio del potere giurisdizionale si configura come una manifestazione essenziale del principio di partecipazione popolare all'amministrazione della giustizia. Si tratta evidentemente della partecipazione in forma di controllo sull'esercizio del potere delegato al giudice, ma si intuisce facilmente che si tratta di uno strumento importantissimo. Attraverso il controllo, ed anzi per effetto della sua stessa possibilità, il popolo si riappropria della sovranità e la esercita direttamente, evitando che il meccanismo della delega del potere si trasformi in una espropriazione definitiva della sovranità da parte degli organi che tale potere esercitano in nome del popolo".

[976] FERRAJOLI, Luigi. *Derecho y razón*: Teoría del garantismo penal. 10. ed. Madrid: Trotta, 2011, p. 623: "Al mismo tiempo, en cuanto asegura el control de la legalidad y del nexo entre convicción y pruebas, la motivación tiene tambien el valor "endo-procesal" de garantía de defensa y el valor "extra-procesal" de garantía de publicidad. Y puede ser considerada como el principio parámetro tanto de la legitimación interna o jurídica como de la externa o democrática de la función judicial".

[977] RECASENS SICHES, Luis. *Nueva filosofia de la interpretación del derecho.* México: Porrúa, 1973, p. 52-53.

[978] DINAMARCO, Cândido Rangel. O futuro do processo civil brasileiro. *Fundamentos do Processo civil moderno.* 5. ed. São Paulo: Malheiros, 2002, v. 2, p. 726-761, esp. p. 753.

do jogo, a imagem de protagonismo do juiz, mediante, por exemplo, atuação ativa na direção do processo, como quando exerce, concretamente, o poder de determinar *ex officio* a produção de provas.[979] Propugna-se que a atividade do juiz é constitucional por excelência, ante regramento específico, sobre ser depositário da realização adequada e efetiva dos direitos fundamentais individuais e coletivos caros ao Estado Constitucional e Democrático de Direito.

Agora bem, o presente trabalho se situa numa quarta fase metodológica do direito processual,[980] que, na perspectiva de ressignificar o predicado de instrumentalidade, se poderia denominar de *instrumentalismo valorativo* ou *instrumentalismo constitucionalizado,*[981] pois centrado na realização dos direitos fundamentais e atento à sua intensa permeabilidade moral num sistema axiologicamente aberto, plural e dialético.

Por assim ser, a natureza atual do processo descende de sua concepção teleológica ou instrumentalista, já agora, um passo à frente, visualizada ao ângulo valorativo, muito mais consentânea com a sua ideologia de cortes axiológico e deontológico. De sorte que as formas jurídicas e o formalismo processual devem ser filtrados pelas lentes de valores tutelados pela ordem político-constitucional: justiça, liberdade, igualdade, participação, bem comum, adequação, efetividade, segurança e por aí vai.[982] A estruturação e a sistematização do processo, além de seu perfil ético e conotação deontológica, são informadas por valores, principalmente aqueles contidos na Constituição Federal de 1988, e refletidos, presentemente, no Código de Processo Civil de 2015 (*v. g.*, arts. 1º a 11). Donde ressaem princípios, regras e postulados, em aspectos importantes, como sejam, substrato dogmático, organização, interpretação, aplicação. Nesse quadrante, a renovada finalidade do processo (*Spiritus intus alit*?), além da realização do direito substancial, tem como endereço valorativo a concretização da justiça material, à luz das especificidades do caso concreto.[983]

Da definição de instrumentalidade – que enternece a consciência do processualista coevo, sem abandonar os princípios constitucionais da legalidade e do devido processo legal – irradia-se a força motriz de institutos fundamentais, de princípios e de soluções adequadas concernentes aos graves problemas jurídico-sociais e políticos de hodierno. Ao método instrumental, em visão teleológica, é indispensável que se definam claramente os objetivos jurídicos e metajurídicos a serem institucionalmente alcançados através do concreto exercício da jurisdição e do processo. De fato, a principiar pela recusa da natureza e de escopos simplesmente técnicos do processo, desponta a sua permeabilidade às pautas axiológicas externas, ditadas pela sociedade, como instrumento público, ético e democrático a serviço da ordem constitucional.

---

[979] Sobre os poderes instrutórios *ex officio* do juiz, vide Código de Processo Civil brasileiro de 1973, arts. 130, 342, 343, princípio, 399, 418, inciso II, 440, 1.107. Código de Processo Civil brasileiro de 2015, art. 370: "Caberá ao juiz, de ofício ou a requerimento da parte, determinar as provas necessárias ao julgamento do mérito. Parágrafo único. O juiz indeferirá, em decisão fundamentada, as diligências inúteis ou meramente protelatórias".

[980] Na história do processo civil, as três fases metodológicas anteriores consubstanciam a seguinte divisão: 1) sincrética; 2) autonomista ou conceitual; e 3) teleológica ou instrumentalista. Vide, a propósito, DINAMARCO, Cândido Rangel. O futuro do processo civil brasileiro. *Fundamentos do Processo Civil Moderno*. 5. ed. São Paulo: Malheiros, 2002, v. 2, p. 726-761, esp. p. 726-730.

[981] JOBIM, Marco Félix. *Cultura, escolas e fase metodológicas do processo*. 2. ed. rev. atual. Porto Alegre: Livraria do Advogado, 2014, p. 125.

[982] OLIVEIRA, Carlos Alberto Alvaro de. O formalismo-valorativo no confronto com o formalismo excessivo. *Revista de Processo*, São Paulo, ano 31, n. 137, p. 7-31, jul. 2006.

[983] OLIVEIRA, Carlos Alberto Alvaro de. *Do formalismo no processo civil*. São Paulo: Saraiva, 1997, p. 61-62.

O real significado da instrumentalidade sobrevém se e quando ocorre a fixação dos escopos do processo, dos fins a que se destina, dês que se assume como instrumento, ou seja, meio para se realizarem determinados objetivos. Só é possível saber se a tutela jurisdicional é adequada e efetiva quando se têm em linha de consideração os fins (escolhidos) a que o processo se destina. Nessa latitude, o programa teleológico reveste-se de especial importância: quais são os desígnios do processo? Quais são os objetivos de seus institutos? Quais são as intenções dos agentes públicos que transitam e operam no processo?

Ao ângulo jurídico – como, de resto, denunciado pela própria estrutura do processo civil –, tem ele por fito utilitário, essencialmente, a efetiva proteção e a adequada satisfação do direito material em crise, mediante decisão proferida com critérios de justiça preponderantes no âmago da sociedade. O satisfatório cumprimento da função jurisdicional, em meio a outros aspectos, reclama sensibilidade (capacidade de sentir) especial do juiz, mais comprometido com o valor da justiça, não apenas para as angústias dos litigantes, senão também quanto aos valores socioculturais e às mudanças axiológicas de sua sociedade aberta e pluralista.

O processo exibe, também, escopos metajurídicos, tais como: sociais (*v. g.*, pacificar com justiça,[984] educação da população, apropriada compreensão dos institutos jurídico-processuais[985]) e políticos (*v. g.*, possibilidade de decidir imperativamente, valor liberdade, participação democrática dos cidadãos nos rumos do Estado[986]).

A segurança e a certeza jurídicas, advindas da coisa julgada material formada no processo, para que, efetivamente, possam fomentar a paz social, devem se conexionar ao valor justiça material:[987] pacificação com justiça material em cada caso particular. É dizer: os litígios jurídicos devem ser solucionados mediante decisão substancialmente équa e justa.

A tutela constitucional do processo produz o acoplamento de institutos e figuras do direito processual, bem como a respectiva operacionalidade prática, com esmerada responsabilidade, a um cardápio de valores, de princípios e de garantias exsurgentes do próprio documento constitucional (*v. g.*, acesso à ordem jurídica adequada, efetiva e justa; juiz natural; independência e imparcialidade; igualdade material de tratamento

---

[984] DINAMARCO, Cândido Rangel. *A instrumentalidade do processo*. 13. ed. rev. e atual. São Paulo: Malheiros, 2008, p. 188: "Assim, a jurisdição, como expressão do poder político. Saindo da extrema abstração consistente em afirmar que ela visa à realização da justiça em cada caso e, mediante a prática reiterada, à implantação do clima social de justiça, chega o momento de com mais precisão indicar os resultados que, mediante o exercício da jurisdição, o Estado se propõe a produzir na vida da sociedade".

[985] DINAMARCO, Cândido Rangel, *op. cit.*, p. 191-192: "Outra misão que o exercício continuado e eficiente da jurisdição deve levar o Estado a cumprir perante a sociedade é a de conscientizar os membros desta para direitos e obrigações. Na medida em que a população confie em seu Poder Judiciário, cada um dos seus membros tende a ser sempre mais zeloso dos próprios direitos e se sente mais responsável pela observância dos alheios".

[986] DINAMARCO, Cândido Rangel, *op. cit.*, p. 198: "São, fundamentalmente, três aspectos. Primeiro, afirmar a capacidade estatal de decidir imperativamente (*poder*), sem a qual nem ele mesmo se sustentaria, nem teria como cumprir os fins que o legitimam, nem haveria razão de ser para o seu ordenamento jurídico, projeção positivada do seu poder e dele próprio. Segundo, concretizar o culto ao valor *liberdade*, com isso limitando e fazendo observar os contornos do poder e do seu exercício, para a dignidade dos indivíduos sobre as quais ele se exerce; finalmente, assegurar a *participação* dos cidadãos, por si mesmos ou através de suas associações, nos destinos da sociedade política. *Poder* (autoridade) e *liberdade* são dois polos de um equilíbrio que mediante o exercício da jurisdição o Estado procura manter; *participação* é um valor democrático inalienável, para a legitimidade do processo político. Pois a função jurisdicional tem a missão institucionalizada de promover a efetividade desses três valores fundamentais no Estado e na democracia, para a estabilidade das instituições". (Grifos no original).

[987] Sobre a noção de justiça, vide KELSEN, Hans. *A justiça e o direito natural*. Reimpr. Coimbra: Almedina, 2009, p. 41-42.

das partes; contraditório e ampla defesa; inadmissibilidade de utilização de provas obtidas por meios ilícitos; motivação-justificação das decisões; publicidade; razoável duração do processo, sem dilações indevidas; devido processo legal).

No tratamento das pessoas como iguais repousam importantes teorias da justiça, em algum nível fundamental de suas perspectivas.[988] Na igualdade substancial é congênita a ideia de justiça: acomoda-se o tratamento igualitário ao tratamento justo, atento à democratização das estruturas processuais através das quais a justiça é concretamente administrada.[989]

O conceito de pessoa é um conceito de igualdade, sem o qual é impensável qualquer consideração de justiça.[990] A igualdade, por sua dimensão de fundamentalidade na estrutura normativa do Estado e da sociedade, evidencia historicamente uma mudança nos modos de compreendê-los. Tal denominador comum dirige-se, antes de todos, ao legislador, vinculando-o para evitar que se façam distinções desarrazoadas, pois que, por variáveis critérios, é próprio da lei, seu papel precípuo mesmo, discernir pessoas, situações ou coisas, colocando-as em regimes diferentes. Contudo, a distinção é arbitrária quando não puder ser objetivamente justificada por razões que não a equidade. A matriz do *discrímen* deve exclusivamente repousar nelas mesmas, sendo inadmissível traço diferencial estrangeiro.[991] É dizer: diferenças previstas em lei devem ser racionalmente justificadas, com base nos critérios de razoabilidade[992] – como parâmetro de valoração dos atos do poder público, os quais hão de ser permeados pelos valores constitucionais (*v. g.*, igualdade, justiça) – e de proporcionalidade.

Doutrina de boa linhagem realça a instrumentalidade sob duplo perfil: negativo e positivo.[993] O aspecto negativo toca à noção universalmente aceita de que processo não é um fim em si mesmo e, por isso, não pode ser alçado à condição de fonte geradora de direitos, mas visa à adequada e efetiva realização do direito material. Ressai o seu jaez instrumental. Nesse diapasão, o *slogan* do processo civil de resultados profícuos, aparelhado de mecanismos e de técnicas apropriados, é permeável à infiltração da célebre sentença chiovendiana: "Il processo deve dare per quanto è possibile praticamente a chi ha un diritto tutto quello e proprio quello ch'egli ha diritto di conseguire".[994] Nessa toada, vale a pena passar em revista os princípios jurídicos medulares que ecoam do mundo romano: *Juris Praecepta Sunt haec: Honeste Vivere, Alterum Non Laedere, Suum Cuique Tribuere* (Tais são os preceitos do direito: viver honestamente, não ofender ninguém, dar a cada um o que lhe pertence).

Já o aspecto positivo da instrumentalidade consubstancia a necessidade de predispor o processo ao cabal adimplemento de todos os seus escopos jurídicos, sociais e

---

[988] SEN, Amartya. *A ideia de justiça*. São Paulo: Companhia das Letras, 2012, p. 328.

[989] NOGUEIRA ALCALÁ, Humberto. El derecho a la igualdad en la jurisprudencia constitucional. *Ius et Praxis*: Facultad de Ciencias Jurídicas y Sociales, Talca, año 2, n. 2, 1997, p. 235-267, esp. p. 239.

[990] RADBRUCH, Gustav. *Filosofia do direito*. 2. ed. São Paulo: Editora WMF Martins Fontes, 2010, Biblioteca jurídica WMF, p. 190-191.

[991] BANDEIRA DE MELLO, Celso Antônio. *O conteúdo jurídico do princípio da igualdade*. 3. ed. atual. 17. tiragem. São Paulo: Malheiros, 2010, p. 29-30.

[992] OLIVEIRA, Fábio de. *Por uma teoria dos princípios*: o princípio constitucional da razoabilidade. 2. ed. Rio de Janeiro: Lumen Juris, 2007, p. 280.

[993] CINTRA, Antonio Carlos de Araújo; GRINOVER, Ada Pellegrini; DINAMARCO, Cândido Rangel. *Teoria geral do processo*. 25. ed. rev. e atual. São Paulo: Malheiros, 2009, p. 47-48.

[994] CHIOVENDA, Giuseppe. *Saggi di diritto processuale civile*. Milano: Giuffrè, 1993, v. 1, p. 110.

políticos[995] (*v. g.*, acesso à Justiça, modo de ser do processo, justiça material e utilidade prática das decisões judiciais), mas com conotações éticas ou deontológicas e afinado com a justiça material da decisão. É dizer: abandonou-se a visão predominantemente técnica das estruturas do processo, como instrumento exclusivamente a serviço do direito substancial, e, ao mesmo tempo, deu-se o reconhecimento de escopos exógenos, sociais e políticos, cuja plena realização lhe cumpre promover. Deserta-se, assim, da postura puramente técnica e dogmática do processo, bem como, ainda, da visão exclusivamente interna do direito processual, singularizado em seus institutos, princípios, regras. Com efeito, o sistema abre suas portas para permitir a entrada de valores caros tutelados pela ordem político-constitucional. De um lado, o documento constitucional contém os preceitos reguladores do processo, configurando um modelo constitucional do processo;[996] e, de outro, o processo é ferramenta de salvaguarda da ordem jurídico-constitucional, mediante a denominada jurisdição constitucional – *Verfassungsgerichtsbarkeit* (*v. g.*, jurisdição constitucional das liberdades), que se descortina, também, em cada caso particular posto em juízo (*v. g.*, controle difuso e concreto de constitucionalidade das leis e demais atos normativos).

Hoje em dia, a problematização criativa não é tanto mais de acesso à ordem jurídica justa, pois a estrada está bem pavimentada e com fluxos satisfatórios, quanto o de conjurar os fantasmas que, ante o grande fluxo de contendores, conspiram contra a efetividade da tutela jurisdicional. Os litigantes ajuízam suas ações, submetem-se ao Estado-juiz, o qual, no entanto, não é capaz de fornecer tutela do direito subjetivo em cognição adequada, efetiva, célere e justa. Daí os jurisdicionados, sem uma resposta judiciária consistente e de boa qualidade, ficam enclausurados nas engrenagens da justiça civil e não conseguem mais alcançar a liberdade, à semelhança do infausto Hotel California, da banda Eagles: "(...) Last thing I remember, I was/Running for the door/I had to find the passage back/To the place I was before/'relax', said the night man/We are programmed to receive/You can checkout any time you like/But you can never leave."

Note-se – e o ponto é de superlativa importância – que o processo aproxima-se do seu ponto ótimo se e quando a concreta prestação jurisdicional refletir a situação abstratamente conjecturada na regra jurídica de direito substancial.[997] Por assim ser, a instrumentalidade do processo exibe íntima conexão com o adimplemento da função do ordenamento jurídico-material, enquanto força motriz de atuação, também, do direito objetivo. De outra parte, a noção de efetividade do processo abrange a eficácia da legislação processual, com a extração dos efeitos que dela são normalmente aguardados,

---

[995] CINTRA, Antonio Carlos de Araújo; GRINOVER, Ada Pellegrini; DINAMARCO, Cândido Rangel, *op. cit.*, p. 47: "Falar da instrumentalidade nesse sentido positivo, pois, é alertar para a necessária efetividade do processo, ou seja, para a necessidade de ter-se um sistema processual capaz de servir de eficiente caminho à 'ordem jurídica justa'".

[996] ANDOLINA, Italo; VIGNERA, Giuseppe. *Il modello costituzionale del processo civile italiano*: corso di lezioni. Torino: Giappicchelli, 1990, p. 13-15.

[997] BARBOSA MOREIRA, José Carlos. Tutela sancionatória e tutela preventiva. In: *Temas de Direito Processual*. 2. Série. São Paulo: Saraiva, 1980, p. 21-29, esp. p. 21-22: "Em outras palavras: o processo avizinha-se do *optimum* na proporção em que tende a fazer coincidir a situação concreta com a situação abstrata prevista na regra jurídica de direito material, e afasta-se progressiva e perigosamente desse ideal na medida em que o resultado na verdade obtido difere daquele que se obteria caso os preceitos legais fossem observados de modo espontâneo e perfeito pelos membros da comunidade. Semelhante distância entre o direito substantivo e seu *Ersatz* é o traço mais dramático da aventura processual; e eliminá-la, ou quando menos encurtá-la, a angústia constante de quantos se preocupam em evitar que a epopeia se resolva ingloriamente numa *journée de dupes*".

a partir do correto entendimento de seu complexo de normas constitucionais e infraconstitucionais.[998]

Ademais, irrompe a consciência hodierna dos escopos metajurídicos do processo judicial (*v. g.*, sociais, políticos). Não se pode olvidar que o processo é um método de composição de conflitos intersubjetivos, mas que, conquanto reflexamente, assume o papel de mola propulsora do ideal de paz social, com justiça material e segurança jurídica. No Estado Constitucional e Democrático de Direito, a confiança dos litigantes, dos jurisdicionados e, mais amplamente, da sociedade no mecanismo da justiça civil e na justiça material das decisões produzidas se traduz em fio indutor de paz social.

Nesse panorama, a correta atuação das normas processuais, firme nos objetivos da jurisdição como função estatal e do processo, coloca água no moinho de sua instrumentalidade material. A atividade jurisdicional, ao ângulo subjetivo, na concepção carneluttiana, tem por fito a justa composição da lide entre as partes; ao passo que, sob o prisma objetivo, na visão chiovendiana, guarda a finalidade de manutenção da integridade do ordenamento jurídico.

Outra não é a função social que, modernamente, se confere à jurisdição (*rectius*, ao processo). De fato, se o processo é meio, uma ponte, a sua fundamentalidade substancial repousa nos fins e propósitos que lhe são intrínsecos. A legitimidade do processo, em perspectiva instrumentalista-teleológica, é diretamente proporcional à sua utilidade em maximizar, concretamente, objetivos (*v. g.*, de felicidade, de bem-estar) no mundo de carne e osso. Não se pode desvencilhar de uma perspectiva utilitária: o processo deve, também, ser avaliado pelo valor de suas consequências. Assim, o melhor processo, como padrão, é o que exibe razoabilidade, justeza e melhores consequências.[999]

A eficiência do sistema processual, precisamente do processo justo, como valor inerente a uma cultura processual universal[1000] e método institucional de resolução de conflitos sociais, é premissa inafastável para que não se transforme o direito material em pura ilusão, em sonho de mil e uma noites, sem concretude na vida social. O acesso a uma ordem jurídica justa abrange, também e sobretudo, o direito à tutela jurisdicional adequada, efetiva e tempestiva na realização do direito material,[1001] aí incluída a

---

[998] BEDAQUE, José Roberto dos Santos. *Tutela cautelar e tutela antecipada*: tutelas sumárias e de urgência (tentativa de sistematização). 3. ed. São Paulo: Malheiros, 2003, p. 61-101, esp. p. 63.

[999] POSNER, Richard Allen. *Law, pragmatism and democracy*. Cambridge, Massachusetts: Harvard University Press, 2003, p. 65.

[1000] TARUFFO, Michele. Dimensioni transculturali della giustizia civile. In: *Sui Confini*: Scritti sulla giustizia civile. Bologna: Il Mulino, 2002, p. 11-52, esp. p. 52: "Un altro fattore che favorisce la costruzione di una cultura processuale comune si può definire come l'universalismo dei principi fondamentali della giustizia civile. (...) I giuristi di molti paesi e di diverse culture prendono coscienza del significato universale di principi come l'indipendenza della magistratura, l'imparzialità del giudice, la possibilità effettiva di far valere i propri diritti, la garanzia della difesa e di un processo corretto, e così via. I valori che stanno alla base di questi principi processuali sono ormai patrimonio comune delle culture giuridiche e politiche di tutti gli ordinamenti moderni, benché essi trovino realizzazione effettiva in modi molto diversi. Questi valori e questi principi sono dunque la base per una possibile cultura generale della giustizia civile."

[1001] Com clareza insuperável, BARBOSA MOREIRA, José Carlos. Por um processo socialmente efetivo. *Temas de direito processual*: oitava série. São Paulo: Saraiva, 2004, p. 15-27, esp. p. 15: "Querer que o processo seja efetivo é querer que desempenhe com eficiência o papel que lhe compete na economia do ordenamento jurídico. Visto que esse papel é instrumental em relação ao direito substantivo, também se costuma falar da instrumentalidade do processo. Uma noção conecta-se com a outra e por assim dizer a implica. Qualquer instrumento será bom na medida em que sirva de modo prestimoso à consecução dos fins da obra a que se ordena; em outras palavras, na medida em que seja efetivo. Vale dizer: será efetivo o processo que constitua instrumento eficiente de realização do direito material".

atividade satisfativa (*v. g.*, CPC, arts. 4. e 12), como corolário do Estado Constitucional e Democrático de Direito.

Assim vistas as coisas, a concepção instrumental do processo não rivaliza com aqueloutra de sua efetividade prática; antes, ao revés, quanto mais a prestação jurisdicional se aproximar dos preceitos do direito material, e dos valores que o plasmam, mais próximo se estará da meta de uma tutela jurisdicional adequada e efetiva, bem como, reflexamente, da concretização do ideário de paz social.[1002]

Entretanto, não se pode pensar a efetividade do processo com visão de túnel restrita ao seu acesso, modo de ser, justiça das decisões que são produzidas. Deve-se, igualmente, inserir na cena judiciária o papel teleológico e instrumental do processo. O sentido mais profundo do direito está na possibilidade prática de sua realização, conduzindo as partes à ordem jurídica justa, através do processo, enquanto instrumento eficaz para tanto. Importa notar o aforismo da legislatura romana: *Suum cuique tribuere* (dar a cada um o que lhe pertence), em plena consonância com o preceito evangélico: *Reddite quae sunt Caesaris Caesari et quae sunt Dei Deo* (Dai a Cesar o que é de Cesar e a Deus o que é de Deus).

Tomem-se como exemplo de eficácia do processo as chamadas sentenças constitutivas, como aquelas substitutivas da vontade do devedor, na forma do art. 501 do Código de Processo Civil brasileiro: "Na ação que tenha por objeto a emissão de declaração de vontade, a sentença que julgar procedente o pedido, uma vez transitada em julgado, produzirá todos os efeitos da declaração não emitida".

Entrementes, surge aqui um problema: quando se mira nas chamadas sentenças condenatórias, as quais não têm, de si, aptidão para conferir ao titular do direito pronta e instantânea satisfação. Com efeito, se o devedor não cumprir espontaneamente o julgado, providências materiais serão adotadas na fase de cumprimento de sentença em variadas modalidades. No caso de condenação em quantia certa, a efetividade da tutela se afirma na integral satisfação do crédito (*quantum debeatur*).

Merece menção à parte o problema do cumprimento de sentença que impuser à Fazenda Pública o dever de pagar quantia certa, que deverá observar os dispositivos dos arts. 534 e 535, e seus incisos e parágrafos, do Código de Processo Civil brasileiro. Na espécie, não se tem, propriamente, a existência de execução contra a Fazenda Pública, pois o procedimento é dirigido a atividades outras que não consonam com aquelas de caráter genuinamente executivo.[1003] Será expedido precatório judicial ou requisição de pequeno valor, de acordo com o montante devido. A efetividade de semelhante processo é impulsionada pela implementação de medidas constitucionais instrumentais, como sejam, a intervenção federal e o sequestro de bens (CF, arts. 34, VI, 35, IV e 100, §6º).

Contudo, nas hipóteses de cumprimento de sentença que reconheça a exigibilidade de obrigação de fazer ou de não fazer, a efetividade do processo, em grau ótimo, repousa na execução específica. Nesta sede, o Código de Processo Civil brasileiro, em seu art. 536, §1º, apresenta significativo avanço ao preceituar: "No cumprimento de sentença que reconheça a exigibilidade de obrigação de fazer ou de não fazer, o juiz poderá, de ofício ou a requerimento, para a efetivação da tutela específica ou a obtenção de tutela

---

[1002] BEDAQUE, José Roberto dos Santos. *Poderes instrutórios do juiz*. 6. ed. rev. e ampl. São Paulo: Revista dos Tribunais, 2011, p. 14

[1003] DINAMARCO, Cândido Rangel. *Fundamentos do Processo civil moderno*, v. 1. 5. ed. São Paulo: Malheiros, 2002, p. 182.

pelo resultado prático equivalente, determinar as medidas necessárias à satisfação do exequente. §1º Para atender ao disposto no *caput*, o juiz poderá determinar, entre outras medidas, a imposição de multa, a busca e apreensão, a remoção de pessoas e coisas, o desfazimento de obras e o impedimento de atividade nociva, podendo, caso necessário, requisitar o auxílio de força policial". Este último preceito consagra importantes meios de pressão psicológica tendentes à satisfação do julgado. Há situações em que o concurso do devedor pode ser, eficazmente, substituído por outrem, mas atento à produção do mesmo (ou equivalente) resultado prático estatuído pelo direito material.

Já quando se tratar de sentença condenatória que reconheça a obrigação de entregar coisa certa, deverá assinar prazo para tanto. Em caso de descumprimento, será expedido mandado de busca e apreensão (de bem móvel) ou de imissão na posse (de bem imóvel) em favor do credor (art. 538). Aqui, descortina-se, também, a possibilidade de o juiz lançar mão de medidas coercitivas e suasórias contempladas no §1º do art. 536, *ex vi* do disposto no §3º do art. 538, ambos do Código de Processo Civil brasileiro.

No campo da instrumentalidade substancial, qual antídoto contra o veneno do passar do tempo, a efetividade do processo está intimamente conexionada à chamada tutela jurisdicional diferenciada, no sentido de assegurar à parte o tipo mais apropriado de tutela à eficaz e autêntica proteção do direito invocado, bem como no que toca à cronologia do *iter* procedimental, como se colhe, neste último caso, da tutela de urgência (CPC, arts. 300 a 310) e da tutela de evidência (CPC, art. 311). O tensionamento entre o direito à efetividade da jurisdição e o direito à segurança jurídica, em termos de compatibilidade prática, foi resolvido pelo próprio legislador ordinário ao prever as tutelas de urgência e de evidência, à luz das especificações do caso concreto. Desse modo, afirma-se a utilidade dessas decisões judiciais, pois, do contrário, no magistério de Rui Barbosa, na famosa Oração aos Moços: "A justiça atrasada não é Justiça, senão injustiça qualificada e manifesta".

Tais institutos se harmonizam com o direito fundamental à razoável duração do processo judicial e aos meios que garantam a celeridade de sua tramitação (CF, art. 5º, LXXVIII, com a redação da EC nº 45, de 2004).[1004] A aferição da duração razoável do processo particular subordina-se à conjunção dos seguintes parâmetros de valoração: (i) variável complexidade das causas; (ii) conduta das partes; e (iii) comportamento das autoridades públicas envolvidas.[1005]

Aliás, o remédio para a patologia da excessiva duração do processo já poderia ter sido ministrado a partir da garantia do devido processo legal (CF, art. 5º, LIV), cuja abrangência se enleia com o Estado de Direito. Assim, o direito a um célere e público julgamento já estava, intrinsecamente, abrangido pelo espectro da cláusula do *due process of law*, sem que se deixassem naturalmente ao relento outros princípios e garantias constitucionais do processo justo. Diga-se, para evitar sofismas, que a dispensa ou mitigação de tais princípios e garantias não significa, por si só, simplificar, desformalizar e agilizar o procedimento, em prol da efetividade da tutela jurisdicional, mas sim apadrinhar as arbitrariedades, não favorecendo as partes e os jurisdicionados.

[1004] CARNEIRO, Paulo Cezar Pinheiro. *In*: WAMBIER, Teresa Arruda Alvim (Coord.). *Breves comentários ao Novo Código de processo civil*. São Paulo: Editora Revista dos Tribunais, 2015, p. 57-97, esp. p. 67.

[1005] COMOGLIO, Luigi Paolo. Il "giusto processo" civile in Italia e in Europa. *Revista de Processo*, São Paulo, n. 116, p. 97-158, jul./ago. 2004, esp. p. 117-123. Vide, também, TARZIA, Giuseppe. L'art 111 Const. e le garanzie europee del processo civile. *Revista de Processo*, São Paulo, n. 103, p. 156-174, jul./set. 2001, esp. p. 169-174.

Remarque-se o argumento: as exigências de celeridade[1006] e de economia processual não podem profanar princípios e garantias fundamentais do processo (*v. g.*, direito de defesa, contraditório, igualdade, publicidade, motivação-justificação obrigatória e pública, devido processo legal), isto é, não se pode perseguir cegamente a celeridade do processo, tal qual *fast food* judicial, a qualquer custo, mesmo ao do sacrifício de princípios e garantias fundamentais.[1007]

O devido processo legal não se confunde com formalismo, tampouco significa culto da forma pela forma, do procedimento pelo procedimento, mas configura um complexo de garantias contra o autoritarismo judicial.

Realce-se, ainda para favorecer a efetividade do processo, bem como a bondade do discurso instrumentalista, a proficuidade consistente no exercício da consensualidade compositiva das partes no processo. De fato, o Código de Processo Civil brasileiro prestigia, não apenas em palavras e *slogans*, a solução consensual dos conflitos, no ideário de efetividade e de pacificação com justiça, e, como tal, é pródigo em consagrar os institutos da mediação e da conciliação em vários de seus dispositivos: *v. g.*, art. 3º, §§2º e 3º; art. 139, V; art. 154, VI e Parágrafo único; arts. 165-175; art. 221, Parágrafo único; art. 250, IV; art. 303, §1º, II e III; art. 308, §§3º e 4º; art. 319, VII; art. 334, §§1º, 2º, 4º, II, 5º, 7º, 11 e 12; art. 335, I e II; art. 340, §§3º e 4º; art. 359; art. 381, II; art. 471, II; art. 515, II e III, e §2º; art. 565 e §1º; art. 694 e parágrafo único; art. 695; art. 696; art. 725, VIII; art. 932, I. Por outras palavras, sob boa luz, o Código aposta na consensualidade compositiva, como via de eficácia do processo, tanto é que, em sua topografia, assoma a locução "solução consensual" seis vezes.[1008]

A efetividade pode, também, ser fomentada pela possibilidade de instauração de cumprimento provisório de sentença impugnada por recurso sem efeito suspensivo, observando-se o regime regulado pelos arts. 520 a 523 do Código de Processo Civil brasileiro.

Problema simpático, que se irradia do binômio instrumentalidade-efetividade do processo, está na iniciativa probatória *ex officio* do juiz de fato controvertido, pertinente e relevante para o julgamento da causa (*v. g.*, realização de determinada perícia).

[1006] Código de Processo Civil brasileiro, art. 4º: "As partes têm o direito de obter em prazo razoável a solução integral do mérito, incluída a atividade satisfativa". Constituição italiana de 1947, art. 111, §2.: "Ogni processo si svolge nel contraddittorio tra le parti, in condizioni di parità, davanti a giudice terzo e imparziale. La legge ne assicura la ragionevole durata".

[1007] TROCKER, Nicolò. *Processo civile e costituzione*: problemi di diritto tedesco e italiano. Milano: Giuffrè, 1974, p. 508: "Con tutto questo, resta valido peraltro il principio di fondo, ossia che: 'la celerità del processo è un valore da perseguire a tutti i livelli con deciso impegno, a condizione però che non si ne faccia pagare il prezzo al diritto di difesa". Pelo mesmo diapasão, afina-se BARBOSA MOREIRA, José Carlos. O futuro da Justiça: alguns mitos. *Revista de Processo*, São Paulo, v. 102, p. 228-237, abr./jun. 2001, esp. p. 232: "Para muita gente, na matéria, a rapidez constitui o valor por excelência, quiçá o único. Seria fácil invocar aqui um rol de citações de autores famosos, apostados em estigmatizar a morosidade processual. Não deixam de ter razão, sem que isso implique – nem mesmo, quero crer, no pensamento desses próprios autores – hierarquização rígida que não reconheço como imprescindível, aqui e ali, ceder o passo a outros valores. Se uma Justiça lenta demais é decerto uma Justiça má, daí não se segue que uma Justiça muito rápida seja necessariamente uma Justiça boa. O que todos devemos querer é que a prestação jurisdicional venha a ser melhor do que é. Se para torná-la melhor é preciso acelerá-la, muito bem: não, contudo, a qualquer preço".

[1008] Cumpre notar-se que o caminho da consensualidade compositiva está, igualmente, aberto para a Fazenda Pública em processos judiciais de caráter tributário. Confira-se, a propósito, CONTE, Francesco. A Fazenda Pública e mediação/conciliação: consensualidade alvissareira. *In*: RODRIGUES, Marco Antonio; BUENO, Cassio Scarpinella (Coord.). *Processo Tributário*. Salvador: Juspodivm, 2017, p. 247-302, esp. p. 270-288.

Naturalmente, feita abstração de faculdades mediúnicas, não se pode, de antemão, saber se o resultado de semelhantes iniciativas probatórias do juiz, no exercício de seus poderes instrutórios, beneficiará o autor ou, antes, favorecerá o réu. Daí resulta que, ao assumir posição ativa na fase instrutória, a atuação do juiz não poderá ser acoimada de parcial. No campo publicístico do processo, o destinatário das provas não é apenas o juiz, que deverá formular a melhor hipótese de decisão sobre o conflito, ministrando razões justificativas do acerto da decisão proferida, racionalmente válidas, e as partes, senão também a sociedade em geral. Transpira, nesta última destinatária (a sociedade), reafirme-se, a função político-garantística da motivação jurídica do julgado, para fins de controlabilidade difusa, de par a evidenciar o viés democrático de semelhante controle,[1009] o qual há de ser amplamente franqueado ao povo soberano, em cujo nome a sentença é pronunciada.

Tenha-se em mente que um dos critérios gerais qualificadores do processo justo deita raízes, com a maior exatidão possível na prática, na correta reconstrução histórica dos fatos em juízo, com o reconhecimento aceitável da verdade dos fatos relevantes para o julgamento da causa, alicerçado em cálculo de probabilidade. A justeza material da decisão, passe o truísmo, não se coaduna com falso ou errôneo acertamento dos fatos subjacentes ao conflito intersubjetivo.[1010] Estar-se-ia, neste caso, diante de uma sentença placebo, ao ângulo da justiça material.

Se assim é – e assim efetivamente o é –, o protagonismo judicial, em sede probatória, devidamente justificado, não tem o condão de conspurcar o dever de imparcialidade do órgão judicante. A não ser assim, ter-se-ia a deslegitimação da própria função jurisdicional, pela patente discrepância (ao invés de indispensável confluência) entre a concepção de adequabilidade e efetividade da tutela do direito material com aqueloutra de instrumentalidade do processo, *i. e.*, o processo deve ter cabal viscosidade à realidade sociojurídica em que opera.[1011] A cognição há de ser analisada a partir do patamar do *instrumentalismo substancial* no confronto com o instrumentalismo meramente nominal ou formal,[1012] de molde a robustecer a configuração publicística do processo, nutrindo o primado do direito e da justiça material das decisões.

[1009] Para uma visão panorâmica acerca do significado ideológico-democrático da motivação, tendente à controlabilidade difusa sobre a concreta administração da justiça, vide, por todos, TARUFFO, Michele. *La motivazione della sentenza civile*. Padova: CEDAM, 1975, p. 405-414, especialmente p. 406-407: "Da tale superamento discende anzitutto che la motivazione non possa essere concepita soltanto come tramite di un controllo "istituzionale" (ossia nei limiti e nelle forme disciplinate dal vigente sistema dele impugnazioni), ma anche, e specialmente, come strumento destinato a rendere possibile un controllo "generalizzato" e "difuso" sul modo in cui il giudice amministra la giustizia. In altri termini, ciò implica che i destinatari della motivazione non siano soltanto le parti, i loro avvocati e il giudice dell'impugnazione, ma anche l'opinione pubblica intesa sia nel suo complesso, sia come opinione del quisque de populo. La connotazione politica di questo spostamento di prospettiva è evidente: l'ottica "privatistica" del controllo esercitato dalle parti e l'ottica "burocratica" del controllo esercitato dal giudice superiore vanno integrate nell'ottica "democratica" del controllo che deve poter essere esercitato da quello stesso popolo nel cui nome la sentenza viene pronunciata".

[1010] TARUFFO, Michele. Considerazioni su prova e motivazione. *Revista de Processo*, São Paulo, n. 151, ano 32, p. 229-240, set. 2007, esp. p. 233.

[1011] BARBOSA MOREIRA, José Carlos. Tendências contemporâneas do dìreito processual civil. *Temas de direito processual*, terceira série. São Paulo: Saraiva, 1984, p. 1-13, esp. p. 3: "Não há menoscabar os frutos de tão nobre fadiga. Sente-se, porém, a precisão de aplicar com maior eficácia à modelagem do real as ferramentas pacientemente temperadas e polidas pelo engenho dos estudiosos. Noutras palavras: toma-se consciência cada vez mais clara da função instrumental do processo e da necessidade de fazê-lo desempenhar de maneira *efetiva* o papel que lhe toca". (Grifos no original).

[1012] WATANABE, Kazuo. *Da cognição no processo civil*. 4. ed. rev. e atual. São Paulo: Saraiva, 2012, p. 20.

Toma-se consciência crescente, em reversão para mentalidade instrumentalista e como novo método de pensamento dos operadores jurídicos (*v. g.*, juízes, advogados – púbicos e privados –, promotores de justiça), de que o processo, sobre ser instrumento técnico em prol da ordem jurídica justa e equitativa, reveste-se de instrumentalidade substancial, ética, que está, naturalmente, a serviço da realização do direito material das partes, mas que serve, também, à sociedade e, mais amplamente, à vida do Estado Constitucional e Democrático de Direito.[1013] A instrumentalidade substancial do processo e o binômio adequação-efetividade da tutela jurisdicional de direitos podem (ou melhor: devem) caminhar juntos, de mãos dadas, como signo das inquietudes dos juristas em geral e dos processualistas especialmente com a operosidade[1014] do mecanismo da justiça civil.

O resultado de um processo que traduzisse o desacoplamento entre a ideia de adequação e efetiva tutela do direito por meio do processo e a sua perspectiva instrumental seria, naturalmente, desprovido de conteúdo frutífero.

Não se perca de vista que a noção fundamental de tutela jurisdicional adequada, efetiva e justa, além do correto acertamento da verdade dos fatos relevantes para o julgamento da lide, depende de, pelo menos, outros dois critérios gerais e necessariamente cumulativos: (i) correta escolha e interpretação aceitável da norma jurídica aplicável à *res in iudicio deducta*; e (ii) procedimento válido, no qual foram efetivamente respeitadas as garantias constitucionais do processo.[1015]

Entrementes, em oposição à concepção teórica da justiça procedural, a correção do procedimento, não obstante condição indispensável, não é de per si suficiente para garantir a justiça do *decisum*. É concebível que, mesmo no âmbito de um procedimento escorreito e justo, o juiz possa cometer erros no juízo de fato ou no juízo de direito, ou, ainda, em ambos. A conclusão inarredável é que a decisão é injusta.[1016]

No quadro do Estado Constitucional e Democrático de Direito, não se revela idônea a tese de que a função jurisdicional se legitima exclusivamente pelo procedimento, malgrado sua formação esteja impregnada de valores; antes, ao contrário, a nota de legitimidade do concreto exercício da função jurisdicional está intrinsecamente na justiça material da decisão.[1017] Numa locução: a adequação e a efetividade do processo já não toleram que a legitimação do exercício da jurisdição se confine ao procedimento, menosprezando a legitimidade da decisão, sacralizada em sua justiça material.[1018]

[1013] PORTANOVA, Rui. *Princípios do processo civil*. 7. ed. Porto Alegre: Livraria do Advogado, 2008, p. 49.

[1014] Sobre o princípio da operosidade no processo, consulte-se CARNEIRO, Paulo Cezar Pinheiro. *Acesso à Justiça*: juizados especiais cíveis e ação civil pública: uma nova sistematização da teoria geral do processo. 2. ed. rev. e atual. Rio de Janeiro: Forense, 2003, p. 63-78.

[1015] TARUFFO, Michele. Idee per una teoria della decisione giusta. In: *Sui Confini*: scritti sulla giustizia civile. Bologna: Il Mulino, 2002, p. 219-234, esp. p. 224. Assim, também, PASTORE, Baldassare. *Decisioni e controlli tra potere e ragione*: materiali per un corso di filosofia del diritto. Torino: G. Giappichelli, 2013, p. 70.

[1016] No tocante à sentença injusta, vide PONTES DE MIRANDA, Francisco Cavalcanti. *Comentários ao código de processo civil* (de 1939), t. 4. 2. ed. Rio de Janeiro: Revista Forense, 1979, p. 41: "É injusta: a) quando aplica ao caso concreto lei que não incidiu ou deixa de aplicar a que incidiu, ou b) quando viu no caso concreto o que êle não é e aplica a lei que incidiria sôbre o caso que êle viu, e não a que incidiria sôbre o caso concreto, ou c) é superlativamente injusta, aplicando lei que não incidiria sôbre o caso que êle viu, nem sôbre o caso concreto, ou d) aplica ao que "viu" o que não incidiria sôbre êle".

[1017] OLIVEIRA, Carlos Alberto Alvaro de. *Do formalismo no processo civil*, op. cit., p. 187.

[1018] GIL CREMADES, Juan José. *La motivación de las decisiones jurídicas*. Derecho y proceso: estudios en memoria de los profesores Vicente Herce Quemada y Angel Duque Barragués, 1983, p. 415-433, esp. p. 426. Consigne-se a posição contrária de LUHMANN, Niklas. *Legitimação pelo procedimento*. Brasília: Editora Universidade de

Ainda sob o prisma de mirada do binômio instrumentalidade-efetividade do processo, para rematar este tópico, uma última observação ainda é pertinente e diz respeito à migração do campo da tutela singularizada pelo individualismo, em casos particulares, para o terreno fecundo da tutela coletiva (*v. g.*, ação popular, ação civil pública, ações no âmbito do Código de Defesa do Consumidor, mandado de segurança coletivo). Nessa ótica, a adequação do instrumento assim à natureza do direito posto em juízo que à qualidade da parte denota, *de lege ferenda*, a necessidade de edição de um Código de Processos Coletivos.[1019]

Semelhante tendência à formulação de solução que transcenda o leito do individualismo deflui, por exemplo, da técnica do Incidente de Resolução de Demandas Repetitivas (CPC, arts. 976 a 987), o qual pode ser instaurado ante a concreta repetição de processos versando sobre a mesma questão unicamente de direito. Tal instituto – que, embora com traços característicos próprios, deita raízes no *Musterverfahren* do direito alemão – favorece, intensamente, a efetividade do processo, na medida em que busca preservar os princípios da isonomia, da legalidade, da economia judicial e processual e da segurança jurídica.[1020] Almejam-se evitar as incertezas oriundas de julgados antagônicos em torno de uma única tese jurídica.

Brasília, 1980, p. 31-32: "A legitimação pelo procedimento e pela igualdade das probabilidades de obter decisões satisfatórias substitui os antigos fundamentos jusnaturalistas ou os métodos variáveis de estabelecimento do consenso. Os procedimentos encontram como que um reconhecimento generalizado, que é independente do valor do mérito de satisfazer a decisão isolada, e este reconhecimento arrasta consigo a aceitação e consideração de decisão obrigatória".

[1019] MENDES, Aluisio Gonçalves de Castro. O anteprojeto de código brasileiro de processo coletivo. *In:* GRINOVER, Ada et al (Coord.). *Direito processual coletivo e o anteprojeto de código brasileiro de processos coletivos.* São Paulo: Editora Revista dos Tribunais, 2007, p. 16-32. No que toca ao Código Modelo de Processos Coletivos Ibero-América, vide MENDES, Aluisio. *Ações coletivas e meios de resolução coletiva de conflitos no direito comparado e nacional.* 4. ed. rev., atual. e ampl. São Paulo: Editora Revista dos Tribunais, 2014, p. 293-295, 417-426.

[1020] MENDES, Aluisio Gonçalves de Castro. Incidente de Resolução de Demandas Repetitivas. *In:* MENDES, Aluisio (Org.). *O novo código de processo civil.* Rio de Janeiro: EMARF, 2016, p. 293-306.

CAPÍTULO 4

INTUIÇÃO COMO MÉTODO IDÔNEO NO DIREITO

4.1 Percepção, inconsciência e consciência

Nos campos da psicologia, da neurociência e das ciências cognitivas, a percepção (lat. *perceptio*) é a função cerebral que atribui significado a estímulos sensoriais. É o processo mental através do qual eles são carreados à consciência.[1021] Para tanto, leva em conta a vivência do indivíduo, organizando e interpretando suas impressões sensoriais para conferir significado ao seu meio. Consiste, pois, na aquisição, interpretação, seleção e organização das informações obtidas pelos sentidos. Para além de perfis biológicos ou fisiológicos, envolvendo estímulos elétricos evocados pelos órgãos dos sentidos, do ponto de vista psicológico ou cognitivo a percepção envolve, igualmente, os processos mentais, a experiência, a memória[1022] e outros aspectos que podem influenciar no significado e na interpretação dos dados percebidos.[1023]

A filosofia do conhecimento ou epistemologia estuda a percepção e seu efeito no conhecimento e aquisição de informações do mundo (*v. g.*, a fenomenologia e o existencialismo baseiam suas teorias na percepção do mundo). Para a psicologia, a percepção é o processo ou resultado de se tornar consciente de objetos, relacionamentos e eventos por meio dos sentidos, incluindo atividades como reconhecer, observar e discriminar. A percepção configura o primeiro passo na direção do conhecimento.[1024]

[1021] KAPLAN, Harold I., SADDOCK Benjamin J. *Compêndio de psiquiatria*: ciência do comportamento e psiquiatria clínica. 6. ed. Porto Alegre: Artes Médicas, 1993, p. 237.

[1022] BERGSON, Henri. *O cérebro e o pensamento*: uma ilusão filosófica. Cartas, conferências e outros escritos. Seleção de textos de Franklin Leopoldo e Silva; traduções de Franklin Leopoldo e Silva, Nathanael Caxeiro. (Os pensadores). São Paulo: Abril Cultural, 1979, p. 41-52, esp. p. 47: "Ao lado da percepção, com efeito, há a memória. Quando rememoro os objetos que foram uma vez percebidos, eles podem não mais estar presentes. Meu corpo permanece só; e, entretanto, as outras imagens tornam-se visíveis na forma de lembranças. É preciso, pois, que meu corpo, ou alguma parte dele, possua o poder de evocar as outras imagens. Admitamos que ele não as cria: ao menos é capaz de suscitá-las".

[1023] DAVIDOFF, Linda L. *Introdução à psicologia*. São Paulo: Makron Books, 1983, p. 74.

[1024] LOCKE, John. *Ensaio acerca do entendimento humano*. Tradução de Anoar Alex. (Os pensadores). São Paulo: Nova Cultural, 1997, p. 80: "É-me suficiente apenas ter anotado aqui: a percepção é a primeira operação de todas as nossas faculdades intelectuais e a entrada de todo conhecimento em nossas mentes".

A relevância do estudo da percepção está em que o comportamento das pessoas é baseado na interpretação que fazem da realidade, e não na realidade em si. Não por acaso, a percepção do mundo varia e é diferente de acordo com cada pessoa, que percebe um objeto ou uma situação segundo os aspectos que têm invulgar importância para si própria. As pessoas elaboram um modelo mental de como o mundo funciona, sentindo o mundo real, mas o mapa sensorial que isso provoca na mente é efêmero, pois pode ser municiado mediante aquisição de novas informações, de sorte a implicar alterações perceptivas.

As condições da pessoa que percebe, durante o ato de percepção, modificam o fenômeno. Ademais, as percepções podem ser anormais ou deficientes quando não corresponderem àquilo que o indivíduo vê, ouve e sente, quando houver ilusões dos sentidos (v. g., camuflagem ou mimetismo apresentado em diversas espécies animais e vegetais).[1025] O estresse severo acompanhado por conflitos internos pode induzir uma cisão da consciência, produzindo alucinações, as quais são percepções que surgem na ausência de realidade externa (v. g., ver ou ouvir coisas inexistentes, mas que parecem totalmente reais).[1026] Na concepção hegeliana, só a percepção, em sua riqueza do saber sensível, tem a negação, a diferença ou a múltipla variedade em sua essência.[1027]

A visão é um dos sentidos que fazem parte da percepção do mundo. O processo de percepção se inicia com a atenção[1028] (observação seletiva), fazendo com que alguns elementos sejam focalizados, observados em detrimento de outros. Desse modo, há inúmeros fatores que influenciam, dinamicamente, a atenção, os quais podem ser classificados em: (i) fatores externos, próprios do meio ambiente, que enternecem a atenção, tais como: (i.i) intensidade, pois a atenção é singularmente despertada por estímulos que se apresentam com grande intensidade (v. g., as sirenes das ambulâncias); (i.ii) contraste, já que a atenção será tanto mais provocada quanto mais contraste existir entre os estímulos (v. g., as cores dos sinais de trânsito); (i.iii) movimento, pois um objeto em movimento é capaz de suscitar atenção (v. g., o brinquedo que se move diante de uma criança); e (i.iv) incongruência, visto que a atenção é mais aguçada por coisas absurdas e bizarras do que por aquilo conforme a normalidade (v. g., uma pessoa vestida de terno e gravata que esteja nas areias da Praia de Ipanema). Por outro lado, há (ii) fatores internos, próprios do organismo de cada pessoa, com potencial para influenciar a atenção, tais como: (ii.i) motivação, pois o indivíduo presta mais atenção a tudo que lhe motiva e dá prazer do que às coisas triviais; (ii.ii) experiência anterior, que tem o condão de fazer com que a pessoa preste mais atenção ao que já conhece e entende; e (ii.iii) o fenômeno social, a explicar que indivíduos de contextos sociais distintos não dispensem igual atenção aos mesmos objetos.

Muito para dizer que, em meio aos variados fatores que afetam a percepção (v. g., a sensação em si; peculiaridades do estímulo "aguilhão", pois força à ação;[1029] estado

---

[1025] Sobre a percepção dos animais e dos vegetais, vide LEIBNIZ, Gottfried Wilhelm. *Novos ensaios sobre o entendimento humano*. Tradução Luiz João Baraúna. 5 ed. (Os pensadores). São Paulo: Nova Cultural, 1992, v.1, p. 80, 84.

[1026] SACKS, Oliver. *A mente assombrada*. Tradução Laura Teixeira Motta. 1. ed. São Paulo: Companhia das Letras, 2013, p. 9.

[1027] HEGEL. *Fenomenologia do espírito*. Parte 1. 2. ed. Petrópolis: Vozes, 1992, p. 84.

[1028] BONO, Edward de. *O pensamento criativo*: como adquiri-lo e desenvolvê-lo. Tradução Eugênio Aurelino Borges. Rio de Janeiro: Ed. Vozes, 1970, p. 33.

[1029] ASIMOV, Isaac. *O cérebro humano*: suas capacidades e funções. Tradução de Virginia Lefreve. São Paulo: Ed. Boa Leitura, s/d, p. 283.

psicológico do indivíduo que recebe o estímulo; aprendizagem), avulta a situação em que ela ocorre. De fato, o mesmo estímulo é suscetível de ser interpretado de maneira diferente, conforme o lugar, o momento, o ambiente sociocultural, e por aí vai.[1030]

Toda realidade é relativa, pois que cada realidade só se afigura verdadeira no âmbito de determinados limites. Configura versão possível do que as coisas são. Não por acaso, há variegadas versões da realidade.[1031]

É digno de nota, em tema de formas, que as teorias da percepção, notadamente em relação à percepção visual, reconhecem quatro princípios básicos que as influenciam: (i) tendência à estruturação ou princípio do fechamento, que consiste na organização de elementos que se encontrem próximos uns dos outros ou que sejam semelhantes; (ii) segregação figura-fundo, que explica a mais fácil percepção de figuras bem definidas e salientes que se inscrevem em fundos indefinidos e mal contornados, como um pássaro branco pintado num fundo preto; (iii) pregnância das formas ou boa forma, segundo a qual a pessoa percebe com maior facilidade figuras bem formadas, com formas simples, regulares, simétricas e equilibradas; e (iv) constância perceptiva, que se traduz na estabilidade da percepção, pois os seres humanos possuem uma resistência acentuada à mudança.

No tocante aos tipos principais mais desenvolvidos de percepção nos seres humanos, catalogam-se a percepção visual (*v. g.*, de formas, de relações espaciais, como profundidade, de cores, de intensidade luminosa, de movimentos) e a auditiva (*v. g.*, de timbres, de alturas ou frequências, de intensidade sonora ou volume), dado que, ao longo do tempo, foram fundamentais à sobrevivência da espécie (*v. g.*, a visão e a audição eram os sentidos mais utilizados na caça e na proteção contra predadores). Não por acaso, tanto as artes plásticas como a música configuram as primeiras formas artísticas desenvolvidas pelas civilizações, antes mesmo da invenção da escrita.

As demais formas de percepção, embora não diretamente associadas às necessidades básicas, têm importante papel na afetividade e no sexo, e, portanto, na reprodução das espécies, inclusive humana, como a olfativa (*v. g.*, embora tênue nos humanos, afigura-se significativa para a alimentação e afetivamente), a gustativa (*v. g.*, o paladar no sentido da discriminação de sabores pela língua) e a tátil (*v. g.*, capacidade de distinguir objetos de pequenos tamanhos, importante para a leitura em Braille, percepção de calor, de dor).

Além da percepção ligada aos cinco sentidos, os seres humanos também possuem capacidade de percepção temporal (*v. g.*, de durações, produção de ritmos, da ordem temporal, da simultaneidade) e espacial (*v. g.*, profundidade, estimação da distância entre objetos, localização auditiva, que permite distinguir o local de origem de um som). A percepção espacial é compartilhada pelas demais modalidades, além de utilizar elementos das percepções auditiva, visual e temporal.

A propriocepção é a capacidade em reconhecer a localização espacial do corpo, sua posição e orientação, a força exercida pelos músculos e a posição de cada parte do

---

[1030] FIORELLI, José Osmir. *Psicologia aplicada ao Direito.* 4. ed. São Paulo: LTr, 2015, p. 115.

[1031] WALSH, Roger N. e VAUGHAN, Frances. O que é a pessoa? *In:* WALSH, Roger N. e VAUGHAN, Frances (Org.). *Além do ego*: dimensões transpessoais em psicologia. Tradução Adail Ubirajara Sobral e Maria Stela Gonçalves. São Paulo: Cultrix/Pensamento, 1997, p. 60-69, esp. p. 62: "Logo, a realidade que percebemos reflete o nosso próprio estado de consciência; e jamais podemos explorar a realidade sem explorarmos, ao mesmo tempo, a nós mesmos, tanto por sermos como por criarmos a realidade que exploramos".

corpo em relação às demais, sem utilizar a visão. Permite a manutenção do equilíbrio e a realização de diversas atividades práticas. Resulta da interação das fibras musculares que trabalham para manter o corpo na sua base de sustentação, de informações táteis e do sistema vestibular, localizado no ouvido interno e responsável pelo equilíbrio.

A sensação e a percepção – enquanto funções mentais superiores, em processos contínuos desde a atividade de recepção do estímulo sensorial até a interpretação da informação pelo cérebro, segundo conteúdos nele armazenados[1032] – consubstanciam as formas principais do conhecimento ou experiência sensível.[1033] Os fenômenos mentais superiores estão conexionados e fluem simultaneamente (*v. g.*, a percepção não prescinde de atenção e de memória para resgatar informações pretéritas e cotejá-las com as novas). Trata-se do conhecimento sensorial de configurações ou de integralidades organizadas e municiadas de sentido, e não um somatório de sensações básicas, ou um conjunto de sensações elementares.[1034] O sistema construído chamado estado de consciência, baseado na experiência humana, por exemplo, pressupõe um controle volitivo do foco da percepção básica, em que a atenção/percepção funciona como chave de ativação (energia psicológica) das estruturas permanentes da mente/cérebro, as quais agem sobre a informação para transformá-la de inúmeras maneiras, bem como sobre o reconhecimento da autopercepção, como seja, a percepção de perceber.[1035] A vida e suas condições essenciais proporcionaram o surgimento e a evolução do cérebro (neuroplasticidade), que existe para "gerir a vida dentro do corpo".[1036]

Em semelhante perspectiva, que supera as duas grandes concepções do empirismo e do intelectualismo na matéria, sensação e percepção são a mesma coisa ou, quando nada, são operações difíceis de separar. O contato com o mundo circundante é realizado de forma encarnada, enativa e interativa, pois até a função fisiológica é dinâmica e continuamente modelada. Assim, as percepções perdem o caráter exclusivamente receptivo e passivo, raramente são neutras e visam um mero conhecimento cognitivo.[1037]

[1032] Calculou-se que, ao longo de uma vida inteira, um cérebro humano possa armazenar 1.000.000.000.000.000 (um quatrilhão) de *bits* de informação. Vide, no ponto, ASIMOV, Isaac, *op. cit.*, p. 319.

[1033] FIORELLI, José Osmir. *Psicologia aplicada ao Direito, op. cit.*, p. 109.

[1034] MYRA Y LÓPES, Emilio. *Manual de psicologia jurídica*. São Paulo: New Generation, 2009, p. 108: "Toda percepção supõe uma "vivência", isto é, uma experiência psíquica complexa na qual não se misturam, e sim se *fundem*, elementos intelectuais, afetivos e conativos, para constituir um *ato psíquico*, dinâmico, global e como tal irredutível". (Grifos no original).

[1035] TART, Charles. A abordagem sistêmica dos estados da consciência. *In:* WALSH, Roger N. e VAUGHAN, Frances (Org.). *Além do ego*: dimensões transpessoais em psicologia. Tradução Adail Ubirajara Sobral e Maria Stela Gonçalves. São Paulo: Cultrix/Pensamento, 1997, p. 126-130, esp. p. 126.

[1036] DAMÁSIO, António R. *E o cérebro criou o homem*. Tradução Laura Teixeira Motta. São Paulo: Companhia das Letras, 2011, p. 83.

[1037] CHAUÍ, Marilena. *Convite à filosofia*. São Paulo: Ática, 2000, p. 153: "Fenomenologia e *Gestalt*, porém, mostram que não há diferença entre sensação e percepção porque nunca temos sensações parciais, pontuais ou elementares, isto é, sensações separadas de cada qualidade, que depois o espírito juntaria e organizaria como percepção de um único objeto. Sentimos e percebemos formas, isto é, totalidades estruturadas dotadas de sentido ou de significação. Assim, por exemplo, ter a sensação e a percepção de um cavalo é sentir/perceber de uma só vez sua cor (ou cores), suas partes, sua cara, seu lombo e seu rabo, seu porte, seu tamanho, seu cheiro, seus ruídos, seus movimentos. O cavalo-percebido não é um feixe de qualidades isoladas que enviam estímulos aos meus órgãos dos sentidos (como suporia o empirista), nem um objeto indeterminado esperando que meu pensamento diga às minhas sensações: "Este objeto é um cavalo" (como suporia o intelectualista). O cavalo-percebido não é um mosaico de estímulos exteriores (empirismo), nem uma ideia (intelectualismo), mas é, exatamente, um cavalo-percebido".

Não se pode ignorar que as pessoas estão imersas em um mundo vivido, intera-gindo[1038] concretamente com criaturas vivas e objetos não vivos através de movimentos, gestos, evocações, expressões. Em suma, através de um corpo vivido que decerto não é apenas guiado por propósitos racionais. As sensações são elementos básicos da percep-ção e ocorrem, por exemplo, nos sons, nas visões, nos cheiros e em outras experiências evocadas por objetos físicos do ambiente.[1039] Dinamicamente, nos processos perceptivos, tudo a moldar e modificar sensações antes e durante a experiência, o que significa ter uma percepção ativa e baseada em impulsos.[1040]

Noutras palavras: no campo da intersubjetividade e na exploração da afetividade, a consideração da vivência, da experiência, da história e do aprendizado sugere uma redefinição da percepção. De estudos neurobiológicos específicos emerge um conceito de percepção despojado de todo caráter neutro e simplesmente passivo possível, pois que se descobre que ele é afetivamente moldado por valores, sentimentos, emoções,[1041] experiências pessoais, interações sociais.

No tocante à percepção social – à percepção do meio ambiente –, a percepção das pessoas nunca é neutra. De fato, sentimentos, emoções e juízos de valor são ine-xoráveis, e, concomitantemente, os indivíduos são pré-noeticamente guiados por uma atenção a certos aspectos (*v. g.*, argumentos, movimento, expressividade). A teoria scheleriana da expressividade e dos fenômenos expressivos representa a possibilidade de um contato social real. A palavra alemã *Ausdruck* (expressão) significa literalmente "empurrar para fora" uma emoção, permitindo que sentimentos e emoções possam

---

[1038] CHAUÍ, Marilena, *op. cit.*, p. 154: "A percepção é assim uma relação do sujeito com o mundo exterior e não uma reação físico-fisiológica de um sujeito físico-fisiológico a um conjunto de estímulos externos (como suporia o empirista), nem uma ideia formulada pelo sujeito (como suporia o intelectualista). A relação dá sentido ao percebido e ao percebedor, e um não existe sem o outro; o mundo percebido é qualitativo, significativo, estruturado e estamos nele como sujeitos ativos, isto é, damos às coisas percebidas novos sentidos e novos valores, pois as coisas fazem parte de nossas vidas e interagimos com o mundo; o mundo percebido é um mundo intercorporal, isto é, as relações se estabelecem entre nosso corpo, os corpos dos outros sujeitos e os corpos das coisas, de modo que a percepção é uma forma de comunicação que estabelecemos com os outros e com as coisas; a percepção depende das coisas e de nosso corpo, depende do mundo e de nossos sentidos, depende do exterior e do interior, e por isso é mais adequado falar em campo perceptivo para indicar que se trata de uma relação complexa entre o corpo-sujeito e os corpos-objetos num campo de significações visuais, tácteis, olfativas, gustativas, sonoras, motrizes, espaciais, temporais e linguísticas. A percepção é uma conduta vital, uma comunicação, uma interpretação e uma valoração do mundo, a partir da estrutura de relações entre nosso corpo e o mundo".

[1039] SCHULTZ, Duane P. *História da psicologia moderna*. Tradução Adail Ubirajara Sobral e Maria Stela Gonçalves. 16. ed. São Paulo: Cultrix, 2002, p. 110.

[1040] BRUTTOMESSO, Maria Chiara. The affective shape perception and the encounter of others. *In:* Max Scheler and the emotional turn. *Thaumàzein – Rivista di Filosofia*, v. 3, p. 383-396, 2015, esp. p. 388, 389: "Value systems are responsible for the release of the appropriate neurotransmitter that affects our perception and therefore our impression, our behavior and our interaction with the world. conversely, synaptic connections and perceptual categorization, related to value systems and involving significance-givenness for the subject, are also continuously shaped and modified by our experiences. such value systems, that constrain categorization, are in fact not completely imposed in advance and, shaped by past history and learning, they give a unique and dynamic pattern from which to interpret a certain scene. again, as for synaptic connections, they are intrinsically individual and depend on experiences, history and learning. Even though neuroscience allows us a better comprehension of the perceptive processes, reductionism is therefore to be refuted by pointing out the fundamental role of body, experience and interactions in shaping our own neural structure".

[1041] PINKER, Steven. *Como a mente funciona*. Tradução Laura Teixeira Motta. São Paulo: Compahia das Letras, 1998, p. 394: "As emoções são mecanismos que ajustam os objetivos de mais alto nível do cérebro. Uma vez desencadeada por um momento propício, uma emoção desencadeia a cascata de subobjetivos e subsubobjetivos que denominamos pensar e agir. (...) Cada emoção humana mobiliza a mente e o corpo para enfrentar um dos desafios de viver e reproduzir-se no nicho cognitivo".

estar presentes diretamente na expressão. Isso implica que não se percebe primeiro um corpo físico e depois uma emoção; antes, ao contrário, o *Körper* (corpo material) é uma abstração do *Leib* (corpo vivido), que é constituído por um *Triebstruktur* (estrutura de acionamento). Assim, o sujeito é percebido e capturado como uma unidade expressiva (*Ausdruckseinheit*).[1042] Tal é o primeiro passo para o surgimento da intersubjetividade.[1043] Uma pessoa é capaz de perceber o verdadeiro sentimento ou de compreender uma emoção ou uma intenção de outra pessoa que corra em sua direção com olhos e atitudes agressivos, pois as emoções do outro são percebidas diretamente, mas isto somente se afigura possível graças à expressão – percepção não neutra do outro ou "captação de expressividade".

Agora bem, a ideia de percepção dotada de caráter neutro e passivo, que dominou a filosofia, deve, ao contrário, ceder o passo à assunção de seu aspecto ativo e influenciado por valores básicos, emoções, vivências, noções e padrões adquiridos que, no mundo de carne e osso, afetam fundamentalmente a percepção e a experiência dos indivíduos.[1044]

O essencial é apreender a percepção viva, em via de realização, e, para tanto, é necessário se despojar de todos os preconceitos dogmáticos que proporcionam apenas percepções fossilizadas, mumificadas. Contudo, a partir do "interior da percepção",[1045] emerge o seu paradoxo fecundo (inerência vital e intenção racional), enquanto circularidade entre corpo e mundo: simultaneamente, projeção do sujeito, do interior, do que se edifica como subjetivo (imanência) e abertura para o mundo exterior, para a diversidade, para a objetivização (transcendência).[1046]

O corpo, transcendendo um objeto potencial de estudo para a ciência, é uma condição permanente de experiência, porque constitui a abertura perceptiva para o mundo. O corpo é seu ponto de vista sobre o mundo, como um dos objetos do mundo.[1047] Assim, o corpo da pessoa e sua história perceptiva são compreendidos como resultado de suas relações com o mundo objetivo. No pensamento de Merleau-Ponty, por exemplo, dá-se a ruptura com a ontologia dualista de Descartes e a oposição entre as categorias corpo e espírito.[1048]

Há correlação entre o sujeito da percepção e o objeto percebido, e indissociabilidade do sujeito em relação ao mundo.[1049] A experiência da percepção insere a pessoa num momento em que se constituem para si as coisas, as verdades; em que a percepção

---

[1042] BRUTTOMESSO, Maria Chiara, *op. cit.*, p. 390.

[1043] No tocante à percepção do próximo, vide SCHELER, Max. *Esencia y formas de la simpatía*. Buenos Aires: Editorial Losada, 2004, p. 319 ss.

[1044] BRUTTOMESSO, Maria Chiara, *op. cit.*, p. 395: "Unlike the idea of a plate impressed by sensations, a medley of rational knowledge, emotions and bodily affections is what shapes our viewpoint on the world and on the encounter of others".

[1045] MERLEAU-PONTY, M. *Phénoménologie de la perception*. Paris: Gallimard, 2001, p. 291, 339.

[1046] MERLEAU-PONTY, M. *Le primat de la perception et sés conséquences philosophiques*. Lagrasse: Éditions Verdier, 1996, p. 49-50.

[1047] MERLEAU-PONTY, M. *Phénoménologie de la perception, op. cit.*, p. 85, 108.

[1048] Sobre as percepções relacionadas com o corpo e a alma, vide DESCARTES, R. *As paixões da alma*. Coleção Os pensadores. São Paulo: Nova Cultural, 1987, p. 226.

[1049] HILLMAN, James. *O pensamento do coração e a alma do mundo*. Tradução Gustavo Barcellos. Campinas, SP: Verus, 2010, p. 93: "Podemos reagir com o coração, despertá-lo novamente. No mundo antigo, esse era o órgão da percepção. O coração era imediatamente associado às coisas pelos sentidos. A palavra em grego para percepção ou sensação era *aisthesis*, que significa, em sua origem, "inspirar" ou "conduzir" o mundo para dentro (...)".

proporciona o aprendizado das verdadeiras condições da própria objetividade; ela faz recordar as tarefas do conhecimento e da ação. Não se trata de reduzir o saber humano ao sentir, mas de observar o nascimento desse saber, conquistar a consciência da racionalidade.[1050] A percepção é uma maneira de ter ideias sensíveis ou significações perceptivas.

No que concerne à teoria do conhecimento, avultam três concepções principais acerca do papel da percepção: (i) as teorias empiristas anunciam que a percepção se constitui em única fonte de conhecimento, alocando-se na raiz das ideias abstratas formuladas pelo pensamento. Na perspectiva humeniana, por exemplo, todo conhecimento é percepção, despontando dois tipos de percepção: as impressões (*v. g.*, sensações, emoções e paixões), que penetram com força tonificante e vivacidade a mente, chegando até o pensamento e a consciência, e as ideias, consistentes em imagens pálidas das impressões no pensamento e no raciocínio;[1051] (ii) as teorias racionalistas intelectualistas tendem a realçar a rala confiabilidade da percepção para o conhecimento, na medida em que depende das condições particulares de quem percebe e flerta com as ilusões, pois, não raro, a imagem percebida não coincide com a realidade do objeto; e (iii) na teoria fenomenológica do conhecimento, a percepção é considerada originária e parte principal do conhecimento humano, mas com uma estrutura diferente do pensamento abstrato, que opera com ideias.[1052]

A teoria da percepção em Peirce sugere que o pensar não é um ato meramente mental, mas deita raízes na percepção, na concepção de que toda forma lógica do pensamento é dada na percepção. Esta condiciona, pois, as estruturas dos pensamentos, sendo a base para o controle racional da ação. Nessa arquitetura, os juízos perceptivos são considerados o primeiro grau do pensamento racional.[1053]

A teoria do conhecimento e a filosofia da mente se combinam para estabelecer as bases para uma filosofia naturalista da mente, enfocando, por exemplo, a percepção, o conhecimento e a consciência. No plano da teoria da representação mental, busca-se articular uma visão do radar da percepção, forte na distinção entre estados conceituais e estados fenomenais.[1054]

O *"élan vital"* bergsoniano, atributo essencial da vida, é a duração real e convida a refletir sobre um elemento psicológico: o tempo vivido que de fato é subjetivo. Graças à intuição é possível conhecer o *"élan vital"*. Irrompe, no campo da filosofia de ação, a

---

[1050] MERLEAU-PONTY, M. *Le primat de la perception et sés conséquences philosophiques, op. cit,* p. 67-68.

[1051] JAPIASSÚ, Hilton. *Dicionário básico de filosofia.* 4. ed. atual. Rio de Janeiro: Zahar, 2006, p. 215.

[1052] CHAUÍ, Marilena, *op. cit.,* p. 155-156.

[1053] REGO, José Marcio Rebolho; PESSOA, Gustavo Henrique Rodrigues; GALA, Adelino de Castro Oliveira Simões. A percepção em três registros: Russell, Peirce e Caeiro. *COGNITIO-ESTUDOS: Revista Eletrônica de Filosofia,* v. 12, n. 1, p. 98-116, jan./jun. 2015, esp. p. 108: "Para Peirce, o percepto só tem elemento de primeiridade e de secundidade. O percepto vai apresentar a terceiridade na percepção com o *percipum*, quando o percepto é absorvido pela mente. Bernstein (1964) nos mostra de modo geral que há um jogo de primeiridade, secundidade e terceiridade na percepção. Em toda a percepção há uma consciência de uma qualidade imediata, há um elemento diádico de compulsão no qual estamos conscientes de algo que se força sobre nós. E, por fim, há um fator de juízo – o julgamento perceptivo – no qual todos estes elementos se juntam. Aí a característica de síntese da terceiridade: todos os elementos se juntam no julgamento de percepção. A nossa mente só é capaz de traduzir o percepto e o julgamento de percepção, porque nós estamos equipados com esquemas provavelmente inatos, que fazem processar e traduzir aquilo que 'está fora' em alguma coisa que tem semelhança com os outros tipos de julgamento que nós fazemos".

[1054] Para uma visão panorâmica do tema, vide DRETSKE, Fred. *Perception, knowledge and belief:* selected essays. Cambridge Studies in Philosophy. Cambridge University Press, 2000.

importância de se interrogarem o significado e o papel das percepções, além de radicar a concepção sobre a percepção, a consciência e as variadas faculdades do cérebro humano, em sua plasticidade, movimento e ação.[1055]

Nessa moldura, emerge uma conexão essencial entre percepção e comportamento. Veja-se, por exemplo, que a percepção inadequada, fruto de errôneas informação e interpretação, implica diferentes percepções fundamentais, como aquelas que permeiam todo e qualquer conflito jurídico entre os contendores. Tudo a denotar a existência de interações entre questões de fundo e aqueloutras de natureza psicológica. A percepção inadequada exibe octanagem para provocar conflitos irreais.[1056]

Sob outro prisma, o alicerce ontológico do paradigma junguiano é constituído pela concepção de totalidade psíquica (consciente e inconsciente), integrando mundo interno e mundo externo, além de abarcar aspectos pessoais e coletivos numa dimensão simbólica arquetípica dos fenômenos psíquicos, a partir dos parâmetros da causalidade, finalidade e sincronicidade. As manifestações dos símbolos possibilitam acessar o inconsciente coletivo e pessoal, o qual se erige em ponte epistemológica entre inconsciente, consciente e cultura. Conhecimento e autoconhecimento (*self insight*) são indissociáveis.[1057] A produção de conhecimento é resultante da contínua formação e transformação da consciência[1058] em busca de integração e elaboração dos símbolos – processo de individuação –, em um movimento incessante de diferenciação e complexificação da psique.

Raia, assim, na vida psíquica, uma realidade inconsciente original, atuante, incisiva e interativa sobre a realidade consciente.[1059] Dinâmica e sistematicamente, o ser e o mundo externo (*v. g.*, realidade, ambiente ou dimensão) constituem um todo, uma

---

[1055] ARCOLEO, Santo. Nel centenario della pubblicazione de L'évolution créatrice di H. Bergson il colloquio al "Collège de France". *Salento University Publishing*, n. 69, p. 75-89, 2009, esp. p. 81-82.

[1056] ACLAND, Andrew Floyer. *Como utilizar la mediación para resolver conflictos en las organizaciones*. Traductor: Beatriz Lopez. Barcelona: Paidós, 1997, p. 84-85.

[1057] CAPRA, Fritjof. *As conexões ocultas*: ciência para uma vida sustentável. Tradução Marcelo Brandão Cipolla. São Paulo: Cultrix, 2002, p. 45-46: "Embora os cientistas e filósofos da cognição tenham proposto muitas maneiras diferentes de proceder ao estudo da consciência, e tenham às vezes se engajado em acalorados debates, parece que se está chegando a um consenso cada vez maior quanto a dois pontos de grande importância. O primeiro, como já dissemos, é o reconhecimento do fato de que a consciência é um processo cognitivo que surge de uma atividade neural complexa. O segundo é a distinção entre dois tipos de consciência – em outras palavras, dois tipos de experiências cognitivas – que surgem em níveis diferentes de complexidade neurológica. O primeiro tipo, chamado de "consciência primária", surge quando os processos cognitivos passam a ser acompanhados por uma experiência básica de percepção, sensação e emoção. Essa consciência primária manifesta-se provavelmente na maioria dos mamíferos e talvez em alguns pássaros e outros vertebrados. O segundo tipo de consciência, chamado às vezes de "consciência de ordem superior", envolve a autoconsciência – uma noção de si mesmo, formulada por um sujeito que pensa e reflete. A experiência da autoconsciência surgiu durante a evolução dos grandes macacos, ou "hominídeos", junto com a linguagem, o pensamento conceitual e todas as outras características que se manifestam plenamente na consciência humana. Em virtude do papel essencial da reflexão nessa experiência consciente de ordem superior, vou chamá-la de "consciência reflexiva". A consciência reflexiva envolve um alto grau de abstração cognitiva. Ela inclui, entre outras coisas, a capacidade de formar e reter imagens mentais, que nos permite elaborar valores, crenças, objetivos e estratégias".

[1058] Sobre o abandono da noção de "consciência", vide JAMES, William. *Ensaios em empirismo radical*. A consciência existe? Tradução de Jorge Caetano da Silva, Pablo Rubén Mariconda. (Os pensadores). São Paulo: Abril Cultural, 1979, p. 173-186.

[1059] PRADO, Lídia Reis de Almeida. *O juiz e a emoção*: aspectos da lógica da decisão judicial. 3. ed. Campinas: Millenium, 2005, p. 32: "Convém observar que o arquétipo é um fenômeno que transcende a consciência, não se tratando, porém, de representação herdada, mas de um modo herdado de representação psíquica. Essas imagens não são apenas sinais, alegorias ou comunicações, mas algo muito mais direto (fazem parte da realidade psíquica), passível assim de serem vivificadas, experienciadas como se fossem *personagens*, em uma relação na qual existia sentimento e não só uma explicação racional". (Grifos no original).

unicidade, uma totalidade. A psique é constituída de diversas partes (formadora de um todo) que se associam ou se dissociam em maior ou menor escala, de maneira compensatória e complementar em um complexo único. O ser psicológico, na perspectiva junguiana, não existe fora de seu contexto sócio-histórico-cultural. O mundo interno e externo (*unus mundus*, como totalidade cósmica), ao ângulo psicológico, designa aquele vivido pelo ser humano, enquanto ser único, indivisível e complexo, em termos de individualidade. O ser humano, em sua totalidade complexa existencial, se revela um microcosmo dentro do macrocosmo.

Na ideia-força de "psicologia com alma" é evidente a atuação do psiquismo inconsciente ou da vida psíquica inconsciente na vida consciente. A psique é entendida como a totalidade dos processos psíquicos conscientes e inconscientes.[1060] O grande mistério da psique humana, em sua profundidade e formidável extensão, é constituído por estruturas conscientes e inconscientes que operam de modo peculiar.[1061] Nessa perspectiva, não seria despropositado dizer que, em cada pessoa, há dois indivíduos completamente distintos um do outro: ambos são inteligentes, mas um é consciente, ao passo que o outro é inconsciente.[1062]

A experiência e a comunicação de estados de percepção são suscetíveis de grandes variações de cultura para cultura. De sorte que, ao lado da consciência desperta, dita normal, há modalidades ou estados de consciência na experiência oriental (*v. g.*, "iluminação", "estado de Buda", "libertação") que não têm categorias plenamente equivalentes na psicologia ocidental contemporânea.[1063] Pesquisas clínicas com psicodélicos

---

[1060] JUNG, Carl Gustav. *Tipos psicológicos*. Tradução Lúcia Mathilde Endlich Orth. Petrópolis (RJ): Vozes, 1991, p. 752.

[1061] PENNA, Eloisa Marques Damasco. *Um estudo sobre o método de investigação da psique na obra de C. G. Jung*. 2003. 225f. Dissertação (Mestrado em Psicologia Clínica) – Pontifícia Universidade Católica de São Paulo, São Paulo, 2003, p. 133-134: "Estruturalmente, a dimensão psíquica compreende dois níveis: um coletivo e outro individual. A psique coletiva, também denominada psique objetiva por seu caráter impessoal, refere-se ao âmbito do inconsciente coletivo e dos arquétipos. A psique pessoal ou subjetiva, em razão de suas particularidades individuais, abarca o inconsciente pessoal, a consciência e os complexos. A consciência coletiva como mundo – sócio-histórico-cultural – faz parte da psique coletiva, uma vez que todos os seres estão imersos na dimensão coletiva – consciente ou inconsciente. Funcionalmente o psiquismo opera regido pelo mecanismo compensatório da autorregulação. A dinâmica consciente-inconsciente é movida pela tensão energética que constantemente se produz entre as polaridades e a busca de integração dos opostos. Dessa forma o psiquismo flui a partir de causa (tensão) e finalidade (integração) simultânea e constantemente".

[1062] COUÉ, Émile. *O domínio de si mesmo pela auto-sugestão consciente*. Tradução Humberto Bevilacqua. Rio de Janeiro: Ed. Minerva, 1960, p. 9: "Se compararmos o ser consciente ao ser inconsciente, constatamos que, enquanto o consciente é frequentemente dotado de uma memória muito falha, o inconsciente é, ao contrário, provido de uma memória maravilhosa, impecável, que guarda, sem o sabermos, os menores acontecimentos, os mais insignificantes fatos da nossa vida. E, como é êle quem preside o funcionamento de todos os nossos órgãos, por intermédio do cérebro, dá-se um fato, que decerto parecerá paradoxal: se êle julgar que êsse ou aquêle órgão funciona bem ou mal, ou julgar que sentimos esta ou aquela impressão, êste ou aquêle órgão, de fato, funciona bem ou mal, ou então, nos sentimos com esta ou aquela impressão. O inconsciente não preside sòmente as funções do nosso organismo, preside também o acabamento de *tôdas a nossas ações, quaisquer que sejam elas*. A êle é que chamamos imaginação, e é quem, ao contrário do que se admite, nos faz *sempre* agir, mesmo e *sobretudo* contra a *nossa vontade*, desde que haja antagonismo entre essas duas fôrças". (Grifos no original). Vide, também, MURPHY, Joseph. *O poder do subconsciente*; tradução de Pinheiro de Lemos. 30. ed. Rio de Janeiro: Editora Record, 1963, p. 48: "O poder do seu subconsciente é imenso. Inspira-o, guia-o e revela a você nomes, fatos e acontecimentos do depósito de sua memória. Seu subconsciente iniciou as batidas do seu coração, controla a circulação do seu sangue, regula a sua digestão, assimilação e eliminação dos alimentos. Quando você come um pedaço de pão, seu subconsciente transmuda-o em tecido, músculo, osso e sangue. Esse processo está além da compreensão do homem mais sábio que exista na Terra. A sua mente subconsciente controla todos os processos e funções vitais do seu corpo e conhece a solução de todos os problemas. O seu subconsciente nunca dorme, nunca descansa. Está sempre em funcionamento".

[1063] GOLEMAN, Daniel. Pespectivas em psicologia, realidade e o estudo da consciência. *In*: WALSH, Roger N. e VAUGHAN, Frances (Org.). *Além do ego*: dimensões transpessoais em psicologia. Tradução Adail Ubirajara Sobral e Maria Stela Gonçalves. São Paulo: Cultrix/Pensamento, 1997, p. 32-39, esp. p. 36, 37-38: "O que há

no mundo todo proporcionaram a descoberta de que eles parecem levar a uma série de experiências e estados de consciência. Semelhante progressão reflete o desvelamento de camadas cada vez mais profundas e expansivas do inconsciente.[1064]

A consciência ótima pressupõe o abandono daqueloutra contraída e defensiva.[1065] O silêncio mental e a parada da maquinaria psíquica favorecem muitas percepções e descobertas. De fato, o poder de pensar revela um dom admirável, mas o poder de não pensar evidencia um dom ainda mais elevado.[1066]

A consciência representa a capacidade humana para conhecer, para saber que conhece e para saber o que sabe que conhece. A consciência é um conhecimento (das coisas e de si) e um conhecimento desse conhecimento (reflexão). Em perspectiva brentaniana, a consciência é interpretada como uma plenitude de atos intencionais.[1067] Do ponto de vista psicológico, a consciência é o sentimento da própria identidade da pessoa: é o eu, um fluxo temporal de estados corporais e mentais, que retém o passado na memória, percebe o presente pela atenção e espreita o futuro pela imaginação e pelo pensamento.[1068] O eu é o centro ou a unidade de todos esses estados psíquicos.[1069]

---

de particularmente curioso no esquema de desenvolvimento budista é o fato de que ele não apenas amplia as construções da concepção da psicologia contemporânea acerca das possibilidades humanas, mas também oferece detalhes dos meios pelos quais pode ocorrer essa mudança... Ou seja, por meio de meditação – uma manipulação da atenção –, pode-se entrar num estado alterado e, através de uma modificação sistemática dos hábitos da atenção, é possível alterar a consciência, incorporando essa condição ao ser. (...) A patologia do ponto de vista ocidental consiste em equiparar a "realidade" com o mundo percebido com a consciência do estado desperto, negando o acesso à realidade percebido em outros estados de consciência e recusando-lhe credibilidade. A patologia oriental complementar consiste em ver a realidade total como distinta da que é percebida pela consciência desperta, considerando o mundo físico, por essa razão, ilusório".

[1064] GROF, Stanislav. Domínios do inconsciente humano: observações a partir da pesquisa com o LSD. *In:* WALSH, Roger N. e VAUGHAN, Frances (Org.). *Além do ego*: dimensões transpessoais em psicologia. Tradução Adail Ubirajara Sobral e Maria Stela Gonçalves. São Paulo: Cultrix/Pensamento, 1997, p. 97-109, esp. p. 107-108: "Identificando-se com a consciência da Mente Universal, a pessoa sente que abrangeu em sua experiência a totalidade da existência. Sente que alcançou a realidade que está na base de todas as realidades e depara com o princípio supremo e último que representa todo o Ser. As ilusões da matéria, do espaço e do tempo, bem como um número infinito de outras realidades subjetivas, são completamente transcendidos e, por fim, reduzidos a essa modalidade de consciência que é a sua fonte e o seu denominador comum. A comunicação verbal e a estrutura simbólica da nossa língua cotidiana parecem ser um meio ridiculamente inadequado para captar e veicular sua natureza e qualidade. A experiência do mundo fenomênico e aquilo que denominamos estados comuns de consciência parecem, nesse contexto, apenas aspectos muitos limitados, idiossincráticos e parciais da consciência total da Mente Universal..."

[1065] WILBER, Ken. *O espectro da consciência*. Tradução Octavio Mendes Cajado. São Paulo: Cultrix, 1977, p. 45: "É o que o hindu denomina *nirvikalpa samadhi*, "percepções sem imagens", ou o budista tibetano apelida de *hzin-dan-bral-pahi sems*, "mente liberta de todos os conceitos do pensamento", ou o budista Ch'an cognomina *wu-nien*, a Mente em estado de "não-pensamento"".

[1066] Para uma visão geral da matéria, vide SATPREM. *Sri aurobindo or the adventure of consciousness*. Nova York: Harper & Row, 1968.

[1067] HEINEMANN, Fritz. *A filosofia no século XX*. 2. ed. Lisboa: Fundação Calouste Gulbenkian, 1979, p. 260.

[1068] PINKER, Steven, *op. cit.*, p. 151: "A consciência de acesso possui quatro características óbvias. Primeiro, temos a noção, em vários graus, de um rico campo de sensações: as cores e formas do mundo à nossa frente, os sons e odores que nos envolvem, as pressões e dores em nossa pele, ossos e músculos. Segunda, porções dessas informações podem incidir no enfoque da atenção, ser introduzidas e retiradas alternadamente na memória de curto prazo e alimentar nossas cogitações deliberativas. Terceira, as sensações e pensamentos apresentam-se com uma qualidade emocional: agradável ou desagradável, interessante ou repulsivo, excitante ou tranquilizador. Finalmente, um executivo, o "eu", aparece para fazer escolhas e acionar alavancas do comportamento".

[1069] CHAUÍ, Marilena, *op. cit.*, p. 147-148: "A consciência psicológica ou o eu é formada por nossas vivências, isto é, pela maneira como sentimos e compreendemos o que se passa em nosso corpo e no mundo que nos rodeia, assim como o que se passa em nosso interior. É a maneira individual e própria com que cada um de nós percebe, imagina, lembra, opina, deseja, age, ama e odeia, sente prazer e dor, toma posição diante das coisas e dos outros, decide, sente-se feliz ou infeliz. (...) A consciência reflexiva ou o sujeito do conhecimento forma-se

A percepção corrente, por instantânea que seja, encerra uma incomensurável quantidade de elementos resgatados do passado, armazenados na memória e relembrados.[1070]

A subjetividade se manifesta plenamente como uma atividade que sabe de si mesma, mas tal não equivale a dizer que a consciência esteja sempre alerta e atenta (*v. g.*, quando o indivíduo recebe uma anestesia geral perde gradualmente a consciência de ver, de sentir, de lembrar). Comumente, distinguem-se os seguintes graus de consciência: (i) *consciência passiva*, na qual o indivíduo tem uma vaga e embaçada percepção de si mesmo e do que se passa em seu entorno (*v. g.*, no momento que precede o sono ou o despertar, na anestesia); (ii) *consciência vivida*, mas *não reflexiva*: é a consciência efetiva do indivíduo, que exibe a especificidade de ser egocêntrica, vale dizer, de perceber os outros e as coisas apenas a partir de seus sentimentos concernentes a eles (*v. g.*, pessoas apaixonadas, para as quais o mundo só existe a partir dos seus sentimentos); (iii) *consciência ativa e reflexiva*: é aquela que reconhece a diferença entre o interior e o exterior, entre si e os outros, entre si e as coisas. Esse grau de consciência é o que consente a existência da consciência em suas quatro modalidades: eu, pessoa, cidadão e sujeito.[1071] A evolução dos seres humanos significa, em especial, evolução da consciência, bem como a história da consciência consubstancia a história do conhecimento.[1072]

---

como atividade de análise e síntese, de representação e de significação voltadas para a explicação, descrição e interpretação da realidade e das outras três esferas da vida consciente (vida psíquica, moral e política), isto é, da posição do mundo natural e cultural e de si mesma como objetos de conhecimento. Apóia-se em métodos de conhecer e busca a verdade ou o verdadeiro. É o aspecto intelectual e teórico da consciência. (...) Eu, pessoa, cidadão e sujeito constituem a consciência como subjetividade ativa, sede da razão e do pensamento, capaz de identidade consigo mesma, virtude, direitos e verdade".

[1070] NUNES, Luiz Antonio Rizzatto. Intuição. *In:* BARRETTO, Vicente de Paulo (Coord.). *Dicionário de filosofia do direito.* Rio de Janeiro: Renovar. São Leopoldo: UNISINOS, 2009, p. 475-479, esp. p. 476: "A percepção, por mais instantânea que seja, consiste, assim, numa incalculável quantidade de elementos rememorados. Portanto, a verdade é que toda percepção é já memória. Nós só percebemos, praticamente, o passado. O presente puro é o inapreensível avanço do passado a roer o futuro. Essa situação está presente em nossa consciência de forma intuitiva, arraigada em hábitos motores, isto é, arraigada na memória motora – que desempenha a experiência passada sem evocar sua imagem – ou espalhada pelas lembranças na memória pura – que é coextensiva à consciência, retém um após o outro, todos os estados assim que se produzam. (...) A memória do corpo, constituída pelo conjunto dos sistemas sensório-motores que o hábito organizou, é, portanto, uma memória quase instantânea à qual a verdadeira memória do passado serve de base. Como elas não constituem duas coisas separadas, como a primeira não é senão a ponta móvel inserida pela segunda no plano movente da experiência, é natural que essas duas funções prestem-se mútuo apoio. Observe-se, então, que, por um lado, a memória do passado apresenta aos mecanismos sensório-motores todas as lembranças capazes de orientá-los em sua tarefa de dirigir a reação motora no sentido sugerido pelas lições da experiência e isto se faz pelas associações por contiguidade e similitude. As associações por contiguidade, como o nome diz, trazem à tona, ao elemento sensório-motor da experiência, as lembranças próximas ligadas por serem contíguas, e as associações por similitude são feitas por analogia com lembranças que se parecem de alguma forma; por lembranças que são similares".

[1071] CHAUÍ, Marilena, *op. cit.*, p. 149-150: "Esse último grau de consciência, nas suas quatro modalidades, é definido pela fenomenologia como consciência intencional ou intencionalidade, isto é, como "consciência de". Toda a consciência, diz a fenomenologia, é sempre consciência de alguma coisa, visa sempre a alguma coisa, de tal maneira que perceber é sempre perceber alguma coisa, imaginar é sempre imaginar alguma coisa, lembrar é sempre lembrar alguma coisa, dizer é sempre dizer alguma coisa, pensar é sempre pensar alguma coisa. A consciência realiza atos (perceber, lembrar, imaginar, falar, refletir, pensar) e visa a conteúdos ou significações (o percebido, o lembrado, o imaginado, o falado, o refletido, o pensado). O sujeito do conhecimento é aquele que reflete sobre as relações entre atos e significações e conhece a estrutura formada por eles (a percepção, a imaginação, a memória, a linguagem, o pensamento)".

[1072] TELLES JR., Goffredo. *O direito quântico:* ensaio sobre o fundamento da ordem jurídica. 5. ed. rev. e aum. São Paulo: Max Limonad, 1980, p. 323-324.

Etimologicamente, "consciência" vem do termo latino *conscientia*, de *consciens*, particípio presente de *conscire* = estar ciente (*cum* = com, partícula de intensidade e *scire* = sei).[1073] A consciência é uma estrutura complexa que representa uma qualidade da mente humana,[1074] englobando aptidões como subjetividade, autoconsciência,[1075] senciência, sapiência, capacidade de perceber a relação entre si e o mundo circundante. A consciência é uma qualidade psíquica, pois que inserta no espectro da psique humana e tida, também, como um atributo do espírito, da mente ou do pensamento humano.

A consciência, por dizê-lo assim, é a comunhão funcional dos dois lados do cérebro: hemisfério esquerdo (*v. g.*, a faculdade de a razão julgar seus próprios atos, a opinião, a linguagem, o raciocínio lógico, determinados tipos de memória, o cálculo, a análise); e hemisfério direito (*v. g.*, sinceridade, probidade, honradez, cuidado, atenção, esmero). Quando o indivíduo utiliza o hemisfério direito do cérebro, prescinde do entender, pois é como se a pessoa já soubesse de tudo instintivamente. Não usa palavras, é intuitivo, emprega a imaginação, o sentimento, a síntese, tem *insight*, visão holística.

Em perspectiva damasiana, a consciência pode ser fragmentada em dois tipos: consciência central e consciência ampliada. Assim, a anatomia de constituição da consciência é suscetível de ser dividida em três partes: (i) dimensão fonte – onde as coisas acontecem de fato, o aqui e agora: o ato de escrever e dominar o ambiente e os equipamentos usados. Semelhante dimensão da consciência não recua em demasia ao passado e, também, não progride para o futuro, adstringindo-se a registrar os atos presentes, com um espaço-tempo (passado/futuro) suficiente para que os momentos (presentes) tenham continuidade; (ii) dimensão processual – amplitude de sistema que acolhe expectativas, perspectivas, planos e quaisquer registros mentais em aberto, bem como as questões que causam ruídos e impulsionam o ser humano à busca de soluções. Essa amplitude de consciência permite observar questões do passado e investigar também um pouco do futuro; (iii) dimensão ampla – região de sistema que, sem ser um dispositivo de memória, hospeda os conhecimentos e as experiências que uma pessoa incorpora na existência: todos os conhecimentos do passado e experimentações pelas quais o ser atravessou na vida. Tal como ocorre na dimensão processual, a amplitude da consciência, enquanto função prodigiosa que se arremete para além da consciência central, permite esquadrinhar o passado e catapultar ao futuro, dentro das fronteiras demarcadas pelo próprio desenvolvimento mental do indivíduo.[1076]

[1073] BONOMI, Francesco. *Dizionario etimologico della lingua Italiana*. Disponível em: http://www.etimo.it.

[1074] WILBER, Ken. Psicologia perene: o espectro da consciência. *In*: WALSH, Roger N. e VAUGHAN, Frances (Org.). *Além do ego*: dimensões transpessoais em psicologia. Tradução Adail Ubirajara Sobral e Maria Stela Gonçalves. São Paulo: Cultrix/Pensamento, 1997, p. 83-96, esp. p. 84-85: "A principal noção da *psychologia perennis* é a de que a consciência "mais recôndita" do homem é idêntica à realidade última e absoluta do universo, conhecida como Brahman, Tao, Dharmakaya, Allah, a Divindade – para citar uns poucos nomes –, que, para fins de conveniência, chamarei simplesmente de "Mente" (…). Segundo essa tradição universal, Mente é o que existe e tudo o que existe, ilimitado e portanto infinito, intemporal e portanto eterno, fora do que nada existe. Nesse nível, o homem se identifica com o universo, o Todo – ou melhor, ele é o Todo. Segundo a psicologia perene, esse nível não é um estado anormal de consciência, nem um estado alterado de consciência, mas o *único* estado de consciência *real*, sendo os outros, essencialmente, ilusões… Em resumo, a consciência mais recôndita do homem – conhecida como Atman, … Cristo, Tathagatagarbha – é idêntica à realidade última do universo. É esse, pois, o Nível da Mente, da consciência cósmica, da suprema Identidade do homem". (Reforços gráficos no original).

[1075] SCHELER, Max. *La situation de l'homme dans le monde*. Traduit et préfacé par M. Dupuy. Paris: Éditions Montaigne, 1951, p. 57: "L'animal a sans doute une conscience, à la différence de la plante; ma il n'a pas de conscience de soi, comme Leibniz l'a déja vu. Il ne se possède pas, il n'est maître de lui, et c'est pourquoi il n'est pas non plus conscient de lui-même".

[1076] DAMÁSIO, António R. *O mistério da consciência*: do corpo e das emoções ao conhecimento de si. Tradução Laura Teixeira Motta; revisão Luiz Henrique Martins Castro. São Paulo: Companhia das Letras, 2000, p. 251-252:

A consciência humana pode apresentar vários estados: condições de consciência (*v. g.*, vigília normal, vigília alterada e sono com sonhos), modos de consciência (*v. g.*, passivo, ativo e ausente) e focos de consciência (*v. g.*, central, periférico e distante). Não por acaso, a consciência guarda relação com a autoconsciência e o autoconhecimento. De fato, a consciência pressupõe autoconsciência (a autoconsciência é anterior à reflexão, e não seu resultado), pois não se afigura possível o indivíduo estar consciente de algo sem estar consciente de estar consciente dessa coisa. A autoconsciência é a noção consciente da existência de uma consciência reguladora. Autoconsciência e consciência, embora distintas ao ângulo lógico, operam de forma unitária. Por outro lado, o autoconhecimento (a consciência reflexiva) pressupõe a consciência pré-reflexiva, *scilicet*, a autoconsciência.[1077] Nessa arquitetura, a autoconsciência é componente essencial da consciência. Sem a autoconsciência não há consciência, tampouco reflexão sobre a consciência, isto é, autoconhecimento, que exige um mergulho profundo em sua própria história, desde os primeiros anos de vida, durante o desenvolvimento emocional primitivo.[1078]

O conhecimento, oriundo de uma intuição ou que parte dela, constitui a razão discursiva ou o raciocínio. Ao contrário da intuição, o raciocínio é o conhecimento que exige provas e demonstrações e se realiza igualmente por meio de provas e demonstrações das verdades que estão sendo conhecidas ou investigadas. Não é um ato intelectual solitário, mas sim vários atos intelectuais intrinsecamente associados, formando um processo de conhecimento.

A razão discursiva açambarca três modalidades: dedução, indução e abdução, embora esta última modalidade não seja propriamente demonstrativa. O aspecto de maior importância para os fins do presente trabalho descansa na inferência abdutiva, que consiste numa espécie de intuição, com a singularidade de que não se dá de uma vez, indo passo a passo para chegar a uma conclusão.[1079] Aliás, na abdução, enfatiza-se mais o elemento criativo-inventivo que o conclusivo.[1080] A sugestão abdutiva chega como um *flash*, um *insight*.

"A consciência ampliada vai além do aqui e agora da consciência central, em direção tanto ao passado como ao futuro. O aqui e agora ainda é importante, mas flanqueado pelo passado, voltando no tempo tanto quanto possa ser necessário para iluminar eficazmente o agora; de modo igualmente importante, ela é flanqueada pelo futuro antevisto. Em seu auge, o campo de ação da consciência ampliada pode abranger todo o período de vida do indivíduo, do berço aos dias futuros, e ainda situar paralelamente o mundo. (...) A consciência ampliada é tudo que a consciência central é, só que maior e melhor, e só faz crescer com a evolução e com as experiências que cada indivíduo tem ao longo da vida".

[1077] FRANK, Manfred. Self-consciousness and self-knowledge: on some difficulties with the reduction of subjectivity. *Constellations*, v. 9, n. 3, p. 390-408, 2002.

[1078] MARQUES, Luiz Guilherme. *A psicologia do juiz*: o judiciário do século XXI. São Paulo: Letras Jurídicas, 2010, p. 101.

[1079] No tocante ao conceito de argumento abdutivo, vide ANDERSON, Douglas R. The evolution of Peirce's concept of abduction. *Transactions of the Charles S. Peirce Society*, v. 22, n. 2, p. 145-164, 1986; ROTH, Robert J. Anderson on Peirce's concept of abduction: further reflections. *Transactions of the Charles S. Peirce Society*, v. 24, n. 1, p. 131-139, 1988.

[1080] PEIRCE, Charles Sanders. *Semiótica*. São Paulo: Perspectiva, 2012. (Estudos 46 / dirigida por J. Guinsburg), p. 220: "171. Abdução é o processo de formação de uma hipótese explanatória. É a única operação lógica que apresenta uma ideia nova, pois a indução nada faz além de determinar um valor, e a dedução meramente desenvolve as consequências necessárias de uma hipótese pura. A Dedução prova que algo *deve* ser; a Indução mostra que alguma coisa é *realmente* operativa; a Abdução simplesmente sugere que alguma coisa *pode ser*. Sua única justificativa é que a partir de suas sugestões a dedução pode extrair uma predição que pode ser verificada por indução, e isso, se é que nos é dado aprender algo ou compreender os fenômenos, deve ser realizado através de abdução. Não há quaisquer razões que lhe possam ser atribuídas, tanto quanto sei; e ela não necessita de razões, visto que simplesmente oferece sugestões. 172. Um homem deve estar cabalmente louco para negar que a ciência efetuou muitas descobertas verdadeiras. Contudo, cada um dos itens singulares da teoria científica que estão hoje formados deve-se à Abdução". (Grifos no original).

A lógica abdutiva representa uma inferência hipotética – uma centelha ou sentimento súbito – e simplesmente prova que algo pode ser: "Observa-se o fato inesperado C. Contudo, caso A fosse verdadeiro, C seria normal, não mais surpreendente. Dessa maneira, existe uma razão para que acreditemos que A seja verdadeiro".[1081] De sorte que a abdução é a inferência a favor da melhor explicação,[1082] em prol da fixação da probabilidade da conclusão da inferência, e não necessariamente da sua verdade.

Controverte-se acerca das formas de abdução. Ou seja, se caracterizada pela existência de um juízo de percepção que porta a declaração geradora do conceito genérico; ou se, partindo-se da afirmação sobre o juízo de percepção, chega-se à regra hipotética ou ao juízo de percepção hipotético.

A abdução é a busca de um elemento criativo pela interpretação racional de sinais, de indícios, de signos.[1083] É o método tendente a criar novas hipóteses explicativas, não ensartadas nas premissas. A inferência abdutiva, para além da experiência, introduzindo uma ideia nova e projetando-se para o futuro, fomenta a descoberta, a invenção, a criação.[1084]

O fenômeno abdutivo representa a inserção de novas ideias no trabalho científico, que não pode ser explicado mediante simples cálculo de probabilidades. A abdução é articulada, por exemplo, à criatividade científica, injetando novas ideias na ciência.[1085]

No âmbito da relação abdução-criatividade-construção de sentidos, o raciocínio abdutivo tem por escopo a inalação temporária de uma hipótese explicativa, consistindo numa operação lógica que pode introduzir novas ideias, ao consentir a possibilidade de aquisição de novo conhecimento. Em reverso, nas inferências dedutivas e indutivas não há espaço para processo criativo algum, na medida em que tudo já está pressuposto nas

---

[1081] PEIRCE, Charles Sanders. How to make our ideas clear. *Popular Science Monthly*, v. 12, p. 286-302, January 1878.

[1082] NUBIOLA, Jaime. *La abducción o lógica de la sorpresa*. Disponível em: http://www.google.com.br/url?sa=t&rct=j&q=&esrc=s&source=web&cd=7&ved=0ahUKEwjq_J7RjPLSAhXBkpAKHTpCDqAQFghJMAY&url=http%3A%2F%2Fwww.felsemiotica.org%2Fsite%2Fwp-content%2Fuploads%2F2014%2F10%2FNubiola-Jaime-La-abducci%25C3%25B3n-o-l%25C3%25B3gica-de-la-sorpresa.pdf&usg=AFQjCNGORwAmGzRkHJfFCtmEp3PZE9sdFQ&sig2=MoHy5k59OHnkGVc8_LCqdg. Acesso em: 22 fev. 2018: "Esta es la estructura lógica de toda abducción. Como se advierte la clave de su comprensión se encierra en el carácter sorprendente del hecho referido en la primera premisa y en el trabajo de la imaginación en la segunda cuando descubre que si determinada hipótesis fuera verdadera convertiría el hecho sorprendente en un acontecimiento normal, razonable, y por tanto no sorprendente. Si esto es así es razonable pensar que A es verdadera. No sólo todas las historias de detectives están llenas de este tipo de razonamientos, sino que el propio diagnóstico médico a partir de unos síntomas sorprendentes y unos cuadros de enfermedades que hacen razonables esos síntomas son ejemplos excelentes de la efectiva práctica abductiva en nuestras vidas".

[1083] CHAUÍ, Marilena, *op. cit.*, p. 83: "O exemplo mais simples oferecido por Peirce para explicar o que seja a abdução são os contos policiais, o modo como os detetives vão coletando indícios ou sinais e formando uma teoria para o caso que investigam. Segundo Peirce, a abdução é a forma que a razão possui quando inicia o estudo de um novo campo científico que ainda não havia sido abordado. Ela se aproxima da intuição do artista e da adivinhação do detetive, que, antes de iniciarem seus trabalhos, só contam com alguns sinais que indicam pistas a seguir. Os historiadores costumam usar a abdução. De modo geral, diz-se que a indução e a abdução são procedimentos racionais que empregamos para a aquisição de conhecimentos, enquanto a dedução é o procedimento racional que empregamos para verificar ou comprovar a verdade de um conhecimento já adquirido".

[1084] NUBIOLA, Jaime, *op. cit.*, "La abducción es el proceso mediante el que generamos hipótesis para dar cuenta de aquellos hechos que nos sorprenden. Peirce consideró que la abducción estaba en el corazón no sólo de la actividad científica, sino también de todas las actividades humanas ordinarias".

[1085] GÉNOVA, Gonzalo. Charles S. Peirce: La lógica del descubrimiento. *Cuadernos de Anuario Filosófico*, Serie Universitaria, Pamplona, n. 45, p. 1-88, 1997, esp. p. 56-57: "A la abducción corresponde el papel de introducir nuevas ideas en la ciencia: la creatividad, en una palabra. La deducción extrae las consecuencias necesarias y verificables que deberían seguirse de ser cierta la hipótesis, y la inducción confirma experimentalmente la hipótesis en una determinada proporción de casos. Son tres clases de razonamiento que no discurren de modo independiente o paralelo, sino integrados y cooperando en las fases sucesivas del método científico".

premissas, como uma questão de necessidade ou de probabilidade, respectivamente. É dizer: não se afigura possível reconstruir qualquer raciocínio ampliativo ou que a conclusão transmita informações não hospedadas nos confins das premissas fixadas.

A abdução descortina um leque de perspectivas, como quando (i) favorece o terreno da inteligência artificial,[1086] pela possibilidade de formulação de modos cognitivos genéricos dos seres humanos; (ii) amplifica e diversifica a racionalidade, com especial ênfase para resolver enigmas; (iii) funciona como lógica exegética, como elemento vital na hermenêutica em geral e na jurídica em particular; e (iv) fornece a explicação mais provável, maximizando a possibilidade de acertos e sua capacidade de encontrar nova regra.

Sob outro ângulo de mirada, um aparte sobre a psique inconsciente[1087] importa interferências (v. g., espontaneidade criativa), perturbações, além de produzir efeitos na esfera da consciência.[1088] O inconsciente pessoal, subjetivo, interage com a região da psique chamada de inconsciente coletivo, objetivo, este último formado por conteúdos universais.[1089]

O inconsciente, situado no subterrâneo da mente, é o psíquico desconhecido,[1090] absoluta ou relativamente, no que toca à consciência ou aos limites do conhecimento.[1091] Trata-se de uma atividade mental indisponível na consciência, com seu peculiar modo de funcionamento, diferente da mente consciente, não possuindo limites no espaço e no tempo; é alógico, expressando uma linguagem própria e, nos sonhos, essencialmente onírica.[1092] Nada obstante isso, afigura-se fundamental que o sujeito seja capaz de desenvolver uma dialeticidade consigo mesmo, vale dizer, que possa nutrir um diálogo entre o consciente e o inconsciente.[1093] Tais dimensões, sob determinado aspecto, são relativas.[1094]

[1086] PIZZI, Claudio. *Abduzione e serendipità nella scienza e nel diritto*. Disponível em: http://www.academia.edu/2581439/Abduzione_e_serendipit%C3%A0. Acesso em: 11 agos. 2018, p. 1-9, esp. p. 8.

[1087] JUNG, Carl Gustav. *Memórias, sonhos e reflexões*. Tradução de Dora Ferreira da Silva. Rio de Janeiro: Nova Fronteira, 1975, p. 354-355: "Tudo o que conheço, mas não penso num dado momento, tudo aquilo de que já tive consciência mas esqueci, tudo o que foi percebido por meus sentidos e meu espírito consciente não registrou, tudo o que involuntariamente e sem prestar atenção (isto é, inconscientemente), sinto, penso, relembro, desejo e faço, todo o futuro que se prepara para mim e que só mais tarde se tornará consciente, tudo isso é conteúdo do inconsciente. A esses conteúdos se acrescentam as representações ou impressões pessoais mais ou menos intencionalmente reprimidas. Chamo de inconsciente pessoal ao conjunto de todos esses conteúdos".

[1088] JUNG, Carl Gustav. *O homem e seus símbolos*. Tradução de Maria Lúcia Pinho. Rio de Janeiro: Nova Fronteira. 2002, p. 101: "Já não existem deuses cuja ajuda possamos invocar. As grandes religiões padecem de uma crescente anemia, porque as divindades prestimosas já fugiram dos bosques, dos rios, das montanhas e dos animais e os homens-deuses desapareceram no mais profundo do nosso inconsciente. Iludimo-nos julgando que lá no inconsciente levam vida humilhante entre as relíquias do nosso passado. Nossas vidas são agora dominadas por uma deusa, a Razão, que é a nossa ilusão maior e mais trágica. É com sua ajuda que acreditamos ter "conquistado a natureza".

[1089] FADIMAN, James. *Teorias da personalidade*. Coordenação da tradução Odette de Godoy Pinheiro. Tradução de Camila Pedral Sampaio, Sybil Safdié. São Paulo: HARBRA, 1986, p. 45.

[1090] JUNG, Carl Gustav. *A natureza da psique*. 2. ed. Petrópolis: Vozes, 1986, p. 123.

[1091] PENNA, Eloisa Marques Damasco, *op. cit.*, p. 144: "A consciência como sede do conhecimento é limitada, de um lado, pelo inconsciente e, por outro lado, pelo mundo. O alargamento do campo da consciência equivale a aumento de conhecimento, e isso se dá pela integração de conteúdos inconscientes e simultaneamente à incorporação de aspectos do mundo externo".

[1092] COSTA, José Américo Abreu. A presença da sombra na sentença criminal. *In:* ZIMERMAN, David. *Aspectos psicológicos na prática jurídica*. Campinas: Milennium, 2002, p. 217-226, esp. p. 218.

[1093] No tocante aos conteúdos inconscientes, vide JUNG, Carl Gustav. *A natureza da psique, op. cit.*, p. 123: "Estes conteúdos são, por assim dizer, mais ou menos capazes de se tornarem conscientes, ou pelo menos foram conscientes e no momento imediato podem tornar-se conscientes de novo. Neste sentido, o inconsciente é a *fringe of consciousness* [uma franja da consciência], como o caracterizou, outrora, William James".

[1094] JUNG, Carl Gustav. *A natureza da psique, op. cit.*, p. 126, n. 385: "Mas a consciência é também relativa, pois abrange não somente a consciência como tal, mas toda uma escala de intensidade da consciência. Entre o

Remarque-se que a psique, em sua totalidade, abrange consciente e inconsciente pessoais e inconsciente coletivo. Assim, a consciência não encerra a totalidade do ser humano (*v. g.*, a psicologia da consciência é incapaz de resolver os problemas da hipnose e dos sonhos),[1095] pois é constituída de conteúdos conscientes e por seu inconsciente, cuja extensão e limites são ignorados. O inconsciente, na latitude junguiana, não é suscetível à observação e à exploração diretas, por estar em um nível desconhecido, ao qual não se tem acesso, mas apenas, indiretamente, a partir de suas manifestações na consciência (*v. g.*, imagens, sonhos, ideias, intuições).[1096] O inconsciente só pode ser aferido pelo que foi transmitido pelo próprio consciente, bem como pelos modos de pensar, tais como pensamento dirigido e pensamento não dirigido, simbólico.[1097]

À parte o endosso dos mecanismos propostos por Freud ou Jung, deve-se admitir a existência e reconhecer as influências inconscientes na mente e seu poder no comportamento humano. Com efeito, nem toda atividade mental é consciente,[1098] donde não se pode iludir com a aparente autonomia e consciência no que toca às motivações do indivíduo. Elementos, fatores e forças que habitam o inconsciente

---

"eu faço" e o "eu estou consciente daquilo que faço" há não só uma distância imensa, mas algumas vezes até mesmo uma contradição aberta. Consequentemente, existe uma consciência na qual o inconsciente predomina, como há consciência em que domina a autoconsciência. Este paradoxo se torna imediatamente compreensível, quando nos damos conta de que não há nenhum conteúdo consciente a respeito do qual se possa afirmar com absoluta certeza que é em tudo e por tudo consciente, pois isto necessitaria uma totalidade inimaginável da mente humana. Assim chegamos à conclusão paradoxal de que *não há um conteúdo consciente que não seja também inconsciente sob outro aspecto*". (Reforços gráficos no original).

[1095] FREUD, Sigmund. *O ego e o id e outros trabalhos* (1923-1925). Edição Standard Brasileira das Obras Psicológicas Completas, vol. XIX. Rio de Janeiro: Imago, 2006, p. 27: "a psicanálise não pode situar a essência do psíquico na consciência, mas é obrigada a encarar esta como uma qualidade do psíquico, que pode achar-se presente em acréscimo a outras qualidades, ou estar ausente".

[1096] JUNG, Carl Gustav. *O homem e seus símbolos, op. cit.*, p. 255: "conteúdos da psique inconsciente que penetram na consciência sob a forma tangível de imagens, sonhos, ideias ou intuições".

[1097] PENNA, Eloisa Marques Damasco, *op. cit.*, p. 184-185: "O método proposto por Jung para a compreensão do material inconsciente envolve a decodificação da linguagem simbólica através da interpretação de seu significado para a personalidade como um todo. A meta da interpretação é propiciar a integração de conteúdos inconscientes na consciência, dessa forma ampliando a consciência, ou seja, produzindo autoconhecimento e favorecendo o processo de individuação. A integração ou assimilação do conhecimento novo depende de um processo de elaboração do símbolo pela consciência. (...) A função transcendente é a função que cria símbolos e, como tal, é coordenada pela totalidade, sendo de natureza espontânea e natural. O pensamento simbólico, como a função psicológica que compreende os símbolos, tem sua origem na discriminação que Jung (vol. 5) faz de dois modos de pensar: o pensamento dirigido e o pensamento não dirigido (simbólico). O pensamento dirigido é racional, adaptativo, predominantemente lógico e objetivo. Está ancorado na linguagem conceitual e comprometido com o mundo externo, sendo uma expressão de funções conscientes superiores (vol. 5). O pensamento não dirigido é associativo, analógico, flui por imagens e tem proximidade com o mundo interior da fantasia e da imaginação. É movido pelas demandas do inconsciente, ainda que possa ser captado pela consciência não está sob seu controle exclusivo. O pensamento científico moderno baseia-se, preferencialmente, no pensamento racional dirigido. O pensamento não dirigido, embora natural e espontâneo, portanto inevitável, foi pouco valorizado pela cultura ocidental. Ambas as formas de pensar funcionam em paralelo e podem ser complementares, dependendo da atitude da consciência. Por pensamento simbólico entende-se uma forma de pensar que integre os dois tipos de pensamento propostos por Jung. O pensamento simbólico como função que compreende os símbolos possibilita a tradução dos símbolos em suas vertentes racionais e irracionais; imagéticas e conceituais e ainda inclui o sentimento e a intuição".

[1098] DAMÁSIO, António R. *O mistério da consciência, op. cit.*, p. 374-375: "Não preciso demonstrar que tanto os pensamentos ora presentes em nossa mente como os comportamentos que apresentamos resultam de inúmeros processamentos dos quais não somos conscientes. A influência de fatores desconhecidos sobre a mente humana há muito foi reconhecida".

dinâmico[1099] (pessoal ou coletivo), que se desenrolam no avesso do teatro interno,[1100] escorregam para a consciência atenta e são por ela transformados em ação,[1101] como pássaros que, em grandes ondas migratórias, voam de uma região para outra no escopo de procriação, mas, ao depois, retornam aos seus *habitats* naturais. O corredor de comunicação entre o inconsciente e a mente consciente é dinamicamente constante e os dados passeiam em bilionésimos de segundos.[1102] Por exemplo: os sonhos, sobre revelarem inteligência e criatividade, podem ser mensagens, avisos, advertências,[1103] premonições,[1104] conselhos do inconsciente, chamando a atenção da mente consciente.[1105] Não seria despropositado afirmar que há soluções de intrincados problemas que são construídas e pacientemente polidas durante o sono, sem a interferência, portanto, de elevadas funções mentais.[1106] O inconsciente humano não é homogêneo, sendo composto por diferentes tipos (*v. g.*, Primordial, Arcaico, Embutido, Emergente), níveis e estruturas correspondentes aos estados de consciência.[1107] A consciência é a menor parte, a mais

---

[1099] No tocante à ideia de inconsciente dinâmico, vide MOLLON, Phil. *O inconsciente*. Tradução Carlos Mendes Rosa. Rio de Janeiro: Relume: Ediouro: Segmento-Duetto, 2005, p. 59: "Trata-se do processo pelo qual os elementos mentais assustadores ou inaceitáveis (desejos, pensamentos, percepções) são afastados da percepção consciente mas continuam a exercer influência, seja pressionando para aflorar na consciência ou manifestando-se por deslocamento ou disfarce em sintomas psicológicos, sonhos, lapsos de linguagem ou distúrbios somáticos (doenças físicas)".

[1100] "Minha alma é uma orquestra oculta; não sei que instrumentos tange e range, cordas e harpas, tímbales e tambores, dentro de mim. Só me conheço como sinfonia". Fernando Pessoa, Livro do desassossego.

[1101] FREUD, Sigmund. *O ego e o id e outros trabalhos*, op. cit., p. 39: "A importância funcional do ego se manifesta no fato de que, normalmente, o controle sobre as abordagens à motilidade compete a ele. Assim, em sua relação com o id, ele é como um cavaleiro que tem de manter controlada a força superior do cavalo, com a diferença de que o cavaleiro tenta fazê-lo com a sua própria força, enquanto que o ego utiliza forças tomadas de empréstimo. A analogia pode ser levada um pouco além. Com frequência um cavaleiro, se não deseja ver-se separado do cavalo, é obrigado a conduzi-lo onde este quer ir, da mesma maneira, o ego tem o hábito de transformar em ação a vontade do id, como se fosse sua própria".

[1102] HERRMANN, Fábio. *O que é psicanálise*. São Paulo: Brasiliense, 1983, p. 33: "É como supuséssemos que existe um lugar na mente das pessoas que funciona à semelhança da interpretação que fazermos; só que ao contrário: lá se cifra o que aqui deciframos".

[1103] JUNG, Carl Gustav. *A natureza da psique*, op.cit., p. 13, n. 164: "Um conhecido meu contou-me, certa vez, um sonho que tivera e no qual se despenhava do alto de uma montanha no espaço vazio. Eu lhe dei algumas explicações sobre a influência do inconsciente e adverti-lo de que evitasse qualquer subida perigosa a montanhas. Ele riu-se de minha observação, e o resultado foi, meses mais tarde, que ele despencou no vazio, sofrendo queda mortal".

[1104] No tocante aos sonhos premonitórios, vide SILVA, José. *O método Silva de controle mental*. Tradução Henrique de Sá e Benevide. 17. ed. Rio de Janeiro: Record, 1995, p. 53.

[1105] MOLLON, Phil, op. cit., p. 55: "Os sonhos podem revelar uma inteligência espantosa e enorme criatividade, levando a pensar nos seus significados – e desse modo mobilizar uma pessoa a refletir sobre aspectos da sua vida eventualmente menosprezados nas preocupações conscientes".

[1106] FREUD, Sigmund. *O ego e o id e outros trabalhos*, op. cit., p. 40: "Por um lado, temos provas de que mesmo operações intelectuais sutis e difíceis, que ordinariamente exigem reflexão vigorosa, podem igualmente ser executadas pré-conscientemente e sem chegarem à consciência. Os exemplos disso são inteiramente incontestáveis; podem ocorrer, por exemplo, durante o estado de sono, como se demonstra quando alguém descobre, imediatamente após o despertar, que sabe a solução de um difícil problema matemático ou de outro tipo com que esteve lutando em vão no dia anterior". Vide, também, MURPHY, Joseph, op. cit., p. 151-153, 161-168; VON FANGE, Eugene K. *Criatividade profissional*. Tradução Leônidas Gontijo de Carvalho. 4. ed. São Paulo: IBRASA, 1973, p. 93.

[1107] WILBER, Ken. Um modelo de desenvolvimento da consciência. *In:* WALSH, Roger N.; VAUGHAN, Frances (Org.). *Além do ego*: dimensões transpessoais em psicologia. Tradução Adail Ubirajara Sobral e Maria Stela Gonçalves. São Paulo: Cultrix/Pensamento, 1997, p. 110-125, esp. p. 118: "O desenvolvimento – ou a evolução – consiste numa série de transformações hierárquicas ou *desdobramentos* das estruturas profundas a partir do inconsciente primordial, começando com o mais baixo (o corpo) e terminando com o mais elevado (Deus). Quando – e se – *todo* o inconsciente primordial emerge, há *somente* consciência: tudo é consciente *como* o Todo". (Grifos no original).

fraca e, segundo prestigiosas vozes psicanalíticas, não se constitui na essência da vida psíquica, configurando tão somente uma de suas qualidades.

Releva notar que as experiências alquímicas são projeções de experiências psíquicas, de projeção do inconsciente.[1108] É dizer: o simbolismo alquímico é, em larga medida, um produto da psique inconsciente.[1109] No diapasão do simbolismo alquímico, o dinamismo inconsciente, na concepção junguiana, corresponderia ao enxofre.[1110]

O inconsciente pessoal, no quadrante junguiano, é definido por exclusão, haja vista ser uma região completamente desconhecida em sua essência,[1111] operando como uma usina geradora de pulsões e depósito no qual são armazenados os recalcamentos, as memórias esquecidas, as percepções subliminares, os conteúdos reprimidos que o consciente não tolera,[1112] exprimindo-se sempre através de elementos perceptíveis, conscientes ou de efeitos que se fazem notar na consciência. Na verdade – para além do racionalismo científico, em que a consciência do eu se apoderou da totalidade da psique –, o eu consciente é apenas um aspecto da psique.[1113] A consciência, por assim dizer, é a epiderme do aparelho mental, de sorte que, topograficamente, a vida consciente representaria, na metáfora freudiana, não mais do que a ponta de um *iceberg*, ao passo que o inconsciente denotaria sua parte submersa, muitíssimo maior, desconhecida.

Não por acaso, o vasto e poderoso inconsciente – que alberga os instintos que são a força motriz de todo comportamento humano – comanda a vida muito mais do que se possa supor.[1114] O ego (organização coerente de processos mentais), como epicentro vital e crítico da parte consciente da psique,[1115] seria um pequeno fragmento imerso

---

[1108] JUNG, Carl Gustav. Psychology and alchemy. *Collected works*. vol. 12, second edition. Princeton, Nova York: Princeton University Press, 1968. par. 345: "But mystification can also arise from another source. The real mystery does not behave mysteriously or secretively; it speaks a secret language, it adumbrates itself by a variety of images which all indicate its true nature. I am not speaking of a secret personally guarded by someone, with a content known to its possessor, but of a mystery, a matter or circumstance which is "secret," i.e., known only through vague hints but essentially unknown. The real nature of matter was unknown to the alchemist: he knew it only in hints. In seeking to explore it he projected the unconscious into the darkness of matter in order to illuminate it. In order to explain the mystery of matter he projected yet another mystery – his own unknown psychic background – into what was to be explained: Obscurum per obscurius, ignotum per ignotius! This procedure was not, of course, intentional; it was an involuntary occurrence".

[1109] EDINGER, Edward F. *Anatomia da psique*: o simbolismo alquímico na psicoterapia. Tradução Adail Ubirajara Sobral, Maria Stela Gonçalves. São Paulo: Cultrix, 2006, p. 21.

[1110] JUNG, Carl Gustav. Mysterium coniunctionis: an inquiry into the separation and synthesis of psychic opposites in alchemy. *Collected Works*. vol. 14, second edition. Princeton, Nova York: Princeton University Press, 1974. par. 151: "With this I would like to conclude my remarks on sulphur. This arcane substance has provided occasion for some general reflections, which are not altogether fortuitous in that sulphur represents the active substance of the sun or, in psychological language, the motive factor in consciousness: on the one hand the will, which can best be regarded as a dynamism subordinated to consciousness, and on the other hand compulsion, an involuntary motivation or impulse ranging from mere interest to possession proper. The unconscious dynamism would correspond to sulphur, for compulsion is the great mystery of human life. It is the thwarting of our conscious will and of our reason by an inflammable element within us, appearing now as a consuming fire and now as life-giving warmth".

[1111] No tocante à definição do inconsciente, JUNG, Carl Gustav. *Tipos psicológicos, op. cit.*, p. 424: "um conceito-limite psicológico que abrange todos os conteúdos ou processos psíquicos que não são conscientes, isto é, que não estão relacionados com o eu de modo perceptível".

[1112] ZIMERMAN, David. Uma resenha simplificada de como funciona o psiquismo. *In:* ZIMERMAN, David. *Aspectos psicológicos na prática*. Campinas: Milennium, 2002, p. 87-101, esp. p. 93.

[1113] JUNG, Emma. *Animus e anima*. Tradução Dante Pignatari. São Paulo: Cultrix, 2006, p. 14.

[1114] ZIMERMAN, David, *op. cit.*, p. 93.

[1115] FREUD, Sigmund. *O ego e o id e outros trabalhos, op. cit.*, p. 30: "É a esse ego que a consciência se acha ligada: o ego controla as abordagens à motilidade – isto é, à descarga de excitações para o mundo externo. Ele é a instância mental que supervisiona todos os seus próprios processos constituintes e que vai dormir à noite,

num vasto inconsciente; quase uma gota no oceano. O ego tem o condão de tornar a psique consciente dos conteúdos psíquicos específicos temporariamente hospedados no domínio da consciência.[1116] Em apertada síntese, é uma parte necessária da vida psicológica humana, sobre ser um agente individualizante da consciência humana, o "eu".[1117] Os tipos psicológicos resultam da combinação de uma de suas *atitudes* (extroversão ou introversão) com uma das quatro *funções* (racionais: pensamento, sentimento; irracionais: sensação, intuição) para formar uma distinta orientação da consciência do ego.[1118]

O amazônico território desconhecido do inconsciente pessoal, que é a parte mais primitiva e menos acessível da personalidade ("um caldeirão repleto de fervilhantes excitações", que não conhece juízo de valor, nem o bem e o mal, nenhuma moralidade, correspondente ao *id*, na concepção freudiana), abrange as aquisições da existência pessoal, com o armazenamento de vários conteúdos e produtos: o esquecido, o reprimido[1119] (*v. g.*, aspectos desagradáveis que ao entrarem na consciência são negados pelo ego), o subliminarmente percebido, o pensado, o sentido. Demais disso, são legados ao inconsciente pessoal materiais psicológicos sem importância suficiente para serem conscientes, mas que foram apreendidos pelo indivíduo (*v. g.*, percepções subliminares dos sentidos, pois apenas uma pequena parcela de tudo que o indivíduo percebe através dos sentidos chega à sua psique consciente e, apesar disso, posteriormente é comum conseguir acessar informações que não sabia que estavam armazenadas; pensamentos, sentimentos, intuições). A projeção consiste na exteriorização de conteúdos psíquicos inconscientes, seja para fins defensivos (*v. g.*, como no caso da sombra), seja para fins de desenvolvimento e integração (*v. g.*, como no caso da *anima* e do si-mesmo).[1120]

Em reverso, pode ocorrer, e geralmente ocorre, que conteúdos que conseguiram ingressar na consciência, mas que perderam relevância ou energia para permanecerem

---

embora ainda exerça a censura sobre os sonhos. Desse ego procedem também as repressões, por meio das quais procura-se excluir certas tendências da mente, não simplesmente da consciência, mas também de outras formas de capacidade e atividade".

[1116] STEIN, MURRAY. *Jung*: o mapa da alma: uma introdução. Tradução Álvaro Cabral e revisão técnica Marcia Tabone. 5. ed. São Paulo: Cultrix, 2006, p. 23: "O ego é um "sujeito" a quem os conteúdos psíquicos são "apresentados". É como um espelho. Além disso, a ligação com o ego é a condição necessária para tornar qualquer coisa consciente – um sentimento, um pensamento, uma percepção ou uma fantasia. O ego é uma espécie de espelho no qual a psique pode ver-se a si mesma e pode tornar-se consciente. O grau em que um conteúdo psíquico é tomado e refletido pelo ego é o grau em que se pode afirmar que ele pertence ao domínio da consciência. Quando um conteúdo psíquico só é vaga ou marginalmente consciente, é porque não foi ainda captado e mantido em seu lugar na superfície refletora do ego".

[1117] STEIN, MURRAY, *op. cit.*, p. 27: "O ego focaliza a consciência humana e confere à nossa conduta consciente sua determinação e direção. Porque temos um ego, possuímos a liberdade para fazer escolhas que podem desafiar os nossos instintos de autopreservação, propagação e criatividade. O ego contém a nossa capacidade para dominar e manipular vastas somas de material dentro da consciência. É um poderoso ímã associativo e um agente organizacional. Uma vez que os humanos possuem tal força no centro da consciência, eles estão aptos a integrar e dirigir grandes quantidades de dados. Um ego forte é aquele que pode obter e movimentar de forma deliberada grandes somas de conteúdo consciente".

[1118] STEIN, MURRAY, *op. cit.*, p. 206.

[1119] FREUD, Sigmund. *O ego e o id e outros trabalhos*, *op. cit.*, p. 28: "O reprimido é, para nós, o protótipo do inconsciente".

[1120] STEIN, MURRAY, *op. cit.*, p. 205-206: "sombra – os aspectos rejeitados e inaceitáveis da personalidade que são recalcados e formam uma estrutura compensatória para os ideais de si-mesmo do ego e para a persona"; "anima – as imagens arquetípicas do eterno feminino na consciência de um homem que forma um elo entre a consciência do ego e o inconsciente coletivo, e abrem potencialmente um caminho para o si-mesmo"; "si-mesmo – o centro, fonte de todas as imagens arquetípicas e de todas as tendências psíquicas inatas para a aquisição de estrutura, ordem e integração".

conscientes e foram esquecidos, se alojem no inconsciente pessoal (*v. g.*, variadas informações, sentimentos, sensações, pensamentos). Ulteriormente, apesar de abandonados pela psique consciente, afigura-se possível acessá-los novamente.

Já o chamado inconsciente suprapessoal ou coletivo, enquanto camada mais profunda da mente inconsciente – uma espécie de pré-sal da psique –, é constituído de produtos desbordantes da experiência pessoal do indivíduo. Nessa perspectiva junguiana, a psique hospeda a habilidade de pensar de toda a humanidade, herdada de forma inata.[1121] Tais conteúdos de caráter universal representam os arquétipos ou imagens primordiais, os quais não franqueiam acesso consciente, pois jamais ouviram ou leram algo a respeito de tais materiais, forasteiros até à cultura do indivíduo.

Parece bem reafirmar que, diversamente da natureza pessoal da psique consciente, desponta um segundo sistema psíquico de jaez coletivo, não suscetível de aquisição pessoal, ao lado do consciente do sujeito, o qual é completamente pessoal. O inconsciente coletivo é uma parte da psique, de cariz objetivo, não suscetível de se desenvolver individualmente, pois os conteúdos do inconsciente coletivo, constituídos essencialmente de arquétipos, jamais estiveram na consciência.[1122] O inconsciente coletivo é herdado pelo indivíduo, ou seja, deve a sua existência apenas à hereditariedade. Consiste de configurações preexistentes (arquétipos), que apenas secundariamente podem se tornar conscientes, adjudicando uma forma definida aos conteúdos da consciência. Descortina-se, aqui, um paradoxo: a relatividade do conhecimento humano perante a infinitude do inconsciente coletivo.

Ademais, essas categorias de pensamento e possibilidades de conteúdos comuns a todos os povos e épocas da evolução psíquica da história da humanidade ecoavam, por exemplo, nos contos de fadas, nos mitos, nos sonhos, denotando uma expansão do ser humano extramuros de si mesmo.[1123] Nessa camada da psique, existente em todos

---

[1121] JUNG, Carl Gustav. *Arquétipos e o inconsciente coletivo* (livro 9, vol. 1). Tradução Maria Luíza Appy, Dora Mariana R. Ferreira da Silva. 2. ed. Petrópolis: Vozes, 2002, p. 15: "Uma camada mais ou menos superficial do inconsciente é indubitavelmente pessoal. Nós a denominamos inconsciente pessoal. Este porém repousa sobre uma camada mais profunda, que já não tem sua origem em experiências ou aquisições pessoais, sendo inata. Esta camada mais profunda é o que chamamos inconsciente coletivo. Eu optei pelo termo "coletivo" pelo fato de o inconsciente não ser de natureza individual, mas universal; isto é, contrariamente à psique pessoal ele possui conteúdos e modos de comportamento, os quais são '*cum grano salis*' os mesmos em toda parte e em todos os indivíduos. Em outras palavras, são idênticos em todos os seres humanos, constituindo, portanto, um substrato psíquico comum de natureza psíquica suprapessoal que existe em cada indivíduo".

[1122] JUNG, Carl Gustav. *Psicologia do inconsciente*. Tradução de Maria Luiza Appy. 18. ed. Petrópolis, Vozes, 2008, p. 85-86: "Não há outra solução a não *ser reconhecer o irracional como função psíquica necessária, porque sempre presente*, e considerar os seus conteúdos, não como realidades concretas (o que seria um retrocesso!), mas como *realidades psíquicas* – realidades, uma vez que são *atuantes*, isto é, *verdadeiras*. O inconsciente coletivo é uma figuração do mundo, representando a um só tempo a sedimentação multimilenar da experiência". (Reforços gráficos no original).

[1123] JUNG, Carl Gustav. *Memórias, sonhos e reflexões*, *op. cit.*, p. 355: "Mas além disso encontramos também no inconsciente propriedades que não foram adquiridas individualmente; foram herdadas, assim como os instintos e os impulsos que levam à execução de ações comandadas por uma necessidade, mas não por uma motivação consciente... (Nesta camada "mais profunda" da psique encontramos os arquétipos). Os instintos e os arquétipos constituem, juntos, o *inconsciente coletivo*. Eu o chamo coletivo porque, ao contrário do inconsciente pessoal, não é constituído de conteúdos individuais, mais ou menos únicos e que não se repetem, mas de conteúdos que são universais e aparecem regularmente. (...) Quanto mais profundas forem as "camadas" da psique, mais perdem sua originalidade individual. Quanto mais profundas, mais se aproximam dos sistemas funcionais autônomos, mais coletivas se tornam, e acabam por universalizar-se e extinguir-se na materialidade do corpo, isto é, nos corpos químicos. O carbono do corpo humano é simplesmente carbono; no mais profundo de si mesma, a psique é universo". (Grifos no original).

os seres humanos, eles podem vivenciar as categorias arquetípicas dentro das diversas possibilidades de suas próprias experiências pessoais.

No território junguiano, a psique é "a totalidade dos processos psíquicos, tanto conscientes quanto inconscientes". Assim, a psique não se adstringe ao que o indivíduo pode vivenciar conscientemente; antes, ao revés, o inconsciente, como outra parte da psique, se reveste de importância igual ou até maior do que a porção consciente. Não é possível, reafirme-se, conhecer, diretamente, a camada inconsciente da psique, conquanto seja possível etiquetar a manifestação de seus produtos na mente consciente: conteúdos pessoais subliminares, esquecidos, ou reprimidos, arquetípicos ou não.

Semelhante material se manifesta na consciência de maneira autônoma e de forma complementar à vida consciente, por força da unilateralidade desta, centrada no ego. De fato, quando a vida assume uma direção unilateral, dá-se no inconsciente, por força de autorregulação do organismo, o acúmulo de todos os fatores que, na vida consciente, não tiveram suficiente oportunidade. Emerge, assim, a teoria junguiana da função compensatória do inconsciente: quando a atitude consciente do indivíduo se aproxima do ponto ótimo, aos ângulos social e individual, os produtos insurgidos do inconsciente se comportam de maneira menos autônoma, refletindo meras possibilidades complementares, ou coincidentes com a vida vivida conscientemente.

O inconsciente não é formado apenas de material reprimido, mas envolve intuição, imagens imemoriais, forças criativas que "conseguem levar a vida do homem a novos desdobramentos".[1124] Porém, quanto mais o rumo da vida do indivíduo se torna unilateral, alheando-se de aspectos importantes da personalidade ou da coletividade, progressivamente os conteúdos emergidos do inconsciente ganham autonomia, e aparecem em evidente oposição à sua atitude consciente. Todos estes conteúdos não vividos agem, assim, de forma compensatória.

Quanto mais consciente o indivíduo se torna de si mesmo, mediante o autoconhecimento, atuando consequentemente, tanto mais emergirá uma consciência pessoal do eu. O processo de individuação é constante, o indivíduo o vive continuamente, justamente porque o inconsciente é imensurável.

Na concepção junguiana, remarque-se, as quatro funções psicológicas são: o pensamento, o sentimento (as duas funções racionais são opostas entre si), a intuição e a sensação (as duas funções irracionais são opostas entre si).[1125] No tocante aos tipos psicológicos, cada função pode ser exercida em atitude introvertida ou extrovertida.[1126] Cada indivíduo utiliza primordialmente uma das funções conscientemente, em uma atitude extrovertida ou introvertida. Outra função é utilizada mais frequentemente como auxiliar desta principal, e em atitude oposta. Esta segunda função também precisa ser complementar, no sentido de que se a principal for uma das funções de julgamento, a segunda função mais utilizada conscientemente será uma das funções de percepção, pois que julgar e perceber são atitudes excludentes. Um exemplo é suficiente para ilustrar a afirmação: se alguém utilizar na maior parte das vezes, de forma consciente, a função

---

[1124] JUNG, Carl Gustav. *Civilização em transição* (livro 10, vol. 3). Tradução de Lúcia Mathilde Endlich Orth e revisão técnica de Jette Bonaventure. Petrópolis: Vozes, 2013, p. 23.

[1125] FRANZ, Marie-Louise von. *Jung's tipology*. Part I The inferior function by Marie-Luise von Franz; Part II The feeling function by James Hillman. New York: Spring Publications, 1971, p. 12.

[1126] Sobre a descrição de estilos cognitivos que distinguem a consciência humana e processam de modo diferente a informação e a experiência de vida, vide JUNG, Carl Gustav. *Tipos psicológicos*, op. cit, p. 153-164.

perceptiva da sensação, e em atitude extrovertida, então a função auxiliar deverá ser em atitude introvertida, e deverá também ser uma das duas funções de julgamento, seja o pensamento, seja o sentimento.

O esquadrinhamento das funções revela as formas com que os conteúdos do inconsciente operam no consciente. Quando um indivíduo enxerga o mundo unilateralmente por meio do julgamento lógico do pensamento, exemplificativamente, esta atitude inibe a outra função de julgamento, o sentimento, que será a função inferior. O uso da função inferior então é relegado ao inconsciente, sendo que esta será justamente a via por meio da qual estes conteúdos se manifestarão na maior parte das vezes. Da mesma forma, se alguém se utiliza primordialmente da função perceptiva da intuição, estará inibindo a outra função perceptiva, a sensação. Desse modo, quanto mais inconsciente for o uso de uma função, tanto mais será utilizada como corredor para manifestação dos conteúdos do inconsciente.

À luz dessas premissas, quando o juiz entende, em sua cotidianidade, o funcionamento de sua atitude consciente, é-lhe franqueado identificar as formas com que, frequentemente, seus conteúdos inconscientes se manifestarão. O entendimento vale como um mapa de acesso indireto ao inconsciente (*v. g.*, se perceber que a função principal é o pensamento extrovertido, saberá que os conteúdos do inconsciente ordinariamente usarão a via do sentimento introvertido para se expressar). Significa dizer que quanto mais unilateralmente o juiz estiver se utilizando do julgamento lógico, típico do pensamento, tanto mais autônomo e primitivo estarão se manifestando conteúdos inconscientes por meio do julgamento sentimental.[1127]

Por outro lado, a *anima*, embora não se possa apreender exatamente sua natureza como outros conteúdos do inconsciente, seria uma "imagem coletiva de mulher no inconsciente do homem, com o auxílio da qual ele pode compreender a natureza da mulher".[1128] O correspondente da *anima* na psique feminina é o *animus*. A característica arquetípica da *anima* preenche as experiências individuais do juiz homem com as possibilidades femininas herdadas de nossos ancestrais, tornando-o mais sensível, sobre impulsionar suas emoções e seus afetos.[1129] Há, no psiquismo do homem, atributos (*v. g.*, emoção, sentimento, criatividade, intuição) que, ao longo dos séculos, foram considerados típicos das mulheres.[1130]

[1127] JUNG, Carl Gustav. *Tipos psicológicos, op. cit.*, p. 322-326.

[1128] JUNG, Carl Gustav. *O eu e o inconsciente*. Petrópolis: Vozes, 2008, p. 66, 156: "a imagem do sujeito, tal como se comporta em face dos conteúdos do inconsciente coletivo ou então é uma expressão dos materiais inconscientes coletivos, que são constelados inconscientemente pelo sujeito".

[1129] JUNG, Carl Gustav. *Arquétipos e o inconsciente coletivo, op. cit.*, p. 82: "A *anima* é um fator da maior importância na psicologia do homem, sempre que são mobilizadas suas emoções e afetos. Ela intensifica, exagera, falseia e mitologiza todas as relações emocionais com a profissão e pessoas de ambos os sexos. As teias da fantasia a ela subjacentes são obra sua. Quando a anima é constelada mais intensamente ela abranda o caráter do homem, tornando-o excessivamente sensível (...)".

[1130] PRADO, Lídia Reis de Almeida. *O juiz e a emoção, op. cit.*, p. 35: "JUNG denomina *anima*, do latim *animare*, tais atributos. (...) Quando, no sentido junguiano, fala-se em arquétipo do feminino em relação ao homem, essa referência remete a atributos internos, *não sendo uma menção à homossexualidade*. Muito ao contrário, quando desenvolve traços psicológicos que a cultura tem considerado como sendo próprios da mulher, ele se torna um ser humano integral. Pois a masculinidade do homem equilibra-se pela capacidade em lidar com o sentimento, com o afeto, com o lado intuitivo da vida e com a introspecção. Nem é preciso dizer o quanto esses aspectos acham-se reprimidos na cultura, bastando levar em consideração eventos como a caça às bruxas na Inquisição e a contínua repressão da afetividade, sentimento que é confundido com o amor romântico. Daí a afirmação de JUNG de que o feminino está doente, em nossa civilização". (Reforços gráficos no original).

A melhor maneira de o homem constelar ou captar sua *anima*, enquanto figura interior, é através da produção de imagens. De sorte que pela via da imaginação ativa criam-se, interiormente, fantasias imaginativas e, por conseguinte, afigura-se possível captar a psique inconsciente.[1131]

Os dois arquétipos (*anima* e *persona*) descansam entre a órbita pessoal e a coletiva: configuram imagem do indivíduo ante os conteúdos do inconsciente, e, por isso, estão relacionados com a forma com que ele se vê e se apresenta diante do coletivo e, ao mesmo tempo, levam em conta aquilo que ele atina que o coletivo atina dele, aquilo que ele sabe ou pensa, inconscientemente, sobre a coletividade.

A *persona* é a imagem perante o mundo externo, ou seja, a postura do indivíduo frente à sociedade em geral, seja no trabalho, na faculdade ou em outros grupos sociais. Quanto mais dissociada do eu interior, mais será utilizada como uma máscara, através da qual o indivíduo exibe qualidades que na realidade não possui, mas que se atribuem à personalidade social.[1132] Uma camuflagem, um disfarce.

Assim, a *anima* é a imagem interior do homem dotada de características femininas, em complementaridade ao seu consciente masculino. Na mulher, tem características masculinas, chamando-se *animus*. No tocante ao conteúdo do inconsciente, a *anima* e o *animus* envolvem disposições complementares à vida consciente do homem e da mulher, respectivamente. Eles encarnam todas aquelas qualidades comuns que faltam à atitude consciente.[1133]

O palco regido pela maquinaria do inconsciente coletivo traz à tona o problema da sincronicidade ("coincidência significativa") consistente na definição de acontecimentos que não se conexionam pelo princípio da causalidade, mas sim por ostentarem um significado igual ou análogo, que sugere um padrão subjacente ou dinâmico (*v. g.*, compreensão espontânea ou *insight* de descobertas científicas que, segundo dados históricos, ocorreram quase simultaneamente em diferentes lugares do mundo, sem que os cientistas tivessem qualquer contato). A sincronicidade difere da coincidência, pois não implica somente a aleatoriedade das circunstâncias.

[1131] FRANZ, Marie-Louise von. *A individuação nos contos de fada*. Tradução Eunice Katunda; Revisão técnica Maria Elci Spaccaquerche Barbosa. São Paulo: Paulus, 1984, p. 262-263: "Atrair a ânima seria uma variação do que chamaríamos de constelar o inconsciente por meio da imaginação ativa. Sabe-se que Jung, a princípio, redescobriu essa técnica jogando com materiais concretos, pintando imagens de seus sonhos e até mesmo fazendo certas construções lúdicas, assim liberando sua fantasia inconsciente e apreendendo seu próprio inconsciente. Uma das principais maneiras de atrair e constelar o próprio inconsciente é sentar, jogar e produzir fantasia em imagens, da maneira em que estas ocorram. (...) O dom da fantasia cria um estado pelo qual a figura da ânima, a alma, é atraída, pois somente através da própria fantasia se pode, efetivamente, apreender o que se passa no próprio inconsciente, no lado obscuro da própria personalidade".

[1132] JUNG, Carl Gustav. *Tipos psicológicos, op. cit.*, p. 391: "assim como a experiência diária nos autoriza a falar de uma personalidade externa, também nos autoriza a aceitar a existência de uma personalidade interna. Este é o modo como alguém comporta em relação aos processos psíquicos internos, é atitude interna, o caráter que apresenta ao inconsciente. Denomino persona a atitude externa, o caráter externo; e a atitude interna denomino anima, alma. (...) como se uma ou outra personalidade se tivesse apossado do indivíduo, como se outro espírito tivesse entrado nele"

[1133] JUNG, Carl Gustav. *Tipos psicológicos, op. cit.*, 392: "quanto mais viril sua atitude externa, mais suprimidos são os traços femininos; aparecem, então, no inconsciente. Isto explica por que homens bem masculinos estão sujeitos a certas fraquezas bem características; comportam-se para com as emoções do inconsciente com a determinabilidade e impressionabilidade femininas. (...) as mais femininas apresentam quase sempre, em relação a certas coisas internas, uma ignorância, teimosia e obstinação tão grandes que só poderíamos encontrar na atitude externa do homem. São traços masculinos que, excluídos da atitude externa feminina, se tornaram qualidades da alma".

Noutro giro, *animal rationale vel irrationale*? Cada indivíduo transporta dentro de si o *homo sapiens*, em suas várias dimensões e singularidades conviventes, pleno de emoções, sentimentos, afetividades e subjetividade, mas carrega, também, o *homo demens*, revelando-se, por isso mesmo, ora como pessoa de sabedoria admirável, ora destilando uma insensatez inesperada, cuja natureza humana não deixa domar. Na perspectiva moriana, "ser *homo* implica ser igualmente *demens*". Tal consideração é suficiente para mostrar que o modo de vida dos seres humanos é determinado por fatores racionais, mas também por fatores densamente irracionais ou, em última análise, que têm um fundamento transcendente à razão humana.[1134] Esta tensão dialógica *sapiens/demens* pode provocar o atrofiamento da personalidade consciente e o predomínio do ser inconsciente. Mas (dir-se-á) pode se revelar profícua, criativa, se e quando o diálogo entre o *sapiens* (racional) e o *demens* (irracional) for mediado pelo bom senso, equilíbrio.[1135] Não se quer, nesse passo, fazer apologia do irracionalismo ou negar, em absoluto, o valor da razão humana ou do discernimento racional, mas limitar seu alcance apenas a determinados domínios.

O *Homo demens* é a face oculta pelo *sapiens*, mas ambos reúnem, no ser humano, suas ambivalências:[1136] o homem da racionalidade é também aquele homem pleno de afetividade. O ser humano possui essas polaridades, não havendo fronteiras entre elas.[1137]

Nessa moldura, máxime no contexto de descoberta, a decisão não pode glacialmente ser representada como produto de pura lógica ou uma séria de inferências ou deduções lógicas concatenadas, reduzindo o juízo a uma progressiva cadeia de silogismos. Em visão calamandreiana, quem imagina a sentença assim silogisticamente não vê a sentença viva; vê unicamente seu cadáver. Na realidade, o juiz não consegue escapar de sua inexorável condição humana, porque sente afetivamente, reage emocionalmente, comove-se, apaixona-se, e, por isso mesmo, exercita intuições, inocula sentimentos e emoções no ato de julgar.

Transporta sua humanidade, autoconhecimento (*v. g.*, noções de vida pessoal e coletiva, valores, crenças, ideologias). Naturalmente, o juiz, em sua inevitável dimensão humana, é um ser que pensa, intui, sente, age.

É de rigor, com efeito, para além da cognição do mundo exterior, o conhecimento pelo juiz da existência de seu *eu*, enquanto realidade que ele há de compreender

---

[1134] ZIPPELIUS, Reinhold. *Filosofia do direito*. (Série IDP – Linha direito comparado). São Paulo: Saraiva, 2012, p. 105.

[1135] ZIPPELIUS, Reinhold, *op. cit.*, 108: "Um modo de ver que não se deixa perturbar por uma ideia especulativa preconcebida não irá, pois, estilizar o homem, representando-o como um animal racional, nem como um animal irracional. Mas conciliará a sua aspiração a uma ordem comportamental racional também com os impulsos irracionais da actuação humana. Esta perspectiva das coisas tem uma longa tradição".

[1136] MORIN, Edgar; KERN, Anne-Brigitte. *Terra-Pátria*. Traduzido do francês por Paulo Azevedo Neves da Silva. Porto Alegre: Sulina, 2003, p. 141: "O homem não tem a missão soberana de dominar a natureza. Mas pode levar adiante a hominização. Esta é aleatória: o *Homo sapiens demens* contém simultaneamente bondade original e vício original, misturados entre si. É preciso reconhecer essa ambivalência que contém dentro dela fraquezas, misérias, carências, crueldades, bondades, nobrezas, possibilidades de destruição e criação, consciência e inconsciência (...)".

[1137] HACKMANN, Berenice Gonçalves. O complexo homem complexo. *Colóquio – Revista Científica da FACCAT*, v. 3, n. 1, p. 1-11, jan./abr. 2005, esp. p. 7, 9: "A partir dessas ideias, penso que, por nossa condição de seres humanos, podemos viver plenamente a condição de indivíduo-sujeito, pois somos seres que sentimos mais intensamente a vida e o viver do que os outros seres vivos. Possuímos nossas emoções, nossos sentimentos, dores, gozos, alegrias e somos capazes de amar, odiar, de sermos altruístas ou egoístas, de possuirmos ternuras incomensuráveis, imersos no mar e no turbilhão de outras afetividades que crescem desde o tempo do desenvolvimento neuronal na vida intra-uterina".

intimamente, por intuição, como meio e modo de se experimentar a si próprio.[1138] Para o juiz tomar uma boa decisão jamais poderá prescindir de seus sentimentos, como função psíquica racional,[1139] sobre os pensamentos, conectando-os aos prós e contras emocionais, ou seja, ao padrão de melhor ou justo decisório. Desta fundamental faculdade estão desprovidas pessoas com lesões ou danos em certas áreas do cérebro (*v. g.*, circuitos que conectam áreas essenciais do córtex pré-frontal, o centro executivo do cérebro, e a amígdala na zona do mesencéfalo responsável pelas emoções).[1140]

De acordo com tais linhas mestras, a humanidade do juiz exibe o condão de torná-lo permeável ao pré-lógico, aos pressentimentos, aos impulsos sentimentais e emocionais, às forças inconscientes.[1141] No contexto de descoberta da decisão (privado e inarticulado), há um *iter* psicológico de projeção do inconsciente (pessoal e coletivo) tão irreprimível quanto as erupções do Vesúvio.[1142] Como é bem de ver, o direito positivo representa apenas um dos componentes da sentença,[1143] em especial no contexto de sua justificação ou validação (pública e articulada). Nesta última sede, não se pode, em absoluto, desprezar a importância das regras, dos princípios jurídicos e dos precedentes jurisprudenciais obrigatórios insculpidos nas razões que justificam racionalmente o decisório. Tal mecanismo justificativo se revela indispensável para conferir legitimação ao exercício do poder jurisdicional e racionalidade à função judiciária (e não somente coerência interna à decisão).

[1138] BERGSON, Henri. Introduction à la métaphysique. *In*: (1903), éd. F. Fruteau de Laclos, in *La Pensée et le mouvant* (1934). Paris: PUF, 2009, p. 177-227, esp. p. 182: "Il y a une réalité au moins que nous saisissons tous du dedans, par intuition et non par simple analyse. C'est notre propre personne dans son écoulement à travers le temps. C'est notre moi qui dure. Nous pouvons ne sympathiser intellectuellement, ou plutôt spirituellement, avec aucune autre chose. Mais nous sympathisons sûrement avec nous-mêmes".

[1139] HALL, James A. *Jung e a interpretação dos sonhos*: manual de teoria e prática. Tradução Álvaro Cabral. São Paulo: Cultrix, 2007, p. 153: "Sentimento. Uma das quatro funções psíquicas. É uma função racional que avalia o mérito das relações e situações".

[1140] GOLEMAN, Daniel. *O cérebro e a inteligência emocional*: novas perspectivas. Tradução Carlos Leite da Silva. Rio de Janeiro: Objetiva, 2012, p. 19-21.

[1141] Sobre a influência das características psicológicas do juiz na sentença, vide PRADO, Lídia Reis de Almeida. *O juiz e a emoção*: aspectos da lógica da decisão judicial, *op. cit.*, p. 17-22.

[1142] CARVALHO, Luis Gustavo Grandinetti Castanho de. Estado de direito e decisão jurídica: as dimensões não jurídicas do ato de julgar. *In*: PRADO, Geraldo; MARTINS, Rui Cunha; CARVALHO; Luis Gustavo Grandinetti Castanho de (Org.). *Decisão judicial*: a cultura jurídica brasileira na transição para a democracia. Madrid: Marcial Pons, 2012, p. 87-137, esp. p. 124-125: "A proposta é, pois, buscar onde se encontra a alienação cômoda, a aceitação irrefletida, e destituí-las de seu assento de conforto e segurança, trazendo a lume o sujeito histórico-temporal-crítico do agente político. A tarefa não é fácil, pois o ato de julgar não pode ser esquadrinhado como uma máquina. Há um outro aspecto do processo decisório, que se entrincheira imperceptivelmente, e que não pode ser negado: há um itinerário psicológico na formação dos veredítos e que não pode ser controlado. Em nenhuma das etapas daquela fenomenologia do ato de julgar, de Ricouer, é possível afastar esse itinerário psicológico, que se projeta desde o inconsciente e se instala na decisão, quer queira ou não o prolator, seja esta a melhor decisão ou não, seja justa ou não". Vide, também, COSTA, José Américo Abreu. A presença da sombra na sentença criminal, *op. cit.*, p. 219: "No seu inconsciente pessoal, o juiz traz os elementos, os arquétipos do inconsciente profissional, exercendo sua atividade sob o conjunto de forças das outras dimensões da mente inconsciente. (...) Toda atividade do juiz, portanto, mormente a sentença, é condicionada pelo inconsciente, sobretudo pelo inconsciente pessoal, inclusive nos moldes explorados pelos psicanalistas freudianos. É sua história pessoal, seus traumas e recalques projetados em seu discurso jurídico. A fala, já dizia Lacan, torna-se capaz de revelar o inconsciente. Não é só isso. A linguagem torna possível a comunicação com outros inconscientes, dentro da pluralidade conectada do inconsciente coletivo".

[1143] GIACOMOLLI, Nereu José; DUARTE, Liza Bastos. O mito da neutralidade na motivação das decisões judiciais: aspectos epistemológicos. Porto Alegre: *AJURIS*, n. 102, p. 287-303, 2006, esp. p. 294: "O direito sai da rigidez da lei e da abstração da doutrina e adquire vida quando animado pelo magistrado que diz o Direito no caso concreto, não suprimindo (ainda que inconsciente) deste dizer a intuição e os sentimentos ocultos que deram abrigo e sustentação a suas premissas tidas como racionais".

4.2 Intuição: o olfato do coração

No tocante às formas do conhecimento, em função dos métodos – aqui em sentido mais genérico de sorte a abranger todos os processos ou meios de se captar a realidade –, avultam os discursos patrocinados pela razão e os intuitivos, de certo modo metarracionais.

Nesse teor de ideias, o conhecimento se distingue por duas grandes modalidades realizadas pelo sujeito e pela razão subjetiva: a intuição e o raciocínio (ou razão discursiva). A intuição (lat. *intuitio*: ato de contemplar, ver) consiste num único ato, *simplex*, do espírito, que, de uma só vez, num único lance, capta por inteiro o objeto. A intuição é uma visão instantânea e perspicaz, direta e imediata – sem passagem de antecedente para consequente, sem comparações[1144] – do objeto do conhecimento. Pode-se até intuir sem conhecer, mas não se pode conhecer sem que antes se tenha intuído.[1145]

Semelhante percepção imediata, sem nada de permeio, do objeto dentro do sujeito cognoscente, significa que prescinde de meios de demonstração, ao contrário do que é percebido através do raciocínio. Trata-se, pois, de uma forma de contato direto e por influxo imediato com o real, capaz de penetrar no âmago do objeto e de apreender sua essência de modo evidente, dispensando-se provas ou demonstrações para saber o que conhece. A intuição é o passaporte para transportar o indivíduo para o interior do objeto, "a fim de coincidir com o que é único e, consequentemente, inefável". É a via pela qual o indivíduo pode atingir, imediatamente, o conhecimento intrínseco, concreto, absoluto. A intuição consente que o ser humano tenha uma melhor compreensão de si mesmo e, mais amplamente, do mundo circundante.[1146]

A atividade racional discursiva, ao contrário, de índole conceitual, discorre, percorre uma realidade ou um objeto para, progressiva e mediatamente, chegar a conhecê-lo: realiza vários atos de conhecimento até conseguir captá-lo, conquanto superficialmente. A razão discursiva ou o pensamento discursivo chega ao objeto passando por etapas sucessivas de conhecimento, realizando esforços continuados de aproximação para chegar ao conceito ou à definição do objeto. Cuida-se, pois, de processo de cognição mediata.[1147] Desse modo, pode-se conhecer o objeto através do caminho dos conceitos, dos juízos, dos silogismos, da análise, da síntese, da dedução, da indução.

Como é bem de ver, a razão não é capaz de abordar a realidade, pois seus conceitos não podem ir além de seus próprios enunciados, vale dizer, de uma coerência interna que é instituída como simples solipsismo. Por assim ser, ao intelecto é reconhecida apenas idoneidade para "sobrevoar" e apreender a superfície e a forma algébrica da realidade, mas é débil para adentrar no âmago ou núcleo essencial das coisas. Apenas a intuição, sublinhe-se, exibe aptidão para penetrar no conteúdo abissal da realidade e dos objetos.[1148]

[1144] RUIZ, João Álvaro. *Metodologia científica*: guia de eficiência nos estudos. São Paulo: Atlas, 1982, p. 94.

[1145] GAMBOGI, Luís Carlos Balbino. *Direito*: razão e sensibilidade (As intuições na hermenêutica jurídica). Belo Horizonte: Del Rey, FUMEC/FCH, 2005, p. 39.

[1146] HERMANNS, William. *Einstein and the poet*: in search of the cosmic man. Branden Books, 1983, p. 109: "the heart of man through intuition leads us to greater understanding of ourselves and the universe".

[1147] REALE, Miguel. *Filosofia do direito*. 20. ed. São Paulo: Saraiva, 2002, p. 131: "Os processos podem ser, de maneira geral, discriminados em duas grandes classes, que são as dos processos de cognição *imediata* e *mediata*, segundo se reconhece a possibilidade de tomada de contacto direto com o *real*, ou, então, a de conhecê-los tão-somente graças a elementos de mediação ou de enlace progressivo". (Griffons no original).

[1148] HERMANNS, William, *op. cit.*, p. 16: "My intuition made me work. Many people think that the progress of the human race is based on experiences of an empirical, critical nature, but I say that true knowledge is to be

Emerge, assim, outro traço característico importante da intuição radicado em sua capacidade de conduzir para um conhecimento original, instantâneo, profundo, absoluto e concreto dos objetos, para além do conhecimento do que eles têm de profícuo e comum, prático e universal. Não à toa, a intuição toma uma "imagem" em vez do emprego de um "conceito".[1149] Com efeito, há dois instrumentos de expressão: o conceito e a imagem. O sistema se desenvolve em conceitos, mas é nas imagens que ele se consubstancia quando toca à intuição da qual dimana.

O método intuitivo consiste, pois, no colossal esforço do espírito para suplantar os conceitos no fito de adentrar na realidade que eles expressam,[1150] invertendo o fluxo natural do trabalho do pensamento, para se colocar imediatamente, por meio da dilatação do espírito, na coisa analisada: vai da realidade para os conceitos e não mais dos conceitos para a realidade.[1151] De mais a mais, nada obstante a cognição racional e o conhecimento intuitivo serem formas adequadas de pensamento, outra distinção toca à finalidade: a intuição é capaz de apreender as essências de coisas singulares, propiciando ao sujeito, "com os olhos da alma", a visão da coisa em si mesma.[1152] Ou seja, a intuição se consuma com a plena identidade de sujeito-objeto, implicando relação imediata com o objeto, enquanto a razão é desprovida de tal capacidade, limitando-se às propriedades formais das coisas, sem, no entanto, penetrar-lhes a medula.

A intuição é uma compreensão global e instantânea de uma verdade, de um objeto, de um fato. Os psicólogos, no que toca à intuição, empregam, com frequência, o termo *insight*,[1153] para recortarem o momento em que o indivíduo assume uma compreensão total, direta e imediata de alguma coisa, ou o momento em que percebe, num só lance, um caminho para a solução de um problema científico, filosófico, existencial.[1154]

Ao longo da História da Filosofia, podem ser colhidos vários tipos de intuição, de acordo com os objetos por ela captados. Nessa coleção, salta a intuição sensível, que consiste no conhecimento que o indivíduo tem a todo momento de sua vida, quando, graças às impressões dos sentidos e à percepção, apreendem-se os objetos, os fatos físicos: formas, cores (*v. g.*, com um só ato de visão penetrante percebe-se, por inteiro, uma flor, sua cor, suas pétalas, sua textura, suas dimensões). O objeto existe imediatamente

had only through a philosophy of deduction. For it is intuition that improves the world, not just following the trodden path of thought. Intuition makes us look at unrelated facts and then think about them until they can all be brought under one law. To look for related facts means holding onto what one has instead of searching for new facts. Intuition is the father of new knowledge, while empiricism is nothing but an accumulation of old knowledge. Intuition, not intellect, is the open "sesame" of yourself".

[1149] BERGSON, Henri. *La pensée et le mouvant*: Essais et conférences. Paris: PUF, 1950, p. 131-132.

[1150] HUSSON, Léon. *L'intellectualisme de Bergson*. Genèse et développement de la notion bergsonienne d'intuition. Paris: PUF, 1947, p. 13.

[1151] HERMANNS, William, *op. cit.*, p. 26: "I asked, "If God reveals himself in nature, why not in man?" "Have you never been awed by the power of man's rational mind?" Einstein quizzed. "And man's intuition, man's inspiration?"

[1152] MÜLLER, Aloys. *Introducción a la filosofía*. Buenos Aires: Espasa-Calpe, 1940, p. 104.

[1153] FRANZ, Marie-Louise von. *The feminine in fairy tales*. Boston: Shambahala Publications, 1993, p. 79: "A hedgehog had a race with a hare. But the hedgehog took his wife, who looked just like him, and put her at the other end, and every time the hare arrived at the end of a lap, the hedgehog said, "Here I am!". In the end the hare died, worn out! The intuitive puts a bit of his intuition at the end of the race. He generally marries a sensation type, the slow type, and if this partner one day says, "I have realized something; I have noticed such-and-such," the intuitive replies, "I told you that five years ago!" which is probably true, thus taking all the wind out of the other's sails. But the intuitive should be careful, for he is always in the place of the hedgehos's wife, taking intuition for realization".

[1154] CHAUÍ, Marilena. *Convite à filosofia*. São Paulo: Ed. Ática, 2000, p. 77.

no ato de conhecer, como quando o sujeito cognoscente abre os olhos e vê uma bela orquídea branca. Caracteriza uma intuição imediata, distinguida pela relação direta e real entre o sujeito cognoscente e o objeto a ser conhecido. A intuição sensível configura o alicerce de todo conhecimento empírico, exibe cunho pessoal, intransferível, sobre proporcionar a primeira janela de acesso ao real, isto é, põe o indivíduo em relação com algo realmente existente, com os elementos do mundo real, compondo a sinfonia da experiência do sujeito.

A intuição sensível (empírica) capta, diretamente pelos sentidos e pela consciência, os fatos sensíveis e os fenômenos das coisas, mas é impotente para apreender suas essências. Vicejam noções análogas de intuição empírica: sensação, percepção, representação, imaginação, visão, consciência. Porém, tal espécie intuitiva é infensa a ser usada na esfera filosófica, na busca do conhecimento, porque a intuição sensível, como o próprio nome sugere, somente pode ser aplicada a objetos aptos de apreensão pelos sentidos, mas não àqueloutros objetos não sensíveis, por ostentar caráter individual, sem permitir universalidade ou generalidade dos objetos, enquanto escopos filosóficos.[1155]

Outras vertentes de pensamento, apesar de reconhecerem a importância da intuição sensível, dissentem do empirismo, ao entendimento de que o conhecimento não se exaure nos objetos materiais, corpóreos, que as sensações transportam. Ter-se-ia, assim, um saber por descrição, e não um saber de cariz imediato e direto. De sorte que, nessa concepção, são a "intuição intelectual" e o raciocínio indutivo que, suplantando a experiência imediata dos sentidos, têm o condão de franquear o acesso ao conhecimento do real em sua essência.

Nessa toada, outro tipo está consubstanciado na intuição intelectual, que difere do modelo intuitivo sensível-empírico precisamente por sua universalidade e desnecessidade de provas ou demonstrações (*v. g.*, conhecimento intuitivo do princípio da contradição: uma coisa não pode ser e não ser ao mesmo tempo).[1156] A fenomenologia husserliana oferta outro exemplo frisante de intuição intelectual de essências ou significações.[1157]

[1155] CHAUÍ, Marilena, *op. cit.*, p. 78: "A intuição empírica é o conhecimento direto e imediato das qualidades sensíveis do objeto externo: cores, sabores, odores, paladares, texturas, dimensões, distâncias. É também o conhecimento direto e imediato de estados internos ou mentais: lembranças, desejos, sentimentos, imagens. A intuição sensível ou empírica é psicológica, isto é, refere-se aos estados do sujeito do conhecimento enquanto um ser corporal e psíquico individual – sensações, lembranças, imagens, sentimentos, desejos e percepções são exclusivamente pessoais. Assim, a marca da intuição empírica é sua singularidade: por um lado, está ligada à singularidade do objeto intuído (ao "isto" oferecido à sensação e à percepção) e, por outro, está ligada à singularidade do sujeito que intui (aos "meus" estados psíquicos, às "minhas" experiências). A intuição empírica não capta o objeto em sua universalidade e a experiência intuitiva não é transferível para um outro objeto".

[1156] No tocante à intuição dos primeiros princípios lógicos, vide CHAUÍ, Marilena, *op. cit.*, p. 78: "A intuição intelectual é o conhecimento direto e imediato dos princípios da razão (identidade, contradição, terceiro excluído, razão suficiente), das relações necessárias entre os seres ou entre as ideias, da verdade de uma ideia ou de um ser". Assim, também, RUIZ, João Álvaro, *op. cit.*, p. 95: "A mente deve operar a partir de "princípios" ou proposições por si só evidentes. Se a razão precisasse demonstrar ou conhecer discursivamente todos os enunciados contidos na estrutura da argumentação, deveria caminhar indefinidamente e sem apoio".

[1157] CHAUÍ, Marilena, *op. cit.*, p. 79: "Toda consciência, diz Husserl, é sempre "consciência de" ou consciência de alguma coisa, isto é, toda consciência é um ato pelo qual visamos um objeto, um fato, uma ideia. A consciência representa os objetos, os fatos, as pessoas. Cada representação pode ser obtida por um passeio ou um percurso que nossa consciência faz à volta de um objeto. Essas várias representações são psicológicas e individuais, e o objeto delas, o representado, também é individual ou singular. (...) A intuição da essência é a apreensão intelectual imediata e direta de uma significação, deixando de lado as particularidades dos representantes que indicam empiricamente a significação".

A intuição emotiva ou valorativa, por outro lado, caracteriza-se, juntamente com o sentido ou significação de alguma coisa, pela captação também de seu valor (*v. g.*, se a coisa ou essência é verdadeira ou falsa, bela ou feia, boa ou má, justa ou injusta, possível ou impossível).[1158] Muito para dizer que tanto a Verdade dos primeiros princípios lógicos quanto a Bondade dos postulados éticos, como a Beleza da criação artística, são apreendidas intuitivamente.[1159]

Não se pode, com efeito, ficar indiferente àquela asserção de Einstein, embora com outro objetivo, que soa mais ou menos assim: "não há uma grande descoberta científica, uma só que seja, que não haja partido de uma intuição".[1160] Diga-se outro tanto dos conceitos elementares ou primários que somente podem ser compreendidos intuitivamente.[1161] No campo científico, a mola propulsora sempre será o conhecimento intuitivo, oriundo de momento de rara inspiração, criatividade e originalidade, preferindo-se, assim, o engenho da intuição ao empenho da objetividade racional e da lógica analítica, até porque se a premissa for falsa, a conclusão dela extraída, por dedução, também exibirá o signo indelével da falsidade.

Agora bem, transplantando semelhante magistério para o contexto de descoberta da decisão, não seria despropositado dizer que, primeiramente, o juiz intui a decisão a tomar, formulando mentalmente sua hipótese de trabalho para, só depois, "racionalizar as intuições",[1162] em busca de crisma nos conceitos jurídicos, na prova representada nos autos do processo, no direito vigente e nos precedentes judiciais obrigatórios.[1163] A sensação, ao penetrar no domínio psíquico do julgador, adquire maior complexidade e

---

[1158] CHAUÍ, Marilena, *op. cit.*, p. 80: "Ou seja, a intuição intelectual capta a essência do objeto (o que ele é) e a intuição emotiva ou valorativa capta essa essência pelo que o objeto vale".

[1159] RUIZ, João Álvaro, *op. cit.*, p. 96.

[1160] EINSTEIN, Albert. Message on the 410th anniversary of the death of Copernicus. *Ideas and opinions by Albert Einstein*. New York: Crown Publishers, Inc., 1954, p. 359-360, esp. p. 359: "A rare independence of thought and intuition as well as a mastery of the astronomical facts, not easily accessible in those days, were necessary to expound the superiority of the heliocentric conception convincingly".

[1161] Na proficiente síntese de EINSTEIN, Albert. *Out of my later years*: The scientist, philosopher, and man portrayed through his own words. New Jersey: The Citadel Press, 1956, p. 62: "The connection of the elementary concepts of every day thinking with complexes of sense experiences can only be comprehended intuitively and it is unadaptable to scientifically logical fixation. (...) We shall call "primary concepts" such concepts as are directly and intuitively connected with typical complexes of sense experiences".

[1162] HESSEN, Johannes. *Teoria do conhecimento*. Tradução António Correia. 3. ed. Coimbra: Armênio Amado Editor, 1964, p. 137-138: "Na esfera *teórica*, a intuição não pode pretender ser um meio de conhecimento autónomo, com os mesmos direitos que o conhecimento racional-discursivo. A razão tem neste terreno a última palavra. Toda a intuição tem de legitimar-se perante o tribunal da razão. (...) Mas a questão do valor lógico da intuição é uma coisa muito diferente. E, a este respeito, devemos sustentar, como consequência do já dito, que a intuição não pode ser nunca a base última da validade de nenhum juízo na esfera teórica (...). A última instância nesta esfera é a razão, e toda a intuição tem de submeter-se ao seu exame". (Grifos no original).

[1163] Excelentemente, BRITTO, Carlos Ayres de. Juiz não pode se trancar numa torre de marfim. Entrevista ao CONJUR. Disponível em: https://www.conjur.com.br/2013-jul-11/ayres-britto-defende-sensibilidade-criterio-avaliar-juizes. Acesso em: 22 ago. 2018: "Sempre assim, sempre uma frase poetizada que me assaltava o espírito e a partir daí eu fazia os meus votos. Sempre por intuição. Eu fazia viagem de volta para fundamentar as minhas conclusões, mas eu operava como opera o artista. O artista não precisa de análises para chegar a sínteses. Ele salta diretamente para sínteses sem precisar de análises. É como você não subir os degraus de uma escada e conseguir ir para o topo da escada catapultadamente. E os cientistas puros não entendem isso. Eu me considero um cientista do Direito, modéstia de lado. Mas o cientista puro é desconfiado do artista porque ele diz assim "quem é esse sujeito que sem nenhum esforço já chegou antes de mim e eu estou aqui analisando?". Ele tem preconceito contra o artista. Por também ser um cientista, o artista faz a viagem de volta para convencer os outros e fundamenta tecnicamente, juridicamente, cientificamente cada uma das suas conclusões. Agora, para chegar às conclusões é que ele dá o salto quântico. Ele tem essa capacidade: contemplando as normas, os fatos, as pessoas e os dramas humanos, ele se vê ejetado para o topo da pirâmide cognitiva".

responde pelo nome de percepção (fato externo enquadrado no eu).[1164] Decerto, quando o juiz estiver aberto para receber orientações através das intuições, deixando sua sensibilidade fluir, aprimorará mais ainda suas escolhas e percepções acerca do correto ou do justo. As partes têm direito não apenas a um devido processo legal, ao ângulo processual, senão também, e sobretudo, a um processo materialmente justo, adequado e efetivo. É dizer: o processo devido há de ser substancialmente nutrido pelo princípio constitucional de justiça.[1165]

Tome-se como exemplo a apreciação pelo juiz de uma determinada conjuntura de fato. A subsunção final (subordinação de uma determinada situação fática à previsão de uma norma jurídica) pressupõe, naturalmente, juízos elementares não proporcionados através de silogismos. Neste campo, os enunciados sobre situação de fato assentam em juízos baseados em percepções, interpretações, experiência social, valoração.[1166]

Realmente, em tema de contexto de descoberta da decisão, o juiz deixa suas intuições fluírem, qual olfato de seu coração, em busca do melhor caminho que o conduzirá àquela conclusão desejável ou solução que lhe pareça mais correta ou justa para dado conflito intersubjetivo.[1167] Pois bem, emerge a transcendência do trinômio intuição-sentimento-emoção do juiz no que toca ao justo/injusto, certo/errado, antes mesmo da análise dos elementos fático-jurídicos da causa. No tino de justiça do juiz se configura, por exemplo, o critério de certo e errado, no Direito e na moral, vale dizer, justiça em consonância com o Direito. A percepção intuitiva justo/injusto, certo/errado do juiz, com a qual é recebida a exposição de um conflito jurídico judicializado, antes mesmo de tê-lo sujeitado à análise com os instrumentos do caso concreto, faz imediatamente aflorar a solução correta ou justa. É dizer: o exercício do trinômio intuição-sentimento-emoção, enriquecido pela vibração da dialeticidade dos três elementos, na mente do juiz, tem o poder de captar e de iluminar como um relâmpago a melhor hipótese de julgamento do conflito jurídico intersubjetivo.

O juiz é transportado intuitivamente na linha do poeta português José Régio, pseudônimo de José Maria dos Reis Pereira, no belíssimo poema "Cântico Negro":

> Não sei por onde vou,
> Não sei para onde vou
> Sei que não vou por aí!

[1164] ALTAVILLA, Enrico. *Psicologia judiciária*: o processo psicológico e a verdade judicial. Tradução Fernando de Miranda. São Paulo: Saraiva, 1946, v. 1, p. 20.

[1165] CANOTILHO, J. J. Gomes. *Direito constitucional e teoria da constituição*. 7. ed. 4. reimpressão. Coimbra: Almedina, 2003, p. 494.

[1166] LARENZ, Karl. *Metodologia da ciência do direito*. 3. ed. Lisboa: Fundação Calouste Gulbenkian, 1997, p. 399-400: "Os enunciados sobre factos assentam, por regra, em percepções. O julgador apoia-se em percepções próprias ou, as mais das vezes, em percepções de outras pessoas, que lhe foram comunicadas. (...) Os juízos que são requeridos para qualificar uma situação de facto, como aquela que se tem em conta na previsão de uma norma legal, não se fundam sempre, em todo o caso, somente em percepções e na sua associação em imagens representativas. Trata-se, com frequência, de juízos que assentam numa interpretação da conduta humana, na experiência social ou numa valoração".

[1167] Para uma visão panorâmica do tema, vide LEITER, Brian. *Naturalizing jurisprudence*: essays on american legal realism and naturalism in legal philosophy. Oxford University Press, 2007.

4.3 O nosso conceito (sincrético) de intuição

O conceito ou mesmo a noção de conhecimento intuitivo, apesar de inexistir uniformidade entre os filósofos e psicólogos, é clarificado pela filosofia crítica do conhecimento em geral, em cujo campo se estudam as diferentes formas de conhecer, seus fundamentos e traços característicos. Contudo, a *communis opinio* indica a existência no ser humano de algum tipo de conhecimento intuitivo, ao passo que as divergências gravitam na órbita de seu conceito, seus modos, qualidades, condições, faculdades (na determinação do valor *noético* da intuição). De fato, as clássicas distinções entre *nóesis* (compreensão imediata, habilidade de sentir, perceber ou saber algo imediatamente) e *diánoia* (o pensar discursivo), experiência e razão, contemplação e discurso (*per viam rationis* – conhecer progressivamente ou chegar à verdade de maneira progressiva e discursiva), razão e intelecto, dedução e intuição (tipo de conhecimento imediato, simples e puro) sugerem variegadas fontes do conhecimento.[1168]

A noção de intuição, a partir da estratificação ontológica dos seres do universo, aponta que o supremo do inferior toca ou participa do ínfimo do superior. Implica dizer que, em cada estrato ontológico, um ente participa culminantemente das propriedades básicas que pertencem propriamente ao estrato superior. Neste "contato" do inferior com o superior existem, ao mesmo tempo, uma diferença de estrato, grau ou espécie e uma coincidência e continuidade evolutivas.[1169]

A teologização do conceito de intuição reconecta-se com a ideia de conhecimento perfeito, consonando com a aspiração humana a um conhecimento de cariz superior, encarnado na *nóesis* divina. A doutrina agostiniana da iluminação divina para o intelecto e todo o conhecimento sugere uma rota teologizante para o conhecimento intuitivo.[1170]

A filosofia dos valores scheleriana se configura como "intuicionismo emocional".[1171] É dizer: os valores se percebem por intuição emocional, que está conectada à percepção

---

[1168] VICENTE BURGOA, Lorenzo. El problema acerca de la noción de intuición humana. *Sapientia*, 63.223, 2008. Disponível em: http://bibliotecadigital.uca.edu.ar/repositorio/revistas/problema-acerca-nocion-intuicion-humana.pdf. Acesso em: 23 ago. 2018, p. 29-87, esp. p. 30.

[1169] VICENTE BURGOA, Lorenzo, *op. cit.*, p. 30.

[1170] VICENTE BURGOA, Lorenzo, *op. cit.*, p. 42: "Sólo basta añadir que el conocimiento divino y el de los entes celestes y bienaventurados es un conocimiento intuitivo, un simplex intuitus, en el cual Dios se conoce a sí mismo y conoce simultáneamente todo lo demás, todas sus posibles participaciones o imitaciones (todos los mundos posibles). Y así lo dicen y admiten todos los teólogos. Dios ha de tener un conocimiento perfecto, mediante un acto único y eterno, cierto e infalible, en el que están presentes actualmente todas las cosas, tanto reales como posibles (omnisciencia). El modo de conocimiento "raciocinativo", por pasos o saltos, lo mismo que el abstractivo, por partes o análisis, e incluso el mismo juicio o proposición, por composición de predicado y sujeto, todos esos modos implican imperfección intrínseca; y, por tanto, no pueden convenir al Ser perfecto y a la Inteligencia suprema. De todo lo cual se concluye que el conocimiento intuitivo es el más perfecto de todos los modos de conocimiento. Al fin, nuestro conocimiento humano ha de comenzar siempre por algún tipo de intuición, pues tanto el juzgar como el razonar presuponen la aprehensión simple o intuición. Por otro lado, resulta que nuestros sentidos poseen ese tipo de conocimiento, la intuición: pues conocen sus objetos por la impresión inmediata de éstos. De aquí que la misma palabra "intuición" signifique primordialmente "visión" (del latín intueri = mirar dentro o sobre...) Y si lo poseen los sentidos, lo ha de poseer también el entendimiento, que es una facultad superior y más perfecta".

[1171] HEINEMANN, Fritz. *A filosofia no século XX.* 2. ed. Lisboa: Fundação Calouste Gulbenkian, 1979, p. 425: "A *fenomenologia dos valores*, pelo contrário, propõe-se obter qualidades valorativas materiais, não mediante actos psicológicos ou uma dedução apriórica formal, mas imediatamente a partir de um acto espiritual intencional do sentir, como de uma intuição de essência. Max Scheler foi o primeiro dos seus paladinos, na medida em que, para ele, os valores são objectivos, irredutíveis, independentes, isto é, "qualidades materiais", "autênticas e verdadeiras qualidades" como "objectos ideais" (...) Num a priori de valor são captados os valores em conformidade com o "primado do amor"". (Reforços gráficos no original).

sentimental, enquanto sentimento intencional (*v. g.*, a preferência ao amor do espírito). Caracteriza uma percepção alógica e verdadeiramente espiritual, tendo como objeto valores (*v. g.*, moral, jurídico, religioso, social, estético).[1172] O valor estético de uma imagem, obra de arte, paisagem é apreendido pelo indivíduo de um modo imediato, emocional, no diapasão de uma intuição estética.[1173]

Em perspectiva bergsoniana, a intuição, embora se reconheça a dificuldade de sua definição, por não ser suscetível de análise, é caracterizada como a simpatia por meio da qual o indivíduo se transporta para o interior do objeto, ao absoluto, a fim de coincidir ao que é único e, por conseguinte, inefável, inexprimível.[1174] É o instrumento ou método mais adequado de conhecimento para a filosofia (metafísica), distinto e superior ao conhecimento científico, o qual, apesar de ser intuitivo em seus princípios,[1175] é discursivo, analítico, mediado por conceitos e símbolos. A intuição tem o condão de capturar o real em contato imediato, em sua integridade totalizadora, em sua interioridade e, principalmente, em seu devir, em seu fluxo vital.[1176]

A intuição, em suas várias formas e tipos (*v. g.*, sensível, categorial, eidética), floresceu no terreno fértil husseliano, como núcleo essencial do método fenomenológico. A intuição sensível (ou empírica), a mais primária, corresponde à percepção sensível e tem como referência objetos individuais. A intuição categorial (ou fundada), por outro lado, refere-se a categorias lógicas *a priori* (por exemplo: relacionamentos, conjuntos, disjunções). Salta, pois, de análises lógicas. Por seu turno, a intuição essencial (*Wesensschau*) ou intuição eidética toca a formas puras (*eidos*), a essências puras. Tal modalidade é dada ao indivíduo por meio de abstração e redução eidética ou *epoché*.[1177] Na visão dos fenomenólogos, como Husserl, também se afigura possível atingir essências de forma intelectiva direta, mercê de uma visão intelectual, não sensível.[1178]

Sob outro ângulo de mirada, Ortega y Gasset fala em sentido amplo de evidências intuitivas, mas não as reduz a simples visão, chegando a propor mesmo sua desmistificação.[1179]

[1172] VICENTE BURGOA, Lorenzo, *op. cit.*, p. 49: "Pero Scheler distingue el intuir sentimental-intencional de los estados sentimentales: estos pertenecen a los contenidos; aquél a los actos o funciones de percibir (Ethica). Es, pues, una intuición, ya que es inmediata y cognoscitiva, pero sin representación".

[1173] HESSEN, Johannes. *Teoria do conhecimento*. Tradução António Correia. 3. ed. Coimbra: Armênio Amado Editor, 1964, p. 142: "Se quando vivemos, por exemplo, a beleza de uma paisagem, tentássemos comunicá-la e revelá-la mediante operações intelectuais a outra pessoa que não sentisse a beleza, veríamos logo que era uma tentativa empreendida com meios inadequados. Os valores estéticos não podem aperceber-se nem intelectual nem discursivamente, mas só emocional e intuitivamente. É certa a frase do poeta: "Se não sentes é inútil quereres alcançá-lo"".

[1174] BERGSON, Henri. Introduction à la métaphysique. *In*: (1903), éd. F. Fruteau de Laclos, in *La Pensée et le mouvant* (1934). Paris: PUF, 2009, p. 181.

[1175] No tocante à declaração para a celebração do memorial Marie Curie, museu de Roerich, Nova York, 23 de novembro de 1935, vide EINSTEIN, Albert. *Out of my later years*: The scientist, philosopher, and man portrayed through his own words. New Jersey: The Citadel Press, 1956, p. 227-228: "The greatest scientific deed of her life-proving the existence of radioactive elements and isolating them-owes its accomplishment not merely to bold intuition but to a devotion and tenacity in execution under the most extreme hardships imaginable, such as the history of experimental science has not often witnessed".

[1176] VICENTE BURGOA, Lorenzo, *op. cit.*, p. 49, 50: "Son, pues, objetos de la intuición: –el yo y su devenir; –la libertad; – el inconsciente; la vida psicológica de los demás; – el devenir universal; Dios en la experiencia mística, como esfuerzo creador vital (L'élan vital)".

[1177] Para uma visão global do problema, vide HUSSERL, Edmund. *Ideen zu einer Reiner Phänomenologie und Phänomenologischen Philosophie, Gesammelte Werke*, Band III. W. Biemel (Hrsg.). Haag: Martinus Nijhoff, 1956.

[1178] REALE, Miguel. *Filosofia do direito*. 20. ed. São Paulo: Saraiva, 2002, p. 138.

[1179] ORTEGA Y GASSET, José. *¿Qué es filosofía?* Madrid: Alianza, 1983, p. 105 ss, em especial o seguinte excerto: "Lo urgente ahora es insistir en que no hay más verdad teórica rigorosa que las verdades fundadas en evidencia,

Noutro giro, na concepção zubiriana, a intuição significa *"tener a la vista"*, mas não se distingue de outros tipos de conhecimento pelo seu objeto, senão pelo modo de capturá-lo: a intelecção instantânea de algo como se estivesse à vista. Denota um sentido derivado, já que o significado primário repousa naquele "ter à vista". É uma visão de um modo imediato, direto, instantâneo e unitário. Portanto, a intuição retrata um modo de presença imediata, direta e unitária de algo real à intelecção,[1180] em reverso ao conceito e ao discurso.

Nessa moldura, transparece que a intuição exibe uma diversidade de noções, valendo destacar algumas de suas acepções,[1181] como conhecimento: (i) direto e imediato, não discursivo, adversando a dedução; (ii) do concreto e do individual, contrastando com a abstração; (iii) compreensivo ou totalizador, enquanto visão sintética do singular presente como um todo, a objetar o conhecimento analítico; e (iv) de tipo emocional e valorativo, por associação afetiva, por simpatia com o objeto.

No que tange aos modos da intuição,[1182] a depender de diferentes ângulos de mirada, segundo critérios: (i) epistemológicos, afigurando-se possível cogitar de intuição empírica ou sensível, experimental; imaginativa ou representativa; intelectual, enquanto não implica discurso; estimativa ou valorativa, referenciada a valores; emocional; (ii) ontológicos, falando-se em intuição das formas, essências (intuição formal, eidética); da existência e do que existe, enquanto presente, e até do inexistente; intuição do "Eu", autoconsciência, intuição reflexiva; intuição de valores, como distinto do ser; intuição da transcendência; (iii) objetivos, pelos quais a intuição pode ser classificada em analítica e sintética; concreta ou individual, abstrata ou formal; prospectiva ou futura e retrospectiva ou do passado.

Em relação às faculdades da intuição, há profundas divergências entre os autores:[1183] (i) nos empirismos e positivismos, coloca-se água no moinho da imediatidade e da presença física do objeto individual, reduzindo-se, assim, a intuição ao sensível, equivalente à experiência e à captação empírica; (ii) em propostas idealistas, em geral, a intuição se atribui especial ou propriamente à inteligência, menoscabando-se da intuição sensível; (iii) em fileiras realistas, tanto a intuição intelectual quanto a sensível são admitidas. No âmbito do conhecimento imediato e direto, para alguns, a existência atual e a presença do objeto são requeridas, ao passo que, para outros, tal presença é prescindível, configurando uma "intuição abstrativa" ou eidética de essências, independentemente da existência.

---

y esto implica que para hablar de las cosas tenemos que exigir verlas, y por verlas entendemos que nos sean inmediatamente presentes, según el modo que su consistencia imponga. Por esto, en vez de visión, que es un término angosto, hablaremos de intuición. Intuición es la cosa menos mística y menos mágica del mundo: significa estrictamente aquel estado mental en que un objeto nos sea presente. Habrá, pues, intuición sensible, pero también intuición de lo insensible".

[1180] ZUBIRI, Xavier. *Inteligencia y logos*. Madrid: Alianza, 1982, p. 240 ss, em especial o seguinte fragmento: "Este conocimiento no es formalmente un acto de "visión" más que en un sentido laxo, que es lo que significa el verbo intuir, intueor. Pero todos los modos de intelección sentiente y no sólo el visual, aprehenden directa, inmediata y unitariamente lo real. Por tanto, si se quiere seguir empleando el vocablo intuición habrá que decir que la intuición no es sólo intuición visual, videncia, sino toda intuición tanto visual como táctil, como sonora, como olfativa etc.: es toda presencia directa, inmediata y unitaria de lo real a la intelección".

[1181] VICENTE BURGOA, Lorenzo, *op. cit.*, p. 53.

[1182] VICENTE BURGOA, Lorenzo, *op. cit.*, p. 53.

[1183] VICENTE BURGOA, Lorenzo, *op. cit.*, p. 54.

A intuição, como "o princípio de todos os princípios" em perspectiva husserliana, é forma ou tipo de conhecimento primário ou original, que serve de base firme para o restante dos conhecimentos humanos. De fato, em toda intuição, na qual algo é originalmente dado, depara-se uma fundação do conhecimento. Trata-se de conhecimento primário por natureza ou de sua qualidade de evidência, objetividade e certeza.[1184] Há de ser imediato no que toca aos objetos, não derivados ou inferidos: "visão imediata de qualquer objeto ou verdade". Na realidade, a concepção adequada da intuição humana repousa no caminho de busca do verdadeiro.

O conhecimento intuitivo de um modo geral (mas, ainda, provisório) pode ser descrito como conhecimento originário, direto e imediato de um objeto ou de uma verdade, fornecido ao modo humano de conhecer. Tal não significa desprezar um viés mítico da intuição, no sentido de caracterizar o mais perfeito conhecimento em si mesmo, o mais normal e próprio do homem, como uma participação da intuição do homem nas inteligências puras superiores, no diapasão das posições marcadamente neoplatônicas. À semelhança de uma doação, por infusão divina através de áreas mais ou menos irracionais e inconscientes do indivíduo. Tal não equivale a dizer que a intuição germine quase sem trabalho algum, nem estudo, tampouco investigação científica.

Fique claro que não se pode acolher, aqui, o ceticismo em relação à intuição mitificada, enquanto modo especial de conhecer. O conhecimento intuitivo – como aquele de tradição spnoziana, que progride da própria ideia adequada da essência formal de certos atributos de Deus para o conhecimento adequado da essência das coisas, isto é, que consegue acessar e permite conhecer as essências de Deus e de coisas singulares e particulares – não é refratário a uma matriz mística.[1185]

Em relação às qualidades ou características do conhecimento intuitivo, são-lhe comumente atribuídas: simplicidade, imediatismo, primariedade, clareza, certeza, integralidade. Algumas propriedades são mais habituais e frequentes (*v. g.*, simplicidade ou pureza de olhar), outras tantas se revelam mais adequadas e essenciais (*v. g.*, primariedade, originalidade, imediatismo), enquanto outras derivam das antecedentes (*v. g.*, clareza, certeza).[1186]

A "simplicidade", no conhecimento intuitivo, no tocante aos atos e ao conteúdo, equivale ao "*intuitus simplex*", vale dizer, denota justamente o contrário de um conhecimento fragmentado em diversos atos e múltiplos conteúdos, tal como ocorre evidentemente no conhecimento discursivo assente no "raciocínio" (discurso racional). A intuição sensível implica atenção preferencial a um objeto: olhar simples e penetrante, que compreende o objeto "de um golpe de vista", a um relance d'olhos. Na intuição

---

[1184] LEIBNIZ, Gottfried Wilhelm. *Novos ensaios sobre o entendimento humano* (Os pensadores). Tradução Luiz João Baraúna. 5 ed. São Paulo: Nova Cultural, 1988, v. 2, p. 88: "O conhecimento é, portanto, *intuitivo*, quando o espírito percebe a concordância de duas ideias imediatamente, em virtude delas mesmas, sem intervenção de outras. Neste caso o espírito não tem nenhuma dificuldade em demonstrar e examinar a verdade. Da mesma forma que o olho enxerga a luz, o espírito vê que o branco não é preto, que um círculo não é um triângulo, que três são dois mais um. Este tipo de conhecimento é o mais claro e o mais certo de que a fraqueza humana seja capaz; ele age de maneira irresistível, sem permitir ao espírito hesitar. Equivale a conhecer que a ideia está no espírito tal qual a percebemos. Se alguém exigir uma certeza maior, não sabe o que pede". (Grifos no original).

[1185] JIMENA SOLÉ, María. *La intuición intelectual en Spinoza*. Disponível em: https://pt.scribd.com/document/335652745/La-Intuicion-Intelectual-en-Spinoza-Maria-Jimena-Sole. Acesso em: 10 maio 2018, p. 205-217, esp. p. 205.

[1186] VICENTE BURGOA, Lorenzo, *op. cit.*, p. 75.

intelectual, por exemplo, pode-se falar em uma apreensão simples (*apprehensio simplex*) traduzida na capacidade de formar ideias simples imediatamente.

A imediação, como pedra de toque da intuição, significa que o conhecimento intuitivo de algo é dado de forma imediata, sem derivar ou ser obtido através de outro conhecimento pregresso. Porque assim é, a intuição se configura como o oposto do conhecimento discursivo, inferencial, analógico ou mediado, em um processo analítico, que se move na direção do abstrato.

Por seu turno, a primariedade (principialidade ou originalidade), sobre ser uma das qualidades da intuição decorrentes da imediação, pode denotar o começo ou início de outro conhecimento. Não por acaso, a intuição deve ser considerada como uma forma de conhecimento originário e fundante, em relação aos demais conhecimentos humanos. De sorte que o conhecimento discursivo derivado da razão pressupõe a intuição e se baseia nela.[1187]

A prioridade atinente ao conhecimento intuitivo (saber *a priori*) pode ser entendida sob três prismas distintos: cronológico, psicológico e lógico. Ao ângulo cronológico ou temporal, denota os primeiros dados que acessaram a consciência do indivíduo nos tempos iniciais de sua vivência. Ao ângulo psicológico, a prioridade no conhecimento intuitivo pode ser afirmada como a primeira coisa que habitual e naturalmente chega à consciência, para além da individualidade, mas enquanto espécie humana ou seres vivos dotados de consciência. Ao ângulo lógico, a prioridade pode ser visualizada no sentido de primária ou epistemológica, posto que constitui a base ou fundamento de outros conhecimentos derivados do intuitivo (*v. g.*, o conhecimento científico, assente nos cognominados "princípios primários" que o cientista conhece imediata e intuitivamente).[1188]

A clareza é outra qualidade da intuição extraída do seu sentido de "visão". Na concepção descartiana, representa um critério seguro de verdade e de certeza. A clareza resulta do imediatismo do objeto ou da relação indispensável entre sujeito e predicado em juízos qualificados de evidentes ou verdades *per se notum* (por si evidentes). Semanticamente, desponta a vizinhança entre os conceitos de intuição e de evidência, pois que, em ambos, recorre-se à metáfora da visão: *intueor* = ver dentro, olhar para dentro; evidência: ver a partir de (*e-videre*). A intuição, por ser uma visão mais íntima e distinta, tem o condão de produzir evidência ou clareza do intuído. A intuição é a faculdade de penetrar nos objetos, de "ver por dentro" deles, ou arremessar um "olhar penetrante" que atinge o âmago do real. É dizer: penetra mesmo no cerne das coisas, pondo o indivíduo em contato "com a íntima realidade essencial e existencial dos objetos", em dicção morenteana.

No campo filosófico, geralmente se elenca a certeza como uma das qualidades relevantes do conhecimento intuitivo, alicerçada no imediatismo de evidências proporcionadas pela intuição. Podem-se, nesse passo, distinguir variados tipos de

---

[1187] VICENTE BURGOA, Lorenzo, *op. cit.*, p. 79: "Por tanto, esa prioridad de la intuición se entiende o bien en cuanto a una captación confusiva de lo concreto, de totalidades genéricas e indeterminadas; o bien en cuanto no se diferencia de la abstracción de formas esenciales (formas eidéticas), sino que juntamente con ella capta lo esencial en lo particular, lo constante en lo variable, la "ley" en lo contingente; y en cuanto capta los principios racionales sin discurso y como punto de arranque de todo discurso racional".

[1188] REALE, Miguel, *op. cit.*, p. 154: "Os princípios matemáticos e as leis formais do raciocínio dão-nos exemplos de conhecimento *a priori*, e são elementos que se apreendem ou se captam *intuitivamente*, assim como há outros elementos intuitivos condicionando o conhecimento científico, que refoge ao simplicismo metodológico com que o quiseram bitolar alguns pensadores do século passado". (Grifos no original).

certeza:[1189] (i) cognitiva ou perceptual, fulcrada em provas ou na visão clara, correta e perspicaz de algo; (ii) volitiva ou emocional, conformada pela tendência acentuada de simpatia, de empatia (sintonia afetiva) do sujeito com a realidade (pessoas, coisas, valores); (iii) prática ou operacional, baseada na experiência pretérita, na práxis; não é uma certeza absoluta, mas probabilística ou de maior probabilidade.

A qualidade da integralidade ou totalidade da intuição significa abranger todo o objeto intuído, em todos seus componentes e aspectos. Prestigiosa doutrina (v. g., Bergson, Husserl) sustenta que a intuição representa o método apropriado da metafísica, enquanto compreensão do ser em sua realidade integral.

Antes do mais, parece bem compilar uma comparação entre *nóesis* (intuição) e *diánoia* (raciocínio). A intuição radica uma forma de conhecimento, cuja nota essencial é a imediatidade do objeto. Disso descende sua diferenciação com outro tipo de conhecimento, discursivo, que, na experiência psicológica do indivíduo, por processos mentais, chega a um objeto através de outro objeto ou a um conhecimento novo por meio de conhecimento anterior. É o milagre do raciocínio.[1190]

A intuição traduz uma visão fixa, instantânea, ao passo que o raciocínio representa um processo e um movimento em direção à verdade. O raciocínio é como a circunferência, o caminho percorrido por um circuito, enquanto que a intuição é como o centro fixo, a partir do qual os diferentes momentos do circuito são visualizados. A intuição está no começo e como base de todo raciocínio válido, já que deve partir de fundamentos, aos quais são dados fatos ou princípios evidentes da razão.[1191]

Para dizê-lo mais uma vez, de modo diferente: a intuição se configura instantaneamente, quase fulminantemente, prescindindo de tempo intermediário. Repentinamente, o indivíduo "percebe" e "considera" algo que estava buscando há tempos, mas sem êxito. Entretanto, o raciocínio é apresentado como a razão que progride, vagarosamente, gradualmente, por fluxos e influxos, mediante a superação de objeções e vicissitudes até chegar à verdade almejada.

Sob o prisma epistemológico, a intuição parece ser mais permeável à subjetividade (v. g., imbricação com sentimentos e emoções variáveis), ao passo que o raciocínio se apresenta como algo dotado de maior objetividade e sistematicidade, por se basear mais na realidade dos objetos, cujo conhecimento busca ou analisa.

[1189] VICENTE BURGOA, Lorenzo, *op. cit.*, p. 83.

[1190] VICENTE BURGOA, Lorenzo, *op. cit.*, p. 85-86: "Volvemos, pues, felizmente a la concepción clásica y venerable de intuición como noesis (de nous: inteligencia, visión), en cuanto diferente y en cierto modo contrapuesta a diánoia, o sea, "visión" (nous) a través de otro (dia-), como derivación o inferencia. Por ello, me parece conveniente, para afianzar y clarificar más la noción de intuición, el estudiarla en contraposición al conocimiento mediato del razonamiento. Y esto, por aquello de que "cada cosa se conoce mejor por su contrario o contrapuesto. (...) Está, ante todo, la contraposición esencial y característica propia de cada uno de estos tipos de conocimiento y que es el carácter propio de cada uno de ellos: la intuición se caracteriza por se un conocimiento inmediato y directo de sus objetos, mientras que el razonamiento es un conocimiento derivado, de segundo grado. El ejemplo lo tenemos claramente en: la experiencia sensible, que capta los objetos de modo directo e inmediato y el cálculo racional o científico, que llega a sus conclusiones por medio de argumentos, pruebas, comparaciones, etc.".

[1191] REALE, Miguel, *op. cit.*, p. 140-141: "O elemento racional deve sempre vir completar o elemento intuitivo, salvo em se tratando de *evidências* que nos impõem de maneira direta e clara: – há verdades evidentes, intuitivas tanto no plano lógico, como no plano axiológico, evidências teóricas e evidências práticas, mas, salvo este domínio, importa verificar racionalmente as conexões de sentido que a intuição nos revela, mesmo porque é a compreensão do todo que, muitas vezes, nos assegura a autêntica apreensão dos elementos singulares. Podemos dizer que assim como o intelecto ordena e completa o material sensível, casando com ele algo de próprio, também a razão ordena e completa o material da intuição estimativa ou puramente intelectual". (Grifos no original).

Todavia, no que toca à busca da verdade, a intuição mostra-se superior ao raciocínio, seja em termos de velocidade e clareza de percepção, seja de precisão. O raciocínio, por ser essencialmente processual, pode, nos planos teórico e prático, estar equivocado, "errar", arredar (*v. g.*, cair nas ciladas da ficção, nas armadilhas das falácias, nas emboscadas dos sofismas). Mas a intuição, por si mesma, não pode errar, pois se refere ao imediato. As intuições se revestem da condição de conhecimento mais seguro, pois, é útil reafirmar, se encontram na base de todas as provas e de todo o raciocínio.[1192]

Seja como for, nada obstante tais tipos de conhecimento (intuição e raciocínio) exibirem características opostas e funções diferentes, eles não são incompatíveis entre si; antes, nos seres humanos, são complementares, na rota intuição –) raciocínio,[1193] à semelhança das dimensões que, na terminologia clássica, atendiam pelos nomes de "inteligência" e "razão". Não à toa, a faculdade de intuição está de certa maneira relacionada à inteligência, com a diferença de cambiar seus conceitos por um conceito único, sempre o mesmo, feita abstração de sua nomenclatura.[1194] Pode-se ir da intuição à inteligência, mas "da inteligência não se passará jamais à intuição",[1195] pois a intuição é infensa a ser representada pelo acervo de conceitos prontos (*prêt à porter*) da inteligência, senão que é a partir da intuição que as significações dos conceitos hão de ser paulatinamente configuradas.

De qualquer forma, a intuição é uma faculdade que, em regra, não se opõe à inteligência. Tais aspectos, como as duas faces de uma mesma medalha, estão intimamente relacionados: o segundo não pode ser compreendido sem o primeiro.[1196]

Noutra angulação, a totalidade estrutural na perspectiva diltheyana sugere que, em cada segundo da vida consciente do indivíduo, não há apenas uma sensação ou a presença de um desejo, mas a miscigenação entre sentimento e vontade, um todo psíquico. Há um entrelaçamento prenhe de sentido entre percepção sensível, atenção e sentimento. É um só e mesmo ato (*v. g.*, a contemplação de uma paisagem), interpenetrado de diferentes aspectos, nos quais imagens, sentimentos e vontade estão interconectados.[1197]

Note-se – e o ponto é de superlativa importância – que, no estudo filosófico de hodierno, a cada camada perquirida deve ser aplicado um método de intuição, não se adstringindo, pois, a um ou outro método. Assim, por exemplo, quando se cogitar de construções intelectuais, despreocupadas com a origem ou essência do objeto (*v. g.*, matemática, física, biológica, jurídica, social), o método mais adequado e eficiente será

[1192] POSNER, Richard Allen. *Problemas de filosofia do direito*. São Paulo: Martins Fontes (Coleção justiça e direito), 2007, p. 103.

[1193] BAZARIAN, Jacob. *Intuição heurística*: Uma análise científica da intuição criadora. 3. ed. São Paulo: Alfa-Omega, 1986, p. 76-77: "Todas essas reflexões nos permitem concluir que o conhecimento intuitivo não é nem independente, nem superior aos conhecimentos sensíveis e racionais. Ele é apenas diferente e complementar. Sentidos, razão e intuição ajudam-se reciprocamente, complementam-se mutuamente e formam uma unidade dialética. Eles estão sempre presentes em qualquer ato cognitivo, desde o mais simples até o mais complexo, em qualquer pessoa, independente de sexo, idade e nível mental ou cultural".

[1194] BERGSON, Henri. *La pensée et le mouvant*: Essais et conférences. Paris: PUF, 1950, p. 19.

[1195] BERGSON, Henri. *L'évolution créatrice*. 5. ed. Paris: PUF, 1991, p. 268.

[1196] COELHO, Jonas Gonçalves. Bergson: intuição e método intuitivo. *Trans/Form/Ação* [online], v. 21-22, n. 1, p. 151-164, 1999, esp. p. 156.

[1197] HORKHEIMER, Max. A relação entre psicologia e sociologia na obra de Wilhelm Dilthey. Tradução de Guilherme José Santini. *COGNITIO-ESTUDOS: Revista Eletrônica de Filosofia*, v. 14, n. 1, p. 142-153, jan./jun. 2017, esp. p. 147-148.

o da intuição fenomenológica, intelectual. Todavia, quando se busca captar aquilo que for pré-intelectual, é indispensável perscrutar a própria vivência do ser humano, com resistências e vicissitudes que se tornam existência para, só então, metamorfosearem-se em essências a serem captadas pela intuição intelectual.[1198]

Disso resulta que as variadas categorias de intuição (caleidoscópio intuitivo) são complementares entre si, e serão empregadas segundo a realidade onde estiverem alojados os objetos a serem intuídos. Há, pois, um conhecimento intuitivo adequado para cada estrutura dos objetos, pois estes apresentam três aspectos: essência, existência e valor. Assim, nesta arquitetura, a intuição de essência coincide com a racional, a intuição da existência com a volitiva e a intuição do valor com a emocional.[1199]

Importa notar a dificuldade de se edificar um conceito de intuição, já que é sempre difícil exprimir, por palavras, "o inexprimível", na dicção bergsoniana. Apesar disso, prestigiosos autores chegam a esculpir a conceituação do termo intuição, mas a experiência intuitiva, que deve ser vivida, não se deixa confinar em conceitos abstratos, empreitada que poderia configurar uma fossilização. Donde gerar uma posição diametralmente oposta ao significado essencial da intuição, o qual, por sua própria natureza, é caracterizado pelo progresso e movimento concreto (presente, passado, futuro).

Não há "um" único ou "o" conceito de intuição. De fato, quando se fala sobre "o" conceito de intuição cuida-se de todos os distintos conceitos daqueles objetos tidos pelos indivíduos, filósofos ou não, na medida em que coincidam.[1200] Contudo, o enigma da intuição é como o vento: evade-se de nossas mãos quando se pretende aprisioná-lo em termos conceituais.

De todo modo, ao flanco do conhecimento discursivo ou mediato, assinalado pelos raciocínios dedutivo e indutivo, comumente se reconhece outra forma de conhecimento, dito intuitivo, imediato e direto. Não por acaso, etimologicamente, intuição deriva de *tueri*, que, em latim, significa ver, contemplar, e de *in* (em, dentro). Por conseguinte, a intuição designa, sem rodeios ou mediação, uma visão direta, imediata e interna de um objeto: é já conhecimento, instantaneamente.[1201]

[1198] HESSEN, Johannes, *op. cit.*, p. 135: "Enquanto que HUSSERL só conhece uma intuição racional, a que ele chama intuição essencial, SCHELER admite além dessa uma intuição emocional e vê nela o órgão do conhecimento dos valores. Estes acham-se, segundo ele, completamente vedados ao intelecto. O intelecto é tão cego para eles como o ouvido para as cores. Os valores são apreendidos imediatamente pelo nosso espírito, de um modo análogo àquele em que as cores o são pelos nossos olhos".

[1199] GARCIA, Maria. Possibilidades e limitações ao emprego da intuição no campo do Direito: considerações para uma interpretação da constituição. In: *Cadernos de Direito Constitucional e Ciência Política* (Instituto Brasileiro de Direito Constitucional – IBDC), São Paulo, ano 5, n. 19, p. 109-122, abr./jun. 1997, esp. p. 113.

[1200] WILSON, John. *Pensar com conceitos*. Tradução Waldéa Barcellos. São Paulo: Martins Fontes, 2001, p. 52.

[1201] No que toca ao sentido de intuição e aos seus traços característicos, vide NUNES, Luiz Antonio Rizzatto. Intuição. In: BARRETTO, Vicente de Paulo (Coord.). *Dicionário de filosofia do direito*. Rio de Janeiro: Renovar. São Leopoldo: UNISINOS, 2009, p. 475-479, esp. p. 477: "Ela ocorre na duração e opera no instantâneo, no plano da consciência. Não há passagem de tempo (gasto) entre o objeto externo que impulsiona o corpo numa reação por meio da percepção, que leva à memória pura seu influxo, e de lá recebe como resposta exatamente aquilo o que aqui se define: uma intuição. Tudo se dá num *continuum* na consciência, que para o indivíduo compõe um todo sintético e instantâneo, fluido e vivo, extremamente vivo. E se a percepção remete para a memória pura a experiência vivida na duração, e o esquecimento quer dizer apenas que o consciente presente é incapaz de atualizar uma lembrança, isso significa que cada um de nós pode ter – pelo menos latentemente – qualquer dado guardado, mantido na memória pura inconsciente, isto é, *esquecido*, não atualizado conscientemente e que pode surgir, de alguma forma e por um dos processos, na intuição. Pois bem. Coloque-se de uma vez. A intuição é um ato do espírito no seu esforço para introduzir-se na consciência, isto é, para atualizar-se. Por vezes, ela já está na consciência – no reconhecimento atento de um objeto, por exemplo – tornando possível uma experiência

Nesse passo, com aportes qualificados pelo ecletismo, parece bem ressignificar o conceito de intuição. Quando se coloca o foco no novo caminho para o Direito, sobretudo no que toca à valoração dos resultados das provas representadas nos autos do processo e no ato de julgar em sentido estrito, avulta a ideia de uma intuição que proporcione ao juiz a capacidade de captar o objeto globalmente de um só lance de vista do espírito,[1202] e não por etapas do raciocínio. Assim, é de se placitar a noção de que a intuição é uma forma de conhecimento originário, direto e imediato de um objeto ou de uma verdade, fornido ao modo humano de conhecer.

Enigma à parte, o núcleo essencial do conhecimento da demanda judicial, sem rodeios, é apreendido direta e imediatamente pelo julgador através de seu sentir intuitivo do correto ou do justo, antes mesmo da análise dos elementos fático-jurídicos da causa. O juiz, como experiência vivida, sabe "com o olfato do coração" penetrar nos meandros mais delicados dos conflitos intersubjetivos postos em juízo, construindo intuitivamente a decisão a tomar ou sua hipótese de trabalho destinada a ser posteriormente verificada.

Entrementes, não existe um caminho lógico para o descobrimento da decisão ou da antecipação ("percepção liminar") da conclusão desejável,[1203] à luz das peculiaridades do caso concreto. No contexto de descoberta, à semelhança do que ocorre no plano científico da pesquisa experimental, há unicamente a via da intuição. A órbita dos valores, por exemplo, inatingível só por atos de razão, somente pode ser captada com os olhos dos sentimentos e por vias emocionais.[1204] Não padece dúvida, em perspectiva scheleriana, para além de uma teoria eminentemente racionalista e formal, da impossibilidade de uma Ética que despreze o conteúdo estimativo, bem como não se

---

da sensibilidade pelo estímulo da percepção. Ela mostra a ligação do espírito ou mente ao corpo. Mostra, também, pela ligação do presente ao passado – ou em outros termos do passado imediato ao passado – e deste se atualizando no momento presente que invade o futuro, o movimento de progresso que é permanente no indivíduo. Ela, conseguindo operar lembranças por similitude e contiguidade na memória e dentro da duração – isto é, fora do tempo e do espaço – e sem os limites dados ao corpo nos objetos que o cercam – tempo sucessivo e espaço simultâneo –, pode preparar virtualmente ações que só esperam o meio adequado e a oportunidade de se atualizarem na consciência, e que uma vez encontrados, permitem seu surgimento na consciência como uma luz repentina, como um sentimento difuso de resistência, ou como presença/reconhecimento atento". (Grifos no original).

[1202] GARCIA MORENTE, Manuel. *Fundamentos de filosofia*. Lições preliminares de filosofia. Trad. Guilhermo de la Cruz Coronado. São Paulo: Mestre Jou, 1980, p. 48: "Consiste num único ato do espírito que, de repente, subitamente, lança-se sobre o objeto, apreende-o, fixa-o, determina-o com uma só visão da alma".

[1203] No tocante ao modo como realmente a mente do juiz funciona no processo judicial, firme em Hutcheson, vide RECASENS SICHES, Luis. *Nueva filosofia de la interpretación del derecho*. México: Editorial Porrua, 1973, p. 242: "Rumia sobre el proceso; espera que se le presente una especie de corazonada, algo así como una sospecha, un latido, una iluminación intuitiva que aclare la conexión entre el problema y la decisión, que le indique cuál sería la conclusión justa... (...) Realmente el juez decide por medio de una especie de intuición, y no por una inferencia o silogismo de los que se estudian en la lógica; decide por la convicción que se forma de modo directo y no por virtud de un raciocinio. El raciocinio es articulado por el juez, sólo después, para redactar los "considerandos" de su sentencia. El impulso vital que motiva su fallo es un sentido intuitivo de lo justo y de lo injusto respecto del caso particular que tiene ante sí. Ahora bien, el juez astuto, después de haber decidido de esa manera, pone a contribución todas sus facultades mentales, no sólo para justificar aquella intuición ante sí mismo, sino para afrontar airosamente las críticas que se le puedan dirigir. Así, pasa revista a todas las normas, a todos los principios, a todas las categorías y conceptos jurídicos, que puedan resultarle útiles directamente o por analogía, con el fin de elegir entre todos esos materiales aquellos que en su opinión justifiquen el resultado que desea, por estimarlo justo".

[1204] REALE, Miguel, *op. cit.*, p. 136: "Os valores do belo, do verdadeiro ou do justo somente seriam captáveis em virtude de experiências emocionais, em um contacto direto de ordem sentimental. Quando, na linguagem comum, se afirma que não se discutem o belo e o sentido da beleza, assim como as múltiplas formas do gosto, no fundo o que se quer reconhecer é a meta-racionalidade parcial ou total do problema. Não se resolve um problema de estética em termos puramente lógicos, e o mesmo ocorre no mundo jurídico".

pode menoscabar a evidência do fator emocional como meio de o juiz, como todo ser humano, apreender essências axiológicas, como, fecundamente, na interpretação do Direito e da valoração dos resultados probatórios.

Uma coisa é o procedimento pelo qual o juiz formula o *decisum* e outra, estrutural e funcionalmente diversa, o procedimento mediante o qual se justifica tal decisório, fundando-o nos conceitos jurídicos, nas provas representadas nos autos do processo, no direito vigente e nos precedentes judiciais obrigatórios.[1205] A sentença, ao fim e ao cabo, representa o triunfo do equilíbrio da intuição-sentimento-emoção no contexto de descoberta da decisão e da racionalidade imperativa no respectivo contexto de justificação. Deve-se, assim, integrar intuição, enquanto função psíquica irracional,[1206] e lógica, embora cada qual reine em seus âmbitos específicos.[1207] Tal se pode aceitar como uma descrição correta do processo mental que seguem todos os juízes ou, pelo menos, a maior parte dos melhores.[1208]

4.4 A intuição e o direito: uma nova forma de caminhar

Quando se coloca água no moinho emocional e volitivo no que toca à essência do ser humano, daí o passo é curto para se admitir um conhecimento intuitivo como tipo de apreensão de objetos, paralelamente ao conhecimento discursivo-racional mais afeiçoado à função do pensamento analítico.[1209]

A intuição não representa algo negativo ou assombroso,[1210] mas, permeando a vivência cotidiana de cada indivíduo, inclusive no terreno fértil da argumentação, se assume como uma das formas epistemológicas de conhecimento. De fato, importa notar que a intuição, como forma de conhecimento do valor justo, é singularmente importante para o espírito do jurista, em geral, e do juiz, em especial, já que ela pode ser um novel caminho, uma nova ferramenta metodológica no campo do Direito, seja tanto para elementos fundamentais da experiência jurídica, seja quanto na captação, na percepção e no conhecimento do justo ou na tarefa de recolher a ideia de justiça e

---

[1205] JUAN MORESO, José. *La indeterminación del derecho y la interpretación de la Constitución*. Madrid: Centro de Estudios Políticos y Constitucionales, 1997, p. 214.

[1206] HALL, James A. *Jung e a interpretação dos sonhos*: manual de teoria e prática. Tradução Álvaro Cabral. São Paulo: Cultrix, 2007, p. 152: "Intuição. Uma das quatro funções psíquicas. É a função irracional que nos indica as possibilidades inerentes no presente. Em contraste com a sensação (a função que percebe a realidade imediata através dos sentidos físicos), a intuição percebe através do inconsciente; por exemplo, lampejos de *insight* de origem desconhecida".

[1207] Veja-se, no ponto, a feliz síntese de POSNER, Richard Allen. *Problemas de filosofia do direito*. (Coleção justiça e direito). São Paulo: Martins Fontes, 2007, p. 98: "A lógica quase sempre, e a experimentação científica com frequência, são métodos de justificação, e não de descoberta".

[1208] FRANK, Jerome. *Law and the modern mind*. New Brunswick: Transaction Publishers, 2009, p. 108-126.

[1209] HESSEN, Johannes. *Teoria do conhecimento*. Tradução António Correia. 3. ed. Coimbra: Armênio Amado Editor, 1964, p. 136-137: "Estará convencido de que a uma multidão de aspectos da realidade corresponde uma pluralidade de funções cognitivas. (...) Quem está, pelo contrário, em contacto com as realidades concretas da vida, cedo se convence de que o verdadeiro centro de gravidade do ser humano não reside nas forças intelectuais, mas nas emocionais e volitivas. Vê que o intelecto humano se acha incluído, de uma ponta à outra, na totalidade das forças do espírito humano e que, portanto, necessita e depende delas na sua função. Não é o intelecto, mas sim as forças emotivas e volitivas do homem que lhe parecem dominantes nesse jogo de forças a que chamamos vida".

[1210] NUNES, Luiz Antonio Rizzatto. *A intuição e o direito*: um novo caminho. Belo Horizonte: Inédita, 1997, p. 21.

de outros valores.[1211] É dizer: a validade da intuição como método fundamental para a Ciência do Direito e para a Filosofia do Direito, não obstante a dificuldade de se exprimir por palavras o que, por sua natureza, é inexprimível – a própria intuição.

O Direito, em largo espectro, é dogmático na medida em que seu objeto se constitui de normas jurídicas quase integralmente escritas, no campo de sua investigação científica. O sistema jurídico tem a função de regular a vida social, mas é pela via da interpretação, informada essencialmente por valores, que se conhece o verdadeiro sentido axiológico das normas jurídicas, as quais conformam aquele sistema, viabilizando-se, desse modo, sua concreta aplicação.

A fórmula para o conhecimento do justo no Direito não deve, em absoluto, ser razão *versus* intuição, mas sim a equação seguinte: intuição + sentimento + emoção + razão, de sorte que tais perfis se integrem e se complementem,[1212] formando uma coesão dialética em prol do aperfeiçoamento da qualidade, da adequação e da efetividade da prestação jurisdicional.

Não se pode descurar, para além da vivência do dia a dia, da importância da intuição nas esferas hermenêutica e da argumentação.[1213] Na obra savigniana, por exemplo, a sistemática jurídica experimenta inovação, ao se desnudar parcialmente ou, quando nada, aparentemente, de seu culto absoluto à racionalidade lógico-dedutiva que envolve, com sentido de totalidade perfeita, o mundo jurídico.[1214]

Diga-se, em termos de maior sinceridade, que a centelha intuitiva provoca na mente do juiz a germinação da decisão a tomar, formulando mentalmente sua hipótese de trabalho: uma conclusão desejável. Somente depois o juiz opera seu julgamento para trás, em meio a um estoque de premissas lógicas que possam racional e validamente justificar a decisão que previamente havia formulado em sua mente.[1215] A intuição,

[1211] NALINI, José Renato. *Justiça*. (Coleção valores). São Paulo, SP: Canção Nova, 2008, p. 70-71; NADER, Paulo. *Filosofia do Direito*. 23. ed. Rio de Janeiro: Forense, 2015, p. 29.

[1212] GARCIA, Maria. Possibilidades e limitações ao emprego da intuição no campo do Direito: considerações para uma interpretação da constituição. In: *Cadernos de Direito Constitucional e Ciência Política* (Instituto Brasileiro de Direito Constitucional – IBDC), São Paulo, ano 5, n. 19, p. 109-122, abr./jun. 1997, esp. p. 115: "No processo do conhecimento, portanto, a intuição e a lógica se complementam, se alternam e participam igualmente. (...) Assim, a intuição e a lógica não devem ser contrapostas e nem consideradas conflitantes. Intuição e lógica devem complementar-se no processo cognitivo, porque, na verdade, refere ainda Barzarian, "há uma unidade dialética entre o conhecimento intuitivo e o conhecimento discursivo (lógico ou racional)"."

[1213] No que tange ao método em ciência humana, vide FERRAZ JÚNIOR, Tercio Sampaio. *A ciência do direito*. 2. ed. São Paulo: Atlas, 1980, p. 3: "Já nos fenômenos humanos se acresce à explicação o ato de compreender, isto é, o cientista procura reproduzir intuitivamente o sentido dos fenômenos, valorando-os".

[1214] FERRAZ JÚNIOR, Tercio Sampaio, *op. cit.*, p. 11: "Na fase madura do seu pensamento, a substituição da lei pela convicção comum do povo (*Volksgeist*) como fonte originária do direito relega a segundo plano a sistemática lógico-dedutiva, sobrepondo-lhe a sensação (*Empfindung*) e a intuição (*Anschauung*) imediatas. Savigny enfatiza o relacionamento primário da intuição do jurídico não à regra genérica e abstrata, mas aos "institutos de direito" (*Rechtsinstitute*), que expressam "relações vitais" (*Lebensverhältnisse*) típicas e concretas. (...) Reaparece, nestes termos, a sistemática jusnaturalista. A ênfase depositada expressamente na "intuição" do jurídico nos "institutos" cede lugar, na prática, a um sistema de construção conceitual das regras de direito. Isto é, se, de um lado, a "intuição" aparece como o único instrumento de captação adequada da totalidade representada pelo "instituto", o pensamento conceitual lógico-abstrato revela-se, de outro, como o meio necessário e único da sua explicitação".

[1215] HUTCHESON JR, Joseph C. Judgment intuitive: the function of the hunch in judicial decision. *Cornell Law Review*, v. 14, Issue 3, p. 274-288, April 1929, esp. p. 287-288: "Sometimes again that same intuition or hunch, which warming his brain and lighting his feet produced the decision, abides with the decider "while working his judgment backward as he blazes his trail "from a desirable conclusion back to one or another of a stock of logical premises". It is such judicial intuitions, and the opinions lighted and warmed by the feeling which produced them, that not only give justice in the cause, but like a great white way, make plain in the wilderness the way

como *corpus* das crenças mais fundamentais do julgador, por dizê-lo assim, fornece as premissas para seu raciocínio.[1216]

Nem é preciso dizer, pragmaticamente, que a faculdade intuitiva é tão essencial-mente essencial que não pode haver julgamento sem inevitável exercício de intuição. Disso resulta que é de rigor alguma mudança nos métodos do estudo e do ensino do Direito nas Faculdades. Ademais, pensar e educar no campo do Direito – construir o currículo jurídico – equivalem, por exemplo, à justa composição da lide, no caso do juiz, banhado de mais sentimento-emoção, imerso em mais humanidade, não se deflacionan-do a um mero burocrata, um julgador máquina, mero reprodutor de decisões alheias.

Sem desprezar os ideais de "segurança" e "certeza" do Direito (pressupondo-se tal possibilidade), mister se faz embasar a verdade jurídica com realidade social, com a realidade do homem que tem corpo, pensamento, vontade, mas, também e sobretudo, alma, sentimento e emoção. No contexto de descoberta, o juiz decide não pela inferência do silogismo jurídico, senão pelo inexorável exercício da intuição, do sentir intuitivo. Portanto, decide por uma certeza que se forma em seu espírito, de modo direto e ime-diato, e não por um raciocínio, fase posterior no processo cognitivo do julgador.

O método representa o *iter* a ser percorrido pelo sujeito cognoscente para aquisição de conhecimento ou realização de determinado resultado. Nem sempre tal caminho e a ordenação da ação são aprioristicamente definidos de maneira intencional, como fruto de acurada reflexão.

Parece bem reafirmar, nesse passo, que o método, dentre outras classificações, pode ser:[1217] (i) discursivo, quando o indivíduo se move gradualmente, passo a passo, por etapas, através de paulatinas verificações e inferências mediatas e indiretas (*v. g.*, dedutivo e indutivo); (ii) intuitivo, quando a apreensão do objeto ocorre de modo direto e imediato, independentemente de qualquer demonstração, com a captação da totalidade de maneira indivisível, em uma instantânea visão do sujeito que conhece e do objeto que busca conhecer. Abraça o objeto com uma só visão, pois nada se interpõe entre o sujeito cognoscente e o objeto que almeja conhecer. A intuição investiga o objeto no que ele exibe de essencial e próprio: naquilo que ele é. Trata-se de um único ato (*simplex*), como algo apto a ser transmitido de uma única vez, ao contrário do discurso, que consiste em uma constelação de atos.

Demais disso, embora a cognição racional e o conhecimento intuitivo sejam formas adequadas de pensamento, outra diferenciação toca ao escopo básico de cada qual: a intuição é capaz de apreender imediatamente as essências de coisas singulares, em que o espírito capta diretamente a realidade, prescindindo do racionalismo e da linguagem, enquanto a razão não exibe semelhante capacidade, pois se circunscreve

---

of the Lord for judicial feet to follow. If these views are even partly sound, and if to great advocacy and great judging the imaginative, the intuitional faculty is essential, should there not be some change in the methods of the study and of the teaching of the law in our great law schools? Should there not go along with the plain and severely logical study of jural relations study and reflection upon, and an endeavor to discover and develop, those processes of the mind by which such decisions are reached, those processes and faculties which, lifting the mind above the mass of constricting matter whether of confused fact or precedent that stands in the way of just decision, enable it by a kind of apocalyptic vision to "trace the hidden equities of divine reward, and to catch sight through the darkness of the fateful threads of woven fire which connect error with its retribution?'"

[1216] Para um aceno geral do problema, vide COHEN, L. Jonathan. *The dialogue of reason*: an analysis of analytical philosophy. Oxford: Clarendon Press, 1986, p. 73-117.

[1217] DINIZ, Maria Helena. *Conceito de norma jurídica como problema de essência*. 4. ed. São Paulo: Saraiva, 2003, p. 9-13.

às propriedades formais das coisas, sem, no entanto, penetrar-lhes o interior profundo. De mais a mais, a razão intelectual não capta a realidade em toda a sua integralidade, mas sim de maneira fracionada e, como tal, deformada.

Nessa moldura, o método intuitivo é perfeitamente aplicável, também, para apreender o conhecimento do Direito e do justo. De fato, no campo jurídico, o conhecimento intuitivo do justo é operado pelos juízes, mormente no contexto de descoberta da decisão. É interessante observar que a intuição é capaz de erigir um dique de resistência, a significar uma situação em que o espírito do juiz, por meio das informações transportadas da memória à consciência (acervo de lembranças-imagens[1218]), se defronta com um sofrimento interior, com uma renitência em formular determinada hipótese de trabalho que, em seu sentir intuitivo, se contrapõe ao que ele percebe por correto, adequado ou justo.[1219] Como tensão do espírito, a resistência pode, abruptamente, aflorar na consciência do juiz, ficando a estorvá-la, relativamente à conformação de certa hipótese de julgamento. Todavia, muitos magistrados não assumem que julgam assim, como se tal pudesse fragilizar sua condição humana de julgador, que tem necessidade de preservar sua imagem presunçosa no altar de sua própria racionalidade, mesmo ao preço de adversar o mistério das profundezas de sua condição humana e de suas inclinações naturais.[1220]

Realmente, não se pode apartar o juiz de sua natureza humana, de suas noções e faculdades intuitivas. A exata compreensão do humano vai além do ser que pensa, mas, igualmente, sente e age, donde as três forças fundamentais do ser espiritual: pensamento, sentimento e vontade. É certo que o julgador, como todo ser humano, é dotado de razão e de vontade. Contudo, não é menos certo que é munido, também, de intuições, de sentimentos, de emoções. Nessa perspectiva totalizante, o juiz é um ser com múltiplos estratos, sobre ser visualizado em sua completude: corpo, alma, razão, pensamento, vontade, intuição, sentimento, emoção.

Se assim é – e assim efetivamente o é –, tanto a lógica silogística quanto a filosofia exclusivamente racionalista, para as quais só deve ser prestigiado o conhecimento exsurgente da razão, carecem de idoneidade para explicar o complexo ato de julgar,[1221] principalmente na efervescência do que realmente acontece no contexto de descoberta da decisão. De fato, a lógica tradicional não auxilia o juiz na justa compreensão e

---

[1218] TOULMIN, Stephen E. *Os usos dos argumentos*. 2. ed. São Paulo: Martins Fontes, 2006, p. 348: "Por conseguinte, "intuição" e "sexto sentido" não agem como frases biográficas, mas sim como frases *post-mortem* ou termos de realização. Isto explica um fato adicional que, de outro modo, poderia ser inteiramente misterioso: o fato de termos um duplo conjunto de verbos para os cinco sentidos normais, mas não para nosso "sexto sentido". Nós não apenas falamos de ver e ouvir, mas também podemos dar ordens com as palavras "olhe mais isso!", "escute mais isso!" e "ouça!". Por outro lado, jamais dizemos "intua isso!", "sexto-sinta isso!", ou "sinta" – tais instruções não têm sentido. E embora digamos "ela sentiu que ele estava cansado", nós não dizemos "pelo que seu sexto sentido lhe disse, ela *concluiu* que ele estava cansado"; ninguém se sente tentado a teorizar a respeito de "dados do sexto sentido"". (Grifos no original).

[1219] Sobre a chamada intuição de resistência (sentimento difuso de resistência), vide NUNES, Luiz Antonio Rizzatto. *A intuição e o direito*: um novo caminho, *op. cit.*, p. 177-178; vide, também, do mesmo autor, *Manual de filosofia do direito*. 5. ed. rev. e amp. São Paulo: Saraiva, 2013, p. 215-216, 282-283.

[1220] BERGSON, Henri. *L'énergie spirituelle*: essais et conférences. Genève: Albert Skira, 1946, p. 34: "Pour percer le mystère des profondeurs, il faut parfois viser les cimes. Le feu qui est au centre de la terre n'apparaît qu'au sommet des volcans".

[1221] LINHARES, Mônica Tereza Mansur. Intuição e o conhecimento do Direito. *Revista Jus Navigandi*, Teresina, ano 17, n. 3195, 31 mar. 2012. Disponível em: https://jus.com.br/artigos/21407/intuicao-e-o-conhecimento-do-direito. Acesso em: 17 abr. 2018.

interpretação dos enunciados normativos, pois ele decide por seu sentir intuitivo, e não por inferências ou dedutivismo silogístico.

Em outros termos, o juiz decide por *insights* intuitivos que densificam, de modo imediato e direto, em sua mente, a decisão a tomar, e não por força de um raciocínio discursivo:[1222] o juízo (o julgar) vem antes, por um *flash* intuitivo, que ilumina a conexão entre o caso concreto e a decisão, com a indicação da solução justa, ao passo que o raciocínio é articulado só depois, quando da justificação daquela intuição diante da própria razão, na explicitação da motivação jurídica de sua sentença.[1223] O motor de arranque de sua decisão é um sentido intuitivo do justo e do injusto, a propósito das especificações do caso concreto que tem diante de si.

Como é bem de ver, o contexto de descoberta da decisão é determinado por fatores extrajurídicos (*v. g.*, manifestações do psiquismo inconsciente do juiz, intuições, sentimentos, emoções). A intuição é um profícuo instrumento de percepção e de captação do íntimo valor do justo[1224] e, por isso mesmo, de realização de justiça. O valor justo representa tratar todos igualmente no que são iguais, e de maneira diferente, mas proporcional, no que são diferentes.[1225] Em perspectiva realista, no ato de julgar o acento tônico não se deve colocar apenas na ideia de um ato racional, seja porque não consiste exclusiva ou substancialmente em uma operação silogístico-dedutiva (de lógica tradicional), máxime no contexto de descoberta da decisão, seja por envolver, por exemplo, uma atitude de estimativa do juiz diante do quadro fático-probatório.

A intuição e a emoção servem, igualmente, de valioso suporte para a razão e a lógica,[1226] já agora no contexto de justificação ou de validação da decisão: (i) na acurada análise dos dados objetivos e dos resultados probatórios representados nos autos do processo; (ii) na escolha e interpretação das regras e dos princípios aplicáveis; (iii) na qualificação jurídica dos fatos pertinentes e relevantes da causa; (iv) na apreciação dos precedentes judiciais incidentes; (v) no exame da doutrina especializada; (vi) no esquadrinhamento dos valores preponderantes na sociedade em que o juiz opera.[1227]

[1222] RECASENS SICHES, Luis. *Nueva filosofia de la interpretación del derecho*. México: Porrúa, 1973, p. 242.

[1223] HUTCHESON JR, Joseph C. *Judgment intuitive, op. cit.*, p. 285.

[1224] HESSEN, Johannes, *op. cit.*, p. 143: "E ainda que se conceda que o valor moral de determinadas formas de conduta (por exemplo: a justiça, a temperança, a pureza) pode provar-se, pelo menos até certo modo, mediante uma consideração racional da essência e do fim do homem, teremos de concordar, por outro lado, que o íntimo valor, a verdadeira qualidade valiosa de sentimentos como a justiça, a temperança e a pureza, só pode experimentar-se e viver-se imediatamente, só pode conhecer-se intuitivamente".

[1225] HERVADA, Javier. *O que é o direito?* A moderna resposta do realismo jurídico: uma introdução ao direito. (Justiça e direito). São Paulo: WMF Martins Fontes, 2006, p. 31-32.

[1226] BAZARIAN, Jacob. *Intuição heurística*: Uma análise científica da intuição criadora. 3. ed. São Paulo: Alfa-Omega, 1986, p. 48-49: "A intuição se manifesta quando a lógica existente não está em condições de encontrar a solução. A intuição penetra no íntimo dos objetos e capta sua *lógica interna*, a *lógica da realidade*. O novo conhecimento, descoberto pela intuição, vem alargar os horizontes, os limites da lógica existente. O papel da intuição é o de se antecipar à lógica, ao pensamento discursivo. Como regra, a intuição dá somente o germe da descoberta, depois trabalhando pelo pensamento discursivo (lógico)".

[1227] REALE, Miguel. *Filosofia do direito*. 20. ed. São Paulo: Saraiva, 2002, p. 138-139: "Como se define o Direito? Como se determinam as notas conceituais da juridicidade? A afirmação dos empiristas é a de que atingimos a noção do Direito, partindo da observação e da comparação dos fatos que se processam na sociedade, assim como os intelectualistas pretendem elevar-se dos "generalia" aos "universalia". Os continuadores de Husserl sustentam, ao contrário, que atingimos a essência do Direito em virtude de uma intuição intelectual pura, ou seja, purificada de elementos empíricos, que são apenas condições da análise eidética. Não se trata, pois, de indução, mas sim de intuição puramente intectual, como tal irredutível às regras comuns da abstração e da generalização empíricas".

Assim vistas as coisas, não se afigura exato falar em limite da via intuitiva no processo decisório judicial *stricto sensu* (contexto de descoberta da decisão), como método de captação do justo. A condição humana do juiz inibe a ideia de que o processo de decisão possa, levando-se em conta aquilo que realmente acontece, ser concebido em termos mecanicamente computacionais.[1228] Tem o sabor do óbvio que, uma vez tomada a decisão, o juiz tem plena ciência de não poder justificá-la (endo e extraprocessualmente) afirmando, pura e simplesmente, que uma centelha intuitiva e inconsciente o orientou a formular determinada hipótese de julgamento.

De modo que, a partir do momento em que o juiz adquire consciência da correção ou da justeza da decisão moral, em reverência ao ditado constitucional (CF, art. 93, IX) e infraconstitucional (CPC, arts. 11 e 489), cumpre-lhe, incondicionalmente, justificar seu decisório. Assim, já no contexto de justificação ou de validação da decisão, deve "racionalizar" *ex post* as intuições, automática e aprioristicamente germinadas, mediante articulação de argumentos fático-jurídicos sólidos, coerentes, identificáveis e intersubjetivamente válidos em determinado local, inclusive como meio de pavimentar o acesso à legitimidade da empresa judicial. As razões justificativas – fruto de raciocínio articulado de forma lenta, controlada e consciente, com higidez argumentativa – não visam reproduzir fielmente o *iter* psicológico percorrido pelo juiz até sua decisão, ou os motivos causais que determinaram o decisório, até porque tais dados, não raro, estão interditados à consciência. Não será por nada que a justificação jurídica do julgado erige-se em ponte entre dois mundos inerentes ao juiz: um, irracional, ilógico, afeiçoado à intuição, pois a análise direta da atividade judicial abona a conclusão de que são variados os componentes reais irracionais na aplicação do direito;[1229] o outro, racional, determinado pela inteligência e conformado pela razão.

Disso resulta que se costuma objetar que haveria um déficit de racionalidade da decisão judicial, ante a existência de múltiplos fatores que concorrem à sua formação (*v. g.*, personalidade do juiz, componentes intuitivos e ideológicos, valores assumidos por um grupo social).[1230] Porém, semelhante objeção de que não se pode falar em uma atividade judicial estritamente racional estaciona no contexto de descoberta da decisão, desconsiderando (ou não distinguindo), assim, o contexto de justificação assumidamente desenhado sob pautas de um modelo rigorosamente racional.[1231]

[1228] POSNER, Richard Allen. *Problemas de filosofia do direito, op. cit.*, p. 166-167: "Uma pessoa não deve abrir mão de suas crenças profundas com base num argumento fraco apenas porque não consegue, no momento, encontrar uma defesa mais sólida de tais crenças. A intuição, ela mesma um método de razão prática, tem suas pretensões e estabelece pressupostos que os outros métodos de razão prática nem sempre podem estar aptos a superar".

[1229] SEGURA ORTEGA, Manuel. *La racionalidad jurídica*. Madrid: Tecnos, 1998, p. 76-77.

[1230] DE PÁRAMO ARGÜELLES, J. R. Razonamiento jurídico e interpretación constitucional. *Revista Española de Derecho Constitucional*, n. 8, 1988, p. 89-119, esp. p. 106.

[1231] RODRÍGUEZ BOENTE, Sonia Esperanza. *La justificación de las decisiones judiciales*. El artículo 120.3 de la Constitución Española. Santiago de Compostela: Universidad de Santiago de Compostela: Servicio de Publicaciones e Intercambio Científico, 2003, p. 121-122: "(...) si bien coincidimos en la importancia que esos factores psicológicos o incluso sociológicos pueden tener en la decisión judicial, lo cierto es que deben permanecer fuera de nuestro análisis puesto que su estudio debe corresponder a otras ramas del saber (como la psicología, la psiquiatría o la sociología). Estos factores forman parte del contexto del descubrimiento que debe distinguirse del contexto de justificación. El único contexto que debe interesarnos y que es, a la vez, el único susceptible de control es el contexto de justificación. Por tanto, una decisión será racional siempre que esté justificada, a pesar de que un psicólogo pudiese determinar que, por ejemplo, la educación de juez ha influido enormemente en la elección de una de las posibles alternativas justificadas y racionales que se le presentaban".

Quando o juiz se vê impedido de confirmar sua decisão, fruto do trinômio intuição-sentimento-emoção, não é fadiga inútil reafirmar que sua hipótese de trabalho primitivamente delineada se dissolve, devendo ele recomeçar sua obra com a formulação de nova hipótese de julgamento.[1232] Cumpre-lhe, pois, acionar novas intuições – novos sentimentos estimativos – a respeito do caso concreto, e, para a novel hipótese de trabalho, haverá de articular razões justificativas que possam racional e validamente suportá-la. O juiz, através da motivação jurídica, presta contas de sua "obra", aduzindo argumentos idôneos, com completude e coerência, sobre a plausibilidade e a "justeza" dos critérios de escolha ou de valoração usados em sua decisão, seja em relação à adequação ao ordenamento jurídico, seja no sentido de sua atendibilidade na reconstrução em juízo dos fatos relevantes para o julgamento da causa.

No intuicionismo, verificou-se a (re)valorização das formas do conhecimento intuitivo, emergindo, assim, como um novo caminho no campo do Direito, em cujo âmbito se opera com elementos de um sistema dado e imóvel, pois que se constitui em método para aferição do justo e instrumento de realização da concreta administração da Justiça.[1233] Deve-se privilegiar o fluxo que vá real ao abstrato, de par a reverenciar o "direito vivo" experimentado socialmente. Todo empreendimento que sustente o estudo de um direito concreto, real, vivo acaba por se enlaçar com a intuição, a qual revelará a realidade encoberta pelo véu dos conceitos jurídicos.[1234] O sentir intuitivo do juiz, para além do pensamento puramente racional,[1235] implica decisões banhadas de mais

---

[1232] RODRÍGUEZ BOENTE, Sonia Esperanza, *op. cit.*, p. 156: "Se puede afirmar, al menos intuitivamente, que en efecto existe un contexto de descubrimiento, es decir, una serie de factores que a priori pueden conducir al juez a "querer" dictar una determinada decisión. Pero ello no significa que la decisión no deba estar justificada. El juez, a continuación, debe confrontar esa respuesta a la que quiere llegar, con el ordenamiento jurídico, de tal forma que si puede aportar una justificación jurídica a la misma, nos situaríamos ya en el contexto de justificación y sería esa justificación jurídica la que da lugar a la decisión y no esos "otros factores". En el caso de que la decisión que intuye el juez no entrase en el sistema jurídico, debería abandonarla, pues no podrá ofrecer una justificación jurídica de la misma".

[1233] LINHARES, Mônica Tereza Mansur, op. cit: "Por tudo isso, entende-se que a intuição, como forma do conhecimento do valor justo, é especialmente importante para o espírito do jurista, já que ela pode ser um novo caminho, uma nova ferramenta metodológica no campo do Direito, na captação e na percepção do Justo. (...) Dessa maneira, admite-se a intuição como forma de conhecimento, não, porém, como exclusiva e única forma de conhecimento do Direito. A fórmula, para o conhecimento do Justo no Direito – se é que ela existe – não deve ser Razão *versus* Intuição, mas sim, Intuição + Razão, de modo que os conhecimentos se integrem e se complementem. Talvez, pudéssemos apontá-la como sendo um gérmen inicial da descoberta para o conhecimento, uma semente em movimento para a floração do conhecimento, tal qual a natureza aponta para a descoberta da vida do espírito e do ser vivente".

[1234] Com a finalidade de fazer ecoar a bela sentença de Tercio Sampaio Ferraz Jr, em seu discurso de posse na Academia Paulista de Letras, vide NUNES, Luiz Antonio Rizzatto. *Manual de filosofia do direito, op. cit.*, p. 332-333: "A fonte imediata do direito é a capacidade humana de julgar. Não se trata de um ato frio e neutro, mas de uma capacidade que se relaciona com o sentimento de injustiça, que transforma a sua dor muda e inarticulada em algo comunicativo, voltado para os outros. Quem julga transfere para o mundo algo muito intenso e veemente que estava aprisionado no seu ser. Não se trata de mera transformação. É mais. Muito mais. É uma transfiguração, verdadeira metamorfose, algo parecido com o que diz Rilke da obra de arte: o curso da natureza requer que tudo queime até virar cinzas, mas na arte é como se isto fosse invertido, de modo que até as cinzas pudessem irromper em chamas. Talvez por isso também, os juristas romanos tivessem visto no direito uma arte, *ars boni et aequi*. O processo de julgar, em si, não é capaz de produzir e fabricar coisas tangíveis como sentenças, votos, opiniões, da mesma forma que o espírito artístico, por si, não é capaz de produzir e fabricar coisas tangíveis como livros, pinturas, esculturas, partituras musicais. O direito, como a arte, exige uma transformação reificada no mundo. Sem esta materialização, nem o julgamento nem o espírito artístico podem tornar-se coisas tangíveis. Por isso, o preço do direito como o preço da arte é a própria vida: é na letra morta que o espírito vivo deve sobreviver".

[1235] Filipenses 4:8: "Quanto ao mais, irmãos, tudo o que é verdadeiro, tudo o que é honesto, tudo o que é justo, tudo o que é puro, tudo o que é amável, tudo o que é de boa fama, se há alguma virtude, e se há algum louvor, nisso pensai".

sentimento, plasmadas em mais humanidade, empatia.[1236] A não ser assim, estar-se-ia reduzindo o juiz a uma máquina calculadora, a um mero burocrata inanimado, pouco menos do que um boneco de ventríloquo da lei.

O amálgama entre o método intuitivo do conhecimento e a compreensão/percepção do justo, no campo dos fenômenos jurídicos, pois este é o objeto do conhecimento dos agentes do Direito[1237] e das aspirações de justiça material, descortina a possibilidade de vicejar a criatividade[1238] e de florescer a inventividade, em especial na ebulição do contexto de descoberta da decisão.

Por outras palavras, a intuição fecunda, como inestimável fator de descoberta, de inventividade e de criação[1239] (*v. g.*, obras científicas, religiosas, filosóficas, artísticas[1240]), atua, inexoravelmente, no panorama da experiência jurídica, a fim de facilitar e antecipar, ao agente do Direito, em especial ao juiz, a solução dos conflitos intersubjetivos:[1241] o juízo (o julgar) envolve inevitavelmente o exercício de intuição. Há, pois, formas não lógicas de pensamento criativo insuscetíveis de verbalização racional.[1242]

[1236] ZIMERMAN, David. A influência dos fatores psicológicos inconscientes na decisão jurisdicional: A crise do magistrado. *In:* ZIMERMAN, David. *Aspectos psicológicos na prática jurídica.* Campinas: Milennium, 2002, p. 103-116, esp. p. 105-106: "Dessa forma, a capacidade de *empatia* – muito importante nas funções de *Comunicação* e de *Julgamento* – resulta diretamente dessa possibilidade de uma pessoa poder se identificar, isto é, de se pôr no lugar do outro, e de sentir junto *com* ele, e não *por* ele. A textura da palavra *empatia* (*em + patia*) sugere claramente essa condição de poder sintonizar, de entrar dentro (*em*) do sofrimento (*pathos*) do outro". (Grifos no original).

[1237] GARCIA, Maria, *op. cit.*, p. 115: "Daí, dessa participação humana na aferição dos valores, por força das suas características, pode-se apreender a importância da experiência intuitivo-axiológica, no trabalho do juiz, do advogado, do jurado, para o jurista e o jusfilósofo, enfim, todos os partícipes do mundo das Ciências do Direito, em caráter mais especial".

[1238] ALLEN, Myron S. *Ideias para vencer:* a criatividade aplicada ao êxito. Tradução de Aydano Arruda. 2. ed. São Paulo: Ibrasa, 1976, p. 98: "Paciência durante o período de incubação relaxada dá às ideias que ficaram soltas oportunidade de circularem pelo subconsciente produzindo novas combinações em resultado de suas colisões. O produto final do processo de incubação, a intuição, surge quando a imagem foi completada e submetida à mente consciente. Intuição é o elo entre o desconhecido que sentimos e o conhecido que procuramos. A pessoa criativa tem senso de intuição muito forte e, além disso, disposição de segui-lo. Na solução de problemas, a intuição envolve uma imaginação vívida, assim como uma natureza alerta".

[1239] SAYEGH, Astrid. *BERSON.* O método intuitivo: uma abordagem positiva do espírito. São Paulo: Humanitas, 2008, p. 25: "Intuir é criar na medida em que dilatamos nossa consciência, na medida em que superamos a nós mesmos por uma tensão cada vez maior de nosso espírito. Criar é gerar em si mesmo a emoção única, nascida da coincidência com a verdade ou com o princípio gerador do objeto". No tocante aos fatores da descoberta científica, em especial a relação entre intuição e lógica, vide TATON, René. *Causalidade e acidentalidade das descobertas científicas.* São Paulo: Ed. HEMUS, s/d, p. 39-40.

[1240] HESSEN, Johannes, *op. cit.*, p. 140-141: "Uma verdadeira solução do problema só é possível se se admitir, além da sensação e do pensamento, outra fonte de conhecimento: a experiência interna e a intuição. A importância desta fonte é evidente quando se considera a história da cultura humana. A índole das grandes obras religiosas, filosóficas e artísticas prova que na sua formação tomaram parte outras funções da consciência além da sensação e do pensamento. Estas forças cognitivas irracionais constituem o órgão do conhecimento do mundo exterior. Este é experimentado e vivido imediatamente por nós".

[1241] VECCHI, Carla Cristina. A intuição à luz de Bergson e a intuição jurídica. *Revista Imes*, São Paulo, n. 7, p. 12-20, jul./dez. 2003, esp. p. 18: "Os verdadeiros juristas, parafraseando Schopenhauer, "os gênios" do Direito, tiveram suas intuições jurídicas. E como a intuição é um fator de descoberta ou de criação (científica ou artística), atuando na experiência sociojurídica, eles captam, indicam e aplicam a solução ao problema social/humano com mais adequação e facilidade".

[1242] ROOT-BERNSTEIN, Robert e Michèle. *A centelha de gênios:* como pensam as pessoas mais criativas do mundo. Trad. Dinah de Abreu Azevedo, Edite Sciulli e Fernando R. de M. Barros. São Paulo: Nobel, 2001, p. 14: "De onde vêm realmente esses lampejos ou *insights* repentinos? Como podemos saber as coisas que não conseguimos articular em palavras ou desenhos? Como as intuições ou sensações íntimas funcionam no pensamento imaginativo? Como traduzimos a sensação ou o sentimento em palavras, a emoção em números? E, por fim, será que temos condições de entender essa imaginação criativa e, depois de entendê-la, será que podemos exercitá-la, treiná-la e educá-la?"

As soluções jurídicas dos conflitos intersubjetivos não podem se basear na superficialidade, na análise das ficções, a pena de permanecerem na periferia da realidade social e à margem do mundo circundante. Sob o prisma tridimensional, o Direito é norma, fato e valor, sendo de bom alvitre enfatizar que o valor é captável apenas e tão somente por intuição.[1243] Muito para dizer que o raciocínio lógico não exibe o condão de "cobrir tudo", pois o ser humano, sendo mais que pura lógica, afigura-se impotente para explicar o mundo apenas por meio do universo fechado de conceitos congelados. Como chave de leitura, a fragilidade revela-se não como defeito da razão, mas como sua qualidade, que se descortina quando se confronta o triunfo da razão moderna com seus limites e suas tibiezas.[1244]

O juiz é mais que lógica e não pode explicar o mundo apenas por conceitos; antes, em cada problema jurídico concreto, nos conflitos intersubjetivos, a intuição desempenha papel de protagonista na tomada de decisões mais adequadas, corretas, justas e efetivas.[1245]

Contudo, assente a intuição como forma de conhecimento e de sua inserção na metodologia jurídica, isso não significa, obviamente, a sua redução a processos pura e exclusivamente intuitivos,[1246] principalmente no contexto de justificação ou de validação do *decisum*, onde reina o triunvirato razão-lógica-raciocínio discursivo e demonstrativo.

A intuição, em suas variadas posições filosóficas e numa visão interdisciplinar, credencia-se como método idôneo na construção, no desenvolvimento, na compreensão e na aplicação do Direito. Uma observação é suficiente para ilustrar a imprescindibilidade da intuição no campo jurídico: por um lado, é evidente que o legislador não é capaz de prever e de ordenar todas as situações suscetíveis de ocorrência na realidade multiforme, na riqueza do dia a dia, por força da dinâmica e da complexidade das relações sociais; e, por outro, quando um conflito é posto à cognição judicial, o Judiciário não pode, pelo menos no Brasil, pronunciar o *non liquet*, isto é, ao magistrado está peremptoriamente interditada a possibilidade de não julgar, alegando ausência de regra jurídica ou lacunas na lei. Pois bem, em casos tais, a intuição se apresenta, também, como valioso instrumento metodológico na prospecção da decisão mais adequada, correta e justa.

[1243] MACEDO, Silvio de. *Noções preliminares do direito*. Rio de Janeiro: Forense, 1988, p. 71: "A intuição jurídica, rara, é que é capaz de penetrar mais a fundo e tirar uma solução efetiva de um problema não apenas pensado mas vivido na inter-relação social. O Direito não é só norma, mas fato e valor. Este último só é captável por intuição. Esta se distingue em intuição sensível (captação de uma cor, de um som) e intuição intelectual (compreensão). A verdade jurídica – objeto da intuição jurídica – só é compreendida por intuição intelectual. Mas, para ser explicada, precisa do conceito. Eis uma atitude correta bergsoniana, que adotamos também em relação ao Direito".

[1244] TEIXEIRA, Evilázio Borges. *A fragilidade da razão*: pensiero debole e niilismo hermenêutico em Gianni Vattimo. Porto Alegre: EDIPUCRS, 2013.

[1245] ZIMERMAN, David. Uma aproximação entre o perfil da figura do juiz de direito e a do psicanalista. *In*: ZIMERMAN, David. *Aspectos psicológicos na prática jurídica*. Campinas: Milennium, 2002, p. 575-592, esp. p. 585: "Trata-se de uma condição necessária para quem analisa ou julga, que não tem nada de transcendental, como muitas vezes se pensa e tampouco interfere com o raciocínio lógico; antes, completa-o. Assim, *intuição* alude a uma capacidade da mente para que o analista, ou o juiz, não utilizem exclusivamente os seus órgãos dos sentidos e o seu pensamento racional para captar algo importante da esfera afetiva. A etimologia do verbo *intuir* procede dos étimos latinos *in* (dentro) e *tuere* (olhar), ou seja, refere a uma capacidade de se olhar com um *terceiro olho*, não sensorial, com uma visão *para* dentro, partindo *desde* dentro do sujeito. Uma metáfora pode esclarecer melhor: às vezes enxergamos melhor se lançarmos um facho de escuridão da nossa percepção puramente sensorial, tal como as estrelas, que ficam mais visíveis na escuridão da noite". (Grifos no original).

[1246] GARCIA, Maria, *op. cit.*, p. 122.

Demais disso, na esfera de interpretação evolutiva, para além da mera análise da letra dura e fria dos conceitos jurídicos, semelhante mutação se impulsiona, não raro, do esforço de um sentir intuitivo do juiz, o qual apreende a essência real da norma, atualizando-a e engravidando-a de novos sentidos e significados em sua acepção integral, que pressupõe o conhecimento do Direito em sua totalidade,[1247] para que se coadunem com as necessidades oriundas do ambiente social em que opera.

A posição aqui defendida é a de que os operadores jurídicos, em especial o juiz, necessitam se alforriar dos limites impostos pela linguagem, catapultando-se além da análise, que tem por finalidade reduzir o objeto a componentes já conhecidos,[1248] e dos conceitos, levantando o véu que cobre as palavras, através do exercício da intuição. Faz-se profissão de fé a desconstrução da linguagem tendente à reconstrução da capacidade de os agentes do Direito enxergarem e compreenderem o que há mais à frente das palavras.[1249] Ou melhor: há de se transcender, ultrapassar os conceitos para se aportar na intuição.

Mas (dir-se-á) o Direito, plasmado na linguagem escrita, não pode abrir mão dos conceitos.[1250] Porém, a intuição, como se tivesse asas em seus pés, salta adiante, impulsionada por sua fabulosa natureza inventiva e criadora, principalmente no campo hermenêutico da totalidade do fenômeno jurídico, como expressão das relações entre suas partes.[1251] A intuição é o único meio para que se possa eficazmente transpassar os confins conceituais com que o Direito opera.[1252]

Nesse quadrante, parece bem afirmar que, para além das experiências indutivas e dedutivas, o método intuitivo é a via para captar o conceito de norma jurídica. Com efeito, a norma jurídica é algo dado, é um objeto que existe, suscetível de experiência.[1253]

[1247] GAMBOGI, Luís Carlos Balbino. *Direito*: razão e sensibilidade (As intuições na hermenêutica jurídica). Belo Horizonte: Del Rey, FUMEC/FCH, 2005, p. 46: "Mas, continuando: o conhecimento, seja o científico, vulgar ou filosófico, pressupõe uma visão de conjunto, uma consciência totalizante, que como que guia a mente lógica, o raciocínio analítico. Ela é a base sobre a qual se assenta a mente lógica (discursiva, demonstradora), mas que não pode ser justificada pelo raciocínio lógico. A isto chamamos intuição! A intuição intelectual, portanto, é o caminho pelo qual se chega à unidade do sistema jurídico".

[1248] NUNES, Luiz Antonio Rizzatto. *A intuição e o direito*: um novo caminho, *op. cit.*, p. 220: "Não que a análise não queira efetivamente atingir a essência do objeto. Ela tenta, mas, condenada a dar voltas, nunca o atinge propriamente: a análise, nessa ânsia, vai multiplicando seus pontos de vista, tentando completar a representação, variando sem cessar os símbolos, porém a representação permanece incompleta. Ela se desenvolve ao infinito, mas sempre fornece uma tradução imperfeita. É uma tentativa às vezes exaustiva, e sempre vã. Claro que se estivéssemos na intuição isso não ocorreria, uma vez que ela apresenta na vida interior, como vimos, simultaneamente, uma variedade de qualidades, continuidade de progresso e unidade de direção".

[1249] MARCOS, Maria José. *A intuição na interdisciplinaridade*. Disponível em: http://www.ieef.org.br/wp-content/uploads/2016/08/A-intuicao-na-interdisciplinaridade.pdf. Acesso em: 01 set. 2018, p. 1-20, esp. p. 16: "E esse além, que está no campo da intuição, não se prova por meio da explicação: somente se prova por meio da compreensão, que permite um alargamento da percepção e esse alargamento é o que permite enxergarmos além das palavras, atingindo a essência, que é a nossa grande busca, que é a busca da Filosofia do Direito".

[1250] NUNES, Luiz Antonio Rizzatto. *Manual de filosofia do direito*, *op. cit.*, p. 324-325.

[1251] GAMBOGI, Luís Carlos Balbino, *op. cit.*, p. 36: "Indispensável em qualquer ramo do saber humano, a intuição heurística assume um caráter de grande relevância no processo de cognição do jurídico. *Sem dúvida, em sendo o Direito um fenômeno cultural, conhecê-lo implica interpretá-lo para compreendê-lo, operação na qual a inteligência heurística chama a si um papel decisivo e inevitável.* O processo interpretativo é uma obra de criação. Implica, sempre, na revelação de um aspecto, de um lado, um ângulo absconso da realidade. Exige, sempre, do intérprete que este acosse os elementos fugitivos, que tenha em mira se assenhorear de toda a realidade interpretada". (Reforços gráficos no original).

[1252] NUNES, Luiz Antonio Rizzatto. *A intuição e o direito*, *op. cit.*, p. 239.

[1253] DINIZ, Maria Helena. Conceito de norma jurídica como problema de essência. 4. ed. São Paulo: Saraiva, 2003, p. 12-13: "O conceito fixa a essência. E a essência é apreendida, como toda essência, num ato de intuição, logo

Assim, para se chegar à essência da norma jurídica, mister se faz lançar mão da intuição racional ou intelectual.[1254]

O estudo e a experiência da intuição são diletos para os operadores do Direito, em especial o juiz, quer como meio à busca da verdade, quer quando aspira à justiça e pensa numa melhor maneira para sua concreta distribuição, em prol das partes, dos jurisdicionados e, mais amplamente, da sociedade, pois, como ser humano, o juiz não se pode abstrair do meio social em que vive. Tampouco se pode perder de vista que a intuição é o passaporte que, além do individualismo, põe o espírito em contato com o mundo exterior, a realidade circundante, que é social.[1255]

Sob outro ângulo de mirada, a centelha intuitiva configura a chave que permite ao juiz abrir as portas de sua mente para o ato de criação ínsito ao ato de julgar, notadamente no contexto de descoberta da decisão. Não se cogita propriamente de algo contrário à razão, mas, sim, de uma coisa com endereço psíquico fora das fronteiras da mente consciente ou do domínio da razão (*v. g.*, conteúdos do inconsciente pessoal e inconsciente coletivo), mas que contribui, sobremodo, para o desenvolvimento e o aperfeiçoamento da pesquisa no campo jurídico.[1256]

Seja como for, na filosofia contemporânea ocorre a (re)valorização dos processos intuitivos, a revelar que o ser humano não é apenas detentor de razão, tampouco só alcança o conhecimento por meio da racionalidade. Muito ao contrário, o método intuitivo é fator primordial no campo da especulação filosófica e via de acesso imprescindível ao mundo dos valores, na órbita estimativa, interessada na garimpagem da essência do real.

---

o conceito da norma jurídica é, logicamente, independente da experiência. (...) É inegável que nessa procura da essência da norma jurídica, que se oculta sob a capa do secundário e do contingente, grande é a importância da intuição. Pois podemos atingir a essência da norma jurídica, ou seja, o seu conceito, graças a uma apreensão intuitiva, não sendo necessário recorrer a nenhuma norma a fim de distinguir o jurídico do ajurídico. Pode-se intuir a sua "essência", sem recorrer a confrontos entre duas ou mais normas, como ocorre com a aplicação do método indutivo, devido a uma visão intelectual, a um processo rigoroso de visão intelectiva, que é o método intuitivo. Parece-nos, portanto, por esses motivos, que o caminho apropriado e indispensável para se captar o conceito da norma jurídica é o intuitivo, pelo qual atingimos a essência da norma jurídica em virtude de uma intuição intelectual pura, ou seja, purificada de elementos empíricos, que nada mais são do que simples condições da análise eidética. Uma vez apreendida, com evidência intuitiva, a essência ideal da norma jurídica, é possível formular o seu conceito universal. A apreensão intuitiva é, pois, a base do conceito". (Grifos no original).

[1254] DINIZ, Maria Helena, *op. cit.*, 17: "Essa técnica de focalizar a essência do dado em todas as suas minúcias, de uma forma singela, despreconceituada e pura, leva-nos a um conhecimento completo do *eidos* da norma jurídica, daquilo que faz com que ela seja o que é".

[1255] NUNES, Luiz Antonio Rizzatto. *A intuição e o direito, op. cit.*, p. 240: "Pela intuição, o espírito se coloca em contato com o mundo exterior. Mundo esse que é social. Na conexão simultânea dada na duração concreta do sujeito cognoscente, a intuição traz, também, tudo quanto possa de social tocar à percepção e à memória, em outras palavras, o espírito humano é do indivíduo na mesma medida em que é já do social. É, assim, pela experiência da intuição – da maneira como a apresentamos – que um verdadeiro e real direito vivo pode ser atingido. Ela pode propiciar ou, ao menos, colaborar para uma transformação do direito em benefício cada vez maior do ser humano".

[1256] NUNES, Luiz Antonio Rizzatto. *Manual de filosofia do direito, op. cit.*, p. 337: "4. Os métodos no Direito, é verdade, propugnam e tentam buscar e encontrar uma essência do objeto, mas, ficando na tradução – nos conceitos – eles abandonam o original. Eles vão do conceito às coisas, ao real. É pela intuição que se pode ir do real ao conceito".

CAPÍTULO 5

EMOÇÃO E SENTIMENTO

5.1 Emoção e sentimento: variações sobre o mesmo tema?

A expressão *prima materia* remonta aos filósofos pré-socráticos e significa que o mundo é gerado de uma matéria única. Apesar de divergirem em relação à identificação dessa matéria primordial (*v. g.*, Tales indicava ser a água; Anaximandro a chamava "o infinito" – *ápeiron*; Anaxímenis, o ar; Heráclito, o fogo), abonavam sua existência. O pensamento filosófico diferenciou a primeira matéria nos quatro elementos: terra, ar, fogo e água. Fê-lo em dois grupos contrários: terra e ar, fogo e água.[1257] Psicologicamente, esta estrutura quádrupla corresponde à criação do *ego* (o centro da consciência, o "eu") a partir do inconsciente indiferenciado mediante o processo de discriminação de quatro funções: pensamento, sentimento, percepção e intuição.[1258] No plano da organização das funções, as duas primeiras (pensamento e sentimento) são racionais e opostas entre si, como, de resto, o são as duas funções irracionais (percepção e intuição).[1259]

No diapasão da teoria junguiana dos tipos, os indivíduos se orientam na vida de quatro maneiras básicas, traduzindo as personalidades de funções. Os quatro tipos e funções são: (i) intelectual – que inclui pensadores e, diante da vida, pessoas racionais, cognitivas e analíticas; (ii) sentimento – sentir e pensar são funções racionais e, na perspectiva junguiana, o "pensar ordena os conteúdos da consciência em conceitos, o sentir os ordena de acordo com o seu valor;" (iii) intuitivo – a intuição é um modo não cognitivo de pensar, infenso a seguir um processo linear, sequencial de pensamento;

[1257] EDINGER, Edward F. *Anatomia da psique*: o simbolismo alquímico na psicoterapia. Tradução Adail Ubirajara Sobral, Maria Stela Gonçalves. São Paulo: Cultrix, 2006, p. 29-30.

[1258] EDINGER, Edward F., *op. cit.*, p. 205: "O motivo da divisão em quatro elementos corresponde, em termos psicológicos, à aplicação das quatro funções a uma dada experiência. A sensação nos diz quais são os fatos. O pensamento determina os conceitos gerais em que os fatos podem ser situados. O sentimento nos diz se gostamos ou não dos fatos. A intuição sugere a possível origem dos fatos, aquilo para que podem levar e os vínculos que podem ter com outros fatos; ela apresenta possibilidades, e não certezas".

[1259] FRANZ, Marie-Louise von. *Jung's tipology*. Part I – The inferior function by Marie-Luise von Franz; Part II – The feeling function by James Hillman. New York: Spring Publications, 1971, p. 1-2.

(iv) sensorial – o conhecimento que vem de maneira direta e imediata, por meio dos cinco sentidos, forma a base do tipo sensorial.[1260]

Em meados do século XIX, inobstante ser mais reconhecido por sua descoberta da seleção natural e sexual, como força motriz da evolução, Charles Darwin (1809-1882) estudou, também, as emoções humanas e nos animais, investigando, singularizadamente, as expressões faciais que indicam o que alguém está sentindo. Observou que algumas expressões de sentimentos são resquícios herdados de antepassados primitivos comuns tanto ao homem quanto a outros animais.[1261]

Para se desvendarem os segredos que envolvem o comportamento humano e a mente, consciente ou não, assim como o cérebro que os gera, não se pode deixar de fora desse algoritmo a emoção, tampouco a heterogeneidade de fenômenos que se escondem sob as brumas de seu nome. Nesse contexto, os sentimentos emocionais hão de ser, necessariamente, esquadrinhados com seu inestimável valor biológico.

Mas (dir-se-á), o que se deve entender por emoção e sentimento? Na linguagem corrente, o vocábulo emoção tende a incluir a noção de sentimento. Vê-se, não raro, que tais fenômenos ora são confundidos e tratados unitariamente como se fossem a mesma coisa, embora com terminologias diferentes, ora exprimidos como sinônimos e, nada obstante estejam intimamente conexionados e integrem um ciclo fortemente coeso, exibidos como processos intrinsecamente diferenciados entre si. Com efeito, cada qual possui notas essenciais que distinguem, claramente, a essência da reação instintiva (emoção) e a essência do ato de sentir (sentimento), que, em regra, se lhe segue. Diz-se em regra, antecipe-se, porque, embora todas as emoções produzam sentimentos, há aqueles ditos de fundo, que, ao contrário, não se originam de emoções.

Não é inoportuno recordar que tanto emoção quanto sentimento estão cunhados por vocábulos diferentes em várias línguas ocidentais. Exemplificativamente: em latim, *exmovere* e *sentire*; em italiano, *emozione* e *sentimento*; em inglês, *emotion* e *feeling*; em francês, *émotion* e *sentiment*; em alemão, *Emotionem* e *Gefühl*, e por aí vai. Tudo a indicar que, efetivamente, consubstanciam dois conjuntos de fenômenos ontologicamente diversos, apesar de estarem vigorosamente relacionados à anatomia do corpo,[1262] em permanente construção e desconstrução, expansão e contração, geradas pelas experiências das emoções e dos sentimentos. A anatomia humana, para além de uma configuração bioquímica, é uma morfologia emocional.[1263]

Uma das mais insignes contribuições para a Teoria das Emoções está ancorada na ideia de que as mudanças corporais seguem-se imediatamente à percepção do estímulo;

[1260] CAVALLI, Thom F. *Psicologia alquímica*: receitas antigas para viver num mundo novo. Tradução Carlos Augusto Leuba Salum, Ana Lucia da Rocha Franco. São Paulo: Cultrix, 2005, p. 57-59.

[1261] DARWIN, Charles A. *A expressão das emoções no homem e nos animais*. São Paulo: Companhia do Bolso, 2009. Vide, no ponto, CAMPOS ROLDÁN, Manuel. Un análisis fenomenológico de las emociones desde la perspectiva de los juegos de lenguaje. *Escritura y Pensamiento*, año XVII, n. 34, p. 231-249, 2014, esp. p. 234-235.

[1262] KELEMAN, Stanley. *Anatomia emocional*. Tradução Myrthes Suplicy Vieira; supervisão técnica: Regina Favre; ilustrações: Vicent Perez. São Paulo: Summus, 1992, p. 12: "Durante os últimos trinta anos, pesquisando as emoções e a soma, compreendi o que Freud afirmou de forma tão eloquente – anatomia é destino. O processo anatômico constitui uma sabedoria profunda e poderosa, que dá origem a imagens internas de sentimentos. As formas externas do corpo e as formas internas dos órgãos nos falam da motilidade celular, da organização e do movimento da psique e da alma. Os sentimentos gerados por essas formas constituem o fundamento dos programas cerebrais, da consciência, de nosso modo de pensar e sentir. Os sentimentos são a cola que nos mantém inteiros e se baseiam na anatomia".

[1263] KELEMAN, Stanley, *op. cit.*, p. 72.

a sensação dessas mudanças corporais, no momento em que elas ocorrem, seria a própria emoção.[1264] Semelhante entendimento jamesiano colidia com o pensamento de antanho, o qual supunha que a experiência subjetiva de um estado emocional precedesse a expressão ou ação corporal ou física. Ou seja: William James, em 1884, inverteu a noção, afirmando que o despertar da resposta física precede o surgimento da emoção. Caso tais mudanças corporais (v. g., aumento dos batimentos cardíacos, aceleração da respiração, tensão muscular) não ocorressem, inexistiria emoção. A teoria da emoções jamesiana – formulada também, independentemente, pelo fisiologista dinamarquês Carl Lange (1834-1900) – afirma que as emoções brutas não são mais que um produto de reverberação de certas modificações fisiológicas.[1265]

Posição teórica diametralmente oposta, dotada de menor complexidade, divisa nas emoções apenas respostas corporais predominantemente internas a estímulos específicos.[1266] De fato, a maneira natural de pensar as emoções brutas é a de que a percepção de algum fato estimula a sensação mental denominada "emoção", e que esse estado da mente dá origem à expressão corporal. Todavia, as mudanças corporais seguem-se diretamente da percepção do fato estimulador, e que a sensação dessas mesmas mudanças corporais ocorrentes é a emoção (um tipo peculiar de expressivismo). É dizer: as emoções brutas são causadas por expressões ou variações corporais, de modo que, nessa perspectiva, a ordem correta é "lamentamos porque choramos", "sentimos medo porque trememos", "sentimos raiva por que lutamos".[1267] Ademais, deve-se considerar os múltiplos usos dos termos psicológicos, pois não possuem um emprego uniforme. Cuida-se, assim, de se investigar as conexões lógicas ou gramaticais entre comportamentos expressivos e termos psicológicos utilizados para denotar emoções.

Trata-se da situação objetiva de estímulo, da resposta corporal emocional e das mudanças fisiológicas internas, não se cogitando de percepção consciente da emoção ou da massa de sensações oriundas dos órgãos internos. Entretanto, o acesso aos estados mentais subjetivos é dessemelhante do acesso aos dados sensoriais comuns (v. g., o acesso sensorial a uma maçã). É importante destacar a tentativa wittgensteiniana de imprimir tratamento sistemático aos conceitos emocionais, mediante a oferta de um plano para o tratamento dos conceitos psicológicos e de uma classificação geral dos conceitos psicológicos, em três subclasses: (i) emoções diretas (v. g., alegria, medo), (ii) emoções indiretas (v. g., ansiedade) e (iii) disposições emocionais (v. g., amor, ódio).[1268]

Na perspectiva wittgensteiniana, os estados mentais subjetivos não são acessíveis intersubjetivamente, senão que mediante observação de comportamento expressivo característico. Ou seja: somente se afigura possível ter acesso aos estados emocionais de alguém pela análise de seu comportamento corporalmente, bem como a partir do uso de termos psicológicos que substituem "expressões naturais primitivas". Tratando-se

---

[1264] Para uma visão panorâmica do tema, vide JAMES, William. *The principles of psychology*. Nova York: Holt, 1890.

[1265] JAMES, William. *Vida e obra*. Tradução de Jorge Caetano da Silva, Pablo Rubén Mariconda. (Os pensadores). São Paulo: Abril Cultural, 1979, p. VIII.

[1266] Assim, WATSON, John Broadus. *Behaviorism*. 2. ed. Nova York: W. W. Norton, 1930 (Obra originalmente publicada em 1924).

[1267] Para um aceno geral do tema, vide WITTGENSTEIN, Ludwig. *Philosophical Investigations*. Oxford: Basil Blackwell, 2009.

[1268] WITTGENSTEIN, Ludwig. *Remarks on the Philosophy of Psychology*. Chicago: Chicago University Press, 1989. V. II, §§67 e 148.

de "verbos psicológicos" em terceira pessoa do presente têm-se informações e, portanto, verificação (podem ser verificados por fatos), mas, assimetricamente, a respeito de "verbos psicológicos" em primeira pessoa do presente, tem-se tão somente "expressão".[1269] O sentido de tais verbos, portanto, não pode ser determinado por uma experiência privada.[1270]

Nesse quadrante, a teoria jamesiana de investigação (e descrição) da natureza do "eu" ou dos "eus", na visão wittgensteiniana, sobre os conceitos de sensação e de emoção, consistiria em pouco mais do que de uma "ilusão gramatical", vale dizer, um termo psicológico utilizado fora dos ambientes de linguagem nos quais poderia facilmente ser compreendido. Trata-se de privacidade linguística das experiências ou sensações internas imediatas e, por conseguinte, outra pessoa não pode compreender sua linguagem.[1271] A relação interna/externa (ou interior/exterior) é uma estrutura que caracteriza os jogos linguísticos, dentro dos quais o sujeito se move de acordo com regras práticas compartilhadas. Nesse sentido, Wittgenstein, buscando redefinir a subjetividade através da linguagem, afirma que a natureza dessa estrutura é de um tipo lógico: o interior está logicamente ligado ao exterior, e não simplesmente à experiência.[1272]

As emoções dizem, diretamente, com o instinto e os circuitos neurais atrelados à sobrevivência ou à conservação ("primeira lei da natureza") e, por isso mesmo, são afeitas aos seres humanos, percebidas conscientemente, também estando presentes em outras espécies não humanas, embora de formas mais simples. As emoções vincularam-se às ideias, a valores, a princípios e a juízos complexos que apenas os seres humanos podem ter. São atávicas e, neles, se manifestam nos mais rudimentares comportamentos reativos, desde tempos primitivos, à época em que viviam em cavernas. Não seria despropositado dizer que as maneiras de agir dos seres humanos, desde então, experimentaram mudanças profundas, mas as emoções parecem, ao longo dos séculos, ter, universalmente, continuado as mesmas.

Em imagem aproximativa, a emoção, enquanto mecanismo de regulação automática da vida, é uma empresa instintiva que, em suas múltiplas dimensões, encerra um conjunto de respostas químicas e bases neurais formadoras de um padrão diferente, desbordante da habitualidade, que faz desabrochar a emoção. Ou seja: reações orgânicas que produzem sensações físicas.[1273] Etimologicamente, a palavra emoção vem do latim *exmovere*, que sugere uma direção externa a partir do corpo ou movimento para fora. Pode-se tentar afastar do mundo atacando-o ou retraindo-se, ou, ainda, negando

---

[1269] WITTGENSTEIN, Ludwig. *Zettel*. London: Basil Blackwell, 1967. §472.

[1270] Para uma visão panorâmica do problema atinente aos "verbos psicológicos", vide, *ex plurimis*, GEACH, Peter. *Mental Acts*: their content and their objects. Routledge and Kegan Paul, London, 1957; VICENTE ARREGUI, Jorge. Descartes y Wittgenstein sobre las emociones. *Anuario Filosófico*, 1991 (24), p. 289-317, esp. p. 297, 299, 300 e 305; BELLUCCI, Francesco. Wittgenstein's grammar of emotions. *RIFL*, v. 7, n. 1, p. 3-17, 2013, esp. p. 8-11; FATTURI, Arturo. *Mundo interior e expressão*: a filosofia da psicologia de Ludwig Wittenstein, 172f. Tese de Doutorado. São Carlos: UFSCar, 2010, p. 138.

[1271] WITTGENSTEIN, Ludwig. *Philosophical Investigations*, op. cit., §243.

[1272] PASTORINI, Chiara. L'analyse philosophique du mental chez Wittgenstein. *Le Philosophoire* 2007/2 (n. 29), p. 281-299, esp. p. 294-296.

[1273] DAMÁSIO, António R. *E o cérebro criou o homem*. Tradução Laura Teixeira Motta. São Paulo: Companhia das Letras, 2011, p. 142: "Emoções são programas de *ações* complexos e em grande medida automatizados, engendrados pela evolução. As ações são complementadas por um programa *cognitivo* que inclui certas ideias e modos de cognição, mas o mundo das emoções é sobretudo feito de ações executadas no nosso corpo, desde expressões faciais e posturas até mudanças nas vísceras e meio interno". (Reforços gráficos no original).

alguma necessidade. As emoções, portanto, expressam a intenção, a direção que se está seguindo.[1274] A essência da emoção está nessa coletânea de alterações no estado do corpo.

Paralelamente, ao fenômeno psíquico, desenvolve-se um fenômeno físico ou repercussões fisiológicas,[1275] as quais são induzidas em vários órgãos (*v. g.*, cor da pele, expressão facial, postura corporal), podendo facilmente ser identificadas por um observador externo. Porém, há mudanças que não são suscetíveis de percepção exterior, antes são invisíveis a olho nu, apesar de mensuráveis (*v. g.*, aceleração dos batimentos cardíacos e da pressão arterial, dosagens hormonais e enzimáticas, contração dos intestinos).

A anatomia emocional produz um abalo do "eu" do indivíduo, de modo que ele tende a se exteriorizar de alguma maneira. A emoção é reconhecida, automaticamente, pelo "cérebro normal" (cérebro visceral ou sistema límbico[1276]), provocando reações orgânicas e incitamentos. As respostas provocam alteração temporária, seja das estruturas cerebrais, seja do estado do corpo, e sustentam a evocação de pensamento (*v. g.*, quando se está perto de uma cobra, a emoção deflagra a ativação de certa configuração do estado do corpo, característica da emoção medo, e altera o processamento cognitivo de modo a corresponder àquele estado de medo).

Animais peçonhentos à parte, a emoção toca, em abundância, ao prazer do belo que sentimos, superiormente, de ver a Justiça triunfar em determinado caso concreto ou quando enlevamos a alma, no sentido aristotélico de princípio vital dos seres vivos,[1277] ao ouvirmos, por exemplo, a ária *Lucevan le Stelle* do terceiro ato da ópera Tosca, de Giacomo Puccini (1858-1924), ou, ainda, como quando fitamos a *Pietà*, de Michelangelo Buonarroti (1475-1564).[1278] O impacto humano, engendrado pelos sentimentos de semelhantes emoções, é inevitável.

Assume particular relevância, nesse ponto, que tanto a característica quanto a intensidade da emoção decorrem de qualquer objeto ou situação que possam se constituir em estímulos emocionalmente competentes,[1279] no mundo ou em nossos corpos, quando são detectados, individualmente ou em conjunto, gerando infinitas modulações e tonalidades do sentimento de estar vivo. O resultado final daquelas respostas é proporcionar ao organismo, direta ou indiretamente, sobrevida e bem-estar. É interessante observar que, por exemplo, atores de teatro podem experienciar diversos estados emocionais (*v. g.*, raiva,[1280] nojo, medo, felicidade, tristeza, vergonha) de uma só vez,

---

[1274] KELEMAN, Stanley, *op. cit.*, p. 105.

[1275] ALTAVILLA, Enrico. *Psicologia judiciária*: o processo psicológico e a verdade judicial. Tradução Fernando de Miranda. São Paulo: Saraiva, 1946, v. 1, p. 107.

[1276] ASIMOV, Isaac. *O cérebro humano*: suas capacidades e funções. Tradução de Virginia Lefreve. São Paulo: Boa Leitura, s/d, p. 187.

[1277] ARISTÓTELES. *Da alma*. (De anima). Tradução, textos adicionais e notas Edson Bini. São Paulo: EDIPRO, 2011, Coleção clássicos Edipro. 402a5, p. 41.

[1278] DELEUZE, Gilles. *Para ler Kant*. Tradução de Sonia Dantas Pinto Guimarães. Rio de Janeiro, F. Alves, 1976, p. 66: "A representação refletida da forma é causa, no juízo estético, do prazer superior do belo. Devemos então constatar que o estado superior da faculdade de sentir apresenta dois caracteres paradoxais, intimamente ligados um ao outro. De um lado, contrariamente ao que acontecia no caso das outras faculdades, a forma superior não define aqui qualquer interesse da razão: o prazer estético é tão independente do interesse especulativo quanto do interesse prático e define-se ele próprio como inteiramente desinteressado. De outro lado, a faculdade de sentir sob sua forma superior não é legisladora; toda legislação implica objetos sobre os quais se exerça e que lhe estejam submetidos".

[1279] DAMÁSIO, António R. *E o cérebro criou o homem*, *op. cit.*, p. 159.

[1280] WITTGENSTEIN, Ludwig. *Philosophical Investigations*, *op. cit.*, p. 165: "642. "At that moment I hated him". What happened here? Didn't it consist in thoughts, feelings, and actions? And if I were to rehearse that moment to

provocando sentimentos do tipo "como se".[1281] Os seres humanos tendem a codificar as emoções de forma similar.

No tocante à organização do cérebro, umas emoções (*v. g.*, felicidade) são mais facilmente identificadas do que outras (*v. g.*, inveja). As sensações positivas exibem padrões neurais bem diferentes daqueloutras negativas. Não se tem, frequentemente, consciência do fio indutor de uma emoção, circunstância que denota a incapacidade de se controlarem adredemente as emoções. Por exemplo: é possível perceber-se em um estado de felicidade e, *malgré tout*, não ter a mais tênue ideia dos fatores que engendraram este estado emocional específico.

No duelo dos contrários, sentimento pode traduzir leveza interior e tranquilidade, mesmo diante de situações dramaticamente difíceis e adversas. O juiz que esteja na função superior do sentimento – com o coração levíssimo tal qual a pluma de Maat[1282] –, resolverá os conflitos jurídicos submetidos à sua cognição, para além de um eventual clima beligerante entre as partes envolvidas, com sensibilidade especial (na formulação de sua hipótese de julgamento) e racionalidade (quando de sua justificação). A linearidade é inerente ao sentimento, ao passo que o comportamento de uma pessoa sob emoção assemelha-se a um eletrocardiograma; apresenta níveis altos e baixos, como as paixões.

Os sentimentos são conaturais aos seres humanos e podem, via de regra, ser considerados como um *upgrade* das emoções. Os sentimentos levam à autopercepção de certa expressão do clima interno relacionado com a motilidade e a pulsação, escoltada por outras percepções de si mesmo, como modo de se organizar e modo de sentir, pensar e agir. O corpo, assim, é constantemente mapeado em um sistema de regiões e de estruturas cerebrais, nas quais certos padrões neurais são acionados e, a partir daí, criam percepções acerca da cognição dos estados do corpo para assegurar o fluir da vida. Os sentimentos são um radar do estado do corpo a funcionar de determinada maneira, quando este é "anarquizado" pela emoção atiçada. Consentem mentalizar e "cuidar do corpo", como quando ocorrem durante um estado emocional.

É a percepção de todas as mudanças que constituem a resposta emocional. A essência de um sentimento está na experiência de viver uma emoção e se traduz na percepção, direta e real, do cenário corporal: da estrutura ao estado do corpo, acompanhada e finda por um correspondente modo de pensamento.[1283] As emoções, como mecanismos de regulação da vida, cujos componentes foram surgindo na história da evolução, como a percepção, e fiéis executoras do princípio do valor, são reconhecidas pela mente consciente sob a forma de sentimentos.

---

myself I should assume a particular expression, think of certain happenings, breathe in a particular way, arouse certain feelings in myself. I might think up a conversation, a whole scene in which that hatred flared up. And I might play this scene through with feelings approximating to those of a real occasion. That I have actually experienced something of the sort will naturally help me to do so".

[1281] DAMÁSIO, António R. *O erro de Descartes*: emoção, razão e o cérebro humano; tradução Dora Vicente, Georgina Segurado. 3. ed. São Paulo: Companhia das Letras, 2012, p. 143-144.

[1282] Na antiga religião egípcia, Maat é a deusa da verdade, da justiça, da retidão e da ordem.

[1283] DAMÁSIO, António R. *O erro de Descartes*, op. cit., p. 19: "São o resultado de uma curiosa organização fisiológica que transformou o cérebro no público cativo das atividades teatrais do corpo. Os sentimentos permitem-nos entrever o organismo em plena agitação biológica, vislumbrar alguns mecanismos da própria vida no desempenho das suas tarefas. Se não fosse a possibilidade de sentir os estados do corpo, que estão inerentemente destinados a ser dolorosos ou aprazíveis, não haveria sofrimento ou felicidade, desejo ou misericórdia, tragédia ou glória na condição humana".

Assim vistas as coisas, os sentimentos pressupõem, imprescindivelmente, um *juízo* sobre um feixe de autopercepções (uma espécie de metacognição). O afloramento de um sentimento decorre de se entenderem as emoções como um processo integralizado: diante de um estímulo, o indivíduo faz agregações cognitivas e juízos racionais. Sentir estados emocionais ou a sensação da emoção implica indispensável intervenção da consciência neste processo, com a percepção da relação entre o objeto ou a situação e o estado emocional do corpo. Por conseguinte, as ideias e os sentimentos são dois produtos típicos do cérebro.[1284]

Em essência, os sentimentos consubstanciam ideias sobre as configurações do estado do corpo, que os mapas cerebrais representam,[1285] quando tocados pelos processos emocionais (*v. g.*, amor é sentimental e transformador – transforma a dor; paixão é emocional). O sentimento, por dizê-lo assim, é o passaporte para que a emoção, ocorrendo no corpo, possa principiar sua repercussão na mente. O sentimento, quando revela o estado do corpo e o estímulo que o catapultou, exibe o condão de imprimir sentido ao mundo de carne e osso (e a tantos outros mundos utópicos que a sensibilidade humana possa criar!), de acordo com uma escala de valores, cuja *ultima ratio* é o fluir da vida com bem-estar, na busca de felicidade.

Noutro dizer: o sentimento se traduz, interiormente, em percepção, sob o figurino de imagem mental, que consente à consciência conhecer o teor dos padrões neurais concernentes à sinalização dos estados peculiares do corpo, mediante os sinais neurais das vísceras, dos músculos, das articulações, todos ativados durante o processo da emoção. O sentimento é o idioma da vida na linguagem do espírito e se assume como substrato da mente. A ponte principal, em via de mão dupla, entre a vida biológica e a vida do espírito é o sentimento, de sorte a possibilitar uma correspondência entre sentimentos e determinados pensamentos (bem-estar = bem-pensar, e vice-versa). A dimensão mental vê-se implicada pela harmonia que permeia o estado físico (*v. g.*, induzida pelas artes), permitindo a abertura do pensamento ao mundo exterior e favorável à criatividade.

Como é bem de ver, os sentimentos são mais "conscientes" que as emoções, pois estas, as mais das vezes, alcançam o ser humano e os animais de forma inconsciente, ao passo que aqueles consistem, reafirme-se, em uma espécie de juízo sobre tais emoções. À parte isto, há estados emocionais concernentes à percepção consciente (*v. g.*, amor, interesse, atração, raiva, desgosto). Trata-se de uma avaliação mental voluntária (e, portanto, não automática) e ponderada dos estímulos e das situações que produzem a emoção. Um corpo assim excitado pela emoção cria um sentimento correspondente, traduzido em um tipo de filtro reflexivo e avaliador.[1286]

Importante notar que emoções e sentimentos flertam entre si, interagindo continuamente, bem como estes dimanam daquelas. Todas as emoções originam sentimentos. Há sentimentos que se enxertam nas emoções. Todavia, existem muitos outros

---

[1284] JÁUREGUI, José Antonio. *Cérebro e emoções:* o computador emocional: não sentimos o que queremos. Lisboa: Editora Dinalivro, 2001, p. 37.

[1285] DAMÁSIO, António R. *E o cérebro criou o homem, op. cit.*, p. 142: "Os sentimentos emocionais, por outro lado, são as *percepções* compostas daquilo que ocorre em nosso corpo e na nossa mente quando uma emoção está em curso. No que diz respeito ao corpo, os sentimentos são imagens de ações, e não ações propriamente ditas; o mundo dos sentimentos é feito de percepções executadas em mapas cerebrais". (Grifos no original).

[1286] DAMÁSIO, António R. *O erro de Descartes, op. cit.*, p. 143: "Um sentimento em relação a um determinado objeto baseia-se na subjetividade da percepção do objeto, da percepção do estado corporal criado pelo objeto e da percepção da modificação de estilo e eficiência do pensamento que ocorrem durante todo esse processo".

sentimentos que não estão referenciados a uma emoção, vale dizer, há sentimentos que não decorrem de emoções (chamados sentimentos de fundo). Os sentimentos são assaz importantes porque deflagram e conformam, materialmente, o (re)agir. O processo de respiração consciente, marcada pela leveza e tranquilidade, é um instrumento poderoso de contato e gerenciamento dos sentimentos e das emoções.

Um exemplo é suficiente para ilustrar o raciocínio: quando se apresenta uma situação de perigo, antes mesmo de qualquer providência da consciência, circuitos cerebrais desencadeiam a emoção (o pânico), sem que o próprio indivíduo perceba o que está acontecendo. Ulteriormente, surge o juízo "tenho medo", "estou assustado", provocado pelo sentimento, como modalidade de alerta e de proteção. Não é demasiado dizer que se podem compreender as coisas mais adrede pelas emoções do que pela inteligência, como quando se sente medo antes mesmo de se entender a natureza do perigo.[1287]

Nessa moldura, no curso da evolução biológica, as emoções precedem os sentimentos e constituem o seu baldrame. A sofisticada máquina homeostática (designa o processo de regulação pelo qual um organismo mantém constante o seu equilíbrio funcional) consiste no aparelho inato e automático do governo da vida. Todos os outros níveis de regulação homeostática são a expressão mental dos sentimentos, e ocorrem com a deflagração de emoções humanas, refinadas ou não.

No tocante ao processo de sentir, não parece totalmente satisfatória a pura equiparação do sentimento à representação neural do que acontece com o cenário interno do corpo em dado momento. É preciso cavar mais fundo no terreno da compreensão do que seja a consciência, agregando-se, pelo menos, dois componentes. O primeiro – além da imagem de certo estado do corpo justaposto a um conjunto de imagens deflagradoras e avaliativas que o causaram – produz um determinado estilo e nível de eficiência do processo cognitivo que acompanha estes acontecimentos, mas que funciona em paralelo. O segundo componente relaciona-se ao "eu neural" (ou melhor: à base neural do eu), que se conecta ao processo da subjetividade, enquanto traço característico da consciência.

Insista-se no ponto: é por meio dos sentimentos que as emoções transitam na mente. A consciência patrocina a ressonância integral e duradoura dos sentimentos, haja vista que somente em comunhão com o sentido do *self* eles se tornam conhecidos pelo indivíduo que os tem.[1288] A reanimação contínua de representações de acontecimentos fundamentais na autobiografia do indivíduo ou fatos categorizados que definem uma pessoa (*v. g.*, o nome, o que faz, do que e de quem gosta, que ações costuma realizar, e por aí vai) possibilita, assim, a reiterada (re)construção da noção de sua identidade. Uma memória do passado e do futuro possível e planejado.[1289]

[1287] URURAHY, Gilberto. *O cérebro emocional*: as emoções e o estresse do cotidiano. Rio de Janeiro: Rocco, 2005, p. 24.

[1288] DAMÁSIO, António R. *O mistério da consciência*: do corpo e das emoções ao conhecimento de si. Tradução Laura Teixeira Motta; Revisão Luiz Henrique Martins Castro. São Paulo: Companhia das Letras, 2000, p. 56.

[1289] DAMÁSIO, António R. *O erro de Descartes, op. cit.*, p. 212: "O que nos acontece *agora* está, de fato, acontecendo a um conceito de eu baseado no passado, incluindo o passado que era atual há apenas um instante. A cada momento que passa, o estado de eu é construído a partir da base. É um estado de referência evanescente, e de tal forma é refeito contínua e consistentemente que o seu proprietário nunca chega a saber que ele está sendo *refeito*, a menos que aconteça algo de problemático durante esse processo. A sensação de fundo *agora* ou a sensação de uma emoção agora juntamente com os sinais sensoriais não corporais *acontecem* ao conceito do eu tal como representado na atividade coordenada de múltiplas regiões cerebrais. Mas o nosso eu ou, melhor ainda, o nosso meta-eu só "aprende" o que acontece "agora" um instante depois. (...) O presente torna-se continuamente passado, e no momento em que nos apercebemos disso já estamos em outro presente, que foi gasto em planejar

As emoções podem ser adquiridas socialmente, mas os sentimentos expressam a individualidade de quem sente. Os sentimentos revelam "o estado da vida" na mente. As emoções e as variegadas cadeias de reações por elas implicadas dizem com o corpo, o organismo; ao passo que os sentimentos estão perfilados com a mente consciente.[1290] Os processos mentais baseiam-se nos mapeamentos do corpo que o cérebro constrói, nas coleções de padrões neurais que retratam as respostas aos estímulos que causam as emoções e os sentimentos. Tem-se o homem em perspectiva de integralidade (*Homo Sentiens* e *Homo Sapiens*). Há uma parte da cadeia complexa de acontecimentos que é relativamente pública (emoção), enquanto outra parte se mantém na total privacidade (sentimento). Os sentimentos se hospedam no limiar que separa o ser do conhecer e, desse modo, é possível que tenham um liame privilegiado com a consciência.[1291] Em apertada síntese, as emoções ocorrem no "teatro do corpo" e os sentimentos transcorrem no "teatro da mente".[1292]

Dor e prazer constituem a matéria-prima essencial dos sentimentos. Diversos sistemas cerebrais controlam diferentes sentimentos. A distinção entre emoções e sentimentos pode ser evidenciada em casos clínicos nos quais pacientes perderam a capacidade de exprimir emoções e não conseguiam, também, expressar os correspondentes sentimentos. Contudo, outros pacientes eram incapazes de possuir sentimentos, mas conseguiam expressar comportamentos emocionais. É dizer: afigura-se possível exibir uma expressão de medo, mas não sentir realmente medo.

As várias teorias sobre a emoção podem ser condensadas em três categorias: fisiológica, neurológica e cognitiva.[1293] A primeira (fisiológica) indica que as respostas corporais são responsáveis pelas emoções, ou seja, as emoções são frutos de uma reação do corpo a estímulos externos. Ocorrem modificações internas no organismo, decorrentes do alerta emocional. Por exemplo: uma pessoa está andando num parque e se depara com um jacaré. Ela começa a tremer e o ritmo do coração acelera bastante. Tais reações físicas são interpretadas pelo cérebro, que concluirá que a pessoa está assustada.

A segunda (neurológica) está alicerçada na ideia de que a atividade cerebral determina respostas emocionais, como reações fisiológicas (*v. g.*, suar, tremer, cerrar dentes, tensionar os músculos, simultaneamente). Preconiza, especificamente, que a emoção irrompe quando o tálamo envia uma mensagem ao restante do cérebro, em resposta a estímulos. Disso resultam as reações fisiológicas. Por exemplo: a pessoa vê um urso, sente medo e começa a transpirar, tremer os lábios, com pernas enfraquecidas e aperto no estômago.

A terceira (cognitiva ou teoria dos dois fatores) sugere que pensamentos e outras atividades mentais, como crenças e expectativas, desempenham um papel essencial na

o futuro e se baseia nos degraus do passado. O presente nunca está aqui. Estamos irremediavelmente atrasados para a consciência". (Grifos no original).

[1290] DAMÁSIO, António R. *E o cérebro criou o homem, op. cit.,* p. 142: "A distinção geral entre emoção e sentimento, portanto, é razoavelmente clara. Enquanto as emoções constituem ações acompanhadas por ideias e certos modos de pensar, os sentimentos emocionais são principalmente percepções daquilo que nosso corpo faz durante a emoção, com percepções do nosso estado de espírito durante esse mesmo lapso de tempo. Em organismos simples capazes de comportamento mas desprovidos de um processo mental, as emoções também podem estar vivas, mas não necessariamente são seguidas por estados de sentimento emocional".

[1291] DAMÁSIO, António R. *O mistério da consciência, op. cit.,* p. 65.

[1292] DAMÁSIO, António R. *O erro de Descartes, op. cit.,* p. 148-151.

[1293] FONTANA, Dino F. *História da filosofia, psicologia e lógica.* 3. ed. São Paulo: Saraiva, 1969, p. 320-321.

formação das emoções. Ou melhor: a combinação desses aspectos conforma o tipo e a intensidade da resposta emocional. Primeiramente, surgem as características fisiológicas e, ao depois, o indivíduo identifica o motivo oculto atrás desses sintomas, para, só então, experimentá-los e definir a emoção sentida. Por exemplo: se o coração está batendo rápido e um leão está perseguindo a pessoa, essa emoção é medo.

Doutrina especializada, lastreada em pressupostos neurológicos, apresenta um quadro esquemático com a classificação do caleidoscópio das emoções em três tipos:[1294]

(i) Emoções Primárias: são tidas como inatas, pré-organizadas na acepção jamesiana e, destarte, abrangentes da totalidade dos seres humanos, prescindindo-se de aspectos socioculturais. Traduzem emoções básicas e universais (*v. g.*, medo, raiva, tristeza, felicidade, nojo, surpresa), simbolizando uma verdadeira *crown jewel* no complexo maquinário de regulação da vida. As estruturas no sistema límbico, que sustentam o processo das emoções primárias, enquadram-se melhor nas funções específicas que, anatomicamente, se atribuem ao hemisfério direito do cérebro, como base da mente inconsciente[1295] (*v. g.*, holístico, intuitivo, espacial, não racional, não temporal, analógico, não verbal, concreto, não linear, dirigido à síntese, e assim por diante).[1296] Há uma relação entre a ativação da amígdala humana, através de um estímulo adequado, e emoção.[1297] Quando o corpo se conforma aos perfis dessas emoções, as pessoas se sentem felizes, tristes, receosas, repugnadas, iradas.[1298] Tais emoções são produzidas em todas as culturas e podem ser reconhecidas, com facilidade, por exemplo, através de expressões faciais, em humanos e em animais. É um programa de ação emocional automatizado e não aprendido.

(ii) Emoções Secundárias ou Adquiridas: são dotadas de grau mais elevado de complexidade do que as primárias, pois dependem de fatores e injunções socioculturais. Daí, são suscetíveis de variação amplíssima a partir de uma realidade cultural e/ou sociedade para outra (*v. g.*, compaixão, embaraço, vergonha, culpa, desprezo, ciúme, inveja, orgulho, admiração, remorso, gratidão, simpatia, vingança). Não obstante, as emoções secundárias, desencadeadas em situações sociais, podem ser exclusivamente humanas (*v. g.*, admiração e variedade de compaixão), dependendo, para poderem se expressar, de mecanismos cerebrais inatos, assentados em uma longa história evolutiva, e já organizados para as emoções primárias.

[1294] DAMÁSIO, António R. *O erro de Descartes*, op. cit., p. 129-138.

[1295] Para uma abordagem geral do tema, vide SCHORE, Allan N. *Affect regulation and the origin of the self*: the neurobiology of emotional development. Nova York: Routledge, 1999.

[1296] No tocante à especialização funcional do hemisfério esquerdo do cérebro, vide MACHADO, Luiz. *O cérebro do cérebro*: as bases da inteligência emocional e da aprendizagem acelerativa. Rio de Janeiro: (Ed. do Autor), 1997, p. 24-25: "Por outro lado, as funções do hemisfério esquerdo são sequencial, intelectual (partindo das coisas como se apresentam), racional, temporal (sequenciando uma coisa após outra), lógico, verbal (realizando abstrações relacionadas), linear (usando pensamentos, uns seguindo diretamente os outros), analítico etc.".

[1297] DAVIS, M. The role of the amiygdala in conditioned fear. *In*: AGGLETON, John, p. (Org.). *The amygdala*: neurobiological aspects of emotions, and mental dysfunction. Nova York: Wiley-Liss, 1992, p. 255-305.

[1298] DAMÁSIO, António R. *O erro de Descartes*, op. cit., p. 144.

(iii) Emoções de Fundo: conexionam-se à interioridade, como bem-estar ou mal-estar, calma ou tensão, entusiasmo ou desânimo. A detecção é captada por detalhes sutis, como postura do corpo, velocidade e configuração global dos movimentos corporais. Os perfis indutores de emoções de fundo são geralmente aqueles do meio interno e das vísceras.[1299]

De parte isto, não é fadiga inútil dizer que as emoções de fundo permitem sentimentos de fundo (*v. g.*, de tensão ou de relaxamento, de bem-estar ou de mal-estar, de ansiedade ou de apreensão), os quais nascem de estados corporais profundos (*v. g.*, humor, entusiasmo, desânimo), e, em vista disso, não têm origem em estados emocionais. Retratam o sentimento do núcleo íntimo da própria vida; a sensação de existir.[1300] Correspondem aos estados do corpo que ocorrem entre uma emoção e outra (*v. g.*, quando sentimos felicidade ou cólera, o sentimento de fundo é suplantado por um sentimento emocional). São induzidas por estímulos internos, oriundos de processos físicos ou mentais contínuos, levando o organismo a um estado de tensão ou de relaxamento, fadiga ou energia, ansiedade ou apreensão. Nesta modalidade de emoção, o papel principal é desempenhado pelo ambiente interno e pelas vísceras (*v. g.*, coração, pulmões, intestinos), conquanto se expressem em alterações musculoesqueléticas. Refletem-se em variações sutis na postura do corpo e na configuração global dos movimentos, como formas naturais e não conscientes de estimar as pressões do meio exterior com toda a sua gama de complexidade e de dificuldades práticas oriundas da fluência da vida, e de lhes fornecer uma constelação de respostas automáticas preordenadas pela evolução.

O presente trabalho abraça os conceitos de emoção e de sentimento, os quais não são usados indistintamente, advindos da neurobiologia contemporânea. Nesse diapasão, a emoção é definida como um conjunto de reações químicas e neurais subjacentes à organização de certas respostas comportamentais básicas e necessárias à sobrevivência dos animais, inclusive dos seres humanos. Donde se depreendem dois aspectos importantes. O primeiro, de que a emoção tem um substrato neural que organiza tanto as respostas aos estímulos emocionais presentes no ambiente externo, quanto a própria percepção da emoção. O segundo, as emoções exibem uma função biológica de autorregulação, isto é, são fundamentais para que os animais apresentem respostas comportamentais adequadas e moldadas a certas situações, mediante mutações na fisiologia do corpo (*v. g.*, ritmo cardíaco, pressão sanguínea), aumentando suas chances de sobrevivência e de êxito.

Os seres humanos ostentam sistemas neurais mais complexos que permitem respostas bastante variadas, propiciando a adaptação ao ambiente. Para eles a emoção tem um fundo subjetivo formidável, que a torna uma experiência ímpar no atinente aos

---

[1299] DAMÁSIO, António R. *O mistério da consciência, op. cit.*, p. 431-432: "Portanto, as diferenças críticas entre as emoções "de fundo" e as emoções "convencionais" residem: 1) na origem do indutor imediato, que geralmente é externo ou representa o exterior, no caso das emoções "convencionais", ou é interno, no caso das emoções de fundo; 2) no foco das reações, que visam sobretudo os sistemas musculoesqueléticos e viscerais, nas emoções "convencionais", e ao meio interno, nas emoções "de fundo". Toda a evolução das emoções deve ter começado com emoções de fundo. Quando comparamos emoções de fundo com as "seis principais" e com as chamadas emoções "sociais", notamos um grau progressivo de especificidade dos indutores, das reações e dos alvos das reações, uma diferenciação progressiva de controles, de globais a locais".

[1300] No tocante à fisiologia dos sentimentos, vide DAMÁSIO, António R. *O erro de Descartes, op. cit.*, p. 144: "Variedades de sensação: sentimentos de emoções universais básicas, sentimentos de emoções universais sutis e sentimentos de fundo".

comportamentos dos outros animais. O estado emocional exerce influência sobre a atenção seletiva; o pensamento e a linguagem; a memória, inibindo-a ou estimulando-a.[1301]

Ainda no tocante à relevância das emoções para a rememoração, para criar e categorizar as lembranças, o sentido de uma vocalização pode experimentar variações profundas, de modo que, dependendo da ênfase que se imprima às emoções, é possível alterar, simetricamente, a importância e o significado de uma recordação.[1302] O isolamento de reminiscência de experiências pretéritas que hajam sido separadas de seu ambiente emocional original inibe o indivíduo de rememorá-las. Quando se desvinculam as emoções da memória, está fica despercebida ou fragmentada. Em visão freudiana, lembranças sem afeto são irreconhecíveis.

As emoções podem ser classificadas em dois grandes grupos: (i) emoções positivas (v. g., felicidade, alegria, amor), relacionadas com o prazer; e (ii) emoções negativas (v. g., tristeza), relacionadas com a dor. As primeiras envolvem a aproximação, expandem a percepção, aguilhoam a memória, patrocinam a flexibilidade dos esquemas de pensamento, favorecem a inovação, agenciam a ousadia, promovem comportamentos cooperativos. As segundas, ao contrário, envolvem o recuo, empobrecem a percepção, atraem o recolhimento, seduzem o conservadorismo e podem produzir conflitos.[1303] A fluência das ideias, por exemplo, está majorada durante a felicidade e comprimida na tristeza. Seja como for, a afirmação sobre o caráter negativo das emoções equivale a nada mais do que um papel não univocamente positivo delas na vida humana – ou simplesmente uma visão ambivalente da emoção.[1304]

Os problemas não se escondem. Se as emoções e os sentimentos estão a serviço do governo da vida de forma inteligente e são, em regra, bons conselheiros, como explicar a repercussão negativa de determinadas emoções? À primeira vista, parece que haveria emoções cujo valor homeostático é duvidosíssimo (v. g., tristeza, pânico, repugnância, ódio) e, por isso mesmo, inaptas na sua capacidade de promover sobrevivência e bem-estar. Tais emoções sugerem más conselheiras. Nesse cenário, entra em cena a razão, que não deve buscar abolir aquelas respostas emocionais; antes, ao revés, deve colaborar para modulá-las e adaptá-las às circunstâncias concretas da vida. Configura-se, assim, uma saudável plasticidade. Não por acaso, o valor, positivo ou negativo de uma emoção depende do contexto imediato em que ela ocorre e de sua intensidade. Aliás, uma noção patentemente scheleriana,[1305] é de justiça que se reconheça, assenta a diferenciação entre intensidade ou força de um estado emocional e sua profundidade.[1306]

[1301] FIORELLI, José Osmir et al. Psicologia aplicada ao Direito. 4. ed. São Paulo: LTr, 2015, p. 133.

[1302] ROSENFIELD, Israel. A invenção da memória: uma nova visão do cérebro. Tradução Vera Ribeiro; Revisão técnica Roberto Lent. Rio de Janeiro: Nova Fronteira, 199, p. 76: "As emoções são essenciais para criar uma memória, porque se organizam, estabelecendo sua importância numa sequência de eventos, exatamente como o sentido do tempo e da ordem é essencial para que uma memória seja considerada uma memória, e não um pensamento ou uma visão num instante particular, não relacionado com acontecimentos passados".

[1303] FIORELLI, José Osmir et al. Psicologia jurídica. 3. ed. São Paulo: Atlas, 2011, p. 31-32.

[1304] ZABOROWSKI, Robert. Plato and Max Scheler on the affective world. ORGANON, v. 47, p. 65-81, 2015, esp. p. 67.

[1305] SCHELER, Max. Formalism in ethics and non-formal ethics of values. A New Attempt toward the Foundation of an Ethical Personalism, transl. M. S. Frings & R. L. Funk, Northwestern University Press, 1973, p. 330: "the facts [examples follow] are not simply similar types of emotional facts which differ only in terms of their intensities (...) sharply delineated differentiations (...) phenomenal character of the "depth" of feeling to be essentially connected with four well–delineated levels of feeling (...)".

[1306] RATCLIFFE, Matthew. The phenomenology of mood and the meaning of Life. In: GOLDIE, Peter (Ed.). The Oxford Handbook of Philosophy of Emotion, 2009, p. 349-371, esp. p. 350: "In so doing, I draw a distinction between

O cérebro, enquanto computador emocional, funciona com *hardware* e *software*. O *hardware* significa a complexa maquinaria somática com programação genética e bios-social ou cultural, através da qual o cérebro pode funcionar com um *software* concreto, com determinados programas, e não com outros.[1307] São instalados no computador cerebral, seja pelo plano genético (*v. g.*, pranto), seja pela cultura (*v. g.*, o idioma inglês). Não soa absolutamente exata a separação cartesiana e abissal entre a mente, o cérebro e o corpo, tampouco deixar ao relento o meio ambiente físico e social.

Uma ressonância magnética denuncia o estado mental de um indivíduo, detectando sensações, como alegria e tristeza, embora ele nada revele sobre seus sentimentos. As assinaturas emocionais no cérebro não se adstringem a uma região específica. O juízo racional pode justamente contribuir para combinar de forma inteligente emoções/sentimentos e circunstâncias. O segredo do bem agir reside na possibilidade de uma orientação conjunta emoção/sentimento e razão, evitando o domínio exclusivo de um ou de outro, ou o primado da emoção sobre a razão[1308] ou vice-versa. A emoção delimita o campo de ação, carregada de luminosidade,[1309] fornecendo-lhe energia vital, e orienta a razão, de modo que, se a mente dispuser apenas do cálculo racional puro, a tendência é a bondade da escolha (*rectius*, a própria escolha) ficar comprometida.[1310] Semelhante linha de princípio deve, exemplificativamente, ser evidenciada quando se pensar num sistema de leis, valores éticos, organização política.

Bem, mas o suave equilíbrio entre razão e emoção/sentimento é o tema central do próximo tópico. A ver.

5.2 A superação do duelo epistemológico entre razão e emoção/sentimento do juiz

Platão, no diálogo *Fedro*, dizia que "O corpo humano é a carruagem, Eu, o homem que a conduz. Os pensamentos, as rédeas. Os sentimentos, os cavalos".[1311] O homem, na

---

the intensity or strength of an emotional state and its depth. An emotion can be quite intense but at the same time shallow, whereas a phenomenologically inconspicuous mood can be deep precisely by virtue of its inconspicuousness. This greater depth of a mood, I suggest, consists in its being responsible for a space of possibilities that object-directed emotions, however intense, presuppose".

[1307] JÁUREGUI, José Antonio, *op. cit.*, p. 35.

[1308] Entrementes, na linha do reconhecimento do primado da emoção sobre a razão, vide JUNG, Carl Gustav *et al. O homem e seus símbolos.* Tradução de Maria Lúcia Pinho. Rio de Janeiro: Nova Fronteira, 2002, p. 99: "Este valor emocional deve ser lembrado e observado através de todo o processo da interpretação dos sonhos. É facílimo perdermos contato com ele já que pensar e sentir são operações tão diametralmente opostas que uma exclui a outra quase automaticamente. A psicologia é a única ciência que precisa levar em conta o fator *valor* (isto é, o sentimento), pois é ele o elemento de ligação entre as ocorrências físicas e a vida". (Grifos no original).

[1309] JUNG, Carl Gustav. *Psicologia do inconsciente.* 18. ed. Tradução de Maria Luiza Appy. Petrópolis: Vozes, 2008, p. 61-62.

[1310] FIORELLI, José Osmir. *Psicologia jurídica, op. cit.*, p. 131.

[1311] ZABOROWSKI, Robert. Plato and Max Scheler on the affective world. *ORGANON*, v. 47, p. 65-81, 2015, esp. p. 67-68: "Plato presents us the allegory – alas, some will say – of the chariot. It is composed of the charioteer and two horses who are not, as it is accepted commonly and as I do not believe, images of reason, emotion and desire, but – this is the point I cannot but stress strongly – images of three combinations or linkages, each of the three containing or consisting of what we call thought, emotion and volition (or, alternatively, cognition, affect, and conation). (...)As I understand the allegory, none of the three elements involved is simple by virtue of being only either reason or emotion or volition, and – not less important – none of the three, say functions or types of acts, is ascribed to only one element (or part) of the soul. Accordingly, it is better to assume that Plato conveys a hierarchical structure of several kinds of thoughts (reason– ings), memories, deliberations, passions,

concepção aristotélica, possui uma característica diferencial específica que, no momento, nenhuma outra criatura tem, pois que, dotado de razão, é um ser vivo racional.[1312] Possui, assim, a faculdade de raciocinar, de sentir, de julgar. De fato, na medida em que as funções da mente e do cérebro estão associadas,[1313] o cérebro humano, que produz a mente racional, exibe múltiplas habilidades, como a capacidade de recordar o passado com riqueza de detalhes, mastigando cada pormenor, de formular minuciosamente prognósticos futuros, de projetar possibilidades, de julgar com esteio em experiências passadas, de extrair consequências de premissas, de livre arbítrio, e por aí afora.

Afinal de contas, quais são a natureza e a essência da razão? Em meio às experiências mentais, às intuições, às emoções, aos sentimentos, aos propósitos, qual é a função da razão? De forma simplificada, pode-se dizer que a razão humana é uma potência com duas funções intelectivas: prática e especulativa. A finalidade da razão é a de impulsionar a promoção da arte da vida, através da galvanização dos seguintes aspectos: (i) viver, (ii) viver bem e (iii) viver melhor,[1314] descansando na capacidade da mente humana que consente chegar a conclusões a partir de suposições ou de premissas, de relações de causa e efeito. A razão é particularmente associada à natureza humana, traço característico único e definidor do ser humano. O formidável avanço tecnológico, a partir do século XIX, foi consequência do encontro entre a razão prática e a razão especulativa.[1315]

A razão subjetiva, como uma força da mente individual, se relaciona, essencialmente, com meios e fins. Envolve a capacidade de calcular probabilidades e, por conseguinte, coordenar os meios corretos com um fim determinado e adequar procedimentos a propósitos. A razão, em seu sentido próprio de *logos*, ou *ratio*, sempre esteve fundamentalmente relacionada com o sujeito, com sua capacidade de pensar, de discernir.[1316]

A razão pode ser esboçada em várias acepções,[1317] como, por exemplo, tipo de conhecimento natural, típico do ser humano, que se opõe às reações instintivas e ao conhecimento não discursivo. Fala-se, aqui, de razão para denotar que o ser humano é capaz de produzir abstrações e de falar por abstrações, identificar e operar conceitos em abstração. Noutro sentido, a razão pode consistir na faculdade de bem julgar e bem discernir (justo ou injusto, bem ou mal, verdadeiro ou falso). Tal sentido reflete a noção de senso comum descartesiano.

A razão pode ser usada para resolver problemas de maneira razoável, encontrar coerência ou contradição entre conceitos e, desse modo, descartar ou formar novos

---

emotions, feelings, wills, desires etc. Obviously thoughts (reasonings), memories, deliberations, passions, emotions, feelings, wills, desires of the charioteer differ from thoughts (reasonings), memories, deliberations, passions, emotions, feelings, wills, desires of the white and of the black horse".

[1312] HEINEMANN, Fritz. *A filosofia no século XX*. 2. ed. Lisboa: Fundação Calouste Gulbenkian, 1979, p. 100.

[1313] SACKS, Oliver. *O olhar da mente*. Tradução Laura Teixeira Motta. São Paulo: Companhia das Letras, 2010, p. 88.

[1314] WHITEHEAD, Alfred North. *A função da razão*. Trad. de Fernando Dídimo Vieira. 2. ed. Brasília, Editora Universidade de Brasília, 1988, c1929, p. 5.

[1315] WHITEHEAD, Alfred North, *op. cit.*, p. 21: "Razão especulativa emprestou sua atividade teórica, e a Razão prática entrou com suas metodologias para o trato com os diversos tipos de fatos. Ambas as funções ganharam em força. A Razão especulativa adquiriu conteúdo, ou seja, material a ser trabalhado por sua atividade teórica, e a Razão metódica ganhou percepção teórica, transcendendo seus limites imediatos. Deveríamos estar no limiar de um avanço de todos os valores da vida humana".

[1316] HORKHEIMER, Max. *Eclipse da razão*. Tradução de Sebastião Uchoa Leite. Rio de Janeiro: Editorial Labor do Brasil, 1976, p. 15.

[1317] ECO, Humberto. *Viagem na irrealidade cotidiana*. Rio de Janeiro: Nova Fronteira, 1984, p. 150.

conceitos,[1318] de uma maneira ordenada e, geralmente, orientada para objetivos. Inclui raciocinar, apreender, compreender, ponderar, julgar. A razão, por vezes, é usada como sinônimo de inteligência.

À parte isso, as grandes correntes filosóficas (*v. g.*, Platão, Aristóteles, escolasticismo, idealismo) fundaram-se sobre uma teoria objetiva da razão. Desenvolveram um sistema abrangente, hierarquizado, de todos os seres, incluindo o homem e os seus fins. O coeficiente de racionalidade de uma vida humana podia ser determinado por sua harmonização com essa totalidade.[1319]

A razão humana, enquanto faculdade de extrair conclusões ou de concluir,[1320] é frequentemente contraposta não só com o modo como os animais não humanos parecem tomar decisões, senão também com a tomada de decisões baseada na autoridade, na intuição, na emoção, na fé, na superstição. A razão é considerada pelos racionalistas a forma mais viável de descobrir o que é verdadeiro ou melhor. A forma exata como a razão difere da emoção, fé e tradição é controversa, porquanto tais dimensões podem ser consideradas potencialmente racionais, e, ao mesmo tempo, potencialmente em antagonismo com a razão.

A filosofia iluminista colocou água no moinho da racionalidade. Para o iluminista todas as barbaridades, loucuras, ultrajes e horrores da humanidade, como o fanatismo e a tirania, resultam do "sono da razão",[1321] isto é, assomam quando o homem abdica de sua racionalidade e a razão humana é menoscabada.[1322]

A principal diferença entre a razão, que se nutre da regularidade daquilo que é razoável, e outras formas de consciência está na seguinte explicação: o pensamento é tanto mais racional quanto mais conscientemente for pensado, de forma que possa ser expresso numa linguagem.

O raciocínio, que pode designar tanto uma atividade da mente quanto o produto dela, é pautado por certos princípios fundamentais da razão, com ênfase para o princípio lógico e seus derivativos, assim formulados na concepção aristotélica: (i) princípio da identidade: tudo é idêntico a si mesmo, o que é é, que se expressa na fórmula A = A, que quer dizer A é A, cada A é ele mesmo o mesmo;[1323] (ii) princípio da não-contradição: uma coisa não pode ser e não ser ela mesma, concomitantemente, e do mesmo ponto de

---

[1318] SANTOS, Jessy. *Instinto, razão e intuição*. Natureza e Espírito. São Paulo: Livraria Martins Editora, 1950, v. VII, p. 47-48: "O intelecto raciocinante é o conjunto das faculdades geradas pelos órgãos sensoriais que recebem simultaneamente os estímulos, traduzindo-os em conceitos uns após outros, justapondo-os sucessivamente para a conclusão de juízos e raciocínios".

[1319] HORKHEIMER, Max, *op. cit.*, p. 12-13: "A sua estrutura objetiva, e não apenas o homem e os seus propósitos, era o que determinava a avaliação dos pensamentos e das ações individuais. Esse conceito de razão jamais excluiu a razão subjetiva, mas simplesmente considerou-a como a expressão parcial e limitada de uma racionalidade universal, da qual se derivavam os critérios de medida de todos os seres e coisas. A ênfase era colocada mais nos fins do que nos meios".

[1320] LEIBNIZ, Gottfried Wilhelm. *Novos ensaios sobre o entendimento humano*. Os pensadores. Tradução Luiz João Baraúna. 5 ed. São Paulo: Nova Cultural, 1988, v. 2, p. 186: "Podemos considerar na razão estes quatro graus: 1) descobrir provas; 2) colocá-las numa ordem que revele a sua conexão; 3) perceber a conexão em cada parte da dedução; 4) tirar daí a conclusão. Pode-se observar estes quatro graus nas demonstrações matemáticas".

[1321] Confira-se a expressão grafada na famosa tela de Francisco Goya: "O sono da razão produz monstros".

[1322] Platão: "Podemos facilmente perdoar uma criança que tem medo do escuro; a real tragédia da vida é quando os homens têm medo da luz".

[1323] HEIDEGGER, Martin. *Identidade e diferença*. Conferências e escritos filosóficos. Tradução e notas Ernildo Stein. Os pensadores. São Paulo: Nova Cultural, 1989, p. 139.

vista; (iii) princípio do terceiro excluído: uma coisa é ou não é; entre duas possibilidades contraditórias não há lugar para uma terceira possibilidade.[1324]

Ademais, o raciocínio balizado pelo princípio racional exibe, como derivativo, o princípio da razão suficiente: tudo que existe e acontece tem sua razão de ser. Este, por seu turno, implica dois outros princípios racionais, todos eles intimamente ligados: (i) princípio da causalidade: nada acontece sem causa – *Nihil fit sine causa*; e (ii) princípio do determinismo: os fenômenos não se produzem arbitrariamente, mas são determinados por suas condições de existência.[1325] A observância de tais primeiros princípios do conhecimento é condição necessária para que o pensamento seja claro, preciso, correto, consequente, verdadeiro.

Por outro lado, as normas jurídicas agasalham regras do agir humano com retidão e, como tal, refletem produto da razão (portanto, razoáveis), a qual exerce função reguladora e ordenadora. Porque assim é, a racionalidade da norma está em sua congruência com a realidade objetiva do ser humano e do mundo circundante.[1326] A racionalidade da norma supõe que ela seja prudente e tecnicamente adequada quando se refere a um *facere*.[1327] A norma jurídica advém da razão prática, uma vez que é regra da atividade humana: organização e estrutura da vida jurídica e social.[1328] A razão prática é algo que deve ter influência sobre a vontade, de sorte a produzir boa vontade.[1329]

A norma jurídica pode, no entanto, ter aparência de norma, mas (ocorre adicionar) ter a sua essência ou conteúdo corrompidos pela irracionalidade e, assim, ostentar a nota de arbitrária. Não gera obrigação jurídica, porque, intrinsecamente, não seria uma regra ou ordenação válida; antes, constituiria fonte de desordem da vida social, por ser injusta, imoral ou inadequada à realidade. Um componente degenerado e ilídimo do sistema jurídico.

Todavia, uma norma jurídica não pode ser reputada irracional apenas porque criticável, imperfeita, ou insuficiente sob seu prisma finalístico. As eventuais lacunas, obscuridades e antinomias apresentadas pela norma jurídica podem (*rectius*, devem) ser superadas por seus intérpretes e aplicadores. Porém, tais falhas não podem, por

---

[1324] HUNNEX, Milton D. *Filósofos e correntes filosóficas*. Tradução Alderi de Souza Matos. São Paulo: Editora Vida, 2003, p. 15.

[1325] BAZARIAN, Jacob. *O problema da verdade*. São Paulo: Círculo do Livro, s/d, p. 124-130.

[1326] HERVADA, Javier. *Lições propedêuticas de filosofia do direito*. São Paulo: WMF Martins Fontes, 2008, p. 244-245.

[1327] HERVADA, Javier, *op. cit.*, p. 246: "f) A norma jurídica deve possuir três requisitos para que tenha a índole de racional por causa da prudência: 1º) estar de acordo com a natureza humana; 2º) estar adaptada ao bem comum; e 3º) ser adequada à realidade social".

[1328] HERVADA, Javier, *op. cit.*, p. 249: "Sendo fruto da razão prática e não da razão especulativa, não é produto da lógica em sentido próprio. A lógica é a ciência do correto raciocinar especulativo ou teorético, particularmente por meio de silogismos; entendendo a lógica assim, a norma jurídica não é uma regra lógica, obtida por raciocínios especulativos, que versam sobre entidades universais e necessárias. A ação humana é uma entidade particular e contingente que, embora possa envolver entidades universais e necessárias – como o fim último, a essência do homem e das coisas etc. –, não é nem universal nem necessária por si só; por conseguinte, as regras que ordenam e medem as ações humanas, entre elas as normas jurídicas, não são dedutíveis pelas regras da lógica, mas obtidas da realidade concreta – particular e contingente – mediante o raciocínio prático ou prudencial. Daí que as normas jurídicas sejam concretas, contingentes e historicamente variáveis (dentro, nesse último aspecto, de certos limites, aliás muito amplos)".

[1329] KANT, Immanuel. *Fundamentação da metafísica dos costumes*. Coleções philofophia. São Paulo: Discurso editorial e Barcarolla, 2009, p. 113: "não certamente *enquanto meio* em vista de outra coisa, mas, sim, *em si mesma* – para o que a razão era absolutamente necessária, se é verdade que a natureza operou sempre em conformidade com fins na distribuição das disposições naturais". (Reforços gráficos no original).

si sós, ser atribuídas à irracionalidade. Da mesma forma, a opção empreendida pela norma jurídica pode ser uma escolha razoável, malgrado não ser a melhor. Tal não transforma a norma em irracional. O problema da insuficiência da norma em relação a um fim determinado (*v. g.*, fixação do valor do salário mínimo em patamar inferior às necessidades do trabalhador) não a torna, só por isso, irracional.[1330]

Em linhas gerais, o que se assinalou acima em relação à racionalidade da norma jurídica escrita e legislada é aplicável ao costume, pois que norma jurídica também o é, conquanto não escrita.[1331] Com efeito, o costume deve, antes de tudo, ser racional, a fim de que possa adquirir força de lei e orientar a vida social em conformidade com o bem comum. Veja-se, por exemplo, o problema do costume *contra legem*, em que o descumprimento reiterado da lei ou a habitual conduta contrária a ela não se transforma em norma jurídica, nem exibe o condão de derrogar a lei, quando se trata de uma desordem social que atente contra o bem comum.

O principal enfoque deste tópico é a relação entre emoção e razão e, mais especificamente, a firme defesa da posição de que a emoção é parte integrante do processo de raciocínio. Pode, ao contrário de como se costuma supor, ajudar e enriquecer este processo, ou, de maneira inevitável, estorvá-lo. Tal ideia – de que a emoção compõe o *iter* de raciocínio e pode coadjuvar a razão na tomada de decisão jurídica ou não –, para florescer, precisou romper a cortina do ceticismo amplamente difundido, pois vigia a noção de que julgamentos sensatos proviriam de uma "cabeça fria" e que emoções e razão não se interpenetrariam, algo como azeite e água. Na verdade, bem vistas as coisas, tanto as emoções quanto os sentimentos estão enredados nas teias da razão humana e na natureza da racionalidade: a maquinaria da racionalidade parece não funcionar sem a maquinaria da regulação biológica, a cuja dimensão as emoções e os sentimentos constituem aspectos primordiais.[1332] A tonalidade afetiva imprime os mais variados coloridos às ideias, incluindo os atos humanos em uma perspectiva verdadeiramente inovadora, em que pensamentos e sentimentos sejam realidades indissociáveis: um distraído pensar sentindo. Nesse quadro harmônico de ideias, a tese da superação do embate epistemológico entre razão e emoção dá o som fundamental.

[1330] HERVADA, Javier, *op. cit.*, p. 251-252: "Em outras palavras, é irracional a norma que é *torpe, perniciosa* e *imperita*. (...) As razões da tese de que a norma irracional não é norma já foram destacadas. A racionalidade é uma *dimensão essencial* da norma, como produto que é da *recta ratio*. A razão é medida essencialmente pela realidade, da qual é núcleo central a realidade humana, que em sua base é a natureza do homem. Portanto, a norma irracional é uma norma irreal, desmesurada e desmedida, não medida pela realidade, por isso é um ato espúrio da razão, uma razão ou velada pela ignorância e pela imperícia ou distorcida por uma vontade arbitrária. A norma irracional é fruto de uma razão pervertida e, por consequência, é uma norma corrupta: falta-lhe um elemento essencial". (Grifos no original).

[1331] "*Quaedam iura non scripta, sed omnibus scriptis certiora sunt*" (Algumas leis não são escritas, mas são mais precisas que todas aquelas que são escritas).

[1332] Não se pode olvidar que o sentimento é uma das quatro funções psíquicas: uma função racional. Assim, HALL, James A. *Jung e a interpretação dos sonhos*: manual de teoria e prática. Tradução Álvaro Cabral. São Paulo: Cultrix, 2007, p. 153. Vide, também, DAMÁSIO, António R. *O erro de Descartes*: emoção, razão e o cérebro humano. Tradução Dora Vicente, Georgina Segurado. 3. ed. São Paulo: Companhia das Letras, 2012, p. 126-127: "Em termos simples: o âmago cerebral antigo encarregar-se-ia da regulação biológica básica no porão, enquanto no andar de cima o neocórtex deliberaria com sensatez e sutileza. Em cima, no córtex, encontrar-se-ia a razão e a força de vontade, enquanto embaixo no subcórtex, se encontraria a emoção (...). Parece que a natureza criou o instrumento da racionalidade não apenas por cima do instrumento de regulação biológica, mas também *a partir* dele e *com* ele. Os comportamentos que se encontram para além dos impulsos e dos instintos utilizam, em meu entender, tanto o andar superior como o inferior: o neocórtex é recrutado *juntamente* como o mais antigo cerne cerebral, e a racionalidade resulta de suas atividades combinadas". (Reforços gráficos no original).

Não por nada, correu o mundo e fez fortuna o modelo de inteligência emocional para a educação, na forma de aprendizado social/emocional, e, mais especificamente, como ingrediente ativo na vida do juiz. De sorte que a estrutura da inteligência emocional realça um campo novo e promissor: a neurociência afetiva.[1333] Importantes pesquisas científicas empíricas, a partir de neuroimagem e de estudos de lesões cerebrais, proporcionaram a descoberta de que há centros cerebrais únicos que governam a inteligência emocional, no escopo de se apresentar um arcabouço para ela, calcado em um conjunto de habilidades hipotetizadas para avaliação e expressão da emoção em si e nos outros.[1334]

Não parece judicioso excluir ou separar emoções e sentimentos dos sistemas cognitivos, pois, como visto, de par a transitar pela mente, qualificam o conteúdo palpável do pensamento. Os sentimentos são cognitivos como qualquer outra imagem apreendida por percepção. De fato, estudos realizados com pacientes com lesão ou danos cerebrais específicos, ao detectarem correlações neurológicas significativas, corroboram que a emoção há de ser encarada como um componente nevrálgico da maquinaria da razão.[1335]

Poder-se-ia falar em sensibilidade da razão, em uma abordagem fenomenológica das emoções, de modo a realçar a importância vital do domínio do sentimento no exercício cognitivo e prático da razão, envolvido em uma grande variedade de atos e comportamentos característicos de um agente racional e moral – tal como um ser humano.[1336] É de rigor, pois, refutar a noção generalizada de que razão e emoção são antagonistas naturais. Na realidade, em visão abrangente, as emoções desempenham papel primordial nos valores, nas crenças, nos desejos, nos juízos morais, nas decisões racionais, quebrando impasses da razão pura.[1337]

O primeiro aspecto a ser ressaltado é que a emoção não é sucedânea para a razão. Não se busca, pura e simplesmente, preconizar que a emoção substitua a razão, como se colocar na linha de mira do coração, como um órgão de percepção, fosse a panaceia para todos os males. Nada obstante, por exemplo, em (re)ação emocional do indivíduo, o medo tem o condão de o afastar rapidamente da situação de perigo, até mesmo sem a cooperação direta da razão. É necessário apreender os ocultos mecanismos cognitivos e neurológicos subjacentes à razão e à tomada de decisões, inclusive jurídicas.

Quer-se enfatizar que a extirpação, o arrefecimento e o excesso de emoção (situada no campo da irracionalidade) acarretam consequências infaustas para a racionalidade;[1338]

[1333] GOLEMAN, Daniel. *O cérebro e a inteligência emocional*: novas perspectivas. Tradução Carlos Leite da Silva. Rio de Janeiro: Objetiva, 2012, p. 8.

[1334] SALOVERY, Peter e MAYER, John. Emotional intelligence. *Imagination, Cognition and Personality*, n. 9, p. 185-211, 1990; BAR-ON, Reuvent. The Bar-On model of emotional intelligence: a valid, robust and applicable EI model. *Organizations & People*, n. 14, p. 27-34, 2007.

[1335] GAUER, Ruth M. Chittó. Transcendendo a dicotomia Razão vs. Emoção. *In: Memória, punição e justiça*: uma abordagem interdisciplinar. Porto Alegre, 2011, p. 9-16, esp. p. 9.

[1336] MONTICELLI, Roberta de. The sensibility of reason: outline of a phenomenology of feeling. *In:* Max Scheler and the Emotional Turn. *Thaumàzein* (Rivista di Filosofia), v. 3, p. 139-159, 2015, esp. p. 159.

[1337] No que toca à regulação pelas emoções do raciocínio lógico e prático, vide SOUSA, Ronaldo de. *The rationality of emotion*. Cambridge (MA): The MIT Press, 1987.

[1338] JUNG, Carl Gustav. *Psicologia do inconsciente*. 18. ed. Tradução de Maria Luiza Appy. Petrópolis: Vozes, 2008, p. 64: "A cultura racional dirige-se necessariamente para o seu contrário, ou seja, para o aniquilamento irracional da cultura. Nós devemos nos identificar com a própria razão, pois o homem não é apenas racional, não pode e nunca vai sê-lo. Todos os mestres da cultura deveriam ficar cientes disso. O irracional não deve e não pode ser extirpado. Os deuses não podem e não devem morrer".

antes, a emoção, dentro de parâmetros aceitáveis, pode anabolizar o raciocínio, imprimindo-lhe elevado grau de potência e de riqueza.[1339] Razão, sem emoção, é desrazão. Porque assim é, não parece correto afirmar que do juiz se espera julgamento "isento de emoções." Constituiria, aliás, rematado absurdo exigir do juiz que, ao exercer suas funções judicantes, se despisse de suas emoções ou que se despojasse aprioristicamente da possibilidade de usar sua conatural função sentimento.

No caminho da unidade, não se podem, em um passe de mágica, fazer desaparecer emoções e sentimentos que governam a complexa personalidade humana.[1340] De fato, toda a humanidade do juiz sugere, antes e acima de tudo, que a emoção – ao lado da intuição e do sentimento – está inexoravelmente incrustada na gênese do ato de julgar, situada no contexto de descoberta da decisão, erigindo-se como um de seus componentes essenciais de constituição.

Pode-se dizer que o desterro da emoção/sentimento ou sua mitigação inibem a criatividade do juiz. O pensamento puramente racional, que engendra esquemas rígidos e modelos automatizados, afugenta, na origem do julgado, a possibilidade de vicejar a inventividade, opções fecundas, escolhas criativas e, o que é mais, a geração de decisões mais rentes à sensibilidade humana do juiz.

Na verdade, a evolução do sistema de raciocínio inteligente deu-se como uma extensão do sistema emocional automático, desempenhando a emoção inúmeros papéis no processo de raciocínio. Dois exemplos são oportunos: (i) a emoção pode imprimir maior peso a determinada premissa e, desse modo, influenciar a conclusão em prol dessa premissa; e (ii) a emoção auxilia o processo de manter na mente os vários fatos que precisam ser levados em conta para a formulação de decisão jurídica ou não.[1341]

É digno de nota, no quadrante do peso das emoções sobre as decisões de caráter econômico, que o americano Richard H. Thaler, um dos pais da chamada economia comportamental, foi anunciado, em 09.10.2017, como vencedor do Nobel de Economia. O Professor da Universidade de Chicago buscou substituir o *Homo economicus* – idealizado pela economia tradicional e que toma decisões exclusivamente com base na razão,

---

[1339] DAMÁSIO, António R. *O mistério da consciência, op. cit.,* p. 63: "Certamente, não é verdade que a razão opere vantajosamente sem a influência da emoção. Pelo contrário, é provável que a emoção auxilie o raciocínio, em especial quando se trata de questões pessoais e sociais que envolvem risco e conflito. Sugeri que certos níveis de processamento de emoção são provavelmente indicativos do setor do espaço de tomada de decisão onde nosso raciocínio pode operar com máxima eficácia. Mas *não* sugeri que as emoções são um substituto para a razão ou que as emoções decidem por nós. É óbvio que as comoções emocionais podem levar a decisões irracionais. As lesões neurológicas sugerem simplesmente que a ausência seletiva de emoção é um problema. Emoções bem direcionadas e bem situadas parecem constituir um sistema de apoio sem o qual o edifício da razão não pode operar a contento. Esses resultados e sua interpretação puseram em xeque a ideia que descarta a emoção como se fosse um luxo, um estorvo ou um mero vestígio evolutivo. Também possibilitaram que se visse a emoção como a concretização da lógica da sobrevivência". (Grifos no original).

[1340] COLEGRAVE, Sukie. *Unindo o céu e a terra*: um estudo junguiano e taoísta dos princípios masculino e feminino na consciência humana; tradução Mauro de Campos Silva. São Paulo: Cultrix, 1997, p. 215: "Essa ideia de uma psique afastada das emoções do "dia-a-dia" é vulnerável ao mal-entendido e tem sido condenada por diminuir o vigor da vida humana. Este é um erro que surge ao se confundir o desenvolvimento do *Self* com a repressão da personalidade. O verdadeiro desenvolvimento de um centro superior de consciência não empobrece os sentimentos; pelo contrário, ao limpar a bagagem de afetos e desafetos, irritações e ressentimentos, obsessões e preconceitos, as paixões efêmeras que põem em desordem a nossa vida, ele enriquece os sentimentos, dando espaço para a experiência de uma alegria, e mesmo bem-aventurança, mais profunda e fidedigna, que surge do casamento dos princípios masculino e feminino. O novo *Self* é um guia interior dentro da psique, que ajuda o indivíduo a ver e a fazer o que é certo em todas as situações, e se doar aos outros não por obrigação, mas por vontade própria".

[1341] DAMÁSIO, António R. *O erro de Descartes, op. cit.,* p. 12-13.

presumindo-se que exista racionalidade plena – pelo *Homo sapiens*, o homem real, sujeito a emoções, escolhas irracionais e vivente no mundo de carne e osso. Enxerga o homem como ele realmente é, não como deveria ser. Seu trabalho recusa a corrente que sugere que a tomada de decisão se baseia na razão, de par a acentuar a influência da psicologia econômica na tomada de decisões. O comitê da Real Academia Sueca de Ciências assim justificou a premiação de Thaler por ter proporcionado "uma análise realista de como as pessoas pensam e se comportam quando tomam decisões econômicas".[1342] Com efeito, a concepção de economia, que se concentra sobre o método e a vê como aplicação do modelo do agente racional ao comportamento humano, está em forte rota de colisão com a psicologia, cujo foco incide sobre elementos não racionais e irracionais do comportamento humano.[1343]

É claro que a presença obrigatória da emoção no processo decisório pode se revelar, a final, vantajosa ou até desvantajosa. Nesta última hipótese, provoca depredações destrutivas no processo de formulação do decisório, à luz das peculiaridades do caso julgando. Significa dizer que as emoções são indispensáveis para dominar o *know-how* que orienta o processo decisório adequado.[1344] Porém, a falibilidade da razão mais se evidencia, nas esquinas da vida cotidiana, com erros em série, como quando da completa ausência de cortesia da emoção no ato de julgar.[1345] Ou seja: a incapacidade de sentir emoções torna visível uma profunda deficiência na capacidade de produzir decisão, a despeito de um comportamento racional irreprochável. Depreende-se, de semelhante correspondência, que a emoção é um elemento crucial da engrenagem da razão. Ademais, sem humanidade, como trilhar o caminho de uma melhor compreensão dos conflitos humanos, jurídicos ou não?

Importa registrar, ao contrário do que pareceria à primeira vista, que a emoção não se contrapõe à razão; antes, deve, no mínimo, ser venerada como uma auxiliar sua, ou, na perspectiva mais otimista, manter ininterrupto colóquio com ela. A razão se evanesce ou, pelo menos, se apresenta débil e precária quando desamparada de emoções e órfã de sentimentos.[1346]

[1342] Jornal *O Globo* de 10.10.2017, p. 20. No tocante à influência das emoções sobre o comportamento de tomada de decisões socioeconômicas, vide, também, SANFEY, Alan G.; RILLING, James K.; ARONSON, Jessica A.; NYSTROM, Leigh E.; COHEN, Jonathan D. The neural basis of economic decision making in the ultimatum game. In *Science*, n. 300, 13 June 2003, p. 1755-1758, esp. p. 1755: "However, in recent years this assumption has been challenged by behavioral economists, who have identified additional psychological and emotional factors that influence decision-making, and recently researchers have begun using neuroimaging to examine behavior in economic games. This study applies functional neuroimaging techniques to investigate the relative contributions of cognitive and emotional processes to human social decision-making".

[1343] POSNER, Richard Allen. *Fronteiras da teoria do direito*. São Paulo: WMF Martins Fontes (Biblioteca jurídica WMF), 2011, p. 281: "Os psicólogos defendem a tese bastante plausível de que o comportamento humano é *caracteristicamente* não racional e afirmam que o "homem racional" da economia raramente é encontrado no mundo real, mesmo nas economias de mercado e, sem dúvida, muito raramente fora destas". (Grifos no original).

[1344] DAMÁSIO, António R. *O erro de Descartes, op. cit.*, p. 216-217: "Conhecer a relevância das emoções nos processos de raciocínio *não* significa que a razão seja menos importante do que as emoções, que deva ser relegada para segundo plano ou deva ser menos cultivada. Pelo contrário, ao verificarmos a função alargada das emoções, é possível realçar seus efeitos positivos e reduzir seu potencial negativo. Em particular, sem diminuir o valor da orientação das emoções normais, é natural que se queira proteger a razão da fraqueza que as emoções anormais ou a manipulação das emoções normais podem provocar no processo de planejamento e decisão".

[1345] DAMÁSIO, António R. *O erro de Descartes, op. cit.*, p. 13.

[1346] JUNG, Carl Gustav. *A natureza da psique*. 2 ed. Petrópolis: Vozes, 1986, p. 299, n. 683: "A verdade sensorial talvez satisfaça à razão, mas não revela jamais um sentido da existência humana que suscite e expresse também

Da mesma forma, a emoção não se opõe à cognição, pois aquela tem a virtude de transmitir informações cognitivas, seja diretamente, seja através dos sentimentos. A razão solipsista, desacompanhada da emoção, é, no plano cognitivo, uma pseudorrazão; ao invés, como órgão do conhecimento, a razão é a favor das paixões que tornem a vida mais humana.[1347] No rastro da teoria do conhecimento platônica, a sabedoria não pode ser procurada desinteressadamente, de forma neutra e desprovida de emoções, tal como é descrito no diálogo *Symposium* (O Banquete), n. 202 a 212.[1348] No platonismo, a construção do conhecimento constitui um enlace do intelecto e da emoção, uma junção de razão e vontade. Em suma, a *episteme* é produto de inteligência e de amor.

É interessante observar a inter-relação entre amor e conhecimento autêntico do mundo, em que este se funda naquele. Devem-se buscar o conhecer e o amor, através de uma fórmula que compreenda necessariamente sentimento, não excluindo a emoção, pois aos sentimentos estão relacionados os atos emocionais. A busca de plenitude do conhecimento e o impulso na vida do homem sempre partem de um impulso amoroso.[1349]

Como o amor envolve a perquirição do valor mais elevado de cada coisa, ato ou pessoa ou, ainda, os valores máximos que o amado[1350] possui, é indispensável saber quais são tais valores. Numa linha: não podemos, *sic et simpliciter*, buscar o conhecimento sem amar. O desenvolvimento das estratégias da razão humana deve muito às forças orientadoras do universo de regulação biológica, do qual as emoções e os sentimentos são estrelas de primeira grandeza.

Não foram poucas as tentativas, ao longo da História do Direito, de se racionalizar as decisões judiciais, através do vetusto paradoxo: razão *versus* emoção, como se tais dimensões humanas se encontrassem em posições contrapostas e fosse indispensável a escolha entre uma e outra. Trata-se de falsa dualidade antagônica, dês que ignora as características dos seres humanos.

Razão e emoção são as duas faces de uma mesma medalha. Assim, quando se perde a capacidade de usar as emoções ocorre, simetricamente, a perda de capacidade de

---

nossas emoções. As forças destas emoções são, muitas vezes, os fatores que decidem, em última análise, tanto no bem quanto no mal. Mas quando estas forças não se apressam em socorrer nossa razão, esta última se mostra impotente, na maioria das vezes. A razão e as boas intenções preservaram-nos, porventura, da guerra mundial ou de qualquer outro absurdo catastrófico?" Assim, também, do mesmo autor, *Psicologia do inconsciente*. 18. ed. Tradução de Maria Luiza Appy. Petrópolis: Vozes, 2008, p. 41-42: "Podemos afirmar, e com toda razão, que a maior vitória da humanidade foi a conquista da racionalidade. No entanto, não queremos dizer que isso deva continuar ou continue sempre assim, aconteça o que acontecer. A terrível catástrofe da I Guerra Mundial veio frustrar por completo o mais otimista dos racionalistas".

[1347] ROUAET, Sergio Paulo. Razão e paixão. *In*: NOVAES, Adauto (Org.). *Os sentidos da paixão*. São Paulo: Companhia das Letras, 2009, p. 500-536, esp. p. 533.

[1348] PLATÃO. O banquete. *In: Diálogos*. Seleção de textos de José Américo Motta Pessanha; traduções e notas de José Cavalcante de Souza, Jorge Paleikat e João Cruz Costa. Os pensadores. 2. ed. São Paulo: Abril Cultural, 1983, p. 33-43. Assim, também, ADEODATO, João Maurício. *Filosofia do direito*: uma crítica à verdade na ética e na ciência (em contraposição à ontologia de Nicolai Hartmann). 5. ed. São Paulo: Saraiva, 2013, p. 99: "É preciso *amor* da parte do *filósofos*, etimologicamente um amante da sabedoria. A episteme jamais será alcançada sem uma *ascese erótica* (de Eros, o deus do amor), uma combinação de emoção e razão, um querer conhecer". (Grifos no original).

[1349] MEISTER, José Antonio Fracalossi. *Amor x conhecimento*: inter-relação ético-conceitual em Max Scheler. Porto Alegre: EDIPUCRS, 1994, p. 40-41.

[1350] Sobre a originalidade da visão cristã do amor, disse o Evangelho: "Este é o meu mandamento: amai-vos uns aos outros, assim como eu vos amei. Ninguém tem amor maior do que aquele que dá sua vida pelos amigos". (João 15, 12).

se empregar o raciocínio, entrando em fibrilação a eficácia das decisões em geral: a inexistência do binômio sentimento-emoção tem o condão de prejudicar a racionalidade.[1351]

Não se quer, em absoluto, dizer que as emoções e os sentimentos tomem as decisões pelos juízes ou que estes não sejam seres racionais. Quer-se dizer, isto sim, que tanto as emoções quanto os sentimentos estão presentes no ato de julgar, mais precisamente influenciando a gênese da formulação do *decisum*. Demais disso, ao depois, não seria despropositado afirmar que a racionalidade se nutre, necessariamente, de determinados perfis da tecnologia da emoção e do sentimento.[1352] Releva notar a íntima conexão entre racionalidade e interioridade-subjetividade do juiz. Parece bem que ele, ao analisar a pretensão das partes, saiba que, ao julgar, não estará sendo puramente racional; antes, ao revés, dispõe de emoções e de sentimentos como aliados estratégicos para escolher entre uma ou outra hipótese de decisão.

No ato de julgar, incidem emoções do juiz, seus sentimentos, sua razão, sua pré-compreensão, seus valores, suas noções de vida, sua concepção de mundo, suas utopias e assim por diante. Até seu inconsciente[1353] exerce intensa influência na conformação do decisório. É o campo desconhecido do mundo interior constituído por tudo aquilo que se ignora. Os conteúdos do inconsciente pessoal são parte integrante da personalidade individual do juiz. Portanto, nem as forças titânicas que movem as placas tectônicas podem separar o juiz de sua subjetividade e de seu mundo interior, pois o julgar configura um ato essencialmente humano.[1354]

É fascinante que a exploração da biologia da razão humana, espargida em numerosos sistemas cerebrais orquestrados e de colaborações recíprocas, ao longo de um sem-número de níveis de organização neural,[1355] tenha uma dependência intrínseca da emoção e do sentimento na perspectiva de uma dimensão somática.[1356] Na verdade, os

---

[1351] PRADO, Lídia Reis de Almeida. Racionalidade e emoção na prestação jurisdicional. *In:* ZIMERMAN, David. *Aspectos psicológicos na prática jurídica.* Campinas: Milennium, 2002, p. 43-57, esp. p. 50-51.

[1352] DAMÁSIO, António R. *O erro de Descartes, op. cit.,* p. 17: "Limito-me a sugerir que certos aspectos do processo da emoção e do sentimento são indispensáveis para a racionalidade. No que têm de melhor, os sentimentos encaminham-nos na direção correta, levam-nos para o lugar apropriado do espaço de tomada de decisão onde podemos tirar partido dos instrumentos da lógica".

[1353] JUNG, Carl Gustav. *Memórias, sonhos e reflexões.* Tradução de Dora Ferreira da Silva. Rio de Janeiro: Nova Fronteira, 1975, p. 354: "Tudo o que conheço, mas não penso num dado momento, tudo aquilo de que já tive consciência mas esqueci, tudo o que foi percebido por meus sentidos e meu espírito consciente não registrou, tudo o que involuntariamente e sem prestar atenção (isto é, inconscientemente), sinto, penso, relembro, desejo e faço, todo o futuro que se prepara em mim e que só mais tarde se tornará consciente, tudo isso é conteúdo do inconsciente".

[1354] POZZEBON, Fabrício Dreyer de Ávila. A crise do conhecimento moderno e a motivação das decisões judiciais. *In:* GAUER, Ruth Maria Chittó (Coord.). *Sistema penal e violência.* Rio de Janeiro: Lumen Juris, 2006, p. 231-247, esp. p. 234: "Não há outra saída para o presente modelo, pois julgar é um ato humano e só pode ser assim, pois somente o humano percebe o humano, razão e subjetividade percebem ou não razão e subjetividade (...), para julgar um ser humano, o juiz precisa ser cada vez mais humano, precisa de uma sensibilidade compartilhada".

[1355] DAMÁSIO, António R. *O erro de Descartes, op. cit.,* p. 17-18: "Tanto as regiões cerebrais de "alto nível" como as de "baixo nível", desde os córtices pré-frontais até o hipotálamo e o tronco cerebral, cooperam umas com as outras na feitura da razão. Os níveis mais baixos do edifício neurológico são os mesmos que regulam o processamento das emoções e dos sentimentos e ainda as funções do corpo necessárias para a sobrevivência do organismo. Por sua vez, esses níveis mais baixos mantêm relações diretas e mútuas com praticamente todos os órgãos do corpo, colocando-o assim diretamente na cadeia de operações que dá origem aos desempenhos de mais alto nível da razão, da tomada de decisão e, por extensão, do comportamento social e da capacidade criadora. Tantos esses aspectos, emoção, sentimento e regulação biológica, desempenham um papel na razão humana".

[1356] KELEMAN, Stanley, *op. cit.,* p. 12: "Sem anatomia, não há emoções. Os sentimentos têm uma arquitetura somática".

circuitos do cérebro emocional (ou estilo emocional do cérebro) estão, amiúde, sobre-postos aos do cérebro racional e pensante.[1357] Alguém poderia, açodadamente, dizer que tal concepção de emoção e de sentimentos, os quais não são entidades impalpáveis e diáfanas, conspurca o signo de divindade que a crença generalizada, de há muito, lhes imprime.

De fato, poderia soar como uma blasfêmia para l'uomo della strada a noção, ora esposada, de que o abrolhar de certo sentimento está subordinado à energização de determinados circuitos cerebrais em intercâmbio com a paisagem interna do corpo em sentido estrito, em direção vetorialmente oposta à de autorizadas vozes que afirmam que os sentimentos residem mais na região do coração.[1358] Agora bem, não se pretende, em absoluto, humilhar os conceitos que se possam ter sobre o espírito humano e sua origem transcendental. Para tanto, é recomendável não confundir os filmes projetados na tela (fenômenos complexos da mente humana) com o aparelho projetor (diferentes elementos e operações que se podem encontrar atrás de suas manifestações).[1359] Seja como for, uma rosa continuará a exalar seu perfume ainda que a complexidade da mente, que surge da atividade dos neurônios do cérebro e do restante do organismo, a reconheça, perturbadamente, como uma pedra e esteja plantada no mais inóspito de-serto. Ou – caso se prefira – o amor continuará sendo sublime, enquanto sentir emoção em toda a sua inescapável humanidade.

Insista-se no ponto: se, na concepção spinoziana, o espírito e o corpo podem ter uma raiz comum, a anatomia dos sentimentos, na plataforma física do estilo emocional do cérebro, em nada interfere na altíssima nobreza que lhes é penhorada.[1360] O ser hu-mano é espiritual, físico, intuitivo, emocional, intelectual. Liga-se ao mundo de carne e osso de forma lógica e racional, bem como de maneira intuitiva e emocional.

Há uma crença generalizada de que, no ato de julgar, para tomar decisões jurí-dicas corretas, o juiz deva se desgarrar de seus sentimentos e de suas emoções para, só então, subordinar-se ao domínio exclusivo da razão. Nessa equação, a racionalidade pura conduziria o juiz por todo o iter lógico-psicológico até a formulação de sua hipótese de julgamento. Nada mais equivocado.

[1357] DAVIDSON, Richard J. O estilo emocional do cérebro. Tradução de Diego Alfaro. Rio de Janeiro: Sextante, 2013, p. 106: "Nesses casos, as emoções não são elementos que nos interrompem ou perturbam, como os psicólogos da década de 1970 acreditavam. Ao contrário: elas facilitam nossa vida. Um sentimento permeia praticamente tudo o que fazemos. Logo, não é de surpreender que os circuitos cerebrais que controlam e regulam as emoções este-jam sobrepostos àqueles envolvidos em funções que consideramos puramente cognitivas". (Grifos no original).

[1358] JUNG, Carl Gustav. A natureza da psique, op. cit., p. 292, n. 669.

[1359] DAMÁSIO, António R. O erro de Descartes, op. cit., p. 20: "Descobrir que um certo sentimento depende da atividade num determinado número de sistemas cerebrais específicos em interação com uma série de órgãos corporais não diminui o estatuto desse sentimento enquanto fenômeno humano. Tampouco a angústia ou a sublimidade que o amor ou a arte podem proporcionar são desvalorizadas pela compreensão de alguns dos diversos processos biológicos que fazem desses sentimentos o que eles são. Passa-se precisamente o inverso: o nosso maravilhamento aumenta perante os intrincados mecanismos que tornam tal magia possível. A emoção e os sentimentos constituem a base daquilo que os seres humanos têm descrito há milênios como alma ou espírito humano". Assim, também, na mesma obra, p. 156: "Por último, é importante percebermos que a definição concreta de emoção e sentimento em termos cognitivos e neurais não diminui sua beleza ou horror, ou seu estatuto na poesia ou na música. Compreender como vemos ou como falamos não desvaloriza o que é visto ou falado. Compreender os mecanismos biológicos subjacentes às emoções e aos sentimentos é perfeitamente compatível com uma visão romântica do seu valor para os seres humanos".

[1360] URURAHY, Gilberto, op. cit., p. 25: "Hoje ainda temos dificuldade em admitir que nossos sentimentos, esses fenômenos tão pessoais e íntimos, possam ter uma base física. Como se, reconhecendo-os desta forma, eles perdessem toda a dignidade".

Na verdade, a fascinante exploração e as descobertas da neurobiologia da razão, de par a desafiarem a dualidade razão e sentimento-emoção, indicam sua sujeição incindível ao sentimento e à emoção, e, também, que os sistemas cerebrais específicos necessários a estes estão interligados aos sistemas cerebrais específicos indispensáveis àquela.[1361] Assim vistas as coisas, intelecto, sensibilidade e vontade configuram-se como três aspectos diferentes de uma mesma unidade total.[1362]

Metaforicamente, a razão é uma das asas do pássaro da Justiça; a outra é a emoção/sentimento. Para que o pássaro possa voar, é indispensável que haja sincronicidade entre as duas asas, isto é, integração e equilíbrio entre razão e emoção/sentimento.[1363] Mitologicamente, o diálogo auspicioso de Afrodite (áurea deusa da beleza, mãe de Eros, deus do amor, como o maior dom já concebido à humanidade) e de Palas Atena (deusa do pensamento reflexivo, da sabedoria e da civilização[1364]) denota a possibilidade de fusão do coração emoção/sentimento ao coração razão no ato humano de julgar.

Encoraja a pensar, no campo epistemológico, pela não separação entre razão/racionalidade e emoção/sentimento, os quais, na verdade, formam um bloco monolítico. As emoções atuam sobre a totalidade das funções mentais superiores. De acordo com uma visão humanística, fatores emocionais que impregnam o concreto exercício da função jurisdicional têm a qualidade de modificar a sensação e a percepção, pois alguns estímulos são acentuados e outros mitigados, ou favorecer o surgimento de predisposição perceptiva, alicerçada, por exemplo, em crenças filosóficas. Quando o juiz compreende a necessidade de lidar com suas emoções ditas negativas, é-lhe aberta uma porta para alcançar a experiência plena de sentimentos positivos. Disso resulta, naturalmente, a criação de boas percepções, as quais, além de desarticularem as emoções negativas, proporcionam mutações filantrópicas na percepção do juiz, no que toca ao procedimento e relacionamento com os sujeitos do processo e demais operadores do direito. Pensar com as emoções e sentir intuitivamente com o pensamento devem nortear o juiz no ato de julgar.[1365]

[1361] DAMÁSIO, António R. *O erro de Descartes*, op. cit., p. 216: "Com efeito, os sentimentos parecem depender de um delicado sistema com múltiplos componentes que é indissociável da regulação biológica; e a razão parece, na verdade, depender de sistemas cerebrais específicos, alguns dos quais processam sentimentos. Assim, pode existir um elo de ligação, em termos anatômicos e funcionais, entre razão e sentimentos e entre esses e o corpo".

[1362] GORPHE, François. *Les décisions de justice*: étude psychologique et judiciaire. Paris: Presses universitaires de France, 1952, p. 41: "Le plus solvent, l'équité joue entre les limites légales, et le jugement doit satisfaire à la double exigence: la bonne justice consiste à équilibrer l'équité avec le droit. Cet équilibre doit se retrouver dans les divers éléments psychologiques qui concourent à la formation du jugement, sous le triple rapport intellectuel, effectif et volontaire. Comme le constate judicieusement le magistrat psychologue Hellwig, nous retrouvons ici la confirmation de la vieille idée que l'intelligence, la sensibilité el la volonté ne sont que trois aspects différents d'une même unité et qu'il n'y a plas plus d'intellect complètement séparé du sentiment et du vouloir qu'il n'y a de vouloir ou de sentiment absolument indépendant. Le juge est un homme vivant, il juge avec toute son âme; il fait œuvre, non seulement rationnelle, mais aussi humaine".

[1363] GOLEMAN, Daniel. *Inteligência emocional*. Rio de Janeiro: Objetiva, 1995, p. 18: "Quando investigam por que a evolução da espécie humana deu um papel tão essencial em nosso psiquismo, os sociobiológicos verificam que, em momentos decisivos, ocorreu uma ascendência do coração sobre a razão. (...) Uma visão da natureza humana que ignore o poder das emoções é lamentavelmente míope. A própria denominação *Homo sapiens*, a espécie pensante, é anacrônica à luz do que hoje a ciência diz acerca do lugar que as emoções ocupam em nossas vidas. Como sabemos por experiência própria, quando se trata de moldar nossas decisões e ações, a emoção pesa tanto – e às vezes muito mais – quanto a razão".

[1364] WOOLGER, Jennifer Barker. *A deusa interior*: um guia sobre os eternos mitos femininos que moldam nossas vidas. Tradução Carlos Afonso Malferrari. São Paulo: Cultrix, 2007, p. 15, 109.

[1365] FIORELLI, José Osmir. *Psicologia jurídica*. 3. ed. São Paulo: Atlas, 2011, p. 36: "O pensamento "racional" é extremamente limitado por motivo simples: as opções, para as mínimas coisas, são virtualmente infinitas; somente critérios emocionais permitem a tomada de decisão. A *razão* atua sobre o limitado leque de opções

Questão que guarda alguma similitude com a superação do confronto epistemo-lógico entre razão e emoção-sentimento toca à complexa problemática da reconciliação entre fé e razão. O Papa João Paulo II, ao elaborar a Encíclica *Fides et Ratio*, editada em 14.09.1998, pretendeu erguer uma ponte sobre o abismo que sempre existiu entre fé e razão. Logo no preâmbulo, Sua Santidade assinala que "A fé e a razão (*Fides et ratio*) constituem como que as duas asas pelas quais o espírito humano se eleva para a contemplação da verdade. Foi Deus quem colocou no coração do homem o desejo de conhecer a verdade e, em última análise, de conhecer a Ele, para que, conhecendo-O e amando-O, possa chegar também à verdade plena sobre si próprio".[1366]

A fé conduz à razão humana, ou à sua purificação, e, nesse diapasão, é bastante sugestivo o seguinte excerto daquela Encíclica: "A teologia fundamental deverá mani-festar a compatibilidade intrínseca entre a fé e a sua exigência essencial de se explicitar por meio de uma razão capaz de dar com plena liberdade o seu consentimento".[1367]

Há, por dizê-lo assim, reciprocidade entre a fé e a razão humana, como, de resto, existe a interação entre Teologia e Filosofia. Confira-se a Encíclica: "relação de recipro-cidade circular com a Palavra de Deus enriquece a Filosofia, porque a razão descobre horizontes novos e inesperados".[1368] Não se recusa a autonomia da Filosofia, pois a Encíclica afirma: "o filósofo deve proceder segundo as próprias regras e basear-se sobre os próprios princípios; todavia, a verdade é uma só. A Revelação, com seus conteúdos, nunca poderá humilhar a razão nas suas descobertas e na sua legítima autonomia; a razão, por sua vez, não deverá perder nunca a sua capacidade de interrogar-se e de interrogar, consciente de não poder arvorar-se em valor absoluto e exclusivo".[1369]

Seja como for, o *punctum dolens* da fricção entre fé e razão, ou melhor, da tensão entre teólogos e filósofos, está, já no ponto de partida, na fixação de premissas diferentes no que toca ao conhecimento da verdade: os primeiros defendem a verdade revelada, alcançada por meio da fé; ao passo que os segundos partem da fonte de uma verdade intelectual, adquirida pela via exclusiva da razão.[1370]

5.3 A extrema sensibilidade do juiz às angústias dos litigantes e a inteligência espiritual

Não parece correto introduzir o tema central deste tópico em termos alternativos: para a sociedade é melhor um juiz munido de refinada técnica jurídica na decodificação dos estatutos legais *ou* aquele dotado de apurada sensibilidade (*sensibilitas*). A sociedade espera que seus juízes, no exercício de suas funções judicantes, tenham perfil técnico *ou* assumam um papel de sensibilidade? O problema, binariamente formulado, transporta implicações ideológicas e práticas para o ato de julgar.

---

disponibilizado pela emoção. Em outras palavras, *a emoção conduz, literalmente, o pensamento. Somente se consegue ser "racional" dentro de parâmetros emocionalmente aceitáveis*. Essa distinção, de importância teórica e prática, alerta para a relatividade do "racionalismo"; modificados os paradigmas emocionais, a racionalidade de uma decisão torna-se questionável". (Grifos no original).

[1366] PAULO II, Papa João. *Carta Encíclica* Fides et Ratio. São Paulo: Edições Paulinas, 1998, p. 5.
[1367] PAULO II, Papa João, *op. cit.*, p. 91.
[1368] PAULO II, Papa João, *op. cit.*, p. 98.
[1369] PAULO II, Papa João, *op. cit.*, p. 105.
[1370] SILVA, Ivan de Oliveira. *Curso moderno de filosofia do direito*. São Paulo: Atlas, 2012, p. 174.

Generalizadamente, aqui e alhures, as Faculdades de Direito são espaços de formação de técnicos especializados em manusear códigos, legislação escrita extravagante, ainda identificados com o Direito. O fenômeno é bem conhecido e ecoa da sepultura do positivismo jurídico radical, acrítico, ditado pela racionalidade iluminista, em sua devoção ao texto escrito e ao poder que o dita. É escassa a inquietude de se proceder à análise crítica e sociológica dos institutos jurídicos e de sua função na determinação da realidade sociocultural. Frequentemente, valores e princípios são sacrificados no altar do cipoal da legislação infraconstitucional.

Um dos aspectos mais tormentosos que assoma a função jurisdicional toca à função criadora, acariciada pelos valores pessoais do juiz e por sua sensibilidade, como fundamento da vida emocional, ao acomodar a realidade ao ordenamento jurídico na procura da melhor solução para o conflito jurídico intersubjetivo. Comumente, tais valores personificados no juiz representam, em regra, a encarnação de valores preponderantes no meio social. Acresce que o labor de exegese-aplicação do direito é demarcado pelos valores e princípios constitucionalmente proclamados.

Não parece correto asseverar que a crise do Judiciário, de uma espécie de negação da justiça ou de uma justiça sem justiça, repousa no cariz essencialmente técnico do juiz que, por simetria, produz uma resposta técnica do Estado-juiz para a lide. A técnica, só por sê-la, não é necessariamente nefasta para os anseios da sociedade, porquanto não se pode confundir a técnica própria da ciência do Direito com tecnicismo exacerbado, apostado com o dogmatismo asfixiante, vazio teleologicamente e alheio às exigências valorativas da realidade social.

A sensibilidade do juiz ao âmbito do processo judicial pode conduzi-lo a esculpir no mármore da parêmia "*Dura lex, sed lex*" para encontrar a melhor e mais justa hipótese de julgamento, atenta às necessidades e aos valores sociais. Nessa moldura, o juiz humano e sensível assume, com frequência, seu importantíssimo papel de verdadeiro agente de transformação social, ao passo que o juiz-técnico pode se assumir como um plagiador de iniquidades.

A dignidade da pessoa humana é o epicentro axiológico do ordenamento jurídico e, portanto, do Estado Constitucional e Democrático de Direito. No Brasil, configura um dos fundamentos da República (CF, art. 1º, III). Para poderem julgar, no plano da eticidade, os juízes devem ter como princípio a dignidade da pessoa humana, a cidadania e valorização do ser humano, a solidariedade, a fraternidade. Não por acaso, a sensibilidade do juiz, mola propulsora de sua experiência afetiva, revela a quintessência do ato de julgar, pois Justiça é algo que o juiz sente. O valor mais geminado com a Justiça é a axiologicamente sobrejacente dignidade da pessoa humana. Um expressivo exemplo à mão é o da Escola Realista americana, a cuja luz aqueceu-se uma visão mais autêntica da vida jurídica, fraturando padrões como os de uniformidade e generalidade do Direito. Ao invés disso, mostrou que o Direito exibe, na plasticidade, uma característica essencial, que a sentença é menos a norma e o precedente é mais o juiz com toda a sua humanidade.[1371]

No famoso corpo normativo designado de *Siete Partidas*, ao juiz cumpria ter sensibilidade e, se possível, saber Direito. Devia ser capaz de levar sensibilidade e preocupação com a pessoa humana para suas decisões No mundo de carne e osso, os

---

[1371] Para uma visão global da questão, vide HERKENHOFF, João Baptista. *Direito e utopia*. 4. ed. Porto Alegre: Livraria do Advogado, 2001.

problemas humanos não são regidos de maneira exclusivamente cartesiana, lógica e conceitual, em que todo caso concreto terá correspondência com uma norma estampada glacialmente na lei escrita, como herança do positivismo jurídico inflexível. Ocorre precisamente o oposto: cada sentença tem um color de subjetividade, em que a envergadura moral, o empenho técnico, as ideologias (como sistemas de ideias, de opiniões, de crenças, de preferências concernentes aos fins julgados essenciais para a vida em sociedade) devem operar.

De fato, o juiz não pode se exilar em uma torre de marfim e assim permanecer alheio às partes, aos jurisdicionados e distante da realidade social. No alvorecer do século XXI, o que se cogita, idealmente, é de um juiz humanista, e tal ideário perpassa pela melhor formação dos membros da magistratura.[1372] Significa dizer, por exemplo, que reputação ilibada e conhecimento técnico-jurídico são requisitos necessários para ingressar na Magistratura, mas notoriamente insuficientes. Com efeito, é indispensável que o juiz abra as escotilhas do Direito para que os problemas humanos possam ser captados no radar de sua sensibilidade igualmente humana. Apenas o humano tem a virtude de perceber o humano.

O papel do juiz, no cotidiano forense, é converter os pré-requisitos de investidura em requisitos de desempenho, acrescentando outros valores como independência técnica (perante outros órgãos judicantes) e política (diante dos outros Poderes estatais). Deve agregar acessibilidade, isto é, o juiz deve ser uma pessoa acessível, por exemplo, aos advogados e às partes, privilegiando, nessa latitude, o diálogo judicial e a humanização do processo,[1373] pelo fio lógico-condutor do diálogo humano,[1374] através da integração do juiz às estruturas dialéticas, nas quais se materializam as exigências próprias do contraditório, juntamente com as partes, em constante fluxo de comunicação oral,[1375] que é a mais perfeita, por permitir impressões pessoais imediatas e diretas.

[1372] O problema sobre o recrutamento e o desenvolvimento (funcional e pessoal) dos juízes, bem como o papel das Escolas de Magistratura, será objeto do Capítulo 7, tópico 7.4 infra.

[1373] No prefácio da tradução alemã da 3. edição de sua obra *"Elogio dei giudici scritto da un avvocato"*, vide CALAMANDREI, Piero. Anche i giudici sono uomini. *In:* CAPPELLETTI, Mauro (a cura di). *Opere giuridiche*. Napoli: Morano, 1965, v. 2., p. 478-481, esp. p. 481: "Ma in tutto il libro, qualunque sia il tempo in cui le pagine sono state scritte, è rimasta costante e invariata una convinzione: che il buon funzionamento della giustizia dipende dagli uomini e non dalle leggi, e che l'ottimo sistema giudiziario è quello in cui i giudici e gli avvocati, legati da reciproca fiducia, cercano la soluzione dei loro dubbi, più che nella pesante dottrina, nella viva e fresca umanità. Il significato di tutto il libro è quella sigla che fino dalla prima edizione italiana torna, come un motivo ricorrente, ad ogni fine di capitolo: la bilancia che su un piatto porta dei grossi volumi in folio, e dall'altro la lieve gentilezza di una rosa: e si vede che in quella bilancia, in contrasto colle leggi fisiche, la rosa pesa più dei grossi libri. Affinchè la giustizia funzioni umanamente, bisogna che la bilancia penda dalla parte della rosa".

[1374] CALAMANDREI, Piero. Relazioni di buon vicinato tra giudice e difensori. *In:* CAPPELLETTI, Mauro (a cura di). *Opere giuridiche*. Napoli: Morano, 1965, v. 2, p. 403-411, esp. p. 403: "Il nuovo codice, com'è risaputo, ha messo in più stretto contatto, nel periodo dell'istruzione, i giudici e i difensori: le loro relazioni, che nel vecchio processo si svolgevano a distanza, attraverso la solennità dell'udienza dove gli umori personali rimanevano mortificati sotto la compassata uniformità della toga, oggi si sono ravvicinate fino a diventare una conversazione a tu per tu, che lascia riaffiorare gli estri e le sorprese del discorso vivo. Naturalmente non sta al codice dettar le regole di questo dialogo, e segnare i limiti che non si debbono varcare affinchè la confidenza e la sincerità non sacrifichino la discrezione ed il reciproco rispetto: queste sono questioni di buona creanza, non di procedura".

[1375] CABRAL, Antonio do Passo. l principio del contraddittorio come diritto d'influenza e dovere di dibattito. *Rivista di diritto processuale*, Milano, anno 60, n. 2, 2005, p. 449-463, esp. p. 458-459: "(...) il diritto d'influenza giustifica i principi dell'oralità e dell'immediatezza (identità fisica del giudice). Il dibattito attraverso la parola orale umanizza le manifestazioni dei soggetti processuali con la concezione che l'influenza può anche essere esercitata per mezzo dell'emozione e dei sentimenti, che soltanto personalmente — e non colla freddezza degli archivi giudiziari — possono essere trasmessi".

Urbanidade, cordialidade, amabilidade do magistrado se acrescentam, também, ao conjunto de requisitos indispensáveis para seu satisfatório desempenho funcional, seja ele ministro do Supremo Tribunal Federal brasileiro, seja ele juiz de uma longínqua comarca do interior de determinado Estado da Federação. A maior sofisticação de um juiz está justamente em sua simplicidade e humildade.[1376]

Daí se segue que, para além de sua preparação técnica, o juiz deve ser bem formado humanisticamente. Vale a pena lembrar que o bom uso da informação depende, não raro, do próprio grau de formação pessoal do juiz, que deve ser havida como política pública do Poder Judiciário. Nesta sede, a responsabilidade do juiz é tanto maior quando se tem em linha de consideração que ele tem o encargo de inspirar, muito mais do que qualquer outro agente público, confiabilidade nos cidadãos e de incutir autoestima na sociedade em que opera.

De fato, a boa percepção dos valores, princípios e regras jurídicas vigentes em determinado lugar e quadra histórica depende da formação humanística do juiz. A insensibilidade é incapaz de despertar uma boa percepção; antes, a adequada percepção do Direito e dos fatos subjacentes ao litígio se plasma na sensibilidade. A ausência dela estorva o juiz de enxergar os dramas humanos que se escondem por detrás de cada processo judicial. Nessa perspectiva, sensibilidade emocional, hábil para perscrutar o coração humano, é igualmente um requisito de bom desempenho do juiz.

Temas sensíveis, como legalização de união homoafetiva, liberação de pesquisas com células-tronco embrionárias, validade das cotas para negros nas universidades públicas, por envolverem diretamente uma plêiade de direitos fundamentais, reclamam sensibilidade mais aguçada do juiz quando eles se friccionem entre si, o qual, por isso, deve fazer uma ponderação prevalente, mas atento às especificações do caso concreto. Não se pode perder a perspectiva de que, para a adequada performance da função jurisdicional, é imprescindível que o juiz agriculte seu quinhão de sensibilidade aos valores sociais e às transformações axiológicas da sociedade complexa, plural e dialética.[1377]

Decerto, uma das emoções mais caras ao juiz, que autentica a sua humanidade, é a compaixão,[1378] enquanto emoção social. O viver a compaixão ("sentir com", "sentir juntos"), instruindo realidade e humanidade, de par a depender da capacidade de se estar presente em si mesmo,[1379] exprime uma participação na dor alheia: o juiz deve ter a capacidade de se pôr no lugar das partes e, assim, de sentir a dor do outro como se fosse sua própria dor. Ou melhor: deve sentir as angústias das partes no processo judicial e, por simpatia, fazer uma representação mental da situação alheia e se colocar

---

[1376] COLTRO, Antonio Carlos Mathias. Juiz, humildade e serenidade. *In*: NALINI, José Renato (Coord.). *Uma nova ética para o juiz*. São Paulo: Revista dos Tribunais, 1994, p. 11-16, esp. p. 14.

[1377] DINAMARCO, Cândido Rangel. Fundamentos do Processo civil moderno. 5. ed. São Paulo: Malheiros, 2002, v. 2, p. 753-754

[1378] CASTRO, Jorge Rosas de. A compaixão e o Direito: do espanto à realidade. *Teatro do Mundo*, v. 9, p. 64-93, 2014, esp. p. 75: "É minha convicção que a imparcialidade, a objetividade e a racionalidade que se espera sejam características da atuação quotidiana de um juiz não são incompatíveis com uma postura compassiva; direi mesmo que para se decidir acertadamente, isto é, com justiça, é essencial ter-se uma postura compassiva, isto é, ser-se capaz de se colocar no lugar do outro. Estou certo que a larga maioria de nós, se tivesse que ir ao tribunal resolver algum problema na sua vida, preferiria encontrar um juiz que fosse capaz de se colocar no nosso lugar, e não um outro que olhasse a causa com um distanciamento frio. Ao assim atuar o juiz não deixa de ser imparcial, pois do mesmo modo que se coloca no lugar de cada um de nós, tem também que conseguir colocar-se no lugar da contraparte, se esta existir, e analisar todos os lados da questão imbuído desse espírito".

[1379] KELEMAN, Stanley. *Mito e corpo*: uma conversa com Joseph Campbell. Tradução Denise Maria Bolanho. São Paulo: Summus, 2001, p. 111.

no lugar delas. Seria bom que o juiz fosse capaz de reviver em si, para compreendê-las, cada uma dessas angústias.[1380]

O juiz, como gente que é, experimenta pressões externas e pressões internas oriundas das profundezas do psiquismo inconsciente. Um dos atributos indispensáveis que o juiz deve possuir, para bem exercer a complexa atividade de julgar, é a empatia. Etimologicamente, resulta dos étimos gregos *em* (dentro de) e *pathos* (sofrimento). Denota a capacidade de o juiz se colocar na posição das partes cujo litígio esteja julgando para, penetrando dentro delas, sentir suas verdadeiras angústias e aflições.[1381] Compreender os sentimentos dos outros. Em suma, é através da empatia que as partes são reconhecidas. Não por acaso, em dicção carneluttiana, apenas o contato com o ser humano vivo pode inspirar, no juiz, essa visão suprema que é a intuição da Justiça.

No concreto exercício da função jurisdicional, o juiz deve se reconectar com o sentido mais profundo de uma célebre sentença junguiana: "Conheça todas as teorias, domine todas as técnicas, mas ao tocar uma alma humana, seja apenas outra alma humana." De fato, no processo judicial, ao juiz cumpre oferecer empatia, injetar compaixão, sentir sensibilidade, humildade e muita humanidade.

É necessário pensar o papel da compaixão no mundo do Direito e em especial no ato de julgar. A compaixão, além de seu sentido de sentimento e atitude emocional, é um valor de feição humana e uma maneira idealmente de organização social. O juiz compassivo, de compreensão do outro e de compromisso para com a resolução das causas do seu sofrimento, reúne as condições necessárias para densificar, *in concreto*, o princípio constitucional da dignidade da pessoa humana,[1382] O juiz dotado de intuição compassiva significa compreender as pessoas que tem diante de si e estar aberto aos pormenores humanos dos seus dramas, sem perder, evidentemente, a visão crítica e objetiva de todo esse quadro.

A compaixão é um valor fundante de nossa civilização, radicado, ao fim e ao cabo, na dignidade da pessoa humana. Uma pessoa sem compaixão dificilmente será uma pessoa capaz de entender o outro, e uma pessoa incapaz de compreender o outro não pode ser um bom juiz. Aliás, o juiz deve moldar sua vida como uma requintada obra de arte: na qual se pode admirar sua sensibilidade, bondade, serenidade, generosidade e senso de justiça inquebrantáveis, juntamente com uma compreensão segura e intuitiva das pessoas e dos assuntos humanos.

A compreensão em relação a cada parte supõe que no início de cada litígio o juiz faça sempre, de certo modo, a mesma pergunta que emerge na primeira frase do Hamlet, de Shakespeare – "Quem está aí?" E supõe que ouça a resposta.[1383]

[1380] CALAMANDREI, Piero. *Elogio dei giudici scritto da un avvocato*. 4. Edizione. Firenze: Le Monnier, 1959, p. 272: "E invece si vorrebbe nel magistrato soprattutto larghezza delle idee: la spregiudicata esperienza del mondo, la cultura che permette di intendere i lieviti sociali che bollono sotto le leggi, la letteratura e le arti, che aiutano a discendere nei misteri più profondi dello spirito umano. Sotto il ponte della giustizia passano tutti i dolori, tutte le miserie, tutte le aberrazioni, tutte le opinioni politiche, tutti gli interessi sociali. E si vorrebbe che il giudice fosse in grado di rivivere in sè, per comprenderli, ciascuno di questi sentimenti: aver provato lo sfinimento di chi ruba per sfamarsi, o il tormento di chi uccide per gelosia; essere a volta a volta (e talvolta nello stesso tempo), inquilino e locatore, mezzadro e proprietario di terre, operaio scioperante e padrone d'industria. Giustizia è comprensione: cioè prendere insieme, e contemperarli, gli opposti interessi: la società di oggi e le speranze del domani; le ragioni di chi la difende, e quelle di chi la accusa".

[1381] ZIMERMAN, David. Uma aproximação entre o perfil da figura do juiz de direito e a do psicanalista. *In:* ZIMERMAN, David. *Aspectos psicológicos na prática jurídica*. Campinas: Milennium, 2002, p. 575-592, esp. p. 584.

[1382] CASTRO, Jorge Rosas de, *op. cit.*, p. 65.

[1383] CASTRO, Jorge Rosas de, *op. cit.*, p. 89, 90-91: "Se assim actuar, o juiz não vê cada processo como um conjunto de papéis, mas antes como a expressão de um drama que importa resolver, e resolver de uma forma humana,

A compaixão é uma ferramenta útil para descortinar a verdadeira compreensão do que está em causa em cada processo, para melhor aplicar o sistema legal, para apreender as vivências em causa e para ter a perceção das consequências da decisão sobre a vida das pessoas.[1384]

É verdade que o juiz está sujeito a tensão emocional crônica que, no limite, provoca um colapso psíquico, mas que pelo caminho vai gerando espaços de exaustão emocional, que passam por atitudes de indiferença, nomeadamente em face do sofrimento alheio. O juiz, nessa ambiência, pode adquirir a chamada *Síndrome de Burnout*. É um problema que foi observado inicialmente em profissionais como médicos,[1385] enfermeiros, psicólogos, professores, assistentes sociais, mas que vai se enredando para outras áreas, circunstância que faz acreditar na sua existência entre magistrados. O esgotamento emocional, por refinada ironia, torna o juiz imune ao sofrimento da parte que inicialmente tanto valorizaria. Significativo estudo divulgado nos Estados Unidos apontou o que designava por sintomas de *compassion fatigue* a propósito de juízes, os quais, proporcionalmente, manifestavam-se mais em juízas que em juízes.[1386]

A sentença deve estar permeada pela seiva que lhe deu o nome: o sentimento.[1387] De fato, sob a ótica etimológica, o vocábulo "sentença" vem do verbo latino *"sentire"*. Disso resulta que a semântica da palavra "sentença" expressa, pois, sentimento ou sensibilidade do juiz que se encontra diante de determinado conflito jurídico intersubjetivo.[1388] Nela, o juiz declara o que sente. Daí por que, com pensamento mais profundamente intuitivo, o juiz não pode, pura e simplesmente, ignorar, nem mesmo no plano filosófico, a existência do outro;[1389] antes, bem ao contrário, impregnado de sensibilidade, tem de se sentar na cadeira que está do outro lado da mesa. Deixar de reconhecer a sensibilidade emocional do juiz, cuja maior virtude é ser humano, como uma qualidade positiva de um agente racional e moral quem há de?

---

privilegiando na medida do possível a substância em detrimento da forma; estará mais bem habilitado a ler a lei à luz dos valores que lhe estão subjacentes e a pensar na vida a que a lei se destina; e conseguirá compreender melhor a posição dos intervenientes no processo – de todos eles –, bem assim como as consequências da sua decisão. Se assim actuar, proferirá certamente decisões mais justas e mais pacificadoras junto da comunidade a que se destinam".

[1384] GARLIKOV, Richard. *The proper role of judges*: compatible with compassion? Disponível em: http://www.google.pt/url?sa=t&rct=j&q=&esrc=s&frm=1&source=web&cd=1&ved=0CC0QFjAA&url=http%3A%2F%2Fww.garlikov.com%2Fphilosophy%2FJudgesAndLaw.doc&ei=YqtlUrO4NY2R7AaZt4CYAw&usg=AFQjCNGbPd9lE_wspxVUN 78fevLEEyfstQ&bvm=bv.54934254,bs.1,d.Yms. Acesso em: 02 fev. 2018. Assim, também, AVGOUSTINOS, Costa. The compassionate judge. *Public Space*: *The Journal of Law and Social Justice*, v. 1, p. 16, 2007.

[1385] Sobre o paralelismo na tomada de decisão no ato médico e no ato judiciário, vide RICOEUR, Paul. *O justo 2*: justiça e verdade e outros estudos. Tradução Ivone C. Benedetti. São Paulo: WMF Martins Fontes, 2008, p. 239-249.

[1386] TOWN, Michael A. Is compassion fatigue an issue for judges? Disponível em: https://www.floridabar.org/DIVCOM/JN/JNNews01.nsf/8c9f13012b96736985256aa900624829/e4fe17e7b4b9294885256ea00056c09b?OpenDocument. Acesso em: 02 fev. 2018.

[1387] NALINI, José Renato. *Ética da magistratura*: comentário ao código de ética da magistratura nacional: CNJ. 2. ed. rev. e atual. São Paulo: Editora Revista dos Tribunais, 2010, p. 186: "Sentenciar é um ato que reclama sentimento. Impossível se exigir do magistrado submissão a um automatismo silogístico já superado".

[1388] NORONHA, Carlos Silveira. *Sentença civil*. Perfil histórico-dogmático. São Paulo: Revista dos Tribunais, 1995, p. 274.

[1389] SARTRE, Jean-Paul. *O existencialismo é um humanismo*: a imaginação: questão de método. Seleção de textos de José Américo Motta Pessanha. Traduções de Rita Correia Guedes, Luiz Roberto Salinas Fortes, Bento Prado Júnior. Os pensadores. 3. ed. São Paulo: Nova Cultural, 1987, p. 15-16: "Para obter qualquer verdade sobre mim, é necessário que eu considere o outro. O outro é indispensável à minha existência tanto quanto, aliás, ao conhecimento que tenho de mim mesmo. Nessas condições, a descoberta da minha intimidade desvenda-me, simultaneamente, a existência do outro como uma liberdade colocada na minha frente, que só pensa e só quer ou a favor ou contra mim. Desse modo, descobrimos imediatamente um mundo a que chamaremos de intersubjetividade e é nesse mundo que o homem decide o que ele é e o que são os outros".

O justo pode ser encapsulado na seguinte fórmula: tratar todos igualmente naquilo em que são iguais, e de maneira diferente, mas proporcional, naquilo em que são diferentes. O binômio justo-igualdade também pode ser manifestado pela exigência definida pelo direito natural de reciprocidade entre os seres humanos,[1390] vivificada no Evangelho: "Portanto, tudo o que vós quereis que os homens vos façam, fazei-lho também vós, porque esta é a lei e os profetas" (Mateus, 7, 12).

Um julgador asséptico – fruto de sua própria formação, que enfatiza exclusivamente o legalismo na prestação jurisdicional, distante do destino das pessoas envolvidas no processo e das consequências do decisório na vida dos litigantes e da sociedade –, anestesiado de emoções, insensível, duro como um bloco de granito e, enfim, divorciado de sua *anima*, distante dos predicados de sua interioridade feminina,[1391] poderá até produzir alguns grãos de justiça, mas a maior probabilidade é a de que venha, tão amiúde, a caminhar no árido vale da injustiça e da iniquidade. Um tipo assim de personalidade do juiz configura, realisticamente, a assimilação dos mundos insensíveis em que vive. O retorno da alma ao mundo exterior, com poderes arquetípicos e revisão do sentido de realidade psíquica,[1392] mudando-o, oferece esperança de mutação, terapêutica, do mundo interior das pessoas.

Também o sono da sensibilidade produz monstros. A metáfora da insensibilidade, no presente trabalho, está no kafkiano modelo de justiça atemporal representado pelo glacial quinto modelo de juiz: Midas,[1393] aquele que tudo que tocasse transformava-se em ouro. Assim, em sua miséria de desumanidade, jamais poderia compreender as angústias dos litigantes, a pena de transformá-los em belas estátuas de ouro.

De mais a mais, o juiz Midas despreza a segurança jurídica e não se preocupa com a lei nem com a doutrina, tampouco com a jurisprudência, que não corresponderiam a suas opiniões pessoais. Na porta de seu gabinete, o juiz Midas decalcou a inscrição do portal do inferno alighieriano: "Deixai aqui todas as esperanças, ó vós que entrais".[1394]

[1390] ISRAËL, Nicolas. *Genealogia do direito moderno*: o estado de necessidade. Biblioteca jurídica WMF. São Paulo: Editora WMF Martins Fontes, 2009, p. 118: "Basta, então, para ser justo, colocar-se no lugar do outro. A igualdade na origem do direito já não é concebida como uma proporção imanente a uma relação social, mas coincide com uma forma de reciprocidade já formulada, em seu tempo, pelo Evangelho. Existe, portanto, uma correlação essencial entre a emergência dos direitos subjetivos e a assimilação da igualdade à reciprocidade. A igualdade jurídica, a partir de então, é concebida como a detenção recíproca de direitos subjetivos".

[1391] PRADO, Lídia Reis de Almeida. *O juiz e a emoção*: aspectos da lógica da decisão judicial. 3. ed. Campinas: Millenium, 2005, p. 84: "Em suma, parecem ser pouco frequentes em tais julgadores vivências de alteridade (abertura para o outro), fato que se reflete na atividade jurisdicional. Como os predicados do arquétipo da *anima*, integrados à consciência, tornam possível que o Outro seja contextualizado e tratado em sua especificidade, essa integração propicia ao juiz realizar, com maior plenitude, a justiça do caso concreto".

[1392] HILLMAN, James. *O pensamento do coração e a alma do mundo*. Tradução Gustavo Barcellos. Campinas, SP: Verus, 2010, p. 92: "Esse novo sentido de realidade psíquica requer um novo faro. Mais do que o faro psicanalítico que busca a profundidade de sentido e conexões ocultas, precisamos do faro no sentido animal comum, uma resposta estética ao mundo. Essa resposta vincula a alma individual à alma do mundo; sou animado por essa *anima*, como um animal. Reentro no cosmo platônico, que sempre reconhece que a alma do indivíduo nunca pode avançar além da alma do mundo, porque elas são *inseparáveis*, uma sempre implica a outra. Qualquer alteração na psique humana ressoa com uma alteração na psique do mundo". (Grifos no original).

[1393] Crono representa o quarto modelo de juiz. Vide, no ponto, CONTE, Francesco. *Sobre a motivação da sentença no processo civil*: Estado constitucional democrático de direito, discurso justificativo e legitimação do exercício da jurisdição. 1. ed. Rio de Janeiro: Gramma, 2016, p. 349. Sobre o tema, mais amplamente, vide OST, François. Júpiter, Hércules, Hermes: tres modelos de juez. *Academia* (Revista sobre enseñanza del Derecho), Buenos Aires, año 4, n. 8, p. 101-130, 2007, esp. p. 102-105; DWORKIN, Ronald. *Levando os direitos a sério*. 3. ed. São Paulo: Editora WMF Martins Fontes, 2010. (Biblioteca Jurídica WMF), p. 165.

[1394] ALIGHIERI, Dante. *A divina comédia*. São Paulo: Círculo do Livro, [S.d.], p. 25.

O juiz Midas, fascinado pelo brilho do materialismo, robotizado e despojado de calor humano, tendo sua personalidade eclipsada pela ação negativa da sombra, procura encobrir suas fixações e defesas, através de disfarces e de camuflagens dentro da normalidade, isto é, de acordo com a *persona*,[1395] enquanto identificação e apresentação social de uma pessoa (*v. g.*, a *persona* dos juízes é a toga, valendo notar que o vocábulo *persona* designa, originalmente, no teatro grego antigo, a máscara usada pelos atores). Há, por assim dizer, interação dinâmica entre as inúmeras estruturas psicológicas de identidade (*v. g.*, *ego* e *sombra*) e de relação (*v. g.*, *anima/animus* e *persona*).[1396]

A *sombra* do juiz e o seu *ego* são, primordialmente, estruturas de identidade. Constituem a parte inferior de sua personalidade e encarnam o que ele se recusa a conhecer ou admitir, mas que sempre se impõe, direta ou indiretamente (*v. g.*, traços inferiores do caráter ou outras tendências incompatíveis). São as numerosas facetas, como aquelas de um brilhante, repudiadas, alienadas e projetadas do *ego*, que parecem externas, embora, ao contrário do que à primeira vista se possa supor, sua ação possa ser tanto positiva quanto negativa.[1397] Portanto, a *sombra*, embora projetada como estranha, alheia, repudiada, pode conter não somente aspectos "maus", agressivos, perversos, iníquos, ruins e demoníacos, a que se tenta renunciar, mas alguns aspectos "bons", enérgicos, divinos, angélicos e nobres, que o indivíduo esqueceu que lhe pertencem.[1398] O juiz pode (ou melhor: deve) se relacionar com o arquétipo da *sombra*, que, como tal, precisa ser integrado e não reprimido.

Um dos problemas da *persona* do *juiz Midas* é confundir as noções de neutralidade e de imparcialidade. É de se afastar, em perspectiva crítica, o mito da neutralidade axiológica absoluta do juiz,[1399] pois todo ato humano se reporta sempre a valor. Já a imparcialidade do órgão judicante denota que há de considerar paritariamente as partes litigantes, guardando-se de tratamentos privilegiados ou de ter em conta critérios pessoais, de simpatias ou de antipatias, tendentes à concessão de vantagens ou a perseguições.

Quando o *juiz Midas* confunde neutralidade com objetividade, semelhante estado de espírito faz transparecer sua *persona* desumana e materialista, despida de afetividade

---

[1395] JUNG, Carl Gustav. *Memórias, sonhos e reflexões*. Tradução de Dora Ferreira da Silva. Rio de Janeiro: Nova Fronteira, 1975, p. 357: "A persona... é o sistema de adaptação ou a maneira por que se dá a comunicação com o mundo. Cada estado ou cada profissão, por exemplo, possui sua persona característica.... O perigo está, no entanto, na identificação com a persona; o professor com seu manual, o tenor com sua voz... Pode-se dizer, sem exagero, que a persona é aquilo que não é verdadeiramente, mas o que nós mesmos e os outros pensam que somos".

[1396] HALL, James A. *Jung e a interpretação dos sonhos*: manual de teoria e prática. Tradução Álvaro Cabral. São Paulo: Cultrix, 2007, p. 19-25.

[1397] JUNG, Carl Gustav. *Memórias, sonhos e reflexões*, op. cit., p. 359-360: "Sombra – A parte inferior da personalidade. Soma de todos os elementos psíquicos pessoais e coletivos que, incompatíveis com a forma de vida conscientemente escolhida, não foram vividos e se unem ao inconsciente, formando uma personalidade parcial, relativamente autônoma, com tendências opostas às do consciente. A sombra se comporta de maneira compensatória em relação à consciência. Sua ação pode ser tanto positiva como negativa. (...) A sombra é aquela personalidade oculta, recalcada, frequentemente inferior e carregada de culpabilidade, cujas ramificações extremas remontam ao reino de nossos ancestrais animalescos, englobando todo o aspecto histórico do inconsciente. Se, antes, era admitido que a sombra humana representasse a fonte de todo o mal, agora é possível, olhando mais acuradamente, descobrir que o homem inconsciente, precisamente a sombra, não é composto apenas de tendências moralmente repreensíveis, mas também de um certo número de boas qualidades, instintos normais, reações apropriadas, percepções realistas, impulsos criadores etc.".

[1398] WILBER, Ken. *O espectro da consciência*. Tradução Octavio Mendes Cajado. São Paulo: Cultrix, 1977, p. 162.

[1399] BARBOSA MOREIRA, José Carlos. Regras de experiência e conceitos juridicamente indeterminados. *Temas de direito processual*: segunda série. 1. ed. São Paulo: Saraiva, 1980, p. 61-72, esp. p. 62.

e plena de rigidez, opacidade, frieza, insensibilidade, a pretexto de julgar com isenção e justiça. Do desterro da subjetividade (que abraça, por exemplo, emoção, imaginação, fé, relação com o todo), fruto de distorção histórica, emerge a ausência de diálogo no processo e sua inexorável desumanização. É equívoco crasso afeiçoar semelhante *persona* desumana à Justiça. Patologicamente, operou-se um processo de cisão: a dimensão objetiva assumiu feição de razão e de verdade, ao passo que a dimensão subjetiva passou a ser identificada com superstição, erro e quejandos.[1400]

Entrementes, o fato decisivo é que, enquanto ser humano, o juiz se encontra diante de outro ser humano. Não por acaso, o ato de julgar configura, em essência, um ato de humanidade. O calor humano na *persona* do juiz permite, nas estruturas próprias do contraditório, a possibilidade de um julgamento mais profundo, équo e justo, de par a melhor estimar as consequências de sua decisão para as partes e o meio social em que opera.[1401] De fato, o consequencialismo impõe ao juiz discernimento, meditação e prudência para estimar os efeitos que sua concreta atuação causará, por exemplo, no campo econômico e na realidade social,[1402] pois, de há muito, estilhaçou-se a parêmia enfática *"Fiat justitia, pereat mundus"*.

Agora bem, é justamente a noção compreensiva do sentimento do juiz no tocante ao justo/injusto, certo/errado, antes mesmo da análise dos perfis fático-jurídicos ensartados nos autos do processo, um dos pontos nevrálgicos de investigação (mas não apenas). O senso individual de justiça do juiz seria, por exemplo, o critério de certo e errado, tanto no Direito como na Moral, *i. e.*, Justiça conforme o Direito.[1403] Ou seja: um dos ângulos primordiais de mirada é o sentimento acerca do justo/injusto, as noções de certo/errado do juiz com as quais é recebida a exposição de um conflito jurídico judicializado, antes mesmo de havê-lo submetido à análise com os instrumentos do caso concreto. No âmbito desse critério de jaez mais subjetivo, o juiz provavelmente compartilha as noções de certo/errado predominantes na comunidade em que vive.[1404]

A redescoberta da igualdade material das partes como condição de Justiça – e esta como o valor universal e fundamental do Direito – proporciona uma interessante interseção entre o mito da neutralidade do juiz, que parece definitivamente sepultado, e sua sensibilidade, pois não se afigura admissível que uma parte perca a causa por ausência de conhecimento. Justiça é algo que depende da sensibilidade do juiz e que

---

[1400] BYINGTON, Carlos Amadeu Botelho. A moral, a lei, a ética e a religiosidade na filosofia, no direito e na psicologia. Um estudo da psicologia simbólica junguiana. *In*: NALINI, José Roberto; PIRES, Luis Manuel Fonseca; RODOVALHO, Maria Fernanda (Coord.). *Ética para o juiz*: um olhar externo. São Paulo: Quartier Latin, 2014, p. 11-25, esp. p. 22: "O Direito, a função do juiz e sua Persona foram consolidados nos séculos dezenove, vinte e vinte e um, dentro desse grande viés da ciência materialista. É por isso que a Persona de um juiz não deve mostrar calor humano, pois, se o fizesse, estaria contaminada pela emoção e, seguindo essa visão historicamente distorcida, não poderia ser exclusivamente objetiva, neutra, isenta e justa. No entanto, por estar baseada numa dissociação patológica do subjetivo e do objetivo, e ao se apresentar como exclusivamente objetiva e sem calor humano, esta Persona se torna desumana e amedrontadora por sua frieza".

[1401] NALINI, José Renato. O juiz, o mundo exterior e a produção da justiça. São Paulo: *Revista dos Tribunais*, v. 83, n. 705, p. 272-282, jul. 1994, esp. p. 273 e p. 281-282, nota nº 3.

[1402] LORENZETTI, Ricardo Luis. *Teoria da decisão judicial*: fundamentos de direito. 2. ed. rev. e atual. São Paulo: Revista dos Tribunais, 2010, p. 303.

[1403] CARDOZO, Benjamin N. *The nature of the judicial process*. New York: Dover Publications, 2015, p. 136: "There is a wide gap between the use of the individual sentiment of justice as a substitute for law, and its use as one of the tests and touchstones in construing or extending law".

[1404] GRAY, John Chipman. *The nature and sources of the law*. New York: The Columbia University Press, 1909, p. 271, seção 610.

se afina com seu dever de informar os litigantes e exercer a iniciativa probatória *ex officio*, embora apartada da neutralidade,[1405] o que não afronta o princípio dispositivo, tampouco afeta a garantia constitucional da imparcialidade do órgão judicante, pois, desprovido de poderes mediúnicos, não tem, evidentemente, como prenunciar qual o litigante que, a final, será beneficiado com o resultado da prova assim adquirida.[1406]

Neil Armstrong (1930-2012) representa uma figura singular na exploração do espaço exterior, do cosmo, pois, em 20.07.1969, foi o primeiro homem a pisar na superfície da Lua. Carl Gustav Jung (1875-1961) passou a vida inteira explorando o espaço interior dos seres humanos, no território desconhecido da alma, donde prospectou as grandezas psíquicas *anima* e *animus*.[1407]

Em linhas gerais, *anima* representa imagens arquetípicas, personificação da eterna natureza feminina do inconsciente do homem. Reversamente, *animus* importa imagens arquetípicas da perene natureza masculina do inconsciente da mulher. Formam, ambos, um elo ou pórtico entre a consciência individual do *ego* (a porção da *psique* composta de pensamento, memórias e sentimentos de fácil acesso, em cujo centro se encontra o *ego*, o "eu") e o inconsciente coletivo, descortinando potencialmente um caminho para o si-mesmo.[1408]

Ponha-se em alto relevo, nesse passo, que o problema da sensibilidade do juiz, para os fins do presente trabalho, se conecta à evidência de que a essência do mundo é composta de imagens não conscientizadas do eterno masculino (*animus*, espírito, em latim) e do eterno feminino (*anima*, alma ou psique, em latim), e que, por isso, ficam no inconscientes.[1409] Pertencem, por um lado, à personalidade, e, por outro, estão enraizados no inconsciente coletivo, construindo uma espécie de elo de ligação ou ponte entre o pessoal e o impessoal, bem como entre o consciente e o inconsciente.[1410] Muito para dizer que, em perspectiva junguiana, que a Psicanálise não circunscreve o masculino ao homem, tampouco o feminino à mulher.

No inconsciente psíquico (regiões da alma externas à consciência), sempre existe o polo do sexo oposto: a questão do feminino no homem e do masculino na mulher.[1411]

[1405] TARUFFO, Michele. L'istruzione probatoria. *In:* TARUFFO, Michele (a cura di). *La prova nel processo civile* (Trattato di Diritto Civile e Commerciale). Milano: Giuffrè, 2012, p. 79-168, esp. p. 131: "Dunque la scelta del giudice non è "neutra", e determina invece le modalità con cui verrà presa la decisione finale: di conseguenza, essa incide sull'esito della controversia. L'acquisizione della prova disposta d'ufficio può consentire l'accertamento della verità del fatto, e può quindi rendere possibile la vittoria della parte che quel fatto aveva allegato, mentre la mancata disposizione di quella prova determinerebbe l'impossibilità di accertare il fatto, e quindi la soccombenza della parte che lo aveva allegato".

[1406] BARBOSA MOREIRA, José Carlos. O juiz e a prova. *Revista de Processo*, São Paulo, n. 35, abr./jun., p. 178-184, 1984, esp. p. 180.

[1407] JUNG, Carl Gustav. *Memórias, sonhos e reflexões, op. cit.*, p. 351, 352: "A *anima* é o arquétipo da vida (...), pois a vida se apodera do homem através da *anima*, se bem que ele pense que a primeira lhe chegue através da razão (*mind*). Ele domina a vida com o entendimento, mas a vida vive nele através da *anima*. E o segredo da mulher é que a vida vem a ela através da instância pensante do *animus*, embora ela pense que é o Eros que lhe dá vida. Ela domina a vida, vive, por assim dizer, habitualmente, através do Eros; mas a vida real, que é também sacrifício, vem à mulher através da razão (*mind*), que nela é encarnada pelo *animus*".

[1408] STEIN, MURRAY. *Jung: o mapa da alma: uma introdução*. Tradução Álvaro Cabral. 5. ed. São Paulo: Cultrix, 2006, p. 205: "Si-mesmo – o centro, fonte de todas as imagens arquetípicas e de todas as tendências psíquicas inatas para a aquisição de estrutura, ordem e integração".

[1409] JUNG, Carl Gustav. *Psicologia do inconsciente*. Tradução de Maria Luiza Appy. 18. ed. Petrópolis, Vozes, 2008, p. 81, esp. nota nº 1.

[1410] JUNG, Emma. *Animus e anima*. Tradução Dante Pignatari. São Paulo: Cultrix, 2006, p. 15.

[1411] JUNG, Emma, *op. cit.*, p. 16: "O caráter dessas duas figuras não é entretanto determinado apenas pela respectiva estruturação no sexo oposto, sendo condicionado ainda pelas experiências que cada um traz em si do trato com

Comumente, tem-se um desequilíbrio entre as polaridades masculina (*v. g.*, razão, dominação, hierarquia) e feminina (*v. g.*, hipersensibilidade, intuição, imaginação ativa, emoção, inter-relacionamento). Na psique individual (definida, por Jung, como a totalidade dos processos psíquicos, enquanto o "si-mesmo" representa a subjetividade intencional dessa totalidade[1412]), há formas de manifestação e modos de atuação diferentes.

O conceito de processo de individuação, na teoria junguiana, designa que uma pessoa no mundo (real) de carne e osso tente, consciente e deliberadamente, compreender e desenvolver as potencialidades individuais inatas de sua psique. Consiste na percepção consciente da realidade psicológica única de um indivíduo, abarcando forças e limitações, tornando-o uma unidade autônoma e indivisível, uma totalidade. Leva à experiência do si-mesmo.[1413] Em suma, o processo de individuação envolve um diálogo contínuo entre o *ego*, como centro responsável pela consciência, e o centro regulador da psique total, que Jung chamou de si-mesmo.[1414]

Pois bem, o processo de individuação não prescinde tanto da conscientização quanto da diferenciação e do desenvolvimento dos elementos masculino e feminino miscigenados na complexidade da psique (é o nome que, em grego, designa "a alma"), em cuja dimensão o "eu" consciente é apenas um dos seus aspectos.

Na concepção junguiana, reafirme-se, anima é o arquétipo do feminino influenciador da psique do homem (*v. g.*, Cinderela é a simbolização da *anima* pura), ou seja, é figura feminina que compensa a consciência masculina; ao passo que *animus* é o arquétipo masculino, atuante no psiquismo da mulher (*v. g.*, mulheres executivas, com características masculinizadas, moldam-se para serem independentes, produtivas e terem uma determinação firme[1415]), vale dizer, é a figura de caráter masculino que compensa a consciência feminina.[1416] Semelhantes termos simbolizam a característica contrassexual interior de cada indivíduo (fantasia dos opostos),[1417] a qual parte do princípio da complementariedade, através do qual a psique se move. Posteriormente, Jung enriqueceu sua definição de *anima* e *animus* chamando-as de "não eu", o que está fora de si próprio, pertencente à personificação de sua alma ou espírito. A compreensão

---

indivíduos do sexo oposto no decurso de sua vida e através da imagem coletiva que o homem tem da mulher e a mulher do homem. Estes três fatores condensam-se numa grandeza que não é apenas imagem nem somente experiência, e sim muito mais uma espécie de essência cuja ação se dirige não às demais funções anímicas, mas que se comporta ativamente e que intervém na vida individual mais ou menos como um estranho, às vezes prestativo, mas às vezes incômodo e até mesmo destrutivo".

[1412] HILLMAN, James. *The myth of analysis*: three essays in archetypal psychology. New York: Harper Colophon Books, 1978, p. 51.

[1413] JUNG, Carl Gustav. *Memórias, sonhos e reflexões*, *op. cit.*, p. 355: "A individuação significa tender a tornar-se um ser realmente individual; na medida em que entendemos por individualidade a forma de nossa unicidade, a mais íntima, nossa unicidade última e irrevogável; trata-se da *realização de seu si-mesmo*, no que tem de mais pessoal e de mais rebelde a toda comparação. Poder-se-ia, pois, traduzir a palavra "individuação" por "realização de si-mesmo", "realização do si-mesmo". (Grifos no original).

[1414] HALL, James A., *op. cit.*, p. 27.

[1415] ZWEIG, Connie. O feminino consciente: nascimento de um novo arquétipo. *In:* DOWNING, Christiane (Org.). *Espelhos do self*: as imagens arquetípicas que moldam a sua vida. Tradução Maria Silvia Mourão Netto. São Paulo: Cultrix, 2004, p. 178-186, esp. p. 178.

[1416] STEIN, Murray, *op. cit.*, p. 205: "Compensação consiste no processo dinâmico autorregulador por meio do qual a consciência do ego e o inconsciente buscam o equilíbrio homeostático, o qual também promove a individuação e o desenvolvimento progressivo para a totalidade".

[1417] HILLMAN, James. Anima – guia da alma. *In:* DOWNING, Christiane (Org.). *Espelhos do self*: as imagens arquetípicas que moldam a sua vida. Tradução Maria Silvia Mourão Netto. São Paulo: Cultrix, 2004, p. 44-45, esp. p. 44.

e a integração de cada uma dessas imagens, como um guia para o *self*, exigem, em intrincada interação, uma parceria com o sexo oposto.

São imagens vivas psíquicas, configurações originárias de uma estrutura arquetípica básica, derivadas de camadas mais profundas do inconsciente, o inconsciente coletivo, o território das imagens arquetípicas, em que as fronteiras são imprecisas.[1418] São subliminares à consciência e funcionam a partir de dentro da psique inconsciente, influindo sobre o princípio psíquico dominante de um homem ou de uma mulher.

A cultura ocidental atribuiu a razão aos homens e a emoção às mulheres,[1419] conforme noção amplamente disseminada de que sentimento é uma prerrogativa feminina e, por isso mesmo, os homens aprendem sobre sentimentos com as mulheres. Já que *anima* é feminina por definição, o sentimento refere-se à *anima*: desenvolvimento de *anima* = desenvolvimento de sentimento.[1420] Ademais, enfatizam-se a lógica do homem e a intuição da mulher,[1421] daí a importância das funções desempenhadas pelo enlace *anima-animus*.

Os traços femininos da figura da instigante Senhora Anima (Grande Mãe, Deusa do Amor), de significados multifacetados, podem ser reconhecidos em variadas lendas e inúmeros contos de fada,[1422] tais como ninfas, virgens transformadas em cisnes, ondinas e fadas.[1423] Na cultura chinesa, por exemplo, o reconhecimento dos princípios feminino e masculino – *Yin* e *Yang*, respectivamente – como polaridades primordiais no indivíduo e no cosmo conserva-se como um ponto central para a consciência chinesa.[1424] São incalculáveis facetas nas quais a natureza feminina, o elemento Yin, sempre foi vivenciado pelo homem.[1425] A *anima* é um fator psíquico a ser levado em consideração e que não pode ser desprezado nas experiências relacionadas com os conteúdos do inconsciente. Nas relações pessoais, na vida da emotividade, por exemplo, sendo a *anima*, na visão junguiana, "o arquétipo da própria vida", pode prestar bons serviços ao homem, quando este elemento feminino é incorporado à sua consciência.[1426]

Não obstante, a *anima* parece não se constituir exatamente na função sentimento de um homem (embora Jung tenha afirmado que "o sentimento é uma virtude especificamente feminina"[1427]), apesar envolvê-la nas esquinas do mundo de carne e osso. A *anima* toca, sobretudo, ao princípio vital ou princípio da vida e aflora com uma força motriz tão importante quanto o ar que se respira, de par a exibir uma relação especial

---

[1418] STEIN, Murray, *op. cit.*, p. 117.

[1419] KEEN, Sam. *O homem na sua plenitude*: como é ser um homem nos dias de hoje. Tradução Octavio Mendes Cajado. São Paulo: Cultrix, sem ano, p. 223.

[1420] Contudo, semelhante equação é objeto de crítica formulada por HILLMAN, James. *Anima*: an anatomy of a personified notion. Woodstock: Spring Publications, 1996, p. 49.

[1421] MYRA Y LÓPES, Emilio. *Manual de psicologia jurídica*. São Paulo: New Generation, 2009, p. 48.

[1422] Vide, mais amplamente, FRANZ, Marie-Louise von. *The feminine in fairy tales*. Boston: Shambahala Publications, 1993.

[1423] JUNG, Emma. *Animus e anima*, *op. cit.*, p. 58 e ss.

[1424] COLEGRAVE, Sukie. *Unindo o céu e a terra*: um estudo junguiano e taoísta dos princípios masculino e feminino na consciência humana; tradução Mauro de Campos Silva. São Paulo: Cultrix, 1997, p. 19.

[1425] WHITMONT, Edward C. Anima: a mulher interior. In: DOWNING, Christiane (Org.). *Espelhos do self*: as imagens arquetípicas que moldam a sua vida. Tradução Maria Silvia Mourão Netto. São Paulo: Cultrix, 2004, p. 39-43, esp. p. 39.

[1426] JUNG, Emma. *Animus e anima*, *op. cit.*, p. 93.

[1427] HILLMAN, James. *Anima*: an anatomy of a personified notion, *op. cit.*, p. 48-49.

com o sentimento.[1428] De fato, habitualmente, os homens não sabem quando sentem e quando se acham no campo da *anima*, que se refere, por definição, ao fundamento arquetípico da feminilidade do homem, o sentimento-*anima* que exibe características admiravelmente femininas. A feminilidade de um homem pode fazer com que descubra mais sobre *si-mesmo* e acerca dessa realidade arquetípica. O complexo da *anima* é uma instância mediadora junto ao inconsciente do homem, que atua como compensação de carga emocional.[1429]

Nesse teor de ideias, nas entranhas do espaço de descoberta, na gênese da sentença, opera, assim, um padrão sentimento-*anima* de formulação de solução para conflitos jurídicos intersubjetivos, que tende a ser demasiado sensível, muito sincero, dotado de honesta aspiração de bondade, refinada intuição e por aí vai. Nessa fenomenologia, avultam qualidades essenciais de um juiz, para além de sua capacidade técnico-jurídica: sensibilidade, sinceridade, bondade. Ajudam, sobremodo, a civilizar a vida em geral e a vida judiciária em especial.

Há, porém, mais. O núcleo energético do sentimento-*anima* do juiz, quando seu aspecto pessoal nele se integra, isto é, com a incorporação do elemento feminino na personalidade consciente do homem, o torna polido, harmonioso, suave e encantador no influxo da tendência feminina de "suavizar" as coisas. É o destronamento, pela justeza, do agir com o rigor da lei (*iure uti*) e substituição da indiferença pelo sentimento sensível. É a relação umbilical entre *anima* e potencialização da sensibilidade do juiz às angústias dos contendores. Quer-se gritar, a plenos pulmões, que o lado feminino da psique do homem juiz tem o condão de lhe descortinar melhor busca de julgamentos e de valores vinculados com a função sentimento, que, na concepção scheleriana, é o "órgão" dos valores. Os valores e as conexões entre eles são percebidos, na zona emocional do espírito, pela intuição no momento da vivência. A operação de interpretação-aplicação da lei por um juiz envolve, inexoravelmente, seu sentimento.[1430]

Advirta-se que não se trata de clichê ilusório a posição de que a mulher, só por sê-lo, tem melhor acesso ao sentimento. Eros e o sentimento têm afinidade com a mulher e a habilidade feminina de transcender a perspectiva sujeito-objeto, e, a partir daí, perceber as coisas do mundo com a alma. Aliás, o próprio Jung declarou, na descrição dos tipos, que os tipos sentimentais são mais comuns entre as mulheres.[1431] Tal assertiva não se deprime mesmo que se a encare como uma observação do que acontece

---

[1428] FRANZ, Marie-Louise von. *Jung's tipology*, op. cit., p. 121-122: "Inasmuch as a mZ, Marie-Louise von. *Jung's tipology*. Part I – The inferior function by Marie-Luise von Franz; Part II – The feeling function by James Hillman. New York: Spring Publications, 1971, p. 122: "The anima involves the feeling function into the turmoil of life, but it is not the same as feeling".

[1429] FRANZ, Marie-Louise von. *Jung's tipology*, op. cit., p. 121-122: "Inasmuch as a man's feelings are repressed, or his feeling functions is relatively undeveloped, the anima-complex will compensatorily have that much more feeling-tone and represent that much more of the feeling functions. Also, insofar as the anima-complex gives the feeling to a man of his own subjectivity and intimacy, it will be experienced not only in images and projections but also in feelings. This is all the more true in our extroverted and masculine-oriented culture with its collective repression of feeling".

[1430] FRANZ, Marie-Louise von. *Jung's tipology*, op. cit., p. 98: "Sometimes we forget that the application of law by a judge is an operation of feeling, and that laws were invented not merely to protect property or assure the priesthood and ruling-class of their power, but also to evaluate difficult human problems and to do justice in human affairs. Judging is a matter of feeling, just as in the temples of Saturn a balance was displayed, or as Saturn in a horoscope is said to be well-placed when in the sign of Libra. A Solomonic decision in not one brilliant stroke through the Gordian knot of complexities, but rather a judgment made by feeling".

[1431] JUNG, Carl Gustav. *Tipos psicológicos*. Tradução Lúcia Mathilde Endlich Orth. Petrópolis: Vozes, 1991, p. 338.

em nossa sociedade, mas não como lei psicológica. Seja como for, é vivificante a companhia de Cora Coralina, simbolizada na feminilidade pulsante na última estrofe do poema Minha Cidade:

Minha vida,

meus sentimentos,

minha estética,

todas as vibrações

de minha sensibilidade de mulher,

têm, aqui, suas raízes.

Se, de um lado, a *anima* tem a ver com Eros e com sentimento, é, de outro, possível identificar, preponderantemente, o *animus* com o *logos* e as ideias. Diz-se preponderantemente, porque o *animus* pode, também, se manifestar como um "sentidor".[1432] Deve-se reconhecer que o ser humano juiz, de tipo sentimental, não se adstringe a uma questão de sentimento humano, pois que exibe uma dimensão bem mais dilargada.[1433] Eventuais distorções de que a personalidade do juiz sofra,[1434] as primeiras delas de tatuagens emocionais trazidas de sua infância, as quais se refletem, inevitavelmente, na raiz da formulação do decisório, podem ser, em seguida, corrigidas pela espada do *logos*, já então no contexto de justificação ou de validação, no qual o juiz deve aportar razões válidas que possam, racionalmente, supedanear o julgado.[1435]

De outra monta, Eros, o deus do amor, tinha, ao mesmo tempo, os dois sexos.[1436] Assim também, com dupla natureza, simultaneamente masculina e feminina, Hermafrodito,[1437] cujo nome evoca os nomes de seu pai Hermes e de sua mãe Afrodite, trazendo os emblemas de ambos.

Tirésias, na mitologia grega, foi um vidente cego de Tebas, que via tudo sem enxergar nada, famoso por ter passado sete anos transformado em uma mulher. Certa vez, no monte Cilene (ou então no Cíteron), o jovem Tirésias viu duas serpentes a

---

[1432] FRANZ, Marie-Louise von. *Jung's tipology, op. cit.*, p. 128: "But the animus, especially in therapy where so much is made of feeling, can well manifest as a feeler, and again, like anima-feeling, it will be just off".

[1433] FRANZ, Marie-Louise von. *Jung's tipology, op. cit.*, p. 101: "For it is just as important to think and reflect and intuit and perceive, as it is to feel; not only feeling makes for what is "human"".

[1434] FRANZ, Marie-Louise von. *Jung's tipology, op. cit.*, p. 129: "If no one else can truly see me with the vision I need in order to find myself, or connect with interest to a Self too mysterious for me to recognize, then I fall for the anima's feelings and am led astray – which too, as Oscar Wilde observed, has its advantages ("The advantage of the emotions is that they lead us astray")".

[1435] O problema da justificação jurídica do decisório, bem como do procedimento imprescindível para a sua racionalização, será objeto do Capítulo 9, tópico 9.2 *infra*.

[1436] CAMPBELL, Joseph. *O herói de mil faces*. Tradução Adail Ubirajara Sobral. São Paulo: Pensamento, 2007, p. 146-147.

[1437] GRIMAL, Pierre. *Dicionário de mitologia grega e romana*. 5. ed. Rio de Janeiro: Bertrand Brasil, 2005, p. 223: "Um dia, encontrando-se na Cária, chegou às margens dum lago maravilhosamente belo. A ninfa do lago, chamada Sálmacis, apaixonou-se logo por ele. Fez-lhe propostas, mas o jovem a recusou. Fingiu-se então resignada, mas esconeu-se enquanto o jovem, seduzido pela limpidez das águas, se despia e se lançava ao lago. Assim que o viu nos seus domínios e à sua mercê, Sálmacis alcançou-o e abraçou-se-lhe. Hermafrodito tentou, em vão, afastá-la de si. Ela entretanto elevou uma prece aos deuses, pedindo-lhes que fizessem com que os dois corpos jamais se separassem. Os deuses escutaram-na e uniram-nos num novo ser, de natureza dupla".

copularem, e ambas se voltaram contra ele. Ele matou a serpente fêmea, e imediatamente tornou-se uma mulher. Sete anos depois, passando pelo mesmo local, reviu duas serpentes copulando. Matou a serpente macho e, assim, tornou-se novamente um homem.[1438] Tem-se, aqui, o amálgama dos elementos masculino e feminino.

Esse domínio simbólico, que deixa para trás a dualidade, está presente, também, na Bíblia, pois, quando Deus criou o primeiro homem, fê-lo andrógino: "E criou Deus o homem à sua imagem, à imagem de Deus o criou; macho e fêmea os criou" (Gênesis 1:27).

Agora bem, a simbiose *anima-animus* remete para a figura psicológica do *juiz andrógino*, que possui, simultaneamente, características psíquicas masculinas e femininas. A palavra é formada pelos termos gregos "*andro*" (masculino) e "*gyne*" (feminino). Trata-se da identificação, da definição de níveis variáveis de sentimentos e de traços comportamentais que são tanto masculinos quanto femininos. Não por acaso, para a Psicologia Analítica, de Carl Gustav Jung, andrógino se refere a uma integração dos pares de opostos *anima* e *animus*, o feminino e o masculino, sendo ambas características associadas à mesma pessoa, que, pelo abandonar do velho "eu", traz o nascimento de um novo e mais elevado "eu".

Psicologicamente, a androginia judicial sugere a galvanização da psique fragmentada, através da solda dos arquétipos *anima-animus*, em cuja bidimensional o juiz se identifica como uma pessoa de sentir emocional híbrido. É o casamento interior baseado num processo dialético de frenético diálogo ou negociação, bem como na síntese dos princípios psíquicos feminino e masculino na experiência masculino-feminina. Condensam-se, assim, os *insights* psicológicos e sentimentos que ela traz, como caminho para o verdadeiro *self*, o modo de entendimento que açambarca ambos, afeiçoando-os em uma unidade andrógina.[1439] É interessante observar que, no simbolismo mítico, o *self*, a totalidade indicativa do desenvolvimento psicológico do indivíduo, é representado, não raro, por um par masculino-feminino (*v. g.*, rei e rainha, irmão e irmã divinos, deus e deusa).[1440] Nesse estágio de desenvolvimento psicológico, tal experiência constela e se reflete no comportamento do juiz, sobretudo por deixar suas indeléveis impressões sentimentais no decisório.

A complexa atividade de julgar não pode ser deflacionada a um simples comando manual em que o juiz pressione a tecla "silogizar", pois o juízo (o julgar) tem caráter inventivo, e não meramente demonstrativo. Significa dizer que o juízo pode até se findar com um silogismo jurídico, mas jamais poderá se iniciar com um esquema

---

[1438] GRIMAL, Pierre, *op. cit.*, p. 450.

[1439] COLEGRAVE, Sukie, *op. cit.*, p. 220-221: "A busca da androginia acarreta a substituição de um eu parcial por um eu completo, pela descoberta de que podemos ver mais longe do que já vemos, saber mais do que sabemos, sentir mais intensamente do que já sentimos e amar mais do que já amamos; que somos, na verdade, bem mais do que pensávamos. (...) Assim como a união dos princípios do macho e da fêmea físicos é descrita como "fazer amor", a união dos princípios masculino e feminino no interior da psique proporciona uma experiência interna de amor, que é a garantia da consciência andrógina. Esse amor, que é independente de outras pessoas para a sua realização e existência, paradoxalmente leva o indivíduo a um maior entendimento do amor e a uma maior habilidade em amar os outros do que era passível enquanto sua experiência de amor, para que existisse, fosse dependente de uma outra pessoa. Torna-se possível amar os outros por aquilo que são, e não pelos aspectos irrealizados em nós mesmos que eles apresentam".

[1440] PRADO, Lídia Reis de Almeida. *O juiz e a emoção, op. cit.*, p. 33: "Essa união poderá ocorrer se conseguirmos despertar para a unidade harmônica, o conjunto de todas as forças divergentes, de desejos e valores conflitantes – conscientes ou não – que existem dentro de nós".

silogístico.[1441] De fato, por exemplo, a atividade do juiz de interpretação-aplicação de normas jurídicas não se afina com a de um insensível ser inanimado ou a de uma máquina de leitura ótica.[1442]

Na formulação da decisão, embora em contextos diferentes, dois mundos inerentes ao juiz interagem e dialogam entre si: um, irracional ou ilógico, de cuja existência nem sequer suspeitava, afeiçoado à intuição, à emoção e ao sentimento; e, outro, racional ou lógico, determinado pela inteligência e conformado pela razão. É tempo de o juiz permitir que sua sensibilidade aflorada, a consentir percepções mais sutis, conduza positivamente seu raciocínio e influencie sua maneira de julgar, expressando o que sente.

Há problemas, jurídicos ou não, a que a racionalidade não foi capaz de apresentar soluções. Em casos tais, interagindo com seu universo interior, conhecendo-se melhor, o juiz não pode prescindir da força da intuição e da sensibilidade, à guisa de orientação preciosa proporcionada pela vida biológica, da alma e do espírito, cuja tendência é a de apontar as melhores direções e soluções. Camuflar suas emoções não significa conduzi-las de forma sábia; antes, o juiz deve compreendê-las, decodificá-las e honrá-las, cultivando uma boa realidade emocional. Quando o juiz age de forma sensível, não significa que a razão não esteja presente, pois são formas complementares de compreender o mundo, atento ao diferente. Assim vistas as coisas, a dualidade entre razão e emoção representa uma aliança estratégica no governo da vida.

Pode acontecer, e geralmente acontece, de o juiz acalmar o ritmo da mente para permitir o desabrochar de emoções, de sensibilidade, o fluir de sua sabedoria intuitiva e, com tais ferramentas, potencializar seu canal criativo, inventivo e melhores escolhas e soluções.

A natureza e a limitação humana do juiz, para além de configurarem-no como um ser racional, o tornam intuitivo, emotivo e sensível. Ele deve ter "pele fina", sensibilidade e, por empatia, ser permeável às infiltrações das angústias dos litigantes. Por assim ser, num primeiro momento, o juiz deve se "vulnerabilizar" na tomada de decisão jurídica e (para que repeti-lo?) colocar-se, liturgicamente, no lugar do outro, pois, não sendo filhas de Zeus, todas as pessoas têm potencialidades para o extremo bem e para o extremo mal. Ninguém está imunizado, em circunstância alguma, no mundo de carne e osso. Em um segundo momento, o juiz escolhe a decisão, fruto de intuição-emoção-sentimento, mas antecipa para si próprio as respectivas consequências; e, num terceiro momento, só então, redige a decisão, aportando suas razões justificativas e documentando-a.

O que se propõe, enfaticamente, é a maximização da integração do princípio feminino no homem-juiz, de modo que a harmonia mais profunda possa ser restaurada. O juiz, enquanto homem, é permeável à polaridade feminina, à *anima* e ao *Eros*, no ato de julgar. Desvela-se, aqui, o homem-juiz consciente de sua *anima* interior – que representa o componente feminino de sua personalidade, a imagem primal do ser feminino que traz em si, ou, ainda, o arquétipo feminino –, que o acompanha e o completa, mantendo um vínculo de respeito, sensibilidade e amor[1443] com os demais sujeitos do processo

---

[1441] CARNELUTTI, Francesco. *Diritto e processo*. Napoli: Morano Editore, 1958, p. 213.

[1442] ANDRIOLI, Virgilio. *Lezioni di diritto processuale civile*. Napoli: Jovene, 1973, v. 1, p. 188: "Non da oggi ho dubitato della possibilità di ridurre, sul piano gnoseologico e pur nel campo dell'interpretazione e dell'applicazione delle norme di diritto, il giudice ad un être inanimé, ad una Subsumptions-maschine...".

[1443] Primeira Carta do apóstolo Paulo aos Coríntios (13: 1-13): "¹Ainda que eu falasse as línguas dos homens e dos anjos, e não tivesse amor, seria como o metal que soa ou como o sino que tine. ² E ainda que tivesse o dom

judicial. Somente a conscientização dessas projeções pode consentir uma relação plena, harmoniosa e saudável consigo mesmo, com o mundo exterior e, singularizadamente, com os jurisdicionados.

Numa linha: preconiza-se maior integração do juiz com sua *anima*, a qual, por seu turno, exercerá intensa influência no julgamento. Não padece dúvida que uma melhor justiça, para além da inflação legiferante, deve começar pela transformação do homem juiz e por sua conscientização em relação ao seu mundo interior. Os atributos internos do juiz (*v. g.*, sensibilidade, emoção, empatia, criatividade) repercutem sobre a formulação da decisão. De fato, na perspectiva da individuação, a bondade da prestação jurisdicional não se pode alhear da integração da razão, do pensamento e da técnica com intuição-emoção-sentimento do juiz em toda sua espessura humana.

Durante o processo de individuação ocorre a integração à consciência do homem juiz de traços característicos do arquétipo *anima*. A integração daquelas manifestações arquetípicas será tanto mais eficaz quanto for o conhecimento do juiz acerca delas. Um dos efeitos de ordem prática é potencializar sua criatividade, haja vista que o juiz, com a masculinidade robustecida, poderá abdicar de mecanismos de defesa contra as características femininas em seu psiquismo,[1444] amortecendo a pressão das tensões afetivas e dos estados de ânimo. O formidável desgaste psíquico do juiz é provocado pelo exercício da atividade judicante, que está permeada pelo drama humano representado no processo.

Nessa perspectiva, a integração dos predicados da *anima positiva* à realidade psíquica do homem juiz, ao atenuar seu exagerado intelectualismo, colabora para sua adequada percepção dos perfis probatórios, melhor diálogo com as partes e humanização do processo judicial, quer como instrumento técnico para composição de litígios, instrumento ético para a realização de valores fundamentais, de efetivação de direitos e garantias constitucionais ou instrumento cultural a exprimir o estádio sócio-político de um povo.

Uma das ferramentas do juiz é a lei que, como normatividade abstrata e geral, integra o campo do *Logos*, da racionalidade, do masculino, do arquétipo *animus*, afastado das manifestações da *anima*. A lei e seus exegetas-aplicadores estão ancorados no poder, de sorte que tal circunstância pode conduzir o *ego* do juiz a se identificar com

---

de profecia, e conhecesse todos os mistérios e toda a ciência, e ainda que tivesse toda a fé, de maneira tal que transportasse os montes, e não tivesse amor, nada seria. ³ E ainda que distribuísse toda a minha fortuna para sustento dos pobres, e ainda que entregasse o meu corpo para ser queimado, e não tivesse amor, nada disso me aproveitaria. ⁴ O amor é sofredor, é benigno; o amor não é invejoso; o amor não trata com leviandade, não se ensoberbece. ⁵ Não se porta com indecência, não busca os seus interesses, não se irrita, não suspeita mal; ⁶ Não folga com a injustiça, mas folga com a verdade; ⁷ Tudo sofre, tudo crê, tudo espera, tudo suporta. ⁸ O amor nunca falha; mas havendo profecias, serão aniquiladas; havendo línguas, cessarão; havendo ciência, desaparecerá; ⁹ Porque, em parte, conhecemos, e em parte profetizamos; ¹⁰ Mas, quando vier o que é perfeito, então o que é em parte será aniquilado. ¹¹ Quando eu era menino, falava como menino, sentia como menino, discorria como menino, mas, logo que cheguei a ser homem, acabei com as coisas de menino. ¹² Porque agora vemos por espelho em enigma, mas então veremos face a face; agora conheço em parte, mas então conhecerei como também sou conhecido. ¹³ Agora, pois, permanecem a fé, a esperança e o amor, estes três, mas o maior destes é o amor".

[1444] PRADO, Lídia Reis de Almeida, *op. cit.*, p. 67: "É comum entre os autores o conceito da *anima* como o arquétipo da criatividade, pois ele traz transformações no psiquismo, por possibilitar a experimentação – simbólica ou concreta – de potencialidades não vividas. Além disso, tem uma função de grande importância para o magistrado, com reflexos na prestação jurisdicional: quando o espírito lógico do homem se mostra incapaz de discernir os fatos ocultos em seu inconsciente, ela ajuda-o a identificá-los".

a *persona* (que desempenha uma função de relacionamento entre o mundo externo e o *ego*), erigindo-se em óbice para que os atributos do arquétipo *anima* possam ser integrados à consciência. Ter-se-á o modo masculino de julgar: juiz atrelado ao *Logos*, carente de condições indispensáveis para decidir com criatividade, sensibilidade e, se necessário, inovação.[1445]

Quando o homem juiz é invadido pela *bybris* (quando o homem se considera como os deuses) e se identifica com a *persona*, perde a noção de sua verdadeira identidade. Por força da identificação com a máscara social, a pessoa deixa de ser real, além de restar despojada de profundidade interior. A inflação da *persona* pode desencadear um funcionamento compensatório e problemático da *anima* (*v. g.*, soberba exacerbada).

O mito do *Santo Graal* (o cálice sagrado da última ceia) simboliza, aqui, a grandeza do feminino, vale dizer, uma sensação referenciada a um determinado estado de consciência.[1446] Na civilização ocidental, a busca do *Santo Graal* retrata o posicionamento psicológico do homem, para, através do processo de individuação, de busca da plenitude, tomar consciência de sua *anima* e, assim, auferir os dividendos do relacionamento do masculino com o feminino. A aceitação da *anima* e o relacionamento consciente com esta grandeza interna, ao qual o homem juiz está umbilicalmente vinculado, transformam-na, não raro, em uma prestimosa guia.[1447]

Sob outro prisma, e feita abstração do problema de se saber se a mulher tem *anima*,[1448] é interessante observar a relação do arquétipo *animus* com a mulher juíza. Por fatores culturais e educacionais, o *Logos* de uma juíza pode ser mais rígido do que o do próprio homem, circunstância que adversa sua natureza de mulher. Para ela, torna-se bastante dificultoso restaurar o feminino, ante seu receio de se desfazer daquilo que fatigosamente granjeou: sua voz da verdade, seu *animus* que é inconsciente e com o qual está afeiçoada.[1449]

Por assim ser, a juíza deve possuir um *ego* feminino bastante forte para que possa abdicar dessa voz da verdade, que lhe soa tão valiosa. É indispensável que, interiormente, faça um esforço para descosturar a adaptação com o *animus*, a fim de que possa readquirir as condições de formular decisões não apenas sugestionada por tal arquétipo masculino. Semelhante integração à consciência dos atributos do *animus* cria a plataforma psicológica para ditar decisões inspiradas pela sensibilidade e intimamente conexionadas com o caso concreto.[1450]

[1445] PRADO, Lídia Reis de Almeida, *op. cit.*, p. 68-69.

[1446] PRADO, Lídia Reis de Almeida, *op. cit.*, p. 71.

[1447] PRADO, Lídia Reis de Almeida, *op. cit.*, p. 79: "Tal consciência poderá ser um primeiro passo para a transformação de desejos cegos em sentimentos genuínos, abrindo as portas da psique para a espontaneidade, a sensibilidade, a receptividade e o entusiasmo (e também para a assimilação da agressividade, das funções inferiores e, portanto, da habilidade em dirigir de forma construtiva o temperamento). Se houver a integração dos conteúdos desse arquétipo à consciência do juiz, ele poderá ver o Outro como na realidade é e em sua originalidade única, com reflexos na prestação jurisdicional".

[1448] Ao contrário da concepção junguiana segundo a qual *mulier non habet animam sed animum*, vide HILLMAN, James. *Anima*: an anatomy of a personified notion, *op. cit.*, p. 72.

[1449] PRADO, Lídia Reis de Almeida, *op. cit.*, p. 80: "Uma mulher sujeita ao *animus* e ao *Logos* é cruel, obstinada, controladora e até dominadora. Por isso, como juíza, as suas decisões poderão ser proferidas de acordo com um pensamento de segunda classe, governado por convicções dissociadas, quer do caso concreto, quer das pessoas envolvidas no litígio, ou mesmo das possíveis consequências da sentença".

[1450] PRADO, Lídia Reis de Almeida, *op. cit.*, p. 81.

A decadência da concepção de um direito identificado exclusivamente com o legalismo,[1451] afastado do ideário de justiça substancial, somada à constante mutação do ambiente social, que reclama confiança no poder criativo do juiz, exigem que ele tenha uma sensibilidade refinada. Tal escopo pode ser alcançado mediante a integração da *anima* à consciência do juiz, em especial de seus predicados inventividade e sentimento, como exigência de uma concreta administração de justiça democrática e moderna. Além disso, da integração das características do arquétipo da *anima* na psique coletiva redundará maior bem-estar da sociedade que tenha aceitado seres diferentes e absorva os antagonismos decorrentes de tal aceitação.[1452]

O modo como a polaridade *anima-animus* se manifesta pode oscilar profundamente, pois experimenta influência dos padrões culturais, isto é, da concepção do que é feminino ou masculino em certa sociedade e determinada quadra histórica. Os atributos daqueles arquétipos são conteúdos psíquicos importantíssimos, pois regem o encontro do "eu" com o "outro", com o diferente, uma vez que contêm a posição feminino-masculino. No padrão de alteridade, há o confronto com os elementos inconscientes, respeitando-se as diferenças.[1453] Nesse quadrante, o juiz que tenha experiência de alteridade no ato de julgar terá melhores condições para formular decisões équas e justas.[1454]

Contudo, ao se fundar mais na justiça do caso concreto, na intuição, na emoção, no sentimento, o modo feminino de julgar revela-se mais adequado ao programa de humanização do processo judicial. Em nível de operatividade, do que ainda não esteve presente na consciência, primeiramente o homem-juiz entra em contato e conversa com a imagem de sua *anima* no espelho da personalidade. Depois, age em identidade com sua *anima* interior e, largamente influenciado pela grandeza feminina de sua personalidade, um *flash* intuitivo orienta-o para a decisão a tomar, e, então, o juiz formula mentalmente sua hipótese de julgamento que considera équa e justa.

A arte, por exemplo, transporta diretamente para a emoção e o sentimento ou, caso se prefira, para outro "padrão de consciência". Não por acaso, o poema de Fernando Pessoa (1888-1935), em *Cancioneiro*, revela justamente essa confluência de humanidade, simbolizada, no presente trabalho, pelo sublime encontro do homem-juiz com sua *anima* interior:

[1451] CUNHA, Paulo Ferreira da. *História do direito*: do direito romano à constituição européia. reimp. Coimbra: Almedina, 2010, p. 217: "Um complexo normativo com vocação totalizante, que constitui um edifício acabado, contendo a solução para virtualmente toda a questão ou problema jurídico que se possa vir a suscitar. O Direito identifica-se assim, plenamente, com a lei escrita, apresentando-se esta como objectiva, geral e abstracta, dotada de uma normatividade acabada, pré-determinada, não dependente naturalmente de posteriores interpretações e aplicações".

[1452] WARAT, Luis Alberto. *O amor tomado pelo amor*: crônica de uma paixão desmedida. São Paulo: Acadêmica, 1990, p. 60.

[1453] PRADO, Lídia Reis de Almeida, *op. cit.*, p. 88: "O relacionamento consciente com alguns dos atributos do arquétipo da *anima* é um modo de viver a alteridade, a diferença, o inesperado, que ainda não estão disponíveis para o indivíduo, em razão de sua inconsciência".

[1454] PRADO, Lídia Reis de Almeida, *op. cit.*, p. 94.

Eros e Psique[1455]

Conta a lenda que dormia
Uma Princesa encantada
A quem só despertaria
Um Infante, que viria
De além do muro da estrada.

Ele tinha que, tentado,
Vencer o mal e o bem,
Antes que, já libertado,
Deixasse o caminho errado
Por o que à Princesa vem.
A Princesa Adormecida,
Se espera, dormindo espera.
Sonha em morte a sua vida,
E orna-lhe a fronte esquecida,
Verde, uma grinalda de hera.

Longe o Infante, esforçado,
Sem saber que intuito tem,
Rompe o caminho fadado.
Ele dela é ignorado.
Ela para ele é ninguém.

Mas cada um cumpre o Destino –
Ela dormindo encantada,
Ele buscando-a sem tino
Pelo processo divino
Que faz existir a estrada.
E, se bem que seja obscuro
Tudo pela estrada fora,
E falso, ele vem seguro,

[1455] Escultura do italiano Antonio Canova está exposta no Museu do Louvre e representa o beijo de Eros que trouxe Psique de volta à vida.

E, vencendo estrada e muro,

Chega onde em sono ela mora.

E, inda tonto do que houvera,

A cabeça, em maresia,

Ergue a mão, e encontra hera,

E vê que ele mesmo era

A Princesa que dormia.

O juiz, mediante sua *anima* em projeção, e a experiência que ela faz, entra em contato com sua sensibilidade, despindo-se de seu intelecto no momento de formular o decisório. Assim fazendo, não tenta certo ou errado, mas age emotivamente e calcula as consequências iniludíveis de sua decisão. Tal é fruto de sua intuição, de sua emoção, de seu sentir intuitivo. No que toca à sensibilidade do juiz, absolutamente não se pode perder de vista o célebre lamento de Cino da Pistoia (1270-1336), naquele soneto no qual pede perdão a Deus:

– Mercè, Dio, che miei giorni ho male spesi.

In trattar leggi, tutte ingiuste e vane.

Senza la tua che scritta in cor si porta.

Depois – e só depois –, por segurança, o juiz busca as normas legais e consuetudinárias, os precedentes judiciais, os conceitos jurídicos e a prova representada nos autos do processo, que melhor possam configurar as premissas fático-jurídicas do decisório. O juiz usa o instrumental jurídico para fundamentá-lo, mediante razões sólidas, coerentes e racionalmente válidas, que permitam controlabilidade, endo e extraprocessual.

O coração e a justiça.[1456] Na perspectiva calamandreiana, deve-se celebrar o Direito como o presídio supremo da vida civil.[1457] Há, no plano do papel do juiz na elaboração jurídica, impregnações e reflexos de seus atributos internos, notadamente, intuição, emoção e sensibilidade. Ademais, o lago de descoberta ou de deliberação do juiz é

[1456] PASCAL, Blaise. *Pensamentos*. Trad. Sérgio Milliet. Coleção Os pensadores (1ª fase). São Paulo: Abril Cultural, 1973, p. 111: "277 – O coração tem suas razões, que a razão não conhece: percebe-se isso em mil coisas. Digo que o coração ama o ser universal naturalmente e a si mesmo naturalmente, conforme aquilo a que se aplique; e ele se endurece contra um ou outro, à sua escolha. Rejeitastes um e conservastes o outro: será devido à razão que vos amais a vós próprios? 278 – É o coração que sente Deus, e não a razão. Eis o que é a fé: Deus sensível ao coração, não à razão".

[1457] REDENTI, Enrico. In memoria di Piero Calamandrei. *Rivista Trimestrale di Diritto e Procedura Civile*, Milano, anno XII, p. 1-17, 1958, esp. p. 12: "...ma le sue regole concepite per l'uomo-tipo sono spesso scarsamente flessibili e di avara indulgenza per la nostra povera carne. La geometria ignora le ragioni del cuore. In ciò sta il tragico quotidiano del chiedere e del render giustizia,...". Com diversa compreensão, cfr. GUARINELLO, Angelo. *Psicologia jurídica*. São Paulo: Revista dos Tribunais, 1944, p. 35: "Não se visa no exercício da justiça enternecer ou humanizar o juiz, como se ele formasse aparte da espécie a que pertence, e sim aplicar a lei a frio, sem discuti-la, de acordo com o teorema: – *durum hoc est, sed ita lex scrita est*".

suscetível às influências de fatores psíquicos, sociais, educacionais, culturais, econômicos, religiosos e históricos sobre o ato de julgar, pluridimensional e complexo.[1458]

A sentença, por sua natureza e finalidade, é uma atividade tipicamente humana. Não parece crível que, no futuro, como utopicamente algumas vozes reverberam,[1459] cérebros eletrônicos implantados em computadores possam ministrar a solução exata dos conflitos jurídicos intersubjetivos, justamente por lhes faltar sensibilidade e humanidade. Tais atributos, que constituem a verdadeira essência da atividade judicante, podem não apenas justificar, senão também salvar a Justiça.[1460] Guardemo-nos de supor que o fenômeno da mecanização da vida poderá lançar seus mais aterrorizantes tentáculos sobre a humanização da justiça. A não ser assim, ter-se-á a aberração de uma justiça mecanicista, *slot-machine*, na qual, por certo, todos os tribunais, locais e superiores, seriam dispensáveis, pois bastaria um único juiz *"bocca di metallo"* para pronunciar a mais impecável hipótese de decisão.[1461]

O ponto nodal é o seguinte: deve-se, mais amplamente, considerar como os juízes contribuem para a sociedade, bem como a imprescindibilidade de melhor se compreender o impacto que as pessoas experimentam quando um juiz humano lida com suas preocupações humanas no mundo da vida.[1462]

Remarque-se o argumento: o ato de julgar é algo essencialmente humano, que exige intuição,[1463] emoção,[1464] juízos valorativos, discrição conformada por suposições inconscientes[1465] e sensibilidade acurada do juiz, razão pela qual uma inteligência artificial nunca conseguirá realizar.[1466] O juízo jurisdicional é algo tão extraordinariamente humano que jamais poderá ser substituído pela inteligência artificial. No terreno da ficção científica, talvez se possa inventar uma máquina para produzir sentenças.[1467]

[1458] GARAPON, Antoine. *Bem julgar* – Ensaio sobre o ritual judiciário. Lisboa: Instituto Piaget, 1997, p. 317-318: "Aquele que julga nunca está completamente isento de juízos antecipados. Assim, paradoxalmente, é menos difícil para ele tomar uma decisão do que alterá-la! O julgamento judicial articula-se com base num juízo social prévio, na maior parte das vezes inconsciente. Essa a razão pela qual o acto de bem julgar reclama, primeiro que tudo, não tanto uma progressão no sentido da decisão, mas antes uma regressão a esse juízo já existente, a esse pré-juízo, ou mesmo esse preconceito. A primeira exigência do acto de bem julgar consiste em formular esse juízo implícito que concorre com a operação consciente, para o substituir por uma deliberação".

[1459] DIEZ-PICAZO, Luis. *Estudios sobre la jurisprudencia civil*. Madrid: Tecnos, 1966, p. 23.

[1460] RODRRIGUEZ-AGUILERA, Cesáreo. *La sentencia*. Barcelona: Bosch, Casa Editorial, [s/d], p. 61.

[1461] BERGSON, Henri. *L'énergie spirituelle*: essais et conférences. Genève: Albert Skira, 1946, p. 35-36: "Avouons notre ignorance, mais ne nous résignons pas à la croice définitive. S'il y a pour les consciences un au-delà, je ne vois pas pourquoi nous ne découvririons pas le moyen de l'explorer. Rien de ce qui concerne l'homme ne saurait se dérober de parti pris à l'homme. Parfois d'ailleurs le renseignement que nous nous figurons très loin, à l'infini, est à côté de nous, attendant qu'il nous plaise de le cueillir. Rappelez-vous ce qui s'est passé pour un autre au-delà, celui des espaces ultra-planétaires. Auguste Comte déclarait à jamais inconnaissable la composition chimique des corps celestes. Quelques années après, on inventait l'analyse spectrale, et nous savons aujourd'hui, mieux que si nous y étions allés, de quoi sont faites les étoiles".

[1462] SOURDIN, Tania. Judge v robot? Artificial intelligence and judicial decision-making. *UNSW Law Journal*, v. 41(4), p. 1114-1133, 2018, esp. p. 1133.

[1463] No tocante à confiança na intuição, vide KIRBY, Michael. Judging: Reflections on the moment of decision. *Australian Bar Review* 4, 18, 1999.

[1464] BENNETT, Hayley; BROE, G. A. Judicial neurobiology, markarian synthesis and emotion: How canan the human brain make sentencing decisions? *Criminal Law Journal*, 75, p. 75-90, 2007, esp. p. 84-86.

[1465] MASON, Keith. Unconscious judicial prejudice. *Australian Law Journal*, 75, 676, 2001.

[1466] O tema sobre decisão judicial e inteligência artificial (adeus ao juízo?) será objeto de ulterior estudo em outra sede.

[1467] COUTURE, Eduardo J. *Introdução ao estudo do processo civil*. Rio de Janeiro: José Konfino Editor, 1951, p. 89: "Mas enquanto não se puder encontrar essa máquina de fazer sentenças, o conteúdo humano, profundo e medular

Ademais, o cérebro humano se distingue e mostra superioridade em relação ao "cérebro eletrônico" dos computadores, pois, este somente pode operar com as informações nele armazenadas, providas pelo homem, e, por isso, é incapaz de solucionar problemas em caso de escassez de dados (*v. g.*, imprecisão da linguagem nos textos normativos; vaguidão das palavras; antinomias; lacunas; valoração e concretização de conceitos jurídicos indeterminados e de individuação do significado de cláusulas gerais; impossibilidade de o legislador prever e regulamentar todas as situações da multifária realidade concreta), ao passo que o cérebro humano, mercê da intuição, está apto a encontrar solução sem elementos suficientes, independentemente do conhecimento da integralidade dos dados.[1468]

No que toca à pessoa do juiz, a sentença é fruto de uma operação humana de intuição, sensibilidade, de inteligência e de vontade. A natureza humana, essencialmente humana, da função jurisdicional atrai para o ato de julgar, pluridimensional e complexo, tudo o quanto atine à personalidade do juiz, sendo um dos aspectos mais importantes a sua independência moral, intimamente relacionada com sua formação humanística.[1469]

Julgar com razoabilidade é interpretar/aplicar o direito atento a uma agenda de valores ligados à sensibilidade, à prudência, à moral, à ética, a questões religiosas, políticas, culturais, históricas, socioeconômicas. A condição de julgar transcende as fronteiras de aplicação genuína da lei, inexistindo a possibilidade de exigir de seus aplicadores o abandono das crenças[1470] e dos valores subjacentes que permeiam a essência do homem-juiz e da sociedade.

Um Judiciário que se disponha a mudar para um modelo de julgar com irrefreável humanidade não pode renunciar à sua capacidade de se comprometer eticamente. O juiz, enquanto depositário do Direito, deve, para além do plano meramente retórico, se nutrir da seiva do valor da ética, no árduo exercício de sua função judicante.[1471] A consciência ética do juiz é a sua mais prestimosa corregedoria.

---

do direito não pode ser desatendido, nem desobedecido, e as sentenças valerão o que valham os homens que as profiram".

[1468] BAZARIAN, Jacob. *Intuição heurística*: Uma análise científica da intuição criadora. 3. ed. São Paulo: Alfa-Ômega, 1986, p. 67.

[1469] No que concerne à definição de um bom juiz, vide BERNARD BOTEIN. El juez de primera instancia (Memorias de um juez). Barcelona: José M. Bosch, 1955, p. 9: "Ante todo, debe ser honesto. En segundo lugar, ha de poseer una razonable dosis de habilidad. A ello ha de unir valor y ser un caballero. Si añade alguna noción de Derecho, le será muy útil".

[1470] RUSSELL, Bertrand. *Rassegna di spazzatura intellettuale*. Testo originale: An Outline of Intellectual Rubbish, Haldeman-Julius Publ., Girard (Kansas), 1943. Traduzione italiana Alfredo Finelli, 2010, p. 1-29, esp. p. 28-29: "Ammiro in particolare una profetessa che visse, circa nell'anno 1820, nei pressi di un lago nel nord dello stato di NewYork. Annunziò ai suoi numerosi seguaci che aveva il potere di camminare sull'acqua e che intendeva farlo alle 11 di mattina di un certo giorno. Al momento prestabilito i fedeli si raccolsero a migliaia nei pressi del lago. Ella parlò, dicendo: "siete tutti persuasi fino in fondo che io possa camminare sull'acqua?" Tutti risposero con una sola voce: "Sì, lo siamo". "In questo caso", annunziò, "non è necessario che io lo faccia". E quindi tutti andarono a casa sentendosi edificati. Il mondo sarebbe forse un po' meno vario e interessante se queste credenze venissero sostituite del tutto dalla fredda scienza. Forse possiamo consentirci di essere felici che siano esistiti gli Abecedariani, così chiamati poiché, rifiutando di imparare tutto ciò che fosse profano, credevano malvagio imparare anche solo l'A-B-C. Oppure possiamo goderci le perplessità dei gesuiti sudamericani quando si meravigliavano di come il bradipo avesse viaggiato, dopo il diluvio universale, per tutta la distanza che separa il monte Ararat dal Perù – viaggio che la sua lentezza di movimento rende quasi incredibile. L'uomo saggio sa godere di tutte quelle cose che siano disponibili in grande quantità e di spazzatura intellettuale egli troverà sempre buone scorte, nel nostro tempo come in ogni altro".

[1471] NALINI, José Renato. *A rebelião da toga*. Campina, SP: Millennium, 2006, p. 187: "A busca daquilo que é correto, o reto, o direito, não poderia converter o julgador em um ser insensível e imune às misérias do seu próximo".

A eticidade própria da função judicante deve se exprimir, intrinsecamente, na sensibilidade, prudência,[1472] sobriedade, urbanidade e cortesia do juiz,[1473] não apenas no trato com os demais operadores do Direito e servidores e auxiliares da Justiça, senão também, e sobretudo, com as partes litigantes, que são as lídimas excelências no âmbito do processo judicial. Uma expressão mágica de civilidade como "bom dia" parece pouca coisa, mas já é um bom começo no programa de humanização das relações forenses, densificando-se o sobreprincípio constitucional da dignidade da pessoa humana.[1474]

O protagonismo judicial, deontológico, responsável e corajoso, justificado argumentativamente, deve se pautar no incondicional respeito à Constituição, às leis do País, ao Direito, e se orientar para a irreprimível realização dos valores e dos direitos fundamentais constitucionalmente proclamados como um dos pilares para se edificar uma sociedade justa, fraterna, solidária e plural. A ser diferente, a dignidade da função de julgar será irreconhecível, de par a fraturar-se a confiança dos cidadãos e da sociedade em seu sistema de justiça.[1475]

Importa registrar, para rematar este tópico, que além do QI (quociente intelectual) e do QE (quociente emocional), a inteligência humana também pode ser medida por meio do QS (inteligência espiritual). O QS (= do inglês *Spiritual Quocient*) está ligado à necessidade humana de ter propósito e objetivo na vida. Ele é o responsável pelo significado de nossa existência, pelo desenvolvimento dos valores éticos e crenças que vão nortear nossas ações no cotidiano. Ao juiz cumpre conhecer o potencial de seu QS e desenvolvê-lo, o que permitirá o exercício da função jurisdicional com maior eficiência e humanidade.[1476]

A inteligência humana é multidimensional. Três tipos de pensamento sugerem três tipos de inteligência. Sob o prisma neurológico, tudo que influencia a inteligência passeia pelo cérebro, por suas estruturas e prolongamentos neurais pelo corpo. Um tipo de organização neural permite ao ser humano realizar um pensamento racional, lógico, regulado por regras (QI, ou inteligência intelectual). Outro tipo de organização neural consente-lhe realizar o pensamento associativo, afetado por hábitos, reconhecedor de padrões, emotivo (QE, ou inteligência emocional). Um terceiro tipo (QS, ou inteligência espiritual) permite-lhe o pensamento criativo, capaz de *insights*, formulador e revogador de regras. É o pensamento com que formula e transforma os dois tipos anteriores de pensamento (QI e QE).[1477]

[1472] No tocante à prudência do juiz, vide o art. 24 da Resolução nº 60, de 19.09.2008, do Conselho Nacional de Justiça – CNJ, que institui o Código de Ética da Magistratura Nacional: "O magistrado prudente é o que busca adotar comportamento e decisões que sejam o resultado de juízo justificado racionalmente, após haver meditado e valorado os argumentos e contra-argumentos disponíveis, à luz do Direito aplicável".

[1473] PIRES, Luis Manuel Fonseca. O potencial semântico de uma lenda. *In:* NALINI, José Roberto; PIRES, Luis Manuel Fonseca; RODOVALHO, Maria Fernanda (Coord.). *Ética para o juiz*: um olhar externo. São Paulo: Quartier Latin, 2014, p. 81-96, esp. p. 93-94.

[1474] NALINI, José Renato. *Ética da magistratura, op. cit.*, p. 171.

[1475] NALINI, José Renato, *op. cit.*, p. 279: "Ao contrário, pretende-se um juiz humano, sensível, profundamente ético, de vida cidadã irrepreensível, cujas sentenças – ainda que desfavoráveis – revistam a aura da consonância com o padrão aceitável do justo".

[1476] ZOHAR, Danah. *QS: inteligência espiritual*. Tradução de Ruy Jungmann. 4. ed. Rio de Janeiro: Viva Livros, 2017, p. 53.

[1477] Bíblia – Novo Testamento – Colossenses 1:9: "Por esta razão, nós também, desde o dia em que o ouvimos, não cessamos de orar por vós, e de pedir que sejais cheios do conhecimento da sua vontade, em toda a sabedoria e inteligência espiritual;".

A diferença cardeal entre (QE) inteligência emocional e (QS) inteligência espiritual reside no poder transformador. A inteligência emocional permite julgar em que situação o indivíduo se depara e se comportar apropriadamente dentro dos limites da situação, ao passo que a inteligência espiritual permite que o indivíduo se pergunte se quer estar na conjuntura particular. Implica trabalhar com as demarcações da situação. Em suma, o quociente espiritual tem a ver com o que algo significa para o indivíduo, e não apenas como as coisas afetam sua emoção e como reage a tal situação.

A inteligência espiritual é a terceira inteligência que aloca nossos atos e experiências em um contexto mais amplo de sentido e de valor, tornando-os mais efetivos. Para se assegurar um QS alto, mister se faz que todo o cérebro, todo o eu, toda a vida sejam integrados. O porto de partida está no chamado "ponto de Deus" no cérebro humano,[1478] que provoca alta atividade dos lobos temporais, responsável pelas experiências espirituais das pessoas e vocacionada a dar mais sentido ao seu trabalho (*v. g.*, juiz preocupado com as consequências de suas decisões para as partes litigantes, o desenvolvimento da sociedade, a proteção do meio ambiente, a propagação da educação e da saúde).

A inteligência espiritual do juiz, mesmo em ambiente de cultura espiritualmente embotada, tem o condão de alargar seus horizontes, de ampliar perspectivas humanas e de energizar sua criatividade e inventividade. Tem a ver com o que, em essência, o juiz é, com seus valores. É a inteligência que serve de combustível e impulsiona o juiz na abordagem e solução de problemas de sentido e valor. É a necessidade de o juiz ter propósitos e plenitude na vida, alicerçados na eticidade e em crenças, que irão melhor nortear sua atividade judicante. A ser diferente, a vida pessoal e profissional do juiz afigurar-se-á vazia de sentido e abandonada de conteúdo (*flatus vocis*).

O desenvolvimento e o cultivo da inteligência espiritual dependem de várias qualidades comuns às pessoas espiritualmente inteligentes. Algumas delas, com mais afinidade temática com o presente trabalho, podem ser assim catalogadas: (i) praticam e estimulam o autoconhecimento profundo, refinando-o, ou elevado grau de autoconsciência; (ii) são holísticas – têm a visão do todo integrado e a percepção de unidade; (iii) celebram a diversidade como fonte de beleza e aprendizado; (iv) têm independência de pensamento e comportamento; (v) têm capacidade de colocar as coisas e os temas em um contexto mais amplo; (vi) têm espontaneidade de gestos e atitudes, e são equilibradas emocionalmente; (vii) são sensíveis, fraternas e compassivas.[1479]

A caixa craniana do juiz encerra segredos, mistérios e enigmas, os quais mais se agigantam, por exemplo, quando se considera sua ligação com o "eu" interior, seu coração e talento intuitivo. Ao flanco de sua faculdade de raciocinar está a magna faculdade de sentir intuitivamente.

5.4 Equidade: caminho para o interior profundo e sentimento íntimo de justiça

A equidade é uma deusa silenciosa que habita o mais recôndito recanto do mundo interior do juiz. Em vários períodos históricos,[1480] desde a *epiéikeia* aristotélica,

---

[1478] ZOHAR, Danah, *op. cit.*, p. 104, 125: "As percepções e habilidades especiais conferidas pelo "ponto de Deus" têm de ser costuradas no tecido geral de nossas emoções, motivações e potencial, e postas em diálogo com o centro de eu e sua maneira especial de conhecer".

[1479] ZOHAR, Danah, *op. cit.*, p. 291-305.

[1480] CALASSO, Francesco. Equità – Premessa storica, verbete in *Enciclopedia del diritto*. Milano: Giuffrè, 1966, v. XV, p. 65-69.

passando pela *aequitas* romana, *aequitas* medieval e *aequitas* canônica,[1481] a ideia de equidade está intensamente conectada àqueloutra de justo (*ex aequo et bono*), de processo
justo e, mais amplamente, à própria definição de direito, com sentido de sistema.[1482]
A equidade é o sol que fulgura e aquece o Direito: *In omnibus quidem, maxime tamen in
iure, aequitas spectanda sit*. O significado da equidade judicial, para além de um simples
regulamento dos poderes decisórios do juiz, não é um elemento coadjuvante da arte
do direito, mas sim seu protagonista essencial, que promove a harmonização da justiça
com outras virtudes cardeais (*v. g.*, solidariedade, caridade, benignidade, misericórdia,
moderação).[1483] A consciência do juiz simboliza o tribunal da equidade, como critério
de justiça no qual se inspira o regulamento moderado e conveniente que a lei, amiúde,
confia ao juiz quando se trata de disciplinar determinadas relações.

A equidade (vocábulo enternecedor), como uma espécie do gênero discricionariedade, pode ser utilizada, habitualmente, como técnica de aplicação vivificadora do
direito,[1484] como quando da suavização ou atenuação das asperezas incrustadas na lei
escrita demasiado dura, a fim de que possa realizar o seu fim de equilíbrio e harmonia
nas relações intersubjetivas. O juiz, ao aplicar a lei, animado por sua consciência ética,
realiza previamente um trabalho de adaptação e de flexibilização para melhor amoldá-
la às realidades da vida e aos interesses que visa tutelar. Busca-se, assim, humanizar o
direito positivo e adoçar o amargor da lei. Do tempero de misericórdia, por exemplo,
salta o vetusto brocardo caracterizador do olhar equitativo: *Justitia dulcore misericordiae
temperata*.[1485] Na prática judiciária, a estrutura do juízo de equidade, assim pensado,
se resolve, *tout court*, em um apreçamento mais intensamente subjetivo do juiz, pois
os parâmetros para se conferir um coeficiente de objetividade ao juízo de equidade
conduziram a noções genéricas: "consciência social", "direito natural", "senso de
justiça".[1486]

A estrutura do juízo de direito desdobra-se, substancialmente, em dois momentos:
acertamento dos fatos constitutivos (juízo de fato) e interpretação-aplicação da norma
ao fato (juízo de direito em sentido técnico e estrito). No que diz respeito à estrutura do
juízo de equidade, a atividade espiritual desenvolvida pelo juiz ao julgar se qualifica
pelo acertamento e regulação dos fatos constitutivos.

O juiz, em sede de equidade interpretativa (na premissa de que a norma de
direito exista!), com base na subjetividade do critério de juízo, pode conferir à lei

---

[1481] FEDELE, Pio. Equità canonica, verbete in *Enciclopedia del diritto*, v. XV. Milano: Giuffrè, 1966, p. 147-159.

[1482] D.1.1.0.R De iustitia et iure. D. 1.1.1pr ULPIANUS libro primo institutionum: "Iuri operam daturum prius
nosse oportet, unde nomen iuris nosse oportet, unde nomen iuris descendat. Est autem a iustitia appellatum:
nam, ut eleganter Celsus definit, ius est ars boni et aequi".

[1483] HERVADA, Javier. *Lições propedêuticas de filosofia do direito*. São Paulo: WMF Martins Fontes, 2008, p. 171: "A
harmonização da justiça com outras virtudes – ou seja, a harmonização dos deveres que nascem de todas elas –
origina, entre outras coisas, o *equitativo*, que é o objeto da equidade. A equidade é a justiça mesclada com outras
virtudes, e o equitativo é o que resulta de harmonizar os deveres de justiça com outros deveres. A função da
equidade é melhorar a justiça e, portanto, favorecer o bem comum". (Grifos no original).

[1484] GORPHE, François. *Les décisions de justice*: Étude psychologique et judiciaire. Paris: Presses universitaires de
France, 1952, p. 39: "L'équité est une notion vivifiante du droit, à laquelle on fait un appel constant en justice,
mais qui rest complexe et différemment déterminée, parce qu'elle joue comme sentiment plus que comme
concept".

[1485] JACQUES, Paulino. *Curso de introdução à ciência do direito*. 2. ed. revista e atualizada. Rio de Janeiro: Forense,
1971, p. 137.

[1486] NASI, Antonio. Equità – giudizio di equità (dir. proc. civ.), verbete in *Enciclopedia del diritto*. Milano: Giuffrè,
1966, v. XV, p. 107-146, esp. p. 110.

escrita a exegese que lhe pareça mais justa. De fato, no processo interpretativo intervém, necessariamente, um juízo de valor e soaria bizarro que um juiz, podendo escolher entre duas interpretações razoáveis, de acordo com os valores emergentes da sociedade civil, escolhesse a mais injusta.[1487] O legislador consente ao juiz de aplicar a norma de maneira equitativa, vale dizer, de temperar-lhe o rigor naqueles casos especiais em que a aplicação rígida da norma jurídica levaria ao martírio do direito individual que o legislador não pôde expressamente tutelar em sua norma escrita.[1488] A função do juiz, no concreto exercício de seu sábio senso de equidade, consonante com o sentimento preponderante no seio da sociedade, é a de formular diretamente o direito a ser aplicado ao caso particular, fora do ordenamento positivo, e não aquela de aplicar um direito já formulado pelo legislador. Parece bem mencionar, à guisa de ilustração, o art. 295 do progetto Carnelutti, que soa assim: "Giudizio di equità – quando il giudice è autorizzato a risolvere una questione secondo equità, applica ai fatti della lite quella norma, che secondo quanto egli sa, corrisponde al sentimento di giustizia della generalità dei cittadini nel tempo e nel luogo, in cui avviene la decisione".[1489] A especial função da equidade é a de penhor de continuidade do ordenamento jurídico, favorecendo a conciliação entre a veloz transformação das exigências dos fatos sociais e a norma jurídica que não consegue acompanhar aquelas mutações.

Nesse passo, é interessante abrir-se um parêntesis para dizer que, nos ordenamentos de tipo anglo-saxão baseados, ao menos em parte, sobre *equity*, a referência à autoridade de um precedente judicial termina, na prática, em colocar ao juiz de *equity* questões de interpretação-aplicação do precedente estabilizado ao caso sucessivo, que reportam, de modo mais elástico, uma problemática muito próxima àquela que se põe ao juiz de *civil law*, que deve interpretar-aplicar a norma escrita de direito.[1490] Fecha-se o parêntesis.

A razoabilidade como equidade impõe, na interpretação-aplicação das normas jurídicas e na qualificação dos fatos subjacentes da causa, a consideração daquilo que normalmente acontece no cotidiano, e não o extravagante. Além disso, exige a consideração do aspecto individual do caso concreto.[1491] De fato, o problema da generalidade do texto normativo diante do dado real não regulado pode ser corrigido pelo método da equidade, vinculando-se, invariavelmente, à hipótese real e concreta analisada. A natureza do equitativo, na visão aristotélica, corresponde à correção da lei, quando esta se revela insuficiente por força de sua vaguidão e generalidade. Até porque o engenho legiferante não é capaz de abranger todos os aspectos da riqueza multifária da realidade social. Contudo, a aplicação da justiça por (e com) equidade não está fora

---

[1487] LUMIA, Giuseppe. *Elementos de teoria e ideologia do direito*. Justiça e direito. São Paulo: Martins Fontes, 2003, p. 85.

[1488] CALAMANDREI, Piero. Il significato costituzionale delle giurisdizioni di equità. *In*: CAPPELLETTI, Mauro (a cura di). *Opere giuridiche*. Napoli: Morano, 1965, v. 3, p. 3-51, esp. p. 21.

[1489] CARNELUTTI, Francesco. Progetto del Codice di Procedura Civile: Parte Prima – Del processo di cognizione. Padova: CEDAM, 1926 (In cop.: *Supplemento alla Rivista di diritto processuale civile*. A. 3., n. 1).

[1490] NASI, Antonio, *op. cit.*, p. 111.

[1491] ÁVILA, Humberto. *Teoria dos princípios*: da definição à aplicação dos princípios jurídicos. 9. ed. São Paulo: Malheiros, 2009, p. 155: "Essas considerações levam à conclusão de que a razoabilidade serve de instrumento metodológico para demonstrar que a incidência da norma é condição necessária mas não suficiente para sua aplicação. Para ser aplicável, o caso concreto deve adequar-se à generalização da norma geral. A razoabilidade atua na interpretação das regras gerais como decorrência do princípio de justiça ("Preâmbulo" e art. 3º da CF)".

do espectro do sistema jurídico.[1492] Pode ocorrer, e geralmente ocorre, que uma norma infraconstitucional seja perfeitamente compatível com o documento constitucional, mas mostre-se notoriamente injusta. Ter-se-ia incongruência sistêmica na aplicação ao caso concreto, a ser corrigida através da equidade.[1493]

Na hodierna civilidade jurídica, e como eco da concepção aristotélica, enquanto a mais fundamental das virtudes é a Justiça, o sentido de equidade assente na consciência operosa do juiz, como um método de aplicação do direito para a decisão, é a configuração mais elevada da própria Justiça,[1494] como expressão ética do princípio da igualdade na experiência humana. A equidade é a própria Justiça amoldada às especificidades do caso concreto, tal qual ocorre com a régua de chumbo empregada pelos construtores de Lesbos[1495] para ajustar as molduras: a régua amolda-se aos contornos da pedra e não é rígida.

O juízo de equidade é, a um só tempo, forma e substância. Pode, formalmente, ser considerado como um corretivo da lei escrita, mas, ao ângulo substancial, a equidade se reveste de substância da juridicidade, enquanto sua fonte refrescante e como fundamento do direito material no momento de sua exteriorização (*Jus est aequitas constituta*). Um dos aspectos fundamentais do juízo processado segundo equidade é a reconciliação dos interesses em jogo, com discricionariedade soberana, sem a mediação normativa de *fattispecie astratta*. Por isso, o juízo de equidade torna-se juízo direto entre o sujeito judicante e o sujeito judicado. A Constituição de 1934, pioneiramente no direito brasileiro, autorizou o juiz a decidir pelos ditames da equidade quando omissa a lei (art. 113, n. 37).

Modernamente, alicerçada no princípio universal da igualdade humana, a equidade desempenha o papel de progenitora da Justiça.[1496] Quando se pensa na função que a equidade exerce no ordenamento jurídico, distinguem-se, amiúde, três tipos equidade:[1497] (i) formativa, quando o ordenamento insinua lacunas e o legislador endossa a oportunidade de colmatá-las, através de procedimento equitativo. A equidade se constitui em ferramenta de interpretação das normas jurídicas, uma espécie de pressentimento da lógica do razoável. Quando o juiz se depara, no entanto, com uma situação não regulada expressamente no texto legal e se não há, na ordem jurídica positiva, outra norma capaz de fornecer uma solução satisfatória para o caso particular, então o juiz se encontra diante de uma hipótese de lacuna.[1498] Como o juízo é, em

---

[1492] GORPHE, François, *op. cit.*, p. 41.

[1493] NUNES, Luiz Antonio Rizzatto. *Manual de filosofia do direito*. 5. ed. rev. e amp. São Paulo: Saraiva, 2013, p. 376: "É como se estivéssemos falando de uma espécie de lacuna semântica ou axiomática. A equidade, então, aí comparece para, colmatando esse estranho vazio do sistema, resolver a questão sem tornar ou declarar nenhuma lei inconstitucional nem alguma norma ilegal".

[1494] ARISTÓTELES. *Ética a Nicômaco*. Trad. Torrieri Guimarães; Revisão Rosana Gilioli. São Paulo: Martin Claret, 2012, 5.10.1137b.35.

[1495] ARISTÓTELES, *op. cit.*, 5.10.1137b.30.

[1496] ISRAËL, Nicolas. *Genealogia do direito moderno*: o estado de necessidade. Biblioteca jurídica WMF. São Paulo: WMF Martins Fontes, 2009, p. 118: "A equidade mostra-se como a fonte original da justiça, pois ela é a virtude que se empenha em respeitar a igualdade natural entre os homens. Essa nova concepção da equidade se distingue radicalmente do significado que a tradição aristotélica havia conferido a essa noção, assimilando-a a um 'corretivo da justiça legal'".

[1497] LUMIA, Giuseppe. L'equità tra la giustizia e la legge. *Rivista di Diritto Processuale*. Padova: CEDAM, v. 31, 2. serie, 1976, p. 708-728, esp. p. 716-718.

[1498] PRADO, Lídia Reis de Almeida. A lógica do razoável na teoria da interpretação do Direito (segundo o

regra, atrelado a normas de direito, são excepcionais as hipóteses em que, quando a lei o autorize, os juízes possam criar uma norma;[1499] (ii) supletiva, que é a espécie mais comum e se configura quando o legislador entalha a hipótese, mas sem definir suas exatas consequências, franqueando-as à determinação equitativa dos juízes, isto é, para operar concretamente as normas jurídicas e, assim, exprimir um juízo de direito; (iii) substitutiva, que consiste na possibilidade de o juiz estimar o caso concreto sob ótica diferente daquela valorada abstratamente pela lei.[1500]

Em semelhante contexto, excepcionalmente, quando inexistam regras ou, havendo-as, a solução não se mostre aceitável à luz da justiça, a equidade, definida como critério de juízo sobre regulamentação do fato concreto,[1501] significa a resolução do conflito intersubjetivo alumiada por critérios objetivos, ou com pretensão de objetividade[1502] (v. g., os argumentos e as provas de cada parte devem ser valorados segundo as especificidades do caso concreto, fora do campo da legalidade estrita[1503]). Neste caso, ao juiz é franqueado adotar, com ampla liberdade conforme o seu próprio critério e distante dos formalismos anacrônicos do direito positivo,[1504] solução razoável, aceitável sem repugnância, que considere mais oportuna, útil, justa e aderente às especificações do caso concreto, com o fito de melhor assegurar a reconciliação dos interesses em jogo.[1505]

Vale dizer: o senso de equidade vivente na consciência operosa do juiz, distante de operar uma justiça *prêt-à-porter*, faz o ditado de decisão sob medida, a mais conveniente às circunstâncias do caso particular.[1506] O maior calibre de discricionariedade do juiz não

---

pensamento de Luiz Recasens Siches). Dissertação de Mestrado apresentada à Cadeira de Filosofia da Faculdade de Direito da Universidade de São Paulo, 1980. 107 p. Orientador Professor Doutor Goffredo da Silva Telles Jr. (Biblioteca do Superior Tribunal de Justiça nº 12714/85), p. 70.

[1499] FERRAZ JUNIOR, Tércio Sampaio. *A ciência do direito*. 2. ed. São Paulo: Atlas, 1980, p. 98: "As regras de preenchimento (analogia, equidade, princípios gerais de direito, indução amplificadora etc.) tornam-se aqui verdadeiras "normas" permissivas para a "criação" do direito pelo próprio aplicador".

[1500] VERDE, Giovanni. *Profili del processo civile*: parte generale. 6. ed. Napoli: Jovene, 2002, p. 125, 126: "In conclusione, il giudizio di equità formativa si ha quando la legge espressamente prevede che il giudice decida equitativamente in settori non regolati dal diritto; il giudizio di equità suppletiva si risolve in un giudizio di diritto; il giudizio di equità sostitutiva ha luogo nei limiti fissati dalla legge".

[1501] MARINI, Carlo Maria de. *Il giudizio di equità nel processo civile*: premesse teoriche. Padova: CEDAM, 1959, p. 161.

[1502] TRAZEGNIES GRANDA, Fernando de. Arbitraje de derecho y arbitraje de conciencia. *Ius et Veritas*, 12, 1996. Disponível em: http://macareo.pucp.edu.pe/ftrazeg/aafab.htm. Acesso em: 29 dez. 2017.

[1503] Se o julgamento por equidade, ante as circunstâncias do caso particular, envolve precisamente a dispensa da lei, cuja aplicação poderia conduzir a uma solução injusta, ou mesmo a inexistência de norma jurídica, merece severas críticas a redação do art. 127 do Código de Processo Civil brasileiro de 1973: "O juiz só decidirá por equidade nos casos previstos em lei". Sob má luz, tal desvio de perspectiva foi reproduzido pelo Código de Processo Civil brasileiro de 2015, art. 140, Parágrafo único: "O juiz só decidirá por equidade nos casos previstos em lei". Vide, no ponto, CAVALCANTI, Arthur José Faveret. *A estrutura lógica do direito*. Rio de Janeiro: Renovar, 1996, p. 284: "A equidade constitui, porém, um sistema em separado ao ordenamento, não indo buscar nele a sua fonte de validade. Nesse sentido, a regra do nosso Código de Processo Civil, segundo a qual o juiz só poderia usar a equidade nos casos previstos em lei, é absurda. A equidade é pressuposta pela aplicação do direito, tanto quanto as normas da linguagem em que a lei está escrita são pressupostas na interpretação. A mencionada disposição do Código de Processo Civil tem tanta razão de ser quanto teria uma disposição que proibisse empregar as convenções que formam a língua portuguesa na determinação do sentido do referido código".

[1504] No tocante à informalidade do procedimento por equidade, vide Código Procesal Civil y Comercial de la Nacion Argentina, de 1981, art. 802: "Los amigables componedores procederán sin sujeción a formas legales, limitándose a recibir los antecedentes o documentos que las partes les presentasen, a pedirles las explicaciones oportunas, y a dictar sentencia según su saber y entender".

[1505] Código de Processo Civil brasileiro, art. 723, Parágrafo único: "O juiz não é obrigado a observar critério de legalidade estrita, podendo adotar em cada caso a solução que considerar mais conveniente ou oportuna".

[1506] CALAMANDREI, Piero. *Processo e democrazia*. Conferenze tenute alla Facoltà di Diritto dell'Università Nazionale del Messico. Padova: CEDAM, 1954, p. 50: "In tutti questi casi il giudice non può limitarsi a leggere

significa que ele esteja dispensado de afiançar as garantias fundamentais do processo justo (*v. g.*, igualdade de tratamento das partes ou interessados, imparcialidade, contra-ditório, ampla defesa, publicidade, motivação). Com efeito, a definição de processo justo se coaduna com a ideia de equidade processual,[1507] manifestada, também, pela noção aristotélica de igualdade proporcional, abonada pelo direito natural.[1508] Em palavras pobres, o juízo de equidade responde a uma exigência de igualdade entre as partes.[1509]

Na era do pós-positivismo jurídico, caracterizado pela reaproximação entre o Direito e a Ética, bem como pela revalorização da concepção de justiça substancial, a equidade encontra solo fecundo para vicejar nos conceitos jurídicos indeterminados (ou melhor: termos indeterminados de conceitos jurídicos) e nas cláusulas gerais,[1510] de maneira especial no labor direcionado para a concretização de tais categorias jurídicas.[1511]

Parece equivocado pensar em "juízo de direito estrito" e "juízo de equidade", como dimensões automaticamente excludentes uma da outra.[1512] Bem vistas as coisas, a equidade particular não objeta o direito positivo, antes, o pressupõe mesmo,[1513] com im-plicações mútuas,[1514] porquanto a interpretação de textos normativos, "*cum grano salis*",[1515]

---

nel Codice la soluzione già preparata in ipotesi in un articolo di legge; ma deve cercare nel suo intimo senso di giustizia la soluzione del 'caso per caso', fabbricata, per così dire, non in serie, ma su misura".

[1507] COMOGLIO, Luigi Paolo. Il "giusto processo" civile in Italia e in Europa. *Revista de Processo*, São Paulo, n. 116, p. 97-158, jul./ago, 2004, esp. p. 124.

[1508] CARNELUTTI, Francesco. *Diritto e processo*. Napoli: Morano Editore, 1958, p. 139, especialmente nota nº 2: "Tanto poco il diritto naturale è un'illusione che, malgrado le opposizioni, risorge continuamente con altri nomi: diritto libero, diritto giusto, diritto ideale (...) o ancora diritto razionale, diritto latente, diritto spontaneo (...); tutte formule, con le quali il diritto naturale si traveste ingannando i suoi ingenui oppositori".

[1509] JAEGER, Nicola. *Corso di diritto processuale civile*. Seconda edizione aumentata e aggiornata. Milano: La Goliardica, 1956, p. 271.

[1510] FAGUNDES FILHO, Henrique. A equidade e o processo justo. *In:* FUX, Luiz; NERY JR., Nelson; WAMBIER, Teresa Arruda Alvim (Coord.). *Processo e Constituição*: estudos em homenagem ao Professor José Carlos Barbosa Moreira. São Paulo: Revista dos Tribunais, 2006, p. 707-723, esp. p. 708.

[1511] Sobre as novas perspectivas da equidade, notadamente no sentido de se interpretar a lei razoavelmente, vide RECASENS SICHÉS, Luis. *Tratado general de filosofia del derecho*. 3. ed. Mexico: Porrua, 1965, p. 654-660.

[1512] FAGUNDES FILHO, Henrique, *op. cit.*, p. 721.

[1513] LUMIA, Giuseppe. L'equità tra la giustizia e la legge, *op. cit.*, p. 713: "L'equità particolare, invece, non si contrappone, come un sistema normativo omogeneo e concorrente, al diritto positivo, bensì lo presuppone, ed opera nell'ambito di esso, limitandosi ad introdurvi l'esigenza di una temperata e conveniente applicazione. Per dirla in breve, l'equità generale si distingue da quella particolare, in quanto la prima si contrappone al diritto, mentre la seconda si contrappone solo ad una rigida applicazione di esso". Vide a posição contrária de SATTA, Salvatore. *Commentario al codice di procedura civile*. Milano: Vallardi, 195, v. 1, p. 448: "Il giudizio secondo equità, incompatibile in linea generale col principio di legalità che sta alla base del processo, (…)".

[1514] OLIVEIRA, Carlos Alberto Alvaro de. O formalismo-valorativo no confronto com o formalismo excessivo. *Revista de Processo*, São Paulo, ano 31, n. 137, p. 7-31, jul. 2006, esp. p. 22: "Nessa perspectiva, o juízo de legalidade constata as características essenciais e comuns, enquanto que o juízo de equidade ocupa-se com a compreensão das características acidentais e particulares da hipótese individual verificada, mas sempre levando em conta o sistema em que inserido. Assim, legalidade e equidade apresentam-se como dois aspectos distintos, mas logicamente indissociáveis da linguagem jurídica e do significado dos signos nela empregados, de sorte que convivem numa relação necessária e inafastável, um não existindo sem o outro. No fundo, portanto, verifica-se uma falsa contraposição entre formalismo excessivo e informalismo arbitrário, já que todos os juízos são ou devem ser mais ou menos equitativos, ou iníquos, segundo o seu grau de compreensão das conotações específicas e diferenciadas da hipótese posta à apreciação do juiz. Dentro de tal concepção, a equidade desponta como a justiça do caso concreto, como inarredável mediação entre o caráter abstrato do sistema e as exigências das hipóteses singulares e concretas. Transcende-se a justiça abstrata e genérica da lei para alcançar-se a justiça concreta e individualizada do caso, sai-se enfim da legalidade para ingressar no direito".

[1515] MAIA FILHO, Napoleão Nunes. As regras de experiência comum na formação da convicção do juiz. *Revista Dialética de Direito Processual (RDDP)*, Brasília, n. 17, p. 59-75, ago. 2004, esp. p. 73 e p. 75: "A *equidade judicial*, que essencialmente se mostra na flexibilização da norma jurídica, no interesse da sua melhor interpretação, resulta, em primeiro lugar, *em fazer o Juiz que o sentido da lei prevaleça sobre as suas palavras* e, em segundo lugar,

com o abrandamento da aspereza da lei, é plasmada por conteúdos axiológicos. Das estruturas de um sistema positivo, a equidade judicial é componente essencial e, por isso, incindível. A boa aplicação do direito conecta-se a aspectos valorativos. Na perspectiva formal da equidade como corretivo da lei, no juízo de equidade está ausente a premissa maior do silogismo judicial e, por conseguinte, configuraria uma espécie de "silogismo acéfalo". Trata-se de um pseudossilogismo ou "silogismo retórico", na expressão aristotélica, ante a ausência da premissa maior e, intuitivamente, se escorrega diretamente de apenas uma premissa para a consequência.[1516]

Não soa exata a expressão "justiça do caso concreto", como se o critério geral apontado no juízo de equidade não devesse ser aplicável a todos os casos possíveis que apresentem aspectos substancialmente idênticos,[1517] e como se no juízo de direito não se devesse buscar, igualmente, a realização de justiça material.

No juízo de equidade estrita, o juiz, dentro dos parâmetros da lógica do razoável dos sentidos da regra positivada, buscará, mediante atividade hermenêutica justificada, dentro da constelação de valores preponderantes na sociedade, a *ratio legis* que melhor se acomode às ideias de justo, de mais adequado.[1518] Socorrer-se-á, em sua caminhada exegética, a par dos métodos tradicionais, da deusa silenciosa: a equidade.[1519] Ecoa do pensamento jusnaturalístico medieval: "*Aequitas est illa quae dictat sensum legis*". A equidade e a legalidade configuram, bem pesadas as coisas, um tipo de valoração segundo o direito ou, com valência hermenêutica, um tipo de interpretação jurídica iluminada pelo sentimento de justiça do juiz[1520] ou, ainda, um método de interpretação do Direito.[1521]

O direito não é a antítese da equidade, e vice-versa; antes, trata-se de noções que se integram e interpenetram, pois a *ratio decidendi* pode ser fundada sobre o direito como

---

que dentre plúrimas acepções possíveis da mesma regra jurídica, o Juiz escolha aquela que se evidencia mais humana, mais benigna ou mais racional. (...) Porém, na moderna concepção, a *equidade deve ser aplicada sem descarte da lei, ou seja, mesmo na presença de norma expressa, mas em íntima composição com ela e permeando por inteiro a atividade de aplicá-la (ou julgar), até (ou especialmente) quando o Juiz tiver de recorrer às técnicas de integração do sistema jurídico (...).* Nessa concepção, a equidade *deixa de ser apenas uma técnica de integração jus-sistêmica, no momento da sua aplicação judicial,* e passa a ser, efetivamente, uma *qualidade da decisão judicial,* indicando que se trata de provimento banhado da luz da justiça, que é, no final, o objetivo da jurisdição". (Grifos no original). Averbe-se a posição contrária de PONTES DE MIRANDA, Francisco Cavalcanti. *Comentários ao código de processo civil* (de 1973). Atualização de Sergio Bermudes. 3. ed. Rio de Janeiro: Forense, 1997, t. 5, p. 377: "Mais nome de impulso, de sentimento, do que conceito intelectual, transmissível como regra de julgar, ou regra de interpretar. No fundo, a simples indicação de certa liberdade do juiz para consultar o seu íntimo, alusão, portanto, a elementos intuitivos e emocionais, de sentimento e de tendências".

[1516] FROSINI, Vittorio. L'equità nella teoria generale del diritto. *Rivista Trimestrale di Diritto e Procedura Civile,* Milano, anno XXVIII, p. 1-18, 1974, esp. p. 7.

[1517] JAEGER, Nicola, *op. cit.,* p. 269.

[1518] CALAMANDREI, Piero. Giustizia e politica: sentenza e sentimento. *In: Processo e democrazia.* Conferenze tenute alla Facoltà di diritto dell'Università Nazionale del Messico. Padova: CEDAM, 1954, p. 50.

[1519] MAXIMILIANO, Carlos. *Hermenêutica e aplicação do direito.* 19. ed. Rio de Janeiro: Forense, 2009. 140: "A frase – *summum jus, summa injuria –* encerra o conceito de Equidade". Sobre este aforismo latino, vide STAMMLER, Rudolf. *Die Lehre von dem richtigen Rechte.* Berlin: J. Guttentag 1902, p. 33-37.

[1520] DINAMARCO, Cândido Rangel. *A instrumentalidade do processo.* 13. ed. rev. e atual. São Paulo: Malheiros, 2008, p. 295: "Ser sujeito à lei não significa ser preso ao rigor das palavras que os textos contêm, mas ao espírito do direito do seu tempo. Se o texto aparenta apontar para uma solução que não satisfaça ao seu sentimento de justiça, isso significa que provavelmente as palavras do texto ou foram mal empregadas, ou o próprio texto, segundo a *mens legislatoris,* discrepa dos valores aceitos pela nação no tempo presente. Na medida em que o próprio ordenamento jurídico lhe ofereça meios para uma interpretação sistemática satisfatória perante o seu senso de justiça, ao afastar-se das aparências verbais do texto e atender aos valores subjacentes à lei, ele estará fazendo cumprir o direito".

[1521] ISRAËL, Nicolas, *op. cit.,* p. 43: "Um juízo esclarecido pelo espírito de equidade deverá intervir todas as vezes que um preceito exigir uma adaptação às situações particulares".

sobre a equidade. Frequentemente, a equidade concorre para uma melhor interpretação do direito positivo, ao passo que este serve de subsídio na individualização dos critérios equitativos, que deitam raízes diretamente no assim chamado direito natural. Parece bem, em certo sentido, reconhecer o juízo de equidade como juízo complementar e correspectivo de legalidade, como elemento integrativo e substancial no sistema operativo de julgar segundo justiça, em um quadro de inspiração democrática de fidelidade ao império da lei (v. g., juízo jurídico articulado em modo de ser necessariamente segundo o direito, no que toca à qualificação do fato constitutivo e à consequente determinação da sanção típica, e que possa eventualmente ser de equidade quanto à determinação do objeto e à modalidade da sanção mesma).

Tal não significa excluir a existência de um ordenamento jusnaturalístico e ético ao lado daquele propriamente jurídico ou legalístico. O papel da equidade – como instrumento flexível e eficiente de iluminação ética do direito e de luz de verdade moral que se irradia sobre a consciência do juiz – é o de estabelecer uma ligação entre o juízo de equidade e o juízo de direito.[1522] Com efeito, a equidade reluz por si mesma, e o só fato de duvidar significa, ao invés, pensar que se esteja errado, como, de resto, irrompe da elegante expressão de Cícero, no *De officiis* (I, 30): "*aequitas enim lucet ipsa per se, dubitatio cogitationem significat iniuriae*". A justificação mais profunda da equidade descansa na ideia de que a letra da lei não deve sufocar o seu espírito.[1523]

A equidade, como método de formulação do direito, denota que o juiz é livre para, atento às peculiaridades de cada caso concreto, prospectar a solução que melhor satisfaça às concepções axiológicas, morais, éticas e econômicas predominantes na sociedade em que opera, em um determinado momento histórico.[1524] É precisamente este o ponto nodal: no juízo de equidade atende-se tão somente à evidência do fato ou conjunto de fatos que compõem a causa de pedir da demanda judicial, sem retornar a uma disposição legislativa e independente de exigência de uma motivação derivada ou mediada pela norma jurídica escrita. Ou seja: a equidade é um critério de juízo que se leva sobre a regulamentação de um fato concreto.[1525]

O juiz se deixa guiar por determinadas orientações de ordem geral que sente como aquisição preexistente da sociedade à qual ele pertence, uma espécie de equidade social, que encontra dentro de si, esculpida em sua consciência. A função maior da jurisdição

---

[1522] FROSINI, Vittorio, *op. cit.*, p. 4-5.

[1523] FROSINI, Vittorio, *op. cit.*, p. 17: "Il fondamento ultimo, la giustificazione più profonda del principio di equità consiste in ciò, che la lettera della legge non deve soffocare lo spirito della legge, e questo deve trovare nel giudizio di equità il suo strumento espressivo duttile ed efficace".

[1524] Sobre o sentido geral ou social da equidade, vide CALAMANDREI, Piero. Il significato costituzionale delle giurisdizioni di equità, *op. cit.*, p. 21-22: "Ma di equità si parla anche in un altro senso, che possiamo dire generale o sociale: quando, partendo da un sentimento di equità naturale che si ritiene comune a tutto un popolo in un dato momento storico, si condanna come contraria a questo sentimento una norma di diritto positivo, considerata in sè indipendentemente dalla sua applicazione ad una fattispecie concreta, e si mira con ciò a contrapporre ad essa in iure condendo un'altra norma generale ed astratta meglio corrispondente a quel sentimento comune. (...) Ora quando noi parliamo dei poteri di equità degli amichevoli compositori, diamo a questa parola lo stesso significato lato e comprensivo che le diamo quando diciamo appunto che il legislatore, nel formulare le sue leggi, deve obbedire all'equità: intendendo per equità quel complesso di fattori economici e morali, di tendenze e di aspirazioni vive nella coscienza di una certa società, di cui il legislatore tiene o dovrebbe tenere conto quando prepara una legge".

[1525] FROSINI, Vittorio. Equità: nozione di equità, verbete in *Enciclopedia del diritto*, v. XV. Milano: Giuffrè, 1966, p. 69-83, esp. p. 82.

de equidade é a de formular, diretamente, o direito a ser aplicado ao caso particular, e não o de aplicar o direito assentado nas regras já editadas pelo legislador.[1526] Não por acaso, a deusa silenciosa da equidade está atenta aos sentimentos generalizados na consciência coletiva, ao senso comum de justiça,[1527] à defasagem do legislador com os fatos sociais e aos anseios da sociedade,[1528] mas aguilhoando contemporaneamente sua intervenção normativa.

Pela via da equidade, em visão aristotélica, o juiz pode corrigir, mediante interpretação e linha de argumentação inspirada pela lógica do razoável e resultante de um processo argumentativo, uma lei formalmente válida, mas materialmente injusta,[1529] evitando, assim, que produza consequências iníquas.[1530] Não se pode perder de vista que a missão mais importante do juiz é a de fazer justiça, à luz das peculiaridades do caso concreto. É evidente que, em face da lei "injusta", a solução do juiz há de se inspirar na prevalência do valor justiça, seja corrigindo a lei, reconduzindo a norma, no âmbito dos valores sociais, por coerência axiológica, ao seu lugar no conjunto geral das valorações, seja considerando a lei inaplicável. A interpretação jurídica avoca, deste modo, nova dimensão, por abonar que não possam prevalecer valorações normativas adversas aos princípios gerais do direito, enquanto valorações primordiais da ordem jurídica.[1531]

Bem a propósito, no antigo casarão da Rua do Catete, no qual funcionava a Faculdade de Direito da então Universidade do Estado da Guanabara, havia uma placa com a pungente expressão: "*O Direito não pode servir de instrumento à proteção das iniquidades*". Longe vai o tempo em que se identificava a totalidade do direito apenas na lei escrita.[1532] O senso de equidade é tão natural para a Justiça quanto o é a respiração,

---

[1526] CALAMANDREI, Piero, *op. cit.*, p. 35.

[1527] JAEGER, Nicola, *op. cit.*, p. 270.

[1528] CALAMANDREI, Piero, *op. cit.*, p. 50: "Noi dobbiamo immaginarci l'ordinamento giuridico costruito attraverso la codificazione come una montagna di natura vulcanica, le cui pendici, solide e fredde all'esterno, celano nei loro fianchi la lava in perpetua ebullizione: il legislatore, dall'alto della montagna, deve continuamente vigilare se in qualche punto il fuoco interno roda la crosta che lo imprigiona, e tenti, attraverso i crepacci, di aprirsi la sua via. Quando in questi punti deboli dell'ordinamento giuridico, in cui più vive si fanno sentire le scosse della coscienza sociale che sussulta, il legislatore crede di poter giungere in tempo ad apprestare il remedio mediante una riforma legislativa adeguata alle nuove aspirazioni, il pericolo è scongiurato: ma se comprende che ogni riforma di questa natura giungerebbe ormai troppo tardi, non ha altro scampo che quello di aprire egli stesso, nel punto in cui la minaccia appar più grave, l'uscita alla lava incandescente, e di incanalarla prima che faccia saltare la montagna. Le giurisdizioni di equità sono appunto il mezzo che il legislatore adopera per incanalare il diritto nuovo che preme, per utilizzarlo infiammato e plasmabile, come esso esce dalle viscere della società: venuto all'aria, il nuovo diritto prenderà senza costrizioni le sue forme, e a poco a poco tornerà a solidificarsi in legge; e le giurisdizioni di equità avranno così onorevolmente esaurito il loro ufficio, che è quello di garantire la continuità dell'ordinamento giuridico nei periodi in cui esso si rinnova, di permetterne senza scosse le più audaci trasformazioni".

[1529] LORENZETTI, Ricardo Luis. *Teoria da decisão judicial*: fundamentos de direito. 2. ed. rev. e atual. São Paulo: Editora Revista dos Tribunais, 2010, p. 174-176.

[1530] BARBI, Celso Agrícola. *Comentários ao Código de Processo Civil*, v. 1. 13. ed. Rio de Janeiro: Forense, 2008, p. 401: "Mas a regra legal não significa excluir a aplicação da equidade fora dos casos de autorização, porque o direito continua a ser *ars boni et aequi*. Desse modo, ao aplicar a lei aos casos concretos, o juiz não deixará de atenuar o rigor excessivo que, na espécie, trouxer consequências indesejáveis; e, para esse fim, usará da equidade".

[1531] COELHO, Luiz Fernando. *Lógica jurídica e interpretação das leis*. 2. ed. Rio de Janeiro: Forense, 1981, p. 171-172.

[1532] PERELMAN, Chaïm. *Lógica jurídica*: nova retórica. 2. ed. São Paulo: Martins Fontes, 2004, Justiça e direito, p. 241: "Conforme se atribua maior ou menor importância ao princípio da separação dos poderes, e conforme a maneira pela qual conceba a autonomia do poder judiciário, apesar da primazia atribuída ao poder legislativo, o juiz se acharia obrigado, ao menos formalmente, a conformar-se estritamente à letra da lei, ou à vontade do legislador que a votou, ou então, compreendendo que nem todo o direito está contido na lei, reconhecerá que seu papel é conciliar a lei com a equidade. Se conceder à lei um lugar central para guiar seu pensamento, o juiz

principalmente quando o ideal de Justiça está ameaçado por incontáveis lacunas e antinomias.[1533] O lado feminino, encarnado na deusa da equidade, reside na lógica do não todo, ou seja, aquilo que a lei não recobre por completo.[1534]

A acentuação da equidade, como estágio máximo do senso de justiça,[1535] indica um conjunto de normas que, dirigidas ao caso particular, governam a aplicação do ordenamento jurídico,[1536] de sorte a compatibilizar suas normas gerais com os fins a que se destinam. Na formulação de uma solução no procedimento por equidade, o juiz pode, eventualmente, aplicar normas de direito material, não mediante um exame puramente lógico, mas de acordo com os parâmetros de sua consciência e de seu sentimento íntimo de justiça.[1537] A decisão em equidade, formalmente, não se distingue de uma decisão em direito, senão que a diferença repousa em critério qualitativo diverso, pois a solução resulta de uma opção normativa pessoal do juiz, impulsionada por intensa atividade valorativa.[1538] Contudo, o juízo de equidade, por representar o ponto de máxima expansão dos poderes do juiz, livre do freio do direito positivo escrito, não deve ser identificado com o mero arbítrio (*aequitas cerebrina*),[1539] nem se degenerar em arbitrariedade judicial.[1540] Significa dizer que o método de juízo por (e com) equidade,

---

disporá, conforme o caso, de maior ou menor poder para torná-la flexível, estender ou restringir seu alcance, a fim de conciliar o respeito pelos textos com a solução mais equitativa e mais razoável dos casos específicos".

[1533] PERELMAN, Chaïm. *Ética e direito*. 2. ed. São Paulo: Martins Fontes, 2005, Justiça e direito, p. 41: "Para concluir, apela-se à equidade todas as vezes que a aplicação simultânea de mais de uma fórmula da justiça concreta ou a aplicação da mesma fórmula em circunstâncias diferentes conduz a antinomias que tornam inevitável a não conformidade com exigências da justiça formal. Serve-se da equidade como muleta da justiça. Para que esta não fique manca, para poder dispensar a equidade, é mister desejar aplicar uma única fórmula da justiça concreta, sem que se deva levar em conta mudança que as modificações imprevistas da situação são capazes de determinar. Isto só é possível se nossa concepção da justiça for muito estreita ou se a fórmula da justiça utilizada for suficientemente complexa para levar em conta todas as características consideradas essenciais".

[1534] PEREIRINHA, Filipe. Um enigma do "Mercador de Veneza". In: COUTINHO, Jacinto Nelson de Miranda (Coord.). *Direito e psicanálise*: interseções a partir de "O Mercador de Veneza", de William Shakespeare. Rio de Janeiro: Lumen Juris, 2008, p. 235-259, esp. p. 254-255: "Para conseguir demover Shylock do seu propósito, Pórcia utiliza dois tipos de estratégia. No primeiro caso, apela a algo que estaria além da lei, a clemência ou a compaixão, segundo uma lógica do não todo. Todos estão submetidos à lei, é verdade, mas esta não é tudo. É elucidativa, a este propósito, a resposta de Pórcia à pergunta de Shylock sobre qual o artigo da lei que o obriga a ser clemente: a natureza da clemência (*mercy*) deriva justamente de ela não ser forçada. É como se Pórcia fizesse apelo ao "espírito" (ou a uma lei não escrita) para além de sua "letra"".

[1535] GÜNTHER, Klaus. *Teoria da argumentação no direito e na moral*: justificação e aplicação. São Paulo: Landy Editora, 2004, p. 182.

[1536] CAVALCANTI, Arthur José Faveret, *op. cit.*, p. 278: "A equidade pressupõe o ordenamento jurídico. Ela, porém, se dirige ao caso concreto, ao contrário do ordenamento que quase sempre cogita de situações hipotéticas, genericamente descritas".

[1537] NALINI, José Renato. *Justiça*. Coleção valores. São Paulo, SP: Editora Canção Nova, 2008, p. 72: "Não é demasiado enfatizar o valor do *sentimento*, da *emoção*, porta pela qual os seres humanos permitem o ingresso, em sua consciência, de sensações muito nítidas de justiça ou, principalmente, de injustiça". (Grifos no original).

[1538] PAULA CONCA, Javier Prieto de. *La equidad y los juicios de equidad*. Madrid: Difusión Jurídica, 2010, p. 128: "La diferencia fundamental entre ambas resoluciones viene dada por la distinta posición del juez frente al asunto concreto: mientras que en el juicio de derecho su función debe dirigirse a realizar un examen intelectivo de la conexión entre hecho y norma abstracta preexistente (y con la salvedad de que también existan pequeños juicios de valor, en cuanto a la decisión del significado de la norma), en el juicio de equidad solo por excepción habrá el juez de valorar la justicia de la norma de derecho respecto al caso concreto (habitualmente no deberá atender a normas preexistentes; e incluso, en raro caso contrario, la norma de derecho no es la solución a un juicio intelectivo, sino a un juicio de equidad, cuya regulación coincide con la que propone el ordenamiento positivo)".

[1539] LUMIA, Giuseppe. *Elementos de teoria e ideologia do direito, op. cit.*, p. 85.

[1540] LIEBMAN, Enrico Tullio. *Manuale di diritto processuale civile*. Milano: Giuffrè, 1973, v. 1, p. 140: "Equità non vuol dire però arbitrio del giudice, il quale deve, come giudice d'equità, farsi interprete del senso etico-giuridico diffuso nella società del suo tempo, che è qualche cosa come un diritto allo stato amorfo; cosicchè il criterio

quando devidamente justificado, é, note-se bem, um contraveneno do arbítrio pelo arbítrio.[1541]

Ocorre, não raro, que, em determinado passo da sentença de direito, o juiz desenvolva raciocínio ajustado em critério de equidade, como na concretização de um "conceito juridicamente indeterminado" ou na particularização de uma cláusula geral.[1542] O juízo equitativo não pode atentar contra a ordem pública, contudo.

Na chamada equidade interpretativa, como quando o juiz define, com base em critérios equitativos, o conteúdo de uma norma legislativa preexistente, não seria despropositado identificá-la na fórmula elástica concernente aos princípios gerais do direito. Todavia, a posição da doutrina juspositivista mostra-se contrária, observando que, em caso tal, haveria um expediente para derrogar a lei.[1543] De todo modo, quando a norma jurídica ou a cláusula contratual comportar mais de uma interpretação juridicamente aceitável, o juiz deve emprestar a tais categorias o sentido que lhe pareça mais équo e justo.[1544]

Processualmente, a sentença pronunciada com base em juízo de equidade é declaratória ou constitutiva? A sentença parece ser de natureza constitutiva, pois que não se limita a resguardar uma situação jurídica disciplinada por normas preexistentes. Ou seja: a sentença seria de natureza constitutiva no sentido de que produz *ex novo* uma situação jurídica com esteio em norma criada com a própria decisão.[1545] Por assim ser, o juízo de equidade apresenta-se de maior complexidade que o juízo de direito.[1546]

Uma observação à parte deve ser feita a respeito da relação entre equidade e proporcionalidade, especialmente à luz da tutela constitucional do processo justo. Ao longo da história, a definição do conteúdo do conceito de juízo de equidade foi sobrepujada

equitativo, che interviene a temperare le asprezze della rigida applicazione della legge, possa a sua volta essere sentito come precetto generale, applicabile a tutti i casi identici a quello nel quale è stato applicato".

[1541] GRECO, Leonardo. *Instituições de processo civil*. 1. ed. Rio de Janeiro: Forense, 2011, v. 1, p. 45-46.

[1542] TRAZEGNIES GRANDA, Fernando de, *op. cit.*: "Por tanto, el laudo de consciencia está sujeto a una disciplina intelectual y a un razonamiento tan severos como el laudo de derecho. Y precisamente, como se trata de una expresión del leal saber y entender del árbitro, es importante que se explicite la forma como se llegó a la conclusión: el razonamiento debe ser mostrado y demostrado a las partes de la controversia. En consecuencia, el arbitraje de consciencia no sólo exige fundamentación sino que me atrevería a decir que tiene que ser más fundamentado que el de derecho. En el arbitraje de derecho, el árbitro debe fundamentar dos cosas: su interpretación personal de la norma legal y la manera como entiende que los hechos del caso corresponden a la situación prevista por la norma. Pero no tiene que fundamentar ni defender la bondad o justicia de la norma positiva: basta citarla. La norma está ahí, nos guste o no nos guste. En el arbitraje de consciencia, dado que el árbitro hace intervenir además criterios que no están necesariamente contenidos en una ley positiva, es preciso fundamentar también la bondad o la justicia de esos criterios; lo que nos lleva a que sea esencial en el arbitraje de equidad que el laudo contenga incluso una suerte de metajustificación que no es necesaria en el arbitraje de derecho".

[1543] BOBBIO, Norberto. *O positivismo jurídico*: lições de filosofia do direito. São Paulo: Ícone, 1995, p. 173-174.

[1544] PONTES DE MIRANDA, Francisco Cavalcanti. *Comentários ao código de processo civil* (de 1973). 3. ed. Atualização de Sergio Bermudes. Rio de Janeiro: Forense, 1997, t. 5, p. 375: "A rigor, equidade é apenas palavra-válvula, com que se dá entrada a todos os elementos intelectuais e sentimentais que não caibam nos conceitos primaciais do método de interpretação".

[1545] BOBBIO, Norberto. *O positivismo jurídico*, *op. cit.*, p. 174.

[1546] CARNELUTTI, Francesco. *Diritto e processo*, *op. cit.*, p. 140: "Per quanto ciò possa sembrare strano, il giudizio di equità è più complesso che il giudizio di diritto (infra, n. 95), essendo il giudice di equità non soltanto giudice del caso, ma anche giudice della legge; vi è insomma, nel giudizio di equità, una ricchezza di reazioni tra giudizio e legge, che manca nel giudizio di diritto; in parole povere, il giudizio finisce per dominare la legge, mentre quando il giudizio è di diritto, ne è dominato".

tanto pela razoabilidade quanto pela proporcionalidade,[1547] para alcançar os mesmos resultados práticos. Nesse quadro, adquire consistência a figura da equidade judicial no concreto aspecto de proporção, de medida justa na espécie que reclama a ideia de igualdade.[1548] Dessume-se, assim, a crisma de um fenômeno antigo: a deusa silenciosa pode desempenhar o magno papel de mediação entre a abstrata norma jurídica e as concretas exigências da justiça.[1549] Justiça e equidade não são substancialmente diversas; antes, uma e outra são feitas da mesma matéria prima.[1550] Justiça equitativa e équa justeza não se tornaram um oximoro, como na construção do famoso soneto de Luís de Camões:

> Amor é fogo que arde sem se ver
>
> É ferida que dói e não se sente
>
> É um contentamento descontente
>
> É dor que desatina sem doer.

Problema simpático está na possibilidade, ou não, de uma única sentença que decida duas ou mais causas reunidas por conexão decidi-las algumas segundo direito e outras segundo equidade? O problema se coloca, por exemplo, para o caso do art. 114 do Código de Processo Civil italiano, quando a causa versar sobre direitos disponíveis e as partes acordarem em fazer decidir por equidade apenas algumas causas reunidas por conexão. A resposta negativa se impõe.[1551] Com efeito, não se afigura juridicamente admissível essa duplicidade de critério de juízo (direito e equidade) e, nesta hipótese, as partes poderão requerer a separação de algumas causas, a fim de que possam obter uma sentença fundada exclusivamente segundo equidade. Contudo, se a separação for inviável (*v. g.*, demandas dependentes), o juiz deverá aplicar a todas as causas as normas de direito. Semelhante solução se abona por duas ordens de razão: (i) o regime de impugnação da sentença de equidade é diferente daquele da sentença de direito, enquanto o regime de impugnações contra a mesma sentença é único. Uma sentença que decidisse duas ou mais causas, parte segundo o direito, parte segundo a equidade, deveria necessariamente cindir-se em procedimentos de impugnação diferentes, o que encontra óbice intransponível no princípio inderrogável da unicidade das impugnações contra a mesma sentença; e (ii) a diferença qualitativa entre direito e equidade sugere que os fatos jurídicos que apresentam uma coerência histórica que consinta a reunião por conexão espelham necessariamente esta coerência no plano do critério de juízo, o qual deverá, por conseguinte, ser também único: ou direito, ou equidade.

[1547] BONICIO, Marcelo José Magalhães. *Proporcionalidade e processo*: a garantia constitucional da proporcionalidade, a legitimação do processo civil e o controle das decisões judiciais. Coleção Atlas de Processo Civil. São Paulo: Atlas, 2006, p. 35.

[1548] ROMANO, Salvatore. Equità: principio di equità (dir. priv.), verbete in *Enciclopedia del diritto*. Milano: Giuffrè, 1966, v. XV, p. 83-106, esp. p. 92.

[1549] LUMIA, Giuseppe. L'equità tra la giustizia e la legge, *op. cit.*, p. 728: "(...) l'equità – entro i limiti in cui non ne risulti compromesso il valore irrinunziabile della certezza del diritto – può essere chiamata a svolgere un ruolo assai importante di mediazione tra il principio di legalità affermato dal potere statale e i valori emergenti della società – proprio come quel "regolo lesbio" di cui parla Aristotele "che non rimane rigido, ma si piega alla sinuosità della pietra".

[1550] TORNAGHI, Hélio. *Comentários ao código de processo civil*. São Paulo: Revista dos Tribunais, 1974, v. 1, p. 35.

[1551] NASI, Antonio, *op. cit.*, p. 118-119.

No momento em que não se pode mais acreditar nos mitos da certeza da lei, substituído pela ambiguidade inquietante ou polivalência de significados, da completude do ordenamento e do juiz "boca muda" que pronuncia as palavras da lei, o problema que emerge é aquele de se controlar a discricionariedade do juiz, a sua eventual degeneração em mera arbitrariedade. A motivação é um elemento essencial, estrutural, típico de um pronunciamento jurisdicional de direito. Uma sentença segundo equidade se submeteria, também, à exigência de motivação? A resposta afirmativa se impõe. Mesmo utilizando o método de equidade como critério de decisão, o juiz, alicerçado na peregrinação no interior de seu sentimento íntimo de justiça,[1552] exsurgente das peculiaridades do caso particular, ainda assim deve justificar, mediante explicitação de argumentos válidos e controláveis, os raciocínios equitativos por ele articulados no decisório.

Dito de outra maneira, o juízo de equidade (julgamentos com equidade e julgamentos por equidade), diante de sua natureza jurisdicional, máxime com formação de coisa julgada material,[1553] dotado de mais elevada consciência moral – ao contrário do que à primeira vista se imagina –, também exige que o juiz preste contas dos critérios de escolha ou de valoração. Por exemplo: na ampliação dos poderes instrutórios do juiz, na maior liberdade e flexibilização da partilha do ônus da prova e no acertamento da verdade dos fatos.[1554] O juízo de equidade, só por sê-lo, não prescinde de motivação racionalmente válida, identificável e objetivamente controlável,[1555] pois, ao fim e ao cabo do decisório, não se assenta em critérios fluidos e desorganizados.[1556]

No fito de se controlar o juízo, quando se julga segundo equidade, não se pode abrir mão da explicitação, mediante argumentação sólida, adequada e coerente,[1557] das

---

[1552] CALAMANDREI, Piero. *Elogio dei giudici scritto da un avvocato*. 4. edizione. Firenze: Le Monnier, 1959, p. 172: "conclusione (...) al giudice è fissata da quella misteriosa e chiaroveggente virtù di intuizione, che si chiama il senso della giustizia".

[1553] PAULA CONCA, Javier Prieto de, *op. cit.*, p. 132-133, 135: "Al cabo, motivar una resolución no es otra cosa que exponer con claridad las razones, no necesariamente de índole jurídica, que han llevado a dictarla, lo que es pertinente tanto en un juicio de derecho como en un juicio de equidad. Y es que si todo juicio de equidad tiene naturaleza jurisdiccional, tal como se ha defendido aquí, y su resolución posee la misma fuerza de cosa juzgada que una sentencia, no debe desoírse la garantía de la fundamentación, por más que después su alcance pueda ser diferente, o tener sus propias particularidades. (...) en la sentencia de equidad no parece posible negar efecto de cosa juzgada. En definitiva, por cosa juzgada deberá entenderse la conversión en cierta de una incierta situación controvertida, facultad que, desde su naturaleza jurisdiccional, posee sin lugar a dudas el juicio de equidad".

[1554] VERDE, Giovanni, *op. cit.*, p. 127: "Risulta ancora che il giudizio di equità non è affidato al mero arbitrio del giudice; che questi deve dar conto dei criteri seguiti nella decisione, così che niente esclude la possibilità che, una volta ricostruito il fatto, ritenga equa la decisione secondo... diritto; che probabilmente, proprio per questa ragione, il vero connotato del giudizio di equità sta nella libertà istruttoria del giudice e nella inapplicabilità della regola di giudizio fondata sull'onere della prova".

[1555] Corte Suprema di Cassazione italiana: Sent. nº. 22895, de 11.11.2005; Sent. nº. 3001, de 13.11.1973. Assim, também, Cass., Sent. nº 3001, de 13.11.1973: "Anche la sentenza pronunciata secondo equità deve contenere l'esposizione logica degli argomenti che hanno determinato la decisione, la quale deve, pertanto, risultare come la conclusione oggettiva di un corretto ragionamento verificabile e controllabile secondo i comuni criteri di razionalità e di coerenza". *Apud* IACOBELLIS, Marcello; PELLECCHIA, Roberto; SCOGNAMIGLIO, Paolo; SENSALE, Giorgio. *Codice di procedura civile*: annotato con la giurisprudenza. 19. ed. Napoli: Simone, 2013, p. 475-476.

[1556] TRAZEGNIES GRANDA, Fernando de, *op. cit.*: "Ya he indicado que un laudo de consciencia no es una decisión basada en la emoción, en la intuición o en criterios difusos y desorganizados. Como toda sentencia que pone fin a una controversia, el laudo de consciencia tiene que estar basado en la razón y, por consiguiente, el razonamiento del árbitro debe ser riguroso. La facultad para obrar a su leal saber y entender no significa un poder de obrar arbitrariamente. La equidad no es un sentimiento sino una razón; y esa razón no se opone sino que complementa a la razón jurídica. La única diferencia con el laudo de derecho es que la racionalidad del arbitraje de consciencia excede, desborda, los canales estrictos de la ley positiva".

[1557] SILVA, Ana de Lourdes Coutinho. *Motivação das decisões judiciais*. Coleção Atlas de Processo Civil. São Paulo: Atlas, 2012, p. 133-134: "Essa conciliação da lei com a equidade, porém, deve ser feita sempre de forma motivada, por meio de *argumentação apropriada* trazida pelo julgador em sua decisão (...)". (Grifos no original).

razões éticas e racionais que justifiquem[1558] seu critério de justiça, de razoabilidade e de proporcionalidade no caso particular, não apenas para viabilizar uma decisão justa, senão também para conformar adequado sistema de precedentes judiciais.

Por assim ser, a motivação desempenha, também e sobretudo aqui, o papel de racionalização do juízo de equidade, implicando objetivação do julgado. Vale dizer: confere-se à motivação o valor de racionalidade objetiva do juízo de equidade, cuja função primordial é justificar, objetivamente, mediante a explicitação de argumentos racionalmente válidos, a parte dispositiva da sentença por equidade, tornando-a controlável, endo e extraprocessualmente.[1559]

É significativo notar, comumente, que o fundamento da interponibilidade de apelação reside na circunstância de que a formulação da solução da controvérsia pelo juiz decorre do acertamento dos fatos relevantes da causa e da escolha e interpretação-aplicação do direito. Por assim ser, ao tribunal *ad quem* estará afeto o controle sobre a obra do juiz, como, por exemplo: (i) se foi observado o princípio da demanda, pois o juiz está adstrito a colocar na base de sua decisão os fatos constitutivos deduzidos por uma das partes; (ii) no que concerne à correção da reconstrução dos fatos em juízo.

Prestigioso endereço doutrinário sustenta, na hipótese específica de as partes em comum acordo requererem ao juiz que profira decisão com base em equidade, que estaria, de si, fechada a porta para a interponibilidade de recurso de apelação.[1560] Todavia, semelhante possibilidade subsiste mesmo quando o juiz seja instado por requerimento das partes ou pela lei a formular a solução da causa segundo equidade, como medida do justo para o caso concreto.[1561] Ou seja: tal decisão se submete, na ordinariedade dos casos, à impugnabilidade perante instância superior, pois a equidade tem na referibilidade à lei uma objetiva existência. A possibilidade de impugnação da decisão, neste caso, guarda similitude com a sistemática do juízo de direito.

Insista-se no ponto: se as partes de comum acordo requererem o julgamento por equidade, confiam-no à consciência do juiz e, como tal, a sentença, assim proferida, estaria, em regra, fora do espectro de impugnabilidade.[1562] Porém, apesar da porta que se abre ao juiz, não se lhe franqueia, em absoluto, o poder de julgar sem levar em conta a realidade e as circunstâncias do caso concreto posto em juízo. A equidade, muito ao contrário, deve proporcionar decisão pautada, sobretudo, pela consciência moral do juiz, mas sem prescindir de razoabilidade e de um critério de justiça. Desse modo, se as

---

[1558] Importa notar que tanto o art. 118, §2., quanto o art. 119, §4. (*Disposizione per L'attuazione del Codice di Procedura Civile* italiano), estabelecem o dever para o juiz de explicitar, na motivação da sentença, as razões de equidade sobre as quais ela repousa. É ler e conferir: art. 118, §2.: "Motivazione della sentenza. La motivazione della sentenza di cui all'articolo 132, secondo comma, numero 4), del codice consiste nella concisa esposizione dei fatti decisivi e dei principi di diritto su cui la decisione è fondata, anche con esclusivo riferimento a precedenti conformi ovvero mediante rinvio a contenuti specifici degli scritti difensivi o di altri atti di causa. Nel caso previsto nell'articolo del codice debbono essere esposte le ragioni di equità sulle quali è fondata la decisione"; art. 119, §4.: "Redazione della sentenza. Quando la sentenza è pronunziata secondo equità se ne deve dare atto nel dispositivo".

[1559] NASI, Antonio, *op. cit.*, p. 119. Vide, em sentido contrário, MARINI, Carlo Maria de, *op. cit.*, p. 243.

[1560] ANDRIOLI, Virgilio. *Commento al codice di procedura civile*: disposizioni generali. 3. edizione riveduta. Napoli: Jovene, 1957, v. 1, p. 330. Vide, nessa linha, SATTA, Salvatore. *Diritto processuale civile*. 8. ed. Padova: CEDAM, 1973, p. 378.

[1561] SILVA, Ivan de Oliveira. *Curso moderno de filosofia do direito*. São Paulo: Atlas, 2012, p. 23.

[1562] LIEBMAN, Enrico Tullio. *Manuale di diritto processuale civile*, v. 1, *op. cit.*, p. 378.

premissas lógicas da sentença forem irracionais (*v. g.*, teratológico acertamento dos fatos) ou desnudas de razões justificativas, o *decisum* poderá ser objeto de recurso de apelação.[1563]

A disponibilidade da situação substancial acertada pela sentença mostra-se possível, pois as partes, em regra, podem sempre modificar consensualmente as recíprocas relações mesmo que tenham sido objeto do julgado. Semelhante poder toca ao habitual terreno da autonomia privada, sem distinção alguma entre juízo de equidade e juízo segundo direito.[1564] Por outras palavras, em relação à coisa julgada material descortina-se a possibilidade de regulamentação convencional da relação jurídica e, por conseguinte, inexistência de imutabilidade dos efeitos da sentença formulada mediante juízo de equidade.

[1563] PERELMAN, Chaïm. *Lógica jurídica, op. cit.*, p. 233: "Como fazer para que o recurso à equidade não ocasione decisões subjetivas e arbitrárias? Podemos, evidentemente, presumir-nos contra estes inconvenientes com colegialidade dos juízes e possibilidade de apelação". Para uma visão do problema da decisão por equidade e o recurso de apelação no direito italiano, vide Codice di Procedura Civile, art. 114: "Pronuncia secondo equità a richiesta di parte.– Il giudice, sia in primo grado che in appello, decide il merito della causa secondo equità quando esso riguarda diritti disponibili delle parti e queste gliene fanno concorde richiesta". Corte Suprema di Cassazione italiana, Sent. nº 3001, de 13.11.1973: "La sentenza pronunciata secondo equità contiene necessariamente riferimenti espliciti o impliciti alla qualificazione giuridica dei fatti ed alla valutazione giuridica delle loro conseguenze; questi giudizi di diritto, pur non essendo direttamente censurabili a norma dell'art. 360 nº 3 cod. proc. civ., perché il giudice che pronuncia secondo equità non è tenuto ad osservare rigorosamente le norme di diritto sostanziale, possono costituire, tuttavia, le fondamentali premesse logiche della decisione finale di equità, onde questa risulta irrazionale, ingiustificata e sostanzialmente priva di motivazione e come tale censurabile a norma dell'art. 360 nº 5 cod. proc. civ., quando quelle premesse si rivelano del tutto fallaci ed erronee". *Apud* IACOBELLIS, Marcello; PELLECCHIA, Roberto; SCOGNAMIGLIO, Paolo; SENSALE, Giorgio, *op. cit.*, p. 476.

[1564] MARINI, Carlo Maria de, *op. cit.*, p. 252.

CAPÍTULO 6

COMO SE FORMA A DECISÃO JUDICIAL?

6.1 A irrefreável ingerência do psiquismo do juiz na conformação do *decisum*

A crise do conhecimento, alicerçado na técnica e na objetividade, cede o passo ao subjetivismo e, mais amplamente, ao humanismo. A função jurisdicional e, neste âmbito, o papel do juiz não fogem àquela premissa. Assim, pensar na jurisdição significa pensar no juiz. A função de julgar e a pessoa humana do juiz constituem componentes estruturais da experiência jurídica.

Se assim é – e assim efetivamente o é –, como erradicar qualquer elemento subjetivo do juiz no ato de julgar?

Na bigorna da realidade, ou seja, daquilo que realmente acontece no mundo de carne e osso, não se mostra possível promover a ruptura do juiz com sua subjetividade e personalidade humanas. O que hoje está em algum ponto entre o CTI e a autópsia é a noção insular de juiz, apartado de sua própria condição humana. De fato, não há um método eficaz que possa levar o juiz a se divorciar de sua vida psíquica, separando-o de seu universo interior. Ser humano algum está alheio aos determinantes provindos das camadas inconscientes do psiquismo que estruturam sua capacidade de ver o mundo, de sentir, de decidir.[1565] Daí descende que o inconsciente do juiz, sempre à espreita, exerce poderosa influência sobre a escolha do caminho que, ao fim e ao cabo, se concretizará na formulação do *decisum*.[1566]

[1565] GUIMARÃES, Ana Cristina Silveira. Guarda – um olhar interdisciplinar sobre casos judiciais complexos. *In:* ZIMERMAN, David. *Aspectos psicológicos na prática jurídica*. Campinas: Milennium, 2002, p. 447-470, esp. p. 450.

[1566] VARGAS, Robson de. O juiz e o ato de julgar: alguns aspectos envolvidos na construção da decisão judicial. Disponível em: https://jus.com.br/artigos/25142/o-juiz-e-o-ato-de-julgar/1. Acesso em: 09 nov. 2018, p. 1-18, esp. p. 7: "O resultado está sujeito a variáveis projetadas sobre o processo (vivências pessoais do julgador, seus gostos e desgostos, suas paixões, seu eu, seu modo de ser no mundo), pois o sentido da compreensão não acontece sem o objeto a ser analisado, sem a vivência do ser, pousado na realidade, na interação com a existência (*dasein*). Por sua vez, as regras jurídicas e fatos recebem a carga de valores sociais, de paradigmas, sejam ideológicos, filosóficos, históricos ou psicológicos, inclusive da rede de elementos inconscientes que acabam dando causa à decisão".

Definitivamente, o juiz é um ser humano e, como tal, irá se enternecer com certas situações. É exatamente através de semelhantes relações afetivas que o julgador tem uma excelente oportunidade para elaborar seus conteúdos inconscientes. O autoconhecimento previne, por exemplo, a construção de um quadro mental paranoico em face de determinados casos, comum de ser verificado no curso da vida cotidiana forense, mas deletério para a concreta administração da Justiça.

A melhor compreensão do presente trabalho exige uma boa dose de renúncia em relação à ideia de justiça exclusivamente racional. Por assim ser, deve-se, sob o signo da complexidade, reconhecer, ainda que na formulação da decisão mais sensata, que o juiz não é puramente racional, tampouco prima pela neutralidade; antes, faz estimativas, usando intuição, sentimento, emoção e razão, lança mão de sua pré-compreensão do mundo circundante, de sua vivência, e por aí vai. A neutralidade do juiz, entendida como absoluto distanciamento do caso concreto, representa pouco mais do que uma ficção, por pressupor um julgador despojado não apenas das complexidades da subjetividade pessoal, senão também de influências socioculturais, vale dizer, despido de história, desvalido de memória, indigente de desejos.[1567] Muito para dizer que a formação do juízo depende de múltiplos fatores extrajurídicos, conscientes e inconscientes, dentre os quais podem ser considerados: os valores ditados pelo Superego, as funções do Ego (v. g., percepção, pensamento, discriminação), os tipos básicos de Personalidade, a Ideologia pessoal do juiz.[1568]

Não podem ser ignoradas, aqui, as noções do juiz, suas vivências pessoais, suas ideologias, seus gostos e desgostos, suas paixões, suas idiossincrasias, suas crenças e preconceitos, seu "eu" e os valores cultivados no âmago de sua alma. Emerge, assim, um modelo de atitudes pessoais (attitudinal model),[1569] a refletir a ascendência das atitudes pessoais dos juízes no resultado do julgamento, inclusive em órgãos colegiados. Semelhante fenômeno, em perspectiva comparatística, foi apreendido pelo realismo jurídico norte-americano.[1570]

Humanamente, não se afigura possível que o juiz possa se desnudar de todos os valores por ele adquiridos como ser humano, ao longo da vida, tal qual os demais membros da sociedade em que vive. Como exigir, com seriedade, que o juiz se ausente de sua subjetividade ao exercer suas funções judicantes? Como reivindicar que o juiz, no ato de julgar, pluridimensional e complexo, vá embora de si mesmo e se aparte de sua experiência vivenciada como ser no mundo? O elemento humano na administração da Justiça pelos magistrados é irreprimível.[1571] Outra fórmula judicante não há, pois o ato de julgar é essencialmente humano e somente assim pode ser entendido, pois

---

[1567] BARROSO, Luís Roberto. Fundamentos teóricos e filosóficos do novo Direito Constitucional brasileiro (pós-modernidade, teoria crítica e pós-positivismo). *Revista de Direito Administrativo*, Rio de Janeiro, v. 225, p. 5-37, jul./set. 2001, esp. p. 10.

[1568] ZIMERMAN, David. A influência dos fatores psicológicos inconscientes na decisão jurisdicional: A crise do magistrado. In: ZIMERMAN, David. *Aspectos psicológicos na prática jurídica*. Campinas: Milennium, 2002, p. 103-116, esp. p. 103.

[1569] No tocante à apresentação e à validação do uso do modelo atitudinal para explicar e prever a tomada de decisão da Suprema Corte americana, além da crítica em relação à escolha legal e racional, enquanto os dois principais modelos alternativos de tomada de decisão daquela Corte, vide SEGAL, Jeffrey A., SPAETH, Harold J. *The supreme court and the atitudinal model revisited*. Cambridge: Cambridge University Press, 2002.

[1570] SCHAUER, Frederick. Incentives, reputation, and the inglorious determinants of judicial behavior. *University of Cincinnati Law Review*, v. 68 (3), p. 615-636, 2000, esp. p. 617.

[1571] NALINI, José Renato. *Recrutamento e preparo de juízes na Constituição do Brasil de 1988*. São Paulo: Revista dos Tribunais, 1992, p. 123.

apenas a humanidade percebe a humanidade. Deve-se, para além de mero autômato aplicador da lei, de simples fetichista da jurisprudência, burocrata, pensar em um juiz-cidadão igual, presente, humano,[1572] que chora, sofre, ama, comprometido com o valor da justiça e do justo.[1573] A sentença judicial não se ordenha direta, pura e simplesmente de textos normativos, mas é um decisório indissociável de uma pessoa (o juiz), sem a qual não é sequer imaginável. É inconcebível, no momento de hodierno, a imagem de um juiz autômato que, mecanicamente, transmuda regras e fatos em decisões; antes, ao contrário, o juiz é um ser humano que formula decisões que sente como corretas ou justas, de acordo com a tradição jurídica e sociocultural do lugar em que opera.[1574]

Os dados cognoscitivos insertos nos autos do processo são estimados pelo juiz, enquanto ser humano, com suas circunstâncias conscientes e inconscientes. A psique, sobre ser objeto do estudo psicanalítico, é o que produz sentido no reino da realidade humana, quer se trate de coisas individuais ou coletivas.[1575] A totalidade da psique abarca a mente consciente e a mente inconsciente. O mecanismo psíquico funciona não só com o consciente, mas, quiçá preponderantemente, com o inconsciente.[1576]

A experiência psicanalítica desconstrói a ideia de a consciência (na superfície) recortar o figurino da soberania do "eu", pois, em boa verdade, há pensamentos inconscientes (no fundo) conformados, em grande medida, pelo comportamento, frequente ou contingente, e agir humanos. Na visão freudiana, a consciência reflete não sua essência, mas apenas uma qualidade da vida psíquica, "podendo coexistir com outras qualidades e até mesmo faltar". De sorte que, na realidade, o juiz, enquanto ser humano, está umbilicalmente jungido ao seu inconsciente, e, por assim dizer, atrelado a potências desconhecidas, sob a rubrica de um não saber e de uma indeterminação quase absolutos.[1577]

No domínio junguiano, avulta a noção de inconsciente coletivo, caracterizado por uma estrutura psíquica herdada da evolução da humanidade, replicada em cada indivíduo e que contém padrões de funcionamento que dão à nossa espécie características específicas. São os arquétipos, que representam predisposições humanas típicas para agir, pensar, sentir, sendo que cada pessoa pode vivenciá-las singularmente.[1578]

Muito para reconhecer que o juiz, ligado às suas experiências individuais e sociais, não está imune à dinâmica inconsciente que rege seus atos (e de todos os indivíduos).[1579]

O juiz, assim como qualquer ser humano, está sujeito às infiltrações de sua subjetividade, as quais esculpem suas percepções das coisas e das pessoas, transportando-se,

---

[1572] AYDOS, Marco Aurélio Dutra. Juiz-cidadão. *In: Lições de Direito Alternativo 1*. São Paulo: Acadêmica, 1991, p. 121 ss.

[1573] CARVALHO, Amilton Bueno. O juiz e a jurisprudência: um desabafo crítico. *R. EMERJ*, Rio de Janeiro, v. 18, n. 67, p. 54-62, jan.-fev. 2015, esp. p. 57.

[1574] ROSS, Alf. *Sobre el derecho y la justicia*. Trad. de G. R. Carrió. Buenos Aires: Eudeba, 1997, p. 133.

[1575] HERRMANN, Fábio. *O que é psicanálise*. São Paulo: Brasiliense, 1983, p. 110.

[1576] JUNG, Carl Gustav. *A natureza da psique*. 2. ed. Petrópolis: Vozes, 1986, p. 317, n. 713: "Por isto, se me perguntassem qual é a coisa mais essencial que a Psicologia analítica poderia acrescentar à nossa cosmovisão, eu responderia que é o reconhecimento de que existem conteúdos inconscientes que fazem exigências inegáveis ou irradiam influências com as quais a consciência terá de se defrontar, quer queira quer não".

[1577] Sobre o argumento, mais amplamente, vide FREUD, Sigmund. *O ego e o id e outros trabalhos* (1923-1925). Edição Standard Brasileira das Obras Psicológicas Completas. Rio de Janeiro: Imago, 2006, v. XIX.

[1578] PRADO, Lídia Reis de Almeida. *O juiz e a emoção*: aspectos da lógica da decisão judicial. 3. ed. Campinas: Millenium, 2005, p. 32.

[1579] PRADO, Lídia Reis de Almeida, *op. cit.*, p. 47.

inexoravelmente, para suas decisões. Deve-se assumir, definitivamente, a subjetividade no ato de julgar, impregnado de valores e de ideologias. O juiz é um ser-no-mundo e, por isso mesmo, sua compreensão sobre o caso concreto resulta de uma formidável complexidade que abrange os fatores subjetivos determinantes de sua própria percepção do mundo, da realidade circundante. É de rigor, pois, alforriar a subjetividade e entender a dimensão de incompletude da racionalidade se e quando desconectada do sentimento e da emoção. A operacionalidade da racionalidade decorre justamente do seu enlace com o sentimento e a emoção, donde salta a imprescindibilidade da subjetividade e do sentir intuitivo do juiz no momento de fixar sua hipótese de trabalho ou de julgamento, ou, ainda, seu projeto de decisão.

Portanto, tem o sabor do óbvio que não se trata de desprezar a razão ou de mergulhar no despenhadeiro do irracionalismo absoluto tampouco de submergir no oceano do subjetivismo total, mas, isto sim, de se entender que a razão, sem a subjetividade e o sentir intuitivo, em especial no contexto de descoberta da decisão, não leva a recanto algum. Na complexidade do processo decisório judicial em sentido amplo, o *slogan* é subjetividade (no contexto de descoberta da decisão) associada à racionalidade/logicidade (no contexto de justificação ou de validação).[1580] Deve-se, a plenos pulmões, gritar o equívoco que consiste em confundir ambos os contextos, estrutural e funcionalmente distintos, tomando-se a nuvem por Juno.

Noutro dizer: distinguir o contexto de descobrimento da decisão do contexto de justificação supõe reconhecer, sem hesitações, que a primeira atividade em si (procedimento que conduziu o juiz a uma determinada escolha) é refratária à análise lógica.[1581] De sorte que a influência de fatores extrajurídicos sobre o juiz na tomada de decisão (*v. g.*, personalidade, educação, ambiente, ideologias, vivências, noções de mundo) pode ser intuída, imaginada, embora o controle se afigure difícil, talvez impossível mesmo, uma vez que não se encontram graficamente refletidos na sentença. De fato, são elementos que desbordam da natureza racional (*v. g.*, intuições, percepções), radicados na mente inconsciente do juiz e que condicionam sua decisão.[1582] Trata-se do núcleo da decisão judicial, concernente à parte interna, psicológica, inatingível do julgado.

Porém, o resultado final germinado no espaço de descoberta, como seja, a hipótese de trabalho ou de julgamento intuitivamente formulada pelo juiz (imaginar ou formular um projeto de decisão estimatória[1583]) é, esta sim, suscetível de ser analisada (e, portanto, controlada endo e extraprocessualmente) no contexto de justificação ou de validação, no qual se impõem, como aderência ao modelo normativo, a racionalidade estrita e a logicidade argumentativa.[1584] A não ser assim, configurar-se-ia negação do

---

[1580] ASÍ ROIG, Rafael de. *Jueces y normas*: la decisión judicial desde el ordenamiento. Prólogo de G. Peces-Barba Martínez. Madrid: Marcial Pons, 1995, p. 109.

[1581] REICHENBACH, Hans. *La filosofia científica*. Trad. Horacio Flores Sánches. México: Fondo de Cultura Económica, 1953, p. 210-211: "no existen reglas lógicas según las cuales pudiera construirse una 'máquina descubridora' que asumiera la función creadora del genio. (...) a la lógica sólo le importa el contexto de justificación".

[1582] SEGURA ORTEGA, Manuel. *La racionalidad jurídica*. Madrid: Ed. Tecnos, 1998, p. 105.

[1583] HERNÁNDEZ MARÍN, Rafael. *Las obligaciones básicas de los jueces*. Madrid: Marcial Pons, 2005, p. 248.

[1584] IGARTUA SALAVERRIA, Juan. *Discrecionalidad técnica, motivación y control jurisdiccional*. Madrid: Civitas–IVAP, 1998, p. 77-78: "la cuestión acerca de cómo se le ocurre a uno algo –ya sea un tema musical, una teoría científica o una decisión judicial– puede ser de gran interés para la psicología, pero carece de importancia para el análisis lógico. En todo descubrimiento, al igual que en toda decisión, puede haber elementos irracionales cuyo proceso no obedece a un método ni se presta a una reconstrucción lógica. El contexto de justificación, por el contrario, es el espacio en el que no importa cómo se ha llegado a un descubrimiento o a una decisión,

Estado de Direito. Deve-se falar, por exemplo, de coerência das várias considerações em que se articula a motivação jurídica do julgado, seja entre elas em si ou com o dispositivo, vale dizer, coerência intrínseca da sentença: correlação entre motivação e dispositivo,[1585] ou ausência de contradição valorada não abstratamente, mas a um ângulo de congruência real.[1586]

O contexto de justificação – único suscetível de conhecimento, pois dizer que a atividade decisória do juiz é intuitiva significa reconhecer a incapacidade de analisá-la[1587] – exibe prevalência sobre o de descoberta da decisão, mas sem prejuízo de relações intercorrentes e, conquanto fenômeno tão raro quanto um corvo branco, da simetria (*v. g.*, as razões justificativas espelham os "motivos reais" do decisório). O juiz deve cuidar para que sua decisão seja o resultado de um juízo justificado racionalmente *a posteriori*. Aliás, reafirme-se, as razões ministradas no contexto de justificação são suscetíveis de controle endo e extraprocessual, ao ângulo, por exemplo, da solidez, da coerência, da congruidade com os dados objetivos existentes nos autos do processo, da validade intersubjetiva dos argumentos usados pelo juiz.

Nesse diapasão, é incorreto dizer que a justificação não pode ser objeto de controle racional já que a decisão judicial é, por exemplo, fruto do trinômio intuição-sentimento-emoção, de forças que se irradiam do inconsciente,[1588] de fatores extrajurídicos, de um processo psicológico.[1589] O equívoco, aqui, se encontra na confusão entre contexto de descoberta da decisão e contexto de justificação, ou em confundir motivos-explicação e razões-justificação.[1590] Trata-se de ambientes estrutural e funcionalmente diversos. De fato, o processo psicológico que sempre está presente à base da decisão judicial (ou em qualquer decisão) aportando-lhe motivos, insuscetível de fiscalização, não pode ser confundido com a justificação da decisão, que deve ser nutrida de argumentos racionais, que possam corretamente suportar o decisório, no sentido de consonantes com os conceitos jurídicos, o resultado das provas representadas nos autos, com o sistema de normas previamente estabelecido ou com os precedentes judiciais obrigatórios.[1591] A estrutura racional da motivação deve ser investigada e controlada pormenorizando

sino a ver si es posible justificar y cómo tal descubrimiento o tal decisión (...) motivar una decisión consiste en justificarla; no en describir ni encubrir lo que ha pasado por la cabeza del juez".

[1585] BETTI, Emilio. *Interpretazione della legge e degli atti giuridici*: teoria generale e dogmatica. Milano: Giuffrè, 1949, p. 256-263.

[1586] EVANGELISTA, Stefano. Motivazione della sentenza civile. *In: Enciclopedia del diritto*. Milano: Giuffrè, 1977, v. 27, p. 154-180, esp. p. 168-169.

[1587] HOROVITZ, Joseph. *Law and logic*: a critical account of legal argument. Springer-Verlag, 1972, p. 78 ss.

[1588] Sobre emoção e inconsciente, vide HILLMAN, James. *Emotion*: a comprehensive phenomenology of theories and their meaning for therapy. Illinois: Northwestern University Press, 1997, p. 54-65.

[1589] GORPHE, François. *Les décisions de justice*: Étude psychologique et judiciaire. Paris: Presses universitaires de France, 1952, p. 31.

[1590] Sobre a distinção entre contexto de descoberta da decisão e contexto de justificação, vide ATIENZA, Manuel. *Las razones del derecho*: teorías de la argumentación jurídica. México: Universidad Nacional Autónoma de México, 2005, p. 4-7.

[1591] RODRÍGUEZ BOENTE, Sonia Esperanza. *La justificación de las decisiones judiciales*. El artículo 120.3 de la Constitución Española. Santiago de Compostela: Universidad de Santiago de Compostela: Servicio de Publicaciones e Intercambio Científico, 2003, p. 152-153, 164: "No es incongruente, por ello, afirmar la imposibilidad de fiscalización del contexto de descubrimiento y la posibilidad (y aun necesidad) de fiscalización del contexto de justificación. El juez debe saber motivar incluso contra su convicción. La motivación asume así una tarea depuradora sobre la actividad cognoscitiva que reclama al juez una reconsideración de sus iniciales convicciones a la luz de los argumentos racionales, que son los únicos que ineludiblemente ha de emplear para fundar su decisión".

a estrutura lógica do discurso justificativo judicial, principalmente em relação às premissas filosóficas, morais, ideológicas e políticas que o juiz empregou em sua decisão.

Pode acontecer – e geralmente acontece – de fatores irracionais/ilógicos inarticulados determinarem o decisório no contexto de descoberta e, nada obstante isso, no contexto de justificação, a decisão ser impecavelmente justificada conforme o direito. Inversamente, uma decisão germinada por um rasgo de racionalidade, sem influência alguma de fatores extrajurídicos e inconscientes (hipótese concebível, pelo menos, *in vitro*) pode ser defeituosamente justificada, inclusive à margem do direito.

À luz dessas premissas, é lícito dessumir que se descortinam novos rumos para o direito e para a jurisdição, notadamente a partir do reconhecimento de que, pelo menos no espaço de descoberta da decisão, o juiz não opera com base em um juízo exclusivamente racional e articulado, senão que, neste nível, predominam perfis intuitivos, inconscientes, irracionais, puramente valorativos, estimativos. Este novel caminho é pavimentado seja pelo reconhecimento das irreprimíveis injunções do inconsciente[1592] (pessoal e coletivo) do juiz, seja pelo inevitável exercício da intuição no julgamento, seja, mais amplamente, pela influência de fatores extrajurídicos na decisão judicial.[1593] A abordagem do contexto de descoberta, com seu peculiaríssimo processo mental que conduz o juiz a formular sua hipótese de trabalho, deve, por isso mesmo, ser orientada por disciplinas que tangenciam o mundo jurídico, tais como psicanálise, psicologia, psiquiatria, sociologia, filosofia, política.

O juiz não pode se desembaraçar de seu inconsciente. No "esconderijo" do inconsciente jazem situações e materiais fora da consciência e, desse modo, fora da "lógica", ao ângulo fenomenológico. Os dados de semelhante arquivo sensorial[1594] exercem intensa influência sobre o pensamento e, por conseguinte, nas formulações de juízos e nos comportamentos.

A heterogeneidade dos membros do Judiciário impulsiona a profusão de concepções diversificadas, cuja operacionalização diferencia-se de um para outro magistrado, por características internas, pessoais ou comportamentais, conscientes ou inconscientes (*v. g.*, traços de personalidade, temperamento, educação, experiência profissional, ideologia, moral, valores religiosos, condições socioeconômicas, cultura, crenças, torrentes de tendências filosóficas, e por aí afora).[1595] Tudo a forjar um celeiro de razões e de

---

[1592] PEREIRA, Ézio Luiz. A intuição nas decisões judiciais. Uma re-significação da cognição judicial. Disponível em: http://www.jurisway.org.br/v2/dhall.asp?id_dh=5926. Acesso em: 10 nov. 2018: "No campo da psicanálise, preparado por Freud e remodelado por Lacan, descobrir-se-á a existência do "inconsciente" – ignorado pela maioria dos professores de Lógica Jurídica – envolvendo o aparelho psíquico, dentro do qual se processam dados guardados e que influenciam marcantemente o "consciente". Assim é que o ser humano não é apenas "sujeito-de-direito"; é também – e sobretudo – "sujeito-do-desejo" ou "sujeito-desejante". É esse sujeito que também emite comando jurisdicional. É ele que julga. Ele não é um rosto sem alma; não é um "consciente" desprovido do "inconsciente" nutrido por suas forças, mas também por suas fraquezas".

[1593] VARGAS, Robson de, *op. cit.*, p. 13: "Quando o juiz julga, suas escolhas, sua ideologia, seus sonhos e o seu passado, suas emoções e frustrações ficam na decisão, pois a decisão judicial é um ato do sentir humano e da sua complexidade enquanto ser humano, sendo que a racionalidade pura sofre interferência do inconsciente e de diversos outros fatores".

[1594] KUSNETZOFF, Juan Carlos. *Introdução à psicopatologia psicanalítica*. Rio de Janeiro: Nova Fronteira, 1982, p. 123.

[1595] Assim, RODRIGUEZ-AGUILERA, Cesáreo. *La sentencia*. Barcelona: Bosch, Casa Editorial, s/d, p. 64-65: "El carácter humano, esencialmente humano, de la función judicial hace que todo cuanto se refiera a la personalidad del juez tenga importancia en relación con ella. El hombre, como se ha dicho, es un mecanismo extraordinariamente complejo, formado por un cúmulo de saberes y de técnicas, y también, y aun antes, por una serie de intuiciones, de prejuicios y de sentimientos. Pero, además, el hombre, y concretamente el juez, está

juízos prévios valorativos, estimativos, que, mesmo à revelia do juiz, o condicionam inexoravelmente na formulação do *decisum*.[1596]

Noutros termos: revela-se patente que as diferentes personalidades dos juízes enriquecem o Direito, excitando seu progresso, enquanto fenômeno sociocultural em constante mutação. Se todas as personalidades fossem idênticas, haveria, por assim dizê-lo, uma camisa de força mental no Judiciário, perniciosa à germinação de novas mentalidades e posturas judicantes. A personalidade do juiz, que dele faz um *unicum*, se reveste de fator (extrajurídico) fundamental em sua decisão e, apesar disso, curiosamente, não poucos se esfalfaram em escondê-lo durante muito tempo.[1597] A escolha da hipótese de julgamento, no contexto de descoberta, é inevitavelmente "inerente à mais secreta personalidade do juiz",[1598] sobre ser tatuada por sua ideologia.

Com efeito, os materiais jurídicos clássicos, como legislação e precedentes judiciais, constituem somente uma categoria dos estímulos que produzem a intuição ou o palpite (*hunch*) sobre o resultado justo para dado caso particular. Entretanto, há muitos outros fatores ocultos de estímulo, relacionados a traços individuais dos juízes, os quais são comumente desdenhados nas discussões sobre a natureza do direito. Deveras, para se conhecer a força motriz dos estímulos do juiz é indispensável conhecer sua personalidade,[1599] enquanto, em sentido genérico, conjunto das características próprias e das modalidades de comportamento de um indivíduo tomadas de modo integrado.[1600] Assim, se a personalidade do juiz é um dos veículos que o guiarão no *iter* de criação judicial do direito, disso resulta que o direito pode variar conforme o psiquismo do juiz que julgar o caso concreto.[1601]

Há, pelo menos, três fatores que determinam essencialmente a formação e o desenvolvimento do psiquismo: hereditário-constitucionais (*v. g.*, pulsões), antigas experiências emocionais (*v. g.*, cuidados dos pais, principalmente da mãe, com o bebê e a criança) e experiências traumáticas da realidade da vida adulta (*v. g.*, interações entre fatores biológicos e ambientais; angústias psicóticas; doenças afetivas endógenas, uni ou bipolares; síndrome do pânico). Os três componentes são incindíveis e operam em rede: cada um complementa, influencia e é influenciado pelos outros dois.[1602]

---

condicionado por el mundo que le rodea (se vive en una sociedad y se depende de ella), por circunstancias históricas de tipo político, económico y sociológico. Y puesto que tal realidad es insoslayable, resulta más lógico enfrentarse con ella que pensar en un juez mítico, químicamente puro, marginado de contaminaciones humanas y sociales".

[1596] RODRIGUEZ-AGUILERA, Césareo, *op. cit.*, p. 66: "Todo ello constituye un arsenal de convicciones, de juicios previos de valor que, consciente o inconscientemente, operan en el momento de realizar la función judicial. No se trata, por supuesto, de una consciencia deliberada para deformar el Derecho, pero sí de unos condicionamientos que lo perfilan".

[1597] SEGURA ORTEGA, Manuel. *La racionalidad jurídica, op. cit.*, p. 104.

[1598] CASTRO, Amilcar de. O direito no âmago da sentença. *Revista da Faculdade de Direito da Universidade Federal de Minas Gerais*, Belo Horizonte, v. 12, p. 175-187, 1961, esp. p. 184.

[1599] FRANK, Jerome. *Law and the modern mind*. New Brunswick: Transaction Publishers, 2009 [1930], p. 114-120.

[1600] JAPIASSÚ, Hilton. *Dicionário básico de filosofia*. 4. ed. atual. Rio de Janeiro: Zahar, 2006, p. 216.

[1601] FRANK, Jerome, *op. cit.*, p. 119-120: "To know the judge's hunch-producers which make the law we must know thoroughly that complicated congeries we loosely call the judge's personality. If personality of the judge's is the pivotal factor in law administration, then law may vary with the personality of the judge who happens to pass upon any given case. How much variation there is, as we pass from judge to judge, is not, as matters now stand, discoverable, because of the method of reporting cases and the verbal contrivances used by the judges which conceal judicial disharmony".

[1602] ZIMERMAN, David. Uma resenha simplificada de como funciona o psiquismo. *In*: ZIMERMAN, David. *Aspectos psicológicos na prática jurídica*. Campinas: Milennium, 2002, p. 87-101, esp. p. 88.

Contudo, na vertente sociológica, embora não se desprezem as circunstâncias de os juízes serem indivíduos com personalidades diferentes, não se pode menoscabar a relevância de determinantes sociais no processo de tomada de decisão. É dizer: qualquer teoria da decisão judicial genuinamente realista, além de contemplar cada decisão como algoritmo da personalidade do juiz, deve configurar o decisório como produto de determinantes socioculturais.

Nesse teor de ideias, seja como for, não seria despropositado assinalar que todo e qualquer julgamento tem o condão de refletir, inevitavelmente, a personalidade do juiz.[1603] A estrutura da personalidade é constituída de tendências determinantes que exercem papel ativo no comportamento do indivíduo, isto é, equivalem a aspectos únicos e individuais do comportamento. Nessa concepção, a personalidade designa todos os aspectos próprios do indivíduo, pelos quais ele se distingue dos outros. Representa a essência do ser humano, o que ele realmente é.[1604] Com efeito, a personalidade, que o juiz carrega dentro de si, faz a interação de aspectos físicos, temperamentais (tendência herdada) e caracterológicos (influências ambientais, sociais e culturais).[1605]

O autoconhecimento – conhecimento a respeito de fenômenos atrelados ao próprio psiquismo, tais como preconceitos e crenças – consente ao juiz compreender a extensa gama de fatores conscientes e inconscientes que conformam a sentença, sobre contribuir para enriquecer o exercício da atividade judicante e maximizar a eficácia do comportamento humano e dos processos mentais no relacionamento interpessoal. Semelhante compreensão de si mesmo[1606] opera no sentido de melhor evitar que o juiz acolha ou rejeite, de imediato, argumentos e alegações das partes, pois que discrepantes de crenças, valores, referências sociais e de sua visão de mundo,[1607] além de proporcionar a adoção de soluções efetivas e adequadas, mais rentes às peculiaridades do caso particular.

Força é convir que, para além da formação jurídica do juiz, há interferência de aspectos psicológicos e atuação de seu universo psíquico no ato de julgar.[1608] No que toca à influência dos diferentes tipos de personalidade do juiz na decisão, deve-se levar em conta a existência de uma gama de aspectos subjetivos inerentes à pessoa do julgador.

[1603] NIETO, Alejandro. El dorso metalegal de las resoluciones judiciales. La protección jurídica de ciudadano. Procedimiento administrativo y garantía jurisdiccional. *Estudios en Homenaje al Prof. Jesús Gonzáles Pérez.* Madrid: Civitas, 1993, p. 61-77, esp. p. 62: "sean hombres quienes dicten las sentencias, en ellas se reflejará, guste o no, la personalidad del firmante. Por ello no hay dos sentencias iguales".

[1604] HALL, Calvin S. *Teorias da personalidade.* Tradução e revisão técnica Maria Cristina Machado Kupfer. São Paulo: EPU, 1984, v. 1, p. 7: "Depreende-se disso que a personalidade consiste, em última análise, naquilo que é mais típico e característico do indivíduo".

[1605] AMBRÓSIO, Graziella. Psicologia do juiz. *Revista de Direito Econ. Socioambiental,* Curitiba, v. 3, n. 2, p. 491-503, jul./dez. 2012, esp. p. 492-493.

[1606] Sobre como a consciência é a chave para uma vida examinada, vide DAMÁSIO, António R. *O sentimento de si.* Lisboa: Publicações Europa-América, 1999.

[1607] AMBRÓSIO, Graziella, *op. cit.,* p. 494, 495: "A personalidade do juiz pode explicar diversos comportamentos, tais como dificuldade em condenar, atitudes agressivas, falta de paciência, constante posição defensiva, medo, otimismo exagerado, superficialidade, humor instável, ira, indiferença, arrogância, dificuldades de relacionamento, timidez, temores, angústias, frustrações, apatia, compulsões, disciplina, ordem, seriedade, flexibilidade, detalhamento inútil, perfeccionismo, controle, estresse, desgaste, responsabilidade, satisfação, comprometimento, competitividade, dificuldade em lidar com críticas, insegurança, equilíbrio, dentre outros".

[1608] BENETI, Sidnei Agostinho. *Da conduta do juiz.* 3. ed. rev. São Paulo: Saraiva, 2003, p. 111: "A formação da decisão, em si, é ato aninhado nas profundezas do sistema psíquico do Juiz, cujas trilhas, nos casos realmente complexos, nem o próprio Juiz possui meios de reconstruir".

Impõe-se, portanto, trazer o debate para o ponto nevrálgico de que "a capacidade de julgar a realidade exterior depende diretamente de como é o juízo crítico de cada pessoa em relação ao seu mundo interior".[1609]

No que toca ao perfil caracterológico do juiz, importa passar em revista, conquanto fugazmente, alguns tipos de personalidade, com descrição sumaríssima dos impactos na conformação dos decisórios:[1610]

(i)   Depressiva: provoca obstáculo em proferir sentenças condenatórias, por albergar sentimento de culpa e desvarios de que é corresponsável pelos infortúnios alheios;

(ii)   Paranoide: acarreta incessante defensividade e condutas agressivas, pois sua apreensão de conhecimentos se opera à margem da realidade;

(iii)   Maníaca: implica apresentar humor inconstante, transformando alegria em ira ou em situação de frustração, pois exibe otimismo excessivo para, no fundo, evadir-se de um quadro depressivo;

(iv)   Esquizoide: tem dificuldades de relacionamento, por conta de exacerbada timidez e receio de rejeição;

(v)   Fóbica: é *expert* na "habilidade de tirar o corpo fora", pois enxerga o mundo através das lentes do medo, tem dificuldades ante decisão complexa, difícil;

(vi)   Obsessivo-compulsiva: impulsiona um julgador implacável e radical, desprovido de flexibilidade, de maleabilidade, perde-se em minúcias inúteis, pois mantém um rígido controle sobre si mesmo e os demais;

(vii)   Histérica: apresenta rala capacidade de tolerar frustrações, alternando momentos de maturidade com outros de puerilidade;

(viii) Psicopática: não apresenta apreço pelas pessoas e serve-se delas;

(ix)   Falsa (ou como se): tende a iludir os outros, por sentir uma constante sensação de vazio e falsidade, fazendo-o aparentar aquilo que, na realidade, não é; e

(x)   Narcisista: é refratário à crítica que possa arrostar riscos à sua autoimagem de senhor da verdade e da razão, além de se cercar de pessoas que o incensem incondicionalmente.

À luz de tais considerações, parece bem enfatizar dois aspectos: (i) esses tipos de personalidade são suscetíveis de se manifestarem em indivíduos que operam em qualquer atividade humana; e (ii) esses tipos básicos de personalidade não são estanques, mas se justapõem e se combinam entre si, de modo que algumas notas essenciais coexistam e se superponham em um mesmo juiz, em graus distintos.[1611]

Sob outro prisma, o inconsciente pessoal armazena os aspectos repugnantes do indivíduo encontradiços na *sombra*, enquanto parte preponderantemente negativa da

---

[1609] ZIMERMAN, David. A influência dos fatores psicológicos inconscientes na decisão jurisdicional, *op. cit.*, p. 103.

[1610] ZIMERMAN, David, *op. cit.*, p. 106-111. Importa registrar o interessante caso do juiz paranoico Daniel Paul Schreber, que nasceu em 1842, em Leipzig, Alemanha, narrado por PEREIRA, Rodrigo da Cunha. Todo gênero de louco – Uma questão de capacidade. *In:* ZIMERMAN, David. *Aspectos psicológicos na prática jurídica.* Campinas: Milennium, 2002, p. 515-535, esp. p. 520-525. Ademais, no tocante aos inúmeros tipos de personalidades psicopáticas (*v. g.*, estérica ou pitiática, explosiva ou epiloptoide, paranoide, compulsiva, hermética ou esquizoide, cicloide, amoral ou perversa, astênica, instável), vide MIRA Y LÓPEZ, Emílio. *Manual de psicologia jurídica.* São Paulo: New Generation, 2009, p. 230-243.

[1611] ZIMERMAN, David. A influência dos fatores psicológicos inconscientes na decisão jurisdicional, *op. cit.*, p. 111.

personalidade.[1612] Quanto maior a unilateralidade em fitar apenas as qualidades que o juiz estima possuir, tanto mais autônomos ficam os conteúdos sombrios relegados ao inconsciente pessoal.[1613]

Não por nada, é essencial para a vida psíquica considerar o par complementar da consciência: o inconsciente, uma espécie de vida secreta, de um operar na clandestinidade. Em tal processo, deve-se, primeiramente, olhar para o inconsciente e enxergar a *sombra* que está encoberta pela *persona*, criada como um escudo de proteção contra o mundo externo. Mas a *persona* é usada, igualmente, para que o indivíduo possa esconder de si mesmo a própria sombra, sendo a primeira a se enxergar quando se lança o olhar na direção do espelho. Neste agir indômito, o indivíduo pode ver por trás da *persona* os aspectos nebulosos de sua personalidade, e que foi incapaz de assumir. É a sede própria da *sombra* do indivíduo, que fala do inconsciente pessoal, mas pode estar permeada de associações e projeções de elementos arquetípicos coletivos, circunstância que dificulta seu reconhecimento.[1614] Assim como os conteúdos inconscientes, a *sombra* plasma o indivíduo, por mais que ele a (re)negue. O caminho do autoconhecimento – notadamente na concepção junguiana, significando incorporar as informações através dos sonhos[1615] – consiste, também, em olhar para si mesmo e, assim, confrontar-se com sua *sombra* e os aspectos malignos da personalidade, reconhecendo-se a realidade sombria, na rota da geração de desenvolvimento e crescimento individual.

Entrementes, a *sombra* – apesar dos aspectos negativos nela camuflados – é também composta por potencialidades e qualidades negadas inconscientemente pelo indivíduo. De modo que a integração e o reconhecimento de traços característicos que eram estimados negativos vêm, não raro, escoltados do descobrimento e da integração de predicados importantes do ser que estavam, do mesmo modo, recusados e associados ao que se conjecturava serem desvios de caráter e de perspectiva.

Portanto, a *sombra*, conquanto projetada como intrigante e repudiada, pode aninhar não apenas aspectos "maus", perversos, iníquos e demoníacos, a que se esfalfa em renunciar, senão alguns aspectos "bons", divinos, angélicos e nobres, mas que o indivíduo esqueceu que lhe pertencem.[1616] Porque assim é, o juiz deve se relacionar com o arquétipo da sombra, que, como tal, precisa ser integrado, e não reprimido.

Sob outro aceno, a realidade exibe um valor subjetivo e, como tal, relativo, pois é deformada pelos processos psíquicos do juiz. Essa realidade, que deve informar

---

[1612] JUNG, Carl Gustav. *Psicologia do inconsciente*. 18. ed. Tradução de Maria Luiza Appy. Petrópolis, Vozes, 2008, p. 58, nota nº 5: "a soma das propriedades ocultas e desfavoráveis, das funções mal desenvolvidas e dos conteúdos do inconsciente pessoal".

[1613] VON FRANZ, Marie-Louise. *A sombra e o mal nos contos de fada*. (Coleção amor e psique). Tradução Maria Christina Penteado Kujawski. São Paulo: Paulus, 1985, p. 11: "Geralmente, na psicologia junguiana, definimos sombra como a personificação de certos aspectos inconscientes da personalidade que poderiam ser acrescentados ao complexo do ego mas que, por várias razões, não o são. Poderíamos portanto dizer que a sombra é a parte obscura, a parte não vivida e reprimida da estrutura do ego, mas isso é só parcialmente verdadeiro".

[1614] JUNG, Carl Gustav. *Arquétipos e o inconsciente coletivo* (livro 9, vol. 1). Tradução Maria Luíza Appy, Dora Mariana R. Ferreira da Silva. 2. ed. Petrópolis: Vozes, 2002, p. 31: "a sombra, porém, é uma parte viva da personalidade e por isso quer comparecer de alguma forma. Não é possível anulá-la argumentando, ou torná-la inofensiva através da racionalização. Este problema é extremamente difícil, pois não desafia apenas o homem total, mas também o adverte acerca do seu desamparo e impotência".

[1615] VON FRANZ, Marie-Louise. *A alquimia e a imaginação ativa*. Tradução Pedro da Silva Dantas Jr. São Paulo: Editora Cultriz, 1998, p. 147-148.

[1616] WILBER, Ken. *O espectro da consciência*. Tradução Octavio Mendes Cajado. São Paulo: Cultrix, 1977, p. 162.

o julgamento, ainda é apreciada pelo olhar da personalidade do julgador, porque decide embasado naquilo que adentrou, pelo ditado da percepção, o mundo da sua consciência. O processo perceptivo, por seu turno, é influenciado por diversos fatores, alguns inconscientes e provenientes do ambiente social em que o juiz está inserido. A personalidade do juiz é o termômetro das decisões formuladas.[1617]

Há uma plêiade de fatores extrajurídicos que, embora escapem a toda previsão normativa, influenciam, direta ou indiretamente, o juiz no ato de julgar e, por conseguinte, o conteúdo da decisão final. Ocorre a formação progressiva da sentença e, a partir da fixação de sua hipótese de trabalho ou de julgamento, o juiz busca justificar sua decisão conforme o material fático-jurídico aportado aos autos pelas partes em contraditório, assim como nos conceitos jurídicos, no direito vigente e nos precedentes judiciais obrigatórios.[1618]

No contexto de descoberta da decisão, a operação mental determinante do decisório não se reduz, forçosamente, a um esquema preordenado. De fato, a complexidade de sua natureza e a diversidade dos elementos que o juiz deve valorar em cada processo imprimem àquela operação mental profundas variações ou observância de uma ordem peculiar.[1619] Disso resulta que o esquema clássico do silogismo infecundo não consona com a realidade do processo decisório judicial em sentido estrito, em cuja base está uma constelação de diversas forças que irrompem, impetuosamente, do inconsciente do juiz (*v. g.*, filosóficas, morais, ideológicas, políticas), deixadas flutuar em sua consciência.

Assim vistas as coisas, não se afigura possível apontar um caminho único, inexorável e igual para a totalidade dos casos de formação da sentença civil; antes, em perspectiva calamandreiana, é lícito gizar a inexistência de um encadeamento nítido e separado das fases que compõem a operação mental determinante da decisão, que se desenvolvem na mente de cada juiz, senão que tais fases se interpenetram de maneira inconsciente ou irregular.[1620]

[1617] Com insuperável clareza, BARBOSA MOREIRA, José Carlos. Notas sobre alguns fatores extrajurídicos no julgamento colegiado. *Temas de direito processual*: sexta série. São Paulo: Saraiva, 1997, p. 145-172, esp. p. 145-146: "Um pouco mais perto do foco da nossa atenção situa-se a problemática atinente à influência que sobre o modo de votar exerce a personalidade de cada juiz, como tal entendido o complexo dos traços que o distinguem de todos os outros seres humanos e assim lhe definem a quente e espessa singularidade – tudo, enfim, que dele faz um *unicum* na espécie. Aí se compreenderiam desde características *somáticas* do magistrado – *v. g.*, sexo, idade, cor da pele, condições de saúde física etc. – até elementos relativos ao seu *background* familiar, às suas convicções religiosas, filosóficas, políticas, aos conceitos (e preconceitos) que tenha acerca dos mais variados assuntos, à sua vida afetiva, e por aí afora. É notório que todos esses dados costumam repercutir de maneira sensível na posição que o juiz adote em face de tal ou qual questão submetida a seu exame; e a influência subirá de ponto à proporção que aumente na matéria o teor *valorativo* das possíveis opções, conforme acontece, por exemplo, sempre que a norma aplicável se reporta a parâmetros axiológicos ou utiliza conceitos jurídicos indeterminados do tipo de "necessidades pessoais", "uso regular", "interesse público" e tantos outros análogos, encontradiços a cada passo nos textos legais. Isso para não falar nas hipóteses em que, silente a lei, se torna preciso recorrer aos princípios gerais do direito – campo onde cada qual se moverá, em boa medida, sob o impulso de crenças e ideias personalíssimas". (Grifos no original).

[1618] ROSA, Alexandre Morais da. *Decisão no processo penal como bricolagem de significantes*. 430 f. Tese (doutorado) – Universidade Federal do Paraná, Setor de Ciências Jurídicas, Programa de Pós-Graduação em Direito. Defesa: Curitiba, 2004. Disponível em: http://acervodigital.ufpr.br/handle/1884/1203. Acesso em: 07 abr. 2018, p. 368.

[1619] RODRIGUEZ-AGUILERA, Cesáreo, *op. cit.*, p. 77.

[1620] RODRIGUEZ-AGUILERA, Cesáreo, *op. cit.*, p. 78.

6.2 A intuição na determinação da hipótese de julgamento

Os magistrados usam o método intuitivo para "descobrir" a decisão, porquanto todo julgamento envolve, inevitavelmente, o exercício de intuição.[1621] A intuição é uma espécie de "microscópio do juízo".[1622] Realmente, o juiz aprecia a causa, em uma visão profundamente penetrante, formulando um juízo baseado no trinômio intuição-sentimento-emoção, e não como resultado de inferência lógica, esquema silogístico ou por força de raciocínio analítico. O juiz tem uma visão intuitiva emocional global dos fatos e do direito a ser aplicado, intuindo primeiro a solução do caso concreto, mas só depois irá buscar nos conceitos jurídicos, na prova dos autos do processo, no direito vigente e nos precedentes judiciais as razões que possam justificar a solução antecipadamente formulada.[1623]

Entretanto, muitos magistrados são tímidos em admitir, publicamente, que julgam por inspiração e impulso do sentir intuitivo,[1624] como se tal representasse uma tibieza daquele ser humano julgador, que carece de admirar-se no altar de sua própria racionalidade.

Decidir não é sinônimo de escolher,[1625] embora decidir pressuponha escolhas, opções valorativas envolvendo, para o juiz, percepção, identificação e seleção. Na economia do contexto de descoberta da decisão, a opção por determinado caminho, que conduzirá o juiz até a formulação de sua hipótese de trabalho, é norteada pelo trinômio intuição-sentimento-emoção,[1626] e não propriamente pela inteligência.[1627]

[1621] HALL, Calvin S. *Teorias da personalidade*. Tradução e revisão técnica Maria Cristina Machado Kupfer. São Paulo: EPU, 1984, v. 1, p. 94: "Há quatro funções psicológicas fundamentais: *pensamento, sentimento, sensação* e *intuição*. O pensamento é ideacional e intelectual. Pelo pensamento o homem tenta compreender a natureza do mundo e a si mesmo. O sentimento é a função valorativa: é o valor das coisas para o sujeito. A função sentimento dá ao homem a experiência subjetiva de prazer e dor, de raiva, medo, tristeza, alegria e amor. A sensação é a função da percepção ou da realidade. Produz fatos concretos ou representações do mundo. A intuição é a percepção por meio de processos inconscientes e de conteúdos subliminares. O homem intuitivo vai além dos fatos, sentimentos e ideias em sua busca da essência da realidade. (...) Pensar e sentir são chamadas funções racionais, porque fazem uso da razão, do juízo, da abstração e da generalização. Habilitam o homem a procurar a legitimidade do universo. A sensação e a intuição são consideradas funções irracionais, por serem baseadas na percepção do concreto, do particular e do acidental". (Grifos no original).

[1622] GORPHE, François. *Les décisions de justice*: Étude psychologique et judiciaire. Paris: Presses universitaires de France, 1952, p. 171.

[1623] A propósito do tema, testemunho decisivo é dado por um insigne magistrado, PERETTI GRIVA, Domenico Riccardo. L'umanità del magistrato. *Rivista Trimestrale di Diritto e Procedura Civile*, Milano, 1955, p. 97.

[1624] MARQUES, Luiz Guilherme. *A psicologia do juiz*: o judiciário do Século XXI. São Paulo: Letras Jurídicas, 2010, p. 72.

[1625] STRECK, Lenio Luiz. *O que é isto*: decido conforme minha consciência?. 4. ed. rev. Porto Alegre: Livraria do Advogado Editora, 2013, p. 107.

[1626] GAMBOGI, Luís Carlos Balbino. *Direito*: razão e sensibilidade (As intuições na hermenêutica jurídica). Belo Horizonte: Del Rey, FUMEC/FCH, 2005, p. 197. No que toca ao impulso vital do juiz baseado em uma intuição particular do que é certo ou errado, desejável ou indesejável, enquanto fator de conformação dos resultados de julgamentos, vide ADEODATO, João Maurício. *Ética e retórica*: para uma teoria da dogmática jurídica. 5. ed. São Paulo: Saraiva, 2012.

[1627] CALAMANDREI, Piero. *Elogio dei giudici scritto da un avvocato*. 4. edizione. Firenze: Le Monnier, 1959, p. 175: "Non dico, come ho sentito ripetere, che al giudice sia nociva la troppa intelligenza: dico che il giudice ottimo è quello in cui, sulla cauta cerebralità, prevale la pronta intuizione umana. Il senso della giustizia, per il quale, appresi i fatti, si sente subito da che parte è la ragione, è una virtù innata, che non ha niente a che vedere colla tecnica del diritto: come nella musica, in cui la più grande intelligenza non serve a supplire alla mancanza di orecchio". Assim, também, CASTRO, Amilcar de. O direito no âmago da sentença. *Revista da Faculdade de Direito da Universidade Federal de Minas Gerais*, Belo Horizonte, v. 12, p. 175-187, 1961, esp. p. 186: "Além disso é ilusória a suposição de que só a inteligência guia os homens e governa o mundo, pois à inteligência e ao raciocínio, em muitas ocasiões, se sobrepõem as forças ainda mal conhecidas do nosso inconsciente, do nosso

Apenas uma visão superficial e ingênua da realidade poderia imaginar que exclusivamente o intelecto conectado a uma operação de pura lógica ou equação silogística seria o ingrediente vital para o juiz decidir desta ou daqueloutra maneira.[1628] Tal vertente de pensamento, sobre empobrecer a complexidade do juízo, ignora o trinômio intuição-sentimento-emoção, o inconsciente e outros fatores extrajurídicos na tomada de decisão, tais como: crenças, valores, (de)formações, vivências. Veja-se, a título ilustrativo, que fatores político-pessoais geram pré-concepções valorativas – não raro, inconscientemente –, que o juiz projeta em cada caso concreto. O juiz carrega consigo uma carga de experiências de vida, de valores pessoais, de convicções ideológicas (*v. g.*, de defesa dos direitos humanos, de proteção de minorias), de desejos, de frustrações, de amor. Não há como fazer evadir a canalização inconsciente das vivências do juiz sobre o essencialmente humano ato de julgar. Não à toa, ressoa do mundo romano: *quot capita, tot sententiae*. O significado desta máxima é que, na presença de um grupo de pessoas, é de se esperar uma heterogeneidade de opiniões e de julgamentos.

A intuição é uma forma de conhecimento apriorístico,[1629] num dado preexistente que se instalou no inconsciente do juiz.[1630] A solução intuitiva aparece de modo direto, imediato, na consciência, vale dizer, sem intermediação do raciocínio. É um *flash* intuitivo que determina a formulação da hipótese de julgamento.[1631] A imediata e direta apreensão do real consubstancia-se através da intuição. O conhecimento intuitivo, que acaricia o absoluto, tem a virtude de equacionar problemas provocados pelo conhecimento intelectual. Dá-se, por seu gênio, apreensão imediata, na identificação, na sobreposição com o singular conhecido, com o que é inexprimível em conceitos, patrocinando, por esse modo, uma consciência imediata e direta da realidade concreta. A intuição, por assim dizê-lo, prepara o julgamento judicial ao fixar a hipótese de trabalho do juiz.[1632] É digno de nota que, no início, o juiz tem apenas uma hipótese de trabalho, provisória, efêmera, mais ou menos vaga, que poderá, ou não, ser posteriormente confirmada ou validada

---

sub-consciente e dos nossos reflexos. Para aprender e estar precavido contra o êrro, urge que o homem não menospreze as referidas fôrças, *porque os fenômenos inconscientes desempenham, na vida mental, papel muitas vêzes mais importante do que os fenômenos intelectuais*" (Grifos no original).

[1628] STRUCHINER, Noel; BRANDO, Marcelo Santini. Como os juízes decidem os casos difíceis do direito?. In: STRUCHINER, Noel; TAVARES, Rodrigo de Souza (Org.). *Novas fronteiras da teoria do direito*: da filosofia moral à psicologia experimental. Rio de Janeiro: POD/Editora PUC-Rio, 2014, p. 171-219, esp. p. 214-215: "Quando essa compreensão do que acontece na realidade for mais ampla, mais fidedigna e especificamente referente ao cenário local, regional ou nacional, então a formulação de proposições normativas que visem a orientar juízes (teoria normativa da decisão judicial) ou a reformular as instituições (metateoria normativa da decisão judicial) com a finalidade de propiciar melhores resultados será mais eficiente, menos abstrata e mais condizente com as nossas limitações humanas".

[1629] REHFELDT, Klaus H. G. *Será?*: a intuição prática (e a prática da intuição): na vida privada, no ambiente empresarial, e fenômenos PSI. Blumenau, SC: Eko, 2004, p. 41: "Aquilo que sei, mas que, sem saber que o sei, me influencia mais do que sei".

[1630] JUNG, Carl Gustav. *A natureza da psique*. 2. ed. Petrópolis: Vozes, 1986, p. 68, n. 269: "(...) A intuição decorre de um processo inconsciente, dado que o seu resultado é uma idéia súbita, a irrupção de um conteúdo inconsciente na consciência. A intuição é, portanto, um processo de percepção, mas, ao contrário da atividade consciente dos sentidos e da introspecção, é uma percepção inconsciente".

[1631] PEREIRA, Ézio Luiz. *A intuição nas decisões judiciais*. Uma re-significação da cognição judicial. Disponível em: http://www.jurisway.org.br/v2/dhall.asp?id_dh=5926. Acesso em: 10 nov. 2018: "Para Henri Poincaré, a intuição seria mais que um ponto de partida explicativo; seria a centelha da criação e da invenção, necessária tanto à ciência quanto à poesia. Que a intuição filosófica oculta se aloja num território da mente humana pouco conhecido, parece indubitável. Contudo, a intuição não se prova; se vivencia e para o julgador, ele deve experienciá-la no ofício solitário de julgar como um *plus*".

[1632] GORPHE, François, *op. cit.*, p. 24.

(no contexto de justificação). O juiz submete a escrutínio da razão a hipótese de julgamento fruto do trinômio intuição-sentimento-emoção e de outros fatores extrajurídicos.

Realmente, para além das teorias normativas da tomada de decisão, ao assenhorear-se, em primeiro contato, do *thema decidendum* e impulsionado por seu senso do justo ou injusto,[1633] do certo ou errado, do desejável ou indesejável fora da margem de consciência, o juiz intui a decisão a tomar, formulando mentalmente sua hipótese de julgamento.[1634] É dizer: os juízes têm uma inclinação para alcançar determinado resultado antes de esquadrinhar o material fático-jurídico da demanda judicial.[1635] Em perspectiva realista, que remonta ao realismo jurídico norte-americano,[1636] embora no momento presente haja instrumentos de investigação mais sofisticados, almeja-se descrever, verdadeiramente, o comportamento do juiz no ato de julgar, para além de sua figura idealizada e romântica no campo da teoria do direito, mas baseado na efetiva análise do que ele faz em casos concretos ou – caso se prefira – aquilo que deveras acontece na prática judicante (modelo empírico-descritivo). Quer-se, pois, penetrar mais na pessoa humana do juiz, cujos traços característicos, por certo, se refletirão no produto de sua atividade judicante. Visando tal objetivo, o realismo jurídico é uma das vertentes de pensamento que mais se aproximou do irracionalismo, pois reduziu o raciocínio judicial a um processo psicológico (por exemplo, *hunch*).

Nessa toada, no contexto de descoberta, a decisão não é tomada de maneira consciente, a partir de um processo articulado e controlado de inferências lógicas. Cogita-se, neste âmbito, de um modelo não alicerçado na primazia do raciocínio consciente, articulado e controlado no julgamento.[1637] Abona-se, aqui, a chamada linha de pensamento

---

[1633] MARQUES, Luiz Guilherme. Direito é intuição do justo. Portal Jurídico Investidura, Florianópolis/SC, 24 out. 2009. Disponível em: investidura.com.br/biblioteca-juridica/artigos/filosofia-do-direito/10218-direito-e-intuicao-do-justo. Acesso em: 10 nov. 2018: "Direito é intuição, pois lida com o justo. Não é raciocínio burocrático".

[1634] GAMBOGI, Luís Carlos Balbino, *op. cit.*, p. 195: "fica claro porque consideramos como princípio que a sentença é realizada em vista de um prejulgamento baseado nas intuições, num sentir ou num *insight*, pouco significando que esse prejulgamento seja mais ou menos vago, isto é, ainda não definitivo". Afina-se pelo mesmo diapasão ADEODATO, João Maurício, *op. cit.*, p. 372-373: "Acontece que o processo de julgar raramente começa com uma premissa da qual se extrai uma conclusão; ordinariamente o juiz trabalha em sentido contrário: forma uma decisão de modo mais ou menos vago e só depois tenta encontrar premissas com as quais fundamentá-la. A motivação vital do juiz parece ser um impulso pessoal baseado em uma intuição particular do que é certo ou errado, desejável ou indesejável, e esses fatores individuais constituem frequentemente as causas mais importantes dos resultados de julgamentos".

[1635] HUTCHESON JR, Joseph C. Judgment intuitive: the function of the hunch in judicial decision. *Cornell Law Review*, v. 14, Issue 3, p. 274-288, April 1929, esp. p. 287: "All of us have known judges who can make the soundest judgments and write the dullest opinions on them; whose decisions were hardly ever affirmed for the reasons which they gave. Their difficulty was that while they had the flash, the intuitive power of judgment, they could not show it forth. While they could by an intuitive flash leap to a conclusion, just as an inventor can leap to his invention, just as often as an inventor cannot explain the result or fully understand it, so cannot and do not they".

[1636] Sobre o núcleo comum de ideias compartilhadas pelos realistas norte-americanos, vide STRUCHINER, Noel; BRANDO, Marcelo Santini, *op. cit.*, p. 174: "Dentre as proposições debatidas pelos realistas estavam: (1) o direito é indeterminado; (2) as regras jurídicas não guiam a tomada de decisão judicial; (3) se o direito é indeterminado e as regras jurídicas não guiam a tomada de decisão, então o juiz decide com base em algo diverso do direito; (4) logo, a atividade judicial é criativa/constitutiva do direito; e (5) a justificação consiste em uma racionalização *post hoc*".

[1637] CAHILL-O'CALLAGHAN, Rachel. *The influence of personal values on legal judgments*. PhD Thesis. Cardiff University, 2015. 376f. Disponível em: https://www.google.com.br/search?source=hp&ei=TCZ5XNTBBbKW0 Ab-67eYAg&q=CAHILL-O%E2%80%99CALLAGHAN%2C+Rachel.+The+influence+of+personal+values+on+l egal+judgments.&btnK=Pesquisa+Google&oq=CAHILL-O%E2%80%99CALLAGHAN%2C+Rachel.+The+influ ence+of+personal+values+on+legal+judgments.&gs_l=psy-ab.3...2327.4042..4549...0.0..0.214.395.0j1j1......0....2j1..

idiossincrática (sem, evidentemente, o injusto estorvo caricatural, que erroneamente se atribui ao realismo, de que as decisões judiciais são determinadas pelo que os juízes comem no café da manhã[1638]). Faz-se profissão de fé de que, na realidade, primeiro o juiz decide a partir de uma intuição ou um "palpite" (*hunch*) sobre o que consistiria numa conclusão justa para determinado caso particular. E, só depois, a justificação jurídica formalmente produzida pelo juiz[1639] – ancorada nos conceitos jurídicos, nos resultados probatórios, no Direito vigente e nos precedentes judiciais obrigatórios, atribuindo aos fatos articulados a qualificação jurídica mais adequada – teria o condão de racionalizar *ex post* uma decisão germinada de maneira intuitiva, instantânea,[1640] irracional, ilógica.

Força é convir que ambos os níveis são sistemas ou uma coletânea de processos que se distinguem pela sua velocidade e controlabilidade. O sistema intuitivo do juiz, que abraça programas inatos de comportamento (*v. g.*, propriocepção), é operado automática, espontânea e inconscientemente, prescindindo de esforço, de intencionalidade e de análise do material jurídico encontrado nos autos do processo,[1641] exceto quando o *decisum*, como produto final do sentir intuitivo, ingressa na sala da consciência.[1642] Isto não significa rejeitar, em absoluto, a possibilidade, no viés de uma intuição de resistência à própria intuição originalmente suscitada, de o juiz conscientemente se comprometer, máxime nos chamados casos difíceis moralmente carregados, com a prospecção de solução correta ou justa, ativando, para tanto, novas intuições.[1643] À base de todo discurso, jurídico ou não, descansa uma (irreprimível) intuição, no sentido de que toda alocução é impulsionada por uma iluminação intuitiva e se encerra por outra intuição.

---

gws-wiz.....0.5P-_uVMABjU. Acesso em: 01 mar. 2019, p. 43: "In recent years there has been extensive research into the influence of psychological processes on human behavior and decision making. This research has served to undermine the assumption that decision making is intentional and under complete conscious control. Although an element of conscious control remains in some decisions, psychologists have identified the limits of this control and have highlighted the importance of subconscious mental processes in decision making. The internal processes and influences that drive decision making in a choice situation, where the outcome is not clearly dictated provides important insight into the potential role of subconscious factors judicial decision making".

[1638] LEITER, Brian. American legal realism. Edited by Dennis Patterson. 2nd ed. *In: A companion to philosophy of law and legal theory*. Oxford: Blackwell, 2010, p. 249-266, esp. p. 259: "(Note, however, that no one in the idiosyncrasy wing actually adhered to the view, often wrongly attributed to realism, that "what the judge ate for breakfast" determines the decision)".

[1639] NIETO, Alejandro. El dorso metalegal de las resoluciones judiciales. La protección jurídica de ciudadano. Procedimiento administrativo y garantía jurisdiccional. *Estudios en Homenaje al Prof. Jesús Gonzáles Pérez*. Madrid: Civitas, 1993, p. 61-77, esp. p. 62.

[1640] FRANK, Jerome. *Law and the modern mind*. New Brunswick: Transaction Publishers, 2009 [1930], p. 140-141.

[1641] STRUCHINER, Noel; BRANDO, Marcelo Santini, *op. cit.*, p. 199: "O elo do julgamento intuitivo parece fornecer a base teórica e empírica à primeira parte da hipótese: pelo menos nos casos difíceis do direito moralmente carregados os juízes teriam uma inclinação para chegar a um determinado resultado antes de consultar os materiais jurídicos. Tomando-se a descrição do processo de julgamento moral sugerido pelo modelo sócio-intuicionista, é possível formular a hipótese de que as decisões judiciais nesses casos são tomadas da seguinte forma: ao se depararem com os elementos de uma demanda moralmente carregada, os juízes veriam surgir na consciência, ou na margem da consciência, um sentimento avaliativo sobre o caso como um todo, sem qualquer consciência de se ter passado pelas etapas de busca e balanceamento de evidências, ou pela inferência controlada de uma conclusão. Esse *flash* de intuição causaria a experiência na consciência de uma condenação ou condecoração de uma das partes incluindo uma crença na correção ou incorreção da decisão. Esse é o julgamento moral. Tudo acontece de maneira rápida e automática, precedendo à consulta dos materiais jurídicos".

[1642] GUTHRIE, Chris; WISTRICH, Andrew J.; RACHLINSKI, Jeffrey J. Blinking on the bench: how judges decide cases. *Cornell Law Review*, 93, p. 1-43, 2007, esp. p. 5: "Eliminating all intuition from judicial decision making is both impossible and undesirable because it is an essential part of how the human brain functions. Intuition is dangerous not because people rely on it but because they rely on it when it is inappropriate to do so. We propose that, where feasible, judges should use deliberation to check their intuition".

[1643] STRUCHINER, Noel; BRANDO, Marcelo Santini, *op. cit.*, p. 200.

Se isso estiver correto, é lícito afirmar que a lógica tradicional não é capaz de fornecer fôlego inspirador aos operadores do Direito para compreender e interpretar, de maneira justa, os conteúdos de disposições jurídicas. Revelar-se-ia, também, impotente como instrumento para o juiz formular, no processo de conhecimento ou de cognição, a norma jurídica concreta que deve disciplinar determinada situação. O impulso vital de sua decisão é um sentir intuitivo indicativo do justo e do injusto, do certo ou do errado, que se insinua de forma imediata e direta, a respeito do caso particular posto em juízo.[1644]

Realmente, o juiz decide por intuição e não, conscientemente, por inferência lógica ou silogismo, tampouco com base em raciocínio.[1645] Ulteriormente, aquelas intuições hão de ser justificadas juridicamente diante da própria razão.[1646] O juízo (julgamento) vem antes; o raciocínio é articulado pelo juiz só depois, quando da construção das premissas que possam logicamente suportar a conclusão antecipadamente desejada.[1647]

Reafirme-se que a presente tese propugna que o juízo formador do *decisum* é um momento do pensamento puramente intuitivo e, portanto, irracional (ou pré-racional). Parece bem sublinhar que nem todo pensamento é raciocínio, pois somente o será quando relacionar duas ideias reputando uma como premissa e outra como conclusão, bem como nem todo raciocínio exibe caráter lógico, a não ser que, por exemplo, observe os princípios da identidade, do terceiro excluído e da não contradição.[1648] O juiz, ao definir o sentido de sua decisão, obedece a circuitos inconscientes, intuitivos, sentimentais e emocionais.[1649] Com efeito, o amálgama entre a norma abstrata e o fato particular não prescinde da intuição, do sentimento e da emoção que habitam no espírito do juiz, nem, teleologicamente, de sua materialização em formas jurídicas.

Importa registrar, nesse compasso, que um dos eixos teóricos do presente trabalho pode-se resumir nesta proposição de inspiração carneluttiana: a sentença civil, em sua gênese, é um momento do pensamento puramente intuitivo e, conseguintemente, irracional. Julgar não é ainda raciocinar; o juízo (julgamento) vem antes, o raciocínio vem depois.[1650] Por assim ser, o problema suscita, de plano, uma perplexidade: poderá haver julgamento imparcial no âmbito da irracionalidade, da pré-racionalidade ou da ilogicidade, ou, quando nada, em determinada visão, da cisão do conceito de racionalidade, nos contextos de (i) descoberta ou de deliberação e de (ii) justificação ou de validação, que neles se opera?[1651]

[1644] HUTCHESON JR, Joseph C., op. cit, p. 278, 285.

[1645] RECASENS SICHES, Luis. *Panorama del pensamiento jurídico en el siglo XX*. México: Porrúa, 1963, t. I, p. 242.

[1646] CAHILL-O'CALLAGHAN, Rachel, *op. cit.*, p. 44-45: "The first stage, system 1, is intuitive, occurs spontaneously and does not require a high level of cognition. It is in this stage of the process, that prior beliefs, heuristics (mental short cuts) and emotions are generally thought to have the most influence. The second stage, system 2, is more deliberative and involves mental operations which require effort, motivation, concentration and the execution of learned rules. System 2 decision making is a deliberate, effortful and slow process. It is rule based and relies on well-articulated reasons and more fully developed evidence. This is the form of reasoning described as 'logic'. System 1 and system 2 reasoning function together and both are involved when the stakes are high and the issue uncertain. System 2 conscious reasoning is supported by subconscious processes in system 1 which deliver other cognitions including perceptions, memories and associations".

[1647] O instigante tema do juízo *versus* silogismo é objeto do tópico 6.5 abaixo.

[1648] COELHO, Fábio Ulhoa. *Roteiro de lógica jurídica*. 7. ed. rev. e atual. São Paulo: Saraiva, 2012, p. 15.

[1649] POSNER, Richard Allen. *How judges think*. Cambridge. Massachusetts: Harvard University Press, 2008, p. 79: "when legalist methods of judicial decision making fall short, judges draw on beliefs and intuitions".

[1650] CARNELUTTI, Francesco. *Diritto e processo*. Napoli: Morano Editore, 1958, p. 215.

[1651] O tema é objeto do Capítulo Nono, tópico 9.3 *infra*.

6.3 Sentença e sentimento: expressões do *sentire* do juiz

Caríssimo Piero Calamandrei, obrigado.

Já se disse que o juiz não é uma máquina calculadora, mas um ser humano. A sentença não é expressão de pura lógica ou silogismo, nem representa uma equação matemática, tampouco exprime um produto acabado da objetividade; antes, ao contrário, é fruto de intuição e de sentimento do juiz, enquanto homem vivo e autêntico,[1652] pois a sentença é obra humana.[1653] Intuição e sentimento do juiz se amalgamam em sua subjetividade[1654] e seu universo interior: o mundo subjetivo das vivências, intuições, sentimentos e emoções.[1655] Deveras, não se mostra possível alcançar uma completa objetividade nos juízos dos juízes, donde o sentimento desempenha importante papel, sobretudo naqueles juízos que impliquem apreciações (juízos valorativos) e decisões.[1656]

O princípio da dignidade da pessoa humana é o epicentro axiológico do ordenamento jurídico e, portanto, do Estado Constitucional e Democrático de Direito. Como o juiz poderá avaliar a dignidade humana, o que é humano, senão humanamente?[1657]

[1652] COUTURE, Eduardo J. *Introdução ao estudo do processo civil*. Rio de Janeiro: José Konfino Editor, 1951, p. 87-88: "O juiz é um homem que se move dentro do direito como o prisioneiro dentro de seu cárcere. Tem liberdade para mover-se e nisso atua sua vontade; o direito, entretanto, lhe fixa limites muito estreitos, que não podem ser ultrapassados. O importante, o grave, o verdadeiramente transcendental do direito não está no cárcere, isto é, nos limites, mas no próprio homem. (...) Como podemos separar a decisão do juiz de seus impulsos, de suas ambições, de suas paixões, de suas debilidades de homem? O direito pode criar um sistema perfeito, no tocante à justiça; mas se esse sistema for aplicado, em última instância, por homens, o direito valerá o que valham esses homens. (...) Da dignidade do juiz depende a dignidade do direito. O direito valerá, em um país e um momento histórico determinado, o que valham os juízes como homens".

[1653] TEIXEIRA, Sálvio de Figueiredo. *O juiz*: seleção e formação do magistrado no mundo contemporâneo. Belo Horizonte: Del Rey, 1999, p. 154: "A sentença, ensinava ainda o notável processualista uruguaio, não é um pedaço de lógica, tampouco uma norma pura. É obra humana, criação da inteligência e da vontade, criação do espírito do homem, uma vez que ainda não se inventou uma máquina para produzir sentenças. Quando o juiz a dita, aduz o mestre, não é só o intérprete das palavras da lei, a voz que pronuncia essas palavras, mas também as suas vozes misteriosas e ocultas, vozes que estão a povoar o seu silêncio".

[1654] POZZEBON, Fabrício Dreyer de Ávila. A crise do conhecimento moderno e a motivação das decisões judiciais. *In:* GAUER, Ruth Maria Chittó (Coord.). *Sistema penal e violência*. Rio de Janeiro: Lumen Juris, 2006, p. 231-247, esp. p. 234: "Racionalidade e subjetividade vão se agregando, ocupando espaços, até a limitação de ordem instrumental que o próprio processo impõe, pois não se trata de um procedimento infinito. É necessário que o juiz saiba que, ao examinar a pretensão das partes, a prova e, especialmente, ao julgar, não estará sendo neutro nem puramente racional; ao contrário, na lição de António DAMÁSIO, tem as emoções como aliada indispensável para decidir entre uma hipótese ou outra. Estará usando seus sentimentos, sua emoção, sua razão, sua pré-compreensão das coisas, seus valores, sua história, sua concepção de mundo e até seu inconsciente na decisão; sempre irá refletir algo seu. A subjetividade relegada às partes no processo também está presente no juiz. (...) Não há outra saída para o presente modelo, pois julgar é um ato humano e só pode ser assim, pois somente o humano percebe o humano, razão e subjetividade percebem ou não razão e subjetividade, ou (...) para julgar um ser humano, o juiz precisa ser cada vez mais humano, precisa de uma sensibilidade compartilhada". Assim, também, LOPES JUNIOR, Aury. *Direito processual penal e sua conformidade constitucional*. Rio de Janeiro: Lumen Juris, 2010, v. II, p. 363: "Não existe racionalidade sem sentimento, emoção, daí a importância da subjetividade e de todo *sentire* no ato decisório, bem como assumir que a sentença é ato de crença, de fé (abandono da verdade pela impossibilidade)".

[1655] Com elegância e argúcia, vide CALAMANDREI, Piero. Giustizia e politica: sentenza e sentimento. *In: Processo e democrazia*. Conferenze tenute alla Facoltà di Diritto dell'Università Nazionale del Messico. Padova: CEDAM, 1954, p. 43-67, esp. p. 61: "La verità è che il giudice non è un meccanismo: non é una macchina calcolatrice. È un uomo vivo: e quella funzione di specificare la legge e di applicarla nel caso concreto, che in vitro si può rappresentare come un sillogismo, è in realtà una operazione di sintesi, che si compie a caldo, misteriosamente, nel crogiuolo sigillato dello spirito, ove la mediazione e la saldatura tra la legge astratta e il fatto concreto ha bisogno, per compiersi, della intuizione e del sentimento acceso in una coscienza operosa".

[1656] GORPHE, François. *Les décisions de justice*: Étude psychologique et judiciaire. Paris: Presses universitaires de France, 1952, p. 171.

[1657] DIREITO, Carlos Alberto Menezes. A decisão judicial. Rio de Janeiro: *Revista de Direito Renovar*, n. 1, p. 37-52, set./dez. 1995, esp. p. 40: "(...) a decisão judicial é, essencialmente, uma decisão humana. Sendo uma decisão

Não se pode pensar o juiz como mero autômato, alheio aos domínios das realidades humanas. Não por acaso, o juiz deve permanentemente estar impregnado de sentimento do justo à flor da pele. A decisão judicial se baseia, também, em um sentir de valores, valendo notar que o valor justiça é insuscetível de ser apreendido pela razão.[1658] Nada obstante isso, o decisório, antecipado pelo trinômio intuição-sentimento-emoção, deve ulteriormente ser verificado, comprovado e justificado, sob a égide dos conceitos jurídicos, das provas representadas nos autos do processo, do direito vigente e dos precedentes judiciais obrigatórios.[1659]

Sob outro ângulo de mirada, a sensibilidade da alma do juiz (capacidade de sentir) se faz presente, além disso, no processo hermenêutico, vale dizer, de interpretação-aplicação do direito,[1660] atento às realidades humanas e às necessidades sociais em ascensão, a exigir, com contributo original, a construção de julgamentos inovadores, progressistas. No campo das influências do *sentire* de um juiz-no-mundo, a sua sensibilidade (*sensibilitas*) se reveste, em perspectiva realista, de invulgar fator de adequação das circunstâncias normativas às instâncias da vida real,[1661] oxigenando as exigências da contemporaneidade, em dado ambiente social.

A interpretação no direito, enquanto valor do espírito, como direito ideal ou, mais precisamente, ideal do direito, bem assim em outras áreas do conhecimento, não se reduz a uma atividade puramente mecânica, nem a um momento lógico estanque. O juiz é naturalmente influenciado por seu sentimento jurídico, enquanto inclinação na direção de um ideal de justiça. Na experiência jurídica, não se pode desprezar que, no procedimento de aplicação da norma ao fato, haja um momento valorativo ou, melhor, um ou mais juízos de valor: interpretação e valoração são atividades que se condicionam reciprocamente na realidade jurídica.[1662]

A exegese representa o produto final de uma interação entre o intérprete e as possibilidades exegéticas do texto, abrangendo, assim, aspectos subjetivos (*v. g.*, valores, intuições, sensibilidades e emoções do intérprete).[1663] Deve-se, pois, levar em conta os

---

humana ela não está, por inteiro, no domínio da ciência ou da técnica. O homem não existe somente porque tem o suposto domínio da razão. O homem existe porque ele é razão e emoções, sentimentos, crenças. A decisão judicial é, portanto, uma decisão que está subordinada aos sentimentos, emoções, crenças da pessoa humana investida do poder jurisdicional. E a independência do juiz está, exatamente, na sua capacidade de julgar com esses elementos que participam da sua natureza racional, livre e social".

[1658] ISAY, Hermann. *Rechtsnorm und Entscheidung*. F. Vahlen, 1929, p. 56, 59.

[1659] ISAY, Hermann, *op. cit.*, p. 94 ss e p. 154 ss.

[1660] HORTA, Denise Alves. Obra de arte e sentença: a expressão do sentire do artista e do juiz. Belo Horizonte: *Revista do Tribunal Regional do Trabalho 3ª Região*, v. 45, n. 75, p. 163-172, jan./jun. 2007, esp. p. 171: "O juiz, a seu turno, no desempenho da função jurisdicional, imprime no julgamento também o reflexo do seu sentimento de mundo, quando interpreta a lei, o fato e o conjunto de circunstâncias relevantes para dizer o Direito".

[1661] OLIVEIRA, Carlos Alberto Alvaro de. O formalismo-valorativo no confronto com o formalismo excessivo. *Revista de Processo*, São Paulo, ano 31, n. 137, p. 7-31, jul. 2006, esp. p. 14: "Todavia, esse mesmo sentimento de justiça – apanágio do verdadeiro juiz – pode servir para eliminar a distância entre a abstração da norma e a concretude do caso trazido a juízo. O sentimento do justo concreto conduz ao problema da equidade com função interpretativa-individualizadora. Essa função da equidade constitui recurso normal posto à disposição do operador jurídico no processo de aplicação das normas, com vistas à ponderação das particularidades do caso".

[1662] MARINI, Carlo Maria de. *Il giudizio di equità nel processo civile*: premesse teoriche. Padova: CEDAM, 1959, p. 70-71.

[1663] TAVARES, Rodrigo de Souza. *Direito e sensibilidade*: uma abordagem sentimentalista das relações entre Direito e Moral. 174 p. Tese na PUC-RJ, 2013, p. 156: "Enfim, esta tese pretendeu iluminar como as emoções já estão presentes na esfera jurídica e como elas devem estar se quisermos levar a sério uma perspectiva sentimentalista. (...) Afinal, somos demasiadamente humanos para pensarmos as instituições jurídicas apenas como tribunais da razão".

aspectos inconscientes, que, junto aos conscientes, configuram a psicologia individual e coletiva. As causas da vontade do legislador não são sempre reflexivas, senão que comumente obedecem a sentimentos. O método de interpretação deve ser, por conseguinte, intuitivo, na linha bergsoniana. Compreender e viver o Direito. Viver as ideias, trazendo-as ao mundo real, de onde se evadiram.[1664]

A vivência do juiz tem o condão de humanizar a interpretação do direito, no escopo de acomodá-la à realidade circundante, consentindo, dentre uma pluralidade de significados, escolher aquele que lhe parece mais justo e, assim, formular a melhor e mais justa solução para o conflito intersubjetivo. A influência do trinômio intuição-sentimento-emoção na interpretação corresponde, quando nada, à fixação de resultado provisório de um inicial e imediato contato com o preceito, fornecendo, assim, elementos a serem aferidos e mantidos (ou, eventualmente, superados) pela integralidade da compreensão racional.[1665]

Não seria, por exemplo, despropositado dizer que a emocionalidade permeia variadas relações jurídicas de Direito Civil,[1666] tais como: (i) a dignidade da pessoa humana; (ii) o instituto da incapacidade civil, que, em certos casos, representa um estado patológico da pessoa humana; (iii) a questão jurídica da menoridade, como fonte de incapacidade; (iv) a tutela da personalidade humana, com a consequente retificação, no registro civil, de prenomes suscetíveis de expor a pessoa ao ridículo; (v) retificação, no registro civil, de sexo e de prenome no caso de transexualismo, compatíveis com sua alma e sua aparência; (vi) direito subjetivo à reparação do dano moral, em que assoma a carga de sofrimento, de dor, de abalo psíquico que recai sobre a pessoa da vítima; (vii) noção da função social da propriedade; (viii) na ação de usucapião, avulta o elemento anímico consistente na intenção de a pessoa possuir o bem como se fosse o dono (*animus domini*); (ix) a distinção entre posse de boa-fé da posse de má-fé; (x) o princípio da boa-fé e da lealdade nos contratos em geral; (xi) reformulação do conceito de família, fundada no afeto, no perdão, na solidariedade, na transigência; (xii) dessacralização do casamento, aproximando-o da realidade sociológica.

Verdadeiramente, não há fórmula científica que possa arredar o juiz de sua natureza humana. A compreensão do humano, além do ser que pensa, abrange, também, o indivíduo que sente e age. Daí as três forças cardeais do ser espiritual: pensamento, sentimento e vontade.[1667] De sorte que o julgador, como todo ser humano, dessacralizado,

---

[1664] DUALDE, Joaquim. *Una revolución en la lógica del derecho*: concepto de la interpretación del derecho privado. Barcelona: Bosch, 1933, p. 214: "El intérprete, para vivir el Derecho, para instalarse en su realidad, ha de buscar en las entrañas espirituales el instinto jurídico, perenne defensor de la tendencia social, y ha de dejarse adueñar por él para emprender la marcha, en la cual, como la corriente de un río, irá enriqueciéndose con los afluentes de la inteligencia y del sentimiento, hasta formar un caudal".

[1665] REALE, Miguel. *O direito como experiência*: introdução à epistemologia jurídica. 2. ed. São Paulo: Saraiva, 1992, p. 252.

[1666] GAMA, Guilherme Calmon Nogueira da. A emocionalidade em áreas jurídicas específicas. In ZIMERMAN, David. *Aspectos psicológicos na prática jurídica*. Campinas: Milennium, 2002, p. 237-260, esp. p. 245-255.

[1667] PASCAL, Blaise. *Pensamentos*. Trad. Sérgio Milliet. Coleção Os pensadores (1ª fase). São Paulo: Abril Cultural, 1973, p. 111-112: "282 – Coração, instinto e princípios. 282 – Conhecemos a verdade não só pela razão mas também pelo coração; é desta última maneira que conhecemos os princípios, e é em vão que o raciocínio, que deles não participa, tenta combatê-los. (...) Pois o conhecimento dos princípios, como o da existência do espaço, tempo, movimentos, números, é tão firme como nenhum dos que nos proporcionam os nossos raciocínios. E sobre esses conhecimentos do coração e do instinto é que a razão deve apoiar-se e basear todo o seu discurso. (O coração sente que há três dimensões no espaço e que os números são infinitos; e a razão demonstra, em seguida, que não há dois números quadrados dos quais um seja o dobro do outro. Os princípios se sentem,

é munido de razão e de vontade, mas também é fornido de intuições, de emoções e plenos direitos a toda ordem de sentimentos. Em semelhante concepção global, o juiz é um ser com diversos matizes, caracterizado em sua plenitude: corpo, alma, razão, pensamento, vontade, intuição, sentimento, emoção.

Por mais que o Direito se sustente por estruturas teóricas, é necessário se preocupar com a figura humana do juiz, que não pode, a pretexto de uma segurança jurídica ou de uma força vinculante da jurisprudência, matar o que há de mais digno e louvável na atividade judicante: o sentimento. Como ignorar as dimensões não jurídicas do ato de julgar? Dimensões no sentido de medida da extensão, ou possíveis componentes do ato decisório.[1668]

Daí descende que não parece correto sustentar, só por isso, que, ao magistrado, quando exerce suas funções judicantes, estaria interditada a possibilidade de atuar à sua própria maneira de sentir, principalmente quando se vincula tal tipo de atuação a condutas singularizadas pelo arbítrio ou pela discricionariedade judiciais. Assim, não se afigura possível conceber, no momento atual, a atividade judicante permeada pelo sobreprincípio da dignidade da pessoa humana, mas divorciada do sentimento, uma vez que, na sentença, o juiz sente e declara o que sente.[1669] Com efeito, o equívoco repousa na omissão ou na confusão entre o contexto de descoberta da decisão e o contexto de sua justificação ou validação.[1670]

Pode soar um tanto provocante a justaposição de dois termos, sentimento e sentença, aparentemente antagônicos, que, nada obstante descenderem de uma matriz linguística comum (o verbo *sentire*), indicam, no uso convencional, notadamente: o primeiro (sentimento), uma aura emocional, intuitiva, irracional ou pré-racional, ao passo que o segundo (sentença), a nota de severidade, rigor lógico, autoridade.

Seja como for, não seria despropositado sustentar, como enfaticamente no presente trabalho, inclusive sob o prisma etimológico (do latim *sentencia, sentiendo*, gerúndio do verbo *sentire*, sentir é o que o juiz sente), que a sentença resulta de um apriorístico sentimento; nela o juiz declara o que sente[1671] acerca dos fatos e do direito aplicável.[1672]

---

as proposições se concluem; e tudo com certeza, embora por vias diferentes). E é tão inútil e ridículo que a razão peça ao coração provas dos seus princípios primeiros, para concordar com eles, quanto seria ridículo que o coração pedisse à razão um sentimento de todas as proposições que ela demonstra, para recebê-los. Essa impotência deve, pois, servir apenas para humilhar a razão que quisesse julgar tudo; mas não para combater a nossa certeza, como apenas a razão fosse capaz de nos instruir".

[1668] CARVALHO, Luis Gustavo Grandinetti Castanho de. Estado de direito e decisão jurídica: as dimensões não jurídicas do ato de julgar. *In*: PRADO, Geraldo; MARTINS, Rui Cunha; CARVALHO; Luis Gustavo Grandinetti Castanho de (Org.). *Decisão judicial*: a cultura jurídica brasileira na transição para a democracia. Madrid: Marcial Pons, 2012, p. 87-137, esp. p. 88.

[1669] BRUM, Nilo Bairros de. *Requisitos retóricos da sentença penal*. São Paulo: Revista dos Tribunais, 1980, p. 7.

[1670] Em oposição com a opinião consignada no texto, vide LEAL, Rosemiro Pereira. *Teoria geral do processo*: primeiros estudos. 7. ed. Rio de Janeiro: Forense, 2008, p. 124: "No mundo de hoje, em que as conquistas teóricas de liberdade, dignidade e igualdade de direitos se firmaram, as decisões *secundum conscientiam* não têm substrato legal, porque adotam juízos de convicção íntima sem que esta convicção esteja balizada em critérios legais. Atualmente, os princípios jurídicos se mostram fecundos em todas as legislações dos povos civilizados, não sendo mais acolhível apoiar-se em juízos de sensibilidade, clarividência e magnanimidade como fundamento dos provimentos jurisdicionais".

[1671] O juiz há de exteriorizar, na sentença, o que percebe e sente, tal qual, vencendo a poeira dos séculos, ecoa do mundo romano: C. Th. 4.17.2 (Idem aaa. ad Clearchum praefectum praetorio). Iudex in proferenda sententia quae iurgantibus prosit, ad plenum recenseat, quidquid negotii fuerit illatum, quod senserit scribat et relegat, ne per errorem iudicis iterum a primordio novae litis sortiantur eventos (a 382).

[1672] BERMUDES, Sergio. *Introdução ao processo civil*. 4. ed. Rio de Janeiro: Forense, 2006, p. 132.

Assim, a respectiva motivação gráfica se constitui em um método de controle, já à luz da razão, da bondade de um *decisum* fruto do trinômio intuição-sentimento-emoção.[1673]

Na latitude da delicada "arte de julgar", não existem "sacerdotes da lei", pois cada sentença, desde sua germinação, nutre-se da seiva que escorre daquela tríade. Donde não haver, em absoluto, aplicações assépticas e mecânicas do direito (o juiz somente pode vê-lo com seus próprios olhos), porque o juiz carrega consigo suas noções (*v. g.*, bagagens culturais, morais, cognitivas, ideológicas), as facetas de sua personalidade, sua disposição de espírito, seu sentir humano.[1674] O juiz não é apenas juiz: é um cidadão, um homem que vive em sociedade, dotado de noções e de visões de mundo, como qualquer outro ser humano. É inelimável o subjetivismo assente na atividade judicante, dada, por exemplo, a influências das crenças, das opiniões, vivências pessoais, do ambiente, da cultura, da educação, do grupo social.[1675] Daí por que, hoje em dia, seria irreal a imagem ideológica, assaz simplificada, que considerasse o juiz *slot-machine*: uma engenhosa máquina de subsunções ou um automático mecanismo de silogizar, ou, ainda, uma boca muda do Direito, como, de resto, pensavam os iluministas.

Daí resulta que as leis não são os únicos fatores constitutivos de uma decisão judiciária; alinhando-se a elas ressumbra, naturalmente, a personalidade do juiz, que, por seu turno, é determinada por variados valores, por sua experiência jurídica, por sua visão socioeconômica e política, e por aí vai. De modo que o juiz valer-se-á de sua intuição para escolher caminhos e, ao depois, optar por uma ou por outra premissa jurídica (e extrajurídica) no momento de alicerçar sua sentença.[1676]

O tempero final dessa requintada gastronomia, salpicado no cardápio do Estado Constitucional e Democrático de Direito, é representado pelo dever de justificação do juiz como processo de "racionalização" *a posteriori* da gênese ilógica da sentença

---

[1673] CARNEIRO, Athos Gusmão. Sentença mal fundamentada e sentença não fundamentada. Porto Alegre: *Revista da AJURIS*, n. 65/5, 1996, p. 5-12, esp. p. 5. Assim, também, BENETI, Sidnei Agostinho. *Da conduta do juiz*. 3. ed. rev. São Paulo: Saraiva, 2003, p. 112-113: "Essa decisão forma-se pelo sentir do juiz, adequando o caso à lei de regência, com as naturais dificuldades de encaixe nem sempre claro. O ato de "sentir", no profundo do ser, é a voz verdadeira da decisão, apenas posteriormente vestido em palavras orais ou escritas com a fundamentação pela razão. A razão, contudo, baliza a liberdade do sentimento, controlando-o, com sucesso prático para a estabilidade das relações sociais objetivas regradas pela norma, por intermédio da motivação silogística que garante contra o subjetivismo necessariamente esconso no sentir. A decisão, nessa ordem de enfoque, precisa satisfazer à consciência do próprio juiz, único ser capaz de intuir o que as sombras da realidade exterior, projetadas através dos autos, vieram a significar para o seu senso de justiça, bem como tem de satisfazer objetivamente à consciência de quem vier a ler os motivos racionais em que se tenha explicitado. Inevitável a menor relevância, no primeiro momento de consciência, dos postulados teóricos que em tantos pontos fornecem arrimo ao sistema jurídico".

[1674] VARGAS, Robson de. O juiz e o ato de julgar: alguns aspectos envolvidos na construção da decisão judicial. Disponível em: https://jus.com.br/artigos/25142/o-juiz-e-o-ato-de-julgar/1. Acesso em: 09 nov. 2018, p. 1-18, esp. p. 7: "É também a decisão judicial um ato do sentir humano e da sua complexidade enquanto ser humano. (...) o julgamento é um ato do *sentire*, de crença no que foi demonstrado no processo".

[1675] FACCHINI NETTO, Eugênio. "E o juiz não é só de direito..." (ou "a função jurisdicional e a subjetividade"). *In*: ZIMERMAN, David. *Aspectos psicológicos na prática jurídica*. Campinas: Millennium, 2002, p. 397-413, esp. p. 411: "mesmo querendo, o juiz, pelas razões já vistas, jamais consegue afastar por completo a influência dos fatores subjetivos que incidem sobre o ato de julgar. Na sempre lembrada frase de Ortega y Gasset, "eu sou eu e minhas circunstâncias". Ou seja, ninguém consegue sair de si próprio e afastar os condicionamentos existenciais. O juiz julga com todo o seu *eu*, utilizando processos racionais e sofrendo influência de processos irracionais. Razão e preconceitos caminham juntos. O máximo que o juiz pode fazer é dar-se conta disso e procurar afastar alguns preconceitos e impulsos irracionais".

[1676] FRANK, Jerome. *Law and the modern mind*. New York: Anchor Books/Doubleday Company Inc., 1948, p. 25.

civil,[1677] que em si é irracional, informado pela obrigatoriedade de motivação jurídica pública – inclusive como instrumento de controle, endo e extraprocessual, sobre a sua imparcialidade. A construção da motivação *a posteriori* em referência à decisão permite, quando nada, refutar a homogeneidade, de figurino e de conteúdo, entre "raciocínio" do juiz e motivação expressa, ou entre formulação do juízo do juiz e sua justificação.

Note-se – e o ponto é de superlativa importância – que um fenômeno é o ato de julgar em si e outro, completamente distinto, é o ato de documentá-lo em escrito.[1678] O entendimento ora esposado, fundado naquilo que verdadeiramente acontece no mundo de carne e osso, é o de que, no contexto de descoberta, a decisão é em si irracional, quando nada, pela presença inevitável do exercício da intuição e, para alguns, de fatores emocionais e de componentes que saltam do inconsciente do juiz, como seu momento culminante, no ato de julgar.

Bem pesadas as coisas, não é exato dizer que tais elementos irracionais da decisão tenham importância secundária. Na realidade, desempenham função primordial na descoberta do juízo ou sentença judicial. Porém, tal não implica dizer que surge na teoria do direito uma espécie de irracionalismo, que despreza os textos válidos do ordenamento jurídico e/ou abandona os precedentes judiciais. Desabonar a possibilidade da única solução correta não significa, também, colocar água no moinho do ativismo judicial ou combater semelhante fenômeno, mas se traduz em singela verificação. Nem se considera aqui que qualquer solução concretiza "adequadamente" a norma constitucional e/ou infraconstitucional.[1679] Não, não e renão. Realmente, a questão estratégica é que, em outra sede e outro momento, já no contexto de justificação, no escopo de monitorar a qualidade do decisório, ao juiz cumpre ministrar razões justificativas, isto é, articular argumentos – enquanto exteriorização do raciocínio e feixe de proposições encadeadas por inferências – sólidos, coerentes, identificáveis, controláveis e intersubjetivamente válidos em determinado tempo e lugar, fundados nos institutos jurídicos, na prova representada nos autos do processo,[1680] no direito vigente e nos precedentes judiciais, que possam dar suporte à hipótese de trabalho ou de julgamento anteriormente formulada

---

[1677] RODRÍGUEZ BOENTE, Sonia Esperanza. *La justificación de las decisiones judiciales*. El artículo 120.3 de la Constitución Española. Santiago de Compostela: Universidad de Santiago de Compostela: Servicio de Publicaciones e Intercambio Científico, 2003, p. 150: "El irracionalismo jurídico surgió como reacción a al concepción mecánica de la función judicial, en base a la cual el juez aplica asépticamente una norma clara y completa sin aportar absolutamente nada. Para esta corriente, que combate la concepción mecánica, bautizada como "irracionalista", la decisión siempre es fruto de una actividad irracional o emotiva y la justificación de la misma es una racionalización a posteriori de la decisión previamente tomada (...)". Assim também, escudado em Isay, COELHO, Luiz Fernando. *Lógica jurídica e interpretação das leis*. 2. ed. Rio de Janeiro: Forense, 1981, p. 164-165.

[1678] COUTURE, Eduardo J., *op. cit.*, p. 75: "comecemos fazendo a experiência de tomar entre as mãos uma dessas peças que chamamos, habitualmente, decisão ou sentença. É claro que ao fazê-lo não teremos nas mãos a própria sentença. Esta, originalmente, é algo que foi *sentido* daí seu nome de *sentença*. Mas esse *sentimento*, pela razão dada anteriormente, necessitou ser registrado ou documentado. O que temos entre as mãos, pois, não é mais que o documento representativo (que apresenta de novo, dizíamos) daquilo que o juiz *sentiu* como direito". (Reforços gráficos no original).

[1679] ADEODATO, João Maurício. A retórica constitucional e os problemas dos limites interpretativos e éticos do ativismo jurisdicional no Brasil. *Revista da Faculdade Mineira de Direito*, v. 20, n. 40, 2017, p. 118-142, esp. p. 136.

[1680] AVILÉS MELLADO, Luis. Hechos y su fundamentación en la sentencia, una garantía constitucional. *Revista de Estudios de la Justicia*, Santiago, n. 4, 2004, p. 177-195, esp. p. 194: "El motivar fundando en razones objetivables, intersubjetivamente válidas, excluye la arbitrariedad por definición. Puede que el juez sea libre frente al legislador en la valoración de la prueba, pero no lo es según lo demostrado en juicio y de los criterios de racionalidad que operan en la cultura jurídica dentro de la cual se enmarca el proceso".

no contexto de descoberta.[1681] Portanto, sob o prisma estrutural e funcional, uma coisa é a atividade decisória (juízo-decisão) e outra coisa distinta é o procedimento justificativo.

Nesse passo, pretende-se, pois, declarar guerra contra a clássica configuração processualística do julgar qual dedução formalmente lógica. Significa gritar, a plenos pulmões, que os modos pelos quais o juízo formula uma hipótese de trabalho ou de julgamento para determinado caso concreto não podem ser, abstratamente, reduzidos a glaciais arabescos lógicos e gnoseológicos.

A sentença, a par de consubstanciar o ápice do processo de conhecimento ou de cognição, é a mais complexa e relevante decisão do juiz. Por assim ser, a investigação sobre a gênese da sentença se inclui, naturalmente, no campo de investigação acadêmica e de interesse científico do Direito Processual.[1682]

O tema central deste tópico – sentença e sentimento – deita raízes no fecundo universo calamandreiano. O Mestre florentino, no que toca à formulação da solução para o conflito intersubjetivo, observava, amiúde, que o juiz é um ser humano vivo e, como tal, refratário à vertente ideológica *slot-machine* naquela mecânica fatalidade dedutiva, da lei abstrata ao fato concreto, como quando de duas premissas faz nascer uma conclusão final.[1683] No reino do mecanicismo, o juiz aplicaria assepticamente uma norma nítida e completa sem aportar, de si, absolutamente nada. Parece irrealidade cotidiana. E é.

Não por acaso, a fórmula dedutivo-axiomática, de matriz juspositivista, que representa o juízo exclusivamente como um silogismo (premissa maior: formulação da norma aplicável ao caso particular; premissa menor: fixação dos fatos acertados como verdadeiros; e conclusão: ilação dedutiva), além de equivocada, empobrece as virtualidades do raciocínio argumentativo judicial.[1684] Diz-se equivocada, com sufrágio em autorizada doutrina, porque o juízo poderá até se encerrar com um silogismo, mas, por meio dele, jamais poderá iniciar-se.[1685] Assim vistas as coisas, no espaço de

---

[1681] Epistemologicamente, sem levar em conta, em termos estruturais e funcionais, a distinção geral entre contexto de descoberta da decisão e contexto de sua justificação, vide a posição contrária de ENGISCH, Karl. *Introdução ao pensamento jurídico*. Lisboa: F. Calouste Gulbekian, 1996, p. 70.

[1682] CALAMANDREI, Piero. La genesi logica della sentenza civile. In: CAPPELLETTI, Mauro (a cura di). *Opere giuridiche*. Napoli: Morano, 1965, v. 1, p. 11-54, esp. p. 12: "mi propongo di raccogliere e coordinare in un unico quadro tutto ciò che autori nostrani e stranieri hanno frammentariamente scritto sui diversi momenti attraverso i quali passa l'attività mentale del giudice, in quanto essa sia volta a decidere, non in quanto sia volta a dirigere il processo. Se questa mia ricerca ha un fine immediatamente teorico – poichè vuol cogliere il modo caratteristico col quale sorge dal pensiero del giudice la sentenza, all'infuori di ogni considerazione formale di diritto positivo – essa può peraltro avere anche una grande importanza pratica, non solo perchè in generale ogni indagine sulla sentenza, cuore dell'organismo processuale, è insieme una indagine di tutto quanto il processo coinvolge quindi necessariamente una quantità di questioni positive, ma perchè anche nella nostra legislazione il supremo tra gli organi giurisdizionali, la Corte di Cassazione, trae la ragione della sua esistenza dalla distinzione tra questione di diritto e questione di fatto, della quale non si può avere l'idea chiara se non scomponendo nei suoi elementi caratteristici la funzione che compie, nel pronunciare la sentenza, il pensiero del giudice di merito".

[1683] CALAMANDREI, Piero. Giustizia e politica: sentenza e sentimento. In: CAPPELLETTI, Mauro (a cura di). *Opere giuridiche*. Napoli: Morano, 1965, v. 1, p. 637-650, esp. p. 650: "Noi non sappiamo più che farci dei giudici di Montesquieu, "êtres inanimés" fatti di pura logica. Vogliamo i giudici coll'anima: giudici engagés, che sappiamo portare con vigile impegno umano il grande peso di questa immane responsabilità che è il render giustizia".

[1684] FERRAZ JUNIOR, Tércio Sampaio. *A ciência do direito*. 2. ed. São Paulo: Atlas, 1980, p. 92. "Não resta a menor dúvida, entretanto, de que esta concepção simplificada e ingênua da decisão a empobrece muitíssimo e não faz jus a complexidade que ela alberga".

[1685] O tema será objeto do tópico 6.5 *infra*.

descoberta da decisão, a atividade judicante não se baseia, em absoluto, sobre uma dedução tecnicamente lógica.[1686]

De fato, Piero Calamandrei gostava de sugerir, amiúde, esse tema de estudo (sentimento na sentença) aos seus alunos, os quais, no entanto, não se permitiram tratá-lo. Sabedores, talvez, que somente o Mestre florentino, com aquela humaníssima sensibilidade que lhe era própria, saberia adequadamente abordá-lo, penetrando nos mais recônditos espaços e estratos da psicologia humana. Ele habitualmente evocava que a palavra sentença vem de sentir, tanto quanto a palavra sentimento.[1687]

Não será por nada que o juiz deve ler, por exemplo, antes dos textos normativos e dos precedentes judiciais, dentro de si mesmo, e se perguntar por que se está orientando de um determinado modo. Portanto, o juiz precisa fazer uma limpeza de todos aqueles elementos que poderiam resultar distorcivos na decisão que, intuitivamente, se vai assumindo.

Os processos psicológicos e psicanalíticos, por exemplo, desmentem a ingenuidade de se atribuir ao juiz um julgamento ancorado categoricamente em um raciocínio consciente, estruturado em inferências lógicas, silogismos, e controlado. Não se pode ignorar que, *prima facie*, a sensibilidade do juiz o impila a uma determinada hipótese de solução da lide, apontando a lei, porventura, para uma direção (resultado) diferente. Instaura-se, assim, um "embate" entre o coração e a mente do juiz (ou melhor: uma colisão entre o hemisfério direito e o esquerdo do seu cérebro). Em determinada visão, a resolução satisfatória desse impasse – a revelar a verdadeira arte de julgar – consiste em o juiz empregar a mente consciente para encontrar caminhos racionalmente válidos à concreta implementação das vibrações de seu coração (*v. g.*, sentir intuitivamente a hipótese de julgamento correta ou justa).[1688]

Sob esse enfoque, para além de representar questões típicas do jusnaturalismo,[1689] um dos perfis da tese denota repulsa crítica à concepção montesquiana e

---

[1686] CARDOZO, Ricardo Rodrigues. O magistrado hoje. Artigo publicado no jornal *O Globo*, de 22.07.2017, p. 17: "Atualmente, sem relegar a lei objetiva, o magistrado contemporâneo há de ter sensibilidade para conhecer os problemas que lhe são postos à apreciação. Justiça sem compreensão humana, sensível, não será nunca justiça. Será, sim, um repositório de normas objetivas, para cuja aplicação, talvez, nem se precise do juiz".

[1687] CAPPELLETTI, Mauro. Ideologie nel diritto processuale. *Rivista Trimestrale di Diritto e Procedura Civile*, Milano, anno XVI, p. 193-219, 1962, esp. p. 193-194: "Un tema di studio, che Piero Calamandrei amava suggerire ai suoi scolari, a me tra questi, era quello del "sentimento nella sentenza". È un tema che nessuno di noi ha voluto trattare: consapevoli forse che solo lui, con quella sua umanissima sensibilità e irripetibile finezza di stile che gli consentivano di penetrare nelle più riposte sfumature della psicologia umana, l'avrebbe saputo adeguatamente trattare. Egli usava ricordare che la parola stessa: sentenza, viene da sentire, al pari della parola: sentimento. Ma anche a prescindere da più o meno significative etimologie, resta l'innegabile fatto che in molte occasioni quella, che è la motivazione vera reale effettiva di una sentenza, non è affatto espressa poi nella cosiddetta "parte motiva" della pronuncia del giudice; ma si trova piuttosto nelle pieghe nascoste – più o meno nascoste – dell'animo del giudicante. Il sentimento del giudice: la simpatia, l'antipatia per una parte o per un testimone; l'interesse, il disinteresse per una questione o argomentazione giuridica; l'apertura ad un tipo evolutivo, storico, sociologico d'interpretazione delle leggi, anziché ad una interpretazione rigidamente formale; l'interesse o il fastidio di fronte ad una complessa vicenda di fatto, – e così via discorrendo. Sentimenti: affetti, tendenze, odi, rancori, convincimenti, fanatismi; tutte le variazioni di questa realtà misteriosa meravigliosa terribile ch'è l'animo umano, riflesse con o senza veli tra le righe fredde allineate composte dei repertori della giurisprudenza: passioni scatenate passioni raccolte tenerezze tremori, – negli scaffali ammuffiti delle cancellerie dei tribunali".

[1688] SATTER, Robert. *Doing justice*: a trial judge at work. Ed. American Lawyer Books/Simon and Schuster, 1990, p. 51.

[1689] Ao ângulo jusfilosófico, a doutrina jusnaturalista desempenhou (e continua a desempenhar) o importante papel de sinalizar a necessidade de um tratamento axiológico para o Direito, posto consentir uma tematização dos valores jurídicos, e um debate sobre a justiça e os critérios de edificação de um direito justo. A propósito da evolução do conceito de Direito natural, como endereço necessário da filosofia do Direito e da ciência política, vide SALMOND, John W. *The law of nature*. 11 L. Q. R. 121; POLLOCK, Frederick. The history of the law of nature. *Columbia Law Review*, v. 1, 11, 1901.

positivista-iluminista-racionalista que esculpiu a simbologia legalista (da lei), segundo a qual, em sua gênese, a sentença refletiria, exclusivamente, a estrutura material de um silogismo: premissa maior (dispositivo legal), premissa menor (relação singular de que se trata) e conclusão (subsunção ou aplicação da norma ao fato). Na realidade, no momento de formular sua hipótese de julgamento,[1690] o juiz não percorre consciente e racionalmente semelhante *iter*. A doutrina do silogismo judicial é impotente para oferecer uma proposta satisfatória de compreensão da complexidade do juízo, o qual, como recorrentemente se afirma, não se deprime ao protótipo de uma singela operação aritmética.[1691] Porque assim é, a sentença experimenta influências do sentimento de mundo do juiz, de acordo com suas experiências, sua cultura, suas paixões, sua visão emocional da vida.[1692]

Parece bem sustentar a concepção de uma ciência jurídica, a visão da aplicação da lei ou do precedente judicial, bem como a compreensão do correto acertamento da verdade dos fatos relevantes para o julgamento da causa, baseadas, também, na intuição, no sentimento e nas sensações (*Die Gefühlsjurisprudenz*).[1693] Nesse diapasão, a pergunta que não quer calar é a seguinte: haja vista a impregnação de intuição e de infiltração de sentimento/emoção no juízo, como evitar, então, que a sentença se degenere em arbitrariedade? Neste particular aspecto, defende-se a posição teórica de constituir a justificação jurídica seletiva do julgado, articulada *a posteriori*, a ferramenta racional de controle, endo (técnico-instrumental) e extraprocessual (político-garantístico, democrático e difuso), sobre o juízo e a concreta administração da Justiça.

Há temas que despertam naturalmente maior carga de sentimento, como questões envolvendo direito de família, direito do consumidor e, mais amplamente, direitos humanos.

Alguns exemplos são oportunos para ilustrar o entendimento de que o juiz deve anabolizar seu próprio sentimento para melhor apreender, estimar e julgar o valor sentimental dos bens em jogo:

    (i)   O extravio de bagagens durante o percurso, por empresa aérea, contendo bens de valor sentimental e afetivo. Estimativa do arbitramento do *quantum debeatur* a título de danos morais e materiais.

    (ii) Contrato de aluguel de cofre bancário e roubo na agência com o arrombamento e subtração de joias de família de valor sentimental e cujos valores

---

[1690] DINAMARCO, Cândido Rangel. *Instituições de direito processual civil*. 6. ed. rev. e atual. São Paulo: Malheiros, 2009, v. 3, p. 687.

[1691] CALAMANDREI, Piero. La crisi della motivazione. *In:* CAPPELLETTI, Mauro (a cura di). *Opere giuridiche*. Napoli: Morano, 1965, v. 1, p. 664-677, esp. p. 668. Analogamente, CALOGERO, Guido. *La logica del giudice e il suo controllo in Cassazione*. 2. ed. Padova: CEDAM, 1964, p. 54: "Quale miglior prova del fatto che l'effettiva attività mentale svolta dal giudice per giungere alla sentenza è ben più complessa, delicata e problematica di quella che occorrerebbe per trovare scolasticamente la conclusione delle due premesse di un silogismo in barbara? Ma (si potrà obbiettare), anche concesso che la vera operazione mentale della giurisdizione non coincida affatto con quella formale enunciazione sillogistica, in cui essa può vedersi linguisticamente espressa, è con ciò colpito il più profondo motivo, che porta a considerare la struttura e la genesi della sentenza come schema e processo eminentemente logico? Sia pure che il procedimento giurisdizionale non vada concepito come procedimento sillogistico, e in particolare che non si debba scorgere la sua virtù logica e razionale, ciò la sua regionevolezza e congruenza e opportunità, in quella meccanica fatalità deduttiva che da due premesse fa nascere una conclusione".

[1692] HORTA, Denise Alves, *op. cit.*, p. 166: "Mas o juiz não é máquina, é humano, e, ainda que submetido a limites formais, o produto do seu trabalho reflete essa natureza humana".

[1693] BRÜTT, Lorenz. *Die Kunst der Rechtsanwendung*. Berlin: J. Guttentag Verlagsbuchhandlung, 1907, p. 101-111.

excediam o limite da avença (cláusula restritiva do uso do cofre locado). Configuração de danos morais.

(iii) Ação de responsabilidade civil, inclusive por dano moral, ajuizada contra instituição bancária por alienação indevida de joias de valor sentimental, objeto de contrato de penhor. Humilhação que a instituição bancária impôs pela perda de objetos de estima empenhados.

(iv) Ação de ressarcimento de dano moral ante a ausência da entrega de álbuns de fotografias de formatura, revestidos de cunho sentimental que o bem representa na vida do formando.

(v) Ação de ressarcimento de dano moral ante a ausência da entrega de álbuns de fotografias de casamento, em razão do elevado teor sentimental que o evento representa na vida dos cônjuges;

(vi) Na esfera do direito de família, ação de retificação de registro civil visando mudança de patronímico, fundada em razões sentimentais (*v. g.*, ausência de afinidade paterna). Do juiz exigir-se-á uma dose maior de sentimento para estimar a questão da afinidade.

(vii) Ação buscando o ressarcimento de danos morais ante rompimento do noivado às vésperas do casamento por razões sentimentais (o desamor).

(viii) Ações que envolvam o princípio geral de boa-fé.

Traços característicos da chamada jurisprudência sentimental[1694] podem ser hauridos de diversos julgados do Supremo Tribunal Federal brasileiro, dos quais constituem amostras expressivas e eloquentes os seguintes acórdãos:[1695]

(i) Observação mitigada da Convenção de Varsóvia – Transporte Aéreo Internacional – ante a supremacia da Constituição Federal, no sentido de que a indenização tarifada dos danos materiais não exclui a relativa aos danos morais. Configurados esses pelo sentimento de desconforto, de constrangimento, aborrecimento e humilhação (RE nº 391032 AgReg /RJ, Relator Min. Marco Aurélio, Julgamento: 28/02/2012, Órgão Julgador: Primeira Turma).

(ii) Concessão de prêmio em dinheiro e de auxílio especial mensal aos jogadores campeões das Copas do Mundo FIFA de 1958, 1962 e 1970. "Mostra-se plenamente justificada a iniciativa dos legisladores federais – legítimos representantes que são da vontade popular –em premiar materialmente a incalculável visibilidade internacional positiva proporcionada por um grupo específico e restrito de atletas, bem como em evitar, mediante a instituição de pensão especial, que a extrema penúria material enfrentada por alguns deles ou por suas famílias ponha em xeque o profundo sentimento nacional em relação às seleções brasileiras que disputaram as Copas do Mundo de 1958, 1962 e 1970, as quais representam, ainda hoje, uma das expressões mais relevantes, conspícuas e populares da identidade nacional." (ADI nº 4976/DF, Relator Min. Ricardo Lewandowski, Julgamento: 07/05/2014, Órgão Julgador: Tribunal Pleno).

[1694] Com uma preocupação renovada com a ideia de que a justiça é tanto um problema de compaixão e humanidade, que se descreve em termos, quanto de sentimento e de sentido, vide WARD, Ian. The echo of a sentimental jurisprudence. *Law and Critique*, v. 13, issue 2, p. 107-125, may 2002.

[1695] Disponível em: http://www.stf.jus.br/portal/jurisprudencia/pesquisarjurisprudencia.asp.

(iii) Demarcação da terra indígena Raposa Serra do Sol. Compatibilidade entre faixa de fronteira e terras indígenas. Há compatibilidade entre o usufruto de terras indígenas e faixa de fronteira. Longe de se pôr como um ponto de fragilidade estrutural das faixas de fronteira, a permanente alocação indígena nesses estratégicos espaços em muito facilita e até obriga que as instituições de Estado (Forças Armadas e Polícia Federal, principalmente) se façam também presentes com seus postos de vigilância, equipamentos, batalhões, companhias e agentes. Sem precisar de licença de quem quer que seja para fazê-lo. Mecanismos, esses, a serem aproveitados como oportunidade ímpar para conscientizar ainda mais os nossos indígenas, instruí-los (a partir dos conscritos), alertá-los contra a influência eventual malsã de certas organizações não governamentais estrangeiras, mobilizá-los em defesa da soberania nacional e reforçar neles o inato sentimento de brasilidade. Missão favorecida pelo fato de serem os nossos índios as primeiras pessoas a revelar devoção pelo nosso País (eles, os índios, que em toda a nossa história contribuíram decisivamente para a defesa e integridade do território nacional) e até hoje dar mostras de conhecerem o seu interior e as suas bordas mais que ninguém. (Pet nº 3.388/RR, Relator Min. Carlos Britto, Julgamento: 19/03/2009. Órgão Julgador: Tribunal Pleno).

Importa registrar, como uma espécie de marcha triunfal da jurisprudência sentimental, alguns julgados do Superior Tribunal de Justiça brasileiro, encimados das seguintes ementas:[1696]

(i) Dissolução de união estável. Animal de estimação adquirido na constância do relacionamento. Afeto dos companheiros pelo animal. Possibilidade do direito de visitas. "1. Inicialmente, deve ser afastada qualquer alegação de que a discussão envolvendo a entidade familiar e o seu animal de estimação é menor, ou se trata de mera futilidade a ocupar o tempo desta Corte. Ao contrário, é cada vez mais recorrente no mundo da pós-modernidade e envolve questão bastante delicada, examinada tanto pelo ângulo da afetividade em relação ao animal, como também pela necessidade de sua preservação como mandamento constitucional (art. 225, §1º, inciso VII – "proteger a fauna e a flora, vedadas, na forma da lei, as práticas que coloquem em risco sua função ecológica, provoquem a extinção de espécies ou submetam os animais a crueldade"). 2. O Código Civil, ao definir a natureza jurídica dos animais, tipificou-os como coisas e, por conseguinte, objetos de propriedade, não lhes atribuindo a qualidade de pessoas, não sendo dotados de personalidade jurídica nem podendo ser considerados sujeitos de direitos. Na forma da lei civil, o só fato de o animal ser tido como de estimação, recebendo o afeto da entidade familiar, não pode vir a alterar sua substância, a ponto de converter a sua natureza jurídica. 3. No entanto, os animais de companhia possuem valor subjetivo único e peculiar, aflorando sentimentos bastante íntimos em seus donos, totalmente diversos de qualquer outro tipo de

[1696] Disponível em: http://www.stj.jus.br/sites/STJ/TV/pt_BR/Sobmedida/Advogado/Jurisprud%C3%AAncia/Pesquisa-de-Jurisprud%C3%AAncia.

propriedade privada. Dessarte, o regramento jurídico dos bens não se vem mostrando suficiente para resolver, de forma satisfatória, a disputa familiar envolvendo os *pets*, visto que não se trata de simples discussão atinente à posse e à propriedade. 4. Por sua vez, a guarda propriamente dita – inerente ao poder familiar – instituto, por essência, de direito de família, não pode ser simples e fielmente subvertida para definir o direito dos consortes, por meio do enquadramento de seus animais de estimação, notadamente porque é um *munus* exercido no interesse tanto dos pais quanto do filho. Não se trata de uma faculdade, e sim de um direito, em que se impõe aos pais a observância dos deveres inerentes ao poder familiar. 5. A ordem jurídica não pode, simplesmente, desprezar o relevo da relação do homem com seu animal de estimação, sobretudo nos tempos atuais. Deve-se ter como norte o fato, cultural e da pós-modernidade, de que há uma disputa dentro da entidade familiar em que prepondera o afeto de ambos os cônjuges pelo animal. Portanto, a solução deve perpassar pela preservação e garantia dos direitos à pessoa humana, mais precisamente, o âmago de sua dignidade. 6. Os animais de companhia são seres que, inevitavelmente, possuem natureza especial e, como ser senciente – dotados de sensibilidade, sentindo as mesmas dores e necessidades biopsicológicas dos animais racionais –, também devem ter o seu bem-estar considerado. 7. Assim, na dissolução da entidade familiar em que haja algum conflito em relação ao animal de estimação, independentemente da qualificação jurídica a ser adotada, a resolução deverá buscar atender, sempre a depender do caso em concreto, aos fins sociais, atentando para a própria evolução da sociedade, com a proteção do ser humano e do seu vínculo afetivo com o animal. 8. Na hipótese, o Tribunal de origem reconheceu que a cadela fora adquirida na constância da união estável e que estaria demonstrada a relação de afeto entre o recorrente e o animal de estimação, reconhecendo o seu direito de visitas ao animal, o que deve ser mantido." (REsp nº 1713167/SP, Relator Min. Luis Felipe Salomão. *DJe* 09/10/2018. Órgão Julgador: Quarta Turma).

(ii) Previdenciário. Direito humanitário. Aposentadoria por invalidez. Incontroversa incapacidade da trabalhadora. 1. O processo judicial é o ambiente onde as garantias subjetivas encontram espaço e oportunidade para sua realização. A dinâmica específica do processo judicial, conduzida sob a autoridade do Juiz, com a ativa colaboração das partes em litígio, produz a ideia da solução justa das questões jurídicas, quando levadas ao conhecimento das instâncias judiciais. (...) 3. A ação previdenciária concretiza valores *sine qua non* para a sobrevivência digna do indivíduo, emancipando-o a não depender da caridade ou auxílio de outrem. 4. Agride o sentimento de justiça estabelecer a presunção de má-fé do Segurado ao pleitear a concessão de um benefício previdenciário. Mormente, na hipótese em que se cuida de Trabalhadora que reconhecidamente não mais apresenta capacidade de exercer sua atividade laboral, com idade avançada, mais de 80 anos de idade, totalmente desamparada de qualquer proteção social que lhe garanta sobrevivência digna. 5. Se a prova pericial produzida em juízo não foi capaz de determinar se a incapacidade da trabalhadora é ou não preexistente à sua filiação previdenciária, não é possível que se presuma a má-fé do Segurado no momento de sua inscrição. O indeferimento na concessão de um benefício, por presunção de má-fé, deve estar amparado em provas contundentes da utilização do sistema previdenciário para a obtenção de benefício indevido, o que não ocorre no presente caso. (...) 7. É oportuno re-lembrar a lição do Professor HANS REICHEL (1982-1958), reportada na obra do jusfilósofo alemão Professor KARL ENGISCH (1899-1990), que assevera que o Juiz é obrigado, por força do seu cargo, a afastar-se conscientemente de uma disposição legal, quando essa disposição de tal modo contraria o sentimento ético da generalidade das pessoas que, pela sua observância, a autoridade do Direito e da Lei correria um perigo mais grave do que através da sua inobservância (Introdução ao Pensamento Jurídico. Tradução de J. Batista Machado. Lisboa: Gulbenkian, 1965, p. 272) – (Resp nº 1474451/SP, Relator Min. Napoleão Nunes Maia Filho. DJe 16/04/2018. Órgão Julgador: Primeira Turma).

(iii) Direito da criança e do adolescente. Recurso especial. Ação cautelar de guarda provisória de menor ajuizada pelos tios em face do pai. Mãe falecida. – A proteção integral, conferida pelo ECA, à criança e ao adolescente como pessoa em desenvolvimento e como sujeito de direitos civis, humanos e sociais garantidos na Constituição Federal e nas leis, máxime no princípio da dignidade da pessoa humana, revisto no art. 1º, inc. III, da CF/88, deve pautar de forma indelével as decisões que poderão afetar o menor em sua subjetividade. Sob a ótica dos Direitos da Criança e do Adolescente, não são os pais ou os tios que têm direito ao filho/sobrinho, mas sim, e sobretudo, é o menor que tem direito a uma estrutura familiar que lhe confira segurança e todos os elementos necessários a um crescimento equilibrado. – A idealização da natureza humana, tal como pensada por filósofos e espiritualistas, está longe de ser alcançada e, para tanto, o Judiciário vem sendo procurado para amenizar as mazelas da alma e do coração, cabendo ao Juiz o papel de serenador de espíritos. – Devem as partes pensar de forma comum no bem-estar do menor, sem intenções egoísticas, para que ele possa, efetivamente, usufruir harmonicamente da família que possui, tanto a materna, quanto a paterna. – Se o acórdão recorrido não atesta nenhuma excepcionalidade ou situação peculiar a permitir o deferimento da guarda aos parentes maternos do menor, considerado o falecimento da mãe, e revelando a conduta do pai plenas condições de promover o sustento, a guarda, a educação do menor, bem assim, assegurar a efetivação de seus direitos e facultar seu desenvolvimento físico, mental, moral, espiritual e social, em condições de liberdade e de dignidade, deve a relação paterno-filial ser preservada. (REsp nº 910626/MG, Relatora Min. Nancy Andrighi. DJe 15/10/2007. Órgão Julgador: Terceira Turma).

Todavia, no que toca à jurisprudência sentimental, prestigiosas vozes doutriná-rias sobreavisam para o risco dos julgamentos subjetivos, exemplificando com decisões pronunciadas, no século passado, no Tribunal de Château-Thierry, então presidido pelo juiz Magnaud, chamado de "o bom juiz". Tais decisões eram lastreadas nas ideias e ideais humanitários desse julgador;[1697] Mas como despojar o juiz, no ato de julgar, de sua subjetividade, apartando-o de sua personalidade, aparelho psíquico, psique inconsciente ou mundo interior? Como desnudá-lo de suas vivências, de suas forças e debilidades, com suas alegrias e seus sofrimentos? Como destronar o juiz da lealdade às suas crenças e ideologias? Como esbulhar o juiz de seus valores? Como privá-lo de sua sensibilidade?[1698] Como extorqui-lo de seu sentir intuitivo ou fazê-lo se ausentar da intuição? Como desapossá-lo de suas visões de mundo? Enfim, como excetuar o juiz de sua inexorável dimensão humana[1699] justamente ao lidar com problemas humanos?![1700] Em formulação carneluttiana, reafirme-se, apenas tais considerações podem inspirar, no juiz, a visão suprema que é a intuição da Justiça.

Não se pode coonestar com a concepção de juiz desprovido de intuição, sentimento, criatividade, mas provido de perfil acrítico, exacerbadamente formalista, com postura cabalmente racional, como se fosse possível ele se desprender de toda a sua dimensão subjetiva ou pudesse se imunizar em relação à instância do psiquismo que é seu inconsciente. Muito para dizer que mesmo à revelia o juiz, como todo ser humano, não consegue afastar a carga de subjetividade na função judicante.[1701] De fato, o ato de julgar é permeado por uma miríade de variáveis de cunho axiológico, inseparáveis à subjetividade peculiar do ato decisório judicial.[1702]

O esquadrinhamento do subjetivismo bem como o emprego do sentimento e da emoção podem reconduzir a decisão judicial a um ideal de Justiça. Assumir o sentimento e a emoção implica ressignificar o papel dos juízes no ato de julgar, mas tal consideração não patrocina, em absoluto, o abrupto repúdio da racionalidade no Direito, que deve plasmar o produto final das sentenças. É de se preconizar o uso equilibrado de tais atributos humanos. Com a subjetividade do juiz, associada a alguns aspectos de seu psiquismo referentes à ativação das características do arquétipo *anima* (*v. g.*, sentimento, intuição, criatividade, afetividade, empatia, compaixão), as pretensões das partes poderão ser contextualizadas e tratadas em sua especificidade, o que é excogitado na

---

[1697] MAXIMILIANO, Carlos. *Hermenêutica e aplicação do direito*. 19. ed. Rio de Janeiro: Forense, 2009, p. 68.

[1698] FRANZ, Marie-Louise von. *Jung's tipology*. Part I The inferior function by Marie-Luise von Franz; Part II The feeling function by James Hillman. New York: Spring Publications, 1971, p. 80: "So much is feeling the problem of the times that one could preposterously assert that the whole field of psychotherapy resulted from inadequacies of the feeling function".

[1699] GARAPON, Antoine. *Bem julgar:* Ensaio sobre o ritual judiciário. Lisboa: Instituto Piaget, 1997, p. 315-316: "O acto de julgar não pode ser reduzido a uma operação estritamente intelectual, já que mais não seja pelo facto de os julgamentos mais delicados envolverem pessoas. Julgar uma pessoa não passa apenas por apreciar um acto, mas também por penetrar num encadeamento de eventos inextricáveis e imputar um deles a uma história em particular. Isso exige que se tome consciência de que aquele que julga partilha a condição daquele que é julgado. Será possível colocar-se fora da vida, abstrair-se da sua própria humanidade?".

[1700] Discutindo o papel dos "sentimentos" do juiz em sua decisão, vide CARDOZO, Benjamin N. *The paradoxes of legal science*. New York: Columbia University Press, 1928.

[1701] FACCHINI NETTO, Eugênio, *op. cit.*, p. 399, 406: "A palavra sentença origina-se do latim *sententia*, cuja raiz é *sentire*, sentir. Daí a associação com *sentimento*. Ou seja, até do ponto de vista etimológico, sentença está mais relacionada com sentimento e vontade, do que com cognição e razão. Na realidade, ambos os momentos estão presentes, pois a atividade decisional envolve não só cognição e razão, mas também implica a necessidade de fazer escolhas – e aí o papel do sentimento e da vontade está presente, quer disso se tenha consciência ou não" (Grifos no original).

[1702] LOPES JUNIOR, Aury. *Direito processual penal e sua conformidade constitucional*. Rio de Janeiro: Lumen Juris, 2010, v. II, p. 362.

esteriotipação do mundo legalista das abstrações.[1703] Quer-se bradar, antes e acima de tudo, a exigência de fidúcia no poder criativo do juiz, dotado de refinada sensibilidade para enfrentar as contínuas transformações da realidade social.[1704]

Muitas vezes, o conteúdo profundamente injusto do direito deve ser sacrificado no confronto com o sentimento de justiça do juiz, que não pode reprimir a própria consciência, em nome de uma lealdade à lei e à suposta segurança jurídica. De fato, em havendo insuportável contradição entre o direito positivo (*v. g.*, lei que vulnere direitos e liberdades fundamentais) e a justiça, a lei positiva deve ceder o passo à justiça.[1705]

Nem sempre o juiz poderá efetuar um acoplamento perfeito entre o caso concreto e os esquemas da jurisprudência consolidada: o encaixe, a qualquer preço, não se revela viável na prática, pois que resultaria em uma decisão contra a qual seu sentimento de justiça se insurrecionaria.[1706]

Desse modo, o juiz, rendendo-se à sua subjetividade, será capaz de avaliar as ações normativas, que lhe são apresentadas em diferentes roupagens em uma multiplicidade de ambientes. Em perspectiva prinziana, será capaz de perceber a "gradação do mundo", isto é, como julga a gravidade de uma falha cometida e compreende as sutilezas e as nuances, o juiz habitualmente não prescinde de suas emoções. De fato, a vontade de sentir emoções é essencial para que o juiz, como todo ser humano, possa identificar variáveis relevantes em um determinado cenário para adaptá-las a avaliações normativas adequadas. Esta disposição (vontade de sentir emoções) permite ao juiz compreender a gradação do universo normativo, para além da distinção entre os seus diversos domínios.[1707]

A subjetividade abrange um rol de características pertencentes ao juiz, sua interioridade, sua vida interior, sua maneira peculiar de sentir o mundo circundante. Este é o modelo da atividade judicante, pois julgar é um ato essencialmente humano e só pode ser assim, já que apenas o humano percebe o humano. A assumida humanidade do juiz, suscetível de se expressar por sua sensibilidade, compaixão e capacidade de empatia (que exsurge da possibilidade de uma pessoa poder se identificar, de pôr-se no lugar do outro[1708] e de sentir junto com ele), reveste-se de inestimável fator para julgar, com justeza, outro ser humano.

Não se podem ignorar, por exemplo, as inevitáveis interações da mente inconsciente do juiz nem, por isso mesmo, se afastar da concepção de que a decisão judicial

---

[1703] PRADO, Lídia Reis de Almeida. Racionalidade e emoção na prestação jurisdicional. *In:* ZIMERMAN, David. *Aspectos psicológicos na prática jurídica.* Campinas: Milennium, 2002, p. 43-57, esp. p. 52.

[1704] PRADO, Lídia Reis de Almeida. *O juiz e a emoção:* aspectos da lógica da decisão judicial. 3. ed. Campinas: Millenium, 2005, p. 88.

[1705] DREIER, Ralf. *Derecho y justicia.* Bogotá: Temis. Trad. L. Villar Borda y O. Quinjano, 1994, p. 35.

[1706] CALAMANDREI, Piero. *Elogio dei giudici scritto da un avvocato.* 4. edizione. Firenze: Le Monnier, 1959, p. 179: "Come può esser risolto l'angoscioso dilemma tra il comodo conformismo, attaccato a ciò che è stato sempre deciso (stare decisis) e la coscienza inquieta, che ogni volta vuol rifare i suoi calcoli? Tutto dipende dal giudice in cui si si imbatte; l'alea delle cause è spesso in questo contrasto: tra il giudice logico e il giudice sensibile; tra il giudice consequenziario e il giudice precursore; tra il giudice che per non commettere un'ingiustizia è disposto a ribellarsi alla tirannia della giurisprudenza, e il giudice che per salvare la giurisprudenza è disposto a lasciare stritolare negli inesorabili ingranaggi della sua logica un uomo vivo".

[1707] Confira-se, no ponto, a sugestiva indagação de GRÉGOIRE, Jean-François. *De l'affect a l'effet:* Le rôle des émotions dans le maintien des normes. Mémoire présenté à la Faculté des études supérieures de l'Université Laval dans le cadre du programme de maîtrise en philosophie pour l'obtention du grade de maître es arts M.A. Québec, 79f, 2010, p. 23: "Pouvons-nous formuler des jugements sans disposition à ressentir des émotions?".

[1708] GARAPON, Antoine, *op. cit.,* p. 317.

é um exercício meramente objetivo e neutro.[1709] Um dos vetores do julgamento correto ou justo não descansa no distanciamento do juiz das peculiaridades do caso concreto; antes, paradoxalmente, a aproximação revela-se *conditio sine qua non* da justeza de um julgamento. O juiz, portador de valores ético-políticos, não pode se distanciar da realidade circundante.[1710]

Parece haver desvio de perspectiva. E há. De fato, o problema não está propriamente em repudiar, no contexto de descoberta da decisão, a jurisprudência sentimental, posto que permeada pelo trinômio intuição-sentimento-emoção e plasmada pela personalidade e por forças e tendências que eclodem, impetuosamente, das camadas profundas do inconsciente do julgador. O problema se situa, isto sim, em outro âmbito: na motivação jurídica da decisão, em que o juiz deve enunciar argumentos sólidos, coerentes, identificáveis, controláveis e intersubjetivamente válidos em dado tempo e lugar, que possam racionalmente justificá-la.

Assim vistas as coisas, não se pode placitar o entendimento de que "quando o magistrado se deixa guiar pelo sentimento (*v. g.*, compaixão),[1711] a lide degenera em loteria, ninguém sabe como cumprir a lei a coberto de condenações forenses".[1712] Semelhante degeneração, se houver, não decorre exatamente do sentimento de justiça do juiz ou de sua intuição sobre o valor do justo, mas dimana de deficiências no contexto de justificação ou de validação do decisório, tais como ausência (gráfica ou ideológica) ou incompletude.[1713]

[1709] CARDOZO, Benjamin N. *The nature of the judicial process*. New York: Dover Publications, 2015, p. 164.

[1710] Paradoxo magistralmente retratado por PESSOA, Fernando (assinado pelo seu "semi-heterônimo" Bernardo Soares). *Livro do desassossego*. Rio de Janeiro: Ática, 1982, p. 462: "Mas a exclusão, que me impus, dos fins e dos movimentos da vida; a rutura, que procurei, do meu contacto com as coisas – levou-me precisamente àquilo a que eu procurava fugir. Eu não queria sentir a vida, nem tocar nas coisas, sabendo, pela experiência do meu temperamento em contágio do mundo, que a sensação da vida era sempre dolorosa para mim. Mas ao evitar esse contacto, isolei-me, e, isolando-me, exacerbei a minha sensibilidade já excessiva. Se fosse possível cortar de todo o contacto com as coisas, bem iria à minha sensibilidade. Mas esse isolamento total não pode realizar-se. Por menos que eu faça, respiro, por menos que aja, movo-me. E, assim, conseguindo exacerbar a minha sensibilidade pelo isolamento, consegui que os factos mínimos, que antes mesmo a mim nada fariam, me ferissem como catástrofes. Errei o método de fuga. Fugi, por um rodeio incómodo, para o mesmo lugar onde estava, com o cansaço da viagem sobre o horror de viver ali".

[1711] CASTRO, Jorge Rosas de. A compaixão e o Direito: do espanto à realidade. *Teatro do Mundo*, v. 9, p. 64-93, 2014, esp. p. 73-74: "Se a justiça se pretende igual para todos, será que convocar a compaixão para o ato de julgar não originará desigualdades relativas, nomeadamente e desde logo pela forma variável como os intervenientes em cada processo e em processos diferentes exteriorizam os seus sentimentos? Parece-me que o caminho a trilhar neste ponto é o de que o juiz deve procurar encontrar em cada caso de vida que lhe é apresentado as bases para o funcionamento do juízo compassivo, na medida do que razoavelmente estiver ao seu alcance, e na certeza de que haverá processos em que o consegue e outros em que o não conseguirá tanto; mas essa é uma contingência inerente ao ato de procurar julgar com acerto – umas vezes consegue-se, outras nem por isso".

[1712] CRUET, Jean. *La vie du droit et l'impuissance des lois*. Paris: Ernest Flammarion Éditeur, 1908.

[1713] GAMBOGI, Luís Carlos Balbino. *Direito*: razão e sensibilidade (As intuições na hermenêutica jurídica). Belo Horizonte: Del Rey, FUMEC/FCH, 2005, p. 196: "Não obstante, são as intuições em seu sentido lato que, *a priori*, indicam a solução para a mente lógico-teórica, analítica, cuja ação é *a posteriori*. Defendemos que existam duas operações mentais que ajudam o magistrado a proferir sua sentença. A primeira consiste em prejulgar e em antever as condições que lhe permitirão fundamentar racionalmente o prejulgamento; a segunda, consiste em argumentar de modo a demonstrar a sua decisão. (...) O magistrado, apoiando-se em um sentir, em uma intuição que o guia no rumo da solução adequada, justa, recorre aos elementos do sistema (normas, jurisprudência, dogmática etc.) que, sob a égide dos princípios jurídicos, de forma direta, poderão alicerçar cientificamente o intuído de acordo com as circunstâncias singulares da questão concreta".

6.4 A importância da emoção no ato de julgar

Há palavras que, além de seus significados descritivos, exibem a virtude de provocar, em determinadas ambiências, respostas emotivas na maioria das pessoas, como aprovação ou desaprovação. Os exemplos de palavras grávidas de carga emotiva são abundantes: direito, liberdade, democracia, imperialismo, oligarquia, comunista, nacionalista.[1714]

Com a superação de visões dicotômicas que, tradicionalmente, separavam a razão da emoção, despontou a ideia de entrelaçamento entre direito e emoções, como, de resto, deixa transparecer o corrente uso da locução "drama judicial" para designar a dimensão afetiva de um processo.[1715] Com efeito, o processo judicial alberga não só em sua forma, mas também em sua substância humana, um evento de dramaticidade, salpicado de sentimentos e de emoções.[1716]

Nesse campo emergente de estudos sobre o direito,[1717] em abordagem interdisciplinar,[1718] inspirada no profícuo diálogo e na interseção entre lei, psicologia, psicanálise e filosofia, aflora a exigência de um novo olhar sobre as relações entre o direito e as emoções,[1719] descortinando um largo horizonte de pesquisa ainda virgem.[1720]

É particularmente importante enfatizar que o direito deve se (re)conciliar com a emoção, pois que muitos tipos de comportamento juridicamente regulamentado são agudamente emocionais.[1721] A crítica ao mantra do racionalismo jurídico bem como ao modelo hegemônico de racionalidade judicial fez que, ao influxo do movimento do feminismo jurídico, eles cedessem o passo à perspectiva do cuidado, hospedada no viés de que as emoções podem até incrementar a qualidade da atividade jurisdicional, além de imprimir maior eficiência às instituições jurídicas pela via da humanização.[1722]

[1714] CARRIÓ SUSTAITA, Genaro Rubén. *Notas sobre derecho y lenguage*. 3. edición aumentada. Buenos Aires: Abeledo Perrot, 1986, p. 22-24.

[1715] STRUCHINER, Noel; TAVARES, Rodrigo de Souza. Direito e emoções: uma proposta de cartografia. *In:* Noel Struchiner; Rodrigo de Souza Tavares (Org.). *Novas fronteiras da teoria do direito:* da filosofia moral à psicologia experimental. Rio de Janeiro: POD/Editora PUC-Rio, 2014, p. 109-136, esp. p. 109.

[1716] CALAMANDREI, Piero. Giustizia e politica: sentenza e sentimento. *In:* CAPPELLETTI, Mauro (a cura di). *Opere giuridiche*. Napoli: Morano, 1965, v. 1, p. 637-650, esp. p. 638.

[1717] ABRAMS, Kathryn; KEREN, Hila. Who's afraid of law and the emotions? *Minnesota Law Review*, 94, p. 1.997-2.074, 2010, esp. p. 2.040: "In illuminating the place of emotions in a particular legal setting, it is important to note the wide variety of legal questions to which law and emotions tools can be applied. Not only have we seen examples from different areas of law (criminal law, constitutional law, family law, the law of contracts, criminal procedure, tort law, education law, and administrative law), but we have also seen that emotions may be implicated in judge-made doctrine, legislation, regulation, and legislative programs which reflect public policy. This variety suggests a wealth of possible targets for such scholarship, as well as the potential for broad contribution by its practitioners".

[1718] LOPES JUNIOR, Aury. *Direito processual penal e sua conformidade constitucional*. Rio de Janeiro: Lumen Juris, 2010, v. II, p. 351.

[1719] Sobre as relações de algumas emoções (*v. g.*, nojo, vergonha, raiva) e questões jurídicas, importa notar a antologia seminal organizada por BANDES, Susan A. (Ed.). *The passions of law*. New York: New York University Press, 2000.

[1720] STRUCHINER, Noel; TAVARES, Rodrigo de Souza, *op. cit.*, p. 129.

[1721] POSNER, Richard Allen. *Fronteiras da teoria do direito*. São Paulo: WMF Martins Fontes (Biblioteca jurídica WMF), 2011, p. 281, 282: "O direito em si costuma ser visto como uma fortaleza da "razão", concebida como antítese da emoção. O direito é compreendido como uma entidade cuja função é neutralizar a emotividade que as disputas jurídicas despertam nas partes envolvidas e nos observadores leigos. No entanto, qualquer pessoa que já se tenha envolvido em litígios na condição de litigante, advogado, juiz, jurado ou testemunha sabe que esse método, isto é, o método de resolução de disputas jurídicas por excelência, é um processo intensamente emocional (...)".

[1722] STRUCHINER, Noel; TAVARES, Rodrigo de Souza, *op. cit.*, 131-132: "É sabido atualmente que as emoções detêm papel importante na motivação do agir humano. Além disso, representam uma poderosa ferramenta

Nesse panorama interativo, as emoções exercem um impacto muito maior sobre a concreta administração da Justiça que a maioria das pessoas tende a imaginar. Assim, não se pode descurar da íntima conexão entre emoção e decisão judicial. Estudos empíricos mostram que as emoções afetam julgamentos.[1723] De fato, na esteira do perfil caracterológico, as emoções também influenciam na atuação do juiz, que, como qualquer outra pessoa, experimenta mecanismos psíquicos de defesa (*v. g.*, ausência de atenção, esquecimento ou desconsideração de detalhes), como quando à frente de temas ou de situações geradoras de sofrimento psíquico ou, ainda, de conjunturas em que seus valores pessoais são confrontados.[1724]

É fundamental que o juiz tenha empatia, enquanto capacidade de se colocar no lugar do outro, de modo a sentir o sofrimento alheio e, assim, desenvolver um envolvimento afetivo para a solução da causa.[1725] De fato, o juiz empático tende a amplificar sua compreensão do feito, a partir de uma perspectiva mais fecunda dos estados emocionais das partes que serão alcançadas pelo decisório, bem como dos interesses de pessoas ausentes potencialmente afetadas pela decisão do juiz.[1726]

Contudo, a perspectiva largamente difundida, apesar de profundamente equivocada, sugeria que decisões sensatas adviriam de uma *"cold head"*, e que sentimento/emoção e razão não se misturariam entre si, à semelhança da segregação entre azeite e água. Muito provavelmente, alguns juízes sentir-se-iam ofendidos acaso ouvissem de seu interlocutor a seguinte expressão: "Vossa Excelência deve primar pela racionalidade, não se deixe levar tanto pela emoção".[1727]

---

de comunicação e navegação do indivíduo no meio social. Evidências advindas das mais diversas áreas do conhecimento, que vão da neurociência à filosofia moral, demonstram a centralidade deste conceito naquilo que podemos chamar de "natureza humana". Se pretendemos que as instituições jurídicas sejam calibradas de forma mais eficiente para se ajustar ou interagir com esta mesma natureza, devemos dar mais atenção aos estudos das relações entre direito e emoções".

[1723] BANDES, Susan A., BLUMENTHAL, Jeremy A. Emotion and the law. *Annual Review of Law and Social Science*, v. 8, p. 161-181, 2012, esp. p. 166-167.

[1724] AMBRÓSIO, Graziella. Psicologia do juiz. *Revista de Direito Econ. Socioambiental*, Curitiba, v. 3, n. 2, p. 491-503, jul./dez. 2012, esp. p. 497.

[1725] ZIMERMAN, David. Uma aproximação entre o perfil da figura do juiz de direito e a do psicanalista. *In:* ZIMERMAN, David. *Aspectos psicológicos na prática jurídica*. Campinas: Milennium, 2002, p. 576-592, esp. p. 584-585: "O extremo oposto seria o de um estado mental de *a-patia*, isto é, não há um interesse autêntico, tampouco um mínimo de um sadio envolvimento afetivo, e nesses casos vai resultar uma falta de sintonia, com o trabalho não indo além de um processo unicamente protocolar, monótono e muitas vezes estéril, porque nesses casos a apatia contamina todas as partes intervenientes". Assim, também, POSNER, Richard Allen. *Fronteiras da teoria do direito*, op. cit., p. 307: "A empatia é um dos melhores exemplos do caráter cognitivo da emoção. O elemento cognitivo da empatia consiste na reconstituição imaginativa da situação de outra pessoa, enquanto seu elemento afetivo, que a caracteriza como uma emoção e não apenas uma dimensão da racionalidade, consiste em *sentir* o estado emocional engendrado nessa pessoa pela situação em que esta se insere". (Grifos no original).

[1726] TAVARES, Rodrigo de Souza. *Direito e sensibilidade:* uma abordagem sentimentalista das relações entre Direito e Moral. 174f. Tese na PUC-RJ, 2013, p. 155: "A capacidade inata e a possibilidade de aperfeiçoamento de juízes para desenvolver empatia é uma questão fundamental dentro do programa de pesquisa direito e emoções".

[1727] COELHO, Fábio Ulhoa. *Roteiro de lógica jurídica*. 7. ed. rev. e atual. São Paulo: Saraiva, 2012, p. 103: "Assim sendo, um dos recursos retóricos a ser levado em conta é o da mobilização das emoções. Pode, de início, parecer estranha uma ideia como essa. O direito sempre foi visto como um mecanismo exclusivamente racional, em que as emoções devem ser dominadas para não interferir com a justiça e a correção da decisão judicial. Mas, na realidade, isso não acontece assim. Não é fácil separar em partes a pessoa uma do julgador. Aliás, é melhor para todos que o juiz se envolva *humanamente* com a questão em julgamento. Se fosse vantajosa a mutilação do homem julgador, seria mais inteligente utilizarmos máquinas de julgamento (e o estágio atual da tecnologia na área de informática já o possibilita) e pronto. Vida longa para o profissional do direito que sente, além de pensar!" (Grifos no original).

Durante anos a fio, por imposição de linha de pensamento cartesiano, tentou-se cobrir todo o *iter* do processo decisório judicial com o manto da "razão pura", da racionalidade e da objetividade, seja mediante a difusão da concepção montesquiana do juiz "boca da lei" e de esquemas puramente lógico-dedutivo-sistemáticos ou de rígidas e glaciais fórmulas silogísticas, seja ainda através do antigo paradoxo Razão *versus* Emoção, como se tais potências estivessem em posições vetorialmente opostas e, muito pior, fosse imprescindível a eleição entre um polo ou outro. Em semelhante cenário de dualidade ou de polarização, sobre desprezar as próprias características humanas, a sensibilidade como que sucumbiu à racionalidade, embora lembranças, percepções, emoções e esquecimentos não possam ser explicados racionalmente.[1728]

No caldo de cultura do patriarcalismo e sob o influxo da vertente filosófica do iluminismo jurídico, a prestação jurisdicional, como expressão do direito, se impermeabilizou às infiltrações do sentimento e, simultaneamente, se abriu ao racionalismo exacerbado e à valorização do pensamento discursivo, em detrimento da emoção.[1729]

Todavia, na latitude da essência da natureza humana, não existe mímica do pensamento desconectada das emoções e das intuições morais. De fato, na atualidade, não padece dúvida que a formação e o desempenho prático do juiz dependem não apenas de seus conhecimentos jurídico-teóricos, jungidos a uma sólida cultura humanística e ao exercício continuado da atividade judicante, senão também de um adequado conhecimento e manejo dos aspectos emocionais que permeiam todos os seus relacionamentos, consigo próprio e com as demais pessoas que povoam seu dia a dia profissional.[1730]

Numa linha: reinava, até então, a ideia de que existiriam bases neurais ou sistemas cerebrais diferentes para razão e para sentimentos/emoções.

Nada mais equivocado. De fato, o evolver de pesquisas empíricas em neurociência afetiva[1731] comprova que é falsa a ideia de que os sistemas racionais são sempre bons e que os sistemas emocionais são sempre negativos; antes, ao contrário, quando se perde completamente a emoção, tomam-se decisões piores.[1732] Ou melhor: faz-se coro com a concepção damasiana – no campo da neurociência afetiva, baseada em investigações científicas, através de técnicas de imageamento cerebral funcional –, segundo a qual, sem as emoções, o juiz não poderá sequer decidir.[1733] À mingua de sentimento/emoção, pode-se comprometer a própria racionalidade.[1734] Se o juiz fosse capaz de se despojar completamente de suas emoções, ser-lhe-ia impossível julgar opções justas ou injustas, corretas ou incorretas.

[1728] GAUER, Ruth M. Chittó. Transcendendo a dicotomia Razão vs. Emoção. *In*: GAUER, Ruth M. Chittó *et al.* (Org.). *Memória, punição e justiça*: uma abordagem interdisciplinar. Porto Alegre: Livraria do Advogado, 2011, p. 9-16.

[1729] PRADO, Lídia Reis de Almeida. Racionalidade e emoção na prestação jurisdicional. *In*: ZIMERMAN, David. *Aspectos psicológicos na prática jurídica*. Campinas: Milennium, 2002, p. 43-57, esp. p. 44: "Explica-se: nas decisões judiciais a desqualificação do sentimento intensifica-se porque um dos instrumentos de trabalho dos magistrados é a lei – regra abstrata de conduta imposta à observância geral –, que pertence ao mundo da racionalidade, muito distanciado do da emoção".

[1730] ZIMERMAN, David. Uma resenha simplificada de como funciona o psiquismo. *In*: ZIMERMAN, David. *Aspectos psicológicos na prática jurídica*. Campinas: Milennium, 2002, p. 87-101, esp. p. 87.

[1731] DALGLEISH, Tim. The emotional brain. *Nature Reviews*/Neuroscience, v. 5, p. 582-589, July 2004.

[1732] DAMÁSIO, António R. *Sem perder a humanidade jamais*. Rio de Janeiro: Revista Ciência Hoje, 2012. Entrevista concedida a Thiago Camelo em abril 2012.

[1733] DAMÁSIO, António R. *O erro de Descartes*: emoção, razão e o cérebro humano. Tradução Dora Vicente, Georgina Segurado. 3. ed. São Paulo: Companhia das Letras, 2012, p. 61-65.

[1734] PRADO, Lídia Reis de Almeida. Racionalidade e emoção na prestação jurisdicional, *op. cit.*, p. 51.

A região cerebral conhecida como córtex pré-frontal está relacionada a múltiplos processos cognitivos complexos (*v. g.*, percepção, atenção, expressão de personalidade, tomada de decisões, moderação de comportamentos socialmente adequados, memórias emocionais). Esta área cerebral é fundamental para se definir o que é positivo ou negativo em relação à tomada de decisões justas, inclusive em um horizonte de futuro. O córtex pré-frontal colabora para se atribuir um significado emocional a cada experiência vivenciada.

Agora bem, semelhante valor emocional é o fio condutor do processo de tomada de decisão, a sugerir que mais dados devam ser coletados, através de exames de ressonância magnética funcional, sobre o papel específico das estruturas cerebrais.[1735] Pensar e sentir poderiam aparentar ser operações diametralmente opostas. Entretanto, bem pesadas as coisas, emoções e sentimentos estão conjuminados no enredo da razão humana e na natureza da racionalidade. Como já observado, há estudos científicos de casos de pacientes que apresentavam lesões do córtex pré-frontal e demonstravam uma incapacidade em tomar decisões. Uma análise neuropsicológica desses pacientes assinalou uma baixa reatividade emocional. Apontou-se, então, a deficiência no comportamento emocional como origem da dificuldade em tomar decisões racionais.

Pode haver um comportamento puramente racional sem a mais tênue influência da emoção? A resposta negativa se impõe, pois a razão, por si só, não sabe quando começar ou parar de avaliar custos e benefícios para uma tomada de decisão. É justamente o quadro referencial das emoções de cada indivíduo que seleciona as opções, como uma espécie de atalho cognitivo.

Contudo, na glacial perspectiva kantiana, o raciocínio deve ser feito de uma forma pura dissociada das emoções, desprezando-se que, na realidade, são as emoções que consentem o equilíbrio na tomada de decisão. Aqui, não seria demasiado dizer que o singular e autêntico kantiano é um paciente com lesão no córtex pré-frontal.[1736]

[1735] DEÁK, Anita. Brain and emotion: Cognitive neuroscience of emotions. *Review of Psychology*, v. 18, n. 2, 2011, p. 71-80, esp. p. 77: "Due to the emergence of cognitive neuroscience in the last 10 years, scientific inquiry about emotions has dramatically increased. Brain imaging techniques have provided new methods and experimental paradigms with which we can find specific brain structures and neural networks that generate and maintain emotional states, and take part in emotional processing. We can also get information about the relationship between emotion and cognitive processes (e.g., perception, attention, memory, and decision making), as well as the consequences of brain impairment on one's social-emotional behavior. (...) Regarding the future of affective neuroscience, we have positive expectations. Many questions are still open. Much less is known about positive emotions than about negative emotions. More studies should be done about the neural background of the subjective component of emotions (feelings). Moreover, an emerging field is the role of emotions in decision making".

[1736] Assim, DAMÁSIO, António R. *O erro de Descartes, op. cit.*, p. 162: "O que a experiência com doentes como Elliot sugere é que a estratégia fria defendida por Kant, entre outros, tem muito mais a ver com a maneira como os doentes com lesões pré-frontais tomam suas decisões do que com a maneira como as pessoas normais tomam decisões. Naturalmente, até os racionalistas puros funcionam melhor com a ajuda de papel e lápis. Basta que você anote todas as opções e a infinidade de cenários decorrentes e consequências. (Aparentemente, foi o que Darwin sugeriu para quem queria escolher a melhor pessoa com quem casar). Mas, primeiro, arranje muito papel, um apontador e uma escrivaninha grande, e não tenha a expectativa de que alguém ficará à espera da resposta. É também importante observar que os problemas da perspectiva racionalista não se limitam à limitada capacidade de nossa memória. Mesmo com papel e lápis para reunir o conhecimento necessário, sabemos agora que as estratégias do raciocínio normal estão repletas de deficiências, como demonstraram Amos Tversky e Daniel Kahneman. Uma dessas deficiências pode muito bem radicar na tremenda ignorância e deficiente uso da teoria das probabilidades e da estatística, como sugeriu Stuart Sutherland. E, no entanto, apesar de todos esses problemas, nossos cérebros são com frequência capazes de decidir bem, em segundos ou minutos, dependendo da fração de tempo considerada adequada à meta que pretendemos atingir; e, se o conseguem, então devem efetuar essa prodigiosa tarefa com mais do que razão pura".

De há muito, vigorou uma antítese profundamente convencional entre racionalidade e emoção. Porém, no campo da teoria cognitiva da emoção, é lícito asseverar que a emoção configura uma forma de cognição, não apenas na acepção de que as reações emocionais são deflagradas pela informação, senão também naqueloutro sentido de que um sentimento expressa uma avaliação da informação, o que lhe permite funcionar como sucedâneo do raciocínio.[1737] Não à toa, é de suma importância remarcar que a maquinaria da racionalidade parece não operar sem a maquinaria da regulação biológica, em que as emoções e os sentimentos constituem componentes primordiais.[1738]

Ademais, o sentimento é uma função psíquica classificada racional.[1739] Assim vistas as coisas, a afetividade tonifica a musculatura das ideias, reconduzindo os atos humanos a um viés genuinamente inovador, em que pensamentos e sentimentos sejam dimensões necessariamente interconectadas.

Abre-se espaço para uma metáfora de importância cognitiva: a emoção representa uma asa de um beija-flor e a razão, a outra asa. As asas representam duas funções vitais inseparáveis e complementares. Para que o pássaro possa voar (e até mesmo estacionar em pleno ar) é fundamental que haja integração, equilíbrio e sincronicidade entre suas asas (emoção e razão). Caso haja primazia de uma asa em detrimento da outra, o beija-flor sequer poderá voar.[1740] Não por acaso, Romain Rolland, novelista, biógrafo e músico francês, já observou, com propriedade, que "A razão é um sol impiedoso; ela ilumina, mas cega". Tudo a sugerir o uso da palavra corazón (coração + razão), denotando a necessária harmonia entre as duas asas do colibri. Muito para reafirmar que a emoção deve ser visualizada como um elemento essencial da maquinaria da razão. Emoção e sentimento são indispensáveis à racionalidade.

Nessa moldura, avulta a concepção da superação do embate epistemológico entre razão e emoção.[1741] As emoções afiguram-se indispensáveis à vida racional. A assinatura emocional de cada pessoa, seu comportamento emotivo, é o que diferencia uns dos outros. O repertório de respostas emocionais depende da interação do cérebro com o corpo – das próprias percepções do corpo. Soa equivocada a visão descartesiana da separação entre mente e corpo. De fato, o que se passa no cérebro são operações mentais, influenciando o corpo e vice-versa, numa abordagem integrativa das emoções e da razão.

Gradativamente, à semelhança do que ocorre em outras áreas do conhecimento, eclode no Direito Processual uma valorização da emoção no ato de julgar, sem, no entanto, desprezar a racionalidade.[1742] Tal consideração, força é convir, representa uma

---

[1737] POSNER, Richard Allen. *Fronteiras da teoria do direito, op. cit.*, p. 283-284.

[1738] DAMÁSIO, António R. *O erro de Descartes, op. cit.*, p. 126-127.

[1739] HALL, James A. *Jung e a interpretação dos sonhos*: manual de teoria e prática. Tradução Álvaro Cabral. São Paulo: Cultrix, 2007, p. 153.

[1740] STRUCHINER, Noel; TAVARES, Rodrigo de Souza, *op. cit.*, p. 114: "Além disso, a literatura especializada em neurociência, psicologia e filosofia, também tem construído uma visão mais integrada e conciliadora sobre o papel das emoções e faculdades cognitivas racionais nos processos deliberativos de tomada de decisão".

[1741] Em feliz síntese, DOLAN, R. J. Emotion, cognition, and behavior. *Science* 298, 2003, p. 1191-1194, esp. p. 1194: "Within philosophy there is a long tradition that views emotion and reason in direct opposition. Such an oppositional relation has been questioned on the basis that, under certain circumstances, emotion-related processes can advantageously bias judgment and reason. This biasing effect appears to reflect influences of perceptual emotional mechanisms on the one hand and feeling states on the other".

[1742] PRADO, Lídia Reis de Almeida. *O juiz e a emoção*: aspectos da lógica da decisão judicial. 3. ed. Campinas: Millenium, 2005, p. 123.

fratura de paradigma, pois razão e emoção estão umbilicalmente ligadas. Por assim ser, não se pode prescindir desses dois aspectos caso haja o desígnio de se enfrentar a complexidade do ato de julgar, através de vertentes de pensamento distintas daquelas já esgotadas pelo senso comum na matéria. Assim, aspectos subjetivos do juiz, como sua personalidade, hão de ser valorizados, porque a capacidade de julgar a realidade exterior é diretamente proporcional ao juízo crítico em relação ao seu mundo interior.[1743]

É conveniente, para limpar o argumento de todo equívoco, dizer que a hipótese de trabalho, inicialmente formulada pelo juiz, no contexto de descoberta, não é um dado concreto, mas deve ser construída, daí por que não se pode desconhecer a influência dos aspectos subjetivos relacionados à vivência no momento de intuitivamente germinar escolhas e caminhos em meio às variegadas hipóteses de julgamento.

Disso resulta a iniludível carga de subjetividade inerente ao juiz, como todo ser humano, ao exercitar qualquer juízo de valor. É o caso dos pronunciamentos jurisdicionais finais que envolvem o inevitável exercício de estimativa, de juízo de valor.[1744] De sorte que, ante a convivência forçosa entre razão e emoção ou, mais amplamente, razão e subjetividade, o problema muda de foco: passará a ser não mais a existência da subjetividade na formulação do decisório judicial para se concentrar nos limites e nas consequências daquela relação. Um dos pontos sensíveis de semelhante comunhão (razão e subjetividade) toca à justificação dos juízos de valor formulados pelo juiz no *decisum*.

É certamente impossível eliminar das avaliações e estimações, conaturais ao juízo, quaisquer componentes subjetivos. Porém, o ponto principal não é esse, quando a subjetividade é assumida como tal e, por conseguinte, sujeita a controle externo, mediante justificação racional constituída de argumentos sólidos, coerentes, identificáveis, controláveis e intersubjetivamente válidos em determinado tempo e lugar.[1745] Definitivamente, na vida do Estado Constitucional e Democrático de Direito, no espaço físico da motivação jurídica do julgado, como documento do discurso justificativo do juiz, não bastam ingênuas afirmações ou semear petições de princípio, dando por demonstrado aquilo que é seu dever primário e constitucional demonstrar.[1746]

Não por acaso, é de se abonar o modelo de inteligência emocional para a educação, na forma de aprendizado social/emocional, e, mais especificamente, como ingrediente ativo na vida do juiz.[1747] A estrutura da inteligência emocional impulsiona o campo da

---

[1743] ZIMERMAN, David. A influência dos fatores psicológicos inconscientes na decisão jurisdicional: a crise do magistrado. *In:* ZIMERMAN, David. *Aspectos psicológicos na prática jurídica.* Campinas: Milennium, 2002, p. 103-116, esp. p. 103.

[1744] MONTESANO, Luigi, ARIETA, Giovanni. *Diritto processuale civile:* le disposizioni generali. 3. ed. Torino: Giappichelli, 1999, v. I, p. 6-7.

[1745] BARBOSA MOREIRA, José Carlos. Le raisonnement juridique dans les décisions des cours d'appel. *Temas de direito processual:* quinta série. São Paulo: Saraiva, 1994, p. 109-129, esp. p. 124: "Le plus grand danger, dans cette matière, est que la cour garde le silence sur ses prémisses (philosophiques, morales, idéologiques, politiques) ou essaie de faire passer ses évaluations pour des vérités apodictiques".

[1746] CARVALHO SANTOS, J. M. de. *Código de Processo Civil Interpretado.* 3. ed. Rio de Janeiro: Freitas Bastos, 1946, v. 4, p. 101.

[1747] NALINI, José Renato. *Ética e justiça.* São Paulo: Editora Oliveira Mendes, 1998, p. 263: "Treinado a raciocinar, o juiz não tem sido estimulado a recorrer à emoção, à intuição e ao sentimento. Reclama-se dele o pensamento cartesiano, a utilização lógica dos paradigmas estruturais de sua função. É tarefa sua a subsunção da norma ao fato, a elaboração da sentença como silogismo, a assimilação científica do pensamento jurídico. Todavia, mesmo as chamadas ciências duras têm redescoberto o valor da inteligência emocional, mais adequada para aferir a potencialidade dos limites humanos do que o superado *standard* do quociente de inteligência. (...) O juiz é o ser humano chamado a assegurar ao próximo o bem da vida essencial, que é a justiça".

neurociência afetiva.[1748] Respeitáveis pesquisas empíricas, a partir de neuroimagem funcional e de estudos de lesões cerebrais, favoreceram a descoberta da existência de centros cerebrais únicos que governam a inteligência emocional e, assim, buscou-se apresentar um arcabouço para ela, ancorado em uma miríade de habilidades hipotetizadas tendentes a avaliar e exprimir a emoção em si e nas outras pessoas.[1749]

Daí descende que não se afigura correto excluir ou separar emoções e sentimentos dos sistemas cognitivos, pois, além de passearem pela mente, caracterizam o conteúdo palpável do pensamento. Os sentimentos são cognitivos como, de resto, qualquer outra imagem apreendida por percepção. Neste compasso, reafirme-se, estudos realizados com pacientes com lesão ou danos cerebrais específicos, ao detectarem correlações neurológicas significativas, autenticam, sob boa luz, que a emoção é um elemento imprescindível da maquinaria da razão.[1750]

Nesse teor de ideias, as emoções se configuram como parte indispensável da vida racional, falando-se, não à toa, em "sensibilidade da razão", numa perspectiva fenomenológica das emoções, de modo a singularizar a relevância do sentimento no exercício cognitivo e prático da razão. O sentimento e a emoção permeiam e condicionam uma ampla variedade de atos e comportamentos característicos de um agente racional e moral – enquanto ser humano.[1751] Não fica de pé a noção difusa de que razão e emoção, como antagonistas naturais, seriam coisas tão diametralmente opostas, que uma excluiria a outra quase automaticamente. Na realidade, em perspectiva integral, as emoções representam o *punctum dolens* nos valores, nas crenças, nos desejos, nos juízos morais, nas decisões racionais, fraturando mesmo impasses e embaraços da razão pura.[1752]

É de rigor, pois, desnudar o mito em torno dos processos de tomada de decisão que se pretendem objetivos. É pouco mais do que uma ingênua lenda a noção de que, no contexto de descoberta, a decisão obedeceria a uma lógica de razão pura, sem espaço para o trinômio intuição-sentimento-emoção. Realmente, é inequívoco o papel dele no concreto exercício do ato de julgar. A ideia iluminista, forjada no altar da racionalidade, de que a razão tudo resolve e pode resolver perdeu prestígio e substância.[1753]

Soa trivial reafirmar que a exclusão ou o amortecimento da emoção podem ocasionar implicações adversas ao domínio da racionalidade;[1754] antes, ao revés, a emoção,

---

[1748] GOLEMAN, Daniel. *O cérebro e a inteligência emocional*: novas perspectivas. Tradução Carlos Leite da Silva. Rio de Janeiro: Objetiva, 2012, p. 8.

[1749] SALOVERY, Peter e MAYER, John. Emotional intelligence. *Imagination, Cognition and Personality*, n. 9, 1990, p. 185-211.

[1750] GAUER, Ruth M. Chittó, *op. cit.*, p. 9.

[1751] MONTICELLI, Roberta de. The sensibility of reason: outline of a phenomenology of feeling. *In:* Max Scheler and the Emotional Turn. *Thaumàzein – Rivista di Filosofia*, v. 3, p. 139-159, 2015, esp. p. 159.

[1752] Sobre a regulação pelas emoções do raciocínio lógico e prático, vide SOUSA, Ronaldo de. *The rationality of emotion*. Cambridge: The MIT Press, 1987.

[1753] CASTRO, Jorge Rosas de. A compaixão e o Direito: do espanto à realidade. *Teatro do Mundo*, v. 9, 2014, p. 64-93, esp. p. 67.

[1754] JUNG, Carl Gustav. *Psicologia do inconsciente*. 18. ed. Tradução de Maria Luiza Appy. Petrópolis, Vozes, 2008, p. 64: "A cultura racional dirige-se necessariamente para o seu contrário, ou seja, para o aniquilamento irracional da cultura. Não devemos nos identificar com a própria razão, pois o homem não é apenas racional, não pode e nunca vai sê-lo. Todos os mestres da cultura deveriam ficar cientes disso. O irracional não deve e não pode ser extirpado. Os deuses não podem e não devem morrer". Vide nota nº 13 na mesma página: "Esta frase foi escrita durante a Primeira Guerra Mundial. Deixei-a tal qual, pois contém uma verdade, que vai ser confirmada mais de uma vez no decorrer da história (escrita em 1925). Como se vê pelos acontecimentos atuais, esta confirmação não tardou muito. Quem é, afinal, que quer essa destruição cega?... Mas todos ajudam o demônio com o maior espírito de sacrifício, "ó sancta simplicitas!" (acrescentado em 1942)".

em dosimetria razoável, tem a virtude de fomentar o raciocínio, conferindo-lhe alto grau de potência, de riqueza e de prosperidade.[1755] Razão, sem emoção, é desrazão. De modo que estará muito próximo do erro quem se abalance a afirmar que do juiz se espera julgamento "isento de emoções." Raiaria pelo absurdo exigir do juiz que, ao exercer sua função judicante, se desnudasse de suas emoções ou se despojasse aprioristicamente da possibilidade de usar sua conatural função sentimento, como humano, demasiado humano,[1756] que é.

Verdadeiramente, não se pode, como num passe de mágica, fazer desaparecer emoções e sentimentos que, onipresentes, determinam a complexa personalidade humana.[1757] Toda a humanidade do juiz sugere que a emoção – ao lado da intuição e do sentimento – está inexoravelmente presente na gênese do ato de julgar, situada no contexto de descoberta da decisão, sendo um de seus elementos essenciais de constituição.

Não seria despropositado dizer que o banimento da emoção e do sentimento ou sua mitigação (fosse isso operacionalmente possível, o que não é) inibem a criatividade do juiz, pois o ato de julgar transcende o campo puramente racional,[1758] já que permeável às infiltrações da intuição, das emoções e da constelação de valores subjacentes (v. g., do justo, da igualdade).[1759] O pensamento puramente racional, que concebe esquemas rígidos e modelos automatizados, repele, na origem do julgado, a possibilidade de florescer a inventividade, opções fecundas, escolhas criativas e a formulação de decisões mais rentes à sensibilidade humana do juiz.

Encoraja a pensar que o juiz, em sua dimensão humana, não é apenas um ser racional, senão também emotivo. Contudo, admitir a emoção dos juízes na produção das sentenças não significa, em absoluto, o abandono da racionalidade do direito, mas implica seu uso de forma equilibrada, através do controle do mecanismo psicológico do julgador (ou melhor: da hipótese de trabalho ou de julgamento fixada no contexto de descoberta). Assim, o juiz deve desenvolver tanto a continência quanto, o que é mais, o atributo da autocontinência.[1760] Cabe-lhe selecionar com atenção o material sobre o

[1755] DAMÁSIO, António R. *O mistério da consciência*: do corpo e das emoções ao conhecimento de si. Tradução Laura Teixeira Motta. Revisão Luiz Henrique Martins Castro. São Paulo: Companhia das Letras, 2000, p. 63.

[1756] Tome-se de empréstimo o título do livro de NIETZSCHE, Friedrich. *Humano, demasiado humano*: um livro para espíritos livres. Tradução, notas e posfácio de Paulo César de Souza. Companhia de Bolso, 2000.

[1757] COLEGRAVE, Sukie. *Unindo o céu e a terra*: um estudo junguiano e taoísta dos princípios masculino e feminino na consciência humana; tradução Mauro de Campos Silva. São Paulo: Cultrix, 1997, p. 215.

[1758] Sobre a natureza mítica e inconsciente da criatividade, vide PUCHKIN, V. N. *Heurística*: a ciência do pensamento criador. 2. ed. Rio de Janeiro: Zahar, 1976, p. 179-181.

[1759] REALE, Miguel. *Filosofia do direito*. 20. ed. São Paulo: Saraiva, 2002, p. 136-137: "Sentenciar não é apenas um ato racional, porque envolve, antes de mais nada, a atitude de estimativa do juiz diante da prova. O bom advogado sabe perfeitamente da importância dos elementos emocionais na condução e na apreciação dos elementos probatórios. Tais fatores de convicção adquirem importância muito grande em certos setores do Direito, como, por exemplo, no júri popular. A convicção do jurado não é mera resultante de frias conjeturas racionais, pois vem animada sempre de cargas emotivas. Estamos vendo, portanto, que a tendência muito nossa de simplificar e empobrecer a vida jurídica, para torná-la uma fria sucessão de silogismos, esbarra diante de fatos e atos que são de evidência irrecusável, o que não quer dizer que para nós possa o Direito prescindir de estruturas racionais, cuja importância assinalaremos no decorrer deste Curso. A Filosofia moderna tem posto à mostra a importância da intuição para penetrar-se no mundo dos valores, entre os quais se colocam os valores do justo, do útil, da liberdade, da igualdade e todos os demais com que trabalha o jurista. A muitos autores poderíamos citar nesse sentido, mas, além de Bergson, a cujo intuicionismo já nos referimos, merece especial destaque o nome de Max Scheler, cujas obras tão profunda influência têm exercido na Filosofia Moral e Jurídica".

[1760] ZIMERMAN, David. Uma aproximação entre o perfil da figura do juiz de direito e a do psicanalista. *In*: ZIMERMAN, David. *Aspectos psicológicos na prática jurídica*. Campinas: Milennium, 2002, p. 575-592, esp. p. 586: "Um magistrado também recebe um verdadeiro bombardeio, um fogo cruzado de angústias, dramas

qual pronunciará o seu juízo e, conquanto não possa afastar totalmente suas emoções do produto do julgamento, deve estar atento a esse processo de interferência emocional, evitando atitudes precipitadas, rejeição de elementos importantes para o processo e juízos de valor que não refletem os verdadeiros interesses da sociedade em que opera.

Não é fadiga inútil reafirmar que as emoções repousam em dois grandes grupos: (i) emoções positivas (*v. g.*, felicidade, alegria, amor), conexas ao prazer; e (ii) emoções negativas (*v. g.*, tristeza), pertinentes à dor. As primeiras abrangem a aproximação, expandem a percepção, estimulam a memória, favorecem a flexibilidade dos esquemas de pensamento, beneficiam a inovação, diligenciam a ousadia, geram comportamentos cooperativos. As segundas, pelo contrário, envolvem o atraso, empobrecem a percepção, convidam ao recolhimento, aliciam o conservadorismo e exibem potencial para produzir conflitos. A abundância de ideias, por exemplo, é anabolizada durante a felicidade e refreada na tristeza. De tal modo, as emoções podem ter uma valência negativa (*v. g.*, medo), neutra (*v. g.*, espanto) ou positiva (*v. g.*, alegria), embora possa ocorrer que a mesma emoção tenha uma valência diferente dependendo do ambiente ou do momento.[1761]

Geralmente, podem-se catalogar três modos principais de contribuição cognitiva das emoções: a focalização, a orientação e a categorização.[1762] No campo epistemológico, se a certeza é um objetivo utópico, ao se reconfigurar a sua busca, vicejam chances para uma questão epistemológica mais ampla e sortida (*v. g.*, a pujança das emoções favorecer o entendimento tanto na ciência como na arte). Nesse quadrante, é útil remarcar a esperança na superação da dicotomia tirânica entre cognitivo e emotivo[1763] não para sufocar emoções, mas sensibilizar a cognição.[1764] Seria, pois, um trabalho tão improfícuo quanto aquele de Sísifo tentar separar racionalidade das emoções.[1765] A razão parece não funcionar, em alguma escala, sem o suporte da emoção.

Como já assinalado, pesquisas científicas comprovam que um grupo de pessoas com lesão numa parte do cérebro responsável pelas emoções, apesar de não as sentirem, e mesmo aparentemente intactas as faculdades cerebrais responsáveis pelo funcionamento da razão, não conseguiam decidir: podiam descrever o que deviam fazer, em termos lógicos, mas não conseguiam decidir nem mesmo coisas prosaicas da vida, como escolher o que comer.[1766] De fato, estudos no campo da neurociência afetiva evidenciam que pessoas que perdem a faculdade emotiva, por força de alguma lesão

existenciais, arrazoados contraditórios ou opostos entre si, e também ele necessita poder contê-los durante algum tempo, sem rebater de imediato, caso sinta que as coisas não estão claras nem para ele e nem para os interessados no processo. Mas o que mais importa para o exercício do juiz é que ele tenha bem estabelecido o atributo de *autocontinência*, isto é, que ele consiga conter dentro de si as suas próprias angústias e sentimentos difíceis que lhe foram despertados pelo processo, de modo a poder mais tranquilamente decodificar, refletir, elaborar, dar um significado, um sentido e uma nominação para aquilo que vai se constituir a sua sentença". (Grifos no original).

[1761] LEMAIRE, Stéphane. *Les désirs et les raisons*: De la délibération à l'action. Paris: VRIN, 2008, p. 60.

[1762] O tema é objeto do Capítulo Primeiro, tópico 1.3 *supra*.

[1763] GOODMAN, Nelson. *I linguaggi dell'arte*. L'esperienza estetica: rappresentazione e simboli. Milano: Il Saggiatore, 1998, p. 213.

[1764] ELGIN, Catherine Z. *Considered judgment*. Princeton: Princeton University Press, 1999, p. 147.

[1765] CASTRO, Jorge Rosas de, *op. cit.*, p. 67: "A neurociência tem-se encarregado de demonstrar com critério científico a impossibilidade de separar a racionalidade das emoções".

[1766] GOLEMAN, Daniel. *Inteligência emocional*. Rio de Janeiro: Objetiva, 1995, p. 49. Vide, também, DAMÁSIO, António R. *O erro de Descartes*, *op. cit.*, p. 61 ss.

cerebral, têm dificuldades em tomar decisões.[1767] Assim vistas as coisas, a emoção não só maximiza a concentração, clarifica a avaliação, como também "leva o indivíduo a agir em circunstâncias nas quais a reflexão seria interminável, inconsistente e inconclusiva".[1768]

Se, por definição, o sistema de justiça é uma dimensão humana, os juízes – que não são computadores – são inevitavelmente influenciados por suas emoções, que podem desencadear respostas afetivas e penetrar na formulação das decisões referentes aos conflitos que lhes foram postos.[1769]

Os sentimentos e as emoções de um juiz (como, de resto, árbitro, jurado, mediador ativo, conciliador[1770]) em relação ao caso concreto podem influenciá-lo em uma direção ou outra, de molde a ir por aquele ou aqueloutro caminho. Não se pode desconhecer a influência do fator emocional nas decisões dos juízes. É uma realidade palmar que entra pelos olhos e, por isso, uma teoria honesta do julgamento deve levá-la em conta.[1771]

No dia a dia forense, aqui e alhures, despontam, amiúde, causas de grosso calibre emocional tendentes a provocar polarização anímica, com ativação de alguns predicados do psiquismo do juiz referentes ao arquétipo *anima* (*v. g.*, o sentimento, a empatia, consistente na preocupação pelo outro, a avaliação das consequências do julgado, a intuição, a criatividade), tais como: reivindicação de direitos civis, uso medicinal da maconha para uma criança, imigração ilegal, poluição ambiental, relações de trabalho, dívida de cartão de crédito,[1772] bloqueio da poupança e de outras aplicações financeiras.

De uma maneira generalizada, há pesquisas científicas que fornecem dados técnicos sobre emoções e expressões faciais. O *Facial Action Coding System (FACS)* consiste num sistema de decodificação de expressões faciais, com variadas aplicações, inclusive para a produção de filmes de animação. De fato, as emoções são externamente reveladas nos rostos e semblantes das pessoas, de modo que tal reconhecimento tem o condão de melhorar a comunicação e a vida emocional.

Quer-se dizer que há relação entre o comportamento emocional, a identificação de expressões faciais e o caráter evolutivo e comportamental das emoções. Na concepção darwiniana,[1773] toda a raça humana expressava a emoção através dos mesmos sinais de expressão. É dizer: as expressões faciais não eram resultado da convivência em sociedade, tampouco cada cultura exibia uma forma distinta de expressar as emoções. Com efeito, pesquisa em culturas isoladas resultou na certificação de que a raça humana expressa os mesmos sinais faciais, independente da sociedade ou etnia em que estão inseridos.[1774] Não por acaso, diz-se que as emoções básicas exibem componentes culturais, sendo

---

[1767] ELSTER, John. *Alchemies of the mind*: Rationality and the emotions. Cambridge University Press, 1998, p. 291-293.

[1768] POSNER, Richard Allen. *Fronteiras da teoria do direito, op. cit.*, p. 285: "A decisão é uma forma de ação, e não existe ação sem emoção".

[1769] CASTRO, Jorge Rosas de, *op. cit.*, p. 68: "A decisão não é pois tomada com base em critérios de razão pura: ou porque a razão pura é coisa que não existe ou porque, existindo, não funciona sem o suporte, em maior ou menor medida, da emoção. Convoco aqui esta temática, como se antecipa, porque vejo a compaixão também como uma atitude emocional: se as emoções não estão arredadas do processo de decisão, se a compaixão é (também) uma emoção, então não vejo por que motivo havemos de excluir liminarmente a compaixão do processo de decisão judicial".

[1770] FIORELLI, José Osmir et al. *Psicologia aplicada ao Direito*. 4. ed. São Paulo: LTr, 2015, p. 137.

[1771] GUTHRIE, Chris; WISTRICH, Andrew J.; RACHLINSKI, Jeffrey J. Heart versus head: do judges follow the law or follow their feelings? *Texas Law Review*, v. 93, p. 855-923, 2015, esp. p. 923.

[1772] GUTHRIE, Chris; WISTRICH, Andrew J.; RACHLINSKI, Jeffrey J., *op. cit.*, p. 876-898.

[1773] DARWIN, Charles A. *A expressão das emoções no homem e nos animais*. São Paulo: Companhia do Bolso, 2009.

[1774] EKEMAN, Paul. *A Linguagem das emoções*. São Paulo: Lua, 2011, especialmente em seu capítulo primeiro.

algumas emoções encontradiças em todas as culturas (*v. g.*, felicidade, surpresa, raiva, tristeza, medo, repugnância).[1775]

Contudo, os motivos e os momentos em que os indivíduos se emocionam ou os fatores que desencadeiam as emoções ("gatilhos emocionais") podem ser compartilhados ou específicos para cada cultura ou para cada pessoa. As emoções enviam sinais que mudam a expressão, a fisionomia, a voz e a postura corporal, como uma reação ao que é sentido. Tais sinais não podem ser escolhidos, pois que resultam de uma resposta do sistema nervoso.

É claro que há emoções negativas (*v. g.*, raiva, tristeza, angústia, medo) que podem inibir a criatividade e decisões sábias, através do desenvolvimento de esquemas rígidos de pensamento, automatizados.[1776] Em reverso, há emoções positivas (*v. g.*, felicidade), mas é importante que os seres humanos tenham conhecimento de como se organizam as emoções, principalmente aquelas negativas, a fim de que possam criar mecanismos de controle sobre determinadas situações, de modo a desenvolverem um comportamento emocional construtivo.

6.5 Juízo e silogismo: natureza inventiva e irracional *versus* caráter demonstrativo e racional

Costuma-se equiparar a *coagulatio*, pertencente ao simbolismo do elemento terra, com a criação.[1777] No campo da fenomenologia do criativo, a criatividade humana é impulsionada pelo esforço intuitivo,[1778] sendo influenciada por algumas constantes referentes à personalidade e a fatores individuais (*v. g.*, forte motivação para com a atividade idealizadora e realizadora, envolvimento emotivo, espírito de iniciativa, dedicação total, flexibilidade perceptiva, culto pelos valores, pela dignidade).[1779]

Força é convir que nem sempre a criatividade, em seu nível inventivo, é um aumento cumulativo dos conhecimentos, e sim um *big bang* irracional,[1780] irrigado pelo trinômio intuição-sentimento-emoção. Aliás, o raciocínio crítico não se afeiçoa à criatividade, pois que o julgamento crítico necessita lançar mão da experiência, dos precedentes e dos fatos. Por ser um raciocínio referenciado ao passado, antagoniza-se com o novo, o original, o ainda à mingua de experimentação.[1781] Por definição, a criatividade ultrapassa, em uma mente fértil, o *status quo*, ou seja, a ordem estabelecida e aceita das coisas, sobre não decorrer de conhecimento ou de dados existentes por qualquer processo racional ou lógico direto.

[1775] HUFFMAN, Karen; VERNOY, Mark; VERNOY, Judith. *Psicologia*. São Paulo: Atlas, 2003, p. 437.

[1776] MOORE, Christopher W. *O processo de mediação*. Tradução Magda França Lopes. 2. ed. Porto Alegre: Artmed, 1998, p. 27.

[1777] EDINGER, Edward F. *Anatomia da psique*: o simbolismo alquímico na psicoterapia. Tradução Adail Ubirajara Sobral, Maria Stela Gonçalves. São Paulo: Cultrix, 2006, p. 101-102.

[1778] POINCARÉ, Henri. *Science et méthode*. Paris: Ernest Flammarion, Éditeur, 1920, p. 48, 134: "Dans les édifices élevés par nos maîtres, à quoi bon admirer l'œuvre du maçon si nous ne pouvons comprendre le plan de l'architecte? Or, cette vue d'ensemble, la logique pure ne peut nous la donner, c'est à intuition qu'il faut la demander".

[1779] DE MASI, Domenico. *A emoção e a regra*: os grupos criativos na Europa de 1850 a 1950. Tradução Elia Ferreira Edel. 2. ed. Rio de Janeiro: José Olympio, 1999, p. 19-20.

[1780] DE MASI, Domenico, *op. cit.*, p. 228.

[1781] PARADIS, Adrian A. *A arte de resolver problemas*. Tradução Victor Brinches. Rio de Janeiro: Record, 1966, p. 21.

A história está pontilhada de exemplos que reconhecem o papel da centelha intuitiva no processo criativo,[1782] nas invenções e nas descobertas de soluções para problemas simples ou de extrema complexidade.[1783] A "capacidade de juízo" (*Urteilskraft*), como virtude espiritual fundamental, no que toca aos juízos morais e estéticos, não obedece à razão, senão que tem um caráter de sentimento.[1784]

O comportamento criativo pode se manifestar no terreno da inventividade, com maior dose de invenção e capacidade de descobrir novas realidades e relações tanto na ciência como nas artes.[1785] Há teorias filosóficas que consideram a criatividade ligada à intuição e ao poder superior, como também existem teorias psicológicas, como o associanismo, que fundamentam a criatividade no relacionamento com o processo de tentativas e erros e o pensamento criativo na ativação de conexões mentais até que surja a combinação certa ou até que o pensador desista. O gestaltismo, à sua vez, consiste na ideia de um fator envolvendo reorganização ou redefinição de "todos" estruturados, combinando flexibilidade, análise e síntese. Contudo, hodiernamente, há contribuições que colocam a criatividade no endereço da personalidade.[1786]

Seja como for, em toda noção de criatividade há de se incluir seu indispensável núcleo de novidade, contrastando-se com o que comumente é considerado como inteligência: o pensamento criativo é inovador, exploratório, aventuroso.[1787] A viagem do criador, não raro, tem um porto de chegada intuitivamente antevisto pelo viajante.[1788] O aspecto criativo-inventivo representa a nota essencial do juízo-decisão.

Não é fadiga inútil reafirmar que um dos eixos teóricos do trabalho se pode resumir nesta proposição de inspiração carneluttiana: a sentença civil, em sua gênese, é um momento do pensamento puramente intuitivo e, portanto, irracional. Na refinada concepção do Mestre peninsular: julgar não é ainda raciocinar; o juízo (julgamento) vem antes, o raciocínio vem depois.[1789] Realmente, diante de um caso concreto, o juiz começa com um juízo positivo ou negativo, por um sim ou por um não. São suas primeiras

---

[1782] OSBORN, Alex F. *O poder criador da mente*. Tradução de E. Jacy Monteiro. São Paulo: IBRASA,1962, p. 154.

[1783] Para um aceno geral acerca do tema, vide LOON, Hendrik Van. *História das invenções*: o homem, o fazer de milagres; tradução Hemengarda Leme. 3. ed. São Paulo: Brasiliense, 1957.

[1784] GADAMER, Hans-Georg. *Verdad y método I*. 13. ed. Tradujeron Ana Agud Aparicio y Rafael de Agapito del original alemán Wahrheit und Methode. Salamanca: Sígueme, 2012, p. 61.

[1785] NOVAES, Maria Helena. *Psicologia da criatividade*. Rio de Janeiro: Vozes, 1971, p. 21.

[1786] NOVAES, Maria Helena, *op. cit.*, 23: "Modernamente, os estudos psicológicos de criatividade superam essas posições, uma vez que outras contribuições situam a criatividade no contexto da personalidade – síntese integradora – e estudam tanto os processo psicológicos na associação de estímulos e respostas, como os diversos modos de o indivíduo receber, produzir, organizar e armazenar informações".

[1787] KNELLER, George Frederick. *Arte e ciência da criatividade*. Tradução de J. Reis. 5. ed. São Paulo: Ibrasa, 1978, p. 15-23.

[1788] MUELLER, Robert E. *O poder de criação*. Tradução de Maria Lúcia do Eirado Silva. Rio de Janeiro: Ed. Lidador, 1965, p. 40: "A criação não é como o voo da borboleta, ao acaso. O objetivo está mentalmente à vista do inventor muito antes de ser materialmente visto. Os indivíduos inventivos parecem conhecer o final de sua viagem, como se o tivessem espiado no mapa do seu cérebro. Esta previsão é aquilo que chamamos intuição. (...) O jovem Mozart, que escreveu uma ópera aos treze anos, parece ter tido uma intuição musical fantástica".

[1789] CARNELUTTI, Francesco. *Diritto e processo*. Napoli: Morano Editore, 1958, p. 215: "In una parola il giudizio è un momento del pensiero prettamente intuitivo e pertanto irrazionale. Giudicare non è ancora ragionare; il gudizio vien prima, il ragionamento vien dopo;". Vide, também, do mesmo autor, *Arte del diritto*. Padova: CEDAM, 1949, p. 63 ss. Entretanto, averbe-se a posição contrária de TARUFFO, Michele. Giudizio: processo, decisione. *In*: TARUFFO, Michele. *Sui Confini*: Scritti sulla giustizia civile. Bologna: Il Mulino, 2002, p. 157-175, esp. p. p. 168: "Nel caso in cui la decisione fosse rimessa – come talvolta accade – all'arbitrio incondizionato di un giudice che si ritenesse libero di decidere secondo la propria intuizione, si avrebbe pure una scelta, ma sarebbe ancora difficile sostenere che essa è il frutto di un giudizio".

impressões, fruto de intuições, e, por isso, não confessadas nem mesmo conhecidas, mas inevitáveis e indispensáveis.

Trata-se, pois, da fixação de uma hipótese de trabalho necessária para estabelecer um ponto de partida, o primeiro passo do balé decisório, sobre o qual raciocinar.[1790] A constatação de que o julgar vem antes do raciocinar não basta para decidir, já que, ao depois, mister se faz ministrar as razões que possam, racional e validamente, servir de suporte para o *decisum*.[1791] Daí descende que não seria despropositado falar em uma concepção dualista da decisão judicial, dicotomizada entre essência-espírito (juízo) e matéria-corpo (silogismo judicial no momento derradeiro do juízo).

É supérfluo advertir que, nesse palco, entra em cena a garantia fundamental da imparcialidade, configurando-se como elemento essencial da atividade judicante, sendo certo que, na experiência jurídica, imparcialidade e justiça estão intimamente conexiona-das.[1792] Mas (dir-se-á) poderá haver julgamento imparcial no âmbito da irracionalidade ou da pré-racionalidade? Ou, quando nada, da cisão do conceito de racionalidade, nos contextos de (i) descoberta ou de deliberação e de (ii) justificação ou de validação? O problema da imparcialidade é inerente ao teor da motivação do decisório e se resolve nas razões justificativas ministradas pelo juiz.

Busca-se, na origem, a linha de perquirição do fascinante juízo decisório. Ou seja: *como faz o juiz para decidir* governado por sua intuição, guiado por seu sentimento, transportado por sua emoção, instigado pelas peripécias de seu inconsciente até a for-mulação da hipótese de trabalho ou de julgamento. Buscar-se-á desnudar-lhe a natureza. É precisamente a esse ângulo que o problema assume significativa relevância teórica e prática. Entretanto, semelhante perspectiva do problema não mereceu a devida atenção da doutrina processual brasileira. Tal aspecto, reafirme-se, não se confunde natural-mente com aqueloutro de *como é feita* a decisão (*v. g.*, estrutura silogística da sentença).

Numa linha: não se afigura exato equiparar, com a automática tranquilidade de uma máquina calculadora, o complexo processo genético da sentença civil a uma escolástica e absoluta dedução lógico-silogística. Atento à realidade circundante, em dicção carneluttiana, o juiz não se entrega a "maquinações lógicas desvitalizadas".

Percebe-se, ao primeiro lance de vista, a impossibilidade de reduzir o juízo tanto a uma operação simples de julgamento como a uma operação mais ou menos complexa de raciocínio puramente lógico.[1793] Encoraja a pensar que é inexata a concepção exclu-sivamente lógica do juízo jurídico, pois que, nele, à luz de doutrinas psicologistas ou axiológicas, é encontrado sempre um juízo de valor, uma estimativa, alcançável com

---

[1790] CARNELUTTI, Francesco. *Diritto e processo*, *op. cit.*, p. 215-216.

[1791] CARNELUTTI, Francesco. *Diritto e processo*, *op. cit.*, p. 216: "Ma quello che bisogna capire prima di tutto è che il ragionare viene dopo; serve alla verificazione, non all'invenzione. Infatti il sillogismo è lo strumento della ragione; e il sillogismo nasce dal giudizio, senza il quale le premesse non potrebbero essere poste. (...) Ora è messo in chiaro perché la legge e, con essa, il sillogismo, serve a verificare il giudizio; o, in altri termini, perché la ragione vien dietro all'intuizione; con parole più semplici, il buon senso chiede l'aiuto del senso comune. E viene in chiaro perché il giudice, al fine di decidere, non tanto sente il bisogno quanto ha l'obbligo di motivare: la motivazione non è altro se non il ragionamento, ossia la sequela di sillogismi, con i quali il giudice non trova ma collauda la decisione".

[1792] TRUJILLO, Isabel. Imparcialidade. *In*: BARRETTO, Vicente de Paulo (Coord.). *Dicionário de filosofia do direito*. Rio de Janeiro: Renovar. São Leopoldo: UNISINOS, 2009, p. 463-467, esp. p. 463.

[1793] GORPHE, François. *Les décisions de justice*: Étude psychologique et judiciaire. Paris: Presses universitaires de France, 1952, p. 28.

sentimento e emocionalidade.[1794] A sentença encarna um juízo jurídico de valor tanto em relação aos fatos, quanto ao direito aplicável.[1795]

Mas, *quid est iudicium*?

Antes do mais, é preciso atentar para a relação entre o conceito de juízo e o conceito de direito. Basta verificar o parentesco entre os dois vocábulos latinos, *iudicium* e *ius*. *Iudicium* é composto de *ius* e *dico*.[1796] Tanto é assim que o *ius* não pode ser *dictum* sem esta atividade básica do pensamento que atende pelo nome e sobrenome de juízo jurídico.[1797]

O processo de conhecimento, quando cumpre seu mérito, se conclui em um juízo. O processo de cognição é juízo, formação de juízo e termina com um juízo.[1798] Quando se considera a decisão como juízo, o resultado da jurisdição se concretiza, precisamente, em um *dicto*, ou seja, *dicere*: um juízo virá declarado.[1799] Daí se usar a palavra juízo no lugar de processo cognitivo, estendendo-se o nome do efeito à causa. Processo e decisão estão conectados por uma relação de meio e fim, de instrumento e resultado, de premissa e consequência.[1800] Ademais, a palavra juízo, não raro, designa, mais genericamente, o processo, independentemente de seu caráter.[1801]

Contudo, não seria despropositado hipotetizar que pode haver decisão sem juízo. De fato, do campo da experiência do direito ressumbram exemplos de decisões nas quais as escolhas são feitas com métodos que prescindem da formulação de um juízo (*v. g.*, o método rabelaisiano de decidir com lançamento de dados).[1802]

Em latim, o juízo se traduz também como *sententia*, donde se diz que o processo de cognição, pelo juízo, desemboca, como aspiração fundamental, em uma sentença de mérito. Assim, o juízo, no qual o processo se resolve, constitui a solução das questões (preliminares, prejudiciais e de mérito) afloradas no processo.[1803] Neste sentido, o juízo representa não apenas o ato de julgar em sentido estrito, senão também o efeito do julgamento (*v. g.*, a sentença).[1804]

O vocábulo cognição, por exemplo, é usado para designar o próprio processo (processo de conhecimento ou de cognição), e não somente para indicar a natureza da

---

[1794] MARINI, Carlo Maria de. *Il giudizio di equità nel processo civile*: premesse teoriche. Padova: CEDAM, 1959, p. 39: "Il mistero del processo, o per dir meglio il mistero del giudizio giuridico, consiste a mio avviso nella confluenza di un giudizio di conoscenza sulla norma positiva con un giudizio di valore sulla situazione concreta".

[1795] FUX, Luiz. *Curso de direito processual civil*: processo de conhecimento. 4. ed. Rio de Janeiro: Forense, 2008, v. 1, p. 636.

[1796] PALLARES, Eduardo. *Derecho procesal civil*. Segunda edición. México: Porrua, 1965, p. 338.

[1797] CARNELUTTI, Francesco. *Teoria generale del diritto*. Terza edizione emendata e ampliata. Roma: Soc. Ed. del "Foro Italiano", 1951, p. 365.

[1798] SATTA, Salvatore. Il mistero del processo. *Rivista di Diritto Processuale*, Padova, v. 4, Parte I, p. 273-288, 1949, esp. p. 281.

[1799] CARNELUTTI, Francesco. *Sistema del diritto processuale civile*: funzione e composizione del processo, v. 1. Padova: CEDAM, 1936, p. 270, 271: "(...) il giudizio pronunziato dal giudice interviene nel dissenso fra le parti al fine di risolverlo (...)".

[1800] TARUFFO, Michele. Giudizio: processo, decisione, *op. cit.*, p. 157.

[1801] CARNELUTTI, Francesco. *Istituzioni del processo civile italiano*. Quinta edizione emendata e ampliata. Roma: Soc. Ed. del "Foro Italiano", 1956, v. 1, p. 75.

[1802] TARUFFO, Michele. Giudizio: processo, decisione, *op. cit.*, p. 168.

[1803] MARQUES, José Frederico. *Instituições de direito processual civil*, v. III. 1. ed. – Campinas: Millennium, 1999, p. 459.

[1804] CARNELUTTI, Francesco. *Istituzioni del processo civile italiano*, *op. cit.*, p. 76: "Poiché giudizio denota così l'atto come l'effetto del giudicare, e qui si tratta di studiare quest'ultimo, per evitare equivoci e seguire la tradizione, in luogo di giudizio, per indicare il risultato del processo di cognizione, si dice giudicato".

atividade do juiz.[1805] Noutros termos: é comum a utilização do vocábulo *iudicium* no sentido de processo, designando, pois, tanto a atividade cognitiva, quanto o mecanismo através do qual semelhante atividade opera (processo de conhecimento). Ademais, a palavra *decisum* é amplamente empregada como sinônimo de *iudicium*, de julgamento ou de sentença.[1806]

No direito romano, não se falava de processo, mas de *iudicium*.[1807] Ao juízo está umbilicalmente ligada a justiça, no sentido de que o juízo tem por fito estabelecer o que é justo (*iustum*). O juízo, do qual nasce o direito, é essencialmente juízo de valor.[1808] O juízo se forma com tamanha velocidade que resulta impossível a sua observação.[1809] Talvez por isso, aquilo de que os estudiosos se ocupam não é propriamente o juízo, mas o processo. Ou seja: ao colocarem o foco mais no mecanismo (a máquina) que no dinamismo (a força que a move), falam muito do processo e quase nada acerca do difícil tema do juízo. Dever-se-ia investigar que coisa seja julgar, escrutinar o juízo, mas percebe-se, com surpresa, que o foco dos estudos tem sido o julgado: mais os efeitos do que a causa.[1810] Em dicção carneluttiana: muitos estudaram o processo, deve-se começar a estudar o juízo; estudaram o julgado, deve-se, em sua parte mais secreta e delicada, estudar a dinâmica interna do julgar *in concreto*.[1811]

Nesse quadrante, excluída a possibilidade de se reduzir juízo ao silogismo, era de se esperar que a doutrina carneluttiana tivesse enfrentado o problema da análise da estrutura do juízo, notadamente ao ângulo da lógica e da epistemologia, de modo a colher as características essenciais de tais juízos e seus modos de concatenação na atividade do juiz, mas não o fez.[1812] Muito provavelmente, pelo fato de o Mestre peninsular considerar o juízo irracional/ilógico, ante o protagonismo da intuição (embora considerada forma de conhecimento) no ato de julgar em sentido estrito.

Por outro lado, houve tentativas de se individuar a estrutura do juízo mediante referências às noções indeterminadas de certeza, de verdade e de justiça, colocadas no objeto do juízo mesmo. Também se diz que o juízo é caracterizado como momento de experiência jurídica e, desse modo, como fase da experiência ética do ser humano, realçando-se, ainda, o problema dos juízos de valor na decisão.[1813]

[1805] WATANABE, Kazuo. *Da cognição no processo civil*, 4. ed. rev. e atual. – São Paulo: Saraiva, 2012, p. 66: "Relevância maior está na distinção entre cognição como *iter* ou mecanismo e como resultado, e o ato consequente, que é o *judicium* (juízo) ou *decisum*, isto é, o julgamento".

[1806] WATANABE, Kazuo, *op. cit., p.* 66, em especial notas 55 e 56.

[1807] SCIALOJA, Vittorio. *Corso di Istituzioni di Diritto Romano*. Roma: Bodoni e Bolognesi, 1912, p. 515 ss.

[1808] CARNELUTTI, Francesco. Nuove riflessioni sul giudizio giuridico. *Rivista di Diritto Processuale*. Padova: CEDAM, vol. XI, Parte 1, 1956, p. 81-106, esp. p. 96.

[1809] CARNELUTTI, Francesco. *Diritto e processo, op. cit.*, p. 214-215: "Il segreto del giudizio è la copula; un segreto che nessuno sulla terra riuscirà a scoprire del tutto. Non a caso la copula è il verbo; e si dovrebbe scrivere Verbo, con l'iniziale maiuscola, per approssimarci alla verità. È attraverso il verbo, cioè attraverso l'essere, che la conoscenza della res iudicanda si arricchisce nella res iudicata. Ma dell'essere non possiamo avere se non una intuizione più o meno oscura, tanto è vero che non n'è possibile la definizione; è una contradictio in adiecto la definizione dell'infinito. Il vero è che ogni giudizio è al fondo un giudizio di valore; e il valore di ciascuna cosa, poichè la cosa è una parte, non si può conoscere se non confrontandola con il tutto".

[1810] CARNELUTTI, Francesco. Torniamo al "giudizio". *Rivista di Diritto Processuale*, Padova, v. 4, parte 1, p. 165-174, 1949, esp. p. 168.

[1811] CAPOGRASSI, Giuseppe. Giudizio, processo, scienza, verità. *Rivista di Diritto Processuale*, Padova, 5(1):5, p. 1-22, 1950, esp. p. 1.

[1812] Assim, CAIANI, Luigi. *La Filosofia dei giuristi italiani*. Padova: CEDAM, 1955, p. 103 ss.

[1813] TARUFFO, Michele. *La motivazione della sentenza civile*. Padova: CEDAM, 1975, p. 19-20, em especial nota nº 28.

Seja como for, o silogismo judicial não é capaz de representar a realidade do juízo, adstrito, aqui, ao ato de julgar em sentido estrito (juízo-decisão), mas, apesar disso, não se pode obliterar a indispensável distinção entre a estrutura do juízo, que tem por fito a obtenção da decisão, e a estrutura da motivação, que tem por escopo justificar a decisão. Aliás, tal distinção se apresenta não apenas sob o prisma estrutural e funcional, senão também fenomenológico: o juízo-decisão implica atividade, enquanto a justificação configura um discurso que, é útil sublinhar, não é nem sequer o resultado linguístico daquela atividade.

De qualquer forma, desborda do âmbito do presente trabalho a análise aprofundada de outros tipos de juízo na atividade do juiz, tais como: juízo de fato, juízo de direito, juízo de equidade, embora semelhante tipologia esteja presente, em maior ou menor intensidade e adensamento, em vários passos desta obra.

Note-se – e o ponto é de superlativa importância – que o juízo decisório em sentido estrito, dado seu caráter inventivo, não se apresenta logicamente estruturado, ante a presença inevitável e predominante, no contexto de deliberação da decisão, do trinômio intuição-sentimento-emoção, bem como de elementos irracionais carreados pela mente inconsciente do juiz. De sorte que a decisão, quando considerada sob o perfil psicológico, resulta de uma atividade em si irracional e, como pedra de toque das posições realistas, fadada a ser "racionalizada" apenas *a posteriori*. Cuida-se, pois, de mecanismo tendente a promover a convivência pacífica na busca, por exemplo, pela conciliação de arquétipos opostos (v. g., *animus* e *anima*).

Mas (dir-se-á) se poderia falar, talvez, de uma espécie de racionalidade distinta daquela racionalidade que opera no contexto de justificação da decisão, ou que a lógica da escolha é irredutivelmente diversa nos dois contextos.[1814] Sim, no limite argumentativo, poder-se-ia falar, como autorizada doutrina sugere, de racionalidade de escolha de tipos diversos. Todavia, não seria despropositado acentuar, baseado em uma ossatura estrutural intuitiva, sentimental, emotiva, idiossincrática, como aqui se preconiza, uma atividade que remete a um modelo irracional, ilógico ou a uma dimensão além da razão, porquanto a decisão é, por exemplo, fruto do exercício de intuição, e não de raciocínio analítico ou derivada de um conjunto de proposições encadeadas por inferências lógico-dedutivas.

Realmente, por outras palavras, no contexto de descoberta, se a decisão resulta de um sentir intuitivo do juiz, não é tomada de maneira consciente, a partir de um processo estruturado, articulado e controlado de raciocínios, inferências lógicas, silogismos jurídicos.[1815] Assim vistas as coisas, o juízo-decisão não se deixa, por radical inidoneidade fenomenológica, representar, de modo exauriente, por um esquema articulado e puramente lógico-racional. Cumpre notar, de um lado, a ausência de homogeneidade da estrutura do juízo formulado no momento do contexto de deliberação da decisão e,

---

[1814] TARUFFO, Michele. *La motivazione della sentenza civile, op. cit.,* p. 220-221: "Ciò implica due importanti corollari: il primo è che il modello logico secondo il quale la scelta viene compiuta non coincide con quello secondo cui la scelta viene giustificata, sicché la "logica della scelta" è irriducibilmente diversa nei due contesti. Il secondo è che, data la più volte ricordata asimmetria tra procedimento decisorio e motivazione, non sussiste coincidenza necessaria tra le scelte compiute nel primo e le scelte espresse nella seconda, neppure dal punto di vista del loro "contenuto". Ne discende, necessariamente, anche una scissione del concetto di razionalità della scelta in due concetti rispettivamente adeguati ai due diversi contesti".

[1815] RECASENS SICHES, Luis. *Panorama del pensamiento jurídico en el siglo XX.* México: Porrúa, 1963, t. I, p. 242.

de outro, a relação assimétrica, dissonante entre o contexto de descoberta e o de justificação, no sentido de que as características do primeiro não determinam aquelas do segundo, nem vice-versa. Inexiste, pois, uma identidade ou correspondência estrutural entre a atividade decisória e o procedimento de justificação.

Na realidade, no contexto de descoberta da decisão, escolhas valorativas imediatas, estimativas diretas, apreçamentos e hipóteses de trabalho resultam, inevitavelmente, de intuições do juiz, e não de raciocínios discursivos. Aliás, em dicção carneluttiana, se o juiz fizesse apenas raciocinar, ele jamais chegaria a assentar sua hipótese de trabalho, que decorre naturalmente de seu inicial sentir intuitivo acerca do caso concreto. Em seguida, já no contexto de justificação, a hipótese de trabalho, antecedentemente fixada, deverá ser testada, verificada e confirmada, ou não, à luz dos conceitos jurídicos, do resultado das provas, do direito vigente e dos precedentes judiciais obrigatórios.[1816] Neste nível, banhado na mais pura fonte de racionalidade e de logicidade, ao juiz cumpre o dever constitucional de aportar razões que possam publicamente justificar a correção ou a justeza de seu decisório, mediante argumentos sólidos, coerentes, côngruos com os dados objetivos ensartados nos autos do processo, identificáveis e intersubjetivamente válidos em determinado tempo e lugar. Dá-se, nesse nível, a ampla abertura do conhecimento da racionalidade e da coerência argumentativa dos magistrados, para fins de controlabilidade, endo e extraprocessual, como sejam, funções técnico-instrumental e político-garantística da motivação jurídica do julgado, respectivamente. Materializa-se, assim, o valor justiça, concretizando o Estado Constitucional e Democrático de Direito.

Há prestigiosas vozes doutrinárias que sustentam que a "lógica do juiz" se bifurca necessariamente em lógica do juízo, que significa racionalidade da escolha de avaliação, e lógica da motivação, que significa justificação de semelhante escolha.[1817]

Todavia, sob o prisma do irracionalismo filosófico-axiológico, a colocação no fundo do juízo de uma escolha de natureza intuitiva não se compraz, em absoluto, com modelos lógicos e racionais discursivos do juízo. É de se considerar, assim, que a decisão, em sua gênese, não venha deduzida, construída ou logicamente extraída pelo juiz de premissas determinadas, mas que seja por ele intuída e calcada em seu sentimento do valor justiça. Donde resulta a impossibilidade de uma concepção logicamente articulada do juízo, especificamente no *context of discovery*, em relação à formação da decisão em sentido estrito ou ao procedimento que conduz a formular uma determinada solução para a lide.[1818] No *context of justification (or of explanation)*, opera, com nítida diferença estrutural e funcional, o procedimento destinado a demonstrar, justificando-a racionalmente, a validade de tal solução.

Na perspectiva taruffiana, a "lógica do juiz" cumpre funções diversas segundo se trate da lógica usada como instrumento de decisão ou como ferramenta de motivação.[1819]

[1816] Reconhecendo o papel da intuição no contexto de descoberta da decisão, bem como sua heterogeneidade em relação ao contexto de justificação, vide TARUFFO, Michele. *La motivazione della sentenza civile, op. cit.,* p. 119: "In particolare, siffatta eterogeneità può essere messa in evidenza riguardo a diversi aspetti: anzitutto, il ragionamento del giudice, che procede anche per intuizioni, assunzioni di ipotesi di lavoro, scelte valutative immediate, può essere assai meno articolato di quanto non debba essere la motivazione, nella quale l'intuizione debe svolgersi nelle forme dell'argomentazione, le ipotesi vanno confermate o verificate, e le scelte di valore vanno razionalmente convalidate".

[1817] TARUFFO, Michele, *op. cit.,* p. 148.

[1818] Consigne-se o entendimento contrário de TARUFFO, Michele, *op. cit.,* p. 101-102.

[1819] TARUFFO, Michele, *op. cit.,* p. 214.

Contudo, não há necessária correspondência, mas, reafirme-se, uma ligação assimétrica, entre a escolha do valor e sua justificação, já que não têm uma estrutura unitária, no sentido de que a presença de uma justificação logicamente correta não necessariamente pressupõe a formulação de um juízo de valor segundo cânones racionais.[1820]

Não por acaso, o que se sustenta no presente trabalho é que o lado feminino (*anima*) da psique do homem juiz tem o condão de lhe descortinar melhor busca de julgamentos e de valores vinculados com a função sentimento, que, na concepção scheleriana, é o "órgão" dos valores. Os valores e as conexões entre eles são percebidos, na zona emocional do espírito, pela intuição no momento da vivência. Portanto, a operação de interpretação-aplicação da lei pelo juiz envolve, inelutavelmente, intuição, sentimento e emoção.

O "*Nolite iudicare*" evangélico designa uma admoestação referente à insuficiência de qualquer juízo sobre o homem.[1821] Emerge, assim, a indulgente sentença de Jesus Cristo: "Atire-lhe a primeira pedra aquele que estiver isento de pecado" (João 8, 7). Julgar necessita o homem digno de julgar. Impõe-se encontrá-lo,[1822] pois os assuntos humanos devem ser tratados humanamente.

A *res iudicanda* é um ser humano (seja no campo criminal, seja no campo civil). Pois bem, é justamente este homem que ao juiz cumpre conhecer. Cada juízo implica salto para além dos confins, para o qual o momento do intelecto estaciona. O espírito possui outras forças capazes de superar o hiato. O juiz deve dispor dessa riqueza espiritual e realizar com dignidade sua tarefa, que é, afinal de contas, "*di conoscere l'altro uomo*".[1823] No mistério do processo civil, há, pelos menos, três homens: quem julga e os outros dois que são julgados.[1824]

Nessa moldura, emerge a necessidade de se escrutinar a decisão judicial, não tanto para se compreender o que seja o processo, mas para se afeiçoar ao *iudicium*.

[1820] TARUFFO, Michele, *op. cit.*, p. 148.

[1821] SATTA, Salvatore. Il mistero del processo, *op. cit.*, p. 282-283: "Quel che importa insomma non è che cada la testa, ma soltanto che se cade io sono nel giusto: quindi quel che importa è il giudizio. Per questo, per la istanza di giustizia, e diciamo pure di divina giustizia, che è nel giudizio, fu detto: non giudicate. Ma per questo anche il giudizio (il domandar ragione a questo giusto, come ben sentì Dante) è una pena, è la sola vera pena. Il genio di Biagio Pascal ha fissato per sempre questa verità in un sublime pensiero: "Gesù Cristo non ha voluto essere ucciso senza le forme di giustizia, perché è ben più ignominioso morire attraverso un giudizio che per una sedizione ingiusta".

[1822] CARNELUTTI, Francesco. *Diritto e processo*, *op. cit.*, p. 73: "Il problema del giudice si inserisce pertanto nel problema dello sviluppo della personalità, il quale è lo svolgimento che trasforma l'individuo nella persona. Il giudice dovrebbe essere scelto tra coloro, i quali si trovano al sommo di questo sviluppo. Non saranno mai date cure sufficienti a questa scelta; né a determinare intorno al giudice un ambiente di agiatezza e di prestigio, tale da stimolare i migliori a desiderare tale ufficio. Tra i fattori della personalitá merita gran conto la cultura; ma altrettanto e più la moralità, e avrei voglia di dire, più semplicemente, la bontà alludendo all'insufficienza del pensiero e pertanto alla necessità dell'amore per dare al giudice la forza di essere l'altro, dalla quale veramente dipende la sua capacità di giudicare".

[1823] CARNELUTTI, Francesco, *op. cit.*, p. 74.

[1824] CARNELUTTI, Francesco. Torniamo al "giudizio", *op. cit.*, p. 174: "Il compito del maestro di diritto processuale non si limita a individuare il problema né a confessare che il problema è un mistero; ma a cercare e a insegnare come il mistero si celebra. Anche la generazione è un mistero, eppure l'uomo genera; ma dovrebbe, generando, esserne consapevole. Così è del giudicare. La mia ultima lezione a questo è stata dedicata. Mi pareva, mentre la comunione con i discepoli era giunta a una tensione da sfiorare la sofferenza, di vedere tutti i miei stessi concetti, lavorati con tanta fatica, staccarsi come foglie secche dall'albero: azione, giurisdizione, cosa giudicata, negozio, provvedimento, nullità, impugnazione, tutto ciò in quel momento solenne mi ha rilevato, alfine, la sua miseria. Sulla scena, davanti a me, non c'erano che due uomini: chi giudica e chi è giudicato. Due uomini: questo è il problema. Due fratelli: questa è la soluzione".

Nesse desiderato, parece bem verificar o que seja julgar, pois tem-se estudado o julgado, postergando-se, no entanto, o mistério interno do ato de julgar, radicado na alma do juiz. As sutis estruturas do processo, para além de sua anatomia, são coisas vivas.[1825]

Ao juízo serve o bom senso, daí por que o senso do bem se configura em um dos maiores predicados que o juiz possa nutrir. O bom senso guarda parentesco com o chamado senso comum de determinado lugar e momento histórico-cultural, enquanto argumento tópico, dentro de conjunturas sociais naturalmente complexas e cambiantes.[1826]

Pode-se falar em juízo segundo direito (*v. g.*, valoração dos fatos à maneira do direito positivo) e em juízo segundo equidade (*v. g.*, valoração dos fatos à maneira do direito natural).[1827] Ordinariamente, após o acertamento da verdade dos fatos relevantes da causa, o juiz deve aplicar-lhes a regra jurídica que se dessume para a "*fattispecie*" submetida ao seu juízo. Aqui, a sua atividade de julgar está estritamente atrelada ao direito vigente. Em reverso, é-lhe às vezes permitido obter o critério de seu juízo com ampla liberdade de fonte diversa, moldando-o às peculiaridades do caso particular, de sorte a formular uma regra jurídica concreta que avalie mais adequada e justa.[1828] Quando o ponto de partida toca à natureza jurisdicional do juízo de equidade, considera-se, para alguns, como uma atividade de criação jurídica e, para outros, como um labor de aplicação pura do direito.[1829]

A distinção essencial entre juízo de equidade e juízo segundo direito está na preexistência de pelo menos uma norma positiva que preveja abstratamente como será regulado o fato, embora ambos os juízos pertençam ao gênero dos juízos jurídicos.[1830]

O aspecto do juízo que desperta maior interesse para os fins do presente trabalho está referenciado ao contexto de descoberta da decisão. Então, o juízo, dado seu caráter inventivo,[1831] é, de modo inevitável, influenciado pelo trinômio intuição-sentimento-emoção, bem como pela personalidade do juiz, sua vivência, sua predisposição, seus preconceitos,[1832] sua visão de mundo, pelas forças que impetuosamente eclodem das camadas profundas de sua mente inconsciente, e por aí afora.

[1825] CARNELUTTI, Francesco, *op. cit.*, p. 173: "Ridonare ai discepoli il senso di questa vita; esortarli non solo a studiare i libri, ma a guardare gli uomini e le cose; ottenere che scrutino il volto per leggere nell'anima di chi giudica e di chi è giudicato poiché è là, in quelle anime, che il mistero si celebra, questo dovrebbe essere prima di tutto e soprattutto il compito nostro: beato te se lo hai compreso!"

[1826] NUNES, Luiz Antonio Rizzatto. *Manual de filosofia do direito*. 5. ed. rev. e amp. São Paulo: Saraiva, 2013, p. 432-433.

[1827] CARNELUTTI, Francesco. *Diritto e processo*, *op. cit.*, p. 139.

[1828] LIEBMAN, Enrico Tullio. *Manuale di diritto processuale civile*. Milano: Giuffrè, 1973, v. 1, p. 139. Assim, também, LUGO, Andrea. *Manuale di diritto processuale civile*. 13. ed. Milano: Giuffrè, 1999, p. 12-13.

[1829] PAULA CONCA, Javier Prieto de. *La equidad y los juicios de equidad*. Madrid: Difusión Jurídica, 2010, p. 87, 94-97, esp. p. 96: "En definitiva, y de acuerdo con la postura de un amplio sector doctrinal, el problema de los lindes entre la función creativa y la función aplicadora viene dado por el rigorismo de los sistemas que pretenden la segregación de ambas funciones, algo que ni es factible en la práctica ni tiene pleno sentido en la teoría. Y ello porque, tanto en el juicio de derecho como en el juicio de equidad, coexisten las funciones de creación con las de aplicación, por más que lo hagan en diferente medida según se trate de uno u otro".

[1830] MARINI, Carlo Maria de, *op. cit.*, p. 61: "Per questa ragione si suole affermare che nel giudizio di diritto si abbia applicazione ed in quello di equità creazione della norma; effettivamente il giudice di diritto sembra non avere altro compito che quello di individuare la norma occorrente ed applicarla nel caso concreto che gli è sottoposto, mentre il giudice di equità viene a formulare egli stesso la regola adatta. In realtà l'affermazione, pur cogliendo un tratto saliente dei due istituti, risulta vera solo in parte; né il giudizio di diritto si riduce ad una meccanica sovrapposizione di una norma ad un fatto, né soprattutto il giudizio di equità, quantomeno nell' ordinamento giuridico nostro, dà luogo a vera e propria creazione del diritto".

[1831] CARNELUTTI, Francesco. *Bilancio del positivismo giuridico*. *In: Discorsi intorno al diritto*, II. Padova: CEDAM, 1953, p. 255.

[1832] HARRIS, Allison P., SEN, Maya. *Bias and judging*. Disponível em: https://scholar.harvard.edu/files/msen/files/bias-judging-arps.pdf. Acesso em: 25 fev. 2019, p. 1-35..

Por assim ser, não se pode abonar, pelo menos em relação ao contexto de descoberta da decisão, a noção de que o elemento lógico-intelectual constitui o traço característico do juízo-decisão.[1833] E não se pode abonar porque o juiz é humano, essencialmente humano, e o juízo é muito mais complexo e não se esgota em deduções lógicas, tampouco se reduz a uma simples operação aritmética: nem o juiz é uma máquina de raciocinar, nem é um símbolo matemático, nem a sentença é uma glacial cadeia de silogizar.[1834] Não se pode mostrar o juiz como um lógico que se limita a fabricar silogismos.[1835] Muito pelo contrário, o juízo, por exemplo, é permeado de intuição e de concreta valoração das especificidades do caso. De fato, a *res in iudicio deducta* (a questão posta em juízo) determina a intuição e flerta com o sentimento do juiz.

O fenômeno do juízo, no momento de criação da decisão, não responde ao silogismo judicial.[1836] De fato, o esquema clássico silogístico-subsuntivo, segundo o qual o juiz determina, em primeiro lugar, a norma aplicável (premissa maior) e, em seguida, os fatos provados (premissa menor), para subsumi-los àquela (conclusão), não se coaduna, ao ângulo do que verdadeiramente acontece, com a complexidade da atividade de formulação do decisório. Cuida-se, pois, de uma ficção silogística.

Nessa perspectiva, a teoria do silogismo judicial não corresponde à realidade prática, tampouco a genérica concepção logicista do juízo de direito com ela se coaduna, nem podem teoricamente se sustentar. Na atividade judicante, bem vistas as coisas, o juiz não procede do geral para o particular, mediante sucessivas deduções, mas adota como ponto de partida o caso concreto que deve decidir, a fim de encontrar a regra jurídica do mesmo.[1837]

Ponha-se em alto relevo que, no presente trabalho, o foco não está propriamente em buscar uma configuração ideal do juízo, ou como o juiz deva julgar para obter o melhor resultado possível, mas, isto sim, em analisar como o magistrado realmente julga. A este ângulo específico, a teoria silogística do juízo deve ser abandonada por não corresponder à realidade daquilo que ocorre deveras na atividade de tomada de decisão.

[1833] Em geral, mas sem aludir especificamente ao contexto de descoberta da decisão, escudado no entendimento de José Frederico Marques, vide a posição contrária de WATANABE, Kazuo, *op. cit.*, p. 67. Nada obstante isso, o Professor Watanabe observa, na mesma obra, p. 69: "Na verdade, o que ocorre na maioria das vezes é o juiz sentir primeiro a justiça do caso, pelo exame das alegações e valoração das provas, e depois procurar os expedientes dialéticos, que o caso comporta e de que ele é capaz, para justificar a conclusão. E nesse *iter*, embora predominantemente lógico, entram também inúmeros outros fatores, como o psicológico, volitivo, sensitivo, vivencial, intuitivo, cultural e outros mais (...)".

[1834] COUTURE, Eduardo J. *Fundamentos del derecho procesal civil*. Reimpresión inalterada. Buenos Aires: Ediciones Depalma, 1977, p. 288.

[1835] COUTURE, Eduardo J. *Introdução ao estudo do processo civil*. Rio de Janeiro: José Konfino Editor, 1951, p. 86.

[1836] RODRIGUEZ-AGUILERA, Cesáreo. *La sentencia*. Barcelona: Bosch, Casa Editorial, s/d, p. 77.

[1837] MARINI, Carlo Maria de, *op. cit.*, p. 76-77: "In questo senso ben si può dire che il giudizio ha carattere inventivo, perché esso serve ad individuare la norma occorrente per regolare il caso concreto; la deduzione degli effetti previsti dalla norma, una volta che questa sia individuata, fa sì parte del giudizio ma ne è il momento finale e conseguenziale, non certo l'aspetto unico e comunque prevalente. Il fatto poi che spesse volte nella motivazione della sentenza il giudice usi una forma deduttiva non significa certo che con lo stesso procedimento la decisione sia maturata nella sua mente; la forma deduttiva e talvolta addirittura sillogistica della motivazione trova la sua ragione d'essere nell'opportunità sia di farsi meglio intendere, data la schematizzazione elementare del ragionamento, sia di dimostrare l'esattezza logica del ragionamento stesso. Nella realtà, questa umana realtà così difficile ad inquadrare in una semplice regolletta, il giudice molte volte cerca, prima, di comprendere il fatto e di darne un giudizio secondo coscienza e poi di confortare tale giudizio mediante le norme positive e la loro interpretazione; non voglio affermare che sempre il magistrato agisca così, ma è sufficiente che talvolta ciò accada per togliere ogni valore alla formula del sillogismo giudiziale".

No plano teórico, remarque-se, o silogismo judicial não corresponde à complexidade do juízo. A logicidade do silogismo, que deveria zelar pela exatidão do juízo, adstringe-se à extração da conclusão das premissas fixadas. Entrementes, a obra mais relevante e difícil do juiz é a de construção ou eleição das premissas, que configuram o verdadeiro núcleo da função judicial.[1838] Semelhante obra fica fora do esquema silogístico clássico. Sem contar que a verdade da conclusão depende da verdade de suas premissas. Tal consideração faz pensar que a validade do silogismo não é de qualidade infalível: a lógica formal da dedução cuida tão somente da correção formal da inferência.[1839]

De mais a mais, a teoria do silogismo judicial expõe sua inidoneidade logicística quando o juiz se defronta com elásticos conceitos jurídicos indeterminados (*rectius*, termos indeterminados de conceitos jurídicos), tais como: boa-fé, bom costume, normal prudência, interesse público, moralidade administrativa, onerosidade excessiva, abuso de direito. Em casos tais, ao juiz está interditada a possibilidade de formular decisão mediante deduções silogísticas, senão que deverá introduzir no juízo uma valoração própria, que desborda de uma fórmula de pura logicidade.[1840]

Soa acaciano que a riqueza multifária do juízo não se coaduna com a ideologia do positivismo jurídico, que reduz o juiz à mera "boca inanimada da lei", sobre desconhecer, por completo, a realidade de o direito não se esgotar na lei. As decisões se fazem, não se deduzem: decidir não é deduzir. O "raciocínio" decisório judicial confinado a um silogismo, ou a uma concatenação de uma cadeia de silogismos (fosse isso possível, o que não é),[1841] sofreria formidável empobrecimento, pois não se pode aprisionar o juízo na gaiola de uma rígida operação lógica de deduções de subsunção (*Subsumptionsschluss*) do caso concreto à norma legal. Não se mostra possível que a atividade decisória, no contexto de descoberta da decisão, se circunscreva a um juízo pretensamente lógico-dedutivo. Não, não e renão.

Suficiente verificar que a logicidade do esquema silogístico não permite qualquer atividade de valoração do juiz tanto na premissa maior de direito quanto na premissa menor de fato. Ou – caso se prefira – na metodologia dedutivo-axiomática do silogismo judicial subtrai-se todo e qualquer perfil valorativo da atividade do julgador, que é uma operação complexa integrada pelo trinômio intuição-sentimento-emoção.

A teoria tradicional do silogismo judicial não é capaz de representar, por si só, o intricado fenômeno do juízo, nem tem pretensão de esgotá-lo, pois, quando nada, se restringe ao último momento da extração de uma conclusão final das premissas de direito e de fato fixadas em relação ao *thema decidendum*. Não à toa se diz que a concepção dedutivista é exata para o raciocínio judiciário quando o juiz há de subsumir o fato ao direito.[1842] Todavia, reafirme-se, o modelo silogístico-subsuntivo deixa ao relento justamente a atividade importante (ou melhor: fundamental) de fixação das premissas de direito e de fato. Semelhante crítica ao modelo silogístico pode se desdobrar em dois

---

[1838] RECASENS SICHES, Luis. *Nueva filosofía de la interpretación del derecho*. México: Porrúa, 1973, p. 237.

[1839] POSNER, Richard Allen. *Problemas de filosofia do direito*. (Coleção justiça e direito). São Paulo: Martins Fontes, 2007, p. 51.

[1840] MARINI, Carlo Maria de, *op. cit.*, p. 78-79.

[1841] Porém, avizinhando a atividade do juiz, ao decidir uma causa, a uma cadeia de silogismos, vide HUSSON, León. Les trois dimensions de la motivacion judiciaire. In: PERELMAN, Chaïm; FORIERS, Paul. *La motivation des décisions de justice*: études. Bruxelles: É. Bruylant, 1978, p. 69-109, esp. p. 96.

[1842] BERGEL, Jean-Louis. *Teoria geral do direito*. 2. ed. São Paulo: Martins Fontes, 2006. (Justiça e direito), p. 357.

aspectos distintos: (i) inadequação do silogismo para configurar as premissas da decisão, acabando por colocar água no moinho da atividade de valoração com a qual o juiz esculpe tais premissas; e (ii) não desvalorização do modelo dedutivo, considerando-o idôneo a representar a fase essencial do juízo, configurando logicamente a atividade de fixação das premissas sobre as quais se assenta o raciocínio silogístico do juiz.[1843]

Metaforicamente, tal como aparição final teatral e dramática, é o canto do cisne de uma tradição lógico-dedutiva que perdeu prestígio e experimentou inglório declínio, quer tanto como teoria do juízo decisório, quer quanto como doutrina exclusiva da motivação jurídica do julgado, enquanto essência da jurisdição. Com efeito, na era do pós-positivismo jurídico, o ato de julgar envolve, por exemplo, juízos valorativos em relação à chamada ponderação de princípios, à luz do brilho das especificidades do caso concreto, da escolha e da interpretação dos princípios e das regras jurídicas, permeáveis aos flertes da moral e da ética, bem assim à valoração das provas representadas nos autos do processo, à qualificação jurídica dos fatos e à determinação dos respectivos efeitos jurídicos.

Agora bem, na percuciente concepção carneluttiana, o juízo precede ao silogismo: este pressupõe aquele, e não o contrário. O juízo continua a viver sem o silogismo, mas a recíproca não é verdadeira (o silogismo não sobrevive sem o juízo). Portanto, o silogismo não está no início do juízo. Na realidade, dada a ineliminável natureza humana do juiz e, assim, a possibilidade de erro no juízo,[1844] a hipótese de trabalho fixada conclama a razão a fazer uma verificação (teste) na invenção. A razão, aqui, não está na vanguarda da marcha do pensamento, mas, sim, repousa em sua retaguarda. Assim vistas as coisas, é útil remarcar, se o juiz apenas raciocinasse jamais chegaria a decidir, porque o juízo não poderia, à mingua do trinômio intuição-sentimento-emoção, fixar sua hipótese de trabalho.[1845] Donde é de indigna visualização a possibilidade de se demonstrar que todo juízo se restrinja a uma estrutura silogística de natureza dedutivo-axiomática. Não por nada, a doutrina da decisão judicial como exclusivo silogismo jurídico jaz nos escombros da arqueologia do direito.

Ora, com o reconhecimento da aguda influência do trinômio intuição-sentimento-emoção na gênese do ato de julgar, deve-se rejeitar a concepção montesquiana segundo a qual a sentença – conceitual e historicamente ato jurisdicional por excelência – refletiria exclusivamente a anatomia material de um silogismo judicial: premissa maior (o dispositivo legal), premissa menor (o fato), conclusão (subsunção ou aplicação da norma ao fato).

Semelhante visão silogística não se compatibiliza com o início do juízo, tampouco com o que realmente acontece na atividade de tomada de decisão, em que o juiz constrói um silogismo invertido: primeiro estabelece a conclusão final, buscando, só depois, retroativamente, nos conceitos jurídicos e nos resultados probatórios, razões racionais que possam validamente dar-lhe suporte no sistema de direito vigente e no regime dos precedentes judiciais obrigatórios.[1846] A motivação gráfica, em semelhante arquitetura,

---

[1843] TARUFFO, Michele. *La motivazione della sentenza civile*, op. cit., p. 153, em especial nota nº 9.

[1844] ANDRIOLI, Virgilio. *Lezioni di diritto processuale civile*. Napoli: Jovene, 1973, v. 1, p. 579.

[1845] CARNELUTTI, Francesco. *Diritto e processo*, op. cit., p. 217.

[1846] Amplamente sobre o ponto, vide TARUFFO, Michele. *La motivazione della sentenza civile*, op. cit., p. 214, 221: "Entro il context of justification la scelta è razionale in quanto razionalizzata ex post, ossia in quanto il giudice, indipendentemente dalla sua intrinseca correttezza, sia in grado di presentarla come la conseguenza "migliore"

não seria um *prius*, antecedente lógico do decisório, mas um *posterius*, um discurso articulado com a finalidade precípua de justificá-lo com argumentos sólidos, coerentes, jurídicos e metajurídicos, identificáveis, controláveis endo e extraprocessualmente, e racionalmente válidos em determinado tempo e lugar,[1847] capazes de abonar à decisão o seu necessário suporte. Anaboliza-se, desse modo, a ideia de que as decisões judiciais, em sua configuração final, reverenciam o Estado de Direito. Ou seja: primeiro, intuitivamente, o juiz define a essência do *decisum*, formulando mentalmente sua hipótese de julgamento, para, só depois, em sua justificação, "racionalizar" o trinômio intuição-sentimento-emoção, desenhando e recortando o figurino de sua roupagem jurídica.[1848]

O apogeu do paradigma juspositivista, que se esfalfava em representar o juízo como um silogismo (premissa maior: formulação da norma aplicável ao caso particular; premissa menor: fixação dos fatos acertados como verdadeiros; e conclusão), embora tenha corrido o mundo e feito fortuna, mostra crescentes e visíveis sinais de fadiga e de incompletude, além de depauperar a atividade decisória.[1849]

O juízo é muito mais rico e não se harmoniza com a ideologia que o retrata como 'la bouche qui prononce les paroles de la loi; des êtres inanimés qui n'en peuvent modérer ni la force ni la rigueur', na celebérrima locução montesquiana,[1850] a qual despreza, reafirme-se, a evidência de que o protagonismo da lei não tem o condão de esgotar o Direito. Existe Direito acima da lei formal, tendo como legítimas fontes: justiça, política, ética, costume. Não por acaso, transcendendo à normatização estática, o fenômeno jurídico é dinâmico, pois que aderente à realidade social, que é igualmente dinâmica e mutável. Na perspectiva aristotélica, à semelhança da régua de chumbo empregada pelos construtores de Lesbos para ajustar as molduras: a régua amolda-se aos contornos da pedra e não é rígida, da mesma maneira que o sistema de Direito há de ser dúctil e, como essencialmente algo vivo, em sua inexorável linha evolutiva, capaz de afeiçoar-se às exigências sempre cambiantes da realidade social, de uma sociedade pós-moderna flexível e líquida. De sorte que o juiz não se deve quedar surdo às exigências do real e da vida circundante.

No quadrante da orientação do dedutivismo-axiomático de matriz juspositivista, tem-se a caricatura de um julgador passivo – cuja figura reflete um mero espectador privilegiado do litígio –, que não "cria" a decisão justa, mas, nessa concepção, a "encontra", idealmente, nas províncias do ordenamento legal e da lógica formal. A lógica do

---

di premesse e regole di gudizio stabilite ad hoc: da questo punto di vista, la scelta è razionale in quanto siano razionali i procedimenti argomentativi espressi nel discorso che costituisce la motivazione. A rigore, dunque, non si tratta più di razionalità della scelta in sé considerata, ma di razionalità della giustificazione che ad essa viene apposta secondo criteri e finalità diverse".

[1847] TARUFFO, Michele. Il controllo di razionalità della decisione fra logica, retorica e dialettica. *In*: BESSONE, Mario (a cura di). *L'attività del giudice, mediazione degli interessi e controllo delle attività*. Torino: G. Giappichelli, 1997, p. 139-153, esp. p. 146.

[1848] Releva notar, em sede de justa indenização, em ação indenizatória pretorianamente chamada de desapropriação indireta, o acórdão da Segunda Turma do Supremo Tribunal Federal, proferido no julgamento do Recurso Extraordinário n. 111.787-GO, Rel. Ministro Aldir Passarinho, sendo Relator para o acórdão o Ministro Marco Aurélio Mello, julgamento em 16.04.1991, DJ 13-09-1991, p. 12.490, valendo destacar o significativo passo de sua ementa: "OFÍCIO JUDICANTE – POSTURA DO MAGISTRADO. Ao examinar a lide, o magistrado deve idealizar a solução mais justa, considerada a respectiva formação humanística. Somente após, cabe recorrer à dogmática para, encontrado o indispensável apoio, formalizá-la". (RTJ vol. 00136-03, p. 01292).

[1849] COUTURE, Eduardo J. *Fundamentos del derecho procesal civil, op. cit.*, p. 280.

[1850] CALAMANDREI, Piero. Giustizia e politica: sentenza e sentimento. *In: Processo e democrazia*. Conferenze tenute alla Facoltà di Diritto dell'Università Nazionale del Messico. Padova: CEDAM, 1954, p. 43-67, esp. p. 58.

raciocínio, por exemplo, é refratária à extração de conclusões valorativas de premissas de fato, bem assim, inversamente, à retirada de premissas fáticas de proposições axiológicas. O juiz usa inúmeros instrumentos seja na formulação da melhor hipótese de julgamento, seja no controle racional dos enunciados de fato e de direito e na racionalização das razões justificativas colocadas na base do decisório. Por assim ser, na latitude da visão unicamente juspositivista do Direito, não se pode condecorar o desprestígio das demais fontes jurídicas, nem a supressão dos demais polos de produção do *ius positum*.

Nesse panorama, não se mostra aceitável a redução do juízo decisório a uma concatenação lógico-dedutiva, muito menos representar, exclusivamente, a sentença como uma gélida cadeia de silogismos,[1851] como se a decisão traduzisse uma mera equação matemática, um fatalista silogizar; antes, na economia do Estado Constitucional e Democrático de Direito, representa a conclusão final de uma escolha moral do juiz.[1852]

Agora bem, com o objetivo de se opor a essa concepção tradicional, a presente tese adota uma noção compreensiva de tudo isto que é o sentir intuitivo do juiz, enquanto tal, e antes ainda enquanto homem fornido de uma própria formação mental, de uma pessoal bagagem cultural, de uma particular experiência de vida e de um conjunto de filtros cognitivos e morais mais ou menos congruentes com a atmosfera histórico-ideológica em que vive. Tais fatores metajurídicos condicionam a interpretação na busca do conteúdo de referência à realidade,[1853] de significação normativa, que não é um processo intrinsecamente lógico, que o juiz faz da lei (*v. g.*, preenchendo, mediante adaptação e integração, as inevitáveis lacunas que se encontram, em maior ou menor escala, por todo o espectro do direito positivo, harmonizando os resultados com a Justiça) ao avaliar o fato ou conjunto de fatos (*v. g.*, depoimentos de testemunhas). Nessa perspectiva, é lícito dizer que cada juízo é historicizado e personalizado, a implicar coeficiente de discricionariedade, de escolha e, assim, de criatividade.[1854]

[1851] Piero Calamandrei representou a sentença como uma série de deduções lógicas concatenadas, *i. e.*, definiu o juízo como uma cadeia de silogismos, em seu estudo de 1914, intitulado "La genesi logica della sentenza civile", publicado na *Rivista critica di scienze sociali* (Firenze), a. I, n. 5, de 05.05.1914, p. 209/260, reproduzido in CALAMANDREI, Piero. La genesi logica della sentenza civile. In: CAPPELLETTI, Mauro (a cura di). *Opere giuridiche*. Napoli: Morano, 1965, v. 1, p. 11-54, esp. p. 15, 51-52. Releva notar, contudo, que o Mestre florentino, com expressa referência ao aludido ensaio, mudou, parcialmente, de opinião, como se colhe de CALAMANDREI, Piero. Giustizia e politica: sentenza e sentimento In: *Processo e democrazia, op. cit.*, p. 59-60.

[1852] Com insuperável argúcia, vide CALAMANDREI, Piero. Indipendenza e senso di responsabilità del giudice. In: CAPPELLETTI, Mauro (a cura di). *Opere giuridiche*. Napoli: Morano, 1965, v. 1, p. 650-663, esp. p. 650: "Il precedente discorso si conclude coll'osservare che il giudice di un ordinamento democratico non può somigliare ad una macchina calcolatrice, dalla quale, col semplice premer di un tasto, venga fuori il cartellino colla somma esatta; ma dev'essere una coscienza umana totalmente impegnata nella difficile missione di render giustizia, disposta ad accettar su di sè tutta la responsabilità della decisione, la quale non è il prodotto di una operazione aritmetica, ma la conclusione di una scelta morale. Con questo non si intende dire che il giudice possa fare a meno della legge: nel sistema della legalità, il giudice non può uscire dai limiti che essa gli pone; ma si vuol dire soltanto che, per applicarla fedelmente, egli non deve considerarla come una imposizione estranea che gli venga dall'alto, ma deve ricercarne le ragioni nella sua stessa coscienza, e, quando sta per tradurla in comando concreto, ricrearla col suo partecipe sentimento. Fu detto una volta che l'opera d'arte è "une tranche de vie", un pezzo di realtà riflessa attraverso la sensibilità di un artista; si potrebbe dire ugualmente che la sentenza è un articolo di legge filtrato attraverso la coscienza di un giudice".

[1853] VILANOVA, Lourival. *As estruturas lógicas e o sistema de direito positivo*. São Paulo: Noeses, 2010, p. 278.

[1854] CAPPELLETTI, Mauro. *Juízes legisladores?* Porto Alegre: Sergio Antonio Fabris Editor, 1999, p. 128-129: "A resposta dada neste ensaio à indagação de se a tarefa do juiz é interpretar ou criar o direito posiciona-se no sentido de que o juiz, inevitavelmente, reúne em si uma e outra função, mesmo no caso – que constitui, quando muito, regra não sem muitas exceções – em que seja obrigado a aplicar lei preexistente. Nem poderia ser de outro modo, pois a interpretação implica um certo grau de discricionariedade e escolha e, portanto, de criatividade, um grau que é particularmente elevado em alguns domínios, como a justiça constitucional e a proteção judicial de direitos sociais e interesses difusos".

Demais disso, há meios extralógicos aplicados na técnica jurídica que integram a prática judicial, tais como: argumento *ad basculum* ou *ad terrorem*, argumento *ad hominem*, argumento *ad misericordiam*, argumento *ad populum*, argumento *ad ignorantiam*. Semelhantes formas retóricas de argumentação permeiam a integral realidade do Direito e contribuem para a escolha das premissas que irão conduzir à conclusão jurídica. Salta a evidência de que o pensamento jurídico concreto é carregado de muito mais complexidade do que a noção da subsunção jurídica (dedutivismo) almeja demonstrar. De fato, a aplicação de uma norma a determinado caso concreto, para além de mera dedução, transporta, no desenvolvimento integrativo, individuação e concretização, visando à realização de valores e à consecução de fins sociais. Tais operações se implementam mediante apreçamentos, estimativas ou juízos de valor operados pela sensibilidade.[1855] Não se discute, aqui, a possibilidade de a dedução silogística ser considerada como uma forma de argumentação jurídica, principalmente ao ângulo da pluralidade de formas lógicas.

Seja como for, disso resulta que o esquema exclusivamente silogístico-subsuntivo da sentença, embora já tenha servido à sua época, é impotente para evidenciar, de si, uma realidade muito mais complexa, densa e instigante, que concebe a atividade unitária de interpretação-aplicação do Direito como uma entrega do juiz de si mesmo, de suas noções de vida, de mundo, de felicidade para amalgamar o caso concreto e o caso abstratamente previsto na lei.[1856] Ou seja: para patrocinar a cópula entre *fattispecie* real e *fattispecie* abstrata-legal,[1857] ou a justaposição de suas cores, tonalidades, matizes e nuanças.

Com efeito, na era do pós-positivismo jurídico, a dignidade da pessoa humana passou a ser o epicentro axiológico do ordenamento jurídico[1858] e, portanto, do Estado Constitucional e Democrático de Direito. Consolidou-se a (re)aproximação do Direito com a Ética, denotando o condão de quebrar alguns paradigmas filosóficos. Ademais, (re)acendeu-se o ideário de uma justiça equitativa e humanizada, em que, na experiência do processo sob a mira do justo, o juiz deve, por exemplo, garimpar na constelação das possibilidades interpretativas que se sugerem, a fim de formular a melhor hipótese de julgamento. Mas não é só. O juiz, inspirado pela eticidade e com zelo argumentativo,

---

[1855] RECASENS SICHES, Luis. *Nueva filosofía de la interpretación del derecho, op. cit.*, p. 127: "La individualización realizada por el juez se produce a través de sentimientos; por ejemplo, sentimientos de la justicia, de la equitativa resolución de la disputa, de la mejor ordenación de las relaciones humanas, de tal manera que se consiga mínima cantidad posible de dolor, sufrimiento y pérdida, y los procedimientos óptimos para alcanzar tales resultados".

[1856] MARINI, Carlo Maria de, *op. cit.*, p. 69: "Anche i pensieri su riportati non possono essere conglobati in un'unica teoria, basti pensare alla soggettività dell'interpretazione di alcuni sostenuta in contrasto con altri, ma è certo che in essi si nota una tendenza comune: il ricondurre al momento interpretativo la valutazione emozionale, politica o sentimentale del fatto concreto, l'adattamento della norma al caso da decidirsi. Tale tendenza fa sì che la distinzione tra interpretazione e formulazione della regola concreta assuma una rilevanza puramente formale e non più sostanziale: in pratica l'interpretazione viene a coincidere con quella che si è chiamata l'applicazione in senso stretto del diritto al fatto".

[1857] Assim, *re melius perpensa*, vide CALAMANDREI, Piero. Giustizia e politica: sentenza e sentimento. *In:* CAPPELLETTI, Mauro (a cura di). *Opere giuridiche*. Napoli: Morano, 1965, v. 1, p. 637-650, esp. p. 646: "Anche io, in un mio saggio giovanile, ho rappresentato la sentenza come una progressione di sillogismi a catena; ma poi l'esperienza del patrocinio forense mi ha dimostrato non dico che questa rappresentazione sia sbagliata, ma che essa è incompiuta e unilaterale: chi si immagina la sentenza come un sillogismo non vede la sentenza viva; vede la sua spoglia, il suo scheletro, la sua mummia".

[1858] REALE, Miguel. *Fontes e modelos do direito*: para um novo paradigma hermenêutico. São Paulo: Saraiva, 1999, p. 114.

deve demonstrar analiticamente – com justificação sólida, coerente, adequada e completa – a bondade de seus critérios de escolha ou de valoração, ou seja, que a decisão é formalmente correta e materialmente équa, justa e aceitável.

O silogismo jurídico sintetiza os problemas concernentes à justificação interna, vale dizer, à verificação sobre se a decisão decorre logicamente das premissas fixadas como fundamentação. Não é fadiga inútil remarcar que o silogismo judicial, por penetrante influência do positivismo jurídico no campo da interpretação da lei, e à luz de novos métodos de juízo e critérios de decisão, carece de aceitação como idôneo e exclusivo instrumento do juízo. Nem como esquema exclusivo de sentença, porque, amiúde, haverá controvérsias envolvendo a norma aplicável (premissa maior), os fatos relevantes (premissa menor) e/ou, pela subsunção dos fatos à norma, a conclusão. Como se verifica da experiência forense, tais perfis litigiosos não exibem a nota da evidência, tampouco são incontroversos, como, aliás, resulta da existência do próprio processo judicial. Se tais considerações estiverem corretas, o silogismo não tem idoneidade para esgotar, só por si, toda a complexidade tanto da estrutura da atividade decisória (o juízo) quanto da respectiva justificação.[1859]

Assim vistas as coisas, a categoria do silogismo judicial carece de idoneidade para configurar ou se apresentar como uma teoria do juízo, embora por muito tempo a descrição do juízo como silogismo tenha desfrutado de imenso prestígio na doutrina europeia, em especial alemã e italiana.[1860] Todavia, o esquema silogístico pode ser apto para configurar uma teoria da sentença ou, até mesmo, da estrutura da motivação, embora não de forma exclusiva, apoditicamente aplicada ao juízo.[1861] Importa notar, por exemplo, que na estrutura do raciocínio expresso na motivação a teoria do silogismo judicial é incompleta, posto que a estrutura dedutiva é apenas um componente da motivação, assumindo argumentações de outra natureza (*v. g.*, retórica, tópica).

A visão proporcionada pela lógica formal não possui a virtude de exaurir o universo jurídico. Na realidade, a lógica formal não se basta e não basta,[1862] vale dizer, não é, de si, exauriente. Ao ângulo da lógica, o ponto nodal do conteúdo da decisão decorre da escolha da premissa a ser adotada. Porém, semelhante eleição não resulta de um ato lógico, senão que ideológico.[1863]

A doutrina do silogismo, concebida como exclusiva representação da estrutura do juízo, parece, nos dias de hoje, estar fadada à desventura, por falta de musculatura para esgotar todos os aspectos de sua verificação, principalmente a atividade nevrálgica através da qual o juiz assenta as premissas fático-jurídicas que suportarão sua conclusão final.[1864] A concepção tradicional da sentença como dedução silogística é parcial e, como

---

[1859] Sobre a crise da doutrina silogística do juízo, vide, por todos, TARUFFO, Michele. *La motivazione della sentenza civile, op. cit.,* p. 11-21.

[1860] CALAMANDREI, Piero. La genesi logica della sentenza civile, *op. cit.,* p. 11-54.

[1861] TARUFFO, Michele, *op. cit.,* p. 21, em esp. nota nº 30.

[1862] Vide, mais amplamente, LEFEBVRE, Henri. *Lógica formal/lógica dialética.* Trad. Carlos Nelson Coutinho. 2. ed. Rio de Janeiro: Civilização Brasileira, 1979.

[1863] PIMENTEL, Alexandre Freire. Lógica, direito processual, decadência do positivismo e o ressurgimento da retórica em perspectiva histórico-jurisdicional. Porto Alegre: *Revista da AJURIS,* v. 41, n. 135, p. 13-33, set. 2014, esp. p. 25-26.

[1864] CALOGERO, Guido. *La logica del giudice e il suo controllo in Cassazione.* 2. ed. Padova: CEDAM, 1964, p. 51: "Il fatto è, come ognuno intende, che la vera e grande opera del giudice sta non già nel ricavare dalle premesse la conclusione, ma proprio nel trovare e formulare le premesse. Quando il giudice è arrivato alla convinzione che un certo modo d'agire implica per legge una certa conseguenza giuridica, e che di quel modo d'agire si è

tal, inexata. Contudo, não se trata de substituir semelhante método, mas de integrá-lo, como critério operativo de lógica clássica e indispensável à posterior verificação do juízo.[1865] Daí descende que o silogismo jurídico se manifesta na operação conclusiva da atividade decisória, pensada qual subsunção de um fato sob a norma jurídica aplicável.

A exigência moral e jurídica de correção do juízo jurídico provoca uma espécie de sequela consistente em sua indispensável verificação. Não por acaso, o silogismo vem depois do juízo.[1866] Semelhante teste lógico do juízo jurídico, sobre eliminar a confusão de funções, implica distinção entre juízo e silogismo: o primeiro (juízo) denota um *prius*, obtém-se com a intuição, é irracional e exibe caráter essencialmente inventivo; ao passo que o segundo (silogismo) configura um *posterius*, opera pela razão e tem função demonstrativa.[1867] Como se vê, não se trata de um juízo qualquer, mas de um juízo ulteriormente testado! Nesse teor de ideias, a verificação do juízo assume o figurino da motivação jurídico-racional do julgado, com suas inevitáveis notas de logicidade e de discursividade, mediante a articulação de razões justificativas, como garantia inerente ao Estado Constitucional e Democrático de Direito.

O esquema silogístico, quando muito, responde à indagação de *como é feita* a sentença, mas é insuficiente para abonar a realidade complexa sobre *como se faz* o decisório.[1868] Significa dizer que, ao ângulo de mirada da estrutura da decisão e de sua gênese, o raciocínio judicial, em seu derradeiro momento, pode perfeitamente desembocar no estuário de um silogismo jurídico. Trata-se, assim, de uma forma de apresentar uma decisão que já foi concebida por outros meios.[1869] Porém, embora o decidir termine com um silogismo, com esquema silogístico-subsuntivo jamais poderá iniciar-se, isto é, não se pode considerar o juízo como consequência de um silogismo. Ao contrário, o silogismo nasce de um juízo, como meio operativo para a sua necessária verificação/confirmação (teste). O imenso Francesco Carnelutti já observava, com habitual perspicácia: *"Come faccia il giudice a decidere, questo è il problema, che la scienza del diritto dovrebbe risolvere"*.[1870]

[1865] PALERMO, Antonio. *Il processo di formazione della sentenza civile*. Milano: Giuffrè, 1956, p. 50.

[1866] CARNELUTTI, Francesco. Nuove riflessioni sul giudizio giuridico, *op. cit.*, p. 103, em especial nota nº 1.

[1867] Na proficiente síntese de CARNELUTTI, Francesco. *Teoria generale del diritto*, *op. cit.*, p. 368-369: "Di queste osservazioni che qui, in sede logica, non possono essere svolte, chiunque vive la vita del diritto, segnatamente nel campo giudiziario e più ancora che in materia civile in materia penale, può avere la conferma empirica soprattutto se sorveglia con attenzione gli altri o ancora meglio sè medesimo nell'atto del decidere: il vero è che la formula dell'art. 472 cod. proc. pen., secondo la quale la parte dispositiva della sentenza viene prima della motivazione, corrisponde esattamente all'iter logico e psicologico della decisione; così l'affermazione o la negazione del reato come la determinazione concreta della pena sono il frutto di un'intuizione, che viene poi collaudata con il ragionamento. Certo, la separazione tra le due fasi, nelle quali prima si forma e poi si verifica il giudizio, è piuttosto il risultato di un'analisi in vitro che dello svolgimento reale del pensiero, nel quale l'una e l'altra si avvicendano e si intrecciano strettamente; ma ciò non esclude affatto la necessità di distinguere tra di esse".

[1868] CALAMANDREI, Piero. *La genesi logica della sentenza civile*, *op. cit.*, p. 12: "Non dunque studiare ciò che la sentenza è – tema esaurientemente trattato anche nella letteratura giuridica italiana –, ma piuttosto ho voluto indagare come la sentenza si forma nella mente del giudice: argomento sul quale la nostra letteratura non ha, a mia scienza, alcuna speciale trattazione".

[1869] ADEODATO, João Maurício. *Ética e retórica*: para uma teoria da dogmática jurídica. 5. ed. São Paulo: Saraiva, 2012, p. 355-356.

[1870] À magnífica, CARNELUTTI, Francesco. *Diritto e processo*, *op. cit.*, p. 212-213: "I giuristi, quando si sono accinti a tale compito, hanno osservato, prima di tutto, com'è fatta la decisione e hanno ritenuto che il come è fatta sia

---

verificato un caso, la conclusione può farla trarre a chiunque". Reportando-se à correta crítica formulada por CALOGERO em relação à doutrina silogística do juízo, vide TARUFFO, Michele. *La motivazione della sentenza civile*, *op. cit.*, p. 152-153: "il silogismo giudiziale non esaurisce il giudizio perché rappresenta solo l'iter che il giudice segue per dedurre la decisone dalle premesse di fatto e di diritto, ma non comprende l'attività essenziale con cui il giudice perviene a fissare tali premesse".

Remarque-se o argumento: o derradeiro momento do raciocínio do juiz, como entidade complexa e qualitativamente heterogênea, faz culto à concepção dedutiva (teoria da subsunção), vale dizer, de aplicação da norma geral ao caso particular de maneira racionalmente válida em determinado local. A coerência lógico-formal da rígida organização dos argumentos, pressupondo-se, naturalmente, a correção das premissas fático-jurídicas, conduz a uma conclusão final racional.

Porém, reafirme-se, embora o decidir possa findar com um silogismo, com esquema silogístico nunca poderá iniciar, haja vista que o juízo (o julgar) tem caráter inventivo, e não meramente demonstrativo.[1871] Ou seja: antes o juiz, animado pela intuição (uma espécie de olfato do coração) e impulsionado pelo sentimento-emoção, formula mentalmente sua hipótese de julgamento, para, só depois, na respectiva justificação jurídica, "racionalizar" o trinômio intuição-sentimento-emoção, em busca de crisma nos conceitos jurídicos, na prova dos autos, no sistema de direito vigente e no regime de precedentes judiciais obrigatórios.[1872] A ser diferente, ter-se-ia um simulacro ou arremedo de motivação jurídico-racional do julgado.

Nessa ordem de ideias, da gênese da atividade de julgar em sentido estrito deve-se excluir a logicidade tradicionalmente suposta e placitada pela doutrina. A lógica aristotélico-escolástica não tem idoneidade – ao menos única, exclusiva e absolutamente – para fornecer a armadura estrutural da jurisdição.[1873] Poder-se-ia, fortemente, duvidar da posição doutrinária que continua a ver no silogizar o procedimento típico, por exemplo, para a determinação, a demonstração e o correto acertamento da verdade dos fatos relevantes para o julgamento da causa, reproduzindo-os com a mais aproximada representação (e, mais amplamente, constituindo um dos critérios de aferição da justeza da decisão). Na superfície do presente, o juiz deve refazer, historicamente, através das sombras das coisas, as profundezas do passado, substituindo-as, em sua presença atual, do modo mais fidedigno possível.[1874]

---

tutt'uno con il come si fa. Ne è venuta fuori la concezione sillogistica della sentenza, che si può dire costituisca ancor oggi ciò che la maggior parte di noi sa e si contenta di sapere intorno alla decisione. Non c'è dubbio che questa concezione abbia in sé una parte di vero. Chi esamina il documento di una decisione ci legge veramente un discorso, il quale, in termini correnti, si chiama un ragionamento, e in termini scientifici prende appunto il nome di sillogismo, nel quale la premessa maggiore è costituita dalla norma giuridica, la premessa minore dal fatto, e la conclusione dall'applicazione di quella a questo; (...) Naturalmente questo schema semplifica il dato, il quale in realtà è assai più complesso: più che di un solo sillogismo nel senso che ciascuna delle premesse rappresenta la illazione di un altro sillogismo; quando si fa l'anatomia di una decisione, vi si trova una implicazione di sillogismi, del che si può avere un'idea paragonando ciascuna delle premesse del sillogismo finale a una scatola, la quale contiene un'altra scatola, e questa a sua volta ne contiene una terza e così via. Tutto ciò, ripeto, definisce esattamente la struttura della sentenza, ma non la sua genesi; in parole povere, come ho già accennato, risponde alla domanda: com'è fatta la decisione? Ma non anche alla domanda: come si fa? Insomma il sillogismo, nel quale la decisione si esaurisce e perciò si può chiamare sillogismo decisorio, è il risultato di un fare, del quale non basta sapere come finisce, mentre dobbiamo sapere anche e prima di tutto come comincia. (...) La prima osservazione, dalla quale deve partire la ricerca, è che se il decidere finisce con un sillogismo, con questo non può cominciare".

[1871] LEIBNIZ, Gottfried Wilhelm. *Novos ensaios sobre o entendimento humano.* (Os pensadores, v. 2). Tradução Luiz João Baraúna. 5. ed. São Paulo: Nova Cultural, 1988, p. 92: "Ora, o *conhecimento demonstrativo* é apenas um encadeamento dos conhecimentos intuitivos em todas as conexões das ideias mediatas. Pois muitas vezes o espírito não pode juntar, comparar ou aplicar imediatamente as ideias uma à outra, o que obriga a servir-se de outras ideias intermediárias (uma ou mais) para descobrir a concordância ou a discordância que se procura, e é isto que se denomina *raciocinar*". (Grifos no original).

[1872] DINAMARCO, Cândido Rangel. *Instituições de direito processual civil.* 6. ed. rev. e atual. São Paulo: Malheiros, 2009, v. 3, p. 687-688.

[1873] CALOGERO, Guido, *op. cit.*, p. 35.

[1874] Em admirável passo, CAPOGRASSI, Giuseppe. Giudizio, processo, scienza, verità, *op. cit.*, p. 5-6: "Doppia magia: far rivivere quello che non vive più, che è oramai spento, e farlo rivivere nella coscienza e nel giudizio

Nessa moldura, a teoria do silogismo judicial é infensa a representar, por si só, o intrincado fenômeno do juízo, ou a atestar que o juízo seja reduzível a uma estrutura silogística.[1875] Tampouco exibe a virtude de esgotá-lo, porque se adstringe ao derradeiro momento da extração de uma conclusão final das premissas fático-jurídicas fixadas. É dizer: a concepção dedutivista é exata para o raciocínio judiciário quando o juiz, apenas em seu último passo, há de subsumir os fatos acertados ao direito já escolhido para a solução do conflito intersubjetivo.[1876] Entretanto, é profícuo refrisar, tal modelo lógico-formal-silogístico deixa de fora, ao relento, justamente a atividade essencial de formulação das premissas de fato e de direito. Não por acaso, reafirme-se, prestigiosa doutrina grifa que a verdadeira obra do juiz não está no concluir silogístico das premissas, mas, sim, em formular as premissas mesmas.[1877]

O resultado disso tudo é polemizar contra a mentalidade lógico-gnoseológica que placita a utilidade do método puramente silogístico-subsuntivo de julgamento, pois que apenas se afigura possível pensar em silogismo *após a conclusão do juízo*. Releva notar, então, que o aparato de ideias do silogismo, dotado de férrea racionalidade, se revela necessário para a verificação/confirmação do juízo,[1878] em sede de justificação

---

di uno che è perfettamente assente ed estraneo all'esperienza che deve risorgere; e far vivere quella ragione e quella volontà obiettiva che è la legge proprio là dove quella vita della legge è mancata. Siamo di fronte a una delle più meravigliose creazioni della vita: una delle più tipiche creazioni in cui la vita traverso mille espedienti e mille assaggi riesce a realizzare i suoi paradossi. Intervengono tutti nella procedura, perché solo attraverso l'intervento di tutti si può realizzare questo reintegrare come presente il passato: tutti sono necessari, perché solo la collaborazione di tutti può ricomporre quello che non è più. (...) il giudice stesso, non sono altro che persone le quali si fermano a ripensare a quello che già è stato, a ritornare col discorso con l'intelligenza col sentimento a un momento della vita che è passata; a fermare e a rivivere il già vissuto. E il giudice sta ad ascoltare le parole degli altri, a vedere le cose che gli altri gli presentano, a riflettere sulle riflessioni degli altri. Ma tutto questo rivivere, che il giudice fa traverso il rivivere degli altri, non è mai un vedere direttamente, non è mai la presenza. La presenza è impossibile. È un rimpiazzare la presenza: qui è la magia. È un far essere presente quello che non è presente. E perciò è sempre un procedere traverso segni, che significano, ma non sono la cosa significata; quasi si direbbe un procedere traverso tracce figure geroglifici, che il giudice deve tradurre in quella realtà ricercata e oramai sparita nella sua irraggiungibile presenza attuale".

[1875] Importa notar a confissão de Francesco Carnelutti de, em seus primeiros estudos, não ter conseguido superar esta consciência superficial de decidir, tendo por longo tempo ficado neste nível. Reconhece em Guido Calogero (*La logica del giudice e il suo controllo in Cassazione*) o mérito de tê-lo iniciado na mudança de posição. Vide, no ponto, CARNELUTTI, Francesco. *Diritto e processo, op. cit.*, p. 212, especialmente nota nº 1.

[1876] TARUFFO, Michele. *La motivazione della sentenza civile, op. cit.*, p. 158-159: "In sostanza, l'utilizzabilità della deduzione silogistica nella struttura del giudizio tende a ridursi alla fase in cui si instaura il collegamento tra la norma già scelta per la soluzione della lite e i fatti accertati, donde la tendenza a far coincidere il momento operativo del silogismo con quello della sussunzione. Tenuto conto di ciò, la dottrina del silogismo è falsa se vuol significare che il giudice usi soltanto il silogismo e che tutto il giudizio sia riducibile a una struttura silogistica. Se invece a tale dottrina si riconduce il meno intenso significato di descrizione della logica del giudizio, allora vale l'accusa di incompletezza, poiché tale descrizione è accettabile solo entro limiti ristretti che la dottrina in questione non determina, ed inoltre essa avrebbe l'inconveniente di lasciare nell'ombra molti rilevanti aspetti della struttura del giudizio. A questo livello, dunque, non si tratta di accettare o respingere in blocco la dottrina del silogismo giudiziale, bensì di verificare in quale misura e a quali condizioni essa possa assumersi come descrizione dell'uso che il giudice fà dello strumento silogistico".

[1877] CALAMANDREI, Piero. La genesi logica della sentenza civile, *op. cit.*, p. 15; CARNELUTTI, Francesco. *Diritto e processo, op. cit.*, p. 213; CALOGERO, Guido. *La logica del giudice e il suo controllo in Cassazione, op. cit.*, p. 56; MENESTRINA, Francesco. *La pregiudiciale nel processo civile*. Milano: Giuffrè, 1963, p. 41.

[1878] Com agudeza, CARNELUTTI, Francesco. Appunti sulla motivazione. *Rivista di Diritto Processuale*, Padova, v. 6, parte 2, p. 88-90, 1951, esp. p. 89: "Probabilmente il dubbio non si può sciogliere senza risalire alla funzione della motivazione, che ne determina la struttura. Anch'io, fino agli ultimi anni, cioè fino a quando non ho cominciato a meditare intorno al giudizio, ho creduto che la motivazione sia un prius e la disposizione un posterius; ossia che prima il giudice cerchi le ragioni e poi decida; da ultimo soltanto questo ordine mi si è capovolto. Anch'io, in altre parole, cadevo nell'errore di confondere il silogismo con il giudizio. Diciamo la verità: bisogna avere

jurídica do julgado, com o emprego de argumentação racional, sólida, coerente, côn-grua, identificável, controlável e intersubjetivamente válida em determinado tempo e lugar. Desse modo, é natural que se conceba o ato de julgar jurisdicional como julgar lógico, submetido incondicionalmente à racionalidade e à logicidade, pois tal consente transparecer *de sua obra final*, por força do raciocínio justificativo externo (contexto de justificação ou de validação). Todavia – e o ponto é de superlativa importância –, o em-brião do ato de julgar é plasmado pela irracionalidade/ilogicidade própria do caráter inventivo do juízo e do inevitável exercício de intuição nele.[1879] O produto primário do pensamento é o juízo, enquanto o silogismo se apresenta como um produto secundário. É com o juízo que o juiz julga.[1880]

Numa linha: o silogismo jurídico não é a exclusiva ferramenta de forja da sen-tença civil, pois nele não se pode enxergar o *início* da atividade decisória do juiz. O seu primeiro passo, consistente no juízo (o julgar), como exaustivamente afirmado, tem caráter inventivo, e não meramente demonstrativo. É pela lógica que se demonstra, mas é pela intuição que se inventa.[1881] Esta fórmula, quase invariavelmente em sua nature-za, é aplicável tanto na tarefa de decidir causas de acordo com a regra de adesão aos precedentes judiciais (doutrina do *stare decisis*, no sistema da *common law*), quanto no trabalho de decidir, preponderantemente, conflitos intersubjetivos de acordo com a lei escrita (no sistema do *civil law*), ou num sistema heterogêneo e híbrido, como parece se caracterizar o brasileiro de hodierno, que, apesar da lei escrita, maximiza a valorização do precedente judicial.[1882] No caso do sistema da *common law*, por exemplo, o juiz deve nutrir a sensibilidade refinada para reconhecer que as regras e os princípios criados no passado mostram-se, já agora, insuficientes para a regulação de certo problema embrulhado na complexidade da vida social, ou se revelam incompatíveis com o senso de justiça ou, ainda, com o bem-estar social. Sem embargo, os métodos de confirmação do juízo são distintos em cada sistema: no primeiro (*common law*), é indutivo, pois ex-trai suas generalizações de proposições particulares, ao passo que, inversamente, no

---

penetrato a fondo il meccanismo del pensiero al fine di evitare tale confusione, agevole e quasi inevitabile per la velocità con la quale, nell'ordinario pensare, si alternano e si avvicendano e quasi si aggrovigliano il giudizio e la sua verificazione. Comunque, un punto fermo è che il giudizio ha carattere inventivo e il silogismo, invece, serve alla dimostrazione: e che, d'altra parte, la struttura del giudizio è semplice mentre quella del silogismo è complessa. Probabilmente, è vero che regole si danno per dimostrare, non per giudicare".

[1879] CARNELUTTI, Francesco. Appunti sulla motivazione, *op. cit.*, p. 89: "Il silogismo soltanto, non il giudizio è razionale".

[1880] CARNELUTTI, Francesco. *Diritto e processo, op. cit.*, p. 213-214.

[1881] POINCARÉ, Henri. *Science et méthode, op. cit.*, p. 137: "Pour le géomètre pur lui-même, cette faculté est nécessaire, c'est par la logique qu'on démojtre, c'est par l'intuition qu'on invente. Savoir critiquer est bon, savoir créer est mieux. Vous savez reconnaître si une combinaison est correcte; la belle affaire si vous ne possédez pas fart de choisir entre toutes les combinaisons possibles. La logique nous apprend que sur tel ou tel chemin noias sommes sûrs de ne pas rencontrer d'obstacle; elle ne nous dit pas quel est celui qui mène au but. Pour cela il faut voir le but de loin, et la fac ulté qui nous apprend à voir, c'est l'intuition. Sans elle, le géomètre serait comme un écrivain qui serait ferré sur la grammaire, mais qui n'aurait pas d'idées. Or, comment cette faculté se développerait-elle, si dès qu'elle se montre on la pourchasse et on la proscrit, si on apprend à s'en défier avant de savoir ce qu'on en peut tirer de bon".

[1882] Código de Processo Civil brasileiro: "Art. 927. Os juízes e os tribunais observarão: I – as decisões do Supremo Tribunal Federal em controle concentrado de constitucionalidade; II – os enunciados de súmula vinculante; III – os acórdãos em incidente de assunção de competência ou de resolução de demandas repetitivas e em julgamento de recursos extraordinário e especial repetitivos; IV – os enunciados das súmulas do Supremo Tribunal Federal em matéria constitucional e do Superior Tribunal de Justiça em matéria infraconstitucional; V – a orientação do plenário ou do órgão especial aos quais estiverem vinculados".

segundo (*civil law*) é dedutivo, posto partir de enunciados gerais (regras, princípios, postulados) para chegar à conclusão final do caso concreto.[1883]

Não se podem confundir juízo e silogismo jurídico.[1884] Com efeito, a afirmação da sentença como silogismo, além de não se coadunar com o descortinar inicial do juízo, é extraordinariamente redutiva, empobrece as virtualidades e não recolhe as complexidades dinâmicas do raciocínio judicial.[1885] Na generalidade dos casos, o juiz constrói um silogismo invertido:[1886] primeiro estabelece a conclusão final (a solução moral resultante, *ab imis fundamentis*, do trinômio intuição-sentimento-emoção[1887]), vindo, em seguida, entregar-se à tarefa de buscar, retroativamente, nos elementos constantes dos autos do processo e nos conceitos jurídicos, razões que possam validamente sustentá-la e envolvê-la no halo da conformidade ao sistema de direito vigente e/ou ao regime de precedentes judiciais obrigatórios. Em semelhante concepção, a motivação jurídica (gráfica) não se traduz em um *prius* ou antecedente lógico do decisório, mas configura um *posterius* ou consequente, com a pretensão de justificá-lo com argumentos racionais jurídicos e metajurídicos, sólidos, coerentes, côngruos, identificáveis, controláveis e intersubjetivamente válidos em determinado tempo e lugar. Ou seja: primeiro, intuitivamente, o juiz define a essência do *decisum* e só ulteriormente esculpe sua ossatura jurídica.[1888] Antes a alma; em seguida, o corpo e sua roupagem.

Tal modo de ver as coisas, em que a conclusão precede as premissas, sugere a vulnerabilidade ou a insuficiência da teoria do silogismo judicial. De fato, a acanhada

---

[1883] CARDOZO, Benjamin N. *The nature of the judicial process*. New York: Dover Publications, 2015, p. 42, dentre muitas outras passagens.

[1884] CARNELUTTI, Francesco. *Teoria generale del diritto, op. cit.*, p. 365: "Per lo più ci si contenta di presupporre una nozione empirica del giudizio, la quale invece è insufficiente a fondare la conoscenza del meccanismo del diritto in questo suo aspetto supremo; l'episodio saliente di tale insufficienza si ha nella deplorevole confusione tra giudizio e silogismo, onde ancora il nostro modo di pensare e di parlare è dominato".

[1885] CALAMANDREI, Piero. Giustizia e politica: sentenza e sentimento In: *Processo e democrazia, op. cit.*, p. 63: "Ridurre la funzione del giudice a un puro sillogizzare vuol dire impoverirla, inaridirla, disseccarla. La giustizia è qualcosa di meglio: è creazione che sgorga da una coscienza viva, sensibile, vigilante, umana. È proprio questo calore vitale, questo senso di continua conquista, di vigile responsabilità che bisogna pregiare e sviluppare nel giudice". Vide, também, MELENDO, Santiago Sentis. *Estudios de derecho procesal*, v. 1. Buenos Aires: Ediciones Jurídicas Europa-América, 1967, p. 530: "No es tan pobre, como dice Calamandrei, la función del juez. Sentenciar es cosa más grave que silogizar".

[1886] CALAMANDREI, Piero. La crisi della motivazione. In: CAPPELLETTI, Mauro (a cura di). *Opere giuridiche*. Napoli: Morano, 1965, v. 1, p. 664-677, esp. p. 667: "La motivazione sembra dare la riprova per tabulas della natura essenzialmente logica della sentenza: si può dire che il silogismo giudiziale, prima che nelle costruzioni dei teorici, viva nella realtà giudiziaria, dato che la stessa legge esige che ogni sentenza sia accompagnata da quella specie di radiografia logica che ne fa apparire per trasparenza lo scheletro razionale. Quasi si direbbe che la stessa legge, coll'esigere che nel testo definitivo della sentenza il dispositivo sia preceduto dalla motivazione, voglia far apparire alla luce del sole la struttura sillogistica della sentenza e persuadere i giudicabili che in quella concatenazione rigorosa di vertebre logiche nessun varco è lasciato all'arbitrio. Tuttavia qualche dubbio nasce quando ci si accorge che, secondo quanto le stesse leggi processuali ammettono, la parte dispositiva della sentenza, invece di essere cronologicamente un posterius della motivazione, è normalmente un prius: la sentenza, come atto di volontà, è già nata prima che il giudice abbia chiaramente espresso quali sono le ragioni logiche che lo hanno spinto a volere così; la conclusione del silogismo è già fissata irrevocabilmente, prima che siano formulate le premesse".

[1887] DINAMARCO, Cândido Rangel. *Instituições de direito processual civil*. 6. ed. rev. e atual. São Paulo: Malheiros, 2009, v. 3, p. 687-688.

[1888] FERRAZ JUNIOR, Tércio Sampaio. *A ciência do direito*. 2. ed. São Paulo: Atlas, 1980, p. 92: "Alguns dizem, neste sentido, que, embora formalmente primeiro apareça a regra geral, depois a descrição do caso e por último a conclusão, na verdade o julgador tende a construir o silogismo jurídico à inversa, criando, *intuitivamente*, a conclusão a que deve chegar e buscando, regressivamente, para ela, as justificações necessárias"(Grifo nosso).

concepção do dedutivismo naufraga no oceano da humanização da atividade judicante e do processo judicial, pois a complexidade do ato de julgar não abona, em absoluto, a noção de sentença como um simples feixe de inferências lógico-dedutivas.[1889] Não à redução da sentença a um mero silogizar (deducionismo axiomático).[1890] Na realidade, bem pesadas as coisas, o "raciocínio" judicial (por exemplo, para alguns, heurístico, hipotético, avaliativo), que conduz à escolha da hipótese de trabalho mais correta ou justa, apresenta sutilezas, luzes e sombras, que não permitem aprisioná-lo no cárcere de um frígido algoritmo silogístico de natureza axiomático-dedutiva.[1891] No Estado Constitucional e Democrático de Direito, a legitimidade argumentativa consola a justificação da decisão judiciária, valendo salientar, ao sopro da crescente complexidade da vida social, que não se mostra correto pensar que a aplicação do direito possa se exaurir, exclusivamente, em procedimentos dedutivos[1892] peculiares às operações de silogismo formal.[1893]

[1889] TROCKER, Nicolò. *Processo civile e costituzione*: problemi di diritto tedesco e italiano. Milano: Giuffrè, 1974, p. 648: "Nella dottrina tedesca ed italiana è da tempo riconosciuto che l'impostazione sillogistica è chiaramente inadeguata a cogliere la reale dinamica del processo formativo della decisione e schematizza a posteriori e "con soverchio semplicismo un'operazione che è invece molto laboriosa e complessa"". Assim, também, ROSENBERG, L. *Die Beweislast* (auf der Grundlage des Bürgerlichen Gesetzbuchs und der Zivilprozessordnung). 5. ed. München und Berlin, Beck, 1965, p. 6 ss.

[1890] Salta a refinada ironia de CALAMANDREI, Piero. Giustizia e politica: sentenza e sentimento. In: *Processo e democrazia, op. cit.*, p. 58: "La sentenza diventa dunque un prodotto di pura logica: il sentimento non c'entra. Il giudice ha la fortuna di poter vivere tranquillo e pacato, libero dalle tempeste del sentimento, nella serenità lunare dei sillogismi".

[1891] SILVA, Ovídio A. Baptista da. *Curso de processo civil*: processo de conhecimento. 5. ed. rev. e atual. São Paulo: Revista dos Tribunais, 2001, v. 1, p. 404: "A ideia de que a sentença seja o resultado de um silogismo corresponde a uma simplificação exagerada e pouco fiel daquilo que verdadeiramente acontece com a formação do convencimento do juiz. Poder-se-ia mesmo dizer que a figura lógica de um silogismo jamais terá lugar no período de formação mental da sentença, ou, se realmente houver um silogismo, antes de ser ele a formar a sentença, será esta – depois de formada no espírito do julgador – que dará ensejo a um silogismo, montado apenas com o fim de justificar e fundamentar a concreção da norma legal".

[1892] CAVALCANTI, Arthur José Faveret. *A estrutura lógica do direito*. Rio de Janeiro: Renovar, 1996, p. 42: "A outra via percorrida pela Inteligência humana é a da dedução. A Inteligência segue aí um caminho inverso pois vai do geral para o particular, chegando sempre a conclusões menos abrangentes do que as premissas de que parte. A justificação do conhecimento humano pressupõe a justificação desses métodos de que a inteligência lança mão para adquirir conhecimentos. Considerando a dedução como um todo, verificamos tratar-se de um enunciado hipotético e tautológico, do qual as premissas e a conclusão são partes. O enunciado é hipotético, porque não afirma a veracidade das premissas ou a da conclusão, mas simplesmente que, se as premissas forem verdadeiras, a conclusão também será. É tautológico porque é verdadeiro em decorrência de sua forma, portanto, necessariamente verdadeiro". Dentro do universo popperiano de conjecturas-refutações-falsificacionismo, vide ASSIS, Araken de. Sobre o método em processo civil. *Ajuris*, Porto Alegre, n. 14(39), p. 153-172, 1987, esp. p. 155-156: "De modo que a evolução do conhecimento científico não se faz mediante cumulação, mas por saltos. À medida que uma teoria afirma, tanto mais exclui ou proíbe e, assim, crescem as oportunidades para o seu falseamento. A teoria de maior conteúdo admite provas mais severas e sucessivas. Superada uma teoria insatisfatória, entroniza-se uma melhor que, ao menos, suportou um teste no qual a anterior fracassou. Isto explica, por outro lado, a escolha da dedução. É que uma inferência dedutiva pode ser vista como legítima se, e somente se, ela sempre transmitir a verdade das premissas à conclusão: a inferência dedutiva não admite contra-exemplos. Embora não exista um critério geral de verdade, em qualquer compartimento do conhecimento humano, há uma infinidade de regras de inferência, nas quais é possível provar a legitimidade, ou seja, a irremediável ausência de exemplos contrários".

[1893] TARUFFO, Michele. *La motivazione della sentenza civile, op. cit.*, p. 194-195: "Il punto inerente alla distinzione tra la struttura dimostrativa e il carattere cogente del discorso logico-matematico, e la natura "aperta" e non cogente del discorso giuridico è in sé piuttosto banale; invero, eccezion fatta per le dichiarazioni programmatiche del razionalismo giusnaturalistico di derivazione leibniziana, o del positivismo sistematico ottocentesco, l'immagine di una giurisprudenza more geometrico demonstrata ha sempre avuto un successo assai limitato, e non può affatto considerarsi come la concezione oggi prevalente del ragionamento giuridico".

Ademais, a razoabilidade da decisão judicial não prescinde naturalmente da interpretação valorativa dos textos normativos, possibilidade, de resto, fortemente refutada pelo positivismo jurídico. A atividade exegética compreende atos complexos, tão mergulhados nas profundezas do "eu" do juiz, que são indevassáveis, e ele próprio, não raro, os ignora. Se todo texto legal carece de interpretação, evidencia-se, também por isso, a insuficiência do raciocínio silogístico na aplicação do direito. A interpretação de uma regra implica sempre dimensões de individualização e de concreção normativas, porque os problemas jurídicos estão referenciados a situações particulares e concretas.[1894]

Nada obstante tais considerações, como produto final, reafirme-se, a estrutura formal da sentença representa um silogismo jurídico.[1895] De fato, o momento de hodierno da cultura jurídico-processual não se coaduna com o raciocínio judicial baseado *exclusivamente* no método silogístico de argumentação, por deixar de fora, por exemplo, juízos de valor *in facto* e *in iure*. Assim vistas as coisas, nada impede que o modelo de silogismo seja empregado em conjunto com outros perfis argumentativos, consentâneos com juízos preponderantemente estimativos, valorativos, que conduzam o órgão judicante à sua conclusão final. Significa dizer que, ao ângulo não da gênese da decisão (*como se faz*), mas de sua estrutura (*como é feita*), o raciocínio judicial, em seu derradeiro momento, pode perfeitamente representar um silogismo jurídico.

A vitória de Pirro da lógica formal, como já sublinhado, está na insatisfatoriedade do método silogístico-subsuntivo de julgamento de abranger exclusiva e totalmente o "raciocínio" decisório judicial, posto que somente se revela possível cogitar de silogismo posteriormente à conclusão do juízo,[1896] quando da articulação, por escrito, de razões justificativas do julgado. Insista-se no ponto: sob a ótica da estrutura do documento da decisão, o raciocínio judicial, em seu extremo momento (e apenas aí), é suscetível de refletir um silogismo jurídico.[1897]

Nessa perspectiva, não se pode negar o acoplamento lógico entre o geral e o particular ou, caso se prefira, a existência de atividade dedutiva ou de subsunção na aplicação da norma ao fato.[1898] A coerência lógico-formal da rígida organização dos argumentos,

[1894] RECASENS SICHES, Luis. *Nueva filosofia de la interpretación del derecho, op. cit.*, p. 123.

[1895] NOJIRI, Sérgio. *O dever de fundamentar as decisões judiciais.* (Coleção estudos de direito de processo Enrico Tullio Liebman; v. 39). 2. ed. rev. e ampl. São Paulo: Revista dos Tribunais, 2000, p. 86-87.

[1896] GOMES FILHO, Antonio Magalhães. *A motivação das decisões penais.* São Paulo: Editora Revista dos Tribunais, 2001, p. 120: "Assim, é possível afirmar que a concepção lógico-dedutiva apenas fornece um esquema de racionalização circunscrito à motivação (lógica da justificação), deixando à margem o procedimento de escolha das premissas, o que equivale a admitir a possibilidade de outras formas de racionalidade próprias à pluralidade de aspectos e momentos em que se articula o contexto decisório propriamente dito (lógica da descoberta). Aliás, mesmo considerando o âmbito próprio da motivação, a análise empírica dos discursos justificativos evidencia que a lógica dedutiva desempenha um papel muito modesto no trabalho dos juízes, pois a argumentação judicial está voltada mais à demonstração do acerto na escolha das premissas que à extração de uma conclusão lógica a partir delas".

[1897] BENETI, Sidnei Agostinho. *Da conduta do juiz.* 3. ed. rev. São Paulo: Saraiva, 2003, p. 111: "O silogismo jurídico objetivo em verdade toma corpo para o Juiz especialmente no momento da concretização da decisão no escrito, na motivação, com a qual obedece ao disposto na Constituição Federal e nos Códigos de Processo, textos que, em verdade, apenas explicitam a necessidade de fundamentação inerente à etiologia de qualquer julgamento. A formação da decisão, em si, é ato aninhado nas profundezas do sistema psíquico do Juiz, cujas trilhas, nos casos realmente complexos, nem o próprio Juiz possui meios de reconstituir. (...) Como na alegoria de Platão, também na decisão judicial a explicitação silogística dos motivos não significa mais que sombras projetadas ao fundo da cava, espelhando baça a realidade que se passou no mundo imperscrutável que as produziu".

[1898] TARUFFO, Michele. Il controllo di razionalità della decisione fra logica, retorica e dialettica. *In*: BESSONE, Mario (a cura di). *L'attività del giudice, mediazione degli interessi e controllo delle attività.* Torino: G. Giappichelli, 1997, p.

pressupondo-se naturalmente a correção e a validade das premissas fático-jurídicas, transporta, com indefectível necessidade lógica, a uma conclusão final racional.[1899] A operação propriamente lógica, no sentido técnico da palavra, começa somente quando já fixadas as premissas. Porém, a férrea necessidade formal do silogismo é independente da verdade ou da falsidade objetiva de suas premissas, as quais podem ser, por sua vez, e em linha de princípio são, conclusões de anteriores silogismos.

Nesta latitude, é de rigor perquirir a correção e a validade das antecedentes premissas.[1900] Em tese, a utilidade do silogismo emerge quando a norma aplicável já foi escolhida pelo juiz e o acertamento da verdade dos fatos se faz presente. Devem-se, pois, analisar tais condições lógicas de aplicação do silogismo, por força de sua natureza tautológica e da ausência de valores heurísticos, pois que se trata de instrumento assaz formal. O risco é o de se conferir o selo de certeza a uma decisão que o desmerece. Ademais, o dedutivismo pode encerrar abusos, quando se pensa na aplicação da fórmula dedutiva entre proposições que não têm relação do geral ao particular, vale dizer, quando de uma não pode logicamente ser deduzida a outra.

Seja como for, o silogismo judicial desmerece, *tout court*, ser sacrificado no altar das coisas imprestáveis, pois, em remarcada dicção carneluttiana, se revela necessário à verificação do juízo (*v. g.*, a motivação jurídica sobre enunciados, sob o prisma da justificação de fatos – conclusões ou hipóteses –, cobre-se de determinadas características[1901]). Nesse diapasão, como método operativo da função jurisdicional, em especial no escopo de verificação (teste) do juízo,[1902] o sistema de ideias do silogismo, ensartado na motivação da sentença, não pode nunca ser totalmente descartado ou banido da teoria da decisão judicial.

Nessa moldura, não se pode identificar a motivação com o *iter* decisório, pois aquela não tem por função efetuar o *backup* orgânico do contexto de descoberta da

---

139-153, esp. p. 144: "non è possibile ritenere che la decisione sia il frutto esclusivo di un iter logico modellato secondo le forme della deduzione sillogistica. Tuttavia non si può escludere che una connessione sostanzialmente deduttiva, o sussuntiva, rappresenti il nucleo fondamentale dell'applicazione della norma al fatto".

[1899] VILANOVA, Lourival, *op. cit.*, p. 279: "A lógica unicamente garante o seguinte: se as premissas são *verdadeiras* (no que toca aos enunciados *descritivos*) ou *válidas* (no que toca às proposições *prescritivas*) e o processo inferencial-dedutivo está sintaticamente correto (congruência na relação consequencial, em sentido husserliano), então, a conclusão ou a sentença (a proposição prescritiva em que se verte a decisão judicial) é *verdadeira* ou *válida*, respectivamente. Mas a Lógica *mesma é impotente para escolher a premissa maior, isto é, a proposição normativa geral*. Não é potente para essa seleção, justamente porque *não tem meios para decidir sobre o conteúdo normativo da proposição jurídica*. (...) Essa seleção guia-se *por critérios não formais-lógicos*; sim por pontos de vista *axiológicos*". (Grifos no original).

[1900] CALOGERO, Guido, *op. cit.*, p. 48-49.

[1901] GASCÓN ABELLÁN, Marina. *Los hechos en el derecho*: bases argumentales de la prueba. 3. ed. Madrid: Marcial Pons, 2010, p. 195-196: "Cuando el enunciado a justificar sea una conclusión, la motivación exige, en rigor, tres cosas. Por un lado debe exponerse y justificarse el enunciado probatorio singular del que se parte, es decir, la premisa menor del silogismo deductivo (sea una constatación, una conclusión o una hipótesis). Por otro lado debe exponerse y justificarse la regla universal de la que se parte (sea una ley de la ciencia o una norma jurídica), es decir, la premisa mayor del silogismo. Finalmente debe mostrarse que el enunciado probatorio singular constituye una instancia particular del antecedente de la regla universal y que el razonamiento seguido es una inferencia deductiva válida. (...) Una hipótesis es el resultado (conjetural) de una inferencia inductiva. Una hipótesis está justificada si no ha sido refutada y es confirmada por las pruebas disponibles más que cualquier otra hipótesis. Están presentes en esta justificación tres elementos: no refutación, confirmación y mayor confirmación que cualquier otra hipótesis sobre los mismos hechos".

[1902] CARNELUTTI, Francesco. Appunti sulla motivazione, *op. cit.*, p. 89: "Che, dunque, una sentenza debba essere motivata vuol dire che il giudizio deve essere verificato; e il mezzo della verificazione è il sillogismo: uno o più, quasi sempre più sillogismi".

decisão, isto é, dos fatores psicológicos que condicionaram o juiz.[1903] É dizer: a motivação não se configura como fiel prestação de contas do processo psicológico que conduziu o juiz à sua decisão, senão que traduz justificação seletiva, validação *a posteriori* do decisório.[1904] Tampouco a motivação se configura como a história da evolução mental do juiz com referência ao caso particular.[1905] O julgador não chega à sua decisão apenas por um caminho, que se revele à luz do sol, senão que se enreda por tortuosas rotas, itinerários secretos por subterrâneos psíquicos, conscientes e inconscientes, que, em grande parte, passam por túneis, pois que têm de atravessar os meandros do espírito humano.[1906]

A motivação é a apologia discursiva (autoapologia, em dicção calamandreiana), com argumentos racionais, sólidos, coerentes, identificáveis, intersubjetivamente válidos e controláveis (as *boas razões*), referentes à solução formulada para o caso particular, à luz da consideração de suas variantes infinitas e imprevisíveis.[1907] A imprescindibilidade de motivação jurídica (as razões justificativas que sustentam o julgado), para além de encontrar referencial teórico apenas no interesse privado dos litigantes, submerge as suas próprias raízes também no interesse público,[1908] ao ângulo visual sociológico e político (metajurídico).

Em resumo, nada obstante a coordenação entre os elementos estruturais da sentença (relatório, motivação e dispositivo), quando o juiz formula sua decisão não adota necessariamente a imagem de um rígido esquema do silogismo lógico clássico, em que (i) a premissa maior é a norma pertinente, (ii) a premissa menor corresponde aos fatos acertados e (iii) a conclusão é representada pelo comando estabelecido no dispositivo.[1909] Determinado por fatores metajurídicos (*v. g.*, sociológicos, políticos), antes, o juiz, impulsionado pelo trinômio intuição-sentimento-emoção, intui a decisão a tomar, formulando mentalmente sua hipótese de julgamento, para, só depois, racionalizando-a, buscar nos conceitos jurídicos, no resultado das provas, no direito vigente

---

[1903] BARBOSA MOREIRA, José Carlos. Julgamento e ônus da prova. *Temas de direito processual*: segunda série. 1. ed. São Paulo: Saraiva, 1980, p. 73-82, esp. p. 73: "Não é que a motivação deva necessariamente espelhar com absoluta fidelidade as diversas etapas do referido processo mental: semelhante coincidência, rara ou mesmo excepcional na prática, será, quando porventura ocorra, juridicamente irrelevante. O que se exige, e basta, é uma *justificação racional* do resultado atingido: o juiz deve explicar, de um lado, por que configurou os fatos relevantes *daquele modo*; de outro, por que considerou que era aplicável *aquela* norma, e por que lhe deu *aquele* entendimento". (Grifos no original).

[1904] TARUFFO, Michele. La fisionomia della sentenza in Italia. *La sentenza in europa*: metodo, tecnica e stile. Padova: CEDAM, 1988, p. 180-214.

[1905] BARBOSA MOREIRA, José Carlos. O que deve e o que não deve figurar na sentença. *Temas de direito processual*: oitava série. São Paulo: Saraiva, 2004, p. 117-124, esp. p. 119.

[1906] CALAMANDREI, Piero. *Elogio dei giudici scritto da un avvocato*. 4. edizione. Firenze: Le Monnier, 1959, p. 12.

[1907] PERO, Maria Thereza Gonçalves. *A motivação da sentença civil*. São Paulo: Saraiva, 2001, p. 146.

[1908] ANDRIOLI, Virgilio. Motivazione di sentenze o opinione personale dei giudici? *Rivista di Diritto Processuale*, Padova, v. 5 (1), p. 266-268, 1950, esp. p. 266: "Se lo Stato conforta col braccio secolare dell'autorità della cosa giudicata soltanto la parte della pronuncia corrispondente all'oggetto della domanda, l'obbligo della motivazione non è fondato sull'interesse privato dei litiganti, ma trova giustificazione nell'interesse pubblico, dalla soddisfazione del quale sono, dunque, determinati gli effetti pregiudizievoli della soccombenza teorica".

[1909] Assim, TUCCI, José Rogério Cruz e. *A motivação da sentença no processo civil*. São Paulo: Saraiva, 1987, p. 8-9. Por esse prisma, também, COELHO, Luiz Fernando. *Lógica jurídica e interpretação das leis*. 2. ed. Rio de Janeiro: Forense, 1981, p. 148: "Finalmente, o próprio silogismo judicial como um todo pode significar que a decisão concreta é anterior a todo raciocínio analítico, isto é, o enunciado das premissas é somente um apoio lógico-formal que o próprio juiz elabora para fundamentar *a posteriori* a decisão que ele já tomara; destarte, ao invés de a subsunção traduzir a interpretação do caso concreto à luz da lei, o que pode ocorrer é um processo inverso, a interpretação da lei ser feita à luz do entendimento que o juiz tem *a priori* do caso concreto, embora tal entendimento possa até ser inconsciente".

(*de iure condito*) e/ou no sistema de precedentes judiciais obrigatórios o correspondente supedâneo justificativo. Nada impede, ao fim e ao cabo, que o raciocínio judicial possa ser apresentado sob a forma de um silogismo, porquanto seus componentes essenciais, estruturais, hão de ostentar coerência lógica entre si.[1910] Porém, tal ossatura silogística, no final das contas, não garante, em absoluto, o valor da conclusão.

Na realidade, em determinado sentido, pode-se dizer que a conclusão, no silogismo jurídico, vai além das premissas. O processo de interpretação-aplicação do direito positivo, para além do formal silogismo, não pode ser realizado sem valorações, estimativas ou referências à realidade social,[1911] e, por isso mesmo, não se afigura correto considerar tais operações mentais uma dedução lógica, a qual opera, essencialmente, apenas em nível formal e não é capaz de proporcionar a concreção material característica da experiência jurídica.[1912]

Nessa moldura, incidirá em erro quem confundir juízo (o julgar propriamente dito, que tem caráter inventivo, no contexto de descoberta da decisão) e silogismo (que tem natureza demonstrativa, de verificação do juízo, no contexto de justificação).[1913] Apenas o silogismo desfruta de racionalidade, mas o juízo não é racional.[1914] Em dicção

---

[1910] FUX, Luiz. *Curso de direito processual civil*: processo de conhecimento. 4. ed. Rio de Janeiro: Forense, 2008, v. 1, p. 636: "Observa-se, assim, que a forma silogística da sentença só encontra ressonância com a realidade no final do processo". Assim, também, DINAMARCO, Cândido Rangel. *Instituições de direito processual civil*, v. 3, *op. cit.*, p. 688: "*Depois de redigida*, porém, a sentença apresenta-se realmente como um silogismo e como tal deve guardar coerência lógica entre seus elementos constitutivos, sendo imperfeita quando a decisão da causa não corresponder aos fundamentos adotados na motivação; como em todo silogismo, a conclusão não será legítima se não tiver apoio nas premissas assumidas como corretas". (Grifos no original); MARQUES, José Frederico. *Instituições de direito processual civil*. Campinas: Millennium, 1999, v. 3, p. 471: "Todavia, a redução da sentença à forma silogística só é real no final do trabalho intelectual do juiz para apreciar e decidir do pedido, ou seja, ao ter de lavrar a decisão definitiva. É quando vai enquadrar o fato na regra ou norma aplicável, que se opera o silogismo. Antes porém, o juiz realiza pesquisas, formula raciocínios e desenvolve argumentos, não só para delimitar perfeitamente o *fato* em que a lei vai incidir, como ainda para averiguar qual o preceito legal aplicável". (Grifos no original).

[1911] VILANOVA, Lourival, *op. cit.*, p. 287: "Por isso, quando os juristas da escola dogmática da exegese pensavam que somente com a Lógica o juiz podia decidir os casos controvertidos da vida cotidiana, não procediam como Mr. Jourdan, que fazia prosa sem o saber: acreditavam fazer Lógica, mas faziam outra coisa sem o saber. Faziam interpretação e aplicação do Direito positivo, que se não consomem no formal do silogismo, sem valorações e sem referências à realidade social subjacente".

[1912] VILANOVA, Lourival, *op. cit.*, p. 284: "Vários juristas tecem considerações para mostrar que o silogismo normativo, em que se expressa uma decisão judicial, apresenta a sentença-conclusiva como uma proposição que vai além das premissas e, *eo ispso*, infringe a sintaxe lógica do argumento silogístico".

[1913] CARNELUTTI, Francesco. Appunti sulla motivazione, *op. cit.*, p. 89; EVANGELISTA, Stefano. Motivazione della sentenza civile. *In: Enciclopedia del diritto*. Milano: Giuffrè, 1977, v. 27, p. 154-180, esp. p. 160.

[1914] Todavia, é digno de nota o entendimento contrário de TARUFFO, Michele. *Giudizio*: processo, decisione, *op. cit.*, p. 169: "Queste considerazioni inducono a distinguere il giudizio da altri metodi di decisione, in funzione del carattere articolato, possibilmente "visibile" e – in una parola – razionale del giudizio stesso. In altri termini, si può dire che il giudizio è un metodo razionale di decision-making". Demais disso, p. 171: "L'aspirazione alla razionalità è un aspetto essenziale del giudizio come metodo di decision-making perché la formulazione di un giudizio di per sé implica il riferimento a criteri visibili e controllabili, e l'applicazione coerente, non contraddittoria, logicamente fondata, di questi criteri. È difficile, in altri termini, immaginare un giudizio irrazionale, privo di struttura, non articolato, non fondato su alcun criterio riconoscibili, se non a costo di modificare arbitrariamente il senso profondo di "giudizio". Importa registrar que, no presente trabalho, semelhante linha de argumentação do Mestre peninsular é totalmente descolada do terreno do juízo (contexto de descoberta da decisão) para o contexto de justificação, este último, sim, preponderantemente permeado pelo binômio racionalidade-logicidade. É dizer: "*L'aspirazione alla razionalità*" do juízo (ou melhor: "a apiração à racionalidade" da hipótese de trabalho formulada pelo juízo) deve se concretizar, em seguida, na motivação jurídica, mediante razões justificativas que possam sustentá-lo racionalmente, com o aporte de argumentos sólidos, coerentes, côngruos, identificáveis, controláveis e intersubjetivamente válidos em determinado tempo

carneluttiana: o julgamento vem antes, o raciocínio depois.[1915] Não se podem apriorizar os juízos da vida jurídica em um rígido esquema lógico-subsuntivo, porque, no espaço de descoberta da decisão, por exemplo, ante a presença da intuição e de forças que impetuosamente irrompem do inconsciente do juiz, seu labor é marcado por fatores irracionais e, assim, pela ilogicidade.[1916]

Daí descende a placitação, no presente trabalho, da concepção irracionalista da decisão judicial, *mas apenas em sua gênese*, ante a inelutável presença da intuição no ato de julgar. Cumpre notar-se, uma vez ainda, que o juízo (o julgar) é um momento do pensamento puramente intuitivo e, portanto, irracional, donde salta a distinção entre as razões expressas na motivação e os motivos reais ou efetivos da decisão. Por outro lado, elementos irracionais oriundos da mente inconsciente do juiz plasmam o ato de julgar. Realmente, porque assim é, não se há que falar em qualquer forma lógica que pudesse determinar o juízo em suas escolhas à base do *decisum*. Semelhantes escolhas operadas pelo juízo, dado seu caráter essencialmente inventivo, fundadas no sentir intuitivo, não exibem natureza racional.[1917] A decisão, em sua gênese, é irracional, pois o juízo não é presidido por escolhas (*v. g.*, justo ou injusto) de tipo lógico. O juiz intui a decisão a tomar, formulando mentalmente sua hipótese de julgamento, escolhendo, intuitivamente e com o suporte do sentimento e da emoção, uma entre as diversas soluções teoricamente possíveis para o caso particular, que, em sua individualização, lhe pareça mais correta ou justa. Assim, se o juiz tivesse o dom de se despojar cabalmente de suas emoções, não lhe seria possível avaliar opções justas ou injustas, corretas ou incorretas. Em caso tal, como já evidenciado, através de estudos neuroafetivos empíricos, sem o imprescindível suporte da emoção, a própria racionalidade do juiz restaria irremediavelmente comprometida.

---

e lugar. Tanto é assim, que a motivação jurídica não reflete efetivamente o juízo formulado no contexto de descoberta da decisão ("os motivos reais"). A motivação da sentença não configura uma prestação de contas do *iter* psicológico na mente do juiz. Ademais, não se pode olvidar a possibilidade de o juiz escrever a motivação muito tempo depois de haver decidido, como também aqueloutra hipótese de um juiz singular redigir motivação jurídica concernente à decisão deliberada por um órgão judicante colegiado. Em casos tais, parece emergir a fragilidade do entendimento segundo o qual a motivação deva considerar o procedimento decisório ou mesmo refleti-lo com fidelidade. Seja como for, não se pode abonar a ideia de que o juízo-decisão é inteiramente redutível à lógica e que, por exemplo, a intuição, o sentimento e a emoção não desempenham papel algum no ato de julgar em sentido estrito; antes, ao contrário, no juízo-decisão a lógica permaneceria estéril, pouco mais do que nada, a menos que fosse fertilizada pelo sentir intuitivo do julgador. Muito para dizer que um juiz banhado de pura lógica saberia muita gramática, mas seria desprovido de inventividade, de ideias e do seu próprio poder de decisão.

[1915] CARNELUTTI, Francesco. *Diritto e processo, op. cit.*, p. 217: "Il sillogismo decisorio è quindi non all'inizio ma alla conclusione di un lavoro, il quale chiede alla ragione il collaudo dell'invenzione. Questo non vuol dire cedere alla tentazione dell'irrazionalismo, ma dare a Cesare quello che è di Cesare e a Dio quello che è di Dio; mettere, insomma, la ragione al suo posto, che è alla retroguardia non all'avanguardia della marcia del pensiero. Se non ci fosse la ragione l'uomo non penserebbe; il suo compito non è quello dello slancio, ma del freno. Se il giudice non facesse che ragionare non arriverebbe mai a decidere. Il sillogismo postula il giudizio, non il giudizio postula il sillogismo. Perciò la struttura della sentenza capovolge la storia della decisione. Secondo la struttura la motivazione precede la disposizione; secondo la storia la disposizione precede la motivazione. All'inizio non c'è niente altro che un'ipotesi di lavoro, senza la quale la decisione non sarebbe possibile; il ragionamento, poi, la può collaudare come la può distruggere; allora bisogna trovarne un'altra e il lavoro ricomincia da capo".

[1916] COELHO, Luiz Fernando, *op. cit.*, p. 143: "A crítica a semelhante concepção, que não corresponde ao que realmente ocorre nos processos decisórios do direito, é decorrência da presença de elementos irracionais e contingentes naqueles processos".

[1917] Releva gizar, porém, o entendimento contrário de TARUFFO, Michele. *La motivazione della sentenza civile, op. cit.*, p. 98 ss.

Ponha-se em alto relevo que a racionalidade e a logicidade descansam, isto sim, na motivação jurídica do julgado. A concepção irracionalística da decisão, em sua origem, está alicerçada na distinção, estrutural e funcional, entre contexto de descoberta da decisão e contexto de justificação, ou – caso se prefira – coloca-se em xeque a correspondência entre motivação e raiz real da decisão no endereço da natureza do juízo.

A realidade psicológica do ato de julgar, *ab ovo*, com a assunção de um processo incrustado de elementos irracionais (*v. g.*, a intuição do juiz), não se deixa reduzir a uma rígida fórmula lógico-axiomática de matriz juspositivista. O modelo lógico da decisão deve distinguir entre a atividade intuitiva operada pelo juiz para alcançar sua decisão (ambiente irracional e ilógico) e o raciocínio justificativo que vem expresso na motivação jurídica do julgado (ambiente racional e lógico).

É preciso conseguir decifrar a diferença entre juízo e silogismo, bem como reconhecer a importância do silogismo para verificar (testar) o juízo.[1918] O juízo, dado seu caráter essencialmente inventivo, não pode ser limitado a um modelo lógico-axiomático. Emerge, assim, o sofisma logicístico consistente em pensar que toda a atividade do juiz se esgota em operar segundo um esquema fixo e válido, de jaez lógico-formal, caracterizado por um sistema de regras lógicas dedutivas.[1919] Nessa concepção do positivismo dogmático ingênuo, subtrai-se da atividade do juiz qualquer possibilidade criativa, valorativa, estimativa. Donde se revelar errônea a imagem de uma teoria do juízo como silogismo, ante a impossibilidade de se demonstrar que o "raciocínio" decisório em sentido estrito tenha uma estrutura silogística.[1920] Já no tocante à teoria da motivação, o silogismo se afigura incompleto, haja vista que a estrutura dedutiva é apenas um elemento da motivação jurídica.

Em suma, a visão humanística da atividade judicial não se compadece com a figura de um juiz *cordas vocais da lei* – asséptico, eunuco, despojado de sua intuição, expropriado de seus sentimentos, privado de suas emoções e noções, desvestido de suas ideologias, com amnésia de si mesmo –, seja tanto no sistema da *common law*, seja quanto no da *civil law*, ou em sistemas mistos, com fecundações recíprocas, como é o brasileiro atual, principalmente com o advento do Código de Processo Civil de 2015 (*v. g.*, art. 927, incisos I a V).

Pode-se conceber o seguinte esquema gradativo de ordem lógico-jurídica da decisão, ou modelo teórico geral, pois a sentença não enfrenta todas as questões, mas apenas aquelas debatidas e decididas, com várias questões de fato e de direito a resolver, a implicar oscilações na estrutura e no conteúdo decisórios: questões de jurisdição e de competência, questões preliminares relativas ao processo deduzidas pelas partes ou releváveis de ofício, questões prejudiciais de mérito e mérito. Em relação aos fatos e às provas, tem-se a seguinte ordem cronológica básica de formação da sentença na

---

[1918] CARNELUTTI, Francesco. *Diritto e processo, op. cit.*, p. 138-139: "L'osservazione fondamentale, a questo proposito, riguarda la necessità di verificare qualunque giudizio mediante il sillogismo. Tale necessità si impone a chiunque giudichi: un giudizio non verificato è un giudizio imprudente, quale può essere pronunciato da un privato ma é assolutamente incompatibile con l'ufficio del giudice (...)".

[1919] TARUFFO, Michele. *La motivazione della sentenza civile, op. cit.*, p. 138.

[1920] CALAMANDREI, Piero. Giustizia e politica: sentenza e sentimento. *In: Opere giuridiche*, v. 1, *op. cit.*, p. 649: "Chi pensa al peso di dolori umani che è affidato alla coscienza dei giudici, si domanda com'essi, con sì terribile compito, riescano la notte a dormire sonni tranquilli. Eppure il sistema della legalità, a intenderlo troppo scolasticamente, colla ingegnosa meccanica del sillogismo giudiziale, sembra fatto apposta per togliere al giudice il senso della sua terribile responsabilità, e per aiutarlo a dormire senza incubi".

mente do juiz: exame prévio sobre pertinência e relevância dos fatos, avaliação do resultado das provas, reconstrução do fato em espécie com base no particular juízo de fato, qualificação jurídica dos fatos, aplicação do direito ao fato, determinação dos efeitos jurídicos.[1921]

Disso resulta que a integralidade (plenitude) da motivação jurídica dos pronunciamentos jurisdicionais pode refletir o seguinte quadro esquemático básico:[1922] (i) resolução de questões (*v. g.*, preliminares, prejudiciais, de fato, de direito), a fim de que a conclusão final possa ser assentada; (ii) correta escolha da norma aplicável e sua aceitável interpretação; (iii) adequado acertamento da verdade dos fatos relevantes para o julgamento da causa; (iv) qualificação jurídica do fato ou conjunto de fatos; (v) declaração das consequências jurídicas provenientes do decisório. Somem-se, na delineação do conteúdo mínimo essencial da motivação, (vi) o contexto dos nexos de implicações e de coerência entre tais enunciados (i, ii, iii, iv, v) e (vii) a justificação racional dos enunciados particulares de acordo com critérios de escolha ou de valoração do juízo.

6.6 A problemática da formação da deliberação no julgamento colegiado

O perigo de erro do juízo é uma das razões aconselhadas pela experiência à formação colegial ou do regime da colegialidade.[1923] Ademais, prestigiosa doutrina identifica, pelo menos, três razões teóricas subjacentes à colegialidade, consistentes na promoção: (i) do reforço da cognição judicial, (ii) da garantia da independência dos membros julgadores e (iii) da contenção do arbítrio individual.[1924]

Os órgãos colegiados não são quimicamente puros e, por isso, destilam uma miríade de circunstâncias internas, valendo notar que variados fatores extrajurídicos influenciam suas decisões.[1925] Exemplo expressivo e eloquente envolve o Supremo Tribunal Federal brasileiro, por deliberar em sessão pública e, o que é mais, com transmissão ao vivo dos julgamentos por canal de televisão oficial. Semelhante traço característico, decerto, não encontra paralelo alhures.[1926]

[1921] CALAMANDREI, Piero. *La genesi logica della sentenza civile.*, *op. cit.*, p. 50-51. Vide, também, MONACI, Stefano. L'esperienza della motivazione delle sentenze civili. *Rivista Trimestrale di Diritto e Procedura Civile*, v. 53, n. 10, p. 253-278, 1999, esp. p. 277.

[1922] TARUFFO, Michele. *La motivazione della sentenza civile*, *op. cit.*, p. 466-470, esp. 467.

[1923] CARNELUTTI, Francesco. *Teoria generale del diritto*. Terza edizione emendata e ampliata. Roma: Soc. Ed. del "Foro Italiano", 1951, p. 367, 368: "(...) quando più omini sono chiamati a giudicare sul medesimo oggetto, anzitutto si agevola, mediante la discussione, la proposizione e il superamento del dubbio; d'altra parte la coincidenza dei giudizi rende più probabile la loro esattezza, ch'è poi la loro conformità al buon senso, onde normalmente tutti siamo dotati".

[1924] SOKAL, Guilherme Jales. *O julgamento colegiado nos tribunais*: procedimento recursal, colegialidade e garantias fundamentais do processo. Rio de Janeiro: Forense; São Paulo: Método, 2012, p. 81.

[1925] A propósito do tema, vide BARBOSA MOREIRA, José Carlos. Notas sobre alguns fatores extrajurídicos no julgamento colegiado. *Temas de direito processual*: sexta série. São Paulo: Saraiva, 1997, p. 145-172.

[1926] BARROSO, Luís Roberto. *Constituição, democracia e supremacia judicial*: direito e política no Brasil contemporâneo. 2010. Disponível em: http://www.lrbarroso.com.br/shared/download/artigo-constituicao-democracia-supremacia-judicial.pdf. Acesso em: 02 abr. 2018, p. 1-45, esp. p. 39: "Na maior parte dos países, sem embargo da existência de uma audiência pública, de um *hearing*, com a intervenção dos advogados, o processo de discussão e decisão é interno, em conferência reservada, na qual participam apenas os ministros ou juízes. A deliberação pública é uma singularidade brasileira. A transmissão ao vivo dos julgamentos, por uma televisão oficial, constitui traço distintivo ainda mais original, talvez sem outro precedente pelo mundo afora".

O sistema brasileiro, nos julgamentos dos órgãos colegiados judicantes, obedece a um modelo agregativo (*seriatim*), e não propriamente deliberativo, na medida em que a decisão resulta da adição de uma série de votos individuais, e não de um modelo de discussão prévia, baseado na dinâmica argumentativa tendente a produzir pronunciamentos consensuais, inclusive medianos. Contudo, este é justamente o caso da Suprema Corte estadunidense que, ao sopro da sagacidade de John Marshall, migrou de um padrão agregativo para outro deliberativo de discussão prévia no escopo de produção de pronunciamentos pautados na consensualidade.[1927] O julgamento da Suprema Corte norte-americana expressa em um texto unitário o dispositivo e a motivação compartilhados pela maioria de seus membros (*opinion of the Court*), facultando-se a apresentação de votos particulares que, embora placitando o dispositivo, divirjam no que toca à motivação do julgado.[1928]

No modelo deliberativo e na perspectiva interna, os julgadores hão de prestigiar a interação, cada qual levando em conta os pontos de vista dos outros, com intensa troca de impressões entre os juízes, buscando atrair adesões para as teses sustentadas[1929] e, à luz de tal operatividade, produzir decisões melhores e mais justas. No Brasil, ao contrário, o modelo agregativo produz decisões colegiadas que cumulam, pura e simplesmente, as concepções dos membros do Tribunal, prescindindo-se da permuta de impressões previamente à definição de uma posição final.[1930] Circunscrevendo-se ao exemplo do Supremo Tribunal Federal, os votos dos Ministros em casos difíceis, moralmente carregados, já vêm confeccionados, por escrito. Um a um, os Ministros leem suas decisões e, nesta arquitetura institucional, muitas vezes o diálogo e o intercâmbio de ideias restam prejudicados.

As decisões dos tribunais são, via de regra, tomadas pela justaposição de votos pronunciados, autonomamente, pelos juízes que compõem os órgãos fracionários ou o plenário e que tenham assistido à discussão. O colegiado reduz-se, empiricamente, a uma pluralidade de juízes únicos.[1931] Semelhante atomização de juízes singulares denota que, apesar de comungarem da mesma motivação decisória, como justificação seletiva, os juízes naturalmente adquirem os motivos mediante operações mentais

---

[1927] FRIEDMAN, Barry. The politics of judicial review. *Texas Law Review*, v. 84, n. 2, p. 257-337, dec. 2005, esp. p. 284: "Under aggregative models, a collegial outcome simply cumulates the views of the members of the appellate bench. Under deliberative models, judges are supposed to interact in ways that lead them to consider one another's views, thereby arriving at better decisions. The Supreme Court's opinion-writing practices suggest that an aggregative model is not descriptively accurate. If the correct model was aggregative, then Justice Brennan violated the norm: He should have voted his preference and let the chips fall where they may. But the Supreme Court eschewed an aggregative model when it abandoned the practice of writing seriatim opinions. When Justices wrote seriatim opinions–i.e., each Justice expressed his own view–then it was reasonable to assume that each Justice would do as he might and leave it to observers to find the Court's center through interpretation. Given that the Court today speaks through joint opinions, as a practical matter Justices cannot simply adhere to their views without taking account of others. If they did, there might never be an opinion for the Court".

[1928] D'AMICO, Maria Elisa. Riflessioni sul ruolo della motivazione nella Corte Suprema statunitense. *In: La motivazione delle decisioni della Corte Costituzionale* (atti del Seminario di Messina, 7-8 maggio 1993), a cura di A. Ruggeri, Giappichelli, 1994, p. 63 ss.

[1929] SOKAL, Guilherme Jales, *op. cit.*, p. 115: "E é nesse ponto que diversas características subjetivas se revelam como fortes componentes da dinâmica do colegiado, como a reputação e a personalidade de seus membros (...)".

[1930] BARROSO, Luís Roberto, *op. cit.*, p. 39.

[1931] GRINOVER, Ada Pellegrini. O controle do raciocínio judicial pelos tribunais superiores brasileiros. *Revista da AJURIS*, Porto Alegre, 17(50), p. 5-20, 1990, esp. p. 10.

próprias e pessoais,[1932] reveladas e avaliadas quando da deliberação.[1933] Disso resulta a possibilidade, por exemplo, de um juiz acompanhar a maioria do colegiado, mas por premissas diversas,[1934] fundamentos e caminhos diferentes, os quais poderão ser documentados em declaração de voto (*dissenting opinion, concurring opinion*),[1935] embora unânime o decisório.[1936] Desse modo, a colegialidade comporta (ou pode comportar), por unanimidade ou por maioria de votos, julgado com motivações jurídicas diversas.[1937] Contudo, é possível ocorrerem tantos juízos distintos quantos sejam os membros do colégio judicante. Neste caso, é necessário separar o juízo da decisão: se o colégio, enquanto colégio, é incapaz de julgar, deve, porém, decidir.[1938]

De qualquer forma, mesmo no sistema brasileiro, um colegiado não representa o mero somatório de vontades individuais, pois (i) nada impede que haja mudanças de opiniões no âmbito dos debates entre os julgadores; e (ii) o julgador, ao ver sua tese derrotada, pode aderir à posição da maioria,[1939] produzindo um resultado final que pareça decorrer de consenso.

Cumpre assinalar que o acórdão, como ato decisório de juízos coletivos, não representa uma decisão subjetivamente complexa, na terminologia calamandreiana, já que para a respectiva formação não concorrem necessariamente as vontades de mais de um órgão jurisdicional[1940] de mesma competência funcional horizontal. Na realidade,

---

[1932] GRINOVER, Ada Pellegrini, *op. cit.*, p. 12.

[1933] LANCELLOTTI, Franco. Sentenza civile. *In: Novissimo digesto italiano*. Torino: Editrice Torinense, 1969, v. 16, p. 1.109-1.161, esp. p. 1118: "La motivazione è, dunque, rappresentazione e documentazione dell'iter logico-intellettivo seguito dal giudice per arrivare alla decisione: rappresenta la "estrinsecazione" pubblica dei motivi "intrinseci" al lavorito della mente del singolo giudice e che, nel giudice collegiale, sono stati esposti, contrapposti e valutati in sede di deliberazione".

[1934] GRINOVER, Ada Pellegrini, *op. cit.*, p. 11.

[1935] GORLA G. La struttura della decisione giudiziale in diritto italiano e nella "Common Law": riflessi di tale struttura sull'interpretazione della sentenza, sui "Reports" e sul "Dissenting". *In: Giur. it.*, 1965, I, 1, c, p. 1239 ss.

[1936] GASCÓN ABELLÁN, Marina. *Los hechos en el derecho*: bases argumentales de la prueba. 3. ed. Madrid, Barcelona, Buenos Aires: Marcial Pons, 2010, p. 189.

[1937] BENANTI, Emanuela. *La motivazione della sentenza civile*. 204f. Tesi di dottorato. Università Degli Studi di Palermo, 2012, p. 123: "Nei giudizi di seconda e successiva istanza, se la Corte è collegiale, i giudici, laddove siano concordi sia sulla decisione che sulla motivazione, possono delegare uno di loro a rendere la motivazione. Viceversa, in presenza di opinioni contrastanti, coloro i quali si trovino d'accordo con la decisione espressa da un altro componente potrebbero esprimersi con un semplice "I agree", e quindi tralasciare ogni aspetto motivazionale, oppure aggiungere una diversa motivazione; coloro i quali si trovino in disaccordo potrebbero esprimersi con una dissenting opinion rispetto all'opinion di altro o altri giudici del collegio, o anche della maggioranza, in riferimento a tutti i punti della decisione o anche soltanto ad alcuni".

[1938] CARNELUTTI, Francesco. *Diritto e processo*. Napoli: Morano Editore, 1958, p. 222-223: "Ma se la maggioranza, invece, non si forma? Così può avvenire quando siano possibili tanti giudizi diversi quanti sono i membri del collegio: suppongasi che dei tre giudici componenti il tribunale chiamato a giudicare sulla domanda di pagamento del prezzo di una compravendita uno ritenga che non sia stata raggiunta la prova della conclusione del contratto, l'altro che invece il compratore abbia provato di aver eseguito il pagamento e il terzo infine che, provata la conclusione del contratto e non provato il pagamento, debba essere accolta la domanda dell'attore. In questo caso, fallito l'accordo, se la decisione non fosse che giudizio, non si potrebbe decidere; ma poiché decidere bisogna, questo è proprio il caso in cui si manifesta il distacco tra il giudizio e la decisione. Il collegio, come collegio, s'è dimostrato incapace di giudicare; tuttavia il collegio deve decidere. Bisogna trovare un modo di scegliere tra le diverse opinioni: ancora un problema di scelta. Sul piano teorico si potrebbe ricorrere perfino al giuoco dei dadi; o far valere il giudizio del presidente; o quello più favorevole al convenuto; e via dicendo".

[1939] Código de Processo Civil brasileiro, art. 941, §1º: "O voto poderá ser alterado até o momento da proclamação do resultado pelo presidente, salvo aquele já proferido por juiz afastado ou substituído".

[1940] CALAMANDREI, Piero. La sentenza soggettivamente complessa. *In:* CAPPELLETTI, Mauro (a cura di). *Opere giuridiche*. Napoli: Morano, 1965, v. 1, p. 106-144.

para que se esteja diante de uma decisão subjetivamente complexa mister se faz que ela seja o produto de distintos órgãos fracionários (*v. g.*, incidente de arguição de inconstitucionalidade, nos termos dos arts. 948-950 do Código de Processo Civil brasileiro), ao passo que para a formação do acórdão concorrem as vontades de mais de um membro do mesmo órgão fracionário judicante.[1941]

Demais disso, há inúmeros outros fatores extrajurídicos no julgamento colegiado que podem afetar posições, impactar votações e influenciar o resultado, tais como: liderança intelectual ou pessoal de um julgador; desentendimento pessoal entre julgadores; troca de apoios em casos diversos, degenerando-se em ambiente político-partidário; o relator sorteado; a ordem na pauta; a ordem de votação; um pedido de vista, e por aí vai.[1942] Há uma constelação de fatores que influenciam o comportamento decisório dos juízes quando insertos em uma mecânica de colegialidade. Os aspectos conformadores dos julgadores, no colegiado, podem ser os mais variados,[1943] como fatores biológicos (*v. g.*, fome, cansaço,[1944] estresse) e o coeficiente pessoal do julgador (*v. g.*, mente inconsciente, inteligência, cultura, religião, moral, afetividade, acuidade).[1945] De sorte que a formação do juiz, associada à sua personalidade, robustece suas lealdades subconscientes. Tais aspectos se revestem de importância no processo de decisão coletivo, no qual as excentricidades (e vivências pessoais) dos juízes se equilibram, reciprocamente, tornando o produto final melhor.[1946]

Sob outro prisma, ninguém ignora que a publicidade e a transparência são componentes essenciais na vida do Estado Constitucional e Democrático de Direito. Todavia, o julgamento *coram populo* pode distorcer a deliberação, no sentido de que decisões a portas fechadas são de um tipo e decisões públicas são de outro.[1947] De fato, a presença do público na sessão de julgamento (ou mesmo sua transmissão pela televisão) pode

---

[1941] DIDIER JR., Fredie, BRAGA; Paula Sarno, OLIVEIRA; Rafael Alexandria de. *Curso de direito processual civil*: teoria da prova, direito probatório, ações probatórias, decisão, precedente, coisa julgada e antecipação de tutela, v. 2. 8. ed. Salvador: Juspodivm, 2013, p. 373.

[1942] BARROSO, Luís Roberto, *op. cit.*, p. 39-40.

[1943] ROSA, Alexandre Morais da. *Guia compacto do processo penal conforme a Teoria dos Jogos*. 3. ed. Florianópolis: Empório do Direito, 2016, p. 83.

[1944] Importa notar que já se impugnou, alhures, a validade de julgamento colegiado por ter se rendido ao cansaço e estar adormecido algum julgador. Vide, no ponto, BARBOSA MOREIRA, José Carlos. *Notas sobre alguns fatores extrajurídicos no julgamento colegiado, op. cit.*, p. 151, nota nº 7.

[1945] CASTRO, Amilcar de. *Lições de direito processual civil e direito internacional privado*. São Paulo: Editora do Brasil, 2000, p. 185: "E então quando o julgado é de tribunal coletivo, quanto maior o número de julgadores, mais ainda influem essas razões indefiníveis, inevitáveis, fugazes, inatingíveis".

[1946] CARDOZO, Benjamin N. *The nature of the judicial process*. New York: Dover Publications, 2015, p. 172-173: "The training of the judge, if coupled with what is styled the judicial temperament, will help in some degree to emancipate him from the suggestive power of individual dislikes and prepossessions. It will help to broaden the group to which his subconscious loyalties are due. Never will these loyalties be utterly extinguished while human nature is what it is. (…) In the end there emerges something which has a composite shape and truth and order. It has been said that "History, like mathematics, is obliged to assume that eccentricities more or less balance each other, so that something remains constant at last". The like is true of the work of courts. The eccentricities of judges balance one another. One judge looks at problems from the point of view of history, another from that of philosophy, another from that of social utility, one is a formalist, another a latitudinarian, one timorous of change, another dissatisfied with the present; out of the attrition of diverse minds there is beaten something which has a constancy and uniformity and average value greater than its component elements".

[1947] BARBOSA MOREIRA, José Carlos. Notas sobre alguns fatores extrajurídicos no julgamento colegiado, *op. cit.*, p. 158: "Votando *coram populo*, o juiz pode sem dúvida ver-se tentado a "jogar para a plateia", a preocupar-se em excesso com a repercussão do voto junto aos assistentes – e, para além deles, junto à opinião pública, ou àquilo que passe por ser a opinião pública no dizer dos meios de comunicação social (...)".

levar os juízes a julgarem de um modo que normalmente não julgariam, atentando em suas próprias performances (*v. g.*, gestos, entonação de voz), repercutindo na qualidade, no conteúdo e na extensão de seus votos.[1948]

O problema de a publicidade conformar o juízo-decisão assume significativa dramaticidade em julgamentos criminais (mas não apenas). A rigor, não se pode desconsiderar a capacidade maniqueísta dos meios de comunicação em massa de fixarem pautas temáticas de debates sociais e agendas de "executivização" das políticas repressivas do aparelho estatal,[1949] além de influenciarem, através de abundante oferta de modelos, a opinião pública em seus fluxos e influxos comportamentais. Simbolizam, assim, grave deformação do sistema jurisdicional, além de impactarem, também, o juiz, com a impregnação de fatores condicionantes de sua decisão, máxime no campo criminal.

Provoca-se, por exemplo, prejulgamento desfavorável ao réu, com violação das garantias fundamentais referenciadas a um processo justo.[1950] O fenômeno dos "julgamentos midiáticos paralelos" pode-se evidenciar mais inquietante nas deliberações operadas pelo Tribunal do Júri, haja vista que os jurados (mas não apenas) são mais vulneráveis às informações veiculadas pelas inúmeras mídias. De fato, os juízes profissionais são, também, seres humanos e, bem por isso, capazes de ter as mesmas reações psicológicas dos jurados leigos. O maior grau de formação técnica do juiz não tem o condão de o imunizar em relação às influências do mundo circundante.

Quando a racionalidade é substituída pela ilusão cinematográfica, os meios de comunicação em massa podem incensar juízes, estimulando ideias delirantes sobre seu próprio papel na comunidade em que operam.[1951] Criam uma classe de "juízes estrelas", com inegáveis riscos de ruptura de seu dever de imparcialidade.[1952] O juiz, inebriado pelos holofotes da mídia, tende a produzir rumor revestido de juridicidade.[1953]

Tal não significa, em absoluto, ausência de reconhecimento de que a liberdade de imprensa e o direito à informação constituem vigas de sustentação do Estado Constitucional e Democrático de Direito, que se traduz na possibilidade de toda e qualquer

---

[1948] MEDINA, José Miguel Garcia. *Novo código de processo civil comentado*: com remissões e notas comparativas ao CPC/1973. São Paulo: Revista dos Tribunais, 2015, p. 64.

[1949] SCHREIBER, Simone. A publicidade opressiva dos julgamentos criminais. *Revista Brasileira de Ciências Criminais*, v. 86, p. 336-379, set./out. 2010, esp. 337.

[1950] SOUZA, Artur César de. *A decisão do juiz e a influência da mídia*. São Paulo: Revista dos Tribunais, 2010, p. 224: "Não se pode esquecer que a interpretação possui uma história e que essa história é o segmento da própria tradição. O tempo da interpretação pertence ao tempo da tradição. Mas a tradição, e isso é importante afirmar, somente permanece viva na interpretação. Na verdade, os *medias* criaram mitos não pelo que "dizem", mas porque nos oferecem padrões para que possamos observar, analisar e interpretar o nosso universo. E não sendo o juiz um ser *asséptico ou eunuco*, pode ser sujeitado aos mitos criados pelos meios de comunicação em massa no momento da concretização do direito penal e processual penal, quando realiza o direito por meio de uma decisão que pretenda atender às expectativas prático-sociais dos sujeitos comunitários". (Grifos no original).

[1951] CONTE, Francesco. *A influência social na determinação da lei penal*: uma perspectiva da espetacularização midiática, no prelo, p. 1-39, esp. p. 17: "No *trial by media*, imposto pelos meios de comunicação de massa, resta degradado o princípio da estrita jurisdicionalidade, com inegável vilipêndio, também, dos princípios da presunção de inocência, da defesa e do contraditório, com parcialidade expressada ou velada. Daí a inevitável condenação pública provocada pela opinião formatada, editada pela *mass media*, escrita ou falada. O ritual midiático gera uma espécie de prévio etiquetamento de culpa".

[1952] FERNÁNDEZ-VIAGAS BARTOLOMÉ, Plácido. *El juez imparcial*. Granada: Comares, 1997, p. 12: "La tentación del heroísmo cómodo, el que se puede alcanzar tras la mesa de un despacho sin apenas otros riesgos reales que los puedan inventarse sus admiradores, es verdad que puede acechar a cualquier persona pero parece grave que le llegue a afectar a un juez".

[1953] FALCÃO, Joaquim. A pena é o processo. *Folha de S.Paulo*, Tendências e Debates. São Paulo, 8 jun. 2010. Disponível em: http://www1.folha.uol.com.br/fsp/opiniao/fz0806201007.htm. Acesso em: 24 nov. 2018.

pessoa esculpir ideias e opiniões e exprimi-las livremente, sem óbices irrazoáveis e desproporcionais. O livre tráfego de ideias e de opiniões afigura-se importante para que se possam cotejar visões próprias e de outrem, com a finalidade de se aproximar, dialeticamente, de conhecimento o mais completo possível sobre determinada matéria.

A Constituição Federal proclama não apenas um princípio geral da liberdade de expressão e de informação, senão também consagra regras e preceitos específicos que vetam toda e qualquer forma de censura e licença prévias para, por exemplo, publicações e exibições.[1954]

Seja como for, ao ângulo de mirada da Justiça civil brasileira, toda a atividade processual, também no viés deontológico, se desenvolve, como linha de máxima, sob o signo da publicidade entre partes e perante terceiros, com amplitude de divulgação (*v. g.*, consulta aos autos do processo, ainda que eletrônico; publicação de despachos e de decisões proferidas; atos processuais; a *internet* como instrumento de divulgação pública das decisões judiciais; publicação de sentenças e acórdãos mais relevantes em revistas especializadas; publicidade das audiências de primeiro grau e das sessões de julgamento dos Tribunais; publicação de pautas de julgamento no órgão oficial para conhecimento das partes, seus advogados e o público em geral, além de sua afixação na entrada da sala em que se realizar a respectiva sessão; proclamação do resultado).[1955] São as condições essenciais de bom desempenho da Justiça e de legitimação do concreto exercício da função jurisdicional, embora possa haver uma violação dissimulada da lei, quer encoberta por um discurso que aparente lhe dar efetividade, quer camuflada pelo silêncio do julgador.

No Brasil, a publicidade reveste-se de tamanha intensidade, que até mesmo as decisões administrativas dos Tribunais estão submetidas ao imperativo de portas abertas.[1956]

Sob outro ângulo de mirada, o tema da colegialidade suscita o debate interessante de se saber se os julgadores devem convencer os demais integrantes do colegiado do tribunal. A deliberação interna[1957] envolve, assim, o florescimento do trinômio intuição-sentimento-emoção nos membros do colégio judicante, conectando-os ao chamado inconsciente coletivo do justo, enquanto são ministradas razões e articulados argumentos em prol de determinada hipótese de trabalho, fazendo com que o grupo, como um todo, decida de uma determinada maneira. Tal acontece quando a decisão é tomada por unanimidade de votos. Porém, pode ocorrer, e geralmente ocorre, que em um ou mais julgadores se manifeste uma intuição de resistência, seja à adoção de determinada

---

[1954] BARROSO, Luís Roberto. Liberdade de expressão, censura e controle da programação de televisão na Constituição de 1988. *In: Temas de Direito Constitucional*. Rio de Janeiro: Renovar, 2001, p. 362.

[1955] Em reverso do que ocorre, por exemplo, nos julgamentos da Suprema Corte norte-americana, o ápice da publicidade, no Brasil, consiste em que as sessões do Supremo Tribunal Federal podem ser assistidas presencialmente e, em tempo real, por um canal especial de televisão (TV Justiça). Consubstancia fator de legitimação da jurisdição constitucional e, portanto, amortece seu apregoado caráter contramajoritário, embora a noção de democracia constitucional sirva de justificação à cátedra de que os juízes, sendo uma minoria, substituam a maioria. Aquela noção pertine à regra da maioria e, também, à tutela das minorias, não como dimensão de substituição, senão assecuratória de procedimento para que ambas possam se expressar. Contudo, sobre as inconveniências de uma transmissão simultânea por rádio ou por televisão, vide BARBOSA MOREIRA, José Carlos. La publicité des actes de procédure comme garantie constitutionnelle en droit brésilien. *Temas de direito processual*: oitava série. São Paulo: Saraiva, 2004, p. 69-76, esp. p. 75-76.

[1956] Constituição Federal brasileira de 1988, art. 93, inciso IX.

[1957] MEDINA, José Miguel Garcia, *op. cit.*, p. 63.

hipótese de julgamento, seja para abonar o fluxo de razões e argumentos no interior do grupo tendentes a municiar a justificação do julgado.

Mas como se forma a deliberação colegial? Segundo a generalidade dos ordenamentos jurídicos, esta deve se formar através de uma prévia discussão das principais questões fático-jurídicas do caso particular, que tem por escopo a comunicação e ilustração recíproca dos entendimentos de cada membro do colégio. Dá-se uma sucessiva votação com a colheita dos votos dos vários membros do órgão judicante.[1958]

Nos julgamentos colegiados, é concebível, reafirme-se, que o resultado seja à unanimidade ou por maioria de votos. Pois bem: é precisamente ao ângulo da ideologia liberal que a publicidade do processo, na sua concreta regulamentação e face à tradição formalística do segredo das deliberações (por exemplo: *Camera di consiglio* no direito italiano[1959]), assume contornos importantes, máxime à luz do sistema da colegialidade e, nesta sede, da admissão, ou não, das chamadas *dissenting opinions*.[1960] Não à toa, o chamado "princípio da colegialidade" não pode ser uma camisa de força através da qual os membros das cortes tendam a buscar a unanimidade em suas decisões. Assim, não se pode coonestar a intimidação dos membros apesar de orientação mais progressista em questões de índole político-social, seja por precedentes esparsos não obrigatórios, ou mesmo pelas posições dos membros mais antigos, gerando a mumificação da jurisprudência e, muito pior, em total dissonância com a realidade social subjacente.[1961]

Por assim ser, o princípio da colegialidade, conquanto relevantíssimo, não pode conduzir ao absurdo de massacrar a consciência crítica de qualquer de seus juízes, nem deprimir o senso de responsabilidade individual, senão que deve fortalecer, por exemplo, iniciativas de adequação da jurisprudência às contínuas transformações da realidade social.[1962] Contudo, não seria de bom alvitre que mudanças na composição do colegiado, por si sós, fossem forçosamente acompanhadas por mudanças em suas decisões, pois o preceito de adesão ao precedente judicial deve ser a regra, não a exceção.[1963]

A atividade que os órgãos colegiados desenvolvem é complexa, mas a prestação jurisdicional final se apresenta com um caráter unitário. Trata-se, pois, de uma prestação conceitualmente una, no que toca ao acertamento da relação jurídica substancial. Disso resulta que a jurisdição é plúrima (*v. g.*, em seus órgãos e graus), mas é única em sua vontade, enquanto mandamento do Estado conforme ao direito e à justiça.[1964] Na

---

[1958] BETTI, Emilio. *Diritto processuale civile italiano*. Seconda edizione, corredata della recente giurisprudenza. Roma: Società Editrice del "Foro Italiano", 1936, p. 441.

[1959] ANDRIOLI, Virgilio. *Commento al codice di procedura civile*: del processo di cognizion. Ristampa anastatica della terza edizione riveduta con appendice. Napoli: Jovene, 1960, v. 2, p. 240. Assim, tambésm, ZANZUCCHI, Marco Tullio. *Diritto processuale civile*. 5. ed. aggiornata. Milano: Giuffrè, 1962, v. 2, p. 99; SATTA, Salvatore. *Diritto processuale civile*. 8. ed. Padova: CEDAM, 1973, p. 305; MANDRIOLI, Crisanto. *Diritto processuale civile*: Il processo di cognizione. 13. ed. Torino: Giappichelli, 2000, v. 2, p. 275-278.

[1960] CAPPELLETTI, Mauro. Ideologie nel diritto processuale. *Rivista Trimestrale di Diritto e Procedura Civile*. Milano, anno XVI, p. 193-219, 1962, esp. p. 215.

[1961] CUNHA, Danilo Fontenele Sampaio. Da formação e capacitação de juízes humanos federais. *Revista CEJ*, Brasília, n. 32, p. 26-39, jan./mar. 2006, esp. p. 33.

[1962] CALAMANDREI, Piero. *Elogio dei giudici scritto da un avvocato*. 4. edizione. Firenze: Le Monnier, 1959, p. 277: "Può darsi che in certi casi la collegialità sia un farmaco deprimente che attutisce il senso della responsabilità individuale; ma in certi casi può essere anche un corroborante. Per avere il coraggio di andare contro corrente, la collegialità può servire da sostegno: quando tira vento è meglio non essere soli; in più, ci si prende a braccetto e ci si regge l'uno coll'altro".

[1963] CARDOZO, Benjamin N. *The nature of the judicial process*, op. cit., p. 145-146.

[1964] ROCCO, Ugo. *Trattato di Diritto Processuale Civile*. Torino: Unione tipografico-editrice torinese, 1966, v. 1, p. 364.

colegialidade, depois que o relator inicia os debates sobre determinado caso concreto, os participantes manifestam seus pontos de vista concordantes/discordantes, parcial ou totalmente, pois, com a proclamação do resultado do julgamento, "os membros são chamados a carregar, todos juntos, o peso da decisão colegiada".[1965] De fato, os magistrados são vários, mas a decisão colegial é uma só.

De qualquer forma, a publicidade das sessões de julgamento dos órgãos colegiados da Justiça, exteriorizando em público as discussões prévias a uma decisão colegiada, permite abrir a porta para que se conheça "algo mais", por pouco que seja, sobre o contexto de descoberta.[1966] No julgamento colegiado, a deliberação assume a função de externalização da atividade de estimação dos perfis relevantes para a solução do conflito jurídico intersubjetivo, posto que dependente da reunião de, no mínimo, três julgadores distintos.[1967] Nada obstante isso, a formação do "raciocínio" judicial não escapa ao domínio da psicologia judiciária, ainda que haja (i) um contato intersubjetivo para que seja alcançado o entendimento prevalecente para o litígio; e (ii) semelhante interação entre os julgadores, bem como as manifestações de votos transcorram, ao menos no sistema recursal brasileiro, num clima de publicidade ou de deliberação pública, com portas abertas. Em reverso, reafirme-se o exemplo do sistema italiano, nos termos do *Codice di Procedura Civile*, art. 276: "*La decisione è deliberata in segreto nella camera di consiglio*".

Da complexidade da motivação deriva a orquestração de várias modalidades de raciocínios (*v. g.*, dedutivo, indutivo, dialético), bem como a distinção entre a técnica da motivação cumulativa, na qual reina harmonia entre os vários tipos de raciocínios, com tintas reforçativas, e a da motivação alternativa, em que os raciocínios reciprocamente se recusam, gerando dificuldades práticas para os Tribunais Superiores.[1968] A nota da colegialidade enriquece o debate processual e, por isso, a adoção das decisões repercute na dimensão dialética da justificação do julgado.[1969]

Um alento para quem precisa prosseguir: o que há de bom no trabalho do juiz permanecerá como base para futuras construções do direito, mas o errôneo inexoravelmente perecerá.[1970]

[1965] CALAMANDREI, Piero. *Elogio dei giudici scritto da un avvocato, op. cit.*, p. 276-277.

[1966] RODRÍGUEZ BOENTE, Sonia Esperanza. *La justificación de las decisiones judiciales*. El artículo 120.3 de la Constitución Española. Santiago de Compostela: Universidad de Santiago de Compostela: Servicio de Publicacións e Intercambio Científico, 2003, p. 157: "Podríamo averiguar por qué y gracias a quién prevaleció una determinada resolución en virtud de una determinada concepción ideológica o política; o cuál es la concepción política de la mayoría de un orgáno colegiado etc".

[1967] Código de Processo Civil brasileiro, art. 941, §2.: "No julgamento de apelação ou de agravo de instrumento, a decisão será tomada, no órgão colegiado, pelo voto de 3 (três) juízes".

[1968] BARBOSA MOREIRA, José Carlos. Le raisonnement juridique dans les décisions des cours d'appel. *Temas de direito processual*: quinta série. São Paulo: Saraiva, 1994, p. 109-129, esp. p. 127-128.

[1969] ALISTE SANTOS, Tomás-Javier. *La motivación de las resoluciones judiciales*. Madrid: Marcial Pons, 2011, p. 382.

[1970] CARDOZO, Benjamin N., *op. cit.*, p. 174-175: "The work of a judge is in one sense enduring and in another sense ephemeral. What is good in it endures. What is erroneous is pretty sure to perish. The good remains the foundation on which new structures will be built. The bad will be rejected and cast off in the laboratory of the years. (…) The future takes care of such things. In the endless process of testing and retesting, there is a constant rejection of the dross, and a constant retention of whatever is pure and sound and fine".

CAPÍTULO 7

A CONCEPÇÃO DE ADMINISTRAÇÃO DA JUSTIÇA COMO UMA INSTÂNCIA POLÍTICA

7.1 O mito da neutralidade axiológica do juiz

No momento de hodierno, afigura-se correto falar em mito da neutralidade do juiz, sobretudo sob a ótica axiológica, que se expressa na escolha do caminho referenciado ao seu modo de decidir o conflito intersubjetivo neste ou naqueloutro sentido.[1971] A ideia de neutralidade judicial advém da Revolução Francesa de 1789, como um estridente grito de desconfiança contra o "*ancien régime*", tatuado por uma magistratura do rei. Disso resulta que não há uma justiça baseada exclusivamente na metodologia do silogismo judicial de caráter dedutivo-axiomático, que faz da abstração de qualquer traço valorativo o seu programa de atuação mecanicista.[1972] O juiz não pode receber o epíteto de mero operador de uma máquina gigante de silogismo. A (falsa) sistematização dedutivista, silogística, assentada sobre os princípios da lógica formal, é insatisfatória para operar o fenômeno jurídico, quando nada em toda a sua complexidade, profundidade e extensão. Vale a pena mencionar um dos aspectos relevantes do presente trabalho: no contexto de descoberta, o juiz primeiro intui a decisão a tomar, formulando mentalmente sua hipótese de julgamento, e só depois elabora sua fundamentação jurídica,[1973] vale dizer, não é o raciocínio lógico, com suas inquebrantáveis premissas, que transporta inexoravelmente a determinada conclusão, mas, em reverso, é a qualidade da solução primitivamente intuída.

[1971] CARDOZO, Benjamin N. *The nature of the judicial process*. New York: Dover Publications, 2015, p. 39 e 41: "At first, we have no trouble with the paths; they follow the same lines. Then they begin to diverge, and we must make a choice between them. History or custom or social utility or some compelling sentiment of justice or sometimes perhaps a semi-intuitive apprehension of the pervading spirit of our law, must come to the rescue of the anxious judge, and tell him where to go. (...) Justice reacted upon logic, sentiment upon reason, by guiding the choice to be made between one logic and another. Reason in its turn reacted upon sentiment by purging it of what is arbitrary, by checking it when it might otherwise have been extravagant, by relating it to method and order and coherence and tradition".

[1972] CALAMANDREI, Piero. Giustizia e politica: sentenza e sentimento. *In*: CAPPELLETTI, Mauro (a cura di). *Opere giuridiche*, v. 1. Napoli: Morano, 1965, p. 637-650, esp. p. 644-645.

[1973] CARDOZO, Benjamin N. *Selected writtings*. New York: Fallon Publications, 1947, p. 179.

O juiz, pessoa sensível, humana e animada pelo amor à Justiça, logra adquirir, no curso de sua vida, multifárias noções provenientes, por exemplo, do meio socioeconômico, de sua educação, de sua religião, de injunções históricas, de fatores culturais, filosóficos, ideológicos.[1974] O juiz, como toda e qualquer pessoa, não pode escapar dessa corrente de tendências e, por isso mesmo, é impelido por forças que não consegue reconhecer, nem identificar – instintos herdados, crenças tradicionais, convicções adquiridas. Importa notar que tais pressões conscientes e forças inconscientes inarticuladas determinam a fixação da hipótese de julgamento no caso concreto, bem como a forma, o conteúdo e o sentido.[1975]

Por assim ser, o juiz não é uma ilha isolada, mas se configura como um arquipélago, permeável às suas experiências de vida, pessoais e profissionais, além de se sujeitar a imperativos de ordem moral.[1976] O juiz não pode raspar suas opiniões e vivências da memória, como uma folha em branco, nem fazer *tábula rasa* de sua dimensão pessoal ao desenvolver, em plano individualizado, seu processo substancialmente unitário de interpretação/aplicação da lei[1977] – enquanto duas operações na prática interligadas que se fundem em um bloco monolítico, do qual são simples momentos[1978] –, como justificação de sua hipótese de julgamento adredemente formulada.

É no campo da interpretação-aplicação do direito que o juiz, guiado pela prudência, que melhor aflora a sua legítima liberdade de escolher, condicionado por variados fatores (*v. g.*, cognoscitivos, valorativos, psicológicos, ideológicos, políticos), elege uma, em meio a muitas outras interpretações possíveis e razoáveis dos textos normativos, em cada caso, de sorte que tal opção se apresente endo e extraprocessualmente como adequada, aceitável e controlável.[1979] Imparcialidade não se confunde, pois, com neutralidade, tampouco dela resulta o dever de o juiz ser ética e axiologicamente neutro ou indiferente no que toca aos valores e às alamedas para realizar Justiça.[1980]

[1974] VIANNA, Jose Ricardo Alvarez. Considerações iniciais sobre semiótica jurídica. *Revista CEJ*/Conselho da Justiça Federal, Brasília, n. 51, p. 115-124, out./dez. 2010, esp. p. 119.

[1975] CARDOZO, Benjamin N. *The nature of the judicial process, op. cit.*, p. 163-164: "I have spoken of the forces of which judges avowedly avail to shape the form and content of their judgments. Even these forces are seldom fully in consciousness. They lie so near the surface, however, that their existence and influence are not likely to be disclaimed. But the subject is not exhausted with the recognition of their power. Deep below consciousness are other forces, the likes and the dislikes, the predilections and the prejudices, the complex of instincts and emotions and habits and convictions which make the man, whether he be litigant or judge. I wish I might have found the time and opportunity to pursue this subject farther. I shall be able, as it is, to do little more than remind you of its existence. There has been a certain lack of candor in much of the discussion of the theme, or rather perhaps in the refusal to discuss it, as if judges must lose respect and confidence by the reminder that they are subject to human limitations. I do not doubt the grandeur of the conception which lifts them into the realm of pure reason, above and beyond the sweep of perturbing and deflecting forces. None the less, if there is anything of reality in my analysis of the judicial process, they do not stand aloof on these chill and distant heights; and we shall not help the cause of truth by acting and speaking as if they do. The great tides and currents which engulf the rest of men, do not turn aside in their course, and pass the judges by. We like to figure to ourselves the process of justice as coldly objective and impersonal".

[1976] BARBOSA MOREIRA, José Carlos. Regras de experiência e conceitos juridicamente indeterminados. *Temas de Direito Processual*: segunda série. 1. ed. São Paulo: Saraiva, 1980, p. 61-72, esp. p. 62: "Constituiria, aliás, absurdo patente exigir do juiz que, ao exercer suas funções judicantes, se despojasse de todas as noções por ele apreendidas como homem, ao longo da vida, sob condições análogas às dos restantes membros da comunidade".

[1977] GADAMER, Hans-Georg. *Verdad y método I*. Tradujeron Ana Agud Aparicio y Rafael de Agapito del original alemán Wahrheit und Methode. 13. ed. Salamanca: Sígueme, 2012, p. 381.

[1978] BETTI, Emilio. *Teoria generale dell'interpretazione*. Milano: Giuffrè, 1955, p. 822.

[1979] GRAU, Eros Roberto. *O direito posto e o direito pressuposto*. 4. ed. São Paulo: Malheiros, 2002, p. 211-212.

[1980] DINAMARCO, Cândido Rangel. *Instituições de direito processual civil*. 6. ed. rev. e atual. São Paulo: Malheiros, 2009, v. 1, p. 206.

Desse modo, a neutralidade humana, em perspectiva zaffaroniana, se afigura antropologicamente impossível, dado que não se pode separar o homem de suas vivências, experiências e noções apreendidas ao longo da vida em sociedade, de sua herança psicossocial, de sua formação política: tudo que é humano é inerente ao homem. Daí descende a conclusão inelutável de que é impossível a neutralidade política e ideológica dos operadores do direito, inclusive dos magistrados.[1981]

Direito é linguagem técnica e comum. Contudo, o sentido não está propriamente no texto normativo, pois é mediado, também, pela realidade social ao municiar o juiz de valores e de padrões preponderantes. Não é razoável exigir do juiz que, ao formular sua hipótese de julgamento, se ausente de si mesmo, se desligue de sua visão de mundo,[1982] de suas opiniões políticas, fé religiosa, condição socioeconômica, classe social, convicções filosóficas, (pre)conceitos, e por aí afora.[1983] Tudo a evidenciar o império das lealdades inconscientes.

Nesse vértice, não há força hercúlea que possa desmembrar o juiz de suas noções, do entendimento do modo de ser do homem no mundo,[1984] de suas intuições,[1985] de seus sentimentos, de suas emoções, de suas utopias. Não se pode segregar, *in vitro*, o juiz de suas vivências pessoais, de sua identidade, de sua tradição, de seus valores existenciais, de seu espaço-tempo humano.[1986] Estas crenças, valorações e estimações, por exemplo, dimanam de diferentes concepções de mundo, que se manifestam na forma de um amplo pluralismo ideológico. Porém, as idiossincrasias e as crenças do juiz devem ceder o passo aos padrões e costumes consolidados no meio social.[1987]

[1981] No tocante à utopia do ideal de neutralidade do juiz, vide SILVA, Cyro Marcos da. *Entre autos e mundos*. Belo Horizonte: Del Rey, 2003, p. 84: "Ao julgar, o juiz que sempre só julga em causa alheia, não tem como escapar da sua própria causa, da sua própria história de vida, de suas questões particulares, da ética do inconsciente como texto. Em cada juiz, como em cada um de nós, um Édipo é convocado perante o enigma de uma esfinge. Daí a neutralidade, decantado o ideal, será um ideal impossível".

[1982] MÜLLER, Friedrich. *O novo paradigma do direito*: introdução à teoria e metódica estruturantes. 3. ed. rev. atual. e ampl. São Paulo: Revista dos Tribunais, 2013, p. 68.

[1983] CALAMANDREI, Piero. *Elogio dei giudici scritto da un avvocato*. 4. edizione. Firenze: Le Monnier, 1959, p. 237.

[1984] FERRAZ JÚNIOR, Tercio Sampaio. *Direito, retórica e comunicação*: subsídios para uma pragmática do discurso jurídico. 2. ed. São Paulo: Saraiva, 1997, p. 4.

[1985] PRADO, Lídia Reis de Almeida. *O juiz e a emoção*: aspectos da lógica da decisão judicial. 3. ed. Campinas: Millenium, 2005, p. 20: "Assim como um ator vive um drama teatral, o juiz, por meio da intuição, pode *viver* a lei, isto é, as ideias contidas na ordem jurídica, transportando-as para o mundo real de onde tinham *escapado*, por causa das *amputações* feitas pela lógica tradicional. Para submergir na realidade, entende DUALDE ser necessário que o magistrado se abra para a instância do *pré-lógico*, dos *pressentimentos*. Para ele, a intuição surge como resultado das concepções intelectuais, dos impulsos sentimentais e das forças inconscientes". (Grifos no original).

[1986] PELLINGRA, Benedetto. La sentenza nei suoi aspetti della metodologia e della tecnica. *La sentenza in Europa*: metodo, tecnica e stile. Padova: CEDAM, 1988, p. 417-422, esp. p. 420-421: "in definitiva ogni giudizio involge il fatto e la norma da applicare al fatto concreto, ma la separazione della norma dall'azione si basa su una premessa ideologica, mentre le implicazioni tra fatto e norme poggiano sulla struttura assiologica: proprio l'assiologia è quella che serve a individuare i fattori determinanti del giudizio. (...) Indubbiamente nella fase della ricostruzione storiografica dei fatti e non nella successiva dell'applicazione del diritto il giudice è influenzato da fattori psichici offerti dal modo interiore di concepire e di valutare il mondo empirico essendo il giudice un uomo condizionato dai vari fattori sociali e dalla partecipazione intima alle cose del mondo esterno, e valori desumibili dalla strutturazione sociale di un determinato tipo".

[1987] CARDOZO, Benjamin N. *The nature of the judicial process, op. cit.*, p. 104-105: "If, however, the case supposed were here, a judge, I think, would err if he were to impose upon the community as a rule of life his own idiosyncrasies of conduct or belief. Let us, suppose, for illustration, a judge who looked upon theatre-going as a sin. Would he be doing right if, in a field where the rule of law was still unsettled, he permitted this conviction, though known to be in conflict with the dominant standard of right conduct, to govern his decision? My own notion is that he would be under a duty to conform to the accepted standards of the community, the mores of the times. This does not mean, however, that a judge is powerless to raise the level of prevailing

A revolta contra o formalismo jurídico (fé na forma pela forma[1988]) favoreceu a desconstrução do fetiche da neutralidade do juiz.[1989] Em reflexão crítica, é de rigor desmistificar a neutralidade,[1990] principalmente no confronto com o dever de imparcialidade do juiz,[1991] pois todo ato humano em geral (e jurídico em especial) se reporta sempre a valores. A subjetividade do juiz e de seus valores, permeados pelos valores sociais, condicionam a interpretação dos textos normativos, mas referenciada sempre a uma concreta situação.[1992] A insuprimível presença destas projeções, inerentes ao ato de julgar, se molda a partir da leitura dos autos do processo. Tais circunstâncias recusam, a mais não poder, a neutralidade do julgador.

A rigor, nem o processo civil está isento de ideologia. Em sua linha evolutiva, de há muito, abandonou-se a concepção do processo civil como mero negócio entre as partes ("*Sache der Parteien*" da antiga doutrina alemã) e a do juiz como árbitro passivo. De fato, a lei não é neutra, dado que ela própria consiste em uma escolha entre várias possíveis. Ora, se o comando legal carece de neutralidade, se a lei não é neutra, como poderia o juiz, ao interpretá-la e aplicá-la, ser neutro?

---

conduct. In one field or another of activity, practices in opposition to the sentiments and standards of the age may grow up and threaten to intrench themselves if not dislodged. Despite their temporary hold, they do not stand comparison with accepted norms of morals. Indolence or passivity has tolerated what the considerate judgment of the community condemns. In such cases, one of the highest functions of the judge is to establish the true relation between conduct and profession. There are even times, to speak somewhat paradoxically, when nothing less than a subjective measure will satisfy objective standards. Some relations in life impose a duty to act in accordance with the customary morality and nothing more. In those the customary morality must be the standard for the judge".

[1988] CAPPELLETTI, Mauro. *Juízes legisladores?* Porto Alegre: Sergio Antonio Fabris Editor, 1999, p. 33: "Desnecessário acentuar que todas essas revoltas conduziram à descoberta de que, efetivamente, o papel do juiz é muito mais difícil e complexo, e de que o juiz, moral e politicamente, é bem mais responsável por suas decisões do que haviam sugerido as doutrinas tradicionais. Escolha significa discricionariedade, embora não necessariamente arbitrariedade; significa valoração e "balanceamento"; significa ter presentes os resultados práticos e as implicações morais da própria escolha; significa que devem ser empregados não apenas os argumentos da lógica abstrata, ou talvez os decorrentes da análise linguística puramente formal, mas também e sobretudo aqueles da história e da economia, da política e da ética, da sociologia e da psicologia. E assim o juiz não pode mais se ocultar, tão facilmente, detrás da frágil defesa da concepção do direito como forma "neutra". É envolvida sua responsabilidade pessoal, moral e política, tanto quanto jurídica, sempre que haja no direito abertura para escolhas diversas. E a experiência ensina que tal abertura sempre ou quase sempre está presente".

[1989] FUX, Luiz. Processo e Constituição. *In*: FUX, Luiz (Coord.) *Processo constitucional*. 1. ed. Rio de Janeiro: Forense, 2013, p. 3-44, esp. p. 11, 23.

[1990] PORTANOVA, Rui. *Motivações ideológicas da sentença*. 4. ed. rev. ampl. Porto Alegre: Livraria do Advogado, 2000, p. 63.

[1991] ALMEIDA, Bruno Rotta; ALBRECHT, Diego Alan Schöfer; BAGATINI, Júlia. O juiz e as motivações no ato de julgar: para além das legais. *Revista Direito em Debate*, v. 20, n. 35-36, p. 75-99, 2011, esp. p. 78-79: "Uma advertência, no entanto, faz-se necessária: não se pode confundir imparcialidade e neutralidade. Como visto, a imparcialidade pode ser compreendida como a necessidade de o juiz manter-se distanciado das partes de forma igualitária. A neutralidade, por seu turno, configura uma qualidade impossível de ser atingida. É que todo ser humano está inserido em um contexto social, desenvolvido dentro de determinados parâmetros (culturais, religiosos, morais, éticos, enfim, todo um complexo subjetivismo que forma a personalidade). Trata-se, portanto, de uma característica que não se pode exigir de um magistrado (nem de qualquer outro indivíduo). Isso porque, ao decidir, ele inevitavelmente exporá as convicções formadas ao longo de sua vida, mediante a sedimentação de preconceitos, a observação e o desenvolvimento de seu conhecimento. Todo sujeito está imerso em ideologias – não uma, mas variadas de acordo com o tema – e, especialmente, naquela que é dominante a sua época".

[1992] MARINI, Carlo Maria de. *Il giudizio di equità nel processo civile*: premesse teoriche. Padova: CEDAM, 1959, p. 140: "La norma è regola di comportamento e non si può comprenderne bene il significato se non richiamando un comportamento, una situazione di fatto cui riferire la regola. Di fronte ad un dubbio interpretativo, come è provato dall'esperienza quotidiana di ogni giurista, si sente una vera necessità di raffigurare una situazione di fatto al fine di saggiare si essa il significato o i significati che si intende attribuire alla norma. Nemmeno il giurista pertanto può prescindere dal fatto, perché quanto questo manca egli è costretto ad ipotizzarlo".

Realisticamente, em cada contexto histórico, o discurso do direito reflete a ideologia reinante, à qual não são imunes os operadores jurídicos, em especial os juízes. De fato, um escrutínio crítico do direito positivo tem o condão de trazer à tona os interesses políticos subjacentes ao texto normativo.

Por aí se verifica que o poder do juiz não é nulo, tampouco "heroicamente" neutro, menos ainda ascético,[1993] pois não se pode desprezar a presença dos valores na atividade judicante, em que as escolhas tocam aos próprios juízes. É dizer: a função jurisdicional está intimamente conectada ao complexo e mutável mundo dos valores, porquanto, ao longo de todo o procedimento, o juiz é chamado a fazer escolhas axiológicas, pessoais, permeadas de seus próprios pontos de vista (juízos de valor – *Wertfreiheit*).[1994] No mundo de carne e osso, os fatos sociais e históricos fazem naturalmente parte do cardápio valorativo ou axiológico do juiz, daí por que não se pode usurpar o juízo de valor do mundo do Direito.[1995] A consciência jurídica significa, sobretudo, uma consciência valorativa social, coligada a paradigmas históricos, filosóficos e psicológicos, e, por isso, não se coaduna objetivamente a neutralidades axiológicas. Assim, o juiz não tem como eximir-se de formular valorações condicionadas por suas próprias escolhas políticas e ideológicas. A tentativa (vã) para dissociar pensamento e ação implicaria massacrar a riqueza dos fermentos críticos da atividade jurisdicional.

Também os critérios de escolha de tipo político-ideológico devem ser adequadamente justificados pelo juiz, embora, na prática forense, na motivação de suas decisões, tais valorações fiquem, não raro, no relento justificativo, evitando, assim, "racionalizar" suas próprias escolhas ideológicas (*v. g.*, liberal ou socialista).[1996]

Não há neutralidade ideológica do juiz em sociedade, salvo na configuração de irracionalismo ou decadência do pensamento. A formação jurídica do juiz está associada a um feixe de fatores metajurídicos que influenciam, em maior ou menor medida, sua atividade hermenêutica, sua tarefa de valoração do resultado das provas e a peculiaridade do ato de julgar.[1997] O fenômeno da colegialidade não tem o condão de impermeabilizar o juízo contra semelhantes infiltrações.[1998] O modelo de juiz neutro, uma das fascinantes bandeiras desfraldadas pela cultura do positivismo jurídico,[1999] perdeu, hoje em dia, substância e prestígio, ante a própria espessura humana do juiz e as complexidades de sua singularidade e subjetividade pessoal, mas também (e sobretudo) *ex vi* das penetrantes influências socioeconômicas, culturais e históricas. Com efeito, existem inexoráveis vínculos entre predisposições atitudinais, ideológicas e políticas de juízes e seu comportamento decisional – no ato de julgar. De resto, como sugerido pelos realistas americanos: os votos judiciais são indicadores de atitudes, comportamentos e orientações subjacentes.

[1993] TARUFFO, Michele. *La motivazione della sentenza civile*. Padova: CEDAM, 1975, p. 23; MIRANDA, Jorge. *Teoria do estado e da constituição*. Rio de Janeiro: Forense, 2007, p. 253.

[1994] CRETELLA JÚNIOR, José. *Curso de filosofia do direito*. 10. ed. Rio de Janeiro: Forense. 2004, p. 76.

[1995] REALE, Miguel. *Lições preliminares de direito*. 26. ed. rev. São Paulo: Saraiva, 2002, p. 88.

[1996] COMOGLIO, Luigi Paolo. *La garanzia costituzionale dell'azione ed il processo civile*. Padova: CEDAM, 1970, p. 319.

[1997] DIREITO, Carlos Alberto Menezes. A decisão judicial. *Revista de Direito Renovar*, Rio de Janeiro, n. 1, p. 37-52, set./dez. 1995, esp. p. 42: "O Juiz, quando interpreta, jamais é neutro. Ele está revelando o seu sistema de convicções, que serve de inspiração na descoberta da regra e na sua incidência ao caso concreto. Com muito mais razão, não é neutro quando realiza o trabalho de integração. Dizer que o Juiz é neutro quando presta jurisdição é uma hipocrisia".

[1998] LARENZ, Karl. *Derecho justo*: fundamentos de ética jurídica. Madrid: Civitas, 2001, p. 184.

[1999] DENTI, Vittorio. *Sistemi e riformi*: Studi sulla giustizia civile. Bologna: Mulino, 1999, p. 193.

O ato de julgar, enquanto prerrogativa personalíssima do juiz, não se reduz a métodos exclusivamente formais de caráter lógico, sistemático e dedutivo, ou a uma glacial fórmula lógico-matemática.[2000] Tal perspectiva é refutada ante a evidência de obscuridades na lei, assim como antinomias e lacunas, enquanto o raciocínio puramente dedutivista de jaez matemático supõe a existência (de todo irrealística e ingenuamente ilusória) de texto normativo unívoco, claro, completo. O dever de o juiz decidir conforme o Direito não é conflitante com sua atividade de discrição, pois está, no contexto de justificação ou validação, submetido a parâmetros de racionalidade, de razoabilidade e de proporcionalidade, dentro das fronteiras da juridicidade, com as matizações humanísticas que permitam naturalmente os elementos de interpretação e de equidade.[2001]

Agora bem, o juiz não é um *hardware* – 122 graus Fahrenheit ou Celsius negativos, nem sua alma um *software*. Também o juiz é um ser humano vivo:[2002] o erro autentica sua humanidade. Deveras, não se pode imaginar o juiz uma pessoa infalível, dotada de uma estrutura psicológica inabalável, planando acima de tudo. No âmbito do raciocínio justificativo judicial, há fatores de manipulação consciente da linguagem, que conformam o texto da motivação, como a construção gramatical discursiva, em que o juiz se vale de estratégias argumentativas, selecionando alguns argumentos e não outros, em favor da justificação jurídica[2003] e racional da bondade das premissas que contribuíram para moldar a solução do conflito intersubjetivo. No documento da motivação, "existe", também, um discurso radicado em uma dimensão inconsciente,[2004] como realidade psíquica, que embala a decisão.[2005] No processo decisório judicial, em

---

[2000] FARIA, José Eduardo. As transformações do judiciário em face de suas responsabilidades sociais. *In:* FARIA, José Eduardo (Org.). *Direitos humanos, direitos sociais e justiça*. São Paulo: Malheiros, 1994, p. 52-67, esp. p. 65.

[2001] SILVA, Ovídio A. Baptista da. *Processo e ideologia*: o paradigma racionalista. Rio de Janeiro: Forense, 2004, p. 270-271: "O abandono da ilusão de que o raciocínio jurídico alcance a univocidade do pensamento matemático não nos fará reféns das arbitrariedades temidas pelo pensamento conservador, porquanto não se deve confundir *discricionariedade* com *arbitrariedade*. O juiz terá – na verdade sempre teve e continuará tendo, queiramos ou não – uma margem de discrição dentro de cujos limites, porém, ele permanecerá sujeito aos princípios da *razoabilidade*, sem que o campo da juridicidade seja ultrapassado". (Grifos no original).

[2002] CALAMANDREI, Piero. *Elogio dei giudici scritto da un avvocato, op. cit.*, p. 169-170: "Si rappresenta escolasticamente la sentenza come il prodotto di un puro giuoco logico, freddamente compiuto su concetti astratti, legati da una insanabile concatenazione di premesse e di conseguenze; ma in realtà sulla scacchiera del giudice le pedine sono uomini vivi, da cui si irradiano invisibili forze magnetiche che trovano risonanze o repulsioni, illogiche ma umane, nei sentimenti del giudicante. Come si può considerar fedele una motivazione che non riproduca i sotterranei meandri di queste correnti sentimentali, al cui influsso magico nessun giudice, sia pure il più severo, riesce a sottrarsi?".

[2003] Vide a posição contrária de KELSEN, Hans. *Teoria pura do direito*: introdução à problemática científica do direito. (RT – textos fundamentais; 5). 6. ed. rev. São Paulo: Revista dos Tribunais, 2009, p. 180: "Quando a Teoria Pura do Direito rejeita a legitimação do Estado pelo direito, não é por considerar impossível toda legitimação do Estado. Contesta apenas que a ciência do direito possa conseguir a justificação do Estado pelo direito, ou – o que é o mesmo – do direito pelo Estado. E contesta, em especial, que possa ser tarefa da ciência do direito justificar algo. Justificação significa valoração; e valorações – sempre de caráter subjetivo – são coisas da ética e da política, mas não do conhecimento objetivo. Só a este deve servir a ciência do direito, se quiser ser ciência e não política".

[2004] BARBOSA MOREIRA, José Carlos. Le raisonnement juridique dans les décisions de cours d'appel. *Temas de direito processual*: quinta série. São Paulo: Saraiva, 1994, p. 109-129, esp. p. 119: "On aurait tort de s'attendre à trouver dans cette justification l'énumération expresse de tous les motifs qui ont amené le juges – ou même un seul d'entre eux – à décider de telle ou telle manière. Beaucoup de facteurs extrajuridiques (psychologiques, sociologiques), qui ont pourtant contribué à façonner la décision, sont passés sous silence dans la motivation de l'arrêt. Du reste, quelques-uns jouent dans les couches profondes de l'inconscient, et l'on aspirerait en vain à les voir étalés au grand jour".

[2005] GIACOMOLLI, Nereu José; DUARTE, Liza Bastos. O mito da neutralidade na motivação das decisões judiciais: aspectos epistemológicos. Revista da AJURIS, Porto Alegre, n. 102, 2006, p. 287-303, esp. p. 289, nota nº 2.

sede de contexto de descoberta, circuitos inconscientes do cérebro se interpõem antes mesmo de o juiz raciocinar.[2006]

Na concepção de cérebro automático, a mente inconsciente pode formular as decisões, embebidas por variadas escolhas, e, posteriormente, mutuá-las, no fito de justificação/validação, à razão consciente do juiz.[2007] Avultam reflexos oriundos das camadas profundas do inconsciente: quando se diz que a razão "decide", na verdade, a decisão de há muito já foi tomada, no contexto de descoberta, por fatores preponderantemente inconscientes, ilógicos e extrajurídicos (*v. g.*, morais, políticos, ideológicos), ao influxo do trinômio intuição-sentimento-emoção e da personalidade do "ser-juiz", nutrida pelo caldo sociológico, tudo a determinar sua visão de mundo. Não por acaso, no contexto de decisão em sentido estrito, refere-se ao processo psicológico causativo da decisão, embora vozes doutrinárias aludem a uma escolha que é qualificada de racional enquanto observe certos preceitos do procedimento heurístico.[2008]

O cérebro do juiz já "discutiu" tudo antes de sua consciência atenta entrar em cena. O juiz, como individualidade, escuta sua "voz interna", que confere voz à (ineliminável) subjetividade, segue sua bússola moral, obedece a circuitos inconscientes de seu cérebro, não decide conscientemente.[2009] Portanto, o juiz está jungido a uma miríade infinita de influências aleatórias que se afirmam em determinada conjuntura. Entretanto, havendo mudança da situação, tais fatores contingentes de implicação também podem sofrer mutação. Nesse quadro, mister se faz investigar, principalmente sob as lentes da Psicanálise, os processos internos e inconscientes, escrutinando-os para juiz, partes, jurisdicionados e comunidade em que opera.

Todo juízo guarda relação com um sistema inconsciente de referências e depende de um conjunto complexo e profundo. No contexto de justificação, o juízo definitivo, de índole validante, se conexiona necessariamente com uma multiplicidade de juízos preliminares (*v. g.*, sobre a valoração do resultado das provas dos fatos) que o preparam.[2010]

[2006] CARVALHO, Luis Gustavo Grandinetti Castanho de. Estado de direito e decisão jurídica: as dimensões não-jurídicas do ato de julgar. *In*: PRADO, Geraldo; MARTINS, Rui Cunha; CARVALHO; Luis Gustavo Grandinetti Castanho de (Org.). *Decisão judicial*: a cultura jurídica brasileira na transição para a democracia. Madrid: Marcial Pons, 2012, p. 87-137, p. 89.

[2007] GIACOMOLLI, Nereu José; DUARTE, Liza Bastos, *op. cit.*, p. 300: "Não deveríamos dispensar todo conhecimento que diz de nós mesmos. Não deveríamos deixar de reconhecer que somos cegos às escuras de nosso inconsciente que trabalha paralelamente à consciência racional de nós mesmos e do mundo. Não deveríamos deixar de reconhecer que, mesmo quando dizemos estar atuando de maneira racional, é nosso inconsciente que pauta nossas escolhas, justificadas ponto a ponto sob premissas racionais, mas que no fundo maquiam opções impetuosamente inconscientes". Vide, no ponto, CHAUÍ, Marilena. *Convite à filosofia*. São Paulo: Ática, 2000, p. 71: "Fala-se, portanto, em razão objetiva (a realidade é racional em si mesma) e em razão subjetiva (a razão é uma capacidade intelectual e moral dos seres humanos). A razão objetiva é a afirmação de que o objeto do conhecimento ou a realidade é racional; a razão subjetiva é a afirmação de que o sujeito do conhecimento e da ação é racional. Para muitos filósofos, a Filosofia é o momento do encontro, do acordo e da harmonia entre as duas razões ou racionalidades".

[2008] AMODIO, Ennio. Motivazione della sentenza penale. *In*: *Enciclopedia del diritto*. Milano: Giuffrè, 1977, v. 27, p. 181-257, esp. p. 216.

[2009] CARVALHO, Luis Gustavo Grandinetti Castanho de, *op. cit.*, p. 105: "Se, no processo de subsunção do fato à lei, muitas vezes a consciência pode ceder ao automatismo de aplicar a lei, a jurisprudência dominante, a súmula dos tribunais superiores, no processo de compreensão da própria lei ou da circunstância fática um outro aspecto pode ter influência determinante: a emergência do inconsciente. (...) Não se trata de um simples depósito do passado, mas de percepções – que fogem à consciência – que também podem determinar ideias criativas e processos decisórios sem que a consciência possa se dar conta".

[2010] GORPHE, François. *Les décisions de justice*: étude psychologique et judiciaire. Paris: Presses universitaires de France, 1952, p. 24: "Ces jugements préalables ne sont pas tous formulés, ou ils peuvent être l'aboutissant de

Bem reafirmar que a exigência de imparcialidade do juiz, no modelo constitucional de processo justo, não se confunde, em absoluto, com sua neutralidade.[2011] Trata-se, bem vistas as coisas, de conceitos que não se conciliam entre si, embora, não raro, sejam tratados como dimensões equivalentes ou, pelo menos, complementares.[2012] Formalmente, é concebível que o juiz possa atuar no processo com imparcialidade (*v. g.*, não é parte no processo ele próprio, seu cônjuge ou companheiro, ou parente, consanguíneo ou afim, em linha reta ou colateral, até o terceiro grau, inclusive), de par a assegurar, concretamente, no curso do procedimento, o equilíbrio processual consistente na indispensável paridade (não meramente jurídica, mas efetiva e prática) de armas entre as partes, como uma das exigências do processo équo e justo.[2013] Significa que ao juiz cumpre comandar o processo sem se inclinar, ao longo de todo o *iter* procedimental, seja para o autor, seja para o réu, seja para eventual terceiro interveniente, por circunstâncias pessoais de um ou de outro, descortinando a um deles, por exemplo, oportunidades maiores de defender suas próprias razões e de produzir provas.

Demais disso, os tempos de hodierno exigem o figurino de juiz-cidadão sensível aos problemas sociais sobre os quais deve se pronunciar nos casos postos à sua cognição. O juiz, sob o ditado de sua consciência ético-crítica e com agudeza de espírito, há de estar atento aos valores sociais e às metamorfoses axiológicas da sociedade em que vive. Porque assim é, o juiz, enquanto ser humano e não um algoritmo aritmético, jamais poderá elaborar um discurso quimicamente puro, axiologicamente neutro ou sociologicamente amorfo,[2014] pois que toca às suas vivências pessoais. Está inevitavelmente submetido à ingerência de imagens do inconsciente pulsante e interativo e da estrutura do psiquismo, além de ser influenciado por diversos fatores históricos, socioeconômicos, familiares, educacionais, religiosos, culturais, filosóficos, políticos, ideológicos.[2015] Não por nada, o Direito, em sua concepção tridimensional, envolve na experiência jurídica três dimensões fundamentais e distintas de pesquisa: fato, valor e norma.[2016] Disso resulta que os múltiplos critérios de escolha ou de valoração, sempre de cunho subjetivo, empregados pelo juiz em sua decisão revestem-se, inexoravelmente, de colorido

---

synthèses automatiques de représentations, que la pensée vieni ordonner pour conclure. Les psychologues ont relevé des états intermédiaires plus ou moins favorables à la formation du jugement. Comprenant dans le jugement toute "forme de raisonnement logique qui établit une combinaison consciente et déterminée entre les élements de la conscience", Höffding montre comment les termes du jugement, avant d'apparaitre liés d'une façon claire et déterminée, sont réunis par l'intuition et l'association en un ensemble conscient pendant le processus qui constitue la formation du jugement; s'il faut exprimer sous forme de jugement l'abondance d'éléments que peut contenir l'intuition ou la série des associations, on aura besoin d'une multitude de jugements et ce ne pourra jamais être qu'approximatif".

[2011] GIACOMOLLI, Nereu José; DUARTE, Liza Bastos, *op. cit.*, p. 288.

[2012] ÁVILA, Ana Paula Oliveira. O postulado da imparcialidade e a independência do magistrado no civil law. *Revista Eletrônica de Direito do Estado* (REDE), Salvador, n. 27, jul./ago./set. 2011, p. 1-24, esp. p. 10.

[2013] VIGORITI, Vincenzo. *Garanzie costituzionali del processo civile*: due process of law e art. 24 cost. Milano: Giuffrè Editore, 1970, p. 104-105: "L'imparzialità che l'esercizio della funzione giurisdizionale impone in effetti al magistrato non è più inerzia o indifferenza, ma è invece attività vigile e partecipe; è neutralità rispetto agli interessi al cui regolamento è diretta, ed insieme garanzia vera e non fittizia di correttezza. È, infine, impegno e volontà di mantenere quell'equilibrio processuale, con cui si vuole garantire alle parti il diritto a svolgere pienamente le proprie difese, e che solo consente il regolamento imparziale della lite".

[2014] GOMES, Mario Soares Caymmi. O direito como linguagem e discurso: a retórica judicial. *Revista de Direito Privado*, São Paulo, n. 39, p. 259-284, 2009, esp. p. 261.

[2015] GIACOMOLLI, Nereu José; DUARTE, Liza Bastos, *op. cit.*, p. 305-306.

[2016] REALE, Miguel. *O direito como experiência*: introdução à epistemologia jurídica. 2. ed. São Paulo: Saraiva, 1992, p. 53-54.

ideológico, e por aí afora. Tais componentes, encontradiços na dimensão valorativa (*v. g.*, juízo de valoração dos enunciados fáticos e dos resultados das provas), hão de ser devidamente justificados.[2017] Não se afigura correta a doutrina que intenta suprimir do Judiciário a indispensável dimensão valorativa, como seja, a sua dimensão política.

Mas sob color de neutralidade (fosse possível, o que não é, a não ser no plano da ficção), ao juiz "esterilizado" não é dado assumir postura de indiferença com o resultado do processo, pois que deve estar incondicionalmente comprometido com seu desfecho équo e justo.[2018]

Aquilo que se observa como influência da ideologia e da moral do juiz, de suas próprias noções, em relação à interpretação do ordenamento jurídico, se transporta, não sem dificuldades, para o terreno das provas. Aqui, pretender-se-ia uma atividade mais singularizada pela objetividade. Entretanto, não há como se possa imunizar o juiz de suas próprias convicções, de sua visão de mundo (*v. g.*, filosófica, moral, ideológica) no momento de valorar o resultado probatório.[2019]

Portanto, mostra-se inevitável a subjetividade judicial, por exemplo, para se atribuir maior credibilidade a um determinado meio de prova. Todavia, disso não pode resultar mero arbítrio do juiz. A controlabilidade, endo e extraprocessual, advém justamente da motivação *in facto*, dada a exigência de justificação (pública) dos critérios de escolha ou de valoração usados pelo juiz no acertamento da verdade dos fatos relevantes para o julgamento da causa, enquanto parâmetro geral para se aferir a justeza da decisão proferida.

7.2 O problema da independência do juiz à luz de sua responsabilidade social

Um dos pilares de sustentação da função jurisdicional e de suas garantias está na figura do juiz natural competente e pré-constituído, munido de independência institucional, como princípio generalizado em todos os sistemas de Justiça. A independência da magistratura (pessoal, coletiva, funcional, interna, externa), diante do poder político, cuja ressonância transcende os textos normativos,[2020] retrata, essencialmente, um viés cultural. De fato, é concebível que, em países com mecanismos de eleição e de mandato, o juiz possa apresentar um padrão comportamental judicante mais independente do que em países nos quais o magistrado desfrute as garantias de vitaliciedade e de inamovibilidade. A independência está a serviço da própria eficiência da Justiça, pois, quanto maior for a independência dos juízes, tanto melhores serão as condições de exercitarem a função judiciária.[2021] É indispensável que haja critérios objetivos, definidos

---

[2017] SOUZA, Wilson Alves de. *Sentença civil imotivada*. Salvador: Juspodivm, 2008, p. 215.

[2018] BARBOSA MOREIRA, José Carlos. Reflexões sobre a imparcialidade do juiz. *Temas de direito processual*: sétima série. São Paulo: Saraiva, 2001, p. 19-30, esp. p. 29-30.

[2019] Vide a posição contrária de NIEVA FENOLL, Jordi. *La valoración de la prueba*. Madrid: Marcial Pons, 2010, p. 141-143.

[2020] A Constituição Federal brasileira de 1988, em seu art. 95, incisos I, II e III, estabelece que os juízes gozam das garantias de vitaliciedade, de inamovibilidade e de irredutibilidade de subsídio, que são penhores da independência destes perante os órgãos dos demais Poderes do Estado. Em última análise, tais garantias da magistratura tendem a salvaguardar a própria sociedade. Vide, no ponto, DINAMARCO, Cândido Rangel. *Instituições de direito processual civil*. 6. ed. rev. e atual. São Paulo: Malheiros, 2009, v. 1, p. 207.

[2021] GUIMARÃES, Mário. *O juiz e a função jurisdicional*. 1. ed. Rio de Janeiro: Forense, 1958, p. 139.

em legislação própria, para a aferição do merecimento em sede de promoções, a fim de preservar a independência dos juízes (*v. g.*, em pedidos de votos dos desembargadores), ou que se faça mudança na esfera constitucional no sentido de que as promoções obedeçam apenas ao critério de antiguidade.

De todo modo, avultam parâmetros mínimos e objetivos de valoração da independência institucional do juiz, como (i) o modo de designação, (ii) a duração do mandato e (iii) a existência de garantias que o salvaguardem contra pressões externas.[2022] Soa trivial que a jurisdição exercida por juízes independentes, imparciais[2023] e idôneos traduz um dos traços característicos do Estado Constitucional e Democrático de Direito.

A independência judicial, denotando atilada responsabilidade histórica,[2024] para que o exercício do poder jurisdicional não seja expressão de autoritarismo, tampouco se degenere em arbitrariedade, representa condição objetiva de imparcialidade, como exemplo frisante de princípio constitucional implícito no sistema brasileiro, para lá de implicar padrões de qualidade do mecanismo da justiça civil. A existência de juiz independente e imparcial é condição essencial de objetividade do julgamento final.[2025] O valor irrenunciável da imparcialidade, como corolário do princípio da igualdade, é um requisito inseparável da ideia mesma de juiz,[2026] porque um juiz "parcial" configura uma *contradictio in terminis*, um não juiz.[2027] A imparcialidade, seja em acepção subjetiva (foro íntimo), seja em senso objetivo e funcional, tutelada pelo penhor do juiz natural e

---

[2022] GRECO, Leonardo. *Garantias fundamentais do processo*: o processo justo. Disponível em: http://www.mundojuridico.adv.br. Acesso em: 19 jan. 2018, p. 17.

[2023] A Declaração Universal dos Direitos Humanos, em seu art. 10, preceitua: "Toda pessoa tem direito, em plena igualdade, a que a sua causa seja equitativa e publicamente julgada por um tribunal independente e imparcial que decida dos seus direitos e obrigações ou das razões de qualquer acusação em matéria penal que contra ela seja deduzida".

[2024] COUTURE, Eduardo J. *Introdução ao estudo do processo civil*. Rio de Janeiro: José Konfino Editor, 1951, p. 88: "Tratando de ordenar, em um sistema de idéias, os princípios basilares, radicais, aqueles em tôrno de que se agrupa toda experiência acêrca da função e da incumbência do juiz, eu me permiti reduzi-los a três ordens necessárias: – a de independência, a de autoridade e a de responsabilidade. A de *independência*, para que suas decisões não sejam uma consequência da fome ou do mêdo; a de *autoridade*, para que suas decisões não sejam simples conselhos, divagações acadêmicas, que o Poder Executivo possa desatender segundo seu capricho; e a de *responsabilidade*, para que a sentença não seja um ímpeto da ambição, do orgulho ou da soberba, e sim da consciência vigilante do homem frente ao seu próprio destino". (Grifos no original).

[2025] Tribunal de Justiça da União Europeia – Processo C-308/07 P (19/02/2009) – Koldo Gorostiaga Atxalandabaso contra Parlamento Europeu: "O direito a um processo equitativo tal como decorre, nomeadamente, do artigo 6º, nº 1, da Convenção Europeia para Protecção dos Direitos do Homem e das Liberdades Fundamentais constitui um direito fundamental que a União Europeia respeita enquanto princípio geral, por força do artigo 6º, nº 2, UE. Esse direito implica necessariamente que qualquer pessoa tenha acesso a um tribunal independente e imparcial. Por isso, a existência de garantias em matéria de composição do tribunal representa a pedra angular do direito a um processo equitativo, cujo respeito o juiz comunitário deve verificar quando se invoque uma violação deste direito e a alegação nesta matéria não se afigura numa primeira análise manifestamente desprovida de seriedade". Corte Europeia de Direitos Humanos – Caso Panasenko x Portugal – Queixa nº 10418/03 – Acórdão de 22/10/2008 – 2ª Seção: "O Tribunal considera, desde logo, que dos comentários em questão só o proferido imediatamente após o encerramento da audiência poderia suscitar uma questão sob o ângulo da imparcialidade do tribunal. Recorda a este propósito a importância fundamental de, numa sociedade democrática, os tribunais inspirarem confiança aos cidadãos, a começar, em matéria penal, aos arguidos. Com esse fim, o Tribunal sublinhando inúmeras vezes que um tribunal, incluindo o de júri, deve ser imparcial, tanto no plano subjetivo como no objetivo".

[2026] CALAMANDREI, Piero. Giustizia e politica: sentenza e sentimento. *In*: CAPPELLETTI, Mauro (a cura di). *Opere giuridiche*. Napoli: Morano, 1965, v. 1, p. 637-650, esp. p. 639.

[2027] TOMMASEO, Ferruccio. *Appunti di diritto processuale civile*: nozione introduttive. Quarta edizione. Torino: G. Giappichelli Editore, 2000, p. 122.

por exigência do devido processo legal, simboliza requisito de confiança no juiz.[2028] A independência da magistratura, longe de exprimir um privilégio para os juízes, reflete, nunca seria demais insistir, uma garantia para a própria sociedade em que operam. A autonomia administrativa e orçamentária do Poder Judiciário (autogoverno da magistratura) representa, estreme de dúvida, penhor dos direitos dos cidadãos, em ambiência jurídica e democraticamente civilizada.

A rigor, o juiz tem o dever de defender sua própria independência, sem a qual a idoneidade da função jurisdicional restaria irremediavelmente avariada. Contudo, a alegação de ausência de independência não pode ser acolhida para isentar o juiz de responsabilidade por suas próprias deficiências.[2029] Significa dizer que a independência do magistrado não estampa um *bill de indenidade* contra a responsabilização pelo exercício do poder. Aliás, a independência se considera uma imprescindível qualidade moral do juiz e instrumental à sua imparcialidade. Tais atributos indispensáveis ao escorreito exercício da função jurisdicional estão axiologicamente implicados. Existe, pois, um vínculo de necessária reciprocidade entre os dois conceitos: onde não há independência, decerto não pode haver imparcialidade, e vice-versa. Nesse diapasão, a independência jurídico-política do juiz permeia a teia da jurisdição, como consequência lógica da juridicidade e da legitimidade que irrompem do Estado Constitucional e Democrático de Direito,[2030] com suas clássicas funções (*v. g.*, legislativa, judiciária, executiva) independentes e harmônicas entre si,[2031] Configura a proclamação do Direito perante o Estado, singularizada no célebre episódio do moleiro de *Sans-Soucis*.

Nessa moldura, a ideia de "juiz asséptico",[2032] seja na formulação de sua hipótese de julgamento, seja na elaboração de sua motivação jurídica, purificado de suas opções valorativas e que oculta escolhas axiológicas, representa menos que ingênua ilusão. O juiz de postura sacerdotal explica a predisposição a se encarcerar em si mesmo, alheando-se do mundo circundante.[2033] A figura estereotipada do juiz dissociado da realidade social, desinteressado do ambiente periférico e higienizado de toda e qualquer noção ideológica, social, econômica, cultural e psicológica serve de instrumento para o exercício camuflado do poder e para sua desresponsabilização.[2034] É dizer: a figura do "juiz asséptico", como produto acabado do positivismo jurídico, purificado de influências psicológicas, sociais e culturais (componentes de sua personalidade), insinua inimputabilidade político-social dos juízes.[2035]

O problema da responsabilidade judicial deve ser abordado, também, à luz do fenômeno da inventividade e da criatividade do juiz que se exprime, fundamentalmente,

---

[2028] LARENZ, Karl. *Derecho justo*: fundamentos de etica jurídica. Madrid: Civitas, 2001, p. 181.

[2029] DALLARI, Dalmo de Abreu. *O poder dos juízes*. São Paulo: Saraiva, 1996, p. 45.

[2030] Para um aceno geral sobre o tema, vide DIAZ GARCÍA, Elías. *Legalidad-legitimidad en el socialismo democrático*. Madrid: Civitas, 1978.

[2031] PICARDI, Nicola. *Manuale del processo civile*. Seconda edizione. Milano: Giuffrè, 2010, p. 34.

[2032] IGARTUA SALAVERRIA, Juan. *La motivación de las sentencias, imperativo constitucional*. Madrid: Centro de Estudios Políticos y Constitucionales, 2003, p. 101-104.

[2033] BANCAUD, Alain. *La haute magistrature judiciaire entre politique et sacerdoce* – ou lê culte des vertus moyennes, coll. "Droit et Societé". Paris: L.G.D.J., 1993, p. 275-277.

[2034] TARUFFO, Michele. La fisionomia della sentenza in Italia. *La sentenza in Europa*: metodo, tecnica e stile. Padova: CEDAM, 1988, p. 180-214, esp. p. 213.

[2035] SOUZA, Artur César de. *A decisão do juiz e a influência da mídia*. São Paulo: Editora Revista dos Tribunais, 2010, p. 216.

no espaço de descoberta ou de deliberação do "raciocínio" decisório. Semelhante aspecto não se confunde com a *vexata quaestio* consistente na função criadora do direito em esfera judiciária. A exigência de uma responsabilidade mais ampla, que envolva, também, os aspectos *lato sensu* políticos (além daqueles técnicos e instrumentais), dimana automaticamente do jaez criativo e valorativo, banhado pela discricionariedade, que a função jurisdicional vai adquirindo na sociedade de hodierno.[2036] Se o juiz possui poder decisório, não há como se possa pensar em decisão sem discrição judicial ou faculdade de escolha.[2037]

O problema da responsabilidade dos juízes, delicado e complexo, está presente em todos os ordenamentos modernos e, na Itália, em novembro de 1987, foi objeto de *referendum* popular de âmbito nacional, com resultado positivo de mais de vinte milhões de votos, implicando, de um lado, a ab-rogação dos arts. 55 e 56 do CPC italiano, e, de outro, a edição da Lei nº 117, de 13.04.1988, alterada pela Lei nº 18, de 27.02.2015, que, no entanto, adotou um sistema de responsabilidade estatal exclusiva por ato judicial ilícito.

Às magistraturas de tipo "corporativo", fechadas socialmente e hierárquicas, se contrapõem aquelas de corte *responsivo* (nos confins de uma substancial independência), abertas e sensíveis às legítimas pressões da comunidade sobre a concreta administração da justiça.[2038] Parece haver uma tensão entre responsabilidade e independência dos juízes, mas deve prevalecer a exigência de equilíbrio entre o valor democrático do dever de prestar contas e o valor de garantia da independência às pressões externas exercidas sobre eles, sejam oriundas do poder político, especialmente no confronto do Executivo,[2039] sejam decorrentes de outros casulos de poder públicos, privados e da opinião pública, bem como de outros magistrados[2040] e dos próprios contendores.

Ocorre que a independência dos juízes não configura um valor fim em si mesmo, mas um valor de caráter instrumental que visa salvaguardar outro valor (associado, porém diverso) que é a imparcialidade do juiz (*nemo iudex in causa sua*),[2041] enquanto consiste na essência ou natureza da atividade jurisdicional. O direito de ação, o direito de defesa e a cláusula do devido processo legal exigem que, em procedimento dialético e participativo, como ponte de ouro entre jurisdição e regime democrático,[2042] as

---

[2036] COMOGLIO, Luigi Paolo. Direzione del processo e responsabilità del giudice. *Rivista di Diritto Processuale*, Padova, v. 32 (II Série), n. 1, p. 14-56, gen./mar. 1977, esp. p. 56.

[2037] SILVA, Ovídio A. Baptista da, *op. cit.*, p. 274: "A discricionariedade será, necessariamente, o suporte para qualquer espécie de decisão. Quem ignora isto não comete erro jurídico: o engano decorre de uma equivocada compreensão da psicologia humana. *Julgar* é atividade de um juiz incumbido de declarar (ato cognitivo) a vontade da lei; *decidir* (ato volitivo) é a consequência da faculdade de julgar e pressupõe o poder de "decidir-se" entre duas ou mais alternativas possíveis, quer dizer, legítimas". (Reforços gráficos no original).

[2038] CAPPELLETTI, Mauro. *Juízes irresponsáveis?* Porto Alegre: Sergio Antonio Fabris Editor, 1989, p. 11.

[2039] CAPPELLETTI, Mauro, *op. cit.*, p. 30.

[2040] CALAMANDREI, Piero. *Elogio dei giudici scritto da un avvocato, op. cit.*, p. 269 e 271: "Il vero pericolo non viene dal difuori: è un lento esaurimento interno delle coscienze, che le rende acquiescenti e rassegnate: una crescente pigrizia morale, che sempre più preferisce alla soluzione giusta quella accomodante, perchè non turba il quieto vivere e perchè la intransigenza costa troppa fatica. (...) Il vecchio magistrato stette qualche istante in silenzio e poi concluse così: – Creda a me: la peggiore sciagura che potrebbe capitare a un magistrato sarebbe quella di ammalarsi di quel terribile morbo dei burocrati che si chiama il conformismo. È una malattia mentale, simile all'agorafobia: il terrore della propria indipendenza; una specie di ossessione, che non attende le raccomandazioni esterne, ma le previne; che non si piega alle pressioni dei superiori, ma se le immagina e le sodisfa in anticipo".

[2041] CAPPELLETTI, Mauro, *op. cit.*, p. 32.

[2042] DELFINO, Lúcio. *Direito processual civil*: artigos e pareceres. Belo Horizonte: Fórum, 2011, p. 40.

partes tenham igualitário tratamento (*fairness*) e, por isso, as mesmas oportunidades de fazer valer em juízo suas próprias razões (*audiatur et altera pars*), perante órgão judicante independente e imparcial (*tertius super partes*). Tais regras do processo judicial consubstanciam condições essenciais de jurisdicionalidade.

Sobre o problema da responsabilidade judicial, em uma sociedade racionalmente organizada, se o juiz exercita um poder público é certo que onde há poder deva se afirmar correlativamente responsabilidade:[2043] tanto maior o poder quanto mais elevada a responsabilidade (*accountablility*) de se justificar (*reddere rationem*). A não ser assim, haveria notória incompatibilidade com o sistema democrático, traduzida na patologia de um poder público refratário ao controle sobre tal poder e à responsabilidade pública. No quadrante das democracias ocidentais, na esteira da razoável proporcionalidade entre poder público e responsabilidade pública, vige o sistema de freios e contrapesos (*cheks and balances*). De fato, a substancial irresponsabilidade do magistrado não pode constituir o preço que a sociedade é convocada a pagar, em troca da independência de seus juízes.[2044]

Nessa moldura, não há como negar a responsabilidade do juiz, o qual, apesar da singularidade da função jurisdicional, não é uma criatura sobre-humana, nem intangível; antes, embora com reverência ao seu imprescindível grau ótimo de independência, pode se submeter, no exercício de suas funções, a uma tipologia de responsabilidade judicial: política e constitucional, social, jurídica e pessoal (penal, civil, disciplinar).[2045] Variáveis, de acordo com cada sistema jurídico, as manifestações e os modos como se combinam entre si. Um dos critérios de responsabilidade judicial descansa, com efeito, no tipo de violação (*v. g.*, dolo, fraude, grave negligência).

A responsabilidade política do juiz ou da magistratura no seu conjunto pode se decompor em responsabilidade perante poderes políticos e responsabilidade constitucional. A responsabilidade política transcorre no âmbito do Parlamento, mediante valoração essencialmente política, e não meramente jurídica, conquanto o procedimento deva observar as garantias fundamentais inerentes ao processo judicial (*v. g.*, contraditório, ampla defesa, publicidade). Com efeito, o exemplo mais frisante à mão, na Constituição Federal brasileira, repousa em seu art. 52: "Compete privativamente ao Senado Federal: II - processar e julgar os Ministros do Supremo Tribunal Federal, os membros do Conselho Nacional de Justiça e do Conselho Nacional do Ministério Público, o Procurador-Geral da República e o Advogado-Geral da União nos crimes de responsabilidade;" (redação dada pela Emenda Constitucional nº 45, de 2004). Nos sistemas do *Common Law*, raramente aplicadas, mas com pujante significado simbólico e admoestatório, irrompem algumas amostras eloquentes de responsabilidade judicial política: *impeachment, address*.

Há casos patologicamente mais agudos de ineficiência, "quase anárquica", da atrofiada máquina judiciária, aqui e alhures, que a sociedade moderna precisa enfrentar, com esperança e idealismo, e transmudar em uma administração de justiça racionalmente

---

[2043] MANDRIOLI, Crisanto. *Diritto processuale civile*: nozioni introduttive e disposizioni generali. 13. ed. Torino: Giappichelli, 2000, v. 1, p. 271.

[2044] TROCKER, Nicolò. La responsabilità del giudice. *Rivista Trimestrale di Diritto e Procedura Civile*, Milano, 36(4), p. 1283-1322, 1982, esp. p. 1.285.

[2045] CAPPELLETTI, Mauro, *op. cit.*, p. 35 ss.

organizada e eficiente.[2046] A não ser assim, estar-se-á quebrando um dos pilares de sustentação do próprio regime democrático.

Sob outro prisma, a responsabilidade constitucional não está primordialmente condicionada à vulneração de deveres jurídicos, mas baseia-se em comportamentos de caráter privado do juiz, estranhos à atividade judicante, embora valorados ao ângulo político (*v. g.*, a *Richteramklage*, prevista no art. 98, II, da Lei Fundamental de Bonn de 1949 – *Grundgesetz*, que guarda rala equivalência com o *impeachment* de juízes). Esse tipo de responsabilidade do juiz é oriundo de violações definidas, com feição de vaguidão, no documento constitucional. A Constituição americana de 1787, em seu art. II, Sec. 4, oferece ilustração no *impeachment* de juízes federais, por traição, suborno ou outros delitos ou crimes menores (*"treason, bribery, or other crimes and misdemeanors"*). Dentre poucos outros, emerge o caso de um juiz federal que foi posto sob acusação (*impeached*) e condenado pelo Senado por falsidade em declarações de renda e por ter desacreditado o sistema judiciário.[2047]

De um diverso ângulo visual, a responsabilidade social do juiz ou da magistratura como um todo dá-se em face do público em geral. É dizer: a prestação de contas não se dirige a órgãos políticos, senão que a organismos, grupos sociais e à sociedade em seu complexo. Nesse passo, avulta a função extraprocessual da motivação (pública) da decisão judiciária, de caráter garantístico, democrático e político, de sorte a consentir a possibilidade de controle difuso, por qualquer um do povo, sobre o *quomodo* do exercício do poder pelo juiz e da concreta administração da justiça.[2048] A comunidade jurídica em particular e a coletividade em geral poderão formular observações críticas sobre a "obra" do juiz.

Mas (dir-se-á), nesse aspecto específico, não parece tecnicamente exato falar de um controle do povo, o qual seria despojado de consequências políticas.[2049] Entretanto, nos sistemas jurídicos em que a investidura dos juízes dá-se pela via direta do voto popular, força é convir a existência de consequências políticas, quando nada, na (re) eleição do juiz. Seja como for, mesmo no tocante aos juízes profissionais, oriundos do sistema de recrutamento burocrático e vitalícios, sem investidura de endereço popular, não é pouca coisa, ao ângulo sociológico, o controle democrático consistente na possibilidade de análise e de crítica sobre a atividade judicante.

Nos Estados Unidos, em nível estadual, verifica-se amostra expressiva de controle social, consistente na remoção de juízes estaduais, denominado *recall*. Como se vê, em ordenamentos verdadeiramente democráticos, o juiz, sem jamais abdicar de sua independência perante os aparelhos do Estado e de sua imparcialidade, submete-se, no entanto, à responsabilidade social e à crítica pública,[2050] mas sem comentários

---

[2046] Para um aceno geral das anomalias e dos comportamentos desviantes de juízes italianos, vide ZURLO, Stefano. *La legge siamo noi*: la casta della giustizia italiana. Milano: Piemme, 2009.

[2047] CAPPELLETTI, Mauro, *op. cit.*, p. 42, esp. nota nº 32a.

[2048] BENETI, Sidnei Agostinho. A responsabilidade social do magistrado e a proteção da democracia. *Revista de Teorias da Justiça, da Decisão e da Argumentação Jurídica*, Curitiba, v. 2, n. 2, p. 117-132, jul./dez. 2016, esp. p. 120.

[2049] ANDOLINA, Italo; VIGNERA, Giuseppe. *Il modello costituzionale del processo civile italiano*: corso di lezioni. Torino: Giappicchelli, 1990, p. 177.

[2050] CAPPELLETTI, Mauro, *op. cit.*, p. 47: "Entendo preferível, em lugar disso, mencionar uma forma mais comum de responsabilização social dos juízes perante o público em geral. Desejo referir-me à exposição do comportamento dos juízes à *crítica pública*, especialmente pelos meios de comunicação de massa, mas também pela literatura especializada e outros instrumentos de informação; trata-se, obviamente, de um instrumento de

suscetíveis de influenciar processos que estejam pendentes de julgamento e com abstenção de ataques irracionais e injuriosos aos magistrados (por exemplo: *contempt of court* do direito inglês, como quando, com imensa margem de discricionariedade, for corrompida a autoridade do Judiciário). A publicidade do processo e das decisões judiciárias, perante os jurisdicionados, consumidores do Direito e do supremo bem que é a Justiça (aferível somente através do exame da *ratio decidendi*), as submete ao escrutínio público ulterior, em cujo espectro devem estar todos aqueles que exercem poder público. O Estado Constitucional e Democrático de Direito, em sua multiplicidade de funções, configura-se como o Estado que se justifica e se abre, naturalmente, à luz do Sol, como inestimável fator de legitimação do exercício do poder estatal.

A publicidade do processo e das decisões judiciárias faz eco sobre a responsabilidade social dos juízes, ante a possibilidade de exteriorização de opiniões divergentes no âmbito de decisões colegiadas (*dissenting opinion, concurring opinion*). Releva notar que, na Itália, quando o juízo é colegiado, qualquer um dos componentes do colégio judicante tem o direito de pedir a compilação de razões para registrar a sua opinião eventualmente dissidente, sucintamente motivada, conservada em envelope lacrado. Confere sufrágio a tal afirmação a reformulada dicção do art. 16, da Lei nº 117/1988. A ser diferente, os juízes se tornariam, como queria o aristocrático Montesquieu, "*des êtres inanimés*", indiferentes à injustiça, que perdem suas características individuais na coletividade (anônima, às vezes) do colégio.[2051] Tanto a opinião pública e o olhar indagador do próprio ambiente laboral do juiz quanto a imprensa livre são eficazes instrumentos informais de fiscalização disciplinar sobre a atividade judiciária.

Não parece duvidosa a importância da formação de consciência pública acerca do sentido mais profundo da função jurisdicional e do adequado funcionamento do mecanismo da justiça em todas as suas especificidades. Seja como for, a controlabilidade social pode evidenciar possível antagonismo e tensão entre valores: o valor democrático do dever de prestar contas e o valor de garantia da independência judicial. Tal sugere esforço hercúleo para se alcançar equilíbrio razoável entre valores em contraste, à luz de situações concretas.[2052]

A responsabilidade jurídica do Estado pode ser exclusiva (no concebível escopo de se criar uma couraça de proteção da independência judicial) ou concorrente com a pessoal do juiz. A responsabilidade jurídica e pessoal do juiz pode ser penal, civil e disciplinar. Por sua vez, a responsabilidade civil pessoal do juiz pode ser regressiva, isto é, o Estado, uma vez condenado a indenizar, deve ser ressarcido dos prejuízos experimentados. No sistema jurídico brasileiro, responderá pessoalmente o juiz quando, no exercício de suas funções, por exemplo, proceder com dolo ou fraude.[2053] A parte pode acionar tanto diretamente o Estado quanto o próprio juiz. Na primeira hipótese,

---

responsabilização que traz consigo grande potencialidade nos países onde os cidadãos gozem da liberdade de palavra". (Grifos no original).

[2051] CALAMANDREI, Piero. *Elogio dei giudici scritto da un avvocato, op. cit.*, p. 274: "Questa segretezza può essere gradita al giudice che ama il quieto vivere, e che preferisce alleggerire la sua responsabilità personale dietro lo schermo della collegialità; ma a lungo opera sul suo carattere come una droga stupefacente. È un esempio tipico di unanimità di Stato, che salva le apparenze a spese delle coscienze".

[2052] CAPPELLETTI, Mauro, *op. cit.*, p. 49 ss.

[2053] A Lei Complementar nº 35, de 14.03.1979, que dispõe sobre a Lei Orgânica da Magistratura Nacional, preceitua em seu art. 49: "Responderá por perdas e danos o magistrado, quando: I – no exercício de suas funções, proceder com dolo ou fraude;". Vide, também, com dicção análoga, o Código de Processo Civil brasileiro, art. 143.

o Estado, se condenado a indenizar, poderá se ressarcir acionando regressivamente o juiz causador do dano, *ad instar* do art. 37, §6º, da Constituição Federal: "As pessoas jurídicas de direito público e as de direito privado prestadoras de serviços públicos responderão pelos danos que seus agentes, nessa qualidade, causarem a terceiros, assegurado o direito de regresso contra o responsável nos casos de dolo ou culpa".

O problema da responsabilidade civil dos juízes, de ressarcir os danos causados por seus comportamentos lesivos às partes, em alguns ordenamentos, é totalmente absorvido pela responsabilidade substitutiva do Estado, mas, noutros tantos, sujeita-se, por força dos valores em contraste já aludidos, a restrições, como as que os eximem de responder por meros erros de fato e/ou de direito. Antes, são responsabilizados, quanto às violações de direito substancial, apenas em caso de vulneração intencional de seus deveres funcionais (*v. g.*, dolo, fraude, concussão)[2054] e de culpa grave, no que toca a erros inescusáveis de direito, como a aplicação de norma notoriamente já ab-rogada ou declarada inconstitucional pela Suprema Corte, em sede de controle abstrato e concentrado, com eficácia *erga omnes*.[2055] O erro de direito, na acurada sensibilidade carneluttiana, transporta a nocividade do contágio, pela tendência de se propagar a outros julgados.

A responsabilidade jurídica (pessoal) do juiz pode ser de caráter disciplinar e publicístico, ao contrário da dimensão privatística que assinala a responsabilidade civil judicial. Há um elenco mais ou menos constante de sanções disciplinares aos juízes nos ordenamentos jurídicos modernos: advertência e censura, passando pela remoção, até aposentadoria compulsória.[2056] Não por acaso, ao magistrado é imposto o dever de manter conduta irrepreensível tanto na esfera pública quanto na vida privada.[2057] Concentram-se as sanções disciplinares, o mais das vezes, na definição abstrata de lesão do prestígio da magistratura, deixando-se para o segundo plano comportamentos que se relacionem com eficiência e correção da função jurisdicional, enquanto serviço que os juízes devam prestar ao complexo da cidadania.[2058] É dizer: privilegiam-se as condutas dos juízes que conspurquem a imagem da magistratura, com rarefeita preocupação acerca de comportamentos que incidam diretamente sobre usuários dos serviços da Justiça.

Importa notar que a responsabilidade disciplinar e burocrática pode se estender a comportamentos e atos exógenos à atividade propriamente judiciária, como atos que se possam considerar deletérios ao prestígio e à dignidade da magistratura ou à confiança popular.[2059] Tal modalidade de responsabilização lança o olhar para o futuro, pois tende a prevenir atos lesivos à mingua de honestidade e de competência profissional do juiz.

Ocorre a degeneração da responsabilidade disciplinar do juiz, de um lado, quando de sua sujeição aos poderes políticos, máxime o Executivo, e, de outro, pela monopolização em mãos da própria magistratura.[2060] Na realidade, a eficácia das sanções depende não apenas das características estruturais do procedimento disciplinar,

---

[2054] CAPPELLETTI, Mauro, *op. cit.*, p. 64.

[2055] TROCKER, Nicolò, *op. cit.*, p. 1.320, esp. nota nº 79.

[2056] Lei Complementar nº 35, de 14.03.1979, art. 42: "São penas disciplinares: I – advertência; II – censura; III – remoção compulsória; IV – disponibilidade com vencimentos proporcionais ao tempo de serviço; V – aposentadoria compulsória com vencimentos proporcionais ao tempo de serviço; VI – demissão".

[2057] Lei Complementar nº 35, de 14.03.1979, art. 35, inciso VIII.

[2058] TROCKER, Nicolò, *op. cit.*, p. 1.308.

[2059] CAPPELLETTI, Mauro, *op. cit.*, p. 71, esp. nota nº 165.

[2060] CAPPELLETTI, Mauro, *op. cit.*, p. 73.

senão também, sobretudo, da composição e da representatividade do órgão disciplinar. Os órgãos internos, puramente corporativos, não raro, comprovam a insuficiência de adequado controle disciplinar.[2061]

No Brasil, nem se depara controle exclusivamente político, tampouco puramente corporativo e alheio à sociedade circundante; antes, vige um sistema de controle que se pode qualificar de misto e externo. Com efeito, o regime disciplinar de juízes não está exclusivamente concentrado em âmbito da própria magistratura, pois o Conselho Nacional de Justiça,[2062] embora figure como órgão do Poder Judiciário, exibe composição miscigenada e oxigenada pela presença de membros externos, além de sua maior parte ser nomeada pelo Presidente da República, depois de aprovada a escolha pela maioria absoluta do Senado Federal (Constituição da República, art. 92, I-A, 103-B, I a XIII, 103-B, §2º).

Ao Conselho Nacional de Justiça, em meio a outras atribuições, está afeto o controle do cumprimento dos deveres funcionais dos magistrados, competindo-lhe: "receber e conhecer das reclamações contra membros ou órgãos do Poder Judiciário, inclusive contra seus serviços auxiliares, serventias e órgãos prestadores de serviços notariais e de registro que atuem por delegação do poder público ou oficializados, sem prejuízo da competência disciplinar e correicional dos tribunais, podendo avocar processos disciplinares em curso e determinar a remoção, a disponibilidade ou a aposentadoria com subsídios ou proventos proporcionais ao tempo de serviço e aplicar outras sanções administrativas, assegurada ampla defesa" (Constituição da República, art. 103-B, §4º, III, incluído pela Emenda Constitucional nº 45/2004).

Nessa moldura, a regulação constitucional, em razão da composição mista do Conselho Nacional de Justiça, oferece, abstratamente, garantias de autonomia da potestade disciplinar, de par a assegurar a eficiência, *in concreto*, do controle disciplinar dos magistrados. Não é fadiga inútil passar em revista os resultados, embora acanhados, do Conselho Nacional de Justiça – CNJ na problemática sancionatória-disciplinar:

PADs	Distribuídos/ Ano	Arquivadas/ Improcedentes	Julgados	Advertência	Censura	Remoção compulsória	Disponibilidade	Aposentadoria compulsória
CONSELHO NACIONAL DE JUSTIÇA								
2006	2	0	0	0	0	0	0	0
2007	6	3	3	0	0	0	0	0
2008	4	2	5	0	1	0	1	1
2009	13	1	3	0	0	0	0	2
2010	18	2	12	0	2	0	3	14
2011	9	3	8	0	2	0	0	4
2012	11	3	11	0	0	2	0	6
2013	24	0	12	1	3	0	1	9
2014	6	4	9	2	0	1	1	2
2015	8	4	9	2	0	1	0	3
2016	18	2	11	0	1	0	1	4
2017	5	8	16	0	1	0	0	9
Total	124	32	99					
Total por pena				5	10	4	7	54
Total de penalidades				80				

Fonte: Secretaria Processual do Conselho Nacional de Justiça (2018)

[2061] COMOGLIO, Luigi Paolo. Direzione del processo e responsabilità del giudice, *op. cit.*, p. 54.

[2062] No tocante à criação de órgãos especiais, dotados de quase completa autonomia perante os poderes políticos, além de composição mista (que pode prevenir contra o perigo de isolamento da magistratura, separada do restante do corpo estatal e da sociedade em geral), com competência disciplinar sobre juízes, constituem amostras expressivas os Conselhos Superiores da Magistratura na Itália, França e Espanha.

A responsabilidade disciplinar de juízes, como já assinalado, se dirige para o futuro, no sentido de assegurar correção e eficiência no desempenho do mecanismo da Justiça. Vale notar, porém, que nem sempre maior rigor disciplinar, de si, implica níveis mais elevados de eficiência e qualidade judiciárias. O que se deve sobrelevar é a ressignificação do processo de seleção para ingresso na magistratura, privilegiando, além da experiência de vida e da triagem qualitativa, sob o perfil ético-profissional (antes mesmo que técnico-jurídico), aspectos psicológicos da personalidade do candidato. São de suma importância a formação continuada e o desenvolvimento (funcional e pessoal) dos juízes, no âmbito das Escolas de Magistratura, escoltados de rigoroso acompanhamento durante o processo de vitaliciamento na carreira, para que não se degenere em pouco mais do que uma ficção.[2063]

Uma última observação ainda é pertinente para rematar este tópico e diz respeito à possibilidade de responsabilização (v. g., civil, disciplinar) por "erros" na interpretação do direito, principalmente o substancial, considerados os danos injustos causados à parte. Na Itália, a Lei nº 117, de 13.04.1988 (art. 2º, §3º), excluiu expressamente da esfera de sindicabilidade a atividade de interpretação de norma de direito e aquela de valoração do fato e das provas.[2064] Ergue-se, pois, um escudo "protetor" para o juiz-exegeta. De fato, o juiz, em sua atividade de interpretação da norma, se relaciona com sua própria existência, conexiona-se ao seu universo de vida, vincula-se ao mundo de suas noções, experiências, pré-compreensão e quejandos. Cumpre-lhe relevar os valores estratificados no meio social em que vive e em determinada quadra histórica, estando sujeito a uma multiplicidade de fatores internos (v. g., personalidade, forças inconscientes, convicções religiosas e filosóficas) e externos (v. g., educação, cultura, ideologias).

É claro que a desejável homogeneidade na interpretação dos preceitos legais veicula uma tendência de uniformidade como valor essencial de cada ordenamento jurídico.[2065] A caracterização do princípio da igualdade na aplicação da lei, enquanto penhor de certo grau de previsibilidade do direito, obedece à indispensabilidade de compatibilização de duas dimensões distintas: de um lado, a independência e autonomia ética dos juízes e tribunais, e, de outro, isonomia e segurança jurídica.[2066]

Entrementes, não se pode pensar que um juiz honesto e de boa-fé, enquanto ser humano, impregnado com sua tradição histórica e social, transportando suas noções (compreensão prévia), possa responder civil e disciplinarmente em razão de possíveis "erros" de interpretação de textos normativos, ou de suposta transgressão à "garantia" de univocidade na interpretação das normas e, em definitivo, da aspiração de segurança jurídica. A não ser assim, estar-se-ia aniquilando a essência da atividade judicante e a independência dos juízes, a qual não se adstringe à tutela do ordenamento jurídico, senão que abrange, também, o ideário de justa composição da lide. De mais a mais, não há uma única resposta interpretativa que se possa qualificar de correta. Com efeito, a atividade de interpretar uma norma pressupõe uma eleição, determinada por variados fatores, dentre as diversas possibilidades interpretativas legitimamente aceitáveis,

---

[2063] O tema é objeto do tópico 7.4 *infra*.

[2064] MANDRIOLI, Crisanto, *op. cit.*, p. 273.

[2065] FAZZALARI, Elio. Sentenza civile. *In: Enciclopedia del diritto*. Milano: Giuffrè, 1989, v. XLI, p. 1.245-1.272, esp. p. 1.265.

[2066] ZOCO ZABALA, Cristina. *Igualdad en la aplicación de las normas y motivación de sentencias* (artículos 14 y 24.1 CE). Barcelona: J. M. Sosch Editor, 2003, p. 85, esp. nota nº 12.

dirigida à sua aplicação em um caso particular. Não se pode apartar o juiz, máxime no ato de julgar, de sua individualidade, subjetividade, personalidade, sensibilidade, emotividade, compaixão, empatia, alteridade, coragem, compostura ética, equilíbrio, serenidade, perspicácia, inventividade, capacidade de administração e de liderança e, enfim, de toda a sua humanidade.

Parece menos que uma quimera o modelo positivista de interpretação jurídica como atividade puramente lógica, operação mecânica que não dá margem à subjetividade do juiz. Já vai longe a concepção, já superada e universalmente desacreditada, da neutralidade radical dos julgadores, que se subordinavam rigorosamente à letra da lei (*"la bouche qui prononce les paroles de la loi; des êtres inanimés qui n'en peuvent modérer ni la force ni la rigueur"*, na celebérrima expressão montesquiana[2067]). Deveras, o juiz não é um mecanismo, autômato indiferente à injustiça e à realidade social circundante; antes é humano, em sua espessura demasiadamente humana.[2068]

De qualquer forma, ao juiz cumpre justificar, racionalmente, com argumentos sólidos, coerentes, identificáveis, intersubjetivamente válidos em determinado tempo e lugar, e controláveis, endo e extraprocessualmente, os critérios de escolha ou de valoração usados em seu processo exegético de criação (ou melhor: reprodução) da norma encapsulada no enunciado do texto.[2069]

7.3 A certeza do Direito e o papel político do juiz: ideologias e sua (inexorável) influência sobre a psique humana

O valor jurídico e político da certeza do Direito, fruto do ideal iluminista e sonho racionalista, se interpenetra às noções de legalidade e de garantia da estabilidade da ordem jurídica, obtida esta última mediante um conjunto de leis escritas, completas e unívocas. Parece fantasia metodológica. E é.

Nesse teatro de utopias, que demandaria do legislador prover todos os multifários aspectos da vida social, bem ainda disciplinar a integralidade de necessidades oriundas de suas frenéticas mutações, o juiz, com postura absenteísta, desempenhava o papel coadjuvante de "boca da lei", reduzido a mero porta-voz, inviabilizando a adequação equitativa do direito aos casos particulares. Entretanto, por essa via, não se afigura possível alcançar a estabilidade absoluta do sistema jurídico.[2070]

É seguro dizer que, em sede hermenêutica, tanto o pluralismo de critérios metodológicos (*v. g.*, histórico, sociológico, argumentativo, equitativo, ético) quanto a

---

[2067] CALAMANDREI, Piero. *Processo e democrazia*. Conferenze tenute alla Facoltà di diritto dell'Università Nazionale del Messico. Padova: CEDAM, 1954, p. 43-67, esp. p. 58.

[2068] CALAMANDREI, Piero. Indipendenza e senso di responsabilità del giudice. *In*: CAPPELLETTI, Mauro (a cura di). *Opere giuridiche*. Napoli: Morano, 1965, v. 1, p. 650-663.

[2069] GRAU, Eros Roberto. *Ensaio e discurso sobre a interpretação/aplicação do direito*. 5. ed. São Paulo: Malheiros, 2009, p. 86-87: "Isso, contudo – note-se bem –, não significa que o intérprete, literalmente, *crie* a norma. Dizendo de modo diverso: o intérprete não é um criador *ex nihilo*; ele *produz* a norma – não, porém, no sentido de fabricá-la, mas no sentido de *reproduzi-la*. O produto da interpretação é a norma expressada como tal. Mas ela (a *norma*) parcialmente *preexiste*, potencialmente, no invólucro do *texto*, invólucro do *enunciado*. (...) Vale dizer: a *norma* encontra-se (parcialmente), *em estado de potência*, involucrada no *enunciado* (*texto* ou *disposição*); o intérprete a desnuda. Neste sentido – isto é, no sentido de desvencilhamento da *norma* de seu invólucro: no sentido de fazê-la brotar do *texto*, do *enunciado* – é que afirmo que o intérprete *produz* a norma. O intérprete compreende o sentido originário do texto e o mantém (deve manter) como referência de sua interpretação". (Grifos no original).

[2070] GOMES FILHO, Antonio Magalhães. *A motivação das decisões penais*. São Paulo: Revista dos Tribunais, 2001, p. 87.

justificada escolha interpretativa concorrem à conformação do sentido e do alcance dos textos normativos, realizando plenamente o ordenamento jurídico, e, por isso mesmo, a interpretação não pode jamais ser havida como uma operação puramente mecânica. O teor literal das leis, por si só, objetando um dogma do positivismo jurídico, não permite ao juiz aplicá-las de forma simplesmente algorítmica. Aquele modelo estritamente formal, cujo cartão de visitas era capaz de resolver, sempre, toda e qualquer controvérsia jurídica, consentia identificar a teoria do Direito com aquela do ordenamento jurídico, entendendo por conceito de Direito o conjunto de todas as normas.[2071]

Ademais, ao juiz cumpre lidar com valores preponderantes na sociedade e princípios que informam o ordenamento jurídico, realizando, concretamente, escolhas ou valorações de cariz essencialmente político. Interpretar, para o juiz, corresponde a uma função política, na medida em que lhe cabe atribuir e naturalizar sentido e alcance aos textos normativos marcadamente fluidos, vagos e indeterminados. Nada de mais distante, por exemplo, da assim chamada teoria pura do direito kelseniana que pensa o direito como um elemento de todo isolado da política, da economia, da sociedade.[2072] Demais disso, se os conflitos jurídicos intersubjetivos carregam consigo considerações de ordem valorativa, a atuação do juiz, consonante com direitos e garantias fundamentais, haverá de ser necessariamente alicerçada em suas convicções filosóficas.

Nessa moldura, é verdade (e inevitável) que haja perda de densidade da certeza do direito, de par a se abrir a porta para o individualismo do juiz, o subjetivismo da interpretação das leis, redundando, quiçá, em menos igualdade. Um discurso jurídico que não seja apenas expressão do *logos* (razão e ordem), senão também uma interpretação marcada pela emoção (*pathos*). Seja como for, no esforço exegético dos textos normativos, não se pode ignorar o contexto histórico, cultural e político, nem desprezar valores, princípios constitucionais, conceitos valorativos, tampouco desterrar a evolução social. A interpretação do direito envolve a criatividade dos juízes e encerra uma multiplicidade de juízos de valor, a eleição de princípios no confronto com a realidade social subjacente. Disso resulta que o papel criativo dos juízes, no evolver e modernização do direito, geralmente aceito, implica certo grau de "politicização" do poder jurisdicional.[2073] É dizer: o poder e o papel político do juiz,[2074] a exigir-lhe interpretação evolutiva, irrompe, também, no entrechoque que, não raro, ocorre entre a norma e a realidade social, ou – caso se prefira – na mora entre o legislador e os fatos da vida social.

O ponto nodal é o seguinte: o juiz tem o sentimento de um homem político, cuja vida transcorre em sociedade, partícipe da dinâmica de aspirações sociais, econômicas e morais, e que respira os ares políticos de seu tempo.[2075] Não por acaso, uma das notas essenciais do constitucionalismo contemporâneo se manifesta na ascensão institucional do Poder Judiciário mundo afora, seja na abrangência da chamada jurisdição

---

[2071] TOMASELLI, Antonio. Il diritto della giustizia e la giustizia del diritto. Disponível em: http://archiviomarini. sp.unipi.it/433/1/articolo%5B1%5D.pdf. Acesso em: 04 abr. 2018, p. 6.

[2072] MORBIDELLI, Giuseppe; PEGORARO, Lucio; REPOSO, Antonio; VOLPI, Mauro. *Diritto costituzionale italiano e comparato*. Seconda edizione accresciuta e integrata. Bolonha: Monduzzi Editore, 1997, p. 30.

[2073] CAPPELLETTI, Mauro. *Juízes irresponsáveis?* Porto Alegre: Sergio Antonio Fabris Editor, 1989, p. 86.

[2074] DALLARI, Dalmo de Abreu. *O poder dos juízes*. São Paulo: Saraiva, 1996, p. 85 ss.

[2075] CALAMANDREI, Piero. *Processo e democrazia*. Conferenze tenute alla Facoltà di Diritto dell'Università Nazionale del Messico. Padova: CEDAM, 1954, p. 52.

constitucional, seja na judicialização de questões sociais, econômicas, religiosas, morais, culturais, políticas.

O problema da certeza do direito pode assumir contornos e conteúdos distintos: (i) previsibilidade de intervenção de organismos estatais ou privados, jurisdicionais ou não; (ii) previsibilidade do teor das decisões jurídicas, em termos de prévia calculabilidade de resultados, em bases racionais, por qualquer pessoa; e (iii) segurança nas relações jurídicas, por força de uma regulação estável e coerente no tempo e no espaço.[2076]

Não se pode transcurar, no plano da pluralidade de fontes, que há ordenamentos jurídicos marcados pelo fenômeno da inflação legislativa, qual verdadeira fábrica de leis, em escala industrial: o cipoal de atos normativos, com *deficit* de qualidade, contribui, sobremodo, para gerar incerteza e insegurança jurídicas. Aliás, não seria despropositado dizer que a inflação de leis, que nem sempre têm conteúdo normativo, implica seu próprio desprestígio e provoca erosão em sua autoridade.[2077] O fenômeno do *big bang* das leis, porém, não é apanágio da realidade brasileira (*v. g.*, nos Estados Unidos se fala de *"orgy of statute making"*,[2078] orgia legiferante, poluição legislativa, hipertrofia normativa). A certeza do direito, em termos absolutos, é um escopo praticamente irrealizável, inalcançável. A pretensão de prever infalivelmente as consequências jurídicas de determinado processo traz à tona posições antiformalistas a propósito da interpretação do direito. De fato, se as normas, de juiz para juiz, não são interpretáveis univocamente, não se afigura possível prever, com exatidão, a sua concreta aplicação no caso particular, tampouco pode se revelar homogênea a valoração do fato e do resultado das provas de um processo para outro.

Por assim ser, a certeza do direito pensada como previsibilidade milimétrica e infalível da decisão jurídica é pouco mais que um mito, como tantos outros que passeiam fagueiros pelo mundo jurídico. Em termos de previsão do processo decisório judicial, a variável mais ampla e difusa, dentre tantas outras, é aquela do ambiente político, ao passo que as variáveis culturais determinam o âmbito de variação dos fatores tocantes às características pessoais dos juízes.[2079] O ceticismo em relação à realização da absoluta certeza do direito[2080] encoraja a abandonar esta hipótese de trabalho, legada pelo iluminismo jurídico, para pensar em outra dissociada de uma concepção de certeza como previsibilidade geométrica, infalível e mecanicista. O primeiro passo, ao invés, é se admitir certo coeficiente de previsibilidade do direito, no tocante à possibilidade de antecipar, com certa dose de segurança, as consequências que o direito atribui a certas ações individuais ou a fatos determinados.

Dito de outra maneira, há alguns índices com base nos quais se pode expressar um juízo intersubjetivamente válido sobre o grau de certeza da lei, cuja pretensão

---

[2076] GIANFORMAGGIO, Letizia. Certezza del diritto. *In: Studi sulla giustificazione giuridica*. Torino: Giappichelli, 1986, p. 157-169, esp. p. 158-161.

[2077] GARAPON, Antoine. *O juiz e a democracia*: o guardião das promessas. Tradução Maria Luiza de Carvalho. Rio de Janeiro: Editora Revan, 1999, p. 40.

[2078] GILMORE, Grant. *The ages of american law*. New Haven, Yale University Press, 1977. Vide, também, CALABRESI, Guido. *A common law for the age of statutes*. Cambridge: Harvard University Press, 1982, at 1; STEYN, Johan. Dynamic interpretation amidst an orgy of statutes. *Ottawa Law Review – Revue de Droit D'Ottawa*, 35:2, p. 163-177, 2003, esp. p. 164.

[2079] TREVES, Renato. *Introduzione alla sociologia del diritto*. Torino: Giulio Einaudi, 2. ed. 1980, p. 256.

[2080] No tocante à posição cética em matéria de certeza do direito, vide FRANK, Jerome. *Law and the modern mind*. New Brunswick: Transaction Publishers, 2009 [1930], p. 14-23.

descansa na previsibilidade generalizada das consequências jurídicas de ações ou de fatos. A certeza jurídica, por exemplo, diante da inevitável pluralidade de significados e alcances das disposições normativas, lança o desafio de se buscar garantir, na prática, o máximo grau possível de previsibilidade e de calculabilidade do direito, em sua aplicação concreta.[2081] Assim, a certeza do direito somente poderia ser assegurada sob o pressuposto de todos os juízes convocados a interpretar uma norma, o fizessem do mesmo modo. O problema é que os juízes não compartilham os mesmos valores e, por isso mesmo, a interpretação desborda da homogeneidade.[2082] Nessa formulação, não se divisa um compromisso de certeza pensada, utopicamente, como previsibilidade exata, infalível, mecânica[2083] de todas as consequências jurídicas de atos ou de fatos. O problema, para alguns, se configura em termos de alternativas absolutas e se expressa na fórmula do tudo ou nada: ou existe certeza concreta do direito ou não existe tal certeza. É a caracterização do dualismo certeza/incerteza do direito. Todavia, a solução está em uma espécie de parametrização. A não ser assim, estar-se-ia diante de uma ilusão de ótica de certeza do direito em sua concretude.

De mais a mais, não se pode desconhecer, nesse quadro, a chamada função nomofilácica dos Tribunais Superiores, que consiste na enunciação de uma prescrição jurídica ou de um princípio de direito, visando tutelar a juridicidade. Realizam, em perspectiva objetiva, a integridade do ordenamento jurídico, de par a assegurar a uniformidade da aplicação do direito federal constitucional e infraconstitucional em todo o território nacional, na busca de uma racional uniformização da jurisprudência futura. Contudo, não seria despropositado pensar, em solo brasileiro, que o recurso extraordinário e o recurso especial também têm por escopo tutelar direitos subjetivos das partes e de terceiros prejudicados.

O livre e concreto exercício do direito de ação tem como condição essencial a existência e a vigência de um ordenamento jurídico.[2084] Em sede de segurança jurídica, não se revela possível prever infalivelmente as consequências de atos ou de fatos, mas a realizabilidade de algum grau de certeza é admitida. Noutros termos, a certeza do

---

[2081] GOMETZ, Gianmarco. Indici di certezza del diritto. *Diritto & questioni pubbliche*, Palermo, n. 12, p. 308-343, 2012, esp. p. 328-329: "Resta, ovviamente, il problema di come determinare il grado in cui la certezza-prevedibilità risulta effettivamente realizzata, elaborando una sorta di misura della certezza. Ebbene, a mio parere si possono proporre non una ma due distinte misure della certezza intesa come possibilità diffusa di prevedere le conseguenze giuridiche di atti o fatti. Possiamo infatti parametrare la certezza alla sua maggiore o minore diffusione presso una certa classe di individui, nonché alla maggiore o minore attendibilità, accuratezza e lungimiranza delle previsioni circa le conseguenze giuridiche degli atti o fatti che gli individui stessi considerano. Si avranno così: 1) una dimensione "orizzontale", che dà conto della diffusione della certezza entro la classe di previsori considerata; 2) una dimensione "verticale", che dà il segno della capacità predittiva degli individui compresi in questa classe, capacità evinta a sua volta da: a. l'attendibilità delle previsioni; b. l'accuratezza (specificità) delle previsioni; c. la lungimiranza delle previsioni di successo".

[2082] BOBBIO, Norberto. Quale giustizia o quale politica. *Il Ponte*, v. II, anno 27, 1971, p. 1.439.

[2083] BENVENUTI, F. Caso e incertezza del diritto, in *Scritti in onore di M. S. Giannini*, II, Milano, Giuffrè, 1988, p. 29-46.

[2084] MONTELEONE, Girolamo. Riflessioni sull'obbligo di motivare le sentenze (Motivazione e certezza del diritto). *Il giusto processo civile*, Bari, anno 8, n. 1, 2013, p. 1-19, esp. p. 15-16: "Questo diritto, ovunque esista e possa essere liberamente esercitato, presuppone l'esistenza e la vigenza di un ordinamento giuridico essendo il processo giurisdizionale la sua massima e concreta manifestazione anche nell'ipotesi, assurda ed irreale, dell'imprevedibilità assoluta del contenuto della sentenza: la sentenza può essere, ed è entro certi limiti, imprevedibile nel suo contenuto, ma l'azione, la giurisdizione ed il processo non lo sono, esistono e sono a disposizione dell'individuo. L'azione e la giurisdizione, dunque, sono in definitiva il vero e più sicuro presidio della certezza del diritto".

direito não é completa e infalivelmente realizável, embora tal não implique renúncia à ideia básica de que o direito deva tender à certeza. Nesse quadrante, as decisões judiciais mostram-se previsíveis se e quando não golpeadas pela arbitrariedade, mas controláveis à luz de critérios racionais e intersubjetivamente válidos.

Significa dizer que a noção de certeza do direito (assente na previsibilidade do conteúdo das decisões jurídicas) se reconecta com a possibilidade de controle sobre a decisão judicial, endo e extraprocessualmente. É dizer: a certeza do direito equivale à controlabilidade da decisão jurídica.[2085] Semelhante controlabilidade é consentida pela exigência de motivação jurídica e pública do julgado, mediante exteriorização de razões que possam, racional e validamente, justificá-lo. Por tal via, substancialmente, as fisiológicas incertezas interpretativas são eliminadas ou, pelo menos, gradualmente mitigadas, pelo trabalho constante dos juízes e da doutrina especializada. Trata-se de contribuição assaz significativa de cuidadosa clarificação e de explicitação do ordenamento jurídico[2086] e espaço físico de afirmação da certeza do direito. Aliás, às cortes superiores, por mais elevadas que sejam, aplica-se a exigência de justificação pública de seus julgados, com a finalidade de se salvaguardar a certeza do direito, que é caráter constitutivo do ordenamento jurídico.[2087] A justificação, que deve satisfazer ao mesmo tempo critérios de certeza jurídica e de aceitabilidade racional, reveste-se de essencialidade para garantir, ao fim e ao cabo, a legitimidade da decisão judicial.[2088]

As teses jurídicas oriundas desse labor interpretativo não ficam estratificadas, mas podem (ou melhor: devem) ser modificadas, mediante justificação específica, para assegurar consistência sistêmica ou acompanhar a evolução social, quando o precedente judicial deixar de corresponder aos padrões da sociedade. Contudo, é de rigor que se garantam os princípios da segurança jurídica, da proteção da confiança legítima, da boa-fé e da isonomia na eventual modificação interpretativa jurisprudencial (*v. g.*, abandono ao precedente judicial), como expressão de critérios gerais, a exigir motivação jurídica adequada e específica.[2089] A superação de jurisprudência consolidada, nos Tribunais Superiores, para conferir nova regulação a determinada situação jurídica, atrai, ao ângulo argumentativo, forte ônus justificativo.

[2085] GIANFORMAGGIO, Letizia, *op. cit.*, p. 164-166.

[2086] MONTELEONE, Girolamo, *op. cit.*, p. 16: "Pertanto, la necessità della motivazione non è solo contingente frutto di un particolare assetto costituzionale dello Stato, di una visione più o meno ideologica dello stesso, ma corrisponde ad un carattere intrinseco dell'ordinamento giuridico".

[2087] MONTELEONE, Girolamo, *op. cit.*, p. 17: "Si comprende, allora, perché debbano essere motivate le sentenze, che provenendo dai massimi organi giurisdizionali non sono impugnabili. Come detto, non si tratta solo di soddisfare un interesse delle parti, ma ancor più di assicurare la certezza del diritto che è carattere costitutivo indefettibile dell'ordinamento giuridico. Anzi, per tale categoria di sentenze la motivazione è ancora più importante, perché emergono allo stato puro la sua essenziale funzione e la sua vera origine indipendentemente da qualsiasi considerazione particolare: essa, proprio perché promana dai massimi organi giurisdizionali, fa "diritto" più delle altre creando un precedente autorevole in funzione della risoluzione di casi futuri: ciò in cui consiste il proprium della certezza del diritto".

[2088] PASTORE, Baldassare. *Decisioni e controlli tra potere e ragione*: materiali per un corso di filosofia del diritto. Torino: G. Giappichelli, 2013, p. 20.

[2089] Código de Processo Civil brasileiro, art. 927, §4.: "A modificação de enunciado de súmula, de jurisprudência pacificada ou de tese adotada em julgamento de casos repetitivos observará a necessidade de fundamentação adequada e específica, considerando os princípios da segurança jurídica, da proteção da confiança e da isonomia". Vide, no ponto, MARINONI, Luiz Guilherme. *In*: WAMBIER, Teresa Arruda Alvim *et al.* (Coord.). *Breves comentários ao Novo Código de processo civil*. São Paulo: Revista dos Tribunais, 2015, p. 2.072-2.083. esp. p. 2.079-2.080; MORBIDELLI, Giuseppe *et al.*, *op. cit.*, p. 32.

O juiz deve demonstrar que o decisório não é fruto de arbitrariedade, autoritarismo, nem resulta de escolhas aleatórias, mas, isto sim, que está embasado no resultado das provas representadas nos autos do processo, nos conceitos jurídicos, no direito vigente e/ou nos precedentes judiciais obrigatórios. As escolhas discricionárias do juiz realçam seu dever de justificação reforçada, como quando na concretização dos "conceitos jurídicos indeterminados", cujas normas carregam uma única indeterminação (no pressuposto de incidência da norma, mas não em sua consequência jurídica, que é definida), e das cláusulas gerais, cujas normas transportam uma dupla indeterminação (no pressuposto de incidência da norma e em sua consequência jurídica). A respectiva concretização judicial, ante a abertura da hermenêutica, implica valorização da argumentação articulada pelo julgador.

Para além dos tradicionais perfis da motivação (*v. g.*, natureza técnico-instrumental, interligada com impugnações; garantia das partes; imperativo de legitimidade do exercício da função jurisdicional, controle democrático e difuso; garantia do garantismo processual,[2090] no sentido de caracterizar coeficiente de efetividade de todas as demais garantias fundamentais inerentes ao concreto exercício da jurisdição e ao processo justo), irrompe a imbricação entre motivação do julgado, ordenamento jurídico e desafios de certeza do direito, não como na utopia do iluminismo jurídico, consagrada formalmente em norma escrita, geral e abstrata, mas, principalmente, como imperativo ético: aquela certeza hospedada na eticidade do Direito, a cuja luz se aquece a constituição do mundo social.[2091]

A essencialidade da motivação jurídica da decisão judicial, com base em argumentação racional, produz maior grau de legitimação da função jurisdicional. Ao argumentar suas decisões, os juízes cumprem uma necessidade política: justificar o exercício do poder que o povo lhes outorgou. É dizer: a motivação desempenha, no desígnio de transparência, a elevada finalidade de justificação do *quomodo* do exercício do poder pelos magistrados. Emerge, assim, sua função extraprocessual, política e garantística de permitir, em um corredor de comunicação, a possibilidade de controlabilidade difusa e democrática pela sociedade, expressada na opinião pública, entendida seja no seu complexo, seja como opinião do *quisquis de populo*, sobre a validade dos critérios de escolha ou de valoração usados pelo juiz em sua decisão.

Sob outro prisma, a atividade do juiz, como atuação de órgão autônomo e independente, subordinado à fiel aplicação da lei, é considerada por muitos atividade de cariz técnico e, assim, apolítica, como pressuposto de sua independência, imparcialidade e deontologia profissional.[2092] Contudo, na mitologia que permeia o mundo jurídico avulta o mito da apoliticidade do juiz, porquanto, sendo o Judiciário um Poder, não é crível que possa haver um Poder apolítico dentro do Estado Constitucional e Democrático de Direito.[2093] Seria como aceitar primavera sem flor ou mar sem horizonte. A função judicial, por excelência, consiste em fazer escolhas de índole política no panorama de

---

[2090] CONTE, Francesco. *Sobre a motivação da sentença no processo civil*: Estado constitucional democrático de direito, discurso justificativo e legitimação do exercício da jurisdição. 1. ed. Rio de Janeiro: Gramma, 2016, p. 29, 36, 120, 122, 133, 136, 152, 168, 183, 213, 255, 260, 307, 318, 423, 424, 450, 457, 735, 768, 779, 782, 826-827 (nota nº 2.284), 828, 898, 906, 924, 945 e 950.

[2091] LÓPEZ DE OÑATE, Flavio. *Compendio di filosofia del diritto*. Milano: Giuffrè, 1955, p. 147.

[2092] RUIZ PÉREZ, Joaquín S. *Juez y sociedad*. Bogotá: Temis, 1987, p. 166.

[2093] NALINI, José Renato. A função política da magistratura. *Lex*: *Jurisprudência do Supremo Tribunal Federal*, v. 21, n. 248, p. 5-11, ago. 1999, esp. p. 9.

uma normatividade oriunda, ela própria, de exercício político do Parlamento. O que está, em absoluto, interditado ao juiz brasileiro é a vivência político-partidária (Constituição Federal de 1988, art. 95, parágrafo único, III, e Lei Complementar nº 35, de 14.03.1979, que dispõe sobre a Lei Orgânica da Magistratura Nacional, art. 26, II, c). Por conseguinte, importa não confundir política, na candura helênica da palavra, e política partidária, que é consequência dela.[2094]

Com efeito, as concepções sobre o papel do juiz experimentaram, nos últimos tempos, transformações radicais: a figura burocrática, difundida pelo iluminismo jurídico, a partir da Revolução Francesa de 1789, de *"bouche qui prononce les paroles de la loi"*, de simples aplicador de normas fixadas pelo sistema político, cedeu o passo para a alvissareira imagem do juiz dotado de funções, nas sociedades modernas, de lídimo ator político.[2095]

Tem o sabor do óbvio que o legislador é impotente para regular os multifários aspectos da vida em uma sociedade marcadamente complexa e pluralista. Emergem de tal circunstância lacunas, além de antinomias, ambiguidades, incertezas semânticas dos vocábulos, obscuridade da legislação, excesso de disposições teleológicas, da vagueza dos princípios gerais, ab-rogações implícitas e o emprego, pelo legislador, de conceitos jurídicos indeterminados (*rectius*, termos indeterminados de conceitos jurídicos) e de cláusulas gerais no corpo de ordenamento jurídico positivo. Na realidade, a atuação interpretativa e aplicativa dos juízes, concernente aos direitos fundamentais, é fisiologicamente uma atividade que contém alta octanagem de politicidade.[2096] Tal a comportar uma transferência de poder do Parlamento, uma espécie de mandato aos órgãos incumbidos de aplicar a lei com as patologias já assinaladas.

Releva notar o opulento instrumento político colocado nas mãos dos juízes pelo Decreto-lei nº 4.657, de 04.9.1942, com a redação dada pela Lei nº 12.376/2010, art. 5º: "Na aplicação da lei, o juiz atenderá aos fins sociais a que ela se dirige e às exigências do bem comum". Vide, no ponto, o Código de Processo Civil brasileiro, art. 8º, primeira parte: "Ao aplicar o ordenamento jurídico, o juiz atenderá aos fins sociais e às exigências do bem comum, resguardando e promovendo a dignidade da pessoa humana e observando a proporcionalidade, a razoabilidade, a legalidade, a publicidade e a eficiência". Nessa esteira, o juiz poderá se orientar por sua filosofia social na identificação das vindicações do bem comum, a denotar evidente política legislativa.

A indeterminação de algumas normas constitucionais e infraconstitucionais e a constante mutação das situações sociais produzem novos problemas concernentes à escolha de valores e às suas atuações empíricas por meio do Direito. Desenganadamente, a sociedade em contínua transformação implica a concreta administração da Justiça. Uma sociedade em rápida metamorfose, como a brasileira, representa, em meio a outras especificidades, uma redefinição das relações entre cidadão e Justiça, e vice-versa. Não por acaso, isto consente que juiz e lei sejam argumentos centrais de debate crítico e de conflito. Atualmente, a magistratura pode assumir importante papel político na crise institucional da sociedade brasileira.

[2094] BALEEIRO, Aliomar. A função política do Judiciário. *Revista Forense*, Rio de Janeiro, n. 238, p. 5-14, 1972, esp. p. 5.

[2095] GOMES FILHO, Antonio Magalhães, *op. cit.*, p. 11.

[2096] GUSMAI, Antonio. Il giudice, il legislatore e l'opinione pubblica: appunti sulla razionalità sociale dell'ordinamento costituzionale. *Forum di Quaderni Costituzionali*, 2016, p. 1-25, esp. p. 3, 4, 15.

Há fatores políticos que determinam as decisões judiciais, como a tendência liberal ou a contraposta conservadora dos juízes, sendo certo que o liberalismo e o conservadorismo são de caráter político, econômico ou social.[2097] Assim como o sistema de valores de cada juiz é condicionado, por exemplo, pelo ambiente familiar em que cresceu, educação recebida, estudos realizados, meio cultural, experiência judicante, e por aí vai.[2098] Ao ângulo sociológico,[2099] está na ordem do dia o problema medular da estratificação social dos juízes e de suas relações com a política ou, melhor, com o poder político.[2100] O problema do recrutamento dos juízes, sob a ótica organizativa, é pensado como uma atividade de tipo administrativo que indiretamente pode provocar disfunções no aparato judiciário.[2101]

Tudo a ensejar espaços mais dilatados de atuação do juiz, de sua criatividade interpretativa, tornando-se, não raro, condômino no processo de "criação" jurisprudencial do Direito. De fato, da lei escrita não se afigura possível ordenhar soluções expressas e uníssonas para todas as eventualidades concebíveis no mundo da vida. Antes, pelo contrário, descortinam-se para o juiz situações nas quais a solução da lide reclama dele, na qualidade de exegeta-aplicador por excelência, integração e colmatação de lacunas, iluminação de obscuridades e eliminação de antinomias legislativas. A expansão do papel do juiz e o fermento tendente ao seu atual protagonismo político derivam, também, da crescente complexidade da vida social e de suas relações em nossa contemporaneidade. Tais características fomentam a necessidade de acesso à justiça e de tutela adequada, efetiva e justa, seja em nível de conflito jurídico individual, seja naquele coletivo, a exigir a prolação de decisão judicial envolvendo camadas expressivas da população (*v. g.*, questões ambientais, consumeristas)

Há uma falsa contraposição entre processo (interpretação) e democracia (constituição, legislação).[2102] O Poder Judiciário brasileiro, embora seus membros não sejam eleitos democraticamente pelo povo, desempenha, estreme de dúvida, um poder político, inclusive o de invalidar leis e/ou atos normativos provenientes da atuação de representantes do Legislativo ou do Executivo ungidos pelo sufrágio popular. Tal fenômeno recebe a designação de caráter contramajoritário do Judiciário. Porém, a ordem

---

[2097] Para uma visão panorâmica do tema, vide SCHUBERT, G. *The judicial mind*: the attitudes and ideologies of Supreme Court Justices, 1946-1963, Easton, North Western University Press, 1965.

[2098] TREVES, Renato. *Giustizia e giudici nella società italiana, op. cit.*, p. 255-256.

[2099] Para um aceno geral, vide PAGANI, Angelo. *La professione del giudice*: Ricerca sull'immagine della professione nei giudici a Milano. Milano: Istituto Editoriale Cisalpino, 1969.

[2100] No tocante à estratificação social dos juízes espanhóis, mais da metade são oriundos de um ambiente constituído de pessoas que exercitam profissões jurídicas. Vide, entre outros aspectos, TOHARIA, José-Juan. *El juez español, un analisis sociológico.* Madrid: Tecnos. 1975, especialmente Capítulo III, X. Na Itália, vide TREVES, Renato. *Giustizia e giudici nella società italiana, op. cit.* No tocante ao perfil socioeconômico da magistratura brasileira, vide VIANNA, Luiz Werneck; CARVALHO, Maria Alice Rezende; BURGOS, Marcelo Baumann. *Quem somos: a magistratura que queremos.* Associação dos Magistrados Brasileiros – AMB. Rio de Janeiro, 2018. Disponível em: http://www.amb.com.br/pesquisa-da-amb-revela-pensamento-da-magistratura-brasileira/. Acesso em: 05 mar. 2019, p. 236-310.

[2101] DI FEDERICO, Giuseppe. *Il reclutamento dei magistrati.* Bari: Laterza, 1968.

[2102] ASCARELLI, Tulio. Processo e democrazia. *Rivista Trimestrale di Diritto e Procedura Civile*, Milano, anno XII, p. 844-860, 1958, esp. p. 859: "Ma legiferazione e interpretazione, pur nella loro contrapposizione, sono momenti diversi e successivi di una stessa esperienza. Il dialogo democratico della prima trova così riscontro nel contraddittorio processuale; la pubblicità del dibattito politico nella pubblicità del dibattito processuale; la motivazione della sentenza torna a richiamarsi a quella necessità che ogni particolare azione si giustifichi come norma, necessitá alla quale si riporta il sitema democratico quando affida al dialogo il superamento di contrastanti posizioni".

jurídico-constitucional deve proteger valores e direitos fundamentais, para além do princípio majoritário, conquanto na contramão de uma contingente maioria parlamentar de plantão, apostada em arranjos ocasionais.[2103] Em reverso, quando a controvérsia não tocar valores e direitos fundamentais, assim como a tutela de procedimentos democráticos, juízes e tribunais hão de reverenciar escolhas legítimas e valorações políticas operadas no âmbito do Parlamento e do Executivo.

De fato, não se reconhece indenidade aos atos ou decisões eminentemente políticos quando possam, por exemplo, vilipendiar direitos fundamentais.[2104] A doutrina das questões políticas, importada dos Estados Unidos, cuja realidade é bastante diferente daquela brasileira, poderia provocar-lhes, por isso mesmo, rarefeita eficácia aplicativa.[2105] A insindicabilidade pelo Judiciário de questões evidentemente políticas deve ceder o passo quando estiverem em jogo valores constitucionalmente protegidos (v. g., vida, dignidade da pessoa humana, liberdade, igualdade, segurança, justiça)[2106] e a preservação de procedimentos democráticos. Assim, as questões de natureza exclusivamente política, que se referem aos exercícios dos Poderes Legislativo e Executivo (*v. g.*, decretação de estado de sítio, intervenção federal, cassação de mandato parlamentar, *impeachment* de governantes, atos que envolvam Comissões Parlamentares de Inquérito), dentro das fronteiras demarcadas na Constituição, não escapam da cognição do Judiciário, como quando estiverem em jogo liberdades individuais.

Numa linha: o juízo discricionário que envolva determinada medida política não exibe, só por sê-la, a virtude de subtraí-la do controle jurisdicional, ante a vulneração de valores e de direitos fundamentais, por força da fórmula consagrada na Carta Constitucional de 1988 (art. 5º, XXXV), que considera de competência do Judiciário o exame de qualquer lesão ou ameaça a direito. De qualquer forma, mesmo nos Estados Unidos, a teoria das questões políticas tem perdido força. Este declínio põe em evidência a dimensão política do papel de juízes e tribunais, máxime aqueles de jurisdição constitucional.

Muito para dizer que o direito pode, aos olhos da política, ser concreta e responsável criação judicial. Trata-se do "direito vivo" ou direito concretamente aplicado, isto é, o direito historicamente operante na sociedade, mediado pela reflexão doutrinária

---

[2103] BARROSO, Luís Roberto. Judicialização, ativismo judicial e legitimidade democrática. Disponível em: http://www.ie.ufrj.br/intranet/ie/userintranet/hpp/arquivos/120320190516_BarrosoJudicializac807a771o.pdf. Acesso em: 30 mar. 2018, p. 10-12: "Os membros do Poder Judiciário – juízes, desembargadores e ministros – não são agentes públicos eleitos. Embora não tenham o batismo da vontade popular, magistrados e tribunais desempenham, inegavelmente, um poder político, inclusive o de invalidar atos dos outros dois Poderes. (...) Portanto, a jurisdição constitucional bem exercida é antes uma garantia para a democracia do que um risco. Impõe-se, todavia, uma observação final. A importância da Constituição – e do Judiciário como seu intérprete maior – não pode suprimir, por evidente, a política, o governo da maioria, nem o papel do Legislativo. A Constituição não pode ser ubíqua. Observados os valores e fins constitucionais, cabe à lei, votada pelo parlamento e sancionada pelo Presidente, fazer as escolhas entre as diferentes visões alternativas que caracterizam as sociedades pluralistas. Por essa razão, o STF deve ser deferente para com as deliberações do Congresso. Com exceção do que seja essencial para preservar a democracia e os direitos fundamentais, em relação a tudo mais os protagonistas da vida política devem ser os que têm votos".

[2104] MENDES, Gilmar Ferreira. *Direitos fundamentais e controle de constitucionalidade*: estudos de direito constitucional. 4. ed. rev. e ampl. São Paulo: Saraiva, 2012, p. 232.

[2105] BALEEIRO, Aliomar, *op. cit.*, p. 14.

[2106] Código Ibero-Americano de Ética Judicial, art. 31: "O conhecimento e a capacitação dos juízes adquire uma intensidade especial que se relaciona com as matérias, as técnicas e as atitudes que levem à máxima protecção dos direitos humanos e ao desenvolvimento dos valores constitucionais".

e pelo engenho jurisprudencial.[2107] Há diversos casos em que o Judiciário brasileiro conhece e julga questões eminentemente políticas, mas com fundamentos jurídicos e metajurídicos racionalmente válidos e controláveis, endo e extraprocessualmente, como quando, no quadro eleitoral, aflorou o problema da fidelidade partidária (Constituição Federal, art. 17, §1º), ou a nova interpretação ao princípio constitucional da presunção de inocência (Constituição Federal, art. 5º, LVII).

Demais disso, o caráter político da atuação do juiz mais se agiganta quando se tem em linha de consideração a concreta realização dos direito fundamentais individuais e coletivos (*v. g.*, vida, liberdade, igualdade, segurança, justiça), bem como as crescentes funções de controle dos demais Poderes Públicos, tanto em relação ao Legislativo (*v. g.*, análise da constitucionalidade das leis, no campo concreto e difuso e na esfera abstrata e concentrada), quanto ao Executivo (*v. g.*, verificação da legalidade, impessoalidade, moralidade e eficiência dos atos da Administração). Tudo a nutrir o fenômeno global da "jurisdicionalização da política", abrindo espaço para uma perspectiva interdisciplinar do fenômeno jurídico (*v. g.*, em suas relações com a psicanálise, psicologia, política, sociologia, filosofia, economia).

Na vida pública, depara-se a expansão do papel dos juízes, os quais são portadores de valores coletivos, e, por isso, podem concorrer com a produção normativa, influenciando não apenas em sentido técnico, mas, também, politicamente o legislador. O necessário equilíbrio entre os Poderes[2108] não significa que à magistratura esteja interditada a possibilidade de realizar uma verdadeira e própria revolução, como quando, na Itália e no Brasil, as investigações e condenações revelaram, na vida pública, uma extensa e profunda corrupção política. Isto não se confunde, também, com as contaminações político-partidárias da magistratura, as quais, ao invés, equivaleriam ao fim de sua independência e imparcialidade e, com isso, das garantias que lhe cumpre escrupulosamente assegurar.

Como é bem de ver, a noção de administração da Justiça como função neutra é desmentida por sua própria concepção como uma instância de natureza eminentemente política,[2109] norteada pelo documento constitucional e comprometida com os traços

---

[2107] MORBIDELLI, Giuseppe *et al.*, *op. cit.*, p. 36, com extensa referência bibliográfica.

[2108] MORBIDELLI, Giuseppe *et al.*, *op. cit.*, p. 32-33: "Come ebbe a scrivere Maranini, è una 'componente biologica' della attività giurisdizionale la visione politica e la libertà di coscienza del giudice. Ma questo è anche il limite: il giudice dunque deve essere e mantenersi assolutamente libero e le leggi devono aiutarlo a difendere la sua libertà. Non si può parlare, pertanto, di politica dei giudici, e, tantomeno, di indirizzo politico dei giudici se non nel senso di indirizzo politico dei singoli giudici nascente dalla piena autonomia della loro coscienza".

[2109] MOUNIER, Emmanuel. Y a-t-il une justice politique? *Revue Esprit* (Paris, ano XV), agost. 1947, p. 212-238. Vide, também, SANTOS, Boaventura de Souza. Introdução à sociologia da administração da justiça. *Revista de Processo*, São Paulo, ano 10, n. 37, jan./mar. 1985, p. 121-139, esp. p. 129-130: "Uma tal concepção dos tribunais teve duas consequências muito importantes. Por um lado, colocou os juízes no centro do campo analítico. Os seus comportamentos, as decisões por eles proferidas e as motivações delas constantes passaram a ser uma variável dependente cuja aplicação se procurou nas correlações com variáveis independentes, fossem elas a origem de classe, a formação profissional, a idade ou sobretudo a ideologia política e social dos juízes. A segunda consequência consistiu em desmentir por completo a ideia convencional da administração da justiça como uma função neutra protagonizada por um juiz apostado apenas em fazer justiça acima e equidistante dos interesses das partes. São conhecidos os estudos de Nagel, Schubert, Ulmer, Grossman e outros nos EUA, de Richter e Dahrendorf na Alemanha, de Pagani, Di Federico e Moriondo na Itália e de Toharia na Espanha. Nos EUA os estudos iniciais centraram-se no Supremo Tribunal de Justiça. A título de exemplo, Schubert, distinguindo entre juízes liberais e conservadores, correlacionou as suas ideologias políticas com as suas posições nos relatórios e declarações de voto nas sentenças em vários domínios do comércio jurídico desde as relações econômicas até aos direitos cívicos e obteve índices elevados de co-variação. Outros estudos incidindo

características do constitucionalismo contemporâneo: (i) dignidade da pessoa humana, (ii) concretização dos direitos fundamentais, (iii) efetividade dos preceitos constitucionais e (iv) realidade social. De fato, a crítica à neutralidade do juiz foi anabolizada pela politicidade tanto do Judiciário, pois os magistrados exercem o poder político do Estado (não sendo meros funcionários especiais), quanto do próprio processo judicial.[2110] Dizer que o juiz é agente de Poder, integrante do sistema de autoridade no quadro do Estado, é dizer que ele participa efetivamente do processo de decisão política. Tal concepção do Poder Judiciário, sem *contradictio in adiecto*, como instância política tem o condão de facilitar, sobremodo, o conhecimento das inclinações ideológicas dos juízes, até então encobertas pelo véu da pretensa neutralidade. Tais considerações sugerem uma revisão radical da metáfora da apoliticidade da função judicial.

Não vale objetar o caráter político do processo, enquanto elemento essencial do direito, da função jurisdicional e do juiz ao argumento de que o papel do Judiciário seria simplesmente interpretativo. E não vale, de vez que semelhante visão despreza uma realidade que é palmar e entra pelos olhos: a atividade criadora do juiz.[2111] Não é este o momento para se discutir a conveniência ou não de os juízes criarem (direito jurisprudencial), mas, de todo modo, é este fenômeno que realmente ocorre. Ademais, não há nada mais precioso para o processo senão o princípio político da participação democrática e isonômica das partes em suas estruturas dialéticas e ao longo de todo o seu *iter* procedimental.

A modificação do perfil sociocultural da magistratura,[2112] como bem se compreende, está em fazer do exercício da função jurisdicional instrumento de conhecimento de fatos de maior ressonância política e social. Daí a inata tendência do juiz ao protagonismo político como um dos aspectos de mutação da atitude cultural, pois, enquanto homem sociável, o magistrado é naturalmente um animal político.[2113] De fato, ao contrário do que à primeira vista se possa pensar, não é intrínseca ao exercício da jurisdição a ausência de opinião política.[2114]

As grandes decisões constitucionais da Suprema Corte americana, que se contam às centenas, são inevitavelmente de vocabulário político.[2115] Autorizada doutrina faz

---

sobre as decisões dos tribunais de primeira Instância, tanto nos domínios penal como no civil, mostraram em que medida as características sociais, políticas, familiares, econômicas e religiosas dos magistrados influenciaram a sua definição da situação e dos interesses em jogo no processo e consequentemente o sentido da decisão".

[2110] PORTANOVA, Rui. *Motivações ideológicas da sentença*. 4. ed. rev. ampl. Porto Alegre: Livraria do Advogado, 2000, p. 73-74.

[2111] PORTANOVA, Rui. *Princípios do processo civil*. 7. ed. Porto Alegre: Livraria do Advogado Editora, 2008, p. 32.

[2112] Sobre as relações entre estrutura judiciária e ideologia da magistratura, vide MORIONDO, Ezio. L'*ideologia della magistratura italiana*. Bari: Laterza, 1967, p. 265.

[2113] ARISTÓTELES. *A política*. (Série Filosofar). Tradução Nestor Silveira Chaves. São Paulo: Escola Educacional, 2006, p. 12-13.

[2114] DENTI, Vittorio. *Sistemi e riformi*: studi sulla giustizia civile. Bologna: Mulino, 1999, p. 197.

[2115] GREENE, Abner S. Can we be legal positivists without being constitutional positivists? *Fordham Law Review*, v. 73, p. 1.401-1.414, 2005, esp. p. 1.410: "In other words, interpretation is, in the end, irreducibly current-the interpreter has to make a final judgment call about how best to read the text or practice in question, and deferring to other sources of authority, past or present, is always a mask for sub rosa normative determinations by the interpreter. In our constitutional culture, this is an easy argument to make. Our Constitution's preamble, quoted earlier, is expansive and aspirational. Our Constitution's text, at many key points, invokes broad morally laden language, crying out for explicitly normative argumentation at every turn. And the history of our adjudicated Constitution, fairly understood, involves the Supreme Court debating complex questions of political morality, with lip service to fitting its outcomes to extant sources of authority. When the Court has advanced the ball regarding free speech, equal protection, and the like, it has fleshed out the great goals of the

a distinção entre argumentos de princípios políticos, referenciados aos direitos políticos de cidadãos individuais, e argumentos de procedimento político, em cuja esfera a decisão haveria de promover o bem-comum ou o interesse público, afigurando-se idônea na primeira (argumentos de princípio político) e inidônea na segunda hipótese (argumentos de procedimento político).[2116] As diferenças na cultura jurídica tornam um país mais receptivo a decisões judiciais políticas do que outros, ainda que da mesma família (*v. g.*, Grã-Bretanha e Estados Unidos).[2117]

Força é convir que, no ordenamento jurídico-constitucional brasileiro, um dos aspectos mais eloquentes da politicidade da função judicial está incrustado no controle de constitucionalidade de leis e de atos normativos federais, estaduais e municipais, por meio de ações diretas e de representações por inconstitucionalidade. De fato, tal controle é essencialmente político e configura uma decisão igualmente política, ao se impor aos demais poderes estatais.[2118] Além disso, há um feixe de ações com dignidade constitucional que tonificam a musculatura política do magistrado, tais como: ação popular, mandado de segurança coletivo, mandado de injunção, ação direta de constitucionalidade, ação de inconstitucionalidade por omissão, ação de descumprimento de preceito fundamental.

É útil passar em revista os dados estatísticos em relação a tais ações constitucionais perante o Supremo Tribunal Federal:

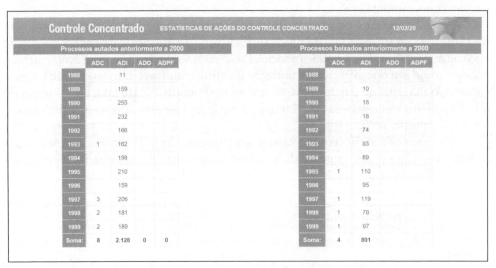

Controle Concentrado	ESTATÍSTICAS DE AÇÕES DO CONTROLE CONCENTRADO	12/02/20

Processos autados anteriormente a 2000

	ADC	ADI	ADO	ADPF
1988		11		
1989		159		
1990		255		
1991		232		
1992		166		
1993	1	162		
1994		198		
1995		210		
1996		159		
1997	3	206		
1998	2	181		
1999	2	189		
Soma:	8	2.128	0	0

Processos baixados anteriormente a 2000

	ADC	ADI	ADO	ADPF
1988				
1989		10		
1990		18		
1991		18		
1992		74		
1993		93		
1994		89		
1995	1	110		
1996		95		
1997	1	119		
1998	1	78		
1999	1	97		
Soma:	4	801		

---

preamble and the capacious rights provisions, developing a more sophisticated and progressive conception of political morality. Our adjudicated Constitution has-sometimes by taking two steps forward and one step back-been all about ensuring that our opentextured written Constitution be aligned with the demands of political justice. That we have not yet reached the full demands of political justice cannot overcome the strides we have taken in that direction".

[2116] DWORKIN, Ronald. *Uma questão de princípio*. (Biblioteca Jurídica WMF). 2. ed. São Paulo: WMF Martins Fontes, 2005, p. 6.

[2117] DWORKIN, Ronald, *op. cit.*, p. 37-39.

[2118] LOEWENSTEIN, Karl. *Teoria de la constitución*. 2. ed. esp. Tradución y estudio sobre la obra por Alfredo Gallego Anabitarte. Barcelona: Editorial Ariel, 1976, p. 309.

Processos autuados a partir de 2000

Total de processos: 4.870 — Lista de Processos Autuados / Lista de Processos Distribuídos

	ADC	ADI	ADO	ADPF
2.000		253		10
2.001	1	210		16
2.002		206		10
2.003		308		10
2.004	1	277		16
2.005	1	265		24
2.006	3	195		20
2.007	5	159		21
2.008	2	178	5	32
2.009	4	177	3	44
2.010	3	152	3	18
2.011	4	163	6	20
2.012		180	3	25
2.013		189	4	34
2.014	2	112	3	15
2.015	6	230	7	48
2.016	6	194	1	59
2.017	6	237	9	68
2.018	8	178	5	54
2.019	7	241	4	82
2.020	1	17		10
Soma:	60	4.121	53	636

Processos autuados a partir de 2000

Ano	Valor
2.000	263
2.001	227
2.002	216
2.003	318
2.004	294
2.005	290
2.006	218
2.007	185
2.008	217
2.009	228
2.010	176
2.011	193
2.012	208
2.013	227
2.014	132
2.015	291
2.016	260
2.017	320
2.018	245
2.019	334
2.020	28

Processos baixados a partir de 2000

Total de processos: 4.133 — Lista de Processos

	ADC	ADI	ADO	ADPF
2.000		86		1
2.001		188		3
2.002		311		11
2.003	1	249		4
2.004	3	211		7
2.005		217		10
2.006		224		13
2.007	3	240		15
2.008		146		11
2.009	1	116		14
2.010	3	120	2	14
2.011	2	122		14
2.012	2	77	4	8
2.013	1	75	2	14
2.014	3	198	1	18
2.015	1	139	4	27
2.016	2	100	3	21
2.017		185	2	42
2.018	7	267	5	37
2.019	4	425	5	73
2.020	1	14		4
Soma:	34	3.710	28	361

Processos baixados a partir de 2000

Ano	Valor
2.000	87
2.001	191
2.002	322
2.003	254
2.004	221
2.005	227
2.006	237
2.007	258
2.008	157
2.009	131
2.010	139
2.011	138
2.012	91
2.013	92
2.014	220
2.015	171
2.016	126
2.017	229
2.018	316
2.019	507
2.020	19

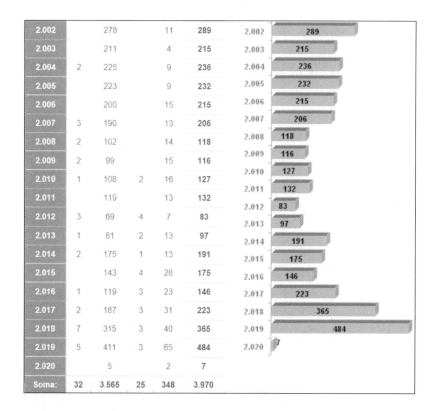

	ADC	ADI	ADO	ADPF	Total		Valor
2.002		278		11	289	2.002	289
2.003		211		4	215	2.003	215
2.004	2	225		9	236	2.004	236
2.005		223		9	232	2.005	232
2.006		200		15	215	2.006	215
2.007	3	190		13	206	2.007	206
2.008	2	102		14	118	2.008	118
2.009	2	99		15	116	2.009	116
2.010	1	108	2	16	127	2.010	127
2.011		119		13	132	2.011	132
2.012	3	69	4	7	83	2.012	83
2.013	1	81	2	13	97	2.013	97
2.014	2	175	1	13	191	2.014	191
2.015		143	4	28	175	2.015	175
2.016	1	119	3	23	146	2.016	146
2.017	2	187	3	31	223	2.017	223
2.018	7	315	3	40	365	2.018	365
2.019	5	411	3	65	484	2.019	484
2.020		5		2	7	2.020	7
Soma:	32	3.565	25	348	3.970		

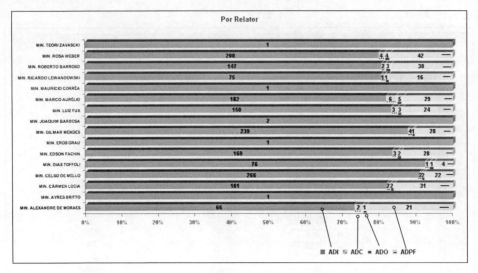

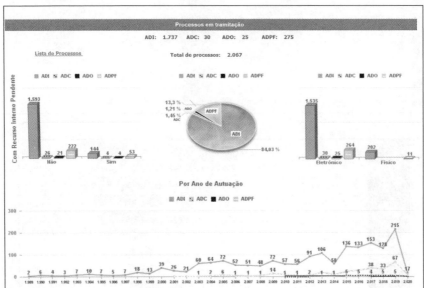

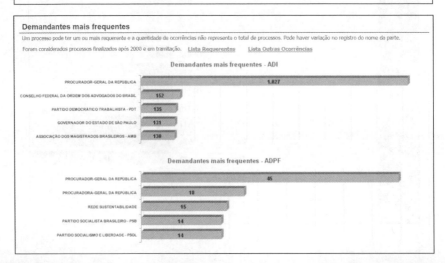

	2.000	2.001	2.002	2.003	2.004	2.005	2.006	2.007	2.008	2.009	2.010	2.011	2.012	2.013	2.014	2.015	2.016	2.017	2.018	2.019	2.020	Soma:
PROCEDENTE	10	40	60	77	43	51	64	74	30	22	29	48	8	13	65	31	31	45	104	140		986
PROVIDO	2			1		1	1						1						2			8
PROCEDENTE EM PARTE	3	6	17	11	20	11	12	14	5	7	15	16	7	3	18	18	10	12	31	42		278
NEGADO SEGUIMENTO	17	26	36	20	24	30	23	19	20	27	14	18	14	12	15	20	21	26	28	45	2	455
PREJUDICADO	23	97	93	35	84	69	47	44	29	22	23	22	39	28	40	31	32	37	70	86	2	953
IMPROCEDENTE	2		19	16	15	13	23	22	9	4	13	10	4	4	32	19	25	10	40	84		364
NÃO PROVIDO	4	6	3	14	2	1	9	3					1						4			47
NÃO CONHECIDO	15	29	21	4	11	28	13	6	13	16	5	6	3	12	9	28	11	23	31	39	2	325
EXTINTO O PROCESSO		2	2	1				1	11	16	27	10	5	24	11	24	14	63	52	45	1	309
HOMOLOGADA A DESISTÊNCIA		1		1				3	1	2	1	2			1	1	4	1	1			19
QUESTÃO DE ORDEM	5	3	11	1	2	1		3					1			3			1			31
OUTROS	2	20	27	34	35	27	23	17				1		1		1	1					188
Conhecida e julgado sem pronúncia de inconstitucionalidade																	1					1
Conhecido e provido																2		1				3
Decisão Referendada																	1					1
Conhecido e negado provimento																	2					2
Conhecido e provido em parte																	1					1
Soma:	83	230	289	215	236	232	215	206	118	116	127	132	83	97	191	175	146	223	365	484	7	3.970

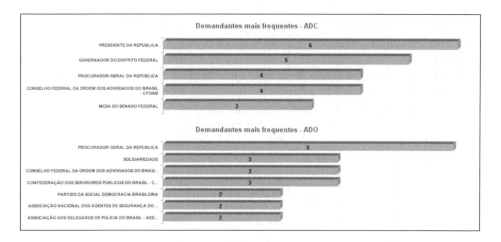

Fonte: Supremo Tribunal Federal. Disponível em: http://portal.stf.jus.br/textos/verTexto.asp?servico=estatistica. Acesso em: 10 fev. 2020.

O controle jurisdicional de constitucionalidade (judicialização do tipo *"from without"*) revela um dos traços mais significativos de atuação no mundo político, pois o Supremo Tribunal Federal brasileiro, no papel que a própria Constituição lhe asseriu (art. 102, I, "a" e "p"), pode invalidar legislação oriunda de poderes representativos. A declaração de inconstitucionalidade de leis e outros atos normativos, limitando o discricionarismo da política parlamentar e executiva, configura o mais opulento aspecto da função política do Judiciário, em países como Brasil e Estados Unidos. Como é cediço, semelhante atribuição dos Tribunais é fruto de percuciente construção pretoriana que remonta a 1802, da lavra do *Chief Justice* John Marshall, no silêncio da Constituição norte-americana, ao relatar o *leading case* Marbury *vs* Madison, na Corte Suprema (depositária, até o momento de hodierno, da mais colorida e intensa experiência da função política do Judiciário mundo afora).

Demais disso, há questões politicamente salientes que dividem a sociedade e, por isso mesmo, os juízes.[2119] Não se pretende fazer, aqui, uma apologia incondicionada à função política exercida pelos juízes; antes, põe-se em destaque um freio indispensável representado pelo dever de motivação-justificação das decisões judiciais. A politicidade da atividade não exime naturalmente o juiz da exigência constitucional e infraconstitucional de justificação jurídica de seus julgados, senão que a intensifica e robustece. Ademais, o poder do juiz não é exercido em nome próprio, mas sim em nome do povo soberano.[2120] O juiz é apenas delegatário desse poder. A não ser assim, haveria "apropriação indébita", com a nota de ilegitimidade do exercício do poder.

A *judicial review* americana, consistente na prerrogativa de império conferida ao Judiciário para operar sobre a constitucionalidade ou não da lei, é o local por excelência para que juízes constitucionais possam produzir decisões que reflitam suas inclinações ideológicas e políticas.[2121] Tal dimensão política do Judiciário, na qual está consagrado o controle judicial da constitucionalidade dos atos do Parlamento e do Governo, anaboliza sua independência.[2122] Entretanto, tais preferências pessoais dos juízes, além da exigência de justificação jurídica pública, mediante a articulação de argumentos racionalmente válidos, estão sujeitas, *a posteriori*, a controles institucionais, sociais e políticos. Não à toa, os juízes levam em conta outros fatores, para além de suas preferências ideológicas, como a opinião pública na ambiência em que operam, em busca de aceitação, credibilidade institucional e legitimidade tocante à unção da jurisprudência constitucional.

Não seria despropositado dizer que a jurisdição e o poder político, inobstante suas características essenciais, estruturas, funções e fundamentos de legitimidade, apresentam recíprocas fecundações e intensas relações.[2123] Com efeito, por exemplo, no Supremo Tribunal Federal brasileiro, em sua atuação como Corte Constitucional, a participação do magistrado reveste-se de maior importância, dado seu jaez político. É dizer: essa Justiça "extraordinária" tende a decidir questões de teor e alcance políticos em abundância quando contrastada com as instâncias cognominadas ordinárias.

A função do juiz constitucional, seja no campo do controle de constitucionalidade concentrado e abstrato, seja no difuso e concreto, seja mesmo na criação da chamada "súmula vinculante" brasileira, configura sempre uma atuação essencialmente política, entendida como um verdadeiro e próprio valor do espírito e atividade humana visualizada sob as lentes de sua inserção na esfera social. Exibe natureza híbrida: jurisdicional

---

[2119] No tocante aos "political salient cases", vide GROSSMAN, Joel B. e WELLS, Richard S. *Constitutional law and judicial policy making*. 2. ed. Nova Iorque: John Wiley & Sons Inc, 1980, p. 59: "These are the kinds of cases least likely to be decided unanimously. There is no a priori reason to expect... justices to be united on politically issues thad divide the country".

[2120] Constituição brasileira de 1988, art. 1º, parágrafo único, primeira parte: "Todo o poder emana do povo (...)". Constituição italiana de 1947, art. 101, §1º, da Constituição: "La giustizia è amministrata in nome del popolo"; ZPO alemã, §311: "Form der Urteilsverkündung (1) Das Urteil ergeht im Namen des Volkes".

[2121] CARVALHO, Ernani Rodrigues de. Em busca da judicialização da política no Brasil: apontamentos para uma nova abordagem. *Revista de Sociologia Política*, Curitiba, n. 23, p. 115-126, 2004, esp. p. 123: "A condição de elevada independência do juiz constitucional americano, aliada ao fato de ele poder escolher os casos em que dará sua contribuição jurisprudencial, conduz ao objetivo de traduzir suas preferências pessoais de natureza político-ideológica em jurisprudência constitucional".

[2122] SILVEIRA, José Néri da. A função do juiz. *Correio Braziliense*, Brasília, Direito & Justiça, 3 fev. 1992, p. 3-7.

[2123] Vide, *ex multis*, FERRARESE, M. R. *L'istituzione difficile*. La magistratura tra professione e sistema politico. Napoles: E.S.I., 1984; GUARNIERI, C. *Magistratura e politica in Italia*: pesi senza contrappesi. Bolonha: Il Mulino, 1992; GIANNSANTI, A. *Governo dei giudici*: la magistratura tra diritto e politica. Milão: Feltrinelli, 1996.

e política, diversa do juízo legislativo. Há prestigiosas vozes doutrinárias em prol de uma função constitucional autônoma.[2124] A legitimidade argumentativa da Corte está na exigência de fundamentação pública de todos os seus julgados (Constituição Federal, art. 93, IX).

No mundo de carne e osso, decisões jurisdicionais espelham, comumente, fatores extrajurídicos,[2125] com maior ou menor carga de influência de suas próprias consequências na vida da sociedade. Nos chamados casos difíceis (*hard cases*), como os que hospedam desacordos morais razoáveis, fruto de sociedade complexa e pluralista, matizada, os valores constitucionais (*v. g.*, direito à vida, dignidade da pessoa humana, igualdade, justiça) não raro podem nutrir exegeses e argumentações diametralmente opostas, irreconciliáveis entre si, segundo a pré-compreensão de cada qual sobre a matéria controvertida. Exemplos frisantes à mão são os de eutanásia e ortotanásia do paciente. Casos tais envolvem elementos metajurídicos, que influenciam ou podem influenciar as decisões judiciais (*v. g.*, valores e ideologia[2126] do magistrado, interação com outros atores político-institucionais, vicissitudes internas da colegialidade, opinião pública[2127]), embora semelhantes motivos causais possam permanecer sob a sombra do anonimato, sem aparecer, expressamente, na fundamentação gráfica (*ratio decidendi*) do julgado.

Não por nada, com boa dose de protagonismo judicial, correu o mundo e fez fortuna o fenômeno da judicialização restrita ao tema político, em países de democracia consolidada como Itália, França, Alemanha, Espanha, Estados Unidos. Um dos traços característicos do constitucionalismo contemporâneo toca à ascensão institucional do Judiciário e à ampliação de seu papel no sistema de poder estatal. A força expansiva, qual o universo, da jurisdição constitucional está radicada na judicialização de questões sociais, econômicas, morais, políticas. O conflito político, por exemplo, desloca-se de seu espaço clássico e típico (o campo parlamentar e executivo) para ingressar no batismo do espaço jurídico.

Parece bem revisitar os argumentos que sustentam a existência de um processo de judicialização da política. A inserção e expansão do Judiciário no panorama político fez com que a consecução de políticas públicas pelos governos tivesse que se conformar aos ditames da Constituição e das leis. Esta novel modelagem institucional fez desabrochar a ambiência política que propiciou a participação estratégica do Judiciário nos processos decisórios e no controle dos demais Poderes, máxime do Executivo. O problema da judicialização pode ser assim sintetizado: (i) normativa, cujo pano de fundo é a denominada supremacia da Constituição sobre a atuação parlamentar majoritária;[2128] e (ii) analítica, com ênfase no ambiente político e institucional, nas "polias e

---

[2124] CANOTILHO, J. J. Gomes. *Direito constitucional e teoria da constituição*. 7. ed. 4. reimpressão. Coimbra: Almedina, 2003, p. 894.

[2125] BARROSO, Luís Roberto. Constituição, democracia e supremacia judicial: direito e política no Brasil contemporâneo. 2010. Disponível em: http://www.lrbarroso.com.br/shared/download/artigo-constituicao-democracia-supremacia-judicial.pdf. Acesso em: 02 abr. 2018, p. 1-45, esp. p. 29.

[2126] No tocante à influência da ideologia do juiz, averbe-se a posição contrária de GIORDANO, João Batista Arruda. Do arbítrio judicial na elaboração da sentença. *Revista da AJURIS*, Porto Alegre, n. 8(21), p. 221-225, 1981, esp. p. 224.

[2127] PODGORECKI, Adam. Public opinion on law. *In: Knowledge and opinion about law*. London: Martin Robertson, 1973, p. 65-100.

[2128] Vide as posições favoráveis à judicialização de CAPPELLETTI, Mauro. *Juízes legisladores?*. Porto Alegre: Sergio Antonio Fabris Editor, 1999; DWORKIN, Ronald. *Uma questão de princípio*. 2. ed. São Paulo: Editora WMF Martins Fontes, 2005.

engrenagens" do processo político em questão, definindo, medindo e avaliando o processo de judicialização da política.[2129]

No Brasil, o processo de expansão do poder judicial mergulha raízes, também, no fenômeno da explosão de litigiosidade: o melhor acesso à Justiça trouxe natural incremento quantitativo de ações judiciais. Já se disse, com propriedade: "quanto melhor a estrada, melhor o trânsito". Vale notar que a democracia (mas não apenas) é condição essencial e terreno fértil no ambiente político para o florescimento da judicialização. Em governos autoritários/ditatoriais a possibilidade de judicialização é menos que zero.

Política é uma expressão amplíssima, que pode açambarcar as atividades de um partido político e a fidelidade ao seu programa, a ideologia política de um juiz (como sua visão do Direito e da finalidade jurídica: positivista, legalista, pós-positivista, pró-ativismo, pró-democracia, pró-governo, liberal, conservador etc.), a análise consequencialista da decisão (o olhar para o futuro do pragmatismo, já que as correntes tradicionais não admitem esta visão).[2130] Não se pode olvidar a relação de importantes operadores do direito, como advogados e promotores/procuradores de justiça, com a política, como, de resto, ressumbra do peculiar procedimento de indicação e de nomeação para a magistratura, através do mecanismo do quinto constitucional para diversos Tribunais,[2131] sem contar a engrenagem essencialmente política de escolha, aprovação e nomeação de todos os magistrados que integram o Supremo Tribunal Federal brasileiro, enquanto guardião da Constituição (cujo modelo, com variações, viceja em muitos países democráticos): a nomeação cabe ao Presidente da República, depois de aprovada a escolha pelo Senado Federal.[2132]

Mesmo que, mais estreitamente, ao termo político se dê o significado de atividade política que tenha uma relevância direta na vida do Estado Constitucional e Democrático de Direito, força é convir que, nesse sentido também, a atividade jurisdicional não deixa de ter conotação política, principalmente (mas não apenas) no quadro das cortes constitucionais.[2133] Numa linha: todo ato de dizer justiça (jurisdição), havendo ou não matéria constitucional, é uma função política, pois os juízes se qualificam como agentes do poder estatal. Não é crível deixar de se reconhecer a existência de singular elemento

---

[2129] CARVALHO, Ernani Rodrigues de, *op. cit.*, p. 116.

[2130] FERNANDES, Ricardo Vieira de Carvalho. *Influências extrajurídicas sobre a decisão judicial*: determinação, previsibilidade e objetividade do direito brasileiro. 2013. 352f. Tese (doutorado) – Universidade de Brasília (UnB), Faculdade de Direito, Brasília, 2013. Disponível em: http://repositorio.unb.br/bitstream/10482/15154/1/2013_RicardoVieiradeCarvalhoFernandes.pdf. Acesso em: 02 abr. 2018, p. 179.

[2131] Constituição Federal brasileira de 1988, art. 94: "Um quinto dos lugares dos Tribunais Regionais Federais, dos Tribunais dos Estados, e do Distrito Federal e Territórios será composto de membros, do Ministério Público, com mais de dez anos de carreira, e de advogados de notório saber jurídico e de reputação ilibada, com mais de dez anos de efetiva atividade profissional, indicados em lista sêxtupla pelos órgãos de representação das respectivas classes. Parágrafo único. Recebidas as indicações, o tribunal formará lista tríplice, enviando-a ao Poder Executivo, que, nos vinte dias subsequentes, escolherá um de seus integrantes para nomeação".

[2132] Constituição Federal brasileira de 1988, art. 52: "Compete privativamente ao Senado Federal: III – aprovar previamente, por voto secreto, após arguição pública, a escolha de: a) Magistrados, nos casos estabelecidos nesta Constituição;", combinado com o art. 84: "Compete privativamente ao Presidente da República: XIV – nomear, após aprovação pelo Senado Federal, os Ministros do Supremo Tribunal Federal (...)". e art. 101: "O Supremo Tribunal Federal compõe-se de onze Ministros, escolhidos dentre cidadãos com mais de trinta e cinco e menos de sessenta e cinco anos de idade, de notável saber jurídico e reputação ilibada. Parágrafo único. Os Ministros do Supremo Tribunal Federal serão nomeados pelo Presidente da República, depois de aprovada a escolha pela maioria absoluta do Senado Federal".

[2133] CAPPELLETTI, Mauro. *Proceso, ideologias, sociedad*. Buenos Aires: Ediciones Jurídica Europa-America, 1974, p. 384.

político nas decisões judiciais, também no sentido amplo de orientação política geral ou ideológica. Julgar implica ato pessoal e político.[2134]

A jurisdição deve se exercitar levando-se em conta a valoração, fundada numa consciência sócio-política, das consequências político-sociais e econômicas das decisões. Com efeito, voltados os olhos para a eficiência da concreta administração da Justiça, verifica-se com frequência nas decisões uma ponderação entre a análise das consequências do julgamento e a melhor prestação jurisdicional que se possa assegurar às partes em determinadas condições. Cuida-se, por dizê-lo assim, de uma espécie de pragmatismo ético.

O problema da independência dos juízes, especialmente em relação às forças políticas, não significa que à jurisdição possa ser negada a condição de ser ela mesma uma força política, autônoma ante as demais forças políticas do Estado. Toda criação do direito, incluindo-se aí o caráter "criador" da decisão judicial, assume-se como experiência e atividade política.[2135] Não por acaso, prestigiosa doutrina sustenta que, nas leis, se encontram os mandamentos políticos, enquanto que só da decisão judicial emerge o direito propriamente dito. Neste sentido, se pode sentir a criação do direito através da função jurisdicional.

A dimensão política do "ser juiz", sobre o que realmente faz na relação da linguagem com a lei, descortina uma diversidade considerável nas interações entre juízes e partes, o que decorre das várias interpretações dos juízes sobre a lei escrita, de suas atitudes pessoais em relação ao controle do tribunal e de suas visões individuais e politizadas. É útil relembrar que o espectro de atitude tem sempre uma referência ao aspecto sentimental-emotivo, valorativo, estimativo e pragmático da ideologia adotada pelo julgador. Os embates ideológicos em um determinado tribunal, em larga medida camuflados ou negados, podem criar realidades através do emprego da linguagem e da manipulação do discurso hermenêutico.[2136] O juiz deve assumir que possui valores e que seu julgamento não é neutro. O ato de julgar é plasmado por valores. Desse modo, o juiz deve ter a franqueza de reconhecer a impossibilidade de um julgar neutro. É interessante notar que julgar é um ato típico dos juízes, embora poucos falem sobre ele abertamente.

Nos Estados Unidos, por exemplo, os juízes nomeados pelos presidentes republicanos votam de forma diferente daqueloutros nomeados pelos presidentes democratas em casos concretos tatuados ideologicamente (*v. g.*, aborto, ações afirmativas, pena de morte). É dizer: os juízes votam, amiúde, de forma diferente dependendo das inclinações ideológicas (republicanos ou democratas) dos outros juízes que compõem o colegiado e participam do julgamento. Isto não quer dizer que, sob certas condições, juízes indicados pelos democratas possam, em contraste com seus compromissos políticos, revelar padrões de voto mais conservadores do que aqueles nomeados pelos republicanos.[2137]

[2134] POSNER, Richard Allen. *How judges think*. Cambridge. Massachusetts: Harvard University Press, 2008, p. 20, 94, 255.

[2135] CAPPELLETTI, Mauro. *Proceso, ideologias, sociedad, op. cit.*, p. 385-386.

[2136] Para um aceno geral acerca do tema, vide PHILIPS, Susan U. *Ideology in the language of judges*. How judges practice law, politics, and courtroom control. New York: Oxford University, 1998.

[2137] Para uma visão panorâmica, vide SUNSTEIN, Cass R.; SCHKADE, David; ELLMAN, Lisa M.; SAWICKI, Andres. *Are judges political?* An empirical analysis of the Federal Judiciary. Washington: Brookings Instituition, 2006.

Quando o juiz decide um caso particular valendo-se de fundamentos políticos (*v. g.*, certos princípios de moralidade política são corretos, a crença de que a igualdade é um objetivo político relevante), não se está evidentemente cogitando de política partidária, embora os partidos políticos X, Y, Z possam se identificar com os valores políticos postos à base de sustentação do decisório.

Não se pode deixar de considerar como político tanto o fenômeno da sociedade, enquanto detentora de poder, quanto o fenômeno correlato do Estado, como sociedade jurídica e politicamente organizada. A influência política do sistema processual, dos juízes e da Justiça[2138] pode ser assim sintetizada: (i) poder, indicativo da aptidão estatal de decidir imperativamente; (ii) liberdade, sugestiva não apenas da limitação do exercício do poder, mas também da salvaguarda da dignidade da pessoa humana; e (iii) participação democrática dos cidadãos, por si mesmos (*v. g.*, ação popular para fiscalizar a moralidade pública) ou por suas associações (*v. g.*, ação civil pública na defesa do meio ambiente) nos desígnios políticos da nação.[2139]

Cumpre notar-se a proibição, nos ordenamentos processuais contemporâneos, com poucas exceções (*v. g.*, sistema norte-americano), do *non liquet*,[2140] a implicar o julgamento de todo e qualquer conflito jurídico que seja submetido à cognição judicial, mesmo que o juiz não esteja completamente seguro sobre qual seja a melhor solução.[2141] Não por acaso, a Justiça é um espaço fundamental de visibilidade da democracia. O julgamento deve, assim, colaborar para tornar humanamente inteligíveis acontecimentos que, de outra forma, ficariam sob o signo da incompreensibilidade.[2142]

O próprio direito exibe fins políticos, razão pela qual mister se faz pensar o processo, enquanto método estatal, como instrumento a serviço, também, do Estado, para a consecução de seus objetivos políticos. A organização e a subsistência do Estado reclamam exercício adequado do poder público, através de meios legítimos, assim como é o processo judicial. A coisa julgada material, de par a imunizar a decisão de mérito proferida, afirma, para além do caso particular, a autoridade do ordenamento jurídico e a juridicidade do exercício do poder. Tal se reveste de suma importância para a organização política da sociedade e o desenvolvimento da vida social.[2143]

[2138] MARITAIN, Jacques. *De la justice politique*: Notes sur la présent guerre. Paris: Plon, 1940, p. 114: "Sans justice politique, il n'y a pour les peuples ni paix, ni liberté, ni bonheur".

[2139] DINAMARCO, Cândido Rangel. *A instrumentalidade do processo*. 13. ed. rev. e atual. São Paulo: Malheiros, 2008, p. 198: "O intenso comprometimento do sistema processual com a Política (a Justiça faz parte desta), ou seja, a sua inserção entre as instituições atinentes à vida do próprio Estado como tal e nas suas relações com os membros da população, conduz à necessidade de definir os modos pelos quais ele é predisposto a influir politicamente".

[2140] A expressão latina "*non liquet*" é uma abreviação da locução "*iuravi mihi non liquere, atque ita iudicatu illo solutus sum*" ("jurei que o caso não estava claro o suficiente e, em consequência, fiquei livre daquele julgamento"). Ao declarar o "*non liquet*", o juiz romano se eximia da obrigação de julgar os casos nos quais a resposta jurídica não se afigurava nítida, mesmo porque ele poderia ser responsabilizado por suas decisões.

[2141] Código de Processo Civil brasileiro, art. 140, *caput*: "O juiz não se exime de decidir sob a alegação de lacuna ou obscuridade do ordenamento jurídico".

[2142] NALINI, José Renato. *Ética da magistratura*: comentário ao código de ética da magistratura nacional: CNJ. 2. ed. rev. e atual. São Paulo: Editora Revista dos Tribunais, 2010, p. 186: "A faculdade de poder julgar, portanto, está a serviço da inteligibilidade humana e o fato de tornar inteligível a resposta representa a própria essência da política. Por isso é que julgar é um ato político, no melhor sentido que se possa atribuir ao verbete".

[2143] MARÍA CÁRCOVA, Carlos. La dimensión política de la función judicial. *In: Derecho, política y magistratura*. Buenos Aires: Editorial Biblos, 2006, p. 97-111, esp. p 104: "Está claro, pues, que cuando se reconoce la dimensión política de la función judicial se hace mención a una actividad que tiene como finalidad alcanzar la realización del entramado de principios, valores, instituciones y comportamientos societales que están definiendo y constituyendo un cierto orden".

Importa registrar, ao contrário do que ocorre em países como França (*v. g.*, a Constituição de 1958, em seu Capítulo VIII, alude a autoridade judicial e não a poder, bem como sua independência é garantida pelo Presidente da República) e Portugal (*v. g.*, fala-se em função jurisdicional, art. 202, 1, nos termos da VII Revisão Constitucional de 2005), que no sistema jurídico-constitucional brasileiro os juízes qualificam-se na categoria de agentes de Poder, pois, formalmente, o Judiciário representa um dos braços do poder estatal e encarna um dos Poderes da República, nos termos da Constituição de 1988, art. 2º: "São Poderes da União, independentes e harmônicos entre si, o Legislativo, o Executivo e o Judiciário". De mais a mais, este documento constitucional conferiu-lhe todos os meios e instrumentos para o seu concreto exercício e, assim, para que se porte soberanamente (*v. g.*, art. 5º, XXXV, art. 60, §4º, III, art. 95, art. 96, art. 99).

A Justiça é uma instituição política por sua relação com o poder e a lei do Estado. Ela participa da função soberana dizendo a lei em casos que envolvam questões fundamentais (*v. g.*, dignidade humana, ética, liberdade, segurança, igualdade). Constitui, em qualquer sistema político, um aparelho regulador que ajuda a manter a organização social em funcionamento. Deste ponto de vista, qualquer decisão da Justiça, em qualquer campo, tem uma dimensão política.

Sob o fluxo e o influxo da conexão entre jurídico e político, à Justiça política cumpre desempenhar o papel de desvelar o grau de civilização alcançado por determinada sociedade. De fato, em situações de crise ou de tensão, o tipo de atuação da Justiça política será, para cada país, o reflexo fiel de suas instituições político-sociais, de suas ideologias.

Não se pode olvidar que o juiz, como decorrência da eficácia de suas decisões, está a serviço da causa da paz social, como um dos escopos nevrálgicos do processo. O juiz se configura, também, como agente da pacificação com justiça material e artífice da harmonia social. De fato, é-lhe proporcionada formação para que possa considerar o direito como um instrumento de paz e de justiça material.[2144] A paz e o direito são as duas faces de uma mesma medalha: se o direito proporciona paz, a paz é o pressuposto elementar do desenvolvimento do direito.[2145] O ideário de paz social somente é alcançável se e quando a decisão judicial encerrar solução mais aceitável socialmente, sustentada de argumentação jurídica racional, sólida, coerente, côngrua, identificável, controlável, endo e extraprocessualmente, e intersubjetivamente válida em determinado tempo e lugar.

Sob outro prisma, a noção de ideologias, elástica e ambígua, se caracteriza pela multiplicidade de acepções (*v. g.*, filosófica, sociológica, política).[2146] A visão puramente racionalista de ideologias, como sistemas de ideias, de opiniões e de crenças conscientes e bem articuladas, não se afigura adequada, precisamente por deixar de compreender suas grandezas afetivas, inconscientes, míticas, simbólicas. As ideologias constituem-se de convicções que gravitam axiologicamente em torno de princípios sociais, culturais, econômicos. Assim, por ideologia, pode-se referir aos valores pessoais, conflituados ou não, que cada ser humano nutre, e o juiz também o é, em todas as áreas, como moral,

---

[2144] NALINI, José Renato. *A rebelião da toga*. Campinas: Millennium Editora, 2006, p. 245-246.

[2145] LARENZ, Karl. *Derecho justo*: fundamentos de ética jurídica. Madrid: Civitas, 2001, p. 43.

[2146] Sobre o histórico do termo ideologia, vide CHAUÍ, Marilena. *O que é a ideologia*. 2. ed. revista e ampliada. São Paulo: Brasiliense, 2004, p. 25-33.

política, religiosa, social, cultural, ética, e por aí afora. Importa notar que a influência dos valores pessoais na tomada de decisão judicial é mediada pelo exercício de discrição judicial, dentro dos limites do que é justo fazer no caso particular.[2147]

Ao se considerar a justiça como um valor e o valor como termo de um discurso de tipo ideológico, pode-se assumir a justiça como ideologia (*v. g.*, divergência de posicionamento em relação à pena de morte e o respeito incondicionado pela vida humana).[2148]

Há uma miríade de valores extrajurídicos (morais, sociais, históricos, culturais, políticos, filosóficos, ideológicos, e por aí vai[2149]) que penetram, diretamente ou por via do direito substancial, no processo e em sua regulação concreta, imprimindo-lhe certas direções, significados, alcances, desenvolvimentos que a singela letra da lei mal saberia revelar.[2150]

Da dinâmica concreta do juízo, não se consegue colher a "esquematização" do psiquismo humano do juiz, em todas as suas multiformes e imprevisíveis expressões. Uma dessas expressões pode ser colocada sob a epígrafe "ideologias do juiz", bem como servir de método de pesquisa acadêmica acerca do perfil do jogo das influências exercidas ou sofridas na formulação do *decisum*.

A atividade de interpretar a norma, desenvolvida pelos juízes, envolve, também, a tarefa de desvendar os momentos ideológicos[2151] e de compreender aqueles emocionais, pelos quais a norma é inundada em sua colocação e em seu contínuo colocar-se como regra da atividade humana.[2152] Nesse quadrante, haveria um ganho exponencial para o Direito, para além de ser visto como um sistema autossuficiente, que não se permite dialogar com outros ramos do saber, através de sua abertura à abordagem interdisciplinar, como suas relações com a moral, as interconexões entre o ato de julgar e o extrato social dos juízes, os *frames* psicológicos do discurso judiciário, as forças político-ideológicas que influenciam a tomada de decisão judicial. Não à toa, essa abordagem ocorre frente a uma hermenêutica jurídica que opera para além da razão, incluindo crenças, valores, recalques psíquicos, os quais não podem ser excluídos e, como tal, condicionam inexoravelmente a tarefa dos juízes, enquanto homens e mulheres no espaço-tempo da condição humana.[2153]

São dignas de nota, igualmente, no plano das ideologias no direito processual, as concepções dramaticamente contrastantes: de um lado, aquela puramente

---

[2147] BINHGAM, Thomas Henry. *The business of judging*: Selected essays and speeches. Oxford: Oxford University Press, 2000, p. 36.

[2148] LUMIA, Giuseppe. *Elementos de teoria e ideologia do direito*. São Paulo: Martins Fontes, 2003, p. 141-146.

[2149] NASSIF, Aramis. *Sentença penal, o desvendar de Themis*. Rio de Janeiro: Lumen Juris Editora, 2005, p. 70: "É, à outra vista, o caldo sociológico compositor de sua personalidade que, implicitamente, contribui para a elaboração do *decisum* e que se revela na motivação do ato decisório".

[2150] Cfr., por todos, CAPPELLETTI, Mauro. Ideologie nel diritto processuale. *Rivista Trimestrale di Diritto e Procedura Civile*, Milano, anno XVI, p. 193-219, 1962.

[2151] Romanos, 12.2: "E não vos conformeis com este século, mas reformai-vos em novidade do vosso espírito, para que experimenteis qual é a vontade de Deus, boa, e agradável, e perfeita".

[2152] CAPPELLETTI, Mauro. *Proceso, ideologias, sociedad, op. cit.*, p. 28: "Es aquí donde se descubre la estrecha ligazón entre el tema que tratamos, de las ideologias en el derecho procesal, y el tema al que se ha hecho referencia in limine, del "sentimiento de la sentencia". Todo hombre y así también el juez, es llevado quizá fatalmente a dar un significado y un alcance universales, aunque no también trascendentes, a aquel orden de valores que él ha estado imprimiéndose en su conciencia individual; y así es llevado a leer ese orden, que es solo suyo, también en las praeformatae regulae iuris, que ciertamente no fueron y no son puestas sólo por él".

[2153] GOMES, Mario Soares Caymmi. O direito como linguagem e discurso: a retórica judicial. *Revista de Direito Privado*, São Paulo, n. 39, p. 259-284, 2009, esp. p. 280.

individualística, liberal e exclusivamente privatística, que considerava o processo como coisa privada das partes,[2154] e, de outro, a publicística, no tocante, por exemplo, ao sistema de provas e aos princípios que o conformam, bem como aos princípios que determinam as relações das partes e do juiz com o objeto do processo (*v. g.*, disponibilidade ou indisponibilidade dos direitos). Há, nessa perspectiva ideológica, privada ou pública, de disponibilidade ou indisponibilidade dos direitos substanciais, uma espessa camada de princípios no processo civil. Vale passar alguns deles em revista: da demanda; dispositivo; da correspondência entre o pedido e a sentença; da defesa; da iniciativa de produção de provas *ex officio*, no campo dos poderes instrutórios do juiz; da iniciativa recursal da parte sucumbente.

O problema ideológico fundamental de hodierno, que suscita debates ideológicos incandescentes, é o social (ou melhor: político-social, econômico-social). A propriedade, tida em sentido amplo, é o instituto jurídico que representa o epicentro de tal debate. Os direitos substanciais patrimoniais constituem, majoritariamente, aqui e alhures, o objeto do processo civil. À parte isto, como bem se compreende, a Constituição Federal brasileira de 1988 promoveu a "despatrimonialização" dos direitos, ao assegurar a centralidade à dignidade da pessoa humana, como a mola dogmática propulsora do constitucionalismo contemporâneo.

É justamente ao ângulo da ideologia liberal, com a publicidade do processo em sua concreta regulamentação, e, em contraste, da tradição formalística do segredo das deliberações que a questão assume contornos importantes, mormente no sistema da colegialidade e, nesta sede, da admissão, ou não, das chamadas *dissenting opinions*.

No plano do direito comparado, mas ainda nesse horizonte ideológico, é perceptível o fenômeno da progressiva tendência de assimilação (ou melhor: de unificação) dos variegados ordenamentos jurídicos nacionais, no que concerne aos institutos jurídicos e princípios fundamentais das várias sociedades organizadas, em blocos de países. O impulso desta tendência igualitária é de caráter ideológico, além de estar embasado em relações econômicas e culturais não apenas entre Estados soberanos, mas também entre os respectivos cidadãos.

Essa tendência assimiladora (ou unificadora) faz-se presente, também, nos países dos sistemas do *common law* e do *civil law*, ao contrário do que, ao primeiro lance de vista, se poderia imaginar. Semelhante fenômeno reflete-se, sobretudo, no campo do direito público, especialmente constitucional. Atualmente, as afinidades e os pontos de união superam as diferenças mais radicais outrora vigentes naqueles dois grandes sistemas jurídicos contemporâneos.[2155] Não seria despropositado dizer que, no momento presente, essa *summa divisio* pode ser havida como superada, dada a íntima aproximação, com conexões inexoráveis e fecundas, entre *civil law* e *common law*, cumprindo, de conseguinte, o centenário vaticínio chiovendiano de que o processo civil, em sua linha evolutiva, restaria por conectar estas duas grandes famílias jurídicas.[2156] Divisa-se, aqui e alhures, o fenômeno da incisiva justaposição entre esses dois grandes sistemas jurídicos contemporâneos: *civil law*, exsurgente da família romano-germânica, e *common law*,

---

[2154] CAPPELLETTI, Mauro. *Ideologie nel diritto processuale, op. cit.*, p. 205.

[2155] CAPPELLETTI, Mauro. Ideologie nel diritto processuale, *op. cit.*, p. 218.

[2156] FUX, Luiz. *O novo processo civil brasileiro* (direito em expectativa): reflexões acerca do projeto do novo Código de Processo Civil. Rio de Janeiro: Forense, 2011, p. 1-24, esp. p. 11.

obra da tradição anglo-saxônica. Não por acaso, é útil reafirmar que, hodiernamente, semelhante *summa divisio* é considerada superada ou, quando nada, flexibilizada.[2157]

Um estudo de política imperfeito é mais propenso a oferecer estudos sociais e teóricos do que nenhum estudo de política.[2158] Mas (dir-se-á) questões políticas são jurídicas? No terreno do direito constitucional os lindes entre questões políticas e jurídicas não são nítidos. A tarefa soberana de interpretação evolutiva da regra constitucional, pelo Judiciário, na busca de seu sentido e alcance atuais, envolve sempre rejuvenescimento e atualização empírico-pragmática do preceito exegeticamente esquadrinhado. Na controvérsia sobre constitucionalidade de leis ou atos da administração, política e direito reconectam-se no mesmo endereço.[2159]

Nessa toada, pode ser discernido o movimento de "jurisprudência política", a qual pensa o processo legal como um processo político. Os operadores que nele atuam (*v. g.*, legisladores, advogados e juízes) são percebidos como atores políticos, que cumprem suas funções políticas pela criação, interpretação e aplicação do direito.[2160]

De um diverso ângulo visual, a psique humana, entre os antigos gregos, indicava o auto ("si mesmo"), abrangendo as ideias modernas de alma, ego, mente e espírito. Modernamente, na psique humana ou no aparelho mental do indivíduo, na concepção freudiana, há três regiões: id (parte inconsciente), ego (parte consciente) e superego, que são instâncias da personalidade mental, possuindo características e funções diversas. Por seu turno, na visão junguiana, a psique vivente, consistente nos processos psíquicos, distribui-se em níveis diferentes e estruturas variegadas, mas que, em sua profundidade e vasta extensão, funcionam como um todo organizado. Há duas divisões geográficas básicas: a consciência e o inconsciente pessoal e coletivo (psique objetiva). A designação junguiana primitiva para psique objetiva, em sua camada mais profunda, era "inconsciente coletivo", expressão ainda largamente utilizada no âmbito da literatura especializada.[2161] O conteúdo do "inconsciente coletivo" reflete a combinação de padrões e forças universalmente predominantes, qualificadas de arquétipos e de instintos, enquanto dons que a natureza confere a todos indistintamente: o ser humano carrega sistemas organizados, porta o plano básico de sua singularizada natureza. Trata-se de

---

[2157] Sobre os méritos e as patologias da convergência entre os sistemas jurídico, vide FUNKEN, Katja. *The Best of Both Worlds* – The Trend Towards Convergence of the Civil Law and the Common Law System. Disponível em: http://www.jurawelt.com/sunrise/media/mediafiles/13598/convergence.pdf. Acesso em: 22 set. 2017.

[2158] NAGEL, Stuart S. *The legal process from a behavioral perspective*. The Dorsey Press, Homewood. Illinois, 1969, p. 386.

[2159] LOPES, José Reinaldo de Lima. Justiça e poder judiciário ou a virtude confronta a instituição. *In: Revista da Universidade de São Paulo*, São Paulo, n. 21, mar./maio 1994, p. 23-33, esp. p. 25-26.

[2160] WILLIAMS, James R. Book review: the judicial mind revisited, by Glendon Schubert. *Osgoode Hall Law Journal*, v. 13, n. 3, p. 889-892, 1975, esp. p. 889.

[2161] HALL, James A. *Jung e a interpretação dos sonhos*: manual de teoria e prática. Tradução Álvaro Cabral. São Paulo: Cultrix, 2007, p. 13-14: "Existem, pois, quatro níveis da psique: 1) *consciência pessoal*, ou a percepção consciente ordinária; 2) o *inconsciente pessoal*, o que é exclusivo de uma psique individual, mas não-consciente; 3) a *psique objetiva*, ou inconsciente coletivo, que possui uma estrutura aparentemente universal na humanidade; e 4) o mundo exterior da *consciência coletiva*, o mundo cultural dos valores e formas compartilhados. Dentro dessas divisões topográficas básicas existem estruturas gerais e especializadas. As estruturas gerais são de dois tipos: imagens arquetípicas e complexo. As estruturas especiais das partes pessoais da psique, tanto conscientes como inconscientes, são quatro: o *ego*, a *persona*, a *sombra* e a *sizígia* (grupamento pareado) de *animus/anima*. Na psique objetiva existem arquétipos e imagens arquetípicas, cujo número não pode ser estabelecido com precisão, embora exista um notável arquétipo: o Si-mesmo, que também pode ser referido como o arquétipo central de ordem". (Reforços gráficos no original).

uma inestimável herança de padrões mentais e comportamentais dados com a constituição genética do ser humano, inatos.[2162]

Agora bem, se a psique é capaz de desenvolver algumas funções, tais como sentimento, pensamento, percepção e intuição, as noções captadas ao longo da vida e as ideologias exercem influência sobre a psique do juiz. Por aí se vê que o ato de julgar não se adstringe ao celeiro jurídico do magistrado. As decisões judiciais, ao invés, revelam inevitavelmente a dinâmica da personalidade do juiz, que é constituída de tendências determinantes de seu comportamento. Refletem, pois, aspectos encobertos da estrutura da personalidade do magistrado. Mostram traços característicos de sua individualidade e subjetividade. Cada decisão judiciária tem a virtude de apontar a influência de variados tipos de personalidade de cada juiz individualmente considerado, animada por aspectos subjetivos. A capacidade de julgar a dimensão exterior, reafirme-se, está umbilicalmente ligada ao tipo de juízo crítico de cada pessoa em relação ao seu mundo interior.

Existe conexão essencial entre a psique pessoal e a psique objetiva ou inconsciente coletivo. De fato, o ego, enquanto ponto de referência na psique humana, é a estrutura atinente ao "Eu". Contudo, as camadas pessoais da psique se assentam em alicerces arquetípicos, na psique objetiva ou inconsciente coletivo.[2163]

Pois bem, no processo de imaginação ativa do juiz, referenciado ao ato de julgar, ele faz contato intencional com essas camadas mais profundas e salutares da psique objetiva (inconsciente coletivo), expressas em valores universais (v. g., dignidade humana, igualdade, fraternidade, liberdade, justiça) e em sua capacidade de formar símbolos reconciliatórios, transcendente da tensão consciente de opostos, relativizando-os (função transcendente).

Na teoria marxista, os aparelhos ideológicos do Estado (v. g., governo, administração, exército, polícia, tribunais), embora com elas não se confundam, flertam com várias instituições da sociedade civil, a maior parte hospedada no campo privado. Funcionam, predominantemente, não por meio da violência, em caráter repressivo, mas, principalmente, através das ideologias (v. g., igrejas, escolas, famílias, direito, sistema político e diferentes partidos, imprensa, cultura, sindicatos, associações). Nessa moldura, afigura-se possível dizer que exista uma pluralidade de aparelhos ideológicos do Estado.[2164]

As ideologias exercem inevitável influência sobre a psique humana do juiz, no momento de formular/justificar a solução para o conflito jurídico intersubjetivo, pois sua consciência pessoal (percepção consciente) se conecta ao mundo exterior da consciência coletiva, vale dizer, ao mundo cultural dos valores universalmente compartilhados. O juiz, enquanto ser humano – que não tenha medo de conhecer melhor

---

[2162] STEIN, MURRAY. *Jung*: o mapa da alma: uma introdução. Tradução Álvaro Cabral. Revisão técnica Marcia Tabone. 5. ed. São Paulo: Cultrix, 2006, p. 83-84.

[2163] HALL, James A., *op. cit.*, p. 17: "A esfera pessoal, tanto consciente como inconsciente, desenvolve-se a partir da matriz da psique objetiva e está continuamente relacionada, de modo orgânico e profundo, com essas áreas mais íntimas da psique, embora o ego desenvolvido seja inevitavelmente propenso a se considerar, de modo algo ingênuo, o centro da psique. Esse procedimento é análogo a considerar a diferença entre o Sol girar em torno da Terra ou vice-versa".

[2164] ALTHUSSER, Louis. *Aparelhos ideológicos de Estado*: nota sobre os aparelhos ideológicos de Estado (AIE). Tradução de Walter José Evangelista e Maria Laura Viveiros de Castro; introdução crítica de José Augusto Guilhon Albuquerque. 2. ed. Rio de Janeiro: Edições Graal, 1985, p. 67-73.

que o é –, se nutre da seiva dessa experiência cognitiva com o mundo arquetípico. Um ego (complexo central no campo da consciência) forte pode se relacionar objetivamente com os conteúdos ativados do inconsciente (isto é, com outros complexos), mas é suscetível, também, de se identificar com eles.[2165] Das forças que eclodem pujantemente das camadas profundas do inconsciente (pessoal ou coletivo), como porção da psique situada fora do conhecimento consciente, nem o juiz tem como fugir; fragmentos da realidade psíquica se passam à sua revelia (*v. g.*, memória recalcada e material como pensamentos, imagens e emoções). De sorte que, ao lado de um discurso consciente na produção do texto da motivação jurídica da decisão (*v. g.*, sintaxe discursiva, estratégias argumentativas, manipulação da linguagem), coexiste um discurso inconsciente que subjaz à decisão.[2166]

Há, porém, mais. Ao lado de fatores ambientais e de predisposição, existe uma rica coleção de realidades psíquicas que condicionam o juiz, máxime no contexto de descoberta, no momento de formular sua hipótese de trabalho ou de julgamento. Por exemplo: *anima-animus*, inconsciente pessoal e coletivo, persona, personalidade, sombra. Assim como exerce forte determinação na conformação do decisório o tipo psicológico do juiz.[2167] É dizer: a combinação de uma de suas atitudes (*v. g.*, extroversão ou introversão) com uma de quatro funções. No campo da organização das funções, duas (pensamento e sentimento) são racionais e opostas entre si; como, de resto, também são opostas entre si as duas funções irracionais (percepção e intuição).[2168]

Nesse teor de ideias, a intuição é um modo não cognitivo de pensar, refratário a seguir um processo linear, sequencial de pensamento. A intuição do juiz, como função irracional psíquica, por exemplo, indica-lhe as possibilidades inerentes à solução do conflito jurídico intersubjetivo. Ao contrário da sensação que divisa a realidade imediata através dos clássicos sentidos físicos, por diferentes sistemas de percepção no cérebro (*v. g.*, visão, olfato, paladar, audição, tato), a intuição percebe através do inconsciente, como lampejos de *insight* de origem desconhecida.

O juiz – honesto consigo mesmo e que tenha a coragem de refletir sobre suas fragilidades, limitações, incoerências – não pode abdicar ao processo de autoconhecimento para reconhecer como reage aos estímulos do mundo interior e aos oriundos do meio externo. A eficácia de seu desempenho judicante depende não apenas de uma consistente formação teórica, senão também, por exemplo, de adequado conhecimento e controle de aspectos emocionais. Desse modo, iniludivelmente, o psiquismo do juiz é um aspecto essencial na sentença, enquanto pronunciamento mais complexo e relevante do processo, e essa influência pode ser mais bem trabalhada quando os juízes se analisarem.

Uma última observação ainda é importante para rematar este tópico e diz respeito à recente edição da Lei nº 13.655, de 25.04.2018, que inclui no Decreto-Lei nº 4.657,

---

[2165] HALL, James A., *op. cit.*, p. 152.

[2166] GIACOMOLLI, Nereu José; DUARTE, Liza Bastos. O mito da neutralidade na motivação das decisões judiciais: aspectos epistemológicos. *AJURIS*, Porto Alegre, n. 102, p. 287-303, 2006, esp. p. 288-289.

[2167] No que toca ao perfil caracterológico do juiz, vide ZIMERMAN, David. A influência dos fatores psicológicos inconscientes na decisão jurisdicional: a crise do magistrado. *In:* ZIMERMAN, David. *Aspectos psicológicos na prática jurídica.* Campinas: Millennium, 2002, p. 103-116, esp. p. 106-111.

[2168] FRANZ, Marie-Louise von. *Jung's tipology.* Part I – The inferior function by Marie-Luise von Franz; Part II – The feeling function by James Hillman. New York: Spring Publications, 1971, p. 1-2.

de 04.09.1942 (Lei de Introdução às Normas do Direito Brasileiro), disposições sobre segurança jurídica e eficiência na criação e aplicação do direito público. O art. 20 exibe a seguinte dicção: "Nas esferas administrativa, controladora e judicial, não se decidirá com base em valores jurídicos abstratos sem que sejam consideradas as consequências práticas da decisão".

O objetivo aqui não é o de formular considerações críticas concernentes ao preceito em si, embora ele hospede uma formidável contradição, pois, de um lado, preceitua que o julgador não deva decidir com base em "valores jurídicos abstratos" sem que sejam consideradas as consequências práticas da decisão, mas, de outro, a própria Lei nº 13.655/2018 introduz uma coleção de normas abertas e de conceitos jurídicos indeterminados (*rectius*, termos indeterminados de conceitos jurídicos), tais como: "regularização ocorra de modo proporcional e equânime e sem prejuízo aos interesses gerais" (art. 21, parágrafo único), "obstáculos e dificuldades reais do gestor" (art. 22, *caput*), "sem prejuízo aos interesses gerais" (art. 21, parágrafo único, e art. 23), "orientação nova sobre norma de conteúdo indeterminado" (art. 23), "orientações gerais da época" (art. 24), "razões de relevante interesse geral" (art. 26, *caput*), "buscará solução jurídica proporcional, equânime, eficiente e compatível com os interesses gerais" (art. 26, §1º, I), e por aí afora.

Contudo, o que se tem em mira é a justificativa dos insignes Professores Carlos Ari Sundfeld e Floriano de Azevedo Marques Neto, que auxiliaram na elaboração do respectivo anteprojeto, no que toca ao dispositivo do art. 20, transcrito acima. Ei-la, na última parte: "*Quem decide não pode ser voluntarista, usar meras intuições*, improvisar ou se limitar a invocar fórmulas gerais como 'interesse público', 'princípio da moralidade' e outras. É preciso, com base em dados trazidos ao processo decisório, analisar problemas, opções e consequências reais. Afinal, as decisões estatais de qualquer seara produzem efeitos práticos no mundo e não apenas no plano das ideias".[2169] (Grifou-se).

Dizer que o julgador não pode decidir com base em intuições é dizer que ele deva se despojar de suas noções, do trinômio intuição-sentimento-emoção, de sua personalidade, de sua subjetividade, o que não deixa de ser algo tão inútil quanto um sino sem badalo. De fato, todo julgamento envolve, inevitavelmente, o exercício de intuição.

Na verdade, bem vistas as coisas, afigura-se risível tentar-se impedir por norma constitucional ou infraconstitucional que a intuição, em sua multiplicidade de tipos, oriente o julgador, mesmo que não o saiba, na escolha da melhor hipótese de julgamento. Ademais, revela-se tarefa vã o ensaio seja de qualificar a intuição como algo negativo e pernicioso, seja de bani-la do espírito do julgador.

Os insignes Professores parecem, à semelhança do realismo jurídico norte-americano, incidir em desvio de perspectiva, porque o problema não está propriamente na (inexorável!) operatividade da intuição no contexto de descoberta da decisão (jurisdicional, administrativa),[2170] mas, isto sim, no contexto de sua justificação, no qual

---

[2169] Disponível em: https://www.conjur.com.br/dl/parecer-juristas-rebatem-criticas.pdf.

[2170] No mesmo equívoco – de não diferenciar o contexto de descoberta da decisão e o contexto de sua justificação ou validação – parece ter incidido COSTA, Eduardo José da Fonseca. *Levando a imparcialidade a sério*: proposta de um modelo interseccional entre direito processual, economia e psicologia. 187f. Tese de doutorado, Pontifícia Universidade Católica de São Paulo, 2016, p. 142: "Por isso, sob o ponto de vista *pragmático-acional não dogmático*, para que funcione a contento, é preciso que o modelo também conte circunstancialmente com os seguintes exemplos de reforço: (...) 13) combate a decisões judiciais baseadas tão somente em intuições subjetivas ou

é imprescindível ministrar argumentos racionais, sólidos, coerentes, identificáveis, controláveis, endo e extraprocessualmente, e intersubjetivamente válidos em dado tempo e lugar.

Nessa moldura, dizer que a motivação da decisão judicial está sob o signo da integralidade é dizer que, no texto da fundamentação, todos os critérios de escolha ou de valoração adotados pelo julgador hão de ser devidamente justificados. No plano judicial, o novo Código de Processo Civil brasileiro, principalmente em seu art. 489, parágrafos e incisos, consagra, aqui e alhures, a mais avançada e minudente disciplina normativa da motivação da sentença civil. Semelhante regramento já era suscetível de aplicação, também, na instância administrativa por força da norma contida no art. 15: "Na ausência de normas que regulem processos eleitorais, trabalhistas ou administrativos, as disposições deste Código lhes serão aplicadas supletiva e subsidiariamente".

Como é intuitivo, em nível de motivação do *decisum*, o legislador, ao editar a Lei nº 13.655/2018, fez pouco menos do que "chover no molhado".

7.4 Sobre o recrutamento e o desenvolvimento (funcional e pessoal) dos juízes: o papel das escolas de magistratura

O paradigma racionalista, segundo o qual todo conhecimento decorre da indefectível razão, que pode conduzir a verdades supostamente absolutas, privilegia os valores certeza e segurança (*v. g.*, universalidade procedimental, limitação dos poderes dos juízes, transformados em autômatos e mecânicos aplicadores da lei: *la bouche de la loi*), mas parece eclipsar o *imperium* dos juízes. Tal circunstância não se coaduna com os desígnios do Estado Constitucional e Democrático de Direito, sintetizados, em âmbito processual, nos valores de adequação, efetividade e justeza da prestação jurisdicional, no tocante à tempestiva realização do direito material no mundo da vida.

Não se pode desdenhar da importância dos sistemas de formação e recrutamento de magistrados, bem como da imprescindibilidade de os fornir de conhecimentos culturais, psicológicos, sociológicos, filosóficos e econômicos, de modo a lhes esclarecer sobre suas próprias escolhas pessoais e o significado político da função jurisdicional.[2171] Nessa perspectiva, parece bem enriquecer a reflexão crítica sobre o recrutamento e o desenvolvimento (funcional e pessoal) dos juízes. No Brasil, no final do ano de 2016, havia 22.450 cargos de magistrados, sendo 4.439 vagos (13%) e 18.011 providos (86%).

---

ideias preconcebidas, segundo as quais se chega à conclusão e depois se elegem fundamentos *ad hoc* para justificá-las". (Grifos no original).

[2171] SANTOS, Boaventura de Souza. Introdução à sociologia da administração da justiça. *Revista de Processo*, São Paulo, ano 10, n. 37, p. 121-139, jan./mar. 1985, esp. p. 130.

Confira-se por ramo de Justiça:

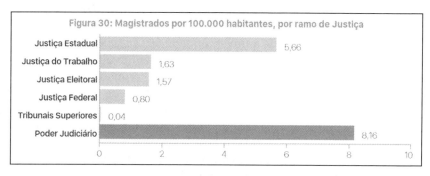

Fonte: Justiça em Números 2017: ano-base 2016/Conselho Nacional de Justiça – Brasília: CNJ. p. 32.[2172]

O modelo de seleção dos atuais concursos públicos, alicerçado unicamente no conhecimento técnico, deveria valorizar menos a capacidade de memorização de textos normativos e aferir mais a capacidade de compreender e de criticar o sistema de Direito, com suas conexões extrajurídicas e interdisciplinares.[2173] Com efeito, para se aferirem vocação, idealismo e bom senso,[2174] o concurso público não se revela o método seletivo mais apropriado: a sensibilidade, a compaixão e a empatia nem sempre estão geminadas à boa técnica.[2175] A tendência desse modelo atual é retroalimentar o sistema

---

[2172] É útil ter uma visão panorâmica de alguns países da Europa – quantidade de juízes por grupo de 100 mil habitantes: Espanha 10,7; França 9,1; Itália 10,2; Alemanha 24,5; Holanda 13,3; Dinamarca 6,9; Suécia 11,3; Finlândia 17,4; Noruega 11,3; Inglaterra e País de Gales 3,5; Escócia 3,5; Irlanda do Norte 7. Vide, no ponto, LIGÜERRE, Carlos Gómez. *Juízes na Europa*: formação, selecção, promoção e avaliação. Lisboa: Fundação Francisco Manuel dos Santos, 2014, p. 63, 71, 75, 81, 85, 86, 88, 89 e 91.

[2173] TEIXEIRA, Sálvio de Figueiredo. *A criação e realização do direito na decisão judicial*. Rio de Janeiro: Forense, 2003, p. 284-285.

[2174] CARNELUTTI, Francesco. *Diritto e processo*. Napoli: Morano Editore, 1958, p. 215: "Intanto quello che preme notare è che al giudizio serve propriamente il senso del tutto o senso dell'essere che si voglia dire: parole difficili e inconsuete, ma non significano altro se nol il buon senso o senso del bene. Perciò la prima dote del giudice, più importante del raziocinio e della cultura, deve essere il buon senso".

[2175] CASTRO, Jorge Rosas de. A compaixão e o Direito: do espanto à realidade. *Teatro do Mundo*, v. 9, p. 64-93, 2014, esp. p. 88-89: "O ensino do Direito deve ser orientado também de uma forma compassiva. (...) O que pretendo dizer é que o ensino do Direito deve ter uma componente prática muito intensa no que diz respeito à compreensão de que não se trata apenas de aplicar a lei A) ou B), desta ou daquela maneira: trata-se de decidir da vida de pessoas com rosto, e de perceber que decidir desta ou daquela maneira tem consequências específicas. E isto leva-me a enaltecer a pertinência de um ensino centrado em casos, muito ao gosto anglo-saxónico, articulado com uma educação estribada em valores. Falo a partir da experiência que tive enquanto estudante há vinte anos atrás. Não posso deixar de dizer que sempre me fez um pouco de confusão ter andado cinco anos na Universidade sem ver um processo, sem assistir a um julgamento, sem ler um relatório social – a *law in books* é essencial, como estruturação sólida de conhecimentos, mas entendo que é na Universidade que deve também começar a aprendizagem da *law in action*, fazendo os alunos perceberem, logo numa fase inicial, que ao longo das suas vidas vão fazer, interpretar e aplicar leis dirigidas a pessoas concretas, e com consequências. Perpassou por estas linhas a discussão dos lugares, das vantagens e das virtudes da compaixão no Direito e em especial no ato de julgar, mas também a enunciação de alguns dos seus perigos, o que me leva ao ponto de partida: deve ou não a compaixão estar presente no ato de julgar? A esta interrogação reitero a resposta afirmativa antes enunciada: a compaixão é um valor fundacional da nossa civilização, radica em última análise na dignidade da pessoa humana, tem uma vocação transversal a todo o sistema e deve por isso ser empregue (também) pelo juiz. Uma pessoa sem compaixão, arrisco-me a dizer, dificilmente será uma pessoa capaz de entender o outro e uma pessoa incapaz de compreender o outro não pode ser um bom juiz. A vida entra pela sala de audiências adentro – quase tudo passa ali à frente. E cada caso, cada pessoa, traz a sua história".

da deformação e da alienação então reinantes.[2176] Ora, o juiz tem uma função que atinge aspectos importantes da vida individual e social. Entretanto, não está imune ao seu inconsciente.[2177]

A irreprimível sensibilidade, a inventividade (*ars inveniendi*) e o incondicional respeito pela diferença que habita outras pessoas podem avultar da integração à realidade psíquica do ser, homem e juiz dos atributos do arquétipo *anima*, arrefecendo seu exagerado intelectualismo. A humildade e a sabedoria de o juiz reconhecer que, como decorrência de sua condição humana, não é infalível e não detém o monopólio da verdade parecem pouco, mas já são um passo importante e decisivo rumo a uma concreta e efetiva organização da vida judiciária inspirada na moderna deontologia e dotada de mais sensibilização ética, compaixão, empatia, solidariedade humana, emoção, discernimento, prudência, magnanimidade, equidade, coragem, equilíbrio, responsabilidade e senso de justiça. Emerge, na paisagem forense, um novo padrão de juiz racional-emocional, fruto da superação do confronto epistemológico entre razão e emoção, orientado a sentir intuitivamente, fornido de imprescindível empatia, atento às angústias das partes e vizinho dos problemas socioeconômicos que permeiam a sociedade contemporânea.

Contudo, hodiernamente, impera o academicismo da formação jurídica, fornido por anacrônica metodologia predominante nas Faculdades de Direito, as quais, com muita frequência, incentivam a memorização acrítica de textos doutrinários, legislativos e jurisprudenciais. É de se preconizar a adoção de uma nova pedagogia, que possa superar a metodologia normativista[2178] e, portanto, anabolizar a formação humanística para todos os alunos.[2179] A suplantação do obsoleto paradigma racionalista implica reinserir o direito no campo hermenêutico, pois não se pode coonestar com o ideário racional que concebe a função jurisdicional prisioneira de abstrações e como decalque da norma, excogitando-a, por completo, da realidade social subjacente ao *thema decidendum*.[2180]

[2176] CARVALHO, Luis Gustavo Grandinetti Castanho de. Estado de direito e decisão jurídica: as dimensões não jurídicas do ato de julgar. *In:* PRADO, Geraldo; MARTINS, Rui Cunha; CARVALHO; Luis Gustavo Grandinetti Castanho de (Org.). *Decisão judicial*: a cultura jurídica brasileira na transição para a democracia. Madrid: Marcial Pons, 2012, p. 87-137, esp. p. 134.

[2177] PRADO, Lídia Reis de Almeida. Racionalidade e emoção na prestação jurisdicional. *In:* ZIMERMAN, David. *Aspectos psicológicos na prática jurídica*. Campinas: Milennium, 2002, p. 43-57, esp. p. 47: "Assim, é inadmissível em uma época que já não mais questiona dessa instância do psiquismo que o órgão judicante continue adotando nas seleções de concurso público, apenas critérios formais de seleção, numa reprodução do ensino universitário, de caráter legalista e acrítico".

[2178] SILVA, Ovídio A. Baptista da. Democracia moderna e processo civil. GRINOVER, Ada Pellegrini; DINAMARCO, Cândido Rangel; WATANABE, Kazuo (Org.). *Participação e Processo*. 1. ed. São Paulo: Revista dos Tribunais, 1988, p. 98-113, esp. p. 110.

[2179] DALLARI, Dalmo de Abreu. *O poder dos juízes*. São Paulo: Saraiva, 1996, p. 28: "Na realidade, o que se deve fazer, em primeiro lugar, é reforçar nos cursos de Direito, para todos os alunos, a formação humanística, estimulando a aquisição de conhecimento sobre história e a realidade das sociedades humanas, para o profissional do direito, seja qual for a área de sua escolha, saiba o que tem sido, o que é e o que pode ser a presença do direito e da justiça no desenvolvimento da pessoa humana e nas relações sociais. A par disso, devem ser transmitidas noções básicas de disciplinas relacionadas com os comportamentos humanos, como a antropologia, a sociologia e a psicologia, pois, seja qual for o conflito jurídico, esses aspectos sempre estarão presentes e é importante que o profissional do direito saiba reconhecê-los".

[2180] SILVA, Ovídio A. Baptista da. *Processo e ideologia*: o paradigma racionalista. Rio de Janeiro: Forense, 2004, p. 265: "Não devemos alimentar a esperança de conquistar algum progresso real na busca de um serviço judiciário eficiente e de boa qualidade, se não extirparmos o dogmatismo de nossa formação universitária. Esta será a condição inicial que nos dará acesso a uma perspectiva crítica do Direito. Será um primeiro passo, indispensável, para recuperar nossa autonomia crítica. Simultaneamente, havemos de renunciar ao sonho Iluminista de

No Brasil e alhures, um ensino jurídico formal e dogmático-positivista formou gerações e gerações de juristas conservadores, incluindo-se futuros magistrados, despojados da autoconsciência (consciência da consciência) do papel político da função jurisdicional.[2181]

É de bom alvitre reconhecer o direito, em sua perspectiva tridimensional (fato, valor e norma), dentro da província hermenêutica e de outras formas de conhecimento razoável, e não racional, tal como a intuição, enquanto forma de conhecimento independente do raciocínio linear. É algo inexplicado que chega ao sujeito sem ter sido convidado, que escapa da logicidade. É um "presente sagrado" que permite, imediata e diretamente, perceber coisas e apreender conhecimentos com uma nitidez ofuscante, prescindindo-se de intervenção do raciocínio.

Na visão einsteiniana: "a mente intuitiva é um presente sagrado e a mente racional é um servo fiel. Nós temos criado uma sociedade que honra o servo e tem esquecido do presente sagrado". O pensamento intuitivo reclama o amálgama de todas as singularidades da mente humana: natureza emocional do homem, ilações dedutivas do pensamento lógico. Para além de combinar tais especificidades, acresce uma nova perspectiva ancorada na estrutura de valores do indivíduo. O despertar intuitivo fomenta a integração entre razão, emoção e intuição, consentindo não apenas a expansão da consciência, senão também perceber que a essência do ser é imortal.

Na realidade, os jovens são treinados a usar a memória como repositórios de informações, mas, paradoxalmente, não são estimulados a pensar. Sutileza, perspicácia e criatividade são relegadas a segundo plano. Sabem articular logicamente, embora hesitem diante de minúsculos estorvos emocionais. A educação jurídica está mais empenhada em informar que formar, mantendo os alunos em atitude passiva de meros ouvintes, sem lhes incutir capacidade crítica de discernir as coisas por si mesmos. O educando participa de um treino para apenas contemplar os conteúdos que lhe são ministrados, sem reflexão crítica.

Um ensino jurídico que aspire à seriedade deve ter o compromisso de formar profissionais críticos do Direito e da realidade social circundante. O Direito não pode se aninhar tão somente no imaginário dos juristas e, no sossego lunar, permanecer alheio aos problemas que irrigam a realidade social. Palavras mágicas no ensino jurídico (v. g., dignidade da pessoa humana, cidadania, devido processo legal), envolvendo fórmulas repetidas em transe e à exaustão, por fascinantes que sejam, não consentem autonomia ao aluno, tampouco exibem, de si, o condão de transformar a realidade social.[2182] De qualquer forma, não se pode transcurar que o juiz descende desse modelo anacrônico de formação jurídica.[2183]

De fato, ao reduzir o Direito a um sistema de normas, que se adstringe a enquadrar os fatos sociais na arquitetura normativa vigente, o ensino jurídico, ao priorizar postulados, princípios, categorias e conceitos, despreza tanto a natureza quanto as

transformar o Direito numa ciência abstrata e formal, construída com puros conceitos, com vocação, como todo conceito, para a eternidade".

[2181] NALINI, José Renato. A função política do judiciário. *Lex*: Jurisprudência do Supremo Tribunal Federal, São Paulo, v. 23, n. 272, p. 5-16, ago. 2001, esp. p. 11-12.

[2182] SILVA, Ivan de Oliveira. *Curso moderno de filosofia do direito*. São Paulo: Atlas, 2012, p. 151-152.

[2183] NALINI, José Renato. O que pensar da justiça? *In*: NALINI, José Roberto; PIRES, Luis Manuel Fonseca; RODOVALHO, Maria Fernanda (Coord.). *Ética para o juiz*: um olhar externo. São Paulo: Quartier Latin, 2014, p. 65-79, esp. p. 74-75.

implicações éticas das leis, valorizando apenas seus aspectos técnicos e procedimentais. Nessa concepção dogmatista, o Direito se apresenta como simples técnica de controle e organização da vida social. Porém, a melhor pedagogia parece ser aquela que pensa o Direito como um instrumento de direção e promoção social, no fito de correção de desigualdades sociais e consecução do bem comum, enquadrando-o sob olhar precipuamente histórico. Não se cogita, evidentemente, de desprezar o conhecimento técnico-jurídico especializado, mas de confrontar estruturas curriculares excessivamente dogmáticas, sob a ótica da interdisciplinaridade (*v. g.*, psicologia, psicanálise, economia, política, sociologia, filosofia, antropologia), discutindo-se, com honestidade intelectual, a função social dos operadores do direito (*v. g.*, juízes, promotores, procuradores, defensores públicos, advogados privados), o caráter instrumental da dogmática jurídica convencional esculpida pelo positivismo normativista e as influências ideológicas na formação do conhecimento jurídico, principalmente diante de sociedades complexas e plurais.[2184]

O estudante oscila entre dois extremos: de um lado, adstringe-se à análise de doutrinas, flutuando, em linha de princípio, no céu das abstrações, distante do mundo de carne e osso, sufocando-se com um catálogo interminável de teorias e de autores nacionais e estrangeiros; e, de outro, o exame se circunscreve, liturgicamente, à leitura de textos normativos, secundada por comentários perfunctórios que, as mais das vezes, consistem numa improfícua releitura dos próprios dispositivos legais.[2185]

Os problemas não se escondem. Semelhante (de)formação jurídico-acadêmica do juiz a um só tempo embaça sua visão crítica do Direito e atrai dificuldades no exercício da judicatura, como quando, no ato de julgar, for compelido a cotejar a norma jurídica abstrata com a realidade social subjacente, na qual se insere o caso particular submetido à cognição judicial. Muito para dizer que o ensino jurídico desempenha um papel no comportamento do juiz. A inquietação no tocante à formação jurídica situa-se, de um lado, numa modalidade basicamente prática, sem viés teórico, e, de outro, na fé no Direito como disciplina autossuficiente, que se basta a si própria. A solução de problemas socioeconômicos exige algo a mais que o puro conhecimento jurídico.

O direito em si pode ser abordado ao ângulo do comportamento dos juízes, circunstância que, em perspectiva posneriana, pode ser exprimida em nove teorias:[2186] (i) atitudinal, coloca peso nos fins, caracteriza-se pelo endereço ideológico-político, que os qualifica como conservadores, liberais, ecléticos, republicanos ou democráticos;[2187]

[2184] FARIA, José Eduardo. Introdução: o judiciário e o desenvolvimento sócio-econômico. *In:* FARIA, José Eduardo (Org.) *Direitos humanos, direitos sociais e justiça.* São Paulo: Malheiros, 1994, p. 11-29, esp. p. 20, 26, 27-28: "Ao forjar uma mentalidade legalista em flagrante contradição com a realidade sócio-econômica, os cursos jurídicos condenam os estudantes de hoje – portanto, juízes, promotores e advogados de amanhã – a uma (in)formação burocrática, incapaz de perceber as razões dos conflitos sociais. Ao mesmo tempo, também reproduzem um contraditório conjunto de crenças, justificações e saberes acumulados, expresso por disciplinas específicas que são, invariavelmente, legitimadas por discursos produzidos pelos tribunais e institucionalizados pelas práticas jurídicas travadas em seu interior. Ao consolidar um conhecimento tendo em vista objetivos práticos e imediatos, esse ensino tende a conduzir a uma saturação ideológica na reflexão sobre o direito e a um fechamento na possibilidade de discussões epistemológicas. Mediante o senso comum teórico produzido por esse ensino, o que se costuma ter é um conjunto de discursos aparentemente unitários e de cientificidade duvidosa".

[2185] DALLARI, Dalmo de Abreu, *op. cit.,* p. 28.

[2186] POSNER, Richard Allen. *How judges think.* Cambridge. Massachusetts: Harvard University Press, 2008, p. 19-56.

[2187] Sobre a forte relação entre ideologia (*v. g.*, mais liberal ou mais conservadora) e tomada de decisão, vide, também, POSNER, Richard Allen. *The behavior of federal judges*: a theoretical and empirical study of rational

(ii) estratégica, com foco no tratamento dos meios e na especificação de respectivas alternativas, abstraindo-se dos fins programados ou permitidos e privilegiando uma situação de incerteza competitiva, em que os juízes atentam para reações sobre seus votos por outros juízes, pelo legislador e pela comunidade; (iii) sociológica, com o olhar direcionado para a dinâmica dos tribunais, em especial da colegialidade, focada no fenômeno da "repulsa ao dissenso" e suas interferências nas decisões do colégio; (iv) psicológica, que se ocupa com os efeitos da situação de indeterminabilidade enfrentada pelo juiz, com ênfase em limitações cognitivas, impulsos emocionais e processos de determinação inconsciente (*v. g.*, pré-conceitos); (v) econômica, a propugnar uma construção racional e formal do direito imprimindo uma ótica utilitarista de estímulo e de justificação da atividade judicial (*v. g.*, remuneração, lazer, poder, prestígio, reputação, satisfação pessoal); (vi) organizacional, enquanto hipertrofia da teoria econômica, pois advoga que aos efeitos de estímulo se deva conceder a nota de institucionalização motivacional, como meio e modo de se mitigarem divergências entre interesses diferentes de juízes, nas variadas camadas do Judiciário; (vii) pragmática, que salienta efeitos empíricos, buscando descobrir na decisão judicial uma escolha entre possibilidades assimétricas, calcada na diversidade de suas consequências na vida social; (viii) fenomenológica, a qual enfatiza a experiência consciente do juiz-sujeito e a autorrepresentação da sua decisão; e (ix) legalismo, que preconiza que as decisões judiciais são determinadas pela pressuposição de um direito autônomo, animado por sistema de regras, direitos e princípios.

Não se pode menoscabar que as diferenças significativas de temperamento respondem pela diversidade dos juízes na interpretação mais ou menos flexível das regras. É dizer: não se pode menosprezar o olhar pessoal de cada juiz no campo hermenêutico, ante a ausência de clareza dos textos normativos, bem como a existência de antinomias e de lacunas no ordenamento jurídico. Contudo, na avaliação comportamental dos juízes devem-se abrir as portas à interdisciplinaridade (*v. g.*, psicanálise,[2188] psicologia, psiquiatria, economia, sociologia, filosofia, política). A educação jurídica convencional, ministrada nas Faculdades de Direito, mostra-se suficiente para a leitura de textos normativos, de regras e de princípios, mas revela-se insuficiente à formação de um futuro magistrado para que possa perceber e alcançar temperamento adequado e compatível com o nível de serviços judiciais.[2189]

Paralelamente à falácia da "segurança" e "certeza" do Direito, é preciso embasar a verdade jurídica com realidade social subjacente, com a realidade do homem que tem corpo, pensamento, vontade, mas, também, alma, sentimento e emoção.

Pensar, construir o *currículo jurídico*, especialmente educar no campo do Direito, implica, por exemplo, proferir a sentença, no caso do juiz, impregnado de mais

---

choice. POSNER, Richard Allen; LANDES, William M.; EPSTEIN, Lee. Cambridge. Massachesetts: Harvard University Press, 2013.

[2188] STRUCHINER, Noel; BRANDO, Marcelo Santini. Como os juízes decidem os casos difíceis do direito? *In:* STRUCHINER, Noel; TAVARES, Rodrigo de Souza (Org.). *Novas fronteiras da teoria do direito*: da filosofia moral à psicologia experimental. Rio de Janeiro: POD/Editora PUC-Rio, 2014, p. 171-219, esp. p. 207: "Será que o treinamento específico e a forma de recrutamento a que se submetem permitem que os juízes manifestem um grau maior de discernimento e consciência em torno de vieses inconscientes que entram em cena no processo de tomada de decisão?"

[2189] POSNER, Richard Allen. The decline of law as an autonomous discipline. *Harvard Law Review*, v. 100, p. 761-780, 1987, esp. p. 771.

sentimento, imbuído de mais humanidade, não se reduzindo a um mero burocrata, julgador máquina, um robô repetidor de decisões alheias.

> Deste modo ou daquele modo
>
> Procuro despir-me do que aprendi,
>
> Procuro esquecer-me do modo de lembrar que me ensinaram,
>
> E raspar a tinta com me pintaram os sentidos,
>
> Desencaixotar as minhas emoções verdadeiras,
>
> Desembrulhar-me e ser eu, não Alberto Caeiro.
>
> (CAEIRO, Alberto - Heterônimo de Fernando Pessoa.
> *O guardador de rebanhos*. Poema XLVI)

O estudo jurídico, em perspectiva humanística, deve ter o compromisso acadêmico de resgatar uma forma cultural de viver, iluminada pela filosofia moral, colocando os humanos como principais, em uma escala de importância que privilegia a dignidade, as aspirações e as capacidades humanas. Não por nada, a dignidade da pessoa humana é o epicentro axiológico do sistema jurídico brasileiro e, portanto, do Estado Constitucional e Democrático de Direito. Trata-se da aplicação teleológica do Direito, como formadora humanista dos futuros profissionais, que trabalhem como homens para o homem no meio dos homens.[2190] Em suma, esta é a essência e o modo humanísticos de entender o homem, a natureza e o mundo circundante.

Não por acaso, é de se preconizar que a interpretação-aplicação do Direito, pelo juiz, deve ser impulsionada, pelo menos, através de tripla perspectiva: axiológica, fenomenológica e sociológico-política. Desse modo, ter-se-ia o substrato teórico de uma visão humanística da função jurisdicional.[2191]

Nem sempre são transmitidos aos estudantes todos os conhecimentos, habilidades e atitudes indispensáveis ao estudo das causas do direito e das suas consequências diretas e indiretas sobre o comportamento humano. Abstrai-se, por completo, da coleta de dados estatísticos, em uma atividade desidratada de caráter empírico. Se a sociedade quer juízes mais capacitados para solucionar casos jurídicos, então as Faculdades de Direito hão de ensinar não apenas sobre Direito, senão também acerca da própria sociedade a que o Direito serve, enquanto instrumento de pacificação de conflitos jurídicos com justiça material e, assim, de paz social. De mais a mais, um adequado Laboratório de Psicologia prestaria suporte de invulgar importância para despertar e fortalecer os

---

[2190] SOUZA, Carlos Aurélio Mota de. As escolas de direito no que tange ao preparo psicológico. *In:* ZIMERMAN, David. *Aspectos psicológicos na prática jurídica*. Campinas: Milennium, 2002, p. 59-84, esp. p. 71.

[2191] HERKENHOFF, João Baptista. *Como aplicar o Direito*. 7. ed. Rio de Janeiro: Forense, 2001, p. 2-3: "A perspectiva axiológica afirma que o juiz é portador de valores de que impregna suas sentenças. Há de ser o varão digno que julgue o povo com retidão e veja sempre a Justiça a serviço do homem. A perspectiva fenomenológica levará o julgador a descer ao homem julgado, buscar seu mundo, compreender suas circunstâncias. A perspectiva sociológico-política possibilitará ao juiz a pesquisa dos valores do povo, a identificação do seu sentimento do *justo*, a consideração do homem comum, o desempenho de uma função renovadora e progressista, à frente da lei". (Grifos no original).

instintos vocacionais, encaminhando os alunos para as profissões compatíveis com cada perfil.[2192] O aluno e futuro magistrado deve aprender, por exemplo, a avaliar benefícios e custos de suas decisões. Pragmaticamente, os juízes devem sopesar as consequências possíveis de decisões diferentes. Tem-se, então, boa justificação para o reino da interdisciplinaridade, notadamente no campo econômico.[2193]

O aperfeiçoamento do ensino jurídico, com a necessária atualização da grade curricular, está na ordem do dia.[2194] As decisões judiciárias dependem de como os juízes interpretam as regras legais e os princípios, vale dizer, do que acreditam que o Direito seja e de como se comportam diante dele. Semelhante crença é esculpida a partir do ensino jurídico. Não à toa, mister se faz a humanização dos cursos jurídicos, mediante a "constitucionalização" dos currículos escolares, relevando a pessoa humana, sua valoração e sua dignidade. De fato, humanizar o Direito é colocar o ser humano na centralidade das operações jurídicas: legislar, administrar e julgar.[2195] O ideário de humanização do processo pode ser concretizado através do diálogo judicial, da colaboração, da cooperação, da atuação de valores éticos no sistema processual, como deveres de probidade, veracidade e boa-fé.

Nessa singular moldura, as Escolas de Magistratura despontam como agentes poderosos de transformação do Judiciário e assumem especial relevo desde a formulação de novos modelos e critérios éticos e psicológicos de seleção do juiz e, em seguida, na sua formação funcional continuada e em seu incremento pessoal, apostados na fórmula da interdisciplinaridade. Demais disso, a perspectiva interdisciplinar tem o condão de catalisação humanística do valor justiça, porquanto o olhar do juiz será tanto mais humano quanto maior for sua compreensão sobre as pessoas que julga. Neste elevado desiderato, hão de ser organizados, por exemplo, cursos de deontologia da magistratura e de ética para os juízes.

O procedimento atual de recrutamento de juízes, afeiçoado aos testes de memória, fundamenta-se muito mais na "decoreba" de regras jurídicas[2196] e na importância de questões objetivas, escoltando-se de fugaz entrevista, pesquisa de antecedentes,

---

[2192] SOUZA, Carlos Aurélio Mota de, *op. cit.*, p. 83.

[2193] POSNER, Richard Allen. *The decline of law as an autonomous discipline, op. cit.*, p. 779.

[2194] HUTCHESON JR, Joseph C. Judgment intuitive: the function of the hunch in judicial decision. *Cornell Law Review*, v. 14, issue 3, p. 274-288, apr. 1929, esp. p. 287-288: "Sometimes again that same intuition or hunch, which warming his brain and lighting his feet produced the decision, abides with the decider "while working his judgment backward" as he blazes his trail "from a desirable conclusion back to one or another of a stock of logical premises. It is such judicial intuitions, and the opinions lighted and warmed by the feeling which produced them, that not only give justice in the cause, but like a great white way, make plain in the wilderness the way of the Lord for judicial feet to follow. If these views are even partly sound, and if to great advocacy and great judging the imaginative, the intuitional faculty is essential, should there not be some change in the methods of the study and of the teaching of the law in our great law schools? Should there not go alongwith the plain and severely logical study of jural relations study and reflection upon, and an endeavor to discover and develop, those processes of the mind by which such decisions are reached, those processes and faculties which, lifting the mind above the mass of constricting matter whether of confused fact or precedent that stands in the way of just decision, enable it by a kind of apocalyptic vision to "trace the hidden equities of divine reward, and to catch sight through the darkness, of the fateful threads of woven fire which connect error with its retribution?"

[2195] SOUZA, Carlos Aurélio Mota de. As tendências contemporâneas da ideologia e práticas jurídicas. In ZIMERMAN, David. *Aspectos psicológicos na prática jurídica*. Campinas: Millennium, 2002, p. 1-24, esp. p. 6-7.

[2196] ANDRADE, Lédio Rosa de. *Direito ao direito*. Curitiba: JM, 2001, p. 36: "Decora-se o direito dogmático, e a aprovação é corolário. Desnecessária qualquer sensibilidade e senso de justiça social. Um desumano, de memória fotográfica, pode tirar primeiro lugar".

recomendações formais de pessoas do círculo de convivência do candidato, e deixando ao relento, por exemplo, a questão crucial de responder qual a influência do psiquismo do juiz no exercício de sua função judicante. Põe-se de lado qualquer subjetividade, pois o juiz é, aos olhos do concurso, neutro. Muitos serão chamados, mas (poucos) escolhidos, não raro, os melhores no jogo da memorização.[2197] Todavia, não se pode desmerecer a abertura para conhecimento e análise de influências de fatores psíquicos, socioeconômicos, religiosos, filosóficos, políticos e históricos sobre a gênese da sentença civil. A decisão escorreita e justa não prescinde da individuação do intérprete, do amálgama integrativo do pensamento e da técnica jurídico-dogmática com o trinômio intuição-sentimento-emoção do juiz. Nessa configuração, não seria despropositado afirmar que, muitas vezes, a personalidade do juiz pode se constituir em (única) garantia de justiça. A justiça, enquanto referencial norteador do juiz, se constitui em padrão da psique coletiva na resolução dos conflitos jurídicos intersubjetivos.

Revela-se equívoco crasso aprovar candidato sem vocação para o concreto exercício da jurisdição e, por isso mesmo, dotado de estrutura psíquica incompatível com a missão de julgar. Daí descende a necessidade de, institucionalmente, no novo milênio, ser a Escola de Magistratura o estuário natural de preparação educativa e transformadora dos candidatos, inspirada na interdisciplinaridade, como passo necessariamente prévio ao concurso público. Rumo à maturidade, trata-se de fórmula fecunda e novo pórtico de seleção dos aspirantes ao ingresso na magistratura brasileira e, ulteriormente, no assim chamado estágio confirmatório do juiz, para além de um certame público de provas e de títulos,[2198] a pena de aprofundar o abismo entre juízes e partes e entre juízes e jurisdicionados-sociedade.

Devem-se prestigiar, além do Direito, conteúdos programáticos de caráter interdisciplinar (*v. g.*, Psicologia, Psicanálise, Literatura, Lógica, Filosofia, História, Antropologia, Justiça[2199]), pois o conhecimento humanístico geral proporciona ao juiz

---

[2197] ROSA, Alexandre Morais da. *Decisão no processo penal como bricolagem de significantes*. 430 f. Tese (doutorado) – Universidade Federal do Paraná, Setor de Ciências Jurídicas, Programa de Pós-Graduação em Direito. Defesa: Curitiba, 2004. Disponível em: http://acervodigital.ufpr.br/handle/1884/1203. Acesso em: 07 abr. 2018, p. 292: "É verdade, de outra face, que cada Tribunal organiza como quiser a prova e os avaliadores possuem imensa liberdade no que perguntar, gerando, não raras vezes, perplexidade sobre o conteúdo indagado, deixando a latere qualquer subjetividade: afinal o juiz é, para eles, neutro. Somente questões objetivas importam, acreditando-se que os juízes, no fundo, precisam é decorar a lei".

[2198] Constituição Federal brasileira de 1988, art. 93, inciso I.

[2199] Vide, sob boa luz, o art. 47, I, complementado pelo Anexo VI, da Resolução 75/2009 do Conselho Nacional de Justiça – CNJ, que trata dos concursos públicos para ingresso na carreira da magistratura nacional, os quais passaram a conter questões dissertativas relacionadas a "noções gerais de Direito e formação humanística". Semelhante eixo temático é composto de cinco disciplinas. Confira-se o teor do aludido Anexo VI – NOÇÕES GERAIS DE DIREITO E FORMAÇÃO HUMANÍSTICA: A) SOCIOLOGIA DO DIREITO 1. Introdução à sociologia da administração judiciária. Aspectos gerenciais da atividade judiciária (administração e economia). Gestão. Gestão de pessoas. 2. Relações sociais e relações jurídicas. Controle social e o Direito. Transformações sociais e Direito. 3. Direito, Comunicação Social e opinião pública. 4. Conflitos sociais e mecanismos de resolução. Sistemas não judiciais de composição de litígios. B) PSICOLOGIA JUDICIÁRIA 1. Psicologia e Comunicação: relacionamento interpessoal, relacionamento do magistrado com a sociedade e a mídia. 2. Problemas atuais da psicologia com reflexos no direito: assédio moral e assédio sexual. 3. Teoria do conflito e os mecanismos autocompositivos. Técnicas de negociação e mediação. Procedimentos, posturas, condutas e mecanismos aptos a obter a solução conciliada dos conflitos. 4. O processo psicológico e a obtenção da verdade judicial. O comportamento de partes e testemunhas. C) ÉTICA E ESTATUTO JURÍDICO DA MAGISTRATURA NACIONAL 1. Regime jurídico da magistratura nacional: carreiras, ingresso, promoções, remoções. 2. Direitos e deveres funcionais da magistratura. 3. Código de Ética da Magistratura Nacional. 4. Sistemas de controle interno do Poder Judiciário: Corregedorias, Ouvidorias, Conselhos Superiores e Conselho Nacional de Justiça.

melhores condições de resolução de conflitos jurídicos intersubjetivos. Além do mais, também a elaboração de questões de múltipla escolha deve buscar aferir se o candidato conhece o sistema jurídico, se é capaz de resolver problemas práticos da vida social a partir de raciocínio jurídico mais sofisticado. Conhecer o conteúdo de textos normativos ou memorizar os informativos do STJ e do STF, só por isso, não permite um bom julgamento, nem daí se afere conhecimento jurídico em certame seletivo público.

Nesse passo, é útil abrir-se um parêntesis para gizar que, no universo dos concursos jurídicos, vem, nos últimos tempos, surgindo uma "bibliografia" para atender a este novo segmento do mercado editorial brasileiro. Para se usar um eufemismo, os conteúdos dos livros são de qualidade duvidosa, não se desincumbindo a contento da complexidade das disciplinas propedêuticas. Fecha-se o parêntesis.

Encoraja a pensar que, para além de colocar água no moinho da mera transmissão mecânica de conhecimentos técnico-jurídicos, outra dimensão que não pode ser ignorada está em realçar a questão vocacional dos juízes, nos aspectos éticos e psicológicos concernentes à atividade jurisdicional,[2200] com aguilhoamento à reflexão crítica sobre a complexidade prática do ato de julgar. Tal, como soa acaciano, não se reduz ao mero conhecimento de textos normativos e de repositórios de jurisprudência. É de rigor que as Escolas de Magistratura forneçam não apenas formação jurídica, senão também, e sobretudo, conhecimentos metajurídicos de cariz interdisciplinar com impulso à reflexão crítica acerca dos verdadeiros problemas concernentes à atividade judicante, os quais sobrepujam o singelo conhecimento da normatividade e a preparação psicológica apropriada.[2201] É um convite para analisar a (in)consciência sensível e humana do juiz na arte de julgar. O intenso fluxo de intuições, de sentimentos, de emoções, de criatividade, de argumentação jurídica e metajurídica, bem ainda a proximidade das partes e da sociedade tendem a favorecer as condições de melhor qualificação, adequação e efetividade da prestação jurisdicional.

Em resumo, acentua-se a importância de uma formação que, dentre outros aspectos, considere o trinômio intuição-sentimento-emoção na tomada de decisão (com

---

5. Responsabilidade administrativa, civil e criminal dos magistrados. 6. Administração judicial. Planejamento estratégico. Modernização da gestão. D) FILOSOFIA DO DIREITO 1. O conceito de Justiça. Sentido lato de Justiça, como valor universal. Sentido estrito de Justiça, como valor jurídico-político. Divergências sobre o conteúdo do conceito. 2. O conceito de Direito. Equidade. Direito e Moral. 3. A interpretação do Direito. A superação dos métodos de interpretação mediante puro raciocínio lógico-dedutivo. O método de interpretação pela lógica do razoável. E) TEORIA GERAL DO DIREITO E DA POLÍTICA 1. Direito objetivo e direito subjetivo. 2. Fontes do Direito objetivo. Princípios gerais de Direito. Jurisprudência. Súmula vinculante. 3. Eficácia da lei no tempo. Conflito de normas jurídicas no tempo e o Direito brasileiro: Direito Penal, Direito Civil, Direito Constitucional e Direito do Trabalho. 4. O conceito de Política. Política e Direito. 5. Ideologias. 6. A Declaração Universal dos Direitos do Homem (ONU).

[2200] PRADO, Lídia Reis de Almeida. *O juiz e a emoção*: aspectos da lógica da decisão judicial. 3. ed. Campinas: Millenium, 2005, p. 98.

[2201] PRADO, Lídia Reis de Almeida, *op. cit.*, p. 100: "Para tal preparação, deveriam ser realizadas dinâmicas de grupo orientadas por psicólogos-consultores, com a participação dos juízes, em que seriam trabalhados, entre outros, os seguintes temas: a. os motivos pelos quais os juízes escolheram a profissão; b. o fascínio que exercem sobre os julgadores as polaridades *justiça-injustiça, licitude e ilicitude, crime e inocência*; c. as possíveis consequências para o juiz do uso do poder (nesse tema, poderão ser trabalhados a inflação da *persona* e o estresse); d. como lidar com a sobrecarga de estresse que o poder acarreta; e. contato consciente com a antijuridicidade e com os elementos da *sombra* (oposto dos ideais individuais e coletivos); f. a relação entre o juiz, como parte da sociedade, e os problemas ocasionadores das ações judiciais, os quais representam, entre outras coisas, as feridas da coletividade; g. *Eros e Logos*. As características referentes a *Eros*, que são indissociáveis do ato da tomada de decisão; h. ligação entre racionalidade e emoção no ato de julgar". (Grifos no original).

inarredável responsabilidade do juiz pelas consequências de seu julgado), a integração à consciência do homem juiz das qualidades do arquétipo *anima* e da mulher juíza dos predicados do arquétipo *animus*, bem como a superação do dogma juspositivista da neutralidade do juiz: as questões humanas devem ser tratadas humanamente.[2202] Deste ponto de observação, o horizonte institucional da Justiça civil brasileira será ensolarado e promissor.

No Brasil, a tarefa de recrutar juízes constitui função exclusiva dos Tribunais, mediante concursos públicos de provas e de títulos, com a participação da Ordem dos Advogados do Brasil – OAB em todas as fases, por força de preceito constitucional (CF, art. 93, I). Problemas decorrentes de deficiência do ensino universitário não podem camuflar o anacronismo desse método.[2203] Contudo, a superação de esquema anacrônico constitui tarefa atribuível às Escolas de Magistratura, tanto na formação quanto na fixação de critérios confiáveis a uma adequada seleção de juízes.

As Escolas de Juízes[2204] podem atuar na preparação e no desenvolvimento (pessoal e funcional) de magistrados. Elas encontram, primeiramente, justificação na insuficiência do bacharelado em Direito,[2205] além do que suas atividades, muito especializadas e peculiares, não encontram, também por isso, eco na preparação genérica de bacharéis. Além do mais, é indispensável treinamento operacional e técnico para ser juiz. Não se pode deslocar semelhante aprendizado para o cotidiano forense, durante o exercício judicante, a pena de ser traumático, incompleto e insatisfatório. De modo que constituem escopos das Escolas de Magistratura a formação do novo juiz e a preparação do candidato ao concurso de ingresso na carreira.

O modelo tradicional de concurso, baseado na memorização acrítica de informações jurídicas, favorece um treinamento norteado na transmissão automática de dados, sem preocupação com questões deontológicas em geral e com a ética da magistratura em especial.[2206] A (ausência de) consciência ética está na raiz de algumas mazelas imputadas a alguns membros do Judiciário: falta de urbanidade, morosidade,

---

[2202] PRADO, Lídia Reis de Almeida, *op. cit.*, p. 102-104.

[2203] NALINI, José Renato. A escola e o recrutamento de juízes. *Jurisprudência Mineira*. Belo Horizonte, n. 135/136, jan./jun. 1995, p. 1-14, esp. p. 3: "Não será o arcaísmo do método de recrutamento a causa dessa insatisfação? O modelo antiquado de seleção fixou-se num padrão estático de exigências não atendidas pelo recém-formado. (...) Não se preparou o Judiciário para substituir o paradigma clássico de juiz, hoje inexistente, pelo molde gerado na modernidade. Com isso, afasta milhares de vocacionados, potencialmente aptos a um eficaz desempenho, para procurar, com lupa e lanterna, espécimes singulares no universo dos inscritos".

[2204] As Escolas de Magistratura nasceram sob o signo da complementariedade do bacharelado, da ênfase em aspectos institucionais da carreira e para proporcionar treinamento operacional técnico, nos termos do art. 93, IV, da Constituição Federal brasileira: "art. 93 – Lei complementar, de iniciativa do Supremo Tribunal Federal, disporá sobre o Estatuto da Magistratura, observados os seguintes princípios: IV – previsão de cursos oficiais de preparação, aperfeiçoamento e promoção de magistrados, constituindo etapa obrigatória do processo de vitaliciamento a participação em curso oficial ou reconhecido por escola nacional de formação e aperfeiçoamento de magistrados;". Ademais: "II – promoção de entrância para entrância, alternadamente, por antiguidade e merecimento, atendidas as seguintes normas: c) aferição do merecimento conforme o desempenho e pelos critérios objetivos de produtividade e presteza no exercício da jurisdição e pela frequência e aproveitamento em cursos oficiais ou reconhecidos de aperfeiçoamento;" (Redação dada pela Emenda Constitucional nº 45, de 2004).

[2205] PRADO, Lídia Reis de Almeida, *op. cit.*, p. 84: "No Brasil, uma importante reforma a ser efetuada é na formação dos magistrados, pois aquela atualmente oferecida reforça a postura convencional do ensino universitário, que enfatiza o legalismo na prestação jurisdicional. Talvez seja este o motivo pelo qual vários juízes não se preocupam com o destino das pessoas e dos grupos envolvidos no processo, assim como pelas consequências que suas sentenças terão na vida dos litigantes".

[2206] NALINI, José Renato, *op. cit.*, p. 4.

hermetismo, distanciamento da sociedade, autoritarismo, arbitrariedade, insensibilidade às angústias dos litigantes.

Se, de um lado, afigura-se importante conhecer o Direito, não se pode perder a perspectiva, de outro, acerca da fundamentalidade de o Judiciário contar com membros que tenham a plena consciência do alcance social da função jurisdicional. Que sejam sensíveis e tenham empatia, para melhor compreender o drama em sua substância humana, subjacente ao caso particular. Que valorizem o sentir intuitivo, as emoções e a criatividade na busca da melhor solução para o conflito jurídico. Que tenham indefectível compromisso com a eficiência da jurisdição e o valor justiça substantiva, em suas múltiplas concepções, mas todas revestidas de importância na escala valorativa, tendente à concreta realização do justo, de acordo com a lógica do razoável sichesiana.

Tais atributos, para além do aspecto puramente jurídico, devem ser o foco premente e estratégico das Escolas de Magistratura. Deve-se estabelecer o modelo de juiz humano e eficiente, para que se possa investir na tarefa política de sua modelagem e contínua formação. É imprescindível conhecer personalidade, temperamento e aspectos da conduta do futuro juiz. De sorte que o ingresso na magistratura não prescinde de uma circunstanciada avaliação psicológica do candidato, antes da fase de arguição oral, a qual pode evidenciar aptidão ou inaptidão para a atividade judicial.[2207] A errônea seleção e o acolhimento no Judiciário de profissionais inaptos ao adequado exercício da judicatura arrostam graves prejuízos e ônus não apenas para os casos julgandos, senão para a sociedade considerada em seu complexo.

A preparação ideal deveria acompanhar o futuro juiz a partir dos anos iniciais do curso de bacharelado, ainda nas Faculdades de Direito, intensificando-se nos dois últimos anos, mediante convênios com as Escolas de Magistratura, o que poderá concorrer para um mais adequado recrutamento na busca de melhores valores, despertando vocações.[2208] Importa registrar a experiência da Escola Paulista de Magistratura para ministrar a cadeira de "Instituições Judiciárias", através da celebração de convênios com inúmeras Faculdades de Direito,[2209] com aulas regulares nas grades curriculares. Tal sistemática teria a virtude de melhor preparar o bacharelando, propiciando conhecimento mais completo e menos evanescente do futuro candidato, de par a produzir o amadurecimento de vocações.

Os cursos de preparação das Escolas de Magistratura não se destinam a reprisar, concentradamente, os conteúdos programáticos do bacharelado, tampouco substituí-lo.[2210] Busca-se, além do aprimoramento da vivência ética, tornar o candidato autenticamente vocacionado, um bom, justo e equitativo julgador, ancorado no conceito de virtude. Torna-se indispensável propiciar ao juiz, ao longo da carreira, seu aperfeiçoamento pessoal e funcional.

[2207] NALINI, José Renato. A formação do juiz brasileiro. *In*: NALINI, José Renato (Coord.). *Formação Jurídica*. 2. ed. São Paulo: Revista dos Tribunais, 1999, p. 132-148, esp. p. 136-138.

[2208] TEIXEIRA, Sálvio de Figueiredo. *O juiz*: seleção e formação do magistrado no mundo contemporâneo. Belo Horizonte: Del Rey, 1999, p. 83. Assim, também, CASTRO, Honildo Amaral de Mello. *Justiça, judiciário e escola de magistratura*. São Paulo: Bestbook, 2001, p. 311.

[2209] NALINI, José Renato. *A escola e o recrutamento de juízes, op. cit.*, p. 6, esp. nota nº 9.

[2210] NALINI, José Renato. Como formar um juiz justo? *Lex*: Jurisprudência do Supremo Tribunal Federal, São Paulo, v. 23, n. 267, p. 5-14, mar. 2001, esp. p. 10.

As provas e testes de seleção para ingresso nas Escolas de Magistratura devem detectar as verdadeiras vocações, atributos humanos[2211] e conduta ética, abandonando candidatos sem potencial técnico e humano, com personalidade e temperamento patológicos. No âmbito do mercado de trabalho, quem está apenas em busca de emprego ou colocação não pode se destinar à magistratura, pois, sendo desprovido de vocação (aptidão especial), com insensibilidade de consciência moral, sem estrutura emocional e tendo que lidar com penetrantes angústias e deformações do drama processual, será infeliz na carreira. Tenderá à intemperança e à injustiça, propiciando futuras situações de desajustes e de conflitos internos e externos, com infaustos reflexos para partes, jurisdicionados e comunidade.

O juiz contemporâneo, cercado de pretensões oriundas da realidade da vida social, é chamado a decidir casos envolvendo pessoas reais, fatos concretos, problemas atuais da sociedade. Deve, pois, apreender os sentimentos da comunidade e ser sensível às aspirações sociais. Por conseguinte, deve servir, antes e acima de tudo, à jurisdição e não à sua carreira. De fato, não pode assumir um papel carreirista, mais atento às promoções, que se implementam mais à força da apreciação de membros dos Tribunais, do que em virtude da boa administração da Justiça. É terreno fértil para espargir um dos piores males da função jurisdicional: o conformismo em relação às orientações advindas do andar de cima. Semelhante posicionamento não se coaduna com o Estado Constitucional e Democrático de Direito, tampouco com as necessidades da população.

No curso, as aulas e conferências convencionais devem ceder o passo à metodologia que possa proporcionar aos candidatos a análise de casos (concretos e imagináveis) configuradores de desafios morais ao juiz, afinados com o seu tempo, além de possibilitar, em seminários, sua participação e a exteriorização de visões de mundo, noções de vida, crenças axiológicas, filosóficas, ideológicas e políticas, e por aí vai. Tudo para revelar as virtualidades de um bom julgador.

Portanto, as Escolas de Magistratura, das quais muito se espera, podem (*rectius*, devem) ter um papel fundamental na formação e no desenvolvimento permanentes (pessoal e funcional) dos juízes.[2212] A formação deve ter como endereço a preparação técnica e jurídica, orientada para a complexidade dos litígios, bem como ser canalizada para a preparação político-filosófica destinada à tutela prioritária dos direitos fundamentais e à preparação sociocultural para melhor discernir a realidade social e humana hospedada nos processos judiciais, sem neles se exaurir.[2213] Decerto, o recrutamento e o preparo humano, técnico, constante e acurado dos juízes terão implicações positivas na legitimação argumentativa da função jurisdicional.

[2211] CUNHA, Danilo Fontenele Sampaio. Da formação e capacitação de juízes humanos federais. *Revista CEJ*, Brasília, n. 32, p. 26-39, jan./mar. 2006, esp. p. 38: "Mas a dignidade da pessoa humana, como núcleo dos direitos fundamentais, é o valor que deve ser primeiro levado em conta em toda interpretação. Então, sugerimos: que os princípios do recrutamento privilegiem as qualidades do recrutado, sua personalidade, espírito de justiça, sensibilidade para ouvir a alma humana, equilíbrio, personalidade e caráter, possibilitando aferir se o candidato possui, além de atributos intelectuais e técnicos, atributos humanos sensíveis e em evolução".

[2212] NALINI, José Renato. A formação do juiz brasileiro, *op. cit.*, p. 147-148: "O juiz do futuro precisa ser o profissional da harmonização. Sem desconhecer a *luta pelo direito*, dele se espera seja sensível, capaz de condoer-se da sorte de seu semelhante, e, portanto, consciente das consequências concretas de sua decisão". (Grifos no original).

[2213] SANTOS, Boaventura de Souza. (Diretor Científico); GOMES, Conceição (Coord.). *O sistema judicial e os desafios da complexidade social*. Novos caminhos para o recrutamento e a formação de magistrados. Lisboa, 2011. 541 p. Disponível em: http://opj.ces.uc.pt/pdf/Relatorio_Formacao_conclusoes_e_recomendacoes.pdf. Acesso em: 04 abr. 2018, p. 46.

Seja como for, o que não padece dúvida é que o juiz contemporâneo reclama uma preparação para além da mera exigência de memorização acrítica de informações jurídicas, de preceitos legais codificados, da massificação do conhecimento e da agri-culturação de técnicas mnemônicas.

É indispensável maior rigor dos Tribunais, no momento da formação de lista trí-plice, para a aferição dos requisitos dos candidatos ao chamado quinto constitucional,[2214] consideradas as potencialidades humanas, bem como a análise da personalidade e do temperamento de cada qual. Tal a garantir a seriedade da seleção, aos ângulos humano, ético e qualitativo.

Há migrações interdisciplinares inexoráveis. O universo se expande abrindo seu próprio espaço. A presente tese, ao pensar o fenômeno jurídico encarnado na sentença civil numa perspectiva mais ampla, no ambiente dialógico da interdisciplinaridade (*v. g.*, psicologia, psicanálise, sociologia, política, filosofia, direito), alimentado pela hos-pitalidade, mas atento às dores dessa convivência plural, busca coadunar dimensões aparentemente antagônicas: intuição, sentimento, sentença, ideologias, neutralidade, imparcialidade moral e jurídica do juiz.

Semelhante eixo temático, na espessura humana do juiz e no quadro do Estado Constitucional e Democrático de Direito, encontra nas Escolas de Magistratura terreno fértil para vicejar reflexão crítica e energia criativa.

Merece menção à parte a Academia Judiciária Alemã (*Deutsche Richterakademie*),[2215] que, no poder judicial, é a instituição encarregada de zelar pela formação contínua de juízes e procuradores. Organiza cursos e seminários, alguns gerais e outros destinados exclusivamente aos juízes e aos procuradores.[2216] A sua função não se equipara à das outras escolas europeias, posto que à Academia Judiciária Alemã não está afeta a for-mação prévia ao acesso à carreira judicial, senão que forma e assiste os juízes ao longo de toda a sua carreira.[2217] Além de seminários interdisciplinares, uma das grandes áreas consiste na Capacidade e Gestão (*Verhaltensorientierte Tagungen*, jornadas orientadas para comportamento e interação).

[2214] Constituição Federal, art. 94: "Um quinto dos lugares dos Tribunais Regionais Federais, dos Tribunais dos Estados, e do Distrito Federal e Territórios será composto de membros, do Ministério Público, com mais de dez anos de carreira, e de advogados de notório saber jurídico e de reputação ilibada, com mais de dez anos de efetiva atividade profissional, indicados em lista sêxtupla pelos órgãos de representação das respectivas classes. Parágrafo único. Recebidas as indicações, o tribunal formará lista tríplice, enviando-a ao Poder Executivo, que, nos vinte dias subsequentes, escolherá um de seus integrantes para nomeação".

[2215] Disponível em: http://www.deutsche--richterakademie.de/dra/index.jsp.

[2216] Vide exemplo de programa de conferências e seminários da Deutsche Richterakademie emhttp://www. deutsche--richterakademie.de/dra/broker.jsp?uMen=2655c3fe-9737-a215--3a16-e77fe9e30b1c.

[2217] LIGÜERRE, Carlos Gómez, *op. cit.*, p. 79, 80: "Destaca-se a solidez do programa, a sua ênfase nas questões mais relevantes e prementes para a administração da justiça na Alemanha a cada ano, a referência europeia e a acentuação na aquisição e melhoria de capacidades extrajurídicas, desde a contabilidade à comunicação, passando pela psiquiatria e pela psicologia".

CAPÍTULO 8

EXAME DO PROBLEMA AO ÂNGULO DA IMPARCIALIDADE DO JUIZ

8.1 A garantia fundamental da imparcialidade do juiz no âmbito do processo justo

No ditado do ordenamento de caráter supranacional, emerge a Declaração Universal dos Direitos Humanos, contida na proclamação feita pela Assembleia Geral das Nações Unidas reunida em Paris em 1948, cujo art. 10 preceitua: "Toda pessoa tem direito, em plena igualdade, a que a sua causa seja equitativa e publicamente julgada por um tribunal independente e imparcial que decida dos seus direitos e obrigações ou das razões de qualquer acusação em matéria penal que contra ela seja deduzida". Nessa esteira, irrompe a Convenção Europeia de Direitos do Homem, de 20.03.1952, que foi sucessivamente modificada. Tal Convenção, por seu art. 6º, garante a todas as pessoas o direito fundamental a um processo équo, público, num prazo razoável, mediante um tribunal independente e imparcial, estabelecido pela lei. Nesse sentido, assoma o Pacto de São José da Costa Rica, que, *ad instar* do seu art. 8º, 1, consagra, também, a garantia da independência e da imparcialidade do juiz, como atributos essenciais da justiça e escolhas irrevogáveis de civilidade jurídica.

No modelo constitucional do processo civil, a independência do juiz, como um dos pilares de atuação da função jurisdicional, alicerçada no trinômio vitaliciedade-inamovibilidade-irredutibilidade de subsídios (CF, art. 95, I, II e III), erige-se em indispensável condição objetiva da posição de sua imparcialidade,[2218] a qual, por seu

---

[2218] No Brasil, a imparcialidade do juiz constitui amostra eloquente de princípio constitucional implícito, vale dizer, ante a inexistência de expressa previsão na Constituição Federal de 1988, não há formal garantia de que o juiz seja imparcial. A doutrina, no entanto, entende-o como fator anexo à garantia do juiz natural. Em reverso, na Itália, a imparcialidade do juiz é garantia formal e expressa, como, de resto, se inculca da Constituição de 1947, art. 111, §2º: "Ogni processo si svolge nel contraddittorio tra le parti, in condizioni di parità, davanti a giudice terzo e imparziale. La legge ne assicura la ragionevole durata".

turno, é um requisito intrínseco à ideia típica de juiz.[2219] A independência pessoal do juiz, bem pesadas as coisas, há de se constituir em instrumento para a realização do justo na concreta administração da justiça. A imparcialidade judicial, enquanto valor irrenunciável, exibe o seguinte arcabouço constante: trata-se de um critério ou regra de decisão a ser tomada com base em razões, na presença de uma pluralidade de sujeitos e em meio a uma multiplicidade de soluções.[2220]

Nesse palco, entra em cena a garantia fundamental da imparcialidade, configurando-se, no contexto de justificação da decisão, como elemento essencial da estrutura do juízo, sendo certo que, na experiência jurídica, a imparcialidade e o valor justiça estão intimamente conexionados.[2221] A imparcialidade, no viés subjetivo (foro íntimo) e em acepção objetiva e funcional, tutelada pela garantia do juiz natural,[2222] por exigência do devido processo legal, consubstancia-se em inestimável fator de confiança das partes e da sociedade no concreto exercício da função jurisdicional.[2223] É um dos princípios processuais inerentes ao Estado Constitucional e Democrático de Direito. Desfruta o *status* de garantia primária dos litigantes no processo judicial, que requer categorias próprias, e integra o núcleo tradicional da jurisdição, de par a se conexionar com a noção de vinculação do juiz à lei e ao Direito. Trata-se de um valor a ser concretizado, cujo conteúdo específico é o equilíbrio intersubjetivo e, sobretudo, de uma garantia da jurisdição e condição necessária ao legítimo exercício da função jurisdicional.

De fato, raiaria pelo absurdo alguém, voluntariamente, se submeter a um processo cujo juiz fosse sabidamente parcial (*iudex inabilis*), com interesse próprio, pessoal, na sorte do litígio e alheio ao valor do justo. Por exemplo: desequilíbrio para entrever a solução possível para o conflito intersubjetivo, ou quando proporcionasse favorecimento pessoal e tendesse para uma das partes, oportunizando-lhe maiores possibilidades de fazer valer suas razões em juízo e de produzir provas de suas alegações fáticas, a tal ponto de entrar em fibrilação seu dever de imparcialidade.

O acesso à ordem jurídica justa resta aniquilado se o julgador for parcial.[2224] Com efeito, o direito de acesso à ordem jurídica justa tem como contrapartida do Estado o indispensável julgamento da causa por juiz imparcial, sem interesse próprio, direto ou

---

[2219] CALAMANDREI, Piero. Giustizia e politica: sentenza e sentimento. *In:* CAPPELLETTI, Mauro (a cura di). *Opere giuridiche*. Napoli: Morano, 1965, v. 1, p. 637-650, esp. p. 639.

[2220] TRUJILLO, Isabel. Imparcialidade. *In:* BARRETTO, Vicente de Paulo (Coord.). *Dicionário de filosofia do direito*. Rio de Janeiro: Renovar. São Leopoldo: UNISINOS, 2009, p. 463-467, esp. p. 465.

[2221] FAZZALARI, Elio. La imparzialità del giudice. *Rivista di Diritto Processuale*, Padova, 27(2), n. 2, p. 193-203, 1972., esp. p. 200: "Imparzialità del giudice, dunque: mi riferisco, ancora e sempre, alla imparzialità lungo l'arco del processo, per tutto il tempo insomma, in cui il giudice deve far funzionare la bilancia (dopo, quando abbia giudicato di chi sia il torto e di chi ha ragione, ed abbia impugnato la spada, egli è tutto a favore di chi ha ragione: ecco perché la sentenza è prima giudizio e poi comando). E scorgo in essa – in termini di esistenza, nello sforzo costante di essere imparziale – il cardine della giustizia: come si suole da duemilacinquecento anni almeno, se lo sguardo non sa spingersi più lontano".

[2222] CONEGLIAN, Olivar Augusto Roberti. Princípio do juiz natural. *In:* LOPES, Maria Elisabeth de Castro; OLIVEIRA NETO, Olavo de. (Coord.). *Princípios processuais civis na Constituição*. Rio de Janeiro: Elsevier, 2008, p. 155-172, esp. p. 165.

[2223] LARENZ, Karl. *Derecho justo*: fundamentos de etica jurídica. Madrid: Civitas, 2001, p. 181: "El primer requisito de esta confianza es la confianza en la imparcialidad de juez, que significa que el juez no se ha inclinado de antemano por ninguna de las partes y que se sitúa frente a ambas partes sin ninguna predisposición, dispuesto a no perjudicar ni favorecer a ninguna de ellas, tratando a "todos con el mismo rasero y sin acepción de personas". Un juez que contraviene estas reglas contradice la imagen que todos tenemos del "juez justo"".

[2224] ZAVARIZE, Rogério Bellentani. *A fundamentação das decisões judiciais*. Campinas: Millenium, 2004, p. 175.

indireto, e sem que o desfecho da causa penda para esta direção ou àqueloutro sentido aprioristicamente: *"Ne iudex iudicet in re sua"*. Trata-se de penhor de civilidade ligado ao culto democrático da igualdade humana (moral e jurídica), como valor universal, vocacionado ao tratamento substancialmente paritário das partes durante todo o curso do processo.[2225] O princípio da demanda ou princípio dispositivo em sentido material (Código de Processo Civil brasileiro, arts. 2º, 141, 490 e 492), a implicar, em regra, inércia jurisdicional, assente nos aforismos *"Nemo iudex sine actore"* e *"Ne procedat iudex ex officio"*, constitui, também, fator que a ordem jurídica oferta em prol do resguardo da imparcialidade do juiz,[2226] como corolário do princípio de igualdade de tratamento dos contendores ao longo de todo o *iter* procedimental, desenvolvido nas estruturas dialéticas do contraditório, em condições de paridade de armas.

Nessa moldura, independência jurídico-política da magistratura, imparcialidade do juiz, igualdade entre os contendores: todas dialogam e interagem mutuamente. A exigência de imparcialidade do juiz guarda relação de proporcionalidade com a confiança do jurisdicionado e da sociedade no mecanismo da justiça civil. Por isso, juízes e tribunais devem desenvolver, na vida social, a crença em sua acessibilidade, justeza e controlabilidade. No âmbito da arbitragem, por exemplo, o árbitro está dentro do espectro, dentre outras, da garantia da imparcialidade,[2227] a pena de massacrar uma das condições essenciais ao devido processo arbitral justo.

Modernamente, os ordenamentos processuais oportunizam para as partes mecanismos de controle do dever de imparcialidade do juiz, arrolando, *de iure condito*, diversas razões de incompatibilidade para o exercício das funções jurisdicionais. Catalogam-se hipóteses de impedimento[2228] (*v. g.*, em que figure como parte cliente do escritório de advocacia de seu cônjuge, companheiro ou parente, consanguíneo ou afim, em linha reta ou colateral, até o terceiro grau, inclusive, mesmo que patrocinado por advogado de outro escritório) e de suspeição[2229] (*v. g.*, quando qualquer das partes for sua credora ou devedora, de seu cônjuge ou companheiro ou de parentes destes, em linha reta até o terceiro grau, inclusive), que contaminam o dever de imparcialidade do juiz.

Importa notar que as razões de impedimento e de suspeição se aplicam a todos os magistrados de quaisquer tribunais. No ordenamento jurídico brasileiro, tal regra é inflexível e, por isso, não admite exceção alguma. O mesmo não ocorre, por exemplo, na *Supreme Court* norte-americana, em que, culturalmente, a decisão de participar ou não de certo julgamento integra o juízo discricionário de cada juiz, independentemente de justificação sobre sua participação.

[2225] Código de Processo Civil brasileiro, art. 7º: "É assegurada às partes paridade de tratamento em relação ao exercício de direitos e faculdades processuais, aos meios de defesa, aos ônus, aos deveres e à aplicação de sanções processuais, competindo ao juiz zelar pelo efetivo contraditório"; art. 139: "O juiz dirigirá o processo conforme as disposições deste Código, incumbindo-lhe: I – assegurar às partes igualdade de tratamento".

[2226] DINAMARCO, Cândido Rangel. *Instituições de direito processual civil*. 6. ed. rev. e atual. São Paulo: Malheiros, 2009, v. 1, p. 207.

[2227] Lei federal nº 9.307, de 23.09.1996, art. 13: "Pode ser árbitro qualquer pessoa capaz e que tenha a confiança das partes. §6º: No desempenho de sua função, o árbitro deverá proceder com imparcialidade, independência, competência, diligência e discrição". Vide, a propósito, CRETELLA NETO, José. *Fundamentos principiológicos do processo civil*. Rio de Janeiro: Forense, 2006, p. 131.

[2228] Código de Processo Civil brasileiro, art. 144, incisos I-IX.

[2229] Código de Processo Civil brasileiro, art. 145, incisos I-IV.

A recusa do juiz não pressupõe que ele esteja efetivamente implicado, senão que se afigura suficiente a ocorrência de uma causa legal bastante para gerar a desconfiança da parte sobre sua parcialidade no caso concreto. Busca-se, desse modo, resguardar a confiança social no mecanismo da justiça. Os casos legais de impedimento, consubstanciados em fatos objetivamente verificáveis, ditam ao juiz a impossibilidade absoluta de exercício funcional em determinados processos, ante verdadeira presunção *iuris et de iure* de parcialidade. A atuação do juiz impedido contamina, fatalmente, o resultado do julgamento de mérito, até depois de seu trânsito em julgado, configurando hipótese de ajuizamento de ação rescisória.[2230]

A exigência de imparcialidade do juiz, enquanto preocupação deontológica, concerne: (i) à oferta de iguais oportunidades às partes para fazerem valer em juízo suas próprias razões, alegando e provando, e de sucesso a final na causa; (ii) à recusa a estabelecer distinções por força de preferências baseadas em características pessoais das partes; e (iii) aos óbices legais dos arts. 144 e 145 do Código de Processo Civil brasileiro.

Problema simpático brinda ao entrelaçamento da imparcialidade do juiz com os assim chamados casos de "contaminações psicológicas".[2231] O cotidiano forense é generoso em produzir contextos nos quais situações ou decisões pretéritas podem, em tese, perverter decisões futuras, seja atraindo simpatia e afinidade, seja acenando a antipatia e hostilidade do julgador.

No quadro do Estado Constitucional e Democrático de Direito e na dimensão publicística do processo civil, o denominado protagonismo judicial mostra-se a tônica da função do juiz, que é justiça viva. De fato, não se revela crível objurgar de parcial o juiz ativo, prudente, corajoso, verdadeiramente comprometido com o bom exercício da função jurisdicional e com a justiça substancial de sua decisão, por adotar, embora de forma coadjuvante e suplementar às partes, iniciativas probatórias *ex officio*. Como quando determina a realização de uma perícia, pois pesa, ainda, controvérsia sobre a existência de fato pertinente e relevante para o julgamento da causa. Diga-se outro tanto sobre a requisição de autos de procedimento administrativo em repartição pública, a formulação de perguntas às testemunhas e às partes em depoimentos orais e bem ainda a inspeção pessoal de pessoas e coisas. A impostação de eventual mandamento de distanciamento do juiz em relação ao litígio, no que toca à sua participação na formação do material instrutório no processo civil, é justamente o contrário do que se espera dele, e pode conduzir, amiúde, a desfechos teratológicos e iníquos.

Feita abstração de faculdades mediúnicas, não se pode, por antecipação, saber se o resultado de tais iniciativas probatórias do juiz, no exercício de seus poderes instrutórios, favorecerá o autor ou beneficiará o réu.[2232] Não se pode coonestar, nesse panorama, com

---

[2230] Código de Processo Civil brasileiro, art. 966, II.

[2231] GRECO, Leonardo. *Garantias fundamentais do processo*: o processo justo. Disponível em: http://www.mundojuridico.adv.br. Acesso em: 19 jan. 2018.

[2232] THEODORO JÚNIOR, Humberto. Prova – princípio da verdade real – poderes do juiz – ônus da prova e sua eventual inversão – provas ilícitas – prova e coisa julgada nas ações relativas a paternidade (DNA). *Revista de Direito Privado*, São Paulo, n. 17, p. 9-28, jan./mar. 2004, esp. p. 14-15: "A postura conservadora que praticamente anula a iniciativa do juiz no domínio da prova parte de uma visão equivocada que não distingue entre *meios de prova* e *prova* propriamente dita. Vê-se na decisão que ordena a produção de um elemento de prova o compromisso do juiz com o resultado de tal diligência como se ele tivesse que ser antevisto como necessariamente benéfico a uma parte predeterminada. Quando se ordena a ouvida de certa testemunha, a requisição de algum documento público ou privado, a coleta de um depoimento pessoal, a vistoria ou inspeção de algum objeto, ou

o absenteísmo judicial, o qual é inconfundível com imparcialidade do órgão judicante. Tem o sabor do óbvio que é dever do juiz, com a maior exatidão possível na prática, realizar o acertamento da verdade dos fatos pertinentes e relevantes da demanda. A ser diferente, no dia a dia forense, a passividade do juiz, no campo probatório (*v. g.,* por sobrecarga de trabalho, ou receio de que alardeiem estar "favorecendo um dos litigantes"), pode mascarar o juízo de reconstrução póstuma dos fatos e, por conseguinte, implicar resultado materialmente injusto do processo.

Entretanto, há argumentos clássicos desfavoráveis à atribuição de iniciativa probatória ao juiz civil (*v. g.,* natureza privada dos interesses versados no processo civil; os litigantes são os que melhor defendem seus interesses e podem conhecer as provas de suas alegações; incompatibilidade entre o direito às provas das partes e a iniciativa probatória do juiz; aniquilação da carga dinâmica das provas; vulneração da devida imparcialidade judicial; o caráter autoritário da iniciativa probatória do juiz).[2233] Seja como for, a empresa probatória do juiz civil pode ser perfeitamente justificada com a seguinte fórmula: no Estado Constitucional e Democrático de Direito e no âmbito de um processo justo, a obtenção de tutela jurisdicional adequada e efetiva reclama do juiz velar por própria sua efetividade. A propensão em produzir justiça material da decisão pressupõe, também, como critério geral, o correto acertamento da verdade dos fatos relevantes para o julgamento da causa.

É dizer: a determinação errônea ou inexata dos fatos controvertidos conduz, irremediavelmente, a uma decisão substancialmente injusta, mesmo ante a correta escolha da norma jurídica aplicável e sua aceitável interpretação, e ainda que o procedimento tenha sido válido e legítimo. O resultado da prova produzida por iniciativa exclusiva do juiz deve ser submetido ao crivo das partes em contraditório, bem como, na motivação da sentença, é indispensável que haja específica e direta "avaliação forte" (estimativas mais estáveis da consciência comum) sobre o resultado desse meio de prova.

Importa registrar, porém, que imparcialidade do juiz, radicada na correção de seu proceder atinente à justa composição do conflito jurídico intersubjetivo, integrante da tutela constitucional do processo, não se confunde com o dogma do positivismo jurídico de neutralidade judicial. São conceitos distintos e irreconciliáveis entre si. Deveras, o padrão de juiz responsável, que realmente tenha em suas mãos as rédeas do processo, governe seus fins, seja zeloso e comprometido com seu resultado intrinsecamente justo, aspirará, naturalmente, a que saia vitoriosa a parte que tenha razão, à luz da juridicidade e do Direito, e que o processo tenha um epílogo justo.[2234] Aliás, causaria espanto a hipótese inversa, ou seja, a de que o juiz Pilatos, sem caráter e escondido atrás do pretexto da neutralidade e da imparcialidade, não se importasse, absolutamente, com que o processo tivesse um desenlace iníquo, sagrando-se vencedora a parte destituída de mais tênue razão frente ao ordenamento jurídico vigente e ao Direito.[2235]

---

a perícia sobre um documento ou uma coisa, nada pode de antemão assegurar que o convencimento final sobre o quadro fático virá favorecer a esta ou àquela parte". (Grifos no original).

[2233] Para um aceno geral acerca da refutação desses argumentos, vide, *ex plurimis*, PICÓ I JUNOY, Joan. *El juez y la prueba.* Barcelona: J. M. Bosch Editor, 2007, p. 104-117.

[2234] DINAMARCO, Cândido Rangel. *A instrumentalidade do processo.* 13. ed. rev. e atual. São Paulo: Malheiros, 2008, p. 231: "O juiz moderno compreende que só se lhe exige *imparcialidade* no que diz respeito à oferta de iguais oportunidades às partes e recusa a estabelecer distinções em razão das próprias pessoas ou reveladoras de preferências personalíssimas. Não se lhe tolera, porém, a *indiferença*". (Grifos no original).

[2235] À magnífica, BARBOSA MOREIRA, José Carlos. Reflexões sobre a imparcialidade do juiz. *Temas de direito processual*: sétima série. São Paulo: Saraiva, 2001, p. 19-30, esp. p. 29-30: "Há, com efeito, propensão bastante

O mito da neutralidade (pH = 7 a 25 ºC) do juiz é ingênua ilusão sobrepujada,[2236] porque, a par de seu mundo interior impregnado de modos de intuir, de ideias e de pensamentos, a essência da atividade judicante não é, em absoluto, isenta de valoração, de estimativas e de ideologia,[2237] máxime no tocante ao processo unitário de interpretar-aplicar o direito. Todo ato humano (e o juiz é humano, demasiado humano) se reporta sempre a valor.[2238] O juiz não é um ser quimicamente puro e, como tal, assume engajamento pessoal com algum tipo de valoração.[2239]

Realmente, a apregoada neutralidade é incompatível com o caráter essencialmente valorativo do ser humano, de modo que uma neutralidade asséptica de vieses (*biases*) não se afigura possível. O juiz não é refratário à realidade social circundante, tampouco pode se desconectar de sua visão de mundo, nem está imune às concepções políticas e às pressões ideológicas, consciente ou inconscientemente. Em nenhum ser humano se podem eliminar as manifestações de subjetividade; não é possível extirpar o envolvimento intuitivo, emocional, sentimental e irracional no *iter* da atividade de formulação do decisório. Ou seja: em sua decisão, o juiz não é um autômato, alienado, apartado de sua ambiência sociocultural, tampouco neutro, asséptico e acrítico, nem pasteurizado de valores; antes deve interpretar-aplicar a lei no sentido de abeirá-la dos anseios da sociedade, excitado pela plasticidade e pelo dinamismo das relações sociais, influindo, assim, no fenômeno da mutação social.[2240]

<hr/>

difundida a identificar dois conceitos: o de *imparcialidade* e o de *neutralidade*. Trata-se, a meu ver, de grave equívoco. Dizer que o juiz deve ser imparcial é dizer que ele deve conduzir o processo sem inclinar a balança, ao longo do itinerário, para qualquer das partes, concedendo a uma delas, por exemplo, oportunidades mais amplas de expor e sustentar suas razões e de apresentar as provas de que disponha. Tal dever está ínsito no de "assegurar às partes igualdade de tratamento", para reproduzir os dizeres do art. 125, nº I, do Código de Processo Civil. Outra coisa é pretender que o juiz seja neutro, no sentido de indiferente ao êxito do pleito. Ao magistrado zeloso não pode deixar de interessar que o processo leve a desfecho justo; em outras palavras, que saia vitorioso aquele que tem melhor direito. Em semelhante perspectiva, não parece correto afirmar, *sic et simpliciter*, que para o juiz "tanto faz" que vença o autor ou que vença o réu. A afirmação só se afigura verdadeira enquanto signifique que ao órgão judicial não é lícito preferir a vitória do autor ou a do réu, e menos que tudo atuar de modo a favorecê-la, por motivos relacionados com traços e circunstâncias *pessoais* de um ou de outro: porque o autor é X, simpático, ou porque o réu é Y, antipático, ou vice-versa". (Grifos no original).

[2236] ROSA, Alexandre Morais da. *Decisão no processo penal como bricolagem de significantes*. 430 f. Tese (doutorado) – Universidade Federal do Paraná, Setor de Ciências Jurídicas, Programa de Pós-graduação em Direito. Defesa: Curitiba, 2004. Disponível em: http://acervodigital.ufpr.br/handle/1884/1203. Acesso em: 26 jan. 2018, p. 261.

[2237] SILVA, Kelly Susane Alflen da. *Hermenêutica jurídica e concretização judicial*. Porto Alegre: Sergio Antonio Fabris, 2000, p. 135-138.

[2238] NADER, Paulo. *Filosofia do Direito*. 23. ed. Rio de Janeiro: Forense, 2015, p. 60: "As estimativas não apenas fazem parte do Direito como integram a própria vida humana. Se há um compartimento filosófico que se acha profundamente teorizado, mas cuja compreensão se funda na experiência do cotidiano, esse é o mundo dos valores. O ato de viver implica valorar".

[2239] PORTANOVA, Rui. *Princípios do processo civil*. 7. ed. Porto Alegre: Livraria do Advogado Editora, 2008, p. 78: "Em caso de parcialidade, o juiz não deve se comprometer, deve se omitir. Já no que diz com a neutralidade é diferente. A atuação do juiz dá-se pela sentença que provém de *sentire* (sentimento e/ou razão). Logo, o sistema quer que o juiz coloque o seu sentimento na decisão (não fora isso, um computador decidiria melhor). Obrigado a revelar seu sentimento, o juiz tem que se comprometer com ele e revelá-lo na decisão".

[2240] DINAMARCO, Cândido Rangel. Escopos políticos do processo. *In*: GRINOVER, Ada Pellegrini; *Participação e processo*. DINAMARCO, Cândido Rangel; WATANABE, Kazuo (Org.). São Paulo: Revista dos Tribunais, 1988, p. 114-127, esp. p. 115: "O processualista moderno sabe também que a imparcialidade não se confunde com a neutralidade axiológica, porque o juiz é membro da sociedade em que vive e participa do seu acervo cultural e problemas que a envolvem, advindo daí as escolhas, que, através dele, a própria sociedade vem a fazer no processo. Agindo como canal de comunicação entre o universo axiológico da sociedade e o caso concreto, o juiz não inova e não infringe o dever de imparcialidade".

Ao ângulo anímico, subjetivo, a imparcialidade guarda estreita ligação com a isenção de ânimo do juiz, a transparecer virtude, para o julgamento da causa. De fato, reafirme-se, o juiz não pode preferir a vitória de uma parte baseado exclusivamente em seus traços e circunstâncias pessoais nem, por isso, lhe conceder chances mais elásticas de expor e sustentar suas razões. Isto não implica, todavia, absoluta alheação, cabal abstração ou indiferença do juiz no que toca à sorte do litígio; antes, ao revés, não pode se "alienar" da inclinação de valorização de sua conduta ética, da conotação deontológica do processo tampouco, consequentemente, do engajamento com o programa de decisão materialmente équa e justa.[2241] Mas isso não implica interesse direto, pessoal, do juiz na demanda a ser julgada, o que ele não tem e, em absoluto, não pode ter.

A independência e a imparcialidade do juiz, na concreta administração da justiça, colaboram para o lídimo acesso à ordem jurídica justa e à densificação do direito de defesa,[2242] com o fito de equalizar as partes ao longo do *iter* procedimental. Cabe ao juiz reequilibrar as partes no processo, sem que tal acarrete desequilíbrio entre os litigantes. Por exemplo: a debilidade social e processual de uma das partes não é razão necessária e suficiente para o juiz, conscientemente, favorecê-la. Não se deve julgar contra a justiça, assumindo papel paternalista, nem ser parcial mesmo que a parcialidade seja animada pela solidariedade. É o que se colhe da sabedoria humana irradiada da Bíblia: Êxodo 23, 3: "nem para favorecer o pobre num processo"; Levítico 19, 15: "Não farás injustiça no juízo; não respeitarás o pobre, nem honrarás o poderoso; com justiça julgarás o teu próximo". Todavia, se o juiz o fizer, estará vulnerando a própria essência da função jurisdicional, mais ainda que a exigência de imparcialidade.[2243]

Demais disso, a imparcialidade, para além de um princípio básico do processo équo e justo, configura dever constitucional inseparável do Estado-juiz. A confiança na imparcialidade do juiz significa que, até o penúltimo instante do processo,[2244] o juiz não tenha, de antemão, tendido, por simpatia pessoal ou sentimento inconfessável, para qualquer das partes.[2245] Não pode ter a predisposição de prejudicá-las ou de

---

[2241] CABRAL, Antonio do Passo. Imparcialidade e impartialidade. Por uma teoria sobre repartição e incompatibilidade de funções no processo civil e penal. *Revista de Processo*, São Paulo, v. 149, jul. 2007, p. 339-358, esp. p. 341: "Não significa, entretanto, que o juízo deva ser totalmente descompromissado: o magistrado deve ter a responsabilidade com a decisão correta, dando razão à parte que deve, segundo o ordenamento jurídico, sagrar-se vencedora".

[2242] COMOGLIO, Luigi Paolo. *La garanzia costituzionale dell'azione ed il processo civile*. Padova: CEDAM, 1970, p. 238: "(...); e perciò presupposti essenziali delle garanzie di azione e difesa sono l'indipendenza e l'autonomia, con cui la Costituzione intende assicurare l'imparzialità degli organi che tale funzione esercitano. Solo in un giudizio che si svolga dinanzi ad un organo tale da amministrare la giustizia con imparzialità e indipendenza ha senso compiuto parlare di "possibilità di agire" o di "inviolabilità" della difesa".

[2243] FAZZALARI, Elio. La imparzialità del giudice, *op. cit.*, p. 200-201.

[2244] FAZZALARI, Elio. *Istituzioni di diritto processuale*. 4. ed. Padova: CEDAM, 1986, p. 341: "e) Da soggiungere, infine, che il momento del "giudizio" è il culmine dal quale si coglie la "imparzialità" del giudice. Infatti, il giudice può e deve essere "imparziale" nel momento in cui forma la propria convinzione intorno alla esistenza dell'obbligo, del diritto, della lesione; ma quando, convintosi di tale esistenza, rivolge il "comando" giurisdizionale, egli non può essere e non è più imparziale. Il giudice è, in quest'ultimo momento, "parziale"; non può non essere favorevole a chi egli ha accertato aver ragione; rappresenta lo Stato che si schiera a fianco di chi ha ragione, che lo tutela contro l'autore dell'illecito. Insomma il giudice, alla fine, non può che deporre la bilancia e impugnare la spada".

[2245] As garantias fundamentais do processo équo e justo (independência e imparcialidade do juiz, igualdade de tratamento entre as partes, contraditório e direito de defesa) já constavam da Bíblia Sagrada, como se colhe do Deuteronômio, 1, 17: "Não mostrareis preferências nos vossos julgamentos, escutareis tanto os pequenos como os grandes, não temendo homem algum, porque o julgamento é o de Deus".

favorecê-las, segundo o semblante das partes, mas deve conceder-lhes, durante o *iter* procedimental, tratamento isonômico. A igualdade, como valor universal, é fundamento, medida e finalidade de qualquer sistema de criação e de aplicação do Direito que se queira adequado e sério.

O juiz parcial conspurca sua toga. Há casos em que a parcialidade do juiz é evidente (*v. g.*, o juiz é autor da demanda judicial). Em tais casos, é-lhe vedado exercer suas funções no processo: "*Nemo iudex in re propria; Nemo iudex in causa sua*". O juízo careceria, assim, de uma razão idônea. Porém, há casos em que, mais sutilmente, os pré-juízos formados sob inspiração da tradição, no sentido de costumes da comunidade e de ideias pré-concebidas, são fenômenos mentais inconscientes, que o juiz não sabe possuir ou cuja ingerência na decisão ignora.[2246] De fato, caracteres psicológicos, sociais, culturais e ideológicos, enquanto componentes da personalidade do juiz, influenciam suas escolhas, valorações, estimativas, seu cálculo moral, e determinam a hipótese de decisão.[2247]

Nessa moldura, se o juiz, como qualquer ser humano, é influenciado pelos condicionamentos oriundos de sua origem e pelo meio sociocultural em que vive, se não está imune a juízos previamente fixados, se tampouco é impermeável à sua pré-compreensão sobre temas empíricos que trafegam pela vida, isto não significa a insuperabilidade de tais fatores do mundo de carne e osso, ou que não haja mecanismos para controlar ou aferir, concretamente, sua imparcialidade.[2248]

Inobstante, parece bem reafirmar que um dos eixos teóricos do trabalho se pode resumir nesta proposição de inspiração carneluttiana: *a sentença civil, em sua gênese, é um momento do pensamento puramente intuitivo, permeado de sentimento e de emoção, e, portanto, irracional, ilógico*. Nesse palco, entra em cena a garantia fundamental da imparcialidade, configurando-se como elemento essencial da estrutura do juízo, sendo certo que, na experiência jurídica, imparcialidade e justiça estão intimamente conexionadas.[2249] Poderá haver julgamento imparcial no âmbito da irracionalidade ou do ilogicismo na origem da formulação do decisório? Ou, quando nada, da cisão do conceito de racionalidade, nos contextos (i) de descoberta ou de deliberação e (ii) de justificação ou de validação, que neles se opera?[2250]

O bom combate acadêmico e científico recomenda que se tente dar um passo à frente no sentido de se identificarem, sobretudo, as dimensões inconscientes,[2251] os

---

[2246] LARENZ, Karl. *Derecho justo, op. cit.*, p. 183: "Ante todo hay que decir con toda frialdad que ningún hombre, y por tanto ningún juez, está completamente libre de prejuicios (en el sentido de ideas preconcebidas), cualquiera que sea su origen o su educación. Cada hombre está marcado en su modo de entender las cosas, sea por su origen, por su entorno vital, por la educación cultural recibida, por sus experiencias vitales y profesionales y por otros muchos factores más. La "independencia de pensamiento" no es congénita para nadie y tampoco se adquiere con la instrucción, sino que exige el trabajo solitario del hombre a lo largo de toda su vida".

[2247] TARUFFO, Michele. *La motivazione della sentenza civile*. Padova: CEDAM, 1975, p. 76.

[2248] LARENZ, Karl, *op. cit.*, p. 185-186: "Resta, por ello, en este punto que la imparcialidad del juez se contrapone de vez en cuando a sus prejuicios, que pueden ser no sólo personales, sino especialmente determinados por su estado social, pero que no son insuperables en línea de principio. Pueden superarse en un largo y fatigoso proceso, aunque dado que los jueces son hombres como los demás, nunca enteramente. Sin embargo, ello no es razón para no establecer la exigencia de que el juez debe juzgar imparcialmente entre los requisitos del Derecho justo. Su cumplimiento puede asegurarse con normas jurídicas como las mencionadas y más allá es una cuestión de ética".

[2249] TRUJILLO, Isabel. Imparcialidade, *op. cit.*, p. 463.

[2250] O problema sobre a distinção ontológica entre contexto de descoberta da decisão e contexto de justificação, bem como das realidades fenomênicas que cada qual hospeda, será objeto do Capítulo 9, tópico 9.1 infra.

[2251] CARVALHO, Luis Gustavo Grandinetti Castanho de. Estado de direito e decisão jurídica: as dimensões não jurídicas do ato de julgar. *In*: PRADO, Geraldo; MARTINS, Rui Cunha; CARVALHO, Luis Gustavo Grandinetti

mecanismos e fatores que, *ab ovo*, condicionam o juiz, em sua espessura humana, na formulação da solução para o caso particular. O inconsciente é uma dimensão desconhecida do psiquismo que é responsável por certos comportamentos e distúrbios da personalidade. Assim, é ilusório um conhecimento neutro da realidade, haja vista a inexorável participação do juiz com sua constelação, fluxos e refluxos de valores no ato de julgar.

Não se pode negar que a noção de inconsciente carrega em seu ventre o rompimento com a racionalidade pura e imparcial, como não se pode negar o mar Mediterrâneo após ter traçado os confins da Sicília. Daí deriva o reconhecimento de que processos inconscientes podem atuar no ato de julgar e na raiz da formulação da sentença, pois, mesmo quando o juiz atua pensando estar orientado por critérios racionais, ele age trazendo consigo o arquipélago de elementos inconscientes que ditaram sua ação.

Por assim ser, as influências sediadas na fonte indiscernível do inconsciente que inspiram o juiz podem produzir, nos julgamentos, "premissas ocultas imperceptíveis".[2252] Nesse quadro de vulnerabilidade intrínseca a todo ser humano, não está a salvo o juiz honesto, digno e reto. A isenção dele exigida, que não é insuspeita, não toca a questões de idoneidade moral, senão que sofre influência de preconceitos, tendências e de tantas outras situações ou estados psíquicos que o conformam, não raro, à sua própria revelia.[2253]

O juiz não é um mecanismo, androide, autômato, no ato de julgar, sendo impossível dissociá-lo de seu mundo interior, de sua subjetividade. Tal se reveste em prerrogativa personalíssima que garante sua independência para interpretar-aplicar a lei e o direito, dirimindo, atento às realidades dinâmicas temporais da vida, conflitos jurídicos em obséquio aos fins sociais e ao bem comum.[2254]

O porto de partida é o trinômio intuição-emoção-sentimento e sentença; enquanto que, inversamente, o porto de chegada é sentença e emoção-sentimento, ancorados na

---

Castanho de. *Decisão judicial*: a cultura jurídica brasileira na transição para a democracia. Madrid: Marcial Pons, 2012, p. 87-137, esp. p. 114: "Impõe-se, ao juiz, secundar Jung e admitir que não se reage só com o consciente e que a ânsia de ajustar a premissa menor na premissa maior pode esconder, também, um impulso inconsciente. A simples reconstituição do fato passado e sua fixação nos autos já pode revelar algo de inconsciente. Em consequência disso, a sentença poderá conter significados inconscientes, alguns justos, outros injustos, que cumpre esclarecer antes da sua prolação: é preciso "desincumbirmo-nos de nossas responsabilidades intelectuais e também de nossas responsabilidades éticas" porque, sem dúvida, a sentença tem *uma dimensão inconsciente*. E essa dimensão inconsciente pode surgir, segundo Lacan, recorrendo a Freud, na fala (como no discurso judicial, escrito ou oral): todo ato falho é um discurso bem sucedido e o lapso é a mordaça em torno da fala. Entre o sujeito que fala e, portanto, sua sentença, e o sujeito verdadeiro que se oculta, pode existir uma grande diferença e pode ser esta diferença que orientou toda a fala, toda a sentença". (Grifos no original).

[2252] PORTANOVA, Rui. *Motivações ideológicas da sentença*. 4. ed. rev. ampl. Porto Alegre: Livraria do Advogado, 2000, p. 15.

[2253] DUARTE, Liza Bastos. Impossibilidade de um julgamento imparcial. *In: Hermenêutica jurídica, uma análise de temas emergentes*. Canoas: Editora da Ulbra, 2004, p. 105-142, esp. p. 110.

[2254] DUARTE, Liza Bastos, *op. cit.*, p. 118: "Vasculhando a face dramática inerente ao caso concreto, suas pulsações na vida social e guardando as palavras da lei e seu propósito como consenso de valor, o juiz deve possuir discricionalidade para agir com liberdade em suas decisões; mas não deve temer guiar-se também pela sua sensibilidade: partindo-se da lei, nada obsta que o magistrado a ela transcenda (indo além). Ora, essa constatação de imparcialidade à revelia do desejo de objetividade e isenção é, sem dúvida, angustiante e essa angústia não deve se aplacar, mas ser preocupação de todo juiz. Provavelmente, é por isso que a doutrina permanece afirmando que o ato decisório será motivado e imparcial. A imparcialidade deve ser o apanágio da justiça e do juiz, sendo o mesmo responsável por dar o significado e alcance universal à ordem de valores imprimidos nas normas jurídicas. Este ato de dar significação, concomitante ao dever de ser imparcial, é tarefa extremamente difícil e penosa, é meta a ser perseguida que não prescinde da consideração de muitos conceitos e de uma interpretação voltada para a realidade social".

intuição do juiz, no oceano de seu dever de imparcialidade,[2255] racionalmente referenciado ao contexto de justificação do decisório, que, na experiência jurídica, consubstancia critério organizativo do poder jurisdicional. Assim vistas as coisas, a imparcialidade configura, na conjuntura do processo justo, uma garantia fundamental que limita a liberdade do juiz.

Um juízo *a priori* imparcial, porque delineado em obséquio à garantia do juiz natural, não é, de si, um juízo que, por exemplo, franqueará efetivo contraditório a ambas as partes e formulará solução materialmente justa da lide no caso particular.[2256] Implica dizer que a imparcialidade no desempenho da função jurisdicional somente pode ser eficientemente aferida caso a caso, *a posteriori*, através do exame do concreto comportamento processual do juiz.[2257]

Agora bem, no que tange à independência e à imparcialidade (tuteladas pelo juiz natural), só por meio da motivação jurídica, obrigatória e pública, das decisões judiciais, como discurso justificativo racional (que presta contas, que não apenas afirma, mas, sempre, fundamenta), é que se pode verificar se aquele juízo que, de início, se pressupusera imparcial, verdadeiramente, ao longo de todo o itinerário procedimental, assegurou, *in concreto*, tratamento isonômico às partes no processo.[2258] Se restou concretamente assegurada a paridade de armas, a igualdade de oportunidades de fazer valer em juízo suas próprias razões fático-jurídicas.

Sobreleva notar que a decisão judicial não é imparcial em si mesma, mas apenas quando evidencie sê-lo.[2259] É dizer: não basta que o decisório seja justo, senão que é necessário, também, que o pareça.[2260] Nesse quadrante, a garantia fundamental de motivação jurídica, obrigatória e pública, é a única via para se verificar se o juiz atuou com imparcialidade, bem como, ainda, sua subordinação à juridicidade e ao Direito.[2261] A imparcialidade guarda, também, pertinência temática com a incerteza acerca do resultado do processo, donde emerge como fator de validade e de legitimidade da decisão, e de legitimação do procedimento.

O juiz aparece, nesse quadro, como *tertius super partes*,[2262] a sugerir a presença de verdadeira função jurisdicional. Não à toa, a confiabilidade que a sociedade deposita em seu sistema de justiça pressupõe as insuprimíveis independência e imparcialidade dos juízes, como garantia mesmo dos cidadãos.

[2255] TRUJILLO, Isabel, *op. cit.*, p. 467.

[2256] CONTE, Francesco. Apontamentos sobre a motivação da sentença civil e sua conexão com outras garantias constitucionais do processo justo. In: PORTO, José Roberto et al (Coords.). *Direito processual contemporâneo*: estudos em homenagem a Humberto Dalla Bernardina de Pinho. 1. ed. Rio de Janeiro: LMJ Mundo Cristão, 2018, p. 183-205, esp. p. 191.

[2257] VIGORITI, Vincenzo. *Garanzie costituzionali del processo civile*: due process of law e art. 24 cost. Milano: Giuffrè Editore, 1970, p. 100: "Il controllo della parzialità è anzitutto possibile solo in occasione dell'esercizio concreto del potere, della manifestazione della volontà parziale, col risultato che le nozioni stesse di indipendenza ed imparzialità tendono nelle sentenze a sfumarsi e a confondersi l'una nell'altra".

[2258] BARBOSA MOREIRA, José Carlos. A motivação das decisões judiciais como garantia inerente ao Estado de Direito. *Temas de direito processual*: segunda série. 1. ed. São Paulo: Saraiva, 1980, p. 83-95, esp. p. 87.

[2259] TARUFFO, Michele. *La motivazione della sentenza civile, op. cit.*, p. 399-400.

[2260] FLORES GARCIA, Fernando. Comentarios acerca del "conocimiento privado del juez" en el derecho procesal mexicano. *Revista de la Facultad de Derecho de Mexico*, México-DF, v. 61, n. 255, p. 161-198, 2011, esp. p. 176.

[2261] TOMMASEO, Ferruccio. *Appunti di diritto processuale civile*: nozione introduttive. 4. ed. Torino: G. Giappichelli Editore, 2000, p. 135.

[2262] ALMEIDA, Flávio Renato Correia de. Da fundamentação das decisões judiciais. *Revista de Processo*, São Paulo, n. 67, p. 194-213, jul./set. 1992, esp. p. 201-203.

Nesse quadrante, o princípio constitucional da impessoalidade, consagrado no art. 37, *caput*, da Constituição Federal brasileira (na acepção de objetividade,[2263] vedação de desvio de finalidade e de abuso de poder, animados por um "zelo" diverso), afeiçoa-se com certo perfil da garantia da imparcialidade do juiz. Disso resulta que, como condição necessária ao apropriado funcionamento da administração da justiça e da correta entrega da prestação jurisdicional, o órgão judicante deve considerar paritariamente as partes, evitando, assim, tratamentos privilegiados ou características pessoais, de simpatias ou de antipatias, para a outorga de posição de vantagem ou a consecução de perseguições abjetas.

Um dos pilares do presente trabalho (mas não apenas) é o sentir intuitivamente do juiz, que se identifica com a noção compreensiva de seu sentimento, no tocante ao justo/injusto, certo/errado, antes mesmo da análise dos perfis fático-jurídicos ensartados nos autos do processo. O senso individual de justiça do juiz seria, por exemplo, o critério de certo e errado, tanto no Direito como no espaço moral, *i. e.*, justiça conforme o Direito. Ou seja: um dos ângulos primordiais de mirada é o sentimento acerca do justo/injusto, as noções de certo/errado do juiz com as quais é recebida a exposição de um conflito jurídico judicializado, antes mesmo de havê-lo submetido à análise com os instrumentos do caso concreto. No âmbito desse critério de cariz mais subjetivo, o juiz provavelmente compartilha as noções de certo/errado predominantes na comunidade em que vive.

No espaço de uma teoria sentimentalista, por exemplo, as emoções não podem, paradoxalmente, ser consideradas desnecessárias no processo de avaliação judicial acerca de determinado caso particular, a exprimir o aspecto de que a vida humana não é moralmente neutra, prestando-se "a uma discriminação básica entre aquilo que é sentido como melhor e aquilo que é desaprovado como pior".[2264] De fato, a disposição do juiz de sentir emoções afigura-se fundamental para que ele possa identificar as variáveis importantes em um dado contexto, a fim de conduzi-las a avaliações normativas adequadas, apreendendo a gradação do universo normativo e não apenas distinguir entre os diferentes domínios em seu interior.

Insista-se no ponto: os elementos subjetivos (*v. g.*, intuição-sentimento-emoção) conformadores, na raiz, da livre convicção do juiz, por vezes, podem fazer com que *initio litis* o julgador já tenha um alvorecer de convencimento formado. Contudo, por força de seu dever de imparcialidade, no desenvolvimento do processo, não é incomum que venha a constatar que estava equivocado. Um exemplo eloquente disso são as decisões liminares muitas vezes revogadas, após a apresentação de contestação, com a consequente contraprova, pelo próprio julgador que as proferiu.[2265]

Quando se reconhece uma dimensão política na decisão do juiz, não se pode evitar que venha, nela, a projetar sua própria ideologia (*v. g.*, um tipo de interpretação do preceito legal que instrumentalize seu endereço ideológico). Semelhante inevitabilidade parece emergir no filme de Sidney Lumet, *O veredicto*, quando o advogado (ator

---

[2263] GOLDSCHMIDT, Werner Lange. *La imparcialidad como principio básico del proceso* (La partialidad y la parcialidad). Madrid: Monografias de Derecho Español. Instituto de Derecho Procesal, 1950, p. 1-21, esp. p. 20.

[2264] RICOEUR, Paul. *O justo 1*: a justiça como regra moral e como instituição. Tradução Ivone C. Benedetti. São Paulo: WMF Martins Fontes, 2008, p. 200.

[2265] ARONNE, Ricardo. *O princípio do livre convencimento do juiz*. Porto Alegre: Sergio Fabris Editor, 1996, p. 69-70.

Paul Newman) pergunta ao júri: "Como se faz para emitir um veredicto imparcial sem que a imparcialidade se torne indiferença? É uma pergunta habitual para um juiz?".

A faina diária do juiz, de quando em vez, pode se tornar tormentosa. Porque necessita aprender a ler, antes da lei, dentro de si mesmo. E perguntar-se por que se está orientando de um certo modo. Então, o juiz tem de limpar todos os elementos que poderiam resultar distorcivos na decisão que se vai assumindo. Às vezes, tem-se a sensação de prosseguir ao longo de uma trilha na crista da montanha, onde se arrisca a cada passo a escorregar de um lado ou de outro para um burocratismo preguiçoso ou para uma criatividade injusta. Mas tudo diz respeito ao juiz, porque em seu trabalho deve formular juízos (julgamentos).

Semelhante posição é incondicionalmente referenciada à garantia fundamental da imparcialidade do juiz,[2266] na experiência jurídica, como requisito essencial de jurisdicionalidade,[2267] ou – caso se prefira – condição *sine qua non* de exercício legítimo da função jurisdicional. De fato, o trinômio intuição-emoção-sentimento do juiz, incrustado na germinação do decisório, há de ser investigado, também e sobretudo, à luz da garantia fundamental de sua imparcialidade (tutelada pelo juiz natural), no contexto de justificação. Com efeito, a imparcialidade do juiz – oriunda do penhor de igualdade entre as partes, como valor universal – é a pedra angular do edifício da jurisdição moderna. Reflete uma questão de profunda responsabilidade ética.[2268]

Ao juiz cumpre, de par com uma densa seriedade moral, apreender todo conhecimento que toca a ele mesmo. O primeiro (e decisivo) passo nessa hercúlea empreitada psicológica diz com a dolorosa experiência do reconhecimento de que seu inconsciente opera paralelamente à consciência racional de si mesmo e do mundo exterior. É importante reconhecer que, mesmo quando diz estar atuando de maneira racional, é seu inconsciente que governa suas escolhas, justificadas, em cada ponto, sob premissas racionais, mas que no fundo operam maquiagem lógica de opções arrebatadoramente inconscientes.[2269]

Em semelhante quadro, o juiz consciente, por exemplo, dos conceitos e preconceitos que implicam sua personalidade humana, pode proferir uma decisão mais équa e justa,[2270] seja em relação ao acertamento da verdade dos fatos relevantes para

---

[2266] CALAMANDREI, Piero. Giustizia e politica: sentenza e sentimento, *op. cit.*, p. 639: "Storicamente la qualità preminente che sembra inseparabile dall'idea stessa di giudice, fino dal suo primo apparire agli albori della civiltà, è la imparzialità. Il giudice è un terzo estraneo alla contesa, che non condivide gli interessi e le passioni delle parti litiganti tra loro e che dal di fuori considera con serenità e con distacco il loro litigio: un terzo inter partes o meglio supra partes. Quel che lo spinge a giudicare non è un suo interesse personale, egoistico, che stia in contrasto o in connivente alleanza coll'uno o coll'altro degli egoismi in conflitto. L'interesse che lo muove è un interesse superiore, di ordine collettivo; l'interesse a che la contesa sia risolta civilmente e pacificamente, ne cives ad arma veniant: per mantenere la pace sociale. E per questo dev'essere estraneo e indifferente alle sollecitazioni delle parti e all'oggetto della lite: nemo iudex in re propria".

[2267] CAPPELLETTI, Mauro. *Juízes legisladores?* Porto Alegre: Sergio Antonio Fabris Editor, 1999, p. 6, em especial nota nº 7.

[2268] No tocante ao insuprimível conteúdo ético da imparcialidade do juiz, vide o art. 1. da Resolução nº 60, de 19.09.2008, do Conselho Nacional de Justiça – CNJ, que institui o Código de Ética da Magistratura Nacional: "O exercício da magistratura exige conduta compatível com os preceitos deste Código e do Estatuto da Magistratura, norteando-se pelos princípios da independência, da imparcialidade, do conhecimento e capacitação, da cortesia, da transparência, do segredo profissional, da prudência, da diligência, da integridade profissional e pessoal, da dignidade, da honra e do decoro".

[2269] DUARTE, Liza Bastos, *op. cit.*, p. 123.

[2270] GIACOMOLLI, Nereu José; DUARTE, Liza Bastos. O mito da neutralidade na motivação das decisões judiciais: aspectos epistemológicos. *AJURIS*, Porto Alegre, n. 102, p. 287-303, 2006, esp. p. 300: "consciente o juiz dos

o julgamento da causa, seja em relação à escolha e à interpretação da norma jurídica aplicável ao caso particular. O julgador, mormente na origem da determinação do decisório, não tem condições de se emancipar das impetuosas influências oriundas de seu inconsciente pulsante e interativo, condicionando seu espírito e a inclinação decisória que dele pode decorrer. Não pode domar totalmente semelhantes forças assimétricas, mas, no ato de julgar,[2271] se lhe impõem estudo e reflexão acerca da compreensão de si mesmo e sobre a sociedade em que opera. O ser juiz deve conhecer a si mesmo, suas virtudes e fragilidades humanas, cumprindo, assim, o aforismo grego que está inscrito no *pronaos* (pátio) do Templo de Apolo em Delfos: "Conhece a ti mesmo".[2272] Quando o juiz renuncia ao autoconhecimento, abrindo mão do desejo de se distinguir, cai na armadilha do próprio abismo existencial.

O ponto nodal é o seguinte: quando se sustenta a tese da ilogicidade *ab imis* da sentença civil, por exemplo, ante a inexorável presença da intuição na eclosão do ato de julgar, pluridimensional e complexo, não se vai ao ponto de se afastar o dever de imparcialidade do juiz. Muito ao contrário, a tomada de consciência de que tal componente está incrustada, efetivamente, na origem da formulação do *decisum*, de par a robustecer o dever de imparcialidade do juiz, torna a motivação jurídica pública do julgado, com o aporte de razões justificativas, fático-jurídicas, racionalmente válidas, tanto mais indispensável. Com tal fórmula de civilidade, evita-se que a atividade jurisdicional se degenere em autoritarismo e arbitrariedade.[2273] Tanto a independência e a imparcialidade do juiz, quanto a motivação jurídica obrigatória e pública das decisões judiciárias configuram elementos essenciais de organização e de funcionamento do Estado Constitucional e Democrático de Direito contemporâneo.

8.2 O contraditório como direito de influir na formação intelectual da convicção do juiz e o seu sentimento

As estruturas dialéticas, nas quais se concretizam e se especificam as exigências próprias do contraditório, como valor histórico da humanidade, constituem uma das condições essenciais do processo, no âmbito de uma mais ampla noção de procedimento.[2274] Disso resulta que, sem efetivo contraditório, assente no trinômio informação-reação-participação, não há processo.[2275]

---

conceitos e preconceitos apriorísticos que formam a personalidade de cada ser humano, pode proferir uma decisão mais justa, adequada ao verdadeiro sentido que determina a lei, tendo como propósito o momento histórico em que está inserido".

[2271] KANT, Immanuel. *Crítica da faculdade do juízo*. 3. ed. Rio de Janeiro: Forense Universitária, 2012, p. 140: "A condição subjetiva de todos os juízos é a própria faculdade de julgar ou a faculdade do juízo. Utilizada com respeito a uma representação pela qual um objeto é dado, esta faculdade requer a concordância de duas faculdades de representação, a saber, da faculdade da imaginação (para a intuição e a composição do múltiplo da mesma) e do entendimento (para o conceito como representação da unidade desta compreensão)".

[2272] Em latim: "*Nosce te ipsum*" ou "*Temet nosce*".

[2273] CONTE, Francesco. *Sobre a motivação da sentença no processo civil*: Estado constitucional democrático de direito, discurso justificativo e legitimação do exercício da jurisdição. 1. ed. Rio de Janeiro: Gramma, 2016, p. 225: "Muito para dizer que a independência e a imparcialidade do juiz exigem algo mais do que sinceridade e este *plus* atende pelo nome e sobrenome de justificação jurídica e racional das decisões judiciais, como meio de pavimentar a lisura do acesso à ordem jurídica justa".

[2274] MANDRIOLI, Crisanto. *Diritto processuale civile*: nozioni introduttive e disposizioni generali. 13. ed. Torino: Giappichelli, 2000, v. 1, p. 116.

[2275] FAZZALARI, Elio. *Istituzioni di diritto processuale*. 4. ed. Padova: CEDAM, 1986, p. 78: "C'è, insomma, "processo" quando in una o più fasi dell'iter di formazione di un atto è contemplata la partecipazione non solo – ed

Com efeito, o princípio político da participação democrática das partes ao longo de todo o *iter* procedimental, franqueando-se-lhes participar pedindo, participar alegando, participar provando e participar influenciando o juízo,[2276] é a mola propulsora da garantia constitucional do contraditório (art. 5º, inciso LV, da Constituição Federal brasileira de 1988). Há íntima conexão entre a exigência de contraditório e o princípio de participação. O contraditório, como valor permanente do processo, encarna algo peculiar à atividade jurisdicional enquanto tal e representa o pulsar do coração do processo: entre partes, partes-juiz e juiz-partes.

No teatro do processo équo e justo,[2277] no caminhar do procedimento, em simétrica paridade, o núcleo essencial do contraditório é configurado por vários elementos. É útil passá-los em revista, conquanto fugazmente:[2278]

Primeiro: a bilateralidade de audiência – *audiatur et altera pars*: estabelece, como amiudado, que se ofereçam às partes as mesmas oportunidades de acesso à Justiça e de exercício do direito de defesa (paridade de armas).

Segundo: direito à informação (*Recht auf Benachrichtigung*) e à reação (*Recht auf Äusserung*), assentes no binômio "ciência-resistência", a denotar que as partes tenham, necessariamente, conhecimento dos atos praticados por cada uma delas e pelo juiz, no fito de energização do contraditório, preferencialmente efetivo e real, não meramente eventual e potencial.

Terceiro: direito à prova e à contraprova, como uma das manifestações do direito de ação e de defesa, por meio de adequada participação das partes no processo, oportunizando-se-lhes apresentar alegações e requerer todas as provas pertinentes e relevantes, lícitas e morais, vocacionadas à descoberta da mais exata possível verdade material. Avulta a correta reconstrução histórica dos fatos em juízo, que favoreçam suas posições jurídicas. A não ser assim, ter-se-á malferimento do contraditório, ante cerceamento de defesa e total esvaziamento da efetividade do processo. Epistemologicamente,

---

ovviamente – del suo autore, ma anche dei destinatari dei suoi effetti, in contraddittorio, in modo che costoro possano svolgere attività di cui l'autore dell'atto deve tener conto, i cui risultati, cioè, egli può disattendere, ma non ignorare. (...) Occorre, dunque, per individuare il processo, che vi siano serie di norme (e posizioni ed atti) che risalgano ai destinatari degli effetti del provvedimento, realizzando fra loro un contraddittorio paritetico". Vide, também, LUISO, Francesco P. *Diritto processuale civile*: principi generali. 3. ed. Milano: Giuffrè Editore, 2000, v. 1, p. 29: "Nel processo, il diritto di difesa costituisce una garanzia fondamentale, che ha una funzione analoga a quella che svolge la democrazia politica rispetto all'intero ordinamento. Il processo è un fenomeno caratterizzato dal contraddittorio: dove non c'è possibilità di replica ai mezzi di attacco e di difesa, agli argomenti, alle attività in genere poste in essere dagli altri soggetti, non c'è processo".

[2276] DINAMARCO, Cândido Rangel. *Fundamentos do Processo civil moderno*. 5. ed. São Paulo: Malheiros, 2002, v. 1, p. 125.

[2277] COMOGLIO, Luigi Paolo. Il "giusto processo" civile nella dimensione comparatistica. *Revista de Processo*, São Paulo, n. 108, p. 133-183, out./dez. 2002, esp. p. 156-158: "Accanto ai principi integrativi che, con particolare riguardo all'effettività dei mezzi di judicial review e delle forme di tutela giurisdizionale, sono stati ripetutamente affermati anche dalla Corte di Giustizia delle Comunità Europee, i trends giurisprudenziali hanno così sintetizzato e descritto le componenti minime essenziali di quel processo "equo": a) il diritto ad un ricorso giurisdizionale effettivo ovvero il diritto di accesso alle corti ed ai tribunali, come tale sottratto a irragionevoli discriminazioni o a limitazioni eccessive, per la tutela dei diritti e delle obbligazioni civili; b) il diritto ad un'effettiva difesa in giudizio, nella sua più ampia articolazione; c) il contraddittorio fra le parti, su basi paritarie, in ossequio al principio di "eguaglianza delle armi"; d) il diritto alla prova e alla controprova, nel bilanciamento dialettico delle fonti probatorie acquisibili; d) la pubblicità delle udienze e delle decisioni giurisdizionali; f) l'indipendenza e l'imparzialità del giudice; g) la durata ragionevole dei giudizi".

[2278] Para um aceno geral sobre os componentes integrativos do cerne do contraditório, vide CONTE, Francesco. Contraditório como dever e a boa-fé processual: os fins sociais do processo. *In*: FUX, Luiz (Coord.). *Processo constitucional*. 1. ed. Rio de Janeiro: Forense, 2013, p. 633-728, esp. 644-652.

o contraditório consente, por dialética entre partes, partes-juiz e juiz-partes, o apropriado e atendível acertamento da verdade dos fatos, mais que a pesquisa solipsista do julgador.

Quarto: flexibilização e congruência dos prazos, no adequado alcance das exigências de defesa da parte, segundo as peculiaridades do caso concreto e as necessidades do direito material.[2279]

Quinto: igualdade material das partes, determinante do dever de imparcialidade do juiz, a impor tratamento paritário das partes, por meio de isonômicas oportunidades no processo, para fazer valer suas próprias razões, na dimensão do acesso à justiça ou sob a ótica do exercício do direito de defesa.[2280] Haverá processo quando no itinerário de formação da sentença houver contraditório, sob o prisma de simétricas e mútuas igualdades (*"parità delle armi"*). O contraditório é o instrumento operativo de penhor do pleno direito fundamental de defesa.[2281]

Sexto: contraditório prévio de questões de direito e de fato cognoscíveis *ex officio* ou não pelo juiz, de ordem pública ou não (também decisões da "terceira via", para evitar "sentença a surpresa",[2282] que é um dos maiores pesadelos da jurisdição). Vale elencar alguns ordenamentos jurídicos que expressamente disciplinam a matéria: Código de Processo Civil italiano, art. 183, §2º (antes da reforma de 2009, depois da reforma do §2º do art. 101); Código português, art. 207; §139 da ZPO alemã (*Zivilprozessordnung*); §182 da ZPO austríaca; Código de Processo Civil brasileiro, art. 10: "O juiz não pode decidir, em grau algum de jurisdição, com base em fundamento a respeito do qual não se tenha dado às partes oportunidade de se manifestar, ainda que se trate de matéria sobre a qual deva decidir de ofício".

Desse modo, se o juiz tenciona colocar como fundamento de sua decisão uma questão de fato e/ou de direito relevada de ofício, em um campo não arado, deve, previamente, submetê-la ao filtro purificador do contraditório entre as partes. O vício de omissão na energização do contraditório provoca a invalidade do julgado.

Doravante, não pode mais ser invocado o princípio de própria responsabilidade para justificar a ausência, na espécie, de ativação do contraditório a cargo do juiz. Com efeito, alegava-se que a questão relevável de ofício não seria secreta e, por isso mesmo, poderia ser extraída dos a(u)tos do processo, sendo patrimônio de conhecimento comum ao juiz e às partes. Por assim ser, se a parte se quedou inerte em aproveitar a possibilidade de debater a questão, tal omissão deveria ser imputável a si mesma (*"Imputet sibi"*). O silêncio poderia, também, ser uma estratégia defensiva legítima. O contraditório exigiria apenas que qualquer parte tivesse a possibilidade de defesa adequada. Todavia, tal impostação reducionista deve peremptoriamente ser repelida, pois

---

[2279] Em atividade interpretativa nitidamente ab-rogante do art. 183, §1º, do Código de Processo Civil brasileiro de 1973, a que corresponde o art. 223, §1º, do Código de Processo Civil brasileiro de 2015.

[2280] CAPPELLETTI, Mauro. *Juízes legisladores?* Porto Alegre: Sergio Antonio Fabris Editor, 1999, p. 82-83.

[2281] THEODORO JÚNIOR, Humberto. *Curso de direito processual civil*: teoria geral do direito processual civil e processo de conhecimento, v. 1. 51. ed. Rio de Janeiro: Forense, 2010, p. 33.

[2282] TROCKER, Nicolò. *Processo civile e costituzione*: Problemi di diritto tedesco e italiano. Milano: Giuffrè, 1974, p. 667-658: "Egli ritiene in sostanza che il giudice debba informare le parti del proprio orientamento prima dell'emanazione della pronuncia, per metterle in grado di incidere validamente sulla formazione del provvedimento decisorio. Solo in tal modo si riuscirebbe ad evitare che gli interessati siano costretti a muoversi nell'incertezza e a dibattere su questioni comunque irrilevanti, per poi vedersi "sorpresi" da una sentenza del tutto inattesa. Il diritto di influire sullo svolgimento della controversia e sul contenuto della decisione resterebbe inevitabilmente compresso, se gli interessati non avessero l'opportunità di seguire e di esaminare previamente le considerazioni giuridiche dell'organo giudicante".

o princípio do contraditório, também entre juiz e partes, prevalece sobre aqueloutro de própria responsabilidade das partes.[2283]

Sétimo: a garantia do contraditório exige que todos os contrainteressados (*v. g.*, terceiros que possam sofrer efeitos em suas esferas jurídicas por força de decisão proferida em processo *inter alios*) tenham o direito de participar, intervindo no processo, mediante exercício das prerrogativas relacionadas ao direito de defesa. Ademais, não repugna à consciência jurídica a posição de se preservar o direito de discussão dos efeitos da sentença proferida sem aquela total participação, quer em grau recursal, quer em processo autônomo.

Oitavo: o princípio da colaboração entre partes e juiz e vice-versa se densifica em novos significados do processo como *actus trium personarum* (Búlgaro: "*Iudicium est actus trium personarum: iudicis, actoris et rei*"). Todos, de início, estão no mesmo patamar e cooperando para a busca da verdade real e da realização da justiça substancial. Ora, nesse quadro, ocorre a superação da visão de processo como duelo adversarial, que o pensava como um certame desportivo com supremacia do mais forte, fruto da ideologia liberal-individualista, muito ao contrário do novo clima de intensa colaboração e sincera cooperação, inspiradas por uma lógica dialética, com o órgão judicante, nas fronteiras da ética, da probidade e da boa-fé processual.

Em regra, o juiz, antes de decidir, deve animar o contraditório entre as partes, como corolário lógico da ideia do oferecimento do *his day in court*. Contudo, existem situações excepcionais em que a participação prévia da parte é capaz de afetar a própria efetividade da tutela jurisdicional (*v. g.*, arresto, busca e apreensão, internação hospitalar emergencial). Em casos tais, envolvendo, por exemplo, tutela de urgência (cautelar ou satisfativa), admite-se o chamado contraditório não inicial, preventivo, mas diferido, postergado,[2284] na linha de que o juiz pode legitimamente proferir decisão *inaudita altera parte*.[2285]

Não é supérfluo dizer que as exigências de celeridade[2286] e de economia processual não podem massacrar garantias fundamentais do processo équo e justo (*v. g.*, direito de defesa, contraditório, motivação da decisão). É dizer: perseguir cegamente a celeridade do processo, à semelhança de *fast food* judicial, a qualquer custo, implica trucidar garantias fundamentais forjadas ao longo da evolução civilizatória, como o direito de defesa.[2287]

Nessa moldura, o processo revela profundas transformações: de instrumento de composição de conflitos e patrocinador de paz social, assume feição de instrumento de

---

[2283] BUONCRISTIANI, Dino. Il principio del contraddittorio nei rapporti tra parti e giudice. Judicium. Disponível em: http://www.judicium.it. Acesso em: 25 jan. 2018.

[2284] COMOGLIO, Luigi Paolo. Garanzie costituzionali e "giusto processo" (modelli a confronto). *Revista de Processo*, São Paulo, n. 90, p. 95-150, abr./jun. 1998, esp. p. 114.

[2285] Código de Processo Civil brasileiro, art. 9º: "Não se proferirá decisão contra uma das partes sem que ela seja previamente ouvida. Parágrafo único. O disposto no *caput* não se aplica: I – à tutela provisória de urgência; II – às hipóteses de tutela da evidência previstas no art. 311, incisos II e III; III – à decisão prevista no art. 701".

[2286] Constituição Federal brasileira de 1988, art. 5º, LXXVIII: "a todos, no âmbito judicial e administrativo, são assegurados a razoável duração do processo e os meios que garantam a celeridade de sua tramitação". (Incluído pela Emenda Constitucional nº 45, de 2004). Código de Processo Civil brasileiro, em seu art. 4º: "As partes têm o direito de obter em prazo razoável a solução integral do mérito, incluída a atividade satisfativa". Constituição italiana de 1947, art. 111, §2º: "Ogni processo si svolge nel contraddittorio tra le parti, in condizioni di parità, davanti a giudice terzo e imparziale. La legge ne assicura la ragionevole durata".

[2287] TROCKER, Nicolò. *Processo civile e costituzione, op. cit.*, p. 508.

persecução do valor da justiça substancial, através da descoberta, a mais exata possível, da verdade material. Em semelhante perspectiva, os poderes do juiz são anabolizados, com necessária alteração de sua mentalidade, máxime na órbita das iniciativas probatórias *ex officio*, com a fratura do viés de juiz passivo. As mudanças alcançaram, igualmente, o sentido do contraditório, pois condicionaram decisões judiciais à prévia informação das partes, as quais, ordinariamente, passaram a deduzir suas alegações, com produção de provas e de contraprovas, antes que o juiz possa decidir.[2288] O sopro processual cambiante tem aptidão para determinar o próprio estilo defensivo das partes, em prol de performance proba, leal e de boa-fé dos sujeitos do processo.

Na paisagem do direito processual civil cooperativo, e na esteira da moderna fórmula do contraditório como dever, cabe ao juiz, na governança dos multiníveis do processo, oportunizar às partes idônea e efetiva participação e, concomitantemente, o juiz deverá ser partícipe das estruturas dialéticas do contraditório. Cumpre ao juiz fazer observar e observar ele próprio o contraditório, cuja participação se materializará em atos de direção, de prova, de diálogo.[2289]

Destarte, em sua nova concepção, a plenitude e a efetividade do contraditório têm dupla feição:[2290] (i) para o juiz, o dever de instaurar verdadeira dialogicidade judicial com as partes em mão dupla,[2291] dando vida ao fenômeno da fotossíntese processual consistente na transformação, pelo julgador, dos monótonos monólogos de cada uma das partes em diálogo humano[2292] (voz animada), em clima de *fair play*;[2293] e (ii) para as partes, o dever de colaboração e de cooperação no escopo de se aprimorar a qualidade técnica e se apurar a efetividade da prestação jurisdicional.

Agora bem, o componente do núcleo central do contraditório, que merece registro singularizado, para os fins do presente trabalho, é o direito de influir (contraditório como direito de influência – *Einwirkungsmöglichkeit*), concreta e eficazmente, na formação intelectual da convicção do juiz, principalmente sobre a relação fato-norma, e,

---

[2288] THEODORO JÚNIOR, Humberto. Princípios informativos e a técnica de julgar no processo civil. *Revista Forense*, Rio de Janeiro, n. 268, p. 103-109, 1979, esp. p. 104.

[2289] DINAMARCO, Cândido Rangel. *Instituições de direito processual civil*. 6. ed. rev. e atual. São Paulo: Malheiros, 2009, v. 1, p. 226.

[2290] GRECO, Leonardo. Novas perspectivas da efetividade e do garantismo processual. *In*: MITIDIERO, Daniel; AMARAL, Guilherme Rizzo (Coord.); FEIJÓ, Maria Angélica Echer (Org.). *Processo Civil*: estudos em homenagem ao professor doutor Carlos Alberto Alvaro de Oliveira. São Paulo: Atlas, 2012, p. 273-308, esp. p. 296: "O princípio da colaboração, hoje tão decantado, deve ter duas mãos. Não são apenas as partes que devem colaborar entre si e com o juiz. Também o juiz deve colaborar com as partes, advertindo-as do alcance que o julgamento da causa poderá adotar".

[2291] DINAMARCO, Cândido Rangel. *Fundamentos do processo civil moderno*. 5. ed. São Paulo: Malheiros, 2002, v. 1, p. 135: "Nem decai o juiz de sua dignidade quando, sentindo a existência de motivos para emitir de ofício uma decisão particularmente gravosa, antes chama as partes à manifestação sobre esse ponto. O *juiz mudo* tem também algo de *Pilatos* e, por temor ou vaidade, afasta-se do compromisso de fazer justiça". (Grifos no original).

[2292] NALINI, José Renato. *A rebelião da toga*. Campina, SP: Millennium Editora, 2006, p. 275: "Imparcialidade, para o juiz, passa a ser o equilíbrio pra entrever a alternativa possível no encaminhamento do conflito. À solução viável não se chegará, se destento da realidade circundante. Não é exato que possa fazer o justo concreto distanciando-se das partes. Em lugar disso, imparcialidade poderá ser aproximar-se mentalmente delas. (...) Essa postura mais humana conferiria nova dimensão ao contraditório. Não é distanciar-se igualmente de ambas as partes, mas procurar sentir-se no lugar de cada qual. Só assim é que a realização da justiça humana perderia um pouco de sua estranheza. Constatação empírica levaria a concluir que muitas das decisões judiciais causam pasmo e espanto por sua bizarria, embora calcada no mais insuspeito tecnicismo".

[2293] MITIDIERO, Daniel. *Colaboração no processo civil*: pressupostos sociais, lógicos e éticos. (Coleção temas atuais de direito processual civil; v. 14). 2. ed. São Paulo: Revista dos Tribunais, 2011, p. 137.

pelo tanto, no conteúdo da decisão judicial.[2294] Ou seja: a inextinguível participação das partes como direito ou possibilidade de incidir ativamente sobre o desenvolvimento e o êxito do juízo.[2295]

Apesar de a garantia fundamental da justificação estar primordialmente referenciada às partes, aos cidadãos e à sociedade, já sob a ótica do juiz, como agente estatal, a motivação jurídica também assume significado importante, pois, no modelo constitucional de processo équo e justo, como valor universal, lhe permite ministrar as razões fático-jurídicas que justifiquem, racionalmente, o decisório. Ao próprio magistrado se abre, antes de todos, a oportunidade de demonstrar, argumentativamente, a correção e a validade dos critérios de escolha ou de valoração adotados, segundo o trinômio intuição-emoção-sentimento, operante no gérmen da formulação do *decisum*.

Quando da motivação jurídica do decisório, ao juiz não é dado fazer abstração da dialeticidade, desprezando o princípio político da participação democrática das partes, e transformar, *sic et simpliciter*, o contraditório como influência em menos que devaneio de uma noite de verão.

Não por acaso, se afirma comumente que a motivação não serve para justificar a própria decisão, a pena de se transformar numa garantia meramente formal e puramente ilusória; antes, ao juiz, que é a vida da lei e da justiça, cumpre levar em conta o material fático-jurídico produzido dialeticamente pelas partes, acolhendo-o ou rejeitando-o (porém, não poderá jamais ignorá-lo). Cabe-lhe enunciar, em qualquer caso, expressamente, as razões justificativas de seus critérios de definição ou de apreçamento, tanto da hipótese de solução vitoriosa quanto daquela derrotada.[2296] A densificação do diálogo articulado pelos contendores no procedimento há de implicar o teor da sentença. Daí descende a natureza dialógica da motivação,[2297] mediante efetiva apreciação, pelo magistrado, da integralidade dos elementos fático-jurídicos relevantes para o julgamento da causa, trazidos para os autos do processo por engenho das partes ou mesmo iniciativa de ofício.

Noutros termos: um dos componentes do núcleo essencial da garantia constitucional do contraditório, conexionado com o dever de imparcialidade, expressa-se no direito de influir, concreta e eficazmente, como força motriz na formação intelectual da convicção do juiz[2298] e, desse modo, no conteúdo material da sentença civil. As

---

[2294] CONTE, Francesco. *Sobre a motivação da sentença no processo civil*: Estado constitucional democrático de direito, discurso justificativo e legitimação do exercício da jurisdição, *op. cit.*, p. 749: "A nova configuração teórica do contraditório idealiza-o também como duplo dever: para o juiz, de instauração e participação de amplo diálogo com as partes; para estas, de colaboração e de cooperação éticas na formação da decisão, tudo no desígnio de aperfeiçoar a qualidade técnica, a justeza e a efetividade da prestação jurisdicional. A estrutura dialética do processo, refletida na atividade das partes, deve permear o julgamento, de modo que a legitimidade da decisão judiciária é diretamente proporcional ao coeficiente de possibilidades de concreta participação influenciadora das partes".

[2295] TROCKER, Nicolò. *Processo civile e costituzione, op. cit.*, p. 371.

[2296] BERGEL, Jean-Louis. *Teoria geral do direito*. (Justiça e direito). 2. ed. São Paulo: Martins Fontes, 2006, p. 367: "O silogismo continua então a ser o suporte geral do raciocínio, mas a escolha das premissas supõe todas as vezes uma controvérsia. Nenhuma premissa pode ser aceita no mesmo momento a premissa contrária, de modo que nenhuma conclusão pode ser admitida sem ter considerado a conclusão contrária e sem ter operado uma escolha entre as duas conclusões possíveis". Importa registrar que o Código de Processo Civil brasileiro, em seu art. 489, §1º, inciso IV, preceitua: "art. 489 – *omissis*. §1º Não se considera fundamentada qualquer decisão judicial, seja ela interlocutória, sentença ou acórdão, que: IV – não enfrentar todos os argumentos deduzidos no processo capazes de, em tese, infirmar a conclusão adotada pelo julgador".

[2297] GOMES FILHO, Antonio Magalhães. *A motivação das decisões penais*. São Paulo: Revista dos Tribunais, 2001, p. 188.

[2298] CINTRA, Antonio Carlos de Araújo; GRINOVER, Ada Pellegrini; DINAMARCO, Cândido Rangel. *Teoria geral do processo*. 25. ed. rev. e atual. São Paulo: Malheiros, 2009, p. 61.

potencialidades do contraditório, informado pelo princípio do respeito da dignidade da pessoa humana, tocam, também, à possibilidade de impugnação imediata (e, assim, mais eficaz) da decisão. Tal prerrogativa gravita na órbita da garantia da ampla defesa.[2299]

No campo dialético, as partes, em contraditório no procedimento (tese e antítese), participam da própria formulação da sentença (síntese),[2300] pois ao juiz cabe levar em conta a atividade processual por elas desenvolvida. Com efeito, a tese (formulada pelo autor) e a antítese (delineada pelo réu) já contêm o gérmen, embrião de uma sentença. Uma espécie de projeto de sentença que as partes oferecem na demanda judicial. O processo democrático e ético tendente a tutelar direitos e realizar valores constitucionais é animado pela grandeza participativa das partes e favorecido pela ferramenta operativa do contraditório. Expressa o direito vocacionado a influir e a conformar o juízo, de par a representar garantia do correto exercício do poder e inestimável fator de legitimação argumentativa do concreto exercício da função jurisdicional.[2301]

Nessa conjuntura, é de capital importância que haja consonância entre o som do diálogo desenvolvido pelas partes ao longo de todo o procedimento e o eco da ossatura material da sentença. Semelhante congruidade, devidamente justificada, é indispensável para que se possa qualificar como efetiva a influência do exercício da garantia do contraditório na conformação intelectual da convicção do magistrado.[2302] A ser diferente, não haveria sentido prático algum em assegurar à parte o direito de ação-defesa (*v. g.*, informação-reação-participação-alegação-argumentação-produção de provas-contraprovas), se ao juiz fosse permitida a possibilidade de ignorar o material oriundo da obra qualificada das partes.[2303] É dizer: ao juiz é franqueado criticar, mas não desdenhar, desconhecer o material fático-jurídico ancorado pelos contendores nos autos do processo.[2304] Em reverso, ao juiz incumbe demonstrar, por imperativo do contraditório e da ampla defesa, que a concepção intelectual de sua convicção resulta essencialmente da qualificada participação das partes das estruturas dialéticas do procedimento.[2305]

[2299] CIPRIANI, Franco. *Il processo civile nello stato democratico*. Napoli: Edizioni Scientifiche Italiane, 2006, p. 22-23.

[2300] CALAMANDREI, Piero. La genesi logica della sentenza civile. *In:* CAPPELLETTI, Mauro (a cura di). *Opere giuridiche*. Napoli: Morano, 1965, v. 1, p. 11-54, esp. p. 14 e 16.

[2301] BUENO, Cassio Scarpinella. *Curso sistematizado de direito processual civil*: teoria geral do direito processual civil. 3. ed. São Paulo: Saraiva, 2009, v. 1, p. 111.

[2302] WAMBIER, Teresa Arruda Alvim. A influência do contraditório na convicção do juiz: fundamentação de sentença e de acórdão. *Revista de Processo*, São Paulo, n. 168, p. 53-65, fev. 2009, esp. p. 55: "Todavia, contemporaneamente, é comum que se diga que o contraditório tem relação mais expressiva com a atividade do juiz. Este, no momento de decidir, como se fosse um último ato de uma peça teatral, deve demonstrar que as alegações das partes, somadas às provas produzidas, efetivamente interferiram no seu convencimento. A certeza de que terá havido essa influência decorre da análise da motivação da sentença ou do acórdão". (Grifos no original).

[2303] TROCKER, Nicolò. *Processo civile e costituzione, op. cit.*, p. 448 ss., 510 ss. Assim, também, TARUFFO, Michele. *La motivazione della sentenza civile*. Padova: CEDAM, 1975, p. 402: "È chiaro, d'altra parte, che poco varrebbe garantire alle parti la possibilità d'impiego dei mezzi di difesa, se poi si consentisse al giudice, di fatto, il potere di non tener conto, in sede di decisione, di quanto le parti stesse hanno apportato al "materiale di giudizio", in fatto e in diritto; non a caso, infatti, si individua nell'ambito della garanzia generale della difesa un diritto delle parti di influire sulla decisione, nel quale rientrano il diritto alla prova, il diritto ad interloquire sulle questioni rilevanti per la decisione, e così via".

[2304] RODRÍGUES, Víctor Gabriel. *Argumentação jurídica*: técnicas de persuasão e lógica informal. 5. ed. São Paulo: Martins Fontes, 2005, p. 256.

[2305] DIAS, Ronaldo Brêtas de Carvalho. A fundamentação das decisões jurisdicionais no Estado democrático de direito. *In:* FUX, Luiz; NERY JR., Nelson; WAMBIER, Teresa Arruda Alvim (Coord.). *Processo e Constituição*: estudos em homenagem ao Professor José Carlos Barbosa Moreira. São Paulo: Revista dos Tribunais, 2006, p. 567-576, esp. p. 572-573.

Não por acaso, a motivação argumentativa da decisão é a derradeira encarnação do contraditório.[2306] Força é convir que o teor das razões justificativas permite verificar se, verdadeiramente, o juiz o concretizou, considerando e apreçando, uma a uma, todas as questões fático-jurídicas relevantes oportunamente aduzidas pelas partes.[2307] Evidencia-se, desse modo, que o *iter* de formação da decisão prosperou sob o pálio da participação dos litigantes.

O direito à motivação das decisões judiciárias integra, também, o conteúdo mínimo indispensável para se obter o contraditório.[2308] No plano dinâmico, a simbiose do direito de ação e do contraditório com o dever de o juiz proferir sentenças congruamente motivadas[2309] é que permite averiguar se o juiz levou em conta, de verdade, o material fático-jurídico produzido pelas partes em contraditório. É em decorrência disso que se diz que a motivação representa a última manifestação do contraditório. O dever técnico-jurídico de fundamentação da sentença (como, de resto, qualquer outro pronunciamento de cunho decisório) importa o ápice do diálogo judicial e da humanização do processo, por possibilitar que as partes possam se certificar de que foram efetivamente ouvidas e que, ao fim e ao cabo, puderam influir na conformação da decisão.[2310] A dialeticidade do procedimento, como bem se compreende, não se esgota na formal participação das partes em contraditório. Portanto, em perspectiva sistemática e coerente da ordem jurídico-constitucional, há conexão necessária entre a garantia do contraditório e o dever de motivação jurídica das decisões judiciais,[2311] a denunciar um dos traços característicos do processo équo e justo.[2312] Aliás, bem vistas as coisas,

---

[2306] COLESANTI, Vittorio. Principio del contraddittorio e procedimenti speciali. *Rivista di Diritto Processuale*, 30(2), p. 577-619, 1975, esp. p. 612-613: "In breve, è lecito dire che la garanzia della motivazione rappresenta l'ultima manifestazione del contraddittorio, per ciò solo che l'obbligo posto al giudice di enunciare i motivi del suo provvedimento si traduce nell'obbligo di tener conto dei risultati del contraddittorio, e al tempo stesso di render conto che l'iter formativo del provvedimento medesimo s'è svolto all'insegna della (possibile) partecipazione degli interessati. (...) In questo senso la garanzia della motivazione, seppur rivolta alla soddisfazione di un interesse sociale, riassume anche la tutela dell'interesse individuale alla piena esplicazione del contraddittorio, di cui rappresenta (per così dire) la sintesi finale. (...) E cioè: da una parte, l'obbligo di motivare vale a riprova della essenzialità del contraddittorio nel procedimento (quale che ne sia la struttura) di formazione dell'atto, e proprio perché il giudice, nell'enunciare i motivi del suo provvedimento, deve render conto delle risultanze del contraddittorio".

[2307] ROCCO, Ugo. *Trattato di Diritto Processuale Civile*. Torino: Unione tipografico-editrice torinese, 1966, v. 2, p. 158: "Soltanto dal contrasto della posizione dell'attore e del convenuto potrà esser fornito al giudice l'esatto criterio di decisione, in base al materiale di prova ed alle argomentazioni, in fatto e in diritto, che l'una e l'altra parte avranno spiegato nello svolgimento del processo".

[2308] LOPES, Maria Elisabeth de Castro. Princípio do contraditório. *In:* LOPES, Maria Elisabeth de Castro; OLIVEIRA NETO, Olavo de (Coord.). *Princípios processuais civis na Constituição*. Rio de Janeiro: Elsevier, 2008, p. 101-117, esp. p. 105.

[2309] COMOGLIO, Luigi Paolo. Garanzie minime del "giusto processo" civile negli ordinamenti latinoamericani. Roma e America Diritto Romano Comune. *Rivista di diritto dell'integrazione e unificazione del diritto in Europa e in America Latina*, Roma, v. 17, p. 213-227, 2004, esp. p. 224.

[2310] WAMBIER, Teresa Arruda Alvim. *Omissão judicial e embargos de declaração*. São Paulo: Revista dos Tribunais, 2005, p. 389: "A garantia da motivação consiste na *última manifestação do contraditório*. De fato, de nada serviria outorgar às partes aquele amplo e complexo feixe de prerrogativas, poderes e faculdades, que convergem para a obtenção de resultado favorável no fim do processo, se as atividades concretamente realizadas pudessem ser desprezadas pelo juiz no momento da decisão. A estrutura dialética do processo não se esgota com a mera participação dos interessados em contraditório, mas implica sobretudo a *relevância* dessa participação para o autor do provimento: seus resultados podem ser até desatendidos, mas jamais ignorados". (Grifos no original).

[2311] BARROSO, Marcelo Lopes. Contraditório e motivação das decisões judiciais. *Revista Acadêmica da Escola Superior do Ministério Público do Estado do Ceará*, Fortaleza, ano 2, n. 2, p. 1-15, ago./dez. 2010, esp. p. 13.

[2312] MITIDIERO, Daniel, *op. cit.*, p. 153-154: "o dever de fundamentação das decisões consiste na "última manifestação do contraditório", porquanto a motivação "garante às partes a possibilidade de constatar terem

o princípio do contraditório não mais constitui apanágio da função jurisdicional, mas sim está estendido para outros segmentos da atividade dos poderes públicos.[2313]

Nessa toada, o papel primordial do juiz é o de justificar (racionalizar, convalidar, tornar aceitável)[2314] sua decisão mediante o emprego de argumentos válidos,[2315] identificáveis e racionais (*v. g.*, justificação do critério de escolha do valor, justificação do juízo de valor, justificação das consequências extraídas do juízo de valor).

Importa notar – e o ponto é de superlativa importância – que tanto a convicção quanto, *v. g.*, o sentimento do juiz não são suscetíveis de parametrização em graus ou em números, mas apenas podem (*rectius*, devem) ser demonstrados na motivação jurídica da sentença, quando o juiz aporta razões justificativas racionais, identificáveis e intersubjetivamente válidas para o decisório.[2316] Como, no espaço físico da motivação do julgado, devem ser usados argumentos racionais, válidos e controláveis, daí se segue, necessariamente, que a convicção e o sentimento do juiz, bem como os elementos que os determinaram, são exteriorizados e racionalizados mediante a própria racionalização dos argumentos utilizados para justificá-los.[2317] A não ser assim, o contraditório, em sua feição de direito de influir na formação intelectual da convicção do juiz, valeria menos que zero.

8.3 A regra técnica da livre convicção motivada

O processo de conhecimento ou de cognição desemboca na formulação de um juízo, e este consiste na valoração de um fato ou de um conjunto de fatos, os quais, antes, hão de ser acertados no atinente à existência material. O comprometimento do juiz com o ideal de justiça material da decisão, de par a uma correta escolha e interpretação da norma jurídica aplicável ao caso concreto, há de abranger, também, o acertamento da verdade dos fatos relevantes para o julgamento da causa. A compreensão equivocada ou a valoração distorcida dos resultados probatórios representados nos autos do

---

sido ouvidas". Há, pois, um nexo inarredável entre inafastabilidade da jurisdição, direito fundamental ao contraditório e dever de fundamentar as decisões jurisdicionais, sem o qual não se pode reconhecer a existência de um processo justo. A fim de que se sinta pulsar também no âmbito do processo civil o Estado Constitucional, é de rigor que na motivação da decisão efetivamente conste a apreciação do órgão jurisdicional a respeito dos fundamentos deduzidos pelas partes ao longo do processo. Fere a natureza cooperativa do processo civil contemporâneo, pois, decisão judicial que não patrocine um efetivo diálogo com as razões levantadas pelas partes em suas manifestações processuais".

[2313] ANDRIOLI, Virgilio. *Lezioni di diritto processuale civile*. Napoli: Jovene, 1973, v. 1, p. 171.

[2314] GRAÇA, António Pires Henriques da. Aspectos metodológicos do discurso judiciário. *In: Estudos jurídicos do Supremo Tribunal de Justiça de Portugal*. Lisboa, 2008. Disponível em: http://www.stj.pt/ficheiros/estudos/apiresgraca_discursojudiciario.pdf. Acesso em: 21 jul. 2014, p. 19.

[2315] TARUFFO, Michele. Il controllo di razionalità della decisione fra logica, retorica e dialettica. *In:* BESSONE, Mario (a cura di). *L'attività del giudice, mediazione degli interessi e controllo delle attività*. Torino: G. Giappichelli, 1997, p. 139-153, esp. p. 146. Assim, também, TOMÁS-RAMÓN, Fernández. *Del arbitrio y de la arbitrariedad judicial*. Madrid: Iustel, 2005, p. 122-123.

[2316] O problema da motivação jurídica como passaporte entre a gênese irracional do *decisum* e sua dimensão de racionalidade e de controlabilidade endo e extraprocessual será objeto do Capítulo 9, tópico 9.2, *infra*.

[2317] MARINONI, Luiz Guilherme. *Prova*. 2. ed. rev. e atual. São Paulo: Revista dos Tribunais, 2011, p. 215: "Em outra perspectiva, a convicção somente importa quando é posta às claras, ou seja, quando é racionalizada na motivação. Ou seja: se a convicção é importante para a decisão, o certo é que a convicção e a decisão somente poderão ser compreendidas em face da motivação, quando deverão ser justificadas racionalmente".

processo conduz inevitavelmente a decisões materialmente errôneas e injustas.[2318] Donde se exige, tirante os casos de prova legal e tarifada, que o juiz deva valorar o material probatório da causa segundo seu prudente apreçamento.[2319]

A prova, em suas nuances teóricas e filosóficas, e o acertamento judicial dos fatos compõem um dos problemas cruciais da dimensão limitada do processo e da justiça. O juiz move-se com liberdade no tocante à análise dos perfis fático-probatórios da causa, na incessante busca, segundo as peculiaridades do caso particular, da verdade possível, em termos de adequação ou de conformidade,[2320] necessária e suficiente no âmbito do processo, como premissa da justiça, para suportar conclusão final justa. Em sede probatória, o percurso psicológico irrompe do inconsciente, sendo as atividades de reconstrução dos fatos, de garimpagem dos elementos de prova e de valoração de seus resultados os espaços mais permeáveis às infiltrações daquele *iter*.[2321]

O juiz tem a faculdade de apreciar o resultado das provas de acordo com sua experiência de julgador. Sua cognição, embora ampla em relação à valoração da credibilidade dos elementos de prova, é, porém, condicionada por variadas limitações. A primeira restrição está em que a prova utilizável pelo julgador para proferir sua decisão deva estar ensartada nos autos do processo. É dizer: fatos e circunstâncias pertinentes e relevantes da causa devem estar representados nos autos judiciais (*"Quod non est in actis non est in mundo"*).[2322] O juiz forma sua convicção aferindo livremente o material probatório, mas dentro dos lindes daquilo que o processo hospeda, como instrumento de razão e método de cognição.[2323]

A plataforma de convicção do juiz, justificadamente, exibe tripla dimensão: de apreciação (*v. g.*, das fontes de provas), de recepção (*e. g.*, dos meios de provas) e de

---

[2318] LIEBMAN, Enrico Tullio. *Manuale di diritto processuale civile*. Milano: Giuffrè, 1973, v. 2, p. 68: "Se la giustizia è lo scopo ultimo della giurisdizione, la prova ne è uno strumento essenziale, perchè non vi può essere giustizia, se non fondata sulla verità dei fatti ai quali si riferisce".

[2319] ZANZUCCHI, Marco. *Diritto Processuale Civile*. 6. ed. aggiornata. Milano: Giuffrè, 1964, v. 2, p. 392.

[2320] HEIDEGGER, Martin. Sobre a essência da verdade. Coleção *Os pensadores*. São Paulo: Nova Cultural, 1989, p. 123: "Este duplo caráter da concordância traz à luz a definição tradicional da essência da verdade: *Veritas est adaequatio rei et intellectus*. Isto pode significar: Verdade é a adequação da coisa com o conhecimento. Mas pode se entender também assim: Verdade é a adequação do conhecimento com a coisa. Ordinariamente a mencionada definição é apenas apresentada pela fórmula: *Veritas est adaequatio intellectus ad rem*. Contudo, a verdade assim entendida, a verdade da proposição, somente é possível quando fundada na verdade da coisa, a *adaequatio rei ad intellectum*. Estas duas concepções da essência da *veritas* significam um conformar-se com... e pensam, assim, a verdade como conformidade".

[2321] CARVALHO, Luis Gustavo Grandinetti Castanho de. Estado de direito e decisão jurídica: as dimensões não jurídicas do ato de julgar. *In:* PRADO, Geraldo; MARTINS, Rui Cunha; CARVALHO, Luis Gustavo Grandinetti Castanho de (Org.). *Decisão judicial*: a cultura jurídica brasileira na transição para a democracia. Madrid: Marcial Pons, 2012, p. 87-137, esp. p. 125-126: "A colheita da prova e a análise do material fático é, por excelência, o local onde mais se instala esse itinerário psicológico inconsciente. A afirmação do princípio da livre valoração da prova, embora não afaste a legitimidade da análise jurídica, implica em conexões que extrapolam os critérios de regulação jurídica. O princípio jurídico da livre valoração implica uma visão holística da prova, e, consequentemente, integram-se outros aspectos extrajurídicos necessários à determinação do fato. A reconstituição dos fatos leva a formação de imagens que, muitas vezes, remetem a outras imagens já experienciadas pelo julgador, atravessadas, portanto, de vivências conscientes e inconscientes. (...) A proposta, neste passo, é mais modesta, tal a envergadura e a dificuldade de lidar com o tema: tão somente reconhecer que o ato de julgar também tem uma *dimensão inconsciente* que se projeta nas decisões. Por vezes, elas ajudam a fazer justiça; outras vezes podem afastá-la. Não se trata de má-fé do julgador, que, na maioria das vezes, está convicto de que está fazendo justiça; mas, às vezes, pode estar sendo traído pelo seu inconsciente". (Grifos no original).

[2322] BARBI, Celso Agrícola. *Comentários ao Código de Processo Civil*. 13. ed. Rio de Janeiro: Forense, 2008, v. 1, p. 411.

[2323] MIRANDA, Custódio da Piedade Ubaldino. Indícios e presunções como meio de prova. *Revista de Processo*, São Paulo, ano 10, n. 37, p. 52-67, jan./mar. 1985, esp. p. 64.

valoração (*v. g.*, do resultado das provas). Além do impulso oficial em relação à marcha ordinária do procedimento, sob a égide do publicismo, no processo judicial moderno o juiz desempenha papel mais ativo, na prospecção do material probatório e na tutela adequada e efetiva do direito material em crise.

Amplifica-se o diálogo do juiz com os demais sujeitos do processo. À empreitada de descoberta da verdade acresce o empenho para se obter elucidação imparcial dos fatos. O processo civil para a tutela dos direitos das partes não foi concebido ao ângulo exclusivo de visão da parte que pede justiça, mas o foi, também e sobretudo, pensado sob o prisma do juiz que haverá de administrá-la. Vê-se uma tendência mundial na direção do fortalecimento de iniciativas *ex officio* do juiz no processo, principalmente em matéria probatória, mesmo no sistema da *common law*. No processo civil contemporâneo, o juiz deve ser imparcial em relação à ação e à defesa, mas não no concernente ao instrumento processual.[2324] O Estado Constitucional e Democrático de Direito não se compraz com a ideia de um juiz passivo, apático, indiferente, conformado com a disputa adversarial e individualista das partes. O fenômeno processual, inspirado no interesse individual, também está sob o foco do interesse público no adequado exercício da jurisdição (a função jurisdicional decorre da soberania estatal)[2325] e no escopo de paz social do processo.

Na atividade probatória *ex officio iudicis*,[2326] é lícito buscar novas fontes de prova, distintas daquelas já existentes nos autos processo,[2327] desde que (i) se o faça com imparcialidade, mesmo porque não se pode saber de antemão a qual das partes, e em que medida, aproveitará o resultado da prova; e (ii) haja irrestrita submissão ao debate em contraditório das partes. Trata-se, bem pesadas as coisas, de aspecto fecundo do princípio de colaboração entre juiz e partes.

Não se admite, em todo caso, a parcialidade judicial, ou a marginalização dos resultados probatórios constantes dos autos, a fim de que o juiz possa lançar mão de seu conhecimento privado (*v. g.*, quando o juiz tenha conhecimento dos fatos através de sua ciência particular), menoscabar as garantias do direito de defesa, do contraditório e do devido processo legal, ou adversar a segurança jurídica. O juiz que, em caráter pessoal, tome conhecimento de documento que não esteja nos autos do processo e justamente com base nele venha a decidir a causa transforma-se em testemunha[2328] e abdica de sua qualidade de terceiro, com estraneidade imparcial, equidistante dos

---

[2324] CAPPELLETTI, Mauro. *La testemonianza della parte nel sistema dell'oralità*. Milano: Giuffrè, 1962, v. 1, p. 359.

[2325] MARINONI, Luiz Guilherme. *Novas linhas do processo civil*. 4. ed. São Paulo: Malheiros, 2000, p. 102: "O princípio do contraditório, por ser informado pelo princípio da igualdade substancial, na verdade é fortalecido pela participação ativa do julgador, já que não bastam oportunidades iguais àqueles que são desiguais. Se não existe paridade de armas, de nada adianta igualdade de oportunidades, ou um mero contraditório formal. Na ideologia do Estado social, o juiz é obrigado a participar do processo, não estando autorizado a desconsiderar as desigualdades sociais que o próprio Estado visa a eliminar. Na realidade, o juiz imparcial de ontem é justamente o juiz parcial de hoje".

[2326] Código de Processo Civil brasileiro de 2015, art. 370: "Caberá ao juiz, de ofício ou a requerimento da parte, determinar as provas necessárias ao julgamento do mérito. Parágrafo único. O juiz indeferirá, em decisão fundamentada, as diligências inúteis ou meramente protelatórias".

[2327] Vide a posição contrária de PICÓ I JUNOY, Joan. *Los principios del nuevo proceso civil español*. *Revista de Processo*, São Paulo, n. 103, p. 59-94, jul./set. 2001, esp. p. 68.

[2328] Código de Processo Civil brasileiro, art. 452: "Quando for arrolado como testemunha, o juiz da causa: I – declarar-se-á impedido, se tiver conhecimento de fatos que possam influir na decisão, caso em que será vedado à parte que o incluiu no rol desistir de seu depoimento".

interesses subjacentes ao conflito.[2329] Ao juiz não se oferece a possibilidade de exercer suas funções em processo no qual tenha prestado (ou venha a prestar) depoimento como testemunha.[2330] Na hipótese de o juiz proceder, diretamente, ao exame de pessoas ou coisas, ainda assim somente lhe é franqueado levar em conta os resultados da diligência devidamente documentados nos autos do processo.

A iniciativa probatória do juiz ou o poder de determinar *ex officio* a produção de provas degusta alguns limites: (i) por força do princípio dispositivo, circunscreve-se aos fatos pertinentes, controvertidos, adentrados, porém, pelas partes na petição inicial ou na contestação. De sorte que, em regra,[2331] ao juiz está fechada a porta para aportar fatos não aduzidos pelos litigantes ou modificá-los; e (ii) em reverência ao direito de defesa, ao contraditório das partes, inclusive franqueando-lhes participar de toda a atividade probatória, como expressão do direito de ser ouvido, mesmo através de conhecimento privado,[2332] não é lícito ao juiz alicerçar sua convicção em fatos e provas adventícios ao processo. O âmbito cognoscitivo do juiz, para que possa formar sua convicção acerca do *thema probandum*, consiste em açambarcar tudo o quanto foi alegado e, posteriormente, provado pelas partes ou por iniciativa de ofício do órgão judicante ("*Iudex secundum allegata et probata partium, non autem secundum propriam conscientiam, iudicare debet*").[2333]

A formação da livre convicção do magistrado conecta-se abertamente ao sistema de princípios da oralidade: (i) à imediatidade, consistente nas próprias observações na apreciação direta das provas, como, *e. g.*, a imediação entre juiz e testemunha; (ii) à concentração, traduzida na possibilidade de o exame das provas e a discussão principal da causa concentrarem-se em uma única audiência ou em poucas audiências próximas; e (iii) à identidade física do juiz, haja vista que o julgamento abrange uma cadeia de raciocínios, de modo que o juiz que principiou a instrução oral em audiência, tendo contato imediato e direto com as pessoas cujas declarações necessite apreciar, quanto seja possível, deve proferir sentença.[2334] A ressignificação da oralidade, que rejeita as restrições à admissão e à valoração da prova testemunhal, tem a virtude de imprimir idoneidade, em muitos casos, a este meio de prova para ancorar a formação intelectual da convicção do juiz.

Outro arrefecimento à liberdade colonizadora do juiz está no critério de avaliação da prova, do valor que se deva atribuir a cada prova: positivo ou legal.[2335] A teoria legal

---

[2329] DALL'AGNOL, Antonio. *Comentários ao código de processo civil*: do processo de conhecimento, arts. 102 a 242. (Coordenação de Ovídio A. Baptista da Silva). São Paulo: Revista dos Tribunais, 2000, v. 2, p. 138.

[2330] Código de Processo Civil brasileiro, art. 144: "Há impedimento do juiz, sendo-lhe vedado exercer suas funções no processo: I – em que interveio como mandatário da parte, oficiou como perito, funcionou como membro do Ministério Público ou prestou depoimento como testemunha".

[2331] Diz-se em regra ante a possibilidade de o juiz levar em conta os chamados "fatos supervenientes", à luz do art. 493, e seu Parágrafo único, do Código de Processo Civil brasileiro: "Se, depois da propositura da ação, algum fato constitutivo, modificativo ou extintivo do direito influir no julgamento do mérito, caberá ao juiz tomá-lo em consideração, de ofício ou a requerimento da parte, no momento de proferir a decisão. Parágrafo único. Se constatar de ofício o fato novo, o juiz ouvirá as partes sobre ele antes de decidir".

[2332] GASCÓN ABELLÁN, Marina. *Los hechos en el derecho*: bases argumentales de la prueba. 3. ed. Madrid, Barcelona, Buenos Aires: Marcial Pons, 2010, p. 182: "En suma, la motivación no puede resumirse en un "esto es así porque yo lo sé". Sobre los hechos que el juez conoce privadamente pesa la misma exigencia de justificación que sobre el resto".

[2333] PICÓ I JUNOY, Joan. *El juez y la prueba*. Barcelona: J. M. Bosch Editor, 2007, p. 118.

[2334] CHIOVENDA, Giuseppe. *Instituições de direito processual civil*. Campinas: Bookseller, 2009, p. 1.005-1.008.

[2335] MORLINI, Gianluigi. La valutazione delle prove nel processo civile. *In: Federazione Nazionale Magistrati Onorali di Tribunale*. Roma, 2012. Disponível em: http://www.federmot.it/public/news/files/Incontro%20d%20studio%20

da prova funda-se em uma fórmula severa, definida pela lei, na qual as provas, umas fruindo de maior valor que as outras, são aprioristicamente escalonadas e abstratamente valoradas pelo próprio legislador, antes que pelo juiz, em um sistema de presunções tarifadas.[2336] O problema repousa no automatismo, com algoritmos genéricos, a dissolver as peculiaridades do caso particular, ocasionando perda de energia cognoscitiva do juiz, que, amiúde, vinculado à ilusão de uma verdade formal,[2337] se inclinasse ao enfrentamento de questões fáticas significativas.

No sistema de prova legal, o próprio legislador estabelece, abstratamente, um conjunto de critérios de valoração, de modo que ao magistrado não é dada a possibilidade de se distanciar de semelhante avaliação.[2338] A prova legal é infensa à incidência da regra técnica da livre formação da convicção do juiz.[2339]

Nesse sistema de pesos e de medidas hierarquizadas, atinente ao valor probante de cada meio de prova, por força de parâmetros valorativos aprioristicamente assentados, de superioridade de uma prova sobre outra, dissipa-se o sentido dos elementos fático-probatórios da causa. O juiz assume o papel de mero apurador, verificador, ante a tarifação legal consistente na atribuição de valores prefixados aos vários tipos de prova, cuja aplicação ocorre mecanicamente na atividade judicial, em prejuízo das especificidades do caso concreto, de escolhas discricionárias, valorativas, equitativas, devidamente justificadas.[2340] Em decorrência da estereotipagem dos pesos e das medidas das provas, retira-se do juiz a possibilidade de sua valoração concreta, e, por conseguinte, abre-se um abismo entre sua convicção e a conclusão final.

Nessa moldura, apesar de inexistir sistema quimicamente puro, os ordenamentos jurídicos modernos afiançam, com maior ou menor amplitude, sistema situado entre a prova legal e o julgamento *secundum conscientiam* (íntima convicção), no qual o

---

2012%20La%20valutazione%20delle%20prove%20nel%20processo%20civile_dr.%20Morlini.pdf. Acesso em: 14 fev. 2018, p. 1-50, esp. p. 10: "La prova libera consente al giudice una valutazione del materiale istruttorio a critica del tutto autonoma ed indipendente, essendo autorizzato ad operare una valutazione secondo il suo prudente apprezzamento; mentre l'eccezione, integrata dalla prova legale, confina il giudice in un ambito di critica vincolata del materiale probatorio, essendo già stato operato a priori dal legislatore l'apprezzamento dell'efficacia probatoria del mezzo di prova".

[2336] Exemplo de prova legal (tarifada) pode ser extraído do Código de Processo Civil brasileiro, art. 405: "O documento público faz prova não só da sua formação, mas também dos fatos que o escrivão, o chefe de secretaria, o tabelião ou o servidor declarar que ocorreram em sua presença". Todavia, em meio a outras inovações, vide o art. 444: "Nos casos em que a lei exigir prova escrita da obrigação, é admissível a prova testemunhal quando houver começo de prova por escrito, emanado da parte contra a qual se pretende produzir a prova".

[2337] ALVIM, Arruda. *Código de processo civil comentado*. São Paulo: Revista dos Tribunais, 1979, v. 5, p. 252.

[2338] ANDRIOLI, Virgilio. *Commento al codice di procedura civile*: disposizioni generali. 3. ed. riv. Napoli: Jovene, 1957, v. 1, p. 336. Consigne-se, nessa direção, LIEBMAN, Enrico Tullio. *Manuale di diritto processuale civile*. Milano: Giuffrè, 1973, v. 2, p. 83: "Alla concreta valutazione del giudice, è in tal modo sostituita quella fatta in astratto preventivamente dal legislatore e fondata sulla esperienza di quello che avviene comunemente e perciò su un calcolo di probabilità: con questo espediente il legislatore semplifica il compito del giudice e rende più facile e spedito l'accertamento dei fatti".

[2339] REDENTI, Enrico. *Diritto processuale civile*. Ristampa della seconda edizione. Milano: Giuffrè. 1957, v. 2, p. 60: "Quanto all'efficacia dei mezzi di prova, in linea di massima il giudice è libero di formarsi la sua convinzione coi mezzi o sui mezzi che gli siano forniti, purchè ne possa dare (nei "motivi" della sua pronuncia) una attendibile giustificazione (principio così detto del libero convincimento del giudice). Però questa sua teorica libertà di giudizio è poi ristretta e vincolata da numerose e varie regole particolari che chiameremo di prova legale".

[2340] CAPPELLETTI, Mauro. *Juízes legisladores?* Porto Alegre: Sergio Antonio Fabris Editor, 1999, p. 32-33: "Sublinharam essas escolas de pensamento a ilusão da ideia de que o juiz se encontra na posição de "declarar" o direito de maneira não criativa, apenas com os instrumentos da lógica dedutiva, sem envolver, assim, em tal declaração, a sua valoração pessoal".

magistrado, escudado na certeza moral, tenha liberdade na apreciação dos elementos fáticos reproduzidos nos autos do processo. Contudo, em compensação, ao juiz cumpre justificar a cognição fática (e de direito).[2341]

A livre convicção ou a livre apreciação da prova patrocina o acertamento da verdade dos fatos, mas, como contrapeso, amplia as margens de discricionariedade judicial e o poder de escolhas axiológicas e ideológicas do juiz. Nesse modelo, as opções hão de satisfazer as formas de inferência lógica, de modo a se permitir a aferição da validade de tais escolhas e eleições. Por assim ser, a motivação jurídica, obrigatória e pública, desempenha o relevante papel de racionalização da valoração dos elementos de convicção, além de consentir a controlabilidade (interna e externa) da juridicidade da decisão final e a verificação da vinculação do juiz aos resultados das provas existentes nos autos do processo.[2342] Se a convicção do juiz é condicionada, cumpre-lhe, bem por isso, justificá-la,[2343] segundo aspectos valorativos, axiológicos, da lei, e não necessariamente em seu teor literal.[2344]

O juiz – calcado em preceitos jurídicos, lógica probatória, razão prática, regras de experiência, presunções – deve aportar as razões que justifiquem, no influxo da apreciação livre ou da persuasão racional, seus critérios de valoração dos fatos da causa representados nos autos do processo. É dizer: deve justificar o apreçamento do material probatório que colaborou à formação intelectual de sua convicção,[2345] cuja atividade de valoração compreende a cognição da fonte, do meio e do resultado da prova.

A motivação jurídica funciona como contrabalanço à livre apreciação das provas pelo juiz.[2346] Elas não ostentam valor absoluto, mas sim relativo,[2347] o que, em tema de valoração concernente à credibilidade dos resultados das provas, atrai para o juiz o dever de ministrar as razões justificativas dos resultados a que, à luz dos autos, seu

---

[2341] ALVIM, Arruda. *Manual de direito processual civil*: processo de conhecimento. 11. ed. rev., ampl. e atual. São Paulo: Revista dos Tribunais, 2007, v. 2, p. 613: "Nessas condições, vemos que o juiz, apesar da ampla liberdade de que goza ao julgar, não poderá eximir-se de explicar o porquê das soluções dadas. A liberdade do juiz ao decidir, conforme o direito, encontra na necessidade de fundamentação ("justificação") o seu preço".

[2342] SOUZA, Daniel Adensohn de. Reflexões sobre o princípio da motivação das decisões judiciais no processo civil brasileiro. *Revista de Processo*, São Paulo, ano 34, n. 167, p. 132-168, 2009, esp. p. 165.

[2343] SANDOVAL DELGADO, Emiliano. La libre valoración de la prueba en los juicios orales: su significado actual. *Letras Jurídicas*, Guadalajara, n. 13, p. 1-23, otoño 2011, esp. p. 17: "Es un error el considerar que al gozar el juzgador de libertad para apreciar las pruebas no tiene porque justificar, mediante la motivación, la decisión adoptada dando cuenta que el razonamiento empleado para formar su convicción. El principio de la libre valoración de la prueba sólo implica la inexistencia de reglas legales de prueba, pero no significa que el juzgador en el momento de apreciar las pruebas no esté sometido a la regla alguna. Por el contrario, el juzgador deberá ajustarse en todo momento a las reglas de la lógica, a las máximas de la experiencia y a los conocimientos científicos, de ahí que necesariamente tenga la obligación de exteriorizar el razonamiento probatorio empleado, plasmándolo en el texto de la sentencia como única forma de controlar su racionalidad y coherencia. La motivación fáctica de la sentencia permite constatar que la libertad de ponderación de la prueba ha sido utilizada de forma correcta, adecuada y que no ha degenerado en arbitrariedad".

[2344] COSTA, Lopes da. *Manual elementar de Direito Processual Civil*. 3. ed. atual. por Sálvio de Figueiredo Teixeira. Rio de Janeiro: Forense, 1982, p. 185.

[2345] Código de Processo Civil brasileiro, art. 371: "O juiz apreciará a prova constante dos autos, independentemente do sujeito que a tiver promovido, e indicará na decisão as razões da formação de seu convencimento". O princípio da livre apreciação da prova está difusamente consagrado em outros ordenamentos jurídico-processuais: italiano (CPC, art. 116, §1.); alemão (ZPO, §§286 e 287); português (CPC – Lei nº 41 de 26/06/2013 –, art. 607.º, 3, 4 e 5); argentino (CPN, art. 386, primeira parte).

[2346] COSTA, Sergio. *Manuale di diritto processuale civile*. Terza edizione riveduta e aggiornata. Torino: Editrice Torinese, 1966, p. 191-192.

[2347] TORNAGHI, Hélio. *Comentários ao código de processo civil*. São Paulo: Revista dos Tribunais, 1974, v. 1, p. 403.

exame o fez chegar (fórmula italiana do *prudente apprezzamento*,[2348] espanhola da *sana crítica*,[2349] alemã da *Beweiswürdigung*[2350]). Impõe-se-lhe justificar seu critério de preferência por um elemento de prova em prejuízo de outro, de sua descrença acerca deste ou daquele meio de prova. Tais fórmulas tocam a parâmetros de racionalidade na valoração discricionária dos resultados probatórios, que estão jungidos a critérios de juízo e de inferência racionais e controláveis.[2351]

Busca-se, em cada caso particular, atribuir legitimidade ao convencimento judicial, por meio do instrumento operativo do contraditório entre partes-juiz e juiz-partes, na descoberta da verdade possível (não absoluta). O ponto ótimo da viagem descansa na máxima aproximação à realidade de determinados fatos ocorridos no passado,[2352] reconstruídos, em investigação histórica, em juízo, para acertamento probatório da *quaestio facti*, revelando a identidade entre a atividade jurisdicional e a atividade historiográfica,[2353] concretamente alcançada nos confins do espaço-temporal do processo.

A verdade possível de um fato (síntese probatória) não dimana apenas de provas que corroborem sua existência, mas também, e sobretudo, do confronto entre provas favoráveis e provas contrárias (tese e antítese probatórias).[2354] As provas adversas a uma determinada hipótese devem ser estimadas pelo juiz e apresentadas razões justificativas de sua repulsa, para que se possa ter o adequado acertamento da questão fática.

O juiz, segundo sua persuasão, necessita explicitar todas as especificidades dos meios de prova apreçados, positiva ou negativamente, a fim de conferir validade aos elementos fáticos representados nos autos do processo. Quando o juiz lança o enunciado

---

[2348] Codice di Procedura Civile italiano, art. 116.

[2349] Ley de Enjuiciamiento Civil (2000), arts. 316, 2; 326, 2; 348.

[2350] ZPO §286 (1) e (2).

[2351] GONZÁLEZ CASTILLO, Joel. La fundamentación de las sentencias y la sana crítica. *Revista Chilena de Derecho*, Santiago, v. 33, n. 1, 2006, p. 93-107, esp. p. 100.

[2352] CARNELUTTI, Francesco. *Teoria generale del diritto*. Terza edizione emendata e ampliata. Roma: Soc. Ed. del "Foro Italiano", 1951, p. 375: "Le prove sono dunque gli oggetti, mediante i quali il giudice ottiene le esperienze, che gli servono per giudicare. Non sarà un azzardo, perciò, paragonare a delle chiavi, più o meno buone, ad aprire le porte dell'ignoto, onde ogni uomo è circondato; con esse egli cerca di sapere cosa è stato e cosa sarà. Cerca di sapere, badiamo bene: anche qui, a proposito della funzione delle prove, si ripete quello che abbiamo veduto a proposito della funzione del diritto: altro è lo scopo, altro il risultato; solo nelle opere di Dio il secondo al primo perfettamente si adegua; per le opere degli uomini tutto quello che si può sperare è un'approssimazione dello scopo. Qualche volta la porta si spalanca; qualche volta si apre soltanto un poco; non di rado rimane chiusa. Qui può servire anche la famosa immagine dello speco: il giudice è incatenato in una caverna, con le spalle volte all'apertura donde entra la luce e non vede se non le ombre, sulla parete di fronte, degli oggetti che passano dietro a lui: le prove sono quelle ombre, con le quali qualche volta riesce, qualche volta non riesce a conoscere la verità. Né v'ha altro modo per conoscerla fuor da quello di servirsi di codeste ombre; da ciò la cura che dobbiamo porre per renderci conto di quello che sono".

[2353] CALAMANDREI, Piero. Il giudice e lo storico. *In*: CAPPELLETTI, Mauro (a cura di). *Opere giuridiche*. Napoli: Morano, 1965, v. 1, p. 393-414, esp. p. 393-395, 401-403.

[2354] TARUFFO, Michele. *La prova dei fatti giuridici*. Milano: Giuffrè, 1992, p. 399: "Un ulteriore condizione, infine, è che non vi sia contraddittorietà nei risultati della valutazione congiunta delle prove. Le prove possono ovviamente essere diverse e tra loro contrarie: ciò è normale ed anzi rappresenta il vero problema della loro valutazione. È d'altronde ovvio che la valutazione delle prove ai fini del giudizio sul fatto implichi l'assunzione dell'ipotesi sul fatto che ha elementi di conferma probatoria prevalenti su quelli relativi ad altre ipotesi diverse o contrarie. (...) Razionale è dunque la valutazione di più elementi di prova che risolva i loro contrasti indicando univocamente l'ipotesi più attendibile: irrazionale è invece la valutazione che non risolve i contrasti e quindi non indica una soluzione univoca. Pure irrazionale è la valutazione che vada contro gli elementi di prova, ossia a fatore dell'ipotesi di un grado di conferma inferiore a quello che essi attribuiscono ad un'altra ipotesi diversa o contraria".

de que "está provado o fato z", é porque há elementos de juízo necessários e suficientes a favor de z nos tipos de atitudes proposicionais: crença, conhecimento, aceitação.[2355]

Como visto, a fórmula da livre convicção do juiz submete-se a, pelo menos, três restrições: (i) vinculação estrita aos elementos concretos hospedados nos autos do processo, de modo a compatibilizá-la com a garantia do devido processo legal;[2356] (ii) obrigatoriedade de motivação jurídica; e (iii) racionalidade e controlabilidade da justificação.

A motivação de fato haverá de contemplar tanto as decisões deferitórias das diligências que o juiz repute indispensáveis à instrução da causa, ou indeferitórias ante a improficuidade ou protelação, diante dos elementos de prova, já existentes, dos fatos jurídicos salientes para o julgamento da lide. Aqueles por acaso considerados não relevantes, ou de rarefeita importância, também exigem justificação expressa no tocante à repulsa.[2357] E, num caso ou noutro, não é dado ao juiz silenciar no que concerne à formação de sua convicção. A liberdade de apreciação crítica, com enorme porção de discricionariedade, não isenta de justificação adequada e côngrua, senão que robustece mesmo sua imprescindibilidade,[2358] posto que o livre convencimento não pode se degenerar em arbitrariedade.[2359] Ou seja: a liberdade de eleição, que é o núcleo essencial da discricionariedade, não é absoluta, posto que ao juiz cumpre prestar contas (*reddere rationem*) através da motivação, fornecendo as razões pelas quais formula uma dada decisão.[2360]

Os meios de prova podem ou não estar regulados pelo legislador. Quando os meios de prova estão definidos em lei, está-se diante de prova típica (*v. g.*, a prova testemunhal, a pericial, a inspeção judicial). Em reverso, quando a lei não previr os meios de prova, tratar-se-á de prova atípica.[2361] Ambas podem ser empregadas no processo judicial. Por assim ser, as chamadas provas atípicas, submetidas ao crivo do contraditório, gravitam na órbita da livre convicção motivada do juiz.[2362]

A racionalidade na valoração da prova, como passo nevrálgico do processo, está intimamente coligada com a categoria de justificação das decisões judiciais.

[2355] FERRER BELTRÁN, Jordi. *Prueba y verdad en el derecho*. 2. ed. Madrid: Marcial Pons, 2005, p. 80-96.

[2356] DINAMARCO, Cândido Rangel. *Instituições de direito processual civil*. 6. ed. rev. e atual. São Paulo: Malheiros, 2009, v. 3, p. 106.

[2357] SILVA, Ana de Lourdes Coutinho. *Motivação das decisões judiciais*. São Paulo: Atlas, 2012, p. 121.

[2358] TARUFFO, Michele. *La motivazione della sentenza civile*. Padova: CEDAM, 1975, p. 443-444: "Nella configurazione del giudizio di fatto alla luce del principio del libero convincimento del giudice, la motivazione assume un ruolo fondamentale di razionalizzazione delle prove, in quanto la discrezionalità di tale valutazione non esclude, ed anzi implica che questa sia adeguatamente giustificata".

[2359] SANTOS, Moacyr Amaral. *Primeiras linhas de direito processual civil*. 24. ed. rev. e atual. São Paulo: Saraiva, 2008, v. 2, p. 78.

[2360] MACCORMICK, D. Neil. *H. L. A. Hart*. (Teoria e filosofia do direito). Rio de Janeiro: Elsevier, 2010, p. 171: "Certamente, o exercício apropriado da discricionariedade é moldado pela necessidade de desenvolver bases para a decisão que forneçam algum tipo de racionalidade à decisão imediata no caso difícil, manifestada em uma "preocupação em desenvolver algum princípio geral aceitável como uma base justificada para a decisão".

[2361] Código de Processo Civil brasileiro, art. 369: "As partes têm o direito de empregar todos os meios legais, bem como os moralmente legítimos, ainda que não especificados neste Código, para provar a verdade dos fatos em que se funda o pedido ou a defesa e influir eficazmente na convicção do juiz".

[2362] CAMBI, Eduardo. *A prova civil*: admissibilidade e relevância. São Paulo: Revista dos Tribunais, 2006, p. 43: "Assim, se a noção de provas atípicas está inserida no contexto do princípio do livre convencimento do juiz, que importa a ausência de regras legais atribuidoras de eficácia *ex ante* às provas, não pode haver nenhuma predeterminação normativa da eficácia das provas atípicas. Nesse sentido, a designação "provas atípicas" serve como fonte de formação do convencimento do juiz".

A razoabilidade, em sentido jurídico estrito, refere-se à formulação de juízo de valor justificado no exercício da razão, como regra e medida dos atos humanos. A racionalidade (*v. g.*, pura ou de conhecimento teórico; prática ou empírica; técnica) somente pode ser compreendida quando atrelada ao exercício da própria razão.[2363]

Os maiores problemas do processo, embora não exclusivamente, parecem não estar na escolha e na interpretação da norma jurídica aplicável, mas descansam nos fatos que devam ser provados. Uma das finalidades da prova é a busca da verdade possível no espaço-tempo estreito do processo. Por isso, um dos critérios gerais para que se possa aferir a justeza da decisão consiste no correto e idôneo acertamento da verdade, relativa, dos fatos em juízo. Assim vistas as coisas, a prova não é uma ferramenta de persuasão e retórica, senão que de conhecimento, donde emerge seu caráter epistemológico. A persuasão é construída atuando sobre as emoções dos juízes.[2364] A controlabilidade da decisão judiciária tem como pressuposto necessário a reconstrução correta dos fatos, que significa, também e sobretudo, garantir a igualdade na aplicação do direito (relação estrutural entre *quaestio facti* e *quaestio iuris*).

Quando a eleição é justificada jurídica e racionalmente, o decisório conforma-se ao Direito. A liberdade de escolha, como já observado, é a pedra de toque da discricionariedade. Entretanto, é a motivação jurídica que extrema a discricionariedade da arbitrariedade judicial.[2365] Ademais, uma decisão é arbitrária menos porque, eventualmente, não haja razões em seu prol e, muito mais, porque o juiz arbitrário carece de razões tendentes a justificá-la. A discricionariedade acabou se contaminando pela radioatividade pejorativa da arbitrariedade, em cujo âmbito, desprovida de razões justificativas, a decisão é fruto exclusivo da vontade. Contudo, apenas esta última representa o aforismo *Sic volo, sic iubeo*, que, na experiência forense, sobreviveu à poeira dos séculos.

Demais disso, não se pode aceitar que o juiz, por exemplo, na admissão dos meios de prova e na valoração de seus resultados, de maneira razoável, bem como na qualificação dos fatos relevantes para o julgamento da causa, ou mesmo na identificação e interpretação da regra jurídica aplicável, conquanto tenha maior elastério, se desgarre dos parâmetros de racionalidade argumentativa e de exigência de justificação.[2366]

[2363] RODRÍGUEZ SERPA, Ferney; TUIRÁN GUTIÉRREZ, Juan Pablo. La valoración racional de la prueba. *Revista Jurídicas CUC*, Barranquilla, v. 7, n. 1, p. 191-208, 2011, esp. p. 202: "la racionalidad no como el mero mecanismo o automatismo, sino como comprensión razonable de la realidad normalmente vivida y apreciada conforme a criterios colectivos vigentes, por lo que a sensu contrario se refería a la necesidad de rechazo de la incoherencia, la irracionalidad, de la arbitrariedad y del capricho lógico".

[2364] ARISTÓTELES. *Retórica*. São Paulo: Edipro, 2011, p. 211, n. 5.

[2365] SEGURA ORTEGA, Manuel. *Sentido y límites de la discrecionalidad judicial*. Madrid: Editorial Universitaria Ramón Areces, 2006, p. 75: "Para finalizar con los elementos de la discrecionalidad es necesario referirse a la exigencia de motivación. Ya se dijo en su momento – y en este aspecto hay un acuerdo total – que la presencia de la motivación es lo que diferencia una actuación discrecional de otra arbitraria".

[2366] SEGURA ORTEGA, Manuel, *op. cit.*, p. 89-90: "Por conseguinte, parece claro que el camino que recorre el juez en el establecimiento de los hechos debe estar justificado de manera que se pueda comprender el sentido de su actuación y, sobre todo, el proceso de selección y elección de los hechos. En este sentido "la concepción de la motivación como justificación racional del juicio, válida en línea general también por otras muchas razones, encuentra un apoyo particular en la exigencia de control que deriva de discrecionalidad del juez en la utilización y en la valoración de las puebras: así concebida, la motivación cumple precisamente la función de control de aquella discrecionalidad, obligado al juez a justificar sus propias elecciones y haciendo posible un juicio posterior sobre ellas, en el proceso y fuera del proceso".

O juízo de fato pode atrair duas concepções antagônicas de decisão: de um lado, racionalidade,[2367] e, de outro, irracionalidade.[2368] O processo justo e o exercício democrático da administração da justiça deitam raízes na racionalidade crítica em relação aos fatos controvertidos, pertinentes e relevantes da causa.

Sob outro prisma, emerge o problema da intuição, consistente na capacidade para se alcançar um conhecimento direto, uma percepção imediata, prescindindo-se da observação, da deliberação consciente ou da razão. Há casos, cognominados difíceis, nos quais não se podem enlaçar todos os detalhes e as minudências da hipótese *sub judice*, ou quando se constata carência de dados concretos, como quando se depara com insuficiência de perfis probatórios. Nesse cenário, o juiz humano[2369] busca socorrer-se de sua intuição, de suas experiências pretéritas em situações análogas, em imagens já experimentadas, impulsionadas por vivências conscientes (*v. g.*, máximas de experiência, lógica, racionalidade) e inconscientes (*v. g.*, operações sub-reptícias). O juiz responsável e zeloso não se contenta em justapor, glacialmente, as regras sobre carga da prova (*v. g.*, o ônus da prova adjudica ao autor em relação ao fato constitutivo de sua pretensão, ou ao réu, no tocante à existência de fato impeditivo, modificativo ou extintivo da mesma), e, por isso mesmo, deixando-se guiar por seu sentir intuitivo, prospecta indícios no conjunto de elementos probatórios encontrados nos autos do processo. A própria noção de utilizar a intuição é, amiúde, adquirida inconscientemente. Entretanto, vertente doutrinária defende que a intuição deva ser banida totalmente do campo da valoração da prova,[2370] e, assim, o prudente apreçamento do juiz deveria se banhar exclusivamente nas águas da racionalidade.

Na dimensão da complexidade humana, pode ocorrer, e geralmente ocorre, que o "motivo real" da decisão não apareça expressamente no espaço físico da motivação gráfica, mas permaneça oculto no mundo interior do juiz.[2371] Na atividade decisória do juiz, há um irreprimível itinerário psicológico na formação das decisões,[2372] plasmado, em seu espírito humano, pelo trinômio intuição-emoção-sentimento. O *iter* psicológico salta do inconsciente do juiz, até se instalar na hipótese de trabalho ou de julgamento. As atividades de reconstrução dos fatos, de extração dos elementos de prova e de valoração de seus resultados constituem os espaços mais suscetíveis às influências da inconsciência.[2373] Inobstante a posição doutrinária que preconiza a exclusão por completo da intuição, é certo que, em matéria de valoração da prova, iluminada pela chamada

---

[2367] TARUFFO, Michele. Considerazioni su prova e motivazione. *Revista de Processo*, São Paulo, n. 151, ano 32, p. 229-240, set. 2007, esp. p. 239: "Razionalità – prova come strumento epistemico – decisione come frutto di inferenze logiche – verità/falsità degli enunciati di fatto – motivazione come giustificazione razionale – controllabilità – concezione democratica del potere".

[2368] TARUFFO, Michele, *op. cit.*, p. 240: "Irrazionalità – prova come strumento retorico – decisione come frutto di intuizione soggettiva inconoscibile – verità come coerenza narrativa (irrilevanza della verità/falsità degli enunciati di fatto) – motivazione come discorso retorico o giustificazione fittizia – impossibilità di controllo sul fondamento della decisione – concezione autoritaria del potere".

[2369] CALAMANDREI, Piero. Giustizia e politica: sentenza e sentimento. *In:* CAPPELLETTI, Mauro (a cura di). *Opere giuridiche*. Napoli: Morano, 1965, v. 1, p. 637-650, esp. p. 650.

[2370] NIEVA FENOLL, Jordi. *La valoración de la prueba*. Madrid: Marcial Pons, 2010, p. 206.

[2371] CABRA APALATEGUI, J. M. *Argumentación jurídica y racionalidad en Aarnio*. Instituto de Derechos Humanos Bartolomé de las Casas, Universidad Carlos III de Madrid, Dykinson, Madrid, 2000, p. 48.

[2372] PERELMAN, Chaïm. *Tratado da argumentação*: a nova retórica. (Justiça e direito). 2. ed. São Paulo: Martins Fontes, 2005, p. 222-223.

[2373] CARVALHO, Luis Gustavo Grandinetti Castanho de, *op. cit.*, p. 125.

inteligência emocional[2374] ou espiritual, a intuição pode prestar bons serviços. Trata-se da ideia de reconciliar intuição e racionalidade (ou, em uma perspectiva mais ampla, superar, positivamente, o embate epistemológico pela não separação entre racionalidade e emoção do juiz),[2375] em relação aos estados mentais do juiz albergados no juízo sobre os elementos de fato da lide.

Quando o conjunto fático-probatório se mostrar insuficiente, o juiz deve se mover não apenas pela consciência atenta, senão também inconsciência e memória motora, através da tecnologia do olfato da intuição, e buscar aquilo que sua experiência sugere que possa ter ocorrido, construindo, assim, um corredor de diálogo entre o trinômio intuição-sentimento-emoção e razão.[2376] No momento de escrever a motivação do julgado, o figurino da intuição (sensibilidade moral, senso de justiça) adquire uma roupagem, materializando-se em enunciados argumentativos fático-jurídicos, os quais, já agora iluminados pela racionalidade/logicidade, hão de confirmar os critérios de escolha ou de valoração, convalidando hipóteses.[2377] A conclusão final, ditada pelo trinômio intuição-emoção-sentimento, será suportada por premissas assentadas com coerência argumentativa, clareza, lógica e precisão, no documento da motivação jurídica. Os elementos intuitivos, por exemplo, encontram possibilidade de incremento analítico e racional apenas na latitude da motivação, enquanto justificação seletiva, para além do descritivismo concernente ao *iter* psicológico do juiz para alcançar sua decisão.[2378] A sentença, por exemplo, decorre de um apriorístico sentimento, nela o juiz declara o que sente e, desse modo, a motivação se constitui em um método de controle, à luz da razão, da bondade de um *decisum* fruto de sentir intuitivamente.[2379]

Como já restou assinalado,[2380] é vigorosa a relação entre emoção e razão, a tal ponto de aquela integrar o processo de raciocínio, podendo enriquecê-lo. A emoção compõe o *iter* de raciocínio e, de conseguinte, pode coadjuvar a razão na valoração dos resultados probatórios. Na verdade, tanto as emoções quanto os sentimentos estão entrelaçados nas redes da natureza da razão humana: a maquinaria da racionalidade parece não funcionar sem a maquinaria da regulação biológica, de cuja dimensão as emoções e os sentimentos compõem aspectos primordiais.[2381]

Dito de outra maneira, não se afigura correto excluir ou separar emoções e sentimentos dos sistemas cognitivos, porque, além de transitar pela mente, qualificam

---

[2374] GOLEMAN, Daniel. *Inteligência emocional*. Rio de Janeiro: Objetiva, 1995, p. 18.

[2375] PRADO, Lídia Reis de Almeida. *O juiz e a emoção*: aspectos da lógica da decisão judicial. 3. ed. Campinas: Millenium, 2005, p. VII (agradecimentos).

[2376] DINAMARCO, Cândido Rangel. *Instituições de direito processual civil*. 6. ed. rev. e atual. São Paulo: Malheiros, 2009, v. 3, p. 687-688.

[2377] TARUFFO, Michele. *La motivazione della sentenza civile, op. cit.*, p. 119.

[2378] NIETO, Alejandro. *El arbitrio judicial*. Barcelona: Editorial Ariel Derecho, 2000, p. 157: "el juez, ni debe, ni puede explicar los motivos psicológicos de su decisión (de los que con frecuencia ni él mismo es consciente), la ley no se lo exige ni tendría utilidad alguna para las partes. Lo importa –y lo que es legalmente exigible– es la motivación en el contexto de justificación, es decir, el razonamiento que justifica que la decisión es admisible dentro de los conocimientos y reglas del Derecho".

[2379] CALAMANDREI, Piero. La crisi della motivazione. *In:* CAPPELLETTI, Mauro (a cura di). *Opere giuridiche*. Napoli: Morano, 1965, v. 1, p. 664-677, esp. p. 668.

[2380] Vide Capítulo 5, tópico 5.2 *supra* (A superação do duelo epistemológico entre razão e emoção/sentimento do juiz).

[2381] DAMÁSIO, António R. *O erro de Descartes*: emoção, razão e o cérebro humano. Tradução Dora Vicente, Georgina Segurado. 3. ed. São Paulo: Companhia das Letras, 2012, p. 126-127.

a substância tangível do pensamento. Os sentimentos são cognitivos como qualquer outra imagem alcançada por percepção. A emoção, é útil repetir, há de ser entendida como um elemento essencial da maquinaria da razão. Como já evidenciado, através de estudos neuroafetivos empíricos, sem o indispensável suporte da emoção, a própria racionalidade do juiz restaria irremediavelmente comprometida.

Entrementes, a emoção não é substituta da razão, como se o coração, enquanto órgão de percepção, pudesse apresentar solução para quaisquer problemas. O que se sustenta é que o desterro da emoção pode implicar consequências infaustas para a racionalidade.[2382] Muito pelo contrário, a emoção pode exibir o condão de animar o raciocínio, mormente no espaço de tomada de decisões, conferindo-lhe a seiva necessária para operar com máxima eficácia.[2383]

Constituiria, aliás, rematado absurdo exigir do juiz que, ao exercer suas funções judicantes, se despisse de suas emoções ou que de antemão se despojasse da possibilidade de usar sua conatural função sentimento. Na atividade de valoração racional dos resultados probatórios, o trinômio intuição-emoção-sentimento pode ser um poderoso aliado para o sistema de raciocínio inteligente do juiz, de par a auxiliar o processo de manter na mente os vários fatos, seja na imputação de maior peso a um certo perfil probatório, seja influenciando a conclusão em prol deste aspecto.

Nesse teor de ideias, mas sob outro ângulo de mirada, no raciocínio judicial probatório estão presentes inferências diversas: dedutivas, indutivas e abdutivas.[2384] É na conjuntura heterogênea e complexa do raciocínio em matéria de provas que ditas inferências podem ocorrer. A combinação da abdução, enquanto inferência hipotética, com outras inferências dedutivas ou indutivas pode justificar determinada hipótese de julgamento.

Merece exame à parte, para os fins específicos do presente trabalho, o modelo de raciocínio probatório de abdução (inferência à melhor explicação[2385]). A plausibilidade de uma hipótese pode ser reforçada pela intuição de uma observação epistemicamente relevante. A intuição é explicitamente afirmada, no âmbito jurídico norte-americano, pela Rule 401 – Federal Rules of Evidence: "Evidence is relevant if: (a) it has any tendency to make a fact more or less probable than it would be without the evidence; and (b) the fact is of consequence in determining the action". *Evidence* é prova. A relação possível entre intuição e razão, nesse cenário, está na avaliação da maior ou menor probabilidade do fato, de acordo com certa prova, e na definição sobre se ele é realmente determinante. Essa percepção pode ser mais intuitiva e menos racional, a depender do caso concreto.

[2382] JUNG, Carl Gustav. *Psicologia do inconsciente*. 18. ed. Tradução de Maria Luiza Appy. Petrópolis: Vozes, 2008, p. 64.

[2383] DAMÁSIO, António R. *O mistério da consciência*: do corpo e das emoções ao conhecimento de si. Tradução Laura Teixeira Motta. São Paulo: Companhia das Letras, 2015, p. 63.

[2384] PIZZI, Claudio. *Diritto, abduzione e prova*. Milano: Giuffrè, 2009. Analogamente, TUZET, Giovanni. *Filosofia della prova giuridica*. Torino: Giappichelli, 2013, p. 131: "E si può aggiungere che le inferenze abduttive sono quelle prevalenti nella misura in cui il ragionamento probatorio si svolge in condizioni di incertezza e incompletezza dell'informazione a proposito delle circostanze concrete su cui verte il processo".

[2385] TUZET, Giovanni, *op. cit.*, p. 138-139: "Si tratta di un processo inferenziale complesso che consiste nello scegliere, fra varie ipotesi in competizione, quella che rende conto dei fatti noti nel modo migliore; un'ipotesi può essere tale in quanto è la più plausibile fra quelle in lizza, o la più semplice, o quella dotata di maggiore potere esplicativo o che copre un più ampio raggio di fenomeni. I criteri utilizzati possono variare a seconda del contesto; quello che non varia è che un'ipotesi non è mai valutata di per sé ma in riferimento alle ipotesi con cui compete. Un'ipotesi non è dunque la migliore in assoluto ma relativamente a quelle discusse. In ambito processuale si tratta allora di vedere quale ipotesi spieghi meglio i fatti noti alla luce dei criteri giuridici impiegati e delle regole sulla prova".

Nesse experimento probatório, extrai-se a inferência ou se colhe a explicação mais plausível ou mais natural entre todas aquelas que são concebíveis. Por exemplo: o juiz deposita confiança no depoimento de uma testemunha que tenha presenciado determinado acidente, pois baseia sua conclusão sobre aquela que é a mais plausível explicação para o testemunho. Contudo, a parte adversa, em contraditório, pode demonstrar que uma explicação diferente daquela alvitrada seria a verdadeira, tendente a fazer evanescer a credibilidade do depoimento testemunhal primitivo. O fator da abdução permite a formulação de novas hipóteses à contestação dialética das hipóteses mesmas.

A abdução é germinada a partir de intuição, ou do sentir intuitivamente, mas que não acontece de uma só vez, indo pouco a pouco, decifrando sinais, interpretando indícios, decodificando signos, para alcançar uma conclusão sobre algo. Configura, na visão peirceana, o "primeiro estádio de investigação" de toda descoberta científica: o cientista, ao observar regularidade no estudo de fenômenos, introduz novas ideias e perpetra um tipo de juízo intuitivo. A indução apenas pode confirmar ou não uma hipótese; a dedução prova que algo deve ser. Por seu turno, a abdução, impulsionada pela intuição, faz uma sugestão de algo que pode ser e, como tal, é uma atividade de imaginação e criatividade. É uma espécie de *flash* intuitivo, de centelha de discernimento, um *insight*.

A abdução, que prova que algo pode ser, é um raciocínio hipotético e método para gerar novas hipóteses explicativas. É responsável pela lógica da descoberta. O modelo de raciocínio pode ser assim condensado: (i) observa-se um fato inesperado, Y; (ii) porém, se X fosse verdade, Y seria normal e não surpreendente; (iii) desse modo, existe uma razão para acreditar que X seja verdadeiro. A melhor explicação que se tem é aquilo que torna X provável. Portanto, a abdução é a inferência a favor da melhor explicação. A hipótese X, se verdadeira, explica Y. Nenhuma outra hipótese pode explicar tão bem Y como X. Logo, X é provavelmente verdadeira. Trata-se, intrinsecamente, de uma relação de causalidade, uma fixação de probabilidade da conclusão inferencial e não necessariamente de sua veracidade. Em palavras pobres, o objetivo de um processo abdutivo é o de alcançar a melhor explicação para um determinado acontecimento ou complexo de acontecimentos.

Curiosamente, a noção de abdução é ela mesma abdutiva, um grande problema que se assenta a partir das ideias já exprimidas. A abdução, para alguns, tem caráter bipolar ou ambivalente, no sentido de que pode ser um processo intuitivo e exibir, ao mesmo tempo e paradoxalmente, a natureza de uma inferência lógica.[2386]

A abdução, ou inferência (a partir) dos efeitos às (até as) causas,[2387] consiste no acertamento provisório de uma hipótese como se verdadeira fosse no quadro das evidências empíricas disponíveis e relevantes.[2388] A inferência abdutiva de proposições singulares a proposições singulares – que se caracteriza por sua probabilidade,

---

[2386] SANTAELLA, Lucia. *O método anticartesiano de C. S. Peirce*. São Paulo: UNESP, 2004, p. 108-116.

[2387] PEIRCE, Charles Sanders. La logica dell'abduzione (1901-1903). Trad. italiana, in Id., *Scritti di filosofia*, Bologna, 1978, p. 289-305.

[2388] GARBOLINO, Paolo. *Probabilità e logica della prova*. Milano: Giuffrè, 2014, p. 48: "Con il termine abduzione si intende molto spesso, in realtà, il tipo di ragionamento che è stato chiamato inferenza alla miglior spiegazione. Anche l'inferenza alla miglior spiegazione è uno schema di ragionamento fallibilista: la sua conclusione è l'accettazione provvisoria di una ipotesi come se fosse vera in base al fatto che essa spiega nel modo migliore l'evidenza empirica disponibile".

plausibilidade, caráter intuitivo e de conclusão conjectural –, pode, reafirme-se, ser assim esquematizada: (i) X é verdadeiro; (ii) a hipótese de que Y seja verdadeiro entra em uma explicação potencial do porquê X é verdadeiro; Y é provisoriamente aceito. Se houver pelo menos duas hipóteses a abdução, enquanto inferência hipotética, parece ser imprestável, pois ela tem por escopo a generalização de hipóteses,[2389] não a valoração.

A função heurística da prova, operada como fator de descoberta, pode servir como base para a construção de hipóteses novas, diversas e mais atendíveis, eventualmente, do que outras inicialmente formuladas. Agora bem, nesta função, a abdução se reveste da forma de raciocínio judicial que melhor se ajusta às provas.[2390] A intuição alimenta a dimensão abdutiva, no que toca à inferência de novas hipóteses, consistente no acertamento provisório de uma hipótese como se verdadeira fosse no conjunto das evidências empíricas disponíveis. Isto não significa dizer que se está abandonando a valoração probatória à intuição subjetiva e incontrolável; antes, ao contrário, no juízo de fato, a valoração das provas, embora iluminada pela abdução intuitiva, deve ser adequada e congruamente justificada pelo juiz, como garantia de racionalidade e de controlabilidade endo e extraprocessual. O julgador deve, assim, exteriorizar as razões justificativas, racionalmente válidas, que consentem conferir determinada eficácia a cada meio de prova,[2391] bem como ministrar os respectivos critérios de valoração, haja vista o caráter epistemológico da prova, e não meramente retórico.

Uma observação é probatoriamente relevante se e apenas majora a credibilidade da hipótese. O juiz deve ter boas razões para acreditar que determinada prova seja relevante para a hipótese: relação de relevância explicativa entre a hipótese e a observação. Todavia, exige-se que a probabilidade, fruto de intuição e quiçá uma pitada de serendipidade, seja justificada, vale dizer, que essa crença possa ser abonada sobre um baldrame de argumentos racionais, válidos e controláveis.[2392] O conhecimento de senso comum e o raciocínio de senso comum desempenham importante papel no acertamento dos fatos. Senso comum significa conhecimento de fundo, implícito, relacionado ao ambiente social em que se opera.

Seja como for, a valoração relativa à credibilidade da prova, impulsionada pelo trinômio intuição-emoção-sentimento do juiz, para fins de formação intelectual de sua

---

[2389] NUBIOLA, Jaime. *La abducción o lógica de la sorpresa*. Disponível em: http://www.google.com.br/url?sa=t&rc t=j&q=&esrc=s&source=web&cd=7&ved=0ahUKEwjq_J7RjPLSAhXBkpAKHTpCDqAQFghJMAY&url=http% 3A%2F%2Fwww.felsemiotica.org%2Fsite%2Fwp-content%2Fuploads%2F2014%2F10%2FNubiola-Jaime-La-abducci%C3%25B3n-o-l%C3%25B3gica-de-la-sorpresa.pdf&usg=AFQjCNGORwAmGzRkHJfFCtmEp3P ZE9sdFQ&sig2=MoHy5k59OHnkGVc8_LCqdg. Acesso em: 22 fev. 2018.

[2390] TARUFFO, Michele. *La prova dei fatti giuridici*. Milano: Giuffrè, 1992, p. 417-418.

[2391] TARUFFO, Michele, *op. cit.*, p. 409: "Ciò implica che la motivazione deve dar conto dei dati empirici assunti come elementi di prova, delle inferenze che partendo dalla essi si sono formulate, e dei criteri impiegati per tranne le conclusioni probatorie; parimenti la motivazione deve dar conto dei criteri con cui si giustifica la valutazione congiunta e complessiva dei diversi elementi di prova, e delle ragioni che fondano la scelta finale in ordine alla fondatezza dell'ipotesi sul fatto".

[2392] TARUFFO, Michele, *op. cit.*, p. 409: "La concezione della motivazione come giustificazione razionale del giudizio, valida in linea generale anche per numerose altre ragioni, trova dunque un sostegno particolare nell'esigenza di controllo che deriva dalla discrezionalità del giudice nell'impiego e nella valutazione delle prove: proprio la motivazione così concepita realizza infatti la funzione di controllo su tale discrezionalità, obbligando il giudice a giustificare le proprie scelte e rendendo possibile un giudizio successivo su di esse, nel processo e fuori del processo. Tutto questo porta a dire che, quando la motivazione in fatto è tale da rispondere adeguatamente alla propria funzione, essa soddisfa all'esigenza di controllo sulla razionalità del ragionamento del giudice sulle prove".

convicção, embora livre, deve pagar o pedágio da motivação jurídica racional, inter-subjetivamente válida e controlável.[2393] Numa linha: a apreciação livre dos resultados probatórios pelo juiz obriga-o a exteriorizar as razões que conformaram sua convicção, ainda que em sede de discricionariedade, nas escolhas concernentes ao emprego e à valoração relativa à credibilidade das provas, pois a necessidade umbilical de motivação jurídica no juízo de fato, diretamente proporcional àquela liberdade de apreciação, é indeclinável.[2394]

A motivação do juízo sobre os fatos, mediante justificação racionalmente válida dos critérios de escolha ou de valoração empregados pelo juiz na decisão,[2395] cumpre, como é bem de ver, diferentes funções: (i) permite o ulterior controle da racionalidade e da logicidade do convencimento judicial através do sistema recursal, conectando-se diretamente com o direito de defesa; (ii) consente a possibilidade de a sociedade conhecer a apreciação probatória do juiz, através de controle social, democrático e difuso sobre a "obra" do julgador. Nessa perspectiva, o dever de motivação é uma garantia fundamental das partes e, mais amplamente, dos jurisdicionados que está imbricado com o próprio direito à tutela adequada, efetiva e justa.

8.4 O juiz pode ser indiferente ao "sentimento da sociedade"?

O Direito está impregnado de valores, de sentimentos, de experiência ética de valores transcendentes (*v. g.*, a intangibilidade do valor da dignidade da pessoa humana, como valor-fonte de todos os valores, e de seus direitos fundamentais),[2396] do caráter de uma determinada sociedade em certo momento histórico. A regulação de vida em sociedade é inspirada pela vontade humana, alicerçada nos sentimentos e interesses dos seres humanos.

Os valores preponderantes e aceitos em certa comunidade e determinada quadra histórica devem nortear, intrinsecamente, o exercício da função jurisdicional,[2397] como

---

[2393] PONTES DE MIRANDA, Francisco Cavalcanti. *Comentários ao código de processo civil* (de 1973). Rio de Janeiro: Forense, 1974, t. 4, p. 216: "Tem o juiz de dar os fundamentos, que lhe assistiram, para a apreciação das provas: porque desprezou umas e acolheu outras, porque não atribuiu o valor que fora de esperar-se, a alguma, ou algumas, e porque chegou às conclusões que expende".

[2394] DEVIS ECHANDIA, Hernando. *Teoria general de la prueba judicial.* 2. edición. Buenos Aires: Victor P de Zavalía Editor, 1972, t. 1, p. 87-88. Vide, também, PONTES DE MIRANDA, Francisco Cavalcanti. *Comentários ao código de processo civil* (de 1973). Atualização de Sergio Bermudes. 3. ed. Rio de Janeiro: Forense, 1996, t. 2, p. 410.

[2395] TARUFFO, Michele. Funzione della prova: la funzione dimostrativa. *In:* TARUFFO, Michele. *Sui Confini:* Scritti sulla giustizia civile. Bologna: Il Mulino, 2002, p. 305-328, esp. p. 327-328: "Il ragionamento probatorio costituisce dunque un contesto eterogeneo e complesso nel quale entrano vari fattori: dall'abduzione che consente la formulazione di nuove ipotesi alla contestazione dialettica delle ipotesi stesse, dai passaggi deduttivi ad inferenze probabilistiche, dal ricorso alle nozioni del senso comune all'uso di prove scientifiche, dalle argomentazioni topiche ai canoni del ragionamento giuridico. Questo contesto deve tuttavia trovare fondazioni sicure in termini di attendibilità, affidabilità conoscitiva e validità delle argomentazioni. Tali fondazioni possono essere ravvisate ad es. nel riferimento diretto a dati conoscitivi empiricamente controllabili, nell'impiego di nozioni accettate ed attendibili di senso comune, nella formulazione di inferenze logicamente valide, nell'applicazione sistematica dei criteri di rilevanza delle prove e di congruenza e coerenza dell'intero ragionamento del giudice, nonché nell'elaborazione di adeguate argomentazioni giustificative, a sostegno della decisione".

[2396] REALE, Miguel. A ética do juiz na cultura contemporânea. *In:* NALINI, José Renato (Coord.). *Uma nova ética para o juiz.* São Paulo: Revista dos Tribunais, 1994, p. 130-146, esp. p. 134.

[2397] CARDOZO, Benjamin N. *The nature of the judicial process.* New York: Dover Publications, 2015, p. 90: "This function should preserve to the courts the power that now belongs to them, if only the power is exercised with insight into social values, and with suppleness of adaptation to changing social needs".

o valor justiça material nas decisões. De fato, o juiz não pode se desafeiçoar do senso social de justiça, antes, em obséquio ao método da sociologia, os critérios e padrões de utilidade e moral serão encontrados pelo juiz na vida de determinada sociedade e em certo quadrante de sua história.[2398] Encoraja a pensar que, neste caso, as idiossincrasias e as crenças do juiz devem ceder o passo aos padrões e costumes consolidados no meio social.[2399] É o primado dos valores da sociedade sobre as preferências pessoais do juiz. Veja-se, por exemplo, que um juiz eloquentemente comprometido, no Brasil, com a ideologia marxista não pode pura e simplesmente ignorar o valor da propriedade privada proclamado em sede constitucional.

No drama da vida de cada processo, ao juiz se solicita uma grande dose de sensibilidade para identificação dos fatos e enquadramento em categorias jurídicas, para acertamento da verdade dos fatos relevantes, para escolha e interpretação atual e aceitável da norma jurídica aplicável ao caso particular.[2400]

Se o juiz é o canal de comunicação entre o lastro axiológico hodierno da sociedade e o mundo jurídico,[2401] se suas decisões visam dirimir casos concretos postos em juízo, se a decisão envolve escolhas, com base na sensibilidade do juiz, entre duas soluções igualmente aceitáveis, parece razoável pensar que lhe cumpre caminhar pela hipótese de julgamento que melhor satisfaça seu sentimento de justiça, segundo as escolhas da sociedade em que opera.[2402]

[2398] CARDOZO, Benjamin N., *op. cit.*, p. 101.

[2399] Vide a aplicação do método da sociologia pelos juízes e tribunais em CARDOZO, Benjamin N., *op. cit.*, p. 104-105: "If, however, the case supposed were here, a judge, I think, would err if he were to impose upon the community as a rule of life his own idiosyncrasies of conduct or belief. Let us, suppose, for illustration, a judge who looked upon theatre-going as a sin. Would he be doing right if, in a field where the rule of law was still unsettled, he permitted this conviction, though known to be in conflict with the dominant standard of right conduct, to govern his decision? My own notion is that he would be under a duty to conform to the accepted standards of the community, the mores of the times. This does not mean, however, that a judge is powerless to raise the level of prevailing conduct. In one field or another of activity, practices in opposition to the sentiments and standards of the age may grow up and threaten to intrench themselves if not dislodged. Despiste their temporary hold, they do not stand comparison with accepted norms of morals. Indolence or passivity has tolerated what the considerate judgment of the community condemns. In such cases, one of the highest functions of the judge is to establish the true relation between conduct and profession. There are even times, to speak somewhat paradoxically, when nothing less than a subjective measure will satisfy objective standards. Some relations in life impose a duty to act in accordance with the customary morality and nothing more. In those the customary morality must be the standard for the judge".

[2400] DINAMARCO, Cândido Rangel. *A instrumentalidade do processo*. 13. ed. rev. e atual. São Paulo: Malheiros, 2008, p. 231: "Examinar as provas, intuir o correto enquadramento jurídico e interpretar de modo correto os textos legais à luz dos grandes princípios e das exigências sociais do tempo – eis a grande tarefa do juiz, ao sentenciar. Entram aí as convicções sócio-políticas do juiz, que hão de refletir as aspirações da própria sociedade; o juiz indiferente às escolhas axiológicas da sociedade e que pretenda apegar-se a um exagerado literalismo exegético tende a ser injusto, porque pelo menos estende generalizações a pontos intoleráveis, tratando os casos peculiares como se não fossem portadores de peculiaridades, na ingênua crença de estar com isso sendo fiel ao direito".

[2401] BENETI, Sidnei Agostinho. O juiz do interior: a função social da personalidade do juiz. *In:* ZIMERMAN, David. *Aspectos psicológicos na prática jurídica*. Campinas: Milennium, 2002, p. 171-177, esp. p. 175: "O juiz é parte da comunidade a que pertence, é um signo dela. Do bom juiz se orgulha a comunidade, que nele se projeta. O repúdio físico do Juiz ou de seus familiares à comunidade faz mal à Justiça. Não que o Juiz julgue de acordo com a observação direta dos fatos ocorridos e das pessoas envolvidas, o que, legalmente, é vedado. Mas porque a convivência social faz parte do treinamento do Juiz para o bom exercício jurisdicional, especialmente porque, convivendo, o Juiz sente, por contacto direto ou indireto por intermédio de familiares, a responsabilidade humana dos próprios atos e a imensa esperança que se cria na população cada vez em que é chamado a pronunciar, em nome da comunidade, o que seja a Justiça".

[2402] DINAMARCO, Cândido Rangel, *op. cit.*, p. 232-233.

As circunstâncias da realidade social podem envelhecer, de modo que o juiz que se deixa aprisionar pelas palavras que os textos legais contêm, discrepantes dos valores e das necessidades atuais da sociedade, nelas escorrega para a formulação de decisões injustas, que não correspondem às exigências de justiça da sociedade em que vive.[2403] O juiz está naturalmente envolvido no sistema social, e, por isso mesmo, nada que possa afetar o sentimento da sociedade lhe pode passar despercebido.[2404] Ao juiz moderno, homem de seu tempo, cumpre densificar os sentimentos da sociedade e, com fidelidade a eles, discernir a essência dos preceitos legais.[2405]

Se o Direito deve exprimir o sentimento de justiça preponderante no seio da comunidade, tal princípio haverá de se refletir, *a fortiori*, nas decisões judiciárias.[2406] A não ser assim, haveria profunda assimetria entre sociedade, direito e jurisprudência.

Merece menção à parte a questão da poderosa influência das mídias[2407] sobre (i) a formatação e a mutação dos valores de determinada sociedade e suas consequências pessoais, morais, éticas e sociais; e, com erupção intermitente em relação a determinados casos concretos cíveis ou criminais, (ii) sobre os juízes, que não podem fugir dos paradoxos da democracia de opinião ou se encobrir da vida social, o que gera, consequentemente, implicações em decisões judiciais. Uma premissa básica é que, ao ângulo sociológico, a função principal do direito é contribuir para a instituição social. Como discurso performativo, exprime o sentido e o valor da vida em sociedade.

No quadro do Estado Constitucional e Democrático de Direito, não padece dúvida sobre a importância da liberdade de imprensa e do direito à informação. Têm-se, em sede de informação (conhecimento de fatos, de acontecimentos, de situações de interesse geral e particular), duas dimensões jurídicas entrelaçadas: a primeira traduz o direito de informar, ao passo que a segunda sintetiza o direito de ser informado de maneira plural e correta.[2408] O direito de informação, em perspectiva positiva, denota

---

[2403] DINAMARCO, Cândido Rangel, *op. cit.*, p. 348: "Para o adequado cumprimento da função jurisdicional, é indispensável boa dose de sensibilidade do juiz aos valores sociais e às mutações axiológicas da sua sociedade. O juiz há de estar comprometido com esta e com as suas preferências. Repudia-se o *juiz-Pilatos*, que é o juiz indiferente, em cujo espírito reina a indesejável premissa do processo como intrumento meramente técnico, sem compromissos com a justiça ou injustiça dos julgamentos. O processo é acima de tudo um instrumento político de muita conotação ética, e o juiz precisa estar consciente disso". (Reforços gráficos no original).

[2404] CALAMANDREI, Piero. La crisi della motivazione. *In*: CAPPELLETTI, Mauro (a cura di). *Opere giuridiche*. Napoli: Morano, 1965, v. 1, p. 664-677, esp. p. 673: "La funzione normale della motivazione, che è quella di dare un sostegno razionale al sentimento sociale di giustizia da cui la sentenza trae il suo primo impulso, si svolge armonicamente, in maniera si potrebbe dire fisiologica, nei periodi storici di stasi e di pacifica evoluzione sociale continuata senza bruschi sussulti, quando le leggi in vigore sono accolte dalla maggioranza dell'opinione pubblica come rispondenti al sentimento popolare: e quando il giudice, nell'applicarle, può sentirsi spiritualmente all'unisono col legislatore del suo popolo".

[2405] DINAMARCO, Cândido Rangel, *op. cit.*, p. 375: "ao juiz não é lícito trazer para as decisões as suas preferências pessoais, senão canalizar os sentimentos da nação e, mediante sua sensibilidade a eles, buscar o sentido das normas".

[2406] TELLES JR., Goffredo. *O direito quântico*: ensaio sobre o fundamento da ordem jurídica. 5. ed. rev. e aum. São Paulo: Max Limonad, 1980, p. 426-433, esp. p. 427: "Esse Direito é o que brota da "alma" do povo, como se costuma dizer. É o Direito que exprime o "sentimento" ou "estado de consciência de uma classe, de um segmento social ou de um agrupamento conjuntural estável. É o Direito que se inspira em convicções profundas e generalizadas. É o Direito que reflete a *índole* de uma coletividade. O Direito Quântico é o Direito do *eu histórico*. O Direito *legítimo* é *quântico* porque delimita, *quantifica* a movimentação humana, segundo o sistema ético de referência que espelha disposições genéticas da coletividade". (Reforços gráficos no original).

[2407] O vocábulo "mídia" é polissêmico. É empregado, no texto, referenciado aos meios e empresas de comunicação social de massa.

[2408] ANDRADE, Fábio Martins de. *Mídia e Poder Judiciário*: a influência dos órgãos da mídia no processo penal brasileiro. Rio de Janeiro: Lumen Juris, 2007, p. 9.

a liberdade de escolha da informação, de prospecção de fontes, sem embaraços ao livre fluxo de elementos informativos.

A liberdade é uma das vigas de sustentação do Estado Constitucional e Democrático de Direito, que se traduz na possibilidade de toda e qualquer pessoa esculpir ideias e opiniões e exprimi-las livremente, sem óbices irrazoáveis e desproporcionais. O livre tráfego de ideias e de opiniões afigura-se importante para que se possam cotejar visões próprias e de outrem, no fito de se aproximar, dialeticamente, de conhecimento o mais completo possível sobre determinada matéria.[2409] Juízos paralelos aprioristicos elaborados pelas mídias não podem vulnerar direitos fundamentais das partes litigantes. Juiz algum, mesmo aquele profissional, assim como qualquer cidadão, é absolutamente impermeável à influência da mídia e da opinião pública em geral.[2410] Em verdade, o coeficiente mais elevado de informação técnica do julgador não se constitui, absolutamente, em couraça de proteção contra o mundo exterior.[2411]

Nas democracias contemporâneas, em que vige a liberdade de expressão, de pensamento[2412] e o direito de informação (*diritto di cronaca*, na dicção da doutrina italiana), não se pode confundir a opinião pública publicada pelas várias mídias, como meios modernos de sugestão coletiva,[2413] com a opinião pública propriamente dita. No campo da interação social, a mídia pode disseminar o medo e a insegurança na coletividade. Todavia, o juiz pode aceitar os resultados maduros de seu próprio raciocínio ainda que sob o feitiço de uma multidão fervorosamente excitada.[2414]

Tem-se elevado risco de manipulação de consensos/dissensos (*v. g*, através de padrões, *standards* comportamentais criados pelas várias mídias) nas sociedades de massa modernas, com a consequente transformação de irracionalidade difusa em racionalidade confusa.

Sob a ótica de atuação do Judiciário, setores da mídia sem ética podem ser manipuladores, mediante a distorção do processo por juízos paralelos, a tal ponto de fazer entrar em fibrilação a imparcialidade do juiz que, por exemplo, sofra a influência deletéria da narração midiática sobre o fato (*v. g.*, cível, criminal, eleitoral) objeto do próprio *decisum*.

[2409] CUNHA, Luana Magalhães de Araújo. Mídia e processo penal: a influência da imprensa nos julgamentos dos crimes dolosos contra a vida à luz da Constituição de 1988. *Revista Brasileira de Ciências Criminais* v. 20, n. 94, p. 199-237, jan./fev. 2012.

[2410] SOUZA, Artur César de. *A decisão do juiz e a influência da mídia*. São Paulo: Revista dos Tribunais, 2010, p. 206: "Efetivamente, em uma sociedade de massa, a perturbação proveniente dos meios de comunicação pode afetar também a liberdade de decisão do juiz. Essa possibilidade é extraordinariamente perigosa, principalmente porque não opera somente pelo consciente, mas também pelo mundo do inconsciente, do que não é percebido pelos sentidos. O juiz pode estar convencido de sua completa imparcialidade pessoal e, não obstante, sofrer sérios condicionamentos de índole psicológicos decorrentes do pensamento dominante de um determinado grupo social".

[2411] GUARIGLIA, Fabrício. Publicidad periodística del hecho y principio de imparcialidad. *Libertad de prensa y derecho penal*. Buenos Aires: Del Puerto S. R. L., 1997, p. 105.

[2412] Constituição Federal brasileira de 1988, art. 5º, IV: "é livre a manifestação do pensamento, sendo vedado o anonimato;" e IX: "é livre a expressão da atividade intelectual, artística, científica e de comunicação, independentemente de censura ou licença".

[2413] LERÈDE, Jean. *Além da razão*: o fenômeno da sugestão. (Coleção gnose; 16). Tradução de Wladimir Araujo. São Paulo: Ibrasa, 1984, p. 124.

[2414] ROBINSON, James Harvey. The still small voice of the herd. *Political Science Quarterly*, v. 32, n. 2, p. 312-319, jun. 1917, esp. p. 316.

É importante assentar, neste passo, duas premissas: (i) ante a influência de mensagens jornalísticas sobre pessoas, é notório seu poder de (trans)formação de comportamento social e de atitudes morais;[2415] e (ii) o juiz, como humano, até mesmo inconscientemente, é permeável a infiltrações advindas não apenas da força dos *mass media* (*v. g.*, imprensa, televisão, rádio, cinema, *internet, e-mail, WhatsApp*), senão também da opinião pública em geral.[2416]

As liberdades de expressão e de crítica constituem direito fundamental no Estado Constitucional e Democrático de Direito, como também a independência judicial se traduz em um de seus pilares essenciais.[2417] De fato, a independência é condição objetiva de exercício da função jurisdicional sem pressões, ameaças, sujeições ou interferências e constitui pressuposto inarredável da imparcialidade do juiz.[2418]

Pode ocorrer de os presidentes nomearem novos juízes para a Suprema Corte para responder ao sentimento público e à opinião pública, influenciando as tendências de decisões judiciais. Os mecanismos dessa influência são diversos, mas o principal deles é o processo de nomeação. Novas nomeações de juízes conservadores ou liberais exibem, como quando em ações afirmativas, o condão de mudar a ideologia política da justiça.[2419] O público elege presidentes e senadores, os quais, por seu turno, integram o processo de seleção de membros de tribunais superiores, escolhendo aqueles que compartilhem naturalmente das preferências ideológicas dos atores do processo de triagem judicial. Exemplo frisante de mecanismo essencialmente político de escolha, aprovação e nomeação toca a todos os magistrados que integram o Supremo Tribunal Federal brasileiro, enquanto guardião da Constituição (cujo modelo se reproduz mundo afora): a nomeação cabe ao Presidente da República, depois de aprovada a escolha pelo Senado Federal.[2420]

As preferências do público, mediante semelhante mecanismo de substituições, são indiretamente transferidas para os órgãos da justiça, moldando o teor ideológico do tribunal. Tome-se como exemplo o desenho institucional americano que cria um incentivo direto para que os juízes do Supremo Tribunal estadual, sujeitos a controle democrático através de eleições, considerem a opinião pública sobre questões politicamente proeminentes em suas decisões.[2421]

[2415] MICEVICIUTE, Jurate. La influencia de las noticias periodísticas en las actitudes morales de las audiencias: el análisis lingüístico de CH. L. Stevenson y J. Searle. *AGORA – Papeles de Filosofía*, 34/2, p. 131-159, 2015, esp. p. 136-140.

[2416] OTERO GONZÁLES, María del Pilar. *Protección del secreto sumarial y juicios paralelos*. Madrid: Editorial Centro de Estudios Ramón Areces, 1999, p. 34.

[2417] PIDGEON, Robert. Les médias et le système judiciaire. Disponível em: http://www.barreau.qc.ca/pdf/congres/2004/ethique.pdf. Acesso em: 29 jan. 2018, p. 539-547, esp. p. 543: "L'indépendance judiciaire est ce qui permet à un juge de décider d'un litige en son âme et conscience, selon la règle de droit et les faits mis en preuve et ce, à l'abri de toute pression de quelque nature que ce soit. Elle assure au juge cette liberté nécessaire qui lui permet de trancher un litige sans pression du pouvoir politique, de l'opinion publique, des médias, des groupes de pression et enfin au justiciable au profit duquel elle existe, la garantie que le litige sera résolu par un décideur impartial. Elle constitue la pierre angulaire de notre démocratie".

[2418] VARGAS ROJAS, Omar. Los juicios paralelos y derecho al juez imparcial. *Revista Digital de la Maestría en Ciencias Penales de la Universidad de Costa Rica*, n. 1, p. 221-247, 2009, esp. p. 227.

[2419] AMMORI, Marvin. Public Opinion and Freedom of Speech. *The Information Society Project at Yale Law School*, p. 1-37, 2006, esp. p. 9.

[2420] Constituição Federal brasileira de 1988, arts. 52, III, 84, XIV, 101.

[2421] DEVINS, Neal; MANSKER, Nicole. Public opinion and state supreme courts. *Journal of Constitutional Law*, v 13:2, p. 455-509, 2015, esp. p. 469.

Demais disso, o juiz pode ser diretamente influenciado através da resposta às mutações contemporâneas na opinião pública. A influência da opinião pública sobre a tomada de decisões judiciais pode ocorrer inconscientemente à medida que os juízes alteram suas preferências para refletir o público. Alternativamente, os juízes podem conscientemente seguir mudanças no humor público. Sobre a relação entre opinião pública e a modelagem da tomada de decisões, na ausência de rotatividade de seus membros, os tribunais tendem a não responder à vontade do público e ao sentimento da sociedade.[2422]

Na medida em que os tribunais superiores, dotados de função nomofilácica, são encarregados de promover a unidade e a coerência da interpretação da legislação infraconstitucional, eles devem estar particularmente em sintonia com a vontade da cidadania, representando o humor público como um todo, harmonizando-se com o sentimento da sociedade em que operam.[2423]

O juiz prospecta sua decisão não da norma pré-constituída, mas de seu imediato sentimento de homem político que vive em sociedade. De fato, sentença deriva, etimologicamente, de sentimento (do lat. *sentire*). É criação prática, alimentada pela experiência social que impulsiona o juiz na garimpagem de certa utilidade política que satisfaça aquela experiência.[2424]

Se o direito nasce da sociedade (*"ubi societas, ibi jus"*), como resultado de um conjunto de fatores sociais; se há influência da sociedade sobre o direito; se há incidência do poder social, de caráter psicológico, dos objetivos, valores subjacentes e necessidades sociais, fatores históricos, morais, religiosos, culturais, econômicos sobre o julgador; se a realidade social – consistente no predomínio de um sistema de opiniões, pensamentos, preferências, aspirações e propósitos – determina, em maior ou menor grau, o comportamento do juiz; então os sentimentos da sociedade, enquanto componentes espirituais do poder social, a implicar fenômenos jurídicos, hão de servir de inspiração para o juiz, que, malgrado inconscientemente, os levará em conta no ato de julgar.[2425]

[2422] CALVIN, Bryan; COLLINS JR, Paul M., ESHBAUGH-SOHA, Matthew. On the relationship between public opinion and decision making in the U. S. courts of appeals. *Paper prepared for delivery at the 80th annual meeting of the Southern Political Science Associations*, New Orleans, Louisiana, 2009, p. 1-26: "We conclude that, absent membership turnover, the courts of appeals are not responsive to the will of the public".

[2423] No que toca à glacial vinculação do juiz à lei estática, vide a refinada ironia de CALAMANDREI, Piero. Giustizia e politica: sentenza e sentimento. *In:* CAPPELLETTI, Mauro (a cura di). *Opere giuridiche*. Napoli: Morano, 1965, v. 1, p. 637-650, esp. p. 645: "Sentenza giusta, in questo sistema, non vuol dire sentenza conforme al sentimento sociale, ma vuol dire semplicemente sentenza conforme alla legge: e se poi, per avventura, la legge non corrisponde (o non corrisponde più) al sentimento sociale, questo non è affare del giudice, ma del legislatore: dura lex sed lex".

[2424] CALAMANDREI, Piero. Giustizia e politica: sentenza e sentimento, *op. cit, p.* 642: "Anche se nel cercar la soluzione del caso singolo, il giudice si lascia guidare da certe premesse di ordine generale, che egli sente come acquisizioni preesistenti della società a cui egli appartiene (la cosiddetta equità sociale) egli le trova dentro di sè, registrate nella sua coscienza".

[2425] MONTORO, André Franco. *Introdução à ciência do direito.* 26. ed., rev. e atual. São Paulo: Revista dos Tribunais, 2005, p. 667-668: "Além da influência geral dos fatores psicológicos sobre os fenômenos jurídicos, há, como lembra Recaséns Siches, certos fenômenos psicológicos, em particular, como representações mentais ou sentimentos que intervêm basicamente na formação e desenvolvimento da vida jurídica. Então, nesse caso, o sentimento de culpa, o de respeito à norma, a consciência de certos direitos subjetivos, como o direito à vida, à consideração, ao trabalho e, principalmente, o sentimento do justo e do injusto. "Entre esses sentimentos", observa Recaséns Siches, 'existe um que é de capital importância para a produção e a reforma do Direito: o sentimento de injustiça. Ocorre às vezes que é muito difícil, pensando em termos abstratos e frios, averiguar qual seria a normatividade justa para determinada situação social. Mas, se nos encontrarmos com uma norma ou com uma resolução que nos fere como injusta, então, analisando essa reação, podemos colocar-nos

A soberania popular é pressuposto indefectível do Estado moderno, de sua própria verdade tatuada na opinião pública. Deve-se reconhecer que o sistema normativo pressupõe implicitamente a opinião pública como grandeza social. Ademais, em uma sociedade realmente pluralista, constitui-se em instrumento poderoso de controle do poder, para que seja legítimo, e não simples domínio.[2426]

É importante focar no papel dos sentimentos da sociedade no ato de julgar. É um mito que os processos de decisão jurídica se pretendem objetivos e obedecem a uma lógica de razão pura, sem lugar para a emoção. Nada mais equivocado. Sentimento e emoção têm inequivocamente um papel invulgar na decisão e também no ato de julgar compassivamente. De fato, a concepção iluminista de que a razão tudo resolve e pode resolver experimentou erosão e perdeu prestígio. Todavia, não se deve prestar-lhe já atenção, da mesma maneira que uns atores podem continuar interpretando durante algum tempo uma peça teatral, antes de perceberem que os espectadores foram embora lenta e sigilosamente. Com efeito, a neurociência tem-se encarregado de demonstrar, com critério científico, a impossibilidade de separar a racionalidade dos sentimentos e das emoções, assim com o calor é inseparável do fogo.

Por outras palavras, emoções e sentimentos estão relacionados com a razão humana: a carpintaria da racionalidade parece não funcionar sem a carpintaria da regulação biológica, na qual emoções e sentimentos constituem aspectos primordiais.[2427]

A decisão judiciária não é tomada com base em critérios de razão pura, seja porque não há, seja porque, havendo, não funciona sem o suporte, em maior ou menor medida, do binômio emoção-sentimento. Os sentimentos da sociedade, como a compaixão, configuram, também, uma atitude emocional: se as emoções não estão afastadas do processo de decisão, se a compaixão é (também) uma emoção, então não se pode excluir liminarmente a compaixão do processo de decisão judicial. Jamais se olvide que a justiça é administrada em nome do povo,[2428] razão pela qual os sentimentos da sociedade que envolvem determinado *thema decidendum* sensível para as exigências dinâmicas da vida social hão de ser sopesados pelo julgador.

Auscultar os sentimentos da sociedade é relevante, por exemplo, na chamada jurisdição constitucional, em sede de controle abstrato e concentrado de constitucionalidade de lei ou de ato normativo federal e estadual, principalmente em relação a questões de cariz essencialmente político e ao ângulo do amadurecimento ou não do assunto constitucional controvertido no meio social.

Em todo caso, parece bem fazer um alerta: os sentimentos da sociedade (*v. g.*, a compaixão social em determinado caso particular) não podem, de si, substituir uma estruturação lógica dos fundamentos de direito usados na decisão, pois esta tem de ser capaz de resistir de algum modo a uma contra-argumentação, vale dizer, não se pode dispensar o suporte básico da lei.[2429]

acertadamente sobre a pista que nos leve a uma solução de justiça. De fato, muitas vezes a reação ante a injustiça mostrou diretrizes e abriu caminhos para produzir um direito mais justo.'"

[2426] GUSMAI, Antonio. Il giudice, il legislatore e l'opinione pubblica: appunti sulla razionalità sociale dell'ordinamento costituzionale. *Forum di Quaderni Costituzionali*, 2016, p. 1-25, esp. p. 19.

[2427] DAMÁSIO, António R. *O erro de Descartes*: emoção, razão e o cérebro humano. Tradução Dora Vicente, Georgina Segurado. 3. ed. São Paulo: Companhia das Letras, 2012, p. 126-127.

[2428] Constituição da República italiana de 1947, art. 101, §1: "La giustizia è amministrata in nome del popolo". Assim, também, a Constituição da República portuguesa, art. 202, n. 1.

[2429] CLOUD III, A. Morgan. Introduction: compassion and judging. *Arizona State Law Journal*, v. 22, n. 1, 1990, p. 18.

Noutros termos: a imparcialidade, a objetividade e a racionalidade do juiz não são incompatíveis com uma postura compassiva em relação aos sentimentos da sociedade.[2430] Contudo, as decisões judiciais devem fundamentar-se conforme a lei e o Direito, com argumentação racional, válida e controlável, a fim de que se possa forrar contra a arbitrariedade dos julgados. Quando garimpar, haurir o sentimento da sociedade, proveniente de distintas latitudes, em relação a determinada questão de natureza política *sub judice*, é indispensável, de todo modo, que o juiz se afaste prudentemente de pressões, expressas ou tácitas, oriundas de programas de opinião editoriais que fixem uma posição a respeito do caso particular.

Um exemplo é oportuno para ilustrar o raciocínio. Um vaso sanitário com uma descarga que funciona ao ritmo do hino nacional italiano, exposto como produção de dois artistas, foi "confiscado" pela polícia, por ordem da Procuradoria da República, de um Museu de Arte Moderna de Bolzano, sob acusação de afrontar o hino Fratelli d'Italia, que, como símbolo nacional, tem valor patriótico e sentimental, espelhando assim o sentimento patriótico do povo e, portanto, o próprio Estado.

Contudo, a justiça de Bolzano entendeu que esta "obra de arte" não vilipendiava *l'inno di Goffredo Mameli* (1827-1849), autor da letra, com música de Michele Novaro (1818-1885). Confira-se o seguinte fragmento da motivação da respectiva decisão: "Nel caso di specie pare che l'intento dei ricorrenti nel proporre l'inno di Mameli associato a suoni provenienti da diversi scarichi del bagno fosse quello di contrastare l'ufficialità e la sacralità istituzionale di tale rito, ma non di 'offendere la nazione italiana quale comunità degli italiani. Le artiste intendevano esprimere la loro critica contro 'codificazioni incancrenite, normative passivamente accettate, ovvero contro un generale ottundimento dei sensi'. Con ciò non mirando ad ingiuriare o disprezzare il prestigio o l'onore della collettività italiana, ma a provocare, anche se in modo sconveniente e di dubbio pregio, reazioni contro un pensare da loro ritenuto passivo e conformista nell'ambito dell'esposizione 'Group therapy'. Pur potendo tale condotta essere percepita come dileggio di un comune sentimento di nazione identificato da una generalità anche attraverso l'inno di Mameli, perché rappresentativo di un'idea di unità e di comunanza, essa non pare, allo stato degli atti essere stata connotata da gratuito disprezzo di un simbolo dello Stato, così da configurare vilipendio".[2431]

Semelhante decisão judicial está equivocada, por não levar em consideração o sentimento da nação italiana em relação ao seu hino nacional, o qual, é verdade, reflete determinado contexto histórico; não é menos verdadeiro que *l'inno di Mameli* continua sendo um símbolo nacional, em relação simbiótica com o sentimento da sociedade, a ser incondicionalmente respeitado por todos, mas que, na espécie, restou desprezado justamente por quem deveria tutelá-lo.

Last but not least, devem-se decantar as informações recebidas para separar o dirigismo da opinião publicada, que substituiu o diálogo pelo fluxo informativo unidirecional, da autêntica opinião pública, que se forma numa livre discussão de

---

[2430] CASTRO, Jorge Rosas de. A compaixão e o Direito: do espanto à realidade. *Teatro do Mundo*, v. 9, p. 64-93, 2014, esp. p. 75.

[2431] Disponível em: http://www1.adnkronos.com/Archivio/AdnAgenzia/2006/11/11/Cronaca/Giudiziaria/BOLZANO-TRIBUNALE-INNO-MAMELI-CON-SCIACQUONE-NON-E-VILIPENDIO_113358.php.

opiniões.[2432] De mais a mais, ao juiz cumpre perquirir a essência dos sentimentos difusos na consciência coletiva em torno da noção de justo: o sentimento equitativo e comum de justiça incrustado no âmago da sociedade.[2433]

[2432] ZIPPELIUS, Reinhold. *Teoria geral do estado*. 3. ed. Lisboa: Fundação Calouste Gulbenkian, 1997, p. 340: "O ideal de uma livre formação da opinião pública tem várias raízes. Neste sentido devem ser salientados o relativismo político-ideológico, que não admite qualquer monopolização da pretensão da verdade, a confiança na racionalidade da discussão pública, a ideia liberal da livre concorrência e o equilíbrio recíproco das opiniões concorrentes, e, sobretudo, ainda a ideia democrática de que cada indivíduo deve participar ele próprio na formação da vontade comum à qual ele está subordinado. O essencial neste ideal democrático da liberdade é a participação própria na decisão, que não deve ser falsificada por um dirigismo da opinião convertendo-a em mera aclamação".

[2433] JAEGER, Nicola. *Corso di diritto processuale civile*. Seconda edizione aumentata e aggiornata. Milano: La Goliardica, 1956, p. 270.

ESTADO CONSTITUCIONAL E DEMOCRÁTICO DE DIREITO: DEVER DE JUSTIFICAÇÃO COMO INSTRUMENTO DE "RACIONALIZAÇÃO" DA FORMAÇÃO DA SENTENÇA

9.1 Contexto de descoberta da decisão e contexto de justificação ou controle

Há efervescentes discussões epistemológicas que, em termos estruturais e funcionais, gravitam em torno da validade da distinção geral entre contexto de descoberta e contexto de justificação. Em perspectiva jusfilosófica, o contexto de descoberta (ou de deliberação) consiste no processo mental em que a decisão judicial (*i. e.*, qualquer ato do magistrado com conteúdo deliberativo) é formulada; ao passo que o contexto de justificação (ou de validação) visa, mediante a articulação de razões, à elaboração de um discurso jurídico e racional – com resultados mais ou menos previsíveis –, intersubjetivamente válido e controlável, com o qual a decisão judicial é justificada.[2434]

Como bem se compreende, uma coisa é a atividade através da qual se chega a estabelecer uma teoria, premissa ou conclusão: são os motivos psicológicos independentes, as causas, o meio socioeconômico, o ambiente educacional, a conjuntura cultural, as circunstâncias ideológicas, o intuicionismo,[2435] o sentimentalismo, a emotividade, a

---

[2434] No tocante à dicotomia contexto de descoberta e contexto de justificação, na perspectiva da decisão judicial, averbe-se a posição contrária de MAZZARESE, Tecla. Scoperta vs giustificazione. Una distinzione dubbia in tema di decisioni giudiziali. *In:* COMANDUCCI, P.; GUASTINI, R (Ed.). *Analisi e diritto,* Ricerche di giurisprudenza analitica, Torino, p. 145-196, 1995. Contra a distinção ora abonada, ao argumento de que o processo de justificação é inseparável da construção da decisão mesma, vide BARRAGÁN FIGUEROA, A. La respuesta correcta única y la justificación de la decisión jurídica. *DOXA*, n. 8, 1990, p. 63-74. Vide, mais amplamente, a negação da separação entre ambos os contextos, porque, nessa visão, todo o raciocínio científico deve se reconduzir ao contexto de descobrimento, ECHEVERRÍA, Javier. *Introducción a la metodologia de la ciencia.* La filosofía de la ciencia en el siglo XX. Madrid: Cátedra, 1999, p. 171 ss.

[2435] Sobre o caminho essencial da intuição para descobertas, vide carta escrita por Albert Einstein a Jacques Hadamard, respondendo a um questionário para L' Enseignement Mathematique, *apud* GHISELIN, Brewster.

inventividade, a criatividade, os fatores inconscientes, o psiquismo, a personalidade, os elementos revestidos de irracionalidade etc. de uma decisão. É a explicação da decisão judicial, identificando-se-lhe as causas. Outra coisa, estrutural e funcionalmente diversa, a representar dois momentos distintos, são as razões que a sustentam, é justificá-la,[2436] não denotando uma manifestação de sentimentos ou outros fatores psicológicos que determinaram o juiz a decidir de certo modo.

Fenomenologicamente, o processo psíquico da decisão judicial (ou a forma pela qual uma conclusão é alcançada) não se confunde, naturalmente, com as razões exteriorizadas na motivação em prol de sua correção (ou a forma pela qual uma conclusão pode ser justificada).[2437] Essa distinção é palmar e entra pelos olhos, de sorte a favorecer um modelo de raciocínio capaz de justificar a correção de uma decisão judicial, mas que não resulte adequado como modelo de descrição exauriente e completo do processo psíquico de decisão ou para a explicação da ação do juiz.[2438] Na vida do pensamento, o juízo é incindível, mas isso não exclui a necessidade de análise da distinção entre o contexto de descoberta e o contexto de justificação,[2439] sem a qual uma teoria da decisão judicial seria insuficiente e insatisfatória.

A diferenciação entre contexto de descoberta e contexto de justificação abrange, também, aqueloutra entre a explicação e a justificação da ação do juiz, que permite distinguir entre motivos explicativos e razões justificativas.[2440] O ato de explicar tem um propósito descritivo e uma qualidade empírica, enquanto o ato de justificar exibe um

---

The creative process: a symposium. University of California: Berkeley and Los Angeles, 1954, p. 32-33. Vide, também, o seguinte excerto do Prefácio de Albert Einstein ao livro de Max Planck, *Where is science going?* Woodbridge: Ox Bow Press, 1981: "Thus the supreme task of the physicist is the discovery of the most general elementary laws from which the world-picture can be deduced logically. But there is no logical way to the discovery of these elemental laws. There is only the way of intuition, which is helped by a feeling for the order lying behind the appearance and this Einfuehlung is developed by experience. Can one therefore say that any system of physics might be equally valid and possible? Theoretically there is nothing illogical in that idea. But the history of scientific development has shown that of all thinkable theoretical structures a single one has at each stage of advance proved superior to all the others. (...) I have often heard that his colleagues are in the habit of tracing this attitude to his extraordinary personal gifts of energy and discipline. I believe they are wrong. The state of mind which furnishes the driving power here resembles that of the devotee or the lover. The long-sustained effort is not inspired by any set plan or purpose. Its inspiration arises from a hunger of the soul".

[2436] GUASTINI, Riccardo. *Interpretare e argomentare*. Milano: Giuffrè, 2011, p. 237: "I motivi sono stati (o eventi) mentali, psichici: sono gli impulsi, le emozioni, gli atteggiamenti, i sentimenti, gli interessi, etc. che inducono ad avere una credenza, a sostenere una tesi, o a prendere una decisione. Le ragioni sono invece enunciati in lingua che si adducono pubblicamente a sostegno o giustificazione di una tesi o di una decisione: sono, in altre parole, premesse di un ragionamento. Si badi: il vocabulo "Motivazione", infatti, significa esposizione non già di "motivi", come pure se usa dire, ma – tecnicamente parlando – di "ragioni". La motivazione è, cioè, un ragionamento. Come in relazione alle teorie scientifiche si usa distinguere tra contesto "di scoperta" (o "di invenzione" e contesto "di giustificazione" (o di controllo), così in relazione alle decisioni giurisdizionali conviene distinguere tra il processo psicologico attraverso il quale il giudice perviene alla decisione ed il discorso attraverso il quale il giudice egli la argomenta o giustifica pubblicamente".

[2437] BULYGIN, Eugenio. El concepto de vigencia en Alf Ross. *In:* ALCHOURRÓN, C.; BULYGIN, E. *Análisis lógico y derecho*. Madrid: Centro de Estudios Constitucionales, 1991, p. 350.

[2438] ACCATINO SCAGLIOTTI, Daniela. *La motivación de las sentencias*: genealogía y teoría. 2005. 316 f. Tesis (doctorado en filosofía del derecho) – Facultad de Derecho, Universidad de Granada, Granada, 2005, p. 148-158, esp. p. 149.

[2439] CARNELUTTI, Francesco. *Teoria generale del diritto*. Terza edizione emendata e ampliata. Roma: Soc. Ed. del "Foro Italiano", 1951, p. 369: "Certo, la separazione tra le due fasi, nelle quali prima si forma e poi si verifica il giudizio, è piuttosto il risultato di un'analisi in vitro che dello svolgimento reale del pensiero, nel quale l'una e l'altra si avvicendano e si intrecciano strettamente; ma ciò non esclude affatto la necessità di distinguere tra di esse".

[2440] CRISTINA REDONDO, Maria. *La noción de razón para la acción en el análisis jurídico*. Madrid: Centro de Estudios Constitucionales, 1996, p. 73 ss.

desígnio de avaliação e um predicado normativo. Não se afigura logicamente possível fundar uma conclusão de caráter normativo em premissas apenas de caráter descritivo.[2441] Portanto, a decisão judicial pode ser visualizada, pelo menos, por três ângulos de mirada, como: (i) descrição heurística do processo psicológico, (ii) explicação intencional da ação de decidir e (iii) conclusão suscetível de justificação.[2442]

A esse respeito, é importante ter em mente que, no âmbito jurídico, foram utilizadas, de há muito tempo, distinções que vaticinavam essa estratégia argumentativa consistente na diferenciação entre contexto de descoberta e contexto de justificação, seja oriunda da tradição retórica (*inventio* ou *heuresis*, *dispositio* ou *taxis* e *elocutio* ou *lexis*), seja proveniente da distinção ciceroniana entre *ars inveniendi* e *ars iudicandi* (e *ars disputandi*).[2443] Já se disse que "a primeira regra da descoberta é ter cérebro e boa sorte. A segunda regra da descoberta é sentar e esperar que uma ideia brilhante surja".[2444] Disso resulta que carece de sentido estabelecer regras para a descoberta, seja no campo da pesquisa científica ou em outros campos, como o da germinação da decisão judicial.

Semelhante distinção se pode trasladar, também, para o campo da argumentação em geral, e para o âmbito jurídico em particular,[2445] entre contexto de descoberta e contexto de justificação das decisões judiciais. Para além da tese da irracionalidade inconsciente que permeia a "descoberta" (*v. g.*, pela presença da intuição que se caracteriza como função psíquica irracional), poder-se-ia, sob outro prisma, teorizar que em cada processo decisório afigura-se possível individuar duas esferas distintas de racionalidade, as quais correspondem a etapas diversas de tal processo. No plano científico, evidencia-se diferente natureza dos processos de formação de hipóteses e de seus sucessivos controles.[2446] No terreno judiciário, tal modelo se reproduz na

[2441] ACCATINO SCAGLIOTTI, Daniela, *op. cit.*, p. 158: "En síntesis, una cosa es identificar los factores que han motivado al agente y otra distinta es determinar cuáles son los factores que deberían motivarle, con independencia de que lo hagan o no. Esa misma idea aplicada al razonamiento judicial lleva por consiguiente a distinguir conceptualmente los posibles motivos determinantes de la acción del juez de decidir un cierto caso en un determinado sentido de las razones que pueden justificar esa acción. Y entonces resulta claro que son éstas y no las primeras las relevantes desde el punto de vista de la motivación de las sentencias".

[2442] AARNIO, Aulis. *Lo racional como razonable*: un tratado sobre justificación jurídica. Madrid: Centro de Estudios Constitucionales, 1991, p. 55.

[2443] ACCATINO SCAGLIOTTI, Daniela, *op. cit.*, p. 149-150, esp. nota nº 215.

[2444] POLYA, G. *How to solve it*: a new aspect of mathematical method. Second edition. New York: Anchor Books, 1957, p. 172.

[2445] Para um aceno geral da recepção dessa distinção no campo da teoria do direito, vide GOLDING, Martin P. A note on discovery and justification in science and law. *Nomos*, XXVIII, p. 124-140, 1986; ANDERSON, B. The case for re-investigating the 'process of discovery'. *Ratio Juris*, 8, n. 3, p. 330-348, 1995.

[2446] REICHENBACH, Hans. *Experience and prediction*: an analysis of the foundations and the structure of knowledge. Chicago: Phoenix Books, University of Chicago Press, 1938, p. 7, 382. Apesar disso, anos antes, POPPER já falava em "psychology of knowledge" e "logic of knowledge", cfr. POPPER, Karl. *The logic of scientific discovery* (1934). London and New York: Routledge, 2005, p. 8: "Accordingly I shall distinguish sharply between the process of conceiving a new idea, and the methods and results of examining it logically. As to the task of the logic of Knowledge – in contradistinction to the psychology of Knowledge – I shall proceed on the assumption that it consists solely in investigating the methods employed in those systematic tests to which every new idea must be subjected if it is to be seriously entertained". Vide, assim também, LAUDAN, L. Why was the Logic of Discovery Abandoned? *Scientific Discovery, Logic, and Rationality*. Boston Studies in the Philosophy of Science, v. 56. Springer, Dordrecht, 1980, p. 173-183; HOYNINGEN-HUENE, Paul. Context of Discovery and Context of Justification. *Studies of the History and Philosophy of Science*, 18, p. 501-505, 1987; BLACKWELL, R. J. Defense of the Context of Discovery. *Revue Internationale de Philosophie*, 34, p. 90-108, 1980; CURD, Martin V. The logic of discovery: an analysis of three approaches. *Scientific Discovery, Logic, and Rationality*. Boston Studies in the Philosophy of Science, v 56, Springer, Dordrecht, 1980, p. 201-219; HANSON, Norwood Russel. The idea of a logic of discovery. *What I do not believe and other essays*. (Dordrecht: Reidel), p. 288-300, 1971; KORDIG, C. R.

institucionalização do dever imposto ao juiz de motivar e, assim, de justificar suas próprias decisões.[2447] A justificação não serve para se entender por que o juiz decidiu deste ou daquele modo, mas, sim, para, mediante análise das razões jurídico-racionais intersubjetivamente válidas por ele ministradas, valorar e controlar a bondade do *decisum*.

Não seria despropositado dizer que as decisões, em sentido amplo, não são nem totalmente contexto de descoberta nem contexto de justificação, posto que, ao fim e ao cabo, a tomada de decisão representa uma combinação de ambos os contextos. No plano teórico, um não existe independentemente do outro.

Dessume-se, então, que os raciocínios, os argumentos e as razões do juiz revelam-se indispensáveis no contexto justificativo do decisório, em especial para justificar a correção material de uma decisão estimatória. O juiz deve se desincumbir de duas obrigações básicas: decidir conforme o direito e motivar juridicamente a decisão formulada. Porém, aqueles elementos (raciocínios, argumentos, razões) não se mostram imprescindíveis no contexto de descoberta da decisão.[2448] Quais os fatores extrajurídicos que influenciam, realmente, o juiz em seu processo de tomada de decisão é tema que pertence, por exemplo, ao terreno da psicologia jurídica, ao estudo da atividade psíquica do julgador.

Da distinção entre contexto de descoberta e aquele de justificação, no domínio da função jurisdicional, descende, por exemplo, a percepção da confusão do realismo jurídico norte-americano sobre a anoréxica importância das regras jurídicas e das regras de inferência lógica no processo de decisão judicial.[2449] De fato, as regras jurídicas têm esquálida influência no espaço de descoberta, mas não afetam, absolutamente, o contexto de justificação: o juiz pode, não raro, chegar, ele próprio, a uma determinada solução por motivos alheios às próprias regras jurídicas, mas, conquanto assim, quando justifica sua decisão é de rigor se socorrer delas.[2450]

A doutrina da argumentação jurídica, embora faça, amiúde, a distinção entre os dois contextos, coloca água no moinho da justificação e tende a elegê-la como campo relevante de análise. Descura-se, desse modo, da descoberta em si, para privilegiar sua justificação. O que induz o juiz a pensar que uma parte, mais que a outra, tenha razão é uma pergunta completamente diferente daquela que boas razões justificativas podem sustentar em favor desta parte ou da outra.[2451]

Essa distinção pode ser assim configurada e sintetizada para os propósitos significativos do presente trabalho: o contexto de descoberta coincide com a intimidade

Discovery and Justification. *Philosophy of Science*, 45, p. 110-117, 1978; SCHAFFNER, Kenneth F. Discovery in the biomedical sciences: logic or irrational intuition? *Scientific Discovery, Logic, and Rationality*, Boston Studies in the Philosophy of Science, v 60, p. 171-205, (Dordrecht: Reidel), 1980; SIEGEL, Harvey. Justification, discovery and the naturalizing of epistemology. *Philosophyof Science*, 47, p. 297-321, 1980.

[2447] TARUFFO, Michele. *La motivazione della sentenza civile*. Padova: CEDAM, 1975, p. 214 ss, 220 ss, 223, 520, em especial nota nº 117.

[2448] HERNÁNDEZ MARÍN, Rafael. *Las obligaciones básicas de los jueces*. Madrid: Marcial Pons, 2005, p. 248.

[2449] Sobre a distinção entre contexto de descoberta da decisão e contexto de justificação, vide, igualmente, ACCATINO SCAGLIOTTI, Daniela. Notas sobre la aplicación de la distinción entre contextos de descubrimiento y de justificación al razonamiento judicial. *Revista de Derecho*, v. XIII, p. 9-25, 2006, esp. p. 17-21.

[2450] LINFANTE VIDAL, Isabel. *La interpretación jurídica en la teoría del derecho contemporánea*. Madrid: Centro de Estudios Políticos y Constitucionales, 1999, p. 109.

[2451] MACCORMICK, D. N. *Legal reasoning and legal theory*. Oxford: Oxford U. Press, 1997, p. 15-16.

do processo mental de decisão judicial em sua totalidade (atividade) e o contexto de justificação designa não mais um processo psíquico, senão um produto linguístico (resultado), vale dizer, um discurso, como ação linguística ou a fórmula argumentativa através da qual uma decisão pode, juridicamente, ser justificada. Uma coisa é a esfera interna de deliberação do juiz; outra, completamente diversa, é a esfera externa ou pública da justificação argumentativa do decisório.[2452]

O processo de tomada de decisão de um juiz é o resultado da combinação dos valores de informação (*v. g.*, avaliação dos perfis probatórios para o juízo que se está desenvolvendo) e de impressão inicial (*v. g.*, pré-compreensão, pré-juízos que podem dimanar de condições situacionais – seu estado de humor no momento do juízo –, como de condições associadas com sua personalidade – pré-juízos religiosos).[2453]

Nada obstante determinadas dificuldades, a dicotomia contexto de descoberta/ contexto de justificação foi, em bases gerais, acolhida favoravelmente por grande parte da teoria do direito contemporânea. Aquela dicotomia é suscetível de se articular segundo duas diversas perspectivas.[2454] Na primeira, pode-se sustentar que o contexto de descoberta corresponde a uma atitude metodológica dirigida para individualizar os fatores psicológicos, sociológicos e históricos que de fato condicionam os juízes em suas decisões. Os motivos constituem os estados mentais do juiz que são antecedentes causais das decisões, configurando o terreno fértil para vicejar influências extrajurídicas (*v. g.*, conjunto de percepções, considerações ou fatores) que envolvem as causas da decisão, independentemente de terem sido expressamente cogitados na motivação da decisão judicial, enquanto o contexto de justificação toca à determinação dos argumentos que o juiz deva ministrar para suporte racional de tais decisões, como corolário inafastável do dever de motivação.[2455] Na segunda perspectiva, a distinção entre contexto de descoberta e contexto de justificação pode tocar à diferenciação entre o processo intelectual pelo qual o juiz chega à decisão e a justificação da decisão, concernindo, portanto, a duas diversas atividades intelectuais.[2456] Uma plêiade de fatores extrajurídicos, que determina o decisório, se situaria no chamado contexto de descoberta, ao passo que no contexto de justificação se hospedariam as razões ministradas pelo juiz como fundamento jurídico-racional de sua decisão.[2457]

Nesse sentido, a teoria do raciocínio jurídico tem o escopo de estabelecer as condições gerais que fazem uma decisão racional e, desse modo, deve se ocupar prevalentemente dos processos de justificação. Não por acaso, emergiu a ideia segundo a qual uma decisão é racional apenas se pode ser considerada aceitável em uma dimensão argumentativa pública e se vem suportada por razões reconhecidas como adequadas.

[2452] ACCATINO SCAGLIOTTI, Daniela, *op. cit.*, p. 154-155.

[2453] ATIENZA, Manuel. *Las razones del derecho*: teorías de la argumentación jurídica. México: Universidad Nacional Autónoma de México, 2005, p. 5-6.

[2454] WASSERSTROM, Richard A. *The judicial decisions*: toward a theory of legal justification. Stanford: Stanford University Press, 1961, p. 14-31.

[2455] ATIENZA, Manuel, *op. cit.*, p. 4: "Decir que el juez tomó esa decisión debido a sus firmes creencias religiosas significa enunciar una razón explicativa; decir que la decisión del juez se basó en determinada interpretación del artículo 15 de la Constitución significa enunciar una razón justificatoria. Los órganos jurisdiccionales o administrativos no tienen, por lo general, que explicar sus decisiones, sino justificarlas".

[2456] DICIOTTI, Enrico. *Interpretazione della legge e discorso razionale*. Torino: Giappichelli, 1999, p. 153.

[2457] RODRÍGUEZ BOENTE, Sonia Esperanza. *La justificación de las decisiones judiciales*. El artículo 120.3 de la Constitución Española. Santiago de Compostela: Universidad de Santiago de Compostela: Servicio de Publicacións e Intercambio Científico, 2003, p. 156.

O problema de saber em que condições uma teoria, premissa ou conclusão pode se considerar justificada depende da realidade cultural em geral e de cada cultura jurídica em particular. Porque assim é, a concepção de decisão justificada oscilará em consonância com as múltiplas culturas jurídicas e dentro de cada momento histórico.[2458]

A justificação deve lançar mão de argumentos formalmente corretos e materialmente aceitáveis em um campo intersubjetivo determinado. No direito contemporâneo, em que cintila o dever de motivação-justificação das decisões judiciais, não há espaço para o determinismo metodológico (*v. g.*, a decisão judicial prescinde de justificação, pois deriva de autoridade legítima e não é o resultado de simples aplicação de normas gerais), nem para o decisionismo metodológico (*v. g.*, a decisão judicial, como ato de vontade, é insuscetível de justificação).

Entrevê-se aqui exemplo típico de erro no qual segmento da doutrina incorre, sobretudo em relação à irremediável confusão entre os conceitos de contexto de descoberta e contexto de justificação. De fato, prestigiosas vozes doutrinárias sustentam que os juízes não justificam (tampouco poderiam justificar propriamente) suas decisões, mas que as tomam de forma irracional, e, posteriormente, as submetem a um processo argumentativo de intelecção, como um produto do refinamento da inteligência do juiz. Assim, alguns representantes do Realismo Jurídico norte-americano sustentam que a sentença judicial é desenvolvida retrospectivamente a partir da conclusão formulada.[2459]

Na realidade, quando essa doutrina diz que (i) não se pode aceitar que o juiz, através de processo plasmado de puro raciocínio, chegue à sua decisão,[2460] e que, em definitivo, (ii) a decisão judicial está baseada nos impulsos do juiz, extraídos de pré-juízos políticos, sociais, econômicos, culturais ou morais,[2461] mostra-se, claramente, o equívoco em confundir contexto de descobrimento (no qual não apenas esses fenômenos podem ocorrer, senão também outros tantos) e contexto de justificação (no qual o dever de motivação, como elemento de limitação ao poder do juiz, impõe-lhe a fixação de premissas fático-jurídicas revestidas de argumentação sólida, coerente e racionalmente válida que possam alicerçar a decisão). Mesmo que se abone a noção de que a decisão judicial é tomada, vetorialmente, a partir da conclusão até as suas premissas, tal arquitetura não infirma a necessidade (antes a fortalece) de justificar a decisão, nem converte o dever de justificação em algo impossível.[2462]

[2458] TARUFFO, Michele. Il controllo di razionalità della decisione fra logica, retorica e dialettica. *In*: BESSONE, Mario (a cura di). *L'attività del giudice, mediazione degli interessi e controllo delle attività*. Torino: G. Giappichelli, 1997, p. 139-153, esp. p. 153: "Non vi è nulla di sorprendente, d'altronde, nel fatto che la cultura giuridica rappresenti lo sfondo di riferimento necessario per le argomentazioni giustificative dei giudici, e quindi nel fatto che le sue variazioni si riflettano su ciò che i giudici fanno, e sui criteri per controllare l'accettabilità di ciò che essi fanno e dicono. Sotto questo profilo è chiaro che nella decisione giudiziaria si riflette l'intero sistema del diritto con le sue regole, i suoi valori, le sue contraddizioni, le sue lacune e le sue trasformazioni".

[2459] FRANK, Jerome. *Law and the modern mind*. New Brunswick: Transaction Publishers, 2009 [1930], p. 109: "Now, since the judge is a human being and since no human being in his normal thinking processes arrives at decisions (except in dealing with a limited number of simple situations) by the route of any such syllogistic reasoning, it is fair to assume that the judge merely by putting on the judicial ermine will not acquire so artificial a method of reasoning. Judicial judgements, like other judgments, doubtless, in most cases, are worked out backward from conclusions tentatively formulated".

[2460] FRANK, Jerome, *op. cit.*, p. 111.

[2461] FRANK, Jerome, *op. cit.*, p. 114.

[2462] ATIENZA, Manuel, *op. cit.*, p. 7.

Algumas oposições doutrinárias eclodiram em relação ao uso da dicotomia contexto de descoberta/justificação em âmbito jurídico, seja em relação ao valor teórico, seja do ponto de vista epistemológico.[2463] As respectivas considerações críticas podem ser assim condensadas:[2464]

(i) caso se aceite a ideia que a formulação de teoria ou hipótese pode ocorrer através de procedimentos intelectuais irracionais ou, seja como for, não justificado, deve-se concluir que tal teoria ou hipótese não apenas pode ser diversa disto que se verifica no contexto de justificação, mas está em conflito com ele. Surgiria, então, o problema de se saber a qual contexto se deveria conceder um tratamento preferencial. No caso, pois, da hermenêutica jurídica, a distinção entre contexto de descoberta e de justificação pode ser levada a consequências extremadas, como quando se afirma que a hermenêutica investiga entendimento jurídico no contexto de sua descoberta, não naquele da motivação.

(ii) de outro lado, os cientistas sugerem, amiúde, os movimentos recomendados pelo contexto de justificação, mas podem também eleger os movimentos inerentes ao contexto de descoberta. Em âmbito jurídico, os juízes podem seguir o percurso do contexto de descoberta e nada pode impedir isto, como se poderia afirmar que os vínculos aos quais estão submetidos são também objeto de hipótese e de interpretação.

(iii) portanto, ambos os procedimentos são igualmente importantes e não compõem uma alternativa, mas uma única plataforma uniforme de procedimento.[2465]

Todavia, não se afigura plausível estender ao discurso normativo a rejeição sintetizada acima quanto à separação entre essas duas noções com o argumento de que tal separação é "um estratagema temporário" e não "uma demarcação fundamental". A dicotomia, ora sufragada, é cognitivamente confiável de raciocínio humano. É bem de ver que a sentença, enquanto *discovery*, não pode ser chamada de sentença até que tenha sido justificada. O esquema de justificação racional de uma decisão não se afeiçoa aos modelos lógico-dedutivos da racionalidade jurídica.

Um exemplo é oportuno para facilitar a compreensão. No espaço de descoberta, um juiz, por convicção religiosa, assume a posição subjetiva de determinada hipótese de julgamento. No contexto de justificação, no escopo de se proteger a objetividade, o juiz deve, mediante raciocínio lógico e argumentativo, aduzir razões justificativas em prol de seu decisório. A diferenciação dos dois níveis, como bem se compreende, consiste na fulgente constatação: uma coisa é indagar pelos elementos subjetivos, psicológicos, inconscientes, propensões prévias e vieses que originaram a hipótese de julgamento; outra coisa, cabalmente diversa, é indagar pelos elementos de argumentação racionalmente válidos, fruto do conhecimento discursivo mediato do juiz (*v. g.*, analogia, indução, dedução), e controláveis capazes de justificá-la ao ângulo jurídico.[2466] A distinção

---

[2463] HANSON, Norwood Richard. The logic of discovery, *Journal of Philosophy*, 55 (25), p. 1073-1089, 1958.

[2464] FEYERABEND, Paul K. *Contro il metodo*: abbozzo di una teoria anarchica della conoscenza (1975); tradução italiana de L. Sosio. Milano: Feltrinelli, 1979, p. 135-138.

[2465] FEYERABEND, Paul K., *op. cit.*, p. 136-137.

[2466] Sobre ser equivocada a ideia de se considerar o processo de tomada de decisão algo exclusivamente irracional e o processo de justificação algo exclusivamente lógico, vide WRÓBLEWSKI, Jerzy. *Constitución y teoría general de la interpretación jurídica*. Traducción de Arantxa Azurza. Madrid: Tecnos, 1985, p. 60-61: "Ambas afirmaciones

entre contexto de descoberta e contexto de justificação constitui ferramenta capaz de proporcionar a objetivação do julgado.

Noutros termos: o ambiente de descoberta hospeda um conjunto de fatores capazes de explicar as causas ou influências (invisíveis, mas poderosas) que condicionaram o juiz no momento da formulação da conclusão ou *decisum*, enquanto no contexto de justificação repousa um conjunto de regras e de argumentos típicos e válidos no raciocínio jurídico, solidamente construídos, com discernimento crítico, capazes de revelar que uma conclusão ou decisão é intersubjetivamente aceitável em determinada comunidade. Por assim ser, racionalidade e aceitabilidade da decisão, como duas faces de uma mesma medalha, não derivam do que se passa, impetuosamente, no contexto de descoberta, mas, sim, emergem do contexto de justificação, abstraindo-se das influências experimentadas pelo juiz, ditadas, por exemplo, pelo trinômio intuição-sentimento-emoção, ao longo do *iter* mental para alcançar sua decisão.

No espaço físico da motivação de sua decisão, como traço característico penetrante do processo contemporâneo, ao juiz se impõe, articulando as razões de sua convicção, evidenciar, à saciedade, que levou em conta as alegações, provas e contraprovas das partes em contraditório, seja da hipótese de decisão vencedora, seja daqueloutra frustrada.[2467] Daí por que se mostra importante a exigência de o juiz justificar não apenas a hipótese de julgamento vitoriosa, mas, também e sobretudo, sob o influxo da completude, a hipótese de decisão derrotada, no escopo primordial de incluir a atividade defensiva das partes no julgamento.[2468]

A motivação jurídica tem implicação substancial e não meramente formal. A não ser assim, estar-se-iam vulnerando as garantias fundamentais da tutela jurisdicional adequada, efetiva e justa, da igualdade, da imparcialidade do juiz, do contraditório, do devido processo legal. Semelhante aspecto foi regulado, sob boa luz, pelo Código de Processo Civil brasileiro: "Art. 489. São elementos essenciais da sentença: II – os fundamentos, em que o juiz analisará as questões de fato e de direito; §1º Não se considera fundamentada qualquer decisão judicial, seja ela interlocutória, sentença ou acórdão, que: IV – não enfrentar todos os argumentos deduzidos no processo capazes de, em tese, infirmar a conclusão adotada pelo julgador".

No tocante à hermenêutica jurídica, a distinção entre contexto de descoberta e contexto de justificação pode ser considerada significativa e profícua para a análise do raciocínio jurídico desenvolvido pelo juiz. Desta premissa, emerge o problema de se

---

son incorrectas porque no separan clara y bastante consistentemente la descripción del proceso, la descripción de los argumentos justificativos, las funciones y/o postulados de la decisión justificada". Contudo, não se pode placitar semelhante posição, pois que, na realidade, os dois contextos não são departamentos rigidamente estanques; antes, ao contrário, podem interagir e convergir em determinados aspectos.

[2467] SILVA, Ovídio A. Fundamentação das sentenças como garantia constitucional. *Revista Magister de Direito Civil e Processual Civil*, São Paulo, n. 10, p. 5-29, jan./fev. 2006, esp. p. 20; MARINONI, Luiz Guilherme; ARENHART, Sérgio Cruz. *Curso de processo civil*: processo de conhecimento. 6. ed. rev., atual. e ampl. da obra Manual do processo de conhecimento. São Paulo: Revista dos Tribunais, 2007, v. 2, p. 468; DIDIER JR., Fredie; BRAGA, Paula Sarno; OLIVEIRA, Rafael Alexandria de. *Curso de direito processual civil*: teoria da prova, direito probatório, ações probatórias, decisão, precedente, coisa julgada e antecipação de tutela. 8. ed. Salvador: Juspodivm, 2013, v. 2, p. 323-324.

[2468] TARUFFO, Michele. *La motivazione della sentenza civile*, op. cit., p. 437 ss. Todavia, em sentido contrário, vide MIRENDA, Andrea. Brevi appunti sulla motivazione della sentenza. In: *Incontro di studi "La motivazione della sentenza civile tra garanzie ed efficienza"* organizzato dall'Università degli studi di Torino in collaborazione con Consiglio dell'Ordine degli Avvocati di Torino. Torino, 2008. Disponível em: http://www.osservatorino.it/attivita/convegni/mirenda1.pdf. Acesso em: 22 fev. 2019, p. 1-17, esp. p. 7.

saber se a pré-compreensão subjetiva do juiz pode se manifestar no contexto de descoberta ou naquele de justificação da decisão.

Ora, se o plano de descoberta (ou de invenção) é permeado pela irracionalidade, por exemplo, ante a vigorosa presença da intuição, se a pré-compreensão sobre temas do mundo de carne e osso exige um mínimo de discernimento para a sua configuração, então é lícito pensar que a pré-compreensão do juiz não se coaduna propriamente com o plano de descoberta da decisão judicial.

Se o juiz (como, de resto, os demais seres humanos) submete-se aos condicionamentos decorrentes de sua origem e do meio socioeconômico e cultural em que vive, se o seu saber é permeável a juízos previamente fixados, a ideias pré-concebidas, bem como à sua pré-compreensão sobre os temas empíricos que penetram a vida, logo encoraja a pensar que a pré-compreensão do juiz pode influenciar bastante o seu raciocínio justificativo.

No plano de justificação da decisão, o equilíbrio reflexivo (entendido como raciocínio justificativo descritivo ou prescritivo) poderá ser acessível e confrontável com os critérios de controle da pré-compreensão mesma. Cumpre notar-se, por exemplo, que é razoável construir um modelo coerente de interpretação de regras jurídicas, fundado sobre o critério sistemático, em conformidade com os princípios do direito. Nesse quadrante exegético, a pré-compreensão desempenha importante papel no raciocínio interpretativo judicial.

De fato, a reflexão hermenêutica, na teoria jurídica, consente a descrição do processo de interpretação de enunciados contidos em textos legais, cujo arranque é a pré-compreensão do juiz[2469] (condição de possibilidade),[2470] que representa uma antecipação do sentido daquilo que se compreende.[2471] Uma esperança de sentido. O juiz carrega, na compreensão de um texto normativo ou de um fato, suas próprias opiniões prévias, mas não arbitrárias, a partir de certas expectativas integradas a algum sentido determinado, derivado de projeto prévio (antecipações que devem se confirmar), o qual se sujeita à revisão de significado e à avaliação constante. Nessa moldura, a interpretação de um fenômeno empírico ou de um texto deita raízes, frequentemente, em conceitos prévios suscetíveis de substituição, progressivamente, por outros mais apropriados. É um contínuo reprogramar, compreender e interpretar na maquinaria do sentido, em busca de convalidação daquelas opiniões prévias.[2472]

Como visto, se a compreensão dos enunciados de um texto consiste na elaboração de um esboço de significado, submetido a contínua revisão, para servir de base a um novo projeto de sentido, muitas vezes colidente com o anterior, e assim sucessivamente, até que se possa definir uma unidade de sentido,[2473] então é lícito pensar que a

---

[2469] GADAMER, Hans-Georg. *Verdad y método I*. Tradujeron Ana Agud Aparicio y Rafael de Agapito del original alemán Wahrheit und Methode. 13. ed. Salamanca: Sígueme, 2012, p. 403: "Bultmann mismo destaca que en toda comprensión se presupone una relación vital del intérprete con el texto, así como su relación anterior con el tema. A este presupuesto hermenéutico le da el nombre de precomprensión, porque evidentemente no es producto de procedimiento comprensivo sino que es anterior a él".

[2470] STRECK, Lenio Luiz. *Verdade e consenso*: constituição, hermenêutica e teorias discursivas. 4. ed. 2. tiragem. São Paulo: Saraiva, 2012, p. 141.

[2471] CAMARGO, Margarida Maria Lacombe. *Hermenêutica e argumentação*: uma contribuição ao estudo do direito. 3. ed. Rio de Janeiro: Renovar, 2003, p. 50.

[2472] GADAMER, Hans-Georg, *op. cit.*, p. 620.

[2473] GADAMER, Hans-Georg, *op. cit.*, p. 333.

pré-compreensão, em algum desses estágios de acepção, influencia o contexto de justificação da decisão judicial. A incidência da pré-compreensão, à qual o juiz não pode escapar, pode se dar, por exemplo, na escolha e na interpretação-aplicação da norma jurídica e/ou na valoração e acertamento dos fatos relevantes para o julgamento da causa.

O intérprete (sujeito) desenvolve um diálogo com o texto (objeto). Donde salta a ideia de circularidade, pois a interpretação é nutrida desde o intérprete e desde o texto. A compreensão, em perspectiva gadameriana, obedece a um movimento circular. O círculo hermenêutico propõe um momento da compreensão do texto continuamente conformada pela animação antecipatória da pré-compreensão.[2474] A "compreensão" do texto desliza para um novo patamar.[2475] O juiz, conduzindo sua tradição histórica e social, bem como suas noções (compreensão prévia),[2476] avizinha-se do texto e o texto se aproxima do juiz, em diferentes graus de aproximação, no complexo processo da compreensão. Nesse labor hermenêutico, remarque-se, o juiz deve se guardar da arbitrariedade, pois os juízos de valor formulados hão de ser devidamente justificados com argumentação sólida, racional, válida e controlável. É o processo de argumentação, impregnado de razões, assumindo-se como um processo de justificação.[2477]

Nesse quadro, a justificação, contida no modelo constitucional de decisão fundamentada, traduz um fenômeno interdisciplinar,[2478] perfeitamente amoldável às peculiaridades do caso concreto. Quer-se dizer que a motivação deve ser cevada pela ideia de integridade,[2479] no exato sentido de que o juiz, além do conhecimento do direito objetivo e dos preceitos de hermenêutica que norteiam sua interpretação-aplicação, deve abrir a porta de aspectos multifacetados: históricos, psicológicos, sociológicos,[2480] antropológicos, filosóficos, econômicos,[2481] políticos. O entrelaçamento dessas variadas

[2474] GRAU, Eros Roberto. *Ensaio e discurso sobre a interpretação/aplicação do direito*. 5. ed. São Paulo: Malheiros, 2009, p. 114.

[2475] LARENZ, Karl. *Metodologia da ciência do direito*. 3. ed. Lisboa: Fundação Calouste Gulbenkian, 1997, p. 285-293, esp. p. 286-287: "Se o significado de uma palavra aceite em primeira mão pelo intérprete não se adéqua ao nexo do sentido do texto, tal como este se vem a revelar ao intérprete do decurso do processo interpretativo, então o intérprete terá que rectificar a sua suposição inicial; se os possíveis (aqui imagináveis) significados da palavra revelam uma conexão de sentido diversa daquela que inicialmente o intérprete tenha conjecturado, este rectifica então a sua conjuntura. O processo de olhar para frente e para trás pode ter que repetir-se inúmeras vezes, mormente quando se tenha apenas contemplado uma parte do texto global – por exemplo, uma só frase ou parágrafo. Mesmo no caso em que se confirme plenamente a conjectura inicial de sentido, o intérprete já não estará situado no mesmo ponto, já que a sua mera suposição ou ideia se converte, de ora em diante, em certeza. A conjectura de sentido tem o carácter de uma hipótese, que vem a ser confirmada mediante uma interpretação conseguida".

[2476] GRAU, Eros Roberto, *op. cit.*, p. 114.

[2477] MACCORMICK, D. N. *Argumentação jurídica e teoria do direito*. São Paulo: Martins Fontes, 2006. (Justiça e direito), p. 23.

[2478] PORTANOVA, Rui. *Motivações ideológicas da sentença*. 4. ed. rev. ampl. Porto Alegre: Livraria do Advogado, 2000, p. 134.

[2479] REALE, Miguel. *Lições preliminares de direito*. 26. ed. rev. São Paulo: Saraiva, 2002, p. 336: "De início, quando a Ciência do Direito ocupava sozinha o campo do Direito, era natural que a Teoria Geral do Direito fosse elaborada apenas em função da Ciência dogmática do Direito. Já é tempo, porém, de ampliar as suas perspectivas, no sentido de uma Teoria Geral do Direito comum a toda a problemática *jurídica*, estudada pelo *jurista*, pelo *historiador* ou pelo *sociólogo*". (Grifos no original).

[2480] WRÓBLEWSKI, Jerzy. Motivation de la décision judiciaire. *In*: PERELMAN, Chaïm; FORIERS, Paul. *La motivation des décisions de justice*: études. Bruxelles: É. Bruylant, 1978, p. 111-135, esp. p. 130-132.

[2481] DWORKIN, Ronald. *Uma questão de princípio*. (Biblioteca Jurídica WMF). 2. ed. São Paulo: WMF Martins Fontes, 2005, p. 351-434. Vide, também, POSNER, Richard Allen. *Problemas de filosofia do direito*. (Coleção justiça e direito). São Paulo: Martins Fontes, 2007, p. 473-526; LORENZETTI, Ricardo Luis. *Teoria da decisão judicial*: fundamentos de direito. 2. ed. rev. e atual. São Paulo: Revista dos Tribunais, 2010, p. 186-208.

áreas do conhecimento humano promove a superação das fronteiras puramente jurídicas da motivação da sentença, em benefício do aperfeiçoamento qualitativo da tutela jurisdicional adequada, efetiva e justa. Disso deflui, é útil reafirmar, que inexiste um modelo unívoco de motivação judicial, pois que, além das especificações do caso particular, se subordina ao governo de conjunturas culturais e históricas variáveis no tempo e no espaço.

Por outro lado, a importância da distinção entre contexto de descoberta (ou de deliberação) e contexto de justificação (ou de controle) decorre do fato de que não necessariamente o discurso justificativo (a motivação) reflete fielmente o processo psicológico do juiz. Importa notar que o "raciocínio decisório", identificável autonomamente no que toca à formulação da decisão, é diferente do raciocínio justificativo não apenas sob a ótica estrutural, mas também fenomenológica: aquele implica atividade; este configura um discurso.[2482] Tais "raciocínios" são estrutural e qualitativamente diversos e suas funções diferem tão completamente como os paladares: a ossatura do "raciocínio decisório" serve à formação do *decisum* em si, enquanto a estrutura da motivação tem o objetivo precípuo de aportar razões racionalmente válidas e controláveis que justifiquem o decisório.

Com efeito, não se afigura correta a concepção de que a motivação representa (ou deveria representar) um *backup* fidedigno do itinerário psicológico percorrido pelo juiz para alcançar sua decisão. Não é, tampouco poderia sê-lo, uma fiel prestação de contas da circunstância decisória do juiz, posto que a motivação, como discurso justificativo, nem sempre abriga (nem é para abrigar) os "reais" motivos que conformaram o processo mental do juiz pela escolha de certa hipótese de julgamento. O juiz deve, isto sim, fornecer (e não sonegar) razões que justifiquem os critérios de seleção ou de valoração utilizados para formular sua decisão.

Para dizê-lo mais uma vez, de maneira diferente: segundo prestigiosa corrente doutrinária, no tocante à sua natureza, a motivação não visa (ou não tem que visar) espelhar, com exata lealdade, o *iter* psicológico, genético, percorrido pelo juiz na "descoberta" da decisão.[2483] Contorna-se, assim, a armadilha da falácia descritivística do juízo, senão que tem o caráter de fornir razões válidas, em obséquio à justificação seletiva,[2484] jurídica e racional do julgado, tornando-o controlável endo e extraprocessualmente. A decisão não pode, também, ser considerada como uma antecipação integral dos argumentos que, *a posteriori*, serão articulados no espaço físico da motivação.

Como é bem de ver, há vários modos de se entender qual deva ser o conteúdo da chamada motivação-documento, que versa sobre o contexto de justificação, e sua

---

[2482] TARUFFO, Michele. *La motivazione della sentenza civile, op. cit.*, p. 215-216.

[2483] TARUFFO, Michele. La motivazione della sentenza. *In*: MARINONI, Luiz Guilherme (Coord.). *Estudos de direito processual civil*: homenagem ao Professor Egas Dirceu Moniz de Aragão. São Paulo: Revista dos Tribunais, 2005, p. 166-174, esp. p. 169-170: "Questo modo di intendere la motivazione come un discorso che descrive la formazione della decisione pare abbastanza diffuso, ma è improprio e sostanzialmente errato per varie ragioni (...). In altri termini, ciò che al giudice si richiede imponendogli l'obbligo di motivazione è di fornire una giustificazione razionale della sua decisione, ossia di svolgere un insieme di argomentazioni che facciano apparire la decisione come giustificata sulla base di criteri e standards intersoggettivi di ragionamento".

[2484] BARBOSA MOREIRA, José Carlos. Le raisonnement juridique dans les décisions de cours d'appel. Relatório brasileiro para o Congresso da Associação Internacional de Direito Processual (Coimbra, 1991). *Temas de direito processual*: quinta série. São Paulo: Saraiva, 1994, p. 109-129, esp. p. 119: "La motivation n'est pas un récit historique, elle est une justification".

relação com o contexto de descoberta.[2485] Tais modos se põem em duas posições extremas. A primeira entende que a motivação contida na sentença (motivação-documento) não guarda (ou não tem por que guardar) qualquer parentesco com o procedimento mental que guiou o juiz até a formulação de sua decisão. É dizer: os motivos do juiz para abraçar a decisão não seriam racionais ou, sendo, seriam de uma racionalidade distinta e não justaposta com a exigível na motivação-documento.

A crítica que se endereça a esta primeira posição – de abertura a um irracionalismo extremo na formulação do decisório – não resulta aceitável, por desprezar o contexto de justificação, isto é, a consequente obrigatoriedade de motivação pública e jurídica do julgado, mediante argumentos racionais, sólidos, coerentes, identificáveis, controláveis e intersubjetivamente válidos em um determinado campo. No contexto de justificação, hão de ser esgrimidas boas razões que permitam uma comunicação intersubjetiva da decisão, de modo a torná-la controlável endo e extraprocessualmente.

A segunda posição, em latitude diametralmente oposta à primeira, entende que a motivação-documento há de ser o espelho do *iter* mental percorrido pelo juiz para alcançar sua decisão.[2486] Nessa concepção, a justificação somente se concretiza se e quando ocorre o fiel acoplamento com o processo mental do juiz que o conduziu a adotar a decisão, seja qual for o tipo de racionalidade assente naquele *iter* mental ou mesmo em caso de total ausência de racionalidade. A motivação-documento, nessa vertente doutrinária, é uma espécie de tomografia computadorizada do juízo decisório em sentido estrito.

Essa segunda posição, que pensa a motivação como o fiel reflexo do processo decisório, não resulta, porém, aceitável, por duas ordens de razão: (i) é impossível reproduzir, na prática, como num levantamento topográfico, por meio da motivação-documento, o retrato fiel do processo mental do juiz, máxime ante a presença, no juízo, do trinômio intuição-sentimento-emoção, de elementos puramente irracionais, forças inconscientes inarticuladas, inventividade, criatividade, que o condicionam, donde se teria uma radical falácia descritivística do juízo decisório; e (ii) por transportar, em seu ventre, uma acrítica ausência de distinção entre o contexto de descobrimento e o contexto de justificação do *decisum*, quando põe a etiqueta de concepção mentalista ou psicologista da motivação-documento. De fato, o erro fundamental está em omitir ou confundir o contexto de descoberta decisão e o contexto de justificação. Importa registrar, nesse passo, a famosa exortação de Carl Gustav Jung (A prática da psicoterapia): "Não há despertar de consciência sem dor. As pessoas farão de tudo, chegando aos limites do absurdo, para enfrentar a sua própria alma. Ninguém se torna iluminado por imaginar figuras de luz, mas sim por tornar consciente a escuridão".

Seja como for, não padece dúvida quanto à diferença estrutural e funcional entre a atividade pela qual a decisão judicial é formulada e o procedimento que produz o discurso *ex post* com o qual ela vem justificada. É digna de nota, no direito italiano, a distância temporal entre decisão colegiada e elaboração da motivação.[2487] Avulta, nessa

---

[2485] GASCÓN ABELLÁN, Marina. *Los hechos en el derecho*: bases argumentales de la prueba. 3. ed. Madrid, Barcelona, Buenos Aires: Marcial Pons, 2010, p. 184-190.

[2486] AMODIO, Ennio. Motivazione della sentenza penale. *In: Enciclopedia del diritto*. Milano: Giuffrè, 1977, v. 27, p. 181-257, esp. p. 214-215.

[2487] Assim, também, *Zivilprozessordnung*, de 1877 (§284, atual §313): §313 (1) – *Inhalt des Urteils* (conteúdo da sentença): "*Das Urteil enthält* (A sentença contém): 6. *die Entscheidungsgründe* (os motivos da decisão). Gize-

realidade concreta, a distinção entre o colegiado que decide e o *"giudice estensore"* que redige, meses depois, a motivação de uma decisão proferida meses antes por um colégio, segundo o Codice di Procedura Civile italiano, art. 276, §5: "Chiusa la votazione, il presidente scrive e sottoscrive il dispositivo. La motivazione è quindi stesa dal relatore, a meno che il presidente non creda di stenderla egli stesso o affidarla all'altro giudice". Acresce a regra do art. 119, §3º, disp. att. c.p.c.: "Il giudice che ha esteso la motivazione aggiunge la qualifica di estensore alla sua sottoscrizione".

Semelhante fenômeno já se mostra impecavelmente suficiente para (i) corroborar peremptória diferenciação entre contexto de descoberta (ou de deliberação) e contexto de justificação (ou de validação); (ii) espancar a ideia de que a motivação seja uma espécie de prestação de contas do *iter* psíquico que o juiz seguiu para alcançar sua decisão; e, seja como for, (iii) desabonar o ponto de vista de que não haveria distinção possível entre atividade decisória e procedimento de justificação da decisão.[2488] De mais a mais, a distinção entre o nível de descoberta e aquele de justificação envolve a consideração de fatores cardeais da realidade concreta da motivação, como o fenômeno do significado da motivação colegiada das decisões das cortes constitucionais.

Entretanto, no campo das relações entre descobrimento e justificação, desponta outra posição doutrinária que sustenta que o documento da motivação há de coincidir com o itinerário psicológico que conduziu o juiz a formular sua decisão, independentemente do tipo de racionalidade ou mesmo ante sua ausência.[2489] Semelhante concepção mental ou psicológica da motivação tem provocado confusão, principalmente no que concerne ao controle crítico da motivação em sede de instância superior: não se pode, por exemplo, sindicar (e controlar) todo o processo mental que, na livre valoração da

---

se que, no sistema alemão, diversamente da generalidade dos demais ordenamentos processuais, tanto o dispositivo da sentença (4. *die Urteilsformel*) quanto o relatório dos fatos (5. *den Tatbestand*) antecedem à fundamentação da sentença, enquanto que, no §313 (3), preceitua que a decisão deve conter um breve resumo das considerações fáticas e jurídicas que alicerçaram o julgamento (*Die Entscheidungsgründe enthalten eine kurze Zusammenfassung der Erwägungen, auf denen die Entscheidung in tatsächlicher und rechtlicher Hinsicht beruht*). Vide, no ponto, OBERTO, Giacomo. *La motivazione delle sentenze civili in Europa*: spunti storici e comparatistici. Milano, 2008. Disponível em: http://www.giacomooberto.com/milano2008/sommario.htm. Acesso em: 22 fev. 2019. "Ne deriva che la motivazione tedesca non assume la veste di un argomentare che, partendo dal fatto e dal diritto, «conduce per mano» il lettore verso la soluzione, magari dopo aver prospettato vie alternative. L'ottica appare qui esattamente rovesciata: si parte dalla decisione, espressa nel dispositivo, «plasticamente» collocato all'inizio della sentenza, in relazione al quale la motivazione assume la veste di una successiva «giustificazione» della soluzione adottata".

[2488] TARUFFO, Michele. Funzione della prova: la funzione dimostrativa. *In:* TARUFFO, Michele. *Sui Confini*: Scritti sulla giustizia civile. Bologna: Il Mulino, 2002, p. 305-328, esp. p. 324.

[2489] GASCÓN ABELLÁN, Marina, *op. cit.*, p. 186.: "Podría decirse, en suma, que, aunque la racionalidad es una (la inductiva) los contextos son dos (el de descubrimiento y el de justificación). Por tanto, ni absoluto divorcio ni total identificación. La motivación-documento puede no coincidir exactamente con la motivación-actividad, porque en ésta pueden aparecer (y de hecho aparecen) elementos arracionales de los que aquélla no puede hacerse cargo i no es haciéndolos pasar por el tamiz de la justificación racional. Pero, a su vez, el juez, al menos en un modelo cognoscitivista, tampoco puede descubrir una verdad que luego no esté en condiciones de justificar honesta o coherentemente, esto es, mediante unos mismos patrones de racionalidad; y para ello, necesariamente, habrá de hacer uso de tales patrones en el propio proceso de averiguación de la verdad. El corolario de lo anterior resulta claro: la motivación-documento no puede ser entendida como la reproducción de las causas reales (que pueden ser también psicológicas, sociológicas, empíricas...) que han conducido a la formulación de un enunciado fáctico, sino sólo como el conjunto de argumentos que permiten presentar tal enunciado como verdadero. No es incongruente por ello afirmar la imposibilidad de fiscalización del contexto de descubrimiento y la posibilidad (y aun necesidad) de fiscalización del contexto de justificación. En cierto modo cabría decir que en un modelo cognoscitivista la motivación-documento ha de coincidir con la motivación-actividad, pero eliminando de ella los elementos no susceptibles de justificación racional".

prova, como juízo de aceitabilidade dos resultados probatórios, transportou o juiz até sua decisão.[2490]

A bifurcação do raciocínio do juiz em "raciocínio decisório" e raciocínio justificativo significa dizer que, em relação à "lógica" do juízo, não ocorre o perfeito acoplamento entre a estrutura da motivação e a estrutura do procedimento psicológico pelo qual o juiz alcança sua decisão.[2491] A controlabilidade sobre a motivação representa, na realidade, um controle acerca da existência de justificação lógica do *decisum*. Assim vistas as coisas, o controle não se dirige aos motivos que condicionaram o *iter* decisório, embora pela motivação se possam garimpar eventual e fragmentariamente aspectos de semelhante itinerário mental. Disso resulta necessariamente que, ante a secessão do raciocínio do juiz, configurando dualidade de contextos de descoberta e de justificação, o controle sobre a motivação não implica reexaminar o mérito do juízo, tampouco com este se confunde.

Pode existir conexão entre juízo e motivação, consistente em pontos de íntimo contato entre "raciocínio" decisório e geografia da justificação (*v. g.*, ao elaborar a motivação o juiz pode discernir escolhas e inferências utilizadas na atividade de formação da decisão).[2492] O "raciocínio" decisório convém à formação do *decisum* em si, ao passo que a estrutura da motivação tem por escopo fornecer razões que o justifiquem.[2493] O "raciocínio" do juiz afeiçoa-se a cada contexto.[2494] A racionalidade da justificação da decisão pode, eventualmente, adotar argumentação germinada no contexto de deliberação,[2495] no âmbito do raciocínio probatório e do juízo decisório.[2496]

Sob outro prisma, no ordenamento constitucional[2497] e infraconstitucional[2498] brasileiro, emerge a obrigatoriedade de motivação das decisões judiciais. Trata-se, pois,

---

[2490] IGARTUA SALAVERRIA, Juan. *La motivación de las sentencias, imperativo constitucional*. Madrid: Centro de Estudios Políticos y Constitucionales, 2003, p. 144 ss.

[2491] TARUFFO, Michele. *La motivazione della sentenza civile, op. cit.*, p. 581: "Sulla distinzione e sui nessi che collegano le due "parti" del ragionamento del giudice non è ora il caso di insistere novamente: va invece rilevato che tale distinzione, se correttamente intesa, è in linea di principio idonea a fondare la possibilità di un controllo sulla motivazione che non implichi un riesame del merito e con questo non si confonda".

[2492] GASCÓN ABELLÁN, Marina, *op. cit.*, p. 180.

[2493] HOROVITZ, Joseph. *Law and logic*: a critical account of legal argument. Springer-Verlag, 1972, p. 6. ss; JORGENSEN'S, Among Stig. Argumentation and decision. *Published by Offprint from Liber Amicorum in Honour of Professor Alf Ross*, Köbenhavn, p. 261-284, 1969, esp. p. 278; DEWEY, John. Logical method and the law. *Cornell Law Review*, v. 10, p. 17-27, 1924, esp. p. 24; AOMI, Junichi. The Regulative function of logic in legal decisions. *ARSP*: Archiv für Rechts- und Sozialphilosophie / Archives for Philosophy of Law and Social Philosophy, v. 59, n. 2, p. 193-196, 1973, esp. p. 194.

[2494] TARUFFO, Michele. *La motivazione della sentenza civile, op. cit.*, p. 214: "Esso consiste nella fondamentale distinzione che la metodologia logica e scientifica ha tracciato tra context of discovery e context of justification (o of explanation), intendendosi col primo termine il procedimento che conduce a formulare una determinata soluzione di un problema, e col secondo il procedimento diretto a dimostrare, giustificandola, la validità di tale soluzione. La distinzione tra contesto decisorio e contesto giustificativo implica che l'analisi del ragionamento del giudice venga condotta tenendo conto della differenza strutturale tra i due contesti: la "logica del giudice" è diversa a seconda che si tratti della logica usata come strumento di decisione o come strumento di motivazione".

[2495] AMODIO, Ennio, *op. cit.*, p. 216.

[2496] TARUFFO, Michele. *Il controllo di razionalità della decisione fra logica, retorica e dialettica, op. cit.*, p. 151: "D'altronde è pur possibile che il giudice usi come argomenti giustificativi taluni "pezzi" del ragionamento che egli stesso ha svolto nell'ambito del decision-making. Ad esempio, una scelta tra diverse alternative possibili potrebbe essere "riprodotta" in motivazione per mostrare che si è adottata l'ipotesi "migliore" e che le alternative scartate erano tutte peggiori".

[2497] Constituição Federal, art. 93 (*omissis*), IX: "todos os julgamentos dos órgãos do Poder Judiciário serão públicos, e fundamentadas todas as decisões, sob pena de nulidade, (...)".

[2498] Código de Processo Civil brasileiro de 2015, art. 11, *caput*: "Todos os julgamentos dos órgãos do Poder Judiciário serão públicos, e fundamentadas todas as decisões, sob pena de nulidade". Ainda, também, art. 489, *caput*, e inciso II: "São elementos essenciais da sentença: II – os fundamentos, em que o juiz analisará as questões de fato e de direito;".

de exigência de ordem pública. Por assim ser, semelhante prescrição justificativa do julgado exibe caráter absoluto e inderrogável, como seja, não se admite exceção alguma porventura arquitetada pelo legislador ordinário. Não se pode confundir motivação concisa (*in nuce*), mas exauriente (o que naturalmente se admite), com a ausência de motivação gráfica ou ideológica (o que evidentemente não se tolera) do decisório, a pena de se cifrar a ilegitimidade do desempenho da função jurisdicional.

Inobstante a existência dos dois contextos distintos no "raciocínio" decisório do juiz, dotados de estruturas e finalidades próprias, uma última observação ainda é pertinente para rematar este tópico e diz respeito à chamada motivação "a pedido" (*motivazione "condizionata"* ou *"a richiesta"* e *"a pagamento"*), tal como foi esboçada no direito italiano. Com efeito, a motivação do julgado não pode ser entendida sob a exclusiva ótica da duração razoável do processo, ao sacrifício de suas funções endo e extraprocessual, as quais se revestem de invulgar relevância em ordenamentos jurídicos de jaez democrático. É impagável, por exemplo, o preço de se massacrar o controle extraprocessual (político, democrático, difuso) sobre a concreta administração da justiça. Soa trivial que não apenas a função endoprocessual é constitucionalmente garantida, como também o é a extraprocessual, consistente essencialmente em permitir ao povo, enquanto titular da soberania e em cujo nome a justiça é administrada, o escrutínio sobre a "obra" do juiz.

Não há cego como aquele que não vê. E o que se enxerga na exigência de motivação jurídica do julgado não é, em absoluto, a causa determinante da crise da justiça civil,[2499] mas um modelo organizado de jurisdição e sua finalidade na justificação do modo de exercício de poder pelo juiz. Não por acaso, o acréscimo de sentido da motivação das decisões judiciais está justamente em radicar elemento de organização e de funcionamento do Estado Constitucional e Democrático de Direito. E, sem os argumentos nevrálgicos articulados na motivação de uma decisão, como será possível o exercício da função nomofilácica pelos Tribunais Superiores?

Todavia, a motivação *"a richiesta"*[2500] atraiu o interesse geral da doutrina italiana.[2501] Emergiu, por exemplo, tese de que, em primeira instância, a motivação poderia

---

[2499] ANGELIS, Luigi de. La motivazione della sentenza (di lavoro): una vita complicata. *Variazioni su temi di diritto del lavoro*, fascicolo 4, p. 195-204, 2016, esp. p. 203: "Penso, però, che il contributo alla crisi della giustizia, per quel che qui interessa, del lavoro, che la motivazione ha dato sia tutto sommato marginale. L'eccessiva durata del processo dipende assai poco dalla stesura della sentenza, pur dovendosi non sottovalutare lo spreco di giurisdizione – da me considerata da sempre tra le cause prime della crisi del processo – che la motivazione sovrabbondante ed ultronea comporta".

[2500] TURRONI, Davide. La motivazione della sentenza civile di primo grado: rapporto con l'istruttoria svolta, ragionamento probatorio, forme abbreviate. *Incontro di studi "La motivazione dei provvedimenti civili"* organizzato dal Consiglio Superiore della Magistratura. Roma, 2008. Disponível em: http://academia.edu/1426473/LA_MOTIVAZIONE_DELLA_SENTENZA_CIVILE_DI_PRIMO_GRADO. Acesso em: 20 fev. 2018, p. 1-22, esp. p. 20-22. Vide, também, SANTAGELI, Fabio. La motivazione della sentenza civile su richiesta e i recenti tentativi di introduzione dell'istituto della "motivazione breve" in Italia. *In: Diritto & Diritti*. Direttore: Francesco Brugaletta. Disponível em: http://tagliariti.diritto.it/docs/33691-la-motivazione-della-sentenza-civile-su-richiesta-e-i-recenti-tentativi-di-introduzione-dell-istituto-della-motivazione-breve-in-italia. Acesso em: 20 fev. 2018, p. 1-26.

[2501] Cfr, *ex plurimis*, SCODITTI, Enrico. Ontologia della motivazione semplificata. *Giust. civ.*, 2014, p. 677 ss.; TARUFFO, Michele. La motivazione della sentenza: riforme *in peius*. *Lavoro e dir.*, 2014, p. 373 ss.; TARUFFO, Michele. Addio alla motivazione? *Rivista Trimestrale di Diritto e Procedura Civile*, Milano, 2014, p. 375; SASSANI, Bruno Nicola. Riflessioni sulla motivazione della sentenza e sulla sua (in) controllabilità in cassazione. *Il Corriere Giuridico*, 30(6), p. 849-861, 2013; MONTELEONE, Girolamo. Riflessioni sull'obbligo di motivare le sentenze (Motivazione e certezza del diritto). *Il giusto processo civile*, Bari, anno 8, n. 1, p. 3-19, 2013; IASI, Camilla Di.

ser uma garantia disponível pelos contendores. Nessa linha, se a parte, em relação ao bem da vida controvertido, tem a faculdade de renunciar à pretensão sobre a qual se funda a ação, reconhecer a procedência jurídica do pedido e transigir, também poderia, *a fortiori*, exprimindo vontade livre e consciente, dispor da motivação jurídica, tornando-a dispensável e, então, obter de imediato a decisão.

Desse modo, presente a fluidez dos marcos divisórios, o momento de decisão (*context of discovery*) antecede cronologicamente ao de elaboração das razões justificativas insculpidas na motivação (*context of justification*), as quais, posteriormente, são apresentadas pelo juiz na hipótese de a parte vencida assim o solicitar, no exclusivo escopo de impugnação do julgado.[2502] Não faltam vozes doutrinárias apostadas em semelhante técnica e, nela, se corporificaria até uma das soluções ao problema da morosidade da máquina judiciária e, portanto, da ineficiência do sistema de justiça civil.[2503] Há, pois, uma crença de que o tema do julgamento, nele embutida a motivação, seria epicentro de todos os problemas que surgem quando se medita sobre a boa administração da justiça.

Feita abstração de aspectos socioculturais e constitucionais específicos de cada ordenamento jurídico, essa técnica, além dos problemas já assinalados, potencializa o risco de o juiz simplificar não apenas o dispositivo, mas também, posteriormente, as razões justificativas acolhidas na motivação do julgado. Nessa latitude, é razoável pensar soluções diversas para o caso particular: na hipótese de o juiz decidi-lo sem motivação, pode haver um tipo de solução, ao passo que, em reverso, na de o juiz decidir conjuntamente com a motivação, pode haver outro tipo de solução, até mesmo diametralmente oposto à primeira hipótese.

Contudo, os problemas não se escondem. A motivação "a pedido" não se afigura legítima quando contrastada com o sistema do garantismo processual, com o modo de ser do processo justo, pois que, sem motivação, sequer se podem aferir, no caso particular, a observância e a efetividade de todas as demais garantias fundamentais do processo équo e justo. Um exemplo é suficiente para ilustrar o raciocínio: sem motivação, não se afigura possível verificar se o resultado da participação das partes em contraditório foi, de verdade, considerado pelo juiz. Além disso, essa técnica de *motivazione "condizionata"* ou *"a richiesta"* não se amolda à vida do Estado Constitucional e Democrático de Direito,

---

Il vizio di motivazione dopo la l. n. 134 del 2012. *Rivista Trimestrale di Diritto e Procedura Civile*, Milano, fasc. 4, 2014, p. 1441 ss.; ACIERNO, Maria. La motivazione della sentenza tra esigenze di celerità e giusto processo. *Rivista Trimestrale di Diritto e Procedura Civile*, Milano, v. 66, n. 2, p. 437-473, 2012.

[2502] Assim, a título de ilustração, o instituto da "sentença em forma abreviada" (*das Urteil in abgekürzter Form*), no ordenamento jurídico-processual alemão: ZPO §§313a (*Weglassen von Tatbestand und Entscheidungsgründen*) e 313b (*Versäumnis-, Anerkenntnis- und Verzichtsurteil*). Não ocorre, nos termos do §313ª, 1, a exposição do "*Tatbestand*" – fato e desenvolvimento do processo – se é manifestamente inadmissível um meio de impugnação em face da sentença. Nesse caso, nem mesmo é pedida a motivação, se as partes renunciaram a ela ou se o seu conteúdo é dessumível do verbal "*Protokoll*". Ademais, a teor do §313ª, 2, *Tatbestand* – fato e desenvolvimento do processo – e motivação não são pedidos se a sentença é proferida na mesma audiência conclusiva, se as partes renunciam à impugnação ou se renuncia apenas a parte legitimada a impugná-la. A renúncia pode ocorrer ante a prolatação da sentença, mas é declarada ao juiz até uma semana da data da conclusão da audiência. De acordo com o §313b, 1, "*Tatbestand*" e motivação não são pedidos na sentença contumacial – *Versäumnisurteil* –, na sentença consequente a renúncia ao pedido – *Verzichtsurteil* –, na sentença consequente ao reconhecimento da pretensão – *Anerkenntnisurteil*; nesses casos, se a sentença estabelece em conformidade com a pretensão do autor, então o dispositivo pode limitar-se a dispensar o ato de citação do réu.

[2503] FILIBERTO, Marisa. *La motivazione della sentenza civile*. 2012. 378f. Tesi (Dottorato di ricerca in Diritto Processuale Generale ed Internazionale) – Facoltà di Giurisprudenza, Università degli Studi di Catania, Catania, 2012. Disponível em: http://archivia.unict.it/bitstream/10761/1196/1/FLBMRS82L68F943TLA%20 MOTIVAZIONE%20DELLA%20SENTENZA%20CIVILE.pdf. Acesso em: 02 mar. 2018, p. 191-249.

porquanto a motivação é um de seus elementos de organização e de funcionamento. A exigência de motivação não está vinculada apenas à possibilidade de impugnar a decisão. A motivação, a rigor e com efeito, responde a outras funções e finalidades, seja com os jurisdicionados, seja com a sociedade em geral.

9.2 A motivação jurídica como passaporte entre a gênese irracional do *decisum* e sua dimensão de racionalidade e de controlabilidade, endo e extraprocessual

Epistemologicamente, em termos estruturais e funcionais, restaram assentadas no tópico precedente não apenas a existência, senão também a validade da distinção geral entre contexto de descoberta da decisão e contexto de justificação (ou de controle e validação).

No contexto de descoberta, precisamente na raiz do ato de julgar, o juízo é irrigado pelo trinômio intuição-sentimento-emoção. Irrompem, abruptamente, fatores inconscientes e psicológicos. Fervilham motivos irracionais ou, quando nada, de uma racionalidade distinta ou não coincidente com a que se depreca para banhar o contexto de justificação. Não por nada, um dos eixos teóricos do presente trabalho se pode resumir nesta proposição de inspiração carneluttiana: *a sentença civil, em sua gênese, é um momento do pensamento puramente intuitivo, permeado de sentimento e emoção, e, portanto, irracional.*[2504] Na refinada concepção do Mestre peninsular: *julgar não é ainda raciocinar; o juízo (julgamento) vem antes, o raciocínio vem depois.*[2505] Emerge, assim, com nitidez ofuscante, a distinção estrutural e funcional entre contexto de descoberta da decisão e contexto de justificação ou de controle.

Insista-se no ponto: o espaço de descoberta é abluído por fatores psíquicos e forças inconscientes (as quais vão e voltam como um Sísifo perdido) que determinam a personalidade do juiz e plasmado pelo trinômio intuição-sentimento-emoção, que condiciona a formulação do *decisum*. O procedimento através do qual se chega a estabelecer uma teoria, premissa ou conclusão encerra a vulcanização de motivos psicológicos, de ambientes socioeconômico e cultural, de quadra histórica, de circunstâncias ideológicas etc. O juiz – releve-se o truísmo – não está encarcerado em uma torre de marfim, alijado da realidade fenomênica que o circunda. Realisticamente, a atuação judicial, na origem da formulação da hipótese de julgamento, está tingida de fatores emotivos e ideológicos provenientes, sobretudo, da própria personalidade do juiz, que impedem falar de uma racionalidade absoluta da mesma. Em nível de descoberta, no juízo, afloram, antes, o sentir intuitivamente, a emotividade, a inventividade, a criatividade do juiz.

Por assim ser, como já assinalado, a decisão, em sua gênese, é um momento do pensamento do juiz puramente intuitivo e, por conseguinte, irracional ou ilógico. O exame direto do cotidiano forense é de fundamental importância para saber como atuam e como se comportam *realmente* os juízes. É dizer: para examinar a formação progressiva da decisão nas *experiências reais* dos juízes, sem artificialismo, nem anilina,

---

[2504] JAPIASSÚ, Hilton. *Dicionário básico de filosofia.* 4. ed. atual. Rio de Janeiro: Zahar, 2006, p. 153: "*irracional* (lat. *irrationalis*) 1. Do ponto de vista da ação humana, todo ato que não resulta de uma ação consciente e dirigida pela razão. Opõem-se, assim, frequentemente, por um lado a razão, por outro o desejo, o impulso, o instinto".

[2505] CARNELUTTI, Francesco. *Diritto e processo.* Napoli: Morano Editore, 1958, p. 215.

tampouco disfarces. Este tema representa o *Leitmotiv* do presente trabalho. Não se pode tapar o sol com a peneira.

Agora bem, da análise dessa prática judicial descende que, em sua origem, a decisão não é, como aparenta, o resultado de uma operação puramente lógica, fruto da tentativa do racionalismo jurídico de geometrização do Direito, buscando transformá-lo em uma ciência lógica e exata; antes, em sua fonte, a decisão abriga a conjunção de uma multiplicidade de fatores. Muitas pessoas (operadoras do direito ou não) poderiam se escandalizar ao se confrontarem com a presente tese de que a gênese da sentença civil é qualificada pela ilogicidade, ante a crença difusa de que as decisões judiciais são tomadas pelos juízes de forma cartesiana, à luz da mais pura e diáfana objetividade, com o radical desterro da subjetividade, em obséquio a um dos dogmas mais caros do positivismo jurídico. Nada mais equivocado, falacioso e ingênuo, porém.

Na realidade do que ordinariamente acontece no mundo de carne e osso forense, em sua raiz, o amadurecimento do *decisum* na mente do juiz não se equipara, em absoluto, a uma equação algébrica, senão que, por exemplo, ante o irreprimível exercício de intuição, está dentro do espectro da ilogicidade e irracionalidade inconsciente ou – caso se prefira – de um tipo de racionalidade bastante diversa daquela que norteia o campo justificativo. Abre-se a porta para uma possível pluralidade de racionalidades, lembrando que a razão não é homogênea, e é exatamente isso que deve ser entendido e não eliminado.

De qualquer forma, não se afigura correto falar de uma racionalidade absoluta no mundo jurídico. Daí resulta que não se pode, a pena de se desfigurar a realidade judiciária, escamotear a presença de um conjunto de fatores extrajurídicos que, no plano do ser, determinam o ato de julgar (*v. g.*, pré-compreensões, sentimentos, emoções, personalidade e temperamento do juiz, sua educação, ideologia, valores pessoais, ideia de justiça, meio socioeconômico, realidade cultural, convicções religiosas e filosóficas, quadra histórica). O que verdadeiramente importa, para os fins do presente trabalho, é o estudo dos fatores reais que condicionam o sentido e o conteúdo das decisões jurídicas.[2506]

A ilogicidade é a tônica do contexto de descoberta da decisão e, por isso, qualifica, inexoravelmente, a gênese da sentença civil. De fato, neste peculiar endereço, não se pode entregar o gérmen do decisório ao interrogatório da lógica. Veja-se, por exemplo, que, a partir de um *flash* intuitivo,[2507] o juiz "descobre" a decisão a tomar, formulando mentalmente sua hipótese de julgamento. O juiz assenta sua conclusão hipotética de forma inteiramente irracional ou ilógica, impulsionado, *v. g.*, pela intuição.

Numa locução: intuição e ilogicidade na gênese do processo decisório judicial têm o condão de confinar, inicialmente, a decisão formulada ao campo da irracionalidade inconsciente.

[2506] SEGURA ORTEGA, Manuel. *La racionalidad jurídica*. Madrid: Ed. Tecnos, 1998, p. 78.

[2507] HUTCHESON JR, Joseph C. Judgment intuitive: the function of the hunch in judicial decision. *Cornell Law Review*, v. 14, Issue 3 April 1929, p. 274-288, esp. p. 278, 285: "I, after canvassing all the available material at my command, and duly cogitating upon it, give my imagination play, and brooding over the cause, wait for the feeling, the hunch-that intuitive flash of understanding which makes the jump-spark connection between question and decision, and at the point where the path is darkest for the judicial feet, sheds its light along the way. (...) Now what is he saying except that the judge really decides by feeling, and not by judgment; by "hunching" and not by ratiocination, and that the ratiocination appears only in the opinion? Now what is he saying but that the vital, motivating impulse for the decision is an intuitive sense of what is right or wrong for that cause, and that the astute judge, having so decided, enlists his every faculty and belabors his laggard mind, not only to justify that intuition to himself, but to make it pass muster with his critics?".

Entrementes, no contexto de justificação, no documento da motivação jurídica, o juiz deverá enunciar as razões que sustentam sua decisão, *scilicet*, justificá-la.[2508] Ao juiz cumpre lançar mão de argumentos racionais, sólidos, coerentes, identificáveis, controláveis e intersubjetivamente válidos em um determinado campo e, mediante discussão crítica, controláveis endo e extraprocessualmente.[2509]

Significa dizer que, sob o prisma de mirada não da gênese da decisão (*como se faz*), mas de sua estrutura (*como é feita*), o raciocínio judicial, em seu derradeiro momento, pode perfeitamente representar um silogismo. Entretanto, embora o decidir possa terminar com um silogismo, com esquema silogístico jamais poderá principiar,[2510] pois o juízo (o julgar!) tem caráter inventivo e não meramente demonstrativo.

A doutrina que reduz o "raciocínio decisório" e o raciocínio justificativo a uma equação silogística sistemático-dedutiva, além de desconsiderar a distinção entre contexto de descoberta e aquele de justificação, mostra-se insatisfatória e insuficiente. É insatisfatória, na medida em que o esquema silogístico pode se apoiar, *v. g.*, em falsas premissas, transportando, assim, a inidôneas conclusões. É insuficiente, haja vista que, no campo do raciocínio justificativo, não permite a formulação de juízos axiológicos e de procedimentos de avaliação, seja na construção das premissas de direito,[2511] seja na fixação daquelas de fato.

Em nível de justificação, no momento de elaborar a motivação jurídica do decisório, o trinômio intuição-sentimento-emoção do juiz e outros fatores irracionais, centrifugados no contexto de descoberta da decisão, devem, em uma instância justificativa de controle,[2512] adquirir uma roupagem traduzida em enunciados argumentativos fático-jurídicos, os quais, já agora iluminados pela racionalidade, deverão verificar, controlar e confirmar, ou não, os critérios intuitivos de escolha ou de valoração e convalidar, ou não, hipóteses de julgamento. Fique claro que o raciocínio ulterior do

---

[2508] GORPHE, François. *Les décisions de justice*: Étude psychologique et judiciaire. Paris: Presses universitaires de France, 1952, p. 32.

[2509] BÁEZ SILVA, Carlos. Las decisiones judiciales: entre la motivación y la argumentación. *In*: BÁEZ SILVA, Carlos; SALGADO, David Cienfuegos; OLVERA, Sergio Arturo Guerrero (Coord.). *Estudios sobre interpretación y argumentación jurídicas*. 2. ed. México: Laguna, 2010, p. 11-33, esp. p. 31: "La validez de la sentencia judicial, en tanto norma jurídica individualizada, descansa en la racionalidad de la misma, que convence por sí misma y conduce, idealmente, al reconocimiento universal de la corrección de la decisión. Y recordemos que "una acción es racional cuando puede ser justificada con razones que pueden ser discutidas", de forma tal que la validez de la decisión judicial, es decir, su obligatoriedad internamente reconocida por los destinatarios de la misma, tiene su origen en las razones que justifiquen tal decisión; de aquí se puede desprender que no es la legalidad, sino la justificabilidad lo que es esencial para la validez de las decisiones judiciales en particular y del resto de normas jurídicas en general".

[2510] Com claridade insuperável, CARNELUTTI, Francesco. *Diritto e processo*, op. cit., 212-213: "Insomma il silogismo, nel quale la decisione si esaurisce e perciò si può chiamare silogismo decisorio, è il risultato di un fare, del quale non basta sapere come finisce, mentre dobbiamo sapere anche e prima di tutto come comincia. (...) La prima osservazione, dalla quale deve partire la ricerca, è che se il decidere finisce con un silogismo, con questo non può cominciare".

[2511] PERELMAN, Chaïm. *Retóricas*. (Justiça e direito). 2. ed. São Paulo: Martins Fontes, 2004, p. 481: "Assimilar o raciocínio judiciário a um silogismo, cuja conclusão seria verdadeira, porque pode ser demonstrada formalmente a partir de premissas verdadeiras, é mascarar a própria natureza do raciocínio prático, é transformá-lo num raciocínio impessoal, do qual se terá eliminado todo fator de decisão, que é, contudo, essencial. O que há de especificamente jurídico no raciocínio do juiz não é de modo algum a dedução formalmente correta de uma conclusão a partir de premissas – nisso a dedução em direito nada tem de particular – mas são os raciocínios que conduzem ao estabelecimento dessas premissas no âmbito de um sistema de direito em vigor".

[2512] HUSSON, Léon. Les trois dimensions de la motivation judiciaire. *In*: PERELMAN, Chaïm; FORIERS, Paul. *La motivation des décisions de justice*: études. Bruxelles: É. Bruylant, 1978, p. 69-109, esp. p. 79-82.

juiz, desenvolvido no contexto de justificação, conforme amadureça a reflexão sobre a causa, tanto pode validar quanto destruir a hipótese de julgamento. Neste último caso, o trabalho recomeça do início.[2513]

Noutro dizer: o juiz intui a decisão a tomar, formulando mentalmente sua hipótese de julgamento, primeira e imediatamente, do próprio senso de justiça e, só depois, procura as razões fático-jurídicas que possam racionalmente justificá-la. Quando tal não se afigurar possível, o juiz deve dissolver sua hipótese de trabalho primitiva e formular nova hipótese de solução para o conflito jurídico intersubjetivo, ministrando ulteriormente as razões que possam sustentá-la, à luz dos perfis probatórios existentes nos autos do processo, dos conceitos jurídicos, do direito em vigor e dos precedentes judiciais obrigatórios.[2514] Numa linha: primeiro, se almeja o resultado; depois se encontram o princípio ou as razões fático-jurídicas que possam validamente justificar o resultado de início almejado; tal é a gênese da decisão jurídica.[2515]

Podem, no entanto, acontecer *errores in iudicando* ou vícios de juízo em uma sentença, tais como: (i) o juiz afirma uma norma jurídica inexistente ou nega uma norma existente, (ii) a norma é aplicada a um fato por ela não regulado ou dela é extraída uma consequência contrária àquela prevista.[2516] Entretanto, caso confirme a hipótese de trabalho, os argumentos justificativos da conclusão final, que se deparavam na intuição do juiz[2517] (sensibilidade moral, senso de justiça), são transportados para a razão e, então, vertidos para o documento da motivação do decisório.[2518]

[2513] CARNELUTTI, Francesco. *Diritto e processo, op. cit.*, p. 217: "All'inizio non c'è niente altro che un'ipotesi di lavoro, senza la quale la decisione non sarebbe possibile; il ragionamento, poi, la può collaudare come la può distruggere; allora bisogna trovarne un'altra e il lavoro ricomincia da capo". Vide, também, TARUFFO, Michele. Judicial decision and artificial intelligence. *Artificial Intelligence and Law*, vol. 6 (2-4), 1998, p. 311-324, esp. p. 314; PERELMAN, Chaïm. *Lógica jurídica*: nova retórica. (Justiça e direito). 2. ed. São Paulo: Martins Fontes, 2004, p. 242: "Sucede muitas vezes que a decisão lhe seja ditada por considerações extrajurídicas, vindo somente posteriormente a motivação, que insere a sentença no sistema de direito em vigor. Mas nem sempre as coisas se passam assim. Pode suceder que, encontrando-se na impossibilidade de motivar de modo satisfatório a decisão que desejaria tomar de início, o juiz seja obrigado a repensar os dados do problema e a rever o julgamento anterior. A dialétia assim instaurada, entre os motivos e o enunciado do julgamento, na medida em que parece difícil conciliá-los, conduzirá algumas vezes, quando são os elementos sistemáticos que prevalecem, a rever a decisão primitiva, para torná-la conforme às exigências do direito".

[2514] URGER, Joseph. Der Kampf um die Rechtswissenschaft. *Deutsche Juristen-Zeitung*, Berlin, n. 14, p. 781-786, 1906.

[2515] SALEILLES, Raymond. *De la personnalité juridique*. 2. Édition. Paris: Librairie Arthur Rousseau, 1922, p. 45-46: "Et Presque toujours aussi la construction elle-même est dominée, sans qu'on se l'avoue formelllement, par le but primordial qui en a inspiré la recherche, celui de tel résultat à déduire d'un principe. On vent d'abord le résultat à déduire d'un principe. On vent d'abord le résultat, on trouve le principe après; telle est la genèse de toute construction juridique. Une fois acquise, elle se présente, il est vrai, dans l'ensemble de la dogmatique sous un aspect opposé. Les facteurs sont intervertis. Elle apparait alors comme une cause initiale, d'où l'on a tiré le résultat qui s'en trouve déduit. C'est une transposition faite après coup. Elle peut être admise telle qu'elle, dès que l'on fait dogmatique d'une institution. Dans ce domaine de l'abstrait, cette transpositions des valeurs est acceptée d'avance, et l'on sait à quoi s'en tenir. Ce sont des théories que l'on examine en soi, donc sur un même plan d'actualité, sons tenir compte des étapes chronologiques. Pareille transposition serait un contresens en histoire. Tout au plus, peut-on, à propos des résultats que l'on a voulu atteindre, expliquer les raizons théoriques que l'on a trouvées pour les justifier. La valeur de ces dernières ne sera jamais admise qu'en fonction du but pratique qui était en cause. L'histoire voit surtout le faits qui s'imposent et des raisons fournies pour les faire accepter".

[2516] COSTA, Sergio. *Manuale di diritto processuale civile*. Terza edizione riveduta e aggiornata. Torino: Editrice Torinese, 1966, p. 484.

[2517] CALAMANDREI, Piero. La crisi della motivazione. *In:* CAPPELLETTI, Mauro (a cura di). *Opere giuridiche*. Napoli: Morano, 1965, v. 1, p. 664-677, p. 668.

[2518] Os elementos intuitivos apenas encontram possibilidade de desenvolvimento analítico e racional no campo fértil da motivação, como justificação seletiva. Assim, GRINOVER, Ada Pellegrini. O controle do raciocínio judicial pelos tribunais superiores brasileiros. *Ajuris*, Porto Alegre, 17(50), p. 5-20, 1990, esp. p. 9.

Porque assim é, a noção da sentença como silogismo, apesar de ter corrido o mundo e feito fortuna, perdeu fascínio. Na realidade, bem pesadas as coisas, ocorre a inversão moral do silogismo judicial, pois, primeiramente, o juiz intui sua decisão, esculpindo mentalmente sua hipótese de julgamento para, apenas depois, buscar justificá-la,[2519] confirmando ou não sua hipótese de trabalho, com clareza, coerência lógica e plenitude, alicerçado na prova representada nos autos do processo, nos institutos jurídicos, no direito vigente e nos precedentes judiciais obrigatórios, levando em conta a *ratio decidendi* deles.[2520] Do ponto de vista gnoseológico, primeiro (no contexto de descoberta) o juiz antecipa, por sua sensibilidade, a conclusão e, só depois (no contexto de justificação), dedica-se ao labor de buscar princípios jurídicos e de garimpar outros dados ensartados nos autos do processo para fundamentar, racionalmente, a conclusão a que aderiu intuitivamente.[2521] Seja em perspectiva mais ampla,[2522] seja sob a ótica específica da atividade judiciária, o juiz, não como glacial metáfora de uma máquina calculadora, senão em sua dimensão humana, tem um papel verdadeiramente ativo no ato de conhecer-julgar. Tornar a justiça mais íntima e menos intimidante.[2523]

Nesse passo, é útil abrir-se um parêntesis para dizer que o fenômeno do julgar traduz, em alguma medida, na problemática da origem, o apriorismo kantiano: primeiro o sujeito conhece a partir dos sentidos; depois, a razão organiza o conhecimento empírico. Têm-se, *a priori*, as estruturas da razão humana: sensibilidade (captação) e entendimento (organização). A sensibilidade é intuição, vale dizer, uma faculdade de receber dados e só é afetada pelos sentidos. O ser humano vai intuir através de formas *a priori* que vão dar expressão aos conteúdos, que vêm dos sentidos. Duas dessas formas são o espaço e o tempo. Por seu turno, o entendimento é a capacidade ativa que ordena e sistematiza os dados captados pela sensibilidade em conhecimento. Daí a célebre frase de Kant: "O entendimento sem a sensibilidade seria vazio, a sensibilidade sem o entendimento seria cega",[2524] a fazer crer que nenhuma destas qualidades tem primazia sobre a outra, pois sem a sensibilidade nenhum objeto nos seria dado e sem o entendimento nenhum seria pensado. Fecha-se o parêntesis.

Nesse quadrante, o maior problema da doutrina do silogismo judicial consiste na proposta de um modelo lógico de decisão sem, contudo, distinguir entre a atividade do juiz para chegar à decisão (contexto de descoberta) e o raciocínio justificativo que vem revelado na motivação (contexto de justificação). A teoria do silogismo jurídico

---

[2519] TARUFFO, Michele. *La motivazione della sentenza civile*. Padova: CEDAM, 1975, p. 119: "In particolare, siffatta eterogeneità può essere messa in evidenza riguardo a diversi aspetti: anzitutto, il ragionamento del giudice, *che procede anche per intuizioni, assunzioni di ipotesi di lavoro, scelte valutative immediate*, può essere assai meno articolato di quanto non debba essere la motivazione, nella quale l'intuizione debe svolgersi nelle forme dell'argomentazione, le ipotesi vanno confermate o verificate, e le scelte di valore vanno razionalmente convalidate". (Reforços gráficos nossos).

[2520] DINAMARCO, Cândido Rangel. *Instituições de direito processual civil*. 6. ed. rev. e atual. São Paulo: Malheiros, 2009, v. 3, p. 687-688.

[2521] RECASENS SICHES, Luis. *Nueva filosofia de la interpretación del derecho*. México: Editorial Porrua, 1973, p. 248.

[2522] PASCAL, Blaise. *Pensamentos*. Trad. Sérgio Milliet. Coleção Os pensadores (1ª fase). São Paulo: Abril Cultural, 1973, p. 111, n. 276: "O Sr. de Roannez dizia: "As razões vêm-me depois: antes, a coisa me agrada ou me choca sem que eu saiba a razão, e, no entanto, choca-me por essa razão que descubro a seguir". Não creio que a coisa choque pelas razões que se descobrem depois e sim que só se encontram essas razões porque a coisa choca".

[2523] CARBONNIER, Jean, no prefácio do livro de GARAPON, Antoine. *Bem julgar*: ensaio sobre o ritual judiciário. Lisboa: Instituto Piaget, 1997.

[2524] Em forma de paródia, MATTÉI, Jean-François. *A barbárie interior*: ensaio sobre o i-mundo moderno. Tradução Isabel Maria Loureiro. São Paulo: Editora UNESP, 2002, p. 62.

está baseada no modo como a decisão vem enunciada, sob o pressuposto (de todo errôneo!) de que a estrutura do "raciocínio" decisório coincida com a estrutura do raciocínio plasmado na motivação.[2525] Diz-se errôneo, por desprezar a evidência da diferenciação entre motivos expressos e razões efetivas da decisão: não há propriamente correspondência entre motivação-justificação e gênese real da decisão. Todavia, há vozes doutrinárias que ainda sustentam que a motivação jurídica deva ser entendida como a fiel e orgânica prestação de contas sobre o processo mental do juiz para alcançar sua decisão.[2526] Nessa visão qualitativamente unitária e unívoca, os aspectos concernentes à natureza da sentença e da motivação poderiam realmente chegar a coincidir. Semelhante posição não se mostra, porém, correta, seja pela falácia descritivística que faz da motivação o espelho do juízo,[2527] seja porque para o juízo concorre a influência de um conjunto heterogêneo de fatores (*v. g.*, psíquicos, sociais, educacionais, econômicos, culturais, históricos, ideológicos, religiosos, filosóficos, políticos e assim por diante), seja porque a motivação-justificação se erige em um problema autônomo, com traços característicos próprios.

Não é correto representar o juízo (contexto de descoberta irracionalístico) como endereço preponderante da atividade lógico-racional do juiz; antes, há uma realidade psicológica do juiz que não se deixa aprisionar por rígida fórmula racional. Daí por que não se afigura idôneo, ao ângulo epistemológico, considerar unitariamente a atividade decisória e o procedimento justificativo, pois são fenômenos com estruturas e funções distintas.

Não há um algoritmo lógico que governe, no contexto de descoberta, as eleições que estão na base da decisão. Bem ao contrário, como decorrência do impulso do irracionalismo filosófico-axiológico, o juízo jurídico aloca no fundo da decisão escolhas de natureza intuitiva, e, portanto, irracional/ilógica.

Devem ser adequadamente justificados, por exemplo: a escolha da norma jurídica e sua interpretação, o acertamento dos fatos, os critérios jurídicos, hermenêuticos, cognitivos, valorativos, ao longo do roteiro da viagem decisória. A exigência de motivação jurídica das decisões judiciárias, entendida como discurso justificativo racional – conjunto de proposições conectadas entre si e incrustadas em um contexto autonomamente identificável – traduz um dique de contenção do autoritarismo e da arbitrariedade, de par a radicar elemento de organização e de funcionamento do Estado Constitucional e Democrático de Direito, cuja nota essencial é a de ser o Estado que se justifica. A publicidade da atividade processual em relação aos terceiros assume importância prevalentemente política,[2528] além de associar a juridicidade do poder à sua justificação pública. Por assim ser, a obrigatoriedade geral de motivação há de ser pensada como "*reserva geral de justificação*" para os poderes públicos e como garantia de defesa para as partes, os jurisdicionados e os cidadãos.[2529]

[2525] TARUFFO, Michele. *La motivazione della sentenza civile, op. cit.*, p. 155-156.

[2526] Assim, PERO, Maria Thereza Gonçalves. *A motivação da sentença civil*. São Paulo: Saraiva, 2001, p. 139.

[2527] AMODIO, Ennio. Motivazione della sentenza penale. *In: Enciclopedia del diritto*. Milano: Giuffrè, 1977, v. 27, p. 181-257, esp. p. 216.

[2528] CHIOVENDA, Giuseppe. *Principii di diritto processuale civile*. Milano: Jovene, 1965, p. 719.

[2529] TROCKER, Nicolò. *Processo civile e costituzione*: Problemi di diritto tedesco e italiano. Milano: Giuffrè, 1974, p. 462: "Lo Stato di diritto, insomma, si configura come uno "Stato che si giustifica" (Rechtsstaat als rechtfertigender Staat)". Na nota nº 76, o eminente jurista italiano esclarece que a expressão "Estado que se justifica" é de J. BRÜGGEMANN (Die richterliche Begründungspflicht, cit., p. 161, 164).

Há, porém, mais. O dever de justificação do juiz tem a virtude de "metamorfo-sear" o decisório, transportando-o de sua inicial dimensão irracional ou ilógica para o mundo da racionalidade e da logicidade. As escolhas intuitivas imediatas, por exemplo, operadas aprioristicamente no ambiente de descoberta, restam confirmadas, *a posteriori*, no contexto de justificação, mediante articulação estruturada de razões idôneas, intersubjetivamente válidas, que possam fornecer uma justificação jurídica, ao ângulo da legitimação argumentativa, para suporte da decisão.

A racionalização do irracional. O processo de "logicização" da decisão exige que ela deva, inexoravelmente, estar alicerçada, no plano justificativo, na preservação da ideia de abertura da argumentação racional,[2530] mediante a utilização de instrumentos lógicos, tópicos, retóricos. Tem-se, em imagem aproximativa, uma espécie de ornitor-rinco processual: a sentença ostenta uma gênese irracional/ilógica, mas, ao depois, por força da maquinaria da motivação-justificação, experimenta um processo argumentativo de racionalização.[2531] Não se trata de mera formalização de revestimento artificial ou camuflado de racionalidade, mas, sim, de real naturalização do julgado no quadro do Estado Constitucional e Democrático de Direito.

Não se pode deixar incólume o tema da gênese da decisão judicial. Originariamente, tal decisão é irracional. Posteriormente, o juiz terá de aportar boas razões a serviço da racionalização de uma atividade que é por natureza ilógica. Significa dizer que a decisão, em sua origem, não deriva simplesmente da norma jurídica. A norma geral e abstrata não produz a decisão, tampouco fixa os parâmetros dentro dos quais ela é formulada.[2532] Trata-se, pois, de uma ficção silogística. Na realidade, é justamente o caminho inverso que é percorrido: chega-se à norma jurídica através de uma ou mais decisões.[2533] A motivação é concebida, então, como uma "racionalização" *a posteriori*[2534] ou como um raciocínio para trás,[2535] uma a espécie de Curupira logicizante.

Pretende-se descrever o que os juízes fazem realmente na produção de suas deci-sões, ante a intervenção no processo de decisão de *inputs* irracionais e de fatores causais inconscientes, de modo a desmentir a teoria silogística no momento de formação mental

---

[2530] ALEXY, Robert. *Teoria da argumentação jurídica*: a teoria do discurso racional como teoria da fundamentação jurídica. 3. ed. Rio de Janeiro: Forense, 2011, p. 39-40.

[2531] FRANK, Jerome. *Law and the modern mind*. New Brunswick: Transaction Publishers, 2009 [1930], p. 31-34, 111-112 e 140-141; TARUFFO, Michele. *La motivazione della sentenza civile*, *op. cit.*, p. 220: "La separazione tra il context of discovery, costituito dal ragionamento decisorio, e il context of justification, costituito dalla motivazione, implica anzitutto la distinzione della fase in cui le scelte vengono formulate in vista della decisione e la fase in cui, posta la decisione, si tratta di riformulare le scelte che la fondano in un discorso che ne faccia emergere la razionalità e il collegamento "giustificativo" con la decisione stessa".

[2532] ADEODATO, João Maurício. *Ética e retórica*: para uma teoria da dogmática jurídica. 5. ed. São Paulo: Saraiva, 2012, p. 372.

[2533] GIL CREMADES, Juan José. *La motivación de las decisiones jurídicas*. Derecho y proceso: estudios en memoria de los professores Vicente Herce Quemada y Angel Duque Barragués, 1983, p. 415-433, esp. p. 422: "En cualquier caso, lo que es objeto de control no es el modo de producirse la decisión, sino si la posterior decisión dada en el mismo sentido puede ya vincularse a una norma. Según esto, la técnica jurisprudencial no consiste en la exposición de los argumentos que llevan a una determinada solución, susceptible de ser sometida, precisamente a través de la argumentación aducida, a su posterior control y revisión, sino que la técnica lo es sólo de la justificación a posteriori de algo que por esencia se ha llevado a cabo injustificadamente".

[2534] LLEWELLYN, Karl N. Some realism about realism-responding to dean Pound. *Harvard Law Review*, v. 44, 1931, p. 1222-1264, esp. p. 1238.

[2535] FRANK, Jerome. Short of sickness and death: a study of moral responsability in legal criticism. *New York University Law Review*, 26, 4, p. 545-633, 1951.

da decisão judicial.[2536] Nesse panorama, a motivação jurídica do julgado assume, pois, uma tarefa depuradora (ou melhor: racionalizadora) sobre o contexto de descoberta.

A decisão judicial, em seu estado de nascença, é irracional/ilógica, vale dizer, a racionalidade não é um atributo estagnado inerente a ela. Na verdade, a racionalidade *acontece* a uma decisão judicial. Mediante sua verificabilidade, a decisão se *torna* racional, é *feita* racional pelo evento de sua justificação. A racionalização é um processo de se verificar a si mesmo, sua *verificação*. Sua validade é o processo de sua validação argumentativa. Semelhante tecnologia justificativa ocorre, também, no plano da verificabilidade das ideias para que possam, então, ser havidas por verdadeiras ou falsas.[2537]

Em perspectiva alquímica, a decisão judicial originalmente irracional se dissolve pelo fogo argumentativo, até se transformar em uma grandeza puramente intelectiva: o chumbo da ilogicidade fornece, paradoxalmente, as sementes para a fabricação do ouro da racionalidade.

O problema atinente às palpitações do subconsciente,[2538] às emoções e à personalidade do juiz toca em aspectos nodais do contexto de descoberta, tornando consistente uma análise, diametralmente oposta, concernente ao ulterior procedimento de justificação, com atividade dedutiva (mas não apenas). Assim, a crítica à teoria dedutiva ou silogística é validamente referenciada ao espaço de descoberta, pois que o juízo (o julgar) tem caráter inventivo e não meramente demonstrativo, e, por isso mesmo, não se pode iniciar com um silogismo.

Nessa arquitetura, a justificação jurídica do julgado é a ponte entre dois mundos: (i) de um lado, o contexto de descoberta, preponderantemente irracionalístico, inundado pela intuição, por fatores inconscientes que determinam a personalidade do juiz; e, de outro, (ii) o contexto de justificação, essencialmente racionalístico, iluminado pela inteligência e razão teórica e prática,[2539] na venerável distinção aristotélica. Por assim ser, a motivação jurídica cumpre a indispensável função instrumental de "racionalização" do *decisum*, originalmente forjado no alto forno da ilogicidade. Significa dizer que uma sentença com ausência de motivação gráfica ou ideológica, ou, ainda, com incompatibilidade lógica radical entre as premissas ou entre as premissas e a conclusão final permanecerá enclausurada nos confins da irracionalidade inconsciente, sem consentir, por exemplo, adequada controlabilidade endo e extraprocessual.

[2536] SILVA, Ovídio A. Baptista da. *Curso de processo civil*: processo de conhecimento. 5. ed. rev. e atual. 2. tiragem. São Paulo: Revista dos Tribunais, 2001, v. 1, p. 404: "A idéia de que a sentença seja o resultado de um silogismo corresponde a uma simplificação exagerada e pouco fiel daquilo que verdadeiramente acontece com a formação do convencimento do juiz. Poder-se-ia mesmo dizer que a figura lógica de um silogismo jamais terá lugar no período de formação mental da sentença, ou, se realmente houver um silogismo, antes de ser ele a formar a sentença, será esta – depois de formada no espírito do julgador – que dará ensejo a um silogismo, montado apenas com o fim de justificar e fundamentar a concreção da norma legal".

[2537] JAMES, William. *O significado da verdade*. (Coleção Os pensadores). Tradução de Jorge Caetano da Silva, Pablo Rubén Mariconda. São Paulo: Abril Cultural, 1979, p. 113.

[2538] BAZARIAN, Jacob. *A arte de aprender e passar nos exames*. São Paulo: Nobel, 1972, p. 31-32: "O resultado dêsse trabalho subconsciente irrompe de repente na nossa consciência em forma de *solução intuitiva*. A intuição, assim compreendida, nada mais é que uma generalização, a síntese das informações armazenadas no subconsciente e cujo resultado aparece subitamente no consciente. (...) O caráter não-consciente da solução intuitiva deve ser compreendida de dois modos: a) não-consciência do trabalho de reflexão do subconsciente. b) não-consciência dos dados (informações) na base dos quais foi elaborada a solução intuitiva". (Grifos no original).

[2539] CUNO CRUZ, Humberto Luis. Razón, racionalidad y razonabilidad ¿Qué los identifica y diferencia? *Rev. Trib. Reg. Trab. 3ª Reg.*, Belo Horizonte, v. 51, n. 81, p. 205-218, jan./jun. 2010, esp. p. 211-212.

Quer-se gritar, em palavras pobres: o juízo é racionalizado *ex post* por meio das razões justificativas que sustentam o julgado.[2540] A motivação jurídica opera a "racionalização" *ex post* da decisão,[2541] nascida sob o signo da ilogicidade. A motivação jurídica é concebida como uma adição racionalizadora do julgado, quando se produz, de forma lógica, uma transformação alquímica do processo irracional de decisão, que, apesar de engano institucionalizado, reafirme-se, não se deduz, em sua origem, de raciocínios discursivos, inferências lógicas ou silogismos. Nessa latitude, não se pode reduzir o juízo decisório a uma concatenação lógico-dedutiva, tampouco representar, exclusivamente, a sentença como uma cadeia de silogismos,[2542] como se a decisão traduzisse, máxime em sua origem, uma mera equação aritmética, um insípido e fatalista silogizar.

Desse modo, ante a irreprimível exigência de justificação jurídico-racional da decisão, elimina-se, em definitivo, eventual alegação de que a tese da gênese ilógica da sentença civil, ora professada, assente em nível de descoberta, estaria dando cobertura ao mais puro decisionismo judicial e fazendo ruir o império do direito. Não se autoriza o decisionismo, no qual o processo é tratado como um espelho em que o juiz enxerga o que deseja ver – parafraseando o espelho de Tribe e Dorf.[2543] De fato, a motivação-justificação é o único antídoto contra os vermes do decisionismo judiciário. Por força da obrigatoriedade de pública justificação jurídica do julgado, o presente trabalho, em sua perspectiva global, é capaz de recusar a acusação de "irracionalismo" com o qual alguns desatentos tentem possivelmente etiquetá-lo. Nada obstante isso, como corrente

---

[2540] AARNIO, Aulis. *On legal reasoning*. Turun Yliopisto, 1977, p. 57-58.

[2541] GUASTINI, Riccardo. *Interpretare e argomentare*. Milano: Giuffrè, 2011, p. 237-238: "È possibile – anzi, secondo alcuni, è certo – che il discorso giustificatorio costituisca la "razionalizzazione" ex post di una conclusione cui il gudice è pervenuto in modo del tutto "irrazionale", spinto da emozioni, preferenze, ideologie. Può darsi – in verità, è molto probabile – che nell'assumere la decisione il giudice sia guidato (anche) dai suoi privati sentimenti di giustizia. Ma, generalmente parlando, negli ordinamenti giuridici moderni, egli non può addurre in motivazione tali sentimenti: deve mostrare che la sua decisione è fondata su (deducibile da) norme giuridiche positive. Ora, l'analisi del ragionamento giudiziale ha ad oggetto il discorso giustificatorio del giudice, non i suoi stati mentali e processi psicologici".

[2542] O Mestre Piero Calamandrei representou a sentença como uma série de deduções lógicas concatenadas, reduzindo, pois, o juízo a uma cadeia de silogismos, em seu estudo de 1914, intitulado "La genesi logica della sentenza civile", publicado na *Rivista Critica di Scienze Sociali* (Firenze), a. I, n. 5, de 05.05.1914, p. 209-260, republicado in CALAMANDREI, Piero. La genesi logica della sentenza civile. *In:* CAPPELLETTI, Mauro (a cura di). *Opere giuridiche*. Napoli: Morano, 1965, v. 1, p. 11-54, esp. p. 51-52: "In tutti questi momenti, attraverso i quali passa successivamente il giudice nel formare la sua sentenza, gli strumenti del suo ragionamento consistono esclusivamente in giudizi logici, (...). Queste due classi di giudizi, generali ed ipotetici i primi, singolari e positivi i secondi, hanno, in quel lavoro di ragionamento dal quale la sentenza ha origine, una diversa funzione; si è visto che tale lavoro non si esaurisce, come troppo semplicemente si afferma da alcuno, in un unico silogismo, ma consta di una catena di silogismi, che cominciano dall'inizio del procedimento mentale ed accompagnano il giudice fino alla decisione definitiva, ogni qualvolta egli voglia valutare l'attendibilità di una prova, o attrarre un fatto sotto il concetto della legge, o integrare la norma non ben precisata, o interpretare una dichiarazione di volontà: orbene, in tutta questa catena di silogismi è regola costante che i giudizi della prima classe servono sempre da premessa maggiore, mentre i giudizi della seconda prendono il posto di premessa minore; e che, come conclusione di ciascuno di questi silogismi, risulta sempre un giudizio della seconda classe, idoneo a costituire la premessa minore di altro silogismo, fino a giungere così alla decisione finale". Porém, importa registrar que, antes da aludida republicação, o Mestre florentino, com expressa e específica referência àquele ensaio, já havia mudado, parcialmente, de opinião, como, de resto, se verifica de CALAMANDREI, Piero. Giustizia e politica: sentenza e sentimento. *In: Processo e democrazia*. Conferenze tenute alla Facoltà di Diritto dell'Università Nazionale dell Messico. Padova: CEDAM, 1954, p. 59-60: "Anche io, in un mio saggio giovanile, ho rappresentato la sentenza come una progressione di silogismi a catena; ma poi l'esperienza del patrocinio forense mi ha dimostrato non dico che questa rappresentazione sia sbagliata, ma che essa è incompiuta e unilaterale: chi si imagina la sentenza come un silogismo, non vede la sentenza viva; vede la sua spoglia, il suo scheletro, la sua mummia".

[2543] TRIBE, Laurence; DORF, Michael. *On reading the constitution*. Harvard University Press, 1993, p. 7.

filosófico-jurídica, o irracionalismo surge no princípio do século XX em ostensiva oposição à concepção meramente mecânica da função judicial, que aflorou com as grandes codificações do século XIX.[2544]

Da mesma forma, os juízes devem resistir à tentação de se sentirem conspurcados em sua dignidade pessoal e profissional ao se atribuírem (como no presente trabalho se faz em relação ao contexto de descoberta!) causas não jurídicas às suas decisões.[2545] Para alguns, a música é apenas um barulho.

É certo que muitos juízes recusam a influência de fatores extrajurídicos no ato de julgar (*v. g.*, intuições, sentimentos, emoções, vivências, pré-compreensões, forças inconscientes inarticuladas), em visão posneriana, por múltiplas razões: (i) pela ausência de consciência deles; (ii) força da retórica; (iii) ecos da propaganda do modelo legalista; (iv) receio de retaliação sobre seu subjetivismo; (v) para evitar responsabilidades, pois é mais cômodo transferi-la para o texto legal.[2546]

Semelhante algoritmo, por espantoso que fosse, sobre provocar desconforto intelectual, é uma realidade sem máscara ou uma descrição empírica, nua e crua, daquilo que *realmente* acontece no processo psíquico de tomada de decisão jurídica pelo juiz. As estruturas ontológicas da realidade prosaica sugerem que, no contexto de justificação, terreno próprio da motivação, se busque a subsequente validação do decisório, à luz da razão humana, mediante a construção de um discurso jurídico, racional, válido e controlável, com o qual a decisão seja justificada.[2547] Nesse eixo teórico, a concepção irracionalística da decisão, nada ingênua, se (re)concilia com a perspectiva racional de sua motivação-justificação, com seus implacáveis caracteres de logicidade.

A suma importância da distinção entre contexto de descoberta (ou de deliberação) e contexto de justificação (ou de validação) descansa na noção de que não necessariamente o discurso justificativo representa o espelho fiel do processo psicológico do juiz até intuir a decisão a tomar, formulando mentalmente sua hipótese de julgamento. A motivação jurídica, por sua vez, pode ser entendida como o conjunto dos argumentos – sólidos, coerentes, válidos, identificáveis e controláveis – adotados como suporte justificativo da decisão, racionalizando-a por completo.[2548]

[2544] RODRÍGUEZ BOENTE, Sonia Esperanza. *La justificación de las decisiones judiciales*. El artículo 120.3 de la Constitución Española. Santiago de Compostela: Universidad de Santiago de Compostela: Servicio de Publicacións e Intercambio Científico, 2003, p. 120-121: "Los irracionalistas parten de un examen directo de la práctica judicial para concluir que son múltiplos los elementos irracionales que concurren en la aplicación del Derecho debido a la amplia libertad de que goza el juez. Pero el irracionalismo jurídico no se detiene en esta constatación sino que, además, la valora positivamente. Actualmente, el irracionalismo está también en entredicho, lo cual no debe llevar a la defensa de una racionalidad total en el discurso jurídico, sino de un cierto relativismo sobre la racionalidad que cabe predicar del mundo jurídico".

[2545] NIETO, Alejandro. *El arbitrio judicial*. Barcelona: Editorial Ariel Derecho, 2000, p. 39-40; LINHARES, Mônica Tereza Mansur. Intuição e o conhecimento do Direito. Disponível em: https://jus.com.br/artigos/21407/intuicao-e-o-conhecimento-do-direito. Acesso em: 17 abr. 2018, p. 1: "Os magistrados usam a intuição para elaborar a sentença judicial. Muitos deles têm vergonha de confessar que julgam desta forma, como se essa confissão demonstrasse uma fragilidade daquele homem julgador que precisa maravilhar-se com a imagem pretensiosa de sua própria racionalidade".

[2546] POSNER, Richard Allen. *How judges think*. Cambridge. Massachusetts: Harvard University Press, 2008, p. 87.

[2547] TARUFFO, Michele. Funzione della prova: la funzione dimostrativa. *In*: TARUFFO, Michele. *Sui confini*: scritti sulla giustizia civile. Bologna: Il Mulino, 2002, p. 305-328, esp. p. 324: "Anzitutto, va preliminarmente sottolineato che esiste una differenza strutturale e funzionale di fondo tra il procedimento di decision-making, orientato alla formulazione della decisione, e la motivazione della sentenza, finalizzata a fornire una giustificazione ex post della decisione stessa".

[2548] GASCÓN ABELLÁN, Marina. *Los hechos en el derecho*: bases argumentales de la prueba. 3. ed. Madrid, Barcelona, Buenos Aires: Marcial Pons, 2010, p. 180: "De alguna manera esta función viene a levantar acta de

O controle sobre a racionalidade e a correção das razões que justificam a decisão (*rectius*, a controlabilidade da existência de uma justificação lógica) vai além da singela aferição da coerência semântica das asserções estruturadas na motivação e consiste na análise da correção lógico-jurídica e sobre a congruidade e a coesão sistemática da linha argumentativa que o discurso justificativo professa.

Ao juiz se descortina a oportunidade de demonstrar a correção e a validade dos critérios de escolha ou de valoração das premissas que sustentam a conclusão final (dispositivo). A qualidade da prestação jurisdicional é ditada diretamente pelos atributos da motivação jurídica. Trata-se, originalmente, de exercício de autodemonstração no exato sentido de que a justificação desempenha o relevante papel de convencer, antes de todos, seu próprio progenitor, ante as razões valorativas que, incrustadas em sua intuição,[2549] o transportaram até sua ilação derradeira (*decisum*).[2550] Representa, em imagem aproximada, uma espécie de prestação de contas que o juiz faz de si para si mesmo.[2551] Semelhante autojustificação do juiz, confrontada em *avant-première*, permite-lhe controlar a racionalidade da própria decisão.[2552]

As boas razões ministradas pelo juiz, como bem se compreende, favorecem a aceitabilidade, interna e externa, do pronunciamento jurisdicional.[2553] Na fórmula da decisão judicial, o dispositivo não seria implicação lógica ou dedução silogística da motivação. Nessa perspectiva realista, a motivação jurídica é configurada não como *prius* lógico, mas sim *posterius* da formulação da decisão. Dar-se-ia, por assim dizer, uma inversão da lógica formal e subversão da ordem moral do silogismo judicial, pois a conclusão precede as premissas que servem para justificá-la.[2554] A motivação, idealizada como

---

las relaciones existentes entre el contexto de descubrimiento y el contexto de justificación: el descubrimiento de una hipótesis no tiene por qué ser el campo de la pura emotividad o de la inventiva; en el descubrimiento de una hipótesis pueden aparecer sin duda elementos de irracionalidad o de emotividad, pero están (o pueden estar) también presentes elementos de aceptación o validación de la misma, pues no parece lógico pensar que si puede justificarse una decisión se haya adoptado ésta prescindiendo por completo de las razones que constituyen esa justificación. Por eso no resulta descabellado pensar que la exigencia de motivar 'retroactúe' sobre el próprio iter de adopción de la decisón reforzando su racionalidad".

[2549] PINTO, Teresa Arruda Alvim. *Nulidades da sentença*. São Paulo: Revista dos Tribunais, 1987, p. 149: "Entretanto, a intuição não se comunica, senão *pela inteligência*, pelo racional. Mas ela é *mais* do que idéias, embora deva travestir-se de idéia para transmitir-se. Assim, se pode dizer que esta intuição desempenha papel de peso na identificação dos valores a orientar a decisão. Esta, uma vez tomada, *deve ser expressa de forma racional*. Este *quid* de razão, que há na motivação da decisão, deve caracterizar-se por torná-la, precipuamente, *convincente*". (Grifos no original).

[2550] TUCCI, José Rogério Cruz e. Ainda sobre a nulidade da sentença imotivada. São Paulo: *Revista de Processo*, n. 56, p. 223-233, out./dez. 1989, esp. p. 223.

[2551] SEGURA ORTEGA, Manuel. *Sentido y límites de la discrecionalidad judicial*. Madrid: Editorial Universitaria Ramón Areces, 2006, p. 99.

[2552] CALAMANDREI, Piero. La crisi della motivazione, *op. cit.*, p. 668: "La motivazione, nella massima parte dei casi, rispecchia, più che uno studio antecedente compiuto dal giudice per avviarsi a ben giudicare, un esame di coscienza successivo, compiuto dal giudice per persuadersi di avere ben giudicato. La motivazione è una riprova logica, per controllare, al lume della ragione, la bontà di una decisione scaturita dal sentimento: è la dimostrazione, che il giudice vuol dare a sè stesso prima che alle parti, della ratio scripta che convalida la scoperta nata dalla sua intuizione".

[2553] Como assinalara Jeremy Bentham: "Good decisions are such decisions for which good reasons can be given". Esta percuciente observação do jusfilósofo inglês está na epígrafe do artigo do saudoso Mestre José Carlos Barbosa Moreira, intitulado "A motivação das decisões judiciais como garantia inerente ao Estado de Direito". *In: Temas de direito processual*: segunda série. 1. ed. São Paulo: Saraiva, 1980, p. 83.

[2554] À magnífica, CALAMANDREI, Piero. *Elogio dei giudici scritto da un avvocato*. 4. edizione. Firenze: Le Monnier, 1959, p. 170-171: "Quantunque si continui a ripetere che la sentenza si può schematicamente ridurre a un sillogismo, nel quale, da premesse date, il giudice trae per sola virtù di logica la conclusione, avviene talvolta

um *posterius* em relação à formulação da decisão, constitui, inobstante, seu elemento essencialmente essencial.[2555]

A motivação-justificação aparecerá apenas depois de o juiz escolher o caminho a seguir. O juiz primeiro intui a decisão a tomar, formulando mentalmente sua hipótese de julgamento, e só depois elabora sua fundamentação, passando em revista todas regras, princípios, categorias legais, conceitos jurídicos, resultados probatórios representados nos autos do processo e precedentes judiciais obrigatórios.[2556] De fato, no processo de escolha decisória e sob o prisma daquilo que realmente ocorre quando da tomada da decisão judicial, encoraja a pensar que a função de julgar não se principia com a fixação de uma premissa da qual se possa extrair, em seguida, uma conclusão. Verdadeiramente, o juízo, na mente do julgador, fruto de percepções primeiras, inicia-se com uma conclusão, mediante a formulação de uma hipótese de julgamento ou de trabalho. Posteriormente, e só depois, o juiz busca elaborar premissas capazes de sustentá-la justificadamente,[2557] conferindo-lhe, então, uma formatação coesa. No processo decisório judicial, invertidamente, o produto aparece antes dos fatores ou – caso se prefira – o nascimento ocorre antes da própria gravidez.

Em seu desenho final (e apenas aí), a sentença pode assumir a forma lógica de um silogismo ou, mais amiúde, de complexa cadeia de silogismos, encadeados entre si. A premissa de um silogismo a ser efetivado é a conclusão de um silogismo já concluído.[2558] De modo que a sentença, em sua representação final, pode ser equiparada não a um único silogismo, mas a um complexo sistema de caráter dedutivo-axiomático.[2559]

Ponha-se em alto relevo que o ponto de vista segundo o qual a motivação seria um *prius* do nascimento do dispositivo, seu antecedente lógico, é eclipsado pelo próprio legislador, posto que a motivação fático-jurídica, em cujo espaço físico se justifica

---

che il giudice nel formar la sentenza capovolge l'ordine normale del sillogismo: trovi, cioè, prima il dispositivo e poi le premesse che servono a giustificarlo. A questa inversione della logica formale par che il giudice sia consigliato ufficialmente da certi procedimenti giudiziari: come quelli che, mentre gli impongono di pubblicare in fine d'udienza il dispositivo della sentenza (cioè la conclusione), gli consentono di ritardar di qualche giorno la formulazione dei motivi (cioè delle premesse). La stessa legge sembra dunque riconoscere che la difficoltà del giudicare non consiste tanto nel trovar la conclusione, che può essere affare da sbrigarsi in giornata, quanto nel trovar poi con più lunga meditazione le premesse di cui quella conclusione dovrebbe, secondo il volgo, esser la conseguenza. Le premesse sono assai spesso, nonostante il loro nome, messe dopo: il tetto, in materia giudiziaria, si può anche costruire prima delle pareti. Con questo non si vuol dire che il dispositivo venga fuori alla cieca e che la motivazione abbia soltanto lo scopo di far apparire come frutto di rigoroso ragionamento ciò che in realtà sia frutto dell'arbitrio; si vuol dire soltanto che, nel giudicare, l'intuizione e il sentimento hanno assai spesso più larga parte di quello che dall'esterno non sembri: non per niente, direbbe qualcuno, sentenza deriva da sentire".

[2555] CARNELUTTI, Francesco. *Diritto e processo, op. cit.*, p. 217.

[2556] CARDOZO, Benjamin N. *Selected writings*. New York: Fallon Publications, 1947, p. 179.

[2557] FRANK, Jerome. *Law and the modern mind*. New Brunswick: Transaction Publishers, 2009 [1930], p. 108: "The process of judging, so the psychologists tell us, seldom begins with a premise from which a conclusion is subsequently worked out. Judging begins rather the other way around-with a conclusion more or less vaguely formed; a man ordinarily starts with such a conclusion and afterwards tries to find premises which will substantiate it. If he cannot, to his satisfaction, find proper arguments to link up his conclusion with premises which he finds acceptable, he will, unless he is arbitrary or mad, reject the conclusion and seek another".

[2558] SANTOS, Moacyr Amaral. *Primeiras linhas de direito processual civil*, v. 3. 23. ed., rev. e atual. São Paulo: Saraiva, 2009, p. 10.

[2559] CALOGERO, Guido. *La logica del giudice e il suo controllo in Cassazione*. 2. ed. Padova: CEDAM, 1964, p. 51-52.

o dispositivo, é elaborada posteriormente.[2560] Tem o sabor de justificação póstuma da conclusão final, segundo influente doutrina.[2561]

A motivação jurídica representa um *posterius* em relação ao juízo que tem natureza inventiva. A justificação da decisão consiste em uma verificação (*tests*) racional do juízo (do julgamento).[2562] É dizer: a motivação tem por escopo fornecer as razões que justifiquem os critérios de escolha ou de valoração usados pelo juiz na formulação de sua hipótese de julgamento.[2563] Soa inaceitável a justificação quando não expressar uma base racional para os critérios de escolha ou de valoração que conformaram a decisão. Não se podem confundir a justificação da atividade que se desenvolve, durante o contexto de descoberta, na mente do juiz (admitindo-se que se afigure possível fazê-lo, o que não é, haja vista a inarticulação lógica do juízo), e a motivação como argumentação justificativa que manifesta a bondade das razões para aceitar-se a decisão.[2564]

O dever constitucional de motivação pressupõe uma decisão a ser objeto de justificação.[2565] Em seu aspecto interno, a motivação se constitui de um conjunto de argumentações ou feixe de enunciados linguísticos, estruturados de forma racional e coerente, com função justificativa da conclusão final. Em nível externo, verifica-se, ao

---

[2560] Codice di Procedura Civile italiano, art. 276, §5º ("Chiusa la votazione, il presidente scrive e sottoscrive il dispositivo. La motivazione è quindi stesa dal relatore, a meno che il presidente non creda di stenderla egli stesso o affidarla all'altro giudice"), e art. 119, §3º, disp. att. c.p.c. ("Il giudice che ha esteso la motivazione aggiunge la qualifica di estensore alla sua sottoscrizione").

[2561] CALAMANDREI, Piero. La genesi logica della sentenza civile. *In:* CAPPELLETTI, Mauro (a cura di). *Opere giuridiche*. Napoli: Morano, 1965, v. 1, p. 11-54, esp. p. 15. Assim, também, CALOGERO, Guido, *op. cit.*, p. 51: "Il fatto è, come ognuno intende, che la vera e grande opera del giudice sta non già nel ricavare dalle premesse la conclusione, ma proprio nel trovare e formulare le premesse. Quando il giudice è arrivato alla convinzione che un certo modo d'agire implica per legge una certa conseguenza giuridica, e che di quel modo d'agire si è verificato un caso, la conclusione può farla trarre a chiunque".

[2562] CARNELUTTI, Francesco. Appunti sulla motivazione. *Rivista di Diritto Processuale*, Padova, v. 6, parte 2, p. 88-90, 1951, esp. p. 89: "Probabilmente il dubbio non si può sciogliere senza risalire alla funzione della motivazione, che ne determina la struttrura. Anch'io, fino agli ultimi anni, cioè fino a quando non ho cominciato a meditare intorno al giudizio, ho creduto che la motivazione sia un prius e la disposizione un posterius; ossia che prima il giudice cerchi le ragioni e poi decida; da ultimo soltanto questo ordine mi si è capovolto. Anch'io, in altre parole, cadevo nell'errore di confondere il sillogismo con il giudizio. Diciamo la verità: bisogna avere penetrato a fondo il meccanismo del pensiero al fine di evitare tale confusione, agevole e quasi inevitabile per la velocità con la quale, nell'ordinario pensare, si alternano e si avvicendano e quasi si aggrovigliano il giudizio e la sua verificazione. Comunque, un punto fermo è che il giudizio ha carattere inventivo e il sillogismo, invece, serve alla dimostrazione: e che, d'altra parte, la struttura del giudizio è semplice mentre quella del sillogismo è complessa. Probabilmente, è vero che regole si danno per dimostrare, non per giudicare. Il sillogismo soltanto, non il giudizio è razionale". Na mesma toada, vide EVANGELISTA, Stefano. Motivazione della sentenza civile. *In: Enciclopedia del diritto*, v. 27. Milano: Giuffrè, 1977, p. 154-180, esp. p. 160: "Sta di fatto che il considerare la sentenza in vitro ed in ciascuna delle sue parti (dispositivo e motivazione) finisce col far perdere di vista l'inscindibile unità del giudizio che ne rappresenta il contenuto, unità che non può essere compromessa dalle forme esteriori in cui il giudizio si presenta. Ora, il giudizio, come è stato autorevolmente notato, è rispetto a queste forme non un prius, ma un aliud: esso rappresenta il momento inventivo e precede il sillogismo che ha, invece, funzione dimostrativa. E la motivazione costituisce una forma di verificazione del giudizio; è "una prova logica, per controllare al lume della ragione la bontà di una decisione scaturita dal sentimento: è la razionalizzazione del senso di giustizia". Vide, no entanto, a posição contrária aludida por TROCKER, Nicolò. *Processo civile e costituzione, op. cit.*, p. 463: "Il Bundesverfassungsgericht cerca in sostanza di tener conto dell'esigenza che la motivazione nasca come premessa del dispositivo e non come giustificazione a posteriori di una volontà già fissata in precedenza, anche se tende ad assumere un atteggiamento restrittivo al fine di evitare uno "straripamento" della Verfassungsbeschwerde".

[2563] FURNO, Carlo. *Teoría de la prueba legal*. Madrid: Editorial Revista de Derecho Privado, 1954, p. 18-19.

[2564] TARUFFO, Michele. La giustificazione delle decisioni fondate su standards. *Materiali per una storia della cultura giuridica*, Bologna, n. 1, v. 19, p. 151-173, giugno 1989, esp. p. 157.

[2565] AMODIO, Ennio. Motivazione della sentenza penale. *In: Enciclopedia del diritto*. Milano: Giuffrè, 1977, v. 27, p. 181-257, esp. p. 198.

invés, uma autonomia entre o contexto de deliberação e o de justificação, embora ambos se inter-relacionem, por configurarem elementos essenciais e estruturantes no processo final de formação da sentença.[2566] A motivação assume um certo viés de superego do juízo,[2567] além de denotar, refrise-se, poderoso instrumento de racionalização *ex post* do julgado.[2568]

Os problemas não se escondem. Semelhante racionalização não pode representar um ensaio oblíquo de racionalizar um ponto de vista específico. Avulta, assim, o fenômeno do viés confirmatório, que consiste na inclinação psicológica involuntária que as pessoas têm de "puxar a brasa para sua sardinha", ou seja, de alinhar argumentação para validar sua hipótese de julgamento,[2569] apesar de transparecer incorreta ou injusta. Daí, sob a ótica da completude da motivação jurídica do julgado, a indispensabilidade de o juiz, também (e sobretudo), fornecer as razões justificativas que o levaram a não adotar a hipótese de decisão derrotada.[2570]

Na arquitetura da realidade da decisão, bem vistas as coisas, reafirme-se, o juiz constrói um silogismo invertido:[2571] primeiro estabelece, condicionado por fatores extra-jurídicos e forças que provêm das raízes mais subterrânea do inconsciente, a conclusão final, e, só depois, delineia, retroativamente, atento aos perfis fáticos representados nos autos do processo e aos conceitos jurídicos, os alicerces racionais que possam válida e legitimamente suportá-la no sistema de direito vigente e regime de precedentes judiciais obrigatórios, considerando a *ratio decidendi* deles.[2572] Advém o fenômeno da subversão da estrutura formal da sentença como sequência coerente, regular, condicionada e ordenada de elementos: (i) relatório, (ii) fundamentação e (iii) dispositivo. O juiz já decola de uma conclusão final, em regressão, na direção da fixação de suas premissas (motivação-justificativa).[2573] Na presença da espécie, primeiramente irrompem o sentir intuitivo ou o *insight* da solução pelo juiz,[2574] de acordo com o seu sentimento íntimo de justiça, para, fundado no método de Bartolo, só depois prospectar as fontes capazes de servir de suporte à solução encontrada.[2575]

[2566] GOMES FILHO, Antonio Magalhães. *A motivação das decisões penais*. São Paulo: Revista dos Tribunais, 2001, p. 113.

[2567] WRÓBLEWSKI, Jerzy. Motivation de la décision judiciaire. In: PERELMAN, Chaïm; FORIERS, Paul. *La motivation des décisions de justice*: études. Bruxelles: É. Bruylant, 1978, p. 111-135, esp. p. 126-127: "La motivation légale sert aussi aux valeurs praxéologiques. D'une part elle incite le juge à un bon travail; la possibilité que l'obligation de préparer une motivation surgisse (si elle n'existe pas ex lege) exerce une pression qui favorise la conscience du juge".

[2568] EZQUIAGA GANUZAS, F. J. Los juicios de valor en la decisión judicial. *Anuario de Filosofía del Derecho*, 1984, p. 33-59, esp. p. 57; AARNIO, Aulis. *Lo racional como razonable*: un tratado sobre justificación jurídica. Madrid: Centro de Estudios Constitucionales, 1991, p. 44.

[2569] KUDA, Ziva. The case for motivated reasoning. *Psychological Bulletin*, v. 108 (3), p. 480-498, 1990, esp. p. 493.

[2570] BERGEL, Jean-Louis. *Teoria geral do direito*. (Justiça e direito). 2. ed. São Paulo: Martins Fontes, 2006, p. 367. Releva notar que, sob boa luz, o Código de Processo Civil brasileiro, em seu art. 489, §1º, inciso IV, estabelece peremptoriamente: "art. 489 – omissis. §1º Não se considera fundamentada qualquer decisão judicial, seja ela interlocutória, sentença ou acórdão, que: IV – não enfrentar todos os argumentos deduzidos no processo capazes de, em tese, infirmar a conclusão adotada pelo julgador".

[2571] CALAMANDREI, Piero. La crisi della motivazione, *op. cit.*, p. 667.

[2572] FERRAZ JUNIOR, Tércio Sampaio. *A ciência do direito*. 2. ed. São Paulo: Atlas, 1980, p. 92.

[2573] MELLO, Rogerio Licastro Torres de. Ponderações sobre a motivação das decisões judiciais. *Revista Forense*, Rio de Janeiro, n. 384, mar./abr. 2006, p. 171-183, esp. p. 179.

[2574] GAMBOGI, Luís Carlos Balbino. *Direito*: razão e sensibilidade (As intuições na hermenêutica jurídica). Belo Horizonte: Del Rey, FUMEC/ FCH, 2005, p. 195.

[2575] FONSECA, Roberto Piragibe da. *Introdução ao estudo do direito*. 5. ed. Rio de Janeiro: Freitas Bastos, 1975, p. 142.

De todo modo, apesar dessa inversão da ordem moral do silogismo, o juiz, ao desenvolver seu raciocínio justificativo, está incondicionalmente submetido ao influxo dos argumentos aduzidos pelos litigantes, bem como aos resultados probatórios representados nos autos do processo, como decorrência da efetividade *in concreto* das garantias constitucionais da igualdade, da imparcialidade, do contraditório, da ampla defesa, do devido processo justo.

Agora bem, quer tanto na noção de motivação jurídica como antecedente natural da decisão (*prius*), quer quanto na ideia de cronologicamente assumir-se como um *posterius*, esta última abonada no presente trabalho, força é convir, de todo modo, que a motivação jurídica é componente essencial e estrutural da decisão. O papel do juiz é o de justificar (racionalizar, convalidar, tornar aceitável) sua decisão,[2576] por meio do emprego de argumentos racionais, válidos,[2577] identificáveis e controláveis. Neste específico escopo, irrompe a classificação taruffiana entre "lógica do juízo" (*v. g.*, eleição do valor, sua avaliação para formulação do juízo, inserção do juízo de valor no complexo do raciocínio decisório) e lógica da motivação (*v. g.*, justificação do critério de escolha do valor, justificação do juízo de valor, justificação das consequências extraídas do juízo de valor). Como é bem de ver, o papel dos valores tem implicações significativas nos debates em torno da heterogeneidade judiciária. Portanto, o juiz não pode guardar silêncio, emudecer, sobre as premissas valorativas alojadas à base de sua decisão, senão que, na perspectiva da teoria tridimensional do Direito (fato, valor e norma), deve aportar as razões justificativas filosóficas, morais, ideológicas, políticas em relação aos juízos axiológicos formulados.

Mas (dir-se-á) quais são as linhas essenciais do programa de justificação racional da decisão judicial?[2578]

A racionalidade da motivação jurídica toca ao modo de construir, argumentativamente,[2579] o discurso justificativo judicial com o fito de estabelecer a validade jurídica e a correção do decisório,[2580] bem como a legitimação do concreto exercício da função jurisdicional. A aferição da racionalidade da decisão judiciária toca, antes de tudo, à sua estrutura lógica, cuja validade, atrelada aos enunciados fáticos e jurídicos do discurso justificativo, reclama, sob a égide de parâmetros lógicos, inteligibilidade e controlabilidade.[2581] Entretanto, a configuração lógica da decisão e seu aparato justificativo não exaurem o *check-up* de sua racionalidade.[2582]

2576 GRAÇA, António Pires Henriques da. Aspectos metodológicos do discurso judiciário. *In: Estudos jurídicos do Supremo Tribunal de Justiça de Portugal*. Lisboa, 2008. Disponível em: http://www.stj.pt/ficheiros/estudos/apiresgraca_discursojudiciario.pdf. Acesso em: 05 fev. 2018, p. 19.

2577 TARUFFO, Michele. Il controllo di razionalità della decisione fra logica, retorica e dialettica. *In*: BESSONE, Mario (a cura di). *L'attività del giudice, mediazione degli interessi e controllo delle attività*. Torino: G. Giappichelli, 1997, p. 139-153, esp. p. 146. No mesmo diapasão, TOMÁS-RAMÓN, Fernández. *Del arbitrio y de la arbitrariedad judicial*. Madrid: Iustel, 2005, p. 122-123.

2578 Vide, no ponto, CONTE, Francesco. *Sobre a motivação da sentença no processo civil*: Estado constitucional democrático de direito, discurso justificativo e legitimação do exercício da jurisdição. 1. ed. Rio de Janeiro: Gramma, 2016, p. 371-380.

2579 KOCHEM, Ronaldo Luiz. Racionalidade e decisão: a fundamentação das decisões judiciais e a interpretação jurídica. *Revista de Processo*, São Paulo, n. 244, v. 40, p. 59-86, jun. 2015, esp. p. 70.

2580 AMODIO, Ennio, *op. cit.*, p. 185, 217.

2581 GOYARD-FABRE, Simone. *Filosofia crítica e razão jurídica*. (Justiça e direito). São Paulo: Martins Fontes, 2006, p. 22.

2582 TARUFFO, Michele. Il controllo di razionalità della decisione fra logica, retorica e dialettica, *op. cit.*, p. 143.

A racionalidade da decisão judicial supõe motivação adequada no juízo de fato, norteada, igualmente, por critérios racionais em relação ao acertamento da verdade dos fatos relevantes para o julgamento da causa, bem ainda no tocante à controlabilidade da validade lógica, da coerência e da aceitação. A crisma ou confirmação da hipótese de decisão no juízo de fato deve, naturalmente, estar fundada no resultado das provas dos fatos representados nos autos do processo.

A segunda maneira de se perquirir a racionalidade da decisão judicial guarda pertinência com a retórica considerada menos como ferramenta de persuasão e mais pelo uso de argumentos racionais.

As argumentações razoáveis e racionais no âmbito das decisões judiciárias não decorrem, exclusivamente, de raciocínio dedutivo-silogístico ou demonstrativo, uma vez que, por exemplo, se pode lançar mão da tópica jurídica viehwegiana. A racionalidade dos argumentos sobraçados no espaço físico da motivação deve, com suficiência, assegurar controlabilidade das razões que justificam as valorações cumpridas pelo juiz tendentes à construção de sua hipótese de julgamento.[2583] O juiz formula diversos juízos de valor, como na atividade de interpretação-aplicação do direito positivo,[2584] dos precedentes judiciais obrigatórios e no raciocínio probatório, em tarefa de acertamento da verdade dos fatos controversos.

O terceiro critério para se esquadrinhar a racionalidade da decisão toca ao intercâmbio dialético no processo. O princípio político da participação democrática, penhor do contraditório e da ampla defesa, reclama dialeticidade na dinâmica do procedimento. Há processo (ou mais amplamente procedimento) apenas onde houver contraditório.[2585] Emergem, assim, duas realidades dialéticas primordiais: (i) contínuo diálogo, por simétrica paridade, em contraditório, entre partes, partes e juiz, e juiz e partes; e (ii) possibilidade de influir concreta e eficazmente na formação intelectual da convicção do juiz, em especial na relação fato-norma, e, desse modo, no conteúdo da decisão. É a melhor tecnologia de aperfeiçoamento do discurso justificativo judicial, oriunda da dialeticidade, que se subordina a coerções probatórias e racionais da decisão.[2586]

Disso resulta que a justificação racional da decisão (racionalidade=clareza/coerência) provoca análise de todos os componentes fático-jurídicos relevantes aduzidos oportunamente pelas partes em atenção ao instrumento operacional do contraditório. Diferentemente, mostra-se irracional uma justificação que não considere a totalidade daqueles elementos.

O acertamento esperável da verdade dos fatos e a vinculação fato-norma que o juiz assenta para formular/justificar sua decisão, com a qualificação jurídica dos fatos, no seio de multiplicidade normativa, são aspectos capitais de verificação da validade racional do decisório.

[2583] PALOMBELLA, Gianluigi. *Filosofia do direito.* (Justiça e direito). São Paulo: Martins Fontes, 2005, p. 311.

[2584] VILANOVA, Lourival. Norma jurídica: proposição jurídica (Significação semiótica). *Revista de Direito Público*, São Paulo, n. 61, p. 12-26, jan./mar. 1982, esp. p. 22.

[2585] TARUFFO, Michele. *Il controllo di razionalità della decisione fra logica, retorica e dialettica, op. cit.,* p.147: "Il contraddittorio è comunemente considerato, dai teorici del procedimento, come la condizione essenziale ed il fattore fondamentale del processo. Vi è processo, si dice, solo dove vi è contraddittorio. In altri termini, è la libera contrapposizione dialettica delle parti, e delle posizioni che queste sostengono nel corso del procedimento, a far sì che una mera sequenza di atti diventi un processo".

[2586] BITTAR, Eduardo Carlos Bianca. *Linguagem jurídica.* 4. ed. São Paulo: Saraiva, 2009, p. 316-317, principalmente nota n. 68.

A controlabilidade da racionalidade da decisão judiciária pressupõe que ela esteja adequadamente motivada e contenha razões justificativas de fato e de direito aceitáveis, em suporte dos critérios de escolha ou de valoração usados pelo juiz. A justificação é um procedimento do discurso prático racional, pois o juiz deve ministrar boas razões a serviço de determinada entidade linguística (*v. g.*, uma conclusão, um juízo, uma norma). A argumentação justificativa desempenha um expressivo feixe de funções (*v. g.*, validante, controladora, legitimadora, concretizadora, didática, científica, estabilizadora, pacificadora, moralizadora).[2587]

O conceito de racionalidade não é unívoco, mas multifário e polissêmico: da racionalidade geral à racionalidade jurídica. Esta última está ligada à dogmática, de par a se nortear por pautas interpretativas específicas e se estribar em determinadas fontes do direito.[2588] De fato, a dogmática jurídica impulsiona o jurista para a dimensão teórica dos princípios e conceitos gerais necessários à interpretação, construção e sistematização dos preceitos e institutos que compõem a ossatura do ordenamento jurídico.[2589] O procedimento de justificação jurídica deve ter capacidade para suscitar aceitabilidade racional. Trata-se de racionalidade comunicativa, imbricada com a argumentação e o convencimento, hábil para gerar compreensão humana e aceitabilidade racional.[2590] A racionalidade é uma peça essencial do raciocínio jurídico, que promove o acoplamento da dialética com a lógica formal.[2591]

A exigência de i) consistência (não contradição), ii) de racionalidade dos fins e iii) correção hipotética dos enunciados empíricos utilizados constitui o conteúdo mínimo do cumprimento de condições, critérios e regras pertinentes ao caráter racional da argumentação jurídica.[2592] A racionalidade nutre-se da seiva de argumentação coerente. Culturalmente, a racionalidade está incrustada na linguagem comum. A forma coerente de pensar transpassa a vida em sociedade, está consolidada em cada cultura e pode servir de parâmetro de cálculo comportamental.[2593]

A justificação, antes de justificar, não prescinde (ela própria) de ser justificada, donde emerge a existência de número ilimitado de níveis e de planos de fundamentação, devendo-se, no entanto, evitar o regresso ao infinito:[2594] justificação da justificação,

---

[2587] VIGO, Rodolfo Luis. Razonamiento justificatorio judicial. *Doxa: Cuadernos de Filosofía del Derecho*. Actas del XVIII Congreso Mundial de la Asociación Internacional de Filosofía Jurídica y Social (Buenos Aires, 1977), v. 2, n. 21, p. 483-499, 1998, esp. p. 498-499.

[2588] AARNIO, Aulis, *op. cit.*, p. 240.

[2589] REALE, Miguel. *Lições preliminares de direito*. 26. ed. rev. São Paulo: Saraiva, 2002, p. 324-325.

[2590] AARNIO, Aulis, *op. cit.*, p. 241: "La aceptabilidad racional es una propiedad del resultado final del procedimiento de justificación jurídica. Por consiguiente, se habla de la aceptabilidad racional de los puntos de vista interpretativos. A su vez, por lo que respecta a su naturaleza, la interpretación jurídica es un diálogo, es decir, en este sentido, una forma de la comunicación humana".

[2591] BERGEL, Jean-Louis. *Teoria geral do direito*. (Justiça e direito). 2. ed. São Paulo: Martins Fontes, 2006, p. 372-373.

[2592] ALEXY, Robert. *Teoria da argumentação jurídica, op. cit.*, p. 285.

[2593] AARNIO, Aulis, *op. cit.*, p. 251: "En este sentido, el concepto de coherencia es un elemento necesario de nuestro concepto común de racionalidad. Pertenece a la base de la comunicación humana. Nuestra vida social y nuestra interacción comunicativa funcionan sólo si esta precondición está satisfecha. Por ello, sería correcto decir que la reconstrucción de la racionalidad sólo explica algo que está profundamente oculto en el uso lingüístico común de la gente occidental con mentalidad moderna".

[2594] FERRAZ JÚNIOR, Tercio Sampaio. *Direito, retórica e comunicação*: subsídios para uma pragmática do discurso jurídico. 2. ed. São Paulo: Saraiva, 1997, p. 35.

justificação da justificação da justificação...[2595] De sorte que, para superar esse inesgotável mantra anafórico de sons combinados de *etc. etc. etc.*, a doutrina especializada,[2596] firme na maximização da exigência de motivação e guiada por critério negativo (o juiz necessita pronunciar decisão não erroneamente motivada), preconiza o desenvolvimento de um modelo, dotado de número finito de critérios de correção, propenso a demonstrar que uma decisão judicial está não fundamentada, ou incorreta (*v. g.*, aceita-se, na sentença, como correto determinado critério de correção, o qual, no entanto, é inidôneo para timbrar como correta a decisão).

O discurso jurídico racional se qualifica, essencialmente, por sua capacidade de prestar contas e se fundamentar argumentativamente, ele próprio, de par a consentir, essencialmente, uma validação intersubjetiva, em função da exigência crítica das partes, dos jurisdicionados e da sociedade em geral. Emerge, assim, a ideia de dialogicidade encetada pelo juiz, como modo de discurso prático racional, que inaugura múltiplas situações comunicativas, endo e extraprocessuais.

Tanto uma justificação jurídica sólida quanto um discurso racional linguisticamente articulado e capaz de justificar-se em termos de mútuo entendimento e consistência lógica subordinam-se a certas condições gerais indispensáveis. Na teoria procedimental do discurso racional, os princípios da racionalidade prática exibem as seguintes feições básicas: (i) consistência, como ausência de contradição interna no discurso;[2597] (ii) eficiência, no sentido de que a efetividade do discurso prático desemboca em uma conclusão;[2598] (iii) coerência, que se traduz em vedação de coação física ou mental contra algum participante da discussão;[2599] (iv) universalidade-generalidade, a denotar que um juízo de valor ou um ponto de vista jurídico formulados por um participante do debate, como fundamento basilar de qualquer argumentação racional,[2600] devem ser

---

[2595] BORGES, Jorge Luis; GUERRERO, Margarita. *Manual de zoología fantástica*. 2. ed. México: Fondo de Cultura Económica, 1966, p. 34: "Dios creó la tierra, pero la tierra no tenía sostén y así bajo la tierra creó un angel. Pero el angel no tenía sostén y así bajo los pies del angel creó un peñasco hecho de rubí. Pero el peñasco no tenía sostén y así bajo el peñasco creó un toro con cuatro mil ojos, orejas, narices, bocas, lenguas y pies. Pero el toro no tenía sostén y así bajo el toro creó un pez llamado Bahamut, y bajo el pez puso água, y bajo el água puso oscuridad, y la ciencia humana no ve más allá de ese punto".

[2596] GUERRA, Marcelo Lima. Notas sobre o dever constitucional de fundamentar as decisões judiciais (CF, art. 93, IX). *In*: FUX, Luiz; NERY JR., Nelson; WAMBIER, Teresa Arruda Alvim. (Coord.) *Processo e Constituição*: estudos em homenagem ao Professor José Carlos Barbosa Moreira. São Paulo: Revista dos Tribunais, 2006, p. 517-541, esp. p. 533.

[2597] AARNIO, Aulis, *op. cit.*, p. 254: "La ausencia de contradicción interna significa que un enunciado y su negación no pueden existir al mismo tiempo en la misma configuración de justificación".

[2598] AARNIO, Aulis, *op. cit.*, p. 255: "Las partes en la interpretación no sólo deben tener un lenguaje común sino que también deben usar cada expresión de una manera uniforme. Una parte en la interpretación no puede cambiar inesperadamente el juego del lenguaje sin justificar el cambio en el uso del lenguaje. Un cambio inesperado en las convenciones lingüísticas perturba el todo del discurso. Al obligarse uno mismo a este tipo de regla de consistencia, se evita la posibilidad de que, durante la interpretación, un desacuerdo material se convierta en un desacuerdo lingüístico".

[2599] AARNIO, Aulis, *op. cit.*, p. 255-256: "La exigencia de honestidad significa que un participante no puede invocar una justificación que sabe es inválida. Una persona que conscientemente utiliza una justificación inválida no está intentando influenciar el resultado sobre bases substanciales sino a través de la persuasión. Con otras palabras: una persona que viola la exigencia de honestidad viola una de las condiciones de la racionalidad. Este grupo incluye, aunque en menor medida, la actividad en la que una persona afirma que la justificación es válida aunque no está segura de ello".

[2600] PERELMAN, Chaïm. *Retóricas*, *op. cit.*, p. 263.

CAPÍTULO 9 | 579

ESTADO CONSTITUCIONAL E DEMOCRÁTICO DE DIREITO: DEVER DE JUSTIFICAÇÃO COMO INSTRUMENTO DE "RACIONALIZAÇÃO"...

suscetíveis de generalização para abranger casos similares;[2601] e (v) sinceridade-apoio, que densifica a ideia segundo a qual toda proposição deve ser justificada, sendo a respectiva clareza-coerência um critério para o seu apoio.[2602]

Demais disso, como a finalidade da motivação é justificar racionalmente a decisão jurídica, deve, atenta às exigências de um processo substancialmente justo, em perspectiva taruffiana, possuir um conteúdo mínimo essencial, à luz das peculiaridades de cada caso, que compreenda: (i) a explicitação das escolhas subjetivas feitas para a identificação das normas aplicáveis; (ii) a enunciação das eleições tendentes à interpretação de tais normas; (iii) o correto acertamento da verdade dos fatos relevantes, pois a verdade é a mãe da justiça; (iv) a atribuição de qualificação jurídica aos fatos e, daí, a extração das consequências jurídicas; (v) o conjunto de nexos de implicação e de coesão entre os enunciados fático-jurídicos e entre estes e a conclusão final; e (vi) a fundamentação dos critérios de escolha ou de valoração usados pelo juiz, de modo que despontem como racionalmente adequados. Por aí se percebe que a noção de racionalidade justificativa, sobre ser de enorme complexidade, não pode ser empobrecida e reduzida à fórmula dedutivista de um silogismo judicial; antes, é de rigor que observe as regras de validade da argumentação prática, como, por exemplo, uso adequado da linguagem comum e jurídica, congruência entre os enunciados e correção de inferências. Daí não se poder, no momento de agora, aceitar a imagem da jurisdição como atividade mecânica, automática e asséptica da qual o silogismo seria uma evidentíssima quimera.

Os enunciados argumentativos utilizados na motivação devem ser presididos pelo signo da razoabilidade, isto é, ser razoáveis em uma margem de apreciação admissível, e se mostrar socialmente aceitáveis.[2603] A razoabilidade, enquanto uma das melhores expressões da inteligência humana, erige-se em parâmetro de valoração dos atos do poder público para aferir se, e em que medida, eles estão sendo informados pelos valores constitucionais (*v. g.*, justiça). É razoável, pois, aquilo que seja consonante com a razão humana, tatuada pelo pluralismo,[2604] em seus níveis teórico, prático, político, estético, de par a refutar a arbitrariedade. Há uma estreita articulação entre o racional e o razoável, os quais são componentes e matizes da atividade argumentativa.

[2601] AARNIO, Aulis, *op. cit.*, p. 256-257: "La violación de la regla de universalidad conduce al uso de razones que están sólo conectadas con la situación en cuestión. Son, por así decirlo, argumentos ad hoc cuyo poder justificatorio no va más allá de una situación particular. Por esta razón, ellos tampoco satisfacen el requisito de racionalidad. La regla de universabilidad incluye, entre otras cosas, lo siguiente: (i) hay que aceptar las consecuencias de una norma que uno mismo ha aceptado, aun cuando ello afecte la propia posición; y (ii) las consecuencias de una norma que satisface los intereses de una persona tienen que ser aceptables para cualquier otra; tienes que comportarte de forma tal que tu acto pueda ser universalizado".

[2602] AARNIO, Aulis, *op. cit.*, p. 260: "El objetivo de la justificación es lograr la coherencia y, por medio de ella, la aceptabilidad en la comunidad jurídica. Los medios que sirven este objetivo son justamente las reglas de la interpretación jurídica y las reglas generales de la racionalidad".

[2603] BAZÁN L., José Luis e MADRID R., RAÚL. Racionalidad y razonabilidad en el derecho. *Revista Chilena de Derecho*, v. 18, n. 2, p. 179-188, 1991, esp. p. 185: "mientras que lo razonable se constituye como lo socialmente aceptable, y es definido, por lo tanto, en razón de su eficacia. Desde esta perspectiva, lo irrazonable se convierte en el límite negativo de toda argumentación jurídica; de lo que no puede hacerse porque no es eficaz; no produce aceptabilidad en el auditorio. "Razonable" es, por lo tanto, lo contrario; aquello que resulta aceptable por la comunidad".

[2604] NUBIOLA, Jaime. *Inteligencia y razonabilidad*. I Congreso Internacional Filosofía de la Inteligencia Instituto CEU de Humanidades Ángel Ayala Madrid, 15-17 junio 2011. Disponível em: https://www.google.com.br/?gws_rd= ssl#q=nubiola,+jaime.+Inteligencia+y+razonabilidad&*&spf=1. Acesso em: 26 fev. 2018.

Nesse teor de ideias, é útil relembrar a significativa relação entre juízo e justificação ou entre decisão e sua motivação jurídica. Na realidade, formular uma decisão é, ontologicamente, fenômeno diverso daqueloutro de justificação jurídica e racional do julgado ou de ministrar boas razões para chancelar a melhor hipótese de solução para o conflito intersubjetivo.[2605] A conexão entre juízo e justificação fica ainda mais evidente quando se considera que o juiz deve não apenas aportar argumentos jurídicos, racionais, válidos e controláveis que justifiquem a hipótese de julgamento por ele abraçada, mas, sob a ótica da completude, também (e sobretudo) fornecer as razões justificativas de refutação da hipótese de decisão derrotada. A concepção de decisão justificada depende da multiplicidade de culturas jurídicas, em cada momento histórico.

Uma das funções da motivação é a de justificar, materialmente, os critérios de escolha ou de valoração utilizados pelo juiz, sem que haja necessária correspondência entre o "raciocínio" decisório (contexto de descoberta) e a motivação em si (contexto de justificação). Por assim ser, uma decisão impulsionada, em sua gênese, pela intuição (e, portanto, irracional) pode, ao depois, ser justificada com argumentos jurídico-racionais eficazmente convincentes.[2606] Há uma legião de anônimos que virá a suprir a solidão do ato judicial de intuição-sentimento-emoção, abrigados na plântula da sentença:[2607] a sensibilidade do juiz, assente nas pulsações de seu coração, abre-se, qual uma rosa, às infiltrações da luz do sol.

Depois da abordagem (i) do processo de racionalização do contexto de descoberta operado pela motivação jurídica do julgado e (ii) da racionalidade da justificação, merece exame à parte o problema da justificação interna e externa da decisão jurídica.

O requisito da plenitude justificativa e inteireza (*completezza*) da motivação exige, pormenorizadamente, o comparecimento de argumentos que possam confirmar os critérios de escolha (cognoscitivos, valorativos e interpretativos) que suportam a decisão. A justificação contempla dois aspectos distintos da articulação dos juízos de fato e de direito: (i) a justificação interna, que é a verificação de a conclusão ser logicamente extraída das premissas alocadas como fundamentação,[2608] sem que tenha a pretensão de espelhar o itinerário mental das deliberações efetuadas realmente pelo juiz; e (ii) a justificação externa, cujo objeto é a correção de tais premissas.[2609]

[2605] TARUFFO, Michele. Il controllo di razionalità della decisione fra logica, retorica e dialettica, op. cit, p. 150: "Formulare una decisione ed esporre le ragioni per cui essa dovrebbe essere da altri considerata una buona decisione sono attività diverse. Anche ipotizzando che entrambe vengano poste in essere secondo criteri razionali, decision-making e motivazione non si identificano. Benché discussa da taluno, la distinzione tra contesto di scoperta e contesto di giustificazione esprime in modo abbastanza efficace la differenza tra ciò che il giudice fa quando si impegna nel ragionamento decisorio (anche considerando che esso si svolge con modalità complesse anche nel corso del processo) e ciò che egli fa quando, essendo ormai formulata la decisione, si tratta di giustificarla redigendo la motivazione".

[2606] CALOGERO, Guido, *op. cit.*, p. 176: "E quindi, s'è visto, obbedendo non già le cose alle parole ma le parole alle cose, la verità di una qualsiasi struttura che si dica "logica" non è che la verità della concreta esperienza, che le sue parole riescono a significare. Si possono enunciare in forme perfettamente sillogistiche le più palmari sciocchezze e assurdità, e in forme assolutamente asillogistiche le verità più evidenti e profonde, la scelta dei mezzi semantici restando con ciò unicamente subordinata al gusto linguistico e all'abilità suasoria del parlante, e quindi non essendo naturalmente escluso neppure l'uso degli strumenti sillogistici, quando essi possano, per l'abitudine mentale della persona o dell'ambiente a cui il discorso si rivolge, apparire più efficacemente persuasivi".

[2607] BENETI, Sidnei Agostinho. *Da conduta do juiz*. 3. ed. rev. São Paulo: Saraiva, 2003, p. 114.

[2608] ALEXY, Robert. *Teoria da argumentação jurídica, op. cit.*, p. 10.

[2609] *Idem*, p. 11.

De fato, no discurso justificativo racional, o juiz deve esgrimir razões adequadas que suportem, por exemplo, suas opções valorativas conformadoras da conclusão final. A estrutura do procedimento justificativo distingue-se em dois planos, níveis ou graus: interno-primário e externo-secundário. O nível interno-primário consiste na atividade do juiz de subsunção dos fatos, objeto de acertamento esperável, à regra jurídica corretamente escolhida e aceitavelmente interpretada. O nível externo-secundário traduz a justificativa apresentada para os critérios de escolha ou de valoração usados pelo juiz em sua decisão.[2610] É bem de ver que, no campo da justificação externa, o juiz transmuda-se em sociólogo.[2611]

Por outras palavras, a justificação interna consiste na estrutura lógica da decisão na qual se lança mão de princípios lógico-dedutivos. Toca à validade das inferências entre as premissas normativas e fáticas, expressadas em um encadeamento de proposições, e a conclusão final. É a coligação entre as premissas e a decisão, radicada nas regras de inferência aceitáveis pelo juiz, das quais os dados cognoscitivos defluem como consequência logicamente válida. A justificação interna adjudica à decisão maior coeficiente de clareza, coerência e racionalidade. Por seu tuno, a justificação externa dotada de argumentação racional, nutrida de razões suplementares e de fatores jurídicos, consiste na exposição clara, congruente e coerente das hipóteses e das premissas aportadas na justificação interna. Em suma, a justificação externa tem por escopo justificar premissas, regras e a validade do raciocínio judicial.[2612]

A justificação jurídica racionalmente válida não se correlaciona necessariamente com motivações gráficas prolixas, extensas, prenhes de *obiter dicta*, que, amiúde, revelam-se insuficientes e incompletas, pois não fornecem uma justificação apropriada dos critérios de escolha e das pautas de valoração dos quais provem a decisão. Não é a quantidade de páginas de um discurso justificativo que lhe emprestará maior credibilidade funcional. Pode haver discurso justificativo conciso, sintético, mas que atenda ao sentido de plenamente justificar a validade do decisório, em especial ao levar em conta as alegações fáticas e jurídicas das partes em contraditório. Se assim é – e assim efetivamente o é – o quantitativo de páginas, maior ou menor, da motivação é supérfluo, para fins de se produzir um discurso justificativo judicial completo e adequado.

A análise acerca da racionalidade das premissas pertence ao campo da justificação externa. Aqui, opera-se a fundamentação das premissas assentadas na justificação interna. Como é bem de ver, a plenitude justificativa associada à motivação sugere a

---

[2610] TARUFFO, Michele. *La motivazione della sentenza civile, op. cit.*, p. 277: "Secondo questo orientamento, occorre distinguere: una giustificazione di primo grado (interna, primaria), che, poste determinate alternative e determinate regole di scelta, presenta una delle alternative come "migliore" o "più fondata" sulla base di tali regole; una giustificazione di secondo grado (esterna, secondaria) diretta a presentare come "giusta" o "fondata" l'assunzione delle regole impiegate per compiere tale scelta. Ogni giustificazione inerente ad un enunciato si configura dunque come un procedimento discorsivo articolato, nel quale l'enunciato appare come l'alternativa più opportuna secondo determinati criteri di giudizio, e nel quale inoltre si avanzano ragioni sufficienti perché questi ultimi siano considerati un adeguato fondamento dell'enunciato in questione".

[2611] TARUFFO, Michele. La giustificazione delle decisioni fondate su standards, *op. cit.*, p. 159-167.

[2612] WRÓBLEWSKI, Jerzy, *op. cit.*, p. 119-120: "La justification interne vise seulement la validité des inférences entre les prémisses et la conclusion. Pour les décisions c'est le rapport entre les prémisses de la décision/propositions, normes, estimations/et la décision finale selon le règles d'inférence acceptées par le sujet. La justication externe vise la justification des assomptions, la justification des règles du raisonnement admises aussi bien que la validité des raisonnements. Ici les critères de la qualification d'une décision comme juste sont indépendents du sujet qui prend la décison. Ce sont les informations que possède l'observateur, ses estimations et les règles d'inférence qu'il accepte qui déterminent la justification".

abrangência da justificação interna (ordenação lógica entre as premissas fático-jurídicas, com a subsunção do fato à norma para a extração da conclusão final), como também da justificação externa (a justificação dos critérios de escolha ou de valoração das premissas das quais deriva a conclusão final). Sem razões justificativas não se afigura possível controlar racionalmente a validade e a correção do decisório.[2613]

Na esfera do raciocínio judicial a atividade de interpretação válida de textos normativos ambíguos, vagos, obscuros, dos quais se devam extrair consequências jurídicas aceitáveis, reclama abundante formulação de juízos de valor. Tais, embora vinculados a parâmetros racionais dialéticos, distantes da arbitrariedade, não podem, contudo, ser justificados exclusivamente sob a regência do método lógico-dedutivo.[2614]

A estrutura conteudística da motivação, como ferramenta do controle de validade da decisão, deve primar pela racionalidade (que não flerta com os rigores da lógica formal absoluta),[2615] plenitude justificativa e controlabilidade, que pressupõe um discurso judicial público, acessível e compreensível. Tais marcas se mostram de invulgar importância quando se conexiona a justificação externa com a função extraprocessual da motivação.

Com efeito, a motivação, em sua perspectiva extraprocessual, tem por finalidade estabelecer um corredor de diálogo e comunicação com a sociedade em geral, por meio da linguagem comum e das experiências cognitivas realizadas pelo juiz no curso do procedimento. Em sede extraprocessual, no plano político-garantístico, ao juiz cumpre, por meio de razões idôneas, racionalmente válidas, fornecer uma justificação jurídica às escolhas feitas, bem como prestar contas (*reddere rationem*) ao povo soberano, em cujo nome a decisão jurisdicional vem pronunciada. Desse modo, a motivação consente, ao ângulo de mirada sociológico-político, a possibilidade de controle externo, democrático e difuso sobre a concreta administração da justiça, seja pela opinião pública pensada em seu complexo, seja como opinião de *quisquis de populo*.[2616]

[2613] WRÓBLEWSKI, Jerzy, *op. cit.*, p. 134: "Pour contrôler la rationalité de la decisión judiciaire on doit la justifier. La présentation de la motivation légale concrète sert à contrôler cette rationalité dans les situations où, selon la loi, on doit justifier cette décision".

[2614] FARALLI, Carla. *A filosofia contemporânea do direito*: temas e desafios. (Justiça e direito). São Paulo: WMF Martins Fontes, 2006, p. 53-54: "Wróblewski formula, além disso, a distinção entre justificação *interna* e *externa* das decisões judiciais. Tal distinção assume uma importância particular em relação ao uso do modelo silogístico e, mais genericamente, da lógica em contextos jurídicos. Em termos esquemáticos, pode-se dizer que, enquanto a justificação interna exige coerência entre as premissas da decisão e a própria decisão, a justificação externa diz respeito à racionalidade da determinação das premissas. Na primeira, um modelo de tipo lógico-formal pode desempenhar um papel fundamental e tem valor de justificação, enquanto na segunda o critério de racionalidade da decisão dificilmente pode ser reduzido a uma simples operação lógica". (Grifos no original).

[2615] TARUFFO, Michele. Il significato costituzionale dell'obbligo di motivazione. *In*: GRINOVER, Ada Pellegrini; DINAMARCO, Cândido Rangel; WATANABE, Kazuo (Org.). *Participação e processo*. 1. ed. São Paulo: Revista dos Tribunais, 1988, p. 37-49, esp. p. 47: "La razionalità è necessaria in quanto la motivazione è un discorso giustificativo che mira a mostrare che la decisione è giuridicamente valida ed è fondata sulla verità dei fatti. Essa è indispensabile perchè la garanzia della motivazione è essenzialmente garanzia contro l'arbitrio del giudice, e questa garanzia è data dalla giustificazione della decisione secondo canoni razionali comunemente riconosciuti e accettati nella cultura del luogo e del momento storico in cui il giudice opera. Sotto questo profilo, è chiaro che razionalità non coincide con la logicità assoluta della dimostrazione matematica o scientifica: altro è infatti il dimostrare tipico delle scienze esatte, e altro è l'argomentare giustificativo tipico dell'etica, del diritto e delle scienze sociali. Non è quindi necessario, e non è neppure possibile, che la motivazione risponda ai canoni della logica formale; è invece sufficiente, ed è comunque necessario, che essa risponda alle regole di validità che derivano dalle analisi del ragionamento giuridico (v. ad es. gli studi di Wroblewski, Aarnio, Alexy e Peczenik), e ai principi di razionalità della conoscenza empirica".

[2616] TARUFFO, Michele. *La motivazione della sentenza civile*, *op. cit.*, p. 406-407. Assim, também, PERELMAN, Chaïm. *Tratado da argumentação*: a nova retórica. (Justiça e direito). 2. ed. São Paulo: Martins Fontes, 2005, p. 222-223.

Agora bem, a pedra de toque da legitimação do exercício da jurisdição[2617] é a função extraprocessual da motivação[2618] (político-garantística), por consentir controlabilidade sobre os critérios de escolha ou de valoração agregados pelo juiz na decisão.[2619] Descortina-se, nesse panorama, a possibilidade, em base ideológica de jaez democrático, para que a sociedade possa aferir o *quomodo* da concreta administração da justiça.

Para rematar este tópico, uma última observação ainda é pertinente e diz respeito ao fato de que a gênese ilógica da sentença civil e sua posterior racionalização pela motivação-justificação, tal como defendido no presente trabalho, não interferem seja na natureza jurídica da sentença que em suas funções.

É inegável que na elaboração final da sentença, em sede de justificação, o juiz desenvolve uma atividade lógica, presidida pela racionalidade argumentativa, donde segmento da doutrina lhe atribuir a natureza de simples ato de inteligência. Nessa ótica, a sentença equivaleria a nada mais que um singelo parecer fornecido pelo Estado-juiz.[2620]

A doutrina dominante, embora sem negar que a sentença consubstancie um ato lógico, de inteligência, nela reconhece, também (e sobretudo), um ato de vontade.[2621] Na clássica concepção chiovendiana, a sentença condenatória não é verdadeiramente, em relação à parte sucumbente, um ato autônomo de vontade do juiz, não é um comando do juiz, senão que a formulação de um comando contido na lei: é a afirmação da vontade concreta da lei.[2622] Contudo, na visão carneluttiana, ao aplicar a lei à espécie – para além

---

[2617] TARUFFO, Michele. *Il significato costituzionale dell'obbligo di motivazione*, *op. cit.*, p. 42: "Tutto ciò porta ad individuare la fondazione essenziale dell'obbligo di motivazione come garanzia costituzionale da essere sintetizzata in due elementi. Da un lato, si può dire che vi è valido esercizio della giurisdizione soltanto dove vi è motivazione, ossia che l'amministrazione della giustizia si legittima attraverso la giustificazione e la controllabilità dei provvedimenti giurisdizionali. Dall'altro la possibilità del controllo esterno e diffuso sull'esercizio del potere giurisdizionale si configura come una manifestazione essenziale del principio di partecipazione popolare all'amministrazione della giustizia. Si tratta evidentemente della partecipazione in forma di controllo sull'esercizio del potere delegato al giudice, ma si intuisce facilmente che si tratta di uno strumento importantissimo. Attraverso il controllo, ed anzi per effetto della sua stessa possibilità, il popolo si riappropria della sovranità e la esercita direttamente, evitando che il meccanismo della delega del potere si trasformi in una espropriazione definitiva della sovranità da parte degli organi che tale potere esercitano in nome del popolo".

[2618] FERRAJOLI, Luigi. *Derecho y razón*: teoría del garantismo penal. 10. ed. Madrid: Trotta, 2011, p. 623: "Al mismo tiempo, en cuanto asegura el control de la legalidad y del nexo entre convicción y pruebas, la motivación tiene tambien el valor "endo-procesal" de garantía de defensa y el valor "extra-procesal" de garantía de publicidad. Y puede ser considerada como el principio parámetro tanto de la legitimación interna o jurídica como de la externa o democrática de la función judicial".

[2619] CÂMARA, Alexandre Freitas. *Lições de Direito Processual Civil*. 19. ed. Rio de Janeiro: Lumen Juris, 2009, v. 1, p. 415: "Em segundo lugar, a motivação da sentença é garantia de controle externo da atividade do juiz, o qual é exercido pelo povo, em verdadeiro controle difuso da atividade judiciária, a fim de se permitir a verificação da exatidão e legalidade da decisão. Sob este aspecto, a motivação da decisão é uma exigência do Estado democrático. Esta exigência democrática de fundamentação decorre da necessidade de legitimação do exercício do poder".

[2620] SANTOS, Moacyr Amaral. *Primeiras linhas de direito processual civil*. 23. ed. rev. e atual. São Paulo: Saraiva, 2009, v. 3, p. 10-11.

[2621] ROCCO, Alfredo. *La sentencia civil*: la interpretración de las leyes procesales. Tribunal Superior de Justicia del Distrito Federal, 2002, p. 52-53: "Según la opinión más difundida, la sentencia contiene no sólo un juicio lógico, sino también un acto de voluntad del juez; así, pues, en la existencia de este acto de voluntad por parte de un órgano del Estado, que se concreta en una orden dirigida por el juez a los que están obligados a observar la norma en el caso concreto, es en lo que la sentencia del juez se diferencia del juicio de un simple particular". Vide, também, FUX, Luiz. *Curso de direito processual civil*: processo de conhecimento. 4. ed. Rio de Janeiro: Forense, 2008, v. 1, p. 637.

[2622] CHIOVENDA, Giuseppe. *Principii di diritto processuale civile*. Milano: Jovene, 1965, p. 157-158. Analogamente, MENESTRINA, Francesco. *La pregiudiziale nel processo civile*. Milano: Giuffrè, 1963, p. 27 ss.

de formular apenas um juízo e de concretizar uma *dictio*, isto é, um *dicere* (o juízo do juiz vem declarado) – o julgador emite um comando, que lhe confere a natureza de ato de vontade do juiz, enquanto órgão do Estado. Com efeito, a natureza da sentença é algo diverso de um simples parecer (apenas um juízo), revelando alguma coisa a mais. Pois bem, este *aliud* significa, sem embargo de certas dificuldades, que a sentença é também um comando: a eficácia vinculante da sentença tem como *prius* lógico a sua natureza de comando estatal.[2623]

Do mesmo modo, a tese ora sufragada não interfere, igualmente, nas funções atribuíveis à sentença, seja a declarar o direito aplicável à espécie (função declaratória), seja aquela controversamente criadora do direito (*v. g.*, interpretação da norma jurídica, em casos de lacunas ou obscuridade no texto legal, quando o juiz está autorizado a decidir por equidade).[2624]

9.3 A motivação jurídica da sentença como ferramenta de controle sobre a imparcialidade do juiz

Como restou assentado no tópico precedente, a motivação jurídica, estruturada no contexto de justificação, tem a virtude de "racionalizar", por exemplo, as intuições, assunções de hipóteses de trabalho, escolhas valorativas imediatas, os fatores inconscientes, os elementos irracionais (ou de uma racionalidade distinta) que, no contexto de descoberta, influenciam o juiz na formulação da solução para o conflito intersubjetivo. De modo que, é útil antecipar, o dever de imparcialidade e a garantia de independência funcional não reduzem as oportunidades de os juízes acolherem, por exemplo, suas intuições preambulares a propósito do caso particular.

No quadro do Estado Constitucional e Democrático de Direito, institucionalmente, os Poderes são independentes e harmônicos entre si (Constituição Federal brasileira, art. 2º). A independência da magistratura de toda e qualquer intromissão ou influência externa erige-se, com afinada sinergia, em condição objetiva de imparcialidade do juiz. É de rigor, no entanto, controlar a imparcialidade do juiz, quando nada para se evitar que sua atuação se degenere em arbitrariedade, com o desequilíbrio da balança da Justiça em detrimento de uma das partes.

Moralidade e cultura dizem respeito ao modo de ser do juiz e de sua idoneidade nos julgamentos. O dever de imparcialidade do juiz implica sua conduta ética e deontológica no exercício de seus poderes e deveres no mais leal desenvolvimento do procedimento, denotando compromisso com o programa de decisão équa e justa e com a salvaguarda da exigência de efetividade da tutela jurisdicional.[2625]

Um juízo *a priori* imparcial, instalado sob o pálio da garantia do juiz natural, não é, só por isso, um juízo que, por exemplo, possibilitará efetivo contraditório a ambas as partes e formulará solução justa da lide no caso concreto. Quer-se soletrar que o exercício imparcial da função jurisdicional só pode ser eficazmente aferido caso a caso,

---

[2623] CARNELUTTI, Francesco. *Sistema del diritto processuale civile*: funzione e composizione del processo, v. 1. Padova: CEDAM, 1936, p. 270-275.

[2624] SANTOS, Moacyr Amaral. *Primeiras linhas de direito processual civil*, v. 3, *op. cit.*, p. 11-13.

[2625] COMOGLIO, Luigi Paolo. Il "giusto processo" civile in Italia e in Europa. *Revista de Processo*, São Paulo, n. 116, p. 97-158, jul./ago. 2004, esp. p. 143.

a posteriori, mediante o escrutínio do comportamento concretamente adotado pelo juiz ao longo de todo o procedimento.[2626]

Mesmo tendo uma gênese ilógica, irracional, no espaço de descoberta, a hipótese de decisão pode ser considerada imparcial? A pergunta encontra um esboço de resposta afirmativa. A bondade das escolhas imediatas e das valorações feitas pelo juiz, impulsionadas pelo trinômio intuição-sentimento-emoção, que se traduz em gradações imperceptíveis e condicionadoras de sua hipótese de trabalho ou projeto de decisão, há de ser confirmada, ou não, no contexto de justificação, na motivação jurídica do decisório, mediante a articulação de argumentos sólidos, coerentes, válidos, identificáveis e controláveis tendentes a convalidar, de forma racional, escolhas/apreçamentos intuitivamente adotados.[2627] O que importa, ao fim e ao cabo, é saber se a conclusão final (a parte dispositiva) e a motivação, como elementos essenciais da sentença, formam, ao ângulo jurídico, um bloco monolítico lógico e coerente.[2628]

No Estado Constitucional e Democrático de Direito, como requisito de paz social e de confiança dos litigantes, dos jurisdicionados e, mais amplamente, da sociedade no processo justo e em seu sistema de justiça, segundo determinada concepção que parece confundir o contexto de descoberta com aquele de justificação, o julgamento imparcial deveria estar calcado no direito objetivo, não em opinião livre e subjetiva.[2629] É dizer: nessa visão, a imparcialidade do juiz haveria de refletir, tanto quanto fosse praticamente possível, a exigência de objetividade na apreciação da causa,[2630] como também o uso de critérios objetivos de julgamento.[2631]

Há, porém, mais. Todos os discernimentos de escolha ou de valoração empregados pelo juiz hão de ser devidamente justificados por meio de razões jurídicas e metajurídicas racionalmente válidas. Ao juiz cumpre, inspirado em boas razões, articular argumentação justificativa que demonstre a adoção dos melhores critérios de julgamento objetivamente considerados, bem como a correção e a justeza de sua decisão. Daí descende que a motivação jurídica da decisão é o único meio para se avaliar, em cada caso particular, se o juiz se houve, ou não, ao longo de todo o procedimento, com imparcialidade.[2632]

Contudo, há vozes doutrinárias no sentido de que se e quando o juiz estiver, na interpretação das questões de direito ou na respectiva solução, sujeito ao passado

---

[2626] VIGORITI, Vincenzo. *Garanzie costituzionali del processo civile*: due process of law e art. 24 cost. Milano: Giuffrè Editore, 1970, p. 100, 103-104.

[2627] TARUFFO, Michele. *La motivazione della sentenza civile*. Padova: CEDAM, 1975, p. 119.

[2628] LIEBMAN, Enrico Tullio. Do arbítrio à razão: reflexões sobre a motivação da sentença. *Revista de Processo*, São Paulo, v. 29, p. 79-81, jan./mar. 1983, esp. p. 80.

[2629] STAMMLER, Rudolf. *Die Lehre von dem richtigen Rechte*. Berlin: J. Guttentag 1902, p. 162.

[2630] ÁVILA, Ana Paula Oliveira. O postulado da imparcialidade e a independência do magistrado no civil law. *Revista Eletrônica de Direito do Estado* (REDE), Salvador, n. 27, p. 1-24, jul./ago./set. 2011, esp. p. 3.

[2631] LARENZ, Karl. *Derecho justo*: fundamentos de etica jurídica. Madrid: Civitas, 2001, p. 184.

[2632] Assim, BARBOSA MOREIRA, José Carlos. A motivação das decisões judiciais como garantia inerente ao Estado de Direito. *Temas de direito processual*: segunda série. São Paulo: Saraiva, 1980, p. 87: "Nesse contexto, avulta a ideia de *garantia* como inspiração básica e fim precípuo da imposição do dever de enunciar, publicamente, as razões justificativas da decisão proferida. Várias são as manifestações dessa função de garantia que se atribui à obrigatoriedade (e à publicidade) da motivação. Ela começa por ministrar elementos de aferição, *in concreto*, da *imparcialidade do juiz*: só pelo exame dos motivos em que se apoia a conclusão poder-se-á verificar se o julgamento constitui ou não o produto da apreciação objetiva da causa, em clima de neutralidade diante das partes". (Reforços gráficos no original).

(ou melhor: aos precedentes judiciais) semelhante *aliud* teria o condão de robustecer a fundamentação, exclamada em nova perspectiva, como garantia de imparcialidade.[2633]

Agora bem, no que concerne à independência e à imparcialidade (tuteladas pelo juiz natural), só por meio da motivação obrigatória e pública das decisões judiciais, como discurso justificativo racional (que presta contas, que não apenas afirma, mas, sempre, fundamenta),[2634] é que se pode verificar se aquele juízo que, inicialmente, se pressupusera imparcial, realmente, no curso de todo o itinerário procedimental, assegurou, concretamente, equânime tratamento das partes no processo. Se houve concreta igualdade de armas (*Waffengleichheit*) e equalização de oportunidades (*Chancengleichheit*) para que pudessem fazer valer em juízo suas próprias razões de sucesso na causa.[2635] Para evitar-se a adulteração na concreta administração da justiça, a civilidade jurídica rechaça a possibilidade de criação *ex post facto* de juiz ou tribunal especial, de exceção ou *ad hoc*,[2636] constituído para contingências singulares.[2637]

Releva notar que a decisão não é imparcial em si mesma, mas apenas quando demonstre sê-lo;[2638] não basta que o decisório seja justo, senão que é necessário, também, que o pareça. Nesse quadrante, a garantia de motivação obrigatória e pública configura-se como o único meio para se aferir se o juiz atuou com imparcialidade, bem como se permaneceu dentro do espectro da juridicidade e do Direito.[2639] A motivação fornece informações para a constatação, *in concreto*, da imparcialidade do juiz, através da aferição, por exemplo, da correspondência entre as razões justificativas e os "motivos reais" que não figuram no documento da justificação. Além disso, na esfera das diferentes alternativas possíveis do juiz, a motivação permite escrutinizar seus critérios de escolha

---

[2633] MARINONI, Luiz Guilherme. *Precedentes obrigatórios*. 2. ed. rev. e atual. São Paulo: Revista dos Tribunais, 2011, p. 174-175.

[2634] FERRAZ JÚNIOR, Tercio Sampaio. *Direito, retórica e comunicação*: subsídios para uma pragmática do discurso jurídico. 2. ed. São Paulo: Saraiva, 1997, p. 33.

[2635] NERY JUNIOR, Nelson. *Princípios do processo civil na Constituição Federal*. (Coleção estudos de direito de processo Enrico Tullio Liebman; v. 21). 8. ed. rev. ampl. e atual. São Paulo: Revista dos Tribunais, 2004, p. 188.

[2636] Constituição Federal brasileira de 1988, art. 5º, XXXVII ("Não haverá juízo ou tribunal de exceção") e LIII ("Ninguém será processado nem sentenciado senão pela autoridade competente"). Vide, no ponto, MARQUES, José Frederico. *Instituições de direito processual civil*. 1. ed. Campinas: Millennium, 1999, v. 1, p. 176.

[2637] Constituição italiana de 1947, art. 102, §2º: "Non possono essere istituiti giudici straordinari o giudici speciali. Possono soltanto istituirsi presso gli organi giudiziari ordinari sezioni specializzate per determinate materie (...)". Assim, também, no tocante à proibição de tribunais extraordinários, a Lei Fundamental alemã (*Grundgesetz*), de 1949, art. 101 [*Verbot von Ausnahmegerichten*]: (1) *Ausnahmegerichte sind unzulässig. Niemand darf seinem gesetzlichen Richter entzogen werden*. (2)".

[2638] TARUFFO, Michele. *La motivazione della sentenza civile*. Padova: CEDAM, 1975, p. 399-400: "In sostanza, non solo il giudice deve essere imparziale, ma occorre che l'imparzialità possa essere verificata in ogni concreta decisione: la decisione non è imparziale in sé, ma in quanto dimostri di essere tale. Allora, il collegamento con l'obbligo di motivazione è intuitivo: se la decisione non motivata può indifferentemente essere parziale o imparziale, è soltanto attraverso la motivazione che può essere rilevata la parzialità, e quindi garantita l'imparzialità. Il principio dell'indipendenza istituzionale del giudice e il principio di obbligatorietà della motivazione sono dunque connessi, in quanto diretti entrambi, per vie diverse, a garantire il risultato dell'indipendenza del giudizio. L'indipendenza del giudice ne è una condizione necessaria (anche se non sufficiente), in quanto vale la presunzione che il giudice non indipendente non sia neppure imparziale; l'obbligo di motivazione è diretto a porre in essere una condizione necessaria per la verificabilità dell'indipendenza del giudice, in ordine alla singola controversia decisa".

[2639] TOMMASEO, Ferruccio. *Appunti di diritto processuale civile*: nozione introduttive. 4. ed. Torino: G. Giappichelli Editore, 2000, p. 135: "Infatti, la motivazione può essere considerata come uno strumento del controllo popolare sull'imparzialità del giudice, per verificare se la sua decisione è stata frutto di scelte arbitrarie e non invece della sua necessaria soggezione ai precetti normativi".

ou de valoração. A obscuridade ou contradição do juiz, presente na justificação de suas concretas opções valorativas, denuncia, não raro, eventual parcialidade.[2640]

O teor da motivação aponta, em regra, promessas, dissimulações e preferências pessoais do juiz contaminadas de suspeição e de arbitrariedade, sobre desnudar sua parcialidade. Não padece dúvida de que um juiz *a priori* imparcial, porque determinado em conformidade com a garantia do juiz natural, não é, só por isso, um juiz que, dispensado de se justificar (*v. g.*, em relação ao acertamento dos fatos), não se embarace pelos descaminhos da arbitrariedade e da parcialidade.[2641] Muito ao contrário, o aporte de razões justificativas revela os parâmetros exegéticos de que o juiz lançou mão para interpretar-aplicar determinada norma jurídica, bem como seus discernimentos valorativos usados no acertamento da verdade dos fatos relevantes, recolhendo todas as nuances, tons e detalhes para o julgamento da controvérsia.

Aleatoriamente, uma decisão imotivada tanto pode refletir parcialidade quanto imparcialidade. Entrementes, na conjuntura do processo justo, apenas através (i) da subordinação de toda atividade do juiz, em concreta atuação, ao filtro purificador do contraditório e (ii) das razões justificativas dos enunciados de fato e de direito, racionalmente expressas na motivação, pode-se abduzir a parcialidade[2642] e vitaminar as pautas da imparcialidade.[2643] A não ser assim, estar-se-ia diante de duas possibilidades calamitosas: de um lado, a arbitrariedade aniquiladora do valor igualdade e fomentadora de parcialidade; e, de outro, a institucionalização do método decisório do juiz Bridoye – idealizado, de modo escatológico, por François Rabelais –, o qual sentenciava nos processos pela sorte nos dados: *alea judiciorum...*[2644]

[2640] GOMES FILHO, Antonio Magalhães. *A motivação das decisões penais*. São Paulo: Revista dos Tribunais, 2001, p. 99-100.

[2641] COSTA, Alfredo de Araújo Lopes da. *Direito processual civil brasileiro*. 2. ed. Rio de Janeiro: Forense, 1959, v. 3, p. 297: "O preceito da motivação é de ordem pública. Ele é que põe a administração da justiça a coberto da suspeita dos dois piores dos vícios que possam manchá-la: o arbítrio e a parcialidade".

[2642] BARBOSA MOREIRA, José Carlos. O juiz e a prova. *Revista de Processo*, São Paulo, n. 35, p. 178-184, abr./jun. 1984, esp. p. 181.

[2643] GRINOVER, Ada Pellegrini. O controle do raciocínio judicial pelos tribunais superiores brasileiros. *Ajuris*, Porto Alegre, 17(50), p. 5-20, 1990, esp. p. 7-8.

[2644] RABELAIS, François. *O terceiro livro dos fatos e ditos heroicos do bom Pantagruel*. São Paulo: Ateliê, 2006, p. 232. Vide, também, CALAMANDREI, Piero. Giustizia e politica: sentenza e sentimento. *In:* CAPPELLETTI, Mauro (a cura di). *Opere giuridiche*. Napoli: Morano, 1965, v. 1, p. 637-650, esp. p. 639-640: "Ma se la imparzialità è un requisito inseparabile dall'idea stessa di giudice, non ugualmente è indispensabile, perchè si abbia un giudice, che esso sia chiamato a decidere secundum leges. Il giudizio secundum leges è uno dei modi, il più perfezionato e "razionalizzato", di far giustizia; ma nella storia degli istituti giudiziari, svariati secondo i tempi sono stati i criteri, o i congegni, di cui i giudici si sono serviti per essere, e soprattutto per apparire, imparziali. Nelle età primitive il giudice si confonde col sacerdote o coll'aruspice, che, chiede aiuto e ispirazione alla superstizione e alla magia: e lègge la motivazione della sua sentenza nel volo degli uccelli o nelle viscere palpitanti della vittima immolata. Il giudizio di Dio, la prova del fuoco, le ordalie: espedienti per introdurre nel giudizio, a garanzia di imparzialità, forze superiori ad ogni calcolo umano e ad ogni cura terrestre, come la indifferenza degli dei o la sorte cieca. Anche il metodo seguito dal famoso giudice Bridoye di Rabelais, che metteva sulla bilancia i fascicoli dei due litiganti e dava ragione a quello il cui fascicolo pesava di più, era un sistema per raggiungere la imparzialità; e così la giustizia dei cadì turchi, che decidevano, come diceva Francesco Guicciardini, "a occhi serrati"; e tuttavia, facendo la statistica delle loro decisioni, non c'è da credere che le probabilità di errare fossero per loro più grandi che per i nostri giudici: "se noi presuppognamo le sentenze de' turchi darsi al buio, ne sèguita che, ragguagliato, la metà ne sia giusta; senza che non forse minore parte ne sono ingiuste di quelle date tra noi, o per la ignoranza o per la malizia de' giudici". E lo stesso si potrebbe dire di quel procedimento sbrigativo che un viaggiatore etnologo riferisce di aver visto in uso presso una tribù selvaggia abitante sulle rive di un lago africano: quando nasceva una lite, i due litiganti venivano legati a due pali eretti in prossimità del lago, a uguale distanza dall'orlo dell'acqua; ed erano lasciati lì in attesa della sentenza. Di lì a poco si vedeva spuntare dalle onde il giudice, un vecchissimo caimano educato a questo ufficio, il quale, dopo aver considerato

9.4 A racionalidade argumentativa da motivação como inestimável fator de legitimação da função jurisdicional

O primeiro aspecto a ser enfatizado toca ao problema da representatividade política contrastado com o sistema de juiz profissional. Há ordenamentos jurídicos, como o norte-americano, em que, embasados na cultura e profundamente enraizados na ética social, segmentos de juízes são diretamente eleitos e, assim, podem ser selecionados pelo voto popular. O voto, nesse ambiente, adjudica aprioristicamente ao titular do cargo eletivo legitimidade, de plano e de pronto, para o exercício do respectivo mandato judicante.

Porém, tal não resulta, por exemplo, no sistema de justiça brasileiro, em que a função jurisdicional é exercida, em regra, por juízes profissionais, burocráticos, com investidura técnica, mediante concurso público de provas e de títulos.[2645] Daí a ausência de legitimação pelo viés do sufrágio popular, pois não são democraticamente escolhidos pelo povo, apesar de a porta do sistema de seleção estar aberta a todos: homens, mulheres, ricos, pobres.

Nessa moldura, sem a unção do voto popular, o juiz não ostenta, em linha de princípio, legitimidade política alguma. Contudo, o traço característico da legitimação do exercício da função jurisdicional está em que, ao contrário dos titulares de mandatos eletivos, somente pode ser aferida, posterior e condicionadamente, através da apreciação da atuação do juiz no dia a dia forense, em cada caso particular, e da motivação jurídica e racional de suas decisões. Emerge, assim, a legitimação *a posteriori*, de exercício[2646] e condicionada.[2647] O juiz carrega um déficit original de legitimidade, mas que, no desenvolvimento de sua concreta atuação, no leito de cada decisão, pela força motriz dos argumentos alojados no coração do reator da motivação jurídica de cada julgado, o Poder Judiciário pode preencher, gradualmente, no plano da legitimidade argumentativa.

Não à toa, a autoridade do juiz, no regime democrático, para fazer cumprir suas decisões, depende da confiança dos cidadãos no exercício da função jurisdicional: na imparcialidade, na reputação ilibada, na capacidade de discernimento, na sensibilidade, na capacidade técnica do juiz.[2648]

---

la situazione, si strascicava lentamente verso uno dei pali. Quel litigante a cui toccava d'esser divorato, aveva perduto da causa (colla condanna nelle spese)".

[2645] Constituição Federal brasileira de 1988, art. 93, inciso I.

[2646] TICONA POSTIGO, Víctor. La motivación como sustento de la sentencia objetiva y materialmente justa. *Cuadernos de Investigación y Jurisprudencia*, Lima, año 3, n. 9, p. 1-25, ago./oct. 2005, esp. p. 23.

[2647] CÂMARA, Alexandre Freitas. *Lições de Direito Processual Civil*. 19. ed. Rio de Janeiro: Editora Lumen Juris, 2009, v. 1, p. 55: "Ao contrário do administrador e do legislador, que recebem sua legitimação antes de exercerem suas atividades (já que tal legitimação provém do voto popular), o juiz não é previamente legítimo. A legitimação do juiz só pode ser verificada *a posteriori*, através da análise do correto exercício de suas funções. Assim, a fundamentação das decisões é essencial para que se possa realizar o controle difuso da legitimidade da atuação dos magistrados". Assim, também, ALMEIDA, Vítor Luís de. A fundamentação das decisões judiciais no sistema do livre convencimento motivado. *Revista do Instituto do Direito Brasileiro*, Lisboa, ano 1, n. 5, p. 2497-2536, 2012, esp. p. 2504: "Ao contrário dos representantes dos poderes Executivo e Legislativo que recebem sua legitimação antes de exercerem suas atividades através do voto popular, o magistrado, integrante do poder Judiciário, não é previamente legítimo eis que, apesar de inserido em um sistema democrático, não tem sua ascensão ao cargo através de uma eleição. Sua legitimação só pode, portanto, ser verificada *a posteriori*, através da análise do correto exercício de suas funções".

[2648] FERRAJOLI, Luigi. Las fuentes de legitimidad de la jurisdicción. *Reforma judicial*: Revista Mexicana de Justicia, México-DF, n. 15-16, p. 3-18, 2010, esp. p. 15.

Importa notar, na dimensão da legitimidade do poder no Estado, que a organização e a demarcação das funções dos órgãos jurisdicionais bem como a consagração das garantias da magistratura têm jaez constitucional, ou seja, estão disciplinadas na Constituição.

O problema da ausência de legitimidade política do juiz ganha colorido dramático, por exemplo, na chamada jurisdição constitucional, notadamente quanto ao controle de constitucionalidade de leis (*lato sensu*) votadas e aprovadas pelo parlamento, cujos membros, estes sim, têm, primordialmente, legitimidade política, advinda do voto popular em eleições periódicas. De todo modo, a ossatura da democracia é robustecida pela defesa dos direitos fundamentais implementada na seara da jurisdição constitucional, tendo como epicentro axiológico a dignidade da pessoa humana. Neste específico aspecto, democracia e jurisdição constitucional não se recusam, antes se conexionam intimamente.

De mais a mais, a estrutura basicamente política de escolha, aprovação e nomeação de todos os magistrados que integram o Supremo Tribunal Federal brasileiro, enquanto guardião da Constituição, consagra modelo que se reproduz alhures: a nomeação cabe ao Presidente da República, depois de aprovada a escolha pelo Senado Federal.[2649] Daí resulta necessariamente que, por vontade do legislador constituinte originário, os membros do Supremo Tribunal Federal brasileiro são eleitos, de forma democrática, indiretamente pelos cidadãos. Esse peculiar ângulo de mirada encoraja a pensar que, na raiz, à jurisdição constitucional brasileira não falece legitimação democrática.[2650]

O problema da ausência de legitimação política do juiz, em solo brasileiro, pode ser resolvido pela constatação de haver dois tipos distintos de legitimação: (i) a eletiva, peculiar do poder político; e (ii) a característica do poder jurisdicional, assente na sujeição do juiz à juridicidade. A legitimação dos juízes é uma legitimação democrática *sui generis*, que, em linha de princípio, não flerta com a democracia política, de cariz fundamentalmente representativo do povo.[2651] A legitimação do juiz advém, em larga medida, de sua função cardinal de garantia dos direitos fundamentais e dos princípios axiológicos preponderantes no seio de certa sociedade e quadra histórica.[2652]

Nesse diapasão, o poder jurisdicional é um "poder-saber", cujo coeficiente de legitimidade é diretamente proporcional ao 'saber'.[2653] Daí descende a categoria da representação argumentativa do juiz,[2654] como justificação racional e inteligibilidade do

---

[2649] Constituição Federal brasileira de 1988, arts. 52, III, 84, XIV, 101.

[2650] RODRÍGUEZ BOENTE, Sonia Esperanza. *La justificación de las decisiones judiciales*. El artículo 120.3 de la Constitución Española. Santiago de Compostela: Universidad de Santiago de Compostela, Servicio de Publicacións e Intercambio Científico, 2003, p. 564. Vide, também, NOGUEIRA, Gustavo Santana. *Stare decisis et non quieta movere*: a vinculação aos precedentes no direito comparado e brasileiro. Rio de Janeiro: Lumen Juris, 2011, p. 90 ss.

[2651] TROCKER, Nicolò. La responsabilità del giudice. *Rivista Trimestrale di Diritto e Procedura Civile*, Milano, 36(4), p. 1283-1322, 1982, esp. p. 1300: "La legittimazione democratica deriva piuttosto al giudice dal rispetto delle garanzie di 'giustizia naturale'. Il potere giudiziario trae la sua vera legittimazione, prima che dal modo in cui vengono reclutati i suoi componenti, dal modo con cui essi sono chiamati ad esercitare la propria funzione. Forza e ad un tempo limite della funzione giudiziaria sono il rispetto di precise garanzie sul piano procedurale e formale".

[2652] FERRAJOLI, Luigi. *Derechos y garantías*. La ley del más débil. 3. ed. Madrid: Trotta, 2002, p. 27.

[2653] FERRAJOLI, Luigi. *Derecho y razón*: Teoría del garantismo penal. 10. ed. Madrid: Trotta, 2011, p. 45-46.

[2654] ALEXY, Robert. Direitos fundamentais no Estado constitucional democrático. Para a relação entre direitos do homem, direitos fundamentais, democracia e jurisdição constitucional. Trad. Luís Afonso Heck. *Revista de Direito Administrativo*, Rio de Janeiro, n. 217, jul./set. 1999, p. 55-66, esp. p. 66: "A chave para a resolução é a

discurso judicial. A motivação, com sua carga argumentativa racional, não se constitui em simples elemento retórico da decisão, mas se reveste de fonte legitimadora da atuação de juízes e tribunais. O dever de justificação de cada decisão, na busca de adesão e de consensos sociais, impulsiona juízes e tribunais a argumentar (*v. g.*, discutir, criticar, aportar boas razões a favor e em contrário) com mais responsabilidade, solidez, coerência lógica e acuidade.

No quadro do Estado Constitucional e Democrático de Direito, a legitimação do exercício do poder jurisdicional, na hipótese de a jurisdição estatal ser exercida por juízes profissionais, burocráticos, com investidura técnica, emerge de fatores assim sintetizados: (i) no procedimento justo, colaboração, cooperação, participação das partes em contraditório e diálogo judicial contínuos, por meio de reais possibilidades para participar, por exemplo, no viés do direito de influir concreta e eficazmente na formação intelectual da convicção do juiz, especialmente sobre a relação fato-norma, e, por isso, no conteúdo da decisão judicial; (ii) observância das garantias constitucionais processuais (*v.g.*, imparcialidade do juiz, igualdade, contraditório, ampla defesa, publicidade, motivação das decisões); (iii) o poder jurisdicional é um poder-saber, cuja legitimação será tanto maior quanto for o "saber", exprimido no discurso justificativo com a adoção dos melhores argumentos racionais, intersubjetivamente válidos e controláveis provenientes da atividade dialética das partes e do corredor dialógico com a sociedade;[2655] tudo a favorecer grau mais elevado de legitimação;[2656] (iv) legitimidade material da decisão, condicionada pelos direitos fundamentais, não sendo admissível a concepção formal de sua absorção pela legitimação da jurisdição através do procedimento;[2657] (v) procedimento tecnicamente idôneo às necessidades de tutela dos direitos materiais; (vi) universalização do acesso à Justiça, inclusive dos hipossuficientes;[2658] (vii) canal de participação popular na vida da nação, a insinuar o escopo político do processo, além do jurídico-social.

A legitimidade da representação argumentativa reclama, no discurso justificativo judicial, a presença de argumentos sólidos, coerentes, válidos e controláveis. Acresce a indispensabilidade de pessoas racionais com capacidade e disposição orientadas à aceitabilidade de tais argumentos, que possam confirmar a correção dos critérios de escolha ou de valoração aportados na decisão.

---

distinção entre a representação política e a argumentativa do cidadão. O princípio fundamental: "Todo o poder estatal origina-se do povo" exige compreender não só o parlamento mas também o tribunal constitucional como representação do povo. A representação ocorre, decerto, de modo diferente. O parlamento representa o cidadão politicamente, o tribunal constitucional argumentativamente".

[2655] BÁES SILVA, Carlos, BÁEZ SILVA, Carlos. *Las decisiones judiciales: entre la motivación y la argumentación. In:* BÁEZ SILVA, Carlos; SALGADO, David Cienfuegos; OLVERA, Sergio Arturo Guerrero (Coords.) *Estudios sobre Interpretación y Argumentación Jurídicas.* 2. ed. México: Laguna, 2010, p. 11-33, esp. p. 28: "Al argumentar sus decisiones, los juzgadores cumplen con una necesidad política: justificar el ejercicio del poder político que se les ha conferido. De esta forma los juzgadores funcionan como legitimadores del poder político y sientan las bases para el mantenimiento de una relación de gobernabilidad entre sociedad y Estado. Pero no es ésta la única función que desempeñan los juzgadores al fundar y motivar sus decisiones jurisdiccionales. Al argumentar los juzgadores también recrean las bases o fuentes de la validez del orden jurídico".

[2656] TARUFFO, Michele. *Páginas sobre justicia civil*: leyendo a ferrajoli: consideraciones sobre la jurisdicción. Madrid: 2009, p. 28.

[2657] Consigne-se a opinião contrária de LUHMANN, Niklas. *Legitimação pelo procedimento.* Brasília: Editora Universidade de Brasília, 1980, p. 31-32. Assim, também, MARINONI, Luiz Guilherme. *Teoria geral do processo.* 2. ed. rev. e atual. São Paulo: Revista dos Tribunais, 2007, v. 1, p. 463.

[2658] TROCKER, Nicolò. *Processo civile e costituzione*: problemi di diritto tedesco e italiano. Milano: Giuffrè, 1974, p. 698-699.

O processo, em sua linha evolutiva, passa a representar o espaço de realização de valores fundamentais, além de ser brindado com uma nova base metodológica, através da exigência de motivação pública, enquanto marco teórico de *garantia do garantismo processual*,[2659] pois se constitui em condição de efetividade de todos os demais princípios e garantias fundamentais do processo équo e justo, no campo da concreta administração da justiça.[2660] A motivação jurídica das decisões judiciais desempenha, pois, o papel de dique de contenção do autoritarismo e da arbitrariedade judiciais.[2661]

Na esfera da definição do processo como instrumento ético-moral, democrático e técnico de resolução de conflitos intersubjetivos, a doutrina silogística da decisão judicial, ao menos em sua perspectiva de exclusividade, é superada pela teoria da argumentação jurídica, enquanto vela de ignição do discurso justificativo judicial. É bem de ver que a maior abertura das normas reclama, simetricamente, mais intenso esforço argumentativo do juiz, em motivação reforçada e atenta aos valores e princípios constitucionais que plasmam o sistema jurídico.

A motivação, em sua feição de justificação racional, reflete (ou deveria refletir) o saldo material da participação democrática das partes em contraditório.[2662] Associa-se a possibilidade de participação das partes no processo, mediante a energização do contraditório, com a racionalidade argumentativa e a congruidade da motivação da decisão judicial, cumprindo ao juiz demonstrar, expressamente, que estimou e levou em conta o material fático-jurídico oportunamente aportado pelos litigantes. Semelhante simbiose entre a participação em contraditório e a racionalidade argumentativa da motivação da decisão representa duplo fator de legitimação da concreta administração da justiça.[2663]

De mais a mais, a exigência de motivação representa limitação ao poder jurisdicional e restrição à independência do juiz, além de se erigir em instrumento de verificação da racionalidade e coerência[2664] dos argumentos justificativos da solução formulada para dirimir o conflito jurídico intersubjetivo.

O dever de motivar as decisões judiciais não se concretiza na descrição ou digitalização do *iter* psicológico e na explicação dos motivos que determinaram o juiz até sua conclusão final; antes, ao contrário, se densifica no fornecimento de razões válidas que justifiquem jurídica e racionalmente o julgado. O juiz, como bem se compreende, não precisa explicar suas decisões; o que se lhe impõe é justificá-las, sob a boa luz da racionalidade argumentativa. A racionalidade do discurso jurídico, veiculado na

---

[2659] CONTE, Francesco. *Sobre a motivação da sentença no processo civil*: estado constitucional democrático de direito, discurso justificativo e legitimação do exercício da jurisdição. 1. ed. Rio de Janeiro: Gramma, 2016, p. 29.

[2660] ANDOLINA, Italo; VIGNERA, Giuseppe. *Il modello costituzionale del processo civile italiano*: corso di lezioni. Torino: Giappichelli, 1990, p. 171.

[2661] MILIONE, Ciro. El derecho a la motivación de las resoluciones judiciales en la jurisprudencia del Tribunal Constitucional y el derecho a la claridad: reflexiones en torno a una deseada modernización del lenguaje jurídico. *XI Congreso de la Asociación de Constitucionalistas de España*: La tutela de los derechos fundamentales, Barcelona, 2013. Disponível em: http://www.acoes.es/congresoXI/pdf/M4Com-Ciro_Milione.pdf. Acesso em: 28 fev. 2018, p. 1-15, esp. p. 2-3.

[2662] CARNELUTTI, Francesco. Lineamenti della riforma del processo civile di cognizione. *Rivista di Diritto Processuale Civile*, Padova, v. 6, Parte 1, p. 3-81, 1929, esp. p. 21.

[2663] OLIVEIRA, Humberto Santarosa de. Jurisdição criativa e motivação das decisões judiciais como seu aspecto legitimador. *In*: FUX, Luiz (Coord.). *Processo constitucional*. 1. ed. Rio de Janeiro: Forense, 2013, p. 559-632, esp. p. 620.

[2664] SILANCE, Luc. La motivation des jugements et la coherence du droit. *In*: PERELMAN, Chaïm; FORIERS, Paul. *La motivation des décisions de justice*: études. Bruxelles: É. Bruylant, 1978, p. 219-231, esp. p. 228-230.

fundamentação da decisão, não prescinde de argumentação prática racional sobre as decisões das questões valorativas empreendidas pelo juiz, deixadas em aberto pelo conjunto normativo existente, a fim de que, sendo justificadas, se tornem, elas mesmas, passíveis de controle racional,[2665] endo e extraprocessual. O processo de argumentação no âmbito da abertura qualificada do sistema jurídico provocada pelos direitos fundamentais, voltado para o atingimento de resultados constitucionalmente escorreitos, para além da jurisdição constitucional em sentido estrito, deve permitir controlabilidade racional daquela argumentação.[2666]

No Estado Constitucional e Democrático de Direito, o princípio político da participação democrática lança um brilho no processo ao qual não se pode resistir. O modo de ser do procedimento deve abrir suas portas à oportunidade de participação das partes,[2667] retratada no binômio informação-reação. No modelo constitucional de processo, não há espaço para o juiz que faça votos de silêncio sepulcral, senão que se lhe impõe dialogar com as partes, inspirado no programa de humanização do procedimento.[2668]

No ambiente democrático e participativo do processo, o diálogo humano, útil e construtivo, entre partes e juiz e juiz e partes, espargir-se-á, argumentativamente, sobre a qualidade substancial da motivação, favorecendo julgamento intrinsecamente justo. O resultado prático, ao ângulo humano e técnico, será uma tutela jurisdicional adequada e efetiva, a saldo da legitimação ao concreto exercício da jurisdição.[2669]

Ainda sob a ótica qualitativa da prestação jurisdicional, a participação dialética das partes e do juiz no procedimento, atenta ao dever de consulta conectado ao princípio da colaboração, representa invulgar fator de aperfeiçoamento do decisório e uma das notas mais significativas do contraditório. A linha de argumentação articulada pelo juiz é condicionada pelo vigor dialético das partes, manifestado, por exemplo, na colheita do material probatório, em questões ou pontos de fato e de direito relevantes à demanda, dos quais o juiz pretenda valer-se como fundamento de sua decisão.[2670]

A atividade argumentativa racional do juiz nutre-se da ambiência de dialeticidade participativa, de colaboração e de cooperação bifronte: dever das partes de cooperar com o juízo[2671] e correspondente dever do juiz (cônscio) de consulta e de cooperação com as partes. Somem-se a eficácia concreta dos direitos fundamentais e o princípio político da participação democrática, pois que o contraditório assegura às partes, reafirme-se, o direito de influir (*Einwirkungsmöglichkeit*), concreta e eficazmente, na formação

---

[2665] ALEXY, Robert. *Teoria dos direitos fundamentais*. São Paulo: Malheiros, 2008, p. 548 ss.

[2666] ALEXY, Robert, *op. cit.*, p. 573.

[2667] CABRAL, Antonio do Passo. Il principio del contraddittorio come diritto d'influenza e dovere di dibattito. *Rivista di diritto processuale*, anno 60, n. 2, p. 449-464, apr./giu. 2005, esp. p. 457-458.

[2668] SENTIS MELENDO, Santiago. *Estudios de derecho procesal*. Buenos Aires: EJEA, 1967, p. 237.

[2669] ANDRÉS IBÁÑEZ, Perfecto. Justificación de las decisiones judiciales: una aproximación teórico-práctica. *In:* REDONDO, María Cristina (Org.). *Estado de Derecho y decisiones judiciales*. Madrid: Fundación Coloquío Jurídico Europeo, 2009, p. 101-129, esp. p. 102: "La legitimidad de la decisión judicial no se presume; no es meramente formal, o por razón de la investidura; tiene que acreditarse mediante la incorporación de una ratio decidendi de calidad; y, como no podría ser de otro modo, la carga de hacerlo pesa directamente sobre el juez".

[2670] MITIDIERO, Daniel. *Colaboração no processo civil*: pressupostos sociais, lógicos e éticos. São Paulo: Revista dos Tribunais, 2009, p. 150: "Na quadra teórica do formalismo-valorativo, pois, o direito ao contraditório leva à previsão de um dever de debate entre o juiz e as partes a respeito do material recolhido ao longo do processo".

[2671] Código de Processo Civil brasileiro, art. 5º: "Aquele que de qualquer forma participa do processo deve comportar-se de acordo com a boa-fé".

intelectual da convicção do juiz,[2672] mediante exercício das faculdades, dos direitos e dos poderes aninhados na relação jurídica processual,[2673] como peculiar expressão da democracia deliberativa no âmbito do processo.[2674]

A energização do contraditório fornece ao juiz um conjunto de razões fático-jurídicas valiosas para a configuração argumentativa da motivação, mas implica limitação aos seus poderes, pois que a oportunização do desenvolvimento das próprias razões de defesa pelas partes deve anteceder o exercício dos poderes do juiz. Não se trata de simples faculdade discricionária do juiz, senão de verdadeiro poder-dever sindicável, em caso de violação, como vício *in procedendo*, por ter deixado de proporcionar o prévio contraditório,[2675] mesmo em relação às questões de fato e/ou de direito cognoscíveis de ofício.[2676] Anaboliza-se, pois, diálogo cooperativo e humano, a fim de evitar-se a desventura de sentença "a surpresa", que empurra o Judiciário em direção ao abismo do descrédito.[2677]

O direito fundamental à tutela jurisdicional adequada, efetiva e justa reclama que a resposta do Estado-juiz, à luz das especificações de cada caso concreto, deva sobrelevar pela juridicidade e racionalidade argumentativa. Este aspecto é de superlativa importância: é de rigor que o Estado se relacione com seus cidadãos de forma racional, em reverência aos valores dignidade humana e igualdade efetiva, que, contemporaneamente, estão umbilicalmente atrelados ao princípio de justiça. A prestação de contas pelo juiz, consubstanciada em enunciados fático-jurídicos que evidenciem a racionalidade dos argumentos ministrados, implica legitimidade argumentativa da decisão judicial, de par a exprimir a justificação do exercício do poder no caso concreto.[2678] Na tarefa de justificação, de ideologia democrática, como fundamento publicamente controlável, o juiz busca ganhar argumentativamente autoridade perante as partes e a sociedade.[2679]

[2672] DIDIER JR., Fredie; BRAGA, Paula Sarno; OLIVEIRA, Rafael Alexandria de. *Curso de direito processual civil*: teoria da prova, direito probatório, ações probatórias, decisão, precedente, coisa julgada e antecipação de tutela. 8. ed. Salvador: Juspodivm, 2013, v. 2, p. 321.

[2673] DINAMARCO, Cândido Rangel. *A instrumentalidade do processo*. 13. ed. rev. e atual. São Paulo: Malheiros, 2008, p. 77.

[2674] CABRAL, Antonio do Passo, *op. cit.*, p. 456: "Tuttavia, non si può ignorare l'innegabile interesse pubblico alla motivazione delle decisioni. Quest'interesse si mostra nel controllo dell'attività giurisdizionale (ad opera delle istanze superiori nella revisione della materia decisa, ed anche da parte della società con la censura pubblica alla giurisprudenza) e nella garanzia della partecipazione politica attraverso il processo. In questo contesto, osserviamo che la comprensione del contraddittorio come diritto di influenza esprime la democrazia deliberativa nel processo: la società può influenzare gli atti decisori statali con la discussione argomentativa, ed il contraddittorio è il principio processuale che mette in pratica questo procedimento dialogico, aprendo il palco giurisdizionale al dibattito partecipativo e pluralista. Il giudice, all'interno delle sue prerogative funzionali, può considerare errati gli argomenti usati dalle parti, ma deve, per quanto riguarda il diritto di influenza, prenderli in considerazione, facendo menzione espressa delle tesi proposte dai soggetti processuali".

[2675] CIVININI, Maria Giuliana. Poteri del giudice e poteri delle parti nel processo ordinario di cognizione. Rilievo ufficioso delle questioni e contraddittorio. *Il Foro Italiano*, Roma, Parte Quinta (Monografie e varietà), anno 124, v. 122, p. 1-10, gen. 1999, esp. p. 3.

[2676] GRADI, Marco. Il principio del contraddittorio e la nullità della sentenza della "terza via". *Rivista di diritto processuale*, Padova, anno 65, n. 4, p. 826-848, lug./ago. 2010, esp. p. 826.

[2677] Assim, OLIVEIRA, Carlos Alberto Alvaro de. Poderes do Juiz e visão cooperativa do processo. *Revista da Faculdade de Direito da Universidade de Lisboa*, Lisboa, 44: 194, 2003.

[2678] TROIS NETO, Paulo Mário Canabarro. Motivação judicial sob a perspectiva ética. *In: Princípios de la ética judicial iberoamericana*: Motivación judicial. (Colección Comisión Iberoamericana de Ética Judicial, Série Monografías Premiadas, v. 4). México: Suprema Corte de la Justicia de la Nación; Cumbre Judicial Iberoamericana; Comisión Iberoamericana de Ética Judicial, 2012, p. 1-33, esp. p. 5.

[2679] ACCATINO SCAGLIOTTI, Daniela. La fundamentación de las sentencias: ¿un rasgo distintivo de la judicatura moderna? *Revista de Derecho*, Universidad Austral de Chile, Valdivia, v. 15, p. 9-35, dic. 2003.

A motivação argumentativa da decisão representa a derradeira manifestação do contraditório,[2680] na exata acepção de que as razões justificativas revelam, ao primeiro lance de vista, se o juiz o concretizou, levando em conta, *uma a uma*, todas as alegações fáticas e jurídicas oportunamente deduzidas pelas partes em prol de suas posições materiais e processuais. O controle da racionalidade da decisão, ao ângulo da completude da motivação, supõe que haja expresso pronunciamento judicial acerca dos argumentos fáticos e jurídicos postos, contrapostos e debatidos pelas partes em contraditório. A chave do diálogo judicial cooperativo encarna, no processo humanizado, o primado da dignidade humana.[2681]

A carga argumentativa – jurídica, metajurídica e racional –, contida nas razões justificativas do decisório, é diretamente proporcional ao grau de sua legitimidade[2682] e de legitimação democrática da jurisdição.[2683] Os argumentos articulados na motivação da decisão judicial são fator de legitimação da função jurisdicional.[2684] É dizer: a legitimação desvela um problema de justificação.[2685] É através da *ratio decidendi* que o Estado-juiz interage politicamente com a cidadania e estabelece um canal democrático de comunicação e de diálogo com a sociedade em geral e com a comunidade jurídica em especial.

Sob o ângulo de mirada sociológico irrompe o problema medular da aceitabilidade social da decisão judicial.[2686] Ora, na vida do Estado Constitucional e Democrático de Direito, mostra-se intensa a relação entre a motivação jurídica das decisões, inclusive no âmbito do devido processo legal,[2687] e a legitimação do poder do Estado, de sorte que o juiz busca, como efeito automático de sua decisão, o respectivo respaldo social aos seus argumentos e às suas conclusões. Parece bem que possa haver acoplamento entre a obtenção de adesão ao que os cidadãos estabelecem como consenso preponderante

---

[2680] GOMES FILHO, Antonio Magalhães. *A motivação das decisões penais*. São Paulo: Revista dos Tribunais, 2001, p. 100.

[2681] GRECO, Leonardo. O princípio do contraditório. *In*: BARRETTO, Vicente de Paulo (Coord.). *Dicionário de filosofia do direito*. Rio de Janeiro: Renovar. São Leopoldo: UNISINOS, 2009, p. 154-159, esp. p. 158.

[2682] WAMBIER, Teresa Arruda Alvim. *Omissão judicial e embargos de declaração*. São Paulo: Revista dos Tribunais, 2005, p. 335.

[2683] CÂMARA, Alexandre Freitas, *op. cit.*, p. 415: "Ocorre que, enquanto os demais agentes do estado (legisladores e administradores) são legitimados *a priori* para exercer suas funções, o que se dá pelo voto, o juiz é um legitimado *a posteriori*, eis que sua legitimidade para exercer o poder que lhe é conferido só pode ser verificada após o efetivo exercício. Assim é que a motivação da decisão é a resposta política que o juiz dá para explicitar sua legitimação".

[2684] SALAS, Minor E. ¿Qué significa fundamentar una sentencia? O del arte de redactar fallos judiciales sin engañarse a sí mismo y a la comunidad jurídica. *Cuadernos Electrónicos de Filosofía del Derecho*, Valencia, n. 13, 2006. Disponível em: http://www.uv.es/cefd/13/minor.pdf. Acesso em: 25 fev. 2018, p. 1-18, esp. p. 5. Assim, também, OLIVEIRA NETO, Olavo. Princípio da fundamentação das decisões judiciais. *In*: LOPES, Maria Elisabeth de Castro; OLIVEIRA NETO, Olavo de (Coord.). *Princípios processuais civis na Constituição*. Rio de Janeiro: Elsevier, 2008, p. 193-214, esp. p. 202-203.

[2685] PALOMBELLA, Gianluigi. *Filosofia do direito*. (Justiça e direito). São Paulo: Martins Fontes, 2005, p. 153.

[2686] MENDONÇA, Paulo Roberto Soares. *A argumentação nas decisões judiciais*. 3. ed. revista e atualizada de acordo com a EC nº 45/2004 ("Reforma do Judiciário"). Rio de Janeiro: Renovar, 2007, p. 146; PEREIRA, Hugo Filardi. *Motivação das decisões judiciais e o estado constitucional*. Rio de Janeiro: Lumen Juris, 2012, p. 70.

[2687] GONZALEZ ALEGRÍA, Marco Antonio Gabriel. La motivación como derecho fundamental. *Sufragio*, México, 3ª Época, v. 1, n. 1, año 2008, p. 45-49, esp. p. 49: "En este entendido, es que ya procedo a abordar la base valorativa de la función de administrar la justicia, que es precisamente, el debido proceso, pues es sólo mediante este concepto visto como un patrón o módulo de justicia, lo que sirve para determinar dentro del arbitrio y la libertad del individuo dentro de un proceso, pues sólo así se logrará el respecto a las garantías procesales tendientes a asegurar un resultado justo y equitativo dentro de un proceso".

no espaço público e a justiça substancial que a decisão judicial abriga, como expressão de valores constitucionalmente consagrados no seio da sociedade civil.

A nota essencial do Estado Constitucional e Democrático de Direito, reafirme-se, é ser o Estado que se justifica,[2688] observa a publicidade[2689] e a transparência/diafaneidade em suas atividades,[2690] por meio da exteriorização de enunciados argumentativamente corretos da atuação estatal, atenta a um modelo de legitimação racional e objetivamente aferível.

A linguagem, em sentido amplo, abrange não apenas o idioma de certo país, povo ou civilização, senão também variadas formas de comunicação (*v. g.*, por meio de palavras escritas ou faladas, sinais, gestuais, símbolos, números, fórmulas matemáticas, físicas, químicas, corporal, cultural, científica, comum). Em suma, a linguagem é um sistema de signos que se articulam entre si e consente intercâmbio de informações, pensamentos, sentimentos, seja nas relações intersubjetivas, seja na interface dos seres vivos com o mundo circundante.[2691]

No campo argumentativo, a linguagem comum e jurídica empregada pelo juiz favorece, sobremaneira, a anabolização da ideia de legitimação das decisões judiciais. De fato, ele deve evitar as chamadas "armadilhas na linguagem", algumas óbvias (*v. g.*, pensar com clareza, evitar sofismas) e outras mais sutis, pois que dominado ou fascinado pelas próprias emoções e sentimentos (*v. g.*, crença em objetos abstratos, confusão entre fato e valor, implicações ocultas, tautologia).[2692] Cada ciência exprime-se através de uma linguagem própria (*v. g.*, existe um vocabulário da Física). Na linguagem correspondente à Ciência do Direito se expressam os dados e valores comunicáveis. As palavras assumem significados técnicos diferentes daqueles assumidos na linguagem corrente, comum (*v. g.*, competência, juiz competente). Um correto argumento deve ser expresso em narrativa comprometida com concisão, coerência lógica (por exemplo: "*Nemo potest venire contra factum proprium*"), precisão, clareza e inteligibilidade. Se está proclamado,

---

[2688] WAMBIER, Teresa Arruda Alvim. *Nulidades do processo e da sentença*. 5. ed. rev. ampl. e atual. de acordo com as Leis 10.352/2001, 10.358/2001 e 10.444/2002. São Paulo: Revista dos Tribunais, 2004. (Coleção estudos de direito de processo Enrico Tullio Liebman; 16), p. 323.

[2689] ZIPPELIUS, Reinhold. *Teoria geral do estado*. 3. ed. Lisboa: Fundação Calouste Gulbenkian, 1997, p. 247-248: "A colectividade só pode cumprir, porém, de forma materialmente adequada, uma função de direção e controlo na medida em que dispuser dos devidos fundamentos de apreciação. (...) Só na medida em que se dêem a conhecer os motivos, fins e consequências presumíveis das actividades e dos planos políticos, pode, no fundo, verificar-se um controlo e uma participação democráticos. Se se pretende concretizar o máximo de democracia possível, então é necessário conferir aos acontecimentos políticos a maior transparência possível (...) A mera publicidade, o mero facto de uma acção ocorrer à luz da opinião pública, obriga já os representantes a actuar de modo como se todos os observassem. (...) A exposição ao público da acção estatal insere, portanto, pelo menos o convite a cada um de se certificar de que tudo ocorreu de forma justa e racional".

[2690] ZIPPELIUS, Reinhold, *op. cit.*, p. 390-391: "Estes deveres de fundamentação não só facilitam às instâncias de controlo fiscalizar uma decisão no sentido de saber se ela se fundamenta em considerações lógicas e inteligíveis, mas também obrigam logo as instâncias de decisão a um autocontrolo. Estas, ao decidirem e ao ponderarem conflitos de interesses e de opiniões segundo critérios racionais, retiram-lhe a carga emocional, incrementando a capacidade de consenso da decisão e facilitando assim também a sua aceitação pelas pessoas afectadas (cfr. Zippelius RPh, §21 I 2). Os deveres de fundamentação encontram-se, portanto, não só ao serviço do Estado de Direito mas também da legitimidade democrática, especialmente da aceitação e transparência das decisões do Estado (§23 II 6)".

[2691] VIANNA, Jose Ricardo Alvarez. Considerações iniciais sobre semiótica jurídica. *Revista CEJ*/Conselho da Justiça Federal, Brasília, n. 51, p. 115-124, out./dez. 2010, esp. p. 116.

[2692] WILSON, John. *Pensar com conceitos* (Ferramentas). Tradução Waldéa Barcellos. São Paulo: Martins Fontes, 2001, p. 38-40.

em vários ordenamentos jurídicos, que a sentença é pronunciada em nome do povo,[2693] nada mais sensato que o povo esteja em plenas condições de compreendê-la, seja para fins de cumprimento, seja para desígnios pedagógicos.

Cumpre notar-se a distinção entre legitimidade e legitimação. Em resumo, a legitimidade, enquanto problema basicamente ético, está ligada aos fundamentos de validade das categorias de domínio/obediência, como seja, à justificação normativa da grandeza jurídico-política. Os destinatários da autoridade dos titulares do poder político esculpem juízos valorativos, axiológicos, de aceitação[2694] ou de recusa, em relação à autoridade. Tais juízos são orientados por ideias e ideais predominantes do bom e do justo/equitativo em certa sociedade e determinada quadra histórica. Emerge o livre consenso[2695] sobre valores capitais, sobretudo morais, decorrentes da realidade sociocultural. Por outro lado, exibindo caráter instrumental, a legitimação significa os meios e os processos utilizados pelo poder constituído (ou que se visa constituir) com o escopo de fomentar a aceitação, o consenso e o reconhecimento em seu território. A aceitação se transforma em crença, correta ou não, de que o sistema vigente é o mais adequado.[2696]

De parte isto, tem o sabor do óbvio que a justiça material incrustada na sentença e sua legitimidade não podem ser encobertas pela legitimação do procedimento. A legitimação do procedimento é necessária, mas não é suficiente. De fato, a legitimação do procedimento – apesar de criar condições processuais favoráveis para, com maior probabilidade, produzir uma decisão substancialmente justa – não tem aptidão de absorver sua legitimidade. A ser diferente, estar-se-ia placitando uma teoria de "justiça despojada de justiça".[2697] Com efeito, a legitimidade engloba, também, elementos materiais, pois a justeza do conteúdo da decisão pressupõe, cumulativamente, (i) a correta escolha, interpretação-aplicação da regra jurídica e (ii) o aceitável acertamento da verdade dos fatos relevantes para o julgamento da causa. Em cada processo concreto, assume caráter

---

[2693] Constituição italiana de 1947, art. 101, §1º, da Constituição: "La giustizia è amministrata in nome del popolo"; ZPO alemã, §311: "Form der Urteilsverkündung (1) Das Urteil ergeht im Namen des Volkes".

[2694] MORAES, Alexandre. *Constituição do Brasil interpretada e legislação constitucional*. 7. ed. atualizada até a EC nº 55/07. São Paulo: Atlas, 2007, p. 1346: "a legitimidade democrática do Poder Judiciário baseia-se na aceitação e respeito de suas decisões pelos demais poderes por ele fiscalizados e, principalmente, pela opinião pública, motivo pelo qual todos os seus pronunciamentos devem ser fundamentados e públicos".

[2695] ZIPPELIUS, Reinhold. *Filosofia do direito*. (Série IDP – Linha direito comparado). São Paulo: Saraiva, 2012, p. 129-131, esp. p. 131: "Também a simples consulta à opinião da maioria não garante de imediato que todos decidam segundo a sua consciência. A consulta deixa a cada um a possibilidade de agir como simples interessado. Além disso, há o perigo de a opinião da maioria ser uma superficial "opinião simpatizante" que pode ser manipulada por interessados. Para corrigir estes defeitos das decisões superficiais da maioria, tem de ser "clarificada" a capacidade consensual. Para esse efeito, precisamos de regras do jogo e de instituições que nos permitam chegar a decisões cujo resultado se possa justificar face à consciência orientada pela razão do maior número possível de cidadãos – e especialmente face ao sentido de justiça nas questões de justiça. Esta clarificação de decisões susceptíveis de consenso é uma das funções essenciais do sistema representativo. Na democracia representativa, coincidem a legitimação por procedimentos e a legitimação pelo consenso: aqui está, declaradamente, uma combinação de actuação dos órgãos do Estado e de opinião pública, que globalmente visa produzir, em processos de ponderação racional e distanciada, normas vinculativas e decisões concretas sensatas e "aceitáveis" para a maioria do povo".

[2696] DINIZ, Antonio Carlos. Legitimidade. *In:* BARRETTO, Vicente de Paulo (Coord.). *Dicionário de filosofia do direito*. Rio de Janeiro: Renovar. São Leopoldo: UNISINOS, 2009, p. 515-516, esp. p. 517.

[2697] HÖFFE, Otfried. *Justiça política*: fundamentação de uma filosofia crítica do direito e do Estado. (Justiça e direito). 3. ed. São Paulo: Martins Fontes, 2005, p. 158.

determinante a dimensão argumentativa das normas jurídicas encarnadas nas razões justificativas dos julgados elaborados pelos juízes.[2698]

O dever de motivação jurídica do julgado, além de representar o traço característico da jurisdição de nossa contemporaneidade, reafirme-se, é um poderoso antídoto contra o autoritarismo e a arbitrariedade,[2699] além de consubstanciar concentração argumentativa racionalmente estruturada,[2700] da qual descende a legitimação do concreto exercício da função jurisdicional perante a sociedade civil pluralista.

No Estado Constitucional e Democrático de Direito, a obrigatoriedade de motivação pública das decisões judiciais exprime a maior conquista civilizatória do processo équo e justo.[2701]

[2698] GUSMAI, Antonio. Il giudice, il legislatore e l'opinione pubblica: appunti sulla razionalità sociale dell'ordinamento costituzionale. *Forum di Quaderni Costituzionali*, 2016, p. 1-25, esp. p. 6-7.

[2699] CAPPELLETTI, Mauro. *Juízes irresponsáveis?* Porto Alegre: Sergio Antonio Fabris Editor, 1989, p. 18.

[2700] AMARAL, Jasson Hibner. Considerações acerca do dever de fundamentação das decisões: legitimidade democrática argumentativa do Poder Judiciário no Estado Democrático de Direito brasileiro. *Revista da Procuradoria Geral do Estado do Espírito Santo*, Vitória, v. 10, n. 2, p. 317-338, 2010, esp. p. 324-325.

[2701] OLIVEIRA, Carlos Alberto Alvaro de. O formalismo-valorativo no confronto com o formalismo excessivo. *Revista de Processo*, São Paulo, ano 31, n. 137, p. 7-23, jul. 2006, esp. p. 18.

CONCLUSÃO

Cumpre, ao fim e ao cabo da exposição, destilar, em forma de enunciados objetivos, as conclusões revestidas de maior essencialidade:

1. No contexto de descoberta da decisão, permeável às infiltrações de fatores extrajurídicos, uma coisa é a atividade através da qual o juiz estabelece uma hipótese de trabalho: são os motivos psicológicos independentes, as causas, o meio socioeconômico e cultural, o ambiente educacional, a conjuntura cultural, as circunstâncias ideológicas, as crenças religiosas e filosóficas, o trinômio intuição-sentimento-emoção, a inventividade, as vivências, as visões de mundo, as forças que irrompem impetuosamente da mente inconsciente, o psiquismo, a personalidade, os elementos revestidos de irracionalidade etc. de uma decisão. É a explicação da decisão, identificando-se-lhe as causas. Contudo, outra coisa, estrutural e funcionalmente diversa, a representar dois momentos distintos, já no contexto de justificação, são as razões que a sustentam, é justificá-la, não denotando uma manifestação de sentimentos ou outros fatores psicológicos que determinaram o juiz a decidir de certo modo.

2. A decisão é um momento do pensamento puramente intuitivo e, portanto, irracional. Julgar não é ainda raciocinar; o juízo (julgamento) vem antes, o raciocínio vem depois. O juízo, dado seu caráter essencialmente inventivo, não pode ser reduzido a um glacial modelo lógico-axiomático. Realmente, no contexto de descoberta, o juiz decide por intuição e não por raciocínio discursivo, inferência lógica, dedutivismo ou silogismo.

3. O juízo pode até se findar com um silogismo jurídico, mas jamais poderá se iniciar com um esquema silogístico, pois, reafirme-se, o juízo tem caráter inventivo, ao passo que o silogismo tem natureza demonstrativa. Na realidade, no contexto de descoberta da decisão, escolhas valorativas imediatas, estimativas, fixação de hipótese de trabalho resultam, inevitavelmente, de intuições do juiz, e não de raciocínios discursivos. Aliás, em dicção carneluttiana, se o juiz fizesse apenas raciocinar, ele jamais chegaria a assentar sua hipótese de trabalho, que decorre naturalmente de seu inicial sentir intuitivo acerca do caso concreto.

4. Deveras, primeiro o juiz intui a decisão a tomar, formulando mentalmente sua hipótese de trabalho, para, só depois, no contexto de justificação, ministrar razões justificativas em relação à decisão antecipadamente desejada, mediante a articulação de argumentos sólidos, coerentes, côngruos com os dados objetivos contidos nos autos do processo, identificáveis, controláveis e intersubjetivamente válidos em determinado tempo e lugar, em incondicional reverência aos conceitos jurídicos, ao resultado das provas, ao direito vigente e aos precedentes judiciais obrigatórios, que possam racionalmente confirmar o julgado.

5. Quando o juiz não puder, no contexto de justificação, validar sua hipótese de julgamento antecipadamente intuída, sem a qual a decisão não seria possível, ele deverá dissolvê-la e, então, necessitará encontrar intuitivamente outra, e seu labor recomeça do início.

6. A sentença civil, em sua gênese, é ilógica, principalmente ante o inevitável exercício da intuição, enquanto função irracional, no ato de julgar. A motivação jurídica, como discurso justificativo seletivo *a posteriori*, tem o condão de operar a "racionalização" retrospectiva do julgado.

7. O conhecimento e o autoconhecimento, pelo juiz, dos fatores extrajurídicos e dos mecanismos, como a mente inconsciente, as intuições, o intenso fluxo de sentimentos/emoções, a criatividade, a argumentação jurídica e metajurídica, bem ainda a empatia com as partes e a proximidade com a sociedade em que opera tendem a favorecer, concretamente, as condições de melhor qualificação, adequação, efetividade e justeza da prestação jurisdicional.

8. É anacrônica a metodologia predominante nas Faculdades de Direito, as quais, com muita frequência, incentivam a memorização acrítica de textos doutrinários, legislativos (ainda identificados com o Direito) e jurisprudenciais. É de se preconizar a adoção de uma nova pedagogia, que possa superar a metodologia normativista e, portanto, anabolizar a formação humanística para todos os alunos. A suplantação do obsoleto paradigma racionalista implica reinserir o Direito no campo hermenêutico, pois não se pode coonestar o ideário racional que concebe a função jurisdicional prisioneira de abstrações e como decalque da norma, excogitando-a, por completo, da realidade social subjacente ao *thema decidendum*.

9. As Escolas de Magistratura desempenham papel fundamental no recrutamento e no desenvolvimento (funcional e pessoal) dos juízes. De fato, elas despontam como agentes poderosos de transformação do Judiciário e assumem especial relevo desde a formulação de novos modelos e critérios éticos e psicológicos de seleção do juiz e, em seguida, na sua formação funcional continuada e em seu incremento pessoal, apostados na fórmula da interdisciplinaridade e na preparação psicológica apropriada. Devem fornecer não apenas formação jurídica, senão também, e sobretudo, conhecimentos metajurídicos de cariz interdisciplinar com impulso à reflexão crítica acerca dos verdadeiros problemas concernentes à atividade judicante, os quais sobrepujam o singelo conhecimento de textos normativos. É um convite para analisar a (in)consciência sensível e humana do juiz na arte de julgar.

10. As provas e testes de seleção para ingresso nas Escolas de Magistratura devem detectar as verdadeiras vocações, atributos humanos e conduta ética, abandonando candidatos sem potencial humano e técnico, com personalidade e temperamento patológicos. No âmbito do mercado de trabalho, quem está apenas em busca de emprego ou colocação não pode se destinar à magistratura, pois, sendo desprovido de vocação (aptidão especial), com insensibilidade de consciência moral, sem estrutura emocional e tendo de lidar com penetrantes angústias e deformações do

drama processual, será infeliz na carreira. Tenderá à intemperança e à injustiça, propiciando futuras situações de desajustes e de conflitos internos e externos, com infaustos reflexos para partes, jurisdicionados e comunidade. Julgar necessita o homem digno de julgar. Impõe-se encontrá-lo e, encontrando-o, desenvolvê-lo, pois os assuntos humanos devem ser tratados humanamente.

REFERÊNCIAS

AARNIO, Aulis. *Lo racional como razonable*: un tratado sobre justificación jurídica. Madrid: Centro de Estudios Constitucionales, 1991. 313 p. ISBN: 84-259-0876-0.

AARNIO, Aulis. *On legal reasoning*. Turun Yliopisto, 1977. 355 p. ISBN 978-9516414624.

ABRAMS, Kathryn; KEREN, Hila. Who's afraid of law and the emotions? *Minnesota Law Rewiew*, 94, p. 1997-2074, 2010. ISSN 0026-5535.

ACCATINO SCAGLIOTTI, Daniela. La fundamentación de las sentencias: ¿un rasgo distintivo de la judicatura moderna? *Revista de Derecho*, Universidad Austral de Chile, Valdivia, v. 15, p. 9-35, dic. 2003. ISSN 0718-0950.

ACCATINO SCAGLIOTTI, Daniela. *La motivación de las sentencias*: genealogía y teoría. 2005. 316f. Tesis (doctorado en filosofía del derecho) – Facultad de Derecho, Universidad de Granada, Granada, 2005. ISBN 84-338-3738-9.

ACCATINO SCAGLIOTTI, Daniela. Notas sobre la aplicación de la distinción entre contextos de descubrimiento y de justificación al razonamiente judicial. *Revista de Derecho*, Universidad Austral de Chile, Valdivia, vol. XIII, p. 9-25, 2006. ISSN 0718-0950.

ACIERNO, Maria. La motivazione della sentenza tra esigenze di celerità e giusto processo. *Rivista Trimestrale di Diritto e Procedura Civile*, Milano, v. 66, n. 2, p. 437-473, 2012. ISSN 0391-1896.

ADEODATO, João Maurício. A retórica constitucional e os problemas dos limites interpretativos e éticos do ativismo jurisdicional no Brasil. *Revista da Faculdade Mineira de Direito*, v. 20, n. 40, p. 118-142, 2017. ISSN 2318-7999.

ADEODATO, João Maurício. *A retórica constitucional* (sobre a tolerância, direitos humanos e outros fundamentos éticos do direito positivo). São Paulo: Saraiva, 2009.

ADEODATO, João Maurício. *Ética e retórica*: para uma teoria da dogmática jurídica. 5. ed. São Paulo: Saraiva, 2012. 496 p. ISBN 978-85-02-15816-0.

ADEODATO, João Maurício. *Filosofia do direito*: uma crítica à verdade na ética e na ciência (em contraposição à ontologia de Nicolai Hartmann). 5. ed. rev. e ampl. São Paulo: Saraiva, 2013. 358 p. ISBN 978-85-02-19789-3.

AGARD, Olivier. La question de l'humanisme chez Max Scheler. *Revue Germanique Internationale*, v. 10, p. 163-186, nov. 2009. ISSN 1775-3988.

ACLAND, Andrew Floyer. *Como utilizar la mediación para resolver conflictos en las organizaciones*. Traductor: Beatriz Lopez. Barcelona: Paidós, 1997. 352 p. ISBN 978-8475098456.

ALBERTO CARDONA, Carlos. Carnap y la construcción lógica de emociones. *Filosofia Unisinos*, 15(2), p. 130-147, may./aug. 2014. ISSN 1984-8234.

ALEXY, Robert. Direitos fundamentais no Estado constitucional democrático. Para a relação entre direitos do homem, direitos fundamentais, democracia e jurisdição constitucional. Tradução de Luís Afonso Heck. *Revista de Direito Administrativo*, Rio de Janeiro, n. 217, p. 55-66, jul./set. 1999. ISSN 0034-8007.

ALEXY, Robert. *Teoria da argumentação jurídica*: a teoria do discurso racional como teoria da fundamentação jurídica. 3. ed. Rio de Janeiro: Forense, 2011. 350 p. ISBN 978-85-309-3242-8.

ALEXY, Robert. *Teoria dos direitos fundamentais*. São Paulo: Malheiros, 2008. 669 p. ISBN 978-85-7420-872-5.

ALIGHIERI, Dante. *A divina comédia*. São Paulo: Círculo do Livro, [S.d.]. 344 p.

ALISTE SANTOS, Tomás-Javier. *La motivación de las resoluciones judiciales*. Madrid: Marcial Pons, 2011. 478 p. ISBN 978-84-9768-864-2.

ALLEN, Myron S. *Idéias para vencer*: a criatividade aplicada ao êxito. Tradução de Aydano Arruda. 2. ed. São Paulo: IBRASA, 1976. 224 p.

ALMEIDA, Bruno Rotta; ALBRECHT, Diego Alan Schöfer; BAGATINI, Júlia. O juiz e as motivações no ato de julgar: para além das legais. *Revista Direito em Debate*, v. 20, n. 35-36, p. 75-99, 2011. ISSN 2176-6622.

ALMEIDA, Emanuel Dhayan Bezerra de. A influência do racionalismo no sistema jurídico. *Revista Direito e Liberdade* – ESMARN, v. 12, n. 2, p. 77-104, jul./dez. 2010. ISSN 1809-3280.

ALMEIDA, Flávio Renato Correia de. Da fundamentação das decisões judiciais. *Revista de Processo*, São Paulo, n. 67, p. 194-213, jul./set. 1992. ISSN 0100-1981.

ALMEIDA, Vítor Luís de. A fundamentação das decisões judiciais no sistema do livre convencimento motivado. *Revista do Instituto do Direito Brasileiro*, Lisboa, ano 1, n. 5, p. 2497-2536, 2012. ISSN 2182-7567.

ALQUIÉ, Ferdinand. *La conscience affective*. Paris: VRIN, 1979. 286 p. ISBN 978-2-7116-0009-0.

ALTAVILLA, Enrico. *Psicologia judiciária*: o processo psicológico e a verdade judicial. Tradução de Fernando de Miranda. São Paulo: Saraiva, 1946, v. 1. 324 p.

ALTHUSSER, Louis. *Aparelhos ideológicos de Estado*: nota sobre os aparelhos ideológicos de Estado (AIE). Tradução de Walter José Evangelista e Maria Laura Viveiros de Castro. 2. ed. Rio de Janeiro: Edições Graal, 1985. 128 p.

ALVIM, Arruda. *Código de processo civil comentado*. São Paulo: Revista dos Tribunais, 1979, v. 5. 353 p.

ALVIM, Arruda. *Manual de direito processual civil*: parte geral. 11. ed. rev., ampl. e atual. com a reforma processual de 2006/2007. São Paulo: Revista dos Tribunais, 2007, v. 1. 608 p. ISBN 978-85-203-3038-8.

ALVIM, Arruda. *Manual de direito processual civil*: processo de conhecimento. 11. ed. rev., ampl. e atual. São Paulo: Revista dos Tribunais, 2007, v. 2. 704 p. ISBN 978-85-203-3050-0.

AMARAL, Jasson Hibner. Considerações acerca do dever de fundamentação das decisões: legitimidade democrática argumentativa do Poder Judiciário no Estado Democrático de Direito brasileiro. *Revista da Procuradoria Geral do Estado do Espírito Santo*, Vitória, v. 10, n. 2, p. 317-338, 2010. ISSN 1808-897X.

AMARAL, Maria Nazaré de Camargo Pacheco. Dilthey: conceito de vivência e os limites da compreensão nas ciências do espírito. *Trans/Form/Ação*, São Paulo, 27 (2), p. 51-73, 2004. ISSN 0101-3173.

AMBRÓSIO, Graziella. Psicologia do juiz. *Revista de Direito Econ. Socioambiental*, Curitiba, v. 3, n. 2, p. 491-503, jul./dez. 2012. ISSN 2179-345X.

AMODIO, Ennio. Motivazione della sentenza penale. *In: Enciclopedia del diritto*. Milano: Giuffrè, 1977, v. 27. p. 181-257

AMMORI, Marvin. Public Opinion and Freedom of Speech. *The Information Society Project at Yale Law School*, p. 1-37, 2006.

AMORIM, Leticia Balsamão. Importância do positivismo em tempos pos-modernos: a racionalidade jurídica do positivismo ao pos-positivismo. *Revista de Dirito Constitucional e Internacional*, n. 65, v. 16, p. 143-157, 2008. ISSN 1518-272X.

ANDERSON, B. The problematic nature of discovery and justification. In *"Discovery" in legal decision-making*. Dordrecht: Kluwer, 1996. 171 p. ISBN 978-94-017-0554-7.

ANDERSON, B. The case for re-investigating the 'process of discovery'. *Ratio Juris*, 8, n. 3, p. 330-348, 1995. ISSN 0952-1917.

ANDERSON, Douglas R. The evolution of Peirce's concept of abduction. *Transactions of the Charles S. Peirce Society*, v. 22, n. 2, p. 145-164, 1986. ISSN 0009-1774.

ANDOLINA, Italo; VIGNERA, Giuseppe. *Il modello costituzionale del processo civile italiano*: corso di lezioni. Torino: Giappicchelli, 1990. 231 p. ISBN 88-348-0441-4.

ANDRADE, Fábio Martins de. *Mídia e Poder Judiciário*: a influência dos órgãos da mídia no processo penal brasileiro. Rio de Janeiro: Lumen Juris, 2007. 445 p. ISBN 9788537500958.

ANDRADE, Lédio Rosa de. *Direito ao direito*. Curitiba: JM, 2001. 138 p. ISBN 858626721X.

ANDRÉS IBÁÑEZ, Perfecto. Derecho y justicia en el siglo XXI: mas difícil todavía. *REJ* – Revista de Estudios de la Justicia, n. 5, Año 2004, p. 143-166. ISSN 0718-4735.

ANDRÉS IBÁÑEZ, Perfecto. Justificación de las decisiones judiciales: una aproximación teórico-práctica. *In*: REDONDO, María Cristina (Org.). *Estado de Derecho y decisiones judiciales*. Madrid: Fundación Coloquío Jurídico Europeo, 2009. p. 101-129. ISBN: 978-846-1368-92-1.

ANDRIOLI, Virgilio. *Commento al codice di procedura civile*: disposizioni generali. 3. edizione riveduta. Napoli: Jovene, 1957, v. 1. 425 p.

ANDRIOLI, Virgilio. *Commento al codice di procedura civile*: del processo di cognizione. Ristampa anastatica della terza edizione riveduta con appendice. Napoli: Jovene, 1960, v. 2. 752 p.

ANDRIOLI, Virgilio. *Lezioni di diritto processuale civile*. Napoli: Jovene, 1973, v. 1. 586 p.

ANDRIOLI, Virgilio. Motivazione di sentenze o opinione personale dei giudici?. *Rivista di Diritto Processuale*, Padova, volume 5 (1), p. 266-269, 1950.

ANGELIS, Luigi de. La motivazione della sentenza (di lavoro): una vita complicata. *Variazioni su temi di diritto del lavoro*, fascicolo 4, p. 195-204, 2016. ISSN 2499-4650.

AOMI, Junichi. The Regulative function of logic in legal decisions. *ARSP*: Archiv für Rechts- und Sozialphilosophie / Archives for Philosophy of Law and Social Philosophy, v. 59, n. 2, p. 193-196, 1973. ISSN 0001-2343.

ARCOLEO, Santo. Nel centenario della pubblicazione de L'evolution creatice di H. Bergson il colloquio al "Collège de France". *Salento University Publishing*, n. 69, p. 75-89, 2009. ISSN 1828-5368.

ARIAS, María Verónica. Alfred Julius Ayer y el análisis de los juicios morales. *Filosofia UIS*, v. 11, n. 1, p. 151-168, ene./jun. 2012. ISSN 2145-8529.

ARISTÓTELES. *A política*. Tradução de Nestor Silveira Chaves. São Paulo: Escola Educacional, 2006. (Série Filosofar). 260 p. ISBN: 978-85-7666-499-4.

ARISTÓTELES. *Da alma*. (De anima). Tradução, textos adicionais e notas Edson Bini. São Paulo: EDIPRO, 2011. (Coleção clássicos Edipro). 143 p. ISBN 978-85-7283-761-3.

ARISTÓTELES. *Ética a Nicômaco*. Tradução: Torrieri Guimarães. São Paulo: Editora Martin Claret, 2012. 230 p.

ARISTÓTELES. *Retórica*. São Paulo: Edipro, 2011. 272 p. ISBN 978-85-7283-746-0.

ARISTÓTELES. Segundos Analíticos 100 a.- *In*: CLEMENTE FERNÁNDEZ. *Los filósofos antiguos*. Madrid: Biblioteca de Autores Cristianos, 1974. 652 p. ISBN 978-8422007012.

ARONNE, Ricardo. *O princípio do livre convencimento do juiz*. Porto Alegre: Sergio Fabris Editor, 1996. 79 p. ISBN 9788588278847.

ASENSI, Felipe Dutra. *Curso prático de argumentação jurídica*. Rio de Janeiro: Elsevier, 2010. 132 p. ISBN 978-85-352-3736-8.

ASCARELLI, Tulio. Processo e democrazia. *Rivista Trimestrale di Diritto e Procedura Civile,* Milano, anno XII, p. 844-860, 1958. ISSN 0391-1896.

ASCOLI, Max. *L'interpretazione delle leggi.* Saggio di filosofia del diritto. Roma, 1928. 161 p.

ASIMOV, Isaac. *O cérebro humano:* suas capacidades e funções. Tradução de Virginia Lefreve. São Paulo: Ed. Boa Leitura, s/d. 335 p.

ASÍ ROIG, Rafael de. Imparcialidad, igualdad y obediencia en la actividad judicial. *DOXA,* Alicante, n. 15-16, p. 913-928, 1994. ISSN 0214-8676.

ASÍ ROIG, Rafael de. *Jueces y normas:* la decisión judicial desde el ordenamiento. Madrid: Marcial Pons, 1995. 306 p. ISBN 978-8472482456.

ASSIS, Marli Martins de. Psicologia judiciária: da prática forense à instituição acadêmica. *In:* BRITO, Leila Maria Torraca de (Org.). *Temas de psicologia jurídica.* 4. ed. Rio de Janeiro: Editora Relume Dumará, 2005. p. 73-85. ISBN 85-7316-179-5.

ATIENZA, Manuel. *Las razones del derecho:* teorías de la argumentación jurídica. México: Universidad Nacional Autónoma de México, 2005. 246 p. ISBN 970-32-0364-7.

ATIENZA, Manuel. *Tras la justicia:* una introducción al derecho y al razonamiento jurídico. Barcelona: Ariel, 2000. 267 p. ISBN 8434411105.

ATIENZA, Manuel; RUIZ MANERO, Juan. Dejemos atrás el positivismo jurídico. *Isonomía,* n. 27, p. 7-28, oct. 2007. ISSN 1405-0218.

ÁVILA, Ana Paula Oliveira. O postulado da imparcialidade e a independência do magistrado no civil law. *Revista Eletrônica de Direito do Estado* (REDE), Salvador, n. 27, p. 1-24, jul./ago./set. 2011. ISSN 1981-187X.

AVGOUSTINOS, Costa. The compassionate judge. *Public Space: The Journal of Law and Social Justice,* v. 1, p. 16, 2007. ISSN 1835-0550.

ÁVILA, Humberto. *Teoria dos princípios:* da definição à aplicação dos princípios jurídicos. 9. ed. São Paulo: Malheiros, 2009. 190 p. ISBN 978-85-7420-937-1.

AVILÉS MELLADO, Luis. Hechos y su fundamentación en la sentencia, una garantía constitucional. *Revista de Estudios de la Justicia,* Santiago, n. 4, p. 177-195, 2004. ISSN: 0718-4735.

AYDOS, Marco Aurélio Dutra. Juiz-cidadão. *In: Licões de Direito Alternativo 1.* São Paulo: Acadêmica, 1991.

AYER, A. J. (1910-1989). *Language, truth and logic.* Oxford: Hardcover and Paperback, 1936. 206 p. ISBN 0-14-013659-2.

BADIOLA, Susana. Rethinking Wittgenstein: an emotional engagement with the world. *Minerva,* 14, p. 1-11, 2010. ISSN 1393-614X.

BÁEZ SILVA, Carlos. Las decisiones judiciales: entre la motivación y la argumentación. *In:* BÁEZ SILVA, Carlos; SALGADO, David Cienfuegos; OLVERA, Sergio Arturo Guerrero (Coord.) *Estudios sobre Interpretación y Argumentación Jurídicas.* 2. ed. Mexico: Editora Laguna, 2010. p. 11-33. ISBN: 978-607-7679-10-3.

BALEEIRO, Aliomar. A função política do Judiciário: *Revista Forense,* Rio de Janeiro, n. 238, p. 5-14, 1972.

BANCAUD, Alain. *La haute magistrature judiciaire entre politique et sacerdoce:* ou lê culte des vertus moyennes, coll. "Droit et Societé". Paris: L.G.D.J., 1993. 301 p. ISBN 227500534X.

BANDEIRA DE MELLO, Celso Antônio. *O conteúdo jurídico do princípio da igualdade.* 3. ed. atual. 17. tiragem. São Paulo: Malheiros, 2010. 48 p. ISBN 85-7420-047-6.

BANDES, Susan A. (Ed.). *The passions of law.* New York: New York University Press, 2000. 368 p. ISBN 978-1849467872.

BANDES, Susan A., BLUMENTHAL, Jeremy A. Emotion and the law. *Annual Review of Law and Social Science, v. 8*, p. 161-181, 2012. ISSN 1550-3585.

BARBI, Celso Agrícola. *Comentários ao Código de Processo Civil*. 13. ed. Rio de Janeiro: Forense, 2008, v. 1. 484 p. ISBN 9788530926656

BARBOSA MOREIRA, José Carlos. A motivação das decisões judiciais como garantia inerente ao Estado de Direito. *Temas de direito processual*: segunda série. 1. ed. São Paulo: Saraiva, 1980. p. 83-95.

BARBOSA MOREIRA, José Carlos. La publicité des actes de procédure comme garantie constitutionnelle en droit brésilien. *Temas de direito processual*: oitava série. São Paulo: Saraiva, 2004. p. 69-76. ISBN 85-02-04527-X.

BARBOSA MOREIRA, José Carlos. Le raisonnement juridique dans les décisions de cours d'appel. *Temas de direito processual*: quinta série. São Paulo: Saraiva, 1994. p. 109-129. ISBN 85-02-01367-X.

BARBOSA MOREIRA, José Carlos. Notas sobre alguns fatores extrajurídicos no julgamento colegiado. *Temas de direito processual*: sexta série. São Paulo: Saraiva, 1997. p. 145-172. ISBN 9788502023826.

BARBOSA MOREIRA, José Carlos. O futuro da justiça: alguns mitos. *Revista de Processo*, São Paulo, v. 102, p. 228-237, abr./jun. 2001. ISSN 0100-1981.

BARBOSA MOREIRA, José Carlos. O juiz e a prova. *Revista de Processo*, São Paulo, n. 35, p. 178-184, abr./jun. 1984. ISSN 0100-1981.

BARBOSA MOREIRA, José Carlos. O que deve e o que não deve figurar na sentença. *Temas de direito processual*: oitava série. São Paulo: Saraiva, 2004. p. 117-124. ISBN 85-02-04527-X.

BARBOSA MOREIRA, José Carlos. Por um processo socialmente efetivo. *Temas de direito processual*: oitava série. São Paulo: Saraiva, 2004. p. 15-27. ISBN 85-02-04527-X.

BARBOSA MOREIRA, José Carlos. Reflexões sobre a imparcialidade do juiz. *Temas de direito processual*: sétima série. São Paulo: Saraiva, 2001. p. 19-30. ISBN 85-02-03197-X.

BARBOSA MOREIRA, José Carlos. Regras de experiência e conceitos juridicamente indeterminados. *Temas de direito processual*: segunda série. 1. ed. São Paulo: Saraiva, 1980. p. 61-72.

BARBOSA MOREIRA, José Carlos. Tendências contemporâneas do direito processual civil. *Temas de direito processual*, terceira série. São Paulo: Saraiva, 1984. p. 1-13.

BARBOSA MOREIRA, José Carlos. Tutela sancionatória e tutela preventiva. *Temas de direito processual*: segunda série. São Paulo: Saraiva, 1980. p. 21-29.

BARD, P. A diencephalic mechanism for the expression of rage with special reference to the central nervous system. *Am. J. Physiol*, 84, p. 490-513, 1928. ISSN 0002-9513.

BARD, P. & RIOCH, D. M. A study of four cats deprived of neocortex and additional portions of the forebrain. *John Hopkins Med. J.* 60, p. 73-153, 1937. ISSN 0021-7263.

BARON-COHEN, Simon. *The science of evil*: on empathy and the origins of cruelty, New York: Basic Book, 2011. p. 272. ISBN 978-0465031429.

BAR-ON, Reuvent. The Bar-On model of emotional intelligence: a valid, robust and applicable EI model. *Organizations & People*, n. 14, p. 27-34, 2007.

BARRAGÁN FIGUEROA, A. La respuesta correcta única y la justificación de la decisión jurídica. *DOXA*, n. 8, p. 63-74, 1990. ISSN 0214-8676.

BARRETTO, Vicente de Paulo. Multiculturalismo e direitos humanos: um conflito insolúvel? *In: O fetiche dos direitos humanos e outros temas*. Rio de Janeiro: Lumens Juris, 2010. 278 p. ISBN 978-8573488418.

BARRETTO, Vicente de Paulo; WASEM, Franciele. Entre duas escrituras: multiculturalismo e direitos humanos. *RIDB – Revista do Instituto do Direito Brasileiro*, ano 1, n. 12, p. 7181-7214, 2012. ISSN 2182-7567.

BARROSO, Luís Roberto. *Constituição, democracia e supremacia judicial*: direito e política no Brasil contemporâneo. 2010. Disponível em: http://www.lrbarroso.com.br/shared/download /artigo-constituicao-democracia-supremacia-judicial.pdf. Acesso em: 02 abr. 2018.

BARROSO, Luís Roberto. Fundamentos teóricos e filosóficos do novo direito constitucional brasileiro (pós-modernidade, teoria crítica e pós-positivismo). *Revista de Direito Administrativo*. Rio de Janeiro, v. 225, p. 5-37, jul./set. 2001. ISSN 1809-2829.

BARROSO, Luís Roberto. *Judicialização, ativismo judicial e legitimidade democrática*. Disponível em: http://www.ie.ufrj.br/intranet/ie/userintranet/hpp/arquivos/120320190516_BarrosoJudicializac807a771o.pdf. Acesso em: 30 mar. 2018.

BARROSO, Luís Roberto. Liberdade de expressão, censura e controle da programação de televisão na Constituição de 1988. *In: Temas de Direito Constitucional*. Rio de Janeiro: Renovar, 2001. ISBN 8571472432.

BARROSO, Luís Roberto. Neoconstitucionalismo e constitucionalização do direito: o triunfo tardio do direito constitucional no Brasil. *Revista de Direito Administrativo*, Rio de Janeiro, n. 240, p. 1-42, abr./jun. 2005. ISSN 1809-2829.

BARROSO, Marcelo Lopes. Contraditório e motivação das decisões judiciais. *Revista Acadêmica da Escola Superior do Ministério Público do Estado do Ceará*, Fortaleza, ano 2, n. 2, p. 1-15, ago./dez. 2010. ISSN: 2176-7939.

BARTHÉLEMY-MADAULE, Madeleine. *Bergson*. Paris: PUF, 1968. 122 p.

BAUMAN, Zygmunt. *Amor líquido*: sobre a fragilidade dos laços humanos. Tradução de Carlos Alberto Medeiros. Rio de Janeiro: Zahar, 2004. 191. p. ISBN 978-85-7110-795-3.

BAUMAN, Zygmunt. *Globalização*: as conseqüências humanas. Tradução de Marcus Penchel. Rio de Janeiro: Zahar, 1999. 145 p. ISBN 978-85-7110-495-2.

BAUMAN, Zygmunt. *Modernidade líquida*. Tradução de Plínio Dentzien. Rio de Janeiro: Zahar, 2001. 278 p. ISBN 978-85-7110-598-0.

BAZÁN L., José Luis e MADRID R., RAÚL. Racionalidad y razonabilidad en el derecho. *Revista Chilena de Derecho*, v. 18, n. 2, p. 179-188, 1991. ISSN 0718-3437.

BAZARIAN, Jacob. *A arte de aprender e passar nos exames*. São Paulo: Nobel, 1972. 261 p.

BAZARIAN, Jacob. *Intuição heurística*: uma análise científica da intuição criadora. 3. ed. São Paulo: Alfa-Omega, 1986. 118 p.

BAZARIAN, Jacob. *O problema da verdade*. São Paulo: Círculo do Livro, s/d. 251 p.

BEDAQUE, José Roberto dos Santos. *Efetividade do processo e técnica processual*. 2. ed. São Paulo: Malheiros, 2007. 605 p. ISBN 978-85-7420-828-2.

BEDAQUE, José Roberto dos Santos. *Poderes instrutórios do juiz*. 6. ed. rev. e ampl. São Paulo: Revista dos Tribunais, 2011. 190 p. ISBN: 978-85-203-4422-4.

BEDAQUE, José Roberto dos Santos. *Tutela cautelar e tutela antecipada*: tutelas sumárias e de urgência (tentativa de sistematização). 3. ed. São Paulo: Malheiros, 2003. p. 61-101. ISBN 978-85-742-0959-3.

BELDA, Jean-Benoist. La théorie réaliste de l'interprétation: réflexion sur la place du juge. *Master 2 Recherche Droit du marché* – Année universitaire 2010-2011. p. 1-36.

BELLUCCI, Francesco. Wittgenstein's grammar of emotions. *RIFL*, v. 7, n. 1, p. 3-17, 2013.

BENANTI, Emanuela. *La motivazione della sentenza civile*. 2012. 204f. Tesi di dottorato – Università Degli Studi di Palermo, Palermo, 2012.

BENDIX, Ludwig. *Die irrationalen Kräfte der zivilrichterlichen Urteilstätigkeit*, Breslau, Schletter'sche Buchhandlung (Franck & Weigert) A. Kurtze, 1927.

BENDIX, Ludwig. *Die irrationalen Kräfte der strafrichterlichen Ulteilstätigkeit*. Dargestellt aur Grund des 56. Bandes der Entscheidungen des Reichsgerichts in Strafsachen, Berlin, 1928.

BENDIX, Ludwig. *Die irrationalen Kräfte in der Arbeilsgerichtsbarkeit*. Berlin: Verl. "RUT" Recht und Tonkunst, 1929. 35 p.

BENETI, Sidnei Agostinho. A responsabilidade social do magistrado e a proteção da democracia. *Revista de Teorias da Justiça, da Decisão e da Argumentação Jurídica*, Curitiba, v. 2, n. 2, p. 117-132, jul./dez. 2016. ISSN 2525-9644.

BENETI, Sidnei Agostinho. *Da conduta do juiz*. 3. ed. rev. São Paulo: Saraiva, 2003. 268 p. ISBN 85-02-04418-4.

BENETI, Sidnei Agostinho. O juiz do interior: a função social da personalidade do juiz. *In*: ZIMERMAN, David. *Aspectos psicológicos na prática jurídica*. Campinas: Milennium, 2002, p. 171- 177. ISBN 85-86833-62-2.

BENNETT, C. A. Bergson's doctrine of intuition. *The Philosophical Review*, v. 25, n. 1, p. 45-58, 1916. ISSN 1558-1470.

BENNETT, Hayley; BROE, G. A. Judicial neurobiology, markarian synthesis and emotion: How can the human brain make sentencing decisions? *Criminal Law Journal*, 75, p. 75-90, 2007. ISSN 0314-1160.

BENSAFI, M.; ROUBY, C.; FARGET, V.; VIGOUROUX, M.; HOLLEY, A. Asymmetry of pleasant vs. unpleasant odour processing during affective judgment in humans. *Neuroscience Letters*, 328, p. 309-313, 2002. ISSN 0304-3940.

BENVENUTI, F. Caso e incertezza del diritto. *In: Scritti in onore di M. S. Giannini*. Milano: Giuffrè, 1988, v. 2. p. 29-46. ISBN 9788814014895.

BERGEL, Jean-Louis. *Teoria geral do direito*. 2. ed. São Paulo: Martins Fontes, 2006. (Justiça e direito). 464 p. ISBN 85-336-2176-0.

BERGSON, Henri. *Essai sur les données immédiates de la conscience*. Paris: Critique de F. Worms, PUF, 2007.

BERGSON, Henri. Introduction à la métaphysique. *In*: (1903), éd. F. Fruteau de Laclos, in *La Pensée et le mouvant* (1934). Paris: PUF, 2009. p. 177-227.

BERGSON, Henri. *La pensée et le mouvant*: Essais et conférences. Paris: PUF, 1950. 291 p.

BERGSON, Henri. *L'énergie spirituelle*: essais et conférences. Genève: Albert Skira, 1946. 198 p.

BERGSON, Henri. *L'évolution créatrice*. 5. ed. Paris: PUF, 1991.

BERGSON, Henri. *Les deux sources de la morale et de la religion*. 5. ed. Paris: PUF, 1948.

BERGSON, Henri. *Matière et mémoire*. 4. édition. Paris: PUF, 1993. 280 p. ISBN 2-13-045661-8.

BERGSON, Henri. *Mélanges*. Paris: PUF, 1972.

BERGSON, Henri. *O cérebro e o pensamento*: uma ilusão filosófica. Cartas, conferências e outros escritos. Seleção de textos de Franklin Leopoldo e Silva. Traduções de Franklin Leopoldo e Silva, Nathanael Caxeiro. São Paulo: Abril Cultural, 1979. (Os pensadores). 238 p.

BERMUDES, Sergio. *Introdução ao processo civil*. 4. ed. Rio de Janeiro: Forense, 2006. 233 p.

BERNSTEIN, Neil N. Review of "legal conscience," by Felix S. Cohen. *Washington University Law Review*, Issue 3, p. 303-307, 1961. ISSN 1546-6981.

BERTELLI, Linda. Dall'intuizione alla figura. Il discorso sul metodo bergsoniano. *Quaderni della Ricerca*, ETS, Pisa, p. 199-216, 2012. ISBN 9788846733771.

BERTHOZ, S.; ARMONY, J. L.; BLAIR, R. J. R.; DOLAN, R. J. An fMRI study of intentional and unintentional (embarrassing) violations of social norms. *In: Brain: A Journal of Neurology*, v. 125, issue 8, p. 1696-1708, august 2002. ISSN 0006-8950.

BETTI, Emilio. *Diritto processuale civile italiano*. Seconda edizione, corredata della recente giurisprudenza. Roma: Società Editrice del "Foro Italiano", 1936. 752 p.

BETTI, Emilio. *Interpretazione della legge e degli atti giuridici*: teoria generale e dogmatica. Milano: Giuffrè, 1949. 367 p.

BETTI, Emilio. *Teoria generale della interpretazione*. Milano: Giuffrè, 1955. 982 p.

BIERLING, Ernst Rudolf. *Juristische Prinzipienlehre*, v. I, 1894; II, 1898; III, 1905; IV, 1911; V, 1917.

BILGRAMI, Akeel. *Self-Knowledge and resentment*. Cambridge: Harvard University Press, 2006. 416 p. ISBN 978-0674064522.

BINGHAM, Joseph W. What is the law? *Michigan Law Review*, v. 11, n. 1, p. 1-25, 1912. ISSN 0026-2234.

BINHGAM, Thomas Henry. *The business of judging*: Selected essays and speeches. Oxford: Oxford University Press, 2000. 434 p. ISBN 978-0198299127.

BITTAR, Eduardo Carlos Bianca. *Linguagem jurídica*. 4. ed. São Paulo: Saraiva, 2009. 408 p. ISBN 978-85-02-07323-4.

BLACKBURN, Simon. *Essays in quasi-realism*. London: Oxford University Press, 1993. 272 p. ISBN 978-01955080414.

BLACKWELL, R. J. Defense of the Context of Discovery. *Revue Internationale de Philosophie*, 34, p. 90-108, 1980. ISSN 0048-8143.

BLAIR, R. J. R. A cognitive developmental approach to morality: investigating the psychopath. *Cognition*, 57, p. 1-29, 1995. ISSN 0010-0277.

BLANC, Mafalda de Faria. *Introdução à ontologia*. 2. ed. Lisboa: Instituto Piaget, 2011. (Pensamento e Filosofia). 165 p. ISBN 978-989-659-082-6.

BOBBIO, Norberto. *Giusnaturalismo e positivismo giuridico*. 1. ed. Bari: Laterza, 2011. 241 p. ISBN 978-88-420-8668-0.

BOBBIO, Norberto. *O positivismo jurídico*: lições de filosofia do direito. São Paulo: Ícone, 1995. 239 p. ISBN 85-274-0328-5.

BOBBIO, Norberto. Quale giustizia o quale politica. *Il Ponte*, v. II, anno 27, 1971.

BOBBIO, Norberto. *Teoria da norma jurídica*. São Paulo: Edipro, 2001. 192 p. ISBN 978-8572833271.

BOCCACCINI, Federico. Les promesses de la perception. La synthèse passive chez Husserl à la lumière du projet de psychologie descriptive brentanienne. *Bulletin d'analyse phénoménologique*, VIII 1, p. 40-69, 2012 (Actes 5). ISSN 1782-2041.

BONICIO, Marcelo José Magalhães. *Proporcionalidade e processo*: a garantia constitucional da proporcionalidade, a legitimação do processo civil e o controle das decisões judiciais. São Paulo: Atlas, 2006. (Coleção Atlas de Processo Civil / coordenação Carlos Alberto Carmona). 228 p. ISBN 85-224-4497-8.

BONO, Edward de. *O pensamento criativo*: como adquiri-lo e desenvolvê-lo. Tradução de Eugênio Aurelino Borges. Rio de Janeiro: Ed. Vozes, 1970. 145 p.

BONOMI, Francesco. *Dizionario etimologico della lingua Italiana* Disponível em: http://www.etimo.it.

BORGES, Maria de Lourdes. Emoções e motivação moral: Prinz *versus* Kant. *Conjectura: Filos. Educ.*, Caxias do Sul, v. 22, n. especial, p. 59-67, 2017. ISSN 2178-4612.

BYINGTON, Carlos Amadeu Botelho. A moral, a lei, a ética e a religiosidade na filosofia, no direito e na psicologia. Um estudo da psicologia simbólica junguiana. *In:* NALINI, José Roberto; PIRES, Luis Manuel Fonseca; RODOVALHO, Maria Fernanda (Coord.). *Ética para o juiz*: um olhar externo. São Paulo: Quartier Latin, 2014. p. 11-25. ISBN 85-7674-734-0.

BRADLEY, M. M.; LANG, P. J. Motivation and emotion. *In:* CACIOPPO, J. T.; TASSINARY, L. G.; BERNTSON, G. (Ed.). *Handbook of Psychophysiology.* New York: Cambridge University Press, 2007. p. 581-607. ISBN 052162634X.

BRADLEY, M. M.; LANG, P. J. The International Affective Picture System (IAPS) in the study of emotion and attention. *In:* COAN, James A.; ALLEN, John J. B. (Ed.), *Handbook of Emotion Elicitation and Assessment.* Oxford University Press, 2007. p. 29-46. 504 p. ISBN 978-0195169157.

BRAGA, Julio Cezar de Oliveira. Do interesse da psicanálise para o direito na contemporaneidade. *ECOS,* v. 3, n. 1, p. 143-151, 2013. ISSN: 2237-941X.

BRAGAGNOLO, Felipe. Atitude natural e atitude fenomenológica: a relação existente entre as diferentes atitudes a partir do ato intuitivo. *Intuitio,* Porto Alegre, v. 7, n. 2, p. 73-88, 2014. ISSN 1983-4012.

BRENNAN JR, William J. Reason, passion, and the progress of the law. *Cardozo Law Review,* v. 10, p. 3-23, out./nov. 1988. ISSN 2169-4893.

BRENNER, Anastasios. Le positivisme logique: le cas du Cercle de Vienne. *Revue interdisciplinaire d'études juridiques,* v. 67, p. 119-133, 2011/2. ISSN 0770-2310.

BRINK, David O. *Moral realism and foundations of ethics.* New York: Cambridge University Press, 1989. 356 p. ISBN 978-0521359375.

BRITTO, Carlos Ayres de. *Juiz não pode se trancar numa torre de marfim.* Entrevista ao CONJUR. Disponível em: https://www.conjur.com.br/2013-jul-11/ayres-britto-defende-sensibilidade-criterio-avaliar-juizes. Acesso em: 22 agos. 2018.

BRUM, Nilo Bairros de. *Requisitos retóricos da sentença penal.* São Paulo: Revista dos Tribunais, 1980. 124 p.

BRUNA RAMÍREZ, Rosemary. *Metaética de la experiencia*: de la percepción empírica subjetiva a la construcción social pragmática de la moral. 2015. 122 f. Tesis para optar al grado de Magíster en Filosofía – Universidad de Chile, Facultad de Filosofía y Humanidades, Santiago de Chile, 2015.

BRÜTT, Lorenz. *Die Kunst der Rechtsanwendung.* Berlin: J. Guttentag Verlagsbuchhanlung, 1907. 214 p.

BRUTTOMESSO, Maria Chiara. The affective shape perception and the encounter of others. *In:* Max Scheler and the emotional turn. *Thaumàzein – Rivista di Filosofia,* v. 3, p. 383-396, 2015. ISSN 2284-2918.

BUENO, Cassio Scarpinella. *Curso sistematizado de direito processual civil*: teoria geral do direito processual civil. 3. ed. São Paulo: Saraiva, 2009, v. 1. 580 p. ISBN 978-85-02-07835-2.

BULYGIN, Eugenio. El concepto de vigencia en Alf Ross. *In:* ALCHOURRÓN, C.; BULYGIN, E. *Análisis lógico y derecho.* Madrid: Centro de Estudios Constitucionales, 1991.

BUONCRISTIANI, Dino. Il principio del contraddittorio nei rapporti tra parti e giudice. *Judicium.* Disponível em: http://www.judicium.it. Acesso em: 25 jan. 2019.

BURNS, C. Delisle. Bergson: a criticism of his philosophy. *The North American Review,* v. 197, n. 688, p. 364-370, 1913. Published by: University of Northern Iowa. ISSN 0029-2397.

CABRA APALATEGUI, J. M. *Argumentación jurídica y racionalidad en Aarnio.* Instituto de Derechos Humanos Bartolomé de las Casas, Universidad Carlos III de Madrid, Dykinson, Madrid, 2000.

CABRAL, Antonio do Passo. Il principio del contraddittorio come diritto d'influenza e dovere di dibattito. *Rivista di diritto processuale,* Milano, anno 60, n. 2, p. 449-463, 2005. ISSN 0035-6182.

CABRAL, Antonio do Passo. Imparcialidade e impartialidade: por uma teoria sobre repartição e incompatibilidade de funções no processo civil e penal. *Revista de Processo,* São Paulo, v. 149, p. 339-358, jul. 2007. ISSN 0100-1981.

CADENA, Nathalie Barbosa de la. Scheler, os valores, o sentimento e a simpatia. *Revista Ética e Filosofia Política – UFJF,* Juiz de Fora, n. XVI, v. II, p. 76-88, dez. 2013. ISSN 1414-3917.

CAHILL-O'CALLAGHAN, Rachel. *The influence of personal values on legal judgments.* 2015. 376f. PhD Thesis – Cardiff University, Cardiff, 2015. Disponível em: https://www.google.com.br/search?source=hp&ei=TCZ5X NTBBbKW0Ab-67eYAg&q=CAHILL-O%E2%80%99CALLAGHAN%2C+Rachel.+The+influence+of+person al+values+on+legal+judgments.&btnK=Pesquisa+Google&oq=CAHILL-O%E2%80%99CALLAGHAN%2C+ Rachel.+The+influence+of+personal+values+on+legal+judgments.&gs_l=psy-ab.3...2327.4042..4549...0.0..0.2 14.395.0j1j1......0....2j1..gws-wiz.....0.5P-_uVMABjU. Acesso em: 01 mar. 2019.

CAIANI, Luigi. *La filosofia dei giuristi italiani.* Padova: CEDAM, 1955. 210 p. ISBN 8813104715.

CHALLAYE, Félicien. *Bergson.* Paris: Mellottée, 1948. 280 p.

CALABRESI, Guido. *A common law for the age of statutes.* Cambridge: Harvard University Press, 1982. 319 p. ISBN 9781584770404.

CALAMANDREI, Piero. Anche i giudici sono uomini. *In:* CAPPELLETTI, Mauro (a cura di). *Opere giuridiche.* Napoli: Morano, 1965, v. 2. p. 478-481.

CALAMANDREI, Piero. *Elogio dei giudici scritto da un avvocato.* 4. ed. Firenze: Le Monnier, 1959. 406 p.

CALAMANDREI, Piero. Giustizia e politica: sentenza e sentimento. *In:* CAPPELLETTI, Mauro (a cura di). *Opere giuridiche.* Napoli: Morano, 1965, v. 1. p. 637-650.

CALAMANDREI, Piero. Il giudice e lo storico. *In:* CAPPELLETTI, Mauro (a cura di). *Opere giuridiche.* Napoli: Morano, 1965, v. 1. p. 393-414.

CALAMANDREI, Piero. Il significato costituzionale delle giurisdizioni di equità. *In:* CAPPELLETTI, Mauro (a cura di). *Opere giuridiche.* Napoli: Morano, 1965, v. 3. p. 3-51.

CALAMANDREI, Piero. Indipendenza e senso di responsabilità del giudice. *In:* CAPPELLETTI, Mauro (a cura di). *Opere giuridiche.* Napoli: Morano, 1965, v. 1. p. 650-663.

CALAMANDREI, Piero. La crisi della motivazione. *In:* CAPPELLETTI, Mauro (a cura di). *Opere giuridiche.* Napoli: Morano, 1965, v. 1. p. 664-677.

CALAMANDREI, Piero. La genesi logica della sentenza civile. *In:* CAPPELLETTI, Mauro (a cura di). *Opere giuridiche.* Napoli: Morano, 1965, v. 1. p. 11-54.

CALAMANDREI, Piero. *Processo e democrazia.* Conferenze tenute alla Facoltà di Diritto dell'Università Nazionale dell Messico. Padova: CEDAM, 1954. 172 p.

CALAMANDREI, Piero. Relazioni di buon vicinato tra giudice e difensori. *In:* CAPPELLETTI, Mauro (a cura di). *Opere giuridiche.* Napoli: Morano, 1965, v. 2. p. 403-411.

CALAPRICE, Alice. *The ultimate quatable Einstein.* Princeton University Press and Hebrew University of Jerusalem, 2011. 577 p. ISBN 978-0-691-13817-6.

CALASSO, Francesco. Equità: premessa storica, verbete in *Enciclopedia del diritto,* v. XV. Milano: Giuffrè, 1966. p. 65-69.

CALOGERO, Guido. *La logica del giudice e il suo controllo in Cassazione.* 2. ed. Padova: CEDAM, 1964. 298 p.

CALSAMIGLIA, Albert. Postpositivismo. *Doxa: Cuadernos de Filosofia del Derecho,* Alicante, n. 21, v. 1, p. 209-220, 1998. ISSN 0214-8876.

CALVIN, Bryan; COLLINS JR, Paul M., ESHBAUGH-SOHA, Matthew. On the relationship between public opinion and decision making in the U. S. courts of appeals. *Paper prepared for delivery at the 80th annual meeting of the Southern Political Science Associations,* New Orleans, Louisiana, 2009. p. 1-26.

CÂMARA, Alexandre Freitas. *Lições de Direito Processual Civil.* 19. ed. Rio de Janeiro: Lumen Juris, 2009, v. 1. 528 p. ISBN 978-85-375-1163-3.

CAMARGO, Margarida Maria Lacombe. *Hermenêutica e argumentação*: uma contribuição ao estudo do direito. 3. ed. Rio de Janeiro: Renovar, 2003. 294 p. ISBN 97885-7147-392-8.

CAMBI, Eduardo. *A prova civil*: admissibilidade e relevância. São Paulo: Revista dos Tribunais, 2006. 479 p. ISBN 85-203-2888-1.

CAMMARATA, Angelo Ermanno. Formalismo giuridico, verbete in *Enciclopedia del diritto*, v. XVII. Milano: Giuffrè, 1968. p. 1.012-1.024.

CAMMARATA, Angelo Ermanno. *Formalismo e sapere giuridico*: studi. Milano: Giuffrè, 1963. 456 p.

CAMPBELL, Joseph. *O herói de mil faces*. Tradução de Adail Ubirajara Sobral. São Paulo: Pensamento, 2007. 414 p. ISBN 978-85-315-0294-1.

CAMPOS ROLDÁN, Manuel. Un análisis fenomenológico de las emociones desde la perspectiva de los juegos de lenguaje. *Escritura y Pensamiento*, año XVII, n. 34, p. 231-249, 2014. ISSN 1609-9109.

CAMPOS ZAMORA, Francisco J. Nociones fundamentales del realismo jurídico. *Revista de Ciencias Jurídicas*, n. 122, p. 191-220, mayo/ago. 2010. ISSN 0034-7787.

CANNON, W. B. Against the James-Lange and the thalamic theories of emotions. *Psychol. Rev.*, 38, p. 281-295, 1931.

CANNON, W. B. The James-Lange theory of emotions: a critical examination and an alternative theory. *Am. J. Psychol.* 39, p. 106-124, 1927.

CANOTILHO, J. J. Gomes. *Direito constitucional e teoria da constituição*. 7. ed. 4. reimpressão. Coimbra: Almedina, 2003. 1522 p. ISBN 978-972-40-2106-5.

CAPOGRASSI, Giuseppe. Giudizio, processo, scienza, verità. *Rivista di Diritto Processuale*, Padova, 5(1):5, p. 1-22, 1950. ISSN 0035-6182.

CAPOGRASSI, Giuseppe. *Studi sull'esperienza giuridica*. Roma: P. Maglione editore succ. E. Loescher, 1932. 165 p.

CAPPELLETTI, Mauro; GARTH, Bryant. *Access to justice*: the newest wave in the worldwide movement to make rights effective. v. 27. Indiana University: Law Library, 1978. p. 181-292. ISSN 1080-0727.

CAPPELLETTI, Mauro. *Giustizia e società*. 2 edizione. Milano: Edizione di Comunità, 1977. 392 p. ISBN 978-8824501200.

CAPPELLETTI, Mauro. Ideologie nel diritto processuale. *Rivista Trimestrale di Diritto e Procedura Civile*. Milano, anno XVI, p. 193-219, 1962. ISSN 0391-1896.

CAPPELLETTI, Mauro. *Juízes irresponsáveis?*. Porto Alegre: Sergio Antonio Fabris Editor, 1989. 96 p. ISBN: 8588278278.

CAPPELLETTI, Mauro. *Juízes legisladores?*. Porto Alegre: Sergio Antonio Fabris Editor, 1999. 134 p. ISBN: 978-85-88278286.

CAPPELLETTI, Mauro. *La testemonianza della parte nel sistema dell'oralità*. Milano: Giuffrè, 1962, v. 1. 411 p.

CAPPELLETTI, Mauro. *Proceso, ideologias, sociedad*. Buenos Aires: Ediciones Jurídica Europa-America, 1974. 638 p.

CAPRA, Fritjof. *As conexões ocultas*: ciência para uma vida sustentável. Tradução de Marcelo Brandão Cipolla. São Paulo: Cultrix, 2002. 296 p. ISBN 85-31-60748-5.

CARDOZO, Benjamin N. *Selected writtings*. New York: Fallon Publications, 1947.

CARDOZO, Benjamin N. *The nature of the judicial process*. New York: Dover Publications, 2015.176 p. ISBN 978-0-486-44386-7.

CARDOZO, Benjamin N. CARDOZO, Benjamin N. CARDOZO, Benjamin N. *The paradoxes of legal science*. New York: Columbia University Press, 1928. 142 p.

CARDOZO, Ricardo Rodrigues. O magistrado hoje. *O Globo*, Rio de Janeiro, 22 jul. 2017. p. 17.

CARMO, Juliano do. Wittgenstein e Jesse Prinz: sobre emoções. *Revista Opinião Filosófica*, Porto Alegre, v. 4, n.1, p. 69-85, 2013. ISSN 2178-1176.

CARNAP, Rudolph. *Der logische Aufbau der Welt*. 1. ed. Hamburg: Felix Meiner Verlag, 1998. 290 p. ISBN 978-0-226-09347-5.

CARNAP, Rudolph. *Logical syntax of language*. London: K. Paul Trench, 1937. 180 p.

CARNAP, Rudolph. *Pseudoproblemas na filosofia*. Coletânea de textos. Tradução de Luiz João Baraúna, Pablo Rubén Mariconda. 3. ed. São Paulo: Nova Cultural, 1988. (Os pensadores). 25 CARDOZO, Benjamin N. CARDOZO, Benjamin N. CARDOZO, Benjamin N. 4 p. ISBN 85-351-1001-1.

CARNAP, Rudolph. The elimination of metaphysics through logical analysis of language. *In: Logical positivism*, p. 980-989, 1959.

CARNEIRO, Athos Gusmão. Sentença mal fundamentada e sentença não fundamentada. *Revista da AJURIS*, Porto Alegre, n. 65/5, p. 5-12, 1996. ISSN: 0100-1981.

CARNEIRO, Paulo Cezar Pinheiro. *Acesso à Justiça:* juizados especiais cíveis e ação civil pública: uma nova sistematização da teoria geral do processo. 2. ed. rev. e atual. Rio de Janeiro: Forense, 2003. 252 p. ISBN 85-309-1248-9.

CARNEIRO, Paulo Cezar Pinheiro. A ética e os personagens do processo. *Revista Forense*, Rio de Janeiro, v. 358, p. 347-353, nov./dez. 2001. ISSN 0102-8413.

CARNEIRO, Paulo Cezar Pinheiro. *In:* WAMBIER, Teresa Arruda Alvim *et al.* (Coord.). *Breves comentários ao Novo Código de processo civil*. São Paulo: Revista dos Tribunais, 2015. p. 57-97. ISBN 978-85-203-5941-9.

CARNELUTTI, Francesco. Appunti sulla motivazione. *Rivista di Diritto Processuale*, Padova, v. 6, parte 2, p. 88-90, 1951. ISSN 0035-6182.

CARNELUTTI, Francesco. *Arte del diritto*. Padova: CEDAM, 1949.

CARNELUTTI, Francesco. Bilancio del positivismo giuridico. *In: Discorsi intorno al diritto*, II. Padova: CEDAM, 1953, p. 255.

CARNELUTTI, Francesco. *Diritto e processo*. Napoli: Morano Editore, 1958. 440 p.

CARNELUTTI, Francesco. *Istituzioni del processo civile italiano*. Quinta edizione emendata e ampliata. Roma: Soc. Ed. del "Foro Italiano", 1956, v. 1. 557 p.

CARNELUTTI, Francesco. Lineamenti della riforma del processo civile di cognizione. *Rivista di Diritto Processuale civile*, Padova, v. 4, parte 1, p. 335-429, 1939.

CARNELUTTI, Francesco. Nuove riflessioni sul giudizio giuridico. *Rivista di Diritto Processuale*, Padova, v. XI, parte 1, p. 81-106, 1956. ISSN 0035-6182.

CARNELUTTI, Francesco. Progetto del Codice di Procedura Civile: Parte Prima: del processo di cognizione. Padova: CEDAM, 1926. 132 p. (In cop: *Supplemento alla Rivista di diritto processuale civile*. A. 3., n. 1).

CARNELUTTI, Francesco. *Sistema del diritto processuale civile*: funzione e composizione del processo. Padova: CEDAM, 1936, v. 1. 984 p.

CARNELUTTI, Francesco. *Teoria generale del diritto*. Terza edizione emendata e ampliata. Roma: Soc. Ed. del "Foro Italiano", 1951. 431 p.

CARNELUTTI, Francesco. Torniamo al "giudizio". *Rivista di Diritto Processuale*, Padova, v. 4, parte 1, p. 165-174, 1949. ISSN 0035-6182.

CARRIÓ SUSTAITA, Genaro Rubén (1922-1997). *Notas sobre derecho y lenguage*. 3. edición aumentada. Buenos Aires: Abeledo Perrot, 1986. 327 p. ISBN 950-20-0309-8.

CARVAJAL VILLAPLANA, Álvaro. Racionalidad y emotivismo en la ética de Bertrand Russell. *Revista de Filosofía de la Universidad de Costa Rica*, XXXV (86), p. 207-215, 1997. ISSN 0034-8252.

CARVALHO, Amilton Bueno. O juiz e a jurisprudência: um desabafo crítico. *R. EMERJ*, Rio de Janeiro, v. 18, n. 67, p. 54-62, jan./fev. 2015. ISSN 1415-4951.

CARVALHO, Ernani Rodrigues de. Em busca da judicialização da política no Brasil: apontamentos para uma nova abordagem. *Revista de Sociologia Política*, Curitiba, n. 23, p. 115-126, 2004. ISSN 1678-9873.

CARVALHO, Luis Gustavo Grandinetti Castanho de. Estado de direito e decisão jurídica: as dimensões não-jurídicas do ato de julgar. *In*: PRADO, Geraldo; MARTINS, Rui Cunha; CARVALHO; Luis Gustavo Grandinetti Castanho de (Org.). *Decisão judicial*: a cultura jurídica brasileira na transição para a democracia. Madrid: Marcial Pons, 2012. p. 87-137. ISBN 978-84-87827-32-7.

CARVALHO SANTOS, J. M. de. *Código de processo civil interpretado*. 3. ed. Rio de Janeiro: Freitas Bastos, 1946, v. 4. 522 p.

CASEBEER, Kenneth M. Escape from liberalism: fact and value in Karl Llewellyn. *Duke Law Journal*, n. 3, p. 671-703, 1977. ISSN 0012-7086.

CASTIGNONE, Silvana. *La macchina del diritto*. Il realismo giuridico in Svezia. Milano: Edizioni di Comunità, 1974. 216 p. ISBN 8824501214.

CASTRO, Amilcar de. *Lições de direito processual civil e direito internacional privado*. São Paulo: Editora do Brasil, 2000. 246 p.

CASTRO, Amilcar de. O direito no âmago da sentença. *Revista da Faculdade de Direito da Universidade Federal de Minas Gerais*, v. 12, p. 175-187, 1961. ISSN 0304-2340.

CASTRO, Honildo Amaral de Mello. *Justiça, judiciário e escola de magistratura*. São Paulo: Bestbook, 2001. 331 p.

CASTRO, Jorge Rosas de. A compaixão e o Direito: do espanto à realidade. *Teatro do Mundo*, v. 9, p. 64-93, 2014.

CAVALCANTI, Arthur José Faveret. *A estrutura lógica do direito*. Rio de Janeiro: Renovar, 1996. 333 p. ISBN 85-7147-027-8.

CAVALLI, Thom F. *Psicololia alquímica*: receitas antigas para viver num mundo novo. Tradução de Carlos Augusto Leuba Salum, Ana Lucia da Rocha Franco. São Paulo: Cultrix, 2005. 336 p. ISBN 85-316-0905-4.

CELLA, José Renato Gaziero. Positivismo jurídico no século XIX: relações entre direito e moral no *ancien régime* à modernidade. *Anais do XIX Encontro Nacional do CONPEDI*, realizado em Fortaleza – CE, em Junho de 2010, p. 5.480-5.501.

CELLA, José Renato Gaziero. *Realismo jurídico norte-americano e ceticismo*. Disponível em: http://www.cella.com.br/conteudo/conteudo_28.pdf. Acesso em: 18 jul. 2018. p. 1-20.

CESTARI, Roberto; NOJIRI, Sergio. Interpretações históricas e teóricas do realismo jurídico, p. 142-166. *In*: *Teorias da decisão e realismo jurídico*. Coordenadores: Eloy P. Lemos Junior, Jerônimo Siqueira Tybusch, Lorena de Melo Freitas. Florianópolis: CONPEDI, 2015. ISBN: 978-85-5505-069-5.

CHARLES, Syliane. *Le cercle de la connaissance adéquate*: notes sur raison et intuition chez Spinoza. Disponível em: http://www.academia.edu/13811484/Le_cercle_de_la_connaissance_ad%C3%A9quate_raison_et_intuition_chez_Spinoza. Acesso em: 10 maio 2018. p. 1-21.

CHASE, Oscar G. *Law, culture, and ritual*: disputing systems in cross-cultural context. New York: NYU, 2007. 224 p. ISBN 9780814716793.

CHAUÍ, Marilena. *Convite à filosofia*. São Paulo: Ed. Ática, 2000. 567 p. ISBN 850808935.

CHAUÍ, Marilena. *O que é a ideologia*. 2. ed. rev. e ampl. São Paulo: Brasiliense, 2004. 47 p.

CHIOVENDA, Giuseppe. *Instituições de direito processual civil*. 4. ed. Campinas: Bookseller, 2009. 1323 p. ISBN 978.85.7468.439-0.

CHIOVENDA, Giuseppe. *Principii di diritto processuale civile*. Milano: Jovene, 1965. 1.328 p.

CHIOVENDA, Giuseppe. *Saggi di diritto processuale civile*. Milano: Giuffrè, 1993, v. 1. 436 p. ISBN 9788814042010.

CINTRA, Antonio Carlos de Araújo; GRINOVER, Ada Pellegrini; DINAMARCO, Cândido Rangel. *Teoria geral do processo*. 25. ed. rev. e atual. São Paulo: Malheiros, 2009. 384 p. ISBN 978-85-7420-931-9

CIPRIANI, Franco. *Il processo civile nello stato democratico*. Saggi. Volume 16 da Biblioteca di diritto processuale. Napoli: Edizioni Scientifiche Italiane, 2006. 271 p. ISBN 978-8849512359.

CIVININI, Maria Giuliana. Poteri del giudice e poteri dele parti nel processo ordinário di cognizione. Rilievo ufficioso dele questioni e contraddittorio. *Il Foro Italiano*, Roma, Parte Quinta (Monografie e varietà), anno 124, v. 122, p. 1-10, gennaio 1999.

CLAUZADE, Laurent. La morale dans le discours sur l'ensemble du positivisme. *Ellipse*, p. 1-12, 2001. ISSN 1954-3689.

CLOUD III, A. Morgan. Introduction: compassion and judging. *Arizona State Law Journal*, v. 22, n. 1, p. 13 ss, 1990.

COELHO, Fábio Ulhoa. *Roteiro de lógica jurídica*. 7. ed. rev. e atual. São Paulo: Saraiva, 2012. 115 p. ISBN 978-85-02-13900-8.

COELHO, Jonas Gonçalves. Bergson: intuição e método intuitivo. *Trans/Form/Ação* [online], v. 21-22, n. 1, p. 151-164, 1999. ISSN 0101-3173.

COELHO, Luiz Fernando. *Lógica jurídica e interpretação das leis*. 2. ed. Rio de Janeiro: Forense, 1981. 359 p.

COHEN, Felix S. (1907-1953). Field theory and judicial logic. *Yale Law Journal*, v. 59, n. 2, p. 238-272, jan. 1950. ISSN 0044-0094.

COHEN, Felix S. Transcendental nonsense and the functional approach. *Columbia Law Review*, v. XXXV, n. 6, p. 809-849, june 1935. ISSN 0010-1958.

COHEN, H. *Logik der reinen Erkenntnis*. Helmut Holzhev (Hrsg.) Hildesheim/New York: Georg Olms Verlag, 1977.

COHEN, L. Jonathan. *The dialogue of reason*: an analysis of analytical philosophy. Oxford: Clarendon Press, 1986. 256 p. ISBN 978-0198249054.

COLEGRAVE, Sukie. *Unindo o céu e a terra*: um estudo junguiano e taoísta dos princípios masculino e feminino na consciência humana. Tradução de Mauro de Campos Silva. São Paulo: Cultrix, 1997. 252 p.

COLEMAN, Jules. Incorporationism, conventionality, and the practical difference thesis. *In:* COLEMAN, Jules (Org.). *Hart's postscript*. Essays on the postscript to the concept of law. Oxford: Oxford University Press, 2001. p. 99-142. ISBN 978-0198299080.

COLESANTI, Vittorio. Principio del contraddittorio e procedimenti speciali. *Rivista di Diritto Processuale*, Padova, 30(2), p. 556-619, 1975.

COLIVA, Annalisa. Tu chiamale se vuoi "emozioni". *In:* CIMATTI, Felice (a cura di). *Linguaggio ed emozioni*. Roma: Bollettino Filosofico XXIV (2008). p. 71-85. ISBN 978-88-548.

COLTRO, Antonio Carlos Mathias. Juiz, humildade e serenidade. *In:* NALINI, José Renato (Coord.). *Uma nova ética para o juiz*. São Paulo: Revista dos Tribunais, 1994. p. 11-16. ISBN 85-203-1203-9

COMOGLIO, Luigi Paolo. Direzione del processo e responsabilità del giudice. *Rivista di Diritto Processuale*, Padova, v. 32 (II Série), n. 1, p. 14-56, gen./mar. 1977. ISBN 0035-6182.

COMOGLIO, Luigi Paolo. Garanzie costituzionali e "giusto processo" (modelli a confronto). *Revista de Processo*, São Paulo, n. 90, p. 95-150, abr./jun. 1998. ISSN 0100-1981.

COMOGLIO, Luigi Paolo. Garanzie minime del "giusto processo" civile negli ordinamenti latinoamericani. Roma e America Diritto Romano Comune. *Rivista di diritto dell'integrazione e unificazine del diritto in Europa e in America Latina*, Roma, v. 17, p. 213-227, 2004. ISSN 0716-5455.

COMOGLIO, Luigi Paolo. Il "giusto processo" civile in Italia e in Europa. *Revista de Processo*, São Paulo, n. 116, p. 97-158, jul./ago. 2004. ISSN 0100-1981.

COMOGLIO, Luigi Paolo. Il "giusto processo" civile nella dimensione comparatistica. *Revista de Processo*, São Paulo, n. 108, p. 133-183, out./dez. 2002. ISSN 0100-1981.

COMOGLIO, Luigi Paolo. *La garanzia costituzionale dell'azione ed il processo civile*. Padova: CEDAM, 1970. 368 p.

CONEGLIAN, Olivar Augusto Roberti. Princípio do juiz natural. *In:* LOPES, Maria Elisabeth de Castro; OLIVEIRA NETO, Olavo de (Coord.). *Princípios processuais civis na Constituição*. Rio de Janeiro: Elsevier, 2008. p. 155-172. ISBN 978-85-352-2916-5.

CONTE, Francesco. A Fazenda Pública e mediação/conciliação: consensualidade alvissareira. *In:* RODRIGUES, Marco Antonio; BUENO, Cassio Scarpinella (Coord.). *Processo Tributário*. Salvador: Juspodivm, 2017. p. 247-302. ISBN 978-85-442-1231-8.

CONTE, Francesco. *A influência social na determinação da lei penal*: uma perspectiva da espetacularização midiática, no prelo, p. 1-39.

CONTE, Francesco. Apontamentos sobre a motivação da sentença civil e sua conexão com outras garantias constitucionais do processo justo. *In:* PORTO, José Roberto Sotero de Mello; RODRIGUES, Roberto de Aragão Ribeiro (Coord.). *Direito processual contemporâneo*: estudos em homenagem a Humberto Dalla Bernardina de Pinho. 1. ed. Rio de Janeiro: LMJ Mundo Cristão, 2018. p. 183-205. ISBN 978-85-9524-039-1.

CONTE, Francesco. Contraditório como dever e a boa-fé processual: os fins sociais do processo. *In:* FUX, Luiz (Coord.). *Processo constitucional*. 1. ed. Rio de Janeiro: Forense, 2013. p. 633-728. ISBN 978-85-309-4848-1.

CONTE, Francesco. *Sobre a motivação da sentença no processo civil*: Estado constitucional democrático de direito, discurso justificativo e legitimação do exercício da jurisdição. Apresentação José Carlos Barbosa Moreira. Prefácio Michele Taruffo. 1. ed. Rio de Janeiro: Gramma, 2016. 1038 p. ISBN 978-85-5968-048-5.

COOK, Walter W. Scientific method and the law. *American bar Association Journal*, v. 13, p. 303-309, 1927. ISSN 0003-6056.

CORBIN, Arthur L. The law and the judges. *Yale Law*, v. 3, p. 234-250, 1914. ISSN 0044-0094.

CORTÁZAR, Julio. *Rayuela*. Caracas: Biblioteca Ayacucho, 2004. 647 p. ISBN 980-276-368-3.

CÔRTES, Pâmela de Rezende; OLIVEIRA, Thaís de Bessa Gontijo de. O realismo jurídico e a naturalização do Direito: evidências das fundações morais em julgamentos jurídicos. *Teorias do Direito e Realismo Jurídico*, Curitiba, v. 2, n. 2, p. 107-126, jul./dez. 2016. ISSN 2525-9601.

CORTINA, Adela; MARTÍNEZ NAVARRO, Emilio. *Ética*. Madrid: Akal, 1998. 184 p. ISBN 84-460-0674-X.

COSTA, Alfredo de Araújo Lopes da. *Direito processual civil brasileiro*. 2. ed. Rio de Janeiro: Forense, 1959, v. 3. 488 p.

COSTA, Alfredo de Araújo Lopes da. *Manual elementar de Direito Processual Civil*. 3. ed. atual. por Sálvio de Figueiredo Teixeira. Rio de Janeiro: Ed. Forense, 1982. 503 p.

COSTA, Eduardo José da Fonseca. *Levando a imparcialidade a sério*: proposta de um modelo interseccional entre direito processual, economia e psicologia. 2016. 187 f. Tese (Doutorado em Direito), Pontifícia Universidade Católica de São Paulo, São Paulo, 2016.

COSTA, José Américo Abreu. A presença da sombra na sentença criminal. *In:* ZIMERMAN, David *et al.* (Org.). *Aspectos psicológicos na prática jurídica.* Campinas: Milennium, 2002. p. 217-226. ISBN 85-86833-62-2.

COSTA, Sergio. *Manuale di diritto processuale civile.* Terza edizione riveduta e aggiornata. Torino: Editrice Torinese, 1966. 628 p. ISBN: 8802034796.

COUÉ, Émile. *O domínio de si mesmo pela auto-sugestão consciente.* Tradução de Humberto Bevilacqua. Rio de Janeiro: Minerva, 1960. 110 p.

COUTINHO, Jancinto Nelson de Miranda. Sistema inquisitório e o processo em "O Mercador de Veneza". *In:* COUTINHO, Jacinto Nelson de Miranda (Coord.). *Direito e psicanálise:* interseções a partir de "O Mercador de Veneza", de William Shakespeare. Rio de Janeiro: Lumen Juris, 2008. p. 155-177. ISBN 853750307X.

COUTURE, Eduardo J. *Fundamentos del derecho procesal civil.* Reimpresión inalterada. Buenos Aires: Ediciones Depalma, 1977. 524 p.

COUTURE, Eduardo J. *Introdução ao estudo do processo civil.* Rio de Janeiro: José Konfino Editor, 1951. 116 p.

CRETELLA JÚNIOR, José. *Curso de filosofia do direito.* 10. ed. Rio de Janeiro: Forense, 2004. 273 p. ISBN 9788530939618.

CRETELLA NETO, José. *Fundamentos principiológicos do processo civil.* Rio de Janeiro: Forense, 2006. 391 p. ISBN 85-309-1752-9.

CRISTINA REDONDO, Maria. *La noción de razón para la acción en el análisis jurídico.* Madrid: Centro de Estudios Constitucionales, 1996. 274 p. ISBN 8425910064.

CRISTOFOLINI, Paolo. *La scienza intuitiva di Spinoza.* Pisa: Edizioni ETS, p. 141-151, 2009. ISBN 978-884672434-2.

CROCE, Benedetto. *Filosofia della pratica economica ed etica.* Terza edizione. Bari: Gius. Laterza & Figli, 1923. 393 p.

CRUET, Jean. *La vie du droit et l'impuissance des lois.* Paris: Ernest Flammarion Éditeur, 1908. 374 p.

CUBILLOS OCAMPO, Julián Alberto. *La tesis emocionalista sobre los juicios de valor.* 2010. 125 f. Maestría en Filosofia – Universidad Nacional de Colombia, Facultad de Ciencias Humanas, Departamento de Filosofía, Bogotá, 2010.

CUNHA, Danilo Fontenele Sampaio. Da formação e capacitação de juízes humanos federais. *Revista CEJ,* Brasília, n. 32, p. 26-39, jan./mar. 2006. ISSN 1414-008X.

CUNHA, Luana Magalhães de Araújo. Mídia e processo penal: a influência da imprensa nos julgamentos dos crimes dolosos contra a vida à luz da constituição de 1988. *Revista Brasileira de Ciências Criminais* v. 20, n. 94, p. 199-237, jan./fev. 2012. ISSN 1415-5400.

CUNHA, Paulo Ferreira da et al. *História do direito:* do direito romano à constituição europeia. Coimbra: Almedina, 2010. 648 p. ISBN 978-972-40-2643-5.

CUNO CRUZ, Humberto Luis. Razón, racionalidad y razonabilidad ¿Qué los identifica y diferencia? *Rev. Trib. Reg. Trab. 3ª Reg.,* Belo Horizonte, v. 51, n. 81, p. 205-218, jan./jun. 2010. ISSN 0076-8855.

CURD, Martin V. The logic of discovery: An analysis of three approaches. *Scientific Discovery, Logic, and Rationality,* Boston Studies in the Philosophy of Science, v. 56. Springer, Dordrecht, p. 201-219, 1980. ISBN 978-90-277-1070-3.

CURLEY, E. M. Experience in Spinoza's Theory of Knowledge. *In:* GRENE, Marjorie (Ed.). *Spinoza:* A Collection of Critical Essays. Notre Dame (Indiana): University of Notre Dame Press, 1978. p. 25-59.

CUSINATO, Guido. La fenomenologia e le affordances espressive dei dati di fatto puri. Milano: *Scritti fenomenologici,* p. 7-21, 2013.

DALGLEISH, Tim. The emotional brain. *Nature Reviews Neuroscience,* v. 5, p. 582-589, july 2004. ISSN 1471-0048.

DALL'AGNOL, Antonio. *Comentários ao código de processo civil*: do processo de conhecimento – arts. 102 a 242. São Paulo: Revista dos Tribunais, 2000, v. 2. 662 p. ISBN 85-203-1884-3.

DALLARI, Dalmo de Abreu. *O poder dos juízes*. São Paulo: Saraiva, 1996.163 p. ISBN 85-02-02023-4.

DALSOTTO, Lucas Mateus. É a teoria do sentimentalismo construtivo de Jesse Prinz de fato construtivista? *Griot – Revista de Filosofia*, Amargosa, v. 11, n. 1, p. 185-196, junho/2015. ISSN 2178-1036.

DAMÁSIO, António R. Cuerpo, mente y Spinoza. *Paradigma: Revista Universitaria de Cultura*, n. 6, p. 3-5, 2008. ISSN 1885-7604.

DAMÁSIO, António R. *E o cérebro criou o homem*. Tradução de Laura Teixeira Motta. São Paulo: Companhia das Letras, 2011. 439 p. ISBN 978-85-359-1961-5.

DAMÁSIO, António R. *O erro de Descartes*: emoção, razão e o cérebro humano. Tradução de Dora Vicente, Georgina Segurado. 3. ed. São Paulo: Companhia das Letras, 2012. 259 p. ISBN 978-85-359-2200-4.

DAMÁSIO, António R. *O mistério da consciência*: do corpo e das emoções ao conhecimento de si. Tradução de Laura Teixeira Motta. Revisão. São Paulo: Companhia das Letras, 2000. 474 p. ISBN 978-85-359-0032-3.

DAMÁSIO, António R. *O mistério da Consciência*: do corpo e das emoções ao conhecimento de si. Tradução de Laura Teixeira Motta. São Paulo: Companhia das Letras, 2015. 307 p. ISBN 978-85-359-2590-6.

DAMÁSIO, António R. *O sentimento de si*. Lisboa: Publicações Europa-América, 1999. 428 p. ISBN 978972047570.

DAMÁSIO, António R. Sem perder a humanidade jamais. *Revista Ciência Hoje*, Rio de Janeiro, 2012. Entrevista concedida a Thiago Camelo.

D'AMICO, Maria Elisa. Riflessioni sul ruolo della motivazione nella Corte Suprema statunitense. *In: La motivazione delle decisioni della Corte costituzionale* (atti del Seminario di Messina, 7-8 maggio 1993), a cura di A. Ruggeri, Giappichelli, 1994.

D'ANNA, Giuseppe. Dalla scienza intuitiva nell'Ethica alla figura di Cristo nel Trattato Teologico-Politico. p. 137-222. Disponível em: http://www.fogliospinoziano.it/articolispinoza/danna.pdf. Acesso em: 18 set. 2017.

DANZIGER, Shai; LEVAV, Jonathan; AVNAIM-PESSO, Liora. Extraneous factors in judicial decision. *PNAS*, v. 108, n. 17, p. 6.889-6.892, April 2001. ISSN 0027-8424.

D'ARMS, J.; JACOBSON, D. Sensibility theory and projectivism. *In:* David Copp (Ed.). *The Oxford Handbook of Ethical Theory*. New York: Oxford University Press, p.186-218, 2006. ISBN 978-0195147797.

DARWIN, Charles A. *A expressão das emoções no homem e nos animais*. São Paulo: Companhia do Bolso, 2009. 344 p. ISBN 853591398X.

DAVIDOFF, Linda L. *Introdução à psicologia*. São Paulo: Makron Books, 1983. 732 p.

DAVIDSON, Richard J. *O estilo emocional do cérebro*. Tradução de Diego Alfaro. Rio de Janeiro: Sextante, 2013. 288 p. ISBN 978-85-7542-898-6.

DAVIS, M. The role of the amiygdala in conditioned fear. *In:* AGGLETON, John P. (Org.). *The amygdala*: neurobiological aspects of emotions, and mental dysfunction. Nova York: Wiley-Liss, p. 255-305, 1992.

DEÁK, Anita. Brain and emotion: Cognitive neuroscience of emotions. *Review of Psychology*, v. 18, n. 2, p. 71-80, 2011. ISSN 1330-6812.

DEÁK, Anita; CSENKI, Laura; RÉVÉSZ, György. Hungarian ratings for the International Affective Picture System (IAPS): A cross-cultural comparison. *ETC – Empirical Text and Culture Research*, 4, RAM-Verlag, p. 90-101, 2010. ISSN 1617-8912.

DELEUZE, Gilles. *Le bergsonisme*. Paris: PUF, 1966.

DELEUZE, Gilles. *Para ler Kant*. Tradução de Sonia Dantas Pinto Guimarães. Rio de Janeiro, F. Alves, 1976. 98 p.

DELFINO, Lúcio. *Direito processual civil*: artigos e pareceres. Belo Horizonte: Fórum, 2011. 399 p. ISBN 978-85-7700-483-6.

DE MASI, Domenico. *A emoção e a regra*: os grupos criativos na Europa de 1850 a 1950. Tradução de Elia Ferreira Edel. 2. ed. Rio de Janeiro: José Olympio, 1999. 419 p. ISBN 85-03-00612-X

DENTI, Vittorio. *Sistemi e riformi*: Studi sulla giustizia civile. Bologna: Mulino, 1999. 370 p. ISBN 8815071040.

DE PÁRAMO ARGÜELLES, J. R. Razionamiento jurídico e interpretación constitucional. *Revista Española de Derecho Constitucional*, n. 8, p. 89-119, 1988. ISSN 0211-5743.

DERRIDA, Jacques. *Força de lei*: o fundamento místico da autoridade. São Paulo: Martins Fontes, 2007. 160 p. ISBN 9788560156191.

DESCARTES, R. *As paixões da alma*. Coleção Os pensadores. São Paulo: Nova Cultural, 1987.

DESCARTES, R. *Règles pour la direction de l'esprit*. Tradução e notas de J. Brunschwig. Paris: Librairie Générale Française, 2002.

DEVINS, Neal; MANSKER, Nicole. Public opinion and state supreme courts. *Journal of constitutional law*, vl 13:2, p. 455-509, 2015.

DEVIS ECHANDIA, Hernando. *Teoria general de la prueba judicial*. 2. edición. Buenos Aires: Victor P de Zavalía Editor, 1972, t. 1. 780 p.

DEWEY, John. Logical method and the law. *Cornell Law Review*, v. 10, p. 17-27, 1924. ISSN 0010-8847.

DEWEY, John. *The essential Dewey*: pragmatism, education, democracy. Bloomington: Indiana University Press, 1998, v. 1. 417 p. ISBN 978-0253211842.

DEWALQUE, Arnaud. Dilthey et l'empirisme psychologique. *Annales de l'Institut de philosophie de l'Université de Bruxelles*, p. 37-63, 2016. ISSN 0778-4600.

DIAS, Ronaldo Brêtas de Carvalho. A fundamentação das decisões jurisdicionais no Estado democrático de direito. *In*: FUX, Luiz; NERY JR., Nelson; WAMBIER, Teresa Arruda Alvim (Coord.). *Processo e Constituição*: estudos em homenagem ao Professor José Carlos Barbosa Moreira. São Paulo: Revista dos Tribunais, 2006. p. 567-576. ISBN 85-203-2891-1.

DIAZ GARCÍA, Elías. *Legalidad-legitimidad en el socialismo democrático*. Madrid: Civitas, 1978. 232 p. ISBN 84-7398-068-9.

DÍAZ SAMPEDRO, Braulio. La motivación de las sentencias: una doble equivalencia de garantía jurídica. *Foro*, Nueva época, Madrid, n. 5, p. 59-85, 2007. ISSN 1698-5583.

DICIOTTI, Enrico. *Interpretazione della legge e discorso razionale*. Torino: Giappichelli, 1999. 616 p. ISBN 8834890809.

DIDIER JR., Fredie, BRAGA; Paula Sarno, OLIVEIRA; Rafael Alexandria de. *Curso de direito processual civil*: teoria da prova, direito probatório, ações probatórias, decisão, precedente, coisa julgada e antecipação de tutela. 8. ed. Salvador: Juspodivm, 2013, v. 2. 640 p. ISBN 978-85-7761-712-8.

DIENER, Keith William. *A defense of soft positivism*: Justice and principle processes. 2006. 76 f. Thesis – Georgia State University, 2006. Disponível em: http://scholarworks.gsu.edu/philosophy_theses/7. Acesso em: 17 jul. 2018.

DIEZ-PICAZO, Luis. *Estudios sobre la jurisprudencia civil*. Madrid: Tecnos, 1966. 727 p.

DI FEDERICO, Giuseppe. *Il reclutamento dei magistrati*. Bari: Laterza, 1968. 157 p. ISBN 2560007261067.

DILTHEY, Wilhelm. *Der Aufbau der geschichtlichen Welt in den Geisteswissenschaften*. Stuttgart: Gesammelt Shriften, 1927, Tome 7.

DILTHEY, Wilhelm. *El mundo histórico*. Trad., pról. y notas de Eugenio Ímaz. Ciudad de México: Fondo de Cultura Económica, 1944. 431 p. ISBN 9681600355.

DILTHEY, Wilhelm. Gesammelte Schriften. V. Band. Die geistige Welt. Einleitung in die Philosophie des Lebens. Erste Hälfte. *Abhandlungen zur Grundlegung der Geisteswissenschaften*. 8. Göttingen: Vandenhoeck & Ruprecht, 1990. 442 p. ISBN 978-3525303061.

DILTHEY, Wilhelm. *Introduction à l'étude des sciences humaines*. Tradução de Louis Sauzin. Paris Presses Universitaires de France, 1942. 525 p.

DILTHEY, Wilhelm. *Psicología y teoría del conocimiento*. Trad., pról. y notas de Eugenio Ímaz. Ciudad de México: Fondo de Cultura Económica, 1978. 420 p. ISBN 9681600347.

DILTHEY, Wilhelm. Psychologie. *In: Psychologie als Erfahrungswissenschaft*, 1. Teil: Vorlesungen zur Psychologie und Anthropologie, In Gesammelte Schriften, Bd. XXI, Göttingen, Vandenhoeck & Ruprecht, 1997. 472 p. ISBN 978-3-525-30305-4.

DINAMARCO, Cândido Rangel. *A instrumentalidade do processo*. 13. ed. rev. e atual. São Paulo: Malheiros, 2008. 400 p. ISBN 978-85-7420-841-1.

DINAMARCO, Cândido Rangel. Escopos políticos do processo. *In:* GRINOVER, Ada Pellegrini; *Participação e processo*. DINAMARCO, Cândido Rangel; WATANABE, Kazuo (Org.). São Paulo: Ed. Revista dos Tribunais, 1988. p. 114-127.

DINAMARCO, Cândido Rangel. *Fundamentos do processo civil moderno*. 5. ed. São Paulo: Malheiros, 2002, v. 1. 695 p. ISBN 85-7420- 314-9.

DINAMARCO, Cândido Rangel. *Fundamentos do processo civil moderno*. 5. ed. São Paulo: Malheiros, 2002, v. 2. p. 719-1490. ISBN 85-7420- 314-9.

DINAMARCO, Cândido Rangel. *Instituições de direito processual civil*. 6. ed. rev. e atual. São Paulo: Malheiros, 2009, v. 1. 724 p. ISBN 978-85-7420-939-5.

DINAMARCO, Cândido Rangel. *Instituições de direito processual civil*. 6. ed. rev. e atual. – São Paulo: Malheiros, 2009, v. 3. 847 p. ISBN 978-85-7420-941-8.

DINAMARCO, Cândido Rangel. O futuro do processo civil brasileiro. *Fundamentos do processo civil moderno*. 5. ed. São Paulo: Malheiros, 2002, v. 2. p. 726-761. ISBN 85-7420- 314-9.

DINIZ, Antonio Carlos. Legitimidade. *In:* BARRETTO, Vicente de Paulo (Coord.). *Dicionário de filosofia do direito*. Rio de Janeiro: Renovar. São Leopoldo: UNISINOS, 2009. p. 515-516. ISBN 85-7431-266-5.

DINIZ, Maria Helena. *Conceito de norma jurídica como problema de essência*. 4. ed. São Paulo: Saraiva, 2003. 159 p. ISBN 85-02-04101-0.

DIREITO, Carlos Alberto Menezes. A decisão judicial. *Revista de Direito Renovar*, Rio de Janeiro, n. 1, p. 37-52, set./dez. 1995. ISSN 8571470154.

DOLAN, R. J. *Emotion, cognition, and behavior*. Science, 298, p. 1191-1194, 2003. ISSN 0036-8075.

DONAT, Mirian. Wittgenstein: a possibilidade de conhecer e identificar as emoções. *Revista Guairacá*, v. 30, n. 1, p. 51-65, 2014. ISSN 0103-250X.

DREIER, Ralf. *Derecho y justicia*. Tradução de L. Villar Borda y O. Quinjano. Bogotá: Temis, 1994. 106 p. ISBN 9583500224.

DRETSKE, Fred. *Perception, knowledge and belief*: selected essays. Cambridge Studies in Philosophy. Cambridge University Press, 2000. 300 p. ISBN 978-0521777421.

DRIVER, Julia. The secret chain: a limited defense of sympathy. *The Southern Journal of Philosophy*, 49 (Spindel Supplement), p. 234-238, 2011. ISSN 0038-4283.

DUALDE, Joaquim. *Una revolución en la lógica del derecho*: concepto de la interpretación del derecho privado. Barcelona: Bosch, 1933. 312 p.

DUARTE, Liza Bastos. Impossibilidade de um julgamento imparcial. *In: Hermenêutica jurídica, uma análise de temas emergentes*. Canoas: Editora da ULBRA, 2004. p. 105-142. 208 p. ISBN 85-7528-097-X.

DUNLEY, Glaucia Peixoto. Psicanálise e direito: um diálogo possível?. Rio de Janeiro: *Tempo Psicanalítico*, v. 43, n. 1, p. 131-154, jun. 2011. ISSN 0101-4838.

DWORKIN, Ronald. *A justiça de toga*. São Paulo: WMF Martins Fontes, 2010. (Biblioteca Jurídica WMF). 421 p. ISBN 978-85-7827-091-9.

DWORKIN, Ronald. *Law's empire*. London: Fontana Masterguides, 1986. 470 p. ISBN 978-0006860280.

DWORKIN, Ronald. *Levando os direitos a sério*. 3. ed. São Paulo: Editora WMF Martins Fontes, 2010. (Biblioteca Jurídica WMF). 568 p. ISBN 978-85-7827-251-7.

DWORKIN, Ronald. *Uma questão de princípio*. 2. ed. São Paulo: Editora WMF Martins Fontes, 2005. (Biblioteca Jurídica WMF). 593 p. ISBN 85-336-2111-6.

E. ALCHOURRÓN, Carlos. *Introducción a la metodología de las ciencias jurídicas y sociales*. Buenos Aires: Astrea, 2002. 170 p. ISBN 9789505082216.

ECO, Humberto. *Viagem na irrealidade cotidiana*. Rio de Janeiro: Nova Fronteira, 1984. 352 p.

ECHEVERRÍA, Javier. *Introducción a la metodología de la ciencia*. La filosofía de la ciencia en el siglo XX. Madrid: Cátedra, 1999. ISBN 84-376-1700-6.

EDINGER, Edward F. *Anatomia da psique*: o simbolismo alquímico na psicoterapia. Tradução de Adail Ubirajara Sobral, Maria Stela Gonçalves. São Paulo: Cultrix, 2006. 274 p. ISBN 978-85-316-0012-8.

EINSTEIN, Albert. Message on the 410th anniversary of the death of Copernicus. *Ideas and opinions by Albert Einstein*. New York: Crown Publishers, Inc., 1954. 377 p.

EINSTEIN, Albert. *Out of my later years*: the scientist, philosopher, and man portrayed through his own words. New Jersey: The Citadel Press, 1956. 282 p. ISBN 978-1453204931.

EINSTEIN, Albert. Speech given on the celebration of the 60th birthday of Max Plank. *Ideas and opinions by Albert Einstein*. New York: Crown Publishers, Inc., 1954. 377 p.

EISENBERG, José. *Para que serve o pragmatismo jurídico?* Disponível em: http://www.soc.pucrio.br/cedes/PDF/paginateoria/Para%20que%20serve%20o%20pragmatismo%20jur%EDdico.pdf. Acesso: 12 jul. 2018. p. 1-4.

EKEMAN, Paul. *A Linguagem das emoções*. São Paulo: Lua, 2011. 287 p. ISBN 978-8563066428.

EKEMAN, Paul; FRIESEN, W. V.; HAGER, J. C. *Facial action coding system*. Manual and Investigator's Guide. Salt Lake City: Research Nexus, 2002.

ELGIN, Catherine Z. *Considered judgment*. Princeton: Princeton University Press, 1999. 220 p. ISBN 978-0691005232.

ELSTER, John. *Alchemies of the mind*: rationality and the emotions. Cambridge: University Press, 1998. 464 p. ISBN 978-0521644877.

EMANUEL GROS, Alexis. *El vínculo intelectual Husserl-Dilthey en la filosofía como ciencia estricta y el intercambio epistolar de 1911*. V Jornadas de Jóvenes Investigadores. Instituto de Investigaciones Gino Germani, Facultad de Ciencias Sociales, Universidad de Buenos Aires, Buenos Aires, 2009. p. 1-22.

ENGISCH, Karl. *Introdução ao pensamento jurídico*. Lisboa: F. Calouste Gulbekian, 1996. 293 p. ISBN 9723101920.

EPSTEIN, Daniel Z. Rationality, legitimacy, & the law. *Washington University Jurisprudence Review*, v. 7, p. 1-38, 2014. ISSN 2160-2352.

ESSER, Josef. Motivation und Begründung richterlicher Entscheidungen. *In:* PERELMAN, Chaïm; FORIERS, Paul. *La motivation des décisions de justice*: études. Bruxelles: É. Bruylant, 1978. p. 137-159.

EVANGELISTA, Stefano. Motivazione della sentenza civile. *In: Enciclopedia del diritto*. Milano: Giuffrè, 1977, v. 27. p. 154-180

EZEURDIA, José. Sócrates y Bergson: la intuición como horizonte de formación. México: *Configuraciones Formativas*, 2006. p. 79-100. ISBN 968-864-400-5.

EZQUIAGA GANUZAS, F. J. Los juicios de valor en la dicisión judicial. *Anuario de Filosofia del Derecho*, 1984. p. 33-59. ISSN 0518-0872.

FABBRIS, Angela Tacca. Modelo jurídico: realismo jurídico escandinavo. *Prisma Jurídico*. São Paulo, v. 5, p. 79-86, 2006. ISSN 1677-4760.

FACCHINI NETTO, Eugênio. "E o juiz não é só de direito..." (ou "a função jurisdicional e a subjetividade"). *In:* ZIMERMAN, David *et al.* (Coord.). *Aspectos psicológicos na prática jurídica*. Campinas: Milennium, 2002. p. 397-413. ISBN 85-86833-62-2.

FADIMAN, James. *Teorias da personalidade*. Coordenação da tradução: Odette de Godoy Pinheiro. Tradução de Camila Pedral Sampaio, Sybil Safdié. São Paulo: HARBRA, 1986. 393 p.

FAGUNDES FILHO, Henrique. A equidade e o processo justo. *In:* FUX, Luiz; NERY JR., Nelson; WAMBIER, Teresa Arruda Alvim (Coord.). *Processo e Constituição*: estudos em homenagem ao Professor José Carlos Barbosa Moreira. São Paulo: Revista dos Tribunais, 2006. p. 707-723. ISBN 85-203-2891-1.

FALCÃO, Joaquim. A pena é o processo. *Folha de São Paulo*, São Paulo, 8 jun. 2010. Tendências e Debates. Disponível em: http://www1.folha.uol.com.br/fsp/opiniao/fz0806201007.htm. Acesso em: 24 nov. 2018.

FALZEA, Angelo. *Introduzione alle scienze giuridiche*. Il concetto del diritto. 6. ed. Milano: Giuffrè Editore, 2008. 516 p. ISBN 88-14-13778-1.

FARBER, Daniel A. Reinventing Brandeis: legal pragmatism for the Twenty-First Century. *University of Illinois Law Review*, p. 163-190, 1995. ISSN 0276-9948.

FARIA, José Eduardo (Org.). As transformações do judiciário em face de suas responsabilidades sociais. *In: Direitos humanos, direitos sociais e justiça*. São Paulo: Malheiros, 1994. p. 52-67.

FARIA, José Eduardo (Org.). Introdução: o judiciário e o desenvolvimento sócio-econômico. *In: Direitos humanos, direitos sociais e justiça*. São Paulo: Malheiros, 1994. p. 11-29.

FASSÒ, Guido. *Historia de la filosofia del derecho*. Tradução de José F. Lorca Navarrete. Madrid: Piramide, 1979, v. 3. ISBN 8436801733.

FATTURI, Arturo. *Mundo interior e expressão*: a filosofia da psicologia de Ludwig Wittenstein. 2010. 172 f. Tese de Doutorado. Universidade Federal de São Carlos, São Carlos, 2010.

FAZENDA, Ivani Catarina Arantes. *Interdisciplinaridade*: história, teoria e pesquisa. 3. ed. Campinas: Papirus, 1994. (Coleção Magistério: Formação e trabalho pedagógico). 143 p. ISBN 85-308-0307-8.

FAZENDA, Ivani Catarina Arantes. *Interdisciplinaridade*: um projeto em parceria. 5. ed. São Paulo: Loyola, 2002. 119 p. ISBN 85-15-00525-5.

FARALLI, Carla. *A filosofia contemporânea do direito*: temas e desafios. São Paulo: WMF Martins Fontes, 2006. (Justiça e direito). 140 p. ISBN 85-60156-05-4.

FAZZALARI, Elio. *Istituzioni di diritto processuale*. 4. ed. Padova: CEDAM, 1986. 622 p.

FAZZALARI, Elio. La imparzialità del giudice. *Rivista di Diritto Processuale*, Padova, 27(2), p. 193-203, 1972.

FAZZALARI, Elio. Sentenza civile. *In: Enciclopedia del diritto*. Milano: Giuffrè, 1989, v. XLI. p. 1.245-1.272. ISBN 88-14-02065-5.

FEDELE, Pio. Equità canonica, verbete in *Enciclopedia del diritto*. Milano: Giuffrè, 1966, v. XV. p. 147-159.

FEIGL, Herbert. Origen y espiritu del positivismo logico. *Teorema: Revista Internacional de Filosofía*, v. 9, n. 3/4, p. 323-352, 1979. ISSN 0210-1602.

FEYERABEND, Paul K. *Contro il metodo*: abbozzo di una toria anarchica della conoscenza. Tradução italiana de L. Sosio. Milano: Feltrinelli, 1979. 262 p. ISBN 9788807817014.

FENEUIL, Anthony. De l'immédiatement donné au "détour de l'expérience mystique" remarques sur l'unité de la méthode intuitive chez Bergson. *Philósophos*, Goiânia, v. 17, n. 1, p. 31-54, jan./jun., 2012. ISSN 1414-2236.

FERNÁNDEZ GARCÍA, Eusebio. El iusnaturalismo racionalista hasta finales del siglo XVII. *In:* ANSUÁTEGUI ROIG, Francisco Javier; RODRÍGUES URIBES, José Manuel; PECES-BARBA MARTINEZ, Gregorio; FERNÁNDES GARCIA, Eusebio (Coord.). *Historia de los derechos fundamentales*, 1998, v. 1. p. 571-599. ISBN 84-8155-405-7.

FERNANDES, Ricardo Vieira de Carvalho. *Influências extrajurídicas sobre a decisão judicial*: determinação, previsibilidade e objetividade do direito brasileiro. 2013. 352 f. Tese (Doutorado em Direito) – Universidade de Brasília (UnB), Faculdade de Direito, 2013. Disponível em: http://repositorio.unb.br/bitstream/10482/15154/1/2013_RicardoVieiradeCarvalhoFernandes.pdf. Acesso em: 02 abr. 2018.

FERNÁNDEZ-VIAGAS BARTOLOMÉ, Plácido. *El juez imparcial*. Granada: Comares, 1997. 168 p. ISBN 978-8490453292.

FERRARESE, M. R. *L'istituzione difficile*. La magistratura tra professione e sistema politico. Napoles: E. S. I., 1984.

FERRARI, Vicenzo. Sociologia del diritto e riforma del processo. *In:* SCARPELLI, Uberto; TOMEO, Vicenzo (Org.). *Società, norme e valori*. Studi in Onore di Renato Treves. Milano: Giuffrè, 1984.

FERRAJOLI, Luigi. *Derecho y razón*: teoría del garantismo penal. 10. ed. Madrid: Trotta, 2011. 1019 p. ISBN 978-84-9879-046-7.

FERRAJOLI, Luigi. *Derechos y garantías*. La ley del más débil. 3. ed. Madrid: Trotta, 2002. 180 p. ISBN: 84-8164-285-1.

FERRAJOLI, Luigi. Las fuentes de legitimidad de la jurisdicción. *Reforma Judicial: Revista Mexicana de Justicia*, México-DF, n. 15-16, p. 3-18, 2010. ISSN 1870-0586.

FERRAJOLI, Luigi. *Los fundamentos de los derechos fundamentales*. Madrid: Trotta, 2001. 381 p. ISBN 84-8164-436-6.

FERRAZ JÚNIOR, Tercio Sampaio. *A ciência do direito*. 2. ed. São Paulo: Atlas, 1980. 111 p. ISBN 85-224-1692-3.

FERRAZ JÚNIOR, Tercio Sampaio. *Direito, retórica e comunicação*: subsídios para uma pragmática do discurso jurídico. 2. ed. São Paulo: Saraiva, 1997. 205 p. ISBN 8502023713.

FERRAZ JÚNIOR, Tercio Sampaio. *Função social da dogmática jurídica*. São Paulo: Max Limonad, 1998. 205 p.

FERREIRA, Adelino; Ruffo, Ísis Esteves. Análise da defesa de Jesse Prinz ao internalismo moral. *Revista Estudos Filosóficos*, n. 15, p. 32-47, 2015. ISSN 2177-2967.

FERREIRA, Daniel Brantes. Realismo jurídico norte-americano: origem, contribuições e principais autores. *Revista Direito, Estado e Sociedade*, n. 40, p. 6-33, jan./jun. 2012. ISSN 1516-6104.

FERREIRA, Jussara Suzi Assis Borges Nasser; LIMA, Maria Beatriz Gomes de. História do pensamento jurídico: hermenêutica e modernidade. *Rev. Ciên. Jur. e Soc. da Unipar*, Umuarama. v. 10, n. 2, jul./dez. 2007, p. 275-290. ISSN 1516-1579.

FERRER BELTRÁN, Jordi. *Prueba y verdad en el derecho*. 2. ed. Madrid, Barcelona: Marcial Pons, 2005. 111 p. ISBN 84-9768-240-8.

FIGUEIRÊDO, Luiz Carlos Vieira de. *Ecos do realismo no Supremo Tribunal Federal?*. Disponível em: http://www. ambito-juridico.com.br/site/index.php?n_link=revista_artigos_leitura&artigo_id=6934. Acesso em: 17 fev. 2019.

FILIBERTO, Marisa. *La motivazione della sentenza civile*. 2012. 378f. Tesi (Dottorato di ricerca in Diritto Processuale Generale ed Internazionale) – Facoltà di Giurisprudenza, Università degli Studi di Catania, Catania, 2012. Disponível em: http://archivia.unict.it/bitstream/10761/1196/1/FLBMRS82L68F943TLA%20 MOTIVAZIONE%20DELLA%20SENTENZA%20CIVILE.pdf. Acesso em: 02 mar. 2018.

FIORELLI, José Osmir *et al*. *Psicologia aplicada ao Direito*. 4. ed. São Paulo: LTr, 2015. 272 p. ISBN 978-85-361-8594-1.

FIORELLI, José Osmir; MANGINI, Rosana Cathya Ragazzoni. *Psicologia jurídica*. 3. ed. São Paulo: Atlas, 2011. 431 p. ISBN 978-85-224-6369-5.

FICHTE, Johann G. Zweite Einleitung in die Wissenschaftslehre. *Sämmtliche Werke*, I. Berlim: Walter de Gruyter (Ed. I. H. Fichte), 1965.

FISCHER, Joachim. Der Emotional turn in Den Kultur- und Sozialwissenschaften aus der Perspektive Max Schelers. *In:* Max Scheler and the Emotional Turn. *Thaumàzein – Rivista di Filosofia*, v. 3, p. 11-27, 2015. ISSN 2284-2918.

FISS, Owen. *Direito como razão pública*: processo, jurisdição e sociedade. Coordenação da Tradução de Carlos Alberto de Salles. 2. ed. Curitiba: Juruá, 2017. 348 p. ISBN 978-85-362-6673-2.

FLORES GARCIA, Fernando. Comentarios acerca del "conocimiento privado del juez" en el derecho procesal mexicano. *Revista de la Faculdad de Derecho de Mexico*, Mexico-DF, v. 61, n. 255, p. 161-198, 2011. ISSN 0185-1810.

FLORES HERNÁNDEZ, Carlos Alberto. *Un atisbo a 'transcendental non sense and the functional approach' de Felix S. Cohen (1907-1953)*. p. 1-20, 2012. Disponível em: http://works.bepress.com/carlos_floreshernandez/2/. Acesso em: 8 jul. 2018.

FONTANA, Dino F. *História da filosofia, psicologia e lógica*. 3. ed. São Paulo: Saraiva, 1969. 481 p.

FONTANA, Vanessa Furtado. Intuição de essências na fenomenologia de Husserl. *Revista Faz Ciência*, n. 9, p. 167-184, jan./jul. 2007. ISSN 1677-0439.

FONSECA, Roberto Piragibe da. *Introdução ao estudo do direito*. 5. ed. rev. e ampliada por Maria Guadalupe Piragibe da Fonseca. Rio de Janeiro: Freitas Bastos, 1975. 331 p.

FRANCESCA, Martina La. *La teoria dell'esperienza nella fenomenologia di E. Husserl*. Disponível em: http:// www.istitutocalvino.gov.it/cms/wp-content/uploads/2013/05/La-teoria-dell%E2%80%99esperienza-nella-fenomenologia-di-E.-Husserl.pdf. Acesso em: 20 maio 2018.

FRANK, Jerome (1889-1957). *Law and the modern mind*. New Brunswick: Transaction Publishers, 2009 [1930]. 404 p. ISBN 978-1-4128-0830-9.

FRANK, Jerome. Mr. justice Holmes rcnd non-Euclidean legal thinking. *Cornell Law Review*, 17, p. 568-603, 1932. ISSN 0010-8847.

FRANK, Jerome. Short of sickness and death: a study of moral responsability in legal criticism. *New York University Law Review*, 26, 4, p. 545-633, 1951. ISSN 0028-7881.

FRANK, Jerome. Some reflections on judge Learned Hand. *University of Chicago Law Review*, v. 24, p. 666-705, 1956-1957. ISSN 0041-9494.

FRANK, Jerome. What courts do in fact. *Illinois Law Review*, 26, p. 645-666, 1932. ISSN 0276-9948.

FRANK, Manfred. Self-consciousness and self-knowledge: on some difficulties with the reduction of subjectivity. *Constellations*, v. 9, n. 3, p. 390-408, 2002. ISSN 1351-0487.

FRADET, Pierre-Alexandre. Auscultation d'un coeur battant: l'intuition, la durée et la critique du possible chez Bergson. *Laval Théologique et Philosophique*, v. 67, n. 3, p. 531-552, oct. 2011. ISSN 0023-9054.

FRADET, Pierre-Alexandre. La durée bergsonienne et le temps d'Einstein: conciliation et insubordination. *Symposium*: Revue canadienne de philosophie continentale, v. 16, issue 1, p. 52-85, 2012. ISSN 1917-9685.

FRASER-MACKENZIE, Peter A. F.; BUCHT, Rebecca E.; DROR, Itiel E. Forensic judgment and decision making. *In: Comparative Decision Making*. Oxford: Oxford University Press, 2013. p. 385-415. ISBN 978-0199856800.

FRÈRE, Bruno. Max Scheler et la phénoménologie française. *Revue Philosophique de la France et de l'étranger*, 2, tome 132, p. 177-199, 2007. ISSN 0035-3833.

FREUD, Sigmund. *A Psicanálise e a determinação dos fatos nos processos jurídicos (1906). Edição Standard Brasileira das Obras Completas de Sigmund Freud.* Rio de Janeiro: Imago, 1976, v. 9. p. 99-115.

FREUD, Sigmund. *O ego e o id e outros trabalhos*. Edição Standard Brasileira das Obras Psicológicas Completas, vol. XIX. Rio de Janeiro: Imago, 2006. 359 p.

FREUD, Sigmund. *O interesse científico da Psicanálise*. Edição Standard Brasileira das Obras Psicológicas Completas, vol. XIII, p. 211-226. Rio de Janeiro: Imago, 2006.

FREUD, Sigmund. *The interpretation of dreams*. Standard Edition of the Complete Psychological Works of Sigmund Freud. Londres: Hogarth Press, 1900, v. XVI.

FRIEDMAN, Barry. The politics of judicial review. *Texas Law Review*, v. 84, n. 2, p. 257-337, dec. 2005. ISSN 0040-4411.

FRIEDRICH, Kessler. Natural law, justice and democracy: some reflections on three types of thinking about law and justice. *Tulane Law Review*, v. XIX, p. 32-61, 1944. ISSN 0041-3992.

FRIJDA, N. H. Emotions are functional, most of the time. *In:* EKMAN, P.; DAVIDSON, R. J. (Ed.). *The Nature of Emotions*. New York: Oxford University Press, 1994. p. 112-122. ISSN 1420-8008.

FROSINI, Vittorio. Equità: nozione di equità, verbete in *Enciclopedia del diritto*. Milano: Giuffrè, 1966, v. XV. p. 69-83.

FROSINI, Vittorio. L'equità nella teoria generale del diritto. *Rivista Trimestrale di Diritto e Procedura Civile*, Milano, anno XXVIII, p. 1-18, 1974. ISSN 0391-1896.

FULLER, Lon. Positivism and fidelity to law: a reply to Professor Hart. *Harvard Law Review*, v. 71, n. 4, p. 630-672, 1957. ISSN 0017-811X.

FUNKEN, Katja. *The best of both worlds:* the trend towards convergence of the civil law and the common law system. Disponível em: http://www.jurawelt.com/sunrise/media/mediafiles/13598/convergence.pdf. Acesso em: 22 fev. 2019.

FURNO, Carlo. *Teoría de la prueba legal*. Madrid: Editorial Revista de Derecho Privado, 1954. 222 p.

FUX, Luiz. *Curso de direito processual civil*: processo de conhecimento. 4. ed. Rio de Janeiro: Forense, 2008, v. 1. 995 p. ISBN 978-85-309-2560-4.

FUX, Luiz. *O novo processo civil brasileiro* (direito em expectativa): reflexões acerca do projeto do novo Código de Processo Civil. Rio de Janeiro: Forense, 2011. p. 1-24. ISBN 978-85-309-3315-9.

FUX, Luiz. Processo e Constituição. *In:* FUX, Luiz (Coord.). *Processo constitucional*. 1. ed. Rio de Janeiro: Forense, 2013. p. 3-44. ISBN 978-85-309-4848-1.

GABÁS, Raúl. La intuición en las investigaciones lógicas de Husserl. *Anales del Seminario de Metafísica XIX*. Madrid: Ed. Universidad Complutense, 1984. p. 169-193. ISSN: 0580-8650.

GADAMER, Hans-Georg. *Verdad y método I*. Tradujeron Ana Agud Aparicio y Rafael de Agapito del original alemán Wahrheit und Methode. 13. ed. Salamanca: Sígueme, 2012. 697 p. ISBN 978-84-301-0463-5.

GAGNEBIN, S. Essai d'interprétation de l'idée de joie dans la philosophie de Spinoza. *Sudia Philosophica*, Basel, XXI, p. 16-50, 1961.

GAMA, Guilherme Calmon Nogueira da. A emocionalidade em áreas jurídicas específicas. *In:* ZIMERMAN, David *et al.* (Coord.). *Aspectos psicológicos na prática jurídica.* Campinas: Milennium, 2002, p. 237-260. ISBN 85-86833-62-2.

GAMBOGI, Luís Carlos Balbino. *Direito:* razão e sensibilidade (As intuições na hermenêutica jurídica). Belo Horizonte: Del Rey, FUMEC/FCH, 2005. 303 p. ISBN 85-7308-850-8.

GARAPON, Antoine. *Bem julgar:* ensaio sobre o ritual judiciário. Lisboa: Instituto Piaget, 1997. 345 p. ISBN 972-771-158-8.

GARAPON, Antoine. *O Juiz e a democracia:* o guardião das promessas. Tradução de Maria Luiza de Carvalho. Rio de Janeiro: Editora Revan, 1999. 272 p. ISBN 85-7106-176-9.

GARBOLINO, Paolo. *Probabilità e logica della prova.* Milano: Giuffrè, 2014. 504 p. ISBN 978-8814189630.

GARCIA, Célio. Direito e Psicanálise. Revista da Faculdade de Direito da Universidade Federal de Minas Gerais, Belo Horizonte, v. 24, n. 17, p. 62-77, out. 1976.

GARCIA, Maria. Possibilidades e limitações ao emprego da intuição no campo do Direito: considerações para uma interpretação da constituição. *In: Cadernos de Direito Constitucional e Ciência Política,* São Paulo, ano 5, n. 19, p. 109-122, abr./jun. 1997. ISSN 1415-630X.

GARCIA MORENTE, Manuel. *Fundamentos de filosofia.* Lições preliminares de filosofia. Tradução de Guilhermo de la Cruz Coronado. São Paulo: Mestre Jou, 1980. 324 p.

GARCÍA RUIZ, Leopoldo. Aproximación al concepto de derecho de Roscoe Pound. *Persona y Derecho,* n. 36, p. 47-94, 1997. ISSN 0211-4526.

GARDNER, James A. The sociological jurisprudence of Roscoe Pound (Part I), *Villanova Law Review,* v. 7, issue 1, p. 1-27, 1961. ISSN 0042-6229.

GARLIKOV, Richard. *The proper role of judges:* compatible with compassion? Disponível em: http://www.google. pt/url? sa=t&rct=j&q=&esrc=s&frm=1&source=web&cd=1&ved=0CC0QFjAA&url=http%3A%2F %2Fwww. garlikov.com%2Fphilosophy%2FJudgesAndLaw.doc&ei=YqtlUrO4NY2R7AaZt4CYAw&usg=AFQjCNGb Pd9lE_wspxVUN78fevLEEyfstQ&bvm=bv.54934254,bs.1,d.Yms. Acesso em: 02 fev. 2018.

GARNER, Richard T.; ROSEN, Bernard. *Moral Philosophy:* a systematic introduction to normative ethics and meta-ethics. New York: Macmillan, 1967. 369 p.

GARRETT, Don. *Spinoza's theory of scientia intuitiva.* Disponível em: http://www.nyu.edu/gsas/dept/philo/ faculty/garrett/papers/Spinoza's%20Theory%20of%20Scientia%20Intuitiva%20FINAL%20DRAFT.pdf. Acesso em: 13 maio 2018. p. 1-28.

GASCÓN ABELLÁN, Marina. *Los hechos en el derecho:* bases argumentales de la prueba. 3. ed. Madrid, Barcelona, Buenos Aires: Marcial Pons, 2010. 220 p. ISBN 978-84-9768-720-1.

GUASTINI, Riccardo. *Interpretare e argomentare.* Milano: Giuffrè, 2011. 454 p. ISBN 9788814192951.

GAUER, Ruth M. Chittó. Transcendendo a dicotomia razão *vs.* Emoção, p. 9-16. *In:* GAUER, Ruth M. Chittó *et al. Memória, punição e justiça:* uma abordagem interdisciplinar. Porto Alegre: Livraria do Advogado, 2011. 176 p. ISBN 978-85-7348-753-4.

GEACH, Peter. *Mental acts:* their content and their objects. London: Routledge and Kegan Paul, 1957. 136 p.

GEERTZ, Clifford. *A interpretação das culturas.* Rio de Janeiro: LTC, 1989. 323 p. ISBN 9788521610809.

GÉNOVA, Gonzalo. Charles S. Peirce: la lógica del descubrimiento. *Cuadernos de Anuario Filosófico,* Pamplona, Serie Universitaria, n. 45, p. 1-88, 1997. ISSN 1137-2176.

GÉNY, François. *Método de interpretación y fuentes en derecho privado positivo.* 2. ed. Madrid: Reus, 1925.

GEROULT, Martial. *Spinoza II, L'ame.* Paris: Aubier, 1974.

GHISELIN, Brewster. *The creative process*: a symposium. Berkeley: University of California Press, 1954. 259 p. ISBN 978-0-520-05453-0.

GIACOMOLLI, Nereu José; DUARTE, Liza Bastos. O mito da neutralidade na motivação das decisões judiciais: aspectos epistemológicos. *Revista da AJURIS*, Porto Alegre, n. 102, p. 287-303, 2006. ISBN 1679-1363.

GIACOMUZZI, José Guilherme. As raízes do realismo americano: breve esboço acerca de dicotomias, ideologia e pureza no direito dos USA. *R. Dir. Adm.*, Rio de Janeiro, 239, p. 359-388, jan./mar. 2005. ISSN 2238-5177.

GIANFORMAGGIO, Letizia. Certezza del diritto. *In: Studi sulla giustificazione giuridica*. Torino: Giappichelli, 1986. p. 157-169

GIANNSANTI, A. *Governo dei giudici:* la magistratura tra diritto e politica. Milão: Feltrinelli, 1996. 240 p. ISBN 8807101971.

GIBBARD, Allan. *Wise choices, apt feelings*: a theory of normative judgement. Cambridge: Harvard University Press, 1990. 364 p. ISBN 978-0674953789.

GIL CREMADES, Juan José. *La motivación de las decisiones jurídicas. In:* Constitución, derecho y proceso: estudios en memoria de los profesores Vicente Herce Quemada y Angel Duque Barragués. Facultad de Derecho de la Universidad de Zaragoza, 1983. p. 415-433 ISBN 84-00-05467-9.

GILMORE, Grant. *The ages of american law*. New Haven: Yale University Press, 1977. 154 p. ISBN 0300019513.

GIORDANO, João Batista Arruda. Do arbítrio judicial na elaboração da sentença. Porto Alegre: *Revista da AJURIS*, n. 8(21), p. 221-225, 1981. ISSN 1679-1363.

GODOY, Arnaldo Sampaio de Moraes. O realismo jurídico em Oliver Wendell Holmes Jr. *Revista de Informação Legislativa*, Brasília, n. 171, p. 91-105, jul./set. 2006. ISSN 034-835X.

GODUE, Raphaël. *L'activité philosophique chez Wittgenstein et Schlick*. p. 109-120. Disponível em: https://www.yumpu.com/fr/document/view/25738105/lactivitac-philosophique-chez-wittgenstein-et-schlick-ithaque/5. Acesso em: 26 jun. 2018.

GOLDING, Martin P. A note on discovery and justification in science and law. *Nomos*, XXVIII, p. 124-140, 1986. ISSN 1807-3840.

GOLDING, Martin P. Realism and functionalism in the legal thought of Felix S. Cohen. *Cornell Law Review*, v. 66. p. 1.032-1.057, 1981. ISSN 0010-8847.

GOLDSCHMIDT, Werner Lange. *La imparcialidad como principio básico del proceso* (La partialidad y la parcialidad). Madrid: Monografias de Derecho Español. Instituto de Derecho Procesal, 1950.

GOLEMAN, Daniel. *Inteligência emocional*. Rio de Janeiro: Objetiva, 1995. 375 p. ISBN 978-85-730-2080-9.

GOLEMAN, Daniel. *O cérebro e a inteligência emocional*: novas perspectivas. Tradução de Carlos Leite da Silva. Rio de Janeiro: Objetiva, 2012. 116 p. ISBN 978-85-390-0398-3.

GOLEMAN, Daniel. Pespectivas em psicologia, realidade e o estudo da consciência. *In:* WALSH, Roger N. e VAUGHAN, Frances (Org.). *Além do ego*: dimensões transpessoais em psicologia. Tradução de Adail Ubirajara Sobral e Maria Stela Gonçalves. São Paulo: Cultrix/Pensamento, 1997. p. 32-39. 305 p. ISBN 85-315-0007-9.

GOLEMAN, Daniel. *The emotional brain:* the mysterious undespinning of emotional life. New York: Joseph LeDoux, 1996. 384 p. ISBN 978-0-684-80382-1.

GOLEMAN, Daniel. Um mapa do espaço interior. *In:* WALSH, Roger N.; VAUGHAN, Frances (Org.). *Além do ego*: dimensões transpessoais em psicologia. Tradução de Adail Ubirajara Sobral e Maria Stela Gonçalves. São Paulo: Cultrix/Pensamento, 1997. p. 157-166. 305 p. ISBN 85-315-0007-9.

GOMES FILHO, Antonio Magalhães. *A motivação das decisões penais*. São Paulo: Revista dos Tribunais, 2001. 272 p. ISBN 85-203-2108-9.

GOMES, Mario Soares Caymmi. O direito como linguagem e discurso: a retórica judicial. *Revista de Direito Privado*, São Paulo, n. 39, p. 259-284, 2009.

GOMETZ, Gianmarco. Indici di certezza del diritto. *Diritto & Questioni Pubbliche*, Palermo, n. 12, p. 308-343, 2012. ISSN 1825-0173.

GÓMEZ ARBOLEYA, Enrique. El racionalismo jurídico y los códigos europeos. *Revista de Estudios Políticos*, n. 60, p. 33-65, nov./dec. 1951. ISSN 0048-7694.

GÓMEZ, Shirley. Max Scheler lo emocional como fundamento de la ética. *Revista Educación en Valores*, Carabobo, v. 1, n. 17, p. 58-68, ene./jun. 2012. ISSN 1690-7884.

GONZALEZ ALEGRÍA, Marco Antonio Gabriel. La motivación como derecho fundamental. *Sufragio*, México-DF, 3. época, v. 1, n. 1, p. 45-49, año 2008. ISSN 2007-0888.

GONZÁLEZ CASTILLO, Joel. La fundamentación de las sentencias y la sana crítica. *Revista Chilena de Derecho*, Santiago, v. 33, n. 1, p. 93-107, 2006. ISSN 0718-3437.

GONZÁLEZ HERNÁNDEZ, Susana. La racionalidad y la razonabilidad en las resoluciones judiciales (distinguir para comprender). *Praxis de la justicia fiscal y administrativa*, México-DF, año 5, n. 12, 2013. ISSN 2007-3755.

GOODMAN, Nelson. *I linguaggi dell'arte*. L'esperienza estetica: rappresentazione e simboli. Milano: Il Saggiatore, 1998. 238 p. ISBN 978-8842823896.

GORDILLO R., Ruth. Sobre la concepción bergsoniana de "intuición" y las consecuencias para la comprensión de la ciencia y la metafísica (una comparación con Kant). *Revista PUCE*, Quito, n. 102, 3 nov 2015 – 3, p. 203-223, mayo 2016. ISSN 1012-389X.

GORLA G. La struttura della decisione giudiziale in diritto italiano e nella "Common Law": riflessi di tale struttura sull'interpretazione della sentenza, sui "Reports" e sul "Dissenting". *In: Giur. it.*, 1965, I, 1, c.

GORPHE, François. *Les décisions de justice*: étude psychologique et judiciaire. Paris: Presses universitaires de France, 1952. 199 p.

GOYARD-FABRE, Simone. *Filosofia crítica e razão jurídica*. São Paulo: Martins Fontes, 2006. (Justiça e direito). p. 314. ISBN 978-85-33623217.

GRADI, Marco. Il principio del contraddittorio e la nullità della sentenza dela "terza via". *Rivista di diritto processuale*, Padova, anno 65, n. 4, p. 826-848, lug./ago. 2010. ISSN 0035-6182.

GRAÇA, António Pires Henriques da. Aspectos metodológicos do discurso judiciário. *In: Estudos jurídicos do Supremo Tribunal de Justiça de Portugal*. Lisboa, 2008. Disponível em: http://www.stj.pt/ficheiros/estudos/apiresgraca_discursojudiciario.pdf. Acesso em: 05 fev. 2018.

GRAU, Eros Roberto. A jurisprudência dos interesses e a interpretação do direito. *In*: ADEODATO, J. M. (Org.). *Jhering e o direito no Brasil*. Recife: Universitária, 1996. ISBN 85-731-5050-5.

GRAU, Eros Roberto. *Ensaio e discurso sobre a interpretação/aplicação do direito*. 5. ed. São Paulo: Malheiros, 2009. 327 p. ISBN 978-85-7420-935-7.

GRAU, Eros Roberto. *O direito posto e o direito pressuposto*. 4. ed. São Paulo: Malheiros, 2002. 279 p. ISBN 85-7420-351-3.

GRAY, John Chipman. *The nature and sources of the law*. New York: The Columbia University Press. 1916. 332 p.

GRECO, Leonardo. *Instituições de processo civil*. 3. ed. Rio de Janeiro: Forense, 2011, v. 1. 480 p. ISBN 978-85-309-3466-8.

GRECO, Leonardo. *Garantias fundamentais do processo*: o processo justo. Disponível em: http://www.mundojuridico.adv.br. Acesso em: 19 jan. 2018.

GRECO, Leonardo. O princípio do contraditório. *In:* BARRETTO, Vicente de Paulo (Coord.). *Dicionário de filosofia do direito*. São Leopoldo: UNISINOS, 2009. p. 154-159. ISBN 85-7431-266-5.

GRECO, Leonardo. Novas perspectivas da efetividade e do garantismo processual. *In:* MITIDIERO, Daniel; AMARAL, Guilherme Rizzo (Coord.); FEIJÓ, Maria Angélica Echer (Org.). *Processo civil:* estudos em homenagem ao professor doutor Carlos Alberto Alvaro de Oliveira. São Paulo: Atlas, 2012. p. 273-308. ISBN 978-85-224-7461-5.

GRECO, Lorenzo. Simpatia ed etica: in difesa della prospettiva humeana. *I castelli di Yale online*, IV, 2, p. 1-14, 2016. ISSN: 2282-5460.

GREEN, Leslie. *Positivism and the inseparability of law and morals.* Disponível em: http://www.nyulawreview.org/sites/default/files/pdf/NYULawReview-83-4-Green.pdf. Acesso em: 18 jul. 2018.

GREEN, Michael Steven. Legal realism as theory of law. *William & Mary Law Review*, Williamsburg, v. 46, issue 6, article 2, p. 1915-2000, 2005. ISSN 0043-5589.

GREENE, Abner S. Can we be legal positivists without being constitutional positivists? *Fordham Law Review*, v. 73, p. 1401-1414, 2005. ISSN 0015-704X.

GREENE, Joshua D. *et al.* An fMRI Investigation of Emotional Engagement in Moral Judgment. *Science*, v. 293, p. 2105-2108, sep. 2001. ISSN 0036-8075.

GREENE, Joshua D. The neural bases of cognitive conflict and control in moral judgment. *Neuron*, v. 44, p. 389-400, oct. 2004. ISSN 0896-6273.

GREENE, Joshua D. Dual-process morality and the personal/impersonal distinction: a reply to McGuire, Langdon, Coltheart, and Mackenzie. *Journal of Experimental Social Psychology*, 45(3), p. 581-584, 2009. ISSN 0022-1031.

GREENE, Joshua; HAIDT Jonathan. How (and where) does moral judgment work? *TRENDS in Cognitive Sciences*, v. 6, n. 12, p. 517-523, dic. 2002. ISSN 1364-6613.

GRÉGOIRE, Jean-François. *De l'affect a l'effet*: Le rôle des émotions dans le maintien des normes. 2010. 79 f. Maîtrise en philosophie – Faculté des études supérieures de l'Université Laval, Québec, 2010.

GREY, John. Reason *and knowledge in Spinoza*. Disponível em: http://www.philosophy.msu.edu/files/3514/7011/8173/Reason_and_Knowledge_in_Spinoza.pdf. Acesso em; 13 maio 2018. p. 1-15.

GREY, Thomas G. Freestanding legal pragmatism. *Cardozo Law Review*, v. 18, 21, 1996. ISSN 2169-4893.

GRIFFITH, J. A. G. *Giudici e politica in Inghilterra*. Milano: Feltrinelli, 1980. 218 p.

GRIMAL, Pierre. *Dicionário de mitologia grega e romana*. 5. ed. Rio de Janeiro: Bertrand Brasil, 2005. 560 p. ISBN 85-286-0148-X.

GRINOVER, Ada Pellegrini. O controle do raciocínio judicial pelos tribunais superiores brasileiros. *Revista da AJURIS*, Porto Alegre, 17(50), p. 5-20, 1990. ISSN 1679-1363.

GROCIO, Hugo. *Del derecho de la guerra y de la paz*. Libro Primero, cap. 1, X, 5, Tomo 1. Traducción de Jaime Torrubiano Ripoll. Madrid: Ed. Reus, 1925.

GROF, Stanislav. Domínios do inconsciente humano: observações a partir da pesquisa com o LSD. *In:* WALSH, Roger N.; VAUGHAN, Frances (Org.). *Além do ego*: dimensões transpessoais em psicologia. Tradução de Adail Ubirajara Sobral e Maria Stela Gonçalves. São Paulo: Cultrix/Pensamento, 1997. p. 97-109. ISBN 8531500079.

GROSSI, Paolo. *Mitologie giuridiche della modernità*. 3. ed. Milano: Giuffrè, 2001. 124 p. ISBN 978-8814128639.

GROSSMAN, Joel B.; WELLS, Richard S. *Constitutional law and judicial policy making*. 2. ed. Nova Iorque: John Wiley & Sons Inc, 1980. 1408 p. ISBN 978-0471328490.

GRZIBOWSKI, Silvestre. Intuição e percepção em Husserl: leituras de Emannuel Levinas. *Rev. Nufen: Phenom. Interd*, Belém, 8(2), p. 65-76, ago./dez., 2016. ISSN 2175-259.

GUARIGLIA, Fabrício. Publicidad periodística del hecho y principio de imparcialidad. *Libertad de prensa y derecho penal*. Buenos Aires: Del Puerto S. R. L., 1997.

GUARINELLO, Angelo. *Psicologia jurídica*. São Paulo: Revista dos Tribunais, 1944. 172 p.

GUARNIERI, C. *Magistratura e politica in Italia*: pesi senza contrappesi. Bolonha: Il Mulino, 1992. 168 p. ISBN 978-88-150-3683-4.

GUCCINELLI, Roberta. Value-feelings and disvalue-feelings a phenomenological approach to self-knowledge. *Thaumàzein – Rivista di Filosofia*, v. 3, p. 233-247, 2015. ISSN 2284-2918.

GUERRA, Gustavo Rabay. Estrutura lógica dos princípios constitucionais – pós-positivismo jurídico e racionalidade argumentativa na reformulação conceitual da normatividade do direito. *Revista Brasileira de Direito Constitucional*, n. 7, v. 2, p. 220-237, jan./jun. 2006. ISSN 1678-9547.

GUERRA, Marcelo Lima. Notas sobre o dever constitucional de fundamentar as decisões judiciais (CF, art. 93, IX). *In*: FUX, Luiz; NERY JR., Nelson; WAMBIER, Teresa Arruda Alvim (Coord.). *Processo e Constituição*: estudos em homenagem ao Professor José Carlos Barbosa Moreira. São Paulo: Revista dos Tribunais, 2006. p. 517-541. ISBN 85-203-2891-1.

GUIMARÃES, Ana Cristina Silveira. Guarda – um olhar interdisciplinar sobre casos judiciais complexos. *In*: ZIMERMAN, David (Coord.). *Aspectos psicológicos na prática jurídica*. Campinas: Milennium, 2002, p. 447-470. ISBN 85-86833-62-2.

GUIMARÃES, Mário. *O juiz e a função jurisdicional*. 1. ed. Rio de Janeiro: Forense, 1958. 445 p.

GULOTTA, Guglielmo. Psicologia jurídica: uma relação entre psicologia e o mundo jurídico. *Revista Brasileira de Ciências Criminais*, São Paulo, n. 43, v. 11, p. 239-247, abr./jun. 2003. ISSN 14-15-5400.

GÜNTHER, Klaus. *Teoria da argumentação no direito e na moral*: justificação e aplicação. São Paulo: Landy Editora, 2004. 423 p. ISBN 85-76290251.

GUSDORF, Georges. Projet de recherche interdisciplinaire dans les sciences humaines. *In: Les sciences de l'homme sont des sciences humaines?* Paris: Diffusion Éditions OPHRYS, 1967. p. 35-64.

GUSMAI, Antonio. Il giudice, il legislatore e l'opinione pubblica: appunti sulla razionalità sociale dell'ordinamento costituzionale. *Forum di Quaderni Costituzionali*, 2016. p. 1-25. ISSN 2281-2113.

GUSMÃO, Paulo Dourado de. *Introdução ao estudo do direito*. 31. ed. Rio de Janeiro: Forense, 2002. 459 p.

GUTHRIE, Chris; WISTRICH, Andrew J.; RACHLINSKI, Jeffrey J. Blinking on the bench: how judges decide cases. *Cornell Law Review*, 93, p. 1-43, 2007. ISSN 0010-8847.

GUTHRIE, Chris; WISTRICH, Andrew J.; RACHLINSKI, Jeffrey J. Heart versus head: do judges follow the law or follow their feelings? *Texas Law Review*, v. 93, p. 855-923, 2015. ISSN 0040-4411.

GUTHRIE, Chris; WISTRICH, Andrew J.; RACHLINSKI, Jeffrey J. *Judicial Intuition*. Disponível em: https://www.google.com.br/search?source=hp&ei=uicQW5yjOYugwgT85IeIBQ&q=GUTHRIE%2C+Chris%3B+WISTRICH%2C+Andrew+J.%3B+RACHLINSKI%2C++Jeffrey+J.+Judicial+Intuition.+ISSN&oq=GUTHRIE%2C+Chris%3B+WISTRICH%2C+Andrew+J.%3B+RACHLINSKI%2C++Jeffrey+J.+Judicial+Intuition.+ISSN&gs_l=psy-ab.3...3318.10537.0.11155.9.7.0.0.0.0.204.1027.0j6j1.7.0....0...1.1.64.psy-ab..2.0.0.0...0.xD9CA2Q6iso. Acesso em: 01 jun. 2018.

GUTIÉRREZ POZO, Antonio. El metodo fenomenológico de la intuición en Husserl y Ortega. *ALFA*, año II, n. 3, p. 73-88, jun. 1998. ISSN 1137-8360.

HABERMAS, Jugen. *Direito e democracia*: entre facticidade e validade. Tradução de Flávio Beno Siebeneichker. 2. ed. Rio de Janeiro: Tempo Brasileiro, 2003, v. II. 352 p. ISBN 85-28200957.

HACKMANN, Berenice Gonçalves. O complexo homem complexo. *Colóquio – Revista Científica da FACCAT*, v. 3, n. 1, p. 1-11, jan./abr. 2005. ISSN 1678-9059.

HAIDT, Jonathan. The emotional dog and its rational tail: a social intuitionist approach to moral judgment. *Psychological Review*, v. 108, p. 814-834, 2001. ISSN 0033-295X.

HAINES, Charles Grove. General observations on the effects of personal, political, and economic influences in the decisions of judges. *Illinois Law Review*, 17, p. 96-116, 1922. ISSN 0276-9948.

HALL, Calvin S. *Teorias da personalidade*. Tradução e revisão técnica Maria Cristina Machado Kupfer. São Paulo: EPU, 1984, v. 1. 158 p.

HALL, James A. *Jung e a interpretação dos sonhos*: manual de teoria e prática. Tradução de Álvaro Cabral. São Paulo: Cultrix, 2007. 160 p. ISBN 978-85-316-0218-4.

HAND, Learned. The deficiencies of trials to reach the heart of the matter. *3 Lectures on Legal Topics*, New York, v. 3, 89, 1929.

HANSON, Norwood Richard. The idea of a logic of discovery. *In*: HANSON, N. R. (Ed.). *What I do not believe, and other essays*. D. Reidel Publishing, 1971. p. 288-300. ISBN 978-94-010-3110-3.

HANSON, Norwood Richard. The logic of discovery. *Journal of Philosophy*, 55 (25), p. 1073-1089, 1958.

HARE, William. *Bertrand Russell on critical thinking*. Disponível em: http://www.criticalthinking.org/pages/bertrand-russell-on-critical-thinking/477. Acesso em: 21 jun. 2018. p. 1-5.

HARRIS, Allison P., SEN, Maya. *Bias and judging*. Disponível em: https://scholar.harvard.edu/files/msen/files/bias-judging-arps.pdf. Acesso em: 25 fev. 2019. p. 1-35.

HARRIS, Angela P.; SHULTZ, Marjorie M. A(nother) critique of pure reason: Toward civic virtue in legal education. *Stanford Law Review*, v. 45, p. 1773-1805, july 1993. ISSN 0038-9765.

HART, H. L. A. American jurisprudence through english eyes: the nightmare and the noble dream. *Essays in jurisprudence and philosophy*. Clarendon Press, 1983. ISBN 978-01-982-5388-4.

HART, H. L. A. *The concept of law*. 2nd ed. Oxford: Oxford University Press, 1997. 336 p. ISBN 978-01-987-6123-5.

HARUKA, Tsutsui. J. J. *Prinz's Relativistic Morality and Convention*. The 3rd BESETO Conference of Philosophy. Session 10. The Univesity of Tokyo. Disponível em: http://utcp.c.u-tokyo.ac.jp/members/pdf/003_Tsutsui_Haruka_3rd_BESETO.pdf. Acesso em: 16 jun. 2018. p. 261-272.

HAUSER, Marc D. *Moral minds*: how nature designed our universal sense of right and wrong. New York: Harper Collins Publishers, 2006. 528 p. ISBN 978-00-607-8072-2.

HECK, Luis Afonso. Regras, princípios jurídicos e sua estrutura no pensamento de Robert Alexy. *In*: LEITE, George Salomão (Org.). *Dos princípios constitucionais*: considerações em torno das normas principiológicas da Constituição. São Paulo: Malheiros, 2003. p. 52-100.

HECK, Philipp. *Begriffsbildung und Interessenjurisprudenz*. Tübingen: J. L.B. Mohr, 1932. 228 p.

HECK, Philipp. *El problema de la creación del derecho*. Tradução de Manuel Entenza. Granada: Editorial Comares, 1999. 120 p. ISBN 978-84-815-1816-0.

HEINEMANN, Fritz. *A filosofia no século XX*. 2. ed. Lisboa: Fundação Calouste Gulbenkian, 1979. 574 p.

HEGEL. *Fenomenologia do espírito*. Parte 1. 2. ed. Petrópolis: Vozes, 1992. 271 p. ISBN 85-326-0687-3.

HEIDEGGER, Martin. *Identidade e diferença*. Conferências e escritos filosóficos. Tradução e notas Ernildo Stein. Coleção Os pensadores. São Paulo: Nova Cultural, 1989.

HEIDEGGER, Martin. *O que é isto – a filosofia?* Coleção Os pensadores. São Paulo: Nova Cultural, 1989.

HEIDEGGER, Martin. *Que é a metafísica?* Coleção Os pensadores. São Paulo: Nova Cultural, 1989.

HEIDEGGER, Martin. *Sobre a essência da verdade.* Coleção Os pensadores. São Paulo: Nova Cultural, 1989.

HENSON, R. What Kant might have said: moral worth and the overdetermination of a dutiful action. *Philosophical Review*, v. 88, p. 39-54, 1979. ISSN 0031-8108.

HERMANNS, William. *Einstein and the poet*: in search of the cosmic man. Branden Books, 1983. 151 p. ISBN 978-08-283-1851-8.

HERRMANN, Fábio. *O que é psicanálise.* São Paulo: Brasiliense, 1983. 118 p.

HERNÁNDEZ MARÍN, Rafael. *Las obligaciones básicas de los jueces.* Madrid: Marcial Pons, 2005. 338 p. ISBN 84-9768-251-3.

HERNÁNDEZ, Walter. *Consideraciones sobre o objeto desde la perspectiva de la vivencia intencional en la fenomenologia husserliana.* Disponível em: https://pt.scribd.com/document/249369233/Consideraciones-Sobre-El-Objeto-Desde-La-Perspectiva-de-La-Vivencia-Intencional-en-La-Fenomenologia-Husserliana. Acesso em: 21 maio 2018. p.1-42.

HERKENHOFF, João Baptista. *Direito e utopia.* 4. ed. Porto Alegre: Livraria do Advogado, 2001. 120 p. ISBN 85-7348-201-X.

HERKENHOFF, João Baptista. *Como aplicar o Direito* (à luz de uma perspectiva axiológica, fenomenológica e sociológico-política). 7. ed. Rio de Janeiro: Forense, 2001. 179 p.

HERVADA, Javier. *Lições propedêuticas de filosofia do direito.* São Paulo: WMF Martins Fontes, 2008. 449 p. ISBN 978-85-7827-005-6.

HERVADA, Javier. *O que é o direito?*: a moderna resposta do realismo jurídico: uma introdução ao direito. São Paulo: WMF Martins Fontes, 2006. 176 p. (Justiça e direito). ISBN 85-60156-08-9.

HESSEN, Johannes. *Teoria do conhecimento.* Tradução de António Correia. 3. ed. Coimbra: Armênio Amado Editor, 1964. 206 p.

HILLMAN, James. *Anima*: an anatomy of a personified notion. Woodstock: Spring Publications, 1996. 188 p. ISBN 0-88214-316-6

HILLMAN, James. Anima – guia da alma. In DOWNING, Christiane (Org.). *Espelhos do self*: as imagens arquetípicas que moldam a sua vida. Tradução de Maria Silvia Mourão Netto. São Paulo: Cultrix, 2004. p. 44-45.

HILLMAN, James. *Emotion*: a comprehensive phenomenology of theories and their meaning for therapy. Illinois: Northwestern University Press, 1997. 318 p. ISBN 0-8101-1020-2.

HILLMAN, James. *O pensamento do coração e a alma do mundo.* Tradução de Gustavo Barcellos. Campinas: Verus, 2010. 111 p. ISBN 978-85-7686-070-9

HILLMAN, James. *The myth of analysis*: theree essays in archetypal psychology. New York: Harper Colophon Books, 1978. 313 p. ISBN 0-06-090600-6.

HINTIKKA, Jaakko. The notion of Intuition in Husserl. *Revue Internationale de Philosophie*, 2, n. 224, 2003. p. 169-191. ISSN 0048-8143.

HÖFFE, Otfried. *Justiça política*: fundamentação de uma filosofia crítica do direito e do Estado. 3. ed. São Paulo: Martins Fontes, 2005. 454 p. (Justiça e direito). ISBN 85-336-2175-2.

HOFFMAN, Martin L. *Empathy and moral development.* Implications for caring and justice. Cambridge: Cambridge Univiversity Press, 2000. 331 p. ISBN 0-521-58034-X.

HOLMES JR., Oliver Wendell. Codes, and the arrangement of the law. *American Law Review*, 5, 1870.

HOLMES JR., Oliver Wendell. *The common law*. Toronto: University of Toronto Law School Typographical Society, 2011. 381 p. ISBN 489100570X.

HOLMES JR., Oliver Wendell. *The path of law*. Nova York, 1920.

HORKHEIMER, Max. A relação entre psicologia e sociologia na obra de Wilhelm Dilthey. Tradução de Guilherme José Santini. *COGNITIO-ESTUDOS: Revista Eletrônica de Filosofia*, v. 14, n. 1, p.142-153, jan./jun. 2017. ISSN 1809-8428.

HORKHEIMER, Max. *Eclipse da razão*. Tradução de Sebastião Uchoa Leite. Rio de Janeiro: Editorial Labor do Brasil. 1976. 198 p.

HOROVITZ, Joseph. *Law and logic*: a critical account of legal argument. Springer-Verlag, 1972. 213 p. ISBN 978-0387810669.

HORTA, Denise Alves. Obra de arte e sentença: a expressão do sentire do artista e do juiz. *Revista do Tribunal Regional do Trabalho 3ª Região*, Belo Horizonte, v. 45, n. 75, p. 163-172, jan./jun. 2007. ISSN 0076-8855.

HOYNINGEN-HUENE, Paul. Context of Discovery and Context of Justification. *Studies of the History and Philosophy of Science*, 18, p. 501-505, 1987. ISSN 0929-6425.

HUDSON, W. D. *Ethical intuitionism*. Londres: Macmillan, 1967. 88 p. ISBN 978-0333051450.

HUFFMAN, Karen; VERNOY, Mark; VERNOY, Judith. *Psicologia*. São Paulo: Atlas, 2003. 814 p. ISBN 978-8522434725.

HULL, N. E. H. Reconstructing the origins of realistic jurisprudence: a prequel to the Llewellyn-Pound exchange over legal realism. *Duke Law Journal*, n. 5, p. 1.302-1.334, 1989. ISSN 0012-7086.

HULL, N. E. H. Some realism about the Llewellyn-Pound exchange over realism: the Newly Uncovered Private Correspondence (1927-1931). *Wisconsin Law Review*, p. 921-969, 1987. ISSN 0043-650X.

HUME, David. *A treatise of human nature*. Ed. Selby Bigge. Oxford: Clarendon Press, 1896. 338 p.

HUNNEX, Milton D. *Filósofos e correntes filosóficas*. Tradução de Alderi de Souza Matos. São Paulo: Editora Vida, 2003. 133 p. ISBN 85-7367-621-3.

HUSSERL, Edmund. *Ideen zu einer Reiner Phänomenologie und Phänomenologischen Philosophie, Gesammelte Werke*, Band III. W. Biemel (Hrsg.). Haag: Martinus Nijhoff, 1956.

HUSSERL, Edmund. *Idées directrices pour une phenomenologie*. Paris: Gallimard, 1950. 624 p.

HUSSERL, Edmund. *Méditations Cartésiennes*: introduction à la phénoménologie. Paris: Librairie Armand Colin, 1931. 136 p.

HUSSERL, Edmund. *Ricerche logiche*, a cura di Giovanni Piana. Milano: Il Saggiatore, 1968, v. I. ISBN 88-204-76-04-5.

HUSSON, León. Les trois dimensions de la motivacion judiciaire. *In:* PERELMAN, Chaïm; FORIERS, Paul. *La motivation des décisions de justice*: études. Bruxelles: É. Bruylant, 1978. p. 69-109.

HUSSON, León. *L'intellectualisme de Bergson*. Genèse et développement de la notion bergsonienne d'intuition. Paris: PUF, 1947. 240 p.

HUTCHESON JR, Joseph C. Judgment intuitive: the function of the hunch in judicial decision. *Cornell Law Review*, v. 14, issue 3, p. 274-288, apr. 1929. ISSN 0010-8847.

HUTCHESON JR, Joseph C. Lawyer's law and the little small dice. *Tulane Law Review*, v. VII, n. 1, dec. 1932. p. 1-12. ISSN 0041-3992.

IACOBELLIS, Marcello; PELLECCHIA, Roberto; SCOGNAMIGLIO, Paolo; SENSALE, Giorgio. *Codice di procedura civile*: annotato con la giurisprudenza. 19. ed. Napoli: Simone, 2013. 2202 p.

IACOBESCU, Maria Rodica. Intuition versus intelligence in H. Bergson. *Revista Romana de Studii Culturale* (pe Internet), v. 4, p. 64-70, 2004. ISSN 1582-0521.

IASI, Camilla Di. Il vizio di motivazione dopo la l. n. 134 del 2012. *Rivista Trimestrale di Diritto e Procedura Civile*, Milano, fasc. 4, 2014. ISSN 0391-1896.

IGARTUA SALAVERRIA, Juan. *Discrecionalidad técnica, motivación y control jurisdiccional*. Madrid: Civitas – IVAP, 1998. 163 p. ISBN 978-8447010691.

IGARTUA SALAVERRIA, Juan. *La motivación de las sentencias, imperativo constitucional*. Madrid: Centro de Estudios Políticos y Constitucionales, 2003. 239 p. ISBN 84-259-1235-0.

INÉS MARKMAN, Ana. *Bergson:* Razón de lo inmutable, intuición de lo moviente, 2013. Disponível em: http://www.academia.edu/12309778/Bergson_Razo_n_de_lo_inmutable_intuicio_n_de_lo_moviente. Acesso em: 25 abr. 2018.

INGBER, L. Jean Bodin et le droit naturel. *In: Actes du coloque interdisciplinaire d'Angers*. Presses Univ. d'Anger, 1995, I. p. 279-302. ISBN 978-2903075255.

ISAY, Hermann. *Rechtsnorm und Entscheidung*. F. Vahlen, 1929. 379 p.

ISENMAN, Lois. *Understanding intuition*: a journey in and out of science. Elsevier, 2018. 222 p. ISBN 978-0-12-814108-3.

ISRAËL, Liora; MOURALIS, Guillaune. Les magistrats, le droit positif et la morale, p. 61-78. *In:* CURAPP. *Sur la portée sociale du droit*. Presses Universitaires de France – PUF, 2005, 395 p. ISBN 978-2-13-055065-5.

ISRAËL, Nicolas. *Genealogia do direito moderno*: o estado de necessidade. São Paulo: WMF Martins Fontes, 2009. (Biblioteca jurídica WMF). 192 p. ISBN 978-85-7827-133-6.

JACQUES, Paulino. *Curso de introdução à ciência do direito*. 2. ed. rev. e atual. Rio de Janeiro: Forense, 1971. 281 p.

JAEGER, Nicola. *Corso di diritto processuale civile*. Seconda edizione aumentata e aggiornata. Milano: La Goliardica, 1956. 832 p.

JAMES, William. *Ensaios em empirísmo radical*. A consciência existe? (Coleção Os pensadores). Tradução de Jorge Caetano da Silva, Pablo Rubén Mariconda. São Paulo: Abril Cultural, 1979.

JAMES, William. *O significado da verdade*. Coleção Os Pensadores. São Paulo: Abril Cultural, 1979.

JAMES, William. *Pragmatism and other writings*. New York: Penguin Books, 2000. 400 p. ISBN 978-01404373505.

JAMES, William. *The principles of psychology*. Nova York: Holt, 1890.

JAMES, William. *Vida e obra*. Coleção Os Pensadores. São Paulo: Abril Cultural, 1979.

JAMIN, Christophe. Le rendez-vous manqué des civilistes français avec le réalisme juridique: un exercice de lecture comparée. *Droits*, Presses Universitaires de France – PUF, n. 51, p. 137-160, 2010/2011. ISBN 978-2130577058.

JAPIASSÚ, Hilton. *Dicionário básico de filosofia*. 4. ed. atual. Rio de Janeiro: Zahar, 2006. 309 p. ISBN 978-85-7110-095-4.

JAPIASSÚ, Hilton. *Interdisciplinaridade e patologia do saber*. Rio de Janeiro: Imago, 1976. 220 p.

JÁUREGUI, José Antonio. *Cérebro e emoções o computador emocional*: não sentimos o que queremos. Lisboa: Dinalivro, 2001. 574 p. ISBN 972-576-198-7.

JIMENA SOLÉ, María. *La intuición intelectual en Spinoza*. Disponível em: https://pt.scribd.com/document/335652745/La-Intuicion-Intelectual-en-Spinoza-Maria-Jimena-Sole. Acesso em: 10 maio 2018. p. 205-217.

JIMÉNEZ GONZÁLEZ, Pablo Andrés. Verificación y sintaxis lógica en Carnap. *Revista Légein,* n. 4, p. 51-67, ene./jun. 2007. ISSN 1794-5291.

JOACHIM, H. H. *A study of the Ethics of Spinoza.* Oxford: Clarendon Press, 1901. 316 p.

JOACHIM, H. H. *Spinoza's Tractatus de intellectus emendatione.* London: Oxford University Press, 1940.

JOBIM, Marco Félix. *Cultura, escolas e fase metodológicas do processo.* 2. ed. rev. atual. Porto Alegre: Livraria do Advogado, 2014. 152 p. ISBN 978-85-7348-930-9.

JOHANSON, Izilda. *Arte e intuição:* a questão estética em Bergson. São Paulo: Associação Humanitas/FFLCH/USP; FAPESP, 2005. 156 p. ISBN 85-98-292-303

JORGENSEN'S, Among Stig. Argumentation and decision. *Published by Offprint from Liber Amicorum in Honour of Professor Alf Ross.* Köbenhavn, 1969. p. 261-284.

JUAN MORESO, José. *La indeterminación del derecho y la interpretación de la Costitución.* Madrid: Centro de Estudios Políticos y Constitucionales, 1997. 256 p. ISBN 978-84-259-1038-8.

JULLIEN, François. *O diálogo entre as culturas:* do universal ao multiculturalismo. Rio de Janeiro: Jorge Zahar, 2009. 224 p. ISBN 978-85-3780-176-5.

JUNG, Carl Gustav. *A natureza da psique.* 2 ed. Petrópolis: Vozes, 1986. 402 p.

JUNG, Carl Gustav. *A psychological approach to the dogma of the trinity.* In Collected Works, v. 11, 1942.

JUNG, Carl Gustav. *Arquétipos e o inconsciente coletivo.* Tradução de Maria Luíza Appy, Dora Mariana R. Ferreira da Silva. 2. ed. Petrópolis: Vozes, 2002, livro 9, v. 1. 408 p. ISBN 85-326-2355-7.

JUNG, Carl Gustav. *Civilização em transição.* Tradução de Lúcia Mathilde Endlich Orth. Petrópolis: Vozes, 2013, livro 10, vol. 3. ISBN 978-85-326-2424-6.

JUNG, Carl Gustav. Mysterium coniunctionis: an inquiry into the separation and synthesis of psychic opposites in alchemy. *Collected works.* 2. ed. Princeton: Princeton University Press, 1974, v. 14. 1432 p. ISBN 0-691-01816-2.

JUNG, Carl Gustav. *Memórias, sonhos e reflexões.* Tradução de Dora Ferreira da Silva. Rio de Janeiro: Nova Fronteira, 1975. 360 p.

JUNG, Carl Gustav. *O eu e o inconsciente.* Petrópolis: Vozes, 2008. 166 p.

JUNG, Carl Gustav. *O homem e seus símbolos.* Tradução de Maria Lúcia Pinho. Rio de Janeiro: Nova Fronteira. 2002. 316 p. ISBN 85-209-0642-7.

JUNG, Carl Gustav. Psychology and alchemy. *Collected works.* 2 ed. Princeton: Princeton University Press, 1968, v. 12. 705 p. ISBN 0-691-01831-6.

JUNG, Carl Gustav. *Psicologia do inconsciente.* 18. ed. Tradução de Maria Luiza Appy. Petrópolis: Vozes, 2008. 141 p. ISBN 978-85-326-0470-5.

JUNG, Carl Gustav. *Tipos psicológicos.* Tradução de Lúcia Mathilde Endlich Orth. Petrópolis: Editora Vozes, 1991. 394 p. ISBN 978-85-326-2424-6.

JUNG, Emma. *Animus e anima.* Tradução de Dante Pignatari. São Paulo: Cultrix, 2006. 112 p. ISBN 978-85-316-0015-9.

KAHNEMAN, Daniel; FREDERICK, Shane. A model of heuristic judgement. *In:* HOLYOAK, Keith J.; MORRISON, Robert G (Ed.). *The Cambridge Handbook of Thinking and Reasoning.* Cambridge: Cambridge University Press, 2005. p. 267-293. ISBN 978-05-215-2101-6.

KAHNEMAN, Daniel; FREDERICK, Shane. Representativeness revisited: attribute substitution in intuitive judgment. *In:* GILOVICH T.; GRIFFIN D.; KAHNEMAN D. (Ed.). *Heuristics and Biases:* The psychology of Intuitive Judgment Cambridge: Cambridge University Press, 2002.

KANT, Immanuel. *Crítica da faculdade do juízo*. 3. ed. Rio de Janeiro: Forense Universitária, 2012. 410 p. ISBN 978-85-309-3563-4.

KANT, Immanuel. *Crítica da Razão Pura*. Tradução de Manuela Pinto dos Santos, 5. ed. Lisboa: Fundação Calouste Gulbekian, 1980. p.

KANT, Immanuel. *Die Metaphysik der Sitten*. Frankfurt am Main, Suhrkamp, 1982. 896 p.

KANT, Immanuel. *Doutrina do direito*. São Paulo: Ícone, 1993. 224 p. (Fundamentos de direito). ISBN 978-85-274-1235-3.

KANT, Immanuel. *Fundamentação da metafísica dos costumes*. São Paulo: Discurso editorial e arcarolla, 2009. 501 p. (Coleções philofophia). ISBN 978-85-86590-88-7 (Discurso Editorial) e 978-85-98233-43-7 (Barcarolla).

KANT, Immanuel. *Lógica*. Lisboa: Edições Texto & Grafia, 2009. 141 p. ISBN 978-989-8285-00-3.

KAPLAN, Harold I.; SADDOCK Benjamin J. *Compêndio de psiquiatria*: ciência do comportamento e psiquiatria clínica. 6. ed. Porto Alegre: Artes Médicas, 1993. 955 p.

KAPLAN, J. T.; FREEDMAN, J.; IACOBONI, L. Us vs. them: political attitudes and party affiliation influence neural response to faces of presidential candidates. *Neuropsychologia*, v. 45, issue 1, p. 55-64, 2007. ISSN 0028-3932.

KAUFMANN, Arthur. A problemática da filosofia do direito ao longo da história. *In:* KAUFMANN, Arthur; ACEDER, W. (Ufrgs.). *Introdução à filosofia do direito e à teoria do direito contemporâneas*. Tradução de Marcos Keel. Lisboa: Fundação Calouste Gulbenkian, 2002. p. 57-208. ISBN 978-972-31-0952-8.

KAUFMANN, Rodrigo de Oliveira. *Direitos humanos, direito constitucional e neopragmatismo*. São Paulo: Almedina, 2011. 389 p. ISBN 978-85-63182-09-8.

KAUPPINEN, Antti. Empathy, emotions regulation, and moral judgment. *In:* MAIBOM, Heidi (Ed.). *Empathy and morality*. Oxford: Oxford University Press, 2014. p. 97-121. ISBN 978-0199969470.

KEEN, Sam. *O homem na sua plenitude*: como é ser um homem nos dias de hoje. Tradução de Octavio Mendes Cajado. São Paulo: Cultrix, sem ano. 254 p.

KEHL, Maria Rita. *Sobre ética e psicanálise*. São Paulo: Companhia das Letras, 2002. 203 p. ISBN 85-359-0221-X.

KELEMAN, Stanley. *Anatomia emocional*. Tradução de Myrthes Suplicy Vieira. São Paulo: Summus, 1992. 176 p. ISBN 978-85-323-0379-0.

KELEMAN, Stanley. *Mito e corpo*: uma conversa com Joseph Campbell. Tradução de Denise Maria Bolanho. São Paulo: Summus, 2001. 116 p. ISBN 978-85-323-0727-9.

KELSEN, Hans, 1881-1973. *A justiça e o direito natural*. Reimpr. Coimbra: Almedina, 2009. 156 p. ISBN 978-972-40-1536-1.

KELSEN, Hans. *Teoria pura do direito*: introdução à problemática científica do direito. 6. ed. rev. São Paulo: Revista dos Tribunais, 2009. (RT – textos fundamentais; 5). 205 p. ISBN 978-85-203-3576-5.

KELSEN, Hans. The pure theory of law and analytical jurisprudence. *Harvard Law Review*, v. 55, n. 1, p. 44-70, 1941. ISSN 0017-811X.

KENNEDY, Duncan. The disenchantment of logically formal legal rationality, or Max Weber's sociology in the genealogy of the contemporary mode of western legal thought. *Hastings Law Journal*, v. 55, p. 1031-1076, may 2004. ISSN 0017-8322.

KHORKOV, Mikhail. Zu Max Schelers Konzeption des emotionalen Apriori. *In:* Max Scheler and the Emotional Turn. *Thaumàzein – Rivista di Filosofia*, v. 3, p. 183-197, 2015. ISSN 2284-2918.

KIDD, Chad. Husserl's phenomenological theory of intuition. *In:* OSBECK, Linda; HELD, Barbara (Ed.). *Rational Intuition*: Philosophical Roots, Scientific Investigations. Cambridge: Cambridge University Press, 2014. p. 131-150

KIRBY, Michael. Judging: Reflections on the moment of decision. *Australian Bar Review*, 4, 18, 1999. ISSN 0814-8589.

KLUG, Ulrich. *Lógica jurídica*. Tradução de J. C. Gardella. Bogotá: Themis, 2004. 223 p. ISBN 9583504513.

KNELLER, George Frederick. *Arte e ciência da criatividade*. Tradução de J. Reis. 5. ed. São Paulo: Ibrasa, 1978. 121 p.

KOCHEM, Ronaldo Luiz. Racionalidade e decisão: a fundamentação das decisões judiciais e a interpretação jurídica. *Revista de Processo*, São Paulo, n. 244, v. 40, jun. 2015, p. 59-86.

KORDIG, C. R. Discovery and Justification. *Philosophy of Science*, 45, p. 110-117, 1978. ISSN 0031-8248.

KRAFT, Victor. *El Círculo de Viena*. Versión española de Francisco Gracia. Madrid: Ediciones Taurus, 1966. 205 p. ISBN 84-306-1045-6.

KREMER-MARIETTI, Angèle. Dilthey et l'avènement de l'homme moderne. *DOGMA – Revue de Philosophie et de Sciences Humanines*, s/n, p. 1-8, oct. 2012. ISSN 1705-5423.

KUDA, Ziva. The case for motivated reasoning. *Psychological Bulletin*, v. 108(3), p. 480-498, 1990. ISSN 0033-2909.

KUSNETZOFF, Juan Carlos. *Introdução à psicopatologia psicanalítica*. Rio de Janeiro: Nova Fronteira, 1982. 220 p. ISBN 978-8520904329.

LACAN, Jacques. *Outros escritos*. Tradução de Vera Ribeiro. Rio de Janeiro: Jorge Zahar Ed., 2003. 607 p. ISBN 85-7110-751-3.

LACERDA, Galeno. Processo e cultura. *Revista de Direito Processual Civil*. São Paulo: Saraiva, 1961, v. 3. p. 74-86.

LAGO, Vivian de Medeiros, NASCIMENTO, Tauany Brizolla Flores do. As práticas de atuação do psicólogo no contexto jurídico. *In*: VASCONCELLOS, Silvio José Lemos; LAGO, Vivian de Medeiros (Org.). *Psicologia jurídica e as suas interfaces*: um panorama atual . Santa Maria: Ed. da UFSM, 2016. p. 17-33. ISBN 978-85-7391-278-4.

LANCELLOTTI, Franco. Sentenza civile. *In: Novissimo digesto italiano*. Torino: Editrice Torinense, 1969, v. 16. p. 1.109-1.161.

LAPOUJADE, David. Intuition et sympathie chez Bergson. *Eidos*, n. 9, p. 10-31, 2008. ISSN 1692-8857.

LARENZ, Karl. *Derecho justo*: fundamentos de etica jurídica. Madrid: Civitas, 2001. 202 p. ISBN 84-7398-364-5.

LARENZ, Karl. *Metodologia da ciência do direito*. 3. ed. Lisboa: Fundação Calouste Gulbenkian, 1997. 722 p. ISBN 972-31-0770-8.

LASSWELL, Harold D. Self-analysis and judicial thinking. *International Journal of Ethics*, v. 40, n. 3, p. 354-362, apr. 1930. ISSN 0014-1704.

LAUDAN, L. Why was the Logic of Discovery Abandoned? *In:* NICKLES T. (Ed.) *Scientific Discovery, Logic, and Rationality*. Boston Studies in the Philosophy of Science, v 56. Springer, Dordrecht, 1980. p. 173-183. ISBN 978-90-277-1070-3.

LAUGIER, Sandra. Moritz Schlick: un tournant de la philosophie?. *Les Études Philosophiques*, 3 (n. 58), p. 291-299, 2001. ISSN 0014-2166.

LEAL, Rosemiro Pereira. *Teoria geral do processo*: primeiros estudos. 7. ed. Rio de Janeiro: Forense, 2008. 342 p. ISBN 978-85-309-2689-2.

LEDOUX, Joseph. *The emotional brain*: the mysterious underpinnings of emotional life. New York: Simon & Schuster, 1996. 384 p. ISBN 978-0684836591.

LEFEBVRE, Henri. *Lógica formal/lógica dialética*. Tradução de Carlos Nelson Coutinho. 2. ed. Rio de Janeiro: Civilização Brasileira, 1979. 301 p. ISBN 978-85-308-0864-9.

LEGROS, Robert. Considérations sur les motifs. *In:* PERELMAN, Chaïm; FORIERS, Paul. *La motivation des décisions de justice*: études. Bruxelles: É. Bruylant, 1978. p. 7-22.

LEIBNIZ, Gottfried Wilhelm. *Novos ensaios sobre o entendimento humano.* Tradução de Luiz João Baraúna. 5 ed. São Paulo: Nova Cultural, 1992, v. 1. (Os pensadores). 298 p. ISBN 85-13-00240-2.

LEIBNIZ, Gottfried Wilhelm. *Novos ensaios sobre o entendimento humano.* Tradução de Luiz João Baraúna. 5 ed. São Paulo: Nova Cultural, 1988, v. 2. (Os pensadores). 203 p. ISBN 85-13-00241-0.

LEIS, Héctor Ricardo. Especificidades e desafios da interdisciplinaridade nas ciências humanas. *In:* PHILIPPI JR, Arlindo; SILVA NETO, Antônio J. Silva (Ed.). *Interdisciplinaridade em Ciência, Tecnologia e Inovação.* Barueri: Manole, 2011. ISBN 978-85-2043-0.

LEITER, Brian. American legal realism. *In:* PATTERSON, Dennis (Ed.). *A companion to philosophy of law and legal theory.* 2nd ed. Oxford: Blackwell, 2010. p. 249-266. ISBN 978-1405170062.

LEITER, Brian. *Naturalizing jurisprudence*: essays on american legal realism and naturalism in legal philosophy. Oxford: Oxford University Press, 2007. 275 p. ISBN 978-0199206490.

LEITER, Brian. Rethinking legal realism: toward a naturalized jurisprudence. *Texas Law Review,* v. 76, n. 2, p. 267-315, dez. 1997. ISSN 0040-4411.

LEMAIRE, Stéphane. *Les désirs et les raisons*: de la délibération à l'action. Paris: VRIN, 2008. 257 p. ISBN 978-2-7116-1874-3.

LERÈDE, Jean. *Além da razão*: o fenômeno da sugestão. Tradução de Wladimir Araujo. São Paulo: IBRASA, 1984 (Coleção Gnose; 16).174 p.

LEVENSON, R. W. Human emotion: a functional view. *In:* EKMAN, P.; DAVIDSON, R. J. (Ed.). *The Nature of Emotions.* New York: Oxford University Press, 1994. p. 123-126. ISSN 1420-8008.

LEVENSON, R. W.; SOTO, J.; POLE, N. Emotion, biology and culture. *In:* KITAYAMA, S.; COHEN, D. (Ed.), *Handbook of Cultural Psychology.* New York, London: The Guilford Press, 2007. p.780-796. ISBN 9781593854447.

LEVI, Edward. H. *An introduction to legal reasoning.* Chicago: University of Chicago Press, 1949. 74 p.

LEVINAS, Emmanuel. *Dios, la muerte y el tiempo.* Tradución de María Luisa Rodríguez Tapia. Madrid: Ediciones Cátedra, 1994.

LIEBMAN, Enrico Tullio. Do arbítrio à razão: reflexões sobre a motivação da sentença. *Revista de Processo,* São Paulo, v. 29, p. 79-81, jan./mar. 1983.

LIEBMAN, Enrico Tullio. *Manuale di diritto processuale civile.* Milano: Giuffrè, 1973, v. 1. 245 p.

LIEBMAN, Enrico Tullio. *Manuale di diritto processuale civile.* Milano: Giuffrè, 1973, v. 2. 237 p.

LIGÜERRE, Carlos Gómez. *Juízes na europa*: formação, selecção, promoção e avaliação. Lisboa: Fundação Francisco Manuel dos Santos, 2014. 106 p. ISBN 978-989-8662-95-8.

LINFANTE VIDAL, Isabel. *La interpretación jurídica en la teoría del derecho contemporánea.* Madrid: Centro de Estudios Políticos y Constitucionales, 1999. 348 p. ISBN 9788425910883.

LINHARES, Mônica Tereza Mansur. Intuição e o conhecimento do Direito. *Revista Jus Navigandi,* Teresina, ano 17, n. 3.195, mar. 2012. Disponível em: https://jus.com.br/artigos/21407/intuicao-e-o-conhecimento-do-direito. Acesso em: 17 abr. 2018. ISSN 1518-4862

LLEWELLYN, Karl N. A realistic jurisprudence: the next step. *Columbia Law Review,* v. 30, n. 4, p. 431-465, 1930. ISSN 0010-1958.

LLEWELLYN, Karl N. Law and the modern mind: a symposium. *Columbia Law Review,* v. 31, n. 82, 1931. ISSN 0010-1958.

LLEWELLYN, Karl N. Some realism about realism-responding to dean Pound. *Harvard Law Review*, v. 44, p. 1222-1264, 1931. ISSN 0017811X.

LLEWELLYN, Karl N. *The bramble bush*: on our law and its study. New York, London & Rome: Oceana Publications, 1991. ISBN 9780379000733.

LOCISER, Eduardo. Psicanálise e direito. *In:* BARRETTO, Vicente de Paulo (Coord.). *Dicionário de filosofia do direito*. Rio de Janeiro: Renovar. São Leopoldo: UNISINOS, 2009. p. 669-675. ISBN 85-7431-266-5.

LOCKE, John. *Ensaio acerca do entendimento humano*. Tradução de Anoar Alex. São Paulo: Nova Cultural, 1997. (Os pensadores). 319 p. ISBN 85-351-0996-X.

LOEWENSTEIN, Karl. *Teoria de la constituición*. 2. ed. esp. Tradución y estudio sobre la obra por Alfredo Gallego Anabitarte. Barcelona: Ariel, 1976. 619 p. ISBN 8434417928.

LOHMAR, Dieter. El método fenomenológico de la intuición de esencias y su concreción como variación eidética. *Investigaciones fenomenológicas*, 5, p. 9-47, 2007. ISSN 1137-2400.

LOHMAR, Dieter. Le concept husserlien d'intuition categoriale. *Revue Philosophique de Louvain*, quatrième série, tome 99, n. 4, p. 652-682, 2001. ISSN 0035-3841.

LOON, Hendrik Van. *História das invenções*: o homem, o fazer de milagres. Tradução de Hemengarda Leme. 3. ed. São Paulo: Ed. Brasiliense, 1957. 281 p.

LOPES, José Reinaldo de Lima. Justiça e poder judiciário ou a virtude confronta a instituição. *Revista da Universidade de São Paulo*, São Paulo, n. 21, p. 23-33, mar./abr./maio 1994.

LOPES JUNIOR, Aury. *Direito processual penal e sua conformidade constitucional*. Rio de Janeiro: Lumen Juris, 2010, v. 2. 712 p. ISBN 978-85-375-0757-5.

LOPES, Maria Elisabeth de Castro. Princípio do contraditório. *In:* LOPES, Maria Elisabeth de Castro; OLIVEIRA NETO, Olavo de (Coord.). *Princípios processuais civis na Constituição*. Rio de Janeiro: Elsevier, 2008. p. 101-117. ISBN 978-85-352-2916-5.

LOPES, Mônica Sette. O realismo jurídico: o discurso jurídico e a apreensão da realidade pontual. *Revista da Faculdade de Direito da UFMG*, Belo Horizonte, v. 45, p. 297-340, jul./dez. 2004. ISSN 0304-2340.

LÓPEZ DE OÑATE, Flavio. *Compendio di filosofia del diritto*. Milano: Giuffrè, 1955. 265 p.

LORD MCCLUSKEY, John. *Law, justice and democracy*. Sweet and Maxwell, 1987.

LORENZETTI, Ricardo Luis. *Teoria da decisão judicial*: fundamentos de direito. 2. ed. rev. e atual. São Paulo: Revista dos Tribunais, 2010. 395 p. ISBN 978-85-203-3779-0.

LOSANO, Mario G. *Sistema e estrutura do direito*: o Século XX. São Paulo: Editora WMF Martins Fontes, 2010, v. 2. 373 p. ISBN 978-85-7827-064-3.

LUGO, Andrea. *Manuale di diritto processuale civile*. 13. ed. Milano: Giuffrè, 1999. 531 p. ISBN 8814062447.

LUHMANN, Niklas. *Legitimação pelo procedimento*. Brasília: Editora Universidade de Brasília, 1980. 202 p.

LUISO, Francesco P. *Diritto processuale civile*: principi generali, v. 1. 3. ed. – Milano: Giuffrè Editore, 2000. 439 p. ISBN 8814171807.

LUMIA, Giuseppe. *Elementos de teoria e ideologia do direito*. São Paulo: Martins Fontes, 2003. 187 p. (Justiça e direito). ISBN 85-336-1761-5

LUMIA, Giuseppe. L'equità tra la giustizia e la legge. *Rivista di Diritto Processuale*, Padova, v. 31, 2 serie, p. 708-728, 1976. ISSN 0035-6182.

MACCORMICK, D. N. *Argumentação jurídica e teoria do direito*. São Paulo: Martins Fontes, 2006. 391 p. (Justiça e direito). ISBN 85-336-2251-1.

MACCORMICK, D. N. *H. L. A. Hart*. Rio de Janeiro: Elsevier, 2010. 266 p. (Teoria e filosofia do direito). ISBN 978-85-352-3004-8.

MACCORMICK, D. N. *Legal reasoning and legal theory*. Oxford: Oxford U. Press, 1997. 298 p. ISBN 9780199571246.

MACEDO, Silvio de. *Noções preliminares do direito*. Rio de Janeiro: Forense, 1988. 220 p.

MACHADO, Luiz. *O cérebro do cérebro*: as bases da inteligência emocional e da aprendizagem acelerativa. Rio de Janeiro: (Ed. do Autor), 1997. 193 p.

MACINTYRE, Alasdair. *Tras la virtud*. Barcelona: Crítica, 2004. 352 p. ISBN 978-8484321705.

MACLEAN, P. D. Psychosomatic disease and the 'visceral brain': recent developments bearing on the Papez theory of emotion. *Psychosom. Med.*, 11, p. 338-353, 1949.

MAGNON, Xavier. *En quoi le positivisme – normativisme – est-il diabolique?* Disponível em: http://www. droitconstitutionnel.org/congresParis/comC7/MagnonTXT.pdf. Acesso em: 16 jul. 2018.

MAIA FILHO, Napoleão Nunes. As regras de experiência comum na formação da convicção do juiz. *Revista Dialética de Direito Processual (RDDP)*, Brasília, n.17, p. 59-75, ago. 2004. ISSN 1678-3778.

MALLE, Bertram F.; BENNETT, Ruth E. People's praise and blame for intentions and actions: implications of the folk concept of intentionality. *Technical Report for the Institute of Cognitive and Decision Sciences at the University of Oregon*, 02-2, p. 1-27, 2002. ISSN 0272-2631.

MANDRIOLI, Crisanto. *Diritto processuale civile*: nozioni introduttive e disposizioni generali. 13. ed. Torino: Giappichelli, 2000, v. 1. 462 p. ISBN 88-348-0101-6.

MANDRIOLI, Crisanto. *Diritto processuale civile*: il processo di cognizione. 13. ed. Torino: Giappichelli, 2000, v. 2. 524 p. ISBN 88-348-0102-4.

MARÍA CÁRCOVA, Carlos. La dimensión política de la función judicial. *In:* MARÍA CÁRCOVA, Carlos (Org.). *Derecho, política y magistratura*. Buenos Aires: Biblos, 2006. p. 97-111. ISBN: 9789507861154.

MANUEL FAERNA, Ángel. Significado y valor: la crítica pragmatista al emotivismo. *Quaderns de filosofia i ciència*, 36, p. 27-39, 2006. ISSN 0213-5965.

MARCHETTI, Luca. L'anticipazione cognitiva delle emozioni. Reazioni primitive e grammatica nella riflessione di Ludwig Wittgenstein. *Studi di estetica*, anno XLV, IV serie, p. 111-130, 1/2017. ISSN 1825-8646.

MARCOS, Maria José. *A intuição na interdisciplinaridade*. Disponível em: http://www.ieef.org.br/wp-content/uploads/2016/08/A-intuicao-na-interdisciplinaridade.pdf. Acesso em: 01 set. 2018. p. 1-20.

MARÍA LORENZO, Luis. Consideraciones en torno a las aporías en Wilhelm Dilthey. *EIDOS*, n. 25, p. 14-42, 2016. ISSN 2011-7477.

MARIANO, Margherita Di. Per una storia naturale delle emozioni. Note su Wittgenstein. *In:* CIMATTI, Felice (a cura di). *Linguaggio ed emozioni*. Roma: Bollettino Filosofico XXIV, 2008. p. 101-117. ISBN 978-88-548.

MARINONI, Luiz Guilherme. ____. *In:* WAMBIER, Teresa Arruda Alvim. *Breves comentários ao Novo Código de processo civil*. São Paulo: Revista dos Tribunais, 2015. p. 2.072-2.083. ISBN 978-85-203-5941-9.

MARINONI, Luiz Guilherme. *Curso de processo civil*: processo de conhecimento. 6. ed. rev., atual. e ampl. da obra Manual do processo de conhecimento. São Paulo: Revista dos Tribunais, 2007, v. 2. 814 p. ISBN 978-85-203-3032-6.

MARINONI, Luiz Guilherme. *Novo código de processo civil comentado*. São Paulo: Revista dos Tribunais, 2015. 1145 p. ISBN 978-85-203-5933-4.

MARINONI, Luiz Guilherme. *Novas linhas do processo civil*. 4. ed. São Paulo: Malheiros, 2000. 284 p. ISBN 8574202177.

MARINONI, Luiz Guilherme. *Precedentes obrigatórios*. 2. ed. rev. e atual. São Paulo: Revista dos Tribunais, 2011. 542 p. ISBN 978-85-203-4041-7.

MARINONI, Luiz Guilherme. *Prova*. 2. ed. rev. e atual. São Paulo: Revista dos Tribunais, 2011. 848 p. ISBN 978-85-203-4016-4.

MARINONI, Luiz Guilherme. *Teoria Geral do Processo*. 2. ed. rev. e atual. São Paulo: Revista dos Tribunais, 2007. 523 p. ISBN 978-85-203-3113-2.

MARQUES, José Frederico. *Instituições de direito processual civil*. 1. ed. Campinas: Millennium, 1999, v. I. 512 p. ISBN 85-86833-09-6.

MARQUES, José Frederico. *Instituições de direito processual civil*. Campinas: Millennium, 1999, v. III. 533 p. ISBN 85-86833-11-8.

MARQUES, Luiz Guilherme. *A psicologia do juiz*: o judiciário do Século XXI. São Paulo: Letras Jurídicas, 2010. 162 p. ISBN 978-85-899117-59-9.

MARQUES, Luiz Guilherme. Direito é intuição do justo. *Portal Jurídico Investidura*, Florianópolis, out. 2009. Disponível em: investidura.com.br/biblioteca-juridica/artigos/filosofia-do-direito/10218-direito-e-intuicao-do-justo. Acesso em: 10 nov. 2018.

MARINI, Carlo Maria de. *Il giudizio di equita nel processo civile*: premesse teoriche. Padova: CEDAM, 1959. 282 p.

MARITAIN, Jacques. *De la justice politique*: Notes sur la présent guerre. Paris: Plon, 1940. 114 p.

MARITAIN, Jacques. *L'intuition créatrice dans l'art et dans la poésie*. Paris: Desclée De Brouwer, 1966. 421 p.

MARITAIN, Jacques. *La philosophie bergsonienne*: études critiques. Paris: Marcel Rivière, 1930. 383 p.

MARONEY, Terry A. Emotional regulation and judicial behavior. *California Law Review*, v. 99, p. 1485-1555, 2011. ISSN 0038-3910.

MARONEY, Terry A. The persistent cultural script of judicial dispassion. *California Law Review*, v. 99, p. 629-682, 2011. ISSN 0038-3910.

MARRAFON, Marco Aurélio. *Hermenêutica e sistema constitucional*: a decisão judicial "entre" o sentido da estrutura e a estrutura do sentido. Florianópolis: Habitus, 2008. 199 p. ISBN 978-85-882-8326-8.

MARTINS, André. Nietzsche, Espinosa, o acaso e os afetos: encontros entre o trágico e o conhecimento intuitivo. *Revista O que nos faz pensar*, Rio de Janeiro, n. 14, p. 183-198, 2000. ISSN 0104-6675.

MARTINS, Pedro Batista. *Comentários ao código de processo civil*. Atualização de José Frederico Marques. Rio de Janeiro: Forense, 1960, v. 2. 433 p.

MASON, Keith. Unconscious judicial prejudice. *Australian Law Journal*, 75, 676, 2001. ISSN 0004-9611.

MASULLO, Aldo. *Struttura soggetto prassi*. Napoli: Edizioni scientifiche italiane, 1994. 329 p. ISBN 978-8871048932.

MATTÉI, Jean-François. *A barbárie interior*: ensaio sobre o i-mundo moderno. Tradução de Isabel Maria Loureiro. São Paulo: Editora UNESP, 2002. 356 p. ISBN 85-7139-415-6.

MAXIMILIANO, Carlos. *Hermenêutica e aplicação do direito*. 19. ed. Rio de Janeiro: Forense, 2009. 342 p. ISBN 978-85-309-1031-0.

MAZZARESE, Tecla. *Forme di razionalità delle decisioni giudiziali*. Torino: Giappichelli, 1996. 242 p. ISBN 978-88-3486107-3.

MAZZARESE, Tecla. Lógica borrosa y decisiones judiciales: el peligro de una falacia racionalista. *DOXA*, n. 19, p. 201-228, 1996. ISSN 0214-8676.

MAZZARESE, Tecla. Scoperta vs giustificazione. Uma distinzione dubbia in tema di decisioni giudiziali. *In:* COMANDUCCI, P.; GUASTINI, R. (Ed.). *Analisi e diritto.* Torino: Ricerche di giurisprudenza analitica, 1995. p. 145-196.

MCGEE, Henry. Roscoe Pound's legacy: engineering liberty and order. *Howard Law Journal*, v. 16, p. 19-41, 1970. ISSN 0018-6813.

M. CRUZ, Luis. *Estudios sobre el neoconstitucionalismo.* México: Porrúa, 2006. 151 p. ISBN 978-9700765808.

MEDEIROS, Antonio Paulo Cachapuz de. Racionalidade e razoabilidade lógica jurídica. *Revista da AJURIS*, Porto Alegre, n. 26, v. 9, p. 173-186, 1982. ISSN 1679-1363.

MEDINA, José Miguel Garcia. *Novo código de processo civil comentado*: com remissões e notas comparativas ao CPC/1973. São Paulo: Revista dos Tribunais, 2015. 1.583 p. ISBN 978-85-203-5952-5.

MEISTER, José Antonio Fracalossi. *Amor x conhecimento*: inter-relação ético-conceitual em Max Scheler. Porto Alegre: EDIPUCRS, 1994. 100 p.

MELLO, Rogerio Licastro Torres de. Ponderações sobre a motivação das decisões judiciais. *Revista Forense*, Rio de Janeiro, n. 384, p. 172-183, mar./abr. 2006. ISSN 0102-8413.

MELO, Eduardo Gomes de; BAZZANELLA, Sandro Luiz; BIRKNER, Walter Marcos Knaesel. A interdisciplinaridade como postura científica e epistemológica diante dos desafios contemporâneos na formação do ser humano no século XXI. *Revista Húmus*, São Luís, n. 3, p. 6-27, set./dez. 2011. ISSN: 2236-4358.

MENDES, Aluisio Gonçalves de Castro. *Ações coletivas e meios de resolução coletiva de conflitos no direito comparado e nacional.* 4. ed. rev., atual. e ampl. São Paulo: Revista dos Tribunais, 2014. 464 p. ISBN 978-85-203-5620-3.

MENDES, Aluisio Gonçalves de Castro. Incidente de resolução de demandas repetitivas. *In:* MENDES, Aluisio Gonçalves de Castro (Org.). *O novo código de processo civil.* Rio de Janeiro: EMARF, 2016. p. 293-306. ISBN 978-85-62108-02-0.

MENDES, Aluisio Gonçalves de Castro. O anteprojeto de código brasileiro de processo coletivo,. *In:* GRINOVER, Ada Pelegrini *et al.* (Coord.). *Direito processual coletivo e o anteprojeto de código brasileiro de processos coletivos.* São Paulo: Revista dos Tribunais, 2007. p. 16-32. ISBN 978-85-203-3031-9.

MENDES, Gilmar Ferreira. *Direitos fundamentais e controle de constitucionalidade*: estudos de direito constitucional. 4. ed. rev. e ampl. São Paulo: Saraiva, 2012. 803 p. ISBN 978-8502134263.

MENDONÇA, Paulo Roberto Soares. *A argumentação nas decisões judiciais.* 3. ed. rev. e atual. de acordo com a EC nº 45/2004 ("Reforma do Judiciário"). Rio de Janeiro: Renovar, 2007. 180 p. ISBN 9788571476219.

MENESTRINA, Francesco. *La pregiudiciale nel processo civile.* Milano: Giuffrè, 1963. 256 p.

MERLEAU-PONTY, M. *Le primat de la perception et sés conséquences philosophiques.* Lagrasse: Éditions Verdier, 1996. 104 p. ISBN 2-86432-234-X.

MERLEAU-PONTY, M. *Phénoménologie de la perception.* Paris: Gallimard, 2001. 560 p. ISBN 978-2070293377.

MESQUITA, B.; LEU, J. The Cultural psychology of emotion. *In:* KITAYAMA, S.; COHEN, D. (Ed.), *Handbook of Cultural Psychology.* New York, London: The Guilford Press, 2007. p. 734-759. ISBN 9781593854447.

METZ, André. *Bergson et le bergsonisme.* Paris: Librairie Philosophique J. Vrin, 1933. 253 p.

MICEVICIUTE, Jurate. La influencia de las noticias periodísticas en las actitudes morales de las audiencias: el análisis lingüístico de CH. L. Stevenson y J. Searle. *AGORA* – Papeles de Filosofía, 34/2, p. 131-159, 2015. ISSN 0211-6642.

MICHELON JUNIOR, Cláudio Fortunato. *Aceitação e objetividade*: uma comparação entre as teses de Hart e do positivismo precedente sobre a linguagem e o conhecimento do direito. São Paulo: Revista dos Tribunais, 2004. 179 p. ISBN 85-203-2306-5.

MILIGI, Gianluca. Una filosofia dell'intuizione: Bergson. *Essais*. Disponível em: www.filosofia.it. Acesso em 20 jan. 2019. ISSN 1722-9782.

MILIONE, Ciro. El derecho a la motivación de las resoluciones judiciales en la jurisprudencia del Tribunal Constitucional y el derecho a la claridad: reflexiones en torno a una deseada modernización del lenguaje jurídico. *XI Congreso de la Asociación de Constitucionalistas de España*: la tutela de los derechos fundamentales, Barcelona, 2013. Disponível em: http://www.acoes.es/congresoXI/pdf/M4Com-Ciro_Milione.pdf. Acesso em: 28 fev. 2018.

MILLARD, Éric. Le positivisme et les droits de l'Homme. *Jurisprudence*: revue critique, Université de Savoie, 1, p. 47-52, 2010. ISSN 2014-2015.

MILLARD, Éric. Réalisme scandinave, réalisme américain: un essai de caractérisation. *Revus – Journal for Constitutional Theory and Philosophy of Law*, 24, p. 81-97, 2014. ISSN 1581-7652.

MINKKINEN, Panu. *Wilhelm Dilthey and law as a human science*. Disponível em: https://www.google.com.br/search?rlz=1C2SAVS_enBR535BR535&dcr=0&source=hp&q=MINKKINEN%2C++Panu.+Wilhelm+Dilthey+and+law+as+a+human+science&oq=MINKKINEN%2C++Panu.+Wilhelm+Dilthey+and+law+as+a+human+science&gs_l=psy-ab.3..33i21k1.2923.2923.0.4376.3.2.0.0.0.0.6.6.1.2.0....0...1.1.64.psy-ab..1.2.361.6..35i39k1.355.p2nSQVwaA30. Acesso em: 17 maio 2018. p. 1-18.

MIRANDA, Custódio da Piedade Ubaldino. Indícios e presunções como meio de prova. *Revista de Processo*, São Paulo, ano 10, n. 37, p. 52-67, jan./mar. 1985. ISSN: 0100-1981.

MIRANDA, Jorge. *Teoria do estado e da constituição*. Rio de Janeiro: Forense, 2007. 546 p. ISBN 978-85-309-1679-4

MYRA Y LÓPEZ, Emílio. *Manual de psicologia jurídica*. São Paulo: New Generation, 2009. 272 p.

MIRENDA, Andrea. Brevi appunti sulla motivazione della sentenza. *In: Incontro di studi "La motivazione della sentenza civile tra garanzie ed efficienza"* organizzato dall'Università degli studi di Torino in collaborazione con Consiglio dell'Ordine degli Avvocati di Torino. Torino, 2008. Disponível em: http://www.osservatorino.it/attivita/convegni/mirenda1.pdf. Acesso em: 22 fev. 2019.

MISKIEWIC, Wioletta. Dilthey et la difficile recherche d'une autre objectivité. *Intellectica*, 1-2, p. 26-27, p. 111-136, 1998. ISSN 0769-4113.

MITIDIERO, Daniel. *Colaboração no processo civil*: pressupostos sociais, lógicos e éticos. 2. ed. São Paulo: Revista dos Tribunais, 2011. (Coleção temas atuais de direito processual civil; v. 14). 204 p. ISBN 978-85-203-3907-7.

MITIDIERO, Daniel. Processo e cultura: praxismo, processualismo e formalismo em direito processual civil. *Gênesis*, Curitiba, n. 33, p. 484-510, 2004. ISSN 1982-7636.

MOCCHI, Mauro. *Le prime interpretazioni della filosofia di Husserl in Italia*. Il dibattito sulla fenomenologia: 1923-1940. (Pubblicazioni della Facoltà di lettere e filosofia dell'Università di Milano; 136. Sezione a cura del dipartimento di filosofia; 18). Firenze: La Nuova Italia Editrice, 1990. 141 p. ISBN 88-221-0834-5.

MODAK-TRURAN, Mark C. A pragmatic justification of the judicial hunch. *University of Richmond Law Review*, v. 35, n. 55, p. 55-89, 2001. ISSN 0566-2389.

MOLL, Jorge; SOUZA Ricardo de Oliveira; ESLINGER Paul J. Morals and the human brain: a working model. *NeuroReport*, v. 14, n. 3, p. 299-305, 2003. ISSN 0959-4965.

MOLLON, Phil. *O inconsciente*. Tradução de Carlos Mendes Rosa. Rio de Janeiro: Relume: Ediouro: Segmento-Duetto, 2005. 80 p. ISBN 85-7316-425-5.

MONACI, Stefano. L'esperienza della motivazione delle sentenze civili. *Rivista Trimestrale di Diritto e Procedura Civile*, v. 53, n. 10, p. 253-278, 1999. ISSN 0391-1896.

MONTAGUE, Robert M. *The basic elements of the philosophy of Alfred J. Ayer*. University of Windsor, 1957. 67 p.

MONTEIRO, Cláudia Servilha. *Fundamentos para uma teoria da decisão judicial*, p. 6104-6125. Disponível em: http://www.publicadireito.com.br/conpedi/manaus/arquivos/anais/bh/claudia_servilha_monteiro.pdf. Acesso em: 03 jun. 2018.

MONTELEONE, Girolamo. Riflessioni sull'obbligo di motivare le sentenze (Motivazione e certezza del diritto). *Il giusto processo civile*, Bari, anno 8, n. 1, p. 3-19, 2013. ISBN 1828-311X.

MONTESANO, Luigi, ARIETA, Giovanni. *Diritto processuale civile*: le disposizioni generali. 3. ed. Torino: Giappichelli, 1999, v. I. 403 p. ISBN 88-348-9241-0.

MONTES PÉREZ, Ricardo A. *Una aproximación al sistema de valores de Max Scheler*. Apuntes desde la mirada crítica de Karol Wojtyla. Disponível em: http://www.academia.edu/5646909/Una_Aproximaci%C3%B3n_al_sistema_de_Valores_de_Max_Scheler. Acesso em: 23 jun. 2018. p. 1-18.

MONTESQUIEU, Charles Louis de Secondat, Baron de la Brède et de. *O espírito das leis*. Tradução de Fernando Henrique Cardoso e Leôncio Martins Rodrigues. Brasília: Editora Universidade de Brasília, 1995. 512 p. ISBN 85-230-0393-2.

MONTICELLI, Roberta de. The sensibility of reason: outline of a phenomenology of feeling. *In:* Max Scheler and the Emotional Turn. *Thaumàzein – Rivista di Filosofia*, v. 3, p. 139-159, 2015. ISSN 2284-2918.

MONTORO, André Franco. *Introdução à ciência do direito*. 26. ed., rev. e atual. São Paulo: Revista dos Tribunais, 2005. 702 p. ISBN 85-203-2705-2.

MOORE, Christopher W. *O processo de mediação*. Tradução de Magda França Lopes. 2. ed. Porto Alegre: Artmed, 1998. 369 p.

MOORE, Underhill; CALLAHAN, Charles. Law and learning theory: a study in social control. *Yale Law Journal*, v. 53, p. 1-136, 1943. ISSN 0044-0094.

MORAES, Alexandre. *Constituição do Brasil interpretada e legislação constitucional*. 7. ed. atualizada até a EC nº 55/07. São Paulo: Atlas, 2007. 2976 p. ISBN: 978-85-224-4877-7.

MORBIDELLI, Giuseppe; PEGORARO, Lucio; REPOSO, Antonio; VOLPI, Mauro. *Diritto costituzionale italiano e comparato*. Seconda edizione accresciuta e integrata. Bolonha: Monduzzi Editore, 1997. 971 p. ISBN 978-8832346664.

MORIN, Edgar. *A cabeça bem-feita*: repensar a reforma reformar o pensamento. Tradução de Eloá Jacobina. 17. ed. Rio de Janeiro: Bertrand Brasil, 2010. 128 p. ISBN 978-85-286-0764-2.

MORIN, Edgar. *Ciência com consciência*. Tradução: Maria D. Alexandre e Maria Alice Sampaio Dória. 12. ed. Rio de Janeiro: Bertrand Brasil, 2008. 350 p. ISBN 978-8528605792.

MORIN, Edgar; KERN, Anne Brigitte. *Terra-Pátria*. Tradução: Paulo Azevedo Neves da Silva. Porto Alegre: Sulina, 2003. 181 p. ISBN 85-205-0114-1.

MORIN, Edgar; MOIGNE, Jean-Louis Le. *A inteligência da complexidade*: epistemológica e pragmática. Lisboa: Instituto Piaget, 2013. 532 p. ISBN 9727719937.

MORIN, Gaston. *La révolte des faits contre le code*. Paris: Bernard Grasset, 1920. 254 p.

MORFINO, Vittorio. L'oggetto del terzo genere di conscenza in Spinoza. *ISONOMIA, Rivista di Filosofia*, p. 1-22, 2004. ISSN 2037-4348.

MORIONDO, Ezio. *L'ideologia della magistratura italiana*. Bari: Laterza, 1967. 350 p.

MORLINI, Gianluigi. La valutazione delle prove nel processo civile. *In: Federazione Nazionale Magistrati Onorali di Tribunale*. Roma, 2012. Disponível em: http://www.federmot.it/public/news/files/Incontro%20d%20studio%202012%20La%20valutazione%20delle%20prove%20nel%20processo%20civile_dr.%20Morlini.pdf. Acesso em: 14 fev. 2018. p. 1-50.

MORMANN, Thomas. La estación de Viena. ¿Un giro olvidado en la filosofía del siglo XX? p. 199-204. *Theoria – Revista de Teoría, Historia y Fundamentos de la Ciencia*, 9 (1), p. 199-204, 1994. ISSN 0495-4548.

MORÓN ALCAIN, Eduardo. El sujeto humano en cuanto conoce y actúa. *In: El ser, el hombre y la razón como fundamentos de la moral y el derecho*. Cordoba: Alveroni Ediciones, 2006. p. 99-142. 258 p. ISBN 978-9871145737.

MOUNIER, Emmanuel. Y a-t-il une justice politique? *Revue Esprit*, Paris, ano XV, p. 212-238, ago. 1947.

MUELLER, Robert E. *O poder de criação*. Tradução de Maria Lúcia do Eirado Silva. Rio de Janeiro: Ed. Lidador, 1965. 149 p.

MÜLLER, Aloys. *Introducción a la filosofía*. Buenos Aires: Espasa-Calpe, 1940. 309 p.

MÜLLER, Friedrich. *Metodologia do direito constitucional*. Tradução de Peter Naumann. 4. ed. São Paulo: Revista dos Tribunais, 2010. 160 p. ISBN 978-85-203-3774-5.

MÜLLER, Friedrich. *O novo paradigma do direito*: introdução à teoria e metódica estruturantes. 3. ed. rev. atual. e ampl. São Paulo: Revista dos Tribunais, 2013. 272 p. ISBN 978-85-203-4560-3.

MÜLLER, Friedrich. *Teoria estruturante do direito*. 3. ed. rev. e atual. São Paulo: Revista dos Tribunais, 2011. 304 p. ISBN 978-85-203-4182-7.

MÜLLER, Friedrich; CHRISTENSEN, Ralph; SOKOLOWSKI, Michael. *Rechtstext und Textarbeit*. Berlin: Duncker & Humblot, 1997. 197 p. ISBN 978-3428091324.

MURPHY, Joseph. *O poder do subconsciente*. Tradução de Pinheiro de Lemos. 30. ed. Rio de Janeiro: Record, 1963. 262 p. ISBN 85-1-004168-7.

NABERT, Jean. L'intuition bergsonienne et la conscience de Dieu. *In: L'expérience intérieure de la liberté et autres essais de philosophie morale*. Paris: PUF, 1994. p. 349-367. ISBN 978-2130460367.

NADER, Paulo. *Filosofia do Direito*. 23. ed. Rio de Janeiro: Forense, 2015. 379 p. ISBN 978-85-309-6422-1.

NALINI, José Renato. A escola e o recrutamento de juízes. *Jurisprudência Mineira*, Belo Horizonte, n. 135/136, p. 1-14, jan./jun. 1995.

NALINI, José Renato. A formação do juiz brasileiro. *In:* NALINI, José Renato (Coord.). *Formação Jurídica*. 2. ed. São Paulo: Revista dos Tribunais, 1999. p. 132-148.

NALINI, José Renato. A função política da magistratura. *Lex*: Jurisprudência do Supremo Tribunal Federal, São Paulo, v. 21, n. 248, p. 5-11, ago. 1999.

NALINI, José Renato. A função política do judiciário. *Lex*: Jurisprudência do Supremo Tribunal Federal, São Paulo, v. 23, n. 272, p. 5-16, ago. 2001.

NALINI, José Renato. *A rebelião da toga*. Campinas: Millennium, 2006. 321 p. ISBN 85-7625-089-6.

NALINI, José Renato. Como formar um juiz justo? *Lex*: Jurisprudência do Supremo Tribunal Federal, São Paulo, v. 23, n. 267, p. 5-14, mar. 2001.

NALINI, José Renato. *Ética da magistratura*: comentário ao código de ética da magistratura nacional. 2. ed. rev. e atual. São Paulo: Revista dos Tribunais, 2010. 255 p. ISBN 978-85-203-3866-7.

NALINI, José Renato. *Ética e justiça*. São Paulo: Oliveira Mendes, 1998. 289 p. ISBN 85-86442.

NALINI, José Renato. *Justiça*. São Paulo, SP: Editora Canção Nova, 2008. (Coleção valores). 163 p. ISBN 978-85-7677-108-1.

NALINI, José Renato. O juiz, o mundo exterior e a produção da justiça. *Revista dos Tribunais*, São Paulo, v. 83, n. 705, p. 272-282, jul. 1994.

NALINI, José Renato. O que pensar da justiça? *In:* NALINI, José Roberto; PIRES, Luis Manuel Fonseca; RODOVALHO, Maria Fernanda (Coord.). *Ética para o juiz*: um olhar externo. São Paulo: Quartier Latin, 2014. p. 65-79. ISBN 85-7674-734-0.

NALINI, José Renato. *Recrutamento e preparo de juízes na Constituição do Brasil de 1988*. São Paulo: Revista dos Tribunais, 1992. 134 p. ISBN 85-203-1041-9.

NASSIF, Aramis. *Sentença penal, o desvendar de Themis*. Rio de Janeiro: Lumen Juris Editora, 2005. 207 p.

NAGEL, Stuart S. *The legal process from a behavioral perspective*. The Dorsey Press, Homewood. Illinois, 1969. 399 p.

NASI, Antonio. Equità: giudizio di equità (dir. proc. civ.), verbete in *Enciclopedia del diritto*. Milano: Giuffrè, 1966, v. XV. p. 107-146.

NAVARRO PONCELA, Víctor M. *Emociones y moralidad*. Una investigación sobre la relación esencial entre ambas de acuerdo con la perspectiva emocionista-sentimentalista de Jesse J. Prinz. 2014. 69 f. (Máster en Lógica y Filosofía de la Ciencia) – Universidad de Valladolid, 2014.

NEF, Frédéric. La mystique a-t-elle une valeur philosophique? William James et Bertrand Russell. *ThéoRèmes* [En ligne], Philosophie. Disponível em: http://theoremes.revues.org/73. Acesso em: 27 set. 2017. ISSN 1664-0136.

NEGRI, Antonio. *Alle origini del formalismo giuridico*. Padova: CEDAM, 1962. 399 p.

NERY JUNIOR, Nelson. *Princípios do processo civil na Constituição Federal*. 8. ed. rev. ampl. e atual. com novas súmula do STF e com análise sobre a relativização da coisa julgada. São Paulo: Revista dos Tribunais, 2004. 303 p. (Coleção estudos de direito de processo Enrico Tullio Liebman; v. 21). ISBN 85-203-2518-1.

NEUBORNE, Burt. Of sausage factories and syllogism machines: formalism, realism, and exclusionary selection techniques. *New York University Law Review*, 67, p. 419-450, 1992. ISSN 0028-7881.

NEURATH, Otto. La conception scientifique du monde. In: *Manifeste du Cercle de Vienne et autres écrits*. Paris: VRIN – Bibliothèque des Textes Philosophiques, 2010. 352 p. ISBN 978-2-7116-2271-9.

NICHOLS, Shaun. *Sentimental Rules*: On the natural foundations of moral judgment. New York: Oxford University Press, 2004. 225 p. ISBN 978-0-19-516934-8.

NIETO, Alejandro. *El arbitrio judicial*. Barcelona: Editorial Ariel Derecho, 2000. 448 p. ISBN 9788434416468.

NIETO, Alejandro. El dorso metalegal de las resoluciones judiciales, la protección jurídica de ciudadano. Procedimiento administrativo y garantía jurisdiccional. *Estudios en Homenaje al Prof. Jesús Gonzáles Pérez*. Madrid: Civitas, 1993. p. 61-77.

NIETZSCHE, Friedrich. *A origem da tragédia*. Lisboa: Ed. Guimarães e Cia, 1982.

NIETZSCHE, Friedrich. *Humano, demasiado humano*: um livro para espíritos livres. Tradução, notas e posfácio de Paulo César de Souza. São Paulo: Companhia de Bolso, 2000. 215 p. ISBN 978-85-8086-407-6.

NIEVA FENOLL, Jordi. *La valoración de la prueba*. Madrid: Marcial Pons, 2010. 374 p. ISBN 978-84-9768-757-7.

NOGUEIRA ALCALÁ, Humberto. El derecho a la igualdad en la jurisprudencia constitucional. *Ius et Praxis*: Facultad de Ciencias Jurídicas y Sociales, Talca, año 2, n. 2, p. 235-267, 1997. ISSN 0717-2877.

NOGUEIRA, Gustavo Santana. *Stare decisis et non quieta movere*: a vinculação aos precedentes no direito comparado e brasileiro. Rio de Janeiro: Lumen Juris, 2011. 257 p. ISBN 978-85-375-0900-5.

NOJIRI, Sérgio. *O dever de fundamentar as decisões judiciais*. 2. ed. rev. e ampl. São Paulo: Revista dos Tribunais, 2000. (Coleção estudos de direito de processo Enrico Tullio Liebman; v. 39). 141 p. ISBN 85-203-1907-6.

NOVAES, Maria Helena. *Psicologia da criatividade*. Rio de Janeiro: Vozes, 1971. 129 p.

NOVICK, Sheldon M. Justice Holmes's Philosophy. *Washington University Law Review*, v. 70, issue 3, p. 703-753, 1992. ISSN 1546-6981.

NORONHA, Carlos Silveira. *Sentença civil*: perfil histórico-dogmático. São Paulo: Revista dos Tribunais, 1995. 302 p. ISBN 85-203-1275-6.

NOVO, Luciana Florentino. Cultura de interdisciplinaridade e desafios no contexto institucional: uma reflexão inicial. – Mato Grosso: *Revista Eventos Pedagógicos*, v. 5, n. 3 (12. ed.), edição especial temática, p. 47-62, ago./out. 2014. ISSN 2236-3165.

NUBIOLA, Jaime. *Inteligencia y razonabilidad*. I Congreso Internacional Filosofía de la Inteligencia Instituto CEU de Humanidades Ángel Ayala Madrid, 15-17 junio 2011. Disponível em: https://www.google.com. br/?gws_rd=ssl#q=nubiola,+jaime.+Inteligencia+y+razonabilidad&*&spf=1. Acesso em: 26 fev. 2018.

NUBIOLA, Jaime. *La abducción o lógica de la sorpresa*. Disponível em: http://www.google.com.br/url?sa=t&rct =j&q=&esrc=s&source=web&cd=7&ved=0ahUKEwjq_J7RjPLSAhXBkpAKHTpCDqAQFghJMAY&url=http% 3A%2F%2Fwww.felsemiotica.org%2Fsite%2Fwp-content%2Fuploads%2F2014%2F10%2FNubiola-Jaime-La-abducci%25C3%25B3n-o-l%25C3%25B3gica-de-la-sorpresa.pdf&usg=AFQjCNGORwAmGzRkHJfFCtmEp3 PZE9sdFQ&sig2=MoHy5k59OHnkGVc8_LCqdg. Acesso em: 22 fev. 2018.

NUNES, Luiz Antonio Rizzatto. *A intuição e o direito*: um novo caminho. Belo Horizonte: Inédita, 1997. 248 p. ISBN 85-7308-168-6.

NUNES, Luiz Antonio Rizzatto. Intuição. *In:* BARRETTO, Vicente de Paulo (Coord.). *Dicionário de filosofia do direito*. Rio de Janeiro: Renovar. São Leopoldo: UNISINOS, 2009. p. 475-479. ISBN 85-7431-266-5.

NUNES, Luiz Antonio Rizzatto. *Intuição*. São Paulo: Método, 2000. 224 p. ISBN 85-86456-10-1.

NUNES, Luiz Antonio Rizzatto. *Manual de filosofia do direito*. 5. ed. rev. e amp. São Paulo: Saraiva, 2013. 500 p. ISBN 978-85-02-19928-6.

OBERTO, Giacomo. *La motivazione delle sentenze civili in Europa*: spunti storici e comparatistici. Milano, 2008. Disponível em: http://www.giacomooberto.com/milano2008/sommario.htm. Acesso em: 22 fev. 2019.

OGDEN, C. K.; RICHARDS, I. A. *The meaning of meaning*: a study of the influence of language upon thought and of the science of symbolism. New York: A Harvest Book, 1923. 363 p. ISBN 0-15-658446-8.

OLIPHANT, H. A return to stare decisis. *American Bar Association Journal*, 14, p. 71-76, 1928. ISSN 0003-6056.

OLIVEIRA, Carlos Alberto Alvaro de. *Do formalismo no processo civil*. São Paulo: Saraiva, 1997. 260 p. ISBN 85-02-02386-1.

OLIVEIRA, Carlos Alberto Alvaro de. O formalismo-valorativo no confronto com o formalismo excessivo. *Revista de Processo*, São Paulo, ano 31, n. 137, p. 7-31, jul. 2006. ISSN 0100-1981.

OLIVEIRA, Carlos Alberto Alvaro de. Poderes do Juiz e visão cooperativa do processo. *Revista da Faculdade de Direito da Universidade de Lisboa*, Lisboa, 44:194, 2003.

OLIVEIRA, Fábio de. *Por uma teoria dos princípios*: o princípio constitucional da razoabilidade. 2. ed. Rio de Janeiro: Lumen Juris, 2007. 321 p. ISBN 9788537500514.

OLIVEIRA, Humberto Santarosa de. Jurisdição criativa e motivação das decisões judiciais como seu aspecto legitimador. *In:* FUX, Luiz (Coord.). *Processo constitucional*. 1. ed. Rio de Janeiro: Forense, 2013. p. 559-632. ISBN 978-85-309-4848-1.

OLIVEIRA NETO, Olavo. Princípio da fundamentação das decisões judiciais. *In:* LOPES, Maria Elisabeth de Castro; OLIVEIRA NETO, Olavo de (Coord.). *Princípios processuais civis na Constituição*. Rio de Janeiro: Elsevier, 2008. p. 193-214. ISBN 978-85-352-2916-5.

OLIVEIRA, Rafael Tomaz de. Método jurídico e interpretação do direito: reflexões programáticas sobre a concretização dos direito coletivos. *Revista Brasileira de Direito*, v. 9, n. 2, p. 90-129, jul./dez. 2013. ISSN 2238-0604.

ONDARZA SALAMANCA, María Mónica Daza. Los realistas con significado social: justicia conforme a derecho de Roscoe Pound. *Revista Jurídica*, año 4, n. 7, p. 9-28, ago. 2015. ISSN 1815-0276.

ORREGO S., Cristóbal. De la ontología del derecho al derecho justo. Progresos recientes de la teoría analítica del derecho. *Revista Chilena del Derecho*, v. 30, n. 2, p. 307-320, 2003. ISSN 0716-0747.

ORTEGA Y GASSET, José (1883-1955) *¿Qué es filosofía?*. Madrid: Alianza, 1983. 238 p. ISBN 978-8420641058.

OSBORN, Alex F. *O poder criador da mente*. Tradução de E. Jacy Monteiro. São Paulo: Ibrasa, 1962. 357 p.

OSMO, Carla. O ceticismo dos realistas norte-americanos: a indeterminação no direito. *Revista Brasileira de Filosofia*, São Paulo, ano 58, n. 233, p. 93-137, jul./dez. 2009. ISSN 0034-7205.

OSNA, Gustavo. *Processo civil, cultura e proporcionalidade*: análise crítica da teoria processual. 1. ed. São Paulo: Revista dos Tribunais, 2017.160 p. ISBN 978-85-203-7119-0.

OST, François. Júpiter, Hércules, Hermes: tres modelos de juez. *Academia – Revista sobre enseñanza del Derecho*, Buenos Aires, año 4, n. 8, p. 101-130, 2007. ISSN 1667-4154.

OTERO GONZÁLES, María del Pilar. *Proteción del secreto sumarial y juicios paralelos*. Madrid: Editorial Centro de Estudios Ramón Areces, 1999. 395 p. ISBN 84-8004-401-2.

PAGANI, Angelo. *La professione del giudice*: Ricerca sull'immagine della professione nei giudici a Milano. Milano: Istituto Editoriale Cisalpino, 1969. 173 p.

PALERMO, Antonio. *Il processo di formazione della sentenza civile*. Milano: Giuffrè, 1956. 259 p.

PALLARES, Eduardo. *Derecho procesal civil*. 2. ed. México: Porrua, 1965. 800 p.

PALOMBELLA, Gianluigi. *Filosofia do direito*. São Paulo: Martins Fontes, 2005. (Justiça e direito). 387 p. ISBN 85-336-2093-4.

PAPEZ, J. W. A proposed mechanism of emotion. *Archives of Neurology and Psychiatry Journal*, 38, p. 725-743, 1937.

PARKINSON, G.H.R. Being and knowledge in Spinoza. In *Van der Bend, Spinoza's on knowing. Being and freedom*. Procedings of the Spinoza's simposium et de international school of philosophy in the Neederland. Organizador Van Der Bend, Assen, Van Gorcum, 1974. 200 p. ISBN 978-9023211501.

PASCAL, Blaise. *Pensamentos*. Tradução de Sérgio Milliet. Coleção Os pensadores (1ª fase). São Paulo: Abril Cultural, 1973. 280 p.

PASSOS, Ágatha Gill Barbosa. A demarcação da terra indígena Raposa Serra do Sol. Um estudo hermenêutico com base no voto do ministro Carlos Ayres Britto. *Jus Navigandi*, Teresina, ano 13, n. 2087, 19 mar. 2009. Disponível em: http://jus2.uol.com.br/doutrina/texto.asp?id=12484. Acesso em: 17 fev. 2019.

PASTORE, Baldassare. *Decisioni e controlli tra potere e ragione*: materiali per un corso di filosofia del diritto. Torino: G. Giappichelli, 2013. 138 p. ISBN 978-88-348-3768-9.

PASTORINI, Chiara. L'analyse philosophique du mental chez Wittgenstein. *Le Philosophoire*, 2 (n. 29), p. 281-299, 2007. ISSN 1283-7091.

PAULA CONCA, Javier Prieto de. *La equidad y los juicios de equidad*. Madrid: Difusión Juridica, 2010. 168 p. ISBN 978-84-92656-78-3.

PAULÍN, Georgina; HORTA, Julio; SIADE, Gabriel. La vivencia y su análisis: consideraciones breves sobre las nociones objeto-sujeto en el universo discursivo del mundo cultural. *Revista Mexicana de Ciências Políticas*, s/n, p. 15-35, 2009. ISSN 0185-1918.

PAULO II, Papa João. *Carta Encíclica Fides et Ratio*. São Paulo: Edições Paulinas 1998. 142 p. ISBN 978-972-751-207-2.

PECES-BARBA, Gregorio. *Curso de Derechos Fundamentales*, I. Teoría General. Madrid: Boletín Oficial del Estado, 1995. 720 p. ISBN 978-8434008144.

PEIRCE, Charles Sanders. How to make our ideas clear. *Popular Science Monthly*, v. 12, p. 286-302, jan. 1878. ISSN 0032-4647.

PEIRCE, Charles Sanders. La logica dell'abduzione (1901-1903), trad. italiana, in Id., *Scritti di filosofia*, Bologna, 1978. p. 289-305.

PEIRCE, Charles Sanders. *Semiótica*. São Paulo: Perspectiva, 2012. (Estudos 46 / dirigida por J. Guinsburg). 337 p. ISBN 978-85-273-0194-7.

PEIRCE, Charles Sanders. *The essential Peirce*: selected philosophical writtings (1893-1913). Bloomington: Indiana University Press, 1998, v. 2. 624 p. ISBN 978-0-253-21190-3.

PELLINGRA, Benedetto. La sentenza nei suoi aspetti della metodologia e della tecnica. *La sentenza in europa*: metodo, tecnica e stile. Padova: CEDAM, 1988. p. 417-422. ISBN 88-13-16202-2.

PENNA, Antonio Gomes. Nietzsche e Freud: sobre a intuição do artista e o conhecimento do cientista. *Arquivos Brasileiros de Psicologia*, Rio de Janeiro, v. 38, n. 1, p. 3-9, jan./mar. 1986.

PENNA, Eloisa Marques Damasco. *Um estudo sobre o método de investigação da psique na obra de C. G. Jung*. 2003. 225 f. Dissertação (Mestrado em Psicologia Clínica) – Pontifícia Universidade Católica de São Paulo, São Paulo, 2003.

PEREIRA, Ézio Luiz. A intuição nas decisões judiciais. Uma re-significação da cognição judicial. Disponível em: http://www.jurisway.org.br/v2/dhall.asp?id_dh=5926. Acesso em: 10 nov. 2018.

PEREIRA, Hugo Filardi. *Motivação das decisões judiciais e o estado constitucional*. Rio de Janeiro: Lumen Juris, 2012. 148 p. ISBN 978-85-375-2121-2.

PEREIRA, Rodrigo da Cunha. *Direito de família*: a sexualidade vista pelos Tribunais. Belo Horizonte: Del Rey, 2000. 255 p. ISBN 8573085169.

PEREIRA, Rodrigo da Cunha. Por que o Direito se interessa pela Psicanálise. Disponível em: http://www.egov.ufsc.br/portal/conteudo/por-que-o-direito-se-interessa-pela-psican%C3%A1lise. Acesso em: 17 out. 2017.

PEREIRA, Rodrigo da Cunha. Todo gênero de louco: uma questão de capacidade. *In*: ZIMERMAN, David *et al.* (Coord.). *Aspectos psicológicos na prática jurídica*. Campinas: Milennium, 2002. p. 515-535. ISBN 85-86833-62-2.

PEREIRINHA, Filipe. Um enigma do "Mercador de Veneza". *In*: COUTINHO, Jacinto Nelson de Miranda (Coord.). *Direito e psicanálise*: interseções a partir de "O Mercador de Veneza", de William Shakespeare. Rio de Janeiro: Lumen Juris, 2008. p. 235-259. ISBN 853750307X.

PERELMAN, Chaïm. *Ética e direito*. 2. ed. São Paulo: Martins Fontes, 2005. 722 p. (Justiça e direito). ISBN 978-85-336-2223-4.

PERELMAN, Chaïm. La motivation des décisions de justice, essai de synthèse. *In*: PERELMAN, Chaïm; FORIERS, Paul. *La motivation des décisions de justice*: études. Bruxelles: É. Bruylant, 1978. p. 415-426.

PERELMAN, Chaïm. *Lógica jurídica*: nova retórica. 2. ed. São Paulo: Martins Fontes, 2004. (Justiça e direito). 259 p. ISBN 85-336-2065-9.

PERELMAN, Chaïm. *Retóricas*. 2. ed. São Paulo: Martins Fontes, 2004. (Justiça e direito). 417 p. ISBN 85-336-2017-9.

PERELMAN, Chaïm. *Tratado da argumentação*: a nova retórica. 2. ed. São Paulo: Martins Fontes, 2005. (Justiça e direito). 653 p. ISBN 85-336-2207-4.

PERES, Savio Passafaro. Husserl e o projeto de psicologia descritiva e analítica em Dilthey. *Memorandum*, v. 27, p. 12-28, out/2014. ISSN 1676-1669.

PERETTI GRIVA, Domenico Riccardo. L'umanità del magistrato. *Rivista Trimestrale di Diritto e Procedura Civile*, Milano, p. 97, 1955. ISSN 0391-1896.

PERO, Maria Thereza Gonçalves. *A motivação da sentença civil*. São Paulo: Saraiva, 2001. 207 p. ISBN 85-02-03078-7.

PESSOA, Fernando (assinado pelo seu "semi-heterônimo" Bernardo Soares). *Livro do desassossego*. Rio de Janeiro: Ática, 1982. 575 p.

PESSOA, Luiz. On the relationship between emotion ad cognition. *Nature Reviews Neuroscience*, 9, p. 148-158, 2008. ISSN 1471-0048.

PETRAZYCKI, Leon. *Law and morality*. New Brunswick: Transaction Publishers, 2011. 335 p. ISBN 978-1-4128-1469-0.

PHILIPS, Susan U. *Ideology in the language of judges*. How judges practice law, politics, and courtroom control. New York: Oxford University, 1998. 224 p. ISBN 9780195113419.

PHILONENKO, Alexis. *Bergson ou de la philosophie comme science rigoureuse*. París: Éditions du Cerf, 1994. 400 p. ISBN 978-2204049245.

PIANA, Giovanni. Husserl, Schlick e Wittgenstein sulle cosiddette "proposizioni sintetiche a priori". *Rivista "Aut Aut"*, n. 122, p. 19-41, 1971. ISSN 0005-0601.

PICARDI, Nicola. *Manuale del processo civile*. 2. ed. Milano: Giuffrè, 2010. 716 p. ISBN 9788814152061.

PICÓ I JUNOY, Joan. *El juez y la prueba*. Barcelona: J. M. Bosch Editor, 2007. 304 p. ISBN 978-84-7698-798-8.

PICÓ I JUNOY, Joan. Los principios del nuevo proceso civil español. *Revista de Processo*, São Paulo, n. 103, p. 59-94, jul./set. 2001. ISSN 0100-1981.

PIDGEON, Robert. *Les médias et le système judiciaire*. Disponível em: http://www.barreau.qc.ca/pdf/congres/2004/ethique.pdf. Acesso em: 29 jan. 2018.

PIETERSE, Jan Nederveen. *Globalization and culture*: Global Melange. 2. ed. Lanham: Rowman & Littlefield, 2009. 196 p. ISBN 978-0742556065.

PIMENTA, Carlos. *Apontamentos breves sobre complexidade e interdisciplinaridade nas ciências sociais*. Disponível em: https://www.fep.up.pt/docentes/cpimenta/textos/pdf/E026578.pdf. Acesso em: 02 out. 2017.

PIMENTEL, Alexandre Freire. Lógica, direito processual, decadência do positivismo e o ressurgimento da retórica em perspectiva histórico-jurisdicional. *Revista da AJURIS*, Porto Alegre, v. 41, n. 135, p. 13-33, set. 2014. ISSN 2358-2480.

PINCOCK, Christopher. Carnap's logical structure of the world. *Philosophy Compass* 4/6, p. 951-961, 2009. ISSN 1747-9991.

PINHO, Humberto Dalla Bernardina de. *Direito processual civil contemporâneo*: teoria geral do processo. 4. ed. São Paulo: Saraiva, 2012, v. 1. 967 p. ISBN 978-85-02-14885-7.

PINHO, Humberto Dalla Bernardina de. *Jurisdição e pacificação*: limites e possibilidades do uso dos meios consensuais de resolução de conflitos na tutela dos direitos transindividuais e pluri-individuais. Curitiba: CRV, 2017. 395 p. ISBN 978-85-444-1687-7.

PINKER, Steven. *Como a mente funciona*. Tradução de Laura Teixeira Motta. São Paulo: Compahia das Letras, 1998. 671 p. ISBN 978-85-7164-846-3.

PINO, Giorgio. Costituzione, positivismo giuridico, democrazia Analisi critica di tre pilastri della filosofia del diritto di Luigi Ferrajoli. *Diritto e questioni pubbliche*, n. 14, p. 57-110, 2014. ISSN 1825-0173.

PINO, Giorgio. Il positivismo giuridico di fronte allo Stato costituzionale. *In:* COMANDUCCI, P.; GUASTINI, R. (a cura di). *Analisi e diritto*. Roma: Giappichelli, 1998. p. 203-227. ISBN 8834891775.

PINO, Giorgio. Principi, ponderazione, e la separazione tra diritto e morale sul neocostituzionalismo e i suoi critici. *Giurisprudenza costituzionale*, v. 56, 1, p. 965-997, 2011. ISSN 2499-2046.

PIRES, Luis Manuel Fonseca. O potencial semântico de uma lenda. *In:* NALINI, José Roberto; PIRES, Luis Manuel Fonseca; RODOVALHO, Maria Fernanda (Coord.). *Ética para o juiz*: um olhar externo. São Paulo: Quartier Latin, 2014. p. 81-96. ISBN 85-7674-734-0.

PIZZI, Claudio. *Abduzine e serendipita nella scienza e nel diritto*. Disponível em: http://www.academia. edu/2581439/Abduzione_e_serendipit%C3%A0. Acesso em: 11 agos. 2018. p. 1-9.

PIZZI, Claudio. *Diritto, abduzione e prova*. Milano: Giuffrè, 2009. 248 p. ISBN 978-8814152597.

PLANCK, Max. *Where is science going?* Woodbridge: Ox Bow Press, 1981. 224 p. ISBN 13-978-0918024220.

PLATÃO. Fédon; O banquete. *In: Diálogos*; seleção de textos de José Américo Motta Pessanha. Traduções e notas de José Cavalcante de Souza, Jorge Paleikat e João Cruz Costa. 2. ed. São Paulo: Abril Cultural, 1983. (Os pensadores). 261 p.

PODGORECKI, Adam. Public opinion on law. *Knowledge and opinion about law*. London: Martin Robertson, 1973. p. 65-100. ISBN 0-85520-017-0.

POGREBINSCHI, Thamy. *Pragmatismo*: teoria política e social. Rio de Janeiro: Relume Dumará, 2005. 193 p. ISBN 978-8573163919.

POINCARÉ, Henri. *Science et méthode*. Paris: Ernest Flammarion, Éditeur, 1920. 314 p.

POLLOCK, Frederick. The history of the law of nature. *Columbia Law Review*, 11, 1901, v. 1. ISSN 0010-1958.

POLYA, G. *How to solve it*: a new aspect of mathematical method. 2. ed. New York: Anchor Books, 1957. 253 p.

PONTES DE MIRANDA, Francisco Cavalcanti. *À margem do direito*. 3. ed. Campinas: Bookseller, 2005. 150 p. ISBN 85-7468-361-2.

PONTES DE MIRANDA, Francisco Cavalcanti. *Comentários ao código de processo civil* (de 1939). 2. ed. Rio de Janeiro: Revista Forense, 1979, t. 4. 732 p.

PONTES DE MIRANDA, Francisco Cavalcanti. *Comentários ao código de processo civil* (de 1973). Atualização de Sergio Bermudes. 3. ed. Rio de Janeiro: Forense, 1996, t. 2. 504 p. ISBN 85-30903730.

PONTES DE MIRANDA, Francisco Cavalcanti. *Comentários ao código de processo civil* (de 1973). Rio de Janeiro: Revista Forense, 1974, t. 4. 524 p.

PONTES DE MIRANDA, Francisco Cavalcanti. *Comentários ao código de processo civil* (de 1973). Atualização de Sergio Bermudes. 3. ed. Rio de Janeiro: Forense, 1997, t. 5. 365 p. ISBN 85-30904702.

POPPER, Karl. *The logic of scientific discovery* (1934). London and New York: Routledge, 2005. 513 p. ISBN 0-203-99462-0.

PORTANOVA, Rui. *Princípios do processo civil*. 7. ed. Porto Alegre: Livraria do Advogado Editora, 2008. 308 p. ISBN 978-85-7348-548-6.

PORTANOVA, Rui. *Motivações ideológicas da sentença*. 4. ed. rev. ampl. Porto Alegre: Livraria do Advogado, 2000. 168 p. ISBN 85-7348-143-9.

POSNER, Richard Allen. *How judges think*. Cambridge. Massachesetts: Harvard University Press, 2008. 387 p. ISBN 978-067-45047-3.

POSNER, Richard Allen. *Fronteiras da teoria do direito*. São Paulo: Editora WMF Martins Fontes, 2011. (Biblioteca jurídica WMF). 605 p. ISBN 978-85-7827-320-0.

POSNER, Richard Allen. *Law, pragmatism and democracy*. Cambridge: Harvard University Press, 2003. 398 p. ISBN 9780674018495.

POSNER, Richard Allen. *Problemas de filosofia do direito*. São Paulo: Martins Fontes, 2007. (Coleção justiça e direito). 647 p. ISBN 978-85-336-2317-0.

POSNER, Richard Allen. *The behavior of federal judges*: a theoretical and empirical study of rational choice. POSNER, Richard Allen; LANDES, William M.; EPSTEIN, Lee. Cambridge: Harvard University Press, 2013. 440 p. ISBN 978-067-40498-95

POSNER, Richard Allen. The decline of law as an autonomous discipline. *Harvard Law Review*, Cambridge, v. 100, p. 761-780, 1987. ISSN 0017-811X.

POSNER, Richard Allen. The role of the judge in the Twenty-First Century. *Boston University Law Review*, v. 86, p. 1049-1068, 2006. ISSN 0006-8047.

POSNER, Richard Allen. What has pragmatism to offer law?. *Southern California Law Review*, n. 63, p. 1653-1670, 1990. ISSN 0038-3910.

POUND, Roscoe. Law in books and law in action. *American Law Review*, v. 44, issue 1, p. 12-36, 1910.

POUND, Roscoe. Liberty of contract. *Yale Law Journal*, 18, 7, p. 454-487, 1909. ISSN 0044-0094.

POUND, Roscoe. Mechanical jurisprudence. *Columbia Law Review*, 8, p. 605-623, 1908. ISSN 0010-1958.

POUND, Roscoe. The call for a realist jurisprudence. *Harvard Law Review*, Cambridge, v. 44, p. 697-711, 1931. ISSN 0017-811X.

POZZEBON, Fabrício Dreyer de Ávila. A crise do conhecimento moderno e a motivação das decisões judiciais. *In:* GAUER, Ruth Maria Chittó (Coord.). *Sistema penal e violência*. Rio de Janeiro: Lumen Juris, 2006, p. 231-247.

PRADELLE, Dominique. L'intuition est-elle un concept univoque?. *Philosophiques* 362, p. 511–532, 2009. DOI: 10.7202/039483ar.

PRADO, Lídia Reis de Almeida. *A lógica do razoável na teoria da interpretação do Direito* (segundo o pensamento de Luiz Recasens Siches). 1980. 107 f. Dissertação (Mestrado em Direito) – Faculdade de Direito da Universidade de São Paulo, São Paulo, 1980.

PRADO, Lídia Reis de Almeida. *O juiz e a emoção*: aspectos da lógica da decisão judicial. 3. ed. Campinas: Millenium, 2005. 181 p. ISBN 978-85-7625-205-4.

PRADO, Lídia Reis de Almeida. Racionalidade e emoção na prestação jurisdicional. *In:* ZIMERMAN, David *et al.* (Coord.). *Aspectos psicológicos na prática jurídica*. Campinas: Milennium, 2002. p. 43-57. ISBN 85-86833-62-2.

PRETI, Giulio. B. Russell e la filosofia del nostro secolo. *Rivista Critica di Storia della Filosofia*, v. 31, n. 4, p. 437-458, ott./dic. 1976. ISSN 0393-2516.

PRINCE, Morton. Subconscious intelligence underlying dreams. *In:* GHISELIN, Brewster. *The creative process*: a symposium. University of California: Berkeley and Los Angeles, 1954. p. 212-216. ISBN 978-0-520-05453-0.

PRIETO SANCHÍS, Luis. Derecho y moral en la época del constitucionalismo jurídico. *Revista Brasileira de Direito Constitucional* – RBDC, n. 10, p. 67-85, jul./dez. 2007. ISSN 1678-9547.

PRIETO SANCHÍS, Luis. Sobre el neoconstitucionalismo y sus implicaciones. *In: Justicia Constitucional y Derechos Fundamentales*. Madrid: Trotta, 2003. p. 101-135. ISBN 84-8164-638-5.

PRINZ, J. Are Emotions Feelings?. *Journal of Consciousness Studies*, 12, n. 8-10, p. 9-25, 2005. ISSN 1754-0739.

PRINZ, J. Emotions Embodied. *In:* SOLOMON, Robert C. *Thinking about Feeling*. New York: Oxford University Press, 2003. p. 1-14. ISBN 978-0195153170.

PRINZ, J. *Gut reactions*: A perceptual theory of emotions. New York: Oxford, 2004. 271 p. ISBN 978-0195309362.

PRINZ, J. Is empathy necessary for morality?. *In:* COPLAN, Amy; GOLDIE, Peter (Ed.). *Empathy*: philosophical ans psychological perspectives. Oxford: Oxford University Press, 2011. p. 211-229. ISBN 978-0198706427.

PRINZ, J. Is morality innate?. *In:* SINNOTT-AIMSTRONG, W. (Éd.). *Moral Psychology*: The evolution of morality. Cambridge: MIT Press, 2007, v. 1. p. 367-406. ISBN 978-0262693547.

PRINZ, J. The emotional basis of moral judgments. *Philosophical Explorations*, v. 9, n. 1, p. 29-42, mar. 2006. ISSN 1386-9795.

PRINZ, J. *The emotional construction of morals*. New York: Oxford University Press Inc., 2007. 320 p. ISBN 9780199283019.

PRINZ, J. Emotion and Aesthetic Value. *In:* SCHELLEKENS, Elisabeth; GOLDIE, Peter. *The aesthetic mind*. Oxford: Oxford University Press, 2011. ISBN 978-0199691517.

PRINZ, J. Which Emotions are Basic?, *In:* EVANS, D.; CRUSE, P. *Emotion, Evolution, and Rationality*. Oxford: Oxford University Press, 2004. p. 1-19. ISBN 978-0198528982.

PUCHKIN, V. N. *Heurística*: a ciência do pensamento criador. 2. ed. Rio de Janeiro: Zahar, 1976. 181 p.

PUCHTA, Georg Friedrich. *Corso delle istituzioni*. Traduzione di A. Turchiarulo. 1 ed. Napoli: Tipografia All'Insegna del Diogene, 1854, v. 1.

PUPOLIZIO, Ivan. Più realisti del re? Il realismo giuridico statunitense nella prospettiva dei 'Critical Legal Studies'. *Materiali per una storia della cultura giuridica*, v. 40, n. 1, p. 73-104, 2010. ISSN 1120-9607.

PURCELL JR., Edward A. Democracy, the constitution, and legal positivism in America: Lessons from a winding and troubled history. *Florida Law Review*, v. 66, n. 4, p. 1.457-1.511, july 2014. ISSN 1045-4241.

PUTNAM, Ruth Anna. Pragmatismo. Tradução de Magda Lopes. *In:* CANTO-SPERBER, Monique (Org.). *Dicionário de ética e filosofia moral*. São Leopoldo: Unisinos, 2007, v. 2. p. 372-379. ISBN 2-13-047729-1.

RABELAIS, François. *O terceiro livro dos fatos e ditos heroicos do bom Pantagruel*. São Paulo: Ateliê, 2006. 303 p. ISBN 85-74801038.

RACHLINSKI, Jeffrey J. Processing Pleadings and the Psychology of Prejudgments. *DePaul Law Review*, v. 60, p. 413-429, 2011. ISSN 0011-7188.

RADBRUCH, Gustav. *Filosofia do direito*. 2. ed. São Paulo: WMF Martins Fontes, 2010. (Biblioteca jurídica WMF). 302 p. ISBN 978-85-7827-290-6.

RADBRUCH, Gustav. Gesetzliches Unrecht und übergesetzliches Recht, *Süddeutsches Juristenzeitung* 1, 1946. p. 105-108.

RADIN, Max. Statutory interpretation. *Harvard Law Review*, XLIII, p. 863-885, 1930. ISSN 0017-811X.

RADIN, Max. The theory of judicial decision: or how judger tihink. *American Bar Association Journal*, v. 11, n. 6, p. 357-362, june 1925. ISSN 0003-6056.

RATCLIFFE, Matthew. The phenomenology of mood and the meaning of Life. *In:* GOLDIE, Peter (Ed.). *The Oxford Handbook of Philosophy of Emotion*. Oxford: Oxford University Press, 2009. p. 349- 371. ISBN 978-0199235018.

RAYNAUT, Claude. Interdisciplinaridade: mundo contemporâneo, complexidade e desafios à produção e à aplicação de conhecimentos. *In:* PHILIPPI JR, Arlindo; SILVA NETO, Antônio J. Silva. (Ed.). *Interdisciplinaridade em ciência, tecnologia e inovação*. Barueri: Manole, 2011. p. 69-105. ISBN 978-85-204-3046-0.

RAUDSEPP, Eugene. *Arte de apresentar idéias novas*. Tradução de José Veiga. 3. ed. Rio de Janeiro: Fundação Getúlio Vargas, 1986. 121 p. ISBN 85-225-0120-3.

REALE, Miguel. A ética do juiz na cultura contemporânea. *In:* NALINI, José Renato (Coord.). *Uma nova ética para o juiz*. São Paulo: Revista dos Tribunais, 1994. p. 130-146. ISBN 85-203-1203-9.

REALE, Miguel. A filosofia do direito e as forma do conhecimento jurídico. *Revista dos Tribunais*, São Paulo, n. 916, v. 101, p. 81-98, 2012. ISSN 0034-9275.

REALE, Miguel. *Filosofia do direito*. 20. ed. São Paulo: Saraiva, 2002. 749 p. ISBN 85-02-04147-9.

REALE, Miguel. *Fontes e modelos do direito*: para um novo paradigma hermenêutico. São Paulo: Saraiva, 1999. 124 p. ISBN 85-02-01481-1.

REALE, Miguel. *Lições preliminares de direito*. 26. ed. rev. São Paulo: Saraiva, 2002. 393 p. ISBN 85-02-03661-0.

REALE, Miguel. *O direito como experiência*: introdução à epistemologia jurídica. 2. ed. São Paulo: Saraiva, 1992. 294 p. ISBN 978-85-02-00967-7.

REALE, Miguel. Problemática da justiça. *R. CEJ*, Brasília, n. 14, p. 121-126, maio/ago. 2001. ISSN 1414-008X.

RECASENS SICHES, Luis. *Nueva filosofia de la interpretación del derecho*. México: Editorial Porrua, 1973. 320 p. ISBN 968-432-551-7.

RECASENS SICHES, Luis. *Panorama del pensamiento jurídico en el siglo XX*. México: Editorial Porrua, 1963, t. I. 1174 p.

REDENTI, Enrico. *Diritto processuale civile*. Ristampa della seconda edizione. Milano: Giuffrè. 1957, v. 2. 531 p.

REDENTI, Enrico. In memoria di Piero Calamandrei. *Rivista Trimestrale di Diritto e Procedura Civile*, Milano, anno XII, p. 1-17, 1958. ISSN 0391-1896.

REDONDO, C. *La noción de razón para la acción en el análisis jurídico*. Madrid: Centro de Estudios Políticos y Constitucionales, 1996. 274 p. ISBN 978-8425910067.

REGO, José Marcio Rebolho; PESSOA, Gustavo Henrique Rodrigues; GALA, Adelino de Castro Oliveira Simões. A percepção em três registros: Russell, Peirce e Caeiro. *COGNITIO-ESTUDOS* – Revista Eletrônica de Filosofia, v. 12, n. 1, p. 98-116, jan./jun. 2015. ISSN 1809-8428.

REHFELDT, Klaus H. G. *Será?* A intuição prática (e a prática da intuição): na vida privada, no ambiente empresarial, e fenômenos PSI. Blumenau: Eko, 2004. 172 p. ISBN 978-8573246735.

REICHENBACH, Hans. *Experience and Prediction*: an analysis of the foundations and the structure of Knowledge. Chicago: Phoenix Books, University of Chicago Press, 1938. 408 p.

REICHENBACH, Hans. *La filosofia científica*. Tradução de Horacio Flores Sánches. México: Fondo de Cultura Económica, 1953. 334 p.

REYES MOLINA, Sebastián. Jerome Frank: Realismo jurídico estadounidense y los hechos en el derecho. *Eunomía – Revista en Cultura de la Legalidad*, n. 10, p. 265-273, abr./sep. 2016. ISSN 2253-6655

RIBEIRO, Eduardo Soares. Bergson e a intuição como método na filosofia. *Kínesis*, Marília, v. V, n. 09, p. 94-108, jul. 2013. ISSN 1984-8900.

RIBEIRO, Leonardo Lima. Ciência intuitiva e beatitude em Spinoza. *Intuitio*, Porto Alegre, v. 6, n. 1, p. 169-193, jun. 2013. ISSN 1983-4012.

RIBEIRO, R. L.; POMPEIA, S.; BUENO, O. F. A. Comparison of brazilian and american norms of International Affective Picture System (IAPS). *Revista Brasileira de Psiquiatria*, 27, p. 208-215, 2005. ISSN 1516-4446.

RICHTER, Walther. Die Richter der Oberlandesgerichte der Bundesrepublik. Eine berufs-sozialstatische Analyse. *In: Hamburger Jahrbuch für Wirtschafts und Gesellschaitspolitik*, V, 1960. Seite 241-259.

RICOEUR, Paul. *O justo 1*: a justiça como regra moral e como instituição. Tradução de Ivone C. Benedetti. São Paulo: WMF Martins Fontes, 2008. 210 p. ISBN 978-85-7827-015-5.

RICOEUR, Paul. *O justo 2*: justiça e verdade e outros estudos. Tradução de Ivone C. Benedetti. São Paulo: WMF Martins Fontes, 2008. 290 p. ISBN 978-85-7827-016-2.

RINPOCHE, Kalu. *Fundamentos del budismo tibetano*. Barcelona: Kairós, 2005. 256 p. ISBN 13-978-847425-5863.

RIPERT, Georges. *Les forces créatrices du droit*. Paris: Libraire générale de droit et de jurisprudence, 1955. 431 p.

RITZER, George. *The McDonaldization of society*. SAGE Publications, Inc, 2007. 320 p. ISBN 978-1412954297.

RIZZO, Domenicantonio. *Geist und Drang*. Contributi per un'interpretazione unitaria del pensiero scheleriano. 2010-2011. 550 f. Tesi (Dottorato scienze filosofiche) – Università degli Studi di Napoli "Federico II", 2010-2011.

RIZZOLATTI, Giacomo; SINIGAGLIA, Corrado. *So quel che fai*. Il cervello che agisce e i neuroni specchio. Milano: Raffaello Cortina Ed., 2005. 216 p. ISBN 978-8860300027.

ROBINSON, Edward S. *Law and the lawyer*. New York: The Macmillan Company, 1935. 348 p.

ROBINSON, James Harvey. The still small voice of the herd. *Political Science Quarterly*, v. 32, n. 2, p. 312-319, june 1917. ISSN 1538-165X.

ROCCO, Alfredo. *La sentencia civil*. Santiago: Ediciones Jurídicas Olejnik, 2002. 357 p.

ROCCO, Ugo. *Trattato di Diritto Processuale Civile*. Torino: Unione tipografico-editrice torinese, 1966, v. 1390 p.

ROCHA, Sergio André. Evolução histórica da teoria hermenêutica: do formalismo do século XVIII ao pós-positivismo. *Lex Humana*, v. 1, n. 1, p. 77-160, 2009. ISSN 2175-0947.

RODRÍGUES, Víctor Gabriel. *Argumentação jurídica*: técnicas de persuasão e lógica informal. 5. ed. São Paulo: Martins Fontes, 2005. 333 p. ISBN 978-85-7827-442-9.

RODRIGUEZ-AGUILERA, Cesáreo. *La sentencia*. Barcelona: Bosch, Casa Editorial, s/d. 114 p.

RODRÍGUEZ BOENTE, Sonia Esperanza. *La justificación de las decisiones judiciales*. El artículo 120.3 de la Constitución Española. Santiago de Compostela: Universidad de Santiago de Compostela: Servicio de Publicacións e Intercambio Científico, 2003. 649 p. ISBN 84-9750-244-2.

RODRIGUEZ LUÑO, Angel. Max Scheler y la etica cristiana según Karol Wojtyla. *SCRIPTA THEOLOGICA*, 14, p. 901-913, 1982. ISSN 0036-9764.

RODRÍGUEZ SERPA, Ferney; TUIRÁN GUTIÉRREZ, Juan Pablo. La valoración racional de la prueba. *Revista Jurídicas CUC*, Barranquilla, v. 7, n. 1, p. 191-208, 2011. ISSN 1692-3030.

ROMANO, Salvatore. Equità: principio di equitá (dir. priv.), verbete in *Enciclopedia del diritto*. Milano: Giuffrè, 1966, v. XV. p. 83-106.

ROOT-BERNSTEIN, Robert e Michèle. *A centelha de gênios*: como pensam as pessoas mais criativas do mundo. Tradução de Dinah de Abreu Azevedo, Edite Sciulli e Fernando R. de M. Barros. São Paulo: Nobel, 2001. 332 p. ISBN 85-2131132X.

ROSA, Alexandre Morais da. *Decisão no processo penal como bricolagem de significantes*. 2004. 430 f. Tese (doutorado) – Universidade Federal do Paraná, Setor de Ciências Jurídicas, Programa de Pós-Graduação em Direito, Curitiba, 2004. Disponível em: http://acervodigital.ufpr.br/handle/1884/1203. Acesso em: 07 abr. 2018.

ROSA, Alexandre Morais da. *Guia compacto do processo penal conforme a Teoria dos Jogos*. 3. ed. Florianópolis: Empório do Direito, 2016. 527 p. ISBN 978-8568972717.

ROSA, Alexandre Morais da. Mercando a dor no Poder Judiciário: a questão do dano moral pelo "abandono afetivo". *In*: COUTINHO, Jacinto Nelson de Miranda (Coord.). *Direito e psicanálise*: interseções a partir de "O Mercador de Veneza", de William Shakespeare. Rio de Janeiro: Lumen Juris, 2008. p. 89-97. ISBN 85-3750307X.

ROSELLI, Federico. Le clausole generali nella più recente giurisprudenza. L'esperienza del diritto del lavoro. *In*: BESSONE, Mario (a cura di) *L'attività del giudice, mediazione degli interessi e controllo delle attività*. Torino: G. Giappichelli, 1997. p. 95-109. ISBN 88-348-6230-9.

ROSENBERG, L. *Die Beweislast (auf der Grundlage des Bürgerlichen Gesetzbuchs und der Zivilprozessordnung)*. 5. ed. München und Berlin: Beck, 1965. 411 p.

ROSENFIELD, Israel. *A invenção da memória*: uma nova visão do cérebro. Tradução de Vera Ribeiro. Rio de Janeiro: Nova Fronteira, 1994. 242 p. ISBN 85-209-0545-5.

ROSS, Alf. *Sobre el derecho y la justicia*. Tradução de G. R. Carrió. Buenos Aires: Eudeba, 1997. 470 p. ISBN 978-9502305653.

ROSS, W. David. *The foundations of ethics*: the gifford lectures delivered in the University of Aberdeen, 1935-6. Oxford: Oxford University Press, 1939. 348 p.

ROSSI, Jean-Gérard. La morale. La philosophie pratique de Russell. *Philopsis*. Disponível em: http://www.philopsis.fr. Acesso em: 21 jun. 2018. p. 1-22.

ROTH, Robert J. Anderson on Peirce's concept of abduction: further reflections. *Transactions of the Charles S. Peirce Society*, v. 24, n. 1, p. 131-139, 1988. ISSN 0009-1774.

ROUANET, Sergio Paulo. Razão e paixão. *In*: NOVAES, Adauto (Org.). *Os sentidos da paixão*. São Paulo: Companhia das Letras, 2009. p. 500-536. ISBN 978-85-359-1486-3.

ROUSSIN, Juliette. *La morale et le droit*. La vie des idées. Disponível em: http://www.laviedesidees.fr/La-morale-et-le-droit.html. Acesso em: 17 jul. 2018.

ROVINSKI, Donia Liane Reichert. Elaboração de documentos psicológicos no contexto forense. *In*: VASCONCELLOS, Silvio José Lemos; LAGO, Vivian de Medeiros (Org.). *Psicologia jurídica e as suas interfaces*: um panorama atual. Santa Maria: Ed. da UFSM, 2016. p. 35-62. ISBN 978-85-7391-278-4.

ROZIN, Paul; LOWERY, Laura; IMADA, Sumio; HAIDT, Jonathan. The CAD triad hypothesis: a mapping between three moral emotions (contempt, anger, disgust) and three moral codes (community, autonomy, divinity). *Journal of Personality and Social Psychology*, Washington D. C., v. 76, n. 4, p. 574-586, 1999. ISSN 0022-3514.

RUIZ, João Álvaro. *Metodologia científica*: Guia de eficiência nos estudos. São Paulo: Atlas, 1982. 170 p.

RUIZ PÉREZ, Joaquín S. *Juez y Sociedad*. Bogotá: Temis, 1987.

RUIZ STULL, Miguel. Intuición, la experiencia y el tiempo en el pensamiento de Bergson. *ALPHA*, Santiago, n. 29, p. 185-201, dic. 2009. ISSN 0716-4254.

RUMBLE JR, Wilfrid E. *American legal realism*: skepticism, reform, and the judicial process. Ithaca: Cornell University Press, 1968. 245 p.

RUSSELL, Bertrand. *Rassegna di spazzatura intellettuale*. Testo originale: An outline of intellectual rubbish. Traduzione italiana Alfredo Finelli, 2010. Girard: Haldeman-Julius Publ., 1943. p. 1-29

RUSSELL, Bertrand. *Religión y ciencia*. México: Fondo de Cultura Económica, 1951. 155 p.

RUSSELL, Bertrand. *The basic writings of Bertrand Russell*. This edition published in the Taylor & Francis e-Library, 2009. 749 p. ISBN 978-0-415-47238-8.

SABADELL, Ana Lúcia. *Manual de sociologia jurídica*: introdução a uma leitura externa do direito. 4. ed., rev., atual. e ampl. São Paulo: Revista dos Tribunais, 2008. 316 p. ISBN 978-85-203-3263-4.

SACKS, Oliver. *A mente assombrada*. Tradução de Laura Teixeira Motta. 1. ed. São Paulo: Companhia das Letras, 2013. 287 p. ISBN 978-85-359-2259-2.

SACKS, Oliver. *O olhar da mente*. Tradução de Laura Teixeira Motta. São Paulo: Companhia das Letras, 2010. 225 p. ISBN 978-85-359-1769-7.

SALANSKIS, Jean-Michel. *Husserl*. Tradução de Carlos Alberto Ribeiro de Moura. São Paulo: Estação Liberdade, 2006. 128 p. ISBN 953-6313-45-6.

SALAS, Minor E. ¿Qué significa fundamentar una sentencia? O del arte de redactar fallos judiciales sin engañarse a sí mismo y a la comunidad jurídica. *Cuadernos electrónicos de filosofía del derecho*, Valencia, n. 13, p. 1-18, 2006. ISSN-e 1138-9877. Disponível em: http://www.uv.es/cefd/13/minor.pdf. Acesso em: 25 fev. 2018.

SALEILLES, Raymond. *De la personnalité juridique*. 2. ed. Paris: Librairie Arthur Rousseau, 1922. 684 p.

SALICE, Alessandro. Shared emotions: a schelerian approach. *Thaumàzein – Rivista di Filosofia*, v. 3, p. 83-102, 2015. ISSN 2284-2918.

SALMOND, John W. The law of nature. *Law Quarterly Review*, 11, p. 121-143, 1895.

SALOVERY, Peter; MAYER, John. Emotional intelligence. *Imagination, Cognition and Personality*, n. 9, p. 185-211, 1990. ISSN 0276-2366.

SAMPAIO, Laura Fraga de Almeida. *A intuição na filosofia de Jacques Maritain*. São Paulo: Edições Loyola, 1997. (Filosofia). 221 p. ISBN 85-15-01471-8.

SÁNCHEZ DÍAZ, Félix Francisco. Algunos aspectos de la sociología jurídica de Karl Nickerson Llewellyn: bases epistemológicas, concepción sociológica del derecho y teoría sociológica de las normas jurídicas. *Nuevo Derecho*, v. 6, n. 8, p. 155-172, ene./jun. 2011. ISSN 2011-4540.

SANDOVAL DELGADO, Emiliano. La libre valoración de la prueba en los juicios orales: su significado actual. *Letras Jurídicas*, Guadalajara, n. 13, p. 1-23, otoño 2011. ISSN: 1870-2155.

SANFEY, Alan G.; RILLING, James K.; ARONSON, Jessica A.; NYSTROM, Leigh E.; COHEN, Jonathan D. The neural basis of economic decision making in the ultimatum game. *Science*, n. 300, p. 1.755-1.758, june 2003. ISSN 0036-8075.

SANTAELLA, Lucia. *O método anticartesiano de C. S. Peirce*. São Paulo: UNESP, 2004. 280 p. ISBN 8571395276.

SANTAGELI, Fabio. La motivazione della sentenza civile su richiesta e i recenti tentativi di introduzione dell'istituto della "motivazione breve" in Itali. In: *Diritto & Diritti*. Direttore: Francesco Brugaletta. Disponível em: http://tagliariti.diritto.it/docs/33691-la-motivazione-della-sentenza-civile-su-richiesta-e-i-recentitentativi-di-introduzione-dell-istituto-della-motivazione-breve-in-italia. Acesso em: 20 fev. 2018. p. 1-26.

SANTIAGO NINO, Carlos. *Introdução à análise do direito*. São Paulo: WMF Martins Fontes, 2010. (Biblioteca jurídica WMF). 568 p. ISBN 978-85-7827-303-3.

SANTOS, Boaventura de Souza. Introdução à sociologia da administração da justiça. São Paulo: *Revista de Processo*, ano 10, n. 37, p. 121-139, jan./mar. 1985. ISSN 0100-1981.

SANTOS, Boaventura de Souza. *Introdução a uma Ciência Pós-Moderna*. Rio de Janeiro: Graal, 1989. 176 p. ISBN 89-0353- 8.

SANTOS, Boaventura de Souza. *Um discurso sobre as ciências*. 12. ed. Porto: Edições Afrontamento, 2001. 59 p. ISBN 972-36-0174-5.

SANTOS, Boaventura de Souza. Uma cartografia simbólica das representações sociais: prolegómenos a uma concepção pós-moderna do Direito. *Revista Crítica de Ciências Sociais*, n. 24, p. 139-172, mar. 1988. ISSN 0254-1106. .

SANTOS, Boaventura de Souza. (Diretor Científico); GOMES, Conceição (Coord.). *O sistema judicial e os desafios da complexidade social*. Novos caminhos para o recrutamento e a formação de magistrados. Lisboa, 2011. 541 p. Disponível em: http://opj.ces.uc.pt/pdf/Relatorio_Formacao_conclusoes_e_recomendacoes.pdf. Acesso em: 04 abr. 2018.

SANTOS CAMACHO, Modesto. *Etica y filosofia analítica*. Estudio histórico-crítico. 1. ed. Pamplona: Ediciones Universidad de Navarra S.A. (EUNSA), 1972. 822 p.

SANTOS, Jessy. *Instinto, razão e intuição*. São Paulo: Livraria Martins Editora. 1950, v. VII. (Natureza e Espírito). 117 p.

SANTOS, Moacyr Amaral. *Primeiras linhas de direito processual civil*. 24. ed. rev. e atual. São Paulo: Saraiva, 2008, v. 2. 519 p. ISBN 978-85-02-06119-4.

SANTOS, Moacyr Amaral. *Primeiras linhas de direito processual civil*. 23. ed. rev. e atual. São Paulo: Saraiva, 2009, v. 3. 483 p. ISBN 978-85-02-07723-2.

SARMENTO, Daniel. *Neoconstitucionalismo no Brasil*: riscos e possibilidades, p. 1-39. Disponível em: http://www.editoraforum.com.br/sist/conteudo/lista_conteudo.asp?FIDT_CONTEUDO=56993. Acesso em: 16 jul. 2018.

SARTRE, Jean-Paul. *O existencialismo é um humanismo*: a imaginação: questão de método. Seleção de textos de José Américo Motta Pessanha. Traduções de Rita Correia Guedes, Luiz Roberto Salinas Fortes, Bento Prado Júnior. 3. ed. São Paulo: Nova Cultural, 1987. (Os pensadores). 192 p.

SASSANI, Bruno Nicola. Riflessioni sulla motivazione della sentenza e sulla sua (in) controllabilità in cassazione. *Il Corriere Giuridico*, 30(6), p. 849-861, 2013.

SATPREM. *Sri aurobindo or the adventure of consciousness*. Nova York: Harper & Row, 1968. 322 p. ISBN 978-8185137605.

SATTA, Salvatore. *Commentario al codice di procedura civile*. Milano: Vallardi, 1959, v. 1. 564 p.

SATTA, Salvatore. *Diritto processuale civile*. 8. ed. Padova: CEDAM, 1973. 716 p.

SATTA, Salvatore. Il formalismo nel processo. *Rivista Trimestrale di Diritto e Procedura Civile*, Milano, anno XII, p. 1.141-1.158, 1958. ISSN 0391-1896.

SATTA, Salvatore. Il mistero del processo. *Rivista di Diritto Processuale*, Padova, v. 4, parte I, p. 273-288, 1949. ISSN 0035-6182.

SATTER, Robert. *Doing justice*: a trial judge at work. Beard Books, 2005. 260 p. ISBN 978-1587982453.

SAYEGH, Astrid. *BERSON*. O método intuitivo: uma abordagem positiva do espírito. São Paulo: Humanitas, 2008. 226 p.

SAYEGH, Astrid. *Ser para conhecer*: conhecer para ser: teoria do conhecimento: filosofia espírita. São Paulo: IEEF, 2010. 256 p.

SCARPELLI, U. Le argomentazioni dei giudici: prospettive di analisis. *In: L'etica senza verità*. Bologna: Il Mulino, 1982. p. 251-285.

SCHAEFFER, Jean-Marie. *La fin de l'exception humaine*. Paris: Collection NRF Essais, 2007. 464 p. ISBN 978-2070749997.

SCHAFFNER, Kenneth F. Discovery in the biomedical sciences: Logic or irrational intuition? *In:* NICKLES, T. (Ed.). *Scientific Discovery, Logic, and Rationality – Boston Studies in the Philosophy of Science*, v. 60, p. 171-205, 1980. ISBN 978-90-277-1070-3.

SCHEIBER, Harry N. Taking legal realism offshore: the contributions of Joseph Walter Bingham to american jurisprudence and to the reform of modern ocean law. *Law and History Review Fall*, v. 26, n. 3, p. 649-678, 2008. ISSN 0738-2480.

SCHELER, Max. Del risentimento quale elemento costitutivo delle morali. *In:* BANFI, A. (a cura di). *Crisi dei valori*. Milano: Bompiani, 1936.

SCHELER, Max. *Der Formalismus in der Ethik un die materiale Wertethik*. Halle a. d. S. Verlag von Max Niemeyer, 1916. 620 p.

SCHELER, Max. *Esencia y formas de la simpatía*. Buenos Aires: Editorial Losada, 2004. 338 p. ISBN 978-9500378444.

SCHELER, Max. *Ética*: nuevo ensayo de fundamentación de un persolalismo ético. Tradución de Hilario Rodríguez Sanz. Madrid: Caparros Editores, 2001. Colección Esprit n. 45. 758 p. ISBN 84-87943-88-8.

SCHELER, Max. *Formalism in ethics and non-formal ethics of values*. A new attempt toward the Foundation of an Ethical Personalism. Transl. M. S. Frings & R. L. Funk. Evanston: Northwestern University Press, 1973. 620 p. ISBN 978-0810106208.

SCHELER, Max. *La situation de l'homme dans le monde*. Traduit et préfacé par M. Dupuy. Paris: Éditions Montaigne, 1951. 126 p. ISBN 2-7007-0152-6.

SCHELER, Max. *Ordo Amoris*. Artur Morujão. Disponível em: http://www.lusosofia.net/textos/scheler_ordo_amoris.pdf. Acesso em: 05 out. 2017.

SCHELER, Max. Phänomenologie und Erkenntnistheorie, GW X. GW = *Gesammelte Werke*, Bern und München 1954 – Bonn 1997.

SCHERER, K. R. Emotion serves to decouple stimulus and response. *In*: EKMAN, P.; DAVIDSON, R. J. (Ed.), *The Nature of Emotions*. New York: Oxford University Press, 1994. p. 127-130. ISSN 1420-8008.

SCIALOJA, Vittorio. *Corso di Istituzioni di diritto romano*. Roma: Bodoni e Bolognesi, 1912. 850 p.

SCHAUER, Frederick. Incentives, reputation, and the inglorious determinants of judicial behavior. *University of Cincinnati Law Review*, v. 68 (3), p. 615-636, 2000. ISSN 0009-6881.

SCHIAVELLO Aldo. *Il positivismo giuridico dopo Herbert L. A. Hart*. Un'introduzione critica. Torino: Giappichelli, 2004. 229 p. ISBN 8834834607.

SCHILICK, Moritz (1882-1936). *Fragen der Ethik,* Julius Springer, 1930. 152 p.

SCHILICK, Moritz O futuro da filosofia. Tradução de Leonardo de Mello Ribeiro. *Abstracta* 1:1, p. 108-122, 2004. ISSN 1807-9792.

SCHILICK, Moritz *Positivism and realism*. Disponível em: https://archive.org/stream/PositivismAndRealism/SchlickMoritz-PositivismAndRealism_djvu.txt. Acesso em: 26 jun. 2018. p. 37-55.

SCHILICK, Moritz The turning point in philosophy (1930). Disponível em: http://zolaist.org/wiki/images/7/79/The_Turning_Point_in_Philosophy.pdf. Acesso em: 28 jun. 2018. p. 53-59.

SCHOPENHAUER, Arthur. *O mundo como vontade e representação*. III Parte. (Coleção Os pensadores). São Paulo: Nova Cultural, 1997. 303 p. ISBN 85-351-1001-1.

SCHORE, Allan N. *Affect regulation and the origin of the self*: the neurobiology of emotional development. Nova York: Routledge, 1999. 736 p. ISBN 978-0805834598.

SCHUBERT, G. *The judicial mind*: the attitudes and ideologies of Supreme Court Justices, 1946-1963. Easton: North Western University Press, 1965.

SCHROEDER, Theodore. The psycologic study of judicial opinions. *California Law Review*, 6, p. 89-113, 1918. ISSN 0008-1221.

SCHULTZ, Duane P. *História da psicologia moderna*. Tradução de Adail Ubirajara Sobral e Maria Stela Gonçalves. 16. ed. São Paulo: Editora Cultriz, 2002. 439 p.

SCODITTI, Enrico. Ontologia della motivazione semplificata. *Giust. civ.*, 2014.

SEGAL, Jeffrey A., SPAETH, Harold J. *The supreme court and the atitudinal model revisited*. Cambridge: Cambridge University Press, 2002. 480 p. ISBN 978-0521789714.

SEGURA ORTEGA, Manuel. *La racionalidad jurídica*. Madrid: Tecnos, 1998. 133 p.

SEGURA ORTEGA, Manuel. *Sentido y límites de la discrecionalidad judicial*. Madrid: Editorial Universitaria Ramón Areces, 2006. 107 p. ISBN: 978-84-8004-734-8.

SEN, Amartya. *A ideia de justiça*. São Paulo: Companhia das Letras, 2012. 492 p. ISBN 978-85-359-1927-1.

SENTIS MELENDO, Santiago. *Estudios de derecho procesal*. Buenos Aires: Ediciones Jurídicas Europa-America, 1967, v. I. 647 p.

SHREIBER, Simone. A publicidade opressiva dos julgamentos criminais. *Revista Brasileira de Ciências Criminais*, v. 86, p. 336-379, set./out. 2010. ISSN 1415-5400.

SIEGEL, Harvey. Justification, discovery and the naturalizing of epistemology. *Philosophy of Science*, 47, p. 297-321, 1980. ISSN 0031-8248.

SILANCE, Luc. La motivation des jugements et la coherence du droit. *In*: PERELMAN, Chaïm; FORIERS, Paul. *La motivation des décisions de justice*: études. Bruxelles: É. Bruylant, 1978. p. 219-231.

SILVA, Ana de Lourdes Coutinho. *Motivação das decisões judiciais*. São Paulo: Atlas, 2012. (Coleção Atlas de Processo Civil / coordenação Carlos Alberto Carmona). 289 p. ISBN 978-85-224-6436-4.

SILVA, Bruno Luciano de Paiva. O silêncio da metafísica em Moritz Schlick e em Rudolf Carnap. *Pensar – Revista Eletrônica da FAJE*, v. 3 n. 1, p. 75-85, 2012. ISSN 2179-9024.

SILVA, Cyro Marcos da. *Entre autos e mundos*. Belo Horizonte: Del Rey, 2003. 148 p. ISBN 85-73086157.

SILVA, Franklin Leopoldo e. *Bergson*: intuição e discurso filosófico. São Paulo: Edições Loyola, 1994. (Coleção filosófica; 31). 357 p. ISBN 85-15-00984-6.

SILVA, Ivan de Oliveira. *Curso moderno de filosofia do direito*. São Paulo: Atlas, 2012. 245 p. ISBN 9788522469376.

SILVA, José. *O método Silva de controle mental*. Tradução de Henrique de Sá e Benevide. 17. ed. Rio de Janeiro: Record, 1995. 218 p. ISBN 85-01-01313-7.

SILVA, Kelly Susane Alflen da. *Hermenêutica jurídica e concretização judicial*. Porto Alegre: Sergio Antonio Fabris, 2000. 459 p.

SILVA, M. Rocha. *Lógica da invenção e outros ensaios*. Rio de Janeiro: Livraria São José, 1965. 155 p.

SILVA, Ovídio A. Baptista da. *Curso de processo civil*: processo de conhecimento. 5. ed. rev. e atual. 2. tiragem. São Paulo: Revista dos Tribunais, 2001, v. 1. 579 p. ISBN 85-203.1822-3.

SILVA, Ovídio A. Democracia moderna e processo civil. *In*: GRINOVER, Ada Pellegrini; DINAMARCO, Cândido Rangel; WATANABE, Kazuo (Org.). *Participação e Processo*. 1. ed. São Paulo: Revista dos Tribunais, 1988. p. 98-113. ISBN 978-85-20306901.

SILVA, Ovídio A. Fundamentação das sentenças como garantia constitucional. *Revista Magister de Direito Civil e Processual Civil*, São Paulo, n. 10, p. 5-29, jan./fev. 2006. ISSN 1807-0930.

SILVA, Ovídio A. *Processo e ideologia*: o paradigma racionalista. Rio de Janeiro: Forense, 2004. 342 p. ISBN 85-309-2090-2.

SILVA, Vasco Pereira da. *A cultura a que tenho direito*: direitos fundamentais e cultura. Coimbra: Almedina, 2007. 188 p. ISBN 978-9724032801.

SILVEIRA, José Néri da. *A função do juiz*. Correio Braziliense, Brasília, 3 fev. 1992, Direito & Justiça, p. 3-7.

SINCLAIR JR, Kent. Legal reasoning. *In*: Search of an adequate theory of arguments. *California Law Review*, v. 59, p. 821-858, 1971. ISSN 0008-1221.

SLOMAN, Steven A. Two Systems of Reasoning. *In*: GILOVICH, T.; GRIFFIN, D.; KAHNEMAN, D. (Ed.). *Heuristics & biases*: The psychology of intuitive judgment. New York: Cambridge University Press, 2002. p. 379-396. ISBN 0-521-79260-6.

SLOVIC, Paul; FINUCANE, Melissa; PETERS, Ellen; MACGREGOR, Donald G. The Affect Heuristic. *In*: T. Gilovich, D. Griffin, & D. Kahneman (Ed.). *Heuristics & biases*: The psychology of intuitive judgment. New York: Cambridge University Press, 2002. p. 397-420. ISBN 0-521-79260-6.

SMITH, David Woodruff. *Husserl*. London: Routledge Philosophers, 2007. 468 p. ISBN 978-0415289757.

SOBOTA, Katharina. Don't mention the norm!. *International Journal for the Semiotics of Law – Revue Internationale de Sémiotique Juridique* 4 (1), p. 45-60, 1991. ISSN 0952-8059.

SOKAL, Guilherme Jales. *O julgamento colegiado nos tribunais*: procedimento recursal, colegialidade e garantias fundamentais do processo. Rio de Janeiro: Forense; São Paulo: MÉTODO, 2012. 359 p. ISBN 978-85-309-4187-1.

SOKOLOWSKI, Robert. Husserl's concept of categorial Intuition. *Supplement to Philosophical Topics*, Denver, p. 127-141, 1981. ISSN 0276-2080.

SOLAR CAYÓN, José Ignacio. *El realismo jurídico de Jerome Frank*. Normas, hechos y discrecionalidad en el proceso judicial. Madrid: Boletín Oficial del Estado, 2005. 304 p. ISBN 978-84-340-1588-3.

SOLAR CAYÓN, José Ignacio. Karl N. Llewellyn: algo de realismo sobre el realismo. Los orígenes del realismo jurídico americano. *Eunomía – Revista en Cultura de la Legalidad*, n. 2, p. 176-226, mar./ago. 2012. ISSN 2253-6655.

SOPER, Ph. *Una teoría del Derecho*. Tradução de R. Caracciolo. Madrid: Centro de Estudios Constitucionales, 1993.

SOURDIN, Tania. Judge v robot?. Artificial intelligence and judicial decision-making. *UNSW Law Journal*, v. 41(4), p. 1.114-1.133, 2018. ISSN 0313-0096.

SOUSA, Ronaldo de. *The rationality of emotion*. Cambridge: The MIT Press, 1987. 400 p. ISBN 978-0262040921.

SOUZA, Artur César de. *A decisão do juiz e a influência da mídia*. São Paulo: Revista dos Tribunais, 2010. 367 p. ISBN 978-85-203-3825.

SOUZA, Carlos Aurélio Mota de. As escolas de direito no que tange ao preparo psicológico. *In*: ZIMERMAN, David *et al.* (Coord.). *Aspectos psicológicos na prática jurídica*. Campinas: Milennium, 2002. p. 59-84 ISBN 85-86833-62-2.

SOUZA, Carlos Aurélio Mota de. As tendências contemporâneas da ideologia e práticas jurídicas. *In*: ZIMERMAN, David *et al.* (Coord.). *Aspectos psicológicos na prática jurídica*. Campinas: Milennium, 2002. p. 1-24. ISBN 85-86833-62-2.

SOUZA, Daniel Adensohn de. Reflexões sobre o princípio da motivação das decisões judiciais no processo civil brasileiro. *Revista de Processo*, São Paulo, ano 34, n. 167, p. 132-168, jan. 2009. ISSN 0100-1981.

SOUZA NETO, Cézar Cardoso de. A pessoa e os valores, aspectos do pensamento de Max Scheler. Campinas: *Revista Reflexão*, n. 85/86, p. 41-55, jan./dez. 2004. ISSN 0102-0269.

SOUZA, Wilson Alves de. *Sentença civil imotivada*. Salvador: Juspodivum, 2008. 252 p. ISBN 978-85-7761-071-6.

SOYARSLAN, Sanem. The distinction between reason and intuitive knowledge in Spinoza's ethics. *European Journal of Philosophy*, 24 (1), p. 27-54, 2016. ISSN 1468-0378.

SPIEGELBERG, Herbert. *The phenomenological movement*: a historical introduction. Springer, 1963. 391 p. ISBN 978-94-017-5650-1.

SPINOZA, B. (1632-1677). *Etica*. Trad. it. a cura di Emilia Giancotti. Roma: Editori Riuniti, 1988. 461 p. ISBN 8835931614.

SPINOZA, B. *Pensamentos metafísicos*: tratado da correcção do intelecto; ética; tratado político; correspondência/ Baruch de Espinoza (Os pensadores); Seleção de textos de Marilena de Souza Chauí. Traduções de Marilena de Souza Chauí. 3. ed. São Paulo: Abril Cultural, 1983.

STAMMLER, Rudolf. *Die Lehre von dem richtigen Rechte*. Berlin: J. Guttentag 1902. 647 p.

STANOVICH, Kate E. *Who is rational?* Studies of individual diferences in reasoning. Mahwah: Erlbaum, 1999. 312 p. ISBN 978-0805844735.

STANOVICH, Kate E.; WEST, R. Individual differences in reasoning: Implications for the rationality debate? *In:* GILOVICH, T.; GRIFFIN, D.; KAHNEMAN, D. (Ed.). *Heuristics & biases*: the psychology of intuitive judgment. New York: Cambridge University Press, 2002. p. 421-440. ISBN 0-521-79260-6.

STEIN, MURRAY. *Jung*: o mapa da alma: uma introdução. Tradução de Álvaro Cabral. 5. ed. São Paulo: Cultrix, 2006. 212 p. ISBN 978-85-316-0646-5.

STEVENSON, C. L. *Ethics and language*. New Haven: Yale University Press, 1944. 338 p.

STEVENSON, C. L. The emotive meaning of ethical terms. *Facts and Values,* New Haven/London, p. 10-31, 1963.

STEYN, Johan. Dynamic interpretation amidst an orgy of statutes. *Ottawa Law Review – Revue de Droit D'Ottawa,* 35:2, p. 163-177, 2003. ISSN 0048-2331.

STRECK, Lenio Luiz. A atualidade do debate da crise paradigmática do direito e a resistência positivista ao neoconstitucionalismo. *RIPE – Revista do Instituto de Pesquisas e Estudos*, Bauru, v. 40, n. 45, p. 257-290, jan./jun. 2006. ISSN 1413-7100.

STRECK, Lenio Luiz. *O que é isto:* decido conforme minha consciência?. 4. ed. rev. Porto Alegre: Livraria do Advogado Editora, 2013. 120 p. ISBN 978-85-7348-838-8.

STRECK, Lenio Luiz. *Verdade e consenso*: constituição, hermenêutica e teorias discursivas. 4. ed. 2. tiragem. São Paulo: Saraiva, 2012. 639 p. ISBN 978-85-02-11008-3.

STREET, Sharon. What is Constructivism in Ethics and Metaethics?. *Philosophy Compass*, n. 5, p. 363-384, 2010. ISSN 1747-9991.

STRUCHINER, Noel; BRANDO, Marcelo Santini. Como os juízes decidem os casos difíceis do direito? *In:* STRUCHINER, Noel; TAVARES, Rodrigo de Souza (Org.). *Novas fronteiras da teoria do direito*: da filosofia moral à psicologia experimental. Rio de Janeiro: POD/Editora PUC-Rio, 2014. p. 171-219. ISBN 978-85-8225-059-4.

STRUCHINER, Noel; TAVARES, Rodrigo de Souza. Direito & Emoções: uma proposta de cartografia. *In:* Noel Struchiner; Rodrigo de Souza Tavares. (Org.). *Novas fronteiras da teoria do direito*: da filosofia moral à psicologia experimental. Rio de Janeiro: POD/Editora PUC-Rio, 2014. p. 109-136. ISBN 978-85-8225-059-4.

STUEBER, K. Empathy. *In: The Stanford Encyclopedia of Philosophy* (Fall 2016 Edition). Ed. by Edward N. Zalta. Disponível em: https://plato.stanford.edu/archives/fall2016/entries/empathy/. Acesso em: 15 jun. 2018.

SUNSTEIN, Cass R.; SCHKADE, David; ELLMAN, Lisa M.; SAWICKI, Andres. *Are judges political?* An empirical analysis of the Federal Judiciary. Washington: Brookings Instituition, 2006. 177 p. ISBN 9780815733171.

SUSLOW, T; OHRMANN, P.; BAUER, J.; RAUCH, A.V.; SCHWINDT, W.; AROLT, V.; HEINDEL, W.; KUGEL, H. Amygdala activation during masked presentation of emotional faces predicts conscious detection of threat-related faces, p. 243-248. *Brain and Cognition*, 61, 2006. ISSN 0278-2626.

TAMANAHA, Brian Z. *Beyond the formalist-realist divide*: the role of politics in judging. Reino Unido: Princeton University Press, 2009. 264 p. ISBN 978-0691142807.

TAMANAHA, Brian Z. Understanding legal realism. *Texas Law Review*, 87, p. 731-785, 2008. ISSN 0040-4411.

TANZI, Aristide. *L'antiformalismo giuridico*: un percorso antologico. Milano: Rafaello Cortina Editore, 1999. 448 p. ISBN 978-8870785654.

TARDE, Gabriel. *L'opinion et la foule*. 1re édition. Collection Recherches politiques. Paris: Les Presses universitaires de France, 1989. 184 p.

TARELLO, Giovanni. Formalismo, verbete in *Novissimo digesto italiano*. Torino: Editrice Torinese, 1957, v. VII. p. 571-580.

TARELLO, Giovanni. *Il realismo giuridico americano*. Milano: Giuffrè, 1962. 264 p. ISBN 978-8814048869.

TART, Charles. A abordagem sistêmica dos estados da consciência, p. 126-130. *In:* WALSH, Roger N.; VAUGHAN, Frances (Org.). *Além do ego:* dimensões transpessoais em psicologia. Tradução de Adail Ubirajara Sobral e Maria Stela Gonçalves. São Paulo: Cultrix/Pensamento, 1997. 305 p.

TARUFFO, Michele. Addio alla motivazione? *Rivista Trimestrale di Diritto e Procedura Civile,* Milano, 2014. ISSN 0391-1896.

TARUFFO, Michele. Considerazioni su prova e motivazione. *Revista de Processo,* São Paulo, n. 151, ano 32, p. 229-240, set. 2007. ISBN 0100-1981.

TARUFFO, Michele. Dimensioni transculturali della giustizia civile. *In:* TARUFFO, Michele. *Sui Confini:* Scritti sulla giustizia civile. Bologna: Il Mulino, 2002. p. 11-52. ISBN 88-15-08945-4.

TARUFFO, Michele. Funzione della prova: la funzione dimostrativa. *In:* TARUFFO, Michele. *Sui Confini:* Scritti sulla giustizia civile. Bologna: Il Mulino, 2002. p. 305-328. ISBN 88-15-08945-4.

TARUFFO, Michele. Giudizio: processo, decisione. *In:* TARUFFO, Michele. *Sui Confini:* Scritti sulla giustizia civile. Bologna: Il Mulino, 2002. p. 157-175. ISBN 88-15-08945-4.

TARUFFO, Michele. Idee per una teoria della decisione giusta, p. 219-234. *In:* TARUFFO, Michele. *Sui Confini:* Scritti sulla giustizia civile. Bologna: Il Mulino, 2002. ISBN 88-15-08945-4.

TARUFFO, Michele. Il controllo di razionalità della decisione fra logica, retorica e dialettica, p. 139-153. *In:* BESSONE, Mario (a cura di). *L'attività del giudice, mediazione degli interessi e controllo delle attività.* Torino: G. Giappichelli, 1997. ISBN 88-348-6230-9.

TARUFFO, Michele. Il significato costituzionale dell'obbligo di motivazione, p. 37-49. *In:* GRINOVER, Ada Pellegrini; DINAMARCO, Cândido Rangel; WATANABE, Kazuo (Org.). *Participação e Processo.* 1. ed. São Paulo: Revista dos Tribunais, 1988. ISBN 978-85-20306901.

TARUFFO, Michele. Judicial decision and artificial intelligence. *Artificial Intelligence and Law,* v. 6 (2-4), p. 311-324, 1998. ISSN 0924-8463.

TARUFFO, Michele. La fisionomia della sentenza in Italia, p. 180-214. *La sentenza in europa:* metodo, tecnica e stile. Padova: CEDAM, 1988. ISBN 88-13-16202-2.

TARUFFO, Michele. La giustificazione delle decisioni fondate sul standards. *Materiali per una storia della cultura giuridica,* Bologna, n. 1, p. 151-173, giugno 1989.

TARUFFO, Michele. La motivazione della sentenza, p. 166-174. *In:* MARINONI, Luiz Guilherme (Coord.). *Estudos de direito processual civil.* Homenagem ao Professor Egas Dirceu Moniz de Aragão. São Paulo: Revista dos Tribunais, 2005. 893 p. ISBN 85-203-2796-6.

TARUFFO, Michele. *La motivazione della sentenza civile.* Padova: CEDAM, 1975. 610 p.

TARUFFO, Michele. La motivazione della sentenza: riforme *in peius.* Lavoro e dir., p. 373, 2014.

TARUFFO, Michele. *La prova dei fatti giuridici.* Milano: Giuffrè, 1992. 497 p. ISBN 88-14-03730-2.

TARUFFO, Michele. L'istruzione probatoria, p. 79-168. *In:* TARUFFO, Michele (a cura di). *La prova nel processo civile* (Trattato di Diritto Civile e Commerciale). Milano: Giuffrè, 2012. ISBN 88-14-15758-8.

TARUFFO, Michele. *Páginas sobre justicia civil.* Determinación de los hechos y contradictorio en la tutela sumaria. Madrid: Marcial Pons, 2009. p. 269-284. ISBN 978-84-9768-685-3.

TAVARES, Rodrigo de Souza. *Direito e sensibilidade:* uma abordagem sentimentalista das relações entre Direito e Moral. 2013. 174 f. Tese (Doutorado em Direito). Pontifícia Universidade Católica do Rio de Janeiro, Rio de Janeiro, 2013.

TARZIA, Giuseppe. L'art 111 Const. e le garanzie europee del processo civile. *Revista de Processo,* São Paulo, n. 103, p. 156-174, jul./set. 2001. ISSN 0100-1981.

TATON, René. *Causalidade e acidentalidade das descobertas científicas*. São Paulo: HEMUS, s/d.

TEIXEIRA, Sálvio de Figueiredo. *A criação e realização do direito na decisão judicial*. Rio de Janeiro: Forense, 2003. 298 p. ISBN 85-309-1870-X.

TEIXEIRA, Sálvio de Figueiredo. *O juiz*: seleção e formação do magistrado no mundo contemporâneo. Belo Horizonte: Del Rey, 1999. 376 p.

TEIXEIRA, Evilázio Borges. *A fragilidade da razão*: pensiero debole e niilismo hermenêutico em Gianni Vattimo. Porto Alegre: EDIPUCRS, 2013. 194 p. ISBN 978-85-7430-528-8.

TEIXEIRA, Lívio. *A doutrina dos modos de percepção e o conceito de abstração na filosofia de Espinosa*. São Paulo: Editora UNESP, 2001. 196 p. ISBN 85-7139-373-7.

TELLES JÚNIOR, Alcides. *Discurso, linguagem e justiça*. São Paulo: Revista dos Tribunais, 1986. 134 p. ISBN 85-20305113.

TELLES JR., Goffredo. *O direito quântico*: ensaio sobre o fundamento da ordem jurídica. 5. ed. rev. e aum. São Paulo: Max Limonad, 1980. 436 p.

THEODORO JÚNIOR, Humberto. *Curso de direito processual civil*: teoria geral do direito processual civil e processo de conhecimento. 51. ed. Rio de Janeiro: Forense, 2010, v. 1. 783 p. ISBN 978-85-3010-3.

THEODORO JÚNIOR, Humberto. Princípios informativos e a técnica de julgar no processo civil. *Revista Forense*, Rio de Janeiro, n. 268, p. 103-109, 1979. ISSN 0102-8413.

TICONA POSTIGO, Víctor. La motivación como sustento de la sentencia objetiva y materialmente justa. *Cuadernos de Investigación y Jurisprudencia*, Lima, año 3, n. 9, ago./oct. 2005. Disponível em: http://historico.pj.gob.pe/CorteSuprema/cij/documentos/9_4_DiscursoSanchezPalacios_220208.pdf. Acesso em: 27 fev. 2018.

TIMMONS, Mark. *Morality without foundations*: a defense of ethical contextualism. London: Oxford University Press, 2004. 280 p. ISBN 978-0195176544.
TOHARIA, José-Juan. *El juez español, un analisis sociológico*. Madrid: Tecnos. 1975. 260 p.

TOMÁS-RAMÓN, Fernández. *Del arbitrio y de la arbitrariedad judicial*. Madrid: Iustel, 2005. 134 p. ISBN 84-96440-05-2.

TOMASELLI, Antonio. Il diritto della giustizia e la giustizia del diritto. Disponível em: <http://archiviomarini.sp.unipi.it/433/1/articolo%5B1%5D.pdf. Acesso em: 16 abr. 2018.

TOMMASEO, Ferruccio. *Appunti di diritto processuale civile*: nozione introduttive. Quarta edizione. Torino: G. Giappichelli Editore, 2000. 212 p. ISBN 88-348-0129-6.

TORNAGHI, Hélio. *Comentários ao código de processo civil*. São Paulo: Revista dos Tribunais, 1974, v. 1479 p.

TORO, Javier. Experiencia, razón e intuición en el método de Spinoza: reseña de la interpretación de Edwin Curley en "Experience in Spinoza's theory of knowledge". *Saga*, n. 9/1/, p. 87-93, 2004. ISSN 0124-8480.

TOSEL, André. De la ratio à la scientia intuitiva ou la transition éthique infinie selon Spinoza. *Philosophique*, 1, p. 193-205, 1998. ISSN 0048-8143.

TOULMIN, Stephen E. *Os usos dos argumentos*. 2. ed. São Paulo: Martins Fontes, 2006. 375 p. (Ferramentas). ISBN 85-336-2173-6.

TOURINHO, Carlos Diógenes C. Intuição de essências e indução: da observação dos fatos à objetividade fenomenológica nas ciências humanas. *Cadernos da EMARF, Fenomenologia e Direito*, Rio de Janeiro, v. 4, n. 2, p. 91-101, out. 2011/mar. 2012. ISSN 1518-918X.

TOVAR BOHÓRQUEZ, José Oliverio. Prinz's constitution model of moral judgment: a critical reading. *Praxis Filosófica*, Nueva serie, n. 44, p. 107-118, ene./jun. 2017. ISSN 0120-4688.

TOWN, Michael A. *Is compassion fatigue an issue for judges?*. Disponível em: https://www.floridabar.org/ DIVCOM/JN/JNNews01.nsf/8c9f13012b96736985256aa900624829/ e4fe17e7b4b9294885256ea00056c09b?Op enDocument. Acesso em: 02 fev. 2018.

TRAZEGNIES GRANDA, Fernando de. Arbitraje de derecho y arbitraje de consciencia. *Ius et Veritas*, Lima, 12, 1996. Disponível em: http://macareo.pucp.edu.pe/ftrazeg/aafab.htm. Acesso em: 29 dez. 2017.

TREMBLAY, Hugo. *Le réalisme phénoménologique subjectiviste*: repenser les oppositions métaéthiques. 2014. 90 f. Maîtrise en philosophie Maître ès arts (M.A.). Université LAVAL, Québec, 2014.

TREVES, Renato. *Giustizia e giudici nella società italiana*. Problemi e ricerche di sociologia del diritto. 3. ed. Bari: Laterza, 1972. 185 p.

TREVES, Renato. *Introduzione alla sociologia del diritto*. 2. ed. Torino: Giulio Einaudi, 1980. 308 p.

TRIBE, Laurence; DORF, Michael. *On reading the constitution*. Harvard University Press, 1993. 164 p. ISBN 978-0674636262.

TRIPODI, Paolo. Profili Rudolf Carnap. *Aphex*, n. 13, p. 1-40, gen. 2016. ISSN 2036-9972.

TROCKER, Nicolò. La responsabilità del giudice. *Rivista Trimestrale di Diritto e Procedura Civile*, Milano, 36(4), p. 1.283-1.322, 1982. ISSN: 0391-1896.

TROCKER, Nicolò. *Processo civile e costituzione*: problemi di diritto tedesco e italiano. Milano: Giuffrè, 1974. 703 p.

TROIS NETO, Paulo Mário Canabarro. Motivação judicial sob a perspectiva ética. *In: Princípios de la ética judicial iberoamericana*: Motivación judicial. (Colección Comisión Iberoamericana de Ética Judicial, Série Monografías Premiadas, v. 4). México: Suprema Corte de la Justicia de la Nación; Cumbre Judicial Iberoamericana; Comisión Iberoamericana de Ética Judicial, 2012. p. 5-135. ISBN 978-60-746-8417-9.

TRUJILLO, Isabel. Imparcialidade. *In:* BARRETTO, Vicente de Paulo (Coord.). *Dicionário de filosofia do direito*. Rio de Janeiro: Renovar/São Leopoldo: UNISINOS, 2009. p. 463-467. ISBN 85-7431-266-5.

TSUK, Dalia. Legal realism. *In: legal systems ofthe world:* a political, social and cultural encyclopedia. Santa Barbara: ABC CLIO, 2002, v. 11. p. 892-5

TUCCI, José Rogério Cruz e. *A motivação da sentença no processo civil*. São Paulo: Saraiva, 1987. 178 p.

TUCCI, José Rogério Cruz e. Ainda sobre a nulidade da sentença imotivada. *Revista de Processo*, São Paulo, n. 56, p. 223-233, out./dez. 1989. ISSN 0100-1981.

TUMONIS, Vitalius. Legal realism & judicial decision-making. *Jurisprudencija/Jurisprudence*, 19(4), p. 1361-1382, 2012, ISSN 1392-6195.

TURRONI, Davide. La motivazione della sentenza civile di primo grado: rapporto con l'istruttoria svolta, ragionamento probatorio, forme abbreviate. *Incontro di studi "La motivazione dei provvedimenti civili"* organizzato dal Consiglio Superiore della Magistratura. Roma, 2008. Disponível em: http://academia.edu/1426473/ LA_MOTIVAZIONE_DELLA_SENTENZA_CIVILE_DI_PRIMO_GRADO. Acesso em: 20 fev. 2018. p. 1-22.

TUZET, Giovanni. *Filosofia della prova giuridica*. Torino: Giappichelli, 2013. 313 p. ISBN 978-88-348-8878-0.

TYMIENIECKA, Anna-Teresa. *La fenomenologia come forza ispiratrice dei nostri tempi*. p. 12-23. Tradução italina D. Verducci. Disponível em: https://www.google.com.br/search?rlz=1C2SAVS_enBR535BR535&dcr =0&source=hp&q=TYMIENIECKA%2C+Anna-Teresa.+La+fenomenologia+come+forza+ispiratrice+dei+nos tri+tempi.&oq=TYMIENIECKA%2C+Anna-Teresa.+La+fenomenologia+come+forza+ispiratrice+dei+nostri+ tempi.&gs_l=psy-ab.3...2625.2625.0.4020.3.2.0.0.0.0.112.112.0j1.2.0....0...1.1.64.psy-ab..1.1.133.6..35i39k1.134. zn_mEjMnnwI. Acesso em: 20 maio 2018.

UNGER, Joseph. Der Kampf um die Rechtswissenschaft. *Deutsche Juristen-Zeitung*, Berlin, n. 14, p. 781-786, 1906.

URMSON, J. O. *The emotive theory of ethics*. London: Oxford University Press, 1969. 152 p.

UROFSKY, Melvin I. William O. Douglas as a common law judge. *Duke Law Journal*, v. 41, p. 133-159, 1991. ISSN 0012-7086.

URURAHY, Gilberto. *O cérebro emocional*: as emoções e o estresse do cotidiano. Rio de Janeiro: Rocco, 2005. 206 p. ISBN 85-325-1831-1.

VARGAS, Robson de. *O juiz e o ato de julgar: alguns aspectos envolvidos na construção da decisão judicial*. Disponível em: https://jus.com.br/artigos/25142/o-juiz-e-o-ato-de-julgar/1. Acesso em: 09 nov. 2018.

VARGAS ROJAS, Omar. Los juicios paralelos y derecho al juez imparcial. *Revista Digital de la Maestría en Ciencias Penales de la Universidad de Costa Rica*, n. 1, p. 221-247, 2009. ISSN 1659-4479.

VASCONCELOS, Eduardo Mourão. *Complexidade e pesquisa interdisciplinar*: epistemologia e metodologia operativa. 6. ed. Petrópolis: Vozes, 2013. 343 p. ISBN 978-85-326-2791-9.

VECCHI, Carla Cristina. A intuição à luz de Bergson e a intuição jurídica. São Paulo: *Revista Imes*, n. 7, p. 12-20, jul./dez. 2003. ISSN 1518-594X.

VENIER, Veniero. The reasons of emotions – Scheler and Husserl. *Thaumàzein – Rivista di Filosofia*, v. 3, p. 249-270, 2015, esp. p. 256. Max Scheler and the Emotional Turn. ISSN 2284-2918.

VERDE, Giovanni. *Profili del processo civile*: parte generale. 6. ed. Napoli: Jovene, 2002. 347 p. ISBN 9788824313131.

VERDUN-JONES, Simon N. The jurisprudence of Jerome N. Frank: a studi in american legal realism. *Sydney Law Review*, 3, 7 (2), p. 180-210, 1974. ISSN 0082-0512.

VIANNA, Jose Ricardo Alvarez. Considerações iniciais sobre semiótica jurídica. *Revista CEJ*/Conselho da Justiça Federal, Brasília, n. 51, p. 115-124, out./dez. 2010. ISSN 2179-9857.

VIANNA, Luiz Werneck; CARVALHO, Maria Alice Rezende; BURGOS, Marcelo Baumann. *Quem somos:* a magistratura que queremos. Associação dos Magistrados Brasileiros – AMB. Rio de Janeiro, 2018. Disponível em: http://www.amb.com.br/pesquisa-da-amb-revela-pensamento-da-magistratura-brasileira/. Acesso em: 05 mar. 2019.

VICENTE ARREGUI, Jorge. Descartes y Wittgenstein sobre las emociones. *Anuario Filosófico* (24), p. 289-317, 1991. ISSN 0066-5215.

VICENTE BURGOA, Lorenzo. El problema acerca de la noción de intuición humana. *Sapientia*. 63.223, p. 29-87, 2008. Disponível em: http://bibliotecadigital.uca.edu.ar/repositorio/revistas/problema-acerca-nocion-intuicion-humana.pdf. Acesso em: 23 agos. 2018.

VIEHWEG, Theodor. *Tópica e jurisprudência*: uma contribuição à investigação dos fundamentos jurídico-científicos (Topik und Jurisprudenz ein Beitrag zur rechtswissenschaftlichen Grundlagenforschung). Tradução da 5. ed. alemã, rev. e ampl. de Kelly Susane Alflen da Silva. Porto Alegre: Sergio Antonio Fabris Ed., 2008. 126 p. ISBN 978-85-7525-438-7.

VIGO, Rodolfo Luis. Razonamiento justificatorio judicial. *Doxa: Cuadernos de Filosofía del Derecho*. Actas del XVIII Congreso Mundial de la Asociación Internacional de Filosofía Jurídica y Social (Buenos Aires, 1977), v. 2, n. 21, p. 483-499, 1998.

VIGORITI, Vincenzo. *Garanzie costituzionali del processo civile*: due process of law e art. 24 cost. Milano: Giuffrè Editore, 1970. 184 p.

VILANOVA, Lourival. *As estruturas lógicas e o sistema de direito positivo*. São Paulo: Noeses, 2010. 300 p. ISBN 85-905082-5-1.

VILANOVA, Lourival. Norma jurídica: proposição jurídica (Significação semiótica). *Revista de Direito Público*, São Paulo, n. 61, p. 12-26, jan./mar. 1982.

VILLEY, Michel. *Histoire de la logique juridique*. Paris: PUF, 2002.

VILLEY, Michel. *La formation de la pensée juridique moderne*. Paris: Montchrestien, 1968. 715 p.

VON FANGE, Eugene K. *Criatividade profissional*. Tradução de Leônidas Gontijo de Carvalho. 4. ed. São Paulo: Ibrasa, 1973. 254 p.

VON FRANZ, Marie-Louise. *A alquimia e a imaginação ativa*. Tradução de Pedro da Silva Dantas Jr. São Paulo: Cultriz, 1998. 154 p.

VON FRANZ, Marie-Louise. *A sombra e o mal nos contos de fada*. Tradução de Maria Christina Penteado Kujawski. São Paulo: Paulus, 1985. (Coleção amor e psique). 349 p. ISBN 85-349-2044-3.

VON FRANZ, Marie-Louise. *A individuação nos contos de fada*. Tradução de Eunice Katunda. São Paulo: Paulus, 1984. 275 p. ISBN 85-349-1462-1.

VON FRANZ, Marie-Louise. *Jung's tipology*. Part I The inferior function by Marie-Luise von Franz; Par II The feeling function by James Hillman. New York: Spring Publications, 1971. 150 p.

VON FRANZ, Marie-Louise. *The feminine in fairy tales*. Boston: Shambahala Publications, 1993. 224 p. ISBN 1-57062-609-X.

WALSH, Roger N.; VAUGHAN, Frances. O que é a pessoa? *In*: WALSH, Roger N.; VAUGHAN, Frances (Org.). *Além do ego*: dimensões transpessoais em psicologia. Tradução de Adail Ubirajara Sobral e Maria Stela Gonçalves. São Paulo: Cultrix/Pensamento, 1997. p. 60-69.

WAMBIER, Teresa Arruda Alvim. A influência do contraditório na convicção do juiz: fundamentação de sentença e de acórdão. *Revista de Processo*, São Paulo, n. 168, p. 53-65, fev. 2009. ISSN 0100-1981.

WAMBIER, Teresa Arruda Alvim. *Nulidades do processo e da sentença*. 5. ed. rev. ampl. e atual. de acordo com as Leis 10.352/2001, 10.358/2001 e 10.444/2002. São Paulo: Revista dos Tribunais, 2004. (Coleção estudos de direito de processos Enrico Tulio Liebman; 16). 622 p. ISBN 85-203-2580-7.

WAMBIER, Teresa Arruda Alvim. *Nulidades da sentença*. São Paulo: Revista dos Tribunais, 1987. 222 p. ISBN 85-203-0557-1.

WAMBIER, Teresa Arruda Alvim. *Omissão judicial e embargos de declaração*. São Paulo: Revista dos Tribunais, 2005. 437 p. ISBN 85-203-2700-1.

WARAT, Luis Alberto. *O amor tomado pelo amor*: crônica de uma paixão desmedida. São Paulo: Editora Acadêmica, 1990. 112 p. ISBN 978-85-85-1961-58.

WARAT, Luis Alberto. *O direito e sua linguagem*. 2. ed. aum. Porto Alegre: Sergio Antonio Fabris Editor, 1995. 120 p. ISBN 9788575250082.

WARD, Ian. The echo of a sentimental jurisprudence. *Law and Critique*, v. 13, issue 2, p. 107-125, may 2002. ISSN 0957-8536.

WASSERSTROM, Richard A. *The judicial decisions*: toward a theory of legal justification. Stanford: Stanford University Press, 1961. 197 p. ISBN 0804700362.

WATANABE, Kazuo. *Da cognição no processo civil*, 4. ed. rev. e atual. São Paulo: Saraiva, 2012. 195 p. ISBN 978-85-02-1350-8.

WATSON, John Broadus. *Behaviorism*. 2. ed. Nova York: W. W. Norton, 1930.

WEBER. Thadeu. Direito e justiça em Kant. *Revista de Estudos Constitucionais, Hermenêutica e Teoria do Direito* (RECHTD), 5(1), p. 38-47, jan./jun. 2013. ISSN 2175-2168.

WHITEHEAD, Alfred North. *A função da razão*. Tradução de Fernando Dídimo Vieira. 2. ed. Brasília: Editora Universidade de Brasília, 1988, c1929. 43 p. ISBN 85-230-0181-6.

WHITE, M. G. *Social thought in America*: the revolt against formalism. New York: Viking Press, 1952. 301 p. ISBN 978-0-387-97311-1.

WHITMONT, Edward C. Anima: a mulher interior. *In:* DOWNING, Christiane (Org.). *Espelhos do self*: as imagens arquetípicas que moldam a sua vida. Tradução de Maria Silvia Mourão Netto. São Paulo: Cultrix, 2004. p. 39-43.

WILBER, Ken. *O espectro da consciência*. Tradução de Octavio Mendes Cajado. São Paulo: Cultrix, 1977. 292 p.

WILBER, Ken. Psicologia perene: o espectro da consciência. *In:* WALSH, Roger N.; VAUGHAN, Frances (Org.). *Além do ego*: dimensões transpessoais em psicologia. Tradução de Adail Ubirajara Sobral e Maria Stela Gonçalves. São Paulo: Cultrix/Pensamento, 1997. p. 83-96.

WILBER, Ken. Um modelo de desenvolvimento da consciência. *In:* WALSH, Roger N.; VAUGHAN, Frances (Org.). *Além do ego*: dimensões transpessoais em psicologia; Tradução de Adail Ubirajara Sobral e Maria Stela Gonçalves. São Paulo: Cultrix/Pensamento, 1997. p. 110-125.

WILLIAMS, James R. Book review: the judicial mind revisited. *Osgoode Hall Law Journal*, v. 13, n. 3, p. 889-892, 1975. ISSN 0030-6185.

WILSON, John. *Pensar com conceitos*. Tradução de Waldéa Barcellos. São Paulo: Martins Fontes, 2001. (Ferramentas). 166 p. ISBN 85-336-1412-8.

WITTGENSTEIN, Ludwig. *Philosophical Investigations*. Oxford: Basil Blackwell, 2009. 250 p. ISBN 0-631-11900-0.

WITTGENSTEIN, Ludwig. *Remarks on the Philosophy of Psychology*. Chicago: Chicago University Press, 1989, v. II. 270 p. ISBN 9780226904375.

WITTGENSTEIN, Ludwig. *Tratactus Logico-Philosophicus* (Logisch-philosophische Abhandlung). Side-by-Side-by-Side Edition, 2015.

WITTGENSTEIN, Ludwig. *Zettel*. London: Basil Blackwell, 1967. 124 p. ISBN 978-0631169505.

WOJTYLA, Karol. *Max Scheler e a ética cristã*. Tradução de Diva Toledo Pisa. São Paulo: Editora Universitária Champagnat, 1993. ISBN 1000226848126.

WOLKMER, Antônio Carlos. *Ideologia, Estado e Direito*. 4. ed. rev., atual. e ampl. São Paulo: RT, 2003. 239 p. ISBN 85-20324207.

WOOLGER, Jennifer Barker. *A deusa interior*: um guia sobre os eternos mitos femininos que moldam nossas vidas. Tradução de Carlos Afonso Malferrari. São Paulo: Cultrix, 2007. 346 p. ISBN 978-85-316-0051-7.

WORMS, Frédéric. *Le Vocabulaire de Bergson*. Paris: Ellipses, 2000. 63 p. ISBN 978-2-729-85829-2.

WRIGHT, Georg. H. von. Valorar (o cómo hablar de lo que se debe callar). Nuevas bases para el emotivismo. Traducción castellana de Carlos Alarcón Cabrera. *Anuario de filosofía del derecho*, Madrid, 18, p. 385-395, 2001. ISSN 05180872.

WRIGHT, R. George. The role of intuition in judicial decision making. *HoustonLaw Review*, v. 42, p. 1381-1424, 2006. ISSN 0018-6694.

WRÓBLEWSKI, Jerzy. *Constitución y teoría general de la interpretación jurídica*. Traducción de Arantxa Azurza. Madrid: Tecnos, 1985. 114 p. ISBN 978-8473983723.

WRÓBLEWSKI, Jerzy. Motivation de la décision judiciaire. *In:* PERELMAN, Chaïm; FORIERS, Paul. *La motivation des décisions de justice*: études. Bruxelles: É. Bruylant, 1978. p. 111-135.

YABLON, Charles M. Justifying the judge's hunch: a essay on discretion. *Hastings Law Journal*, v. 41, p. 231-279, 1990. ISSN 0017-8322.

ZABOROWSKI, Robert. Max Scheler's model of stratified affectivity and its relevance for research on emotions. *Appraisal*, v. 8, n. 3, p. 24-34, march 2011.

ZABOROWSKI, Robert. Plato and Max Scheler on the affective world. *ORGANON*, v. 47, p. 65-81, 2015. ISSN 0078-6500.

ZANZUCCHI, Marco Tullio. *Diritto Processuale Civile*. 6. ed. aggiornata. Milano: Giuffrè, 1964, v. 1. 485 p.

ZANZUCCHI, Marco Tullio. *Diritto Processuale Civile*, v. 2. 5. ed. aggiornata. Milano: Giuffrè, 1962. 428 p.

ZAVADIVKER, Nicolás. Alfred Ayer y la teoría emotivista de los enunciados morales. *Anuario Filosófico*, Revista de la Universidad de Navarra, volumen XLI, n. 3, p. 661-685, 2008. ISSN 0066-5215.

ZAVADIVKER, Nicolás. La teoría emotivista de los valores de Bertrand Russell. *A Parte Rei Revista de Filosofia* 69, p. 1-12, mayo 2010. ISSN 2172-9069.

ZAVARIZE, Rogério Bellentani. *A fundamentação das decisões judiciais*. Campinas: Millenium Editora, 2004. 208 p. ISBN 85-7625-015-2.

ZEZZA, Michele. Giusnaturalismo e positivismo giuridico nella teoria dei diritti fondamentali di Gregorio Peces-Barba Martínez. *Sociologia del Diritto*, n. 3, p. 171-178, 2013. ISSN 0390-0851.

ZIMERMAN, David. A influência dos fatores psicológicos inconscientes na decisão jurisdicional: A crise do magistrado. *In*: ZIMERMAN, David *et al.* (Coord.). *Aspectos psicológicos na prática jurídica*. Campinas: Milennium, 2002. p. 103-116. ISBN 85-86833-62-2.

ZIMERMAN, David. Uma aproximação entre o perfil da figura do juiz de direito e a do psicanalista, p. 575-592. *In*: ZIMERMAN, David *et al.* (Coord.). *Aspectos psicológicos na prática jurídica*. Campinas: Milennium, 2002. ISBN 85-86833-62-2.

ZIMERMAN, David. Uma resenha simplificada de como funciona o psiquismo, p. 87-101. *In*: ZIMERMAN, David *et al.* (Coord.). *Aspectos psicológicos na prática jurídica*. Campinas: Milennium, 2002. Campinas: Milennium, 2002. ISBN 85-86833-62-2.

ZIPPELIUS, Reinhold. *Filosofia do direito*. São Paulo: Saraiva, 2012. (Série IDP – Linha direito comparado). 393 p. ISBN 978-85-02-18108-3.

ZIPPELIUS, Reinhold. *Teoria geral do estado*. 3. ed. Lisboa: Fundação Calouste Gulbenkian, 1997. 599 p. ISBN 972-31-0761-9.

ZOHAR, Danah. *QS*: inteligência espiritual. Tradução de Ruy Jungmann. 4. ed. Rio de Janeiro: Viva Livros, 2012. 336 p. ISBN 978-8581030104.

ZOCO ZABALA, Cristina. *Igualdad en la aplicación de las normas y motivación de sentencias* (artículos 14 y 24.1 CE). Barcelona: J. M. Sosch Editor, 2003. 158 p. ISBN 84-7698-683-1.

ZUBIRI, Xavier. *Inteligencia y logos*. Madrid: Alianza, 1982. 400 p. ISBN 978-84-206-9012-4.

ZURLO, Stefano. *La legge siamo noi*: la casta della giustizia italiana. Milano: Piemme, 2009. 223 p. ISBN 8856602155.

ZWEIG, Connie. O feminino consciente: nascimento de um novo arquétipo. *In*: DOWNING, Christiane (Org.). *Espelhos do self*: as imagens arquetípicas que moldam a sua vida. Tradução de Maria Silvia Mourão Netto. São Paulo: Cultrix, 2004. p. 178-186.